復刻版 旬刊美術新報《じゅんかんびじゅつしんぽう》
第1回配本（第1巻～第3巻・別冊1）

2017年5月1日　第1刷発行
揃定価（本体75、000円＋税）

発行者　細田哲史
発行所　不二出版
東京都文京区向丘1-2-12
TEL 03（3812）4433
印刷所　富士リプロ
製本所　青木製本
乱丁・落丁はお取り替えいたします。

第1巻　ISBN978-4-8350-8022-2
第1回配本（全4冊 分売不可 セットISBN978-4-8350-8021-5）

昭和十年一月十二日第三種郵便物認可 第十二號
昭和十七年一月一日發行（毎月三回十日目發行）
（一月十日合併號）

一ケ月三回（金壹圓五十錢）
本號ニ限リ
定價金一圓
郵税一錢五厘

決戰時下迎春の辭

旭燦として輝き春風いづこよりか訪れ來る。

今迎ふ、光輝あるこの年昭和十七年！思へ、客臘大詔を拜するや、電光石火、旬日ならずして、敵主力を擊滅し、東太平洋すでにわが領海と化す。かくてまた南邦諸圏は席捲され、敵據點悉くわが鵬翼と砲火に服し、日章旗翩飜と支那海を壓す。何たる武威！何たる征覇、南方十字星輝く處、皇軍又新に敵陣を擊つ大日本、大日本、大日本、八紘爲宇の大理想今や實現せん、洋々たる希望、無盡の皇威、吾ら御稜威の下、粉身碎骨、たゞ大御心を奉戴し進まんのみ、藝苑の諸士　決戰時下の春を迎へて、先づ膽を練り、而して筆を訶せよ。

美術旬報

大輪畫院會員祈念

大東亞戰爭が勃發するや皇國の陸海軍はその緒戰に於て世界史未曾有の赫々たる大戰果を擧げ引き續き迅速果敢な作戰を豫定通り進捗させてゐるので、大輪畫院の會員一同は舊臘十四日打ち揃つて明治神宮と靖國神社とに參拜し奉り、皇國の武運長久を祈念した

大阪日本畫家報國會結成

戰時下彩管報國に邁進を會員一同誓約

彩管報國を目指して在阪日本畫家等相寄り大阪日本畫家報國會が結成され、舊臘十五日午後一時から大阪天王寺市立美術館で、矢野橋村、北野恒富、中村貞以氏ら約三百名が參集、盛大な結成式を擧げた

先づ國民儀禮の後、岡本大更氏宣言文を朗讀、高山辰三氏の設立經過報告に次いで、主唱者矢野橋村氏、陸海三長官大阪府知事大阪市長らの祝辭代讀があり、結成式を終へ直ちに總會に移り、矢野理事長ほか役員を選任、今後の運動には曩に結成された洋畫、彫刻の諸團體とも密接な連繫を保ち、戰時下彩管報國に邁進することを誓ひ、盛況裡に散會した

敢然起つ！

日本畫家中堅層　職域奉公に邁進

暴惡なる米、英兩國に對する宣戰の大詔が畏くも煥發あらせられたる後、皇軍の陸海空精鋭は緒戰に於て痛烈なる打擊を兩國に與へ引き續き顯著な戰果を獲得しつゝあるが、東京側の日本畫家中堅層では、大東亞戰爭必勝の信念に燃える旁々職域奉公を目指して各自の本分を盡すべく舊臘十七日午後五時半から日比谷東洋軒に參集し懇談會を開催腹藏なく意見を交換した、今後の有意義な行動を期待されてゐる

現代名家新作　花鳥畫展

舊臘高島屋で盛況

現代名家新作花鳥畫展は、舊臘十七日から二十一日迄日本橋高島屋八階ホールで開催

「芳烈」池上秀畝、「竹樹宿鳩」橋本關雪「菜の花」德岡神泉「早春」奧村土牛「若枝」小倉遊龜「囀」川端龍子「待春」堅山南風「春梢」吉岡堅二「雪後」中村岳陵「多暖」上村松篁「春寒」山口蓬春、「多光」山口華揚「戰捷を祈る」前田青邨「滄海の曙」兒玉希望「寒空」榊原紫峰、「豐熟」結城素明「雪」杉山寧

前記諸氏作品のほか、竹内栖鳳 田中咄哉州、安田靫彦 小林古徑、小杉放庵諸氏の新作をも出陳、會期中盛況を極めた

世田谷美術奉公團結成す

公共施設等に協力・生活乾燥化防止に本腰

舊臘八日午後二時から世田谷小田急沿線に居住する美術家たちに依つて世田谷美術奉公團が結成され、經堂鷗友學園で盛大な發會式が擧行された、これは大東亞戰爭を完遂し米英兩國打倒の實を擧げ東亞共榮圏確立を目指し職域奉公の任を全うする意圖に出たもので、參集者は石川欽一郎、伊原宇三郎、内田巖、本鄕新、庫田叕、福田豐四郎、村雲大撲子、木下義謙、柳原義達、佐藤忠良、淺井眞、岡田哲郎、今井兼次、太齋春夫、藤本韶三、辻光典竹内蘭山、小川千甕、難波由龍起、須田壽、石川滋彥、後藤禎二、伊勢正義、伊藤悌三小堀四郎、富樫賢人諸氏等卅六氏

情報局第五部第三課から秦情報官が出席、先づ綱領を決議、實踐運動諸項目につき議決した行動第一着手として、同二十一日から二十五日迄成城學園、經堂、世田谷中原の三ヶ所でポスター移動展を開催し、同會場で會員の色紙作品を即賣し、この賣上高を以て同地區の出征家族の慰問に充當した、又このポスターを街頭に撒布しこの狀況を寫眞に撮り印刷して戰線へ送達した、同會では、青年に依り挺身行動隊が組織され、自轉車に乘つて連絡その他の所作を執らせる、本春には、工場、病院、公共施設に對する美術的應援、壁新聞に對する技術的協力、講演會や展覽會に依る生活乾燥化防止などに乘り出すはずである、尚、事務所は、世田谷區二ノ二〇七藤本韶三氏方に設置されてある

銀潮會旗擧展

舊臘銀座キヤラリー

第一回銀潮會日本畫展は舊臘二十三日から二十六日迄銀座ギヤラリーで開催、

大平四郎氏「春寒」佐々木勝麿氏「須達多の精舍建立」ほか九點、田口莊氏の扇面、蒔田皓成氏「埴輪」と扇面、松本一穗氏の扇面、村山東吳氏の「黃連雀」ほか三點、山崎隆氏「魁春」ほか三點、山岡良文氏「鴛鴦春庭」ほか四點八木虛平氏の灰皿（工藝）等を出陳、好評を博した

展覽會の曆

日	月	火	水	木	金	土
				1	2	3
4	5	6	7	8	9	10
11	12	13	14	15	16	17
18	19	20	21	22	23	24
25	26	27	28	29	30	31

△田畑豐太郎百馬繪展　一月四日から九日迄白木屋

△午年に因める新古繪馬の會　四日から九日迄銀座三越

△田村信義遺作展　八日から十日迄青樹社

△二千六百一年度推奬水彩畫展　十一日から十三日迄青樹社

△森田竹崖個展　十三日から十八日迄白木屋

△日本兒童美術展　十五日から十九日迄青樹社

△柏舟社第一回展（神戶）二十日から二十五日迄大丸

△正宗得三郎油繪展　二十一日から二十五日迄三越本店

△富岡鐵齋遺作展　二十一日から二十五日迄三越本店

△白日會第十九回展　二十二日から二月六日迄東京府美術館

△春臺美術第十七回展　二十二日から二月六日迄東京府美術館

△第五回朱玄會洋畫展　二十七日から三十日迄三越本店

△翼贊美術展　二十七日から三十日迄三越本店

△斥土會展　二十七日から三十一日迄青樹社

高橋一智陶磁展

高橋一智氏の陶磁器展は舊臘十七日から二十一日迄日本橋高島屋で開催、壺、鉢、皿、飯茶碗、巻軸等の新作品を出陳、同氏は青森縣下に於ける唯一人の陶藝家、陶磁器の研究に沒頭して將來を嘱望されてゐる異色の作家だけに、今回展は好評を博した

二千六百一年度水彩畫最高記錄賞

山本不二夫、不破章兩氏へ

水彩畫最高作品選定委員會では舊臘二十日上野精養軒に於て二千六百一年度水彩畫最高記錄賞（甲斐惟一氏寄贈）授賞作品銓衡委員會を開催

石井柏亭、石川寅治、南薰造、相田直彦、北川民次、中西利雄、早川國彦、甲斐惟一

前記委員諸氏參集、銓衡評議の結果、左記作品を當該者として選定した

「いたづら小僧」山本不二夫氏作（第二十八回日本水彩畫會展出品）

「婦人肖像」不破章氏作（第二十八回日本水彩畫會展出品）

山本氏は二科會々友、日本水彩畫會々員、不破氏は日本水彩畫會々員、一水會出品者である

第一回野間美術賞

安田靫彦氏へ

野間插繪賞は齋藤五百枝氏獲得

故野間清治氏の遺志で設立された野間奉公會ではその事業の一つである野間賞の第一回贈呈式を舊臘十七日午前十時半から大日本雄辯會講談社で擧行、安田靫彦氏は野間美術賞（賞牌及賞金一萬圓）を、齋藤五百枝氏は野間插繪賞（賞牌及賞金一千圓）を、それぞれ授賞された

新東亞美術工藝展褒賞授與

大阪工藝振興展覽會新東亞美術工藝展褒賞授與式は十二月十二日大阪府正廳で擧行、入賞者左の通り

（一等知事賞）銕製盛器、河合壽成（二等市長賞）アルミ象嵌欅火鉢、須藤雅路（二等商議所會頭賞）十王釜、角谷與兵衛（二等）臈纈染猫柳の圖小屛風、高田雅子（片岡翠紅奬勵賞）楠正多（三等）上田雅美ほか九名

昭和みづゑ會改稱

日本水繪協會

第四回展盛況

昭和みづゑ會では今回日本水繪協會と改稱し、第四回展を舊臘十六日から十八日迄銀座紀之國屋で開催、連日盛況を極めた

尚同會事務所は、橫濱市神奈川區岡野町一三一石野隆氏方

京都の文展入場者六萬餘

前回より約二千名增、會期中頗る盛況

去秋十一月二十九日より大禮記念京都美術館に於て開催中の第四回文展京都陳列會は舊臘十三日を以て閉會された、本會は會期の半にして大東亞戰爭勃發し皇國未曾有の重大時局に直面したが戰時文化の昂揚並に銃後國民の健全なる精神の鼓舞に寄與して頗る盛況裡に閉會するを得た　招待日の入場約三千人を除き會期十五日間の入場者總數は六二五〇四人（一日平均四一六六人）前後三回文展に比し實に一九五二人增加を示し、久邇宮故多嘉王妃靜子殿下十二月六日台臨遊ばさるゝの光榮に浴した、尚京都市買上五點の外一般買約三點であつた

京都市買上品

第四回文展出品中京都美術館陳列品として京都市買上は次の如く、日本畫一點、洋畫二點、工藝二點、計五點である

一、京都市買上（洋畫）青山義雄作「海邊の夏」（同）山本鼎作「霧の湖畔」（美術工藝）楠部彌弌作「青華水指」

一、池田桂仙美術奬勵基金による京都市買上（日本畫）山口華揚作「草」（美術工藝）森野嘉光作「鹽藥枇杷圖花瓶」

尚池田桂仙美術奬勵基金は曩に同氏遺族より京都市へ寄附された資金を以て美術奬勵の目的の下に設定されたものである

並木哲夫第三回展

並木哲夫氏の第三回展は舊臘十七日から二十日迄淀橋區月光莊で開催、好評を得た

北斗會・銃後美術文化昂揚展

名古屋松坂屋で會期六日間頗る盛況

北斗會では十二月七日から十二日迄名古屋松坂屋で銃後美術文化昂揚展を開催

東本春水「神苑と學童」ほか九點、鈴木幸雄「青物市」ほか六點、石川新一「吉田富士」ほか十點、堀江萬壽男「仙人掌」ほか八點、星野弘「建物」ほか一點、水野光重「宣撫」ほか六點、安藤幹衛「門」ほか七點、宮野進「室內」ほか七點、安岡一夫「學習園」ほか七點、水野正信「大垣城」ほか五點、本多正勝「花月」ほか四點、瀧本正男「林檎と少女」ほか七點、日比野美根男「風景」ほか五點、間瀨正也「自畫像」ほか五點

右の如く諸氏の力作を出陳、尚二科會員北川民次氏の作品「岩山に茂る」「丘の上の家」「母子」等二十五點の特別出品、同會員熊谷守一氏の「秋」、同橫井禮市氏の「花梨」、同野間仁根氏の「伊豆狩野川溪流」同會友寺田竹雄氏の「山湖」「夏の河畔」などの賛助出品があり、ほかに兒童美術文化作品（北川民次氏指導メキシコ兒童作品十點、同氏蒐集アメリカ兒童作品八點、久保貞次郎氏蒐集歐洲諸國兒童作品十點、北斗會々員指導名古屋兒童作品二十點）も展列され會期中盛況を極めた

工藝菁々會展

大阪朝日ビルで賑ふ

淺井德太郎、太田光嶺、金江宗觀、山田豐四氏を會員とする（金、染、漆）工藝菁々會では舊臘十八日から二十日迄大阪朝日ビルで作品小展を開催、連日觀衆で賑つた

笠原靭日本畫展

笠原靭氏の日本畫展は舊臘十日から十二日迄銀座ギャラリーで開催、中澤弘光、池部鈞、久米福衛諸氏の友情出品もあり連日盛況であつた

茶趣味朝鮮古陶木工品展

茶趣味の朝鮮古陶器並に木工品陳列會は舊臘十七日から廿一日迄日本橋高島屋八階で開催、李朝染附水指、花三島暦手菓子鉢、明川花瓶、李朝木工品等を出陳某氏が多年に亘り朝鮮にあつて蒐集した筋の通つたうぶなものばかりで、好評を博した

羅馬美術學校へ

緣りの傳記寄贈

今から六十年前に少年の身ではるばるイタリヤに渡り、ローマ美術學校を首席で卒業し、イタリヤ風の油繪手法を明治初年當時黎明期の本邦畫壇に齎したわが洋畫界先覺者の傳記が、母校のローマ美術學校に贈られた

傳記の主は、元東京高等工藝學校長東京高等工業學校（工

大の前身）教授松岡壽翁である、現在は第一線から引退してゐるが、この洋畫壇育ての親の八十の祝に、兩校に於ける往年の教へ兒たちが、一卷の傳記に取り纏めて記念出版し、日伊を一つに結ぶ〝生ける美術史〟として之れをローマ國立美術學校同圖書館、インデルリ駐日伊大使へ贈ることになつたもので、舊臘中旬駐日伊大使館の大使代理アルデマーニ情報部長に右の傳記を手交した

誕生佛の厨子
美術粹盡す合作成る

東京美術研究所菅原貞三、資生堂取締役福原信辰兩氏らの發願で製作中であつた奈良縣生駒郡法隆寺村中宮寺の誕生佛（高さ六寸、推古天皇時代の作）を安置する高さ三尺五寸、横幅三尺四方の黑漆塗厨子は、このほど完成したので、奈良市下御門町松田榮哉氏の手元から東京美術學校に宛て〻發送、最後の檢査を受けた、この厨子は本年二月文部省大江廣氏の設計に基き檜古材を使ひ、松田榮哉氏によつて作られ、その後同市北半田町藤田塗師の手で塗料されたが、同厨子の格天井は、横山大觀氏ら畫壇の重鎭で、又斗帳は和田英作氏の下繪瓔珞は陶界の權威板谷波山氏ら斯界の權威を網羅しただけに、美術の粹を盡してゐる、尚この厨子は本年四月八日の花祭に、製作者らが參列し、盛大な落慶供養を寄進するはずである

雪舟・秋月の合作
熊野徐福祠圖
北京で發見さる

足利時代の畫聖雪舟と秋月とが明國の時代に支那大陸へ渡つたことは世間に廣く知られてゐるのだが、このほど、雪舟と秋月との合作した繪卷が、北京に滯留してゐる考古學研究家倉田孝太郎氏に發見された

繪卷は縦一尺、横一尺八寸二分の絹本で「熊野徐福祠圖」と題し、秋月が極彩色の密畫で描きあげ、これに雪舟が題詩したもの、雪舟の印章がある、畫には秋月の韋で、成化乙酉年下元二月姚仁兒の爲に畫く、と爲書をした上に落欵がしてある、更に此の繪卷の後部には、紙本（縦九寸八分横三尺五分）の跋書がある、それには、この姚禮部院尚書（現在の文部次官）以下禮部院に出仕してゐる顯官四十二名の署名捺印が連ねてある

成化乙酉年と云へば、明の文帝憲宗の成化元年で、我國では應仁の亂の二年前に當り、當時萬里の波濤を越えて大陸に渡つた兩畫聖が、北京にも足をとゞめ朝野の歡待を受けながら、非凡な畫技を異國に紹介して我文化を輝かしたことが、この繪卷で推定され、雪舟が禮部院の壁畫を揮毫してゐる事實から考へて彩管に依る密接な交驩が行はれたことも推知される

ヒ総統とム首相へ
「猛虎」の繪寄贈
―鎌田翠樟氏の力作

神戸市林田區片山町一丁目鎌田翠樟氏は、盟邦の獨、伊兩國が日本に協力し、世界の敵を驅逐することに感激、さる八月ヒ総統、ム首相に猛虎の繪を贈ることを決心し、爾來構想を練り揮毫をつゞけ五ヶ月目の舊臘完成した

ヒ総統には、モスクワの雪攻めを表現し、大雪原を二頭の猛虎が襲撃しようとする繪、ム首相には、アフリカ山岳地帶を背景にした二頭の猛虎の繪、双方四尺に五尺の大ものである

舊臘十八日それらの繪を、神戸市の獨、伊兩國領事館に搬入し、バルザー獨總領事、レンツオ伊副領事に手交した、同氏は世界的動物畫の泰斗大橋翠石氏の門弟、一時京大法學部に學び中途で美術家に轉じた變り種である

注目の陶彫製作
吉田敎示岡本金一郎兩氏

大阪府高槻の吉田敎示氏と岡山出身の岡本金一郎氏は共に東邦彫塑院の會員で、文展、帝展で連續特選を獲得し、現在文展無鑑査に推されてゐるが、岡本氏は歸還勇士で、郷土藝術伊部燒を復興させる意氣に燃え、歸還後郷里の山奥に立て籠り、堅牢無比なしかも青銅などにまさる陶彫製作に成功した、また吉田氏は、恩師ヽ帝國藝術院會員北村西望氏の許で多年つゞけた研鑽に物を云はせ、西歐のテラコッタを凌駕する陶彫製作に苦心した結果、純日本的テラコッタとも云へる藝術品を造りいだし、舊臘二十日まで大阪三越で作品展を開催し聲價を高めた

「季刊美術」發行

季刊美術社では、四季發行の年四回の雜誌「季刊美術」につき準備を整へてゐたが、舊臘創刊號たる「秋の展覧會號」を發行した、これは文展を中心に各展の記事並に圖版を満載したもの、今後の各號は、展覧會の批評紹介記事を從とし、專門的にも且つ一般的にも興味ある研究誌として編輯製作する由

豫報

新舊繪馬の展
四日から銀座三越

繪馬研究會と日本百貨店通信社との共同主催で、來る四日から九日まで銀座三越七階で、新舊繪馬の展覧會を開く、右は本年の午年に因み、古來の名品小繪馬の參考陳列並に新作品小繪馬を陳列し、物言はぬ戰士である軍馬、軍犬、軍鳩等の功勞を讃へて靈を慰めるものである

春臺展公募
來る廿二日開會

この一月他に魁けて第十七回展を開催する春臺美術協會では舊臘出品作品の公募を開始した同展の會期は來る廿二日から二月六日迄、出品希望者は作品を來る十八、十九の兩日中に上野公園東京府美術館西口同會受付へ搬入する事、審査委員は和田三造、辻永兩氏、贊助中村研一外數氏である

太平洋畫會
第卅八回展
二月中旬から府美術館

太平洋畫會の第卅八回公募展が二月十四日から三月一日迄上野の東京府美術館で開催される公募作品は例に依つて油繪・水彩・パステル・版畫の四種で搬入は二月十日同十一日の兩日である

個人消息

▽本間國生氏　舊臘歸京豐島區駒込三ノ三二九に歸住した
▽高木紀堂氏　豐島區雜司ケ谷町一ノ三七四に轉居

決戰時下二千六百二年の美術界に望む

日本畫界へ

情弊の清算と批評の革正を望む

金原省吾

◇

この三五年來の問題は、帝展改組にはじまつた畫壇の統一運動である。いろいろに言ひいろいろに考へてみても結局はどうにもならなかつた。どうにもならなかつたといふよりも、むしろどうにも爲さなかつたのである何故どうにも爲さなかつたかといふ處に問題がある。その結果を言つてしまへば統一出來なかつたのではなくて統一の仕樣がなかつたのである。もつと平たくいへば統一したくても統一する對象がなかつたのである。

今日の日本畫壇から言へば、畫壇には流派がなくなつてゐる。日本の畫壇に流派がはじまつたのは平安朝の古春日派から巨勢派にはじまるのであつた。その源は相當に古く、一應繪畫表現の成立すると共にはじまつてゐる。しかし畫派は一時代に一つ位であつて、各畫派の間に對立意識競爭意識はなかつた。隨つてそれは各時代の樣式であつて、畫派ではない。巨勢派から宅磨派への移行も滑かであり宅磨派と並立した宋元水墨畫派との關係も別に何でもない。それは西洋料理と日本料理の關係の如くであつて矛盾もなく、衝突もない。兩者相容れない程の反對對立をしたのは、和畫と漢畫の對立した德川初期からであらう。それ故日本の繪畫史で最も古い「本朝畫史」は上代の畫を古畫の式と言つて、これを時代の樣式としてしまひ、その後分かれて二となるとして、和畫と漢畫とをあげてゐるが、その後また分かれて三となつたものとして、土佐と雪舟と狩野との三派をあげてゐる。「本朝畫史」は德川初期の書作であるから、その後の畫派を言つてゐないが、これに附加すれば、南畫と浮世繪と四條圓山と蘭畫となり、合せて七派となる譯である。この中蘭畫は日本畫でないから之をのぞき、浮世繪は版畫形式をとつた土佐畫風と見られ雪舟派は勢おとろへて消滅したので、之等をのぞけば、土佐、狩野、四條圓山、南畫の四派となり、土佐四條圓山は之を和畫とし、狩野、南畫は之を漢畫とすれば、やはり二系四流派とみることが出來る。しかしそれはせいぜい明治迄のことで、今日の畫壇にはかかる畫派の區別は消失してしまつてゐる。ただ畫派として名を殘してゐるものは南畫のみである。隨つて今日の狀態でいへば和畫と漢畫卽ち日本畫派と南畫派との二流派になる。

○

然らば流派とは何か。第一に流派とは作風の個人的相違が眼立たずして、共通性のみが眼立つ一群の傾向である。作字Aと作字Bとの間に作風の相違がなくて作風の一致の著しい結合を流派といふのである。第二にこの作風の共通者が互に秩序を持つて結合するのであるから當然それに意識的に對立する他の樣式があることが必要である。

しかるに今日の畫壇にはかかることが無い。各人互に異る作風によつて立ちその結合は學校關係、塾關係、交友關係の如き作風以外の親和關係によりて成立するのである。昔時の畫派あつて個差なきに比し、今時は畫派なくして個差あり、兩者著しい相違である。

で今一つの畫派として自らも持し、その畫派獨立の展覽會をひらき、他からも畫派として認められてゐるのは南畫である。然るに南畫は支那の特有なる事情によつて發生したものである。卽ちこれ迄の北畫の技術雪舟の作風に對して技術をみて畫以外の知識を重じ、その生涯を繪畫の非專門家として送るものを南畫家であるとする。換言すれば畫家ならざることを主張することによつて畫家として立てるものが、南畫家である。故に畫派たらざるを以つて、畫派たるものが南畫家である。專門家たらざることを主張する一種の專門家である。かかることは甚だ類稀なることである。無資產なることを以つて資產家たると同一である。支那は藝術表現を以つて實踐におくるるもの、行ひて餘力ある時に文を學ぶものといふ孔子の態度によつて支持されてゐる教學の世界である。かかる世界にしてはじめて實踐におくれその餘剩で藝術が成立するのである。餘剩の藝術實踐におくるる藝術が成立する藝術に先行するものは、藝術の教養でなくて、他の教學の教養である。この充實をまつて、その餘力が藝術の出發になる。餘力をその出發とすることになれば、藝術は餘技となる。かういふ事情で支那には南畫が出て居る。ところが日本には道德實踐と藝術との先後本來關係のさういふ狀態はない。隨つて日本畫に南畫の行はれ難いことを知るのは容易である。故に南畫は日本に入つて來て、年を經ると共に變質した。今日の南畫はもはや支那南畫と異り、日本的なる南畫となりつつあるのであつて、隨つてもはや南畫とよぶことの理由がなくなつてゐる。

されば南畫が南畫として一畫派たり得たのは南畫が日本にとり入れられた當座のみである。このことは日本の畫派の分類がその根本は日本の畫風とそれに對立する支那より將來せる畫風とに別つ方法より外にないことを示してゐる。卽ち和畫と漢畫との對立が、畫風の基礎になり隨つて土佐、雪舟、狩野と立ててみても、それは結局和畫と漢畫との二畫派になるのである。しかし漢畫とは要するに外國の畫風であるから、それが日を經て同化せらるると共に、和畫の一種となつて、畫風は一派となるのである。それは西洋畫でも同樣でもう今日は二科會と春陽會國畫會と獨立と文展との間にさまでの相違がなくなり、超現實派もいろいろ言つてみてとにかくさう特別のものでなくなつたことは、昨年十二月の美術文化展の論旨によつても明かである。

かくて今日あるものは各個人の差であるから、例へば安田靫彥氏と大智勝觀氏との差は、院展と文展との差よりも大きい。隨つて本來的に畫派として殘るものが無いとすれば、あとにあるものは、塾を中心にした師弟關係と學校を中心にした同窓同期の關係、その他の交友關係の外には展覽會を別立させる理由はない。

昔は畫派の差があつて、個人差は出なかつたから狩野の各畫家の作風の差を識別するのは中々困難であるが、狩野と土佐の差を識別するには極めて容易である。胡粉の作り方からして違つてゐる。故に問題は畫派の問題にあるが今日の問題は情誼の問題にある。展覽會統一の問題の困難は統一の要なき處に力を露せる點にある。

もともと展覽會は情誼による發展機關であるから、これを統

一して見ても別に効果はなく、一年中ばらばらと展覧會がある方がよい。それに展覧會は一方では無名作家の發動門であるから、ここで無名作家を推擧すればよい。日本は和の國柄であるから和によつて會をたて、和によつて推擧し、情誼をこまやかにすべきである。また百貨店にひらかるる美術商の商略的の展覧會には、所謂展覧會風の作品でなくて床の間風の作品を出して見せてくれるので、これも有難い。それから眞に後世に殘し各作家の眞價を世に問ふやうな優作展は五年に一度位これを國家の力で開くのがよい。

○

で私は日本畫界の統一方法はこの五年一度位の優作展と、も一つは定時の談話會、研究會とにまかせて置きたいのである。もともと畫派のない今日であるから、多數の作家學者相會して可成り大規模の談話會、研究會を開いて相互の藝術上並びに情誼上の融和統一を計るべきである　統一は展覧會の合一をするのでなくて、思想並びに情誼上の統一をする方が一層根本的で且つ効果的であると思はれる。

そこで問題は自然に藝術思想の方向になる。茲で私の希望をのべると、第一に展覧會の批評をやめることである。展覧會がもともと情誼的のものであるならば、それを批評するよりも、一緒に樂しく見ればよい。その上に今日の批評は、大體作品の部分批評である。これはその畫を見ない人には全く必要がなく批評家が直接にその作者に向つて言てくれればそれでよい。批評家と作家との個人關係である。ああいふ批評は指導者なり批評家なりが、出品者と批評會を開けばよい。新聞雜誌の如き公器を、さういふ個人的問題に使用するのは適當ではない。新聞の讀者で、その展覧會を見てゐる人は、千分の一もあるまいと思ふ。故にもし美術展覧會批評をするとすれば、それが美術文化全體の性質運命に關するものでなくてはならぬ。ここの花をも少し赤くして、あの花を一つへらせといふやうな批評を雜誌、新聞にかくのは、つまり批評家の怠慢であると思ふ。

次に批評の陷りやすいも一つの缺點は前述の如く元來日本の展覧會が情誼的成立であるからただの讚辭であつたり非難であつたりする。毎年々々下手だ下手だとぐぢぐぢ小言ばかり言つてゐる姑のやうな批評家があるかと思ふと、お世辭ばかりいつてゐる隣のおばさんのやうな批評家もある。展覧會批評には、一應作家名を擧げることを禁止したいと思ふ。ラジオの如く個人の批評にわたることをやめたいと思ふ。またある批評家は新聞に批評をかき日本には見るべき作家なしとして、一々否定したがることを常習としてゐる。それは成程最高の方針からは、或はさうかもしれないが、しかし何の時代にそんなすぐれた畫家ばかり雲集した時があつたかそれは注意を要すると思ふ。新聞の讀者は大體美術の素人である。この素人を前にして出る作品も作品もくだらない。日本にはろくな展覧會なしと言つてしまふのは、畫壇の社會的信用を害する。若し貯畜銀行或は生命保險會社の一權威者が、貯金或は生命保險に信頼し得るもの一つもなしと新聞の上で言つたとしたら、その結果はどういふことになるか、それを專門家の研究會でいふのはよい。假りにその通りであるとしても、しかしそれは決して素人を相手にして言ふべきことではない。少くも不謹愼の非難をうけても、致し方がないではないか。さういふ批評こそ嚴に禁止すべきである。そして批評も五年一回の優作展覧會だけにする。

現に私は、もつと作家の積極的な繪畫理論を希望する。今日の畫壇は作家によつて計劃され運用されてゐる。今日の畫壇をなしたものは、善かれ惡かれ作家の勞作によつてゐる。隨つてこの繪畫に對する理論が、責任上もつと明白に提示されなくてはならぬ。これ迄の例によると美術活動に、理論が先行した場合には、必ず生長を遂げて居ない。理論なき實行が本來である。しかしこれ程の年月を經ればもうそろそろ理論が出て來ても決して早いとはいへない。その點について流石に横山大觀氏は責任を知つてゐると思ふ。ただ大觀氏の畫論については論ずべき點がある、例へば大觀氏の論は支那の水墨上位説であり、この畫論は南畫の理論であつて、それをそのまま日本にうつして來ること特に院展にうつして來ることは注意を要する。それは西洋畫をそのまま日本にうつして來るのを非難する大觀氏としては、やや不用意にすぎるその支那畫論のあとへ、直に皇道藝術論を持つて行くのは、突然すぎはしないか。しかし大觀氏が堂々と自ら繪畫に理論的主張をする態度はあく迄尊重すべきである。

次に吾等の聽かんとすることは、作者の體感である。これについてはこれ迄、榊原紫峰氏、竹内栖鳳氏、小川芋錢氏、森田恒友氏、平福百穗氏、小杉放庵氏その他の諸家にその卓拔の體感を聽くことが出來た。このことは支那にも多くの例があり、支那にて畫論のすぐれたるものを拾へば、張彥遠の「歷代名畫記」を例外とするのみで、他の「甌香語畫跋」でも「芥舟學畫編」でも「林泉高致」でも、皆畫家の畫論である。この畫家から直接にその體感をきくことから繪畫理論は完備する。日本にはすぐれたる畫論少く前代には僅かに竹田華山等の二三氏を數へ得るにすぎない。これを得ることは、優作二三を得るに匹敵する。またすぐれた畫家が、その體感を世に示すのは、その製作を示すに等しい義務とも考へられる。日本は流石に畫論を尊んで、制作を餘技とするが如き支那の南畫的誤謬には陥らなかつたが、しかし畫論、製作體感の表示が豐かであるとは言ひ得ない。支那の南畫家は萬卷の書をよみ、千里の道を行くのを以て畫家の第一性質としてゐるがこれは前述の如く南畫の餘技的意向から導かれた教養要求の過多であるが、しかしこれも一應の參考となし得るであらう。支那の繪畫論はそのまま日本の繪畫論とはなし得ないのであつて、この邊で日本繪畫理論が成立してもよく、この點にこそに美術關係者は協力して力を致すべきであらう。ここに東亞共榮圏の問題が自らにして示されて來るのである。（十二月十六日）

洋畫界へ

大東亞戰爭の意義を完遂せんことを望む

川路柳虹

皇紀二千六百一年を送つてその二年を迎へる。この未曾有の歷史的轉換の大局を日每體驗する吾が國民は大東亞戰爭の齎す世界史的意義を深く深く考察せねばならぬと共に、それが全文化の問題たる意識を强化せなければならないのである。

即ち日本が今直面せる文化の問題は過去二千有餘年の光輝ある傳統を背後にそれが東洋的特質の把持と共に、それを一層擴大綜合した上の世界的意義を闡明表示すべき機に迫つてゐるからである。日本が世界に指令し世界を指導すべき位置に迄進出してきた現實こそまた吾が文化の現實である。この意味に於ける藝術であり造形美術である意義に覺醒するならば美術人は一大飛躍をなすの決心がなければならないのである。

今茲に論題とすべき所謂「洋畫」なるものについて、それを考ふれば、元來この「洋畫」といふ呼稱そのものを廢止したいことである。尠くともその把握する內容に於て「洋畫的なるもの」を清算すべき任務の存することである。この事は觀念的にはすでに遠い以前から多くの人々により提唱され來つたことで洋畫の稱呼が妥當でないと同時に日本畫なる稱呼も全く不當であるのだが今日本藝術の世界的飛躍を約束されてゐる時代にわざ〱「洋畫」など〻呼ぶことは全く烏許の限りと云はねばな

らない。否、稱呼そのものを敢て論らふのではなく、その「洋畫的」觀念「洋畫的意識」そのものを吾が傳統文化に渾融さすだけの內質を以て向はなければならないといふことである。

かゝる言辭は往々にしてこれ迄單なる國粹主義的、ヂンゴイスチックなる主張と見做され易い危險を包藏したのであるが、先づその偏見から離脱してかゝらねばならないのである。而してこの事は單なる「西洋排擊」の如き皮相の觀念ではなく、より深く西洋傳統の根元を衝き、その核心と技術を克服して後はじめて得らるゝものであつて、我國の既往洋畫が、實は西歐傳統の探求にまだおろそかで、極めて浮淺なる近代傾向のみを攝取し來つた錯誤を淸算すべき任務のあることを痛感せしむるものなのである。一言にして云へば、「西洋的」を完全に克服して然る後にこそ日本的傳統にそれを渾化し、そこに新日本文化の實證としての日本の油彩畫を創成すべきなのである。それは既に「洋畫」ではないからである。所謂「日本畫」もこの際その舊稱を廢し單なる「繪畫」の中に合流されてよいのである。

日本の「洋畫」なるものが、その中心とする油彩の技術的訓練に於て過去四十餘年を經て今日の域に達したとは言へ、それはむしろ技術の末梢であつて、その根元の西歐傳統たる古典繪畫への省察が甚だ足らなかつたことが、その傾向をたゞ「新しきもの」「新しき作風のもの」へのみ集中させ膚淺雜駁な作品をのみ橫溢させた重大禍根となつた所以である。先づこゝに深く留意されねばならない。油彩の本質の把握に不足な點がいかにアンビシアスな企圖をもつとしても、それをマスターする技術に缺け從つて單に樣式の新をのみ追ふ結果に走らしめたのである。

かく言つたからとて私は所謂西歐の近代主義を全面的に非議するといふのではない。否近代主義の因つて立つ眞意義を理解するためにこそ愈々古典の探求を必要とするのである　而してその近代主義に對しても古典の正しさの理解あればおのづからその批判と撰擇に錯誤を來さないであらう。單なるスノッビズムを歷史的傳統と掃きちがへるやうな謬りが淸算されうるのも先づ確かな古典的把握、卽ち西歐繪畫の確實な傳統技を把握してこそ理解されることであるからである。その事こそ西洋の克服でありそのことこそ日本の油彩畫がわが過去の傳統文化の精神と渾化一體しうる道の開拓に資する所以なのである。先づこのことを私は切に洋畫壇に切望するものである。

かゝる機運は畫壇の一方に少數ながら見えてゐる。卽ち西歐のオーソドクシーとトラヂションとのもつと深い探求への目醒めである。たゞしかし、それがそのまゝの樣式でよいといふのではない。その古典技がもう一步進んで第三の階段「新しい日本繪畫の創造」への一努力へ向はねばならないのである。

たゞこの爲めにはそれを助成する海外作品の集成が手近に求められねばならない。巴里にわざ〳〵出かけてゆかねば成し得ないといふやうな不便はもつと除去されねばならない。その爲めには今度出來る市美術館なり又別の蒐集館なりに於て現存の外國繪畫の列品館を作りたいことである。便宜上の貸與でもよい。大原、松方、三井、福島、住友等の蒐集家は概に近代畫の所有者ではあるが、それでも傳統技の卓越した作品をもつてゐる。それらをこの外國畫のセクションに集めるも一考であらう。かういふ方法でもつと研究に利便な施設も一方になくては以上に望むやうな效果は上らないのである。それと共にこれは今は取り越した一つの空想ではあるが我が戰捷の曉に於て戰利品として享くるものあらばその中に、米英の美術館に存する西歐名作の幾つかを捕へたきことである。これ文化の資產として我が新美術育成に最も役立つものなることを失はないであらう。

とまれ洋畫壇は既往の浮淺なる傾向を一擲しその技術を正統に還し向上をはかると共にこの興國の意氣を以て潑剌たる國民意識を顯揚する內容ある作に向はねばならない。亡國的萎徵的內容を一擲せねばならない。それには一大飛躍的努力が要る。赫々たる戰果を擧げた陸海皇軍の努力が死を賭しての不斷の勉强に因するを思ふ時まだ〳〵美術は勉强が不足してゐると切實に考へる次第である。要はかゝる一切の飛躍に對して大きい心構へをもつて邁進されんことを待望する以外にない。これ大東亞戰爭の文化的意義を闡明すべき美術家の任務であることを思ふからである。

彫刻界へ

時代認識と青年作家への翹望

大藏雄夫

歷史的な「世界新秩序」の輝かしい展開と共に、明けわたつた戰時下二千六百二年の彫刻界に、いろ〳〵要望するものは多いが、先づ第一に青年作家に對して、奮起、敢闘、そして東西美術の尠なからざる傑出品（寫眞にても可）を見ることを希み

美術家の手による
美術品の保護運動

伊原宇三郎

久しい間モヤ〳〵したものがわれわれの頭上にあつた。何うにも重苦しい妖雲が垂れ籠めて憂欝であつたが、それが對米英の宣戰布告でカラリと晴れ渡つた。此感じは日本人が等しく感じた處であらうが、微塵も恐怖や懊惱を感じることなしに「來たゾ」と力強く身構えする。こんな素晴らしい民族が世界中にあるであらうか。かつて一部人士の忌はしい事實が傳へられたこともあつたが、いざその日が來て見ると、誰も狼狽しないで反つて落ついたのだから、つく〴〵日本人は偉いと思ふ。

緒戰の戰果はわれ〳〵すら驚いた程に目醒ましいものであつた。がこれは飽く迄も緒戰であつて、相手は何と言つても米英といふ、圖體から言へばわれ〳〵の何十倍何百倍の巨國である。今日の戰果で少しでも心驕る樣なことがあつてはなるまい。又相當な報復がいろ〳〵な形で來ることも覺悟しなければならない。

われ〳〵はそれを毫も恐れるものではないが、たつた一つ、美術家としてのわれ〳〵の杞憂せざるを得ないことがある。それは空襲による美術品、美術的建造物の破壞されることで、傑れた美術品は言ふ迄もなく原作がたつた一つしか無いものでもしこれを毀損すれば再び手に入れることが出來ないのであるからわれ〳〵は出來るだけの方法を講じてこの貴重な民族の最大遺產を護らなければならない。

戰爭の相手が支那だけの場合には、到底日本迄飛んでは來られないとタカを括つていゝ處もあつたが、今度の相手は相當其點では危險性が多いので何うしてもそれに對する方策が講じられねばならないのであるが、今以てその聲が何處からも起きて來ないのは不思議でもあり殘念でもある。

歐洲では、前大戰の時も、今大戰に際しても總ゆる美術品を護る運動の旺なことは到底われ〳〵の想像を越えた程度のものがある。それは敵も味方も、文化特に傑れた美術品が、單にその國だけでなく、總ての人類の最大財產だといふことを熟知してゐるので、何はさて措きその擁護に全力を盡す譯で、古美術や傑作の多い伊佛國など實に驚くべき莫大な勞力を國家的に動員してこれに當つてゐる。獨英白和皆然りで、あれ程の凄い戰

たい。それは今日以後の一般青年の動向によつて、來るべき次代の日本の隆替が決定されると同じ意味において、美術部門の彫刻の新しい進路も、開華も當然青年作家の手に委ねられてゐるからである。然し青年作家にして果してどれだけこの重大な使命を自覺してゐるかは、未知數ではあるが、すべては眞摯な作家的の自覺から、出發しなければならない。

今日、戰時下にあつて、彫刻界も亦その荒波にもまれ、その影響を受けつゝあるが、さりとて今直ちに時代的な新傾向なり新様式の新彫刻が發生し得べきものではない。これは作家が眞に時代の核心を把握し、自己の上に任務づけられたものを正しく認識して、そして思想の流れ淀みなきとき、初めてこの時代相を反映する藝術が創造されるのであり、今はその胎動期だと云へる。

そこで、日本彫刻史のページを繰り擴げてみれば、推古期は素朴、弘仁期は森嚴、藤原期は優美、鎌倉期は豪壯といふ風に時代的にみて様々な變移段階はあるが、みな其の時代の獨自性を發揮して民衆への文化の教育の機能として發展し來てゐるのである そして今日は恰度、元寇を想起する時代で、時代のきびしさが犇々と感覺づけられ、時宗精神が盛んに昂揚されてゐる。この秋、彫刻家は何を作れば良いかといふ必然的な問題に逢着するであらう。こゝに一つ鎌倉期の向ふを張つて、覇氣あり、而して雄健なるものを試るのも良いが、主題と技術が內容的にマッチして、日本人の將來に對する氣魄が表現され雰圍氣を醸し出すものであれば、この問題はおのづから解決されたものと考へかる。

こう稽へて來ると、われ〳〵の彫刻は人間の自覺がハッキリして、生活に對する意識が確立し、生活に根ざした彫刻エスプリーの表現でなければならない

於是、製作態度の問題が提起される 今更ら言ふまでもなく自由主義時代は過ぎた。作家は小ツぽけな自己の舊い殻に安住して、彫刻が一部の貴族や富豪の玩具であるかのやうな馴れから 速かに脱皮しなければならない。寂の境地、安息の藝術もあながち悪いとは限らないが、今日は天平時代でも、江戸時代でもない。そんな消極的な逃避的な考へ方ではつひに彫刻界に登場する資格を失ひ、社會生活から遊離するであらう。しかも其の立場から一歩も出様としない工人は、屢々彫刻後退の罪を犯してゐる。さらに許し難きは夾雜物的幻想の殘滓で之等は、今日一番いけない存在である。是非とも一掃したい。

夫れから、例へば女裸體像にしても、何のアイデアーもない漫然たるモデルンや、永い年月の官展的形式が生んだポーズ偏重の、表面的ねらひだけの踊りなど斯様な空疎な無意味なものは排されて、神國 めのこ」らしい清々しさ、凛々しさをもつ裸像で、觀者に新鮮な印象を與へるもの意欲あるものゝ出現が待たれる。玆にいふ「意欲」とか、「逞しい」とかの言葉が、ヴアン・ゴーグの狂熱、ルオールの怪異、ピカソの歪曲などに當てはまる質のものであらうと解釋し、意味の昧な言葉と思ひきめる人が、若しあるならばそれは古色蒼然たるアカデミーの頭である。

戰時下の彫刻家は、簡素にして清廉な生活を喜ぶべきであるそして常に眼前に動きつつある世界の姿を正視することを忘れず、今日の美術が國民生活の中に滲透して その上に構築されたものでなければならないことを識り、彫刻が民族自體のものとなつて、誰彼の差別なしに愛され、親しまれる存在となる爲めに、それに伴ふ創造力と藝能力の培養が最も肝要になつて來たのである。ところが、從來大なり小なり封建的運命を與にしてきた彫刻が、世界大への希求は勇ましい。けれども民族文化の上に發想して、文化の政治性を內包すること、そのメチエーの練達に、イデオロギーの洞察に於いて、幾多の宿題が投げ出されてゐる。この國の彫刻が、文化戰士によつて、世界性に位置し、國際美術協議の中心にまで到達する時は何日か。青年作家に課せられた宿題はなか〳〵に大きい。

最後に、文展の彫刻に觸れる今の時勢に政府が何等のイデーも目標も示さず、十年一日の如き美術奨勵機關を存置するの不思議を感ずる。其のあからさまなる入選、特選の情實、無鑑査が世帯崩しのダレ氣味をみて、吾々はとくに匙を投げてゐる。それなのになほ文展改造論を唱へる知識人があるのは了解に苦しむ。文展はもはや健康な傳統軌道を失くしてゐる。只そこに有るのは因襲固陋の癰腫のみだ今それの模様替へをしてみたところで五十歩、百歩、やはり既成情趣が主流となり、そこに幾らの新味が賦與されるものとは思はれない。組織を得れば、人これに伴はず、人あれば、理念を缺く。と云ふのが文展の性格であり、組織、人、理念の三者が渾然一致することは、まづ難しい。しかも藝術的視野が狹少で、徒らに雜駁な世俗的配慮に作家を惱ますばかりの文展は、この際、潔よく御破算にした方が賢明であらう。

そして別途に、陸軍美術、航空美術が海洋美術その他在野の有力團體を糾合して、新しい秩序の堅實な美術文化の方向が樹立されて彫刻界に新生面の開かれんことを望む。

手にも、傑れた美術品の被害は殆んど皆無と言つていゝ程に護られてゐる。

然るに日本では既に今迄にそれらしい運動なり實踐の無いのが不思議だと思ふのであるが、今以て美術關係の事は總て「不急」の二字で片づけられてゐるのは、寧ろ以外と言つてもいゝ。勿論美術奨勵其他不急に屬することは多々あるが、世界に冠たる正倉院御物を始め夥しい日本の優秀美術品の保護は絶對に急を要する問題で、これは今からでも是非着手しなければならないと思ふ。

言ふ迄もなく現在はその爲の資材並に勞力の極度に不足してゐる時代である。それに政府も一般人士も美術品を其處迄國家的に貴重なものだと思つてくれてゐないところが無いでもないので、公共的な保護運動を待つてゐては當分實現の見込が無さ相であるから其處で私は此際一つの私案を美術界に提出したい。それは傑れた美術品を美術家自身の手で護る運動である。

學校、大商店、大工場等では孰れも集團勤勞作業を行つてゐる。それと同じ様に、全美術家の集團勤勞作業團を作つて、重要な美術品を安全な場所に移すとか、國寶的建造物を土嚢で圍ふとか最も美術家に應はしい、そして貴重な勤勞作業を實踐する。もし全美術人が結束蹶起して適當な主務官省と連絡してこれが理想的に實行されゝば、此上もない立派な奉仕奉公になると思ふのであるが如何なものであらうか。

多くの青年畫家の中に、何か御役に立ちたいと思ひ乍ら、何うして良いか判らなくて途方に迷つてゐる人が相當に澤山居ることを私は知つてゐる。もし美術家の手による美術品の保護運動が起きればさういふ人達も何んなに喜んで勇躍參加することかと思ふ。私は此前にある空閑地の開墾草取りの勤勞をしたことがあるが、さういふ地味な作業にも尊さはあるが、然し美術家の手でなくては出來ない仕事があるとすればそれにわれ〳〵の勞力を提供するのは最も樂しい有意義な奉公だと思ふのである。

寫眞左前より
棟田、櫻井、伊藤、池上、川路
猪木、笹岡、野間の諸氏
——日比谷松本樓にて——

大東亞戰爭と美術を語る（座談會）

文化奉公會々員

出席者（順不同）

陸軍囑託　池上　恒氏
東京音樂學校助教授　伊藤　武雄氏
文化奉公會　十合　薰氏
創作家　棟田　博氏
二科會員　野間　仁根氏

陸軍少將　櫻井忠溫閣下
洋畫家　笹岡　了一氏

本社側

美術新報社長　猪木　卓爾
同編輯顧問　川路　柳虹

本社　今日は皆様御多忙中且つ押詰りましたにも拘らず多數の皆様に御出席を得ましたことに對して、茲に厚く御禮を申し上げます。私共の方へ社の計畫と致しましては、計畫はもつと早くから致して居つたので御座いますが、丁度八日から米英との戰爭も始まりましたし、今までとても相當に美術界にも新體制といふことが叫ばれて居りましたので御座いますけれどもが、兎角こちらの內地に居ります者にはなかく／＼前線の御困苦や、或ひは御活動の模樣なんかに就きましても、十分體驗を經ません關係上、どうもピンと來ないものがある。それで作家としても、我々の職域奉公は、どういふふうなことをすればいゝかといふことだか、或ひは今までの自由主義を棄てゝ、何等か新體制に向ふやうな心構へを持ちたいといふことに就ては、我々が方々の人達と面接します都度、いろ／＼な話が出るので御座いますけれども、作家がすべてアトリエにゐて或ひはそれで自分の生活も出來、或ひは仕事が外觀的なものでない關係上、他の社會みた樣に、團體運動とか或ひはいろ／＼の運動によつて、それを表現して行くことが出來ない。しかし或る人によりましては、一般以上に非常に緊張して居るのだといふことも聞くのであります。そこで今日はそういふ人々に對して、或る何等かの示唆を茲に與へて戴きたいと思ひまして、急にお集りを願ひましたやうな譯であります。

このお話を掲載さして戴きます號は丁度新年號になりますものですから、之を幸ひ前線に於ける正月といふか、新年を御經驗のある方が御座いましたらば、それはどんなふうか、先づそんな處から先きにお話を願ひたいと思ひますが如何かでせうか。

戰場の迎春

棟田　私は濟南の近所で新年を迎へたことがあります。夫は初めて戰場に行つて、初めての新年で、昭和十三年の正月です。泰山鳴動鼠一匹といふことを言ひますが泰山といふ處の邊りで新年を迎へたのです。新年と言つても、餅も無論ありませんでした。何にもない、その代り借金取も來ない譯です、何にもないけれども、何かしなければならぬといふので、町の支那料理屋みたやうな處へ行きまして、剽輕な兵隊が鐘を擔いで來た。その鐘には龍の彫物がある。何もないが除夜の鐘だけは聞かせるぞ、といふ譯です。そうするともう一人僕みた樣に剽輕な兵隊が居つて、そいつが何か支那人の家の部屋の處に掛軸が掛かつて居る。それ

は婚禮のお祝ひか何かで貰つた掛軸らしいので、南方の佳人が緣を結びとか何とか書かいて居る。そいつを持つて來て、そいつを裏返へにして、墨で富士山の繪を書いて、日が昇る處を書いて、名前も横山大觀と書き、落款まで作つて、正月の掛軸はこれでなければ不可ぬといふ譯です。（笑聲）そしてやつたのですけれども、殘念ながらそこで正月を送らずに、大晦日に急に出發といふことになつて、その儘に殘して發つたそんなものですから、後から他の皇軍部隊でも入つて來て、お正月らしい正月を迎へて居るだらうといふことを話し合つたのですがそういふ思ひ出もあります。

野間　横山大觀はよかつたですね。

棟田　それを畫いたのは、神戸のお巡りさんをして居つた男ですが、そいつが富士山を畫いて、それに横山大觀とやつたのです。

十合　横山大觀と書けばいゝのだと思つてゐるのでせう。面白い話ですね。

本社　櫻井閣下もそういふ御經驗がお有りじやないでせうか。

櫻井　私共は旅順で迎へたのですけれども、その頃は倒れて居りましたから、その時には大して別にこれと言つて正月も何にもしない。たゞ面白いことは、旅順攻擊は砲臺が最後でしてそいつが元日に陷落した。その前の晩まで、皆天幕の中に寢轉んで居つた。雪が降つてゐるものですから、朝五時頃になつて起きて見ると、足などは曲がつた儘でなか〳〵伸びない位になつてゐる。そういふ寒いものですから昏頭から、天幕を被つて寢轉んで居つたのです。ところがそこへ酒と鯣と數子といふやうなものが運ばれて來ましてそして皆やれといふことですので、それから矢張り正月はこれが出なければならぬといふ譯で、祝ひの酒が一人に一合づゝ渡つたのです。ところが酒を呑まぬものもあるから、中には一升位呑んだ者もあつて、馬鹿に泥醉つてしまつた。ところが今から突擊だといふ譯です。正月から突擊は變じやないか、いや正月こそやらなければならぬのだ、向ふが寢て居るから、こちらは正月にやらなければ不可ぬといふ譯でせう。（笑聲）それに當時何とか「フイトサ」といふ歌がよく流行つた。それで「何とかフイトサ」といふ譯で、中には一杯機嫌で砲臺を突擊して占つたのです。（笑聲）

笹岡　陷ちたでずか。

櫻井　陷ちたですよ「フイトサ」でぶつ飛ばした譯です（笑聲）その頃は正月を迎へるのに、矢張り松の木がありますから、松の木を切つて來て門松を拵へたり何かしたものですが、矢張り今駐屯して居られる方は何でせう。元日を迎へるのに、同じ樣に、松の木なんか切つて來て門松を立てたりしてやつてゐるでせう。そういふ經驗を經て來られた方は、一入感慨深いものがあるじやありませんか。

本社　支那は何で御座いますか、矢張り同じ舊暦でせうか。

野間　いや、一寸喰ひ違ひますね。矢張り棟田君の話の通り、兵隊の中に器用なのが居つて、そいつが松飾りを拵へたのですが、こちらの松飾りよりも立派な松飾りです。特に廣東は、竹が豐富ですから、大きい竹を打切りまして、それに勿論松もあります。それから梅もあります、梅は內地の梅と同じ香りです。綺麗な梅です。それで大きな竹を打切つて、それに松や梅を差し、それを綺麗な繩で縛つて立てたり大きな注連飾を拵へて、それを正面に立てたりしたのです。ところが餅には一寸困つたのです。糯米はあるけれども、臼や杵がない、これには一寸困つた。それでも私はその衝には當りませんでしたが、器用な兵隊が居つて、そいつが石に穴を彫つて、大きな臼を拵へたのです。

揃ひの手拭で餅搗き

それは昭和十四年から十五年に懸けて、つまり十五年の正月ですが、それ位に準備したものですから、いゝ餅が搗けた譯です。勿論腹一杯皆が戴く樣にするといふことはなか〳〵大變なことですから、腹一杯といふ譯には行きませんでしたが、それでも私が戴いたのは、お供餅の相當に大きなのが一つそれに小餅が十位あつたと思ひます。その時分は、昭和十五年の正月ですから、廣東附近の治安といふものは相當治まつてゐたので、それだけのことをする餘裕は十分あつた譯です。丁度その餅搗きの日に、私は隊長のお供をして、廣東へ行つた。丁度廣東から十里ばかりの田舍に居つたのですが、そこから廣東へ行つた。後に殘つた人達は是非今日は一杯オゴつて貰はなければ餅搗きするのに氣分が乘らない。そうかそれならよからうといふことで、多分二十人位で搗けたと思ひますが、それじや揃ひの手拭を出したらよからうといふことになつて、餅搗きに元氣をつけるために、皆に揃ひの手拭を出してやつたのです。その日私共は、十里ばかりある廣東まで連絡に行きましたら、向ふも大變なお祭り騷ぎで迚も賑やかです。それからそこで御馳走になつて歸つて來たのですが、それは矢張り自動車で、鐵砲を持つてチヤンと武裝して居ります。それといふのは、チヨイ〳〵匪賊が出る。それにあの附近は、海賊が非常に多い處です。だから途中で掠奪されたり何かして、危ない目に遭ふものですから、矢張りチヤンと武裝をしてゐる。なか〳〵治安は定まつてゐると言つても、そういふ危險なことがあります。しかし何の事もなく歸つて、それから門松を立て、松飾りをして、酒や餅を前にしながら、お互ひに新年を祝ひ合つた譯です。

棟田　海賊といふのはどんなのですか。

野間　海賊の根據地といふ具合ひで、そういふ不逞なのが居るのですね丁度東江と珠江が一緒になる處ですが、そこは水利の便がいゝものですから、平生は普通に農村で暮してゐながら、チヨイ〳〵そういふことをやる。そういふ氣分がまだ殘つてゐるのです。後でそれは包圍して、そんなものは殲滅してしまつたけれどもそんなのがチヨイ〳〵出る。それで往復共自動車――自動車と言つても、兵隊さんが運轉してゐる自動車ですけれども、歸りに途中に梅林がありましたので、その中に這入り込んで、梅の枝を取つて歸つたりした思ひ出もありますが、前線に於ける正月あたりの氣分はそんなものです。

本社　梅はこちらのと同じですか。

野間　同じです。梅の花も綺麗ですし、芳ばしい香りがする。梅は內地のものと同じ樣に感じましたね。たゞ數は日本程はないですけれども、それでも處々に野生であります。

本社　櫻はどうですか。

野間　櫻は見ませんね。

本社　一寸似たやうな木があるそうじやないですか。

野間　似たのはあります。それは春先きですと、霞が掛かりますから、遠くから見ると櫻の樣に見えますけれども、日本の櫻とは大分違ひます、何しろ氣候が暖かですから、櫻は無理でせう。兎に角十一月の末でも、螢が飛んでゐる。ですから恐らく今度マレー邊りに上陸された方達は、始終螢の光を見ながら行軍してゐらつしやるんじやないかと思ひますが、一寸想像が出來ない程の暑さです。冬の日でも今日は一寸暖かいなと思ふと、大抵百度位には昇ります。

笹岡　恐らくシンガポール邊りで迎へる本年のお正月といふものは、不思議な思ひ出でせう。今までの正月と違つて、馬鹿に暖かいお正月ですね。

伊藤　褌一つで、團扇を使ひながら餅を食ふお正月でせう。（笑聲）

本社　この間新聞の寫眞を見ますと、子供が眞裸で御座いますね。

野間　廣東邊りでは、子供が眞裸といふことはありません。所謂輕裝です。

本社　佛印なんかの方の寫眞を見ると皆眞裸ですね。それだけ暖かいのでせう。

川路　私はシンガポールで一月を迎へたことがありますが、一月の末でも丁度こつちの八月あたり位の暑さでしたね。毎日スコールがやつて來て、雷が鳴る。

棟田　それでは一寸氣分が出ませんでせう。

川路　出ませんね。正月の氣分といふものは、どつかふき飛んでしまひます。

池上　陸軍病院でも、正月は餅が渡つてその餅を食べるのですけれども、その餅がお雜煮と言ひましても、普通の家庭でやるやうなふうにチヤンとお雜煮に出來て居りませんで、汁が渡つてその後に生餅が渡るだけです。そこでそれを煖爐の上で燒いたり或ひは火鉢に持つて行つて急に燒いたりして食べるといふのが多いのですけれども、しかしそういふやうな兎に角本當に氣分の上でのお正月を十分にやりました。

それから私共の美術部の方の教育としては、何か精神的な意義から言つても、また、藝術の上から言つても、何かやりたいといふので、一月十日に新年の書初めをやります。その時は美術部の將兵を全部集めて、そして寶珠の玉を書かしたのですがなか／＼元氣のいゝ大きな寶珠の珠をずつと勢ひよく畫いて、大いに皇軍精神を發揮しませうといふ譯でやつて、なか／＼面白いのがドツサリ出來ました　そういふことでお正月を過して居ります。

スケッチ　三輪　孝

旅順陷落は元旦

櫻井　どうも考へて見ると、旅順は一月一日に取つたし、滿洲事變の時は、一月三日に例へば錦州を取つて滿洲事變に終點を打つた。どうも昔から戰爭に正月は緣起がいゝものと見えて、收獲が何時でも正月にあるといふことを思ひますと、今度一月元日あたりにシンガポールでも陷ちるんじやないですか。（笑聲）

本社　この分ですと、一月の月には何とかなるでせう。

櫻井　かういふものは、一つは偶然にそういうふうな具合ひに正月に勝つたといふこともあるでせうけれども、そういふところを狙ふといふこともあるんじやないでせうか。そういふ何か祭日とか、或ひは正月の元日とかといふところを狙つてゐるんじやないか知らぬと思ふのですが今度の戰爭でも、これは元日ではないけれども、例へばハワイの爆擊にしても、日曜日の朝にやつてゐる。大體毛唐とスポーツをやるのでも、日曜日にやれば必ず勝つですし、向ふは日曜日にやることは非常に厭がる。それは彼等は、土曜日の晩といふものは、酒とダンスで夜深しゝて、朝寢るのが三時から四時頃で、そして朝起きるのが十時位になつてやつと眼を覺ますといふ調子です。ですからハワイあたりの海軍の將校は、上陸して居つたか、或ひは泥醉つて寢たといふところじやなかつたか。そういふ日曜日の朝を狙つたといふところは、矢張り狙ひを定めてやつたのじやないか。そんなやうな氣が致しますね。

笹岡　偶然じやない。作戰でそういふところを狙ふのでせう。

櫻井　お正月で向ふが泥醉つて寢て居る。それをこつちが狙つて攻擊するといふ戰法です。

笹岡　そういふことはこの事變でも澤山ありますね。

池上　海軍が今度擊沈せしめた米國の軍艦ですか、あれには艦長がゐなかつたといふのは、矢張り何かそれと同じやうな氣分で、艦長が上陸してゐなかつたといふことも幾らかあるんじやないですか。そこらは日本人と違つて、緊張感が足りないんじやないかと思ひますね。

伊藤　一體アメリカ人といふものは、正月よりもクリスマスの方を祝ふですね。だから何か今度もあるじやないですか。

櫻井　クリスマスにはまた何かやりますよ。

川路　今度もまた相當獲物があるでせうね。

戰爭の發展と美術文化

本社　そう致しますと、愈々米英との戰端も開始され大分戰果も決定的に近いといふことで、國民も非常に緊張もし、喜んでも居るので御座いますが、從つてこの日本の共榮圈といふものは、南洋にまで擴大されるだらうと思ひます。今までは大陸だけを中心として居たものが、今度全東亞を勢力下に置くといふことになりますと、武力のみでなしに、文化方面もそれにつれての交通がなければ、なか／＼諸民族を心服させて行くことは困難だと思ふのですけれども、これに就て閣下の御所感を承りたいと思ひます。つまり美術家の心構へといふものが非常に必要だと思ひますが、それに就て御所感を一つ――。

櫻井　私は美術家でも何でもないから、美術に就て論ずる資格はないですけれども、何と申しませうか、美術家は普段平素から餘り街頭に出ないんじやないかといふやうな氣持が致します。先程のお話の樣に、どうもアトリエに引込んで居つて、或る自分の持場々々で割合ひ狹い處に籠城してゐるんじやないか、といふ氣持が始終あつたのです。だからこの戰爭が始まつて以來、最初の間は、戰場に美術家が出るといふことに就ては、相當問題があつた。それであるからして、最初からそう私は、美術家の人達が――諸君のやうな人達は別ですけれども、一般の美術家の人達が戰場に筆硯を携へて行つて、そして戰爭と共に生れるところのいろ／＼な文化方面の仕事をやらうじやないかといふ氣分を持つて居らなかつた人が多いんじやないか、しかしそれが漸次その必要を感じて、アトリエから出てそして戰場に行かれた大家連中も澤山ある樣です。

けれども、しかしその人達がどの位のものを殘されるかといふことを、私は素人なりに興味を持つて眺めて居る譯です。日露戰爭の時分にも、寺崎廣業だとか、中村不折だとかいふ人々が從軍されたけれども、結局殘つたものは何物があるかといふと、殆んど殘つてゐるものはないと言つていゝでせう。

今度の戰爭になつて、最初はそうであつたけれども、近頃は非常な勢ひでこの戰爭を取材にした美術が生れて來つゝある。これは誠に結構なことですが、そういふ意味から言つて、將來かう言つた日本の發展につれて、美術家諸君も、ドン／＼新しい天地に向つて進出して、そしていゝものを子孫に殘すといふ位の氣持を持つてやつて戴きたい。現在の人達に、美術を通していろ／＼な日本の經營なり、また南方文化なりを紹介するといふことは必要だが、それと同時にまた子孫のために殘すといふ覺悟を持つてやつて戴きたいと思ひます。殊に私は、歐洲を旅行してなどそう思ふことは、如何にも戰爭を主材としたいろ／＼な藝術が澤山殘されて居る。しかもそれが案如立派な作家がそれを殘してゐるといふことを見る時に、餘りに日本を貧しいと思はれてならない。だからこの際私は、皇軍の進出につれて、美術家もそれと

一緒に前進するといふ位の意氣を持つて行かれる必要があるのではないかと思ひます。

それと共に、先つきも棟田君から一寸話があつたのですけれども、大陸方面に居る文化人といふものは、例へば支那なら支那方面の文化人といふものは、日本の文化人と手を握りたいといふ氣持が十分あるらしいのです。これらと手を握るといふことは、日本は戰爭ばかりに夢中になつて居るのでなしに、その半面に少くとも文化の交流に力を入れて居るのだといふことを示すことになつて、將來大いに貢獻されるものだと思ふのですが、それがどういうふうな文化人か一體向ふにあるのかといふと今までは主として立派な作家とか、美術家といふものは重慶側に居るとか、或ひは英米あたりの資本家に抱擁されて居るとか、そういふ作家、美術家の中に相當の人物が居るんじやないかと思ひます。その他に居る者は左程の者でなくして、實際力のある作家なり美術家なりといふものは、重慶側とか或ひは英米の資本家に抱擁されてゐる人の中に多いんじやないかと思ふのですが、それらの心境の進轉につれて手を握つて、そして日本文化の眞相を知らせ、また向ふのものも知らせて貰つて、そして新しいこの東亞の文化の交流に力を盡くされる必要があるんじやないか知らんと思つたりして居ります。私は素人ですからよく分かりませんが、大體そんな感じを持つて居るのです。

從軍畫家今昔

本社 今お話の日露戰爭時分のことは、私は朧氣ながら覺えてゐますが、その時分行かれた寺崎廣業さんとか或ひは中村不折さんにしても、もつと若い作家でゐられた。そういふ關係で餘り有名なものを殘して居られないのでせうが、一つは唯今軍が美術家を待遇されることは非常に厚いです。ところが日露戰爭の時分は、殆んど從軍記者と同じやうな待遇しか受けなかつたんじやないでせうか。

川路 要するに寫眞の代りにスケッチを書くといふ程度だつたのでせう。だからそういふ意味から言へば、非常な功績を果してゐる譯です。

本社 當時何々畫報といふやうなものが出ましたね。

櫻井 だからスケッチに止まつてそれ以上に出ない。今 御物になつて居る村田といふ人の畫かれた黄海の海戰ですかあゝいふ中には優れたものもありますが、そういふのはどつかに納まつて、一般の人はなか〳〵見られない。ですから一體日清戰爭、日露戰爭後にどれ程國民がその戰爭を取材とした美術を見たかといふと、殆んど見て居らぬでせう。私が記憶があるのは、中村不折か誰か、戰爭から歸つた兵士が戰況を自分のお爺さん お婆さんに話をして居る圖があつた。つまり戰爭から歸還した者が、その戰爭を語るといふ題材のものであつたことを記憶してゐるけれども、それとても戰場の場面を取材にしたものではない。或ひは寺崎廣業が、將兵と山水を畫いたことがあるけれども、それとても別に戰爭と大して關係がない。山水として見ればいゝかも知らぬが戰爭を取材としたものとして見ることは出來ない。勿論そういふ人達は、今では大家ですけれども、その時分は未だ青年畫家だつた。そういふまだ歳が若かつたといふこともあつたでせうが、しかしそれでも相當の抱負を持つて行かれた人達が、餘りこれと言つたものを殘して居らないといふことは、これは非常に惜しいことだと思ふのですが、どうでせうか。その時分のもので特に記憶に殘つてゐるのがあります。

川路 戰爭を畫題としたものでは東城鉦太郎さんの「日本海々戰の圖」位なものが立派かも知れませんね。

櫻井 日清戰爭の時には、川村清雄さんが、相當日清戰爭の繪を書いて遊就館にも相當納まつてゐますが、あれなんか香りが高い方でせう。そういふ點から言ふと昨今は聖戰美術展といふものがあつたりして、隨分澤山のものが出て居りますから、この中には末長く殘るものもあつて、子孫のためにどれ程か昭和の戰爭の有樣を敎へるに役立つか分かりませんね。

美術家の心意

櫻井 たゞ私は、これは餘計なことですけれども、美術家といふのは、美術家を前にして言ふのは失禮ですが少し狹量なところがあるんじやないか、どうも肚の狹いところがあるんじやないかと思ふのです。といふのは、同じ目的を持つて進む人が、或ひは陸軍美術展、或ひは海軍美術展、或ひは航空美術展というふうに、各々トーチカを作つてやつて居る。(笑聲) そしてバラ〳〵に分かれて、何とか統一しそうであつて、分裂してゐる。かういふところは同じ仕事をやつて居るのだから、いろ〳〵な感情を排し、或ひは感情だけでなく、作品に對する主義主張もあらうけれども、もつと大きな肚を持つてやられたならば、もつと〳〵立派な、大きな意味でのいゝ作品が現はれて來るんじやないか知らん。お互ひに狹量といふか、或ひは偏見といふかお互ひに妙な感情などから對立して、そして却つて作品を下げて居るといふ向きがあるんじやないですか。私は素人だからよくは分かりませんが、そんなことはありませんか。

野間 見方によりますと、畫家も非常に呑氣そうに見えるかも知らんけれども、個人々々の生活といふものを一寸覗いて見ますと、私は今は非常に多忙じやないかと思ふのです。しかしお國のために起つといふことになれば誰も自分の力を出し惜しみをするやうなことはない。そういふことは決して有り得べからざることですから、そういふ方面ではそういふ分裂といふことはないと思ひますが、何分多忙でなか〳〵外の方まで手が廻らない。そうすると出來る人が出來る方面に首を突込んで働くといふことになつて、結局その間に境ひ目といふものが出來て來る。假りに畫の方に就て言つても、早い話が山を畫くのが得意な人もあれば海を描くのが得意な人もある。かういふことで、山を畫くのが特意な人は陸に行き海を畫くのが得意は人は海に行く。そういふ事でそこに山と海といふもの、グループが自ら出來て來るんじやないかと思ひます。しかし何れこれは、そういふことが段々整備して行けば、後には閣下の仰言る通りにそんな小さなスケールのものでなく、もつと大きいものになるでせう。しかしその場合でも實際具體的な問題として考へますと、それ程大分のものを一堂に陳べるといふことになると、その場所とか、陳列場とかいふ問題が、差當つて困る問題になつて來るんじやないかと思ひます。

櫻井 陳列場とか場所とか、そういふものは、別として兎に角私は美術家といふものは、お互ひに人を排斥しないで、もつと大きな氣分もつと廣い心を持つて行かれた方がいゝんじやないか知らんといふ氣持が致すのです。

川路 それは割りに現在ないのじやありませんか。例へば陸軍美術協會、海軍美術協會、航空美術協會といふうにありますが、それは時と場合の關係で、海軍に行つた人が海軍になる。陸軍に行つた人が陸軍、航空に行つた人は航空というふうに、その時の作戰の關係で同じ方面に行つた人が集まつてゐるだけで、その間の確執は全然ないじやありませんか。

野間 確執は別に聞きません。

笹岡 若い者はかういふ時代ですから、自然閣下の仰言る樣になりますよ。

野間 古い人を見て今の若い人を論ずるのは、これは少し酷ですよ。(笑聲)

櫻井 若い作家、或ひは出征された方々は別でせうが、私の言ふのは、元來美術家といふものは、そういふ傾向がある樣に思ふのです。

笹岡 これからの若い畫家といふものは、閣下が御心配になつて居られるやうなことはないと思ひます。

現地畫信（二）

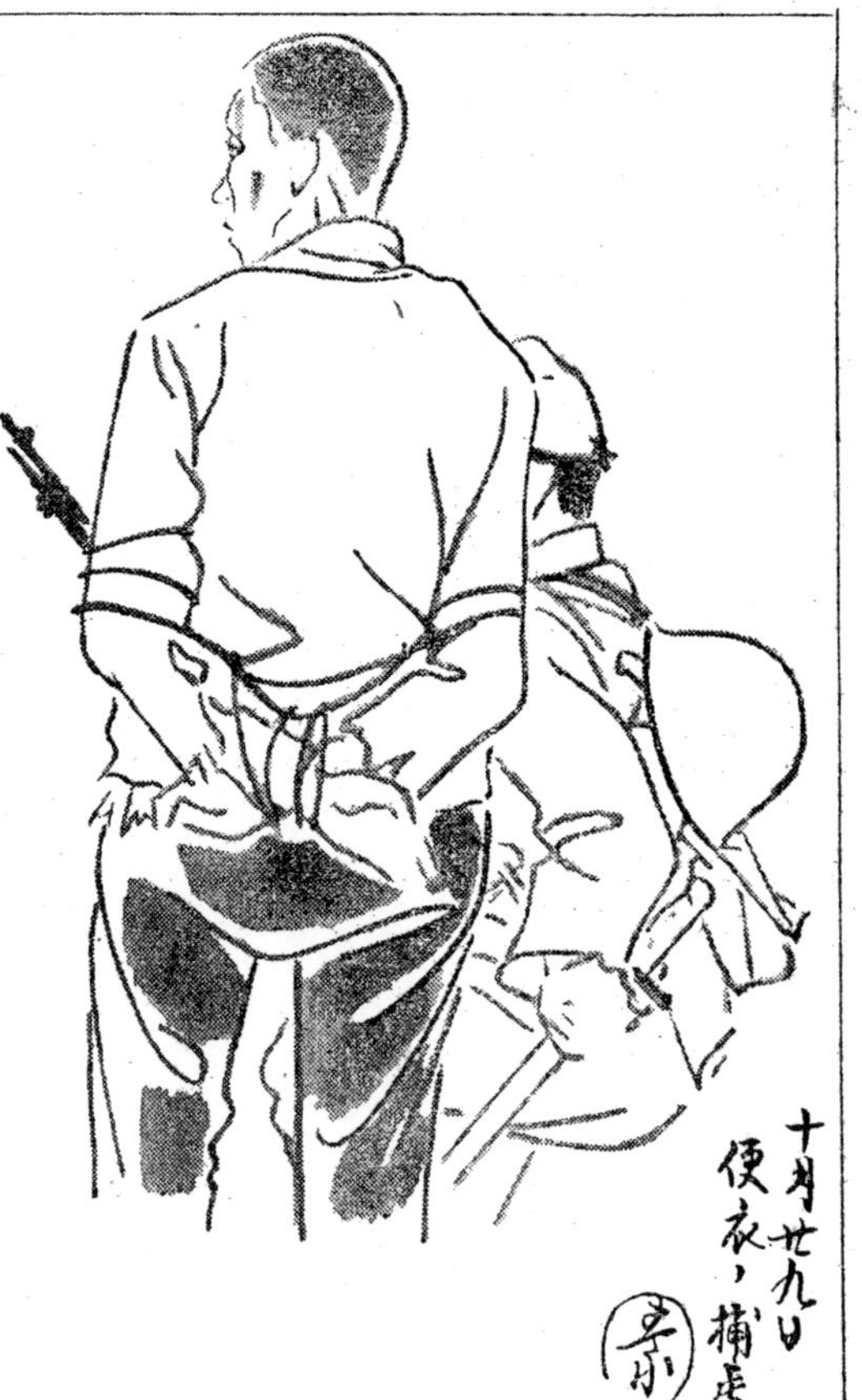

白樂天の名策に依つて世に知られる洞庭湖畔岳州より〇〇前線へ、都合良く聯隊長が前線巡視に出かけるので一行の車に乘る事が出來〇〇部隊から〇〇隊に到着一泊する晝の疲れで九時頃うつら／＼して銃聲を聞いた、朝食を分隊長と共にすませ二名の兵隊さんと分哨に出かける河をてへだてた向ふぎしが敵陣地である五六名の敵影を見とめて一發見舞つたが何んのこたへもない。歸へりのトラックにて、昨夜の便衣隊捕虜を土産に歸途に付く。

十月卅一日漢口にて

鬼原素俊

棟田　外から見ると、何か一つのセクショナリズムがある樣に感ずるですね。

本社　それは殊に日本畫關係なんかにあるんじやないですか。日本畫といふものには、塾といふものがある。或ひは流派といふものがある。一つの流派なり或ひは塾といふものがあつてそれに棟梁といふか、それを支配してゐる先生といふものがある。そうするとそれが他の塾、他の塾の先生に對していろ／＼惡い意味での競爭心を持つて鬪ぎ合ふといふ傾向は、日本畫なんかに特にありましたですね。そういふことからして、それが一つの催しなり一つの運動なりになつて來ると、なか／＼皆が一つに心持を協せてやるといふところまで、虚心に出て行けない。何かやるとなつて、やゝ纒まりかけると、他の方の人達は、あの先生がやるのでは……といふことで、一部の人達はそつぽを向いてしまふといふことが起る。だから閣下はそれを仰言つたのだらうと思ひます。

前線で感じた文化問題

棟田　僕は南京、漢口、上海を前線を廻つて非常に感じたことは、前からもそう感じてゐたのですが——、

本社　棟田さんは一番最近にお歸りになつた方です。

棟田　僕が一番感じたのは、軍事的な戰果の大きさに比較して文化的な對策といふものは、ずつと遲れて居る。例へば手取り早い話を言ひますと或ひは少數の文化人が軍につき、或ひは報導部なんかに行きまして、ポスターを張り、傳單を一つ作るといふことは、これは矢張り前線の兵隊が敵に向つて射擊をするのと同じことだと思ひます。それを戰爭の場合に使ひます武器は、日本は本當に世界一流の武器を以て戰かつて居る。ところがそう言つた文化の面では、例へば印刷機一つにしても傳單一つ書く人間そのものにしても、二流、三流です、日本内地にはもつと一流のが居る、一流の印刷機械もある筈ですけれども、二流、三流、四流のところを持つて行つて、未だに支那人は、かういふものを見せなければ判からないと信じてゐる者がある。しかし決してそうではない。支那人と雖も、矢張りいゝものは判かると思ひます。

話が違ふけれども、今度川中島の會戰といふ映畫を作つた。その時に青森の或る地方にロケーションに行つたのですが、それが丁度九月一日の興亜奉公日だつたのです。そこで青森の銃後奉公會と、それから警察署長なんかゞ一つ珍らしいスター連中が來て居るのだからこゝで出征家族や遺族慰安の催しをやつて呉れといふ話です。そして劇場は無料で提供するといふ話です。そこで、ロケーションでいろ／＼な俳優が行つてゐますから、じやりませ

うといふことになつて、直ぐプログラムが出來た。そして林長二郎も行つてゐたのでそれが歌を唱つたり、踊を踊つたりする。それから大河内傳次郎、山田五十鈴、入江たか子そういふ連中も何かやるといふことになつて、幕を開けた。そうして林長次郎が出ますと、向ふの人達も一番よく知つて居るので、そいつが出ると萬雷の如き拍手を以て迎へられる。そこで林長次郎は、踊を踊つたのですが、そいつがつまらぬ踊です。つまらぬと言つては不可ませんけれども、平凡な踊を踊つた。ところが勿論萬雷の拍手です。段々プログラムは進んで猿之助の浦島の踊といふことになつた。これはそんな舞臺で踊るやうな踊じやなく、彼の本當のいゝものです。ところが猿之助といふ名前は餘り知らないものですから、次は猿之助さんの浦島の踊ですと言つても拍手はパラ／＼としか來ない。それに今までは顏の知れた女優なんかゞ、綺麗な着物を着て、日傘を持つて踊つたのに對して、今度猿之助は、澁い紋付に袴で、釣竿一本持つてゐるだけなのでサッパリ何にも來ない。僕は舞臺の外で見てゐたのだけれども、じつと見てゐると、段々踊が佳境に進んで、猿之助は最初はそういふ處で踊るのだといふことを意識してゐたらしいのですけれども、段々無我の境に入つて矢張り東京の檜舞臺で踊ると同じ氣持になつて彼の本物が出て來た。一方觀衆の方を見ると、猿之助を何者とも知らぬ人までが、猿之助の踊を見て居つてそれに次第に引つ込まれて、眼の色が變つてゐる。そして最後に猿之助の浦島が、玉手箱を開けてさつとお爺さんに變つて、よろめき踊りながら舞臺の裏に入つて行くといふところになつて幕が下りた、ところがシーンとして、何の音もしない、暫く經つてから、思ひついた樣になつて、物凄い拍手です今度は本當の拍手です。結局私はそれだと思ひます。

支那人に對するものも、本物であれば支那にも判かるし、誰でも人間なら最後に判かる。だからくだらぬ通俗なものよりも、例へば傳單一つにしても通俗に書くよりは、本當のものを書いてやれば、それが段々判かつて來ると思ひます。

笹岡　唯今のお話の通り、本物が行つてない、一寸文化の面が遲れてゐるといふことは事實だと思ふのですが少し時間は經かるかも知らぬが、これから本物が常に出ると思ひます。それといふのは、現在日本の國民の若い者は、北は滿洲から南は佛印、タイの方まで、何百萬行つてゐるか知らんけれども、非常に澤山行つてゐる。それが交代して、出たり歸つたりしてゐるそれらが向ふに行つて、向ふの物を見て、日本のかうした文化に對する見方を變へなければならぬといふことを感じて歸つて來る。そして若い者の文化に對する考へ方といふものは、非常に變つて來る。かういふことが段々本物が現はれて來て、いゝものを書く樣になり、それがお互ひに本當によく判かるといふ時代が、必ず來るに違ひないたゞ遲いか、速いかの問題だと思ひます。

棟田　例へば日本軍の占領地帶に仁丹の廣告を一つするにも、或ひはア

ルバジルの廣告を一つするにしても、變な繪具を使つて、通俗的に仁丹或ひはアルバジルといふことをゴタ〳〵書くといふのは、かういふ氣持は矢張りこれでいゝのだといふ氣持の現はれじやないかと思ふのですが、それでは駄目だと思ひます。結局支那人を輕蔑することになる、支那人を輕蔑してゐる限り、和平は絶對に來ないでせう。

宣傳と藝術家

櫻井 それはあります。だから日本の宣傳文を書くのにも、ポスターを書くのにも、矢張りもう少し立派な人が出て、さういふ人が自ら進んでやるべきじやないか。どうも日本は、宣傳には負けて居つて、支那の宣傳文あたりの様に、何だかピンと來ないものがありますね。例へば支那に行つて見ると「力ある者は力を出せ、金ある者は金を出せ」かういふ宣傳文がよく城壁なんかに貼つてある。これを見ると、「力ある者は力を出せ、金ある者は金を出せ」と言つた方が「お互ひに貯金しませう」といふよりは どれ程強いか分からぬ。さういふふうで、向ふの軍司令官が書いて居るやうなものを見ても、尤も支那には名文家が多いせいもあるでせうけれども、實に上手いことを書いてある。それに較べますと、ポスター一枚でも、今の様に非常に弱い感じがするといふ氣持がする。この邊はもつと力を入れなければならぬですね。

棟田 それは一つは心構への問題でもあると思ひます。例へばその人が兵隊として戰場に立つた場合、敵に鐵砲を向けて、この一發で敵を倒さなければ不可ぬといふ場合は、その一發に全精力を集中して、よく狙ひを定めて撃つに違ひない。ところが傳單を作る場合は、その熱心さを感じない。傳單だからといふその心構への違ひも、私は大いにあると思ひます。だから作るその人が傳單一枚にしても、それに全精力を打ち込んでやるといふことが必要なのでせう。これは獨り傳單とか、或ひはポスターだけに限りませんが、さういふ文化的な仕事をするに當つても、さういふ所謂命懸けの心構へでやるべきじやないかと思ひます。

池上 それはいゝお話です。ですから要するに、國家の總力戰といふ立場から言つて、大家も小家ももつと本當に眞の良心に立還つて活動する。さういふ氣持が一番必要じやないでせうか。だからたゞ單に大家であるとか或ひは今まで古くさういふことをやつてゐるからと言つて、さうした人を直ぐ持つて來てやらせる。かういふ考へ方は不可ない。若い人の中にも優秀な人も居れば、かくれた人材もドッサリ居るのですから、さういふ人々にドン〳〵出て貰つて、そして適材適所に於て活躍して行く様にして行くといふのが、それが本當の總力戰であり、また實際の上での國力の總進軍じやないかと思ひます。

佛印へ行つた作品

櫻井 今度の佛印美術展といふものはどうでした。

野間 反響が大きかつたですね。あれは佛印に展覧會を開き、向ふの人間を啓蒙し、日本の美術といふものを認識せしめるといふことであつたのですが、かういふ文化の交流といふものは、軍の行動の後に來るべきもので然もその早急に効果を期待すべきものじやない、それには矢張り時期と順序といふものがあると思ふのです。矢張り軍の行動がその先驅をなしてゐる、その軍の行動がこれから非常に南の方に發展する。それにつれて文化も發展して行くといふことになると、今までは假りに美術にしても、たゞ單に支那とか、内地のものを含めた美術でなく、南洋の美術だとか、或ひはその他の南洋の土人の持つてゐる文化面とか、さういふものがお互ひに紹介されて、さういふものと日本の文化が交流して行けば、必ずもつと大きい規模の廣大な美術がこれから新たに起るんじやないか、これは私は非常に慶賀した意味で考へてゐます。

そういふふうに考へますと、今お話の支那の傳單にしても、或ひはさういふ報告文なんかにしても、これは飛行機やタンクと違つていきなりさういふ傳單をバラ撒いたからと言つて、その効果が直接眼に見えるといふものでなく、矢張りかういふものは戰後にじつくりと活動して行くところに妙味があるんじやないか。或ひは美術を武器として用ひる場合には必ずしも美の表現、純一な美學的な立場から出發した美術的なものでなくとも、矢張り文化が士氣を鼓舞するやうなものであれば假令それが一枚の粗末な傳單であつても、最早や或る意味の功績を擧げてゐるんじやないか、かう思ふのです。その後に今度は、純一なものを持つて行つて、中小以上のものに喰ひ込んで行つて、マレー人、印度人、或ひはタイ國人さういふ向ふの人間達の文化に喰ひ込む。さういふ場合には必ずしも戰爭畫でなければならぬとか、さういふものではなくて、普通の我々が日常親しんで居る山水でもいゝし、場合によつては靜物であつても、矢張り文化面としての意義がある。さういふことを感ずるのです。

從つてさういふことから考へますと差當つての當面の必要にそれを全力を注いでしまふことでなく、矢張り大國としての度量の上に立つて、元老ともいふべき大家達は、じつくりと腰を構へて長期戰の覺悟でやるべきで、たゞ單に傳單を書くことに全力を注いで貰ふといふことは、私は餘りに輕率ではないかと思ふのです。だから私は、最初に傳單を書いて下さる人は、或ひは勢ひの横溢してゐる人、勢力の餘る人或ひは十分に協力の出來る方達にそれをやつて戴いて、矢張り最後は、本當に納得させて、そして日本に心服しめるに足る、さういふ大家の方達の作品が出て行く様にすべきではないかと思ふのです。さういふ意味で、今度の佛印の展覧會といふものは、その先驅をなしてゐる。從つてかういふものは第一回だけで終るべきものでなく、第二回、第三回との回數を重ねて行く間に自然に浸潤して行つて、それがつまり東亞の藝術といふものが交流を始める端緒になるんじやないかと思ふのですさういふ立場から行くと、佛印の展覧會といふものはその意義を認めるし、これから先きも期待が出來る、かう思つて居ります。

池上 非常にいゝお話です 自分なんかもそれを切實に感じまして、軍の首腦部なんかに向つてさういふことを絶えず提唱して居りますけれども、勇敢なる軍隊の下に矢張り喇叭や或ひは軍樂隊が必要とされると同じ様に民族の生活といふやうな上から言つても立派な文化、藝術といふものは、非常に尊重されて行かなければならぬ。從つてそれらの教育とか、それらの製作とか言つたものも、相當責任が重いんじやないかと思ひます。ですからさういふ意味で、今お話の様に、即ち戰爭畫を書くさういふ直接的なことだけではなく、もつと精神的な方面からじつくりと構へて行つても、十分一つの意義があると私は思ふのです。

軍部の文化に對する關心

櫻井 文化の進んだ所以でもあるけれども、今日、軍の文化面に對しての關心はえらいものですね。この點は非常に進んだですね。

本社 非常に進んで居ります。これ程優遇されることは、殆んど今まで見なかつたことでせう。

櫻井 全體が高まつた所以ではあるけれども、非常に力を入れて居る。

棟田 しかし日本の一般の文化面に對する關心は、まだ〳〵低い。その一つの例は、上海に上海畫廊といふものが出來たのですが、あれは日動畫廊の賣殘りを持つて行くのか、非常に古いですね。現地の邦人もそう言つて居ります。

野間 それはかういふこともあります。私は日動畫廊でチョイ〳〵展覧會をやるのでそれを知つて居るのですが、現に私の作品も、一、二回向ふに行つたこともあります。その中にはこ

つちで見せないで、直接向ふに行つたのもある。ですから必ずしも古いとは限らないのですが、何しろいゝのは早く賣れてしまふものですから……。

棟田　しかしあれが一つ出來たといふことは、非常にいゝ。上海のインテリに非常にいゝですね。

野間　それに現地に行つた人に對して、そこで展觀會が出來るといふ便宜も相當與へて居る。だから向ふに寫生に行つて、その作品で以て展覽會をする。そういふような人間が行けば、いきなりその人の描いた作品でもやれるのですから、そういふ意味で必ずしも古くはないと思ひます。

棟田　今のところでは、日本の文化で上海に紹介されてゐるものと言へば、あれ位のものですね、それでこの間和田三造氏に會つたのですが、和田三造氏が口を極めて言ふのには、あんなものばかりでなく、もつとドン／＼持つて來なければ不可ぬと言ふのです。例へば上海ばかりではありませんが、一體に支那人は、自分の國を中華と稱へ、他は全部夷狄なりといふ自尊心、獨善主義を持つて居る。そして彼等は、自分の國の何千年の歴史を誇るそういふ誇りを持つて居る。そうして日本の國に立派な文化があるといふことは、知らない奴が本當に多い。だからこれを啓蒙してやらなければ不可ぬ。ところがこの間、何か相撲が來たそうです。それは成る程邦人は喜ぶといふのです。相撲取が來たと言つて喜ぶが、しかしそれは對外的に言つて何にもならぬ。大きな肥つた人が取組むのを見せても、これは何にもならぬ。若しそれだけの金があるならば、新響でも招んであの新響のシンフォニーを上海の眞中で聽かして欲しいと言ふのです。現在工部局の下にシンフォニーがある。そいつは六十三名のメンバーで大したものです。それに對して工部局は非常な金を拂つてやつて居りますが、支那人にも聽かせ、時には虹口側の日本人側に來てもやつたりすることがあるそうですが、そういうふうに方々で演奏をやつたりして居ります。この間も虹口でやつたそうですが、そういふ場合は、日本人も大勢聽きに行きますが、彼等は今度は日本のを聽きたいと言つて居ります。日本人の新響のシンフォニーを聽きたい。そして支那人に對して、日本にもこんなのがあるといふことを見せたいと言ふのです。そういふことが非常に言はれて居ります。

野間　音樂といふものは一番直接的だから、繪畫よりも速いですね。

川路　そういふ氣持はあるのでせうけれども、そこまでの運用の手が開かれてないのですね。そういふことは幾等やつてもいゝけれども、殘念なことには運用の手が開かれてない。

笹岡　そうですね。結局運用の手さへあれば、力ある者はウンと出せますよ。

川路　たゞ櫻井閣下の言はれたセクショナリズムが、その妨害をなしてゐるといふことはありますね。

櫻井　少くとも今までのところではそれがある。

川路　矢張りそれには政府がその組織を立つて呉れなければ、そういふ前途の途が開けないでせう。

笹岡　ですから大家は自分の部屋にばかり籠城してゐるといふことも考へられますが大家でゐながら力が餘つて傳單書きでも何でもいゝ、お國のために働きたいといふ希望はあつても、今のところはそれを實現する途がない譯です、それで結局どうにもならぬといふのが現狀じやないかと思ひます、ですからそういふ途がついて、そういふことがもつと出來る様になつたならば、今野間さんの仰言ることも、棟田君の仰言ることも解決が出來て、段々そういふ方面の仕事といふものが發展すると思います。

支那と日本宣傳戰

本社　この間聞いたのですけれども、日本の軍は、ドン／＼戰果を擧げて、前進もし、占領もする。しかし今棟田さんが仰言つたやうな傳單とか、宣傳戰になると、日本の方が負けて居る。支那の方が上手で、日本は戰爭では勝つてゐながら、宣傳では日本の方が負けて、向ふの方が勝つてゐる。この點誠に遺憾だといふことを言はれてゐましたが、事實そういふ傾向はあるでせうね。

棟田　現在でも重慶政權は、まだ長沙は陷ちないといふ様に發表し、重慶麾下の連中はそう信じて居ります、たゞ日軍が長沙に入つたといふのは、日軍の落下傘部隊が三十名程長沙へ降りて來たに過ぎない、それも全部皆殺しにした、それを日本は、日軍が長沙に入つたといふことを宣傳して居るのだと盛んに宣傳してゐる。それで上海の秋山中佐が、上海に居るＡＰ、ＵＰ、ルータト、タスの連中を全部飛行機に乘せて、長沙の上まで行つたのです。その時、前線の司令部に連絡を取つてかういふ飛行機が行つて、長沙の上を廻るから、その時は御苦勞でも休んで居る兵隊も表に出て、日の丸を振つて、氣勢を見せて呉れと言つて賴んで置いたそうです。そういふ連絡がついてゐるものですから、安心して飛んで行つたところが、皆疲れて居つて家の中に寢轉んで居つて、表には僅かしか出てゐない。たゞ長沙の町の上を飛んで見ても、僅かに驢馬に背嚢をつけて居るのが見えたに過ぎなかつたといふ話です。これは我々がどうかう言ふべき筋じやありませんが、考へさせられる問題だと思ひます。

櫻井　かういふ文化の交流といふ點に就ては、向ふの文化人も相當積極的な考へを持つてゐるらしいですね。これは先程も棟田君に話したけれども向ふの文化人の優秀な者は、殆んど皆重慶側に居る。ところがその中で重慶側を脫出して來た向ふの一流の美術家に或る日本の人が上海で會見したそうです。その時その向ふの美術家の言ふことには自分等は重慶側に利用されて、そして今日までどうにもかうにもならぬから、兎に角今日まで御奉公したけれども、しかしよく考へて見るといふと、自分等も高い標準に於ての文化といふものをこゝに築き上げて、本當の新東亞の藝術といふやうなことを考へるならば、我々は貴國の文化人と手を握りたいのだ。握りたいけれども、如何にせん、日本の方からして出て來て我々と手を握らうといふ人もなし、またそれ程の組織もない。それで我々はそういふことを思ふて居つてもどうしてやつていゝかといふことの考へがつかない。我々は貴國に乘込んで行つて、そしてその人達と握手してそして文化面からするところの建設を十分に考へたいのだ。こんな話をして居つたそうですが、かういうふうに向ふはやりたいと思つてゐるのだから、それに對してこちらから行くのに、今言はれる様に、美術展覽會をやるにしても、何だかこちらの賣殘りの物を持つて行つて見せたら、向ふは失望するでせう。そういうふうに向ふには相當な人があるのですが、それが矢張り握手したいといふ氣持があるそうです。

野間　それには矢張り直ぐ繪畫の面から行くといふのは、少し私は無理でないかと思ひます。矢張りその前に音樂とか、そういふものが私はもう一つ繪畫より前に行くべきじやないかと思ふのです。

本社　そういふ意味から言つて、美術も音樂も藝術は皆同じだらうと思ひますので、今日は各方面の方に御出席を願つたわけです。

音樂と美術

本社　伊藤さん、音樂の方はどうでせうか。

伊藤　音樂が役立てば大變結構ですけれども、支那を心服させるだけの音樂が日本にあるかどうか、そういふことになると、非常に難かしい問題だと思ひます。音樂の方も貧弱ですからね。新響などでやつてゐるのも演奏としては相當のところまで來て居ると思ひます。私は上海の工部局のオーケストラは知らぬけれども、新響の鈴木明君、これが上海の報導部に居りましたから、それでよく知つてゐるらし

いのですけれども、工部局のは新響よりもメンバーの腕前は高いそうです。しかし一つのオーケストラとして演奏する有機體として一つに纒まつて居る樂團としては、新響の方が遙かに上だといふことを言つて居ります。それは腕前のいゝのはゐますが、猶太人なんかゞゐて、それが思ひ〳〵のことをやるといふ傾向が多少ある。そういふことでその中には相當な猶太人上りの者が居るとか、達者な人がゐるらしいですけれども、結局一つの纒まつたものとしては、ずつと新響の方が高いそうです。ですから新響なんかゞ行けばいゝでせうけれども、さて行くことは行つて、向ふに行つてどういふのを演奏するか。ベートヴェンとか、そういふ世界のどこでも通用するどこの國でやつても通用する、そういふものを演奏するのならあるでせうけれども、そうでなく日本の新しいシンフォニーがどれ程あるかといふと非常に貧弱なものです。本當に日本人獨特の音樂を携へて行つてこそ、實際に効果があるでせうが今のところではそれがない。しかもその新響といふものも、ローゼンストックといふ猶太人の力によつてあそこまで來てゐる。これは實に情けない話です。非常に或る高いものを目指してやつてゐますけれども、現實はそういふ情けない狀態です。

川路 一體に今までの日本の藝術といふものはいつも西洋人の作風といふものを模倣するといふ傾向がありますが、殊に音　はそういふ傾向がまだ強いですね。

伊藤 これは誠に情けない話だと思ひます。しかしローゼンストックの問題を取上げると、それは非常に難かしい問題になる。内藤樂長なんかは、猶太人は追ひ出してしま はなければならぬと言つて居りますけれども、新響からローゼンストックを取ると、今の處一寸困る。折角あそこまで來たものがずつと下ちるでせう。

たゞ一つ欣ばしいことは、最近作曲といふことに對して、誰でも非常に力を入れて居る。愛國行進曲といふものが政府の膽入りで出來た、あういふことから、まだレベルは低く、軍歌とか、國民歌程度のものですけれども作曲するといふことが非常に大事なことだといふことを一般の人なり、要路の人達が認める樣になつて來て、作曲家の地位が上がつて來た。昔は兎に角作曲といふものは、何にも出來ない人がするもので、皆演奏大家になつて金儲けをした方がいゝというふうであつたのですが、ところが最近になつて、作曲家といふものが非常に社會的地位 を得て來て居る。それで作曲を專門に一生懸命勉強する人が非常に多くなつて來たのです。

現地畫信（三）

十月十三日　鬼原素俊

十月九日夜無事南京に到着翌十日が丁度双十節にて新政府精鋭軍の觀兵式に參列の　榮を得實に堂々たるものがありました。市内外は警戒嚴重を極め奉祝氣分に大變な賑やかと云ふより騷がしさです。一兩日に〇〇戰線に向ふ豫定にて先は第一信を御送りする。

川路 しかしまだ模倣の域は、全然脱しないでせう。今の作曲家の一番いゝ水準を摑まへて見ても新しい日本的な一つのタイプが出來て來たといふやうなところまで行つて ないでせう。

伊藤 まだそこまでは行つてゐないかも知れませんでせう。非常にいゝものであつても、譬喩へて言へばチヤイコフスキーのを倣つてゐるとか、そういふことはまだありますね。

川路 音樂はそれが 一番甚だしいでせう。美術でも洋畫などはこゝが誰に似て居る、こゝは誰かの流れを汲んで居るといふのが多く、本當に純粹の日本の新しい畫風といふものは、中には梅原君とか、安井君とか少しあるけれども、非常に少いのじやないかと思ひます。

野間 成る程現在のところは、少けないでせう。しかし私の考へでは、つまり大東亞共榮圈の建設に伴つて、音樂と言はず、造形美術と言はず、すべてそういふものが共に進展して行くと思ひます。それが藝術家だけが先きへ先行するといふやうなことは、無理です。そして畫家は、必ずしも向ふへ出て行かぬでも、アトリエにゐて默つてゐてもいゝと思ひます。畫家自身が行つて直接その大衆に會ふといふことでなくても、畫家はアトリエにゐて作品を拵へてゐてもいゝ。畫家は作品を拵へて、その作品が大衆に會ふのであるからして、輸送機關さへあれば、私は十分眼に觸れると思ふのです。例へば佛印にしても、作家が皆押し掛けたのではなく、たゞ作家の畫いたホンの一部分の作品、それも或る極く一部分の少數の作家の作品が行 つたに過ぎない。それで結構矢張り文化の面に役立つて居る。だから必ずしも現地へ作家が飛び出して行つてどうかうといふ必要はなく、そういふことは却つて十の力ある者が五か、六の力しか出せないといふことになるんじやないか。行く人も勿論なければならぬけれども、殘る人の仕事が非常に必要 じやないかと思ひます。

美術家の奮闘力

川路 現在日本は世界 の日本になつて來た。だから日本文化の進出といふことも性急に望まれてゐるんじやないかと思ふのです。普通じやそこまで行かないけれども、厭應でもそこまで行かなければならぬといふ位に、非常に迫られて居る。

野間 必要のある處、必ず物がどこからか出て來るかと思ひます。

川路 それとこの頃考へるのは、海軍の力でも、陸軍の力でも、あの軍の奮闘努力の有樣を考へると、どうも美術家はあれだけの勉強をしてへないじやないか、かういふことを考へるのです。

野間 勉強するといふのは、これから先きじやないですか。

川路 この先きはどうか知りませんが、今までのところは、あれだけの軍の素晴らしい力に比べると、どうも美術家はまだそこまで勉強してゐないといふふうにも見えるのですがね。

野間 それは日本の軍隊といふものは、世界に冠絶して居つて、これより上の軍隊がないのですから、なか〳〵その樣には行かない。しかし今後は、こゝに昭和の大きい文化面、それ

は今までの江戸文化とか、或ひは桃山文化とか、或ひは鎌倉文化とか、或ひはもつと古く言へば奈良文化とか、そういふものを超越して、もつと地域の廣大な、もう一つ言へば量と質とが備はつた大きい文化が發生して來るんじやないかと思ひます。

川路　發生せざるを得ない立場に來て居るのです。

文化奉公會の性格

本社　文化奉公の會合にこの前御招待を受けましたが、文化奉公會は、今までの團體と違つて、非常に實質的にこれからお働きなさるといふ會である樣に伺つたのですが、美術部の笹岡さん、御計畫はどんなふうなのでせうか。

笹岡　在來の團體とは、一寸形が違ふのです。在來の美術家の集まりといふことになると、直ぐ展覧會をやるとか、直ぐ何か藝術的な主張、態度を闡明するといふのが普通ですが、そういふ會ではない。そういふのでは在來の戰争以前の團體と同じことになる。だから決してそういふ會ではなく、それに入つてゐる人も、我々のやうな者もありますし、もつと若い美術學校を出たばかりの者もある。いろ〳〵な者が入つて居りますが、それには小家もなければ大家もない。大家だと言はれるやうな人も戰友としての立場から加入されたに過ぎないし、また所謂小家であつても、あいつは小家だといふこともない。そこには大家も小家もない兎に角一遍戰争に行つて來た戰友同士である。何かの時に再び國の役に立つ或ひは美術を通じて國のために盡くせるやうなことがあつたらやうじやないか。そういふのであつて、積極的に何か展覧會をやるとか、示威をやるとかでなしに、何時でもお役に立つことがあつたならば、自分の出來る力だけ發揮しやう。そういふのでありますから今差當つて何しやう、かにしやうといふ計畫といふものはないのです。そういふ展覧會や、示威をやらうといふのじやなく、一番最後の目的は、もう一遍鐵砲を持つて立てる樣に、そういふ經驗のある文化人が集まつてやらうといふところから出たのです。

野間　一言に言へば戰友道ですけれども、そういふ仕事は全然やらないといふ譯じやないのです。この間も松坂屋で展覧會をやりましたが、或ひはこの間小川眞吉君の作が新國劇で上演された時に、奉公會の畫家の或る人によつて、各人が畫を書いて、それを軍に獻納するといふことで應援も致して居ります。それからまた個人的に言つては、この文化奉公會の人達は、實際は自分の本業の油繪を畫いたり何かしたいけれども、そういふことは當分棄てゝも、或る方面から子供の繪を頼まれゝば、それも喜んで畫いて上げる。或ひは今度眞淵大佐の著書の「日本の方向」といふ本が出ますけれども、それの裝幀を頼まれてやつたりしてゐる。そういうふうであつて、純粋な油繪を畫くといふことの方面も大いに圖らなければならぬけれども、目下の處はそういふ純粋な油繪を畫くといふことでなしに、矢張り傳單を畫くやうな氣持でやつて、利益とか、名聲とか、そんなことは問題ではない。矢張り自分は、頼まれゝばどんなことでもやらなければならないといふ氣持になつて矢張り子供の繪本を書くにしても、戰爭で戰友が奮戰する姿を思ひ浮べたり何かして、相當苦心をしてやつてゐる譯です。つまり單に個人主義的な、或ひは獨善主義的な、自分さへよければいゝといふ立場では決してない。この會は、何時でも自分の職域を通じて御奉公申し上げるといふのが建前であつて、たゞ自分の都合がよければいゝ、そんなものではない。かういふ戰友道の美しいところからやつて行けば、やつてゐる姿は少々貧弱だつたり、また弱々しく見えるかも知らんけれども、今日前線に行つてゐる方は非常に多いのですから、そういふ方が歸つて來てそして段々かういふことがいろ〳〵な面に展開をして行けば、或る裨益が必ずあると思ひます。閣下のお描きになつた乃木將軍の肖像畫にしても、純粋な美術的觀點から言つたら果してこれは文展に入選するや否やといふことは（笑聲）大いに疑問に考へられますけれども、そういふことはどうでもいゝこの繪が閣下が描かれたといふだけでそれだけで私は決して無意味ではないと思ひます。それと同じ意味での働きで、必ずかういふ面は、凡ゆるものに滲透して行くだけの力を持つて居ると思ひます。

戰争畫と現實

もう一つそこで言ひたいのは現在いきなり立派な傑作が出來なくともいゝ。現在はどつちかといふと、戰友が血を流がして戰かつて居るのですからその血を流して戰かつてゐるところをいきなり繪にする。或ひは音樂にするといふことも、或ひは必要かも知らぬけれども、しかし戰友道としては、私の直感したところでは、それは申譯けがないやうな氣がするのです。矢張り或る期間を置いて、それが藝術になるだけの時間と申しますか、今少し經つて、生々しい直感を離れて、もう少し落着えてから、本當の戰爭畫を畫いて見たいと思つて居ります。私自身も、今まで戰爭畫といふものは、突いたり殺したり、そういふ生々しい場面は餘り畫かないのですけれども、これは或る期間を置かないと、自分の眼のあたりに生々しく殘つてゐる。萬歳と叫んで逝つた戰友とか、或ひは靖國の神社に祀られて居る人をそこに登場さすといふことは、これは何だか國民として冒瀆ではないか。或ひは私の錯覺であるかも知らんけれども、そういふものを切實に感ずるのです。これは私が感ずるばかりでなくて、この戰爭に從つてゐる文化奉公會の連中は、皆感じてゐるんじやないかと思ひます。

それともう一つは、この文化奉公會に入つて居る方達は、皆年齢が矢張り戰場に行くだけに若いのです。そして一般的レベルから言へば、その人達はまだ大家の方ではない。そういふ技術的方面から行けば、また中途にあるんじやないか。だからこれから先き修業をして行つて、敢然として自分の言はむとするところを全部吐き出せるだけの技術を有した時には、もつと力強いものが自然に生ずるんじやないかといふ氣がするのです。精神としては決して誰にも負けない覺悟を持つてゐるのですから、もう少し何年間か相當時間もかかるつもりで落着いて、矢張りこれも長期戰を覺悟すべきじやないかと思ひます。

笹岡　我々はたゞ象牙の塔に籠つて畫だけ書くそういふこともいゝことであるかも知らんが、それと同時にそれだけでなく、場合によつては紙芝居でも何でも畫く國家のためになる。文化のためになるといふものであれば何でもやる。それは損だからとか、或ひは名譽に關はるから畫けないとか、そういふことでなしに、何でも皆が戰友道に通じて手を握り合つてやらうといふ目標から言へば、立派な目標になるのです。

棟田　私共も今度紙芝居の脚本を書くのです。火野葦平君にしても、普通じやそんなものを書かないでせうが今度書くことになつたのです。

伊藤　私共の方も、お役に立つことなら、積極的に自分の持つてゐる力を皆出しませうといふのが、會員の心構へです。

櫻井　その意味から言つたら、こんなことも考へられるんじやないでせうか。陸軍病院でも將兵に美術を指導して居られる樣ですけれども、今までどこかへ自分の作品といふものを進んで訴へて見たいといふ氣持が、隨分世間の人には澤山あると思ふのです。それで新聞のやうなものでも、或ひは雜誌のやうなものでも、多くは獨善的なもので、或る一つのことに限られて居るので、餘り面白くない。寧ろ新聞の投書欄を讀む方が却つて面白いといふやうなことで、何か訴へて見たいといふ氣持の人が隨分あると思ひます。

それと同時に、從軍した人達から成つて居るこの文化奉公會の人達は、俺

も／＼と言つたやうなことも、これは今言はれた通り、大家も小家もないといふところに、私は一つの面白味があるんじやないか。矢張りそうしてゐる間に、そこにいろ／＼な黄金が掘り出されるんじやないか、そこから優れたものが出て來るんじやないかと思ひます。どうも今までの美術展覧會といふものを見ても　皆何れも大家顔した人ばかりですね。（笑聲）寧ろそうでなしに、本當の味といふものは、どこに出て來るか分からぬのですから、そういふ意味で文化奉公會の美術展といふものは、餘程變つた意味のものじやないか知らんと思つて居ります。

本社　成る程年齢はほゞ同じですね。

野間　多くても四十一、二、若いのは二十五位ですから、まだ若いので實際の畫壇から言へば、二十、三十で立派な繪を描くといふことは、これは少し無理でせう。大觀にしても、栖鳳にしても、既に齢七十何歳と重ねて行つてゐるからこそ、形ばかりでなく、味ひも出てゐる所以ですね。閣下の繪にしてもそうでせう。

櫻井　今日は馬鹿に俺の繪が引合ひに出されるな。（笑聲）

野間　なか／＼藝術家です。しかしあれだけ味ひが出て來た所以のものは、矢張り體驗したからだと思ひますこゝまで歳を重ねて來た、業を經て來た。そして今までいろ／＼な御苦心を感じたり何かして、それが繪の上によく現はれて居る。それを一寸も蓄積するものがなくては、現はせと言つても内容がなければ現はしやうがない。この點は文化奉公會の連中にしても、まだ／＼これからいろ／＼な經驗を經てもう一つ蓄積しなければならぬと思ひます。

本社　野上さん、陸軍病院では傷病勇士のために美術教育をやつて居られるといふ話がありましたが、それに就て何かお氣づきになつたことはありませんでせうか。

池上　かういふことは今まではなかつた。それが昭和十年ごろに陸軍病院で美術教育といふものをやつた。これは或る意味では、陸軍では最初の一つの美術教育の始まりだつたのですけれども、かう言つた教育をやる樣になつてから傷病兵が非常に明るい氣持になつて、そして希望に輝いて、自分の明日を樂しみ、愉快にその日を過ごせる。然も治療も非常に早く治せるといふ効果が相當顯著に現はれて來たといふことは傷病兵自身からも、度び／＼洩らされます。自分達はかういふ教育を受けたゝめに、非常に元氣が出て來て、氣持の上からも、また實際の治療の上からも、實によいことで、本當に痛みが取れたやうだといふことがチョイ／＼洩らされますが、美術教育とか、或ひはかう言つた文化の方面での教育が、非常に大きな力を持つて居つて、傷病兵の治療の上に役立つたといふことは、非常に嬉しいことだと思つて居ります。

櫻井　それが治療の効果の上に非常に影響をするといふことは、しば／＼聞いて居るけれども、あれは職業教育としてやつてゐるのか　それとも娯樂としてやつてゐるのか、どつちですか。

池上　矢張り一つの職業準備教育としてやつて居ります。

櫻井　今まで畫家であつたといふ人ばかりじやないでせう。

池上　今までは殆んどそういふことには經驗のない者です。

本社　どうも長時間に亘つて有益なるお話をお聽かせ戴きまして誠に有難う御座いました。本日はこれを以て閉じることに致したいと思ひます。

（了）

（一九頁より）味《み》が、多少理解《たせうりかい》される樣《やう》な氣がします。

アメリカが過去數十年《くわこすうねん》に亘《わた》つて美術《びじゆつ》に對《たい》して、實《じつ》に絶大《ぜつだい》な努力《どりよく》を拂《はら》つて來《き》てゐる事《こと》です。世界《せかい》の富豪《がう》たるアメリカに於て美術は、其《そ》の絶好《ぜつかう》の還境《かんきやう》に惠《めぐ》まれ乍《なが》ら、此《こ》の重大《ぢゆうだい》な援助《えんじよ》なしには決《けつ》して今日《こんにち》の發達《はつたつ》をすら見《み》るに至《いた》らなかつたと云《い》ふ事實《じじつ》は、一體吾々《たいわれ／＼》に何《なに》を暗示《あんじ》してゐるでせうか。この解答《かいたふ》は、私《わたし》は只今差《たゞいまさ》し控《ひか》へる事《こと》と致《いた》します

猶《なほ》メキシコ現畫壇《げんぐわだん》に就《つ》ては、私《わたし》は本文中多少《ほんぶんちうたせう》メキシコに觸《ふ》れて來《き》ましたので、次《つぎ》に其《そ》の主《おも》な人々《ひと／＼》の二三を擧《あ》げるに止《とゞ》めてお機會《きくわい》を見《み》て稿《かう》を更《あらた》めたいと存《ぞん》じます。

リベラ　オロスコ、シケイロス等《とう》は壁畫運動《へきぐわうんどう》で有名ですし、タマヨ、ゴイチヤ、カステアノス等《とう》も活潑《くわつぱつ》な畫家《ぐわか》として、却《かへ》つてアメリカの美術界《びじゆつかい》に影響《えいきやう》を與《あた》へてをります。（完）

アメリカの現代美術

――附・メキシコ現代畫家――

北川民次

アメリカの現代《げんだい》繪畫を一瞥すると、誰《た》れしも、吃度、其《そ》の餘《あま》りにも無愛相《ぶあいさう》な、乾からびた樣《やう》な表情《へうじやう》に、ちよつと、まごつかされるでありませう。實際私共《じつさいわたしども》は、どうして此《こ》の世の中《なか》に、こんな愛嬌《あいけう》のない、木《き》で鼻《はな》をくゝつた樣《やう》な、獨《ひと》りよがりみたいな藝術《げいじゆつ》が生《う》れ出《で》たのか。こんなに味《あぢ》のない、面白《おもしろ》みのないものでよいのか。眞實《しんじつ》、これが美《び》であるのかと、自問《じもん》せざるを得《え》ないのであります。然《しか》も其の藝術《げいじゆつ》が、今迄《いままで》かつて美術《びじゆつ》文化《ぶんくわ》としての固有《こいう》な物《もの》を持ち合《あ》はせなかつたアメリカに、アメリカ人《じん》の物《もの》として生《う》まれ出《で》たのだと云《い》ふ事《こと》を知《し》る時《とき》、一層困惑《そうこんわく》が大《おほ》きくなるのであります。しかも、其《そ》のアメリカは金權《きんけん》に於て世界第一《せかいだいいち》、物資《ぶつし》は豐富《ほうふ》で、世界《せかい》の横車《よこぐるま》を、自分獨《じぶんひと》りで押《お》してゐる國《くに》だと云《い》ふ事に思《おも》ひ到《いた》りますと、吾々《われわれ》が彼等《かれら》の美術《びじゆつ》文化《ぶんくわ》を如何《いか》に評價《ひやうか》すべきかと云《い》ふ疑《うたが》ひは益々深《ますますふか》くなつて來《く》るのであります。猶ほ一層立《そうた》ち入つて、これがデモクラシイの美術《びじゆつ》であると考《かんが》へる時《とき》、吾々《われわれ》は呆然《ばうぜん》たるものなきを得《え》ないでせう。

そして、然《しか》らばデモクラシイとは一體《たい》、何物《なにもの》ぞと反問《はんもん》し度《た》くなるではありませんか。何故《なにゆゑ》なら、吾々《われわれ》は、今日迄《こんにちまで》、デモクラシイを、極《きは》めて人道的《じんだうてき》な思想《しさう》だと思《おも》はれて來《き》ました。其《そ》の人道的《じんだうてき》な理想主義《りさうしゆぎ》から、斯《か》くも一見《けん》、非人間的《ひにんげんてき》な美術《びじゆつ》が生《う》まれるとは、一體《たい》何事《なにごと》でせう。

私《わたし》はこゝで、美《び》であるかどうかちよつと見當《けんたう》のつかない、そして吾々《われわれ》の胸《むね》に直接迫《ちよくせつせま》つて來《こ》ない、このアメリカ現代《げんだい》美術《びじゆつ》の生《う》まれ出《で》る以前《ぜん》の事《こと》を少《すこ》し考《かんが》へてみたいと思《おも》ひます。

南北《なんぼく》アメリカの何れの國《くに》もさうであつた樣《やう》に、彼等《かれら》は其《そ》の初《はじ》め歐羅巴の三流四流《りう》どころの、お裾分《わけ》として貰《もら》つて來《き》た所謂《いはゆる》コロニアル美術《びじゆつ》なる物《もの》を持《も》つてゐました。其《そ》れは極《きは》めて素朴《そぼく》な調子《てうし》の低《ひく》いものではあつたけれども、其《そ》の低《ひく》き素朴《ぼく》さの中《なか》に捨《す》てられぬ愛《あい》と謙譲《けんじやう》の、徳《とく》を具《ぐ》へてゐました。そしてこのコロニアル美術《びじゆつ》は間《ま》もなく二つの流《なが》れに分《わか》れて、一つは民衆《みんしう》の間《あひだ》に益々《ますます》其《そ》の素朴《そぼく》さを發揮《はつき》し、民衆的《みんしうてき》である事《こと》を命脈《めいみやく》として、民藝化《みんげいくわ》して消《き》えてゆき、一つは支配者及《しはいしやおよ》び上流《じやうりう》の美術《びじゆつ》となり、正統派《せいとうは》となつて、榮《さか》えては來《き》たが、同時《どうじ》に、最初《さいしよ》の持味《もちあぢ》であつた、愛《あい》に滿《み》ちた素朴《ぼく》と謙譲《けんじやう》の徳《とく》は、忽《たちま》ち姿《すがた》を消《け》したのであります。これはギルバートスチユアートの畫《ゑ》を見《み》るとよく別《わか》ります。彼《かれ》の描《ゑが》いたワシントンの肖像《せうぞう》は、種々《しゆじゆ》な版《はん》になつて、世界《せかい》到《いた》る所《ところ》に流布《るふ》されてをりますが、これがアメリカ美術《びじゆつ》の本家本元《ほんけほんもと》の姿《すがた》であつたと云《い》つてよいのです。

この傾向《けいかう》は、又《また》、あらゆる方面《はうめん》に行《ゆ》き亘《わた》りました。雜誌《ざつし》の表紙《へうし》や口繪《くちゑ》は勿論《もちろん》、廣告《くわうこく》にも、ポスタアにも、レツテルにも用《もち》ひられたのです。そして、スチユアート以後《いご》、長《なが》い間《あひだ》、アメリカ人《じん》は、他《ほか》の種類《しゆるゐ》の美術《びじゆつ》には全《まつた》く無感覺《むかんかく》と云《い》つても過言《くわごん》でない程《ほど》、此《こ》の傾向《けいかう》を遵守《じゆんしゆ》して、二十世紀《せいき》に入《はい》つたのでありました。

然《しか》し、歐羅巴では、このアメリカの行《ゆ》きかたを、餘《あま》り尊敬《そんけい》しませんでした。田夫野人共《でんぷやじんども》の趣味《しゆみ》は、あの程度《ていど》だと、せゝら笑《わら》つてゐたのです。

勿論《もちろん》ホイツスラアや、サーヂェントを、アメリカは生《う》みました。併《しか》し私《わたし》は彼等《かれら》を餘《あま》り高《たか》く評價《ひやうか》しません。尠《すくな》く共《とも》、この豐富《ほうふ》なる土《つち》からは、より偉大《ゐだい》な美術家《びじゆつか》が生《うま》れる可《べ》きだつたでせう。尠《すくな》く共《とも》、エマアソンに比《ひ》す可《べ》く、ホイツトマンに比《ひ》す可《べ》き偉大《ゐだい》なる畫家《ぐわか》は、其《そ》の時代《じだい》に生《うま》れてをりません。

彼等《かれら》が創《はじ》めて、アメリカの美術《びじゆつ》といふ事《こと》に努力《どりよく》し初《はじ》め、叫《さけ》び初《はじ》めたのは、歐州《おうしう》、特《とく》に佛蘭西で、種々《しゆじゆ》な美術《びじゆつ》の新運動《しんうんどう》が起《おこ》つてからずつと後《のち》のこと、卽《すなは》ち「傳統《でんとう》をかなぐり捨《す》てゝ新《あたら》しき形態《けいたい》へ」との燃《も》える樣《やう》な叫聲《さけびごゑ》を聞《き》いてからの事《こと》で御座《ござ》いました。其《そ》れ迄《まで》は、極端《きよくたん》に卑下《ひげ》し、自己否定《じこひてい》をし續《つゞ》けて來《き》たアメリカの美術界《びじゆつかい》が、この聲《こゑ》で急《きふ》に明《あか》るくなつたのです。何《なん》でもいゝのだ。何《なん》でも新奇《しんき》な物《もの》を作《つく》り出《だ》さうと彼等《かれら》は考《かんが》へたことでせう。

物質《ぶつしつ》文明《ぶんめい》では、彼等《かれら》は恐《おそ》る可《べ》き進歩《しんぽ》をしてをり國《くに》も富《と》んでをりましたので世界中《せかいぢう》で買《か》ふ事《こと》の出來《でき》る美術品《びじゆつひん》は、善《よ》きも惡《わる》きも手當《てあた》り次第《しだい》買《か》ひ入《い》れるといふ始末《しまつ》でした。

アメリカ畫壇《だん》は、天分《てんぶん》あるなしに關《かゝ》はらず、極《きは》めて大膽《だいたん》な試《こゝろ》みをやつてみました。勿論《もちろん》フランスを眞似《まね》る事から初《はじ》めたのですが彼等《かれら》はあらゆるイミテーションには失敗《しつぱい》しました。フランスかぶれのした紐育《ニユーヨーク》の畫家《ぐわか》が、七轉八倒《しちてんばつたう》してゐる時《とき》、中央西部《ちうあうせいぶ》の田舍《ゐなか》生《うま》れの畫家達《ぐわかたち》が所謂《いはゆる》アメリカ式《しき》の美術《びじゆつ》で旗上《はたあ》げをしました。

ウッド、ベントン、バーチフィールド等は其《そ》の旗頭《はたがしら》で、相當物凄《さうたうものすご》い勢《いきほ》ひで、都會《とくわい》へ押しよせて來《き》たのでありました。すると、今《いま》は、何《なに》をなすべきかを失《うしな》つた都會《とくわい》の畫家《ぐわか》も忽《たちま》ち力《ちから》を得《え》てアメリカ特有《とくいう》の、生活《せいくわつ》や工場《こうぢやう》や、都市《とし》や炭坑《たんかう》を描《ゑが》き初《はじ》めたので御座《ござ》います。

これが卽《すなは》ち、現代米國《げんだいべいこく》の特殊《とくしゆ》な美術《びじゆつ》の誕生《たんじやう》に至《いた》る迄《まで》の概略《がいりやく》でありまして、勿論《もちろん》私はこの限られた紙數《しすう》では書き盡《つく》せないので、重大《ぢうだい》な諸條件《しよでうけん》や事實《じじつ》を、わざと見て見ぬふりをして書かずに參《まゐ》つたのでありますから、極《きは》めて不完全《ふくわんぜん》では御座《ざ》いますが、一應讀者諸君《いちおうどくしやしよくん》の爲《た》めに其《そ》の筋《すぢ》を運《はこ》んだ事と致《いた》しまして

さて、斯《か》くして誕生《たんじやう》した現代《げんだい》アメリカ美術の內容《ないよう》を、少《すこ》し覗《のぞ》いてみる事に致《いた》しませう。

先《ま》づアメリカ現代美術《げんだいびじゆつ》は、何國《なにくに》の影響《えいきやう》を一番多《いちばんおほ》く受けてゐるかと申《まを》しますと、其《そ》れは勿論《もちろん》フランスです。フランス美術《びじゆつ》の影響《えいきやう》を受《う》けるといふ事《こと》は勿論《もちろん》、特《とく》に云《い》ひ立《た》てる可《べ》き事ではなく、孰《いづ》れの國《くに》の美術《びじゆつ》でも、それは多分《たぶん》に受けてゐるのでありまして、寧《むし》ろ、其《そ》れを受《う》けない國《くに》は、文化國《ぶんくわこく》として、餘《あま》り高《たか》い水準《すいじゆん》にはゐないと云《い》へませうが併《しか》し、アメリカが今《いま》一つの國の影響《えいきやう》を非常《ひじやう》に多《おほ》く受けてゐる事實《じじつ》は特記《とくき》すべきであります。其《そ》れはソビエットロシアであります。

彼等《かれら》、現代《げんだい》アメリカ畫家達《ぐわかたち》は殆《ほとん》ど其《そ》の全部《ぜんぶ》と云《い》つてもよい程《ほど》がソビエット及《およ》び其《そ》の思想《しさう》を、非常《ひじやう》に高《たか》く買《か》つてをります。

こゝで注意《ちうい》すべきは、デモクラシイを標榜《へうばう》するアメリカ政府《せいふ》は、決《けつ》してソビエットと思想的《しさうてき》に相容《あひい》れる仲《なか》では御座《ござ》いません。それなのにアメリカ畫壇《だん》が、ソビエットに心醉《しんすゐ》してゐるのはいろいろな事情《じじやう》にも依《よ》りませうが次《つぎ》の二つの理由《りいう》が先《ま》づ看取《かんしゆ》されます。卽《すなは》ち、アメリカ人《じん》は、政府《せいふ》のやる事《こと》に、何《なん》でもかでも反對《はんたい》する事、政府《せいふ》の惡口《わるくち》を云《い》ふ事《こと》が如何《いか》にもすぐれた人《ひと》のする事の樣《やう》に考《かんが》へてゐて、智識人《ちしきじん》の多《おほ》くは常《つね》に「アメリカ及《およ》びアメリカ人《じん》は善良《ぜんりやう》だが、政府《せいふ》は滅茶苦茶《めちやくちや》だ」とこぼしてゐます。それで政府《せいふ》がソビエット思想《しさう》に反對《はんたい》すれば、彼等《かれら》は直《す》ぐ其《そ》れにとびついて行《い》つたのです。

第二《だいに》は智識階級《ちしきかいきふ》に起《おこ》つた共產思想《きようさんしさう》の流行《りうかう》でせう。彼等《かれら》は、畫家《ぐわか》といふものは、悉《ことごと》く共產《きようさん》を信奉《しんぽう》する者《もの》だとさへ考《かんが》へてゐます。

そして畫家《ぐわか》は又《また》、畫《ゑ》を描《か》く事《こと》は宣傳《せんでん》をする事《こと》だと考《かんが》へてゐます。こんなわけで、アメリカ畫家《ぐわか》と、ソビエットとの交流《かうりう》はフランスの其《そ》れとは異《ちが》つて非常《ひじやう》に根本的《こんぽんてき》であつて、從《したが》つて畫《ゑ》の上《うへ》の現《あらは》れかたも其《そ》の色彩《しきさい》や筆致《ひつち》などを越《こ》えた共通《きようつう》なものを持《も》つてゐるのです。

彼等《かれら》の畫《ゑ》が見《み》とれる樣《やう》な美《うつく》しさを持《も》つ代《かは》りに、苦《にが》い皮肉《ひにく》を投《な》げかけたり、吾々《われわれ》の心《こゝろ》が探《たづ》ね索《もと》めるもの〻代《かは》りに、うるほひのない無愛相《ぶあいさう》な表情《へうじやう》であつたりするのは、一端《いつたん》、右《みぎ》の樣《やう》な意味《いみ》を持《も》つてゐるのであります。

同時《どうじ》に、彼等《かれら》は、意識的《いしきてき》にも、甘美《かんび》なフランス趣味《しゆみ》を、かなり强《つよ》く排斥《はいせき》してゐます。彼等《かれら》は個人的《こじんてき》な感激《かんげき》に對《たい》して、其《そ》れ程《ほど》深《ふか》く入《はい》つて行《い》けない性《せい》です。集團的《しふだんてき》には、かなり大《おほ》きな力《ちから》も出《だ》せるが、個人的《こじんてき》には非常《ひじやう》に貧弱《ひんじやく》ではないかと思《おも》はれます。其《そ》れに就《つい》て私《わたし》は、次《つぎ》の樣《やう》に考《かんが》へ度《た》いのであります。

寶《たから》の大陸《たいりく》を見《み》つけた、アングロサキソン人《じん》及《およ》びユダヤ人達《じんたち》は、其《そ》の幸運《かううん》な數世紀間《すうせいきかん》に、出來得《できう》る限《かぎ》り物質文化《ぶつしつぶんくわ》を高《たか》め、生活《せいくわつ》を非常《ひじやう》に引上《ひきあげ》て終《しま》つた。一人一人《ひとりひとり》が、まるで上流人《じやうりうじん》の樣《やう》な生活《せいくわつ》に入《はい》つた。斯《か》うして、彼等《かれら》の生活環境《せいくわつくわんきやう》が高《たか》められ、レファインされると同時《どうじ》に、或《あ》る種《しゆ》の肉體的精神的《にくたいてきせいしんてき》な後退《こうたい》が初《はじ》まる。私《わたし》の經驗《けいけん》でも、アメリカのインテリに接《せつ》した時《とき》は、メキシコ人《じん》に接《せつ》するよりも、はるかに、生命《せいめい》の力《ちから》と云《い》つた樣《やう》な物《もの》を微弱《びじやく》に感《かん》じます。メキシコに住居《すまゐ》すると、周圍《しうゐ》からドギツイ程《ほど》な刺戟《しげき》を受《う》けますが、アメリカでは非常《ひじやう》に刺戟《しげき》がありません。ライフ・フォースは大《おほ》きな富《とみ》を得《え》て、社會設備《しやくわいせつび》が進《すゝ》み生活規準《せいくわつきじゆん》が一定《いつてい》の高《たか》さを越《こ》すと同時《どうじ》に弱《よわ》くなつて來《く》る、後退《こうたい》して來《く》るものだらうと思《おも》はれます。其《そ》の樣《やう》な社會《しやくわい》は貧血性《ひんけつせい》を示《しめ》します。夢《ゆめ》がなくなります。空氣《くうき》が稀薄《きはく》になり、光《ひかり》が薄《うす》らいで本當《ほんたう》に健全《けんぜん》な人間性《にんげんせい》はそこには生《い》きられなくなります。實際《じつさい》メキシコ人《じん》にとつてはアメリカは、餘《あま》りにもアツケなくて住《す》み難《にく》い所《ところ》だと聞《き》いてゐます

扨《さ》て、こゝで私《わたし》は、紙數《しすう》も愈々《いよいよ》盡《つ》きましたから、性急《せいきふ》ではありますが結論《けつろん》に入《い》り度《た》いと存《ぞん》じます。

アメリカは、今日《こんにち》も猶《な》ほ高《たか》く叫《さけ》び續《つゞ》けてゐる樣《やう》に、デモクラシイの國《くに》です。正當《せいたう》な意味《いみ》でのデモクラシイは極《きは》めて、人道的《じんだうてき》であり、强度《きやうど》に人間的《にんげんてき》であらねばなりません。そうです。アメリカは曾《かつ》て、ホイットマンを生《う》み、ライダアを生《う》みました。彼等《かれら》には、熱血的《ねつけつてき》に人道《じんだう》を叫《さけ》び續《つゞ》けた時代《じだい》がありました。併《しか》し、其《そ》れは過去《くわこ》の歷史《れきし》であります。其《そ》れはま 紐育市《ニユーヨークし》の大部分《だいぶぶん》が荒野《くわうや》であり、大陸《たいりく》の西半《せいはん》は暗黑未開《あんこくみかい》の地帶《ちたい》であつた頃《ころ》の話《はなし》です。今日《こんにち》彼等《かれら》は人間的《にんげんてき》に甚《はなは》だしく弱《よわ》められ、後退《こうたい》し、其《そ》のデモクラチズムは、實《じつ》は鼻眼鏡《はなめがね》をかけて、お白粉《しろい》をしわの間《あひだ》にすりこんだオールドミスのセンチメンタリテイの中《なか》に微《かす》かに息《いき》をしてゐるのです。斯樣《かやう》な民族《みんぞく》から、新《あたら》しく生《うま》れ初《はじ》めた藝術《げいじゆつ》として、現《げん》アメリカ畫壇《ぐわだん》をながめる時《とき》、吾々《われわれ》にも其《そ》の人間的《にんげんてき》に無表情《むへうじやう》な啞《おし》の樣《やう》な藝術《げいじゆつ》の意

（以下十七頁へ）

日曜日の畫家

稅關吏であつたアンリ・ルウソオ

成田重郎

現代《げんだい》繪畫の混亂《こんらん》のなかにあつて何《なに》か子供《こども》らしさ、あどけなさを示《しめ》し、われわれをして微笑《ほゝゑ》ましい心持《こゝろもち》にする畫家《ぐわか》がある。いかにも朗《ほが》らかな、屈托《くつたく》のないその稚拙《ちせつ》ぶりは、充分《じうぶん》な魅力《みりよく》を以つて、神經戰《しんけいせん》や經濟戰《けいざいせん》に刺戟《しげき》され勝《がち》の現代人《げんだいじん》に、鎭魂香《ちんこんかう》を嗅がしてくれるやうでもあり、また、子守歌《こもりうた》を聞《き》かせてくれるやうでもある。この藝術家《げいじゆつか》の前身《ぜんしん》は、稅關《ぜいくわん》の小役人《こやくにん》であり薄給《はくきふ》な官吏生活《せいくわつ》の餘暇《よか》に、好《す》きな畫筆《ぐわひつ》をとり、特《とく》に日曜日《にちえうび》には熱心《ねつしん》に畫を描いた。…これがフランスの日曜日《にちえうび》の畫家《ぐわか》アンリ・ルウソオである。彼《かれ》は長《なが》い間《あひだ》、認《みと》められなかつた。……そしてやつと、彼《かれ》の死後《しご》に、一九一四年《ねん》に成つてルウソオのために、一切《さい》を捧《さゝ》げるものが現《あらは》れたので、人《ひと》の注目《ちうもく》する所《ところ》と成《な》つた。ルウソオを拾《ひろ》ひ上《あ》げ、彼《かれ》を巴里社會《りしやくわい》に推《お》し進《すゝ》めてやつたのは、意外《いぐわい》にもフランス人《じん》ではなく實《じつ》にドイツの美術史家《びじゆつしか》フォン・ウイレーム・ウーデである。この發見《はつけん》によつて、ルウソオは廣《ひろ》く世《よ》に持て囃されるに至《いた》つたのである。しかも、この素人畫家《しろうとぐわか》を、パリのベルネーム・ジユンヌ畫廊《ぐわらう》で、廣《ひろ》く一般社會《いつぱんしやくわい》に紹介《せうかい》することゝ成《な》つたのが、やはりドイツ人《じん》ウーデである。

面白《おもしろ》いことには、ゴツホやセザンヌの良い著者《ちよしや》ギユスタヴコキオが、その著《ちよ》「アンデパンダン」の一三〇頁《ページ》で、これに抗議《かうぎ》するかのやうに、吾々《われ〳〵》フランス人《じん》は、一八八五年以來《ねんいらい》、ルウソオを知《し》つてゐたのだと言い立《た》ててゐる、一三一頁《ページ》には、「オデロン・ルドンと僕《ぼく》とは、一八八八年頃《ねんごろ》、最初《さいしよ》にルウソオを推讃《すいさん》し、さうして、この古典的樣式《こてんてきやうしき》にまでも上昇《じやうしよう》した自然主義《しぜんしゆぎ》の畫家の天禀《てん》を譽《ほ》めたのであつた」と述《の》べてゐる。が、これは、ウーデの發見《はつけん》したルウソオを更《さら》に有名《いうめい》にするばかりの者《もの》に違《ちが》ひない

ルウソオは、素人畫家《しろうとぐわか》として出發《しゆつぱつ》し、後《のち》には、稅關吏《ぜいくわんり》の餘技《よぎ》がほんものとなり、役人生活《やくにんせいくわつ》を去《さ》つて眞正《しんせい》の畫家生活《ぐわかせいくわつ》に入《はい》るのである。フランスには、此《こ》の種《しゆ》の繪畫愛好家《くわいぐわあいかうか》が澤山居《たくさんを》り、なかで、結局《けつきよく》、ほんものに、なり終《をは》るものも、いくらかゐる。かゝる素人畫家《しろうとぐわか》が、日曜日《にちえうび》の畫家と稱《しよう》せられてゐる所以《ゆゑん》は、日曜《にちえう》や祭日《さいじつ》を利用《りよう》して、畫技《ぐわぎ》に遊《あそ》んだからで、實《じつ》は、素人畫家《しろうとぐわか》の事《こと》なのだ。巴里には、かゝる人々《ひと〴〵》が群つてゐる…。

橋　アンリ・ルウソオ

ルウソオは、まぎれもない日曜日《にちえうび》の畫家《ぐわか》でやはり月給生活《げつきふせいくわつ》から畫家に轉向《てんかう》したポール・ゴーガシヤ、ヴアン・ゴツホなどと共《とも》に、專問《せんもん》家でない、何《なに》からぶな、素朴《そぼく》な、子供《こども》らしい馬鹿々々《ばか〳〵》しさを示《しめ》して見る人《ひと》を面白《おもしろ》がらせる所を持つてゐる。さういふ點《てん》が十九世紀末《せいきまつ》から二十世紀の初《はじ》めにかけての繪畫藝術《げいじゆつ》に、何《なに》か新鮮《しんせん》な香氣《かうき》ある生命《せいめい》を吹《ふ》き込《こ》んでゐるやうである、餘《あま》りにも畫技《ぐわぎ》にのみ熱《ねつ》することなく、また、構圖《こうづ》などにも、一向《かう》お構《かま》ひなく、天眞爛慢《てんしんらんまん》なものを與《あた》へて、思《おも》はず快哉《くわいさい》を叫《さけ》ばしめるやうなものが、ルウソオの藝術《げいじゆつ》のなかにある。

――わしは御役人樣《おやくにんさま》だよ。

と、ルウソオは良く言《い》つた。けれども、藝術家《げいじゆつか》に違《ちが》ひなかつた。「夢」と題《だい》した畫のために彼《かれ》は、次《つぎ》の詩をかいた。それは若《わか》き日《ひ》のルウソオが、心《こゝろ》から愛《あい》した彼女《かのぢよ》を思《おも》ひ出《で》でかいた畫であり、また、彼女《かのぢよ》を婦人《ふじん》ヤデユルガが、偶《たま》ま死《し》んだものだから、追想《つゐさう》して歌《うた》つた詩である。

×

ヤデユルガは
快くねむりながら
甘美な夢を結んで
考へ深い幻惑者の
小風笛《ミユゼツト》の音を耳にした
月光の冴え渡る時
野獸やその他の動物達が
咲きさかる花の上で
綠したたる樹々の上で
その樂器のうれしき音に聞きとれる

×

新大陸《しんたいりく》の原始林《げんしりん》のほとりを、ぶらついた者《もの》の忘《わす》れかねる畫像《ぐわざう》が、この詩のなかに描《ゑが》かれて居《ゐ》る。ルウソオの聯想《れんさう》のなかには、若《わか》い頃《ころ》の追想《つゐさう》が香《かを》つてゐる。

稅關吏《ぜいくわんり》が戀愛《れんあい》をしたのでは、つまらないのであるが、彼《かれ》は、六十代《だい》に成《な》つても、戀愛《れんあい》をやり出《だ》した。役人生活《やくにんせいくわつ》の足《あし》を洗《あら》つて了《しま》つてすつかり藝術家《げいじゆつか》に成つてゐた時《とき》にこの熱炎《ねつえん》が湧《わ》き上《あが》つたのは、抑壓《よくあつ》されてゐたものが、晩年物質《ばんねんぶつしつ》に惠《めぐ》まれるに至《いた》つて、追々《おひ〳〵》、擡頭《たいとう》して來《き》たためであらう。と云《い》つても、しかし彼《かれ》の子供《こども》らしい、あほらしい、しかし、何《なに》かから、素朴《そぼく》なすなほなものが溢《あふ》れてゐる畫には、全《まつた》く罪《つみ》はない。アンリ・ルウソオに於《おい》ては、戀愛犯《れんあいはん》は無罪《むざい》だ、不起《ふき》訴處分《そしよぶん》に附《ふ》されるであらう。それにしても、かゝる熱情《ねつじやう》が衰《おとろ》へないから、あの特殊《とくしゆ》な魅力《みりよく》に滿《み》ちた美《び》の世界《せかい》が、創造《さうざう》され得《え》たのであらうと思《おも》ふ。

倚《なほ》、興味深《きようみふか》いのは、彼が、フランスを愛《あい》する者《もの》の言葉《ことば》を殘《のこ》してゐることである。「リベルテ」といふ畫作《か》のために書いた詩句には、

×

各自の職域にあつて
フランスの榮光と偉大とに
協力しようと欲する
あらゆる人々に取つて
常に指導者となれよ
おゝリベルテよ

×

とある。アンリ・ルウソオの如《ごと》きは、小役人《こやくにん》であつたが、官僚《くわんれう》を振《ふ》り廻《まは》さない畫家《か》であり、詩人《じん》であつた。彼こそは、稅關吏《ぜいくわん》詩人《じん》であつたそのために、巴里の稅關《ぜいくわん》がどれだけ、巴里に入《はい》つて來《く》るフランス人《じん》や外人《ぐわいじん》の密輸入《みつゆにふ》や、何《なに》かを一々見《み》のがしたかどうか。これは藝術《げいじゆつ》の世《せ》界の範圍《はんゐ》を出《で》るが故《ゆゑ》に、それかれ又《また》、その方面《はうめん》のことは、一向《かう》、不案內《ふあんない》の本《ほん》文の記者《きしや》の事《こと》であるから、さういふことに就《つ》いては、何《なに》もいへない。たゞ、この倚人《じん》畫家《か》が、曾つて稅關《ぜいくわん》の役人《やくにん》であつた、そして、その頃《ころ》から、日曜《にちえう》日《び》や祭日《じつ》には、特《とく》に、畫《ゑ》を勉强《べんきやう》した……といふことだけを言《い》へば、それでよいのである。その他《た》のことは、ルウソオを世《よ》に聞《き》こえるやうにしたものゝ一人《り》、詩人《しじん》ギイヨーム・アポリネエルあたりに訊《たづ》ねて頂《いたゞ》くことにする。ピカソやブラツクの友人《いうじん》であり、立體派《りつたいは》の宣言に署名《めい》したフランス詩人《しじん》アポリネエルが、この畫家《か》ルウソオに、詩の趣味《しゆみ》を皷吹《すゐ》したらうとは、すぐ考《かんが》へ得《え》られることであるから。殘《ざん》念《ねん》なことは、アポリネエルが、ルウソオのために、丹念《ねん》な傳記《でんき》を一本捧《ほんさゝ》げる暇《ひま》もなく、第《だい》一次歐州《おうしう》大戰《たいせん》の際《さい》、一九一八年《ねん》に、他界《た》してゐることである。

×

アンリ・ルウソオは、一八四四年《ねん》に、ブリキ職工《しよくこう》を父《ちゝ》とし、信心《しんじん》深《ぶか》い女《をんな》を母《はゝ》として、西部《せいぶ》フランスのマイエンヌ縣廳所在地《けんちやうしよざいち》、ラヴアル市《し》に生《うま》れた。子供《こども》の頃《ころ》から、音《おん》樂に對する好《この》みを持つてゐたが、職工《しよくこう》の子《こ》であつて見《み》れば、その日《ひ》その日のパンを稼《かせ》ぐほかなく、大《たい》して教育《けういく》も受《う》けず、何《なに》か機會《きくわい》を摑《つか》んで、雄飛するよりほかに致《いた》し方《かた》もなかつた。

彼にこの千載《さい》一遇《ぐう》の好機《かうき》を惠《めぐ》んだのはメキシコ戰爭《せんさう》であつた…海《かい》外《ぐわい》へ……この考《かんが》へが、若《わか》いルウソオの血《ち》を湧《わ》かしたことは、どれだけ激烈《げきれつ》であつたか、彼は、さつそく、樂手《しゆ》としてアメリカに從軍《じゆうぐん》した。そして、彼は、この別世界《べつせかい》の自然《しぜん》から、非常《ひじやう》な感動《かんどう》を受《う》けた。恰《あたか》もフランスの浪曼主義《らうまんしゆぎ》文學《がく》の先《せん》驅者《くしや》の一人《り》、シヤトオブリアンが革命期《かくめいき》にあたり、アメリカに亡命《ばうめい》して、その偉大《ゐだい》な原始的《げんしてき》な生活《せいくわつ》に驚異《きやうい》の眼《め》を見張《みは》り『ルネ』や『アタラ』の如《ごと》き小說《せうせつ》を書《か》いて、若《わか》き日《ひ》の感激《かんげき》を盛り、やがて十九世《せい》紀の新文學《しんがく》の母胎《ぼたい》として、役《やく》立てたやうに、このアメリカ生活《せいくわつ》は、ルウソオの藝術《げいじゆつ》に、後日《ごじつ》、大《おほ》きな印《いん》象《しやう》を殘《のこ》すのである。原始林《げんしりん》や野獸《やじう》の圖《づ》の如《ごと》きは、まことにフランス人《じん》には、考《かんが》へ及《およ》ばない遠《とほ》い世《せ》界にほかならない。異國趣味《いこくしゆみ》を愛《あい》するフランス人《じん》も、アンリ・ルウソオの畫の出現《しゆつげん》に會《くわい》して、いかにその解釋《かいしやく》と評價《ひやうか》に苦《くる》しんだか。大低想《たいていさう》像《ざう》がつくであらう。

一八七〇年《ねん》の普佛《ふ》戰役《せんえき》に當《あた》つては、二十六のルウソオは、進《すゝ》んで參加《さんか》した。後職《のちしよく》を求《もと》めて巴里に來《き》たり、巴里市《し》入關《にふくわん》の役人《やくにん》と成《な》つた。生活《せいくわつ》が安定《あんてい》して來《く》ると、その今《いま》まで抑《おさ》へられ、埋《うづ》れてゐた天分《てんぶん》が、少《すこ》しづゝ伸《の》び出《だ》して來《き》た。日曜《にちえう》日《び》の畫家《か》の修業《しうげふ》が、かくして始《はじ》まるのである。それと共《とも》に、樂手《しゆ》ルウソオが、また、呼吸《こきふ》を吹《ふ》き返《かへ》して來《き》たことは、まことに自然《しぜん》であらう……彼《かれ》は自《みづか》ら作曲《さくきよく》して、それをビオロンで彈《ひ》いて、貧《まづ》しい人々《ひとぐ》に聽《き》かせたと傳《つた》へられてゐる。コンセールにも出演《しゆつえん》したといふ。青《せい》年時代《ねんじだい》以來《いらい》、音《おん》樂はこのブリキ職《しよく》工の子《こ》の愛好物《あいかうぶつ》であつた。それが芽《め》を枯《か》れさせずに、その藝術的《げいじゆつてき》天《てん》禀《りん》のなかに、詩や畫と一緒に培《つちか》はれ、育《そだ》てられて行《い》つたのである。

彼《かれ》は、結局《けつきよく》、畫家《か》となつたが、その生活《せいくわつ》を支《さゝ》へてゆくためには、畫を教へ、音《おん》樂を教へた相手《あひて》は少《せう》年《ねん》の女達《をんなたち》であつた。それが、この日曜《にちえう》日《び》の畫家《か》の晩年《ばんねん》の生活《せいくわつ》であつた曾《かつ》ての稅關《ぜいくわん》吏の轉身生活《てんしんせいくわつ》の究極《きうきよく》が、音《おん》樂と繪畫との師匠《しゝやう》であつた。

彼《かれ》の傑作《けつさく》の一に『小兒《せうに》の像《ざう》』があることを忘れてはいけない。彼《かれ》には娘《むすめ》が一人《り》あつた、妻《つま》に死別《しべつ》して以來《いらい》、獨身生活《どくしんせいくわつ》をつゞけてゐるものだから、この娘《むすめ》は、溫《あたゝ》かい手《て》に引《ひ》き取《と》られ、遂《つひ》に父《ちゝ》の許《もと》を去《さ》つた。……貧《まづ》しい生活《せいくわつ》は、容易《ようい》に改《かい》善《ぜん》されず、いろいろな下《くだ》らない仕《し》事《こと》をして毎日《まいにち》の糧《かて》を得《え》なければならなかつた。……ゴーガンやゴーグのやうに、徹底的《てつていてき》に窮乏《きうばふ》に追《お》ひ込《こ》まれたけれども、海外《かいぐわい》に去《さ》らうとは考《かんが》へなかつた。青年時代《せいねんじだい》に、深《ふか》く柔《やはら》かな頭腦《づなう》に刻《きざ》み込《こ》まれたメキシコの自然《しぜん》の印象《いんしやう》は、彼《かれ》に異國《いこく》趣味《しゆみ》の忘れ難い回想《くわいさう》を樂《たの》しませたが、しかし、彼は、巴里の市民《しみん》として、畫を教へる傍《かたは》ら、音《おん》樂を教へて、身《み》を立《た》てゝゆくことに、遂《つひ》に成功《せいこう》するに至《いた》つた。その時《とき》、ルウソオは、もう死《し》の迫《せま》つてゐた。二十世《せい》紀の新《あたら》しい機運《きうん》が、もう巴里のなかに動《うご》き出《だ》してゐた。彼の血《ち》は、常《つね》に若《わか》がへつて、止《とゞ》まることを知《し》らなかつた。

晩年《ばんねん》に成《な》つても曾《かつ》て破壞《はくわい》された家庭生活《かていせいくわつ》への思慕《しぼ》をやめず、又々《またまた》結婚生活《けつこんせいくわつ》を希望《きばう》してやまなかつた。彼の畫も、どうやら賣《う》れるやうに成《な》つてゐたから、金《かね》には困《こま》らなかつた。物質生活《ぶつしつせいくわつ》の改善《かいぜん》は、この畫家《か》に『生《せい》の悅《よろこ》び』を愛惜《あいせき》するやうに教へた。彼は、青年時代《せいねんじだい》以來《らい》、浪費《らうひ》した『人生《じんせい》』を、死《し》に際《さい》に至《いた》つて、取《と》り返《かへ》さなければならないと感《かん》じた一人《り》であつた。そのために、彼は、百までも踊《をど》りを忘れない雀《すゞめ》であるを示《しめ》した。彼は、死の年《とし》に『夢《ゆめ》』を畫《ゑが》き、それに詩を書《か》いて附《つ》けた。若《わか》くして愛《あい》した婦《ふ》人《じん》ヤデュルガが、そのモデルに成《な》つてゐたことは、すべてを語《かた》つてゐる。忘れ難い若《わか》き日《ひ》の思《おも》ひ出《で》……

アンリ・ルウソオは、一九一〇年《ねん》九月《ぐわつ》二日《か》、巴里のネツケル病院《びやうゐん》で、最後《さいご》の呼吸《こきふ》を引《ひ》き取《と》つた。

根津美術館の創立

谷　信　一

財團法人根津美術館は、故根津嘉一郎氏の遺志により昭和十五年十月設立され、翌十六年十月開館同十一月廿八、九、卅の三日間に亘つて、第一回展覽會が開催した。ここに本誌がこの度の出陳品の照相を掲げるに際して、根洋美術館の概觀を求められるたるによつて、聊か紹介の一文を綴る次第である。

現在に於る根津美術館の所藏品は言ふまでもなく根津嘉一郎氏の蒐集品が主體であつて、根津氏は次の如き態度と方針を以てその蒐集をされた。

予は若年にして郷里を出で東京に於て專ら實業に從事して來たが、生來、美術が好きで、而もその趣味は年と共に深きを加へ小閑を得ては書畫骨董を求め、之を觀賞することを以て唯一の樂しみとした。（中略）然るに本邦支那の美術品が夥しく歐米に搬出されて、遂には東洋美術の精粹の海外に散逸する憂ひあるを知り、單に個人の蒐集としてではなく東洋の藝術は東洋殊に日本に保存すべしといふ信念を持つに至り、隨つてその蒐集方法も右の方針目的を以て五十有餘年に亘つて一貫してきた。（中略）その間本邦の學者雅客を初め歐米來朝人等の縱觀を求めるもの次第に增加し、予は之を以て美術外交、國民外交と考へ、出來得る限りの便宜を計つて之を歡迎することに努めてきた（中略）更に年々各種の展覽會等からの出陳を招講されることも亦尠くない。予はその樂しみと功德とを衆と共にするのが素懷であるから、その都度喜んで之に應ずることにしてゐる。下略（青山莊圖錄序文）

右によつて根津氏の古美術品に對する諸精神が判るがかくして蒐集されたる繪畫彫刻書蹟及び能面、漆工、金工、陶磁器、古裂等の工藝、考古學的遺物等の各般の總數は約一萬點に垂んとしてゐる。

此等の中で、美術史上甚だ價値あるものとして著名なるものが幾多含まれてゐるが、既に國寳十點、重要美術品四十九點の指定がある。この指定品も、藏品全部の調査完了の上で行はれたものではないから、私共の見るところでは、何れその數倍に達するものと推定してゐる。

さてこの美術品を主體として根津家の舊敷地一萬二千坪と家屋六百坪とを以て、一應現在の根津美術館の形式を整ふるに至つた。しかし家屋は住宅建築であるために陳列に適せず、將來の陳列場等の建設費として四百萬圓を豫定し、更に館運營の基金として八百萬圓が寄附されてゐる。美術館の運營は、一木喜德郎男爵を理事長とする理事會と三矢宮松館長とによつて行はれ、館員として諸種の擔任者數名を擁する。他に瀧精一、辻善之助、田中豐藏、溝口禎次郎、奥田誠一、矢代幸雄の諸氏を顧問に依囑し、十數名の囑託員がある。美術館としての最大事業の一である作品陳列に就ては、前記の如く常時陳列場の設備を缺くを以て、暫くは年兩三度の大展覽會と、その間に研究的な小展覽會とを開くことによつてその藏品を江湖に紹介することにしたいと思つてゐる。その傍專ら美術關係圖書の蒐集や作品の購入をも行ひ、諸美術館の長を採り短を棄て以て美術館の使命を果すと共に美術の研究に寄與し、廣くは美術文化全般の向上に資せんとするのが目的である。今後、實行に移さんとする諸事業に就ては一々具體的に記す必要がないが、斯界に最も有益と思はれるものから順次着手したいと計劃してゐる。而して差當り準備中のものは、所藏品の完全な目錄及びその解說の作製事業等であつて、その印刷頒布によつて學界に利便せんと念願してゐる。

當美術館の概略は右の如くであるが、讀者各位からの御援助を期待し、相共に日本文化に貢獻することを得ば幸甚である。

——十六・十二・十三——

支那歴代繪畫展を觀る

古　川　北　華

こう言ふ時局下に支那歴代の繪畫を公衆に見せると言ふことは、どんなに世間に有意義であるか知れない。發起者諸君のきもいりを、多としなければならぬ。これから支那畫を新しく檢討してかゝることは、必然の要求であるのみならず、支那畫の持つてゐる不思議の世界をこれは外國にも日本にもない、日本人否な日本畫家が今迄よりももつと深く鋭く見極めて自分の心自分の藝術に溶け込まして、新しい生命を吹き込んで行くべきである。今迄の日本畫家は徒らに日本のみの傳習の技法に歩み寄せてゐながら、東洋の藝術の泉を堀下げて行くことを忘れてゐた。自分等の立つてゐる地下に鍬を一つ入れゝば滾々として盡きない泉源があるに氣つかずに、外から水を引かうとしてゐる。外から水を引くことも決して惡くはないが、尤も自分の肉となり血となる質を持つてゐる水が脚下の地中にあるを氣づかなかつた。そう言ふことによつてもかゝる展覽會は非常に意義を持つものである。以後も益々こう言ふ企てをやつてもらひたい。何れにしても此度の支那歴代繪畫展は色々の意味に於てよい企であつた。

小杉氏も言つてゐるやうに畫そのものゝ眞僞は別として皆それ〳〵藝術らしい閃きや魅力やを持つてゐて捨て難いものであつた。流石藝術家が選擇した作品丈けにいづれも取得があつた然し中にはちよつと藝術價値としてどうかと思はれるものもないでもなかつた。僞物でも內容がよければそれで藝術鑑賞上としてはよいのではあるが、落款を見て餘りにひどいものがあると何んだか折角の價値が引き下げられた感がする。誰がかいたなぞ却つて知らずに唯だエフエ

戰爭を語る
中村研一氏漫訪

池田さぶろ

「日本美術新報社ですが…」「あゝ金は拂ひましたよ」「いや、漫訪の件ですよ」「なあんだ、そいつあどうも…」電話での應酬は兎もすると、こんな微苦笑事件がおこりがちだ。何年ぶりで訪ねた、代々木初臺中村邸。目ざとくみつけた日本刀と軍艦の油繪。レパルス號のスケッチだ。中村氏例によつて蓬髪也。ロひげまでが赤茶けてゐる。ニコチンやけのせいだらう

「昭和十二年五月、日本の横須賀ともいふべきスピーツドヘッドで、英國觀艦式のとき、足柄艦上から描いたのですよ」

話はしよつぱなから日米開戰におちた。

「昨日も或海軍關係の會の席上で、報道部の平出大佐から、プリンス・オヴ・ウエールズ、レパルスの二艦がマレー沖クリンタンで、撃沈されたときかされた時期せずして皆が萬歳を三唱したものですが、さういへば日露戰爭當時、自分は九才か十才、福岡の北の片田舎ですが、うちの若い衆に連れられ田舍芝居をみに行つてた最中、たしか川島武男とかいふ座頭が、突如幕をひろげ、只今バルチック艦隊この沖の島沖で日本海軍が撃滅したといふ號外を發表し、滿場總立ちになつて拍手喝采したことがありますよ。それから退屈な三十七年が經過し、昨日胸がすくといふか、近頃にない感激をおぼえほんとに嬉しい氣がしましたよ。殊に小生、目のあたりにみた軍艦だけに具體的な感慨をもつたですね。

そんなわけで私立海軍省は忙しい。毎日ラヂオにかぢりつき新聞ニュースをみる度にジェームの軍艦帳と、フイリップのマリーヌ・アトラスを見較べて紙上策戰をねる「面白いですよ、が、戰爭と製作態度乃至その素材の扱ひ方といふ問題になると氏は巧みに鉾を外し、自分は裸體畫を描いてゐるが、中學生がみて變な氣をおこすやうな裸體畫なら別、藝術品として、この裸體畫は戰爭の埒外にあつてもいい筈だ……、といふやうなことをほのめかした。藝術は皆がいふやうな狹い窮屈なものではなく、あらゆる種類の用(いふと讀むのださうだ)をもつてゐると氏はいふ。

「陸軍側の從軍一番のりの人達よりも僕は一ケ月早く機雷源をくゞつて從軍してゐますよ。あの時の繪をと新聞雜誌が賴んで來ても皆ことわりましたよ。何しろ眞暗で何も見えないんですよ」「僕としては國民の一人として當り前のことをやつて來ただけです」僕は氏の論理を解剖し、何べんか追撃戰をくり返したのだが、さて後で考へてみると、氏は何等の結論をも僕には與へてゐないことに氣がついた。

◇———◇

クトによつて美に醉つてゐた方がよい氣持である。」畫のみ見てうれしがつてゐても飛んでもない作家の名を聞くと人間の心理として興醒めて來るは事實だ。けれど要するに作家なんかどうでもよい、吾々がその畫から何物かを得れば足ると言ひ切つて了へるのは發起者諸君が皆藝術家であるからである。私もこれには同感だ。けれど一歩退いて見る時、作家とその畫とが餘り離れ過ぎてゐては何んだか砂糖の中に小石が這入つてゐてそれが歯にカシッと碎けるやうな不快を伴ふやうなものである。名と作がピッタリ來るに越したことはないがピッタリ來ずともその近くまで來るとせめてもよいのであるが何んだか、ちぐはぐのやうな感がないでもなかつた。一體古い藝術には時間がそのよさを與へるものである。少くとも時間が藝術そのものゝ半分以上の効果を與へることは蔽ふべからざる事實である。その時代が與へて呉れた美をその畫から差引いたら案外箸にも棒にもかゝらぬやうな愚作拙作があるは言ふまでもない。

そんな風に時代美を計算に入れる入れないは問題でなく、今日吾々に美を感ぜしめれば足ると言ひきつて了つても差支ないのであるが差支ない中にも何んだか割り切れないものがあるやうにも思はれる。何れにしても吾々鑑賞家に詮索立てや疑を超越して支那の古藝術が放つ不思議な雰圍氣の中にとけこんで美の世界に陶醉すればそれでよい。この展觀の中で私の最も好きな畫をあげると(眞僞は別として)八大と稱する「鹿」、方々壺と稱する(九)の「雲山」許道寧と稱する「群山密雪」、傳艾宣と稱する「群鵲啄虫」、白陽と稱する「鴨蓮」無款の「白鹿」等が一番私を悅ばせた。その外「貴魚戲艸」とか「神駿」とか「金碧山水」とかには藝術的魅力がないではなかつたが何れかと言へば前に擧げた方が私の心を尤も力強く引つけたことは事實である。その中でも最も私の藝術的魂をいやが上に重壓して來たものは五代と稱する無款の「白鹿」であつた、これは五代だときめてよいかどうかは知れぬが恐らく元を下るものではないと信ずる。あの畫の前に立つた時何か大きな力がじーんーと呻を生じて打つかつて來た。此方も「何ッ」とばかり突かかつて行くとうんともすんとも動じない盤石のやうに構へてゐた。あの眞正面に彫りつけたやうに立體的に置いた牡鹿の量感と押して來る不思議な魅力、此方も全力を提げて喰込まうとする瞬間の葛藤相剋の興奮のエクスタシイ!、この美の世界には何物と雖も侵すを赦さない嚴肅さがあつた。近寄つて見ると鹿が大きく強く荒くグン／＼と表現してゐながら實に神經質にかいてゐる。毛一本と雖もおろそかにはしてゐない。それでゐて氣魂を籠めた筆觸が呻るやうに動いてゐる。殊に足の爪先の描き方が放膽でありながらよく感じを捕へてゐる。更にその面貌に至つては實に玉の如く美しい。そつと手を伸ばして撫でゝやりたいやうな親しみと崇高な氣品を見る。威權と氣魄とが皓々として放たれてゐる。あの爛とした赤い目には靜寂と愛情とが籠められて一種不思議の靈氣を含んでゐる　そして傍に描かれてゐる牝鹿の構へは牡鹿と必然的な生命の關聯を持つてゐる。背景には強い大きな奇石がそばたち二匹の鹿に安定を與へ前面の强い老松は更にそれを强調してゐる吾々を何時しか靜寂の世界、感覺と律動の世界、夢幻の世界へと誘つて行く。これが藝術の極致でなくて何んであらう。これが東洋藝術の本質でなくて何んであらう。人或はこの畫をグロテスクと評するかも知れぬが優れた藝術と言ふものは個性が大きく強く然も誇張されてゐるものである。故に凡俗からグロテスクに見ゆるは當然である。

古來の藝術は皆なグロテスクであつて然もその誇と輝を持つてゐることを知らねばならない眞の藝術は正に斯くの如きものである八大山人の空想イリユジヨンはこの畫と同じ運命を擔つてゐる。八大の「鹿」もこの展覽にあつたがよくそれを證據立

てゝゐる、八大にはもつとよい鹿がある。この鹿とその構も氣魄もつと共通な鹿を描いてゐる例を私は知つてゐる。何んとしてもかゝる風格は八大の尤も好む所であらう。八大はまたあの夢幻の世界を表現した黄大痴を喜んだに相違ない。一體黄大痴は其夢幻的にして空想的にして且つ力強い點に於ては四大家中第一人者であるがこの點に於ても八大はよくその精神を承けてゐる。一體八大はその天分に於て支那古今を通じて恐らく第一位に置かるべき人であることは言ふまでもない。石濤は八大に比してやゝ氣禀の下だるを見る。石濤は寫實より來つて理想の世界を築き、八大は夢幻の世界空想の世界、理想の世界から直ちに現實の世界に喰込んでゐる、八大の畫は胸中の萬象である、石濤がリアリステック、ピユチユアを表現するなら、八大はアイデアリステック、ピユチユアを表現してゐる、何れも天才であつてもその型が異つてゐるその色調も異つてゐる思はず筆が横にそれたからこれで擱筆する。（了）

新年廣告に就いて

宣戰下御同様必死報國に盡粹いたし居る次第で、新春廣告は此際すべて献納廣告と仕り以て國策に翼賛いたしました、各團體各位に於かせられましても右御諒承下され度く從つてその面積等も比率に準じまして適宜相計りましたのでこれ亦御含み願上ます

「旬刊」美術新報
昭和十六年十二月廿八日印刷
昭和十七年一月一日發行
發行日 毎月三回（十の日發行）
購讀料
一冊金五十錢（郵税一錢）
一ケ月三冊金壹円五十錢（送料共）
編輯發行兼印刷人 猪木卓爾
東京市麹町區九段一ノ一四
發賣所 日本美術新報社
電話九段 二七一五
振替東京 一六三五〇
配給元 日本出版配給株式會社
日本出版文化協會々員 一二二三五番
通信は一切發賣所へ
發行所 東京市本郷區東片町八二 日本美術新報社

繪と隨筆特輯

社頭の朝　池上秀畝

戰捷祈願

池上秀畝

私の新年初頭の大廟參拜はもう三十年も續いて一年も缺かした事のないのは何と言つても神靈の御加護によるものである。長い間の事であるから或は病氣に或は自分の病氣ならずとも家内の事故などが一年位はありさうなものだが、いまだ一回もなく三十年も續いた。本年は殊に宿敵米英膺懲の大詔煥發せられ御稜威の下大東亜共榮圏の建設に意義ある新年で、そのためには皇軍の夷敵平定が完遂せられねばならぬ。私は今年こそ今までの卅年の祈念を一度に積つたほどの戰勝祈願に全精神をこめたいと思つてゐる。

寔に御稜威の然らしむる所とは言へ、その皇軍の勇猛なる緒戰に既に壓倒的な戰果があげられたが何と言つても長期戰に堪へる國民の用意が必要と思ふ。吾が美術界も一丸となつて銃後奉公に邁進したいと思つてゐる。

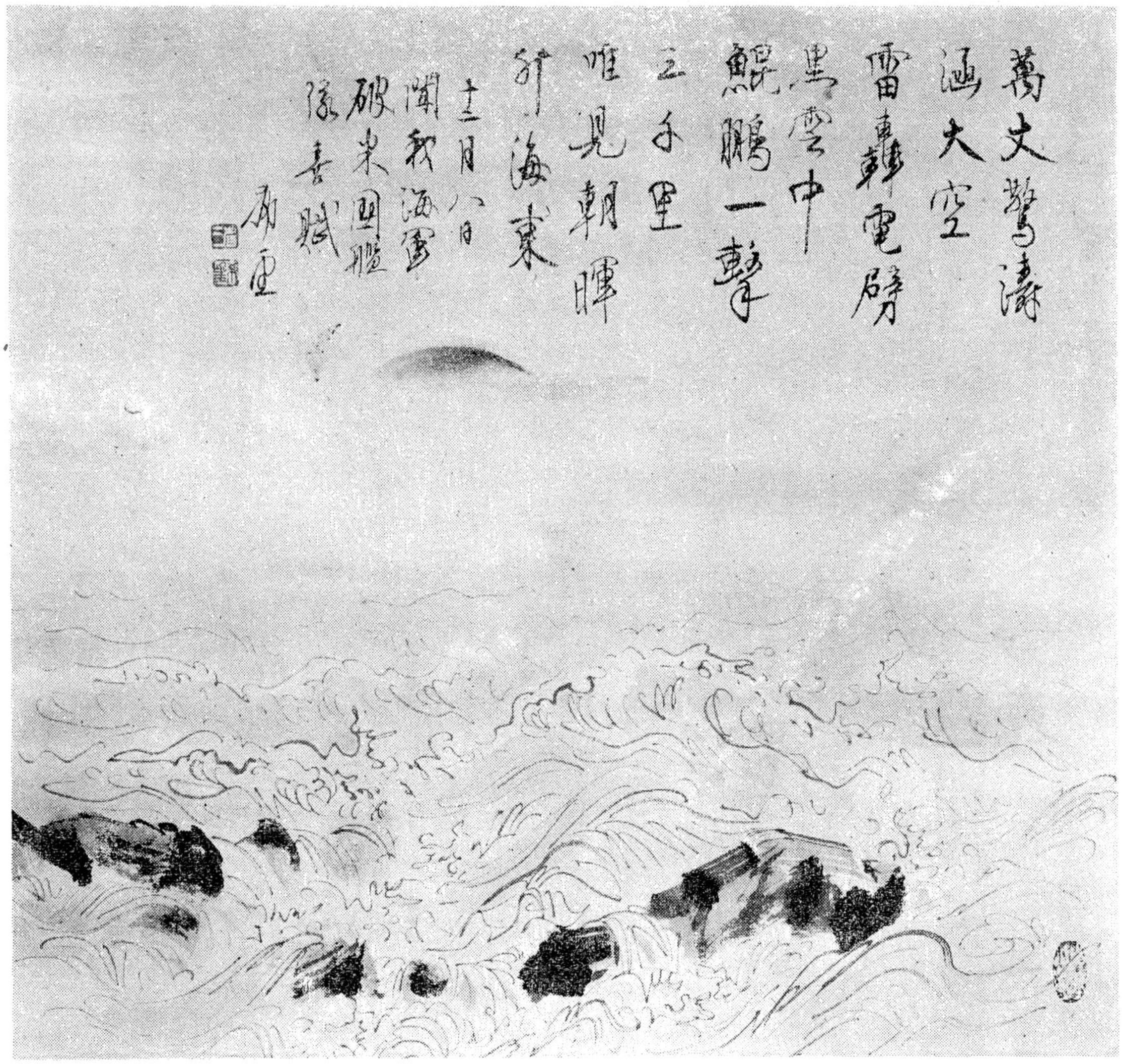

戰捷の迎春　兒玉希望

繪の働き

鏑木清方

繪の働きと云つたところで、巨勢の金岡のかいた馬が、夜な夜な脱け出して萩の戸の萩を食むなどといふやうなことではない。繪は私達人間の形づくつてゐる世の中にどういふ働きをするものか、これは既にいろいろな方面で問題にされてゐる處であり、あらためて新説を樹てるわけでも何でもないが、今日のやうな社會狀勢にならぬ前には、それは一向簡單で、繪かきはいゝ繪をかきさへすればいゝ、それだけで濟んでゐた。もつともその時分でもたゞ自分の勝手にいゝ繪をかくといふことの他にも繪の働きを必要とする部署はいくらもあつたので今日になつて急に繪の働き場處が生じたわけではない。

一時プロレタリヤ藝術といふのが大層はやつた時代があつた。綺麗な花や景色をかいた繪などは排撃されて、階級意識を持つか持たないかゞ作の良否を極める唯一の標準であつた。そんなこともつい先頃のことでありながら今では遠い昔語になつて了つた。目的の善い惡いは別としてこれも繪の働きの一つではあつたに違ひない。

大東亞戰爭は私達が今日までに學んだ世界歷史のどのページにも見出すことの出來ない、全くの劃期的な世界創造で戰爭には違ひないけれども、在來の私達の概念にある戰爭とは一方ならず趣を異にしてゐる。この新しい世界創造の創造者である我が國がかゝる大業を完成する途上にあつて、國民の凡べてがその目的を遂行するにありつたけの力を協せる。

それは階級鬪爭を遙かに飛躍した大變な出來事であり、これに伴なふ繪の働きも一時流行して廢れて了つたプロレタリヤ藝術とは恰で比較にならない。

繪の働きはこの今までに例のない大東亞建設に處してどう動いてゆくべきか。

いゝ繪をかきさへすればいゝ、さういふ舊體制觀念は棄てゝあるといふ人があれば、ちよつと待つてもらいたい。なるほど「かきさへすればいゝ」には問題が含まれやうが、いゝ繪をかく、のに新體制も舊體制もない。

藝術至上主義はいけないと今では衆に一致する。これも字を置きかへると主義が恰で違つてくる、至上藝術主義繪と云はず凡そ藝道に精進するもの、至上藝術を忘さないものがあらうか、いやさうばかりも云へまい、物質に惠まれゝば藝術なんぞ二の次ぎ、繪の働きは他にある。いゝ繪でなくても、至上藝術でなくてもよからうと、相當に力を具へた作家が精神を籠めてかいても、人を感動させる繪といふものさう易々とかけるものではない、いゝ繪でなく至上藝術を志すでもないものになんで充分な繪の働きが望めようぞ。

もつとも繪の働きの部署も分野もいろいろある。すぐ今日の役に立つものもあり、長期に亘つて初めて役に立つものもある。

繪の働きはあらためて云ふまでもなく精神方面に屬するのがその本質であることを忘れてだるつこくはならない。その働きの效果も注射が利くやうにはゆかないので當人も世間もまて焦立たしいこともあらう。世間はとにかく當人の方は焦らずに惑はずに信ずる處に邁進することだ。

この間高橋三吉大將のラジオの講演は到處に絶大な感銘を與へた。五、五、三比率當時の熱湯を呑む海軍の苦惱乏しい制限された三の力で敵の五、五、に勝つ爲めの必死の覺悟、猛訓練、比率に從ふために我と我が手で貴重な戰艦を沈める悲劇、航空機の死に迫る刻々の信號の話など、覺えず膝を正し、肅然として聲を呑んで聽かずには居られなかつた。今日の大戰果を得るに至つた準備の全く想像にも及ばないことを考へると、何の仕事に携はる者でも強く訓へられ、深く愧づるところがあつたであらう。

繪のことに從ふ者も、この國家空前の時局にあたつて、機に臨んでの繪の働きに參ずるは當然として、繪の本質である高度の精神文化昂揚の一番緊要な働きの使命を寸時たりとも見紛つてはならない。

繪は一生の修業と古人は言つた。今日殊にそのことばが深く玩味される。今までに考へ及ばなかつたほどの今は大きな準備時代にはひつてゐる。隱忍自重して赫々たる戰果を擧げた海軍は、それでも尚ほ準備に次ぐ準備を追つてゐるのであらう。

私ども畫人の學ぶべき、またその精神でなければならぬ。

心構の建直し

伊東深水

愈々大東亞戰爭の大詔は渙發せられた。優渥なる聖旨を奉戴して海空陸の我が軍は勇猛果敢にその緒戰に已に米英の東亞に於ける死命を制するの戰果をあげた、洵に瞠目に値するの戰果と云はねばならぬ。我が國民も實に九日の大本營發表の瞬間位緊張を感じた事はちよつとあるまい、美術人も愈々この大戰爭下では今までの情態では居られまいと思ふ。もつともつと國民のひとり〳〵として御奉公をつくさねばならぬと自らも深く心に誓つた次第である。

從つて靑衿會展覽會も今年はその素材も相當に時局を認識したものといふ立前から各出品者に諮りたいと思つてゐる。

兎角畫人は精神的にも非健康的だし非規則的な生活に陷り易いので、先づ自らは會員にもすゝめて靑衿會でも終つたら先づ「みそぎ」をやつて神身から立て直して戰時下の畫家として耻しくない準備だけでも始めたいと思つてゐる。（スケッチ・中支訪問の時の上海港の思ひ出）

上海租界を望む　伊東深水

兒供スケッチ　宮本三郎

顏・服裝

宮本三郎

私は旅の樂しみとして、風景寫生の他に、土地の農夫や、村娘、魚婦なども素描寫生して歸へることを習慣としてゐる。これは勞多くして、成功率の少ない油の制作に比して、失敗も無く、手元に殘して旅の記念ともなり、時折眺めて樂しいものである。私はこの習慣を盜みと名づけれゐる。と云ふのは、旅行先の實感をそのまゝ我が畫室に持ち歸へる意味からである。

油繪はその表現様式やマチエールなどなかく我々が、一朝にしては熟なせない困難な問題が多く折角の旅行先の收穫も畫室に歸つて筆を加へてゐる内に、無慘な殘骸に終ることが多い。その點素描は技術が單純であるし、人に見せるといふ氣苦勞が無い故か、却つて率直に表現し得て、成功する率が多いのである。私は時々、これだけがほんとうに自分の繪ではあるまいかと考へることがある。

このやうな旅先の素描はその長くて無爲に過されることの多い旅宿の狙を利用して、土地の百姓の老人や五つ六つの村娘を、山や畑に出かけるまゝの服裝で來てもらうのである。この老人と村娘なら、モデルの撰擇は宿の女中に任して置いて失望しないのである。同じ百姓でも半分都會化した年頃の娘の髪形や、青年の服裝には繪に出來ないものがある。老人の顏の長い勞苦に耐へた深い皺や、人の良い瞳を單念に寫生することは、畫室内のモデルの寫生よりは、大きな感興が湧いて來るのである。襤褸布で繼ぎ剝ぎされたその着物のどの部分を取つても自然な美しさがある。山や畑に出て自然と共に勞働する農夫の服裝は都會人のやうな生じつかな趣味やしやれから來る不調和がなく、たゞ自然の中での操作に適したものが撰ばれ、彼等の無意識の作業の中から生れた美しい色や皺が完全なフォルムを形成してゐる。私は常にデュラーの素描を思ひ出すのである。それはちようど風雨の中に數百年も生長して來た、老木の肌のやうな深い美がある。

このやうな自然な美しさは都會人の服飾や容貌の中には求められないものであり　假に都會の電車の中から繪にしようとしてモデルを探すならば常に失望させられるであらう。これ等の都會人は服裝も非美術的であり、その容貌にしても深い魅力が無いばかりではなく、むしろ不快なものを先に感じさせられることが多い。一般的な美醜の問題を別々しても、特に青年から中年迄の男女が困りものである。レオナルドは人間を描く場合には素晴らしく美しい人か、それでなければ希に醜い人間を描くべしと云ふ意味のことを云つてゐるが、全く都會人にはこのどつちにもつかない人種が多いのである。

彼等の目には高い文化的教養の輝きが無く、服裝には洗練された趣味が無い。都會人には

この二つのものが身について居なければ全く見るに堪へないものである。

人間の容貌なり服裝に高い文化性か、さもなくば、自然さが欲しいのである。この點山村や漁村の老人や子供は自然そのものである。同じ勞働に從事して居ても、都會地の勞働者には、その目の輝きに或る狡猾さや卑屈さがチラ〳〵感じさせられる場合が多いし、服裝は全く半端ものが多い。又近頃の都會の娘達の服裝や容貌がひつくるめて、これこそ繪にしたいと感じさせることが少ない。肉體と服飾が良い調和を成してゐることは希である。むしろ娘達よりは長い傳統と趣味生を生かしてゐる、花柳界の女性には洗練された傳統の美があるからである。土田麥僊氏が京舞子を一生描いて死なれたが、これには一生を打ち込んでも悔ひない位の傳統的な點があると思ふ。ドガーも亦一生踊り子を描き續けたが、我が國のこの種の女性の生活を主題として、畫家が一生を打ち込む程の畫材があり得ようか。

我が國民の生活樣式は建築から服裝に到るまで實に混沌として纒りが無い。このやうな雜然たる生活樣式の中から、畫家が自然率直な目で畫作することは困難である。疊の上に和服の人物を坐らせて描けば人は懷古的な日本趣味と云ふであらうし、洋裝で長椅子に腰掛けた婦人を描けば、あまりにヨーロッパ繪畫の追從であるとして、排擊されるであらう。併しむしろ我々の現實生活に於いて疊の上に洋服の膝を折つたものが眞實であり、裸體の背景が床の間になることが必然である。このやうな生活樣式の不統一は、畫家にとつてこの上なく悲しい現實であるばかりでなく、我國文化の大きな恥辱としなければならぬ。我々の繪畫があまりにヨーロッパ繪畫に追隨してゐることが指摘されるが、繪畫の母體である我が國の文化が、生活上の樣式が、先づ獨立した日本的フォルムを完成しなければならぬのである。

山に棲む

梓　秀人

山に入るもの山を觀ずといふ
山にあれば日かゞやき、
山にあれば星うつくし。
山上の靈氣に色鮮かなる花、
今日もみどり兒の如く息づく。
霧かゝれば姿を失ひ、
雲晴るれば高し、秀づ峰、
山に棲みて吾れ人を忘る。

戸隱山連峯

鬼原素俊

繪馬を描く　西澤笛畝

繪馬

西澤笛畝

繪馬と云ふと誰もすぐ、神社に奉納されたあの大きな額を思ひ出す。そこには名家の筆になる樣々の畫題が描かれてゐる。併しそれが馬に限られてゐないのに何人も繪馬と呼んで何んの懷疑ももたないのは寧ろ不思議ともいへよう。

古來我等の祖先は神佛尊崇の念とこれに祈願するの風俗が盛んであつた。そこで願望成就に際しては報謝の意を表するため生馬を献納したといはれてゐる。其後生馬に代えて木彫の馬を納めることになつた。併し是等は量に於て質に於て保存に困難な處から段々と工夫が加えられて繪にした馬をその代償としたのである。現に有名な神社佛閣にはその例の殘るのを見ることがある。

それ故昔は繪馬を敎へるに一枚とか一面とかいはず一疋二疋と稱してゐることも面白い事實である。奈良の手向山八幡宮で作られてゐる小繪馬は、馬の形を湛板で切り拔き、これに彩色をして臺の上にさし込んであり一疋と呼んでゐる。これに似たものは茨城縣那珂郡村松村の韋弓馬又は龜作馬と呼ぶもので手向山のものと同じ樣に馬の形に板を切り拔いて臺につけた彩色が施こされてゐる。

これこそ普通一般から繪馬といはれてゐる辻堂や小祠に納められる小繪馬の始めであり、額繪馬と稱するものは重に德川期に入つて大きな發達を遂げたものである。

最初は馬の形に小さく作られた小繪馬も段々發達して木片に各自の意志を繪畫化しその意匠を誇りそれぐ\の神社佛閣で特色を示す迄に發達したのである併し古代のものは重に馬の繪模樣が多く繪馬獨特の入山形をした小額は厩の屋形を意匠化したものだといはれてゐる。

その通俗化は献馬の約束を離れて各自の願望や干支による動物を取扱つて當面の變化をそうして種類を作つてゐる。譬喩ば入浴を嫌ふ子供の爲めに祈願した場合は、湯に入る樣を、乳の出る樣と祈つた折の繪模樣は乳房を見せて婦人圖を眼病平癒を祈る藥師如來には眼の形をといつた風から千差萬別、それぐ\の意匠は素晴しい變化と繪馬繪師獨特の畫風を產み出して一つの格式を示してゐる。

小繪馬に對して寢繪馬と呼ぶものは恰度現今の繪畫展覽會や一種の宣傳を意味したものである。その始めは三十六歌仙の繪模樣を一枚一枚に描き出して社殿に納めたもので歌仙繪馬の稱があり、有名な川越喜多院の岩佐勝以の筆になる

ものは國寶として世に知られてゐる。東京地方としては淺草觀音堂に掲げられてゐる（今日は別の寶庫に藏されてゐる）多數のものがある。その中でも菊地容齋の厩の喜三太の圖（堀川夜討）柴田是眞の鬼女、嵩谷の源三位頼政圖等は殊に名高いものである。

是等は作者と奉納者の合意によつて畫家は自己の技量を世に示す一の方便となし、奉納者はその立場〳〵に由る宣傳をなす此上もない役柄をつとめさしてゐる。そんな意味で、献額は尤も隆盛を極むる神社を目指して爭つて奉納されたものである。

京都洛東淸水の觀音堂に納められてゐる彼の寛永年代を代表する御朱印船の額面は海上安全の報謝と事業完遂の謝意に納められたもので當時を偲ぶ絶好の資料である。此種のものとして駿河久能山東照宮に掲げられてゐる山田長政の渡暹圖も亦時局柄好箇の題材として逸する事の出來ないものである。

機上の日の出

飛田周山

臺北飛行場を飛び出したのが、曉靄のたてこめてゐるころ、いさゝかの衝動をも感ぜずにフワリと飛びあがつたときの感じは何とも形容されない氣持だ。

三百メートルから、五百メートル位は、正しく、所謂平遠山水で、山また山、嶺また嶺の濶大な景色が、恰かも畫面を展べるように、眼下にくりひろげられてゆく。

千メートルからになると、周圍には綿をちぎつたような白雲が無數に飛び散つてゆく。二千メートル以上は、豁然として全くの雲深境、下界とは全然緣がきれ、見渡すかぎり澎湃たる雲の空その雲の下には、頑敵幾萬が飛行機の爆音に耳聳立て天の一方を見つめてゐるさまが想像される。

遙か白雲の涯てにひと刷毛はかれた茜いろが次第に濃くなるにつれて、曉の大日輪が燦として燿やきはじめる、現實にして雲も空も、飛行機も人間も、渾然として金色にひかりかゞやいて了ふ。何といふ崇嚴な世界であらうか、下界で拜したそれとは全く別趣な感じを與へられたのであつた。

機上より見る朝　飛田周山

勤皇の畫人

野田九浦

日の丸の國旗は嶋津齊彬侯が薩藩の戰艦の檣頭高く揭げたのが最初だと云ふ。

太陽を表象した朱の丸を描いたものは日本には昔から存在する。軍扇に日の丸を拔き出したものも古いし、大塔の宮が後醍醐天皇から賜はつた御旗に日の丸があると云ふことも傳聞して居る。

嶋津侯は當時の大老阿部正弘侯の御船じるしが、上部に紺の三本筋がある日の丸の旗から思ひついて其三本の筋を除けて、白地の中央に日の丸を染出し、それを日東の神國日出づる國の國旗とすることを、尊王攘夷開國の卓見と共に强調して居るのである。王政復古の德川幕府の瓦壞前後の、其複雜多岐な烈士志士の動きは實に目まぐるしいものがある。維新史丈は一遍目を通した丈では仲々前後の事情が呑込めない。各藩の行動や其藩に屬する志士達の個人の行狀などは勿論京都、江戸、水戸、薩摩、長防、夫等のものを讀み溜めて、更に再び大勢を繰り返すのでなければ前後の關係が悉く分らないのである。

湧き起つた尊王と佐幕、其處へ黒船が姿を現はすと忽ち世上が混亂して倒幕派、公武合躰派、尊王賤覇尊王攘夷、攘夷開國開國通商、入り亂れもつれ合つて劍が走り、血が飛ぶ、鼎の湧くが如き有様が續かざるを得なかつた。其間でなんと云つても水戸、薩摩の兩侯の偉さが目立つ。殊に齊彬侯の識見は群を拔いて居ると思ふ。不愉快な御家騷動を背後に負ひながら日本再建の信念に燃え續けて確固たる尊王の意志を西郷隆盛や大久保利通に徹底せしめた。誠に維新前の一人者である。

更に云ふ迄も無く水戸、長崎、其他の碩學烈士。名前を思ふ丈でも烈々たる意氣に双腕自ら鳴るの盛に堪へぬものがあるが私の云ひ度いのは其間に同じく國事に志を擧げた畫人が少なく無かつた事を忘れてならないと思ふのである。

渡邊華山は攘夷開國派の先驅とも云へるだらう。東に義兵を擧げた田崎草雲、西では藤本鐵石が、同志の松本奎堂、吉村寅太郎と大和五條に同じく義兵を擧げて戰死して居る。

由來德川末に大和繪の復興と云ふことが旣に王政復古への氣運の現れなのである。京都の浮田一蕙の慷慨氣節は大和繪畫家として誠に痛快な事蹟を殘して居る。中川宮の宿に乞食に身をやつし狂者を裝つて大阪灣の黒船を寫しに行つたとも云ふ。安政の大獄に捕はれて子の可成と共に獄につながれた時も大義愛國の至誠を說いて其聲常に室外に聞えたと云ふ。明治二十四年從四位を追贈されて居る。富岡鐵齋は少年時代に此一蕙に就て學んで居る。乃ち鐵齋の勤王精神にも系統があるのである。其他、京都の森寛齋、大阪の藤井藍同等打てば鳴る骨の持主も多かつたのである。

二三艘の僅かな戰艦をもつて此國を意氣一つで守らうと思つた剛膽忠烈の國士連を思ふと涙が浮ぶ。世は明治となつて僅かに百年にも不及、此皇運の隆盛は何からだ。云ふ迄も無く無窮の御稜威のもとに忠烈無比な肉と血が今日に凝つて發散する大氣の現れと思ふのである。

文化報國の一面を持つて此職域に御奉公を盡すべく畫家としては或は藝術至上の議論も有らう。但し日本人として五倫五常は一時も忘れてならないこと勿論である。

古賀忠雄紙塑個展（昔日の憶出）

小島一谿個展（資生堂にて）

美術文化小品展（青樹社畫廊にて）

瀧　丸木位里

ローマの子供　井上長三郎

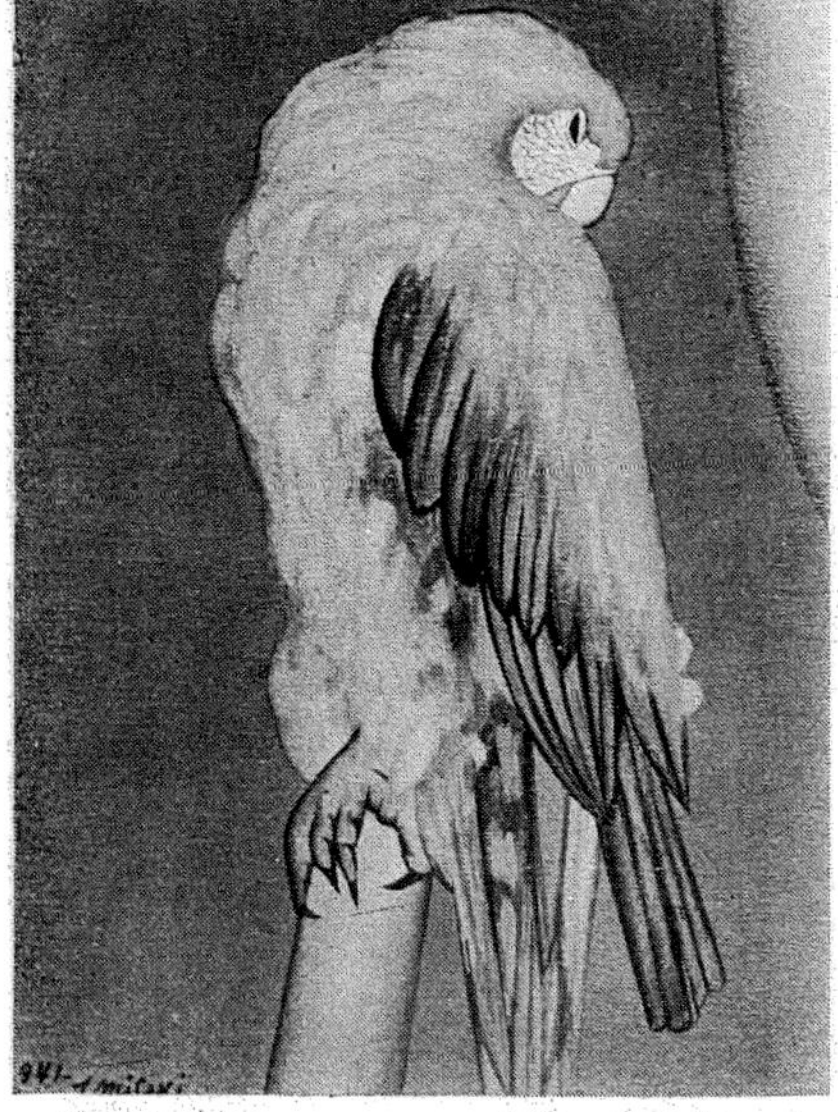

瑠璃金剛鸚鵡　三崎孝雄

第五回美術雜誌協議會

十二月十九日正午丸之内會館にて
寫眞は情報局佐伯郁郎、秦一郎、文協池島重信、淺
利篤、小野久三、福岡信夫諸氏と各社編輯擔當者

水彩畫最高作品選定委員會

舊臘二十日上野精養軒に於ける二千六百一年度水彩畫最高
記錄賞授賞作品銓衡委員會に於ける委員諸氏、右より、
北川民次、早川國彦、中西利雄、石井柏亭、石川寅治、
南薫造、相田直彦、甲斐惟一諸氏

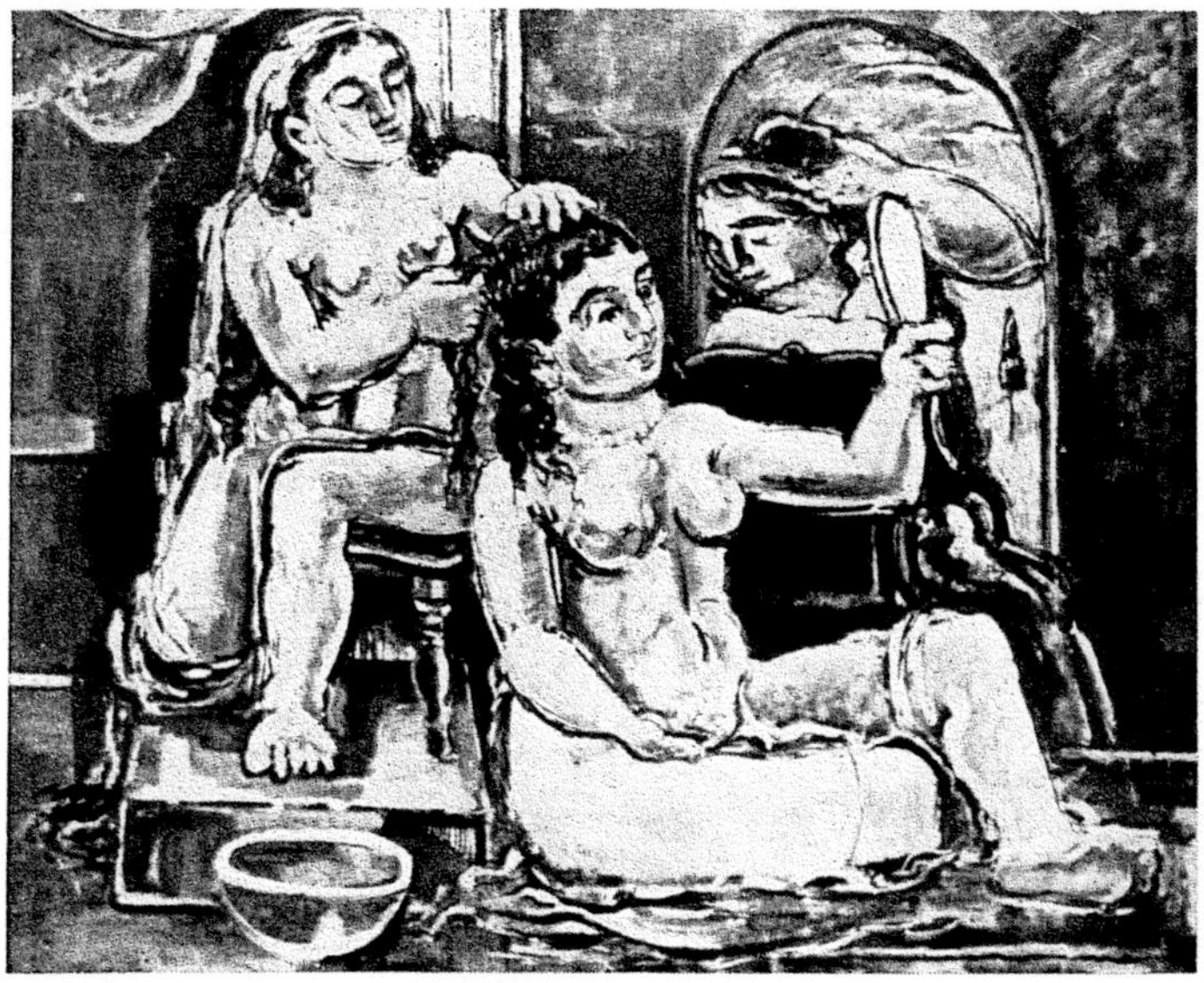

(3)

(1)

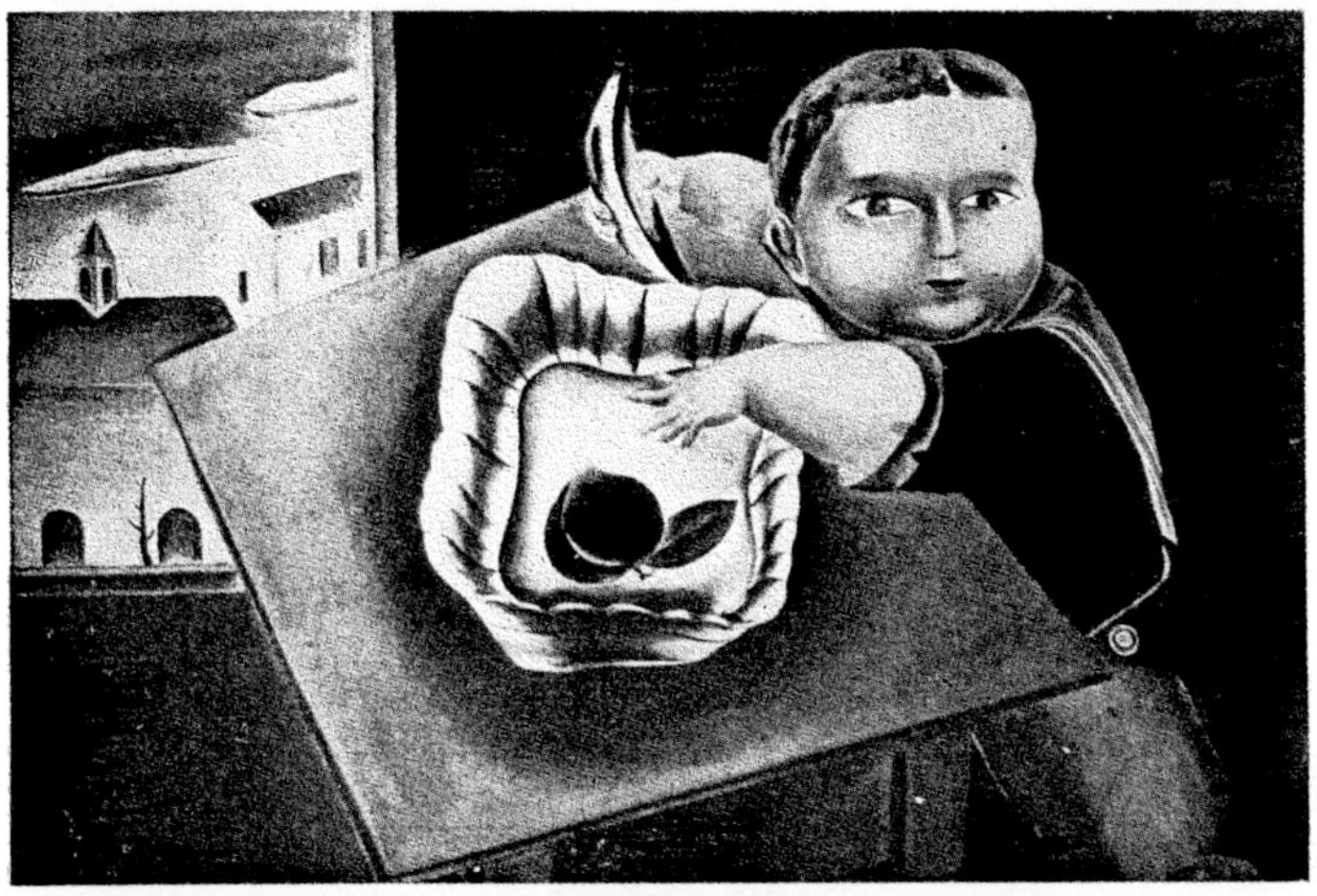

(4)

(2)

(1) 商人　リベラ　(2) 神の名による集團　マーシュ

(3) 美化　ウェーバー　(4) 果物を盗む子供　國吉康雄

紐育港　ステラ

收穫　エツスル・マコフアン

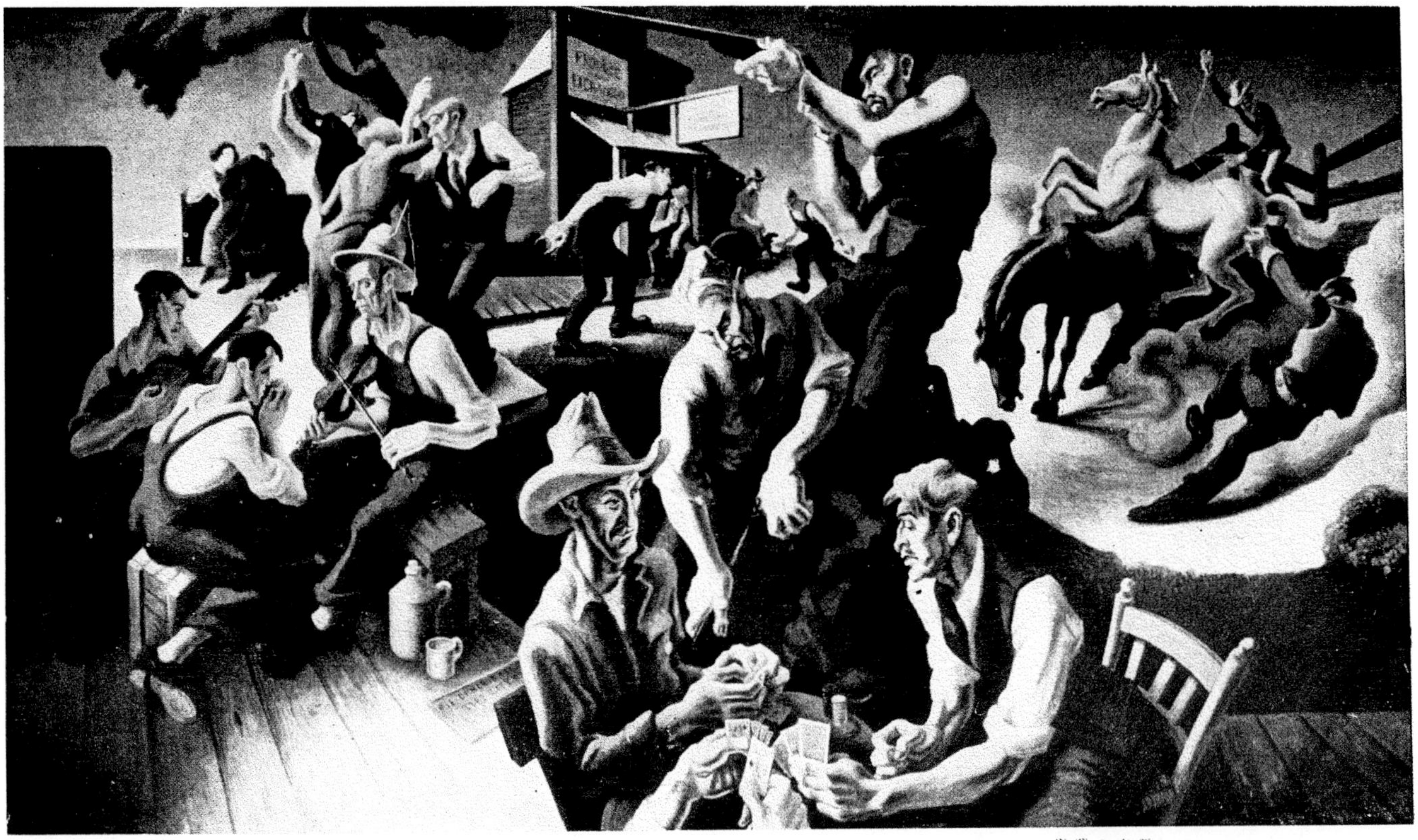

西方の藝術　ベントン

アメリカの現代畫

ジョン・ヘンリーの手　ベッカー

現代アメリカの畫壇は相當活潑ではあるがヂャズ的混純を極めてゐる。インネス、ウインスローホーマーらの初期畫壇は英國傳統とバルビゾン派であり、次がウイスラーサージエントらの海外米人畫家による印象主義の時代をへて現代はフオーブ以後のフランス畫の影響を中心として米國的ヂャズ化したものである。この運動の最初はペンギンクラブ派でその頭目は日本人國吉康雄氏と死んだユダヤ人パスキンであることを銘記してよい（本號の北川民次氏の原稿について見られたい）

青いクラウン　ヲルト・クーン

少女　スペイチヤー

1 天使（フラ・アンゼリコ）　2 法界寺「天人圖」（大和法界寺）
3 レオナルド・ダ・ヴインチの飛行機考案デッサン
4 人魚（アーノルド・ベクリン）　5 龍　（橋本雅邦）
6「天狗草紙」　7 有翼獅子（古代ペルシヤ彫）（ルーブル美術館

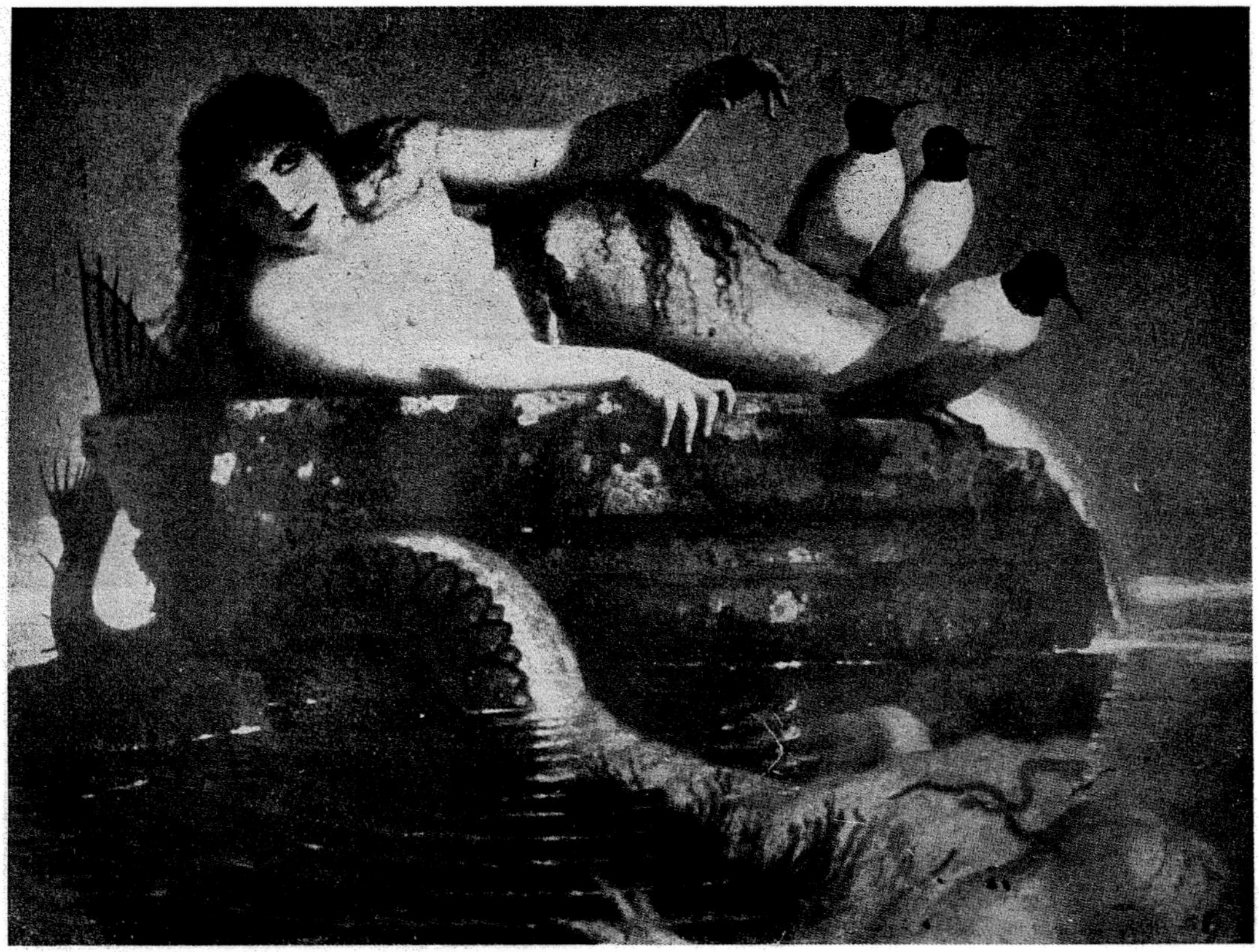

4

5

7

6

美術家の想像と創造

2

1

想像力といふものは天が藝術家に與へた特權でもあるが、また人類は往古から想像によつて世界を考へそれが軈て科學の進歩をも齎したのである。美術に於て示された自然的或は超自然的な想像物は甚だ多いが、それらも決して全部架空ではなく、人間を本位として想像したものを創り出したのである。譬へば東洋に於ける「龍」である。支那では「龍形有九似。頭似駝。角似鹿。眼似鬼。耳似牛。項似蛇。腹似蜃。鱗似鯉。瓜似鷹。掌似虎也」とあり、又「背有八十一鱗。具九九陽數　共聲如戛銅盤」ともある。（本艸綱目）「龍」は佛教に胚胎する「神力」の權化でそれが龍王となり、龍女となつてゐるが、動物學者は前世紀の大蟲類の中に雷龍、禽龍の如き名稱を附してをり、雷龍の如きは長さ三五米に達したとその骨骼から計算して居る。人間の生棲しうる時代になつても、どこかの深山に殘つて居つたこれらの巨大な古生紀の爬蟲類に出遇つて、雲煙の間に躑躅するその怪物に膽を冷したでもあらうし、それからの想像が「龍」を生んだとも考へられぬこともない。龍之圖を見てもそれらは雲を捲き雨を呼ぶ神力の象徴として描かれたことがよく解る。現實から想像力によつて超越した力に憧れたのである。超越的なものへの憧れは人間をして天界を自由に飛翔する天人、天女、天使等を生んだことも東西同一であり、それが繪畫彫刻に示されたのも古代からである。我が法界寺の壁面に描かれた「天人圖」の美しさは又格別である。これは人間そのものの、體軀での飛翔であるが、西洋の天使はみな背に羽をつけてゐる。希臘神話のキュピッドはその濫觴であらうが、それが耶蘇教に入つて羽ある天使となつた。日本では「天狗」が人體に羽をもつ唯一の表現だが「日本書紀」舒明天皇九年の條に始めてその記述がある。「大星從東流西。便有音似雷。時人曰流星。亦曰地雷。於是旻僧曰。非流星。是天狗也」とあつて後に鞍馬天狗や大峯の善鬼などに示される神通力の權化とされたが山伏の姿をし鼻を高うした想像も神力修法を山野の靈力に表象したとも思はれる。「天狗草紙」は繪巻としても有名である。古代バビロン、アッシリヤ、ペルシャの有翼獅子や希臘の有翼馬その他動物に羽をつけたものも超力の表象としての想像物である。その他人魚の如きシレーヌの物語詩となつた、が人間が天使や天人を想像し天界を自由に飛翔せんとした欲望は複興期の天才レオナルド・ダ・ヴィンチによつて科學的に考案された。これが今日の航空機の因子とも言へよう。人間に鳥の翅をつけそれを機械的に動かす操作は今日動力機の發明を俟つて素晴らしいわが皇軍の荒鷲の如き優秀な飛行機となり、古い「想像」は科學的「創造」に迄達したのである。（川路柳虹）

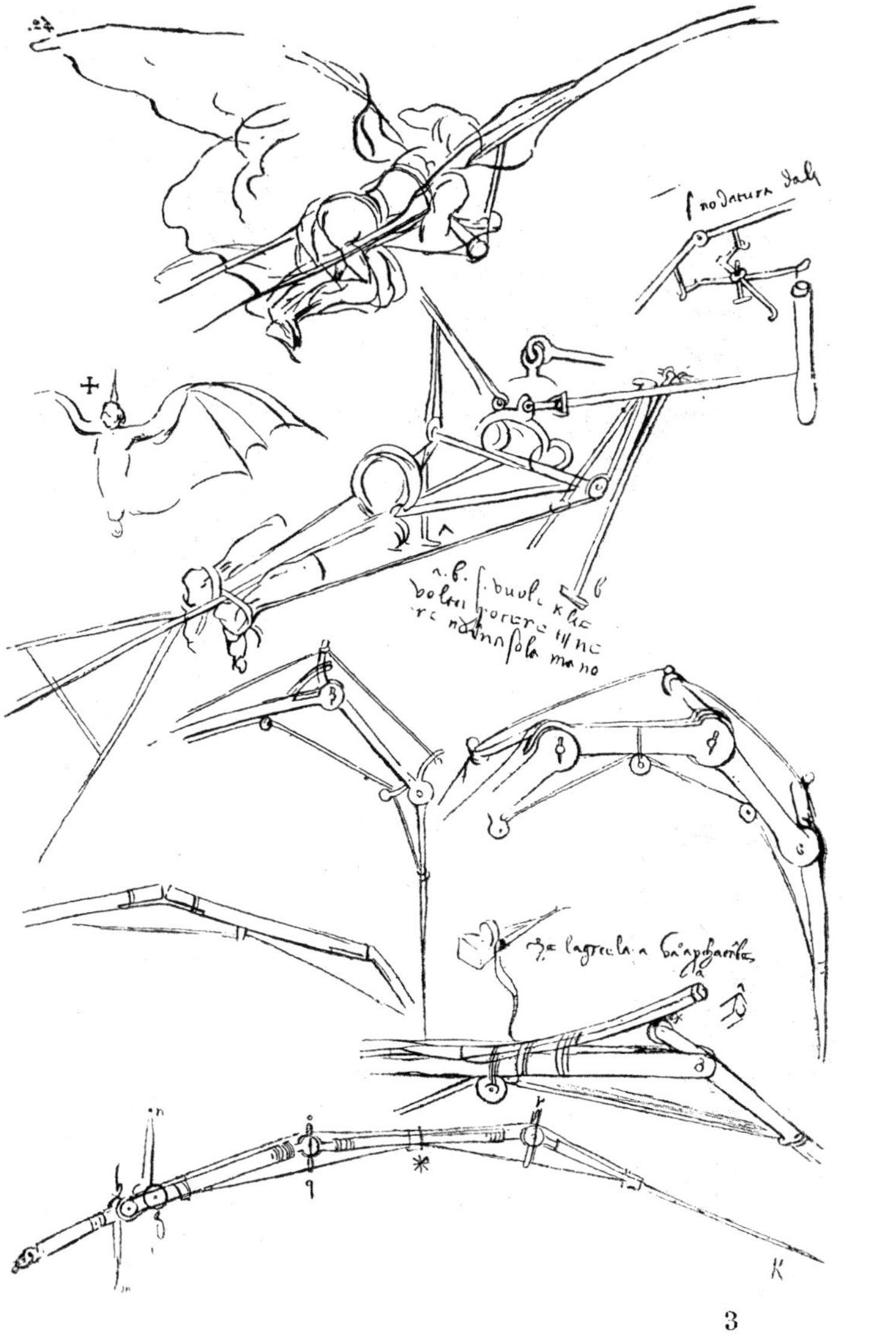

3

現代名家新作花鳥畫展

滄海の曉　兒玉希朝

春寒　山口蓬春

雪　杉山寧

豊熟　結城素明

大東亞戰爭下皇軍勇武のお蔭で悠々と展覽會が開かれるとは誠に世界に誇るべき我が國の餘裕を示すものである。いつも遅れがちの日本畫家もこの悲壯な高島屋の美術部態度に力作を寄せた。併し約束し乍ら不出品に終つた人もあつたやうで目錄にありながら作品のなかつたのは夫れ程緊張しなかつた人もあつた譯だ。

芳烈　池上秀畝

寒光　山口華楊

梅のかさし　安田靫彦

一発必中　小杉放庵

陣中春興

岩田正巳作

若武者が陣中に春を迎へて興至り嗜みの一曲を奏でるの圖、梅花一枝馥郁たる香りを發し更に風情を添へてゐる。氏は歴史畫家として最近其の畫技一段の圓熟さを見せ一作毎に世評高い。皇軍北南に進駐赫々たる武勳の中に新年を迎へられる陣中を偲びて筆をとられたものである。

寶相華銀平文袈裟箱

（竪一尺二寸七分　横一尺一寸四分　高四寸）

方形隅丸の淺い箱で、錫置口を付け、總黒漆となつてゐる蓋の甲の盛りは頗る穏かに流れ、塵居との關係も優美で、一見教王護國寺藏健陀縠絲衲袈裟箱と共通してゐる。文様は蓋甲に寶相華と蝶鳥を四周に忍冬の如き唐草の連鎖形文を縁取りとし四側の上下に連珠文を廻らし、中に寶相華と蝶鳥を表してゐる。（滿田忠成）

大名物松屋肩衝（重要美術品）
高サ二寸五分五厘

長崎堅手
口徑四寸三分五厘

遠州所持の中興名物として堅手中古來殊に有名である。長崎の銘は元長崎久太夫所持によつて遠州命名にかゝる所で、其後大徳寺孤蓬庵に寄進され久しく同庵珍什の一つであつたが天明頃不昧公同庵主寰海和尚に所望して之を譲り受け、爾來松平家に傳はり、後故青山翁の有に歸したものである。（滿岡忠成）

を和歌に採つたものが流行し、相當傑作が殘されてゐる。此硯箱も名物の一つあつて、古今集和歌の部壬生忠岑の「山里は秋こそことにわびしけれ鹿の鳴く音に眼をさましつゝ」の歌意に意匠を採つたものといはれ、圖中秋草に「わびし、け、れ、ば」等の文字が配されてゐる。形は方形削面で總て金梨子を施し蓋表は金研出の小山に金高肉の鹿・岩・秋草を表し、銀の滿月を嵌入してある、蓋裏は梨子地と肉上等の茅家に人物を描き伏して山上の鹿の音を聽く様を表してゐる。之等の圖様は器形と融和し整然と施され、蒔繪の技巧又精妙で、肉山を要點に用ひてある、概して剛勁なる趣の裡に温和な情調をも感ぜられ、室町時代の風格をしのぶことが出來る身は總梨子地に秋草を蒔繪し傘を組ませた水滴を納めてあるが、誠に見事な作である。（滿岡忠成）

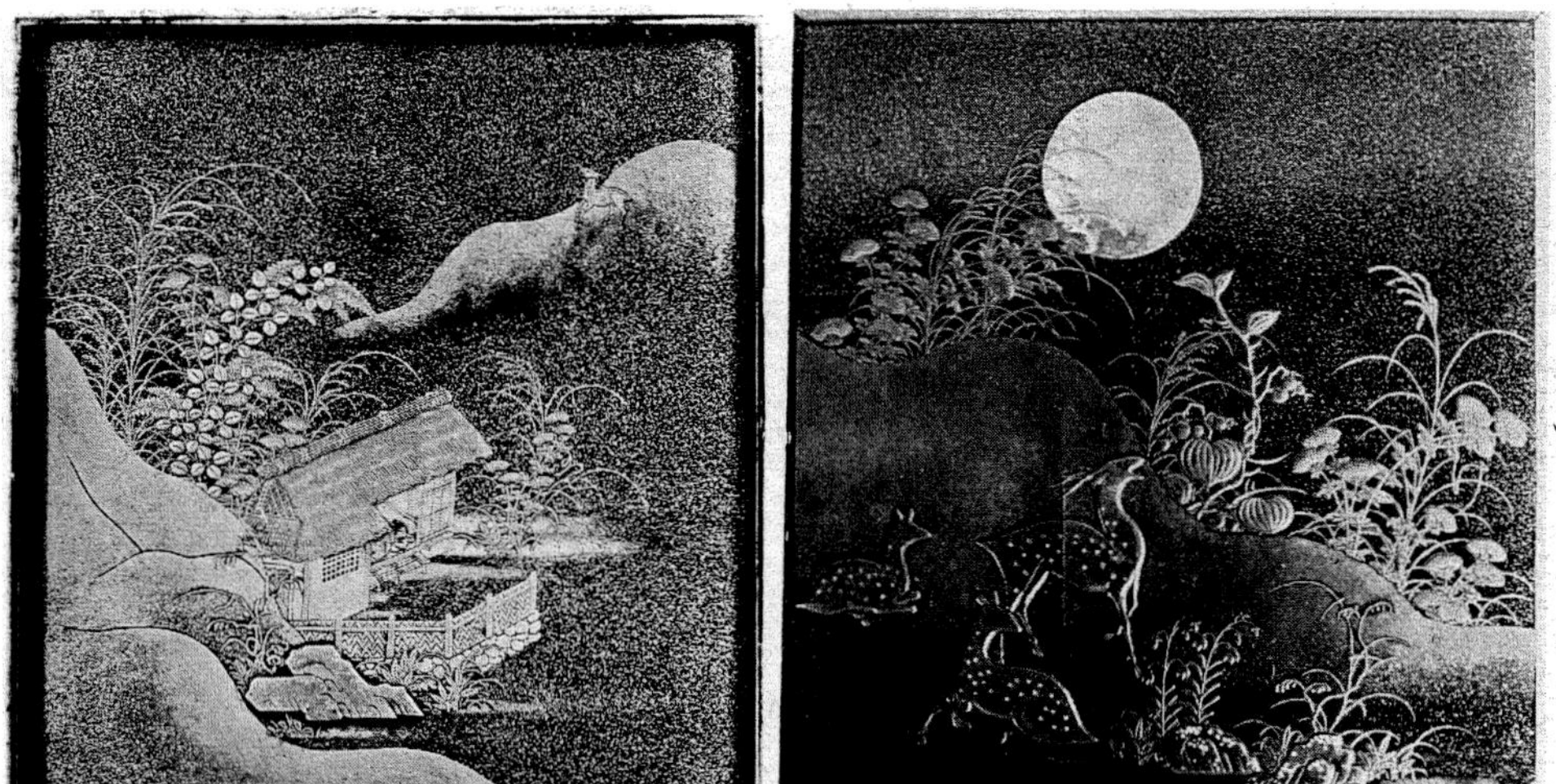

古蘆屋松梅文眞形霰釜　（高六寸七分）
總體霰地文で、鐶付は鬼面、左右には松梅文が精美に鑄表され前後には左記の銘が鑄出してあつて製作年代や工人名の明かにされる點に於て茶釜史上のみならず、ひろく鑄金史上頗る注目すべき遺品といはねばならない。宣秀は氏を大江といひ、其遺作として明かなものに周方國興隆寺鐘（亨祿五年銘、山口縣教育博物館現存）豐前國上毛郡求菩提山藥師如來鰐口（天文五年銘）筑前糟屋郡天津神社鐘（天文六年）銘等がある。なほ蘆屋釜の名は尺素往來にも見えてゐて、既に一條兼良の頃から相當旺んに製されて中央にも其名の聞えてゐたことが知られる。

古天明十王口釜（高五寸七分）
古天明中の秀作で、胴には方文得月雪村筆の銘が鑄出され、鐶付は遠山である。室町時の代作。

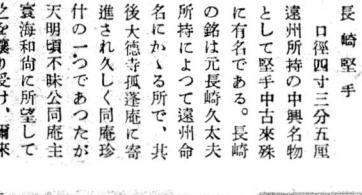

名物　春日山蒔絵硯箱（重要美術品）
此硯箱には添状があり、それには「義政公五面硯之記」とあつて
尾州家おとこ山　みかさ山　鴻之池善右衛門隅田川
久須見小兵衛　千とせ　三宅宗平　春日山　山里とも
と記されてゐる。即ち元は「山里の硯」といはれたもののなることが知られる。歌絵に成る蒔絵の作例は鎌倉時代から散見されるが、室町時代には圖様の意匠

鎚鍱佛像（縦七寸四分）
阿彌陀らしき本尊の左尊に二比丘と二菩薩、前には香爐の左右に二天と二獅子を現はす、一見すれば高浮彫のやうであるが、これは銅板を打出して、更にその上に鏨鎚で起と刻出とを加へて仕上げたものであつて、所謂打出佛の一種であるこの種の遺例は至つて少く、且又簡單なものであるが、本品にあつては頗る複雜精巧な技法によつて貴重な一例であつて唐時代の作である。（滿田忠成）

銅製虺龍饕餮文壺（高一尺二寸二分）

壺は酒酒を貯藏して尊に給する器であり、その形制は圈足を有する大きな壺形を有して、自ら用途に相應ずるもであり、また蓋を伴ふを常とする。この器は壺のうち器腹の横に張つて安定感の多い一類に屬し上に六方に禽形の飾と中央に寶珠形鈕を作つた蓋を覆ふたところ。古銅器として整美な形と言ひ得る。器全面の裝飾は饕餮虺龍の兩文を主とする點で他と變りはないが、表出が大まかであり、且つ雄雅な趣を具へてゐる、是等から見ると周代中葉の作とすべきである。本器と同一の器が現在アメリカ美術館に備藏せられてゐる。蓋しもと双器をなしたものでもあらうか、二者共に出土後、年時を經たとみえていま傳世の古色を呈してゐる。（滿岡忠成）

本器は六・七年前に支那河南省彰德府外候家莊の所謂殷墓から出土したと信ぜられる遺品である、その形は酒を和する器たる盉と稱せらるべきものに屬するが、而も通有の盉とは趣を異にして、その器體は著るしく丈の高い柱狀をなして四個の款定が之を承け、は大きな怪獸の體軀を以てし、盛上はた器の上邊では右の鋬を着けた側に心臟形に近い口を開き、他方に長い筒狀の流。（注口）を斜出するところ、從來殆んど例を見ない形であり、飾るところの裝飾文また極めて繁縟怪奇な動物文の高浮彫を以てする點、まさに支那三代古銅器の特色を具象して餘すところないものと言ひ得る。

銅製犧首虺龍饕餮文盉

銅製犧首虺鳳饕餮文盉

菩薩立像　（全高五尺一寸三分）

ガンダーラを含む北西印度の一隅は、アレキサンダー大王に征服されて後、大夏及び大月氏國が建設されてギリシヤ藝術等を攝取したる特異な印度藝術が創造され、これを俗にガンダーラ藝術と呼び、紀元頃から四世紀に亘つて特に盛大であつたが、その藝術の中でも佛像彫刻が傑出してゐるこの菩薩立像もその一例であつてガンダーラ佛としては後期の製作に屬する。

如來形佛頭二、菩薩形佛頭六、佛手一の計九點は何れも天龍岩窟の佛像である。根津嘉一郎氏はこの種の像片四十六點を蒐集されたがこの九點以外は總て諸外國に寄贈されたが天龍山は山西省太原府の西南八十支里北齊時代の別都である晉陽の西三十支里の地にある。南北時代にこゝに石窟を開堀し、隋・唐代にも續いて堀られ、東西兩峰に亘つて二十四窟あつて、窟内には大小幾多の刻出されてゐる、本館藏品は夫等を鑿斷して將來したもので、何れも唐代の製作に屬する。

（谷信一）

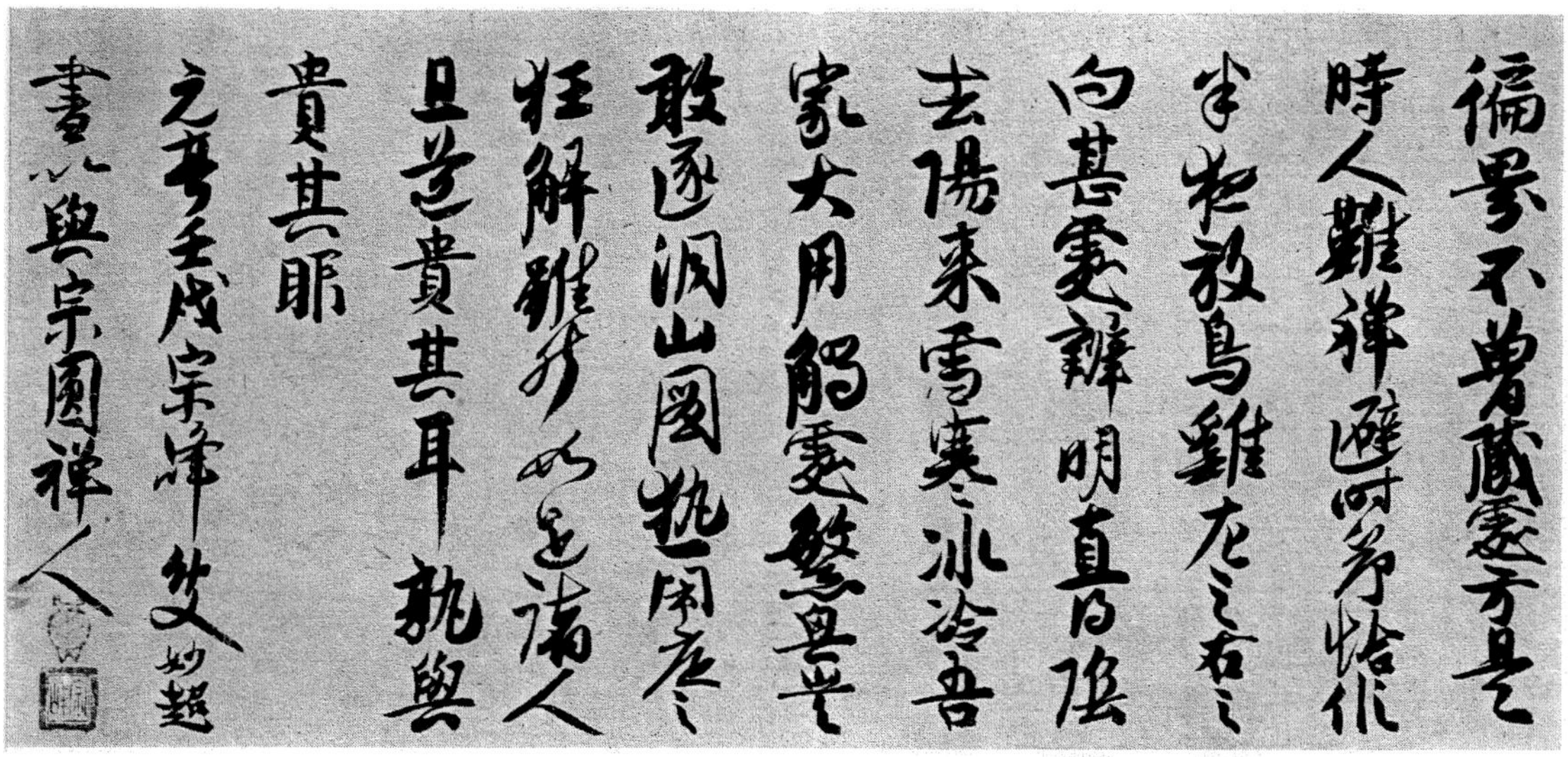

宗峰妙超墨蹟

宗峰妙超は播州の人、鎌倉萬壽寺の佛國國師に謁し次で大應國師の鉗鎚を受けて虚堂の宗風を悟得し、嘉曆元年紫野大德寺の開山となる。花園天皇はその道風を愛されて宮中に法要を問ひ給ひ、興禪大燈國師を賜ふ、後醍醐天皇も師を召して說法せしめ、高照正燈國師號を加賜せられ、當代禪苑の高峰である。請はれて崇福寺に下り、再び大德寺に歸り止まつて、延元六年五十六にて寂す。その墨蹟は師の器量と並びて品格高く、就中數點の絕品と目されるものが傳つてゐる。本書は夫等に伍して敢て遜色なきもので、大德寺開創以前の元亨二年に宗圓に附與したものである。（滿田忠成）

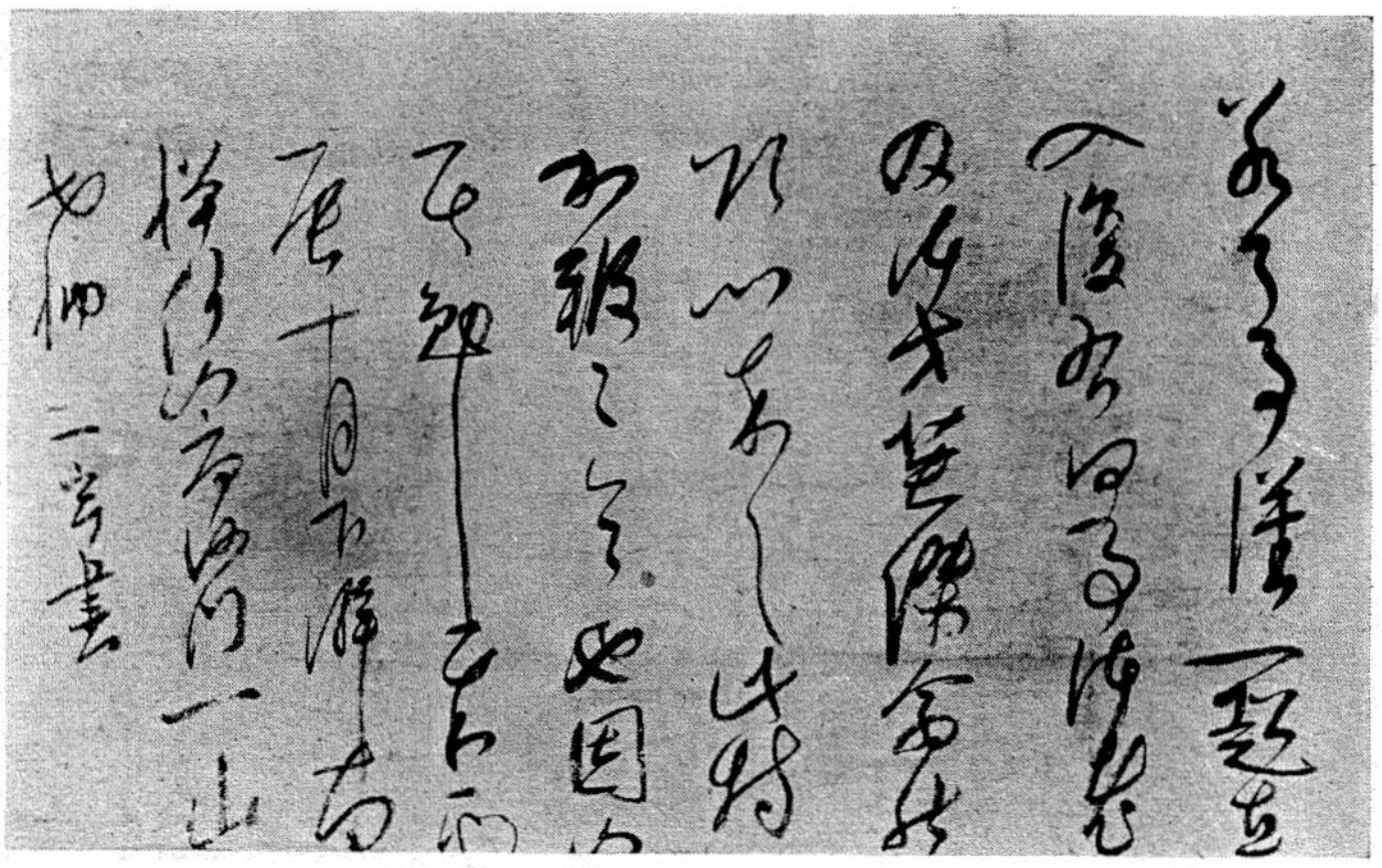

一山一寧墨蹟

一寧は宋國臺州の人、天童山、育王山などに名衲を歷訪して道を得、元主の命によつて、わが正安元年に來朝す、北條貞時は師を遊偵と疑つたが、解けて建長寺に請ず。更に諸山に住し後宇多上皇の勅によつて正和二年南禪寺を董し、眷遇甚だ渥かつた。——わが禪宗、宋學、詩文は國師によつて大いに振與されたが、併せて草體の書にも長じて、圓轉活脫の筆鋒は禪林中に燦然と輝いてゐる。（谷信一）

明極楚俊墨蹟

明極楚俊は明州慶元府の人、虎巖淨伏の法嗣で彼地に於て既に道譽盛んであつたが、わが書幣に應じて元德二年六十九歲にて來朝し、後醍醐天皇より佛日燄慧禪師の號を賜はる建長・南禪・建仁等の諸山に歷住し、延元六年七十五歲で寂す。本書は來朝した年に振首座に贈つた偈で、氣魄に滿ち、墨痕鮮やかなものである。（谷信一）

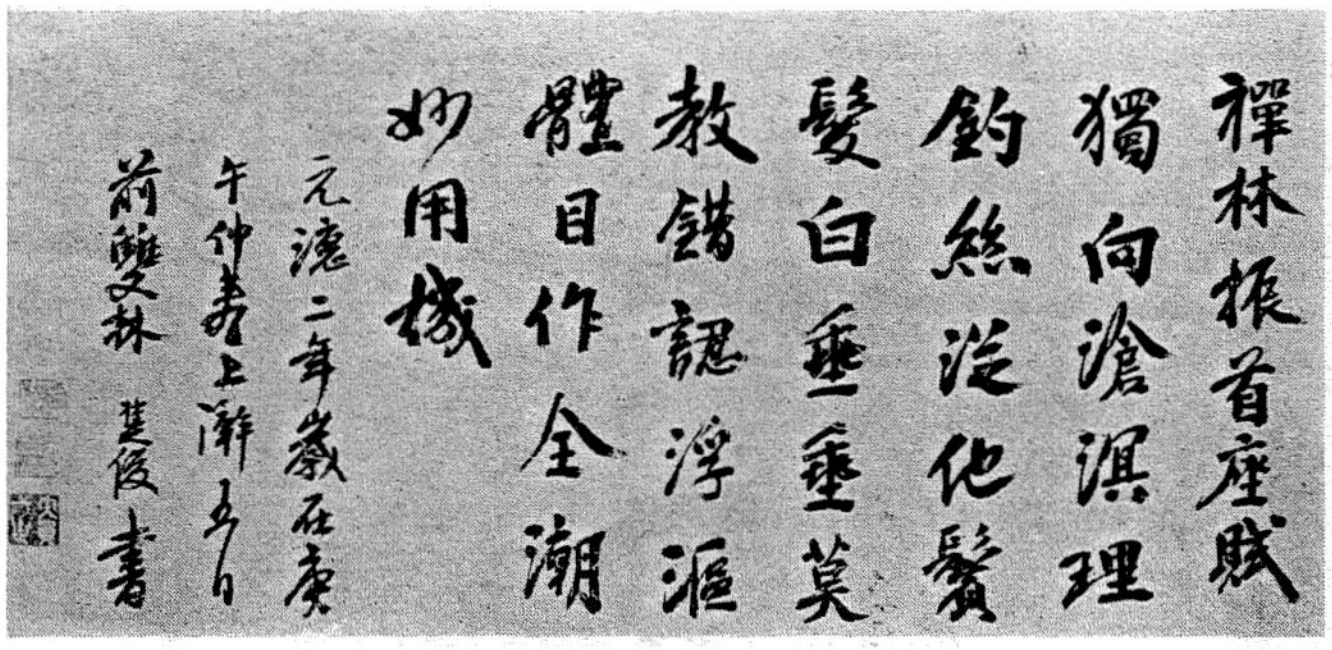

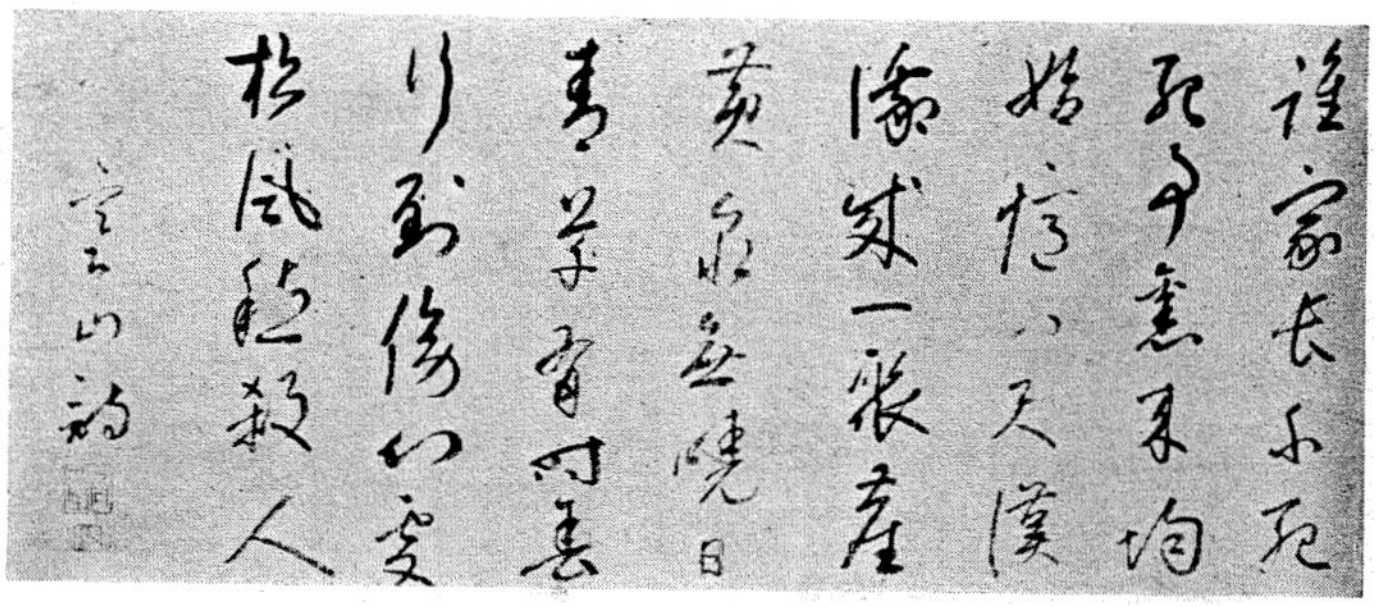

大般若經（國寶）

慶雲四年六月十五日文武天皇崩御遊ばされるや、和銅五年に天皇の御從兄弟の長屋王殿下が大般若經六百卷を敬寫せしめられ以て御冥福を祈り給うた。この御願經は和銅經と呼ばれて、江州太平寺の壹百四十二冊を始め數ケ寺に遺存するが、本館藏品も亦その中の卷第廿三に當り天武天皇十四年の金剛場陀羅尼經に次ぐ古經で、もと卷子本であつた。（谷信一）

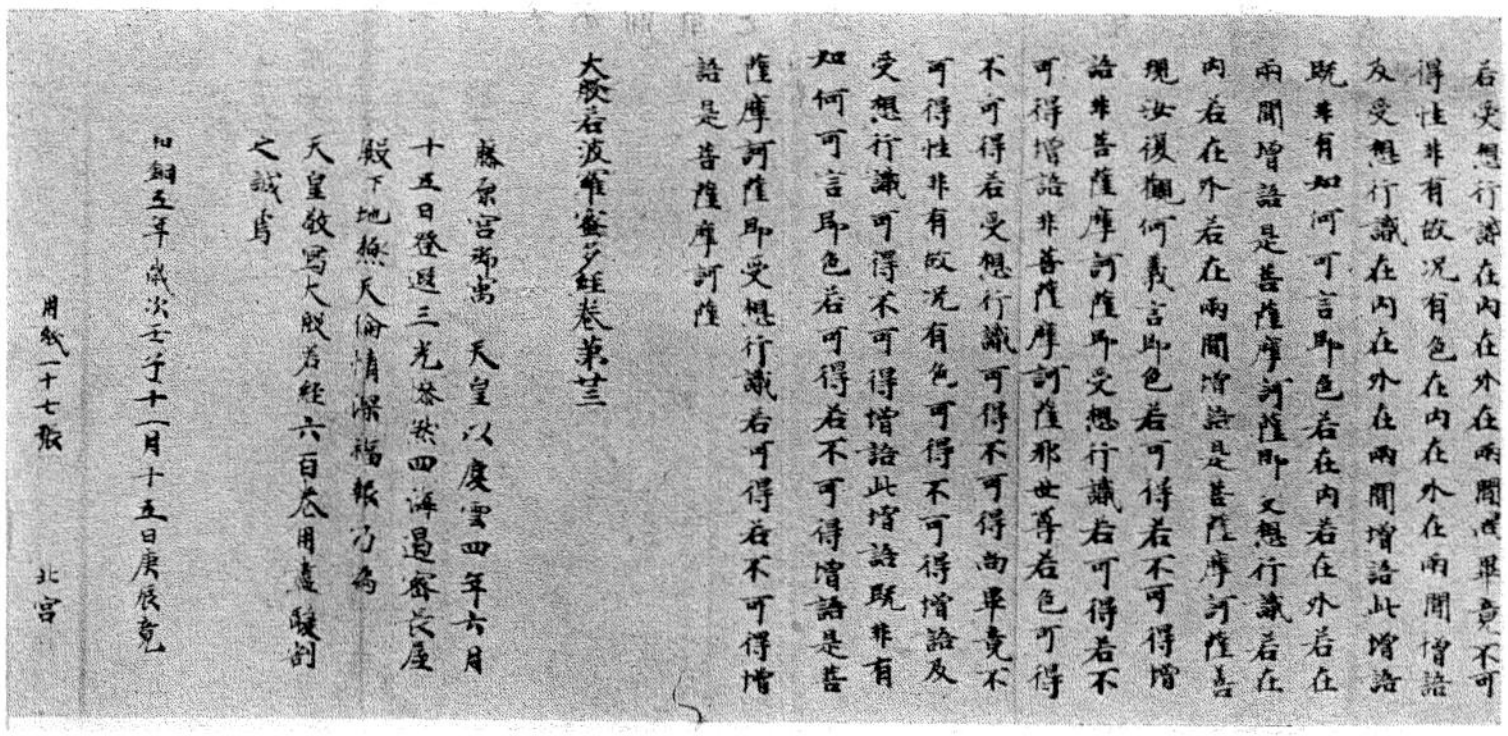

漁村夕照圖（重要美術品）

瀟湘八景は湖南瀟湘の二水が合落つて洞庭湖に注ぐ地域の勝景に譬へて、北宋以來盛んに描かれた山水畫題である。室町時代に數種の宋元八景圖が舶載されて、その中の一種として遺つてゐるものに牧溪筆と傳へる前田侯爵家藏煙寺晩鐘圖、松平直國伯爵家藏遠浦歸帆圖、石野家藏平沙落雁圖及び本館藏漁村夕照圖の四幅がある、本圖は德川家康、德川頼宣、松平頼純の畫庫を傳來したもので、多くの東山御物中の逸品として喧傳されてゐる。本圖が牧溪であると否とに拘らず、日本水墨畫の發達に寄與するところは甚大である。（谷信一）

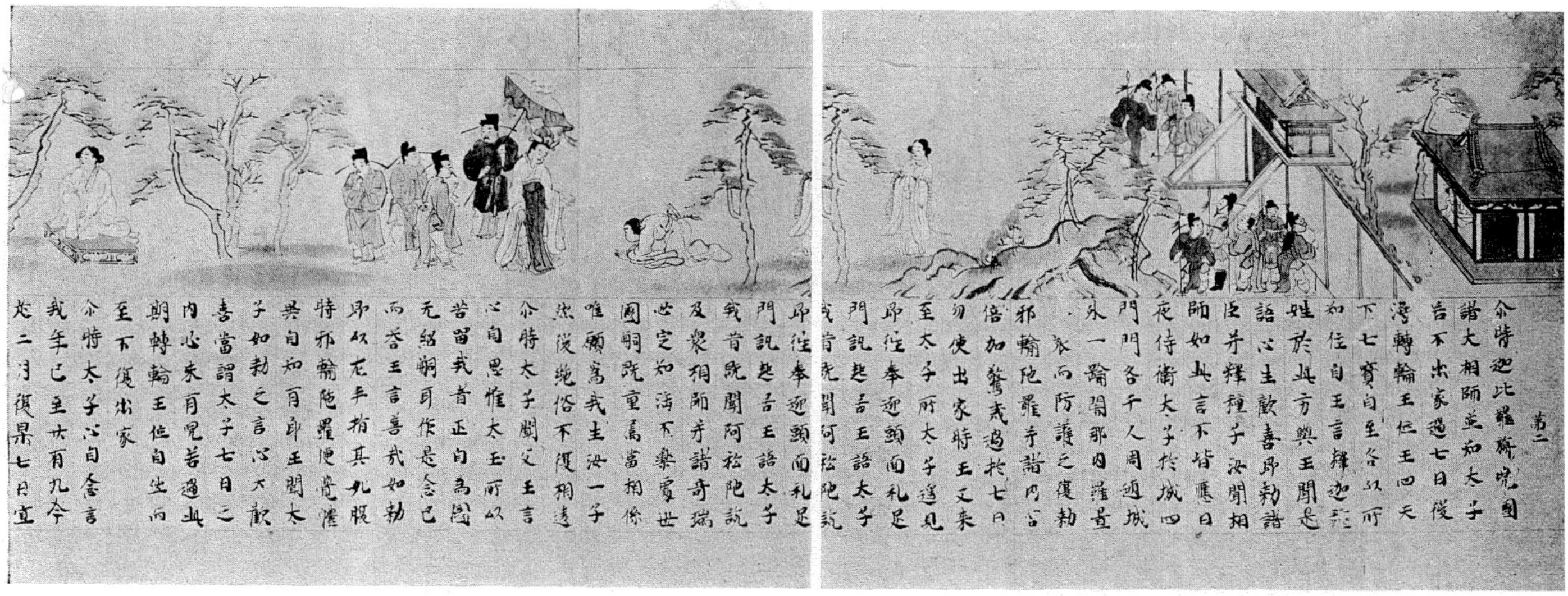

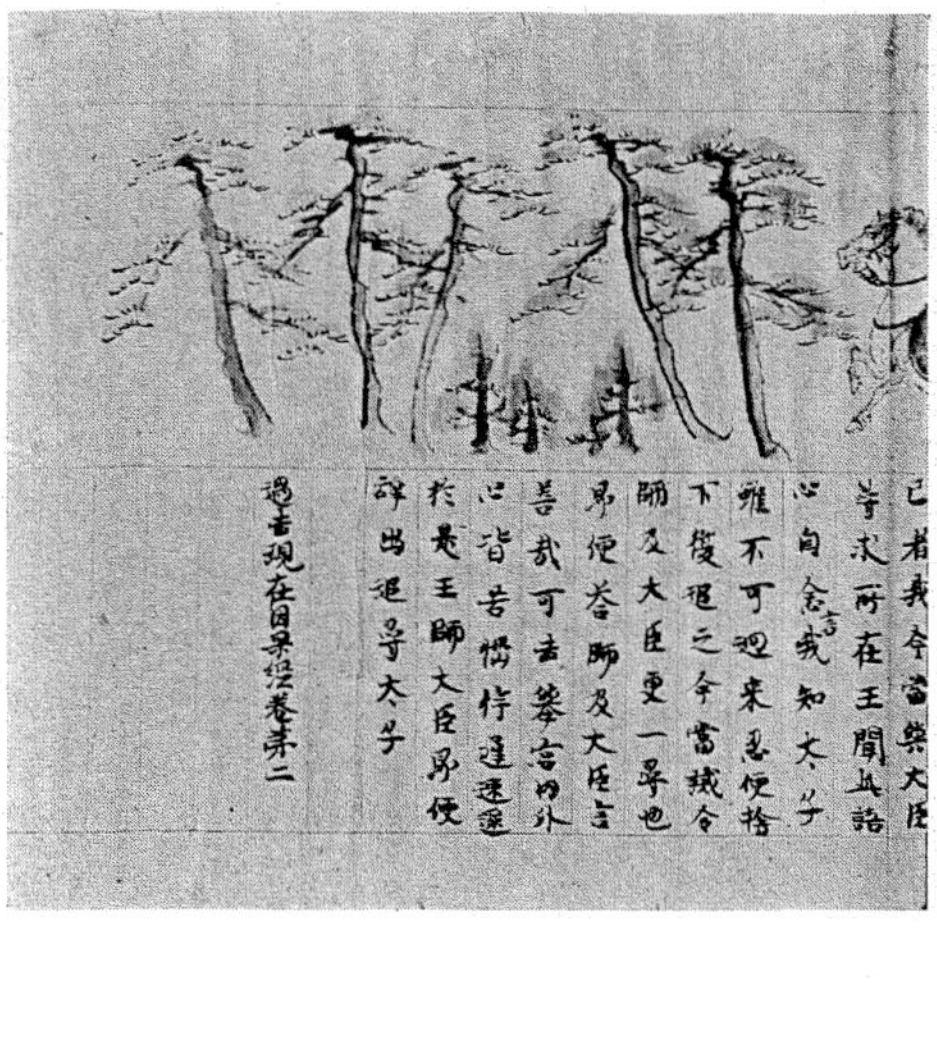

繪過去現在因果經（國寶）一卷

求那跋陀羅譯の過去現在因果經四卷に繪を添へた繪過去現在因果經なるものが八卷本の形式で奈良時代に作られ、その一部が現存してゐて繪卷の源流になつてゐる、更に鎌倉時代にこの古因果經に基いて新に同種の繪因果經が描かれて益田男爵家と本館とが各一卷を藏してゐる、而して共に「畫師住吉住人介法橋慶忍、井子息聖衆丸」「右文字書寫志者、爲鈬是忠入道往生極樂、同是吉奉結緣處也、執筆良盛、紙願主物覺、建長六年甲寅二月十九日書寫了」と卷末の上下段に奥書があるので、その書寫の事情が判るが、その人に就いては殆ど知られてゐない。（谷信一）

石室善玖墨蹟（

師は文保二年二十五歳にて元國に渡航し碩學に參叩して居ること九年、嘉曆元年歸朝し、道名既に高く、五山の名刹に董席し、武州平林寺の開山となり、元中六年九十六を以て示寂す。師は詩文に長じ併せて筆翰の技も巧みで氣骨稜々の趣致があり、この寒山詩は又その一典型である。

天狗草紙（重要美術品）

天狗草紙は南都北嶺の諸寺諸山の僧侶が憍慢我執の外道に陷つてゐる有樣を天狗に喩へて諷刺した七卷の繪卷物で現在は模本として東京帝室博物館に興福寺と東大寺の兩卷、原本として帝室博物館に延暦寺及東寺前田侯爵家に園城寺、久松伯爵家に傳三井寺の各卷が藏されてゐる。本本館の詞の内容は諸天狗の成佛を説いてゐるからして天狗全集の結論の卷、即ち第七卷に位するものであつて、所謂三井寺の卷ではない。（谷信一）

燕子花圖　尾形光琳筆（國寶）　六曲屏風一雙　金地着色　滿開の燕子花を描いてゐるが伊勢物語の「三河國八橋」に取材したものであらう。花に群青、紺青、葉は緑青で、夫々に濃淡を使ひ別け濃厚な岩繪具が金箔地に映發して豊麗な色彩美を現はし、意匠の妙と相俟つて、この種の金碧裝飾の極致を示してゐる。各雙に「法橋光琳」と「伊亮」との款印がある。元祿十四年四十四歳で法橋に叙せられ、晩年江戸に出で、更に京都に歸つて享保元年五十九歳で歿した。（谷信一）

鶉圖　（重要美術品）　徽宗皇帝の時、金の攻略をうけて宋室は南方に移つて南宋の時代となり、其後武力は不振であつたが、文運は依然として榮え特に畫道は歴代皇帝を初めとして、宮室所屬の翰林圖畫院にも或は院外にも多くの名手が出て南宋繪畫史を飾つてゐる。本圖は孤鶉に革莽を配して晩秋の野趣を現はした翎毛畫で、恰かもこの南宋初期に於ける畫院の一流派たる寫生による花鳥畫様の一典型を示すものである。古くから筆者を李安忠と傳へ馬越家の一幅と双幅であつた（谷信一）

⇩

夕陽圖　馬麟筆（重要美術品）

南宋畫院の山水畫の一流に馬氏一家がある父子兄弟共に家學を善くし、特に馬遠は日本で著名で、その馬遠の子の馬麟がこの夕陽圖の筆者であることが、「臣馬麟」の落款によつて知られ、殘照夕雲に映ずる廣闊な景觀を簡略な圖法の中に描き得た最も信用すべき南宋畫の代表作である。殊に「山含秋色近、燕渡夕陽遲」といふ贊と「甲寅」、「御書」の印があつて、理宗皇帝の寶祐二年に當ることが知られて貴重である。

（谷信一）

梨花小禽圖

南宋院體花鳥畫の一種に、小天地に花卉鳥蟲を描く折枝法式なるものがあつて、刻明な寫實の追及に特徴をもつてをり、その作品は他の宋元畫と共に舶載されて特殊な愛玩を得てゐる。本圖もその樣式の一例であるが、製作時代は元であつて、南宋末元初の錢舜擧の筆と傳へる。（谷信一）

根津美術館

特輯

第一回展観列品

那智瀧圖（國寶） 絹本着色 竪五尺二寸六分 横一尺九寸一分

平安時代後期から熊野三山の信仰が盛んになつてその祭神や靈場を現はした垂跡畫が多く描かれるが、本圖は那智瀧を神格化した特種な一例である、山端の日輪は飛瀧權現を象徴し、下方の社殿の傍の二本の卒塔婆は弘安四年亀山天皇御參詣の時に樹てられたものであると言はれる。その技法樣式は鎌倉時代大和繪の特質を示して居り、大畫面に於ける濃厚な色彩配合の調和と整齊な構圖とは相俟つて雄嚴な自然景描寫に成功したものである。

（解說・谷信一）

美術館內にある舊根津嘉一郎氏邸

晴れゆく富士　　川合玉堂氏新作

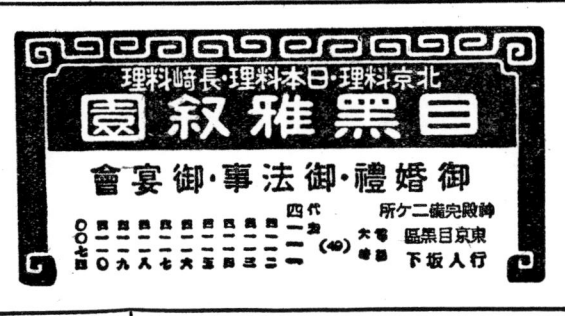

長期戰下の生活必需品を網羅して

大阪 そごう 心齋橋

前線の勇士へ

溫かい慰問を

――賣場・地階――

廿五日より一月七日まで【七階】
米英東亞侵略展
主催 大政翼賛會 大日本興亞同盟

髙島屋

大阪・なんば

輸送力確保の國策に副つて

お買物には風呂敷を

大丸 大阪・心齋橋 月曜休業

戰線の新春へ

お年玉の慰問品を

――賣場・一階――

松坂屋

大阪・日本橋

柿釉香爐

陶藝界の重鎮
河合磊三先生作

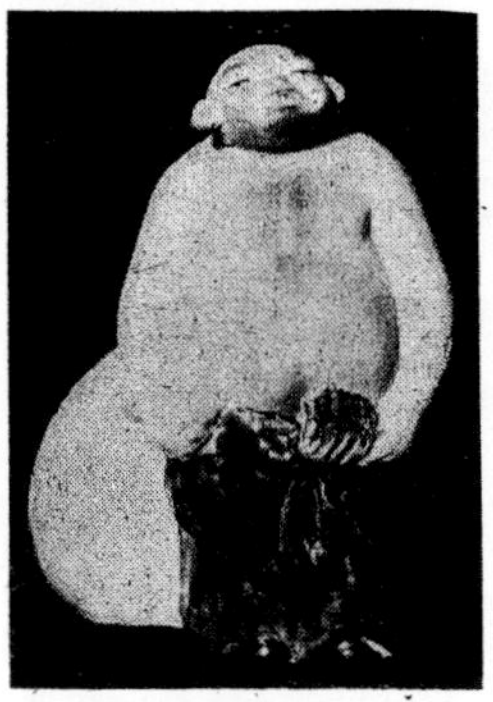

新作布袋置物

帝國藝術院會員
審查員　清水六兵衛先生作

伊賀踞花瓶

茶華道に知らるゝ名陶匠
眞清水藏六先生作

むぎわら紋花瓶
窯變界の巨匠

淺見隆三先生作

唐朝馬置物
辰砂釉の大家

山崎光洋先生作

鐵砂散文花瓶
中堅作家の最高峰

坂根千鄕先生作

梅畫窯變喫煙具

淺見隆三先生作

創業享和二年

小林時計店美術部

東京・銀座西八丁目

電話銀座一〇三•一〇四•八四五

作家名（順不同）

伊東陶山先生、河合磊三先生
清水六兵衛先生、坂根千鄕先生
眞清水藏六先生、淺見隆三先生
國領素夫先生、山崎光洋先生
澤田宗山先生、森野嘉光先生
河合榮之助先生、堀岡道仙先生

外諸先生

前記出陳の諸氏は現代京都が誇りとする有名なる陶瓷作家にして、何れも永き尊き研究を重ね限りなき釉藥の妙味と、古今を合體せる其の變形は各々作家が絕大なる苦心の表現である。卽ち作家の品位は作品の上に反映し作品の優劣は作家の技術の度合に依つて異なるものである。

茲に諸氏が會心の作を出陳せられ廣く愛陶家の御觀賞を乞ひねがつて居る次第で御座います。希くば此機會に於て皆樣の幾久敷御後援を賜り度伏して懇願致します。

昭和十七年正月

京都一條戻橋畔
岩月陶樂

旬刊 美術新報

一月元旦號

特輯
大東亞戰爭と美術を語る座談會
根津美術館列品

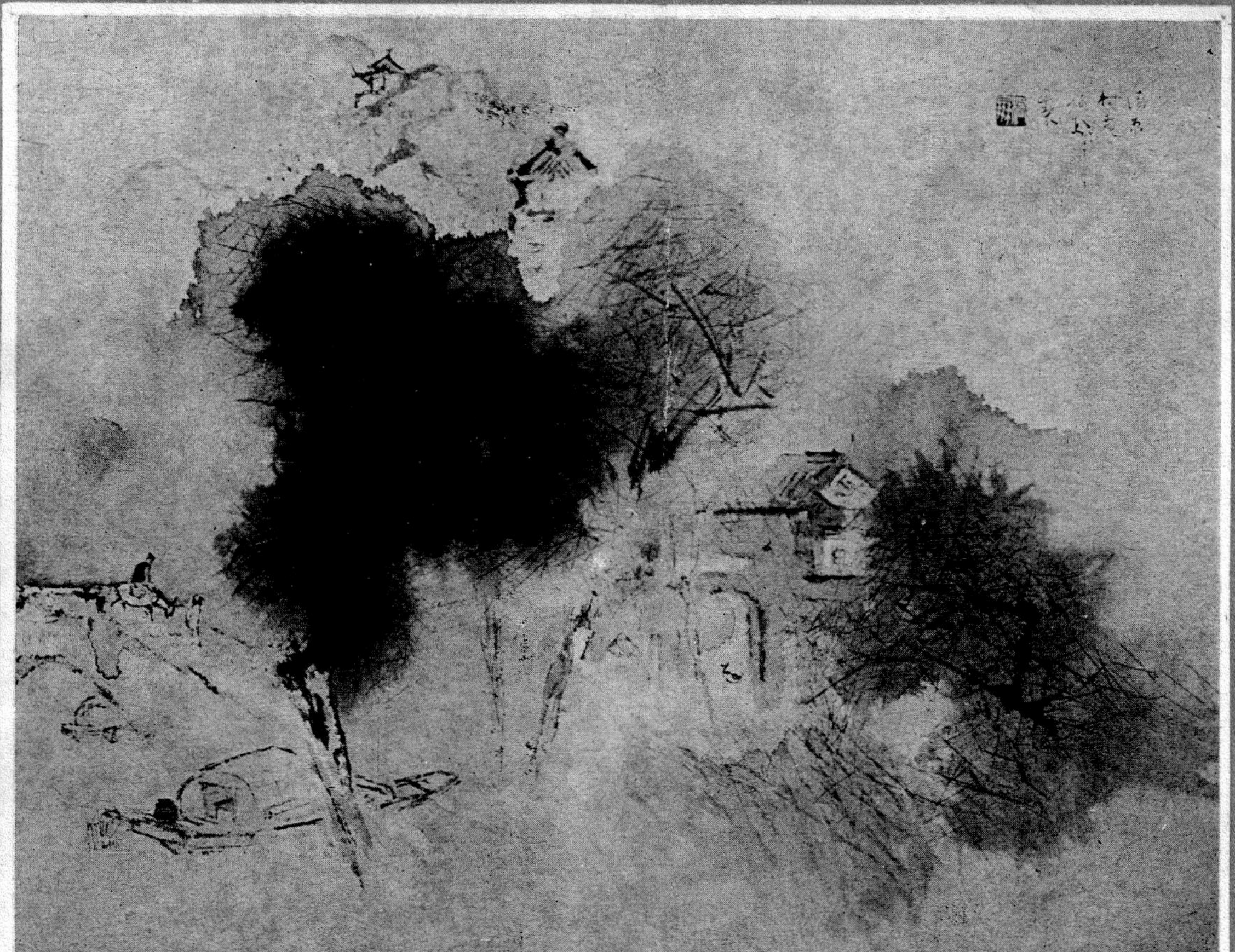

綠陰古寺　竹内栖鳳

12

日本美術新報社

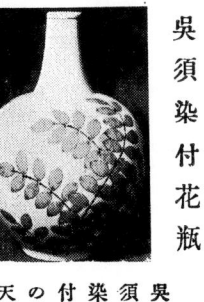

昭和十年一月十二日第三種郵便物許可　第十一號
昭和十六年十二月廿日發行（每月三回十日目發行）

一ヶ月三回 金壹圓五十錢
定價金五拾錢
郵税一錢

大東亞戰爭だ！蹶起せよ全美術人

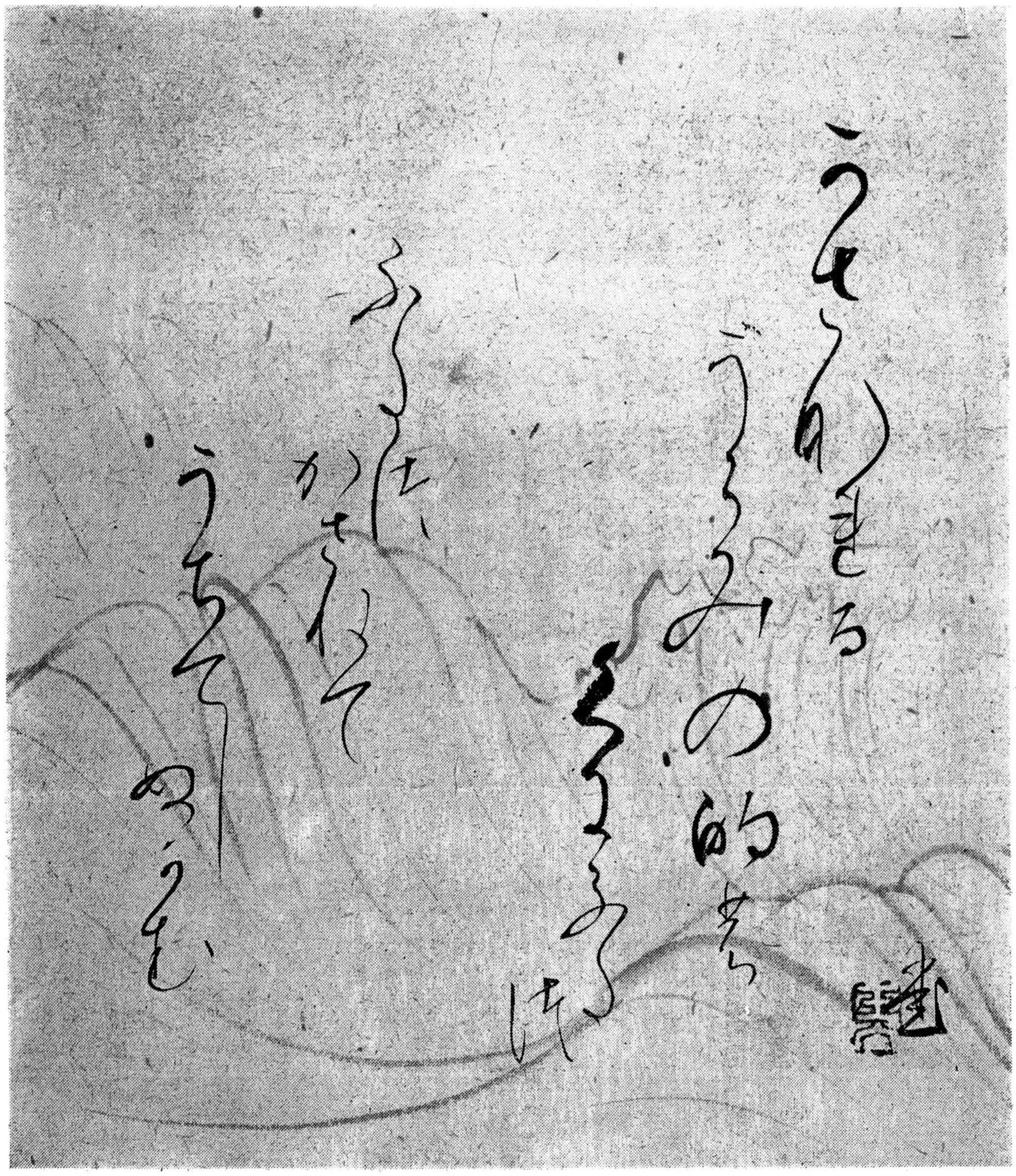

大東亞戰爭の開幕は、國民みな異常な衝激と感動を受けた。しかも緒戰以來英米二國の東洋據點は次々に潰滅し、米國太平洋艦隊の全滅、英國主力艦の轟沈等快哉を絶叫せざれば止まぬ快報ばかりである。美術人もぢつとしてをられぬ此の時代に畫壇の長老川合玉堂翁は感慨を夙く短歌に洩らしたことであつた。

宣戰のラジオ國土《くにつち》震はして民一億の血汐高鳴る

重なれる怨みの的《まと》の國二つふたつ重ねて打ちてし拔かむ

『美術家が時局に無關心などゝよく言はれてきたが、敏感な藝術魂は實はピリ〱してゐる。そして靜寂な心裡は實は張り切つての靜寂なのだ』と玉堂翁は語られるのであつた。そして大詔を奉戴した朝の飾らざる心境を筆にされたものがこの色紙である。

展覽會の暦

日	月	火	水	木	金	土
						20
21	22	23	24	25	26	27
28	29	30	31			

▽平岡權八個展　廿三日迄青樹社
▽古賀忠雄氏紙塑彫刻展　廿三日迄菊屋
▽現代高僧墨蹟展　廿三日から卅日迄銀座三越
▽現代洋畫展　廿三日から廿六日迄青樹社
▽日本畫展　廿三日から廿六日迄銀座ギャラリー
▽塚原介山作陶展　廿三日から廿七日迄紀伊國屋
▽銀潮社日本畫展　廿三日から廿六日迄銀座ギャラリー
▽原鼎洋畫日本畫展　廿四日迄鳩居堂
▽越後げてもの展　廿四日から廿八日迄日本橋高島屋
▽亞瑠社油繪展、廿五日から廿九日迄菊屋
▽日本刀展　廿五日迄日本橋白木屋
▽吉田翠鳳日本畫展　廿六日から卅一迄日本橋白木屋
▽蚤の市　廿七日から卅一日迄銀座ギャラリー

大東亞戰爭と美術人の使命

（社説）

十二月八日、畏くも英米に對して宣戰の詔勅は下つたのである。吾ら恐懼たゞ聖志を奉戴し、國民としての責務と忠誠に悖らざらんことを庶幾ふのみであるが、而も大詔渙發を拜した卽日より、海に、空に、陸にわが皇軍の迅速果敢なる電擊戰は展開され、敵主力艦の全滅をはじめ敵據點の潰滅等、赫々の神祕的戰果は國民をして驚倒感激の極に達せしめて居る。これ一重に御稜威の然らしむる處であると共に、わが忠勇なる將兵諸士の神の如き崇高なる精神と勇氣に出づるものなることを信じて疑はない。

顧みて吾ら文化の一翼を負擔する美術人の位置より、この開闢以來未曾有の大變局に際して如何なる使命といかなる責任あるかを改めて自問したい處である。既に日支事變始まつてより正に第五年を送らんとして居る。莫大なる國帑と人命を犧牲として戰つてきた五年である。しかも事變の禍根を斷絕し、東亞千年の平和を齎さんがためには新にその背後の英米勢力の敵性を壞滅せざれば能はぬ關頭に立たされた吾らである。大東亞戰爭の幕は切つて落され文字通り乾坤一擲の大戰に乘り出した吾らである。凡百の形容詞を連らぬるもこの危難を突破する精神と努力を表現する辭もなき程の緊迫せる陣頭に達したことを痛感せずには居られない。藝術の士も須らく筆を劍に換へて立たねばならぬ時代である。畫室も工房も御用とあらば徵發を厭はぬ時代である。が、然し天祐神助の下、皇軍將士の國防第一線に在るあつて吾らなほ平靜に各々の職域を守りえて居る。この時吾らは遠く思ひを走せて、我が皇國の文化的使命が單に日本の過去現在に跼蹐するなく百尺竿頭一歩を進めて、その未來に懸つて居ることを三思すべきである。

吾らはよく「東亞の盟主」なる語によつて日本の自負を叙べて居る。然し今日以後の日本は世界の一根元的樞軸としての日本となるべき天與の使命が自覺されねばならぬ時代に達したのである。戰爭はまだ緒戰であり、劈頭の大勝に陶醉してのみかゝる自負を叙ぶべきではないが、吾ら積年の聖戰がかく發展し來る由因を考究すれば、吾らは正に皇威の下八紘爲宇の理想による文化的使命がわが國家に課せられた一大課題であることを思はねばならないからである。今日の日本は單なる「東亞の盟主」で滿足すべきでなく、肇國の理想の下「世界の日本」としての推しも推されもせぬ磐石の基礎を定むべき時期に到達して居るのである。卽ち、吾らの聖なる劍が果した責務を完ふするものこそ吾らの文化でなくてはならないからである。聖戰とはかゝる使命を裏づけてこそその大本に悖らざるものあるを思ふものである。

ヒットラー總統が今次歐洲大戰の劈頭波蘭に軍を進めるに當つて「吾らは祖國の文化のために闘はんとする。吾らはカント、シルレル、ゲーテ、ベトウエンらの榮譽を完ふせんために闘ふ」のだと言ふた言葉を覺えて居る。それは誇張の如くにして畢竟優秀なる精神文化が世界人類共有のものであり、かゝる天才を出したる國民はその天才の德たる文化を擁護しそれを四邊に光被するの使命あるを强調したにすぎない。吾らは萬世一系の皇室を奉戴し何事にもまれ一切を御稜威に歸し奉るが本旨である。吾らは濫りにヒ總統の言辭を眞似て「吾らは祖國の文化の爲に闘ふ。吾らは空海、傳敎、雪舟、芭蕉の榮譽のために闘ふ」などゝは言へない。もしかゝる言辭を弄ぶものあらば、それはすでに不敬であり冒瀆であるだらう。

然し、聖戰の意義が皇威を八紘に普からしむる御聖旨にあるならば、吾らは肇國以來の大和島根に生ひ育ちたる文化の傳統を育成し、それを四海に普からしめんとするの道に翼賛し奉ることの正しさを自覺せねばならない。この意味に於て美術人は皇國の光輝ある文化傳統をよく理解し、その崇高なる精神を育成し、不退轉の意氣を以て新しき世界文化の指標を創造するの衿恃と努力に燃えねばならないのである。

然り、新文化の創造の重大なる一翼を負擔すべきがわが美術人の任務であり、使命である。我が皇國の隆昌今日ある所以、吾が皇軍の赫々たる武勳、みなわが肇國以來の傳統文化に根ざしたる精神以外の賜でないものがあらうか。この崇高なる精神文化の傳統を傳ふるわが美術である。その樣態形式が時代の推移によつて異るとも、その精神に至つてはこの根元を換ふる何者もないのである。吾らは過去に於て異邦の文化を繼承し乍らしかもよく消化攝取して自國の傳統を創造し來つたのである。これを不二のもの、無二のもの、而して來るべき新なる世界の指標としての美術を創造してこそ日本の光輝は世界を照破するに至るであらう。その爲めに刻苦精勵努力の限りを盡すべきがわが美術人の責務であり使命であらう。

吾らいつにても劍を把つて立つ。しかし劍の意義を完ふすべき文化使命を擔ふ美術人には遠大の理想抱負と自覺努力とをゆめ忘却すべきでないことを此際改めて提言する次第である。

旬刊時評

昭和十六年を送る

昭和十六年！　嗚呼、それはわが國民にとつて永遠忘るべからざる年となつた。歳晩に近く曠古未曾有の大東亞戰爭の發展を見、世界史に罪惡と搾取の限りを盡した陰影を殘す米英二國を相手として吾れ敢然起ち上つた事件こそは何と言つても開闢以來無二の超非常事件であらねばならぬ

戰爭の前途は豫斷を許さずとするも、既に開戰劈頭わづか旬日の間に世界を驚倒さす赫々の戰果を收めたることも又人類の歷史を持つて以來絶無とする所である。何といふ吾が皇國の光輝であらう。これ一重に御稜威の然らしむる處とは言へ、わが國民一體となつて君國に盡す精忠無比の傳統が脈々として各自の胸奥に波打つてゐるが爲めである。これを大和魂と呼び、日本精神と稱するもよからう。而してわが光輝ある二千六百有餘年の文化が燦爛とこの精神に育まれ來つたことの自覺を愈が上にも強くする所以である。

皇國の美術はこの年を境に一大飛躍を成さねばならぬ。區々たる美術界の事件の如き、この未曾有の地球的變局を前にしては何ら論らふに足らぬものである。今この光榮ある昭和十六年を送るに際し、吾ら皇國の美術に關與するもの一齊に齋戒沐浴威儀を正し禊の心を以てたゞ勇往邁進全力を盡して職域御奉公申上ぐる事こそ覺悟の一切であらう。この決意と希望と仰いでこの年を送るとしよう。

美術旬報

「兵庫縣美術院」明春結成式

縣展と聯盟合同

美術報國をめざして多年の春秋を飾つてきた兵庫縣展と兵庫縣美術家聯盟とは、事變以來双方の相剋摩擦を解消、眞摯な美術家集團として新しい發足を約束されてゐたが、それ〴〵の内部的事情でその統合は遲々として進まなかつたところ、現下の擧國決戰態勢下にひとり美術家團體のみが對立してゐる現狀は面白くないと、同縣特高課田村檢閲係長が「畫室」「聯盟美術」兩誌の統合を契機として、兩團體の合同促進に乘出し、同縣翼贊會武井組織部長、市翼贊會伊藤庶務組織部長と共に縱の組織である美術部門の一元化に、甲斐市觀光課長は市文化聯盟の立場から横の組織整理にそれぞれ力をつくした結果、本年一月第一樓の兩團體懇親會以來美術協會山本總務、美術家聯盟鈴木總務の間で胎動してゐた統合問題は俄かに急テムポで進展去る七日午後二時からおの〳〵委員總會を開いて衆議を一決、九日午後一時半から三越六階に

▽縣展側・山下摩耶、立脇泰山、森月城、宮崎翠濤、中安保、伊川寛、唐木政一、山本廣洋

▽聯盟側・杉浦三郎、大石輝一、小磯良平、山本大慈、福田眉仙、林重義、三木友次郎、鈴木清一

らの兩展首腦者が會合、從來の行きがゝりを一擲して大同團結郷土文化の向上に乘出すことになつた、なほ新團體は兵庫縣美術院（假稱）として明春早々結成式を擧げる豫定である

瀧野川美術家協會結成式

八日同區女子聖學院講堂で盛大に擧行

瀧野川區内に於ける美術家が現前の決戰態勢に對處する爲こゝに瀧野川美術家協會を設立することになり

石川寅治、板谷波山、香取秀眞、勝田蕉琴、北村西望、小杉放庵

の六氏が世話人となり

赤堀新平、池田勇八、岩田專太郎、上田直次、小倉右一郎
香取正彦、香田勝太、加藤君鳳、菊澤武江、北村正信、北原三佳、國方林三、桑重儀一
小山榮達、島野重之、柴田正重、新海竹藏、田邊至、多々羅義雄、高橋觀右、堆朱揚成
常岡文龜、内藤春治、中島東洋、中野桂樹、布旋新太郎、古屋正壽、三木宗策、三國久
水谷清、矢島堅士、抽木久太
吉田三郎、吉村芳松

諸氏が發起人となり着々準備を整へた結果去る八日午後一時から同區中里町女子聖學院講堂で盛大な結成式を擧行、終つて大政翼贊會文化部副部長上泉秀信氏の講演、餘興として一龍齋貞山の講談あり盛況裡に閉會した

東京美術研究所記念講演會賑ふ

東京美術研究所では本年の明治節が恰も同所創設滿五年に相當したので、之れが記念講演會を六日午後一時から上野公園内帝室博物館小講演場で開催、同所長脇本樂之軒氏は『爲恭關係の隱れた二畫人』と題し、東京工業大學助教授本所囑託員藤本通夫氏は『佛印アンコールワットの遺跡を尋ねて』と題し、それ〴〵講演した

葱青社と竹立會同時解散

時局に鑑み更生の機構を結成する前提

池田遙邨、稻葉春生、濱田觀兆、柴原希祥、島田滴州諸氏を川口呉川、加藤晴彬、川本參江同人とする葱青社及び伊藤石華山本朝光、小松華影、小豆島甘岩周巢、中田晁陽、山本紅雲、小森綠光、靑木生沖諸氏を同人とする竹立會では、從來竹杖會内で研究團體として精進して來たが、時局に鑑み更生の機構を結成する準備として今回兩會共に解散する事に決定、關係方面へこの旨發表した

第十九回新燈社展受賞者

第十九回新燈社展は既報の如く去月廿日から二十四日迄大阪中之島朝日會館で開催、頗る好評を博したが、同展に於ける受賞者は左の通りである

新燈賞＝「農家」外三點（油）坂本正機

幹部賞＝「山の朝」（日）志賀旦山、「龜」（日）村上武三郎「溪谷」外一點（油）仁田末次郎、「室内」外一點（油）小松原忠雄

特賞＝「盆手前」（日）光岡亮市、「トラムプを配した靜物」外一點（油）田中清之、「木曾川」外一點（油）鹿野伊嗣子

奬勵賞＝「人物」（日）丸山石根、「室内の靜物」外一點（油）三好寛

丹心賞＝「糸卷人手を飼ふ」外一點（日）荒木賢治、「春日」（日）門原肇春

彩世賞＝「朝」外一點（油）明谷貢、「窓邊の靜物」外一點（油）宮本博史

新燈賞を受けた坂本氏の「農家」は特に觀衆の感銘を深め評判の高いものであつた

一豫報一

吉田翠鳳個展

廿六日から白木屋

動物畫を最も得意とする吉田翠鳳氏の日本畫個展が廿六日から三十一日まで日本橋の白木屋（五階美術サロン）で開催される、出陳作品は氏が數年來深山幽谿に於ける野生動物の棲息狀態の寫生に各所を跋渉した苦心の力作「雄姿」「閑寂」「猛虎」（二曲半双）「征野」（同上）等廿二點の展示で大いに期待されてゐる

現代陶匠新作展

廿日から銀座玉屋

京都に於ける現代陶匠連の新作品展觀が廿日から三十一日迄京都陶樂會主催の下に銀座の玉屋商店で開催される、出陳作品中の主なものは伊東陶山氏の「青瓷有環花瓶」眞淸水藏六氏の「伊賀水指」、國領素夫氏の「蔓草紋變壺」、淺見隆三氏の「窯變釉花瓶」、井上柏山氏の「井戸寫抹茶茶碗」其他諸作家の力作百數十點に及び資材不足の折柄大に注目される展觀である

小島一谿個展

廿三日から資生堂

院友で風景畫に得意な小島一谿氏の個展が廿三日から廿六日まで麴町區一丁目室内社畫室主催の下に銀座資生堂ギヤラリーで開催される、出陳作品は氏の最近の力作廿點内外が豫定されてゐる

第三回研究會展

第三回研究會展は一日から四日迄銀座紀伊國屋で開催、岩橋英遠、丸木位里等十九諸氏の近作を展示した

大家油繪展

諸大家近作油繪展は三日から七日迄銀座青樹社で開催

『風景』石井柏亭、『風景』藤島武二、『少女書見』寺内萬治郎、『雪景』和田三造、『紫禁城』梅原龍三郎、『風景』白瀧幾之助、『靜物』清水良雄、『菊花』南薫造、『裸婦』小絲源太郎、『湖畔釣魚』田邊至、『野尻湖』中澤弘光『靜物』青山義雄

右諸氏の力作を出陳、會期中盛況であつた

沼田一郎洋畫展

沼田一郎氏の洋畫展は一日から三日迄銀座ギャラリーで開催好評を博した

丹光會展好評

第二回丹光會日本畫展は去月廿八日から十二月七日まで新宿伊勢丹七階で開催、同人たる橋本明治、加藤榮三、吉岡堅二、高橋周桑、田中青坪、山本丘人福田豐四郎、森田沙美諸氏の近作を展列し好評を博した

美友會工藝展

大阪三越を中心に一流工藝作家を以て組織されてゐる美友會の第十八回工藝品展は二日から七日まで同店七階催場で開催、陶、銅、漆器、木竹等各種に亘る御座敷用品、茶道具、食器等高度の技術と考案とに成つた同會々員の優秀作を展示、好評を得た

吉田叡示陶彫馬展

京都彫塑界の新人吉田叡示氏の陶彫馬百態展は七日から十二日迄日本橋三越で開催、大いに好評を得た

森英佛印油繪展

森英氏の佛印油繪展は三日から七日迄銀座青樹社で開催、同氏は過般佛印方面で我が荒鷲と行動を共にして皇軍の奮闘ぶりを具に目撃し、衷心より感謝の意を皇軍に表明するため佛印の景情を母國へ紹介することになりこの展示を試みたもので『ハノイ市街』『熱帶の植物園』など十六點の近作を陳列、好評を博した

赤堀信平個展

赤堀信平彫刻第二回展は二日から六日迄日本橋三越で開催、『刀の禮』『鎭護』『聖觀音』等十五點の力作を出陳、連日盛會であつた

京都名家名工作品展

＝大丸で大盛況

京都名家名工作品展は九日から十四日迄京都四條大丸六階で開催せられ、橋本關雪、西山翠嶂、德岡神泉、川村曼舟、金島桂華、竹内栖鳳、上村松園、山口華揚、菊池契月諸氏の日本畫會心作、及び楠部彌弌、清水六兵衛、清水正太郎諸氏の陶藝力作品を陳列、連日大盛況であつた

高橋暉山試作展

高橋暉山氏の第四回試作發表會は八、九の兩日日本橋區兜町東京株式取引所三階で開催、今回は同氏が臺灣旅行中に取材した作品二十餘點を展示、好評を得た

水彩聯盟二回展

水彩聯盟第二回展は六日から十日迄銀座三越で開催、荒谷、春日部、小堀、小山、荻野、齋藤、渡部、山中各同人諸氏の力作を出陳、連日盛會であつた

繪更紗創作品展

京都府乙訓郡新神足村積布社では十一日から十四日迄京都高島屋で屛風式紙短冊掛、衝立等の繪更紗作品展を開催、元井三門里外十八氏の作品を展列、好評を得た

世紀美術二回展

岡崎公會堂で盛況

世紀美術創作協會第二回展は十一月二十九日から本月一日迄京都市岡崎公會堂で開催

「子供と花畠」外薗秀志、「洛西の寺」堀江大白、「秋色譜」戸田北遙、「不動」大高翁山「流れ」奥村紅稀「紅蜀葵」金島隆「志摩風景」田中兵部、「麥」染谷波光「夕べ」上松康祐、「棕櫚鎭の初夏」柳春堤、「ゴルフリンク」小島正武、「朝」寺田薫秋「秋晴」厚美雄三、「虫燒」佐藤空鳴、「神苑」貴田榮一「錦秋」宮尾光峯、「千石船」水澤大壽

各同人諸氏の力作を陳列、連日盛況であつた

山下昌風日本畫展

陸軍に從軍して支那大陸の戰況を具に見聞した山下昌風氏の日本畫展は去月十二日から十六日迄上海北四川路文路角三通書局畫廊で開催、「前線の兵舍」「南京玄武湖」「大原女」など、從軍スケッチその他の力作四十點餘を蒐めて展示、皇軍將兵勞苦の情況を偲ばせた

尾山篤二郎個展

尾山篤二郎氏の個展が鳩居堂で十六、十七、十八の三日間開催、同氏の自書贊三十一點、書五點、短册色紙數點を展示、衆目をあつめた

小松義雄個展

大阪三越で連日賑ふ

小松義雄氏の個展が二日から七日まで大阪三越七階で催された、同氏は濟佛四年の研鑽を積み、巴里サロンドートンヌ、アンデパンダン等に屢々出品、歸朝後東京三越で第一回個展を開き獨自の畫風を以て多大の反響を呼び、爾來美術創作家協會々員として活躍してゐる作家、今回展には會心作五十餘點を出陳連日觀衆に深い感銘を與へた

大川武司第二回個展

大川武司第二回個展は十一月二十七日から三十日迄銀座菊屋ギャラリーで開催「小さき丘」「沃土」ほか十五點を展示、好評を博した

林司馬個展好評

林司馬氏の第一回個展は一日から七日まで大阪高麗橋三越の五階美術部畫廊で開催、同氏は京都繪專出身、故土田麥僊の逸足で、特に土佐派浮世繪の研究者として知られてゐるだけに、今回展に出品せる會心作十點はいづれも好評を博した

日本彫金會展

三越本店で連日盛會

日本彫金會展は二日から六日迄日本橋三越本店五階西館で開催、帝國藝術院會員清水龜藏氏始め斯界一流作家を網羅した同會會員諸氏の力作を陳列し連日盛會を極めた

九品庵小品展

逸品揃ひで觀衆陶然

栗田九品庵主催の日本畫小品展は十一月二十五日から二十七日まで日本橋東美倶樂部で開かれた、これは色紙や扇面を主とせる小品を集めたもの

翠雲の「菫花」、龍子の「洋蘭」、清方の「雪月花」、素

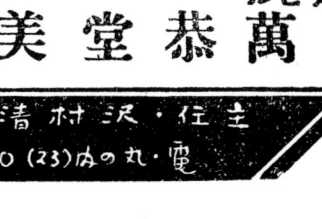

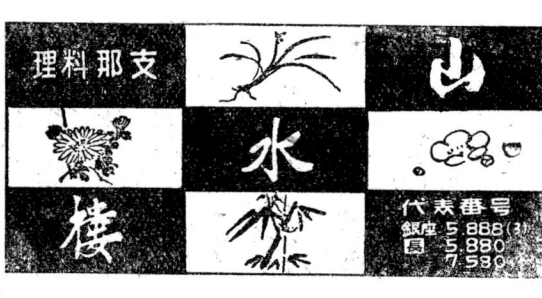

明の「増子島」、土牛の「蛙」寧の「初冬」、蓬春の「果子園」、岳陵の「紫珠」、咄哉州の「冬日」、白甫の「迎春」榮三の「秋晴」、丘人の「秋山」、深水の「春の雪」、豊四郎の「栗」、明治の「松竹梅」、正已の「花籠」、探道の「春意」三良の「春光」等諸家の作品は連日觀衆を陶然とさせた

新作繪畫・工藝展

新作繪畫展と新作工藝品展とは四日から三日間銀座ギャラリーで開催、前者は日本畫、洋畫スケッチ其他の繪畫、後者は陶藝、染織、刺繍、漆器、金工其他に亘るあらゆる部門の京都美術工藝を夫々展列、會期中盛會であつた

松島畫舫展延期

日本橋區江戸橋松島畫舫では去る八日から三日間東美俱樂部で東西大家日本畫展を開催する筈であつた所都合に依り中止し來春改めて開催する事となつた

名家花鳥畫展延期

日本橋高島屋で十日から開會する筈であつた現代名家花鳥畫展は、作品が殆ど間に合はないので餘儀なく開會が延期された

南蠻堂展中止

牛込箪笥町南蠻堂では十日から銀座の資生堂で歐米古美術展を開催の豫定であつたが突如皇國と米英との戰端が開始されたので同展を一時中止する事となつた

文展を聽いて觀る會
京都市觀業館で盛況

文展を聽いて觀る會が去る九日午後一時から京都岡崎の京都市觀業館で開催、先づ京大文學部講師源豊宗氏講壇に立ち文展鑑賞に當り「日本畫、美術工藝について」と題して現代の日本畫の特徴として知性主義を擧げこれを凝視的寫實單純化、構造的、明晳性、稜角性、健康性の六つに分けて懇切に解明を與へ、今回の文展作品に例をとつて現下日本畫の指導的作風を組織的に講義續いて民族の勃興期に於ける藝術精神の緊張的な形態が日本畫と同樣美術工藝品にもよく現れてゐることを例示一時間餘にわたり文展賞の根本的な指導を與へた、續いて講壇に立つた二科會員黑田重太郎氏は「最近の文展洋畫の傾向として最上級作品の寥々たることは爭はれない事實である」と説き起し今回の文展洋畫で注目するものとして第三室の小磯良平氏「齊唱」山下新太郎氏の「少女坐像」山本鼎氏「霧の湖畔」石井柏亭氏「朝陽城外」などを擧げ一々例によつて個々作家の本格的な技巧、取材、表現方法などの要素につき打碎けた態度で平易な解説を行ひ洋畫鑑賞の根本的な心構へを懇切に説明、さらに彫塑について全般的に具體的な批判を述べた參會者一同は寒さも忘れて終始熱心に聽入り、同三時半ごろ會場を文展會場の大禮記念美術館に移し、一同は兩講師から與へられた解説に則つて戰時下我國美術精神を反映した夥しい力强い作品を心ゆくまで鑑賞、夕刻意義深い催しを終つた

イ武官がジエルヂス大佐賞
同國の武勳を稱揚せる邦人作品に贈呈

駐日イタリヤ大使館の海軍武官ジエゼッペ・プレッリ大佐、陸軍武官グイド・ベルトーニ參謀大佐、空軍武官代理リッカルド・フエデリーチ空軍少佐の三氏は、前同大使館附海軍武官で親日家として有名であつたジョルジイオ・ジエルヂス大佐が歸國後去る三月二十七日ボ・マタパン沖の海戰で巡洋艦フューメ號を指揮してゐる際壯烈な戰死を遂げた武勳を記念するため、日本滯在中每年五百圓を醵出しジエルヂス大佐賞を設定し、日本人の手になるイタリヤ人の武勳を稱揚した文藝美術作品に贈る事になつた

美事！清麿公陶像

陶器に青銅微粒子を燒付け、裝着した美事な陶像―和氣清麿公の代替品が出來上つた、京都市上京區智惠光院丸太町南厚生社の製作で、このほど大阪府學務部に寄贈された

皇軍最古の軍旗
記念の戰場畫
林清榮氏制作獻納

わが建軍最初の聯隊現東部〇〇部隊の軍旗は明治七年畏くも明治天皇親授あらせられてより六十有餘年、幾多の輝しい戰果を秘めた我國最古の軍旗であるがこの由緒ある軍旗を永久に記念すべき〇〇部隊委囑の戰場畫二枚が完成、去る十一日午後二時同部隊本部で獻納式を行つた

この軍旗は明治七年の佐賀の亂、同十一年西南の役、日清日露の兩戰役に出動して、今ではふちのみ殘つてゐる、現在軍旗遠征の記念畫は既に日清戰役における通稱「坎間山の激戰」日露戰役の「遼陽城頭攻擊」の二枚が同部隊將校集會所に掲げられ朝に夕に仰ぎ見る將兵の尊崇の的となつてゐる、今事變に際して〇〇部隊は卅七年振りに出動、昭和十四年十二月南支翁英作戰の主力部隊となり同月廿四日夕、敵余漢謀軍數千を水尾洞廣東北方約廿里）及び望到底の兩高地に擊破した

今回の記念畫は望到底總攻擊の一場面を捉へたもので洋畫壇の雄小林清榮氏の手になり、同氏はこのため現地を訪ねて半年餘に亘り想を練り、更に二ヶ月間每日當時の中隊長金子市五郎中尉其他諸氏の實感を聽きつゝ心魂を傾けて完成したものである

海軍へ獻納
松添健氏の力作
「マレー沖海戰畫」

英國東洋艦隊主力を擊滅したわが海軍の殊勳に海洋畫家松添健氏はこの雄大壯烈なわが海空軍部隊の活躍を彩管に描きあげ「マレー沖海戰」と題して去る十二日午後海軍省へ獻納した、この海戰畫はプリンス・オヴ・ウエールズ號が我海空軍の猛攻をうけて左に傾きて沈まんとしてゐる斷末魔の光景で、艦上の全高角砲、高射機銃は天に向つて一齊に咆哮してゐる、その間をわが海の荒鷲が巧に急降下して有効的確なる攻擊を斷續し、海面には將におぼれんとする數百の英水兵が必死の樣相を見せ大海戰の情景眼前に迫るものがある

珍しや和蘭船首像

先年足利市近在の龍光寺といふ寺の納屋から、ルーテルと同時代の神學者エラスムスの船首像が發見され、我國最初のものとして國寶に指定された事があるが、今度は山口縣の某素封家の藏から、三百有餘年前、日本に渡來したオランダの紅毛船に見られた船首像が發見され東京の某骨董商の手に渡つたこれは長崎で交替警備に當つてゐた舊岩國藩主吉川家から出たものらしい、赤の上着に水色のチョッキ白のズボンといふ華かな裝ひはその昔七つの海で雄飛したオランダの潑剌たる精神を遺憾なく表徵してゐる

【正誤】本誌第九號表紙裏廣告中赤松信平彫刻二回展とあるは赤堀信平氏の誤植につき訂正

昭和十六年の美術界回顧

黒田鵬心

曠古の大戰局に入る

昭和十六年のカメラの回顧展を東横に見たが、此の一年間の日本は過去數年間にもまさる多事であつた。松岡外相の獨逸伊太利訪問モスコー立寄などは去年の始めごろのやうな氣がするが、これも十六年のことであるそのモスコーが獨逸軍によつて攻撃され、或は本文の印刷になる頃には陷落してゐるかもしれないやうな有樣である。

すでに大東亞大戰は宣戰布告され皇軍赫々の戰果と共に眞に日本は有史以來の大時局に遭遇してゐる。此の間に在つて美術界は如何。所謂不急事業の一つとして比較的閑却されるべきであるが、展覽會の入場者は前例のない多數に上つてゐる。この事實は何を物語るか、物質的に多事の際に、人心は却つて精神的の糧を欲求するのではあるまいか、書籍の賣行の如きも非常によい、これも事實である。書籍の中には美術に關するものもあるが、藤懸博士監修の「日本美術大系」第一册彫刻篇は、八圓五十錢の高價であるにも拘らず初版再版を賣盡して三版を出した。これは一つの例に過ぎないが、美術雜誌の中あるものは毎月六七千部を刷つて猶賣切である

美術雜誌統制

美術雜誌と云へば當局は用紙の不足から書籍雜誌の出版統制に乘出し、日本出版協會の出來たのも本年であり、續いて賣捌機關を統合して日本出版配給株式會社が設立せられ、印刷文化協會も出來た。一方で警視廳の檢閲課と情報局とは雜誌の統制に着手し、三十數種の美術雜誌は、月刊五種、旬刊、週刊、季刊各三種の合計八種に限られ、（本誌は卽ちその旬刊誌として再出發をしたものである）古美術その他の雜誌も三分の一位に減ぜられた。

此の美術雜誌八種の割當は必ずしも理想的と思はれない。私の觀る所では日本畫、洋畫の專門と大衆的と各二種、合計四種綜合一種、旬刊若しくは週刊一種の六種で十分であると思ふ。（旬、週刊を合せて一種とすれば日刊もあつてよいかも知れない）

美術院新會員

美術界全般を顧みて帝國藝術院會員の補充といふことが先づ記憶さるべきである。それは日本畫に於いて上村松園、洋畫に於いては小林萬吾、藤田嗣治、工藝に於いて六角紫水の諸氏で上村、小林、六角の三氏は年輩の上からも經歷の上からも當然であるが、松園女史が閨秀畫家である事は、藝術院最初の婦人會員として正に婦人藝術家の爲めに氣を吐いたものである。男子なら夙に加へらるべかりしに遲きに過ぎる感はあるが慶賀すべき事であつた女史は文展にも力作を出品し、婦人且老齡にも拘らず、慰問の爲め中支に赴いた事も感ずべきである。小林萬吾氏は多年美術教育に從事し、年既に七十を超え、人格溫厚にして高潔、寧ろ推薦の遲かりしを思ふ。藤田氏はまだ若い方であるが、安井氏よりも上であり石井、有島、山下氏等が數年前に加はつてゐる事を思へば當然である。氏の巴里に於ける努力と地位とは日本畫家として追從を許さないものがある。六角氏の諸藝界に於ける經歷や手腕も亦會員としての資格十分である

大東亞戰爭と美術界

すでに我が日本は英米兩國と交戰狀態に入り、午には宣戰の詔勅降下し、今日四日目にして香港、シンガポール、マレイ半島、フイリツピンより遠く布哇までも空襲し、米國太平洋艦隊の主力を屠り、更に英國東洋艦隊の主力を亡ぼし、且つタイ國に進駐し、マレイ半島、フヰリツピン群島に上陸するなど、空海、陸並び攻めて大捷を博し、獨伊も亦米國に宣戰して、三國は單獨不講和の條約を結ぶなど今や戰爭は全く有史以來未曾有の全世界に及び長期戰に入つたのである。

今後此の大戰爭が如何に美術に影響を及ぼすか、興味ある問題であるが、本年度に於いても前年から引續いて聖戰美術展、海洋美術展が開催せられ、又始めて、航空美術展も開催せられた。聖戰美術展は主として陸軍從軍畫家の出品が中心となり、その會員、招待出品の外に、一般公募出品が、鑑別陳列せられた。海洋美術展は必ずしも今次事變に關係なくとも、海洋を題材としたるのであればよいのであるが、時節柄大陸方面、艦艇等を題材としたものが多く、聖戰美術展が陸軍展であるのに對して海軍展の觀を呈した。何れも從軍洋畫家の作品が斷然優勢を占めてゐるが、これは陸海軍省の依賴畫が大きさも百號位はあり、又藝術院會員或は無鑑査級であり、描く場合も便宜が與へられたからである。日本畫家の中にも少數の從軍畫家があり、大作も出品してあるが、日本畫の材料（顏料）としての不適當を克服する努力の爲めに洋畫家に比べて數に於いて著しく尠いのではあるまいか。

その中で川端龍子、川崎小虎吉村忠夫諸君等のものは中々見ごたへがあつた。航空美術展は第一回のせいもあらうし、會場が高島屋であつたためもあらう前記二展覽會に比べて量、質ともに見劣つたが、將來ます〳〵發展の餘地がある。殊に今回の對米戰初頭に於ける布哇眞珠灣の大戰果と云ひ、英國最大戰艦二隻の爆沈と云ひ、共に航空隊の力であり、その他マレイ半島、フイリツピン群島に對する攻擊も主として航空隊の活躍であるから、美術としてもます〳〵その題材がある譯であるが、たゞ寫生の便宜は陸海軍に比べて非常に困難であらうと思ふ。

藝術家の應召

對英米戰は開戰後猶三四日經過したのに過ぎない今日であるから、それが一、二ヶ月を經たならば新たに從軍畫家を派遣し新戰爭美術を作る事も出來るし又青年畫家で既に徴用されてゐる人もあると聞いてゐるから、或は夙に出かけてゐるのかもしれない。向井潤吉君なども徴用された一人だと聞いてゐる。藤田嗣治君も現に佛印に行つてゐるのだから、すぐにもタイあたりには行ける筈である。向井君の陸軍に於ける、藤田君の航空隊に於ける力作は既に世間に知られてゐる所である。

佛印への美術宣傳

佛印へ向けて日本畫と洋畫とが送られ、同地に展覽會を開いて大好評を博したるも昭和十六年の美術界にとつて記憶せらるべきことである。その發送前に三越本店に展觀せられ、畏くも高松宮同妃兩殿下の臺覽を恭うし、私も日本畫だけを見た。日本畫の方は國際文化協會の肝煮で、老大家を始め二百餘點集ま

つた事は多とするが、却つて多すぎた嫌があり、又サイズをほゞ一定した事は單調たるを免れなかつた。繁木或はラツカーの條は悉くはないが、作品そのものは出品畫家の心がまへ乃至認識の程度によつて區々であつた事が遺憾である。夫等の點は洋畫の方がよかつたさうである。私は見る時機を逸して殘念であつたが、評判として日本畫よりよかつた。

佛印で誰に見せるのかと云へば、少數の佛蘭西人と多數の安南人とであらう。佛蘭西人は本國の文化人に比してどの程度の人が佛印に多いかは知らないが美的趣味と教養ある佛蘭西國民の事であるから可なり理解された事と思ふ。安南人の中の文化人も勿論相當わかつたらう。と云ふのは文化の交換は言語を要さない造形美術が第一だからである。私は此の擧に際して一九二九年に巴里で日本繪畫及工藝展を開催して大好評を博し五十萬法の賣上を得た記憶を新たにし、將來も大にやるべきであると思ふ。又進んで今回攻守同盟を結んだタイ國などにも美術進駐があつて然るべきであらう。

文展の傾向

次に文展であるが、昭和十六年の第四回文展は審査員として帝國藝術院會員が退き、無鑑査は半數交替制度を行つた。その結果としては無鑑査の濫作を防ぐ目的が却つて無鑑査の作の陳列となり、帝展の癌は依然として、癌として殘る結果を生じた。この事は日本畫だけについて本誌に書いたから最早云はない。

會員の大家が栖鳳、玉堂氏等又院展側も出品しないので甚だもの足らず、洋畫は可なり出してはゐたが小品多く、國家主催の大展覽會としては甚だ貧弱だつたと云はざるを得ない。日本畫では新會員の上村松園女史が比較的力作を出した外、關雪、桂月氏等例の如く、島田墨仙氏は佳作を出した。

文展は斯く內容振はざるにも拘らず連日入場者多く、一日萬以上の日もあり總數二十數萬人に上り、時局下の美術鑑賞者は決して平時に劣らない事を示した。院展、二科、一水會、新制作派、其他の展覽會も皆入場者多く、殊に院展の最後の日の如きは多數の入場者の爲め繪葉書賣場を破壞する騒ぎを演じ大觀氏の大八洲などはよく見る事が出來なかつたといふ事である。

院展・二科

此の院展には前記横山大觀氏の「大八洲」と、安田靫彥氏の「黃瀨川の陣」の二大作が出品せられ、古徑、靑邨氏の不出品を補つて餘りあるものがあつた大觀氏の作は長卷で得意の墨繪を以つて伊勢神宮以下の社寺を描き、老大家の貫祿を示し、靑年作家は顏色が無い。靫彥氏のは去年の「義經參着」の右半双に賴朝を描いたもので、六曲一双の完作は昭和十六年日本畫壇最高の收獲である。蓋し靫彥氏としても代表作の一つと云ふべきである。

二科は例年の如くで特に振はず、獨立展も特に記すべき事はない。二科院展の會期短縮と共に、從來十一月末から十二月にかけて開催された一水會と新制作派展とが九月下旬から十月上旬の好季節に開かれた。一水會は名の示す如く水に似た靜けさを保ち、大作もなく穩雅な上品な作である。之れに反して新制作派協會は會員それ自身が若い潑剌たる元氣があり、大作が多く、入選作も亦之れに倣ひ、會全體として見應があり、惡く云へば騷がしい點があつた。兩會は相隣して開かれ、靜と動との對比を示しておもしろかつた。

春陽會國畫會其他

春陽會、國畫會等も例年の如きものであるが、何れの會でもリーダー格の作は見るべき價値があり、又會場を通じてその特色が流れてゐる點も見のがす事は出來ない。

市井の小展覽會や個展も相當あつたが、日本畫の展觀はやゝ下火の觀があつた。賣立等も同樣である。十二月一日から新畫にも始めて二割の税が課せられこれは購買者の負擔となるものであるが、その實行に對する影響については、まだ聞いてゐない。

デパートの展覽會も澤山開かれたが、十二月初めの三越展に栖鳳氏が三尺五寸横ものゝ大作を出した事は注意を惹いた。明年七十九歳を迎ふる老大家として其元氣は偉いものである。これにつゞく大觀氏の七十五歳、玉堂氏の七十歳、新年に入つて三老大家の益々健康を祈つて止まない次第である。

彫刻と工業

彫刻界に於いては文展、二科院展等例年の如きものであるが新生の正統彫刻家協會の旗上展があつた。和氣淸麿の大彫像が朝倉文夫、佐藤朝山二氏によつて作られ問題となつたのも此の年だつたと思ふ。朝倉氏の作は橿原の大和國史館入口中央に置かれ、佐藤氏のは宮城外苑の一廓に建てられた。

金屬回收の國策は遂に銅像や銅鐘にまで及ばんとしてゐるがこれは美術的價値の低いものは一向異議なく、却つて贊成であるが、選擇を誤まらない[illegible]にしたいと思ふ。

建築界には資材不足の折柄大建築が出來ないので見るべきものもないが、三十坪に制限せられた住宅建築にはますます設計の巧妙さを見せてゐる。

工藝界では材料と價格の統制問題がやかましかつたが、東京府工藝作家協會が成立して展覽會が開かれた。又輸出工藝の展覽會も開催されたが、佛蘭西から招かれたペリアン夫人の新構想も具體化して展示され一部のセンセイションを起した。又固有の工藝の技術保有の問題も實現に入りかけてゐる。

最後に法隆寺壁畫保存の問題は、その金堂大修繕と聯關して論議せられ、螢光灯による摸寫は進行中である。（一二・一二朝）

新刊紹介

□東洋畫題綜覽

（金井紫雲編）その第四册で、こ―さ―し、の部。例に依つて鮮明な挿圖四十二葉を收め第一册から通算四百頁に亘る解說は微細に入り要領を盡してゐる。和綴で印刷極めて美麗、定價三圓、芸艸堂發行（本店、京都市寺町二條南、支店、東京市本郷區湯島一ノ一）

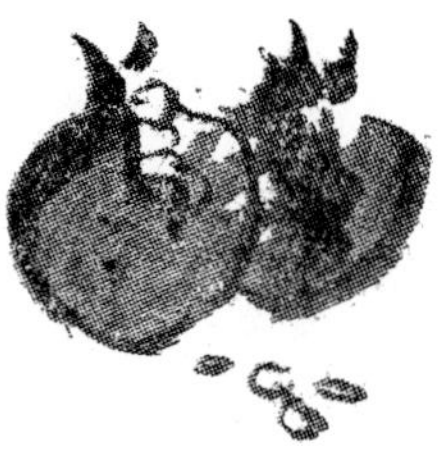

日本繪の具の性質

遠藤敎三

現在日本畫に使用する繪の具の種類は年々次第に多くなり、また中には西洋繪の具も多數混入してゐる場合があるので、是を全部日本繪の具として取扱ふことは、徒らに煩雜を來すのみであるから、此處には傳統をもつた基礎的な繪の具に就てのみ述べることゝする。

日本繪の具が油繪の具と異なる最も著しい特徴は總べての油繪の具が粉末を油練りした結果皆同一の分子狀態であるに比し日本繪の具は墨、胡粉、岩繪の具等皆その分子の荒さを異にしてゐる。その上岩繪の具がまた細かさ荒さによつて色の濃淡を種々に區別してゐる。その不同な分子の繪の具即ち最も細かい分子をもつた墨から最も荒い分子の綠靑、群靑の岩繪の具に至るまで同一畫面に巧みに調和させてゐるところが、材料から見た日本畫の一ッの大きな特徴ともなつてゐる。

畫家が繪の具の成分に對して餘り無關心であると過去の自分の作品に接したとき、その變褪色の甚しき爲思ひもよらぬ變りはてた姿にひどく落膽することがある。

古畫に於ても變褪色の例は種々擧げることが出來る。例へば嚴島神社の、平家納經の見返しに描かれてゐる人物の顏も手も紫、小豆色に變色してゐるのは鉛分のある唐の土でも使用したのではないかと思はれるし、紫式部日記繪卷を見ても、几帳、白壁が白色であるべきのが、同じく紫乃至小豆色に變色してゐるのは明かに胡粉の他に鉛性の白色顏料を使用したものと言ふことが出來る。

然しまた古畫には今日不明の繪の具を用ひて美しい色をそのまゝ現在に傳へてゐる例もある隆能の源氏物語繪卷を見ると、紅色、黄色は透明な液體の植物性繪の具のやうに考へられるがそれらは餘り變色してゐない。黄色はかりやす（草）だらうかまた紅色は紅花、蘇枋、茜等を用ひたのではないかとも思はれるが勿論確實には解らない。現在では黄色、紅色に健全な繪の具がないのに古畫がこの樣に美しい色を今に傳へてゐることは全く驚異に價する。

では次に主要繪の具の性分に就いてそのあらましを列擧して見やう。

胡粉

原料は牡蠣殼で普通は水干胡粉（或は板流とも云ふ）を使用する

朱

朱は水銀に硫黄を混ぜて高熱で蒸燒にしたもので、朱のもとは唇沙である。水銀が唇沙の形で居るので、唇沙が火にあへば水銀になるわけであるまた朱によつて銀は燒けて黑くなるから注意を要する。

丹

丹は日光にさらすと益々色が良くなるし、朱は日光にあたると直ぐ變色する。その爲に建築には丹を塗るのである。奈良の丹塗りの春日神社等その好例であらう。

然し丹は鉛の酸化物であるから、硫化水素或はアムモニアに逢ふと變色する。是は朱も同樣である。

黄土、朱土、べにがら

是等は鐵の酸化物であつて、是等が一番繪の具のうちでは强固であると言へるだらうが是等とても勿論永い間には變色する。是等は黄褐色の鐵鏽で、つまり鐵の銹である。阿蘇の噴火口には擇山の黄土があるさうで、しかも全部純粹であると言はれてゐる。また釜石のべにがらも純粹の鐵で峠から見ると隨分赤いさうである。

それではこの非常時にこれらの黄土や、べにがらから鐵を採つたら良ささうなものだが色々精密に計算して見ると矢張り結局引合はないさうである。

藍

内地産の草藍から採るが、持ちは惡く、濕氣に逢ふと黴が生える。

代赭

これは鑛物質。

洋紅

油繪の具のカーマインと同じ昆蟲のコチニールから製造したもので、勿論名の示すが如く西洋からの輸入品である。内地へ這入つたのは弘化年間に蘭人が長崎に渡來した折持來つたものと言はれてゐる。色は鮮麗であるが變色しやすい。

臙脂

支那の長江沿岸揚州附近から産出する紫草と稱する植物から搾り取つたもので、その紅い汁を綿にしたして乾燥したものである。然し近頃の臙脂は洋紅のコチニールを綿にしめたものが多い。本場の北

美術界 煤拂ひ

愚直庵主人

▼ホホウ珍らしい人がきた喃、どうじや、痛快ぢやないか。しよつ端からこの快報で、わしら老人も胸がすつとするわい。皇軍の進む處世界敵なしぢや。

▼君ら智識人とか文化人とかいふとつた人達は日本がこれほどの力があると實際は思ふてをらなんだぢやらう。ナニ思ふとつた？ 君はさうかしらんが、今迄雜誌など見とるとみな洋拜ぢやつたぢやないか。日本人の精神が今世界に燃え立つたんぢや。英米どもロぢや豪さうなこといふとつても一つグワンと喰らはせりやあの通りぢや。まあこれからの戰爭が、樂しみぢや

▼處で何か話せといふのか。若い豪い人が澤山ある時世に何を好んで儂のやうな世捨人のとこへくるんぢや。痛快なこと？腹に溜つたことが聞きたいといふのか。この頃は菜葉ばかし喰ふとるで至つて通じがようて腹に溜るものなどないわ、ハハ、儂ら貧乏人には誠に都合のエヽ時世ぢやなあ。「國畫」を見とつたら高村光太郎さんが中々手厳しいことをズバリ言ふてをつた。アノ通りぢや。今の畫カキや美術家どもは餘り物質生活に惠まれすぎた。叩き直さにやならんな。

▼儂は文展など見ん。見れば胸糞が惡うなる。あゝいふ處から立派な畫カキが出ると思はれん喃。かういふと舊弊ぢやと言ふぢやらう。舊弊でも何んでも構はん。今の時代の畫カキさんには覇氣が足らん。學校を出て文展に通つて畫屋に煽てられて尺五が五百圓ぢや千圓ぢやと賣れてノホホンとしとる。これでドコガ美術家ぢや。氣慨といふものなど微塵もない。二昔前の畫描を見なさい。アノ大家の雅邦先生が今の小役人ぐらゐの家に居つたわ。半折が二十圓した時さすが雅邦先生ぢやと驚いたものぢや。百圓なんて繪は眼が飛び出てよりつけなんだ。

▼それに比べて今はどうぢや。特選を一二度とつたといふて肩で風を切つて歩いとる。そいつを煽てる書畫屋さんも惡いが、君たちにも責任があるぞ。あゝいふ連中の中にはまるで人格をもつとらん奴がをる。先日も或る人がきていふて居つた。——それは五百圓とか千圓とかいふ大金を出して依賴したが二年たつても繪が出けん。出けんのはエヽとして、いつ出來るかと手紙できいても電報打つても返事一つよこさんといふのぢや。それは京都のさる中堅大家ぢやさ

京で求めてロクなものはないといふことである。

藤　黄

支那或は臺灣の一地方から産出する一種の樹脂である。竹筒に流し込んだものを乾燥後筒を割つて取り出されたものといふ。毒物である爲なめると直ぐ吐氣を催すから充分注意する必要がある。

石　黄

是は硫黄。

藤黄、洋藍、臙脂、石黄等は不健全な繪の具で變色し易い總べて動植物性の水繪の具は變色に於て危險であると言へる。

岩繪の具

岩繪の具こそ日本繪の具の王者である。莊重にして華麗なこの繪の具の個性美は絶對に西洋繪の具には見られないものがあり、しかも變色の危險が少ない。

但しその溶き方、膠の濃度、分量、或は礬水の加減が總べて調子よくゆかないと表裝したり、年月が經つと剝落してしまふから注意を要する。

岩繪の具の群青、緑青を支那では石靑、石綠と呼んでゐる。このことは芥子園畫傳にもあるが要するに双方とも炭酸銅であつて、群青は藍銅鑛、緑青は孔雀石から製造するのである。

この炭酸鑛が山にむき出しになつてゐる場合、空氣中の或る成分によつて色が變り、それが雨水等によつて流されて下方へ行つて、沈殿し層をなして固まるのである。

その層になつた鑛物を藍銅鑛或は孔雀石と呼んでゐるが、空氣中の成分によつてあるものは藍銅鑛になり、あるものは孔雀石になる。勿論この二ツの色が混じてゐる場合もある。

實に脆い性質で金槌でたゝくとすぐに碎けてしまふ。是を臼にかけると小三番位の荒さまでは篩で分けることが出來るが、白一番以下は水飛によらなくてはならない。

この樣に脆いものだから細工物等には勿論用がない。

油繪初期の西歐の畫家が自分で各々繪の具を製造したやうに昔の日本畫家は鑛石を粉碎して自分で都合よい色を造つては使用してゐた。古人は今の樣に岩繪の具を燒いて澁い色を出すことは識らなかつたやうである。

この藍銅鑛や孔雀石は現在では日本に産出なく總べて亞米利加から輸入されてゐる。飛彈の神岡鑛山に多少出たやうだが問題にならない。

これ等の石が日本にないのは鑛山の若い山が發見されないからで、若い山でないと炭酸銅が土中深く埋もれ、空氣にさらされる機會がないから從つて藍銅鑛も孔雀石も出來ないのである。

群青、緑青の模造品は瀬戸物のうはぐすりの靑玉、赤玉から造つたもので原料は硝石と珪石でつまり硝子である。

黄緑青といはれてゐる黄色の岩繪の具はこの色付された硝子の粉末であつて、天然石の黄緑青なぞと繪の具屋がいふのは噴飯に堪えない。

かりに本物の群青、緑青を炭火の上に乘せて燒くと黒くなつて遂には燃えてしまふが黄緑は褐色に變り、固まつて飴のやうになる。

また西洋のコバルトは瑠璃石といつて是は金屬でなく寶石である。伊太利では繪の具に使つたやうだ。これはアルプス山中に出たが産出高が非常に少ないのでその成分を分析して燒いて造つたのが阿蘭陀群青である。

日本でもこの瑠璃石を繪の具に使用した事は昔からなく、平安朝の繪でも光琳、宗達等皆アズリット即藍銅鑛を用ひてゐる。それから孔雀石も、藍銅鑛も層の中に濃い色の部分と淡い色の部分があつて、自然に濃い部分は分子が荒く淡い色の部分は分子が細かいのである。

最後に繪の具の變色に就て一言すれば、ターナーの繪の變色したのは安繪の具を使用した爲であると言はれてゐる。だから使用繪の具は充分良質のものを吟味するのが第一條件である。然し變色するといふ事は、結局酸化物はもとの姿の金屬に還元され、緑青、群青に就て言へばもとの銅に戻る事であるから總べて止むを得ない自然の原則とも言へやう。

つまり繪の具は變色するに決つてゐるので、それを防止するのは保存法の如何によるのみである。殊に屛風は畫面を重ねてたゝむから一扇毎に必ず挿紙を入れて保存する必要がある。保存法が惡ければ如何に繪の具を吟味した作品でも變色するが、繪の具に注意した作品で保存法がよければ相當永もちするものと思はれる。

うぢやが、一體そんなよ人間がその社會にあるかい。在つたとしたら社會道德が許さんぞ。

▼畫カキぢや美術家ぢやといふて特殊人扱ひするから本人はノボセ上るのぢや。普通の國民の一員、社會人の一人といふ自覺がなぜ持てん。かういふ不心得な者など君達が筆誅せにやイカンよ。それこそ新體制といふ趣旨が徹底せんぢやないか。

▼しかし、まあどの社會でも上の人程人格圓滿禮儀の心得がある。實業家でも大どこほど勿體振らんが、成金ほど威張りくさる。政治家でも陣笠がエバつて幹部は洒々たるものぢや。やはり人間教育が出來とるからぢや

ところで、最近の金屬類回收といふので三井高修さんとこで一千貫ほど出したといふて、エライもんぢやと新聞など感心しとるが、少し大どこの藏の中をのぞいて見い、幾らでもあるわ床の間の美術品ぢやといふてクダらんものは此際拂上げるがエエ、二萬貫や三萬貫はそこらにゴロ〳〵ぢやらう。儂の思ふのにアノ方々にある銅像ぢやね、アレを早く潰さんかといふこつちや。昔永井荷風が東京にある銅像は醜惡見るに堪へんから宜しく徹回すべしといふことを隨筆に書きよつたが、アレは同感ぢや。銅像のなかには美術として立派なものも一つや二つはあらうが、ドダイあの銅像チウものが西洋の眞似ごとで出來たもんぢや。日本には昔から碑といふものがある。何も人間の首を造つて乘つけんでもその人の功績を詩文に記し名家の書で彫りつける方がずつと風雅ぢやわいわしはアレをどうも好かん。

▼と言ふて國民精神に影響をあたへ西郷さんとか、楠公とか、廣瀨中佐とかいふものは假令作が惡ふても除けられんぢやらうが、そのほかの役者ぢやとか、下らん役人ぢやとか、個人の室においてあるようなものはむしろ鐵砲彈になつてこの危局の御役に立つた方が本望ではないのかな。生きとる人間でも死なねばならん戰爭の時代ぢや。こしらへようと思へば時世さへくれば出來る代物ぢや。まあアノ銅像をぶつ潰せば戰車の十臺や二十臺は早速出來ようといふものだ。これを全國に及ぼしたら相當の數ぢや。しかもそれで美術の廓淸も出來るとすれば一石二鳥ぢやないかね。

▼こんなことをいふと、彫刻家の諸君には叱られるかもしれんが、この際彫刻家諸君も少し已れの技術を考へてくれにや困る文展の裸ン坊ばかしに浮き身をやつしたとて立派な彫刻が出來るもんでもない。東京の銅像を見て西洋人も笑ふてをる。ナッとらんといふのだね。

▼まあ、この位で堪忍してくれ今日は煤拂ひをやらにやならんで喃。この話も「美術界煤拂ひ」といふ題にでもしといてくれ給へ。（談）

明治畫壇夜話

鹽田力藏

外面の運動

今《いま》から過去《くわこ》を追想《ついさう》すると、多年《たねん》の喜悲《きひ》が交々《こもごも》出《で》て來《く》るので、秩序《ちつじよ》を立《た》てる由《よし》もなく、たゞ雜然《ざつぜん》と書《か》き並《なら》べて見《み》る外《ほか》ない。憲法發布式《けんぱふはつぷしき》の前後《ぜんご》ころ、九鬼隆一《くきりういち》氏は神戸《かうべ》あたりで、美術《びじゆつ》に關《くわん》する大演說《だいえんぜつ》を試《こゝろ》み、その筆記《ひつき》が美文《びぶん》に綴《つゞ》られて、私《わたし》の面前《めんぜん》にも現《あら》はれて來《き》たので、私《わたし》は之《こ》れを誌上《しじやう》に略評《りやくひやう》した事《こと》もある。つまり九鬼氏は、維新《ゐしん》の元氣《げんき》が美術《びじゆつ》の上《うへ》に現《あら》はれねばならぬと唱《とな》へるので、私《わたし》はその反對《はんたい》に、あの元氣《げんき》は維新《ゐしん》のために發散《はつさん》し終《をは》り美術《びじゆつ》のためには效果《かうくわ》もあるまいと云《い》つたが、明治以來《いらい》の美術界《びじゆつかい》の風潮《ふうてう》は、舊來《きうらい》の傳統《でんとう》を破《やぶ》つて、やゝ自由《じいう》になつたけれど、別《べつ》に夫《そ》れ以上《いじやう》の何事《なにごと》もなかつたと思《おも》つてゐる。後《あと》から考《かんが》へると、あの美文《びぶん》の筆述《ひつじゆつ》は、恐《おそ》らく岡倉天心《をかくらてんしん》氏の筆《ふで》に成《な》つたものらしく、後《のち》に同氏《どうし》と近《ちか》づきになつて見《み》れば、私《わたし》も實《じつ》は變《へん》な感《かん》じがあるのであつた。

その前《まへ》の明治《めいぢ》十五六年《ねん》ごろ、西《さい》鄕農商務卿《がうのうしやうむきやう》が繪畫共進會《くわいぐわきようしんくわい》を開《ひら》かれた後《のち》、民間《みんかん》でもその續《つゞ》きを開催《かいさい》したが、それは匿名《とくめい》の審査《しんさ》なので、當時《たうじ》の批評《ひひやう》は、面白《おもしろ》いものであつた。同《どう》二十年《ねん》ごろまでは、繪畫《くわいぐわ》の陳列《ちんれつ》は流派別《りうはべつ》なので、初學《しよがく》のためには便利《べんり》だつたが、新研究《しんけんきう》は却《かへ》つて雜部《ざつぶ》に押込《おしこ》められ、進歩《しんぽ》の氣運《きうん》は寧《むし》ろ妨《さまた》げられる傾向《けいかう》であつた。同三十數年《すうねん》ごろになると、日本《にほん》美術院《びじゆつゐん》も衰《おとろ》へかけて、畫團《ぐわだん》の展覽《てんらん》會《くわい》が群立《ぐんりつ》し、大勢指導《たいせいしだう》の中心《ちうしん》を失《うしな》つたので、岡倉《をかくら》氏は金子堅太郎《かねこけんたらう》氏等《なにがし》と語《かた》り合《あ》ひ、國立《こくりつ》の展覽會《てんらんくわい》を要望《えうばう》したのであるが、その後更《こさら》に文展《ぶんてん》の出現《しゆつげん》となつて見《み》れば、やはり案外《あんぐわい》の結果《けつくわ》を見《み》る外《ほか》なかつた。明治《めいぢ》二十九年《ねん》ごろ、岡倉《をかくら》氏は日《に》本美術協會《ほんびじゆつけふくわい》を中心《ちうしん》として、彫工會《てうこうくわい》以下《いか》を之《こ》れに隷屬《れいぞく》させ、中央《ちうあう》では古美術《こびじゆつ》を主《しゆ》とし、各會《かくくわい》では新作《しんさく》を事《こと》とするやうに、私《わたし》に原案《げんあん》を書《か》かせられた事《こと》もあるが、佐野會頭《さのくわいとう》に熱《ねつ》がなかつたものか、この運動《うんどう》は人知《ひとし》れずに終《をは》つてゐた。

岡倉《をかくら》氏は之《こ》れを遺憾《ゐかん》として、同《おな》じく明治《めいぢ》二十九年《ねん》を以《もつ》て、美術學校《びじゆつがくかう》派《は》の青年繪畫協會《せいねんくわいぐわけふくわい》を、改《あらた》めて日本《にほん》繪畫協會《くわいぐわけふくわい》に發展《はつてん》させ、自《みづか》らその副《ふく》會頭《くわいとう》に推《お》されたが、これは後《のち》に日本美術院《にほんびじゆつゐん》に合併《がつぺい》して、謂《い》はゆる院展《ゐんてん》の源流《げんりう》となつたのである。同會《どうくわい》設立《せつりつ》の當初《たうしよ》、寺崎廣業《てらさきくわうげふ》氏は質問《しつもん》して、油畫《あぶらゑ》なども日本畫《にほんぐわ》の中《なか》かと尋《たづ》ねたところ、岡倉《をかくら》氏は即答《そくたふ》して、日本人《にほんじん》の繪畫《くわいぐわ》は、すべて日本畫《にほんぐわ》だといふ事《こと》にした。

しかし實際《じつさい》には、技術上《ぎじゆつじやう》の都合《つがふ》もあつて、さう早《はや》くは合併《がつぺい》も出來《でき》ず、已《や》むなく明治《めいぢ》三十年《ねん》の繪畫共《くわいぐわきよう》進會《しんくわい》には、在來《ざいらい》の法式《はふしき》によるものと、泰西《たいせい》の法式《はふしき》によるものと、新規《しんき》の法式《はふしき》によるものと、都合《つがふ》三樣《さんやう》の連合展《れんがふてん》といふ事《こと》になつた。つまり美術協會系《びじゆつけふくわいけい》を舊派《きうは》とし、黒田清《くろだきよ》輝《てる》氏の白馬會系《はくばくわいけい》を西洋派《せいやうは》として、岡倉《をかくら》氏の美術學校系《びじゆつがくかうけい》を新派《しんぱ》とするのであつた。

その連合展《れんがふてん》も、一回《くわい》切《ぎ》りで別々《べつべつ》になつたが、たとへ名義上《めいぎじやう》だけにせよ、洋畫《やうぐわ》を洋畫《やうぐわ》と云《い》はぬ所《ところ》に意味《いみ》があつた。而《しか》して岡倉《をかくら》氏の邦畫《はうぐわ》發展《はつてん》の理想《りさう》は、その後《ご》までも續《つゞ》きながら、つまり事實《じじつ》にならずに終《をは》つたのである。同氏《どうし》が米國《べいこく》から佛《ふつ》國《こく》に赴《おもむ》き、ルーヴル博物館《はくぶつくわん》で古畫《こぐわ》を一見《けん》し、日本畫《にほんぐわ》の將來《しやうらい》は是《こ》れだと云《い》つた事《こと》もあるが、もはやその手《て》に負《お》へぬものとなつてゐた。

内面の運動

明治《めいぢ》二十九年《ねん》ごろ、黒田《くろだ》氏系《しけい》の西洋畫《せいやうぐわ》を美術學校《びじゆつがくかう》に入《い》れたのは、天下《あまくだ》り的《てき》の改革《かいかく》とも云《い》へるが、黒《くろ》田《だ》さんが西園寺《さいおんじ》大臣《だいじん》あたりへ焚《た》き付《つ》けたものであつたらうか。或《あるひ》は岡倉《をかくら》氏が、洋畫《やうぐわ》の勢力《せいりよく》に押《お》された結果《けつくわ》とも傳《つた》へるけれども、夫《それ》ならば小山正太郎《こやましやうたらう》氏と握手《あくしゆ》すべきであつたらう。

東京美術學校《とうきやうびじゆつがくかう》の創立前《さうりつぜん》から、岡《をか》倉《くら》氏は小山《こやま》氏と意見《いけん》を鬪《たゝか》はしたものだが、日露戰後《にちろせんご》、第一期《だいき》美術《びじゆつ》院《ゐん》の終《をは》りに近《ちか》く、私《わたし》が小山《こやま》氏を同《どう》院《ゐん》の二十日會《はつかくわい》に招《まね》き、その邦畫發《はうぐわはつ》展《てん》の主張《しゆちやう》を聞《き》いたところでは、小《こ》山《やま》氏も日本畫《にほんぐわ》は嫌《きら》ひでなく、只《たゞ》その教育上《けういくじやう》の手段《しゆだん》について、岡倉《をかくら》氏と論爭《ろんさう》したまでの事《こと》だつたといふ。それで小山《こやま》氏は、日本畫《にほんぐわ》の邦《はう》内發展《ないはつてん》と、世界的《せかいてき》發展《はつてん》との兩面《りやうめん》を說《と》かれたのである。時間《じかん》の都合《つがふ》で後半《こうはん》の要點《えうてん》が節略《せつりやく》された。しかしこの筆記《ひつき》は、「日本美術《にほんびじゆつ》」誌上《しじやう》に現《あら》はれて、美術協會《びじゆつけふくわい》の方《はう》でも轉載《てんさい》してゐる。當時《たうじ》缺席《けつせき》の雅邦翁《がはうをう》に、

この演説《えんせつ》の後談《ごだん》をしたところ、やはりその後半分《あとはんぶん》が聞《き》きたかつたと申《まを》された。

初《はじ》め洋畫《やうぐわ》を美術學校《びじゆつがくかう》に入《い》れたとき、黑田氏《くろだし》は自《みづか》ら雅邦翁《がはうおう》の門下《もんか》に入《はい》る氣持《きもち》だと云《い》はれた由《よし》は、岡倉《をかくら》校長《かうちやう》から聞《き》かされたが、黑田氏《くろだし》は生徒《せいと》に向《むか》つても、西洋畫《せいやうぐわ》といはずに、たゞ繪畫《くわいぐわ》と呼《よ》ぶやうに敎《をし》へてゐたことは、後《のち》に結城素明氏《ゆふきそめいし》も語《かた》られた。この素明氏《そめいし》は、先《ま》づ日本畫科《ぐわくわ》を卒業《そつげふ》してから、更《さら》に校長《かうちやう》の命《めい》によつて、一年《ねん》ばかり洋畫《やうぐわ》を修《をさ》めたが、自分《じぶん》の都合《つがふ》で中止《ちうし》したけれど、その氣分《きぶん》は今《いま》でも製作《せいさく》の上《うへ》に見《み》えてゐる。

美術學校《びじゆつがくかう》と美術院《びじゆつゐん》との仲直《なかなほ》りは久保田《くぼた》校長《かうちやう》の時《とき》に成功《せいこう》せずして、正木《まさき》校長《かうちやう》の時代《じだい》に成就《じやうじゆ》した。そのとき、廣業氏《くわうげふし》と觀山氏《くわんざんし》とは、特《とく》に同校《どうかう》に復歸《ふくき》したが、觀山氏《くわんざんし》は、更《さら》に英國留學《えいこくりうがく》の豫定《よてい》であつた。然《しか》るに同氏《どうし》は、全《まつた》く聾啞《ろうあ》の旅行《りよかう》だつたから、英國《えいこく》の水彩畫《すゐさいぐわ》を取入《とりい》れる結果《けつくわ》さへ見《み》られなかつた。

しかし和洋畫《わやうぐわ》の轉換《てんくわん》とか離合《りがふ》とかは、その由來《ゆらい》は久《ひさ》しいものである。小山正太郎氏《こやましやうたらうし》の師匠《ししやう》なる川上《かはかみ》冬崖氏《たふがいし》も、もとは南畫《なんぐわ》から出《で》たといふが、維新前後《ゐしんぜんご》の邦畫家連《はうぐわかれん》は、何《いづ》れも食《く》ふに困《こま》つた揚句《あげく》、雅邦翁《がはうおう》は三味線《みせん》の駒《こま》を削《けづ》り、玉章氏《ぎよくしやうし》は 中 ナカの皮《かは》に繪《ゑ》を描《ゑが》いたといふから、寬畝氏《くわんぽし》なども何《ど》うであつたか。とにかく一時《じ》の便宜《べんぎ》として、邦畫《はうぐわ》から洋畫《やうぐわ》に移《うつ》りかけた連中《れんちう》が多《おほ》く、雅邦翁《がはうおう》なども、親戚《しんせき》の石版《せき》屋《や》から便宜《べんぎ》を得《え》て、油畫《あぶらゑ》で豫讓《よじやう》とか軍艦《ぐんかん》とかを描《ゑが》いたのがある。

邦畫家《はうぐわか》の多《おほ》くは、一時《じ》は製圖《せいづ》とか圖案《づあん》とかに糊口《ここう》して、機《き》を見《み》て本流《ほんりう》に復歸《ふくき》したが、明治《めいち》の晩年《ばんねん》からは又《また》、その反對《はんたい》に、洋畫《やうぐわ》から邦畫《はうぐわ》への歸化《きくわ》する人《ひと》が見《み》えて來《き》た。これは、洋畫《やうぐわ》が困難《こんなん》なためでゞあつたらうが、邦畫《はうぐわ》の作出《さくしゆつ》に便宜《べんぎ》を認《みと》めたにもよるだらう。不折氏《ふせつし》の墨畫《ぐわ》が早《はや》く見《み》え、柏亭氏《はくていし》も邦畫風《はうぐわふう》を描《か》き出《だ》し、殊《こと》に龍子氏《りうし》などは大《だい》轉換《てんくわん》を示《しめ》された。中《なか》にも小杉放庵《こすぎはうあん》氏《し》の如《ごと》きは、一旦《たん》大觀氏《たいくわんし》と握手《あくしゆ》して、再興美術院《さいこうびじゆつゐん》に統合《とうがふ》されたが、やはり反《そ》りが合《あ》はぬものがあつたらしく獨立的《どくりつてき》の發展《はつてん》を遂《と》げられた。

洋畫の感化

聞《き》けば雅邦翁《がはうおう》は、小笠原邸《をがさはらてい》で河《かは》村清雄氏《むらきよをし》に邂逅《かいこう》して、和洋共《わやうとも》に手《て》を携《たづさ》へて、大發展《だいはつてん》を誓《ちか》はれたとの事《こと》なるが、その實績《じつせき》は見《み》られなかつた。しかし明治《ち》三十一年《ねん》ごろ、初期《しよき》美術院《びじゆつゐん》の早《はや》き時代《じだい》に、同院《どうゐん》で河村油畫《かはむらあぶらゑ》の個展《こてん》を開《ひら》いた事《こと》がある。河村氏《かはむらし》の油畫《あぶらゑ》には、油繪具《ゑ》で日本畫《ぐわ》を描《ゑが》くといふ調子《てうし》があつた。たゞ白馬會《はくばくわい》に押《お》されて、世人《せじん》の注目《ちうもく》を得《え》なかつたものらしい。

岡倉天心氏《をかくらてんしんし》が、邦畫中《はうぐわちう》に洋畫《やうぐわ》の長所《ちやうしよ》をも併呑《へいどん》して、眞《しん》の世界畫《せかいぐわ》を作出《さくしゆつ》しようとの理想《りさう》とても、初《はじ》めから手段《しゆだん》を考《かんが》へぬ空想《くうさう》であつたから、出來《でき》ず仕まひになつたのである。美術校《びじゆつかう》や文帝展《ぶんていてん》などで、和洋《わやう》兩畫《りやうぐわ》を一部《ぶ》・二部《ぶ》と改稱《かいしよう》して見《み》たところで、技法《ぎはふ》の根本《こんぽん》を何《ど》うすることもなく、好果《かうくわ》の見《み》られ樣《やう》がある筈《はず》がない。藝術《げいじゆつ》と科學《くわがく》は各別《かくべつ》だなど、姑息《こそく》な妄想《まうさう》の續《つゞ》く限《かぎ》りは、飛躍的《ひやくてき》の革新《かくしん》といふものは見《み》られぬ筈《はず》である。

明治《めいち》三十何年《なんねん》ごろか、美術校《びじゆつかう》に職員會議《しよくゐんくわいぎ》があつたとき、久米桂一郎氏《くめけいいちらうし》か誰《たれ》かが、當校《たうかう》の敎員《けうゐん》を仕立《した》てる用意《ようい》に、今少《いますこ》し入學試驗《にふがくしけん》を高《たか》めたい、と云《い》つたところ、流石《さすが》は黑田御大《くろだおんたい》の發言《はつげん》で、そんな事《こと》をすると、入學志望者《にふがくしばうしや》がなくなるぞ、何所《どこ》の官立校《くわんりつかう》にもは入《い》れぬ連中《れんちう》が已むなく流《なが》れて來《く》るだけだと、キツパリ放言《はうげん》されたものである。

森鷗外氏《もりおうぐわいし》が、ハルトマンの舊式《きうしき》な美學《びがく》を、久《ひさ》しく同校《どうかう》に講《かう》じてゐたが、誰一人《たれり》として判《わか》り手《て》がないので、少《すこ》しは判《わか》つて呉《く》れても可《よ》からうと、愚痴《ぐち》られた事《こと》もあるが、同校《どうかう》の何《なん》の學課《がくくわ》とも縁故《えんこ》のない美《び》學上《がくじやう》の定理《ていり》などが、實技《じつぎ》を指導《しだう》する効果《かうくわ》のあり樣《やう》はなかつた。とにかく藝術《げいじゆつ》と科學《くわがく》とは、實技上《じつぎじやう》に連《れん》絡《らく》のないものとなつてゐた。

それで岡倉《をかくら》校長《かうちやう》が西洋畫《せいやうぐわ》を入《い》れるときも、全《まつた》く黑田氏《くろだし》に一任《にん》して少《すこ》しも干渉《かんせふ》しなかつたものである。初《はじ》め岡田《をかだ》三郎助氏《らうすけし》を助敎授《じよけうじゆ》にし和田英作氏《わだえいさくし》を一年切《ねんぎ》りで卒業《そつげふ》させると同時《どうじ》に、洋行《やうかう》させて助敎授《じよけうじゆ》にする工夫《くふう》など、すべて黑田氏《くろだし》の意《い》見《けん》に任《まか》せたものである。その餘風《よふう》は一般《ぱん》にも見《み》えて、今《いま》でも和洋畫《わやうぐわ》は融合《ゆうがふ》の途《みち》がない。それで餘力《よりよく》のある洋畫家《やうぐわか》も、東洋風《とうやうふう》の作畫《さくぐわ》を兼《けん》業《げふ》にして、恰《あたか》も兩刀《りやうたう》を使《つか》ふ外《ほか》ない譯《わけ》である。（以下十五頁四段目へ）

魚圖

佐藤惣之助

わたしは釣りがすきで、春は川のタナゴからフナ、ワカサギからヤマメ、アイ、ハヤなどを釣り、海のものでは、小さいギチからサス、アヂメバル、ハゼ、アイナメ、カイズ、海タナゴ、中ものでカサゴ、イナダサバ、アマダヒ、キダヒ、本ダヒ、コチ、ボラ、大ものでスヾキ、ブタヒ、ハタ、クロダヒ、シマアヂ、サワラ、石ダヒ、石ナギ、ムツ、アラなどを釣るが、永らく釣りをしてゐると、只何でも釣れればよいといふやうな氣持はなくなつて、あれを釣ろう、これを釣らうと、一つの種目を狙つて釣るやうになつた。

そして年々、多く繁殖する魚とはづれの年があつて、たとへば去年はカイズが尠く、セイゴ、ハゼが多かつたが、あながち魚が多いから、よく釣れるから釣りに行かうといふよりも、目的のカイズならカイズを狙つて、いくら尠ない年でも苦心して探して釣るといふところに興味を持つやうになり、そのうちにも去年はあまり好きでなかつたが、今年は又久しぶりで好きになつたから釣るといふ風で、釣徒といふものの心理はなか／＼複雑で、又移り氣だといふことも出來る。これもたとへば、一昨年まで好きだつたハヤとフナに興味がなくなり、去年までや〻忘れかけてゐたアイとタナゴが、今年はすつかり好きになつて、それが爲めにうき身をやつしてまで、目的の魚を追ひかけるやうになつた。

これは、その魚が喰べてうまいからといふのでなく　その魚の習性やら釣り味から來るので、いよ／＼目的の魚を釣り、手にとつて、すつかり鑑賞するやうになると、ふしぎにその魚が愛らしく懷しくなるのである。そして自分の好きな獲物を釣つて來て、なるべく形のよいものを、墨をたつぷりつけて、魚拓なぞにして置くのである。然しわたし達は畫家ではないから、その魚拓の巧拙は云はないことにして、只なるべく、その魚の眞の姿をとるといふことに主眼を置くやうになる。

そういふ立場から、展覽會などへ行つても、魚の圖さへあれば熱心に立止る。そして畫としての精神、技巧といふことよりも、只、その魚がいかに眞に迫つてゐるかといふことのみに主眼を置いて、八方から眺めて鑑賞する。そしてどういふものかいつも失望することが多い。これは畫として藝術として求めずして、その魚のイメージを自然に求める心理がそうさせるのであらう。

然しこれは、わたし自身についても云はれることで、そんなに好きな魚を、さらばそのま〻よく觀察してお手のものの詩になり散文なりに書いて見ろと云はれても、なか／＼眞に迫るまでには表現出來ないのである。否むしろ、好きなもの、あまり見つけてゐるものだけに、その實在のよさがつかめないのである。その點で魚の生きたイメージをよく摑むで筆にする人として、東京では岸浪百草居さん、京都では福田平八郎さん、洋畫では清水良雄さんの作品に頭を下げる者である。

圖で書けば、これは何の魚だといふことが一般にも解るか、詩などでは、一般に魚そのものが解つてゐない。アイナメとメバルとどこが違ふか、ハヤとモロコ、サワラとイナダ石ダヒとハタといふやうなものになると、到底詩などではその差異すら解することが出來ない。日本畫家もよく鯉やタヒを書くが、あの鯉とタヒさへわたし達から見れば、かなり問題である。ましてアナゴを描くつもりがウナギに見えたり、メバルが鰍魚になつたり、トビノウヲとボラと差が見えなくなつたり、畫題として面白い魚はいくらもあるが、さて、その眞のイメジといふものは、なか／＼つかみ難いものである。

鳥類學者が、花鳥畫を見て、どうも嘘らしいと嘆ずるのは、やつぱりわたし達が魚學者のホルマリン漬研究を見て、どうもその魚は生きてゐないといふやうに、釣徒といふものは、暗夜でも魚の活躍を感知するので、畫を見ても活躍してゐる新鮮なその習性に徹した魚を見たいと望むのである。

魚の圖は多く横體である、魚といふものは正面から遊泳してゐるところを、水族館へ行つて寫眞にとつたり、寫生したところで、とても本來の魚といふ眞性をつかめるものではない。人が鑑賞する魚は、その横側で、横に寢かして、體側の鱗や、線や、眼や尾鰭を見、その形を觀照するのである。云はゞ死んで爼の上に乘つたものか、池や水槽に泳いでゐるところを模寫するのみである。

それが爲めに、多くの畫家は、魚の習性、魚が本來持つてゐるところの生命の神秘を寫生することが出來ないのだとおもふ。只、横になつた魚なら、子供にでも寫生出來る、横になつてゐながら、その魚が全くその魚の本性をあらはしてゐるやうに描くには、その魚の奥にあるものをつかみ出して來なければならない。

たとへばボラはどこで育つか、どう廻遊するか、跳躍してゐる最中に、空中で廻轉してすぐ方向を變へることが出來るか、多になると膩で眼が見えなくなるか、或はフグはどうして瞼をもつてゐて、いかなる時にまた〻きするか、キスは餌を見つけて飛びついて、嚙むか嚥みこむか、タナゴはカラス貝の中に產卵するしないか、スヾキは何故釣りあげる時、腮洗ひと稱して、水面まで跳ね出るか、ダボはどうして親子で生活してゐるか、黒ダヒは何フイートまで眼がきくか、ハゼは何故餌を口にすると堅く閉すか、その他ちよつと想像もつかない習性をもつてゐる魚が、いかに多いことであるか、その一つ／＼に就いての研究が必要になつてくる。

魚學者から、肺活力の強い魚は、ソーダカツヲかハゼだときいても、釣徒にとつてはスヾキやブリの方が強いやうに思へるのである、一般人がタヒやサワラ、ヒラメやマグロを稱美するのに、釣徒は黒ダヒやスヾキ、或は寒中のフナ、タナゴを讃へるのである。そこで畫家などは形から色彩から、制作慾をそ〻るやうな魚を主題にして、その死體を描くのであるか、凡そ生きた感じの魚とはならないのである。

わたしは未だ且つて感心した鯉の新畫を見たことがない、寫眞や單なる標本圖なら知らぬこと、新畫で見る寫生的な鯉やタヒは全く作物が死物で、そこへゆくと古畫や陶器の模様で見る。馬鹿／＼しいほどの略畫や、非寫生的なものに多く魅力を感ずる。魚は單なる平面圖ではあらはれない、魚には海川の靑實の神秘がついてゐる。ふしぎに光輝がか〻つてゐる。冷くて、生きてゐて、水層を截つて生活する、その習性と自然の存在力といふものを、ぐいとつかんだものでよい限り、魚の繪畫でなくて、たゞの魚の圖である。

魚を畫くのはむづかしい、むづかしいけれども畫いて頂きたい、そしてわたし達を喜ばしてくれる畫家がこれからもどん／＼出てくれることを希望する。その點でわたしは岸浪百草居さんと、福田平八郎さんの魚圖を禮讃する一人である。

（昭和十六・十二月）

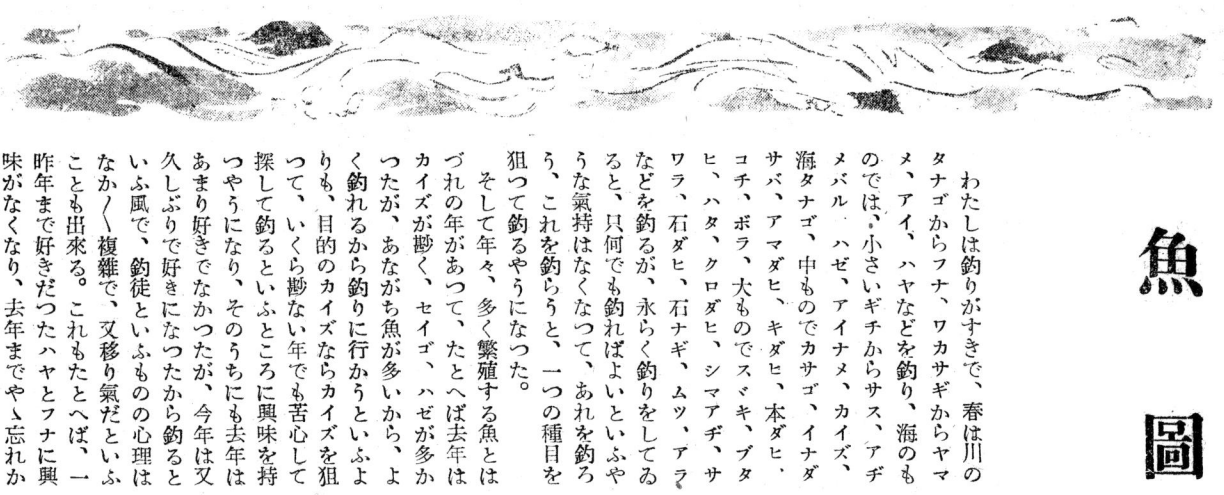

展覽會

大東亞戰開始と日東美術展

—第一回展評に代へる—

豐田豐

去る八日大東亞洋戰爭は雄渾大規模な策戰の火蓋を切つて落し、皇軍電擊の進略は、まさに戰史未曾有の驚異に値した。その勃發前に東京府美術館に於いて、君達日東美術院の諸君は、偶然その壯嚴なる旗擧展を持つた——と言ひたいが、豫想のもの、不出品作があつたり、陳列洩れがあつたり、機構と經營の不完備が、そゞろ季節の木枯に身に泌む思ひであつた。

第一首腦格の園部香峰君の『立正安國』三部作からして、左側『靜』が不出來、未完成であつて、旗擧としてはそのやりつぱなしな豪放さに、極めて皮肉な敬意を表したのであるが、完成された中央主作と右側『動』はこれは皮肉ではなく、皇軍魂の何等かに似て實質的に豪放雄渾なるものであつた。この國難覆滅熱願の日蓮上人は逆捲く紅蓮の中に、青不動下降して、まさに大地鳴動せんとする大構想は、佛蘭西晋樂派の新律調の中に、古代佛教の阿修羅を憾じさす造型魂のものではあつた。しかしながら又淺草觀音堂奉納額のやうな大衆的卑俗性の感じられないでもなかつたが、在野展的闘志として、これはこれで園部君の精一杯の精神的、畫技的燃え上りであつたのであらう。

女房役の——いや一方の雄たる川口奉波君の『池水薫』は琳派四季花鳥に更に池中鯉魚描寫まで添へて新造型化し、その無比ともいふべき寫生魂のねばりは、園部君が未完成であつたのに對し、反逆的に完成過剰の感があつた。それだけに一端の部分になら難ずべきものは無く、唯善哉に砂糖をぶつかけたやうな重苦しさだけは如何とも仕様がない。加ふるに君はまだ他に『佛母』の新意創出の佛畫を題示して、その黒鐵のやうな志闘には理由なく感嘆せられた。

その新會員諸君の小柳泰然の『山』、『淨晋』、中土大至良の『嶽端』、大町宰世の『望郷』、西村雨北の『秋趣』、武田一路の『樂土』の諸品は武田君が怪奇重厚な大陸風俗の異色を感じさせた以外は、それぞゝ何等か個性的新色はあるにしても、旗擧展としては擧つて皆大人しくなつて納まり過ぎてゐる感じだ。

さうして君達の閉會二日を置いて、俄然日米戰爭は爆發したその點園部君の『立正安國』はまことに意義深い彩管豫言であつた。新國難擊滅、日東帝國國運隆興、更に願はくは日東美術院畫運躍進、南無妙法蓮華經々々々々々々。

日東美術院受賞式

矢部友衛個展

歸朝後第一回の個展でアメリカに於ける制作を展觀したものである。かつての傾向を清算し印象派に遡つて新研究に發足した同氏の寫實的印象的畫風は甚だ明快な色彩と健實な對象の把握へと驀進しつゝある。その全體の基調は印象派であるより新印象派に近く又ヴンゴッホの再檢討に向つてゐる。シーニャック、ゴッホらの手法を自己の才能によつて消化せんと試みてゐる。明快であると共に熱意に充ちてをり、科學的な分光主義點描に本然的な情意が加はつてゐる。風景最もよく、人物にはなほ再考の餘地がある。「ニュージャシーの秋」「紅葉の谷」「樹　午下り」「町はづれ」「野菊の丘　及び靜物の「杏　など秀でゝゐた。ことに「樹　は寫實力につよく空の深さも快く描かれてをり「午下り」の農民風景、「野菊の丘」「ニュージャシーの秋」「紅葉の谷」の外光描寫はその明るさに於て美しい。こゝから平面的でない印象的表現に進まれるなら更によいであらう。（交詢社）

岡田謙三新作發表展

岡田氏の第六回の新作發表展である。二科の中堅として獨特な抒情的新畫風をもつ氏は今回滿洲國を訪れ新な風景畫のいくつかを齎したことも興味がある。あのいつものメランコリーな表情の女性もあるが、それも抒情味から寫實の正しさを奪還する態度を示してきたことが今度の新作展の特徴とも言へよう。

滿洲國に於ける作品は熱河とハルビン、奉天、その他の建築物、廟内等の風景であるが、「ラマ廟」「承德の町」等に見る和らかな色調と健實な寫實的把握は作者としても一新境地を拓いたものと言へよう。建築物の描寫も立體感に富んでゐるが空の深い美しさをよく捉へてゐる。「承德の町」や「ハルピンの靴屋」なども面白い。婦女、少女はおなじみのモチーヴであるが、「女の顔」「少女」等には憂愁の陰影よりも明るい中のサンチマンが出てゐる。色と線の飽和した作品で一進歩であると思ふ。今回の門出を祝する。（日動畫廊）

佐伯米子個展

夫君亡き後米子夫人の健闘は永くつゞけられてゐるが、今回の個展はまた新しい傾向を見せてゐる。それは故祐三畫伯が好んで巴里の裏町を描き、ユトリロ風に新しい熱情を加へたあの畫風に見る特質を、しづかにまた日本風に日本の裏町、ことに銀座裏の狭斜な巷の一角にモチーヴを求めて描いたものが特色をもつてゐる。「銀座裏」「にわか雨」「秋の色」「夏の日」「横町」などゝいふ作がそれである對象が巴里の裏町のやうな建築と違つた華奢な木造家屋だけにユトリロ風のソリッドな調子は出ないがまたそれだけに別の興味があり、研究の價値もある。「にわか雨」の如き狭斜の女性を點綴した作品は新しい浮世繪とも言へようが全體が挿畫風にならぬ處がよい。靜物のバラに女作家特有の甘さもあるが、風景は前景の細描の面白さをのぞき著しくバルールが惡く立體感もない。これはもつと強力にゆくか、でなくば情緒的に統一されたいものである。（養生評）

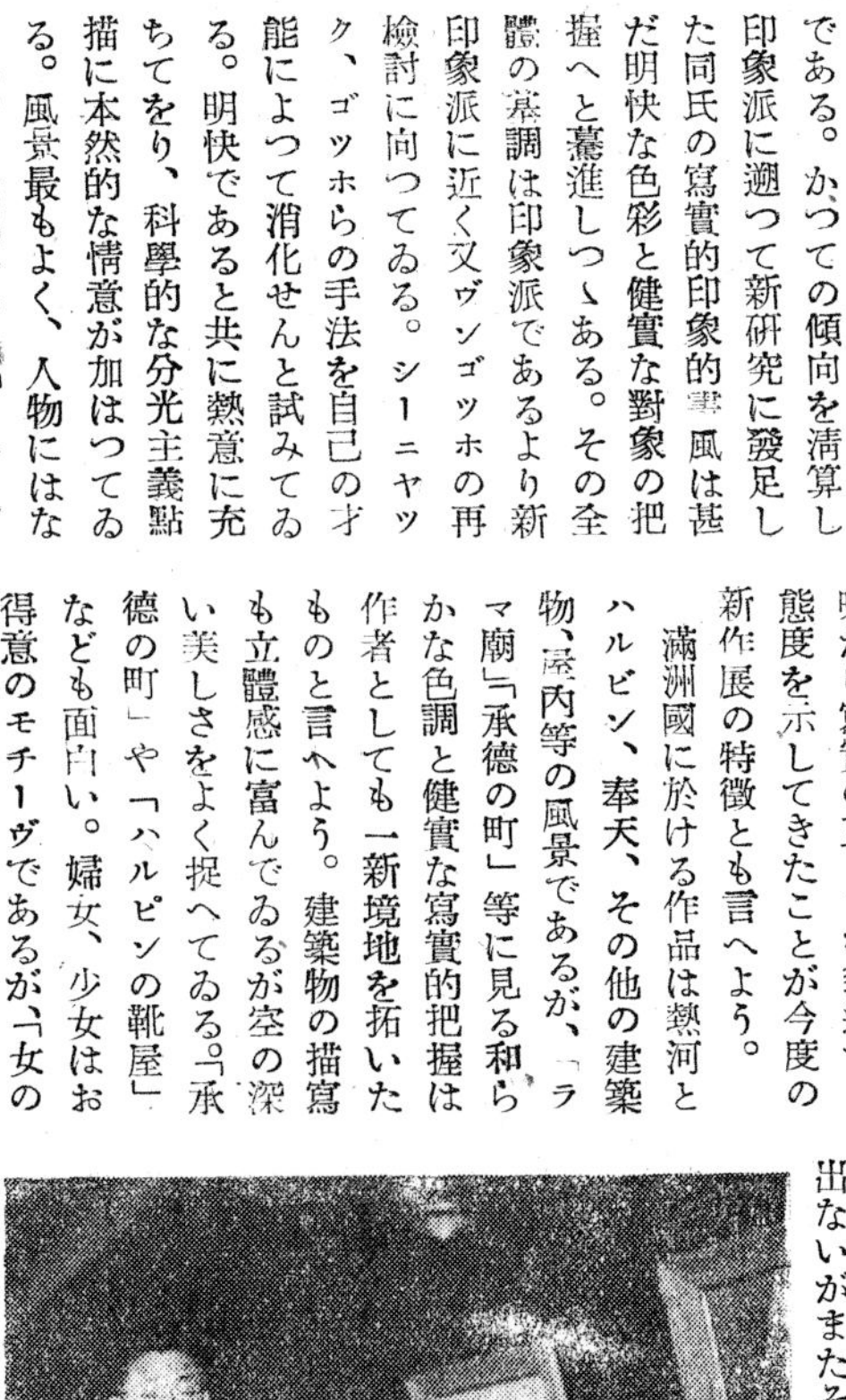

矢部友衞氏とその個展

新世紀展

全體に言つて穩健着實な作家たちの集團であるがみなこれから出發すべき人達である。アンビシアスなものもない代り、旺然たる意慾を感じさせるものもないが、市原義夫の「露臺」は靜物と外景との調和を試みて一部成功してゐる。たゞ色彩の錯雜を捉へる調子がもう一息であり、線の活躍がもつと統一をもつようになるといゝと思ふ。森英の「珠江海屋」も相當描きこなしてあるが、色彩の混濁と立體の表現に統一を缺いだものあるを惜む。クトウを使つてゐる作家も一二あるが鳥取敏の「堤防の「馬」「歌劇より」二點はその才氣を買ふべきであらう。このスマートな表現は良いが寫實力を逞しくせぬと才筆だけに終る危險もある。「堤馬」などその要素を見せてゐる。小島眞佐吉、關川富士夫、高山道雄らの作も注意された。（青樹社）

菁々會第三回展

ごく少數の人々の集團であるが孜々と歩まんとする態度が見える。が正直に言つて、この程度ではまだ一家をなすに足りぬであらう。進藤章の作では菊を描いたもの、ことに「吾がアトリヱの菊」などに或る特質が見えるが花と壺、背景の調子等がなほバラ〳〵である。葛西康の作品では「海」をとる。が調子がもう一層緊密でありたい。川原井正の「妙義山」を描いた連作は堅實ではあるが、寫實力がなほ薄弱であり、且つ多分にアカデミックである。中野雅晴の「野尻湖風景」はこの會での唯一の秀作である。この位の域にまでみんなの技術が平均されたいものだ。「ポートハウス」は輕い態度の作であるがこれも悪くない。（菊屋畫廊）

石川確治氏個展

彫刻家が本來であるが、その本業の木彫作品はもとより、油繪、日本畫、陶彫といつた多方面に渉つて縱横の才氣を揮ふ作家は石川氏を措いて見出しにくいかもしれない。それは彫刻以外の餘技といふべくいづれも餘りに本格的であるからである。その全貌を示す個展は前にも一度あつたが今度の作品は孰れも張り切つた努力の跡が見える。

公平に觀て本業の木彫は餘りに玄人すぎ、玄人技術の洗練でのみ人を魅するが、次に卓越したものは日本畫であり且つ陶器である。そして油繪技が一番劣る——と言つては失禮だが、平凡であるとも言ひうる。いづれも手頃な作品で鑑賞を樂しむに適はしいが中には中宮寺の如意輪の摹作も加はつてゐる。日本畫の筆意の流達は專門の日本畫家に伍しても中堅級である。「叭々鳥」「かけす」などの墨氣運筆共によい。陶彫も堂に入つたもの、油繪では「拓榴」の正しい寫生を採る。（高島屋）

和風會展

創立展であるが、美術界に多年作品を提示してゐて今更第一回でもないと、特に回數を名乘らぬところにもこの會の性質の片鱗が見られる。「繪畫」と稱して洋畫日本畫を區別しないことも同會の主張だが、メンバーである出口清三郎氏や玉置照信氏の繪畫は日本畫洋畫の材料や技法を盛んに使驅してゐる、この點に最も自由であり効果づけてゐるのは玉置氏である、氏は油繪、日本畫の純粋なものに一種の家風を去つて成功してゐる鈴木有哉氏の如意輪觀音はメンバー内で傳統に忠實で上品である、鈴木雪哉氏が線描も强力で內容も力づよい佛教的題材を好んで畫いてゐるのも禪道人の風格を堂々と披瀝してゐる、出口氏の作中では瀧の繪が優れてゐる、これ等の人々が繪畫以外陶彫刻などといろ〳〵の趣味作を出陳してゐて、會場はいかにも趣味横溢だ、尋常の展覽會ではないところが特徵で來會者の顏ぶれも亦政界實業界の名士が見えた。（白木屋）

横町（個展）佐伯米子

研究會三回展

すべて十九點、若い作家の熱と眞劍さを感じさせる、作毎に研究や「考へ方」を盛らないはないのであるから、悉くが注意して觀られる、これだけの作品のどれにもが作力の全部を傾けよといふことは不可能であらうが、會場を通じてどの作の上にも不満が感じられある程度の目安で一作を調べてゐるのは遺憾である。畢竟不勉强か時間不足か表現未熟かの譏を蒙るのである。谷口仙花氏「ガラシア夫人」芝野川氏「齋藤時賴」高坂元三氏「早春」邊邊菊子氏「黎明」等を今度の收獲として擧げることが出來る、「花屋日記」や「二見ヶ臺」などの俳諧に取材した方面のもの努力も見るべきだが効果は悪い、植草實氏の「花屋日記」はその中でいゝ、不染鐵二氏が細描で田家を描いた「秋」は目につく。（紀伊國屋）

吉田叡示氏百馬展

彫塑無鑑查の氏が百態の馬姿を陶彫で作つたものの展觀で、はにはの馬、支那發掘土の馬などにある面白味を含めて氏自らの陶彫に作られた面白さは馬の置物として新味を提供してゐる（三越本店）

赤穗義士版畫展

棲鳳「須磨の殘月」玉堂「千代田城」等日本畫家七十作、悉く義士題材で、松岡映丘「祇園風景」尾竹越堂「討入」などの故人作も少からず追憶の興味もあつて、各圖に各解說を添えて面白い、刻刀と色彩もいゝ、藤井義士會長が二十幾年前の畫集を木版にしたものである。（高島屋）

萩原靭氏個展

半折、横物の紙本に日本繪具で畫かれた寫生風景展で、土洋支那題材だが中で「谷川岳」が構圖、描出等の上ですぐれて居り、氏の技能のよさを發揮するものだ、中澤弘光氏「奈良」の鈴木秀雄其他數氏の賛助出品がある。萩原氏は「尾瀧山人」の落款を用ゐてゐる。（銀座ギャラリー）

第八回創造美術協會展

相當數は並んでゐるが、力の入つた作は尠い樣である。それから、會員が各自、思ひ〳〵の道を進んでゐる。勿論それでいゝといふ觀方もあるが……顏料で畫面を縱横に糊塗したゞけで自己陶醉に陷つてゐる樣な作も二三あつた。

上島龍（夏姿）は、浴衣が袷に見え背景又夏の强い光りがあるのは判るが、表現が完成されない、寧ろ（もんぺい）を採る玉澤潤一（畑）は構圖はよく纏つてゐるが作者がもつと、農夫の逞ましさ、に關心を持つてほしかつた。小島大輔（車輪）は力作であるが顏料の盛り上げで

あり、車輪と、背景と、老婆が孤立して、ちぐはぐの感を免れぬのは惜しい。（尾花）で葉を類型的の線で片づけて終つてゐるのは、淺薄である。田村響志那（雲雀丘）よく纒つた作で特に色彩の快い階調を觀る。黒い犬、おばさんのエプロンの白い光、若い女の赤いコート、それから、色とり〴〵の文化住宅の屋根などを通じて、このあたりの空氣の清さ爽かさまでを感ずる。（竹やぶ）は苦心の作であるが、日本畫でゆく方が樂な取材で、竹の葉などは澁滯した。しかし、かうしたものに、手をつけた作者のゆき方には好意を表する。

◇

奥日光（菁々會展）　川原井正

露臺（新世紀展）　市原義夫

山口久一氏の遺作約五十點、最後の一室を占めてゐた。氏があくまで忠實に光を描き、女のしなやかさを描き、甘いなど、批評を聞き流して、自ら信ずる處に邁進した氣魄と、信念に敬意を表する。（ペンギンの島）（春の女）（溪流）など特に優れてをり、その技法も獨得のもので絶對に他の追隨を許さぬものであらう。（大阪市美術館）

病中金壹萬圓を航空資金に献金
桂月畫伯の義擧

松林桂月畫伯は去る十一月末黄疸病に罹り慶應病院に入院一時重態を傳へられたがこのほど漸く快癒臘月歸宅目下靜養中であるが、その病中大東亞戰爭の勃發に際し感奮金壹萬圓を朝日新聞航空部資金に献納した

鮭（新世紀展）　關川富士郎

新畫の苦悶

（十一頁下段よりつゞく）

竹内栖鳳《たけうちせいほう》氏《し》が洋行《やうかう》から歸《かへ》られて日本畫《にちほんぐわ》の立《た》て描《が》きを開始《かいし》されたとき、それで差支《さしつか》へがないかを尋《たづ》ねて見《み》たら、大抵《たいてい》は困《こま》らぬとの返事《へんじ》だつたが、その後《ご》も繼續《けいぞく》したか何《ど》うかは判《わか》らない。岸竹堂《きしちくだう》氏は、畫面《ぐわめん》を斜《なゝ》めに裝置《さうち》して、出沒《しゆつぼつ》させる仕掛《しか》けがあつたといふが、一寸面白《ちよつとおもしろ》い工夫《くふう》らしく思《おも》はれた。曾《かつ》て觀山《くわんざん》の墨畫《すみゑ》の金屛風《きんびやうぶ》を、某家《ぼうけ》の地下室《ちかしつ》に藏《をさ》めて置《お》いたところ、濕氣《しつき》のために汗《あせ》をかいたので、ハンケチで拭《ぬぐ》つたら、墨《すみ》が落《お》ちてしまつた事《こと》がある。又《また》、美術院《びじゆつゐん》の殘畫《ざんぐわ》を一束《たば》にして、夏季中《かきちう》に船《ふね》で北海道《ほくかいだう》に送《おく》つたら、永洗《えいせん》の「地震加藤《ぢしんかとう》」一枚《まい》の外《ほか》、何《いづ》れも繪具《ゑのぐ》が相互《さうご》にシミ付《つ》いてゐた事《こと》もある。新畫《しんぐわ》の胡粉《ごふん》の剝《は》げるのもあれば、膠《にかは》の煮方《にかた》さへ知《し》らぬ新作家《しんさくか》もあつたが、又模寫《またもしや》の方《はう》が原畫《げんぐわ》よりも早《はや》く傷《いた》んだ例《れい》もある。

山下新太郎《やましたしんたらう》氏の話では、油畫《あぶらゑ》の壽命《じゆみやう》は約《やく》八十年《ねん》で、その後《ご》の手入《ていれ》が大變《たいへん》だといふ。

又《また》、和田英作《わだえいさく》氏だかの話《はなし》では、舊《ふる》い東洋畫《とうやうぐわ》を見《み》せる筈《はず》の所藏家《しよざうか》が、容易《ようい》に約束《やくそく》を果《はた》さぬのを聞《き》いて見《み》たら、向《むか》ふ三日續《つゞ》きの晴天《せいてん》との豫定《よてい》なき限《かぎ》り、藏《くら》から出《だ》せぬ事《こと》が判《わか》つたといふ。（以下次號へ）

美術經濟

下半期の賣立界 不振の極 總算二十二萬圓

東京美術倶樂部下半期に入つて漸く開催された最初の賣立入札は、去月二十一日から下見して同二十四日に開札を見たが、川部、小山、平山堂、中川、本山の巨頭連必死の努力であつたが、緊迫した國家情勢に甚大の影響を蒙つてゐる態勢は挽回の有樣もなく、重要美術品の賓朝中之院切れの目錄第一番を始め、これにつゞく雪舟三幅對等の雪舟物等いづれも賣れず親引となり、入札分百四十三點、セリ分五百五十二點併せて六百九十五點に對し

（入札）金十三萬九千八百五十一圓

（セリ）金三萬一千五百五十一圓

合計

金十七萬千四百二圓十錢

を收めて閉會した、同業筋では「今度の賣立は一般向きのものでなく特種品の案外高値でなくて面白いものを出陳した傾向であつたのに係らず、これだけに賣上げたことは何と云つても斯界の巨頭の顏と働きです」と云つたが、いづれにするも、斯界の賣行打診と謂はれ期待されてゐたこの賣立入札も期待に添ふには甚しい距離を生じた、開札中目に立つたものを擧ぐれば第四番の光琳鷺の繪双幅、抱一箱で「光琳百圖」掲載が金一千百九十六圓で、蕪村筆火桶畫讃の金千二百圓也や乙由筆夕顏畫讃金一千圓也の落札は俳諧物の多かつた中での高い方である。應擧「狗子」の双幅金四千圓也、蓬萊圖大横物抱一筆が金二千三百圓、又兵衛三十六歌仙が金二千五百圓といふ處だ、歌麿の「盃美人」「遊君」二枚絹本まくりは浮世繪打診の一つであつたが金二百二十九圓は品質の悪いのか掘出したのか、戰爭に繪畫で最も打擊を蒙る常例の浮世繪のためか

道具では第一位の古備前共蓋水指、銘巖松、紀州德川家傳來了々齋箱が最高價で金一萬三千三百圓であつた、これも平時より遙かに低價である、薩摩茶碗銘春秋が金一千八百九十八圓、黄瀬戸平茶碗が金一千三百九十圓、最後の小櫻革威鎧、堀家傳來が金一千七百四十圓、刀では牡丹唐草拵短刀、貞宗作で本願寺傳來嚴如上人所持が金三千八百九十圓で終つた

同賣立入札につゞいて、同二十八、九兩日下見、三十日入開札（杉原、小林三溪洞の三札元で行はれた賣立入札は

（入札）金三萬三千七百九十圓

（セリ）金二萬八百七十圓

合計

金五萬四千六百六十圓

を算入して十一月の幕を閉ぢたが十二月に入るや、米英宣戰を見るに到り

十五日——十八日　平山堂

二十日——二十三日　同上

の賣立入札は俄かに中止となつたので下半期の總賣立額は嘗つて類例を見ない金二十二萬圓に終つた、その上東京美術倶樂部の建物は某方面の使用することとなつたなどの噂さへ起るに至つたのであるから書畫骨董入札賣立界の將來はなかなか多難と見られる、東京美術倶樂部の建物問題について當事者の談をきくと

斯ういふ時勢であの尨大な建造物を徒らに空けてゐるといふのは倶樂部經濟の上からも不可能だし國家奉公の上から考へると某方面に貸供するのがいゝだらうなどと考へるものがあるのであらう、その噂は大デマで絶對にさういふ事はない、但し倶樂部も何うにかせねばならぬと考へてゐる事は事實です

との事である、猶十二月中旬から下旬にかけて、

▲十七日——太田

▲十八日　東京會

▲二十六日——小川

の交換會が開催される豫定である

編輯後記

前號校了の日に宣戰の大詔は煥發せられた。そして連日息をもつかせぬ皇軍大勝の快報を耳にしながらぢつとして居れないやうな氣持ちになつた。美術奉公に志ざす吾ら美術操觚者の立場も決して安閑として居られない。

本誌は本號を以て本年の最終號とし、三十日發行のものと來春十日號とを合併して「新年倍大特輯號」として發行すべく目下鋭意編輯努力中である。潑剌清新しかも大東亜戰時下の緊張したる氣魄を誌面に躍如たらしめんと試みてゐる。さらば昭和十六年、さらば讀者諸君よである。

「旬刊」美術新報

昭和十六年十二月十七日　印刷
昭和十六年十二月二十日　發行

發行日　毎月三回（十の日發行）

購讀料　一册金五十錢（郵税一錢）　一ケ月三册金壹円五十錢（送料共）

麹町區九段一ノ一四　賓文堂

編輯發行兼印刷人　猪木卓爾

東京市麹町區九段一ノ一四

發賣所　日本美術新報社　電話九段二七一五　振替東京一六二五〇

日本出版文化協會々員

配給元　日本出版配給株式會社　一二三五番

通信は一切發賣所へ

發行所　東京市本郷區東片町八二　日本美術新報社

本誌第九號に豫告しました弊舫主催日本橋東美倶樂部での日本畫展は都合に依り中止しました事を茲にお詫び致します。

松島畫舫主

水彩聯盟第二回展

爪を剪る女　渡部菊二

冬　荻野康児

婦人像　荒谷直之介

冠水の跡　小堀進

室内　小山良修

晩秋　春日部たすく

ダリヤ　山中仁太郎

晴日　齋藤大

新燈社美術展

大阪朝日會館にて

静物　青木大乗

奥日光　北村種三

高原の樹立　山田皓齋

山家秋色　佐原公明

軍鶏　寺田六華

南風　沖田陽明

秋色譜　戸田北遥

黄昏　佐藤空鳴

橙黄會 第一回展

夕月　田中青坪

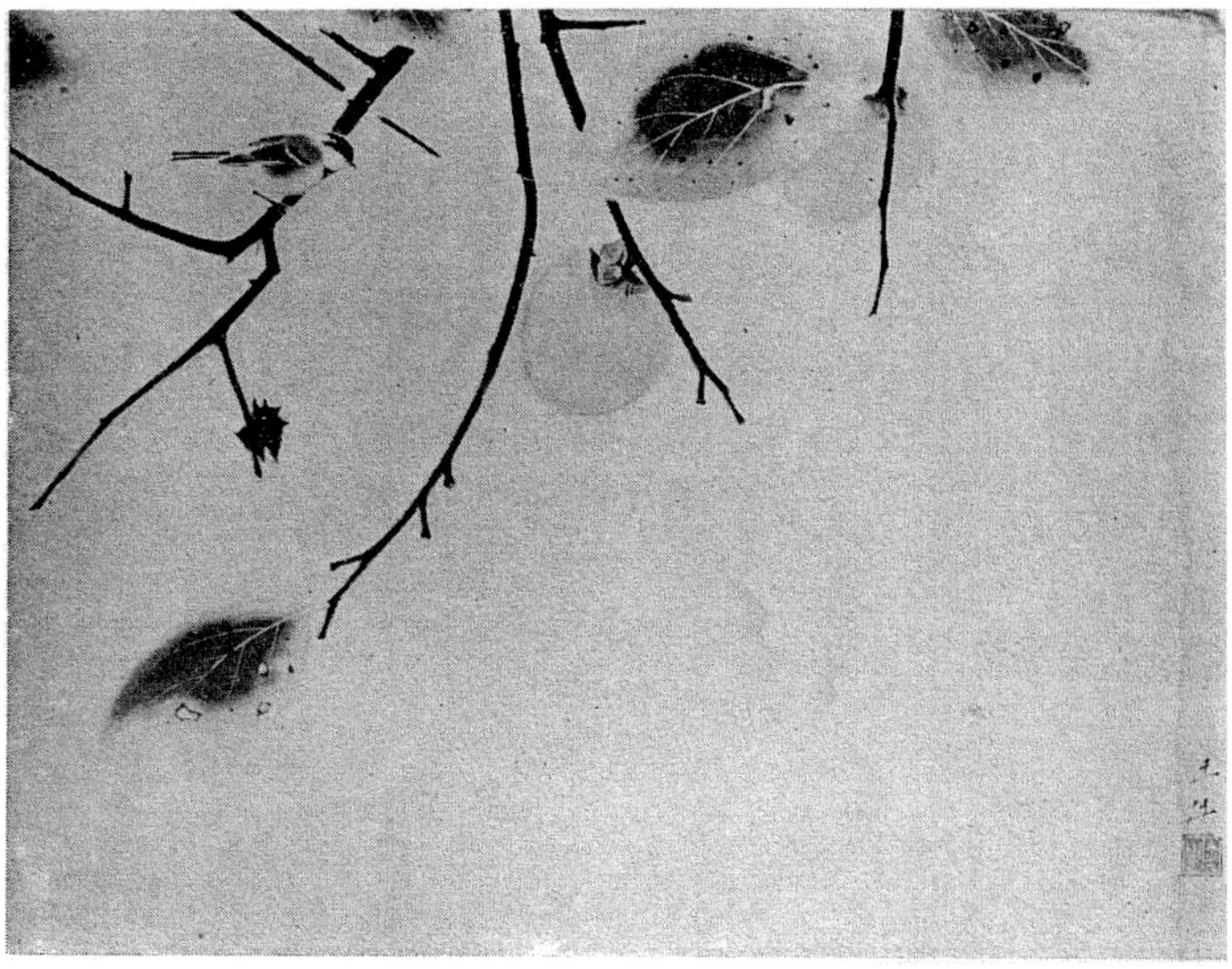
秋　奥村土牛

面　太田聽雨

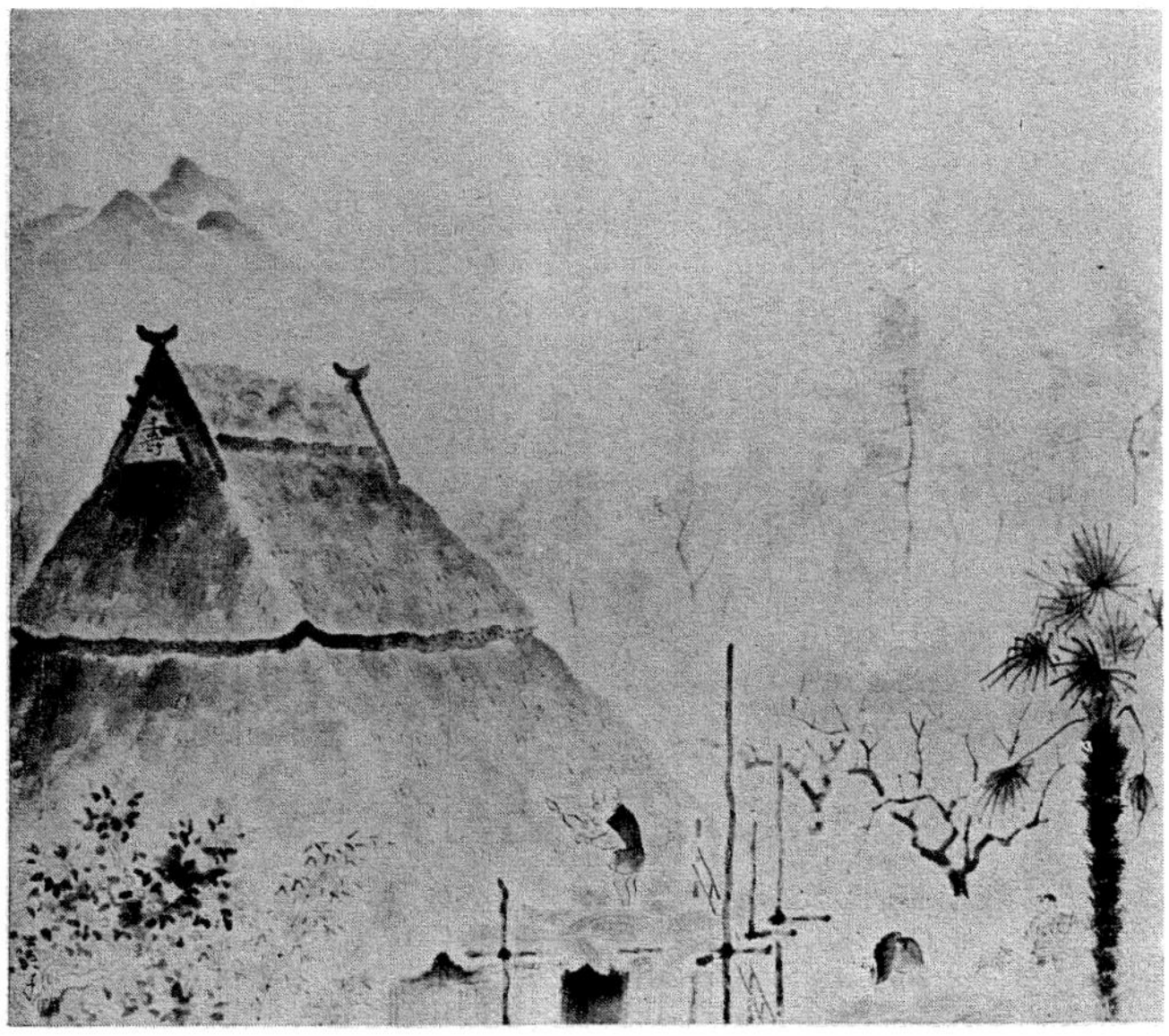
早秋　酒井三良

世紀美術創作協會

不動　大高爲山

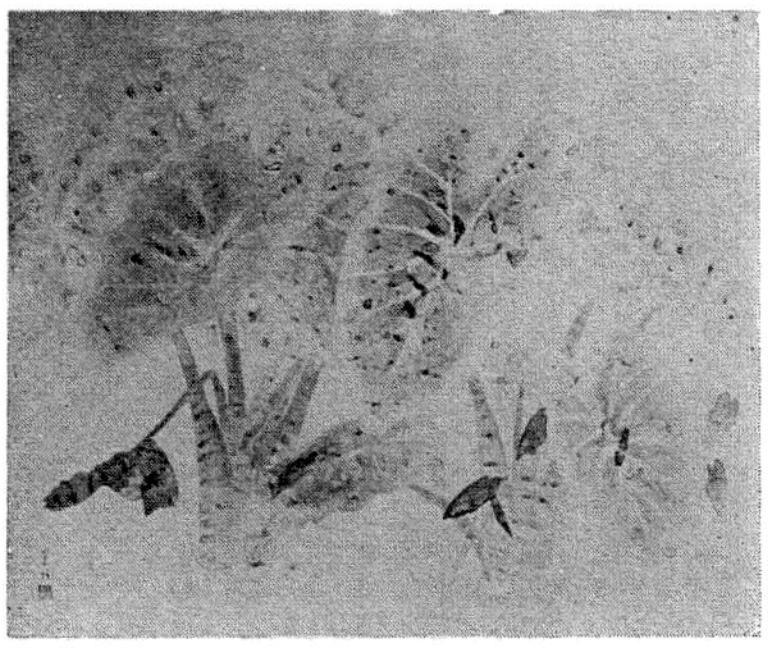
朝　寺田蘆秋

創元會

プードル　小柴錦侍

雨後　鈴木千久馬

晩秋林　大久保作次郎

黄菊白菊　吉村芳松

野尻湖　安宅安五郎

葡萄　阿以田治修

涼晨會

第一回展

1

① 春　金山平三　② 入江　會宮一念

③ 白ゆり　④ 雨後の夕映　牧野虎雄

2

3

4

繪畫

3

4

5

(1)函館海戰(明治二年)中村研一筆 (2)旅順港閉塞隊(日露戰役)奥瀨英三筆 (3)勇敢なる水兵(日清戰役)北蓮造筆 (4)蔚山沖海戰敵兵救助(日露戰役)清水良雄筆 (5)地中海に於ける我海軍の活躍(世界大戰)石川寅治筆

大東亞戰爭の劈頭ハワイに米主力艦隊を潰滅さしついでマレー沖に世界最强を誇るプリンス・オブ・ウエールス、レパルス二艦を屠り、全世界を驚倒震撼せしめたわが海軍の威力は國民の情熱を湧き沸らせた。偉なるかな吾が海軍。かつて日清日露に武勳を樹て今日の大海軍の基礎は築かれたが、これを過去の海戰圖に窺ふとしよう戰爭畫に於ても陸戰圖は多く海戰圖は尠いがわが海軍館所藏の油繪作品は現代名家の力作の多くをもつてゐる。而してこれらの諸作に於て五稜廓の戰ひから日清日露世界大戰をへてその都度偉業を示した業績を回顧したい。世界に於て今日の如き軍艦らしきものゝ頭初は中世にある。今大英博物館の十六世紀代に造られた時計の装飾に中世の軍艦が示されてゐるが夫れと今日の超弩艦を比較する時人間の科學力の逞しさを思はざるをえない。

輝く吾が海戰

1

中世軍艦模型（十六世紀英國時計の裝飾）
（大英博物館藏）

2

白鷹圖

堂本　印象

蒼古千年の老松に吹く風も濇々として居る。天の一角を望んで飛翔せんと身構へる白鷹の勇姿である。曠古の時局を暗示するが如くでもある。近く高松宮家より御用命あつて御懸物として描き奉りし新作品である。

第十七回 春臺美術展作品公募

搬入日 昭和十七年一月十九、廿兩日（自前十時 至后五時）

受付場所 上野公園・東京府美術館（西口）

會期 昭和十七年一月廿一日—二月六日

審査委員

顧問 和田三造 辻永

賛助 中村研一 太田三郎 關口隆嗣 有岡一郎 緒方亮平 江藤純平 鬼頭鍋三郎 石川滋彦

事務所 麻布區網代町一 内藤隶方 電話三田四七八五番

東光會第十回展作品公募

作品 油繪、水彩、素描、パステル、テンペラ、彫刻（一人五点限り百號次内（特に力作小品歡迎））

搬入 昭和十七年三月十四、十五兩日 午后五時迄に府美術館内北口受付へ

□地方出品画は三月十日迄に左記宛發送 下谷區谷中初音町一ノ十一 黒田美術運送店

會期 昭和十七年三月十九日—同三十日

會場 東京市上野公園・東京府美術館

事務所 淀橋區戸塚町二ノ一一二（電話牛込一四四一番） 會期中 上野公園 東京府美術館

第十九回 白日展作品公募

公募作品 一人五点迄 油繪、水彩、パステル 素描 版画、彫刻

搬入 昭和十七年一月十八日、十九日（前十時 后四時）

會期 同 一月二十四日—二月六日

會場 上野公園・東京府美術館

出品規定、同目錄入用の方は三銭切手封入下記事務所へ 下谷區上野清水町六 富田溫一郎方

吉田翠鳳動物画個展

會期 十二月廿六日—卅一日

會場 日本橋・白木屋（五階サロン）

旬刊 美術新報

十二月廿日號

新潮　穴山勝堂

11

日本美術新報社

旬刊時評

美術傳統の尊重

最近開かれた「七絃會」の展覽會を見て、作品は小品なりと言へ、流石に現日本畫壇の重鎭が努力してなされたものだけに僅か數點ながら重々しき存在を感じたことであつた。それと共にこれらの作家には日本畫の正しい傳統がよく守られ、尊重されてゐることを觀てまことに欣快に思つたのである。

こゝで私どもが問題にしたいのは、その「正しい傳統技の尊重」といふことである。私共は徒に舊套墨守の典型作品を望むのではない。新意溌剌たる作風もとより迎ふるところである。しかし日本畫が、その日本畫としての存在理由をもち、その良所を發輝する所以のものは又決して吾らの美術傳統を度外視し或は除外視して成り立つものでなきことを確信するからである。

一般に「傳統」と呼ばるゝものは往々たゞの「傳習」と混同されてゐる。傳習は卽ち繩墨であり、又範型である。師傳を一歩も超ゆべからずとなす如きは單なる傳習の尊重でしかない。それは創造を意味せず習服をのみ强ゆるものである。而して結局それは末梢枝に墮する。しかし傳統は一つの系譜であり血脈である。形は更へても血で絡り殘る所のものが傳統である。

美術旬報

東京美術家常會城西部動靜

東京美術家常會城西部では、その後活潑な行動を續けてゐるが、十月五日には宮城外苑で整備作業を行ひ、十一月十六日には武藏野線の東久留米方面から埼玉縣浦和市へ向つて錬成部の强歩會を催し、十一月二日から四日迄は、日立航空機立川工場の產業報國會館で巡回展を開催洋畫、日本畫、彫刻等二百點を出陳、連日盛況を呈した、三日午後には同所で美術講演會を開き

「產業戰士の文化に對して」大日本產業報國會文化部副參事緒方文雄「翼贊文化理念」大政翼贊會組織局文化部荒井新、「勝利への美術進軍」淺野薰、「美術史隨想」池田國太郎、「美術家常會運動としての美育」田中佐一郞

右の如く諸氏の講演が行はれた又同月三十日には池袋第五國民學校で「池田少佐に話を訊く會」を催し盛會であつた、尙修養部主催で「古事記研究」の會を近く開く事になり、講師として木戸小平氏に目下交涉中であるが大體話は纏り、會期と會場はやがて發表される段取となつてゐる

文展の京都陳列

東京より三百六點減

第四回文展の京都陳列會は京都市主催で京都美術館で例年よりも二日早く去月廿九日から開催された、陳列點數は、第一部（日本畫）百九十五點、第二部（洋畫）三百十一點、第三部（彫塑）七十四點、第四部（工藝）百八十六點、總陳列品は輸送その他の關係から、東京展よりも三百六點を減じた七百六十六點である、連日會場は盛況を續けてをり、會期は來る十三日迄、尙觀覽料は、十一月中は大人五十錢、學生軍人三十錢であつたが、十二月中は增税の爲大人五十五錢、學生軍人三十三錢を徵收してゐる

國寶等かずかず

根津美術館第一回展に觀衆悉く驚喜

故根津嘉一郎翁が生前に蒐集した東洋古美術約八十點は、その遺志に依り之れを納める根津美術館が創設され、第一回展が去月二十八日から三日間開催された、同美術館は維持費八百萬圓、建設費四百萬圓を計上してゐるが、時局下直ちに建設することは不可能なので、さし當り青山南町の根津邸六百坪の建物を利用して展觀する、しかし建物が廣くないので一般公開が出來ず、特殊な美術愛好家を限つて、我國では類例の無い美術圖書館式にして、研究家の自由鑑賞を許し、一般には春秋二季に公開する豫定で、將來は恒常的に一般に公開する、第一回展には世界一を誇る殷虚發掘にかゝる殷代の優秀な銅器を始め、金岡筆と傳へられる「那智瀧圖」、徽宗皇帝筆の「鶉圖」、名物柴田井戸茶碗など、門外不出の國寶や重要美術品が陳列され、觀衆を驚喜させた

新東亞美術工藝展蓋あけ

十四日迄大阪市美術館・研究作刮目

大阪府下一圓の美術工藝の發達を圖り新東亞美術工藝の研究を奬勵するため、大阪府同市同商工會議所、堺市、大阪府工藝懇話會、同府工藝協會では五日から向ふ十日間の會期で大阪市立美術館に於て新東亞美術工藝展を開催してゐる、出品物は大東亞工藝への研究創作たる美術工藝品ばかり、同府下在住者及び同府工藝協會會員の自作である

同會美術工藝展で二等賞以上を二回以上授與されたもの及び技術優秀であると認められてゐる者は共に審査會の推薦で無鑑査となる規定が設けられてゐる、尙審査の結果優秀な作品には左の褒賞が授與される

一等賞（賞金百圓）一名、二等賞（賞金五十圓）三名、三等賞（賞金二十圓）十名、褒狀若干名、外に大阪府知事賞、大阪市長賞、大阪商工會議所會頭賞

新構造社受賞

會員會友推薦

新構造社では既報の如く去月二十三日から今月七日迄上野東京府美術館で第十五回展を開催、戰地から歸還した內田正男君の作品も陳列、連日盛況を呈した、今回展の受賞並に會員會友推薦は左の通り、尙、同會會員會友は、拓務省を通じ皇國發展の爲滿蒙の開拓地に移住耕作してゐる耕農團體に對し慰安を目的とする作品二十七點を寄贈する事になつた

（研究賞）多賀正、眞鍋利夫

（新會員）小田原龍生、本目勇市、佐藤正也

（新會友）宇佐見弘業、岡田末熊、多賀正、眞鍋利夫

和風會美術展好評

和風會美術展は三日から七日迄日本橋白木屋五階の展觀場で開催、同人出品は、玉置照信氏の油畫「靈峰和風」「冬」外數點と日本畫「朝の海」「晴秋富鳥」外數點と餘技「四季の香爐」其他木彫等數點、出口清三郎氏の油畫「水禽巣ふ」「晩春の嵐山」外三點、日本畫「窗外紅梅」「清夏潺溪」外三點餘技

展覽會の曆

▽創元會油繪展　十三日迄　三越本店
▽瀨戶作陶會茶器展　十三日迄　日本橋白木屋
▽新世紀展　十三日迄　靑樹社
▽女子美術卒業生展　十三日から十四日迄　紀伊國屋
▽第四回文展（京都）十三日迄　京都美術館
▽佐伯米子個展　十四日迄　資生堂
▽現代名家新作花鳥畫展　十四日迄　日本橋高島屋
▽石川確治新作個展　十四日迄　高島屋
▽高橋一智三回作陶展　同上
▽西洋骨董展　十四日から十九日迄　日本橋白木屋
▽倣古九谷作陶展（大阪）十四日迄　松坂屋
▽菁々會油繪展　十四日迄菊屋
▽第十一回牛弓會彫刻展（大阪）十四日迄　阪急百貨店
▽土岐國彥、石井元兩氏油繪小品展（大阪）同上
▽美術文化小品展　十六日から廿日迄　靑樹社
▽蒼土會日本畫展　十六日から十八日迄　菊屋
▽小山篤二郎歌の繪の展　十六日から十八日迄　鳩居堂
▽昭和みづゑ會展　十六日から十八日迄　紀伊國屋
▽光畫展（大阪）　十六日から廿一日迄　松坂屋
▽六合會日本畫第一回展　十六日から十八日迄　菊屋
▽朝鮮古陶展　十七日から廿一迄　高島屋
▽長谷川耕南、小林觀爾、吉田叡示、三部作展　十八日から廿一日迄　銀座三越

として漆工「時代扇面模様手箱」、「瀧見觀音」外三點、鈴木雪哉氏の「海上不動尊」「釣歸」外數點餘技として木彫「聖觀世音」「和風」其他、鈴木有哉氏の日本畫「如意輪觀音」「秋の尾瀬沼」外數點餘技として木彫「風神雷神」「釋迦如來」外數點を出陳、好評を博した

日東美術院會員推擧並推賞

日東美術院第一回展の會員推擧並に推賞は左の通りで四日府美術館の會場で之れが發表と授賞式を行ひ、終つて懇親宴を催した

（會員推擧）西村雨北、小桝泰然、大町宰世、武田一路、中土大至良

（研究賞）小桝泰然、大町宰世

（奬勵賞）齋藤菱彥、竹下八江、染谷祐通

（淺田氏助成賞）木月靖芳

島田忠夫日本畫展

島田忠夫氏の第四回日本畫展は十一月二十一、二十二、二十三、二十四の四日間鳩居堂で開催、水墨畫約三十點を出陳、好評を得た

山南會受賞者新會員推薦

山南會では第二回展を本年八月六日から十一日迄東京府美術館で、同十月二十四日から二十六日迄京都市美術館で開催、その結果、次の如く受賞者を決定又新會員を推薦した

大原奬學賞）大阪・原田美智惠

（永昌堂奬學賞）東京・岩崎巴人、京都・松谷晁光

（會員推薦）岩崎巴人

これで同會員は二十二名となつた、尚同會第三回展は明十七年六月六日から十一日迄六日間東京府美術館で開催と決定、恰も同會員等の恩師故土田麥僊七回忌を迎へるに際し、その會場に特別室を設け麥僊の遺作を陳列するはず、又之れを機とし「故土田麥僊言行錄」を編纂發行しその傳記、書翰等を收錄する、これはその命日に當る十七年六月十日迄に發行の豫定である

石川朝彥と上野米雲 新作 邦畫 彫刻 併列展

石川朝彥氏の近作日本畫と上野米雲氏の新作彫刻との作品併列展が十一月二十八日から三十日迄日本橋東美俱樂部で開催、石川氏のは「たにまの秋」「老松白鷹」第十四點、上野氏のは「金鶏」「鈿女命」等十三點、ほかに兩氏協同作、「神日本磐余彥尊」「旭日彩雲」等六點を展列、會期終るまで觀衆で賑つた

で開催、至純な製作態度を執つて陶藝の道に精進してゐる氏の近作品は、それ〴〵首肯させるものがあつた

日本版畫協會新會員と授賞

日本版畫協會第十回展の新會員及授賞は左の通り

（新會員）小川龍彥、田川憲一、渡邊省三

（賞狀）岩島勉、北岡文雄、笹島喜平、高田一夫、塚本哲、山口源、加藤長一、中江讓

蛭子屋里徑個展

蛭子屋里徑氏の新作日本畫展は去月二十六日から卅日迄日本橋高島屋で開催、「雉」「牡丹櫻」等二十點を出陳、好評を博した

綠巷會展賑ふ

綠巷會第三回秋季小品展は去月二十六日から三十日迄五日間青樹社で開催、神津巷人氏以下十四氏の新作を出陳、好評を得た

「白茜會」誕生 第一回展好評

昭和十二年東京美術學校に入學した小栗令行、志村正雄、日下昌三郎、庄司榮吉、江幡潤五氏は今般白茜會を結成し、その第一回作品發表展を十一月二十八日から三十日迄紀伊國屋畫廊で開催、小栗氏は「青い鳥」、日下氏は「夕陽落日」、江幡氏は「ミシン」、志村氏は「小笠原風景」庄司氏は「少女立像」等各三點宛の力作を出陳、好評を得た

傳川白道子南畫個展

傳川白道子の南畫個展は七、八、九の三日間銀座ギャラリーで開催、「柿と栗」「新竹」等十七點を展列、宗教的な詩情たつぷりの作風は觀衆に深い感銘を與へた

福田惠一個展

福田惠一氏の個展は二日から七日迄日本橋高島屋で開催「松の下（豐公）」、「太郎着初」等十九點の力作を出陳、連日盛況であつた

石川三宅 水彩畫展

石川欽一郎、三宅克巳兩氏の近作水彩畫展が去月二十五日から二十九日迄大阪東區道修町青樹社支店で開催、石川氏は「奧武藏」「駿河灣の朝風」ほか八點、三宅氏は「伊豆天城山麓」「箱根舊關所跡」ほか八點をそれ〴〵出陳、從來の聲價を堅持したのは流石であつた

爽協會結成 旗擧展で成果獲得

今回、田口省吾、伊勢雄次郎、岡田芳三、天野屋榮子、佐藤眞紗、木村光江、中野雅晴、黑川健二、佐々木宗一郎、酒井ひさ子諸氏を同人とする爽協會が結成され、その第一回展を去月十五日から十九日迄青樹社で開催一人二點宛若しくは三點の近作を發表、江湖の感銘を深くした

土佐林豐夫個展

文展の常連で光風會の新進會員である土佐林豐夫氏の個展は五日から八日まで菊屋ギャラリーで開催、「姫リンゴ」「ガラス器の桃」など十五點の努力作を出陳、その獨創的な畫風は注目すべきものであつた

大潮展受賞者

第六回大潮會展の授賞者は左記の通りである

▽大潮會賞 水野一好（岐阜）▽特選・第一部・山口六郎（愛知）三澤邦雄（埼玉）大崎恒男（千葉）小林新吉（栃木）進藤清（神奈川）・第二部・石井進（愛媛）小林澄心（東京）川田世紀（埼玉）田場笙月（大阪）・第三部・河井達海（岡山）高谷重夫（岡山）樋口一郎（同）川田四郎（愛知）大内田茂太（福岡）鹽津誠一（岡山）米本一郎（鳥取）中村巽（長崎）本多一郎（香川）吉浦千代吉（長崎）

▽推薦 無鑑査 鈴木三五郎（愛知）山本忠平（東京）

秋香會洋畫展 同人の努力作展示

第九回秋香會洋畫展は去月二十一日から二十三日迄銀座紀伊國屋で開催、同人諸氏の努力作を展示した

長谷川白峰陶磁展

長谷川白峰新作陶磁器展は、本月二日から六日迄日本橋三越で開催、花瓶、鉢、置物、水盤、灰皿、飾皿其他を展列、好評を博した

朝鮮の國體明徴館壁畫進行 樺原正美氏斡旋

朝鮮慶尚北道々廳の國體明徴館の壁畫は、既に町田曲江氏の「廣島大本營」荻生天泉氏の「小楠公の母」太田天洋氏の「天孫降臨」吉村忠夫氏の「憲法發布」小野田九浦氏の「爆彈三勇士」小山榮達氏の「元冠役河野通有奮戰」等竪六尺横五尺大で順次完成しつゝあるが、猶磯田長秋、矢澤弦月、福田惠一、中澤草雲、北野恒富、山川永雅、太田秋民の諸氏及び協贊出品として栖鳳、玉堂、素明等の帝國藝術院會員を加へ同道廳大邱市の大邱神社境内の國體明徴館も既に今夏落成したることとて壁畫完成を急ぎつゝあり、東京在住の斡旋委員樺原正美氏は之れが打合せに目下大邱に滯在中である、同壁畫事業は同道廳の囑によつて昨春乾南陽氏が專らその事に當つたが不幸氏の歿後、小山榮達氏が乾氏に代りて事を進め目下乾氏と同郷土佐出身の樺原氏がこれに當つてゐるのである

佛印の古代美術品到來！

驚異の數々、軈て帝室博物館に陳列

佛印當局から、このほど國際文化振興會に宛てて、日本への贈物、彫刻三十三點、燒物二十五點、銅器十三點計七十一點の總目錄が見事な寫眞と共に到着した、同國が從來國外不出の鐵則をもつて護りつゞけてきた貴重な數々の古代美術品中、選りに選つて揃へた七十一點は例のアンコール・ワットの遺跡を生はじめ、その附近から發掘されたクメール古美術の粹をあつめてをり寫眞その他によつてその藝術的價値檢討を委囑された帝室博物館でも驚異の目をみはつてゐる、特に素晴らしいのは彫刻で精緻なシバ神の頭と胴（ベン・ビヤンから發掘）ギリシヤ彫刻の典雅にも比すべき半身女像（バクヘングから發見）ラクササの頭（ワット・トラシから發見）佛陀碑板（アンコール・ワット）精巧無比なノミのあとを示すアンナンの窓枠、魁偉な印象のガネシヤ坐像等で、帝室博物館でこれら佛印の國宝級美術品を將來同博物館の內部へ全部堂々と陳列し一般の展覽に供する準備をとゝのへて居る、國際文化振興會では十分これらの美術品を研究した上愼重を重ねて我方からの贈物を選定する筈で、各方面の協力を期待してゐる

栖鳳氏の新作

二萬五千圓の「柳鷺」

林銑十郎大將は首相當時土浦市外荒川沖稻敷郡朝日村長から守護本尊千手觀音像を寄進されたことに感激し、昨秋の皇紀二千六百年奉祝式當日、横山大觀竹內栖鳳兩氏に揮毫を依賴、今回栖鳳氏の「柳鷺」横三尺縱二尺五寸絹本が出來上つたので、日本橋室町伏原春芳堂で表裝、これを同村長に寄贈した、右は時價二萬五千圓と謂はれ同村長は大滿悅尙大觀氏の「富士」も近く完成し、大將から同村長へ寄贈する事になつてゐる

豫報

六合會結成

◇菊屋で旗擧展

六合會の第一回展が來る十五日から十八日迄銀座の菊屋畫廊で開催される、同會は東京美術並に多摩美術出身の新進左記七氏に依つて結成された新團體で飽迄各自の持味を活かし新しい藝術的生命力の表現に努力した作品を展示する

菊地友一、田所量司、高橋良松、松原雅生、飯田眞弓、齋藤國榮、富永德良

勤皇畫家富岡鐵齋作品展

明年一月廿三日から二月六日迄府美術館

國民美術協會では、勤皇畫家富岡鐵齋作品展を明十七年一月二十三日から二月六日迄上野の東京府美術館北側で開催する事に決定、出品總數約三百點の豫定である、右に付その披露會を去る十一月二十七日赤坂山王下待月荘末廣別荘で開いた、同展の出品は主として阪急寶塚線清荒神住持の苦心蒐集に係りすべて鐵齋の眞蹟を保證し得るもので時局柄頗る期待される

新古日本刀展

廿日から白木屋

日本刀の卽賣展が來る廿日から廿五日迄日本橋白木屋五階で開催される、其の主なものは來國俊、正宗十哲の一人志津三郎兼氏、粟田口忠綱、河內守國助、孫六兼元、會津藤四郎長道、備前長船其他白鞘軍刀に至る迄古刀新刀百數十口に及ぶ

北島淺一個展

十八日から銀座畫廊

文展無鑑査北島淺一氏の個展が來る十八日から廿二日迄銀座西三丁目の銀座ギャラリーで開催、今春來の近作である風景花卉等の小品作十數點が展示される

矢部友衛個展

明日から交詢社

矢部友衛氏の米國より歸朝後第一回展が明十一日から三日間銀座交詢社で開催される、氏は十五年の春日動畫廊で個展を開き好評を博し、同年五月十八日渡米紐育で個展を催して名聲を揚げ、今秋九月一日歸朝した畫人である、今回展には紐育郊外で取材した獨自の創意に成る風景及び人物畫十五、六點を出陳する事になつてゐるから頗る期待されてをり早くも前人氣盛んである

新日本美術聯盟結成さる

新日本美術聯盟と眞制美術會合同

十二日から廿日迄上野で第一回展

今回豫ねてから美術理念を同じうする眞制美術會と新日本美術聯盟とが合同して「新日本美術聯盟」を結成する事になり去月二十九日午後二時から日本橋高島屋七階サロンで盛大な合同披露會を開催左記宣言を發した尙來る十二日から廿日迄第一回展を上野公園日本美術協會で開催する、入場無料、聯盟事務所は杉並區阿佐ヶ谷一ノ八八二鱸方（電話神田二七八六番）

宣言—新日本美術聯盟と眞制美術會はこゝに合同を遂げ擴充せる力を以て共同の素志たる美術報國の誠を致さんことを期す

古賀忠雄紙塑彫刻展

廿一日から菊屋

古賀忠雄氏の紙塑彫刻展が來る廿一日から廿三日まで銀座の菊屋畫廊で開催される、氏は文展無鑑査、東邦彫塑院委員、今回展の作品は紙材を以て塑造に獨得の技を揮ひ、多年研究をつゞけた成果を發表するもの、彫塑界にはまだ試みられた事のない有意義な展觀である

佐伯米子個展

十一日から資生堂

佐伯米子氏の個展が明十一日から十四日まで銀座の資生堂で開催される、米子さんは再度渡佛し每回二科に優秀な作品を發表し女流畫家中の逸材今回の出品は靜物風景其他廿餘點の力作である

「自分達の生活がにぢみ出るやうな作品をと思つても女が外でのスケッチにはいろ／＼な障りがあり却々思ふやうな作品が出來ませんので誠にお恥しい次第ですが一年に一度かうした會を開きますのが私の唯一の勉強と思ひまして御批判を仰ぐ譯です」と米子さんは謙遜して語つた

大潮會懇親宴盛會

大潮會では去月三十日上野東京府美術館食堂で懇親會を開催同會審査員諸氏のほか美術批評家等八十餘氏參集、來賓の中には九州、北海道方面から出席した者もあり、近來の盛會であつた

宮本武藏の書畫

劍聖宮本武藏の書畫一幅が新潟縣に現れた、これは同縣中魚沼郡田澤村村上總賢氏が所有してゐたもので、さきほど新潟鄕土博物館に持ち込み、齋藤館長に鑑定を依賴した結果、武藏の直筆珍品であることが判定されすぐさま同館內に出陳した、武藏が得意とする達摩の繪である

個人消息

▽柳亮氏　杉並區久我山三ノ一二一へ轉居

▽小山榮達氏　伊豆旅行中の處歸京

▽佐々木順氏　信州方面へ寫生旅行中の處この程歸京

正誤　本誌第七號美術旬報欄に甃址會第一回展と報道せしは第二回展の誤報に付き訂正

世界を攪亂する

猶太人と近代西歐畫壇

川路柳虹

（一）

　猶太人《じん》の問題《もんだい》が近來《きんらい》日本《にほん》に於《おい》てもや〻耳語《じご》さる〻程度《ていど》になつた、しかし猶太人《じん》の世界政策《かいせいさく》の現實的《げんじつてき》な認識《にんしき》に至《いた》つては一般《ぱん》にまだ甚《はなは》だ淺《あさ》い。それが遠《とほ》くの吾《われ》に何の關はりなき物語《ものがた》りにすぎないかの程度《ていど》にまだ受取《うけと》られてゐる。しかし政治上外交上經濟上《ちじやうぐわいかうじやうけいざいじやう》に於《おい》ては我《わ》が日本《に》も現在《げんざい》審さに猶太禍を嘗めてゐるのであつて、その裏面《りめん》と裏面《りめん》の消息《せうそく》を知らぬ間《ま》は猶太人といふ亡《ばう》國人種《こくじんしゆ》が何《なに》するものぞ位《くらゐ》の氣でゐられやうが、一度びその裏面《りめん》の實狀《じやう》を剔抉するならば思《おも》ひ半《なか》ばに過ぐるものがあらう、卽《すなは》ち今日《こんにち》の猶太人《じん》なるもの〻勢力《せいりよく》はそれが國際《こくさい》金融資本家《きんゆうしほんか》としての姿《すがた》で登場《とうぢやう》してゐるのであるが、彼《かれ》らは凡《すべ》て英米《えいべい》その他《た》の國籍《こくせき》にあるから表面《へうめん》は英《えい》國人《こくじん》たり米國人《べいこくじん》たりするのだから一見怪《けんあや》しまれる所存《しよぞん》はない。殊《こと》に今日《こんにち》の米國上層《べいこくじやうそう》の政治家實業家《せいぢかじつげふか》の七十パーセントが猶太人《じん》であり、大統領《だいとうりやう》ローズベルト（彼《かれ》も半猶太《はん》人《じん》）のブレイントラストが一切《さい》猶太人を以《もつ》て滿されて居ることを知る時《とき》米國《べいこく》の日本對策《にほんたいさく》に何《なに》が盛られてゐるかも凡《およ》そ知るべきであらう。

　猶太人《じん》の世界政策《せかいせいさく》は今日《こんにち》の英米《えいべい》の世界政策《せかいせいさく》によつて代表《だいへう》さる〻金權主義《けんしゆぎ》であつて、ヒツトラー總統《そうとう》が事毎《ことごと》に口《くち》を極《きは》めてその殲滅《せんめつ》を呼號《がう》してゐる處のものであり、その金權主義世界政策《せかいせいさく》とは彼《かれ》ら猶太人《じん》を主腦《しゆなう》とする世界的秘密結社《せかいてきひみつけつしや》フラン・マツソン（フリー・メーゾンリー）の指令《しれい》のま〻に世界《せかい》一切《さい》の政治經濟文化《せいぢけいざいぶんくわ》の各面《かくめん》を攪亂破壞《かうらんはくわい》し、彼《かれ》らの自由《じいう》な制覇《せいは》によつてその飽《あ》くなき慾望《よくばう》を逞しうせんとする處《ところ》のものである。

　世界《せかい》の金《きん》の八割《わり》は今《いま》や猶太人《じん》の所有《しよいう》となつてゐる。金鑛炭鑛《きんくわうたんくわう》油田《ゆでん》等今日《とうこんにち》の文明《ぶんめい》を形成《けいせい》するに缺くべからざる資源《しげん》の大半《たいはん》もまた猶太人《じん》の領有《りやういう》である。世界《せかい》の著名《ちよめい》な金融《きんゆう》機關《きくわん》、銀行《ぎんかう》、株式市場《かぶしきしぢやう》も彼《かれ》らの把握《あく》する處《ところ》である。而《しか》して有數《いうすう》な通信機關《しんきくわん》、新聞社《しんぶんしや》も亦彼《またかれ》らの資本《しほん》によつて經營《けいえい》され、戰爭《せんさう》に何よりも必要《ひつえう》な武器彈藥造船《ぶきだんやくざうせん》の事業會社《じげふくわいしや》もその巨大《きよだい》なものが彼《かれ》らの掌握す處《ところ》るとなつてゐる。これだけのカラクリを備《そな》へて居つて、しかも現在《げんざい》の英米《えいべい》、過去《くわこ》のフランスその他南《たなん》米等《べいとう》の小國《くに》に迄その政府《せいふ》の主腦者《しゆなうしや》に猶太人《じん》が居《ゐ》るとしたらどうである。世界《せかい》のこと、思ふま〻にならぬといふことはあるまい。猶太とは實《じつ》にか〻る實體《じつたい》の上《うへ》に存《そん》する存在《ざい》なのであつて、流浪《るらう》の漂民《へうみん》ユダヤ人《じん》を以《もつ》て代表《だいへう》さる〻如《ごと》き猶太ではないのである。

　彼《かれ》らは常《つね》に計畫《けいくわく》し畫策《くわくさく》し、しかも不思議《ふしぎ》に一糸亂《しみだ》れぬ統一《とう》ある行動《どう》をとつてゐる。猶太人間《じんかん》の連絡《れんらく》は緊密《きんみつ》に保《たも》たれてゐる。これ秘密《ひみつ》結社《けつしや》フラン・マツソンの鮮《あざや》かな參謀指令《さんぼうしれい》の動員《どうゐん》する所のものである。我國《わがくに》との關係《くわんけい》に於《おい》ても遠《とほ》く日露戰役《にちろせんえき》の滿鐵《まんてつ》にか〻はるハリマン問題《もんだい》の如《ごと》きは問はず、近《ちか》く日支事《につしじ》變《へん》に際《さい》して日本《にほん》の正當《せいたう》な行動《かうどう》を歪曲報道《きよくほうだう》したものも彼《かれ》らの手先《てさき》たる通信社《つうしんしや》の仕業《しわざ》である。支那軍《しなぐん》による上海《シヤンハイ》のカセイホテル盲爆《まうばく》を日本《に》軍《ぐん》の仕業《しわざ》と報道《はうだう》し、その映畫《えいぐわ》をもつて民衆《みんしう》の反日熱《はんにちねつ》を煽つたのは彼《かれ》らである。否《いな》、蔣介石《しやうかいせき》をして抗日《かうにち》戰《せん》を敢行《かんかう》せしめたものはリースロスなる猶太人《じん》を藉つて所謂幣制《いはゆるへいせい》を改革《かいかく》せしめ一切《さい》の銀《ぎん》を英國銀行《えいこくぎんかう》に收納《しうなふ》さし、湘江財閥《ざいばつ》を繰つて猶太財閥《ざいばつ》（サスーン財閥《ざいばつ》）に合流《がふりう》せしめ、支那《しな》に對《たい》しては經濟上《けいざいじやう》の後顧《こうこ》の憂《うれ》ひなからしめるやうな顏《かほ》をしてその實私腹《じつしふく》を肥やし日支《にちし》を消耗《せうかう》戰《せん》に狩り立《た》て兩者《りやうしや》を疲弊《ひへい》せしめんと企《くはだ》てたもの實《じつ》に猶太人《じん》であつたのである。これほど猶太なるものは吾らに「身近か」であることを先《ま》づ知つてをくべきである。而《しか》して今日《こんにち》のＡＢＣＤ包圍陣《はうゐぢん》を繰るものまた猶太であるのである。

　が、今《いま》、私《わたし》はか〻る方面《はうめん》の事《こと》をくだ〱しく說《と》くのが本旨《ほんし》ではない。こ〻では彼《かれ》らの毒牙《どくが》がその文《ぶん》化面《くわめん》、ことに美術《びじゆつ》の上《うへ》にもいかに現《あら》れ來《きた》つたかを語《かた》り、かつ猶太人《じん》の作家《さくか》にいかなる作家《さくか》が存《そん》するかについて少《すこ》しく紹介《せうかい》しようと思《おも》ふのである。

（二）

　猶太人《じん》は二千年《ねん》の昔《むかし》に國《くに》を失《うしな》つた。彼《かれ》らは流浪《るらう》の民《たみ》として諸國《しよこく》に寄寓《きぐう》したのであるがその自負心《じふしん》と傲慢《がうまん》なる性格《せいかく》（それはその宗教《しうけう》に基因《きいん》するが）とは他國人《たこくじん》の顰蹙《ひんしゆく》を買《か》ひ漸次排斥《ぜんじはいせき》の憂《う》き目《め》を見ると同時《どうじ》に彼《かれ》らの猜疑心《さいぎしん》と反抗心《はんかうしん》とは强《つよ》まり、かつ己《おの》れを守《まも》るものはその國《くに》の法律《はふりつ》でもなく人情《にんじやう》でもなきを悟《さと》つて極端《きよくたん》な守錢奴的性格《しゆせんどてきせいかく》を强《つよ》めるに至《いた》つた。而《しか》して彼《かれ》らが先天的《せんてんてき》に商才《しやうさい》に富《と》む處《ところ》からその多《おほ》くは蓄《ちく》財家《ざいか》となり實業方面《じつげふはうめん》に成功《せいこう》するもの多《おほ》きを加《くは》へた。しかもその忍耐《にんたい》心《しん》の强《つよ》さは二代三代《だい》に渡《わた》つて素志《そし》を貫《つらぬ》くの決意《けつい》を以《もつ》て事《こと》に當《あた》るのである。かのロチルド（ロスチヤイルド）の巨萬《きよまん》の富《とみ》が何《なに》によつて作《つく》られ、いかなる苦難《くなん》に打ち克《か》つて作《つく》られたかを知《し》るものは彼《かれ》らの努《ど》力《りよく》の決《けつ》して些少《させう》でないことを知《し》るであらう。かくて彼《かれ》らの金權萬能《きんけんばんのう》思想《しさう》は世界《せかい》の債權者《さいけんしや》による世界征《せかいせい》霸《は》の道程《だうてい》を辿《たど》らしめた。と共《とも》に彼《かれ》らは宗教《しうけう》の上《うへ》に於《おい》て固《かた》き團結《だんけつ》を結《むす》び猶太人《じん》のみが神《かみ》の撰民《せんみん》であり、

他《た》は猶太人《じん》の奴隷と思惟して、その古來《こらい》の猶太教《けう》による世界的連結《せかいてきれんけつ》を企《くはだ》てたものがシオニズム運動《うんどう》となり、フランマツソン即《すなは》ちフリー・メーゾンリーの結社《けつしや》となり、世界《せかい》の文化人《ぶんくわじん》一切《さい》に働《はたら》きかけて巧妙《かう》なその術策《じゆつさく》をもすべて彼《かれ》らの財力《ざいりよく》によつて賄ふ域《ゐき》に迄達《までたつ》したのである。

彼《かれ》らの世界政策《せかいせいさく》は現在《げんざい》の秩序《ちつじよ》を破壞《はくわい》し、各國間各民族間《かくこくかんかくみんぞくかん》の分裂《ぶんれつ》を企圖《きと》することが――その目的《もくてき》の一つであるがそれは彼《かれ》らの議定書《ぎていしよ》（プロトコール）に明記《めいき》されてゐる――そのためには直接戰爭《ちよくせつせんさう》による破壞《はくわい》の如《ごと》きを誘導《いうだう》する政治的外交的端緒《せいぢてきぐわいかうてきたんしよ》を拔目《ぬ》なく見付《みつ》けることを怠《おこた》らない。かの前世界大戰《ぜんせかいたいせん》が墺皇儲殿下《でんか》暗殺《あんさつ》を企《くはだ》てたプリンチツプなる一青年《せいねん》によつて端緒《たんしよ》を作《つく》つた如《ごと》き、實《じつ》にその下手人《げしゆにん》プリンチツプが猶太人《じん》でありフリーメーゾンリーの一員《ゐん》であつたことに於《おい》ても知《し》られようが、さういふ火《ひ》つけ役《やく》を直接《ちよくせつ》彼《かれ》らがなすと共《とも》に、又平《またへい》時《じ》は文化面《ぶんくわめん》に於《おい》て各國民《かくこくみん》に働《はたら》きかける用意《ようい》を忘れない。アメリカの映畫會社《えいぐわくわいしや》の大半《だいはん》もまた猶太資本《し》であるが、彼《かれ》らの映畫《えいぐわ》による宣傳《せんでん》、人心惑亂《じんしんわくらん》、精神頽廢企圖《せいしんはいきと》もまた屢《しば》々語《かた》らるゝところである。

よく言《い》はれる猶太人の三S政策といふのがある。即《すなは》ち三つの頭文《あたまもじ》字《じ》をとつたものであるがそれはスクリーン（映畫《えいぐわ》）スポーツ、セツクス（性《せい》）による文化面《ぶんくわめん》の攪亂企圖を指《さ》すものである。即《すなは》ちあらゆる民衆《みんしう》の最《もつと》も手近《てぢか》に求《もと》められる娯樂《ごらく》や享樂面《きやうらくめん》に働《はたら》きかけて煽情的行動《じやうてきかうどう》を採《と》り、内部《ないぶ》から國民《こくみん》の士《し》氣を摧かうとする政策《せいさく》である。スポーツの如《ごと》き體育《たいいく》の向上《かうじやう》といふ美名《びめい》の下《もと》にレコードシステムを强化《きやうくわ》してゐるのも彼《かれ》らだといふのである、映《えい》畫《ぐわ》により、性的機關《せいてききくわん》によりエロチシズムや危險思想《きけんしさう》を培養《やう》してゐるのも彼《かれ》らの政策《せいさく》だといふから茲《こゝ》に細《さい》心の注意《ちゆうい》は必要《ひつえう》であらう。が猶太人《じん》が文化面《ぶんくわめん》に於《おい》て個人《こじん》としての貢獻《こうけん》は又決《またけつ》して沒却《ぼつきやく》すべきでもないのである。遠《とほ》くスピノーザの如《ごと》き大哲學者《だいがくしや》をはじめ、音樂家《おんか》のメンデルスゾーン、詩人《しじん》のハイネの如《ごと》きは誰《たれ》でも知《し》つてゐる猶太人《じん》であるが近代《きんだい》になつて猶太人《じん》の碩學《がく》、藝術家《げいじゆつか》は中々《なかなか》天才者《てんしや》を出《だ》してゐる。科學《くわがく》に於《お》けるヱーリツヒ博士《はくし》、アインシュタイン教授《けうじゆ》、哲學《がく》のコーエン、フツサール、經濟學《けいざいがく》のマルクス、ベルンシュタイン、音樂《おん》のシューマンハインク、ヂンバリスト、ヱルマン、クライスラー、文學《がく》に於てはシユニツラー、ホフマンシユタール、リルケその他表現派《たへうげんは》の大部分《だいぶぶん》がさうである。（以上《いじやう》は主《しゆ》として獨逸《いつ》に例《れい》をとつた）

かくて美術方面《びじゆつはうめん》に渉つて一考《かう》しよう。

總《そう》じて猶太人《じん》の文化面《ぶんくわめん》に於《お》ける活動《くわつどう》が顯著《けんちよ》となつたのは十九世紀《せいき》以降《いかう》であるが西歐畫壇《せいおうぐわだん》に於《おい》ては印《いん》象派《は》以來《いらい》で、その最《もつと》も激《はげ》しくなつたのがフォーヴ以後《いご》前世界大戰以《ぜんせかいたいせんい》來《らい》を以《もつ》て最とするのである。この事《こと》を別方面《べつはうめん》より考察《かうさつ》するならば、印象派以後《いんしやうはいご》の畫壇活動《ぐわだんくわつどう》がフランスを中心《ちう》にして居《を》り、自由《じいう》なる世界《せかい》的國際的《てきこくさいてき》な空氣《くう》が漸次《ぜんじ》そこに蘊釀さるゝ氣運《うん》が嵩まつてきたことに一つの原因《げんいん》がある。即《すなは》ち十九世紀《せいき》中葉《ちう》までのフランス畫壇《ぐわ》は浪曼派《らうは》にまれ、寫實派《しやじつは》にまれまた自然派《しぜんは》にまれ、すべてそれらは一つの國《こく》内運動國内畫派《ないうんどうこくないぐわは》であつて、たとへ少數《せうすう》の外國人《ぐわいこくじん》が加《くは》はることはあつても、それが國外《こくぐわい》への發展《はつ》は甚《はなは》だ乏《とぼ》しかつた。然《しか》るに印象派《いんしやうは》の出現《しゆつげん》以後《いご》アカデミズムへの反抗《はんかう》はその反抗精神《はんかうせいしん》に同《どう》ずることに於《おい》て國民《こくみん》的運動《てきうん》から國際的運動《こくさいてきうん》に轉化《てんくわ》してきた。アンチアカデミズムの思想《しさう》は即《すなは》ち一つの解放運動《かいはう》であり、舊《きう》思想の破壞運動である。この傘下に集《あつま》つた畫家《ぐわか》の中《なか》に外國人作家《ぐわいこくじんさくか》として摧でたものが多《おほ》くなり、それが各《おの》々自國《じこく》にその運動を點火《てんくわ》した。印象派《いんしやうは》はマネやモネを主腦者《しゆなうしや》とするがそこに英國人《えいこくひと》ホイスラー獨逸人《いつじん》リーバーマン伊太利人《いたりじん》フアンタン・ラツールらがあつた。その他《た》の作家《さくか》を數《かぞ》へればなほ多《おほ》くの外國人《ぐわいこくじん》があるが、それらの中《なか》から猶太系を求《もと》めるならばまた相當多《さうたうおほ》い。リーバアマンが獨逸《いつ》系の猶太人《じん》、ラツールは母《はゝ》が露《ろ》西亞系の猶太人《じん》である。そして後期印象派《こうきいんしやうは》の時代《じだい》、フォーヴの時代《じだい》となつて巴里《り》の畫壇《ぐわ》に外國人《ぐわいこくじん》は無數《むすう》の椅子を占《し》むることになつたがこゝに猶太人《じん》はまた甚《はなは》だ多《おほ》く登場《とうぢやう》してくる。

フォーヴの闘將《とうしやう》、アンリ・マチスもその家系《か》に猶太人《じん》の血《ち》があると言《い》はれるが、所謂巴里派《いはゆるりは》（ヱコールド・パリ）の名《な》によつて呼《よ》ばるゝ國際的巴里畫壇《こくさいてきりぐわ》に名《な》をなした外國人中《ぐわいこくじんちう》の猶太系を拾《ひろ》ふと先《ま》づ伊太利人《いたりじん》のモヂリアニ、ブルガリア人《じん》のパスキン、波蘭人《じん》のキスリング、露《ろ》西亞人《じん》のシャガールらは最《もつと》も著名《ちよめい》である、その他《た》ジャン・メツチンゼー、ジャン・グリー、ピカビア、ザツク、ガラニス、スベルビー、スーチン、グロツス、ダリ等を數へられるが一説によれば、ピカソの家系《か》にも猶太の血脈《けつみやく》を含《ふく》むといふ。

又獨逸《また いつ》に於《おい》ては前記《ぜんき》リーバアマンがさうであつたが、表現派《へうげんは》ダダ派《は》に屬《ぞく》する大半《たいはん》の作家《さくか》は殆《ほと》んど猶太人《じん》で、これは文學《がく》に於《おい》ても表現《へうげん》派《ぱ》が猶太人運動《じんうんどう》であつたのと共通《きようつう》してゐる。即《すなは》ちその鼻祖《そ》ペヒシユタインが猶太人《じん》であり、墺太利人《りじん》オスカア・ココシカが猶太人《じん》であり、ノルデ、カンペンドンク、カンジンスキー、トリスタン・ツアラア、らが墺、獨、露、瑞等《とう》の系《けい》統《とう》にある猶太人《たじん》である。「猶太人《じん》だから」といふ理由《りいう》でそれらの作家《さく》の業績《げふせき》を私《わたし》は滅却《めつきやく》しようとは思《おも》はない。しかしかゝる作家《さくか》の傾向《けいかう》の裏《うら》に、その傾向《けいかう》を支配《しはい》したその力《ちから》に猶太人《じん》の金權主義《きんけんしゆぎ》が働《はたら》いてゐた一面《めん》を少《すこ》しく重要視《ぢゆうえうし》する必要《ひつえう》を感《かん》じるものである。

（三）

猶太の世界政策陰謀書《せかいせいさくいんぼうしよ》といはるゝものゝ眞疑《しんぎ》は暫《しばら》く措《お》くとして、その議定書《ぎていしよ》（プロトコール）には佛蘭西革命《ふつらんせいかくめい》の標語《へうご》「自由《じいう》、平等《とう》、友愛《いうあい》」等《とう》の觀念《くわんねん》は畢竟《ひつきやう》猶太人《じん》が非猶太人《じん》を繰る美名《びめい》として流布《るふ》したものなることが示《しめ》されてゐる。人類《じんるゐ》が自由《じいう》とか平等《とう》とかいふものを

求《もと》めるのは畢竟空《ひつきやうくう》なことだが、さういふものを看板《かんばん》にしないと人間《にんげん》は承知《しようち》しない。その人間《にんげん》の弱點《じやくてん》をよく捉《とら》へて世界《せかい》の馬鹿共《ばかども》を猶太人《じん》の膝下《か》に屈《くつ》せしむべきだと說《と》いてゐる。マルクスの社會主義《しやくわいしゆぎ》も元來《ぐわんらい》平等《とう》でない人間《にんげん》に階級闘爭《かいきふとうさう》といふ戰術《せんじゆつ》を教へて社會秩序《しやくわいちつじよ》を破壞《くわい》し國《こく》家《か》を滅亡《めつぼう》に導きそこに彼《かれ》らの魔手《ましゆ》を伸さうとする手段《しゆだん》として、猶太人《じん》がコミンテルンを繰つてゐるのだと語《かた》る者《もの》もあるが、ともかく斯《か》やうな裏道《うらみち》が彼《かれ》らの世界政策《せかいせいさく》にどう造《つく》られてゐるかは問《と》はないとして、金權《きんけん》による支配《しはい》を完璧《ぐわん》にするために現在《げんざい》の社會秩序《しやくわいちつじよ》を破壞《はくわい》する手段《しゆだん》が色《いろ》々の方面《はうめん》に企《くはだ》てられてゐるその一つとして、現代西歐畫壇《げんだいせいおうぐわ》と畫商《くわしやう》（マルシヤン・ド・タブロオ）との關係《くわんけい》を考察《かうさつ》することが最《もつと》も捷徑《けい》であると思《おも》ふのである。何《なん》となれば巴里《り》はじめ歐洲主要都市《おうしうしゆえうとし》にある畫商《くわしやう》なるもの丶大半《たいはん》が猶太人《じん》であること、それをとり捲く猶太人系畫家《じんけいぐわか》の多數《たすう》なることである。

十九世紀《せき》後半《こうはん》以後《いご》今日《こんにち》までの西《せい》歐繪畫史《おうくわいぐわし》に於《おい》て畫商《ぐわしやう》の地位《ちゐ》は批評《ひひやう》家《か》の地位《ちゐ》を遙かに凌駕してゐる。繪畫史《ぐわし》の製造者《せいざうしや》はもはやサロンでなく畫商《ぐわしやう》の手《て》にある。そのギャレリーこそサロンやアカデミーに代《かは》るものとなつた。マチスやピカソはサロンで名《な》を擧《あ》げたのでなくベルンネームやボラールやギョームの畫廊《ぐわらう》で名《な》を擧《あ》げたのである。官《くわん》公設《こうせつ》の展覽會《てんらんくわい》が作家《さくか》の位置《ゐち》を決定《けつてい》せず、個人《こじん》の畫商《ぐわしやう》の展觀《てんくわん》が作家《さくか》の位置《ゐち》を築《きづ》くに至《いた》つた原因《げんいん》は何《なに》か。こゝを少《すこ》しく檢討《けん》してみる必要《ひつえう》があらう。

巴里《り》の中央《ちうあう》ボヱシー街《まち》からケイ・ドラセーヌ、サントノレーから盛《さか》り場モンパルナスに軒《のき》を並《なら》べてゐる畫商《ぐわしやう》のギャラリーこそ現在迄《げんざいまで》の巴里《り》畫《ぐわ》壇を語《かた》る資料《しれう》であつたがそこへ巢喰《すく》ふ大小畫商《だいせうぐわしやう》の八割《わり》は猶太人《じん》である。その世界的《せかいてき》なものにベルンネーム兄弟《きやうだい》、ギョーム、ブルデンスタイン、ヘツセル、ローザンベルグ、グラノフ等《とう》あるが彼《かれ》らは殆《ほと》んど猶太人《じん》である。（序に言《い》へば貧弱畫商《ひんじやくぐわしやう》にして日本《につぽん》に現代《げんだい》フランス畫《ぐわ》を將來《しやうらい》し暴利《ばうり》を貪《むさぼ》つて歸《かへ》つたデルスニスなるものも眞正《しんせい》猶太人《じん》である。）而《しか》して夫《そ》れらはフオーヴ以後《いご》の新傾向《しんけいかう》にある作家《さくか》の作品《さくひん》をのみ扱《あつか》つてゐるのである。印象派《いんしやうは》を主《しゆ》とするデュラン・リューヱルの如《ごと》き今日《こんにち》では孤城落日《じやうらくじつ》であるがそれは非《ひ》猶太人《じん》の畫商《ぐわしやう》である。

これら畫商《ぐわしやう》は甚《はなは》だ功妙《こうめう》に作家《さくか》を繰從《じう》する。そして奇矯《きけう》な何《なに》か刺戟《しげき》的《てき》な作風《さくふう》をもつ作家《さくか》を拉し來《きた》つて一躍《やく》名《な》を成《な》さしめる手段《しゆだん》を用《もち》ゐる。それには批評家《ひ》や雜誌《ざつ》が利用《りよう》される。そして作家《さくか》が名聲《めいせい》を得《う》るとその利益《りえき》は畫商《ぐわしやう》の搾取《しゆ》する處となるのである。無名作家時代《むめいさくかじだい》にあらゆる物質的援助《ぶつしつてきえんじよ》を與《あた》へ、名聲《めいせい》の擧り市價《しか》の高《たか》まるを俟《ま》つて搾取《しゆ》するのである。勿論《もちろん》すべて巧《かう》妙な手段《だん》であり、畫家《ぐわか》もそのお陰《かげ》で畫《ぐわ》壇に出《で》られたのだから相當《さうたう》の搾取《しゆ》は觀念《くわんねん》してゐる。一畫商《ぐわしやう》の專屬《せんぞく》となつてる作家《さくか》は無數《むすう》である。これ今日迄《こんにちまで》の巴里《り》畫《ぐわ》壇の實狀《じつじやう》であつた。

或るイズム或る傾向《けいかう》を助成《じよせい》するのも又畫商《またぐわしやう》である。それを當《あた》らして金儲《かねまう》けをするのが目的《もくてき》であるからである。成巧《せいかう》もあり不成巧《ふせいかう》もあるが猶太人畫商《じんぐわしやう》のやり口《くち》は凡《すべ》てそこにある。その手《て》近な例《れい》が超現實《てうげんじつ》派《は》の如《ごと》きである。これは西班牙の猶太人《じん》クリスチヤン・セルボスなる批評家《ひひやうか》が自己《じこ》の經營雜誌《けいえいざつし》「カイヱダール」によつて宣傳《せんでん》これ努《つと》めたお陰《かげ》で該運動《がいうんどう》は世界的《せかいてき》となつたが、ギョームやローザンベルグと結託《けつ》してダリの如《ごと》き怪奇作家《さか》を登《とう》場《ぢやう》させ一儲《まう》けしたのであつた。

しかもこの運動を政治《せいち》運動社會《しやくわい》運動に轉化《てんくわ》さし無政府主義者《むせいふしゆぎしや》や共《きよう》產主義者《さんしゆぎしや》をかり立《た》てゝ人民戰線《じんみんせんせん》運動の强化《きやうくわ》に努《つと》めたのも又彼《またかれ》らである。こゝに至《いた》つて單《たん》なる美術《びじゆつ》運動がその及《およ》ぼす思想《さう》のいかに怖《おそ》るべきかに三思《し》せねばならない。日本《につぽん》のシュール派《は》などその裏《うら》のカラクリも知《し》らず奇怪畫《きくわいぐわ》の制作《せいさく》に得々《とくとく》たる如《ごと》き今《いま》やその迷夢《めいむ》より覺むべき時《とき》であらう。

敗戰後《はいせんご》のフランスがその美術政《びじゆつせい》策《さく》に於《おい》てもかゝる點《てん》に氣付《つ》き美術《びじゆつ》のオーソドクシーとトラヂションの尊重《そんちやう》に目覺《めざ》め國民美術《こくみんびじゆつ》の重要視《ぢゆうえうし》に向《むか》つて反省《はん》し出《で》したことが最近《さいきん》の歸朝者《きてうしや》の報道《はうだう》からも示《しめ》されたがそこに氣付《つ》いた重大原因《ぢゆうだいげんいん》は如上《によじやう》猶太人畫商《じんぐわしやう》と猶太人畫家《じんぐわか》の活躍《くわつやく》を封《ふう》ぜんとしたことにあつた。今日《こんにち》ベルンネームやローザンベルクは巴里《り》から放逐《はうちく》されたのである。猶太人《じん》レオンブルムの政府《せいふ》によつて佛《ふつ》蘭《らん》西が人民戰線《じんみんせんせん》運動を助成《じよせい》しコミンテルンの民と英國金權主義《えいこくきんけんしゆぎ》の欺瞞に陷《おちゐ》つたことを敗戰《はいせん》の重大原因《ちやうだいげんいん》と自覺《じ》したためである。

ナチス獨逸《いつ》が猶太人《じん》を遂放《つひはう》し、猶太人的美術《じんてきびじゆつ》一切《さい》を排撃《げき》し、これに墮落美術なる名稱《めいしやう》を與《あた》へて國民《こくみん》美術《びじゆつ》の興隆《こう》に志すに至《いた》つた動機《き》も前大戰《ぜんたいせん》に於《おい》て彼《かれ》らが猶太人《じん》による賣國行爲《ばいこくかうゐ》の辛慘《しんさん》を經驗《けいけん》した結果《けつくわ》である。ヒツトラーが「吾が闘爭《とうさう》」中《ちう》に至《いた》る處指摘《てき》し、今日《こんにち》もなほ演說《えんぜつ》ごとに呼號《こがう》してゐる猶太金權主義の殲滅《せんめつ》の主張《しゆちやう》も、リツペンドロツプやローゼルベルグの口《くち》を酸くして語《かた》る猶太排撃《げき》もみな源を一つにしてゐるのである。

これらの事象《じしやう》を吾らは決《けつ》して對《たい》岸《がん》の火災視《くわさいし》しべきではないのである。我國《われくに》の洋畫壇《やうぐわ》に於《おい》てもその何《なん》分《ぶん》の一かの猶太禍は實在《じつざい》するのであり、又同樣《またどうやう》の徑路《ろ》が日本畫界《ぐわかい》その他《た》にも波及《はきふ》しやすい道程《だうてい》を省察《さつ》して前者《ぜんしや》の轍《てつ》を踏《ふ》まざるやう三省《しやう》することこそ今日緊急《こんにちきんきふ》のことゝ考《かんが》へる次第《しだい》である。なほローゼンベルクが指摘《してき》する作品《さくひん》の內容《ないよう》についての「猶太的特質《てきとくしつ》」についても一考《かう》を要《えう》するがそれは又別《またべつ》の機會《きくわい》に讓《ゆづ》ることゝしよう。

最近アメリカ畫壇漫談

矢部友衛

▽

アメリカは由來ジャズ音樂で有名である。わたくしは昨年の五月アメリカへ渡り今年の眞夏まで滯留し、その國の畫壇の情勢を具に見聞する傍ら、その有名なジャズ音樂が、いかにも隆盛なさまを、確めることが出來た。

わたくしが見たところ、アメリカでは、ジャズの本場であるだけに、畫壇でもジャズ繪畫が隆盛の極に達し、アカデミーの力が、隅の方へ追ひやられてゐる。アカデミックの作品は殆ど見當らないばかりでなく、たま〱姿を現すことがあつても、素質の悪いものである。

アメリカで催される大規模の博覽會では、その都度、全アメリカから繪を募集する。一昨年から去年へかけて紐育と桑港とで、大博覽會が催された。その兩方の會場に出た作品を見るとまるでジャズであつて、アカデミックの力が、全然出てゐなかつた。入賞作品の中にも勿論アカデミックの力が見られなかつた。かやうなところが、日本畫壇とは、よほど違つてゐる。

そこで、ジャズが問題になつてくる。元來ジャズ音樂は傳統を否定してゐる。突つこんで云へば何か虚無的なところがある。なんでも變つてゐるものを悦ぶ原始的なものに憧れる、これがジャズの正體である。そして淡いセンチメントや、小意氣さや、華かさや、さういふ分子を伴つてゐる。かういふことが、現在アメリカで流行してゐる繪と變りないところである。

▽

繪畫の世界で、アナーキスティックといふ點では、立體派や未來派が元祖格である。ピカソも、さうであるし、カンヂンスキーも、さうである。それらの作品を分析的に考察すれば、アナーキズムやダゞイズムの上にはつきり根を張つてゐることがわかる。

さうした思想は傳統を否定する。藝術の傳統的スタイルも、眞向から否定する。南洋の風物や、ニグロの生活形式を、そつくりそのまゝ作品に投影し、敢てジャズバンドに負けない原始的なものを明確に表現する。

アメリカの畫壇では、最近さうしたものが發展してゐる。そして、異端者的要素が、現在では、もつと粉飾された形を執つてゐる。畫壇の隅から隅まで行きわたつてゐるのである。かやうに觀察してくると、音樂のジャズと、本質的に毫も異つてゐない。さういふ範圍で、アメリカ畫壇の著名な人物、あるひは日本の國吉などいつた畫人は、あちらで非常に人氣がある。

わたくしの觀るところ、日本でも、さうした繪が非常に流行してゐる。たゞ、アメリカのものと日本のものと違ふことは、あちらの作品が、もつと大膽で眞劍だ、といふ點である。多勢の人が洪水で逃げ惑つてゐる、さう云つたやうな凄慘な感じのする繪が、あちらでも、こちらでも、アメリカでは見受けられる。あるひは、ルンペンの悲慘な生活を描いたもの、さういふふうなもので、深く突つこんでゐるところの、ニヒリスティックな、絶望的な繪もある。さうした繪に表現された絶望の度合が深いもの、さういふところにあちらの畫人は感興を持つてゐる。その程度が日本の畫人よりも強いのである。

その追求力が日本のよりも徹底してゐる。追求するものが或るものに激しく突き當る、そして、その次に來るものに、あちらの畫人は興味を持つてゐる。

▽

わたくしは、さういふ作家にあれこれと會つて、しみ〲話した。彼等は歐洲の作家に肚から愛憎を盡かしてゐる。歐洲文化にも慊りなく思つてゐることが、彼等のひとつの概念になつてゐる。

彼等は、何かひとつ、新しいものを把握しようとして、絶えず求めてゐるやうである。これが、現在のアメリカ畫壇の特徴である。單に浮つ調子の、ジャズのアメリカと思はれてゐるやうであるが、實際はアメリカの繪が追求力を持つてゐることを、わたくしは、日本のものより興味が深いとするものである。

彼等と、いろ〱話をしてみると、彼等は、東洋の事情に深い關心を持つてゐる。東洋の、長い傳統を持つたものが、彼等の新しい繪畫の創始といふものに、役立つてくれはしまいか、といふことも考へてゐる。多くのインテリゲンチアが、さういふ念を抱いてゐることを、わたくしは、今度始めて知り得た事實、さうした熱烈な追求力は何かを掘りいだして纒めあげることになるであらう。

わたくしは、あちらに滯留してゐたあひだ、極東の文化を、努めて、あちらの畫家に紹介しようとした。それで、ある時には、圖書館に通つて、東洋美術を紹介した著述を調べた。ところが、その紹介の方法なり、說明なりが、拙劣である。寫眞の撮し方にしても、まるで博覽會の土産品、と云つたやうな扱ひぶりである。これは科學的な操作を執らないことに基因する。

例へば、佛像とか、雪舟の繪とか、これらの全體を、ひとつの小さな寫眞にして書籍の中に出したのでは、日本人でもわかりかねる。まして、異民族にとつては判識されることではない。あちらでは、さういふものを寫眞で取り扱ふのに、角度をさま〲に截り、細部を大撮しにすることが、特に要望されてゐると、わたくしは思ふ。說明の方法でも、哲學的に掘りさげて、東洋の美術と、歐洲の美術と、どこが、どう違つてゐる、といふやうな比較研究がしてなければならない、と考へた。

▽

あちらの畫人に、わたくしが日本の繪巻物を持つていつて見せ、叮嚀に、仔細に說明したことがある。先方は、非常に悦んでくれた。烏羽僧正の作品などを見せて說明した時には、特に悦んだ。

一番悦んだのは、構圖のつけ方である。繪巻物は、それを自在に仕科《こな》してゐるからだ。あちらの繪は、構圖のつけ方が、水平線を基準にしてゐるのだけれど、日本のものは、烏羽僧正の繪巻物など、對象を上から見たり下から見たり、屋根を見せたり、自在な手法を執つてゐる。その角度の取り方の面白さに、先方は非常な興味を持つた。

わたくしが、烏羽僧正の描いた天人と、フラアンジエリコの描いた天使とを突きあはせて比較研究をし、說明してゆくうちに先方は、僧正が描いた天人の方がすぐれてゐる、といふことを承認した。そればかりでなく、

『どうして、かういふ立派なものを、日本では、しまつておくのか。どうして、かういふやうな日本の美術を、全面的に世界へむかつて紹介しないか。』

と問ひ詰めたくらゐである。

日本のすぐれた美術が解つてくれば、さういふふうになる。說明の仕方で、向ふから喰ひついてくる、といふことを、わたくしは知つた。

アメリカで、ジャズ・ソングも、ジャズ美術も、さう續くとは思はない。ゆくゆくは、傳統の上に良きものを戻し、再出發する時代が現出するであらう。日本の方でも、機會を得て東洋美術の精華を全面的に、あちらへ紹介する準備をしたらいゝではないか、と、わたくしは考へる。（談）（矢部氏は洋畫家）

南畫私觀

――文人畫の本質について――

古川北華

今日の南畫と稱し文人畫と言はるゝものは果して南畫文人畫と言ふものゝ生命を摑んでゐるであらうか。南畫家と稱するものは自ら稱して新南畫と言ひ、文人畫家と稱するものは自ら唱へて新文人畫と言ふ。そして彼等はひとしく精神的であり理想的であり詩趣的であると豪語してゐる。然し彼等の言ふが如く彼等の南畫が果して精神的理想的詩趣的であるであらうか、唯だ徒らに皮相の寫生を盛るに刷筆や末梢の技巧を以つてし、そこに何等南畫の傳統を活してはゐない。而してその內容も精神的でも理想的でも詩趣的でもない、これがないとすれば南畫と稱することは出來まい。文人畫とてもその通りである。徒らに明末淸初の形骸を墨守して更に墜落したものである。文人畫に個性と言ふことは他の藝術以上に强調されてゐなければならない筈である。徒らに形骸を墨守して自ら故意に槃礴の境から產れたかのやうに僞瞞することは赦されない。譬へ槃礴と稱し草筆を縱橫に抹してもそこに眞實性がなく個性の鋭さがなく、生活から滲み出る淸淨さがなく、詩情がなければ以つて文人の畫として赦されない。何れにしても現代の南畫文人畫なるものはもう一度出直さなければならない。それには南畫文人畫の原始に遡らなければならぬ筈である。唐宋から以前の漢や六朝から糸を引いてゐる南畫文人畫の本來性を摑まなければ噓である。一體支那の藝術觀は昔から功利的に藝術を考へようとする傾向が多い。これは言ふまでもなく儒教主義が盛んであつたが爲めである。然し南畫家文人畫家の本來性から言へば功利主義的ではない筈だ、言はゞ藝術の爲めの藝術であり、自己の爲めの藝術であるのが本當である。儒教主義よりも老莊主義即ち獨善主義高踏主義が彼等の依るべき主義であるのだ。それが儒教主義功利主義になつたのは支那の時代思潮の流に從つたからである。これが日本にも流れ來つて渡邊華山となつた。華山はその主義を提げて藝術觀を立てゝゐる。そして身自らも實行に於てその主義を發揮した。彼の藝術が寫實的であり、通俗的であり、意志的であり、理知的であり、現實的であり、巧利的であるのはこの爲めである。華山程巧利主義を徹底したものはない。故に華山の畫が俗であるのもこれが爲めである。然し華山は藝術そのものよりも、人間として偉かつた。華山は藝術を重く視てはゐずに人生を第一義とした。これは彼が儒教に對して非常なる信念を抱いてゐたからに外ならない。所が今日の南畫家の多くはその信念も學問も、識見も生活も人生觀もなく、その藝術もその生活も救ふ能はざる程墮落しきつてゐながら自ら自分の畫をさも高士の藝術、志士憂國の藝術であるかのやうに噓號して飛んだお茶番を演じてゐる。請ふ南畫を云々する前に自らの生活と藝術を顧るがよい。自らの厚顏無恥を悟るがよい。南畫が本來の超越主義を捨てゝ巧利的になつたのは巧利的の院體派の負ふ運命と同じ運命を辿つたと見てもよい。更にまた支那南畫家が老莊學よりも儒教學によつて育てられ儒教を信仰したものが偶々南畫と言ふものをこれに附合せしめんとし、また自然と自らの藝術の理論を儒教的に建設したに外ならない。文人畫家なるものも唐以前の宗小文、王微よりも更に逆上つて既に文人畫なるものを形成してゐた。そしてその生活思想も老莊學によつて築き上げられてゐた。それが引いて元の四大家となり明末淸初に至つて除父長となり、董其昌となり、八大となり、石濤となり李三鱓となつたのである。そして形式主義の南畫を打破した、卽ち革命運動をやつた。それは復古と共に鋭く個性を强調し、理論として餘贅藝術觀を立てたのであ

長谷川利行追悼

高崎正男

薄倖の畫家と云はれ、狂熱の天才と謳はれ、彼は死していまや榮光に耀やいてゐる。……しかし、それもこれも故人にとつては遠い。はるかなる世界にあり、喜びも、哀しみも、苦痛もすべての官能を超えてしまつてゐる。ゆゑに彼にとつてはさうした俗の世界のことはいまでは風の吹くほどにも感じないことであらう。…………

過ぐる十月十二日、彼の一周忌を東中野の拙宅にて營んだ。會するものは高橋新吉、矢野文夫、伊達彥次郞、と私の四人。遺骨の白い布が哀しみを新たにする。高橋は靈前に端坐して、觀音經を誦する。線香の紫煙のゆらめきにも何か故人の感動があるやうであつた。

× × ×

一周忌を送つて私は靜かに彼の生涯藝術を泌々と考へた。さうしてゐる私の口邊にいつしか歌になるのは

襤褸《らんる》又《また》襤褸《らんる》
襤褸《らんる》是《これ》生涯《しやうがい》
食裁取路邊《しよくはわづかにろへんにとり》
家實委蒿萊《いへはじつにかうらいにゐす》
看月終夜嘯《つきをみてしうやうそぶく》
迷花言不歸《はなにまよふてここにかへらず》
自一出保社《ひとたびほしやをいでしより》
錯爲箇駑駘《あやまつてこのどたいとなる》

といふ良寛の詩である。私は彼の生涯はこの良寛の詠嘆によく歌はれてゐると思ふ。けれども飜つて考へるに長谷川利行君は非常に强い人であつた。心の强さといふ點では他に比較をみ出すに困難なほど勁い人であつた。都會の裏街の陰慘な世界には良寛もかくれん坊や細飛では出來なかつたであらう私は實に能く暗黒の世界に長谷川利行君は藝術家としての世界をきりひらき完成したと思ふ。

私はまた人によく質問を受ける。彼ほどの畫家が何も木賃宿に住み養育院で死なずともよかつたであらうと。私はこの一つの質問に答へよう。

長谷川利行君は悲慘な貧しい人々の群れにまぢつて一泊十五錢の住家や、苛酷な憂を吹き飛ばす强烈な電氣ブラン酒や、雨に降りこめられてめしやののれんもくぐれない、宿錢もはらへないで軒下や、ガードの陰や、鐵管のなかで野宿する人々の中に生活して、彼等の貧しさの心の奧にある純眞なもの悲しいときにも泣くことを忘れて微笑する顏に妖しげな情熱と魂の共感に、彼自身戰慄しながら藝術家としての世界を發見したのであると答へよう。もつとも私も質問者の考へを所謂同情的なものを持たぬでもなかつた

私はいくつかの挿話を思ひ浮べる。

推論として種々の條件が醸れて來た。世間には元の四大家が南畫なるもの丶最高潮に達したものと言ひ、結論をつけたものだと言ふ。然しそれは私から言はせると偏見に過ぎない。なんとなれば四大家なるものは宗小文、王徽の傳統を引いて大成したかも知れないが寫實的な唐の王維一派即ち呉道士や李思訓と殆んど同じやうな効果を盛つた藝術家（内容態度は違ふが）と共に院體とその傾向が似通つてゐる寫實的な藝術を提げた宋元の趙子昂一派がゐるではないか。故に四大家が全ての南畫の結論をつけたとは斷じて言はれまいそれはとにかく明末清初の文人畫の運動程興味あるものはない。この運動は當時の思潮、學問、藝術の運動と同じ流れた竿さしたのである。彼等の生活が既に何時の世にも國にも時代にも共通な革命家獨特の運命を辿つてゐるのだ。彼等は今迄の藝術家と異なつた生活を營んだ。（即ち横にそれたパウヴアスの生活に見られるが、實は天眞から來た生活である）されば彼等が世間から「八怪」なぞと呼ばるゝに至つた隨つて彼等の藝術そのものが傳習を思切り破壞して個性の強い潑剌たるものを產んだのは自然の傾向であつた。それが日本に傳へられて大雅となり、玉堂となり、米山となつた。

一方子昂一派と四大家一派とを打つて一丸としやうとしたのが惲南田であり、それを引いたのが張秋谷であり、[illegible]山である。これが果して立派な藝術であるや否やは疑問である。何んとなればその畫に混然玉の如き藝術的最後の力と閃とに缺けてゐるからである。私が惲南田一派の畫にあきたらない所はこれが爲めである。

革命兒たる明末清初の文人畫なるものは非常に強く個性が表現せられてゐるが故に世の凡俗、卑俗、常識者から見て極めてグロテスクな藝術と見えるのは當然で又必然でもある。然し藝術としては最後最高の階段にあるものであることも知らねばならぬ。又彼等が藝術家として第一の位置を占めてゐることをも知らねばならぬ。一體東西古今を通じて優秀な偉大な藝術は盡し彼等の所謂グロテスクなるものの藝術でないものはない。これは非常に個性が表現せられるからであるが、歐洲藝術史上殊に近代の藝術にそれが著しい。日本にしてからが、鳥羽僧正、永德、宗達、若冲、蕭白、大雅、玉堂、北齋芳崖の如きも個性の強い立派の藝術で彼等の所謂るグロテスクな藝術と言ふものであらう。一體彼等がこれ等の藝術をグロテスクとかデカダンの所產なりなぞ評することがそも〳〵大きな間違なると同時に、これ等の革命的な天才の藝術の高き光を、見得ない爲めである。所謂グロテスクなる言葉、デカダンと言ふ語に對しては別に私に見解があるが、それは暫く措しとして、とにかく優れたる立派な藝術が何時の世にも容れられないのは、かゝる卑俗凡俗の輩が多いが爲めに外ならない。何れにしても現代の南畫家文人畫家はもう一度新たに出直さねばならない。そしてもつと眞劍に考へねばならないこれは他人に要求するよりも私自らに向つての鞭である。

私は長い間明末清初の文人畫の流れに竿さして來たが敢て徒らに墨守してゐなかつた筈である。及ばすながら文人畫の傳統の上に立つて然も私自身の個性の閃を持つてゐたことを自負し、また自信を持つてゐた。然しこの文人畫なるものは私の本來としてその風格も理論にも共鳴し、肯定し、親しく倚らんとする所のものではあつたが私の藝術的意慾としてはあきたらぬものがあつた。それは文人畫風に「實在性」が薄く、且つ近代的神經と感覺とを托するには餘りに消極的であり微溫的であつたからだ。そこで私は文人畫の生命たる超越や清淨さや高格さを確り抱いて南畫の發祥たる古の唐宋若しくは六朝のそれに逆上らなければならぬと思つた。そうすることによつて新しい南畫の生命が活きて來るに相違ない。それには古の南畫が持つてる寫實性に向つて行かなければならない。言はゞ復古の運動をやらねばならぬ。その復古の運動をやつてもそれには時代の兒として慈まれてゐる近代性が必然に溶け込んで來る、その完成は即ち新しい南畫の運命であると思つた。換言すれば傳統に徒らに盲從するにあらずしてその奥の魂の中に飛び込んで行くことによつて南畫に新しい生命が吹き込まるゝに相違ない。然しそれが何所まで成果を擧げ得るかは私としては將來の私の天分と情熱と精進とによつて決せられる筈である。而してこの復古の運動はやがては自然と無思無識の間に枯淡な蕭散な磊礴な文人畫の昔の私の姿に更に潑剌たる生彩を帶びて再び歸つて行くのではなからうか、それは時間の問題であり、將來の私の藝術的意慾の方向であり、將た運命でもあつて、只だ成行きに任せるより外にないと思ふ。

（彼を知る人々はすぐ思ひ起すであらう）その挿話の一つに、私は彼のどん底生活を清算？させようと通俗的な考へを持ち、彼の藝術の愛好家である文部省の役人である友人のSの中野の家に彼を寄寓させた。Sは白日會や光風會にも二三入選してゐるアマツユールでルフランやブランシエを持つてゐた。長谷川君は素晴らしい繪の具は豐富にあり上質のキャンバスは與へられ暖かな夜具はあり、食事は提供され、全く結構？な生活であつたが、ゐること二ヶ月にしてSの許を立ち去つた一枚の作品もそこでは描けず、結構な生活は彼には不向きであつたのだ。私はのちになつて反省し、彼への理解を深くしたが、彼が、昭和四年二科で樗牛賞を受けて以來、經濟的な後援者といふものは絶えず彼の身邊に二三あつた。藝術家がこれらの後援者を如何に利用すべきかは長谷川君にとつては生得難問題であつた。尋常な畫家のやうに綺羅を飾ることも、瀟洒な畫室を持つことも彼にとつては煩瑣以外の何物でもなかつたのである。――私はまたこれについても一つの挿話を告げよう長谷川君には最後の近くまで感ずべき一人の後援者があつた。ある郵便局の局長で彼の數十回以上に及ぶ金錢上のことや、衣類のことや健康のことなど世話をした。その局舍では彼がめしどきに行けばいつでも勝手に食事できるやうにしてあつた。忙しい仕事だから勝手に喰べろとの注意であつた。またある時は彼の履いてゐる底のはがれた靴とつぎだらけのシャツのやうになつた洋服姿をみかねて、ホームスパンの立派な背廣とキットの中古靴を彼に提供した。長谷川君は喜んで街へ出ていつたが、二時間も經つころ淺草の警察署から電話がかかり、彼を留置してゐるが、貴方のところではあの男に洋服と靴をやつたかとの問合せであつた愛すべき長谷川君は盜人と間違はれ臭いところに投り込まれたわけであるがそれなどあまりに笑ひのないエピソードであらう。こんなことが二三あつたかも知れぬ。彼は交番を彼の同宿者たちのやうに避けて街をあるくやうになつた。……

彼は彼の在り場所といふものに宿命的な豫感を持つやうになつたと私は云ひたい。彼の藝術を愛する人々も彼を遠卷きにしてゐるやうになり、彼と面接することを極度に怖れるやうになつた。……

貧窮の極みに在つて托鉢僧にも似た生活を彼は彼の意識の下に生活したかどうかは彼以外には分らぬが、彼は藝術の神の命ずるまゝ純眞無垢な誇りある生涯を終つたのである。（了）

古典美の一考察

三雲祥之助

何時だつたか、ある友人の家でフランスのグラフ雑誌「マツチ」を見てゐたら、丁度、私がまだ巴里にゐた頃に、單身、小さなヨツトに乘つて、世界の海を走り廻つて歸つてきたアラン・ジエルボーが撮した寫眞が載つてゐた。それは、ゴーガンの居たタヒチのワアイヤン島の娘が、奇怪な姿をした島を背景にしてボートにのつてゐる寫眞であつた。娘は上半身を裸のまゝで頭の髮に白い花をつけて立つてゐるのである。

それが實に美しかつた。

どこが美しいのかわからなかつたが、何物にも拘束されないのびのびとした肉體　逞ましい腕や胸が輝いてゐるやうに美しかつた。

そしてどこかにギリシヤ彫刻と一脈つらなりがあるやうに思はれたギリシヤ彫刻を通して想像する女の裸體とは、骨格の上から言つて多少の相違はあるだらうし、それに、古代の美には（私がギリシヤ彫刻と云ふのは大體パルテノンの彫刻以前アルカイツクのものを指して言つてゐるのである）多分に、パテテイツクな一面があるが、自然のまゝでのびのびとしてゐる點では兩者、共通のものがあるやうに思はれた。卽ち兩者ともに、着物を知らない肉體であることだ。着物をきなくとも、着たと同じ羞恥のない裸體であることで、そのまゝ、自然の樹木や雲のやうに美しい肉體である。

そんなところからついギリシヤ彫刻の美といふものがこの着物を知らない、肉體それ自身のもつ氣高さによつてゐるところが、多分にありはしまいかといふ氣がしたのである。

尤もギリシヤ彫刻の偉大さといふものは、それのみによるのでなく、藝術家自身の偉大によつてゐることは勿論であるが、そもそも藝術家とその對象（モデル）といふものも、それそのものの背景をなす社會とか政治とか思想とかいふある力の兩面であつて、そんなモデルを生む力はない、それにふさはしい藝術家を生むとも言へるので、何も、決してモデルだけの力でないことはわかりきつたことだがまた一面、自然の樹木が美しいやうに空の雲が美しいやうに何物にも拘束されない美しい裸體が生活してゐたといふことは古代美を觀賞する場合に、今、一應、注意すべきことではなからうか。

古代美と、その美しいがために、單に、藝術的な面からのみウノミに見て了ふべきものではないやうに思はれるのである。

われ〳〵が、普通、古代美と思つてゐる中には、藝術の本質的な永遠の美といふものとロココ時代にはロココ藝術があつたやうに、バロツクにはバロツク的なものがあつたやうに、古代的といふ、雰圍氣といふか匂といふか、それ自身は實體でも何んでもない色彩とがふくまれてゐるのである。

といつて、今更、私はギリシヤ彫刻の美にケチをつける考へは毛頭ないし、また、そんなことをするには、あまり古代の藝術品に尊敬を掛つてゐる積りである。

たゞちよつと、昔のギリシヤ女性とか、この南洋の自然兒などに、着物をきせて近代都市に連れてきたら、どんな工合だらうと想像してみたのである。すれば、「やはり野にをけ蓮華草」で、恐らく、垢ぬけのしない、泥臭いものがあつて、近代都會の娘の子よりもきたない感じを與へたであらうと思はれた。

それで着物を知つた肉體とか着物それ自身を對象とする時には、古代ギリシヤとは全く異つた美が生れてきてゐるのは當然のことで、中世期、文藝復興期の美とギリシヤの美との相違はどちらが偉大だとかいゝとかいふ問題は別として、實に、そんなところからきてゐるのであらう。

それに、着物をきることによつて、のびのびとして美しい裸體もそれ自身の美の完全性を失つてしまふに相違ないのである。

そして裸體は、文化の複雜性とともに禁慾か享樂か、または教養かの束縛を受けて、物その物の美しさよりも、もつと他の要素を含んできてゐるのである。

これを逆說的に見ると、あの美しいギリシヤ彫刻の美といふものも、裸體と日常生活と遊離してゐなかつた時代のもので、社會禮儀とか、教養のまだ發達してゐなかつた證據なのかも知れないのだ。

從つて、男女間の道德も、もつと自然であつたと言へば自然野獸的と言へば野獸的のものであつたのかも知れないのである。

さう言つてくると、ギリシヤ悲劇として有名なソフオクレスのオデイエツプ王の悲劇（ある豫言された恐しい運命を回避するためにあらゆる人が、その智腦と意志とを絞り出し、事件を運んでゐながら、結果としては却つて、そのあらゆる努力が、結局は、その豫言された運命に協力してゐるやうなことゝなり　善良で明君であるオデイエツプ王は、自分の治めてゐる國のため、人民のため、知らぬ間に、己の父を、己の手で殺し、己を生んだ母を妻として了つてゐたのであることが、突如として明白になり、知らずに犯した自己の罪業の恐しさ、耻づかしさに、日の光、物を見るのも恐れて、自ら自分の眼をつぶして盲人となり、王位と國を去つて放浪の旅に出るといふ筋）は、旣に、當時の社會道德性の自覺と批評性の誕生を意味してゐたのかも知れないのだ。

同じ裸體といふものに對しても、裸體が着物であつた時代と裸體が裸體として見なければならなくなつた時代と、儀禮を知らなかつた美と、知つてからの美といふことは一應區別して考へなければならないのではなからうか。

古代も現代も裸體には變りはないといふ考へ方は、必ずしも眞理でないのでなからうか。

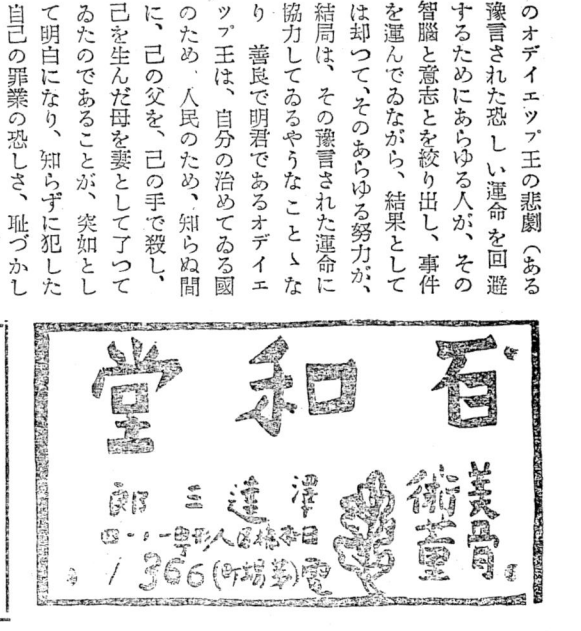

情報局次長
奥村喜和男氏の
肚をたゝく

池田さぶろ　繪と文

總裁を待つ間、僕は次長室をノックした。正面の卓に今しも豪華な晝餉の宴をはつてゐるのが次長だ。「そのまゝで」と僕は鉛筆をなめた。一刻を爭ふのだ。「いくらです」と僕は氏のスプーンをのぞきこんだ。「十二錢、コーヒーは五錢だ」と次長はスプーンをすくひあげてゐる「ウンウン」と僕の手もとをのぞきこんで「コーヒー一つ」と給仕によびかけると、ひえたコーヒーをガブガブッと一のみした。革新官僚のホープ、晝めしが既にこれだ。これでいい。世界維新が飛び出し、忠臣藏が出る。速射砲だ。「勸善懲惡的な、劇映畫を保守的也と片づけたがる文化人は日本人ぢやな」といひ「十九世紀は個人主義文化の毒の華の咲いたときだ。單なる個人の生活を對象として、個人の感情をゆすぶるやうな頽廢的文化は今こそ棄揚さるべきで、今後の國防國家は民族國家である國家、民族を健全にする角度からのみ文化は昂揚さるべきである。裸體畫のみをもつて洋畫の眞髓とするやうな官能的文化こそ自由主義國家フランスを亡したもので、そのフランスさへ、今、自由、平等友愛の理念から祖國、勞働、家族の三元素に還元したではないか」舌端火を吹くすさまじさ。折柄きくきうじよとして傍の椅子に兩膝をついた來客を前に、「お互ひに忙しい身體、御用件は立ち話で承りましよう」と、のつけから電撃引見だ。一然し指導者自身の實踐躬行が、まづ第一でしよう」「さうだ、口先だけぢやいかんドイツの强さは國の指導者が非難の打ち所のない生活を實踐してをればこそで、口先だけの指導では、きくやつはないよ。體當りの宣傳、體當りの指導でいくことだ」さて、美術新體制がどう指導されていくか、これは今後をまつ外はない。

金屬作品の運命

會田富康

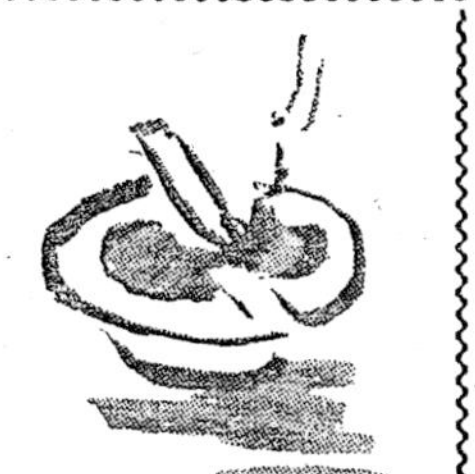

未曾有の難局といはれる現今の我國に於いて、最も痛切に要求される物資の中に、銅、鐵の材料がある。これは云はゞ、現在國家の衣食にも相當する程のものであつて、一億國民が擧つて、其蒐集に力め、回收に應ずる事は少しも躊躇すべき性質のものではない事は言をまたない。

元來我國に於ける銅、鐵の産額は世界の約三パーセントの少量に過ぎないのであつたが、諸外國からの輸入に依つて其需要を滿してゐた狀體であつたのであるから、現今の樣なイザと云ふ場合となると、其製品迄が必要となつて來たのである。さて此の銅、鐵製品の在國內既産品と云ふものは、これ又夥しいものので、政府要路の人々が心配されてゐる程の事はない程の、量があるのではないかと思ふのである。銅、鐵で作つたものとして街路の燈柱、橋の欄干、マンホールの蓋、等々を考へて來ると、必要以外の物にまで、まだ〱銅、鐵製品を見るのである。これ等のものが世間から完全に姿を消す迄には、まだ〱相當の年月を要するのではないかと思ふのである。

又翻つて我國の古來からの金屬作品を觀る時は、これ又貴重なる作品が頗る多いのであつて鐵製品は其材質から云つて、永久性の缺く點がある所から遺品は少いが、銅に至つては各時代を通して、優秀な遺品を傳へてゐる。其最も偉なるものは、奈良時代に於ける東大寺盧遮那佛であつて、其他これに類する各時代を代表する佛像は、其數枚擧に暇ない程である。次に鐘である。これ又、奈良、平安、鎌倉、室町、德川と各時代順を追つて優品、雅品を數へる事相當であり、少き所では鏡であつて、無論各時代を彷彿せしめるものである。これ等は皆各時代の文化の狀を逐一物語る材料であつて、云はゞ寺の過去帳に匹敵する遺品である。

此たびの銅、鐵回收運動に於いても、一國の浮沈に關する程の重大な時に當つても尙且これ等の金屬製品、作品の取捨撰擇に於いて一考なきを得ない狀態にあると思ふのである。

先般香取秀眞先生が、朝日紙上に於いて「先例を參考に」と題して一文を掲げ「廢品回收の聲に應じてある寺などでは釣鐘鰐口と提出したものゝ内には、鄕土の地誌に載せられたもので金文として有名な、古代のものもあり（中略）高野山燈籠堂で使用した燈籠は夥しい數にのぼるのであらう、それがやはり、廢品として世間に出た。それがいづれも銘あるもので、大永三年、天文廿年、永祿十年、天正二年、文祿二年、慶長四年、元和三年等の紀年を有つもので云々」とあつて種々と專門の立場から心配されて、親切に說き進めて「廢佛毀釋の先例に倣はざることを希望」されてをられた。これは全く先生の考へと同感であつて等しく其專門の道にある私共の憂ふる所である。私は先日週々安田靫彥先生の御宅で其高野山燈籠の一基とおぼしき物を拜見したのである。俗に長者の萬燈貧女の一燈と云ふ傳說のものである。それは高さ一尺三寸徑一尺、十六瓣菊座寶珠鈕付の姿であつて柱に「元和五年三月廿四日、爲宥光法師菩提山田元江ノ住人」傘には腐蝕を透して數行の銘文が見えた中に、二三の寺名等が現れてゐる。

（以下上三段目へ）

右の宥光法師とは、金剛峯寺第二百十三代の檢校の名であつた。

一國の文化の過程を觀る場合には、種々の面からそれを探り究める手段は多くあるが、世の自然現象、所謂天變地異に遭つても、何等實體に變化を及ぼさぬこれら金屬作品の、歷史的變遷を差示する所の役割は、偉且大であると思ふのである。

幸ひにして私達許されて其道の仕事をなし得る者、大いに自重、硏鑽して後世の人をして、昭和聖代の文化を瞭然たらしめ得る作品を遺して行きたいものである。

（十六・十一・廿七日）

七絃會を觀る

金井紫雲

秋の展覽會では兎も角も注目の的となつてゐる七絃會が十二回展を開いた。會期中全會員の作の揃つたことは珍しいと云へば珍しいが、創立當時、皆二點位の力作を見せ中には二曲一双位の出品を見たのに比較すると何となく寂しく、聊か此の會にも疲れが來たのでは無いかといふやうな感じを起させる。だがたとへ一點づゝにしろ、問題となるべき作品を揃へて見る興味はある。

安田靫彦氏の「源氏擧兵」は近頃で三回目の鎧もの「黄瀬川」の前の萩面とも見るべき伊豆の頼朝で「源平盛衰記」に據れば、加藤太加藤次の馳せつくるに、「佐殿は小具足付て緣の上に小長刀突立給へり」といふ處である。例によつて悠暢迫らざる豐かな線の上に、立烏帽子被つた面は飽くまで細かに描き、「小具足つけて」の文字通り、籠手と脇楯のみつけ脛當と頬貫、これで蛭卷の小薙刀をついて立つ頼朝である。氏の作の人物として如何にも上品に、引締つた描寫の中に籠手の青磁色と脇楯の緋縅とを對照させた色調の美しさ下着の線に輕く黄土で調子をつけたあたり拔目のない技である。館の緣先といふ本文に忠實であるため、建物にも相當考慮を拂つてゐるが、これが背景となるに少しく線の煩しさが見える。それにしても此の方には一切色を使はず、僅かにのぞかせた屛風の朱線のみたしたのは心憎い。唯、擧兵となるだけに今少し凛乎たる處がほしかつた。

文樂スケッチ（橙黄會）奥村土牛

鏑木清方氏の「雪旦」は、此の會には何時も第一の努力をする氏としては少しく物足らない尺八の竪物である。得意の明治時代風俗、二階の欄干に稚兒輪に結び被布を着た少女を立たせて赤い糸に炭をつけて雪釣をさせてゐる。こんな遊戯も今は昔語りとなつてしまつた思ひ出ものである。淺葱地に櫻紅葉の模樣の被布と朱房の紐下に細い紫の矢絣、その色の調和など流石である。唯、少女の顔が、姿よりはませてゐること、少女らしさの少いこと、欄についた左の手先の寫生の不充分な點など一寸目につく。これほど細かい仕事をしてゐる氏の作だけに目につく。

前田青邨氏の「靜物」は、赤繪の皿の上に鮑や鮒、山めや紅鱒などを盛つたもの、赤繪の赤を皿の周圍の線模樣だけにとどめて、鮑の腹下の淡紅色や、山めの側面紅鱒の虹彩斑などで彩り、言はば赤繪を殺して赤繪を活かした心憎い技巧、これに添つた林檎二個が、巧みを極めた圓い線の中に繪具を溶し込んで皿の魚と微妙な對照を見せた點など何處までも冴えた技法であり、右上の墨左下の金泥の地隈も用意周到、一寸他に追從を許さぬ味の作品である。

小林古徑氏の「むべ」はこれに比較すると、極めて大まかな作である。一見無雜作に見えるが、相當に苦心を費した枝條の取り方、葉の位置、それよりも「むべ」の實の紅紫色の出し方が注目される。この色彩、何といふ美しさであらう、氏は、此のむべの實の肌の持つ紫の美しさに魅せられて、これを描いたものではあるまいか。枝のごときも唯、無雜作に見える線だけで片づけてゐる處が曲者である。

最後に菊地契月氏の「嚴親」は「古今著聞集」に有名な隨身下毛野公助である。漆冠に胡籙つけて隨身姿、つるばみ色の闕腋、梔子色の下着、これも澁い唯顔は能面に依つたものか、古典調を出す點では成功してゐるが實感は伴はぬ、動きは無い、やゝもすれば歌仙繪になりさうである。併し何といつても爭はれぬのは、作全部に漂ふ上品さである。

から並べて來ると、七絃會の作品は、どの作を見ても上品である。構圖に於ても色調に於ても、これだけの仕事、一寸他には眞似られぬ匂ひの高さはある。だが、五氏それぞれに特長をもつ人である。その特長を今少し無遠慮に發揮してほしい。題材にした處で、無難な手慣れ切つた仕事の外に、思ひ切つた試みをも、この會に於て見せて貰ひたいことだ。後進は、一般鑑賞家は、此の會の持つ作品に多くの指導性あることを期待してゐるからである。

七絃會をみて

下田晴子

靫彦「源氏擧兵」

源《みなもと》のながれは興る一すぢの强き心にいづの頼朝。

古徑「むべ」

多山路ほうけし草のなかに見しむべも繪となる繪だくみのわざ

清方「雪旦」

一葉《えふ》のころの少女《をとめ》の手すさびかふり懐しき雪つりあそび。

契月「嚴親」

さくらかざす大宮人も太刀佩きてしこの御楯と今立つらんか。

青邨「靜物」

萬暦の赤繪の皿に魚すこし並べど美《は》しき繪となるものかな。

七絃會

七絃の琴の緒二つ切れたれど古絃に似たる高き音ぞする。

文展と指導性

林　翠

道　者（橙黄會）酒井三良

◇

文展は今日、新しき世代の魅力を、過去と同様な狀態で吸引し得る價値に立つてゐるであらうか。

觀覽者が年毎に増加し、一日の入場者一萬を突破することも珍らしくないといふ。さういふ盛況の表面的な現象とは逆に、文展の内質は極めて無氣力で、墮性が唯一の支える力となつてゐる。

われわれは、徒らに文展に無價値のレッテルを貼らうといふのではない。然も客觀的には文展衰徴を裏づける何等の徴候も認め得ない。寧ろいよいよ牢固たるものがあるかも知れない。

それを敢へて、時代的逆行とみなさうとするのは、われわれの全く主觀的な信念上の判斷からである。

一たい世間一般から、文展が指摘されてゐる如き缺陷が、果して眞の缺陷であらうか、ひとは一様に無鑑査の存在を云々するけれど、假に無鑑査を全廢して新人に舞臺を提供したとしても、其處から果して今日以上の内容が得られるであらうか。恐らく結果は同じことであらう。時によるともつと低下するかも知れない。

何故ならば、今日の新人とは在來の大家が持つ觀念とテクニックとを安易な肯定と方法によつて踏襲した無造意の作家の謂であり、其處には至り得ぬ未熟さがあつても既成のものを突き拔けるエスプリの高さはないからだ。

新しい思想の開花や、時代の俗情に反撥する高邁の精神が、一たい今の美術界の何處に育つてゐるといふのであらう。さういふ激しい情熱の表現として、造型を眞にテクニックする新人の勢力が生れ出たとは未だ聞いてゐない。

文展のみの問題ではない。美術界全般に繋がる問題として文展をみてゐるのである。此處に集められた作品の總ては、且つての舊い個人主義的な作家生活の所産であり、作家の蒼白の面貌がそのまゝ描き出されてゐるのを見るのである。

そこにはナイーヴな行動人の感激も、高揚された日本精神の律動もみられない。下を向き乍らの懷疑と虛無、榮養不良の體からはみ出した手さぐりの末梢神經、淀んだ水の様に死に絶えた表情のリアリズム、ポスターと肩を並べる題材だけのもの、精神の拔けたしんこ細工の技術、封建と反動と陳腐、が何の自覺もなしに殊更に强調されて作られてゐる。

進歩の、健康の、希望の、唯美の、それらのものが民族意識の頂點に於て礎かれ、造りなされなければならぬ今日、文展の低徊は餘りにも極まれりと言へる。

これ等の根本的な改訂は、新しい世界觀に、依らなければならぬが、今日そのことを一國の危機の概念としては、何人も重大に考へて居らぬらしい。單に藝術上の制作上の問題ではない。作家生活の全部を含めた問題として今日の文展の作が論じられなければならないのだ。

文展は元來、作品を陳列するのみで、そこには審査員の任意な選定と、配列上の工夫があるだけで、それ以外何等積極的な能力を持つものではない。故に、時代官能の轉換から來る文展の必然的な質的崩壞を食ひ止めるためには新に指導性を持ち來なければ、この一國に繋がる危機を打開することは出來ないだらう。

確立さるべき指導性は、先づ新世界觀の獲得が前提とされるが、文展運營者は何よりも此の問題に意力的でなければならぬ。

無作者の整理不能や、行政上層機關の無能や、審査上の情實等は、それ自身一の缺陷であることには間違ひないが、缺陷の本源のものでは決してない。單に自由主義文展の生起した傍餘のことに過ぎぬ。

作家と、美術と、國家を眞に生かすためには、文展は一日も早く指導性を持たなければならない。この重大な根本的な問題が解決しないとき、蒼白な文展は、その表情に從つて自ら倒れ或は倒されるであらうことが豫見に浮ぶ。

京都畫家の時局色

吉副禎三

臨戰體制の强化に國民が一致團結緊張して居る超非常時の現下我國に於いて、國家が多大の犠牲を拂つて美術を奬勵し、官展を催ほすのは何のためか？それは故樗牛の喝破によつても盡くされて居るのである。

京都では、今年、畫家の大政翼賛團體が生れた。日本畫家京都聯盟がそれである。竹内栖鳳、菊池契月、川村曼舟、西山翠嶂、橋本關雪、上村松園等の藝術院會員を顧問とし、福田平八郎、山口華楊、德岡神泉、宇田荻邨、中村大三郎、堂本印象、榮本一洋、小野竹喬、石崎光瑤等の文展審査員をはじめ各塾からの代表者二三名づゝを選び二十五名を幹事とし、全市の日本畫家約五六百名を擁する大團體である。此れに對して、別に結成されたのが、やはり、日本畫家の團體の興亜藝術京都聯盟で、前者には、京都在住の日本畫壇の權威をはじめ大家、流行兒を餘すところなく包含するのに對し、後者は、文展無鑑査平井楳仙と、印度で壁畫を描いた杉本哲郎が一般に知られて居る位である事は聊か寂寥の感があるばかりでなく、その會員の數も前者の三分の一か、四分の一位らしい。同じ京都市に二つの團體が存在するのは不自然でもあるためか市役所で兩團體の代表が會見した事もあるが、前者を主體として後者を合流せしめる事は双方の意見の相異もあつて成功して居ないらしい。斯様な派生的な問題は別として、京都には、右に述べた畫家の翼賛團體が生れ超非常時局下に於ける畫家の愛國心は烈々たるものがあるが、個人、又は、塾についてはどうかと言ふに、現に上村松園は、六十七歳の老軀をひつさげて大陸に押し渡り、皇軍慰問に奮戰して居り、橋本關雪も大陸で得たスケッチを材料に戰歿勇士慰靈のため『兩面愛染明王』を描いて軍部に献納し、西山翠嶂塾青甲社でも献納畫展を催して、出品全部を帝國軍艦に献納するなど、京都の日本畫家は、藝術家としての愛國的精神を發揮して居る。

斯様な雰圍氣の中にあるから從來は、藝妓や、舞妓を描いて居た向井久万が、第四回文展に『男兒生る』の如き超非常時局下に於ける愛國的精神と、國民の自覺とが横溢した出色の作を出品し得たのであらう。

實は、此の文は、京都畫壇の雰圍氣と關西で發表する目的で制作された作品について述べる事になつて居るのだが、少し文展に觸れる事を許されるならば今年の文展の日本畫には、現代の軍人や、武者繪その他、題材に於いて時局が反映した、若くは、國民の士氣を鼓舞する事を目的とする功利性が狙はれた作品が、第一部日本畫の全出品二百二點中、二十七點で、一四パーセントを占めて居る。然るに此等の大多數の出品は、思想性乏しく、抽象と造型に拙く、保守的退嬰的傾向の古いか、醇化不足で硬直した表現で、溌剌として、意力的な感覺を發揮し得ず、從つて、現下の時局に於ける合理性の表現としての美を認め得られずそれ等の作品から受ける感覺や情緒は、超非常時の現下我國民を指導、又は敎化する機能を發揮し得ないのである。

畫家も國民の一人として、大政翼賛以つて國家に奉仕し、題材を國民の志氣を鼓舞するに適するものに選ぶ場合、その愛國的な熱意は、疑ひもなく、賞讃に價ひするが、藝術作品は、單に題材の問題ではない。その作品の藝術感覺を支配するところの世界觀、思想、現實認識、特に現下にあつては、國民的理想が觀者に迫り得る藝術表現に成功しなくては、國民の情操や趣味を敎化する事さへも不可能であらう。

繪畫は純正藝術である。純正藝術は、形而下的なものでなく形而上的なものである。故に、創作には、國民的な理想美を創造しなくては、その作品は、社會的に、又は、國家的に機能を發揮し得ないのである。

畫家が、時局を認識し、自己の職能を發揮し、烈々たる愛國心を以つて國家に奉仕する事は國民として當然の義務である。藝術は可能なるが故に存在するのでなく、社會的に、國家的に必要なるが故に存在するのである。

畫家が非常時局に卽應した行動を職域以外にとつたとて、國民の義務としての一端を果たしたに過ぎぬ。素より國民の義務の一端を果たす事は、立派な事ではあるが、たゞ、それを以つて國民的な義務を果たし得られたとは言ひ得られない。何となれば、職域奉公としての、文化的な職能が殘されて居るのである。然るに、日本畫家には、自己の仕事には、不熱心で、拙い作品に依つて自己の宣傳をしたがる者が居る。けれど、此の種の畫家は、京には比較的少ないらしい。前述の畫家の聯盟に就いても純眞な氣分以外のものが感ぜられない事もないが、一般の畫家は、眞面目に、大政翼賛の精神を持して研究し、職域奉公を實踐すべく努力して居る。

けれど、藝術には、作家の素質が重要で、素質が良くなくては、佳い藝術作品を作り出す事は困難である。從つて、五千人とか一萬人とかの日本畫家が京都市に居ると言はれて居るけれど、此等の畫家が關西で發表するために制作した作品の中で出色の作として擧げれば、その數は實に寥々たるものである。

竹内栖鳳の春虹會出品『田植時』は、佳作であつたが、春虹會は京都の作家が、東京で發表する目的で描いたもので、關西での發表を目的にして居ないし常に、日本畫の純粹性と、現代的な智性との全き調和に依る、純日本的な淸高な表現に、國民的な理想美が横溢した佳作を發表する菊池契月の作品と 近代的なロマンに新鮮な造型を示す德岡神泉の作品とは、大阪松坂屋展に出品されたが 不幸にして筆者はそれ等を觀て居ない。去年は市井展の洪水年だつたが今年はそれが甚だ少なかつた。塾展では、水田竹圃塾の靑莪社展、西山翠嶂塾靑甲社の献畫展、堂本印象塾の東丘社展が催されたゞけである。だから、注目に價する作品を最も多く出品されたのを筆者が關西で觀たのは、第六回京都市展である。

市展に福田平八郎は『紅梅』を出品したが、それは、色彩的な變化の統一に成功した色彩と筆技の直線的な形態を有機的な相關々係に於いて、溌剌たる動的美を發揮し、延びる自然の生命の美化表象に成功し、超非常時局下に於ける日本國民の理想美を象徴したものであつた。

その他の花鳥畫に於いては、山口華楊の『椿』に於ける彎曲する形態の律動的雰圍氣は、大和民族の優稚な情操と温かい成長の感を漂はせ、宇田荻邨の『八重櫻』は大和民族の精神の象徴が狙はれ、上村松篁の『春雪』の構成には、近代的科學的構成美を見る。

人物畫では、上村松園の『晴日和』は唯美的で、官能と情痴の世界を描き乍ら、美しい娘を驅りたてゝ働かせるところに作者の時局認識を看取され、平素武者繪を得意とする植中直齊は『須期遺風顯彰』に於いて、日本畫家が避けたがる現狀の軍人を勇敢に描破した點等に些少乍ら時局色を見た。

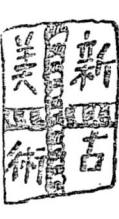

てんらんめぐり

第十九回 新燈社美術展

入選出品、無鑑査出品、幹部出品、同人（審査員）出品、それに國防獻金の小品畫特別陳列を加へて、約百五十點が、中之島の朝日會館に、目白押しに列んでゐるところ正に壯觀たるを失はぬ。

關西で力強い團體である新燈社は何としても、我等に最も親しみ深い氣持で接することの出來る展覽會である。量の多いところから、質が落ちる點は止むを得ぬとして、今少し力倆を見せて貰ひたいやうな氣がした。この頃流行りといふのか胡粉澤山の塗り繪も相當あつた。

糸卷人手を飼ふ（荒木賢治）ガラスを透して、水槽の人手が岩にからみついてゐるのが眺められる多分に裝飾調でしかも新鮮味を失はない佳作の一、これは丹心賞がついてゐた同君の作品とは、松坂屋の二葉會などで、お馴染である、眞劍に自然を哭き止めんとする意氣に敬意を表し、尙此上の精進を希ふものである。

多山（菖蒲大悅）畫面が少し散漫のきらひはあるが、無殘にも綠を失つた荒涼たる山の姿は、強く觀者に迫るものがある

南風（沖中陽明）南國の植物が、水々しい葉を擴げてゐる、葉が重なり合つたところの表現に今一段の研究がのぞましい。

日昭雨…室津港（圓尾青甫）大粒の雨が、ギラリ／＼と降つてきた、日は照つてゐる、海、舟、山、渚、すべてが、しつとりと、濡れてゐる大膽な試みである、全體としても、よく纒つてゐる。

龜（村上武三郎）躍動する龜の群れが、眞面目に描かれた苦心の作である、池の水の飛沫を效果的に生かして貰ひたかつた。

盆手前（光岡亮市）（特賞）上品に纒つてゐる。さながら磨ける玉を作る如き作品

山光る（山田皓齊）同君の持つ洞察力と技法と鋭敏さを遺憾なく發揮したもの、場中出色の作。

彩庫會展

鄕土的結合による會だけに各派の相當作家の顔合せは各自各持に其の特質が眼立つて面白くも有り、一面此の種の行き方は情に流れておざなり出品は作品水準の底下ともなる。主な物を擧げると、宮本三郎の「少女」は寫實力の深さは古典色を見せて達筆、藤岡一の風景は大膽簡明なマッスは手際よく表現様式もさすがだか技術的に流れてか淺く底力を缺く脇田和の「靑い服」は此の人の物としては中途半パで出來が惡く荒谷直之介の「少女」はすつきりした出來、永井宏の靜物二點は色調と材料のこなしに異色がある。此の外石野錬德の「伊豆風景」富田溫一郎の「梅林」松村秀夫の「風景」渡邊宗一の「あぢさゐ」等擧げられる。（靑樹社）

闘、大山二人展

闘の作では「砂丘」は一面粗雜に見へるが砂丘に歌う作者の詩情が愛情の有る生活的情趣としてにじんで居る。「橋」は適當なる色彩のマッスに要約されて色彩の感覺に優自畫像ＡとＢは內面的だが今まだ弱い結極此の作者の物では甘ざは有つても砂丘に見る詩情に期待出來る。

大山の七點では日本畫の場合に扱かはれる一を描て大自然を知る表現効果をねらつての行き方だが其の事は一應同感出來ても盛られた感覺なり技術から受る印象は今まだ弱く出品作中では「シウブ」「ツル」「コドモ」等が良く裝飾的面白さと對照への情愛は好ましい。（紀伊國屋）

水彩時代展

長澤昇の「自畫像」と「少年像」とは色感の美しさと、其のアラベスクには優れて居ても、創作意圖のわざとらしさは消化しきれず「室内の一隅」は構圖の變化と寫實力の深さに佳作。寺居健一の「牧穫」は垢拔した色調と新鮮なる感覺的筆致は底力を見せて味も有り此の會場での牧穫。「山村初秋」「漁村の春」は又溫和な内にも出來の良い方其の外は描きたりず、半田丈夫の作では自然觀照に淺く技術的にも不足はあるが「坂道」の構想の面白さを取る。石川菊壽の五點の內では靜物Ａが良く構圖の變化新鮮なる色感は味が有る人物五點の內ではＢを擧げる。（菊屋）

綠巻會小品展

綠巻會も小さいながら近來在野團としての旗幟を示してきたが、このたびの小品展に於ては少しも肩のこらぬ快適な作品が集められてゐる。神津港人氏の靜物、「洋梨と葡萄」はさすがに手固い手法をもつてをり色調も物質感も相當であるがこれに何かもう一つ強い魅力の出るタッチがほしかつた。佐藤利平氏の作品はすべて執實なレアリズムであるが人物には色の卑俗性が眼立つ。「俵」がよかつた。上田久之氏の「白袷」も健實な寫實のなかに靜かな感味をたゝへた佳作であつた。技としてはまだ幼稚な作品が非常に多いが對象へ喰ひ込む迫力の弱さが一般の作品に見える點を指摘しておかう。（靑樹社）

異彩ある畫家 山下摩耶氏の作品

豐田 豐

この摩耶氏獨自の個性は故華岳の氣を帶び朦朧微妙を感じさせたそれとは違つて、より明るく健やかな新宗教に情操のものだ。その數に於いても極めて多い水墨山水、花鳥の類に至つて一層それは高度に秀潤化されるさうして華岳のその種のものゝ朦朧髣髴たるそれと違つた構成のシムプリシチイ、的確な象徵感は、やはり華岳から一時代前進した今日の新神祕主義だ。だがこの種のものに於いて、普通山景風のものは、朗かではあるがさすがに華岳の幽妙さに及ばず『松月之圖』幾多の『雪竹』等キリッとした新感覺的な畫風のものに清爽こよない妙品ものを見出るのは、やはり彼が華岳よりも時代を前に進ん今日人であることを立證する。

然もこれ等新感的花鳥水墨は幾多の椿花圖や『葡萄之圖』等の淡彩着色の靜物小品に至つて更にこの人の新意圖に優れ、畫品一層匂ひ高いやうに思はれる

山下摩耶氏の藝術は確かに一つの異常藝術である。神戸で管見を持つた同氏個展の諸作には全數五十、大體に二樣の系類がある。一つは氏が生前師事してゐた、この地の故村上華實の傳統に基く、水墨溜め散らしの山水花鳥であり、今一つは初期肉筆浮世繪のゲラモノ風な、或ひは紅絃式な素撲稚拙な好みの、市井風俗畫である。後者には幾點の「婦女之圖」が數へられ、就中最後に陳列されてあつた舞妓が黃な團扇は持つ『舞妓之圖』が幽玄なる色調の豐麗さを以つて優れ、この幽玄的宗教情操は聽て『赤不動尊之圖』、『阿彌陀尊之圖』、『十二神將之圖』等の佛畫となつて發展し、反之これの高い豐麗なる妖氣が見られ、藤原初期佛畫の素朴を近代化したかの感が深い。

畏くも宣戰の大詔を拜す。吾ら粉骨碎身たゞ大御心に副ひ奉らんことを庶幾ふのみ。

美術 経済

金属類特配停止に 除外例！

作家の資格調査進捗 新人の認定頗る注目

嚢に七・七禁令により奢侈品の制作を禁止されたが、この中美術工藝品は特に除外の特典を與へられてゐた處臨戰態勢强化の爲にその資材主として金屬、漆等の配給が愈々今年度限りで停止される事になつた、然し當局では美術品保護と傳統技術の保存の建前から「作家の資格」に於て七、七禁令と價格統制令に觸れるものを制作する事の出來る除外例を認め資材の配給と價格統制令による公定價以外の藝術品としての販賣が許可される事になつた

其の資格は（一）藝術院會員（二）審査員たりしもの（三）無鑑査（四）帝展文展奉祝展を通じて二回以上の入選者にして現に藝術的立場に有る者に限り資材の配給を許可されることに決定した、此れに該當する作家は現在までには四百八十人を算へることが出來るが、過般開會せる文展の入選者の內では三十人が新に資格者として登場したこの他文展出品者以外の在野作家にして資格者と同等、或ひは其れ以上の技術者も可成多くあり是等の人々が資格を望む場合は、地方長官により推薦された者に限り此の特典を附與されるものである

その資格調査と、新人資格認定に關して東京府藝術審議會では過般丸ノ内會館にて第一回の資格調査會を開き引續き審査を行つてゐるが、資材配給と公定價格品か藝術品かの問題は工藝作家の生命とも云ふべく、作家たちはその結果を頗る注目してゐる

彫刻家への地金配給減量

千二百キロを聯盟から鑄造家へ配分

地金配給は從來、鑄造家並に彫刻家の夫々使用する量を合算して年に千五百キロであつたのだが、商工當局では時局下非常對策の一つとして　その量を千二百キロに制限し、以前は彫刻家組合と鑄造家組合と別々に配給してゐたのを、今回は之れを兩組合で賄ふ事とし、全日本彫塑家聯盟がその配分の權利を握り、ある限度の必要量を査定して之を鑄造家組合へ配分せしむる事になつた、從前の配給量は去る七月から絶えてゐたので同聯盟側委員が當局と折衝の結果當局では條件附で前記の量だけを聯盟側へ配給する事になり、この旨を過般聯盟側へ通告したものである、その條件といふのは、銅像を公衆の面前に曝さざる事、すべて鑄物になつたものを公衆の面前に露示せざる事、と云ふのであつて、當局の意圖するところは技術存續と云ふ點にある、彫刻家の技術を絶やさない意味で作品を完成させるので、それを鑄造にするところまでと限定してある、地金配分の方法も（A）文展審査員及び藝術員會員（B）文展無鑑査（C）其他と資格を三種類に分ち、A組に屬する彫塑家が作品を審査し佳作と認めるものから鑄造させる事とし、當局から配給された地金の適當量を各箇に配分するもので、同聯盟では故銅配給部を設置し小倉右一郎氏が擔任者となつてゐる

編輯後記

早いものである。本誌が「日本美術新聞」から改題改裝して旬刊報道誌として出發してから既に十旬、本號で第十號となつた。そしてあと二旬にして此の年を送るのである。意に充たぬ乍ら力闘してきた編輯である。號を追うてどこかに刷新の跡のあることを見て頂けたら何より幸ひである。統制以來美術雜誌はどの社もみな力闘すさまじい勢ひであるが、他誌が現代美術ことに日本畫にやゝ薄き傾向あるに鑑み、本誌はグラフ第一面にも日本畫巨匠の作品を連掲してきたがこれは今後も續けるつもりである。どこかに多少の特色をもつことが各誌存在の理由でもあらう。今度京都と大阪に支局を置いた。同地方の讀者諸賢の御利用を願ひます。

「旬刊」美術新報
昭和十六年十二月　七　日印刷
昭和十六年十二月　十　日發行
發行日　毎月三回（十の日發行）
購讀料
一册金五十錢（郵税一錢）
一ケ月三册金壹円五十錢（送料共）
編輯發行兼印刷人　猪木卓爾
東京市麴町區九段一ノ一四
麴町區九段一ノ一四　資文堂
發賣所　日本美術新報社
電話九段二七一五
振替東京一六二五〇
日本出版文化協會々員
配給元　日本出版配給株式會社
一二三五番
通信は一切發行所へ
發行所　東京市本郷區東片町八二　日本美術新報社

京都繪畫專門學校研究科作品

日本橋高島屋にて——

寫眞は前列向つて左より三宅鳳白、松本道夫の諸氏

大潮會懇親會

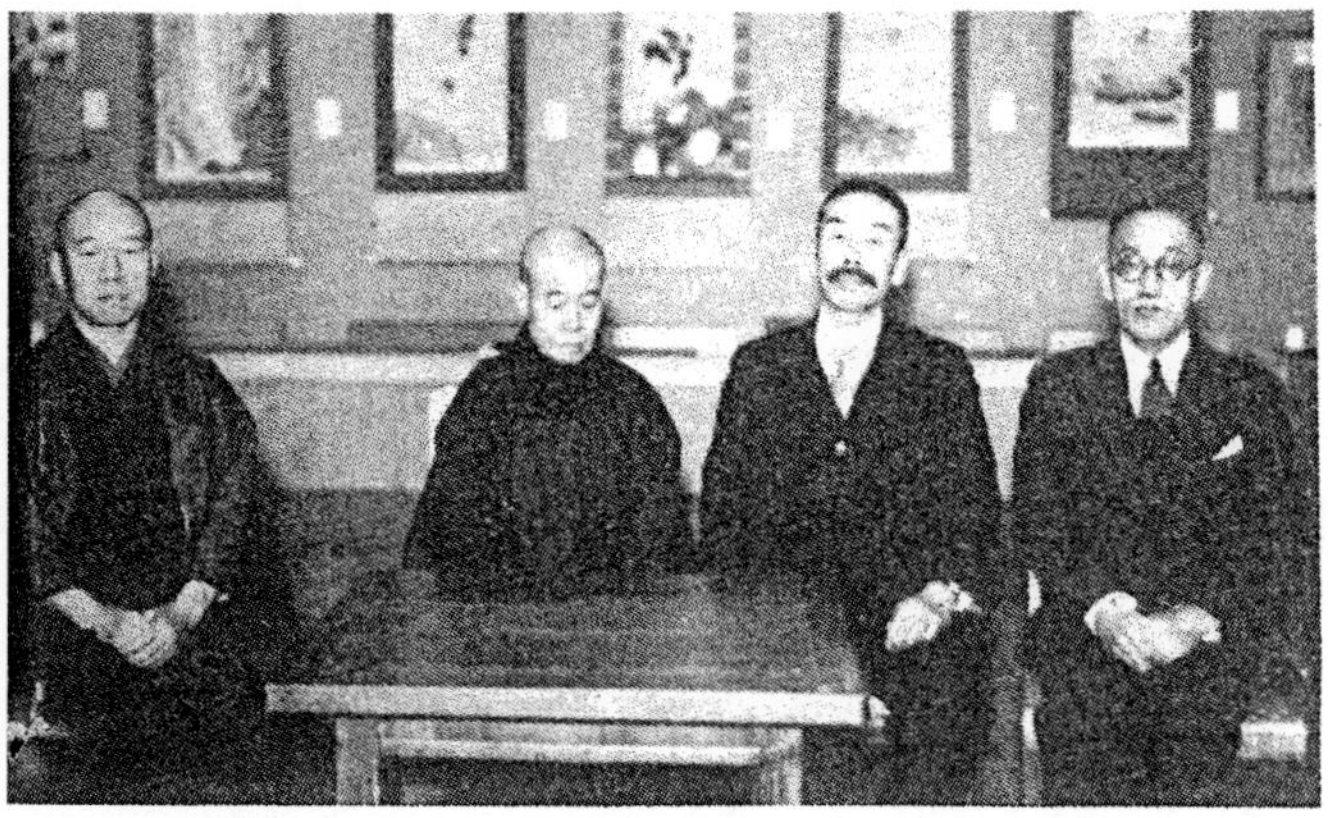

、和風會展

寫眞は向つて右より出口清三郎、玉置照信、鈴木雪哉、鈴木有哉の諸氏

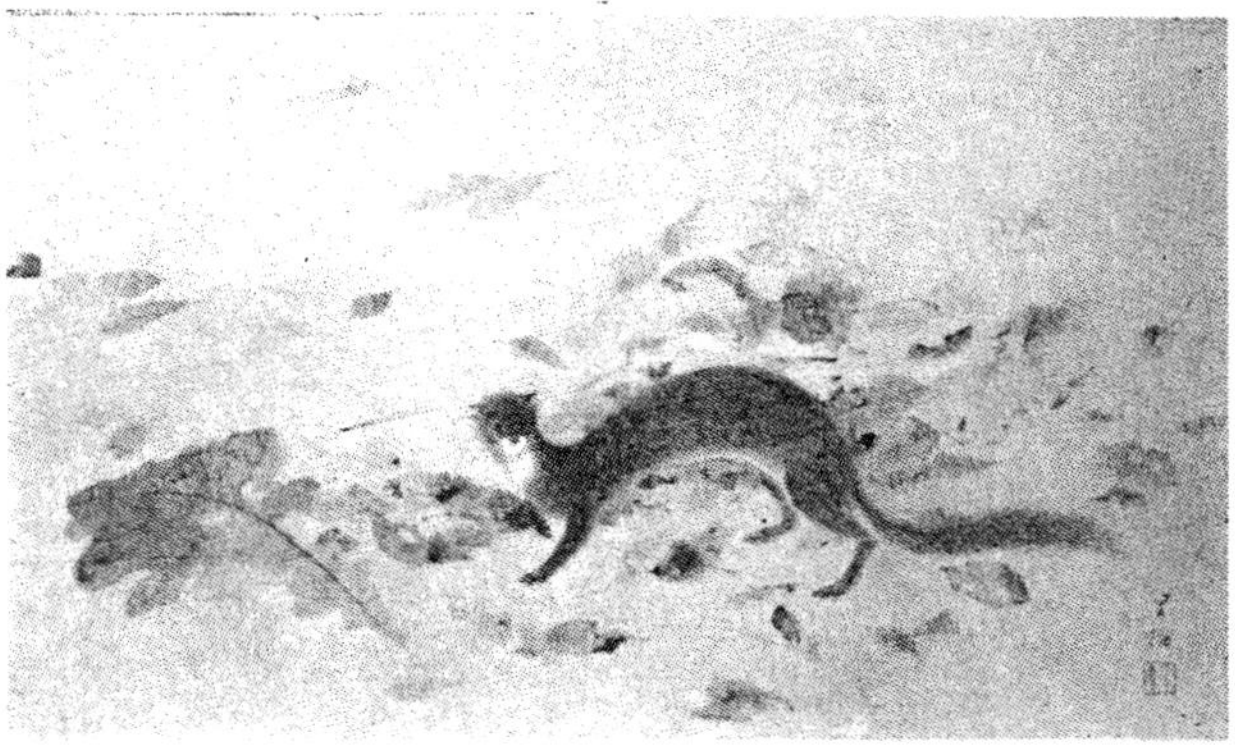

蛭子屋里經

新作日本畫屋

上圖 落葉

下圖 牡丹

赤堀信平彫刻展

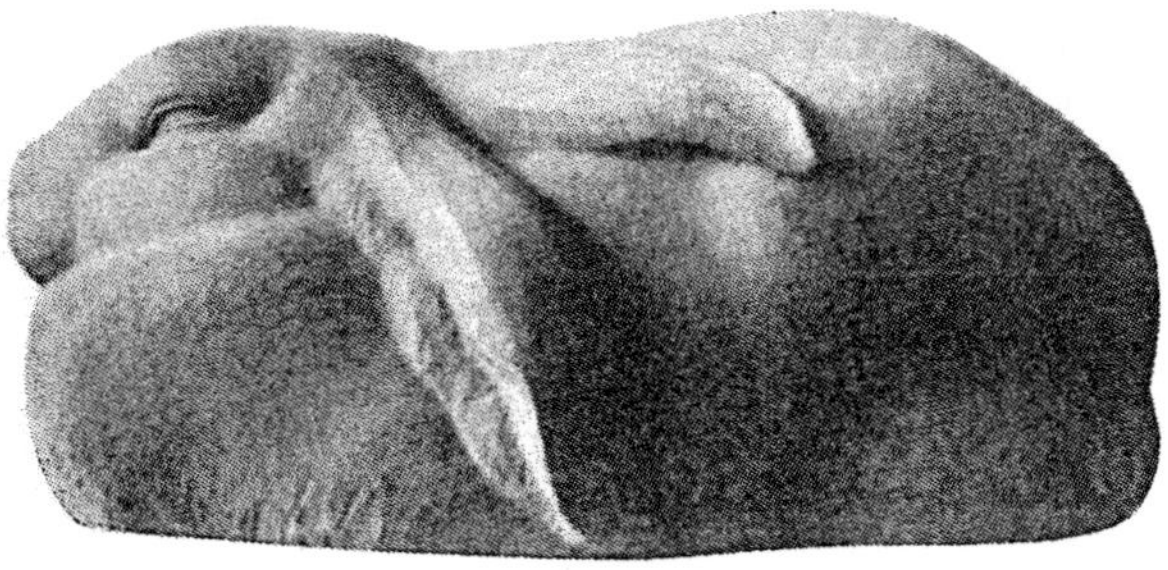

第一回新興岐阜美術展

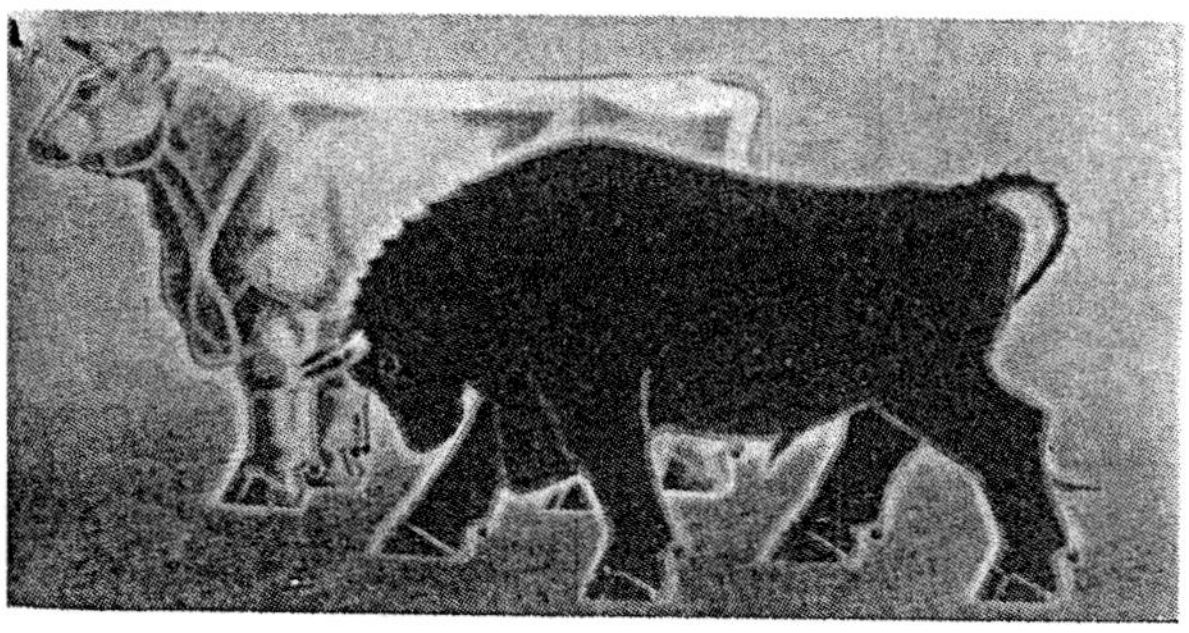

上圖右より

雛 杉山祥司

双牛 臨田畔牛

傳川白道第一回展

村の秋

井高歸山個展

人の繪畫

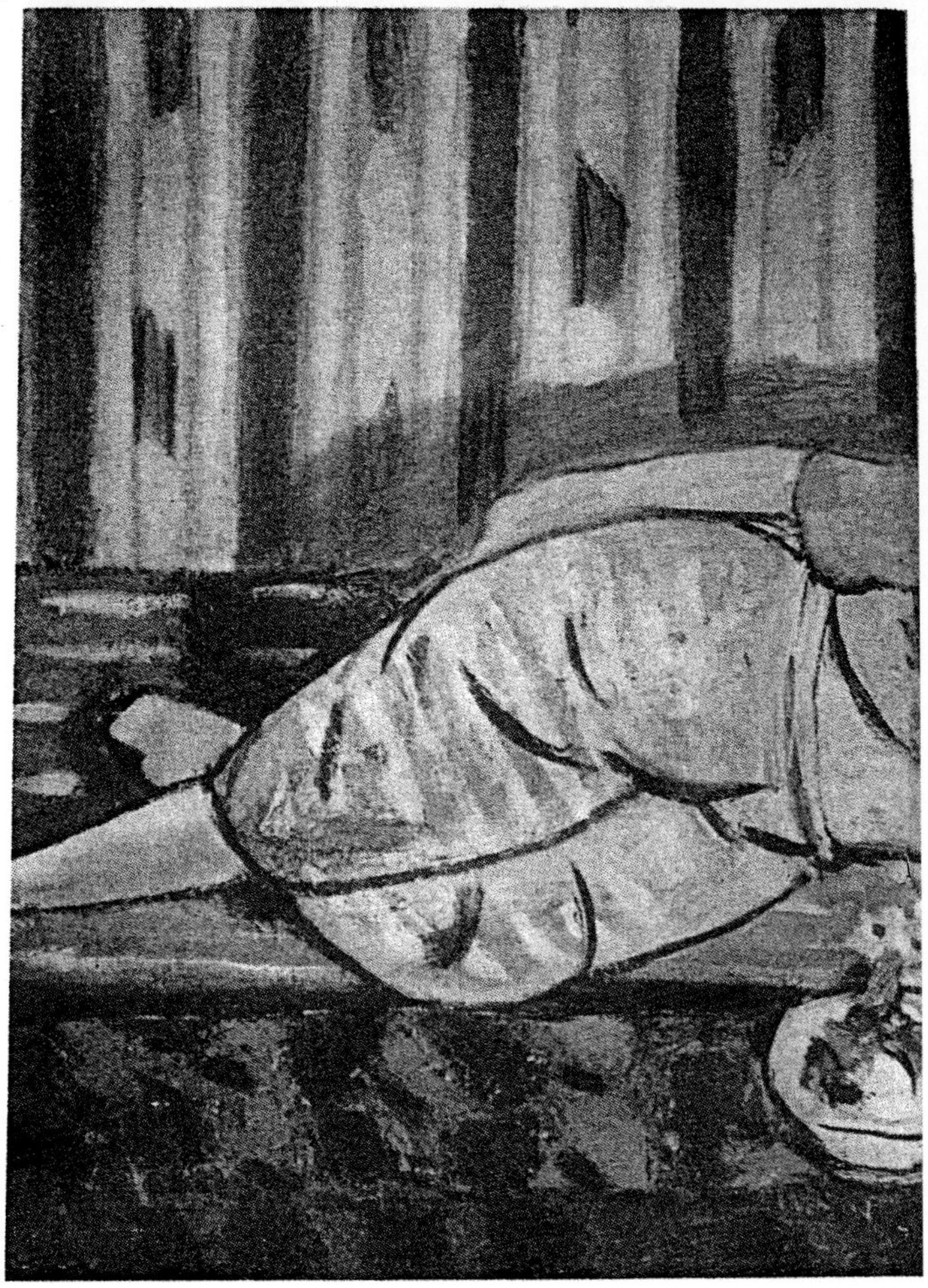

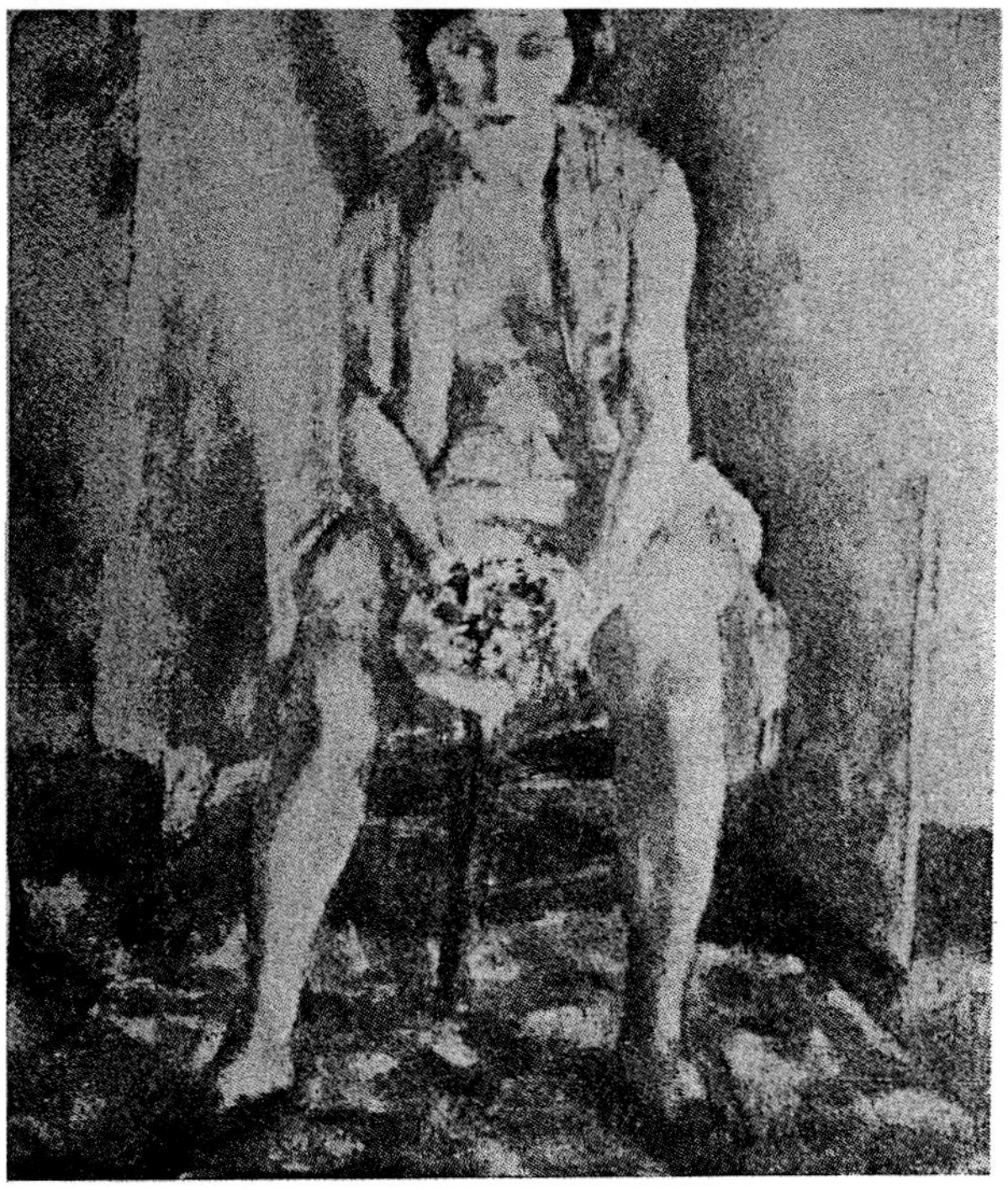

8

7

(1)散歩 シャガール (2)女 キスリング (3)横たはる女 マチス (4)母と子 モヂリアニ (5)眞晝の幻影 サルヴアドル・ダリ (6)赤と黑 カンデインスキー (7)失樂園 エミール・ノルデ (8)女 パスキン

6

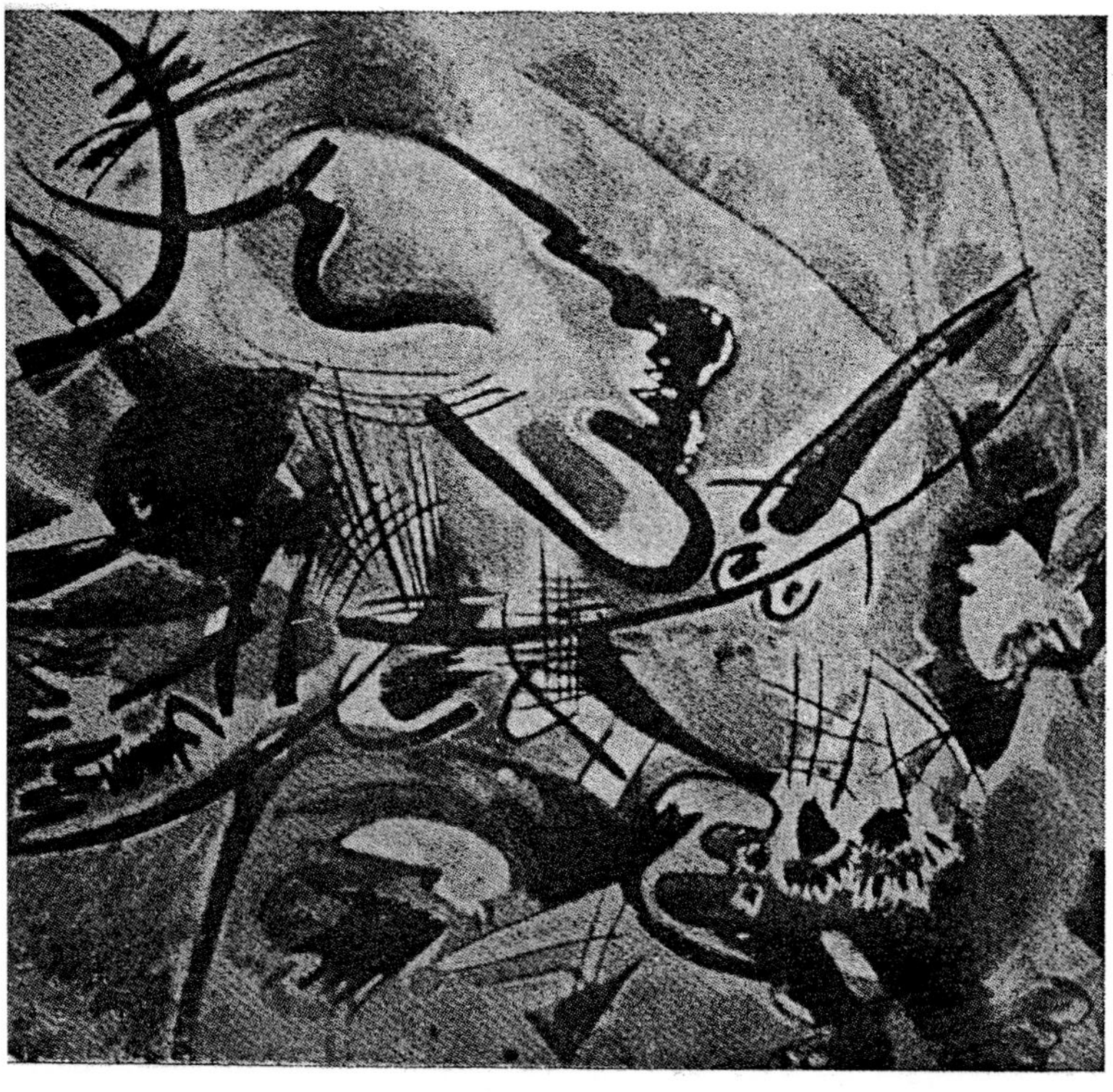

5

ユダヤ

3

ナチ獨逸は國内から一切の猶太人を追放した。なぜか？　それは猶太人の操る世界政策たる金權主義が前世界大戰に獨逸を勝利者から敗戰者に突き落した爲めだ。それのみならず猶太人の政策は健康なる文化を蝕み人心の頽落を誘ひその虚に惡思想を氾濫させたからだ。獨逸はかくて猶太人美術家畫商を占領地から一齊に叩き出した。猶太人の美術の特質は智的な分析抽象精神の廢頽を煽動し、誠實な健康な精神を排斥するにあるのだとナチ獨逸の美學者は言ふ。勿論これらの作家の中には一代の巨匠が尠からず在り個人としては美術文化に貢献してゐるが、その眞相はどこにあるか。本誌 川路氏の「世界を攪亂する猶太人と近代歐州畫壇」に就いて知られたい。

1

2

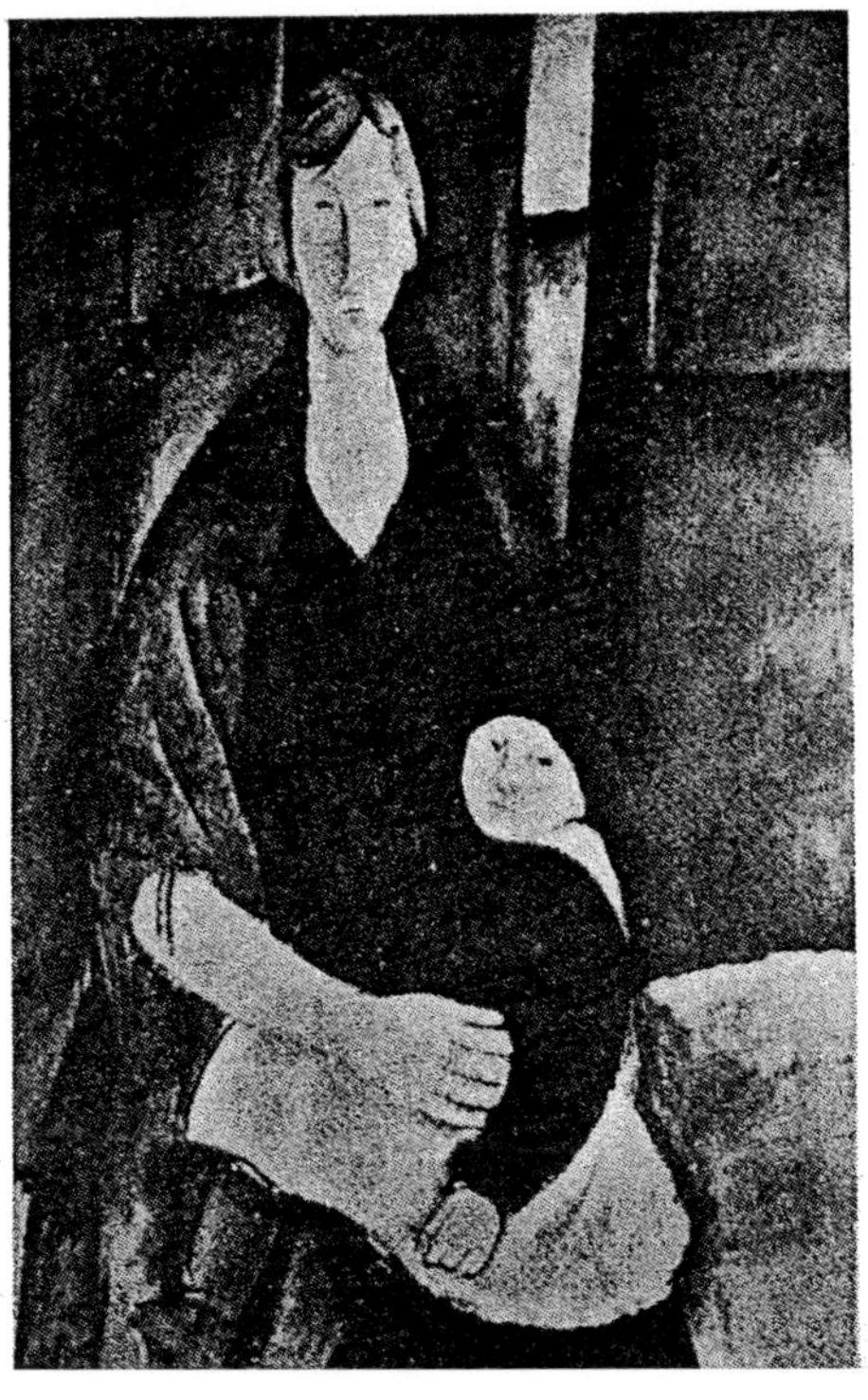

4

新構造展社

景山の緑　内田正男

農村　三村英一

長瀞風景　村岡清

渓流（漆繪）　中田博三

新構造社同人

寫眞は前列右より足立重興、中田博三、市川惣治、多比羅一榮、後列右より赤澤かほる、石田隆一、高野直一、内田正男、本目勇市、スエタケ・タツ

旗日　田代一郎

初夏　北澤博生

立葵　高野直一

紅葉の富士　改井徳寛

麗日　倉本七朗

僕は軍人　本目勇市

第一回日東美術院展

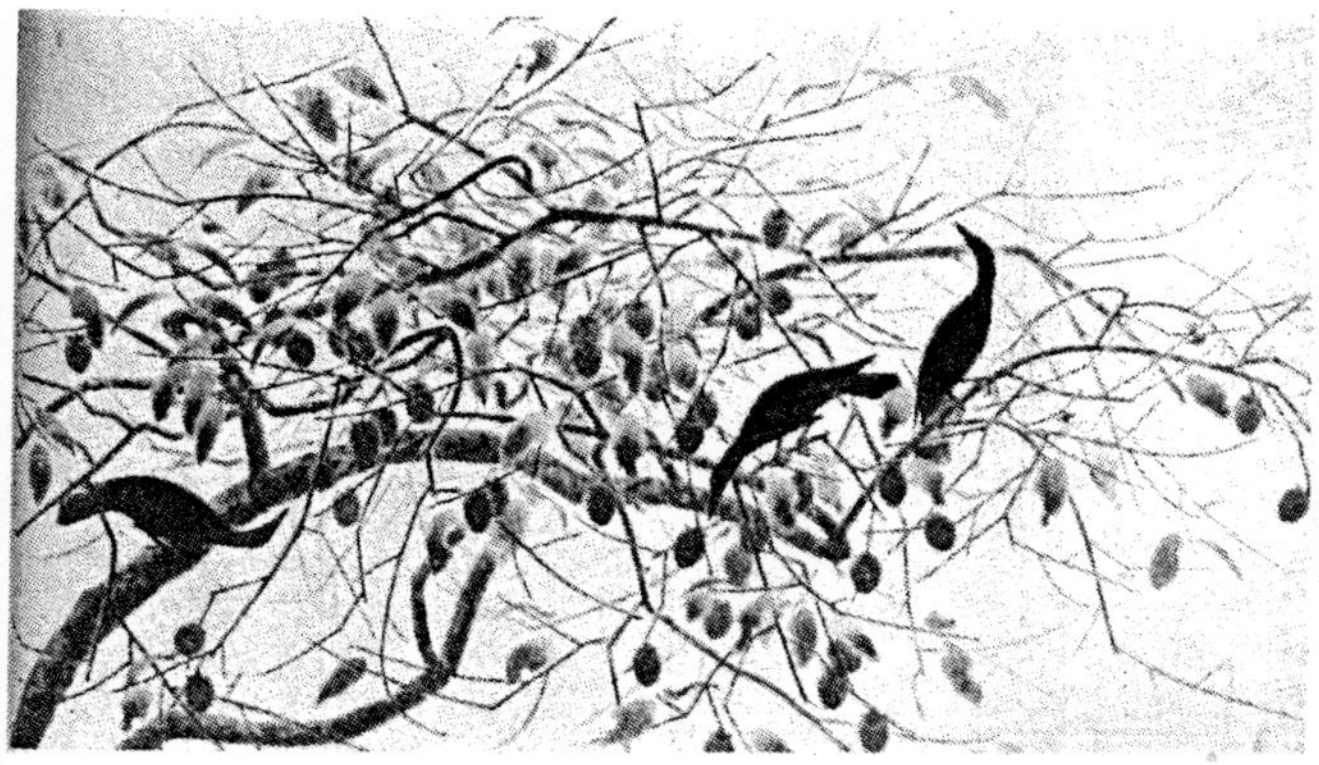

秋趣　西村雨北

立正安國（三部作の內）動　岡部香峰

嶽端望空　中土大至良

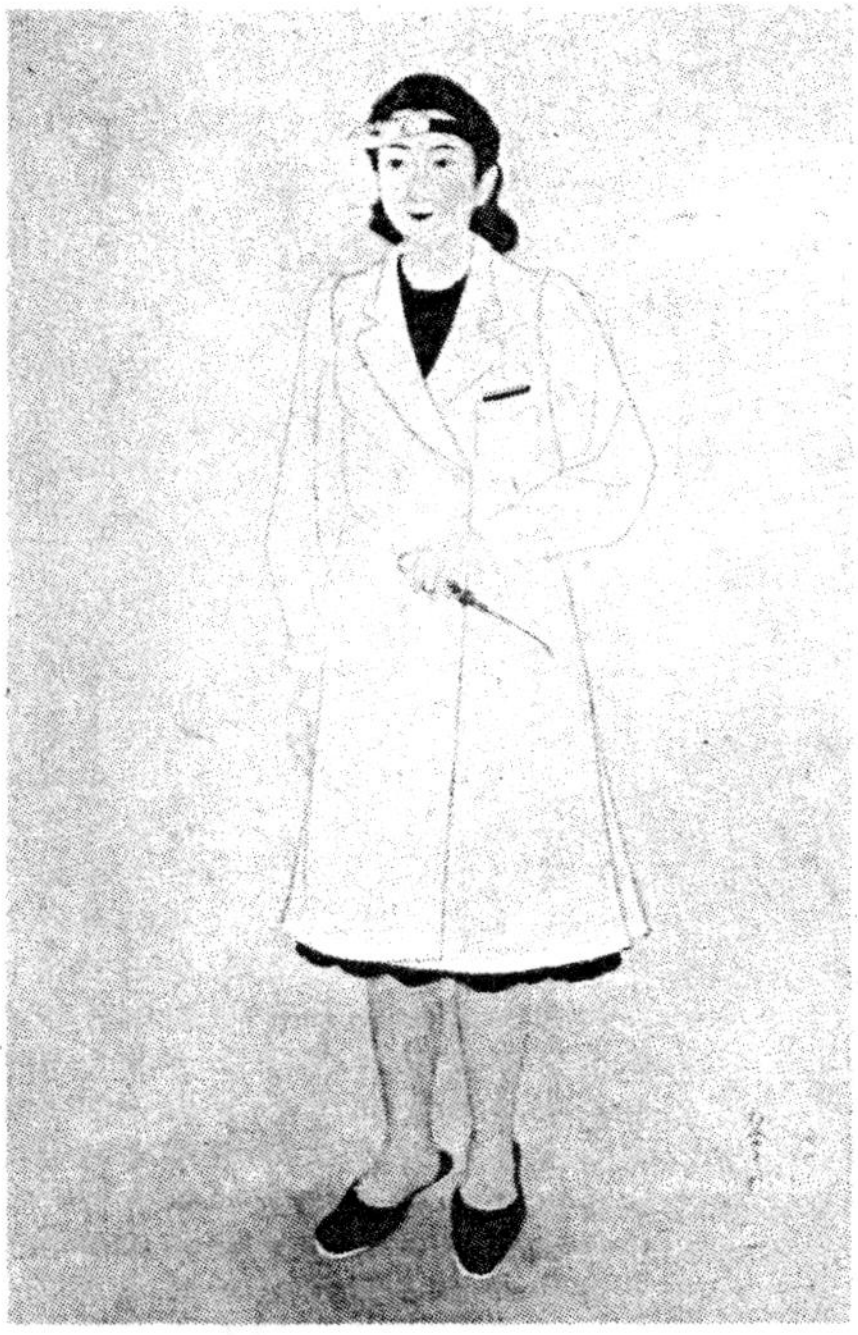

回診着　赤羽部紫子

佛母　川口春波

望鄉（六曲部分）　大町宰世

松韻（六曲部分）　山村眞備

樂土　武田一路

菊　谷佳香

淨音　小柳泰然

東大寺南大門 金剛力士像

四人 ミケランヂエロ作（フイレンツエ新古美術館）

蹴合 竹内栖鳳作

ラオコオン（羅馬ヴアチヤン宮美術館）

蒼虬圖 呉鎭作

美術の力

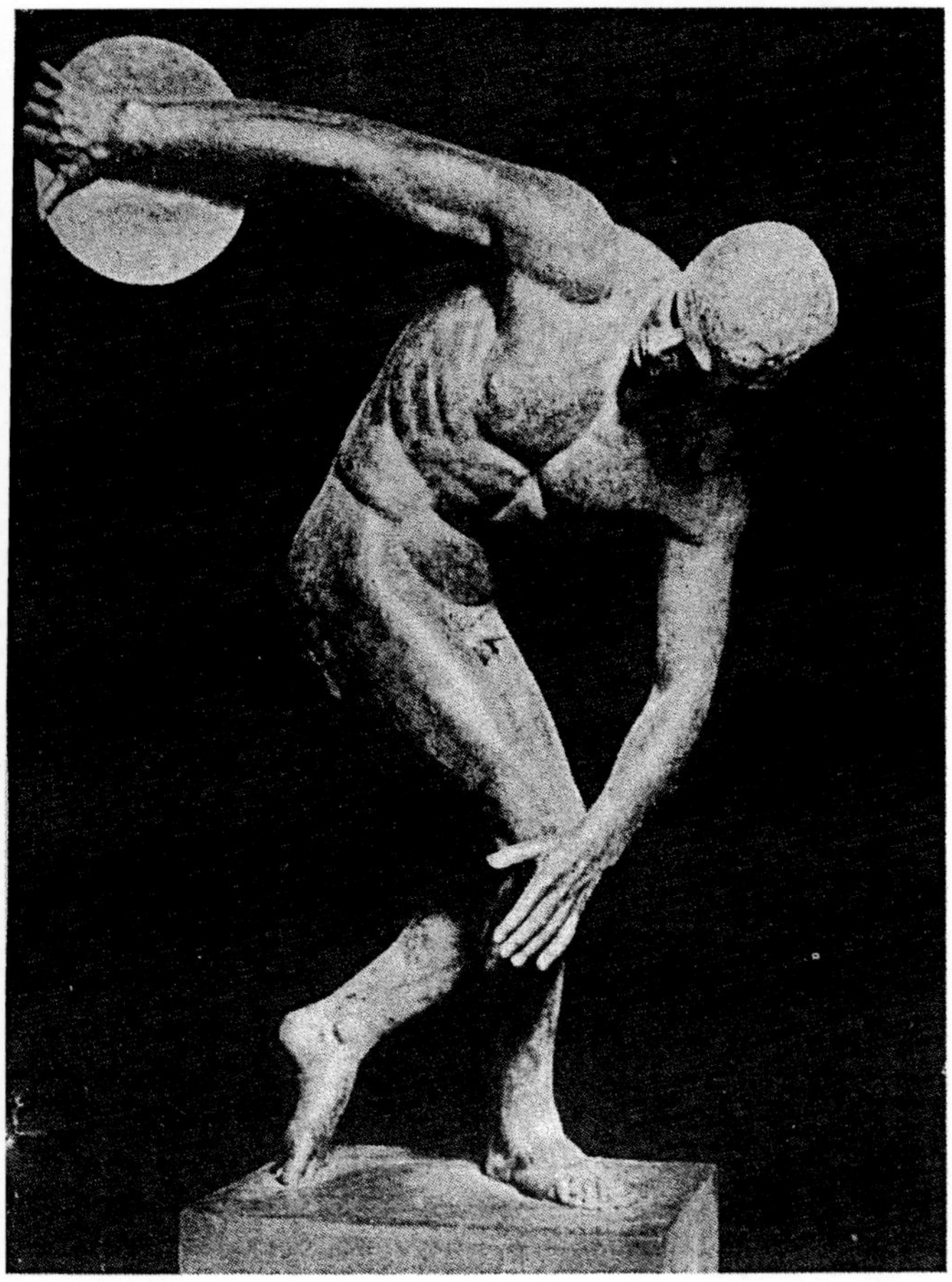

圓盤投(羅馬)

戰へるヘラクレース(アイギナ寺院東方破風)

現代は「力の時代」である、この渦卷く爭鬪の世界に於ては「力」は即ち勝利者である。と言つて力は何も腕力だけでもなく武力だけでもない。精神力智力である。が凡て力は健康であり健全であるべきだ。惡の力はいかに强くともそれは滅却されなければならない。美術にて力を表現したものは東西數多いが玆には「力としての美」がいかに精神の健康性に寄與するかを今の作品の上に求めよう。古代希臘彫刻に表はれた武人や競技者、有名なラオコーン像に於ける大蛇との力鬪、大ミケランゼロの力の藝術——それらに對して東洋に於ては日本の金剛力士——運慶の逞しい表現をも窺はう。明治の芳崖に剛健な精神の力をも汲まう。東洋に於ては「力」は「內なる力」として筆墨に示される。吳鎭の「蒼虬」は老松の精氣の表象であり、栖鳳の「鬪鷄」には鳥禽の全身的な爭鬪が示されてゐる。ドオミエは弱い力士の太つた肉體の鬪爭力の欠乏を示したのは一流の皮肉あるがリュードの凱旋門彫刻には嘗ては輝かしい奈翁の軍隊の力が今もなほ巴里で昔の夢を語つてゐよう。

不動明王圖　狩野芳崖作

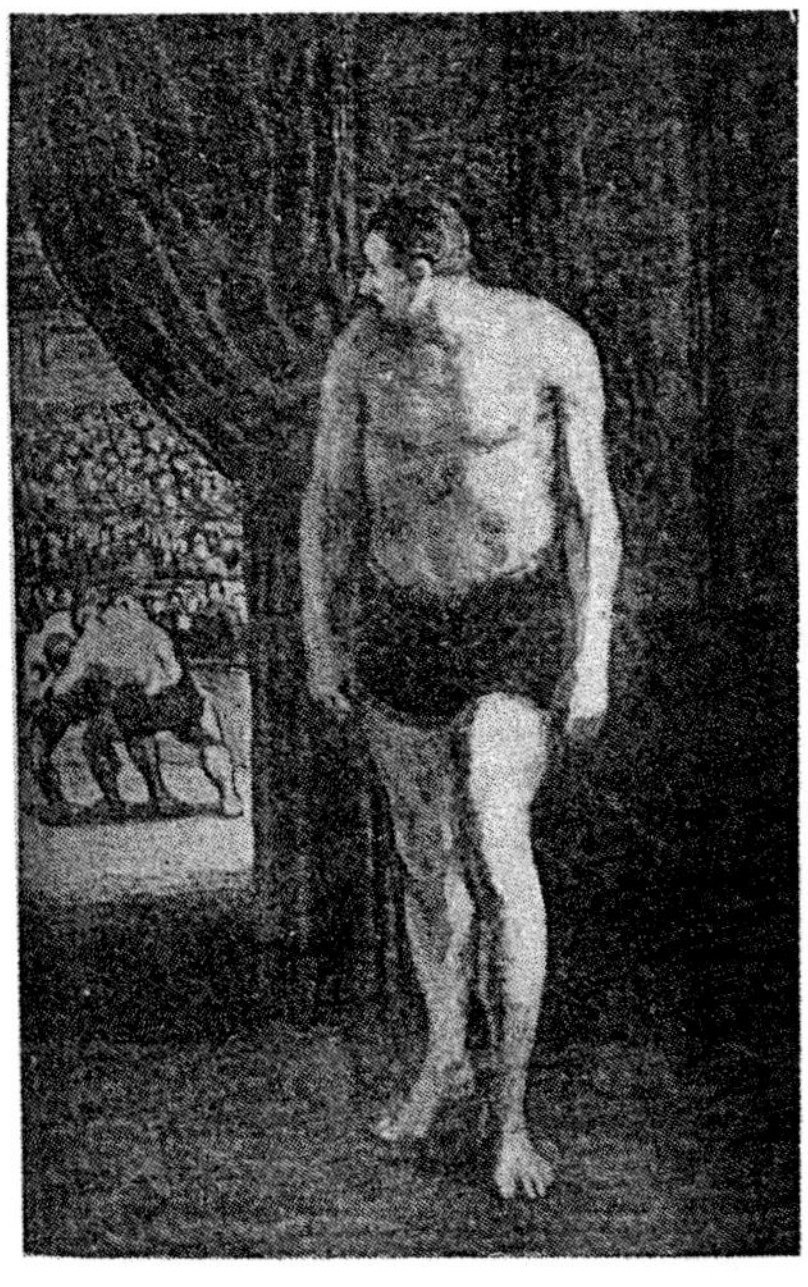

鬪技士　ドオミエ作

進軍　フランソ・リュード作

新作日本畫三越展

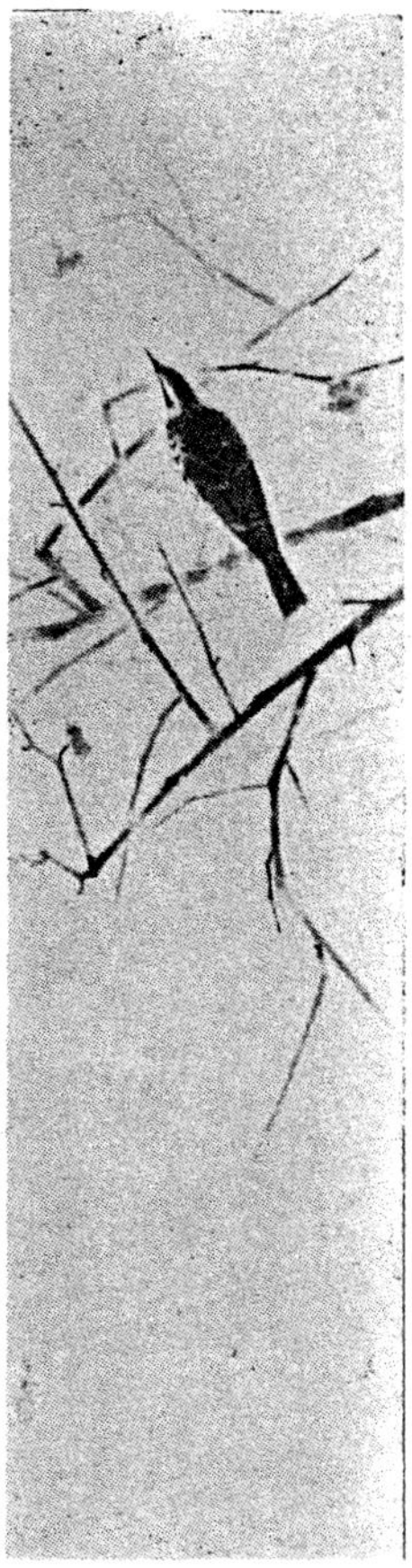
冬梢　森白甫

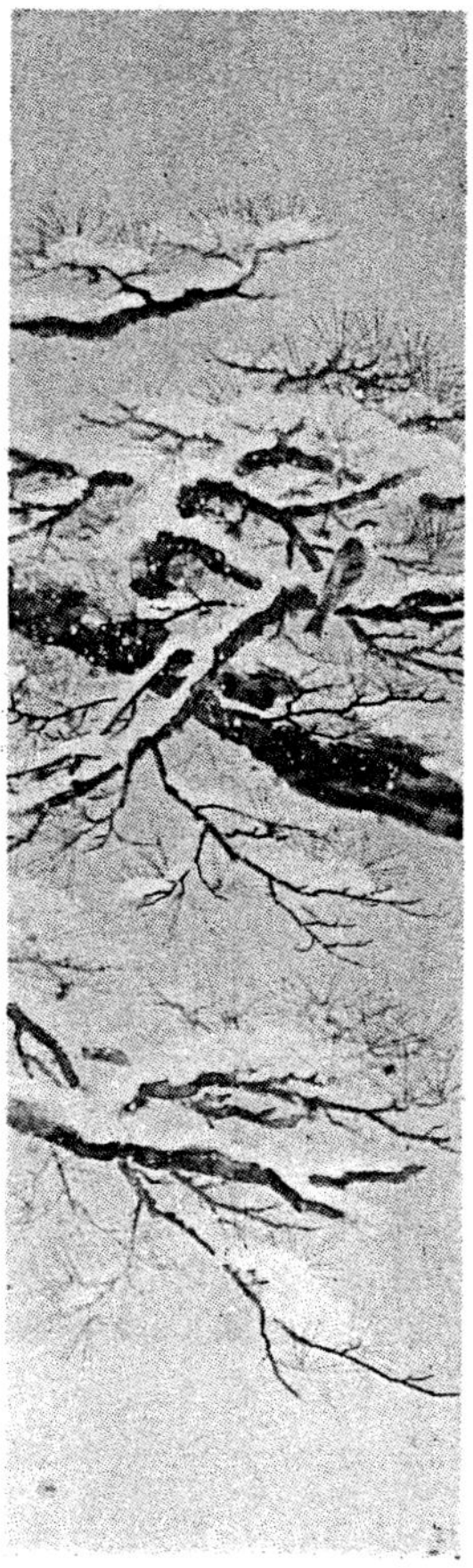
初雪　宇田荻邨

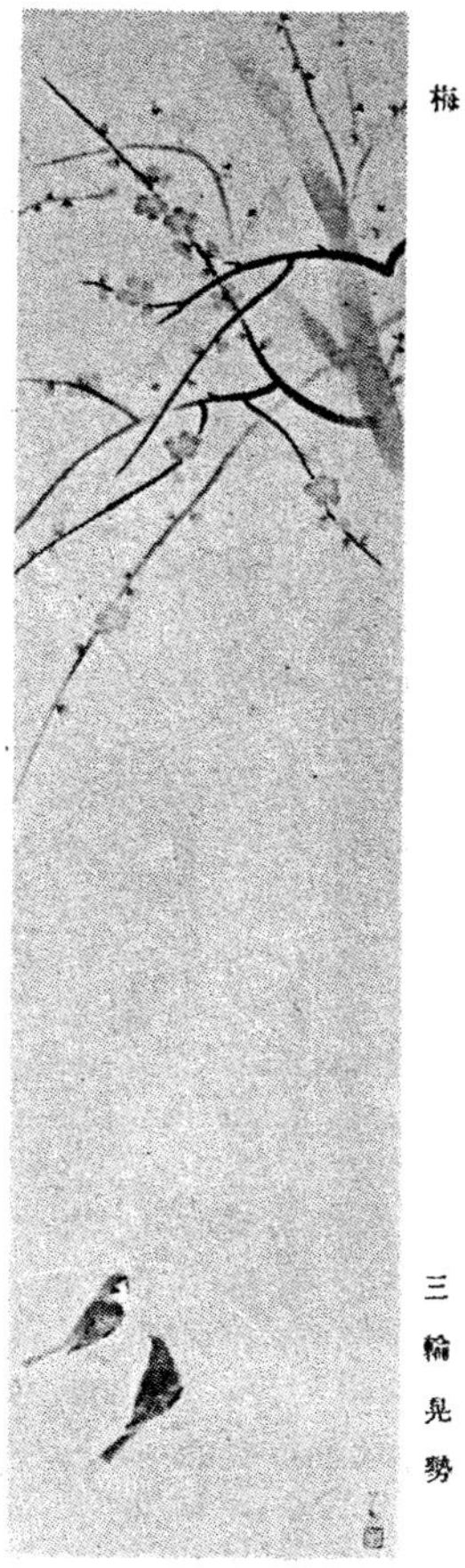
梅　三輪晁勢

春雪　小野竹喬

新篁　大智勝観

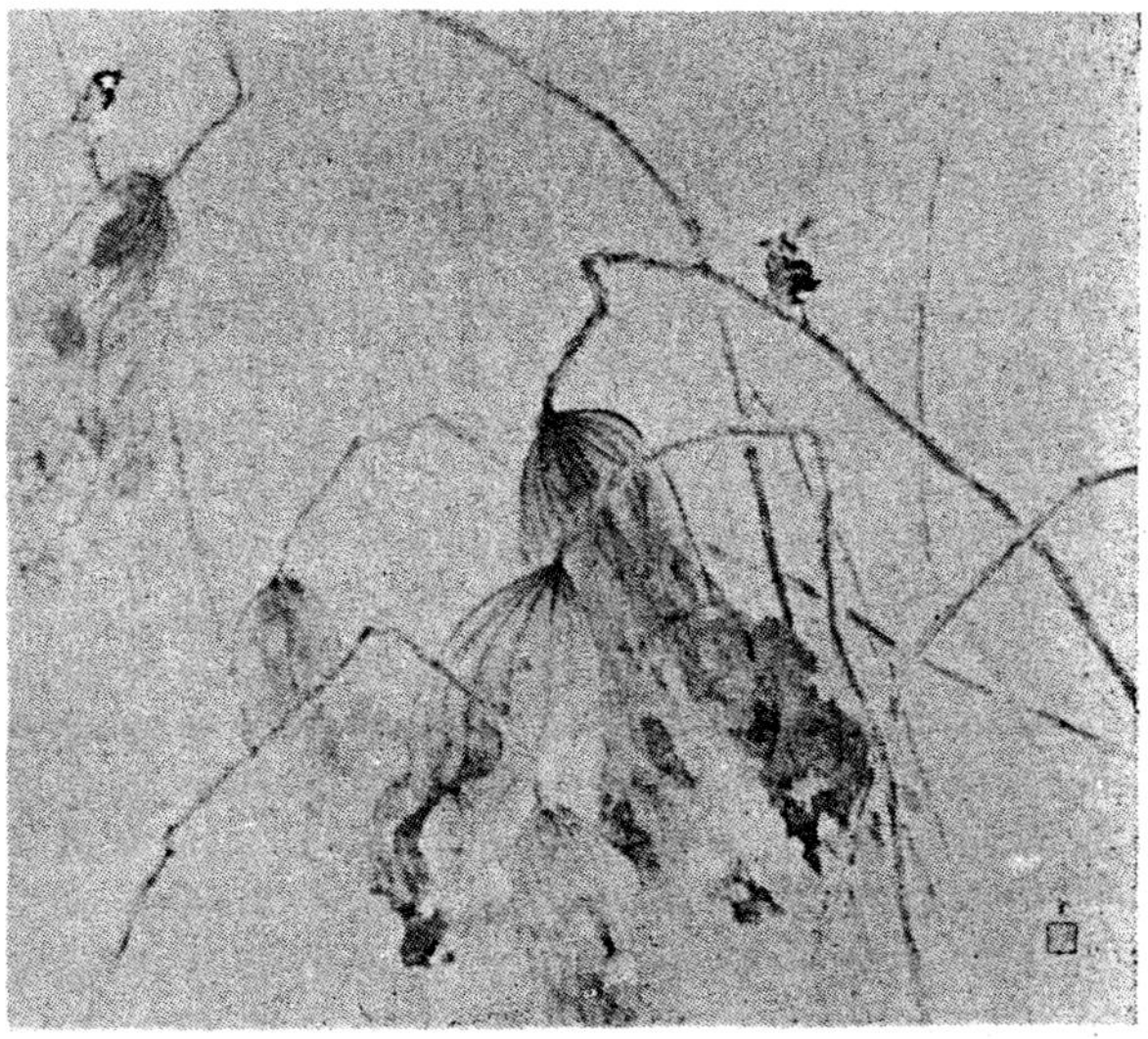
しぐるゝ池　竹内栖鳳

春朝　郷倉千靱

大鯛小鯛　冨取風堂

早春　金島桂華

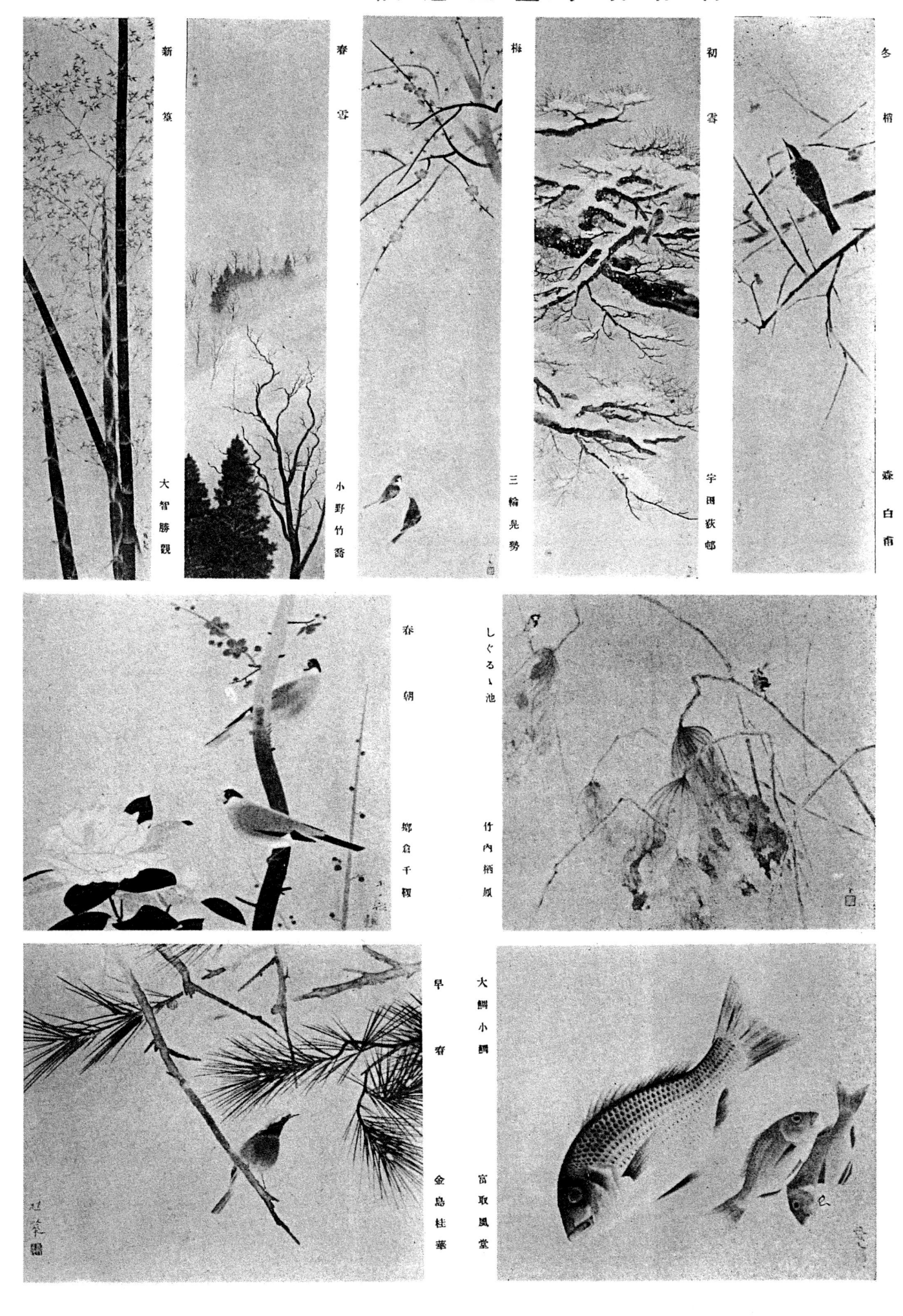

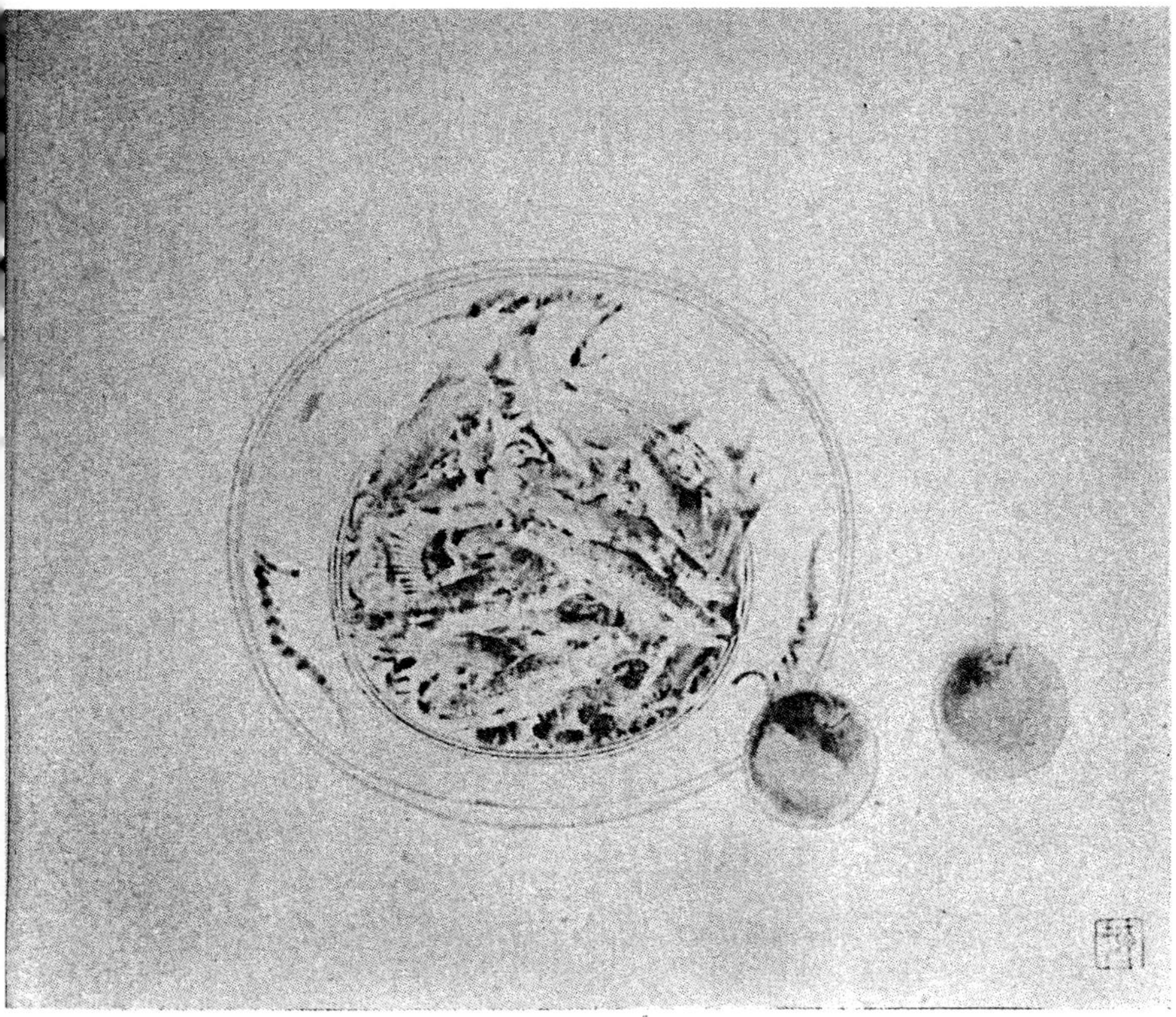

靜物　前田青邨

源氏舉兵　安田靫彦

七絃會

第十二回展

雪旦　鏑木清方

殿親　菊地契月

むべ　小林　古徑

作者最近の快心作とも言へる作品である。今秋渡支以後はじめて世に示した作品である何の他奇なき果物の圖ながらその線の流動と隈の調子の輕快な中にどつしりとした重味をもたせた至藝で洋畫などの寫生と違つて東洋畫傳統を生かした筆技と精神の契合した作であると言へよう。

（七絃會出品）

立正安國（三部作の中）岡部香峰

旬刊 美術新報

十二月十日號

風景花葵　牧野虎雄

10

日本美術新報社

昭和十年一月十二日第三種郵便物認可 第九號
昭和十六年十一月三十日發行（毎月三回十日目發行）

定價金五拾錢（一ケ月三回 金壹圓五十錢）（郵稅一錢）

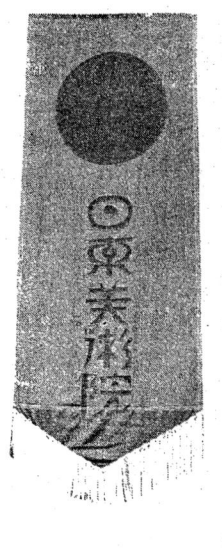

旬刊時評

近代美術館建設決る

かねて兩三年前より東京市に於て皇太子殿下御生誕記念の現代美術館建設の提案があつたが愈々それが決定されたことは、この非常時局下だけに一つの朗報として、享け取ることが出來た。

これには種々の經緯もあつた。この建議案が美術界有志によつて速急提議されたのも近いことである。その後とんと音沙汰がなかつたので或は立消えかとも危まれたが今その建設の確報をえて誠に欣快に堪へない。

かつて表慶館をして現代美術の陳列館にあてるといふことも聞いた。吾らはこの非常時下直接不急な建造物の到底建造不可能なのを知つて現在の東京府美術館をそれに宛て、現在の如き單なる展覽場はバラツク建でもよき故市の中央に近き交通至便の地を撰んで建てよとも呼號したが今回建設案を見るとその邊のことはまだ確定してゐないらしいが兎に角確實に建つことだけは期待出來る。

かつて二十數年前東京府美術館がその要望に應へて成る迄には幾多の曲節あり遂に一個の民間有志佐藤慶太郎氏の出現を俟つて始めて實現した。今回は市自身の手によつて成るのであるから個人の恩惠によるものとは異るが、それだけ何ら煩さるゝ事なき方法に於て萬善を盡して建設されたいものである。吾らは昭和美術の隆昌俟つべきものがあるのを慶祝するとしよう。

美術旬報

滿洲美術家協會奉天支部結成式

滿洲美術家協會では二十三日在奉藝文關係者參列の下に奉天支部結成式を擧行、省美術活動の第一歩を踏み出すことになつたが、同支部は研究所を開設して斯道に資するほか省展も今後同支部が主體となつて働きかけるなほ支部長には横山緊行氏内定更に同支部結成を機に新京哈爾濱にも近く支部が結成される

瀧野川美術家常會結成！

十一月十八日夕瀧野川區荒巻區長鈴木警察署長の膽煎りで區内美術家の大家級が田端の自笑軒に集合、區内美術家も統合して時局下の國策に添ふやうな行動をしようではないかと、つまり美術家常會を開催して之れが善行を計らうと相談した、同夕は發起人準備會とも云ふべきもので

（彫）北村西望、小倉右一郎、吉田三郎、池田勇八、（工）北原三佳、香取正彦、（油）田邊至、柚木久太、石川寅治（日）小杉放庵、勝田蕉琴、岩田專太郎

の十二氏で小山榮達、菊澤武江板谷波山、香取秀眞、國方林三内藤春治の六氏は都合で缺席した、差當り會名を「瀧野川區藝術家協會」と假稱し、近く第一回總會を召集する豫定で午後八時散會した、東京に於ける美術家常會は八月十日豐島區で城西美術家常會が結成された以來、これが第二次結成である

革丙會々員研究の旅へ

去る二十日、棚田曉山氏東道で川船水棹、羽石光志、岩田豐鷹、兒玉輝彦、太田天洋、小山榮達、磯田長秋等の舊革丙會の諸氏は山梨縣鹽山町を中心に美術研究の旅程に上つた、鹽山町向嶽寺の「達磨像」を始め放光寺の大日如來、愛染明王、不動明王の木彫、窪八幡の丹塗白壁の社殿建築、惠林寺の門及び庭菅田天神に新羅三郎義光と社傳する小櫻威鎧等いづれも屈指の美術を鑑賞した

國畫工藝協會

同人小品展賑ふ

國畫工藝協會同人小品展は二十五日より二十九日まで上野松坂屋六階で開催、富本憲吉、北出塔次郎、福田力三郎、德力孫三郎、鈴木清（以上陶器）、山永光甫（漆器）、内藤四郎、奥村博史、增田三男、織田愼一、齋藤鉎一（以上彫金）、飯塚藁石（竹工）、平野利太郎（刺繍）稻垣稔次郎、矢部連兆（以上染色）諸氏の作品を陳列した

新燈社十九回展

盛況裡廿四日閉幕

第十九回新燈社美術展は二十日から二十四日迄大阪中之島朝日會館で開催、名譽同人青木大乘氏始め、同人幹部三十八氏の近作を發表せるほか、國防獻金の爲の小品畫を特別陳列して人氣を呼んだ殊に青木大乘氏の力作は好評を博した

海軍館壁畫揮毫の一行

呉の海軍參考館と大三島の鎧見學

海軍館では帝國海軍の誇るべき史實を繪畫によつて陳列すべく既に明治時代以後の分は油繪で現在陳列されてゐるが、その以前の神武天皇御東征御船出以後幕末の黑船來航までを日本畫作家十六氏に依頼巾五尺餘竪四尺三寸の大きさで目下制作中であるが其完成期は明十七年五月二十七日の海軍記念日には完成披露式を擧行する豫定なので此際制作進行に一層の拍車をかける意味もあり本月五日から一週間に亙つて依頼作家一同を呉軍港に招待し江田島海軍兵學校參考館にある我が水軍の資料見學をさせ續いて愛媛縣大三島に到り、三島水軍の發生地である大山祇神社に參拜、同所の武具鎧を檢討した、その一行は

野田九浦、池澤青峰、太田天洋、磯田長秋、江崎孝坪、小堀安雄、服部有恒、森戸華香久保田金僊、岩田正巳、吉村忠夫、守屋正、新井勝利、（安田靫彦、前田青邨、中村岳陵三氏は缺）

で海軍省から囑託河邊梅村氏が東道として參加した

服部有恒氏談

大三島は二泊で寶物の武具鎧の類を拜見したのですが就中興味深かつたのは有名な澤瀉威といふ古鎧の殘缺を組合せ綜合して研究したことです、この鎧は過般發見された愛知縣猿投神社の樫鳥威の鎧と前後する藤原初期のものだから嚴島神社の小櫻威よりも古いわけで「伴大納言繪卷」の中の鎧武者に見られます、小ざねが三穴式なのも注意さるべきで仔細にこの威を見ると澤瀉威とは謂つてゐるが實はそれよりも一層複雜で逆澤瀉だと考へられるのです、源義經の奉納と社傳にいふ緋糸威の鎧は今度は外光に浴して見ることが出來たが實に美しかつた云々

日本版畫十回展

二日迄府美術館

日本版畫協會では二十五日から第十回版畫展を上野公園府美術館で開催、旭泰宏、畦地梅太郎、石井鶴三、廣島晃甫等六十一氏の作品を展示、今回は特に十年を回顧して會員の秀作を再陳列し好評を博してゐる、會期は來る二日迄

風土會第一回展

白石達夫、北原榮一、小川廣三氏に依つて風土會を結成、十二日より十六日迄五日間、紀伊國屋畫廊で第一回展を開催、白石氏は「薊」「顔」等十點、小川氏は「デッサン」等五點、北原氏は「木立」「石正面」等十點の各近作を展示した

新興岐阜院展―入賞者六氏

岐阜市の秋を飾つた第一回新興岐阜美術院展の入賞者は左の通りである

展覧會の暦

▽風景畫院展　十二月三日迄銀座ギャラリー
▽和風會展　三日から七日迄白木屋
▽日本版畫協會展　三日迄府美術館
▽栃木縣美術協會展　四日迄菊屋
▽第二回新生活美術展　四日迄資生堂
▽丹光會二回展、四日迄伊勢丹
▽國風盆栽展　四日迄府美術館
▽第二回水彩聯盟作品展　六日から十日迄銀座三越
▽土佐林豐夫油繪展　六日から八日迄菊屋
▽經濟工藝展　六日から九日迄資生堂
▽日本彫金會展　六日迄三越本店
▽赤堀信平二回彫刻展　同上
▽新作日本畫展　同上
▽長谷川白峰新作陶磁器展同上
▽福田惠一新作繪畫個展　七日迄高島屋
▽吉田叡示作陶彫馬百態展　七日から十二日迄三越本店
▽新構造社展　七日迄府美術館
▽日東美術院展　七日迄府美術館
▽大潮會展　七日迄府美術館
▽河井寛次郎、濱田庄司二人展　八日から十二日迄鳩居堂
▽創元會油繪展　九日から十三日迄三越本店
▽新世紀展　九日から十三日迄青樹社
▽瀨戸作陶會茶器展　九日から十三日迄白木屋
▽菁々會油繪展　十日から十四日迄菊屋
▽久米福衞個展　十日から十二日迄銀座ギャラリー
▽現代名家新作花鳥畫展　十日から十四日迄高島屋
▽矢部友衞個展　十一日から十三日迄交詢社

市長賞（岐阜）脇田畦牛、第一新興岐阜美術院賞（東京）東山魁夷、第二新興岐阜美術院賞（京都）村上蘭田、商工會頭賞（岐阜）林晟、小虎賞（岐阜）田中紫晨、竹圃賞（岐阜）中島一悟
尙同院無鑑査は左記決定
（東京）東山魁夷（京都）村上蘭田（東京）清水有聲（京都）栗田槐山（東京）久連石雨萓（京都）末藤米圃（京都）南耕平人
院友は左記決定
（岐阜）松橋映水（岐阜）中島一悟

川端龍子氏等靑々會結成
◇……第一回展を日本橋三越で開催

川端龍子、坂口一草、加納三樂、福岡青嵐、山崎豐諸氏をメンバーとする靑々會では第一回展を二十二日から二十六日迄日本橋三越で開催、過去十年に亙り三越の一行事とした龍子個展を昨秋の第十回で打ち止め、今回それに代るものとして、前記靑龍社の人々の制作を以てする靑々會を結成したものだけに、いづれも香氣の強い力作を並べ絕讚を博した

名家木彫展
上野松坂屋で好評

現代名家木彫作品展は十八日から二十三日迄上野松坂屋六階で開催關野聖雲氏の「達磨」藤井浩祐氏の「手鏡」雨宮治郎氏の「聖觀音」後藤良氏の「菊の香」、國方林三氏の「ポーズせる女」等三十四點を出陳、好評を得た

日東美術院第一回展盛況

第一回日東美術院展は既報の如く二十六日から上野公園府美術館で開催、連日盛況を續けてゐる主な出品作は左の通り、會期は來る十二月六日迄

「立正安國」三部作、園部香峰、「池水叢」川口春波、「佛母」川口春波、「柿」西村雨北、「望鄕」大町宰世、「淨晉」小桝泰然、「嵯峨野」大路孫三郎、「樂土」武田一路、「斷崖」中土大至良、「海國」內山英一

關雪書畫鑑賞展

橋本關雪氏の詩書、畫鑑賞展は十八日から二十三日迄京都四條高倉大丸六階で開催、畫では「猿」「富嶽」「詩窓淸伴」「吉野懷古」「初冬」「寶船」「鬫」「官妓」、書では國歌、一行書、五言絶句、雪月花等を展列、連日盛況を呈した

大河內千慧個展

大河內千慧氏の第一回個展は十一日から十五日まで銀座ギャラリーで開催、「赤い橋」「夕映」・「管展山寺から」等三十點を展列した

聖戰展好評
堺藝術報國聯盟

さきに工場巡回藝術を開き好成績ををさめた泉州堺藝術報國聯盟ではこんど市役所、商工會議所、翼贊會、產報兩支部後援で十四日から三日間堺市開口神社內瑞祥閣で、聖戰藝術展覽會を開催、出品四十餘點はすべて力作揃ひでなかでも岩田千虎氏の彫塑「敵陣動く」岸谷勢藏氏の戰陣訓中攻擊精神を描いた畫帖、岡田勝氏の洋畫「戰機待つ整備兵」河口正勝氏同「北支金龍山附近戰鬪之圖」高橋よね女史の日本畫「門出」歸還獸醫中尉府立農學校敎諭東胤弘氏の戰線スケッチなど勇壯な戰場に取材したもの、大泉いかう作間四郎兩氏合作の驀進體制漫畫廣瀨流水氏の短册、大野翠峰氏の俳句隣組など興亞翼贊精神を發揮したもの、その他洋畫、日本畫、竹細工などいづれも眞摯な藝報精神の發露したものばかりで教育關係者をはじめ一般市民から多大の歡迎をうけた

川崎展授賞者
日本畫二洋畫四

既報、川崎市美術協會では文化翼贊を目指した第一回展を去る七日から同市民會館で開催、出品は頗る多く搬入總數四百九十三點に上り、產業戰士の作品が壓倒的で、審査の結果日本畫六點洋畫三十六點、彫塑三點を入選と決定八、九兩日一般に公開した、村井市長賞以下左の通りである

▽**市長賞** 日本畫「猿」山本傳次郎、洋畫「老人」西田勝▽**協會賞** 日本畫「南天」佐藤德二郎、洋畫「猫を抱く少女」田部井要、▽獎勵賞 洋畫「鷄舍」工藤淸久、「庭」相澤辰輔

小島小竹二人展

小島眞佐吉、小竹義夫二人展は六日から十日まで銀座ギャラリーで開催、小竹氏は「百合」「丘の風景」等十點、小島氏は「子猫」「秋」等十五點の各作品を展示した

横濱美協十回展
入選者二十二氏

横濱美術協會第十回展は十四日より十九日迄横濱松屋で開催搬入總數九十三點、日本畫八十三名、入選者二十二名二十三點入選者並に會員出品は左の通り

板谷千代、牧野與四郎、澁谷雀村、武部紫香子、栗原重一松永林太郎、山本松枝、奧部一彥、山岡喜久子、阿部六郎外賀靖子、藏田雅夫、川島梅雄、岸田昌造、座間一良、內野秀夫、○大內信子、○茂木嘉助、○三宅一郎、○田邊悅夫、○川北新、（○印は新入選）

會員出品＝（菊）牛田鷄村（北京紫禁城）小島一谿、（音並木瑞穗（かちどき）阪田九一、（朝鮮故實趾）柳下晴屋（秋意）岡田重雄、（人形、鶴龜二點）山下日出子

無鑑査出品＝（寢覺の床）小島泰樹、（虫、藤井小穗子

二科大阪展閉會

大阪市主催の第二十八回二科展は十月二十六日から市立美術館で開催中の處、好評裡に十一月九日閉會した

□□新構造社第十五回展開く□□
入選數八一名・來月七日迄府美術館

新構造社では、二十三日から秋季第十五回展を上野の府美術館で開催、今回の入選は繪畫六五名九八點（新入選三二名）彫刻六名八點（新入選四名）、工藝八名十點（新入選八名）、入選總數八一名一一四點、新入選總數四十四名、會員會友出品點數は繪畫一二一點、彫刻四點、工藝三點で、會期は來る十二月七日迄である、入選者は左の通り（○印は新入選者）

◇繪畫＝○鴻泰義、飯川忠夫島太郎、○莊野鬼水、和田節子、○鈴木政二郎、○關口雄三郎、○西村功、中川芳雄、○飯塚隆雄、○守山定節、○近藤太郎、東俊文、○杉村重利、○加藤祭一、○伊賀勇高高島嚴、岡田末熊、荻田士朗林恭平、小柳津經廣、○山木茂一郎、清浦正風、○清水勝男、奈良岡正夫、多賀正、○有田ゆたか、○吳振源、岡部良哲、村田末次、小田福丸、○玉本寅男、○野口政、水沼兼雄、齋藤六郎、飯島哲、小池政雄、笠原廣司、○平井康正、○井上竹洞、田中龍鳳、藤井武男、難波魁、○秋田秀穗、眞鍋利夫、○千葉精三、水村正夫、○伊藤德次郎、○松田操、杉村政義、加瀨信太郎、○落合國治、○稻井晃、工藤良三、○川田達懿、○大谷幸一、○名嘉眞武雄、○鈴木東甫、○濱本惠義、土肥博隆、座間一良、小林忠治、○岡本菊枝、○櫻井作次、栗原敏正

◇彫刻＝○阿部柳一、○池田長巳、○永嶋牛三郎、佐藤重治、○山本裕計、八島忠義

◇工藝＝○石井君子、○板橋君勇、○市橋とし子、○今村繁子、○岡登葉子、○佐田旭○篠原靜江、○松本耕一

横濱市工藝展
入賞者六氏

横濱市木工工藝作家協會主催第一回横濱市美術工藝展は去る十二日より十六日迄横濱商工獎勵館で開催、左記諸氏が入賞した

市長賞（文庫）星野光雄、聯盟賞（鷺置物）望月秀晃、協會賞（菓子器）福田德三、優良賞（鷺置物）佐庄喜一（菓子器）渡邊秀峰、（丸額バラ）小林宇山

逸品かず〴〵
白日荘の大家日本畫展

白日荘主催の現代大家日本畫展は九日から十二日まで日本橋三越の五階で開かれ新作二十九點を展示し連日觀衆をして賞美させた、出陳中、西山翠嶂氏の「兎」、橋本關雪氏の「山池淸曉」、西村卓三氏の「秋晴」、富取風堂氏の「のこる暑さ」、鏑木淸方氏の「炬燵」、横尾翠田氏の「淸溪錦秋」、村雲大樸子氏の「雜木もみぢ」、安田靫彥氏の「柿」、松林桂月氏の「秋晴」鄕倉千靭氏の「通草の秋」などは、それ〴〵の持味を十二分に活かして鑑賞家の足を釘附けにしたものであつた

小島沖舟日本畫展

小島沖舟氏の日本畫個展は五日から九日まで日本橋の高島屋八階サロンで開催、狩野派を學び又大和繪の妙所に徹した同氏の作品「田歌村笛集」「木槿」「銃後の村」等を出陳、觀衆をして嘆賞させた

黑田新洋畫展
阪急畫廊で好評

文展無鑑査の黑田新氏洋畫展は十三日から十八日迄大阪梅田

阪急洋畫廊で開催希臘以來の傳統の美を痛感してゐる氏の近作を展示し好評を得た

大理石彫刻展示

日本橋の高島屋美術部では五日から九日まで同店八階で、マーブル彫刻及びカーペットを陳列イタリー大理石彫刻の名品を始め、ドイツ、フランス、オランダ等の陶器置物類、フランストルコ、ペルシヤ、メキシコ、印度、天津等のカーペット十數點を展示した

感激の忠愛美術院旗擧展

意氣軒昂・白衣勇士の力作百十三點

皇道美術の建設を目指して去る八月美術界の中堅作家らが結成した忠愛美術院（總裁八角三郎中將）では廿日から二十六日まで上野櫻ヶ丘日本美術院で第一回展覽會を開催、出品作品は繪畫彫刻百餘點に上り特に陸軍第一病院、軍事保護院から白衣勇士が再生の意氣に燃える力作計百十三點を出品、觀衆を大いに感動させた

燦扇第二回展

神戸三越で盛況

堂本印象畫塾第二回燦扇會展は四日から九日まで神戸三越の六階催場で開催、印象氏の特別出品のほか、三輪晁勢、不二木阿古等二十三會員の作品を陳列尙、某家所藏の印象氏筆舞扇數葉を展示し好評を得た

橙黄會展盛況

橙黄會第一回展は二十六日から二十八日迄資生堂ギャラリーで開催奥村土牛氏の「秋」、太田聽雨氏の「面」、田中青坪氏の「夕月」、酒井三良氏の「早春」、木下春氏の「溫室の花」を展列、鑑賞家を堪能させた

廣島美術人協會 結成・旗擧展

在京廣島出身青年美術家の一部では、この程左のメンバーで廣島美術人協會を結成その旗擧展を廣島市福屋で、九日から四日間開催、最近の畫業をもつて鄕土人にまみえた

（日本畫）三好光志（洋畫）野村守夫、柿手春三、山野正中谷ミユキ、常安靜人、宇根元警、靉光（彫塑）圓鍔勝一

中川爲延

なほ十二日から三日間獨立美術秋期小品展を同會場で開催した

大潮會第六回展愈々蓋明け

入選數三八五點・七日迄府美術館

全國國民學校中等學校教職員の繪畫作品發表機關である大潮會の第六回繪畫展は、文部省後援の下に廿二日より十二月七日迄上野公園內府美術館で開催するが廿日午後五時左の如く入選を發表した

搬入總數一、〇〇二點（內日本畫四三點、洋畫九五九點）入選數三八五點（內日本畫三九點、洋畫三五六點）

早大の資料展

◇師宣の繪看板

早稻田大學坪內博士記念演劇博物館では一日から十四日まで菱川師宣筆「人形淨瑠璃繪看板六枚」（內一枚は虎屋小源太夫の鹽谷小次郎夜討對決）の特別展示を催し、八日午後一時から同館內で講演會を開き、吉田暎二氏は「師宣に就て」若月保治氏は「古淨瑠璃に就て」と題し、それ〴〵蘊蓄を吐露した

新興美術十回展

―入賞者二十氏

十七日迄天王寺公園美術館で開催された第十回新興美術協會記念展の受賞者は左記の通り

（新會員）大久保一郎、大森正男、小松榮（新會友）市橋武助、岡本保、小林葉三、金田廣一、松田種次、森亶二郎、大塚克三、山內俊郎、鈴木長一郎（會友賞）柴倉喜吉片山一子（新興賞）小林葉三（大每賞）岡本保、吉田太郎（レートン賞）木本晴三（畫人賞）鎌田史彥、（N氏賞）大阪人形劇場

世紀美術色紙展

世紀美術創作協會の同人、今尾景春、戶田北遙、大高爲山、奥村紅稀、寺田蘆秋、佐藤空鳴宮尾光峯七氏が揮毫した色紙の逸作を蒐めた世紀美術色紙展は三日から五日まで京都市東大路靈山護國神社前靈山畫廊で開催好評を博した

＝豫報＝

水彩聯盟二回展

六日から銀座三越

昨秋第一回の旗擧展を催し好評を博した水彩聯盟の第二回展が來る十二月六日より十日まで銀座の三越で開催される、同人一同は昨年の作品に劣らぬ優秀作を出品すべく懸命の努力を續け一人五點內外約四十點の展示である

新世紀四回展

九日から靑樹社

第四回新世紀展が十二月九日から十三日迄銀座の靑樹社で開催される、寫實主義の旗幟を揭げ健全な發達を遂げつゝある同會では新に市原義夫、岩下資治佐藤眞一の三氏を同人に迎へ先輩栗原信、宮本三郎氏などの熱心な鞭撻もあつて今回の展觀には多大の期待がかけられてゐる

赤堀信平個展

二日から三越本店

昨春日本橋の三越で第一回展を開き好評を浴びた赤堀信平氏の第二回展が十二月二日から六日迄同じ三越で開催される、文展無鑑査の氏は本年は非番なので第一回展後一年有半に於ける氏の精進努力の結晶が發表される譯で、賣るのは第二義的、官展個展と何等差別のない作品の嚴正な批判を仰ぎ大方の鞭撻を受ける爲めの個展である由、尙出品中の「鎭護」（狗犬）は十五年前上野の五條天神の依囑で製作して以來毎年研究に研究を重ねた苦心の力作である

日本彫金會第三回展迫る

二日から六日迄三越本店・努力作に期待

日本彫金會第三回展が十二月二日から六日迄日本橋の三越で開催される時局下資材不足の折柄ではあるが二百廿名の各會員は當局より與へられたる資材の範圍に於て飽迄其資材を生かした苦心努力の作品が出品される譯である

栃木縣美術協會展帝都進出

十二月二日から四日迄菊屋で開催

栃木縣美術協會展が十二月二日から四日まで銀座の菊屋ギャラリーで開催される、同協會は從來鄕土に於てのみ各會員の作品を毎年一回發表してゐたが同人も毎年増加し今や二科文展、美術文化、獨立、國展、春陽會等に屬する會員三十六名に及び川島理一郎、小杉放庵、清水登之の三氏を顧問として會の內容も充實するに至つたので今年から愈々帝都に進出し毎年一回作品の發表を行ふ事になつたもので會場の關係上一人一點の力作出品に制限されてゐる

創元會油繪展

九日から日本橋三越

創元會の油繪展が十二月九日から十三日迄日本橋の三越で開催される、同人はいづれも洋畫壇の中堅作家、彩管報國の情熱に燃えた力作を各自三點內外發表する豫定である

和風會美術展

十二月三日から七日まで白木屋五階展覽會場で開催する

個人消息

▽福田翠光氏　この程祖父七十年祭の爲長州三田尻町に歸省展墓、歸路、萩、山口を巡り先賢の遺蹟を訪ふ

▽三宅正太郎氏　讀賣新聞社文化部より東亞部に轉じ中南支總局詰となり十一月二十七日東京驛發上海へ赴任

三輪孝氏　目下大陸前線の航空基地で活躍中

▽小林彥三郎氏　十月下旬長野縣上高地に滯留十一月上旬歸京

▽林翠氏　澁谷區櫻ヶ丘九五綠風莊アパートに移轉

▽足立種雄氏　橋本關雪氏邸を諒解を得て去り十一月五日東京に移住

▽福島泰哉氏　杉並區高圓寺六ノ六九五に移轉

△奥村玲瓏氏　川崎市瀨田二三八六（玉川二子橋際）へ移轉

▽牧野虎雄氏　今度四谷區內藤町一へ移轉

▽岸浪百草居氏　氏は大作屛風揮毫のため當分の間毎日午後三時迄は畫室にとぢ籠り面會謝絶

臨戰時下と畫人

文學博士　高須芳次郎

世《よ》に藝術至上主義《げいじゆつしじやうしゆぎ》の一派《いつぱ》が往々《わう／＼》ある。彼等《かれら》は唯美《いび》の神《かみ》に奉仕《ほうし》することを以《もつ》て能事《のうじ》とし、時局《じきよく》を超越《てうえつ》する高踏的態度《かうたふてきたいど》に陶醉《たうすい》し、滿足《まんぞく》する。然《しか》し彼等《かれら》は、そのため國家《こくか》の恩《おん》までも忘《わす》れたのではあるまい。國士《こくど》の恩《おん》を無視《むし》してをるのでもあるまい。さうだとすれば、この非常戰時《ひじやうせんじ》に當《あた》り、國家《こくか》に對《たい》する奉仕《ほうし》といふことを必然念頭《ひつぜんねんとう》に置《お》かねばならぬと思《おも》ふ。

ところが、畫人《ぐわじん》のうちには、時《とき》として、超々非常時《てう／＼ひじやうじ》にをることをも忘《わす》れたかの如《ごと》く、花鳥風月《くわてうふうげつ》さへ描《えが》いてをれば、職分《しよくぶん》を全《まつた》うしたのだと誤《あやま》り考《かんが》へてゐる人々《ひと／＼》もあるやうだ。卽《すなは》ち時事《じじ》を白眼視《はくがんし》して、巧《たく》みに花鳥《くわてう》を描《えが》き、風月《ふうげつ》の美《び》を表現《へうげん》すれば、それで十分《じふぶん》だとしてゐるものもあるやうだ。が、かかる畫人《ぐわじん》は、國家意識《こくかいしき》の稀薄《きはく》な點《てん》において、當然《たうぜん》、斥《しりぞ》けられねばならぬ。

過去《くわこ》における非常時《ひじやうじ》と畫人《ぐわじん》との交涉《かうせふ》、關係《くわんけい》を考《かんが》へるとき、私《わたし》らはそこに祖國愛《そこくあい》に燃《も》ゆる畫人《ぐわじん》を往々《わう／＼》にして見出《みいだ》すのである。畫家《ぐわか》も亦《また》國民《こくみん》の一員《ゐん》だ。この立場《たちば》から、自《みづか》ら進《すゝ》んで、國《くに》に奉仕《ほうし》するの誠《まこと》を表明《へうめい》せねばならない。唯美《いび》の神《かみ》への奉仕《ほうし》だけで、ぢつと甘《あま》んじてゐるべきではない。

私《わたし》は先《ま》づ蒙古襲來當時《もうこしふらいたうじ》の畫人《ぐわじん》について少《すこ》しく語《かた》りたい。敵國降服《てきこくかうふく》の祈《いの》りが上下《じやうげ》を通《つう》じて大《おほ》いに行《おこな》はれたことは、國史《こくし》にも傳《つた》ふるところだが、畫人《ぐわじん》の手《て》に成《な》つた不動明王《ふどうみやうわう》のうちにも、さうした精神《せいしん》に溢《あふ》れたものが見《み》える。この點《てん》一寸前《ちよつとまへ》にも略言《りやくげん》したが實例《じつれい》を示《しめ》すと、藤原長隆《ふぢはらながたか》が描《か》いた不動明王《ふどうみやうわう》は普通《ふつう》のと異《こと》なつて、劍《けん》を肩《かた》にして疾驅《しつく》する勢《いきほひ》を示《しめ》し、僧信海《そうしんかい》の筆《ふで》に成《な》る金剛童子《こんがうどうじ》は不動明王《ふどうみやうわう》の先驅《せんく》を勤《つと》めて片足《かたあし》を海《うみ》に突《つ》き入《い》れ、今《いま》にも異國征伐《いこくせいばつ》に出《で》かけやうとする態度《たいど》を現《あら》はしてゐた。

更《さら》に信海《しんかい》がもう一つ描《か》いた不動明王《ふどうみやうわう》の素描《そべう》に接《せつ》すると、これは鋭《するど》く前方《ぜんぱう》を睥睨《へいげい》して、右手《みぎて》に劍《けん》を握《にぎ》り燃《も》ゆるやうな降魔《がうま》の勢《いきほひ》で海《うみ》を渡《わた》らんとする烈《はげ》しい態度《たいど》が見《み》える。以上《いじやう》いづれも蒙古《もうこ》に對《たい》する敵愾心《てきがいしん》の發露《はつろ》で、當時《たうじ》の畫人《ぐわじん》の祖國愛《そこくあい》の熱情《ねつじやう》が高《たか》く頂點《ちやうてん》に達《たつ》したのをおのづから現《あら》はしたものと考《かんが》へる。

かうした心《こゝろ》は、幕末非常時《ばくまつひじやうじ》の畫人《ぐわじん》の間《あひだ》にも亦《また》見《み》ゆるところである。その第一《だいいち》に想《おも》ひ浮《うか》べらるゝのは菊池容齋《きくちようさい》のことだ。容齋《ようさい》の畫《ぐわ》は世人《せじん》の間《あひだ》に知《し》られてゐるが、最初《さいしよ》、私《わたし》は之《これ》に接《せつ》した時《とき》一方《ぱう》に偏《かたよ》つた感《かん》じがした。

容齋《ようさい》は花鳥風月《くわてうふうげつ》のことを描《か》くのは、畫《ぐわ》の糟粕《さうはく》だ。鳥獸虫魚《てうじうちうぎよ》の類《るゐ》また然《しか》りで、山水畫《さんすゐぐわ》も亦之《またこれ》と相去《あひさ》ること遠《とほ》くない。畫《ぐわ》としては必然《ひつぜん》人物描寫《じんぶつべうしや》に力《ちから》を注《そゝ》ぐべきで、それには、忠臣《ちうしん》、孝子《かうし》、節婦《せつぷ》を描《か》かねばいけないと言《い》つてゐる。それは一寸《ちよつと》考《かんが》へると、容齋《ようさい》の好《この》みに偏《かたよ》つた如《ごと》く解《かい》せらるゝが、さうではなく、容齋《ようさい》は非常時意識《ひじやうじいしき》のもとに、國家本位的《こくかほんゐてき》に考《かんが》へ、人物畫《じんぶつぐわ》を第一《だい》に描《か》くべき必要性《ひつえうせい》を高調《かうてう》したものと思《おも》ふ。その具體化《ぐたいくわ》が『前賢故實《ぜんけんこじつ》』となつた。

かうした方面《はうめん》に著眼《ちやくがん》した畫人《ぐわじん》に尚富岡鐵齋《なほとみをかてつさい》がある。彼《かれ》また容齋《ようさい》の主張《しゆちやう》に同《おな》じで『十二先哲《せんてつ》』を描《か》き、高山彦九郎《たかやまひこくらう》、本居宣長《もとをりのりなが》賀茂眞淵《かものまぶち》、林子平《りんしへい》、荷田春滿《かだのあづままろ》、大石良雄《おほいしよしを》らの俤《おもかげ》を傳《つた》へた。之《これ》について、鐵齋《てつさい》は、名教《めいけう》に關係《くわんけい》の深《ふか》い人々《ひと／＼》を主題《しゆだい》としたので、ひどく身心《しんしん》を勞《らう》したことを告白《こくはく》してゐる。さうすると容齋《ようさい》のは、五百餘名《よめい》に上《のぼ》つてゐるから、その苦心《くしん》、努力《どりよく》は、鐵齋《てつさい》に十倍《ばい》したにちがひなかつた。

而《しか》も之《これ》がために容齋《ようさい》は、何《なに》ら求《もと》むるところなく、一《いつ》に國家《こくか》への奉仕《ほうし》を念《ねん》としたうへに尊《たふと》い精神《せいしん》の輝《かゞや》きを見《み》るのである。つまり、國民《こくみん》の祖國愛《そこくあい》を高調《かうてう》して非常時《ひじやうじ》を乘《の》り越《こ》えやうとする點《てん》に重《おも》きを置《お》いた情熱《じやうねつ》の發露《はつろ》である。そこに非常時《ひじやうじ》に於《お》ける彼等《かれら》の緊張《きんちやう》した心構《こゝろがま》へが見《み》える。

それから田崎草雲《たざきさううん》に至《いた》つては畫人《ぐわじん》たると共《とも》に國士《こくし》として行動《かうどう》し、一時《じ》、繪筆《ゑふで》を抛《なげう》つて勤皇《きんのう》の軍《ぐん》に參加《さんか》した。當時《たうじ》、彼《かれ》は時勢《じせい》の動《うご》きをぢつと傍觀《ばうくわん》してゐるに堪《た》へなかつたのだ。それ故《ゆゑ》水戸《みと》の勤皇派《きんのうは》と呼應《こおう》して、勤皇兵《きんのうへい》を組織《そしき》し皇軍《くわうぐん》の東征《とうせい》に從《したが》うて、上州地方《じやうしうちはう》に轉戰《てんせん》したのである。のみならず草雲《さううん》は、その唯一人《たゞひとり》しかない愛息《あいそく》が幕軍《ばくぐん》に參加《さんか》したので人生最大《じんせいさいだい》の悲劇《ひげき》に直面《ちよくめん》しなければならなかつた。

草雲《さううん》は、大義《たいぎ》の上《うへ》から愛息《あいそく》と義絕《ぎぜつ》し、その息《そく》が討死《うちじに》した時《とき》も「賊《ぞく》が死《し》んだ」と叫《さけ》んだほどで實《じつ》に勤皇《きんのう》の情熱《じやうねつ》のために私事一切《しじいつさい》を犧牲《ぎせい》とした。親一人子一人《おやひとりこひとり》の間《あひだ》に於《お》いて、かうした悲劇《ひげき》を見《み》ることは、なかなか堪《た》へ切《き》れないことだつたが、草雲《さううん》は、大義《たいぎ》のため潔《いさぎよ》くこの悲《かな》しみに打克《うちか》つた。そこに草雲《さううん》の國士《こくし》としての風格《ふうかく》が見《み》える。

草雲《さううん》のことが今日頻《こんにちしき》りに回顧《くわいこ》さるゝ所以《ゆゑん》は彼《かれ》の國家意識《こくかいしき》の强烈《きやうれつ》さにある。國《くに》のため一切《さい》の犧牲《ぎせい》を捧《さゝ》げねばやまぬ熱心《ねつしん》にある。かうした心構《こゝろがま》へこそ、超非常時《てうひじやうじ》になくてはならぬものだ。

といつて、私《わたし》は何人《なにびと》に向《むか》つても

◇

第二《だい》の草雲《さう》たれと望《のぞ》むのではない。唯草雲《たゞさう》の心《こゝろ》を以《もつ》て、心《こゝろ》とせよといひたい。よし身《み》を戎馬《ば》の間《あひだ》に投《とう》ぜずとも、何《なん》らか精神的《せいしんてき》に人心《にんしん》に力強《ちからづよ》いものを與《あた》へ、祖國愛《そこくあい》の情《じやう》熱を燃《も》えたたしめるやうな用意《ようい》がほしい。

從《したが》つて、題材《だいざい》を選《えら》ぶについても亦容齋《またようさい》、鐵齋《てつさい》の如《ごと》き心《こゝろ》構へを求《もと》めたい。題材《だいざい》は必《かなら》ずしも、人物畫でなくとも宜《よ》いが、名教《めいけう》に資《し》するに足《た》るべき題《だい》材を選《えら》ぶことが望《のぞ》ましいのである。かの勤《きん》皇畫家《か》、宇喜《うき》田《た》一蕙《けい》が『大《たい》嘗會圖《づ》』『神《じん》風夷艦を覆す圖《づ》』を描《か》いた如《ごと》きまた一個《こ》意義《いぎ》ある思《おも》ひ附《つ》きといつて宜《よ》い。

現在《げんざい》、蒙古襲來《もうこしふらい》や薩英戰爭《さつえいせんさう》などを描《か》いたものを見《み》ないが、現時《げんじ》の畫人《じん》は、さうした愛國心《あいこくしん》を力強《ちからづよ》く喚び起すところの畫題撰擇《だいせんたく》に心《こゝろ》してほしい。花鳥《くわてう》や、虫魚《ぎよ》や、草木《さうもく》や、月露《げつろ》も宜《よ》いが今日《こんにち》はさうした畫題《だい》に安《やす》んじ甘《あま》んずべきではない。もつと國家意識《こくかいしき》にもとづく畫題《だい》を選《えら》びその美的効果《びてきかうくわ》を收むべきである。

要《えう》するに畫家《か》は一面《めん》美に向《むか》つて奉仕《ほうし》することを忘れてはならぬが一面《めん》、國家《こくか》に對《たい》して奉仕《ほうし》することを忘れてはならぬ。卽《すなは》ち國民《こくみん》の一員《ゐん》としての自己《じこ》をはつきり意識《いしき》して高踏的《かうたふてき》に流《なが》れることを深《ふか》く謹《つゝし》まねばならない。

先般《せんぱん》、横山大觀《よこやまたいくわん》、橋本關雪《はしもとくわん》二家《か》の獻金《けんきん》美談《だん》があつたが、それ以《い》外《ぐわい》、畫人《じん》の奉仕《ほうし》が極《ごく》一小局部《せうきよくぶ》に限《かぎ》られてゐる如《ごと》き觀《くわん》があるのは何《なん》となく、物足《ものた》りないやうに思《おも》ふ。卒《そつ》直《ちよく》にいふと、その奉仕態度《ほうしたいど》をもつと積極的《せきぎよくてき》に何《なん》らかの意《い》味《み》の上《うへ》に示《しめ》してほしい。

ところが、現在《げんざい》どうも消極的《せうきよくてき》にさへ國家《こくか》奉仕《ほうし》の誠《まこと》を披瀝《ひ》した畫人《じん》の消息《せうそく》を餘《あま》り耳《みゝ》にしないのは、何《なん》となく、物淋《ものさび》しい。無論《むろん》、それは超然《てうぜん》、高踏《かうたふ》する畫人《じん》の多《おほ》いためとは考《かう》へないが、消極的《せうきよくてき》にも少《すこ》し活潑《くわつぱつ》な愛國精神《あいこくせいしん》の發露《はつろ》が望《のぞ》みたい。

◇

今《いま》や太平洋《へいやう》の波《なみ》は極《きは》めて高《たか》い。南進日本《なんしんにほん》の前途《ぜんと》、また重大關心《ぢゆうだいくわんしん》を寄《よ》すべきものがある。これを蒙古《もうこ》襲來の時代《じだい》にくらべて見《み》て深憂《しんいう》すべきことが多《おほ》い蒙古《もうこ》襲來の折《をり》には皇國《くわうこく》は、國際情勢《こくさいじやうせい》に通《つう》ぜず、文永《ぶんなが》の役《えき》には殆《ほとん》ど無防備《むばうび》のもとに舊式《きうしき》武裝舊式戰術《ぶさうきうしきせんじゆつ》で外敵《ぐわいてき》に當《あた》つた。

之《これ》に對《たい》し蒙古側《もうこがは》は、近代武《きんだいぶ》裝、近代式戰術《きんだいしきせんじゆつ》を以《もつ》て日本《にほん》を攻《せ》め、その勢《いきほ》ひ當《あた》るべからざるものがあつた。而《しか》も日本軍《にほんぐん》が之《これ》に打勝《うちか》つたのは、神風《しんぷう》のためばかりではない。既述《きじゆつ》した如《ごと》き非戰闘員《せんとうゐん》の中《なか》にゐた畫人《じん》らが畫《ゑ》のうへに敵國降服《てきこくかうふく》を祈る心《こゝろ》を現《あら》はし、精神的《せいしんてき》に大《おほ》いに奮《ふる》ひ起つた一事《こと》によつて判明《はんめい》する如《ごと》く、上下《じやうげ》全體《ぜんたい》が敵《てき》愾心《しん》を發揚《はつやう》して屈《くつ》せず撓まず、前後《ぜんご》九年間《ねんかん》、緊張《きんちやう》した結果《けつくわ》にほかならない

私《わたし》らはこの事《こと》に考《かん》へ及《およ》んで、この際《さい》、各方面《かくはうめん》の畫人《じん》の蹶起《き》を要望《えうばう》するの情《じやう》に堪《た》へぬ。諸氏《しよし》は宜《よろ》しく國民精神《こくみんせいしん》の偉大《ゐだい》なる發揚《はつやう》に資《し》すべきために、この繪筆を執られよ。諸氏《しよし》にして眞《しん》に國體擁護《こくたいようご》の熱誠《せい》に燃《も》えつゝ邁進《まいしん》さるゝならば、すぐに觀者《くわんしや》の心《こゝろ》を惹《ひ》き附《つ》けて、大《おほ》きい感激《かんげき》を與《あた》へることは、決《けつ》して困難《こんなん》でない。

私《わたし》は、この際《さい》、愛國主義者《あいこくしゆぎしや》の美術評論家《じゆつひやうろんか》岡倉天心氏《をかくらてんしんし》を想ふの情《じやう》が殊《こと》に深《ふか》いのである。天心氏《てんしんし》の『東《とう》洋《やう》の理想《りさう》』『日本《にほん》の覺醒《かくせい》』は美術《じゆつ》を中心《ちうしん》として日本國《にほんこく》家《か》の美《うつく》しい傳統《でんとう》、逞しい力《ちから》とをいひ現《あら》はして、頗《すこぶ》る切實《じつ》なるものがある。

日本は、世界《せかい》に於《お》ける一つの光明《くわうみやう》だ。大《おほ》きい希《き》望《ばう》の存《そん》するところだ。から天心《てんしん》氏《し》は信《しん》じて動かない。そして美術家《じゆつか》の奮起《ふんき》を要望《えうばう》してゐるのだ。天心氏《てんしんし》の信《しん》ずる如《ごと》く、日本《にほん》の皇道《だう》こそは教化中心《けうくわちうしん》の美《うつく》しい道《みち》で公明正大《こうめいせいだい》の旨《むね》を具備《ぐび》し燦《さん》たる光《ひかり》を永久《えいきう》に保《たも》つてゐる。この皇道《だう》によつて全世界《ぜんせかい》は救《すく》はねばならぬ。この皇道《だう》によつて東西《とうさい》は調和《てうわ》、整《せい》正《せい》に赴かねばならぬ。この尊《たふと》い使《し》命《めい》が日本《にほん》に存《そん》するを想ふとき畫人《じん》は、宜《よろ》しくこれを理想《りさう》として、一つの大作《たい》を創作《さうさく》すべきだ。皇國《こく》の眞《しん》、皇國《こく》の善《ぜん》、皇國《こく》の美を象徴的《しようちようてき》に現《あら》はした傑作《さく》を世《よ》に發表《はつぺう》すべきだ。これ正《まさ》に千載一遇《ぐう》の大飛躍《たいひ》期《き》ではないか。この機《き》を逸《いつ》して、永《なが》い悔いを殘《のこ》すのは眞《しん》の畫人《じん》の爲《な》すべきことでない。

文展作品の傾向

——（文展一、二部總評）——

有島生馬

第四回文展各部の批評は既に諸方に出盡した觀がある。それには個々の作品に就いての委しい品隲も試みられてゐるらしいから、茲には概評だけを書きとめることゝしよう。一體今日行はれる多くの批評なるものは、作者を誘導向上せんとしてかゝれるものか、公衆に向つて作品を正當に理解せしめ、作者と觀者との仲媒たらんとするものか。或はそれ以外何等かの目的のためになさるゝものか、その邊の眞義が判然しない。無目標の批評、それは何等自他を益する所ない譯である。考ふべきである。

日本畫は二百餘點、洋畫は三百三十點、壁面は略ぼ同様であるから、日本畫の方が畫面は總じて大きいのである。洋畫を見て、これは畫面が狹過ぎると感ずる場合は少いが、日本畫には何故これだけ大きな畫面が必要なのかと疑はれる場合が往々ある。又多くの畫面の大さと形とが略ぼ同じなのも變化に乏しい。この傾向は今後どうなつて行くものであらう。上村松園女史の傑作とされる「夕暮」の如きでさへ、私一個の好みからすれば、人物はあの大さのまゝでも、畫面をもう少し小さくする事が出來、その方が一層よかつたのではないかと考へる。況んや多くの作品中には往々無意味な畫面の誇大が目立つのである。

日本畫に就いてもう一つ氣付いた點は、目的の判然しない歪曲と反自然主義的作風である。それは過去十年或は二十年間洋畫壇を風靡した新傾向の影響の現れではないかと疑りたくなる。何故なら日本畫の傳統中には古來見出し得ない種類の意圖が含まれてゐるからである。

これに反し、今秋の洋畫にはフォヴィスムの流を汲んだ故意の歪曲が著しく減退してゐた。かう云つては僭越かも知れないが、此傾向は數年此方一水會等が卒先誘導し來つた一つの機運である。佛蘭西を中心として一時天下を風靡したかの觀があつた異狀精神、獵奇的傾向の作品は戰敗國フランスの前夜を豫告したやうなデカダンと極度な自由主義の所産だつた事が今日誰れの目にも明瞭になつて來た。然るに日本畫中に反つてかゝる惡影響の滲潤を見出すのは、吾々の不可解とする所である。日本畫の傳統は爾來素直な寫實主義の優美さと、意志と感情の媒介者としての形線抽象の中にあるものと吾々は了解し來つたのであるからである。流石に大家の作品には前者の寫實主義の優美さを堅持する風格が見られて心強いし、誤つたフォヴィスムの感化も日本畫の上にはさう長く持越される筈がないと信じてゐる。唯後者の抽象による形線の獨得な傳統が今後いかに現代日本畫中に活かされて行くかが期待される問題である。

洋畫の出品中事變及びそれに類する問題の減少は一事象である。或はさうした作品が不出來で多く落選した爲めだつたかも知れない。もしさうならそれでいゝ。戰爭畫の佳作の出現は勿論歡迎すべきであるとは云へ、戰爭畫の

名硯の話（その三）

後藤朝太郎

以上に、珍重《ちんちやう》せられ天下一品などと云つて家寶《かほう》にすることもある。石品の事は水をつけ、水に浸《ひた》して肌を見なければわからぬのだが、刻銘《こくめい》は誰れにてもわかる。唯眞贋《しんがん》が判つきりせぬと云ふまでである。中にはその確實《かくじつ》ときまつた者はなるべく澤山《たくさん》集め、拓本にとり硯譜《けんぷ》を作つてゐる人もある。百面、二百面、三百面《めん》と持つてゐるものは一々藏硯を出し入れするのも大變《たいへん》だとて、拓本《たくほん》で樂しみ、人にも手拓を頒ち與へ樂《たの》しんでゐるものである。

硯の刻名

硯《すゞり》の命名法にしても、古典的な處では、天保九如とか太平有象《たいへいいうしやう》とか、三陽開泰とか云つた幽玄《いうげん》な奥行のある雅名がつけられてゐる。單なる桃《もゝ》の硯とか瓢簞《へうたん》の硯とかいふのとは、大分ちがふのである。

更に刻《こく》を考へるとき、支那の人は、古人が愛玩《あいぐわん》し、紀念に自刻で以つてその題銘《だいめい》を入れたり愛玩の詩を入れたり自畫像を入れたり、先哲舊藏の由來《ゆらい》を入れたりなどしてゐる。之によつて古名硯の歴史《れきし》が明かにされる場合もある。どうかすると、又紫檀《したん》の蓋を作り又二重に外函を作り、之に一伍一什《いちごじふ》を刻み付け、緑や藍の色を入れてゐるのもあつたりする。古人《こじん》の愛玩した銘の刻せられた名硯《めいけん》は、支那では最も深く珍重《ちんちよう》せらるゝのである。が、例へば東坡硯などと云《い》つても、必ずしもそは宋代の硯であるのか、疑問《ぎもん》である。大師の硯《すゞり》と云つた處で、空海のものかどうかは判然《はんぜん》せぬと云ふのと同じわけである。何れにしても舊藏者《きうざうしや》の名が刻されてゐる事は、若しそれがその眞《しん》の刻であるとするならたいしたものである。石品の點かゝる條々《でう〳〵》が揃つて來ると、

硯の話は、硯《すゞり》の字からして、それが石扁に作られ、古代《こだい》のスズリが又研と書かれてゐる。これ亦石扁《いしへん》である。石の材料《ざいれう》で出來たのが本格的のものである譯だ。又實墨との關係からその磨れ味《あぢ》を見《み》ても、石が第一に推される。が、しかし地方により、時代《じだい》により又人によつては、卓上《たくじやう》で必ずしも、石ばかりでなく、他の代用硯《だいようすゞり》が相當使はれてゐる。即ち瓦硯《かはらすゞり》があり、塼（煉瓦）陶磁硯《とうじすゞり》があり、又澄泥と云つて煉りものがあり、玻璃《はり》、瑪瑙《めなう》、玉、漆、木竹などと色々ある。木硯は金剛沙《こんごう》を磨面に塗《ぬ》つてある處から沙硯と云《い》はれてゐる。これらは何《いづ》れも變《かは》り硯として珍玩せられてゐる。しかし本格的《ほんかくてき》のもの

駄作の汎濫は御免蒙らねばならぬ。序に云ふが、世間は一つの誤つた認識を持つてゐる。即ち美術家と雖も國家の運命と戰爭に關心を持ち、獻身奉公せんとする決意に於て他と異る所はない筈である。從つて美術家の奉公も他と同じく銃をとり、劍をとつて國に殉ずることを指すのであつて、筆畫をもつて直接戰爭に盡さねばならぬと云ふが如きは、認識の不足である。半可通の出たらめの考にあらざれば、唾棄すべき便乘主義に過ぎない。畫道も亦大工左官役人と同じ一職業である。その職場に於て忠實なれば足るのである。例を設けて解り易く云へば、衣服は國民の必需品である。染物屋が布を染めるのは本業を果す目的である。今染物の模樣に銃を描き、飛行機を描き流行品として賣出したからと云つて悪いことはないが、そんな事變色を染めないでも衣服としての本來の用は足りるのである。又銃を染め、飛行機模樣を考案したからと云つて、それがどれだけ直接戰爭に對する士氣の鼓吹に用立つか。まるで子供だましのやうな御奉公に過ぎない。それと同じく、美術本來の目的は國民の感情生活を豐富にし、高潔にするをその目的としてゐるのであるから、その職場に於て君國に盡せばいゝのである。それ以外は第二次的方便に過ぎない。

　戰爭と美術とのお話は先づこれ位にして置いて、今秋の洋畫の物足りない方面を云へば、形式の素直さ、技術の錬達に比して、意欲感情の内面的燃燒の迫るものが少ない所にある。作品の多くが内面的問題を包含してゐるといふより、形が整つて裝飾的效果が自ら加はつて來てゐるといふ傾向がありはしないか。美術品が裝飾的色彩を帶びて來るといふ事は決して咎むべき條件ではない。然し裝飾的と云ふことはやゝもすれば實用的といふことに傾き易く、實用的といふことは商品化といふ結果に陷り易い。その邊は所謂紙一重の微妙な問題で、獨り嚴正な批評眼光があつて判斷し得るのみである。

　「畫筆をもつて神が考へるが如く考へる」とはある批評家がセザンヌの畫を風評した一つの言葉である。畫筆での方法によつて眞理に徹する、かうした念願が創作に伴はなければ、結局藝術も砂上の徒事と多く擇む所なくなるであらう。

は、勿論《もちろん》石の硯なのである。だが、支那で名《な》の通《とほ》つてゐるのは（一）廣東の端溪《たんけい》に（二）安徽の歙州である。端溪には宋代《そうだい》の馬肝色や猪肝色の美材があり、明清《みんしん》に入り水巖として石品の高いのが幾らも出てゐる。格品《かくひん》は貢硯として宮中へ獻納《けんなふ》せられたのがあり、今以つて御物としての遺硯《ゐけん》を見ることが出來る。歙州は、龍尾《りゆうび》、羅紋の諸材が宋代以來相當《さうたう》に出てゐる。金星、銀星玉帶の美材《びざい》があり、又羅紋の中に水波角浪《かくらう》、棗心、刷絲、魚子などいふ細かく識別《しきべつ》の出來るものがある。端、歙共に專門的に檢討《けんたう》して來ると、八釜しい觀點《くわんてん》が色々とあるのであるが、今は委細面談にゆづり、省《はぶ》いておく。

　硯の名品《めいひん》は、先づ上に述べた石品と姿と、刻《こく》、銘《めい》の三點に目安のポイントをおいて考《かん》へるならよい。すると、いくら澤山《たくさん》陳列《ちんれつ》されたとしても、又いくらほこりの中に埋《うま》つてゐたとしても、容易《ようい》に見別けをつけることが出來る。人によると、水で洗《あら》ふのを嫌ふけれ共本當《ほんたう》に見るときは水だ。時としてはこれも止《や》むを得ぬ。ひどいのになると硝酸でもつけて試みて見ないと、引かゝることがある。と云ふのは石灰岩《せきくわいがん》の材へ漆《うるし》で以つて立派に細工の施されてあつたりするのが出て來るからだ。化學《くわがく》的反應《はんおう》で以つてすつかり化けの皮が露はるゝと云ふ事もあるのだ。が、然しこは幾千幾萬のうちに滅多《めつた》にないいたづらである。一々ひどく疑《うたが》つたらきりがないことである。一時今から二十年も前のこと、近衞《このゑ》公舊藏の山東紅絲研が倶樂部《くらぶ》の賣立に出て、一萬二千金とかで落札《らくさつ》されたとて、大分景氣付き、天井知らずに騰《あが》つたことがあつた。唐の柳公權が天下《てんか》第一と之を激賞したばかりにたいした事になつたものだ。山東膠州の高南村（鳳翰《ほうかん》）は、古硯百面を集め自分左手で刻銘《こくめい》を入れ終日之を樂しみ手拓《しゆたく》して立派な硯譜に作上げてゐる。紀曉嵐《きぎやうらん》、高南村など、清初、康熙乾隆の頃には、高雅《こうが》な愛硯家が出て居た。もし古今の硯の研究《けんきう》に這入らうと云ふには自分も、安徽《あんき》の秘境に硯山行脚《あんぎや》を先年試みたこともあるが、事容易でない。古人の書物《しよもつ》の上から之を見ようとするものは、唐積《とうせき》の歙州硯譜とか呉蘭修の端溪硯史《たんけいけんし》とか石希聰の和漢硯譜とかいふを始《はじ》め七十種ばかりの參考書がある。でも、要《えう》は何と云つても實物を前にし、臨床講義《りんしやうかうぎ》で行くの他はないのである。わけても石品の鑑賞《かんしやう》となると、文字《もじ》の上だけでは中々腑《ふ》に落ちないだらうと思《おも》ふ。（了）

×　×

豫算編成上の喫緊事

石井柏亭

現代美術に就て

●●●□諸)

常設の近代大美術館を建設する計畫の內容が、市で纒められたといふことであるが、實現となると遠い先のことになるであらう。いづれ戰爭の始末がついた後の日に、その建築に着手することにならうと考へる。その時期が近づく頃までには、われ〳〵洋畫家が希望意見を總括して、市の當事者に提出することになるかも知れない。

希望と云へば建築物に豫算を取り過ぎて、美術品の購入費とか維持費とかが過少にならないやうにすることだ。それらに最初から餘裕を置いてゐなければ常設の目的に徹することが出來ないと思ふからである。展覽會を開いて收支を償ふなどいふ事は禁物である。京都の大禮記念美術館はもと〳〵常設といふことから出發した。それが催し物に終始してゐて常設の實體は滅却されてしまつた。滑稽なことには、現在でもその入口に大人はいくら小人はいくら、と入場料の掲示が出てゐる。これは常設を目的として設定されたものであるが、事實は展覽會を次々に開き收支を償つてゐる。今度こそはかういふ轍を履まないやうに深く配慮されて欲しい。大阪の市美術館はその後に出來たものであるから、常設といふことと展覽會といふものと、半々に考へて營造された。講堂もあり、研究室もあり一通り備はつてゐて京都のよりはいゝ。しかし是れも出發點がさういふ譯であるから、眞個の常設目的に副つてゐないことは無論である。

自分の考へでは、上野に在る府の美術館を常設にして、展覽會場を別箇に建設すればといふことであるが、それは府の施設である、今度のは市の事業であるから、出來ない相談であらう。

なるほど、傳へられてゐる候補地の上野は、美術と最も由緒があつて恰好の場所であるけれど、帝室博物館があるし、科學博物館があるし、そのほか種々な建造物があるし、公園を更に手狹まにすることはどうかと思ふ。日比谷公園も、候補地になつてゐるさうだが、これも、前と同じい理由で贊成されない。それよりも、丸の內、現在の農林省のあるあたり、あれはバラックであるから、いづれ他の場所に本建築をして移轉することにならう。その跡へ常設美術館を建てる手筈を進めたらどうか。あの邊なら、交通の利便と云ひ、土地柄と云ひ、帝都の熱閙地區に間近いことであるし、公衆に取つて好都合であらう。

陳列について云へば、日本のものばかりでなく、外國の美術品をも出して欲しい。寄贈なり購入なり、それ〳〵方法を取つて、陳列して欲しい。參考資料として必要だと思ふ。又、立派な美術品を所持してゐる人は、それを寄贈するなり、半永久的に預けるなり、さういふ擧に出て貰ひたい。當事者もその誘導措置を執つて貰ひたい。

日本畫は傷み易いから、時期を定めて入れ替へをしなければならないが、洋畫はその憂ひが無いから、最初から一定の場所に陳列して常設の意義を徹して欲しい。尙、美術品を保管する倉庫に就て當事者が萬全を期すべきである。

△　△

問題は建設場所

結城素明

東京市の手で、皇太子殿下御誕生記念日本近代美術館と銘を打つた豪壯なものが建設されることになつたと云ふことは、誠に喜ばしい限りである。豫算もきまり計畫內容も纒つてゐるやうであるが、いざ實行といふことになると、その時期は近いといふ譯にいくまい。支那の事變が片附き、對外的に靜穩な狀態へ復歸しなければさういふ段取にはなるまい。

だから差し迫つて、どうのかうのと意見を述べる場合でないと思ふけれど、一つ二つを洩してみれば何よりも建設場所を考慮しなければならないと思ふ。傳へ聞くところ、その建設地として、上野とか日比谷とか芝とかさういふ公園地帶が候補に擧げられてゐるといふ。しかし、上野公園には、帝室博物館があるし、科學博物館がある、府の美術館がある、その上に又、近代美術館を設けることは、一朝變異があつた場合などを考察すれば、當を得ない結果となりはしまいか。その候補地として、上野の杜が最有力であるといふ話だけれど、さういふ理由で私は感心しない。

日比谷とか、芝とか、さういふ場所もいかゞであらうか。市民の慰安と保健とを目的とした公園の境域を狹めることは不贊成である。さういふ綠地帶をばかり狙はなくても、市の中央部には、自ら適當な處があらう。

兎に角、交通の便がよく、觀衆の集り易い場所が望まれるのである。私に、忌憚なく云はせれば、現在の市廳のあるあたりはどうか。誰でも知つてゐる通り、市廳舍の移轉問題は懸案になつてゐるし、月島に建設する案が出たほどであるし、現在のやうに市廳關係の役所があちらこちらに散在してゐるまゝでは濟まされないしいづれは取り纒めて、現在以外の場所に大東京市の廳舍を建設することになるであらうから、その跡へ近代美術館を建設することが、十分に考へられる。いやさうすることが最も適當だと私は思ふ。あそこならば交通の利便から云つても、土地の格式から云つても、理想的である。

そのほか考へれば、いろ〳〵と出てくる。上野の府美術館のやうな入口や出口では不便である。又內部の各室の、明り窓と光線との關係を深く考慮して設計して貰ひたい。このことは、日本畫、洋畫、彫刻、工藝によつて、それ〳〵利害の異るもの

館の建設

の所感

（家　□　●●●

があるし、一方に見よくなつたり一方に都合惡くなつたりするこのことを、建築設計の上で、よく／＼研究を凝して欲しい。

尙美術品の倉庫は特に注意しなければならない。外國とは違ひ、日本では、地下倉庫は濕氣が籠るから不可である。やはり是れは地上に設けて、保存と保護との目的を達するやうにしなければならない。この點當局の關係者が、豫め最善の措置を講究して頂きたいものである。

大久保東京市長謹話

長くも皇太子殿下には本年十二月廿三日を以て滿八歳にわたらせられ殊の外御麗しく御成育遊ばされる由拜承致してをります、本市においては皇太子殿下の御誕生あらせられてより一日も早く記念事業の實現を計り度いと考へ基金を積立て來たのでありますが、今回各方面の御協力により、御誕生を記念し、併せて日本特有文化の殿堂として相當大規模な近代美術館の建設に着手致したいと考へてゐる次第です（談）

現代クラシックの尊重

川路柳虹

吾國が維新以來文化の長足の進歩のために、それに追ひ付けないでゐるものが澤山ある。その中で博物館施設の如きはその一つである。十年前にやつと小さな科學博物館が與へられたがそれ以外にナチユラルヒストリーの博物館の如きもまだ完全なものがない。帝室博物館がやつと完全な國民美術館の姿で再現し、わが國民文化の悠久な姿を如實に國民に知らしめる機關となつたが、日本諸地にある博物館、美術館はその種類は文化藝術一般に關するもの多いとは言へその規模は甚だ小さい。西歐のどんな小都市にも美術館の一つは必ずあるような例に比べれば數に於ても甚だ乏しい。然しこれは無理からぬことの一つで我國の餘りに速い文化の足並に對してさういふ恒久的施設が後れてゐる理由に他ならぬ。

こんど、東京市の力で皇儲殿下御誕辰を記念する現代美術館が出來るといふ。何より嬉しい事である。美術館といふものは眼によつて美術史藝術史文化史を國民に認識せしめる機關である。必竟文化とは歴史に他ならない。野蠻人の工藝は今も昔も同じだ。それは發展過程をもたぬからだ。歴史がないからだ。文化とは人類の民族の光榮ある生活力創造力の歴史そのものである。何によつて起り何によつて變化し何によつて進化するかの道程を知らしめるものが一つの歴史の眞實であるが、それを一見誰にも認識せしめるものがムウゼアムである。だから現代の美術がどういふ狀態で發達しどういふ方向へ向つてゐるかを知らすものは現代美術館よりない。時々の美術展覽會はそれ自身「動いてゐる美術」のパノラマであるが、それを一時靜止の狀態に置いて考へさしてくれるものは現代作品を一堂に集めた現代ムウゼアムである。即ち現代作品中でクラシックを見せるものである。現代のクラシックが定つてこそ、そのオーソドクシーもドラジションも明らかになるのだ。それがまた批評にとつても實に必要なことでなくてはならぬ。今迄美術批評の規準が混亂しがちなこともこの種の現代クラシックに對する尊重の念が乏しかつたことであり、そういふ尊重心が起りえなかつたのもそれを概觀する機關に缺けてゐたからである。この意味に於ても現代美術館の建設は吾らの美術を正しく考察せしめる最も有力な機關となるであらう。いはずもの事乍ら私は以上に「近代美術館の效用」を特に此の點に於て力說するものである。そしてルーヴルに對するルクサンブルのやうに帝室博物館と相對するものにしたい。且つ外國書のセクションもほしいと思ふ。

建築様式は純日本式に

北村西望

何しろ、長い間の我々の希望が達せられることになるのは結構至極である。しかし急には出來がたいことであらうからこれから、大いに研究して、要望すべきことは要望しようと思ふ。

常設美術館の設計が始まるころになれば、全日本彫塑家聯盟として希望意見を當事者に具申することとならう。

自分は、あの上野にある美術館を常設にして、展覽會場は別に大きな建築物を造つて欲しいと思つてゐる。しかしあれは東京府の施設であるし、今度の計畫は東京市の仕事であるから、望むのは無理であらう。いづれにしても、常設美術館と展覽會場とは別箇にしなければならないと思ふ。その展覽會場も府の美術館の三倍ぐらゐのものが欲しい。

自分の考へでは、現代の進化しつゝあるものを眺めながら、近き世の傑れた先輩の作品を熟視し、學び求め、そして制作することが、作家の研究過程として大切なことと思ふ。完備した常設美術館は、この希望を滿してくれる。だが同時に、理想的な大展覽會場を希求するものである。

計畫されてゐる常設美術館に就ては先づ建築様式は、純日本式でありたい。又内部の室は實際にそぐふやうにして設計して欲しい。例へば日本畫など、まさか床の間でもないけれど、兎に角、作品と釣合が取れるやうな構成を配慮して貰ひたい。自分のやうに彫刻をやる者から云へば、大作を並べる室と小さいものを置く室と、こんなやうに分けて欲しいと思ふ。

現在の府美術館はいかにも通風の工合が惡い。今度の分は、この闕失があつてはならない。建築の様式に就て云へば、府美術館は、外側が壁で固められてゐて、まるで拘置所を見る感じである。新しい常設館は壁面を内部に取り所々に窓を開き、そこへ廊下を通じ休憩所を設けるといふ風にして、いかにも近代の美術館として相應はしいものを設計して貰ひたいものである。

——以上文責在記者

從軍作家漫訪

池田さぶろ（繪と文）

滿洲國美術の開拓者川端龍子氏

紅葉《こうえふ》した欅《けやき》の木立《こだち》の間《あひだ》には、熊笹《くまざさ》に抱《だ》かれた巨岩がころがり、その間《あひだ》を落葉《らくえふ》をうかせて清流《せいりう》が縫《ぬ》つてゐる。がこゝは伊香保《いかほ》の山奥《やまおく》ではない。川端邸《かはばたてい》の庭《には》である。僕《ぼく》の耳朶《じだ》をうつものは炭火《すみび》のはぜる音《おと》だけだ。午後《ごご》三時迄《まで》に…といふ緒木氏との約束《やくそく》だつたやうだ、僕《ぼく》は所在《しよざい》なさに卓上《たくじやう》の朝日《あさひ》を一本《ぽん》吸《す》ひつけ、今時《いまどき》珍《めづ》らしい菓子《くわし》を頰《ほゝ》ばつた。めつたに手《て》にはいらぬと思《おも》へば、左黨《さたう》の僕迄《ぼくまで》手《て》がチヨイと出《で》る。時局《じきよく》のさもしさを人《ひと》の心境《しんきやう》に映《うつ》してみるとかうなのだらうか。女中《ぢよちう》の使《つか》ひで、歸《かへ》つてきた川端氏《かはばたし》はヂヤンパーにコールテンのズボンといふ輕裝《けいさう》だ。

「從軍作家《じうぐんさくか》の漫訪《まんぱう》に」と、僕《ぼく》はここで恭々《うやうや》しく名刺《めいし》をさし出《だ》した。

「ホウ、それはつひ失禮《しつれい》して」意外《いぐわい》な用件《ようけん》に一瞬《しゆん》氏は面《めん》くらつたやうに、これはチト話《はなし》が違《ちが》ふといふおもゝちだつた。それはさうだらう。用件《ようけん》も切《き》り出《だ》さずに、本誌記者《ほんしきしや》を名《な》のつてまかり出《で》たのだから

「時局《じきよく》のきびしさが美術家《びじゆつか》にも響《ひゞ》いてゐるやうですが」僕《ぼく》は從軍作家《じうぐんさくか》としての肚《はら》をたたいた。

「さよう、事變後《じへんご》前後《ぜんご》三回《くわい》、滿支《まんし》の旅《たび》へ出《で》ましたが、心構《こゝろがま》へは說明《せつめい》する迄《まで》もないことで、素材《そざい》にしても當然《たうぜん》時局《じきよく》を反影《はんえい》したものを心《こゝろ》がくべきだと思《おも》ひます、日本《にほん》の行《ゆ》く道《みち》はきまつてゐるのですからといつて、風景畫家《ふうけいぐわか》に直《たゞ》ちに素材《そざい》をかへてといつてもムリな話《はなし》ですが」あく迄常識《までじやうしき》でねりきつていく話方《はなしかた》である。

「資材不足《しざいふそく》の點《てん》など、切拔策《きりぬけさく》としては」

「サア、日本畫《にほんぐわ》もそろ／＼不自由《ふじいう》ですが、何《なに》かその方《はう》の統制機關《とうせいきくわん》があり、當局《たうきよく》に陳辯《ちんべん》したらいいと思《おも》ふのですが、無氣力《むきりよく》でそこ迄働《まではたら》きかけられないのです、繪絹《ゑぎぬ》の幅制《はゞせい》限《げん》なんかも生産統制《せいさんとうせい》の結果《けつくわ》でしようが、實際《じつさい》に當《あた》つて小品《せうひん》を描《か》く場合《ばあひ》にも大《おほ》きいものをきりおとして描《か》かなくちやなりません。その點《てん》當局《たうきよく》に說明《せつめい》する機關《きくわん》がないのです。」

「それは直接《ちよくせつ》何等《なんら》かの機會《きくわい》に進言《しんげん》できないのでしようか」

「それには帝國藝術院《ていこくげいじゆつゐん》があるのですからこれが眞先《まさき》に進言《しんげん》するなり助成《じよせい》するが當然《たうぜん》です。」

「先生《せんせい》が直接《ちよくせつ》、藝術院《げいじゆつゐん》によびかけて」

「さういふ自分《じぶん》が在野《ざいや》にゐて働《はたら》きかけない事《こと》も甚《はなは》だ申譯《まうしわけ》ないことで無氣力《むきりよく》といはれても仕方《しかた》はないが日本畫家《にほんぐわか》はどちらかといふと腰《こし》が重《おも》い、われ／＼は出《で》しやばりに見《み》られ乍《なが》ら、その點《てん》ダメですよ」

「國體《こくたい》の整理統合《せいりとうがふ》も足《あし》ふみしてゐますね、政黨時代《せいたうじだい》のセクショナリズムみたいに」

「これは翼賛會《よくさんくわい》、情報局《じやうほうきよく》ものぞんでゐますが早晩《さうばん》手《て》をつけられるべき問題《もんだい》です。この問題《もんだい》は統制《とうせい》の上《うへ》からいふと、さうあつてほしいとお上《かみ》は思《おも》ふかもしれませんが、その外《ほか》なすべきことは、もつと今《いま》の官展《くわんてん》、在野展《ざいやてん》の接續《せつぞく》を再建《さいけん》する意味《いみ》で一まづ解消《かいせう》することです、文展《ぶんてん》を解消《かいせう》すれば特《とく》に在野團體《ざいやだんたい》を呼稱《こしよう》する要《えう》もなし據《よ》るところに揃《そろ》つて描《か》かなくちやならぬ、團體的行《だんたいてきかう》煩動《どう》は雜《ざつ》になるかもしれんが作家《さくか》に獨立《どくりつ》する考《かんが》へを與《あた》へ、お上《かみ》に賴《たよ》らぬ氣分《きぶん》をおこさせ一人歩《りある》きのできる氣風《きふう》をうえこんだ上《うへ》で、正《たゞ》しい時局《じきよく》に立《た》つ作家《さくか》を集《あつ》めて理想的《りさうてき》統制《とうせい》ができると思《おも》ひます。

それを當局者《たうきよくしや》が知《し》つてゐるかどうかわかりませんが、今《いま》の所三《どころさん》すくみの形《かたち》ですね」

「官展《くわんてん》の人達《ひとたち》はそれを考《かんが》へてないのですか」

「それはお前《まへ》の立場《たちば》だからいへるので俺達《おれたち》の身《み》になつてみるといふ人《ひと》がありますよ、ハヽヽヽ文展《ぶんてん》なるものは私達《わたしたち》の税金《ぜいきん》で開催《かいさい》してゐるのに、作家《さくか》に氣力《きりよく》がない、これでは國民《こくみん》に申《まを》しわけがない。有力者《いうりよくしや》が進《すゝ》んで出品《しゆつぴん》する氣《き》が出《で》ないのは考《かんが》へものですよ、が、さうかたい話《はなし》ばかりせずに……」と、氏《し》は遲刻《ちこく》の原因《げんいん》は、氏《し》の手《て》になつた新京美術院《しんきやうびじゆつゐん》の第二期《だいにき》計畫《けいくわく》のためだといふのだつた。從軍行《じうぐんかう》の副產物《ふくさんぶつ》としてこの建設《けんせつ》は日滿《にちまん》の文化交流《ぶんくわかうりう》にとつて大《おほ》きな使命《しめい》をもつてゐるといへる。

「來年校舍《らいねんかうしや》の增築《ぞうちく》をやるので隣接《りんせつ》地《ち》を借入《かりい》れる契約《けいやく》を地主《ぢぬし》とすませたのですが、その隣《とな》りに工場《こうぢやう》があつて、ぜひこちらに讓《ゆづ》れといつてきてゐるのです。地主《ぢぬし》がこちらに貸《か》すのをいやだといへば、こちらは引下《ひきさが》るのですが……そんなわけで工場側《こうぢやうがは》と二時間《じかん》も押《お》し問答《もんだふ》やつ

てきたのです、」

天日《てんじつ》ために暗《くら》しといふことになりはしないか、と、僕《ぼく》はひそかに眉《まゆ》をひそめたのである。

「現在《げんざい》、滿日學生《まんにちがくせい》十三人《にん》ですが養《やう》成期間《せいきかん》五年《ねん》ではむづかしいですが一生懸命《しやうけんめい》やつてゐますよ。指導上《しだうじやう》少《すこ》し苛酷《かこく》かもしれんが一年間《ねんかん》は個人外出《じんぐわいしゆつ》を認《みと》めず一同引率外出《どうゐんそつぐわいしゆつ》させた位《くらゐ》でした。これが今後《こんご》どんな實《み》を結《むす》ぶかたのしみです。こんな仕《し》事《ごと》に作家《さくか》が各自《かくじ》のり出《だ》せるやうなところまで行《い》つてもらひたいと思《おも》ひますね」パイロットの道《みち》は常《じやう》にけはしいものである。僕《ぼく》は氏《し》の逞しい創作意慾《さうさくいよく》もだが常《つね》に後進《こうしん》の指《し》導《だう》に全身《ぜんしん》をうちこんでゐる熱情《ねつじやう》に敬虔《けいけん》の念《ねん》すら抱《いだ》いたことである。

他人より五倍の仕事の
川島理一郎氏

畫都《と》パリーに七回《くわい》、支那《しな》はおろかタイにまで氏《し》は足跡《そくせき》を印《いん》してゐる氏《し》の手《て》がけたそれ等《ら》の現地報告《げんちはうこく》が新聞雜誌《しんぶんざつし》に發表《ぺう》されたかと思《おも》ふともう數卷《すうくわん》の著書《ちよしよ》になつてゐる。この小軀《せうく》のどこにその逞しさがあるのかと思《おも》ふ程《ほど》氏《し》はよく描《か》き、よく書《か》く。だから、一口《くち》に言《い》へばそれが氏《し》の翼贊生活《よくさんせいくわつ》であり、新體制《しんたいせい》生活《せいくわつ》であるといへる。

「中《なか》には、畫家《か》が文章《ぶんしやう》を作《つく》つたり本《ほん》を出《だ》したりすることは、一種《しゆ》の墮落《だらく》だと思《おも》ひこんだり、非常時局《ひじやうじきよく》には單《たん》なる閑事業《かんじげふ》のやうに思《おも》ふ人《ひと》があるかもしれませんが、私《わたし》はさう思《おも》ひませんよ、力《ちから》があつてかけるならさうした未知《みち》の風物人情《ふうぶつにんじやう》を繪《え》で紹介《せうかい》して、一般《ぱん》の時局性《じきよくせい》に對《たい》する認識《にんしき》をたかめることも一つの御奉公《ごほうこう》ぢやありませんか」

氏《し》はズバリといつてのけた。その通《とほ》りである。藝術至上《げいじゆつしじやう》の美名《めい》にかくれる偸安《とうあん》の夢《ゆめ》をむさぼつた藝術家《げいじゆつか》を氣《き》どるはなつまみ的存在《てきそんざい》に至《いた》つては、むしろ時局《じきよく》から追放《ついはう》されるべきである。

といつて良心的製作《りやうしんてきせいさく》を拋棄《き》しろといふのではない。

「若《も》し美術《びじゆつ》を目《もく》して趣味道樂《しゆみだうらく》の仕《し》事《ごと》に止《とど》まるとする見方《みかた》が可能《かのう》なら、文章《ぶんしやう》などはおろか繪《え》を描《か》くこと自身《じしん》が既《すで》に無意義《むいぎ》といふことになりますよ。然《しか》し人《ひと》には本分《ほんぶん》がありますね。美術家《びじゆつか》にとつては誠心《せいしん》以《もつ》て美術《びじゆつ》の製作《せいさく》に邁進《まいしん》することが與《あた》へられた天職《てんしよく》です。問題《もんだい》はその態度《たいど》であり、信念如《しんねんい》何《かん》です。美術家《びじゆつか》が繪《え》を作《つく》ることに於《おい》てそれがあだかも戰場《せんぢやう》の兵士《へいし》の如《ごと》く眞劍《しんけん》且《か》つ勇猛《ゆうまう》の態《たい》度《ど》であるならば、それは文化《ぶんくわ》の戰士《せんし》としての意義《いぎ》の上《うへ》に國民《こくみん》たるの本分《ほんぶん》に少《すこ》しも悖《もと》るものではないと思《おも》ひます……」

さういふ氏《し》は、諸雜誌《しよざつし》に發表《はつぺう》された作品《さくひん》のスクラップをみせてくれた。タイの人物風景《じんぶつふうけい》である「事《こと》に臨《のぞ》んで常《つね》に自己《じこ》の全力《ぜんりよく》を盡《つく》し得《う》ることを誇《ほこ》りとしてゐる。疲《つか》れとか懶惰《だ》とかは何時《いつ》も征服《せいふく》して、自己《じこ》をただ奴隷《どれい》の如《ごと》く驅使《くし》してゐる。それが長《なが》い間《あひだ》の鍛練《たんれん》となつて今《いま》でも少《すこ》しもそれが苦《く》にならない」と氏《し》は『綠《みどり》の時代《じだい》』の中《なか》で告《こく》白《はく》してゐるが、さうした仕事《しごと》のひまくに發表《はつぺう》した新聞雜誌《しんぶんざつし》の作品《さくひん》すら何枚《まい》も描《か》き直《なほ》し全心全靈《ぜんしんぜんれい》を打《う》込《こ》むといふ。

「それでゞ切《きり》におくれては氣《き》の毒《どく》だと思《おも》ひ、夜鍋《よなべ》をすることがありますよ。工場《こうぢやう》の夜勤職工《やきんしよくこう》と同《おな》じです」氏《し》は、苦勞人《くらうにん》である。震災《しんさい》の年《とし》、全作品《ぜんさくひん》を燒《や》いて、文字通《もじどほ》りに失意《しつい》のドン底《そこ》に沈《しづ》んだ時《とき》から、氏《し》は少《すこ》しも自分《じぶん》の生活《せいくわつ》に負《ま》けず、借《しやく》金《きん》して再《ふたた》び製作《せいさく》の旅《たび》にヨーロッパへ出《で》かけたものだ。

「それがため、十年《ねん》人《ひと》よりもおくれましたよ」と苦笑《くせう》したものだが、

「その代《かは》り今《いま》人の三倍《ばい》、五倍《ばい》仕事《しごと》をしてゐるぢやありませんか」と僕達《ぼくたち》は笑《わら》つたのである。

「從軍《じゆうぐん》といへば、自分《じぶん》が一番最初《ばんさいしよ》でした。陸軍省恤兵部《りくぐんしやうじゆつぺいぶ》へ申込《まをしこ》んだところが大《たい》へん喜《よろこ》んでくれ、どうせ行《ゆ》くなら同行《どうかう》の士《し》を推薦《すゐせん》してくれといふので、伊原氏外數人《いはらしほかすうにん》を推《すゐ》薦《せん》して從軍畫家《じゆうぐんぐわか》としての一番《ばん》のりをやつたわけですよ」

「さうする、と私《わたし》なんど一昨年《さくねん》ですから、はるかにその後塵《こうぢん》を拜《はい》したわけですね」

「しかも最初第一回《くわい》のときは他《た》の人《ひと》は手當《てあて》をもらつて行《ゆ》つたのですが、自分《じぶん》は自腹《じばら》をきつて二千圓《えん》もつていきましたよ。その次《つぎ》から軍《ぐん》の方《はう》で南支《なんし》に行《い》つてくれといはれ一番《ばん》のりでした、それがかなり畫壇《ぐわだん》を刺戟《しげき》して、どしく出《で》かけるやうになつたのですよ」

「洋畫《やうぐわ》の方《はう》は、特《とく》に材料《ざいれう》が少《すく》なくなつてゐるやうですが、」

「ひどいですね、和製《わせい》はとても使《つか》へません、すぐ變色《へんしよく》して、おかげで、僕《ぼく》はこゝ二三年《ねん》は不自由《ふじいう》はしないだけのものを用意《ようい》してゐますよ。あちらから買《か》つてきたもの、歸朝者《きてうしや》から買《か》つてもらつたものがあるので……」

「作家《さくか》の心構《こころがま》へも最近變《さいきんかは》つてきてゐるやうですが」

「さうあるべきでせう。凡《すべ》ての鍛《たん》練《れん》の究極《きうきよく》は精神的《せいしんてき》であらねばならん。山岡鐵舟《やまをかてつしう》は、劍《けん》に勝《か》つことは得《とく》の力《ちから》であるといつてゐますが、この劍禪一致《けんぜんいつち》の心境《しんきやう》こそ又畫《またぐわ》にも通《つう》ずるのだと思《おも》ひますね」

「畫技《ぐわぎ》の修練《しうれん》の上《うへ》に心《こころ》の練磨《れんま》があらねばならぬが故《ゆゑ》に、畫家《ぐわか》も亦人《またにん》間的修養《げんてきしうやう》を怠《おこた》るべきでないと私《わたし》がいふのもそこにあるのですよ」

氏《し》はそこでカステーラを頬《ほほ》ばり番茶《ばんちや》をすゝるのだつた。

科學の眼から觀た文展
――文展の鳥獸畫の種々相――

理學博士　内田清之助

◇

今年《こんねん》の文展《ぶんてん》は鳥《とり》の繪がいつもより少《すく》く、これに反し、獸の繪が割《わり》合《あひ》に多《おほ》い。例年《れいねん》、鳥《とり》の繪の方《はう》がずツと多《おほ》いのであるが、今度《こんど》は寧《むし》ろ獸の方《はう》が多《おほ》い位である。卽ち日本《にほん》畫二百二點の中《うち》、鳥獸《てうじう》五十八點《てん》を占《し》め、更《さら》に内譯《うちわけ》すると、獸の繪が三十點《てん》、鳥《とり》の繪二十八點《てん》といふことになる。每年《まいねん》、花咲《はなさ》き鳥謠ふと言《い》つた繪が無暗《むやみ》に澤山《さん》あつたのが幾《いく》らか倦きられて來《き》たのかも知れぬ。尤も鳥の繪は二十八點《てん》ではあるが、二十八種類《しゆるゐ》の鳥《とり》が扱《あつか》はれて居るのに對《たい》し、獸の繪は三十點《てん》を數《かぞ》へるけれども、描《か》かれた獸の種《しゆ》類は至つて少《すく》く、僅《わづ》かに十種《しゆ》に過ぎない。しかも大抵《たいてい》が家畜《かちく》で、細《さい》別《べつ》すると牛《うし》六、馬《うま》六、山羊《やぎ》四、鹿《しか》四、犬《いぬ》三、猫《ねこ》二、狐《きつね》二、猿《さる》一、黑《くろ》豹一、ライオン一となる。野獸《やじう》は殆《ほと》んどないと言つてよい。更に忌憚《きたん》なく言《い》ふと、獸《けだもの》の繪は槪《がい》して拙い。それでも馬《うま》や牛のやうに見馴《みな》れて居《ゐ》るのはよいのであるが、他《た》の獸になると別《べつ》して拙い。それが西洋畫《せいやうぐわ》になると、鳥の繪は少《すく》いが、獸の繪は隨分《ずゐぶん》あり、野獸《やじう》も色《いろ》々描かれて居るし、事實《じじつ》、佳作《かさく》も尠くない。日本畫《にほんぐわ》と反對《はんたい》である。察《さつ》する處《ところ》、鳥《とり》の羽《はね》は日本畫《にほんぐわ》に描《か》き良く、獸類《じうるゐ》の毛《け》は日本畫《にほんぐわ》に描きにくいのではないかといふ氣《き》がするが、果《はた》してどんなものであらう。

鹿《しか》の如《ごと》きは日本畫《にほんぐわ》に數多《おほ》く取材《しゆざい》され、見事《みごと》な作品《さくひん》も殘《のこ》されては居るが、殆《ほとん》ど凡てが鹿苑《ろくえん》とも言《い》ふべき處《ところ》に飼《か》はれた鹿《しか》、奈良《なら》の鹿のやうなものばかりで、野生《やせい》の鹿《しか》は取上《とりあ》げられない。廿點《てん》、西洋畫《せいやうぐわ》では野《や》生《せい》の鹿《しか》らしいものも屢々《しば〳〵》見掛《みか》けるが、これは日本畫《にほんぐわ》でも最《も》つと描《か》かれてよいと思《おも》ふ。

犬《いぬ》や猫《ねこ》の繪でも日本畫《にほんぐわ》には佳作《かさく》が尠い。殊《こと》に今年《こんねん》の文展《ぶんてん》には、餘《あま》りぞツとしない猫《ねこ》が二つも出て居る。

狐《きつね》の繪は二點《てん》あり、いづれも大《たい》家《か》の筆《ふで》である。一は上村松篁《うへむらしようくわう》の「早秋《さうしう》」、一は橋本關雪《はしもとくわんせつ》の「夏夕」で、前者《ぜんしや》は赤狐《あかぎつね》、後者《こうしや》は白狐《しろぎつね》といふ對照《たいせう》をなしてゐる。「夏夕《ゆふ》」は夏の夕闇《ゆふやみ》に浮《うか》ぶ白狐《しろぎつね》を描いて妖氣《えうき》縹渺《へうべう》たるもの、正直《しやうぢき》の處《ところ》、何《なに》やら神經衰弱《しんけいすゐじやく》の狐《きつね》のやうな感《かん》じがする。勿論《もちろん》、これは傳統的《でんとうてき》の白狐を表現《へうげん》したものであらうが、一體《たい》、白狐《しろぎつね》といふものは、傳統《でんとう》だけに存《そん》するにあらずして、實在《じつざい》して居《ゐ》るのである。それは北極《ほくきよく》に棲息《せいそく》し、普通《ふつう》の狐《きつね》や襟卷《えりまき》にする銀狐《ぎんぎつね》とは種《しゆ》類《るゐ》が違《ちが》ふ。狐とは言《い》ひ條《でう》、大變《たいへん》肥えて丸味《まるみ》を帶び、胴がつまり、耳も普通《ふつう》の狐ほど尖《とが》つて居らず、顏《がん》貌《ばう》も詰まつてゐる。寧《むし》ろ普通《ふつう》の狐より犬《いぬ》に近《ちか》く、愛《あい》すべき感《かん》じの外《ぐわい》觀《くわん》を持《も》つて居《ゐ》る。然《しか》し「夏夕《ゆふ》」の白狐《ぎつね》は傳統的《でんとうてき》の夫れで、大《おほ》いに凄《すご》い尖つた感《かん》じのものである。

◇

つい惡口《わるくち》に流《なが》れてしまつたが、實際《じつさい》、日本畫《ほんぐわ》の獸には鳥《とり》の繪よりも變《へん》なのが尠くない。が、追々《おひ〳〵》獸の繪も多《おほ》くなり、質的《しつてき》にも佳い作品《さくひん》が現《あらは》れて來《く》るであらう。

一方《ぱう》、鳥《とり》の繪は二十八點《てん》あるが、取材《しゆざい》は殆《ほとん》どきまつてゐる。中《なか》で變《かは》つた種類《しゆるゐ》といへば、池田勝之《いけだかつの》助《すけ》氏の「三頭ノ池《いけ》」で、池畔《ちはん》に山《やま》鷸《しぎ》を二羽《は》あしらつてゐる。山鷸の繪は割合《わりあひ》に珍《めづ》しい。但《ただ》し、珍しいだけに難《なん》はある。羽《はね》の色《いろ》は山鷸《やましぎ》だが、形《かたち》は普通《ふつう》の鷸《しぎ》のやうになつてゐる。山鷸は背丈《せたけ》が低くて丸まツこいのであるが。この繪の鳥《とり》は普《ふ》通《つう》の鷸《しぎ》、卽ち田鷸《たしぎ》の如《ごと》き恰好《かつかう》になつてゐる。

いつの展覽會《てんらんくわい》にも常連《じやうれん》として描《か》かれる白鷺《しらさぎ》は、本年《ほんねん》も相變《あいかは》らず多《おほ》く、七點《てん》を數《かぞ》へる。處《ところ》が白鷺の繪には、いつも大抵間違《たいていまちが》ひが眼《め》につく。それでも近頃《ちかごろ》は餘程少《よほどすく》なくなつてはゐるが、まだ〳〵變《へん》な事《こと》がある。

元來《ぐわんらい》、普通《ふつう》所謂《いはゆ》る白鷺《しらさぎ》には、小鷺《こさぎ》と中鷺《ちゆうさぎ》とあるが、此頃《このごろ》の繪では、畫家《ぐわか》の觀察《くわんさつ》が緻密《ちみつ》になり、たいてい兩者《りやうしや》を描《か》き別《わ》けて居る。例《たと》へば今度《こんど》の文展でも、外山氏《やま》の「野田《のだ》村所見《むらしよけん》」、古市氏《ふるいち》の「鷺山《さぎやま》」、大藪氏《おほやぶ》の「白夜《びやくや》」の如き、いづれも多數《たすう》の白鷺《しろさぎ》が描《か》いてあるが、その中《うち》には小鷺と中鷺が交雜《かうざつ》し、それを夫

々描き別けて居《ゐ》るのである。素人《しろうと》の方《かた》には唯だ白《しろ》鷺が飛《と》んで居《ゐ》るとしか見《み》えまいが、實《じつ》は各々《おのおの》の種類《しゆるゐ》を描き別けて居《ゐ》るのである。が、その折角《せつかく》描き別けたつもりの白《しろ》鷺にも、惜《を》しいかな誤謬《ごびう》がある。例《たと》へば外山《やまし》氏の作《さく》では、中鷺《ちうさぎ》の頭《あたま》に二本《けん》の長い冠羽《はね》が生えて居《ゐ》るが、中鷺《ちうさぎ》は冠羽《はね》のないのが本當《ほんあて》で、冠羽《はね》のあるのは小鷺《こさぎ》に限《かぎ》る。これでは合《あひ》の子としか思《おも》へない。尚《なほ》、この繪では、木《き》の枝にとまつた鷺の後趾《あと》が枝を摑《つか》むやうに曲《まが》つて居《ゐ》るが、鷺の後趾《あと》は關節《くわんせつ》が一つしかないため、曲げる事《こと》は出來《でき》ない筈《はず》で後方《こうはう》へ伸びて居《ゐ》なければならぬのだ。この繪の如《ごと》くでは、關節《くわんせつ》が二つあるやうにしか受取れない。

又、古市氏の作品では、鷺の蓑毛《け》に精確さを缺いて居る。中《ちう》鷺と小《こ》鷺とでは蓑毛《け》の形《かたち》が違《ちが》ひ、後者《こうしや》は蓑毛《け》が短《みじか》く、尾《を》の先《さき》あたりでとまり、且《か》つ反り返《かへ》つて居《ゐ》るのに對《たい》し、中《ちう》鷺のそれは反つて居《を》らず、しかも尾《を》より長く生えて居《ゐ》るものなのだが、その區《く》別《べつ》が曖昧《あいまい》なのを憾みとする　それに、古市《ふるいち》氏《し》の繪には、小《こ》鷺と中《ちう》鷺以外《いぐわい》に、五位《ゐ》鷺の雛《ひな》が巣《す》から飛《と》び出《だ》した處《ところ》が描かれて居《ゐ》るが、これが妙《めう》な形で、まるでカケスが飛《と》んで居《ゐ》るやうである。なんとしても首肯し兼る。以《い》上《じやう》二作《さく》に較べると、大籔《おほ》氏《し》の「白《はく》夜《や》」は誤《ご》謬《びう》が少《すこ》しもないのみならず、中《ちう》鷺と小《こ》鷺の趾の形が巧《たく》みに描き別けてある。一體《たい》、小《こ》鷺は脚が眞《ま》黑《くろ》で趾が黄《き》色《いろ》であり、中《ちう》鷺は脚も趾も眞《ま》黑《くろ》なのであつて、大《おほ》籔氏《し》の場合《あひ》はどれもさうなつてゐるばかりでなく、小《こ》鷺《さぎ》は脚が太くて短《みじか》く、中《ちう》鷺は細《ほそ》くて長いのであるが、その感《かん》じがある程度《ていど》現《あら》れて居《ゐ》る。他《た》の二作《さく》にはそれほどの感《かん》じが籠《こも》つて居《を》らぬ。但《たゞ》し、大《おほ》籔氏の繪でもハツキリしないが、脚部《ぶ》の長さに反比例《はんぴれい》して小《こ》鷺は嘴が比《ひ》較《かく》的《てき》長く、中《ちう》鷺は割合《わりあひ》に短《みじか》い事《こと》を附《つ》け加《くは》へて置《お》く。

◇

白《しろ》鷺の序《ついで》に鴉《からす》の繪に移《うつ》るとしよう。鴉《からす》の繪は二點《てん》ある。一つは福《ふく》田《だ》豐《とよ》四郎《らう》氏の「山雁」、一つは久本《ひさもと》春雄《はるを》氏の「岩《がん》礁」。――前者《ぜんしや》は、遠《とほ》く山《さん》脈を背景《けい》に鴉《からす》が五、六羽《ば》飛《と》んで居《ゐ》る構圖《こうづ》であるが、その鴉《からす》の眼《め》が黄《き》色《いろ》になつてゐる。以《い》前《ぜん》にも二回《くわい》ほど述《の》べた事《こと》があるが、實際《じつさい》の鴉《からす》の眼《め》は濃《こ》い黑褐《こくかつ》色《いろ》で、羽《はね》色《いろ》の黑《くろ》と區《く》別《べつ》が付《つ》かぬやうな色《いろ》なのである。それが鷹の眼《め》のやうに黄《き》色《いろ》なのは氣《き》になる。どうして畫家《か》諸君《しよくん》は黄《き》色《いろ》に描きたがるのか。のみならず、この繪では嘴から頭《あたま》へかけての恰《かつ》好がノツペラ棒で、五位《ゐ》鷺みたいになつてゐる。

例《れい》年《ねん》多《おほ》い鵜は今度《こんど》は厭《いや》に遠慮《ゑんりよ》して、僅《わづ》かに二點《てん》しか出《で》て居《ゐ》ない。その一作《さく》、海老原《はら》氏の「磯《いそ》」は、澤山《さん》の鵜が岩《いは》の上《うへ》にとまつてゐる圖《づ》である。この繪では、鵜が水《みづ》搔《か》きのある大《おほ》きな趾で岩《いは》を摑《つか》むやうにしてとまつてゐる形はよいが、どの鳥《とり》も趾が三本しか見《み》えず、その三本の間《あひだ》に水《みづ》搔《か》きが大《おほ》きく張《ば》つてあるやうに描《ゑが》かれて居《ゐ》る。處《ところ》が、鵜の趾は非《ひ》常《じやう》に特《とく》殊《しゆ》に出來《でき》て居《を》り、後趾まで水《みづ》搔《か》きがすつかり張《は》られて居《ゐ》るものなのである。これは鵜の著《いちじ》るしい特徴《とくちよう》で、鴨などは前《まへ》の三趾だけに水《みづ》搔《か》きがあり、後趾にはないのである。この繪に現《あらは》れた鵜は、前《まへ》趾の三本が見《み》えるだけで、後趾の一本《ぽん》が雲《くも》隱れしてしまつてゐる。然《しか》るに他《た》の一作《さく》。戸《と》田《だ》氏の「浴光《よくくわう》」では、チヤンと四本《ほん》の趾に水《みづ》搔《か》きの張《は》つてあるのがハツキリしてゐる。

他《ほか》にまだ描《ゑが》かれて居《ゐ》る鳥《とり》は色々《いろいろ》ある。中《なか》には川邊《かはべ》氏の「囀り」のやうに、アヲバト・ウソ・シメ・ヒワ・アトリ・ルリ・ツグミ等多《とうた》數《すう》の鳥《とり》を寫《うつ》して居《ゐ》るものもあり、これ亦た一目《ひとめ》で判斷《だん》し得《う》るやうに精確《せいかく》に描《ゑが》かれて居《ゐ》る。

毎度《まいど》言《い》ふ事《こと》だが、鳥《とり》の繪は昔に較べて次第《しだい》に正確《せいかく》になり、甚《はなは》だしい誤《あやま》りあるものや、なんの種類《しゆるゐ》か判斷《だん》に苦《くる》しむが如《ごと》き繪は、有《あり》難い事に近頃《ちかごろ》では皆無《かいむ》となつた。但《たゞ》し强《し》ひてアラを探《さが》せば、微瑕が眼《め》につかぬでもない。例《たと》へば、幸田《かうだ》氏の「水《みづ》禽」といふ繪には、トモエガモ・コガモ・ヲナガガモ等《とう》の鴨が描かれて居《ゐ》るが、ヲナガガモの頸《くび》が妙《めう》に赤《あか》い褐色《かつしよく》を帶びてゐる。實際《じつさい》はもつと眞黑《まくろ》であるべきで色《いろ》の違《ちが》ひが目《め》立《た》つ。

が、槪觀《がいくわん》して年々《ねんねん》鳥《とり》の繪の正確《せいかく》さが增《ま》して居《ゐ》る事《こと》は爭《あらそ》へない。藝《げい》術的《じゆつてき》價値《かち》は論外《ろんぐわい》としても。（完）

橙黄會について

富安風生

▽追悼。藤躑躅いまを盛りと思ひしに――虛子』その働きざかりの楠目省介氏が遽かに亡くなられてから、もう一年半の月日が經つた。

氏は事業の上の活動家であるとともに、多能多趣味の人であつた。殊に俳句では橙黄子と號して夙に一家を成しまた美術を愛好し畫壇には多くの知友をもつてゐたやうだ。

このたび氏の最も親しかつた美術院中堅の五氏が氏を追慕するのあまり、その名も橙黄會と稱する會を結び、時どき集つて故人のお墓詣をしたり、一方またこれによつて一層お互に畫技を切磋して、氏の志に報ゆやうとする企てが成つた。まことに今の世に珍しいゆかしい話であると思ふ。

それも今一つこの會は、氏が生前かくべつ贔負してゐた若き靜美堂主人粟津二朗氏を、氏の心を繼いで長く引き立てゝゆくこととし、目的としてゐるのである。これまた一つの人情美談といふべきであつて、氏も定めし泉下に滿足されてゐることだらうと思ふ。

橙黄會のいはれはかくの如く美しい。わたしは氏と風交のあつた一人としてこの一文を草しながら、何か心が明るくなつたやうな氣さへするのである。

橙黄會は先日第一回の展覽會を銀座資生堂に開催した。その成績を期待されるが、せめて一目これを故人に見て貰ひたいやうな氣がするのは、わたし一人ではないであらう。

新刊紹介

□宛名印記
（美術と趣味の隨筆集）

本書は美術界に交遊の廣い沖野岩三郎氏が多年に亘る見聞を率直に叙したもの、日本畫、洋畫を問はず、現畫壇の大家、中堅あたりの逸話、佳話、素破抜きなど隨所に散見される、行文平易にして簡潔、而も現畫壇に對する鋭い批判や教訓もあり、美術に關心を持つ人々には是非一讀を薦める（四六判四五四頁、定價三圓、麴町區麴町三丁目東水社發行）

第一回 青々會展

川端龍子氏の東京に於ける個展廢止に代るものとして青々會なるものが新に登場した。これは青龍社社人の小集團とも個展の小集とも見られるものである。青龍社試作展のやうな賑やかさでなくいかにも小ヂンマリと靜肅に落ちついて見えるのも却つてよい。繪もいつもの騒々しい調子のものが尠くしんみり味へるものが多いのもよい。

龍子氏は三點の出品、他の社人は二點以内の出品であるが龍子氏の「黒潮」三尺五寸巾横に數尾の鰹が黒潮に遊泳するところを圖題としたものでその洒脱な波の描寫に龍子らしき覇氣が見える。鰹は重厚ではあるが皆同じ克明な調子が波に對して少し固く動きが見えぬのが惜まれる。「春眠」は以前三昧堂でみた小展での出品「梅花書屋」の調子を思はせるが墨調もよく小屋と馬の表現も省筆がよくきいてゐる。梅の白い胡粉のたらした跡が花としては少し重いのを難ずれば難ずる位「紅葉の谿」は最も輕妙な省筆で線がよくきいてゐる。

坂口一草氏の「神苑の朝」は釣燈籠の下に若い小鹿二匹をあしらつた奈良春日の描寫であらう。鹿とその影の調子が面白い。「傳書鳩」はおとなしい作。停り木が少し弱い。加納三樂氏の「秋錦抄」は黄葉と松の色彩模様であるが技のしげみが少し奥行に缺け色も騷しくなつてるのが惜しいが、試みとしては大膽である。菊をかいた「重陽」は平凡。福岡青嵐氏の「柿右衛門」は近來挿畫に達筆を振ふ調子がこゝでも出てゐるが小品として中々氣が利いてゐる。山崎豐氏の「閑日」は氏としての快心作であらう。支那風物である構圖自然で色調も春風駘蕩の情趣を出してゐる。「彩苑」は大きな玩具でも並べたやうで失敗作と言へよう。（三越）

正宗得三郎 日本畫展

洋畫家の畫いた日本畫と言へば、近頃は輕蔑されるのが常識のやうになつてゐるが、上野松坂屋で開かれた正宗得三郎氏の日本畫專一の趣味風流展も、その種餘技的なところは多分に免れない。しかし今年二科で觀たこの人の本業の油繪は、二科でも多分に東洋的風韻の燻みを帶びたものであつた。それも妙に『日本人の洋畫』をわざとらしく意識したものはなく、自然に素直にさうした味の滲んだものだつた。それだけに洋畫としての官能的な燃燒に缺けてゐたがそれが又反面この人の年齢と洋畫家としてはヤマ氣のない自然觀照とともに、かうした日本畫日本藝としての良質を附與させて行くのである。――といふのが特にこの展を觀ての僕の印象であつた。

殊に大愚良寛の生活を、その鄕土の實際に觀窮めて、そゞろに瓢逸に淸純化した『國上山畫册』、和漢の南宗名畫を、自己流にパースナライズした『版古畫册』十四幀など、趣味風流の極致如何に專門的にその道の研鑚に努めたかを語つてゐる。殊にその愛用の印を藏するといふ金多心の摸圖は、別に『金多心鐫印』の製印の實狀を寫した作ともに實物の印を禎中に花押し作者のそれへの戀着思慕を語つて、場中最も畫心喚發の佳作であつた。普通鑑賞作では花鳥の『菊』、風景の『月ヶ瀨』が日本畫の本技としての節調の細まやかに淸純なものを感じさせた。

人形美術院展

第一回日本人形美術院展は十一月十三日から十九日まで日本美術協會において開催された。岡本玉水氏の「晩秋」は御所人形に新しい息吹きをもたせた好箇の佳作、「臙脂繪賣」は傳統的技術をよく生かし、「前進」また出色の作といへる。平田郷陽氏の「苗代」は寫實的人形の極致をいつた佳品であり、「いでゆ」、「英彦氏木彫衣裳像」も氏獨自の技法を驅使した好作である。なほ宏きよ子氏の「便り」、高橋賤子氏の「箸」共にいゝ素質をもつた作品として擧げる。とにかく第一回展としては成功したものであり人形界に一段と活氣を與へ、多くの鑑賞者を魅了したものであつた。

春陽會 秋季小品展

春陽會の秋季小品展はこんどが初の催しこの種小品展としては出品作の大部分が商品化されてゐない爲めか、小品ながらも優れて奥行のある情操裡に好ましい會場風景である。出品作六十八點の内で主な作を擧げると遠藤典太の「バラ」「ペチニア」鳥海靑兒の「牡丹」「塔」加山四郎「卓上靜物」「薄」岡鹿之助「風景」本莊赳「百日草」「桃」等が有る。遠藤典太の二點では材料のこなしも良く寫實力の深さと共に澁く、鳥海靑兒の「牡丹」は古典的感覺の盛上りから來る實感は奥行のある迫力を見せて詩情十分「聖堂」は又物質感と巴里の持つ暗さと澁さを感じさせる所はさすが、加山四郎の「卓上靜物」は新古典とでもいはれるべき質の作だが、新鮮なる色調の美しさと構圖の面白さは稚拙味たつぷり。

岡鹿之助の風景二點は、例の如くルッソー的表現形式による風景畫だが、新鮮なる感覺は明朗なる詩情を見せて異色が有る。本莊赳の「百日草」と「桃」では、百日草の方が優れて居る。此の外水谷淸の「印度の女」は、漫畫的に過ぎるが、アネモネは無難と云ふ所、高田力藏の「ベニスの家」は表面寫實に終て居るが「村はづれ」は寫實に深く原精一の「室内支那女」と「靑衣」は共に感覺的に流れたがまとまりがなく、川端彌之助の「薔薇」はやゝ通俗的な感だが「雨の庭」は色彩の感覺に優れて居た。

平塚運一 創作版畫展

目錄に納められたる作品は十四點だが、其の内出品されたのは半數ぐらゐで淋しくも有り心殘りでもあつたが、それにしても出品作いづれも優れてたのしめたのは、さすがに、此の作家の力量を思はせるに十分。出品作中では「常滑風景」は要約されたる色彩、效果的な墨色の線色調の落着等はすつきりした詩情を生でやはらかく快調。「松江城山下風景」は又構圖の大膽さと色調のマチエルに美しく日本的情趣を盛つて面白い「内金剛正陽寺」と「支那木綿服の小女」は墨一色ずりに效果的でも有り底力を見せて佳品。「古塔晴雪」と牡丹は通俗的に過ぎてものたりないのは殘念（靑樹社）

第二回整址會展

土橋醇一の作では、かつての裝飾的作畫意圖から寫實的性格へと變化して居るのが眼立つが其の寫實も淺く、色調の派手なのと、材料のこなしの惡さは畫面が浮いて居る「高原の秋」外五點の内では「裏磐梯山月」が優れて居る。田邊積の八點では「秋の庭」「黄菊」は感覺的ではあるが、其の外では寫實力の淺さで物質感も詩情にも乏しい。秋保正二の物では裝飾的作意と感覺的寫實で行かうとする二樣の面が見られるが感覺的作

意で行く物に「秋たくる」あり、裝飾的作には「湖畔の家」がある。「秋たくる」は秋の詩情に「湖畔の家」は又ずつきりした色調に齒切が良い、「紅葉」と「秋陽」は淺く突込たりず輕くて弱い、宮河久の六點では色調の柔らかさは詩情が出掛つて居るが、描きたりず、小味に終始する爲めか、底力なく「横臥裸婦」は小味ながら出來の良い方（菊屋ギャラリー）

川治の晩秋

鹿兒島二喬

河鹿鳴くや空をかぎりて山の闇

老ひとり月を見て居り岩屋風呂

松楓岩風呂までの石疊

瀬の音にまぎれず哀れ河鹿鳴く

山の湯の流るる水に游魚かな

大潮會第六回展

村川彌五郎

全國教職員關係の作品を集めての展觀だけあつて、穩健着實な作が多く、不健康なる作品は見あたらないが其れだけ單調にも成りやすい。さすがに受賞の作は、一様に優れて居るのも着實なる仕事を思はせるに十分、水彩日本畫油彩と比較して水彩に佳作の多いのは各出品作家が教職に在る爲め其の教科として水彩繪具を多く使用する爲めかと思はれる。出品作各個に就て見ると、第一室に水彩畫の室で、福島運雄の「町はづれ」靑山盛雄の「監田の朝」工藤良三の「海」等はいづれも堅實なる寫實に優れて良く、橋本勇の「子供」と「靜物」とでは「靜物」よりも「子供」の方が優れて大膽なる構圖は稚咄味有つて快調野口政の「風景」と相田義男の「水郷」とでは共に新鮮にして快く、上田毅の「模型」と「名郷風景」も又仲々美しいが「模型」は機智のある構圖は巽色が有るがやゝ單調むしろ「名郷風景」に無理のない構想を見る。山口六郎の「砂丘のある風景」と「海へ行く道」そして、「埋立地風景」とはそれぞれの作意において出來の良い方だが埋立地風景はたくまざる内にも詩情十分あつて親しめる。石川新一の「舞の前」と「踏切」とでは踏切はユーモラスな作として擧げられるがこれが過ぎると漫畫的に成りやすくむしろ「舞の前」の方に技術的な美しさと新鮮なる感覺が落着を見せる優れた物を感じる。鈴木又三の「ゴムの木」と「公園の一隅」では「ゴムの木」が出色三澤邦雄の「讀書」は月並だが技術的には柔かく達筆「小憩」は技術的には前作より落ちても變化が有つて面白い。大崎恒男の「水郷」二點は此の室での佳作として擧げられる。感覺筆致は齒切れ良くすつきりした色調の落着は新鮮な詩情を見せて美しく、此の外鈴木貞造の「オルガンをひく」三井良作の「靜物」藤田方二の「庭木」中村與之助の「奉安庫」淵上政夫の「岩」等が先づ出色な作、第二室此の室も水彩畫の室、向坂寅男の「水郷」は純眞なる詩情をたゝへて美しく南喬の「波止場風景」は大膽に多筆だが粗雜に過ぎてやゝまとまりを缺く、漆山七郎の「樹林」を初め豐千里の「碇船」酒井忠勇の「厨房」等はいづれも出來た作として此の室では光つて居る。「増田喜惠藏の「有栖川公園」と「花」では「花」の方が輕快。小林新吉の「蟬とり」と「農家の秋」では蟬とりは力作だがのびがなく「農家の秋」には日本的畫趣と構圖の新鮮さは仲々面白い關口雄三郎の「靜物」は小品ながら優れて居る此の外の作では中幡勝の「岩採場」とか進藤清の「月夜の農家」などが擧げられる。

□

第三室此の室は日本畫の室だが中で眼立つ作は小林澄心の「さゞなみ」は技巧的には見られるが月並な作意は弱い高增啓藏の「晩秋」は單純化されても底力を見せて見ごたへがある黒田彩弘の「北國の初夏」は此の室では技術的には仲々優れて居るが描かれたうさぎはつけたりの感じあとは金田豐の「山畑の冬」石井進の「虫とり」岡崎鐵舟の「日蝕」御供喜代太の「樂土」西山純一の「山峽首夏」川田世紀の「秋影」加藤彩華の「睃翠」等が出色だが油彩水彩と比較してやゝ底調第四室此の室からは油彩になるが、先づ此の室で最初に眼に着く作では池龜勇の「つどひ」がある。次ぎは武田一郎の「トレド」そして宮崎武夫の「水門」中島英の「橋」等が擧げられる。小川留之助の「朝」はしつとりした描き込は快く平松輝子の「靜物」石山富彦の「午後の風景」高昌正勝の「蜻蛉とり」等は又此の室で眼立つ仲々良い。河井達海の「夜漁」には早すぎる夕の濱邊を思はせる。あとは森桂一の「子供」川口四郎の家東斌の「麥崎風景」等は異色ある作。第五室此の室では石本秀雄の「病床」を初め石原義雄の「旭川風景」とか川邊外治の「室內」榎戸庄衞の「秋陽」そして大貫松三の「靜物」山下大五郎の「山茶花と子供」等各作の作意と技術において無鑑陣にふさはしくいづれも出來た所を見せて居る。

□

第五室では藤倉信都の造船場中島百合子の「陣取」小島源一郎の「廢墟」堀江秀雄の「着衣の人」鈴木泰正の「畫室の一隅」田中末吉の「取入」等が眼立つが森新一の「野外の靜物」は又色彩のこなしも良く効果的階調は異色が有る。此の外では無鑑の天井陸三「法城」とか石野安親の「少女座像」西初已の「谿間」鈴木三五郎の「小供」川口雄男の「青衣」等が有る。以下各室での主な作を拾つて見ると長門羣兒の「僻村朗色」遠藤彭子の「紫陽花とケイゴ」佐伯信夫の「黄色い布」山本勝男の「漁村の晝過ぎ」光岡以佐緒の「朝」佐々木福基の「祭りの小供」小林富藏の「九月」倉澤義男の「裁縫室」下田百合尾の「草原の子供」等を擧げる事が出來る。

秋冬句抄

及川貞女

一

暮雪かな

人の子のいくさ勝ちし子爐に迎ふ

端居して讀みがたし戰場のたよりなり

葉けいとういつまで燃えてひとり殘す

野路をくるバス待ちをれば渡り鳥

しぐるゝや牡蠣割る辻も灯りぬ

裏道の野路にも灯かげ酉の市

日の出いまだ霜が眞白のうす明り

茶の花に鵯に寸暇のしあはせを

美術經濟

今文展總入場者 廿三萬餘

☆☆☆☆☆☆☆☆☆☆

賣約計三萬八百餘圓

美術の秋を堂々と飾つた第四回文展も二十日午後四時を以て去月十六日以來三十五日間の會期を終へた最終日の二十日も早朝から名殘りを惜む

鑑賞家 で會場は大賑ひであつた、最終日迄の入場者は二十三萬七千六百六十八人で、昨年に比すると三十六萬餘人に對して少數であるが、昨年は奉祝展を前期後期と別けて開催したし帝室博物館正倉院御物拜觀入場者の流れが多かつたし、多數であつたことは當然である、一昨年の十六萬三千二百四十六人に比すると遙に多い。例年の入場者が一日

一萬を 超えたのは二回であるのに今年は六回のレコードを作り、學生の八萬六千餘名を筆頭に、サラリーマン、産業戰士、商人と多彩な階級を網羅してゐる、戰時下にも怯まぬ美術愛好者の多いことは當事者を雀躍させた、入場者の中には傷痍軍人も目立つて多かつた、賣約點數は、第一部（日本畫）が三點で計五千八百圓、第二部（洋畫等）が

十三點 で計八千九百八十圓、第四部（彫刻）が一點で一千百圓、第四部（工藝）が二十一點で計一萬四千九百五十五圓合計三十九點で三萬八百三十五圓、その點數も賣上高も、工藝品に於て去年の四十數點より激減したのは、鐵鋼回收などの事から、折角買つても徵收されるだらうといふ一般の豫想から來たらしいが、第二部は昨年の五點に較べて倍以上も增加してゐる、第一部と第三部との賣約成績は平年並みである

李王家御買上

賣約の內、李王家では日本畫二點＝（細雨流水）白倉嘉入、（武人武藏）野田九浦、洋畫二點＝（婦人像）寺內萬治郎、（黑衣の女）岡見富雄、彫刻二點＝（たばこ）松浦良、（薰染）後藤清一、工藝二點＝（鑄銅釣燈籠）香取正彥、（春水硝子吹込水盤）宮代健三の八點を御買上になつた

政府買上品

政府の買上品は左の通り

日本畫＝「晩秋」松林桂月、「塙保己一」島田墨仙、洋畫＝「靜思」中澤弘光、「マンドリンを持つ女」鬼頭鍋三郎 彫塑＝「コタンのアイヌ」加藤顯清、「立てる男」進藤武松、工藝＝「初秋屛風」渡邊春男、「漆木爪の圖屛風」高橋節郎、「鳳鈕香爐」香取秀眞、「黃銅壺」北草千鹿の諸作品である

編輯後記

本號には高須博士の戰時下にふさはしい稿をはじめ、有嶋生馬氏の文展概評を頂いたことは誠に有難かつた。有嶋氏の玉稿は實は文展號のためお願ひしてあつたのであるが、色々御多用で後れたのであつたが暫くこの種の文筆を採られなかつた氏の稿としては珍らしいものと思ふ。現代美術館が愈々出來ることに決つたので、それを諸家にお願ひして御意見を聞きえたのも幸ひであつた。內田博士の科學眼に映じた文展も興味あるものであらう。本號からグラフ頁にも新意を示すことにした「眼で見る美術史」の意味で「美術文化の交流」は川路氏の解說と俟つて興味あるものとなつた。相變らず紙の配給圓滑を缺いでゐるため發行日に出ないことの重大原因を作つてゐる。然し近く情報局などの御努力で何とかなると思ふ。不惡諒察されたい。

新稅の強打 美術界の負擔

國際情勢の極度の緊迫化に對處して高度國防國家の臨戰態勢をより强化するため、明十二月一日から實施される增稅案は去る十三日の閣議に附議されつゞいて臨時議會の協贊を經た、今度の增稅の目的は財源の增强よりも國家財政豫算の膨脹に見合せて、浮動購買力吸收、消費節約勵行、物資消耗抑制の三標準に基されてゐるので、享樂、奢澤、奢侈等緊急を要せぬ消費に對して嚴重に加稅される結果となり、酒稅、砂糖消費稅、通行稅、觀覽稅、建築稅、遊興稅、物品稅、骨牌稅、印紙稅、地方分與稅等の加重である

この內、入場稅に於ては「入場料が一人一回五十錢未滿なるとき百分の二十、一圓未滿百分の三十」の律を以て從來緩忌されてゐた美術展覽會にも入場者は稅を負擔せねばならぬ事となる勿論斯る情勢に卽してのことであるから美術界もこれに義務を課せらるるのであるが、殊に强打を蒙むるのは、美術業界の內、物品稅中の小賣に屬するものである、東京美術俱樂部の賣立や碗ぶせ、羅賣買の如きは、從前から既に重負されつゝあるので今回特にその影響される事はないであらうが、小賣は今迄は通常稅だけであつたが新項目の

（物品稅三）書畫および骨董に付ては賣立等の場合の外、普通の小賣業者の販賣する場合にも課稅すること

によつて施行される、店頭の美術品賣買、客先への持參賣買をはじめ小賣に關する限り買ふものは當然稅を負擔するので、其支拂律は二割が原則である

しかし美術品は公定價格を持たぬものであるから、表示價格の二割と云つても買手と美術商の間柄による協定に於ては事實上は必ずしも買手の負擔とのみに限らないのである

「今度の稅はお客樣に拂つて頂くわけなのですが、どうしても買つて頂くとすれば商店の方が負擔すゝ結果にならねばなりません、また此加稅を甘受して迄買はふといふのではお客樣も相當減少されるのは當然です、尤も書入れ時といふ歲末に際して此新稅法は大打擊ですがこれも帝國國民として大いに實施に忠實を努める覺悟です」と、一樣に業界は混亂化し、各所に對處實施に就て協議が催されてゐる

美術俱樂部に巨頭會議

十二月一日から實施の美術骨董新稅に關して遂に東京美術業界は之れが對處善行のため去月二十六日、これが實施に先立ち芝の東京美術俱樂部に東京、大阪、京都、名古屋を併せたる巨頭會議を召集し練案の上、引つゞき同二十六日臨時總會を開催協議打合せを遂げた

展觀出品も 同じく二割の稅負擔

街頭の畫廊、百貨店、貸席等に開催さるる各樣の美術展覽會の出品に對しても、前記小賣と同じく買手は新稅の負擔を負ふ事となつた

青年會理事を 若手に繰下げ改選

東京美術俱樂部內の東京美術青年會は去月二十五日午後二時から臨時總會を開き從來の規約中その年齡四十歲制度を三十歲に引下げること等を決議し同規約改正の結果、理事（三十歲以下）の改選を行つた

去月下旬の賣立

下半期に入つて最初の賣立は去月二十一日からの本山幽篁堂外五札元によつて久しぶりで開かれたがこれに引つゞき▲廿五六七日は赤坂水戶幸正札會▲廿八九三十日は小林杉原二札元による入札賣立が開催された

「旬刊」美術新報

昭和十六年十一月二十七日 印刷
昭和十六年十一月三十日 發行

發行日 每月三回（十の日發行）

購讀料 一册金五十錢（郵稅一錢）
一ケ月三册金壹円五十錢（送料共）

編輯發行兼印刷人 麴町區九段一ノ一四 資文堂 猪木卓爾

發賣所 東京市麴町區九段一ノ一四 日本美術新報社
電話九段 二七一五
振替東京 一六二五〇

配給元 日本出版配給株式會社
日本出版文化協會々員 一二二三五番

通信は一切發賣所へ

發行所 東京市日本橋區東片町八二 日本美術新報社

第四回美術雜誌協議會

十一月十五日正午三信ビル東洋軒

寫眞は右より荒城季夫、情報局 小野久三、文協 淺利篤
池島重信、福岡信夫の諸氏と手前は各社の編輯担當者

「忠愛美術」晩翠會

寫眞は左より益田柳外、中島中將、花岡萬舟、佐久間美術
文化新聞社長の諸氏・

高須芝山個展

渡洋爆擊

赤松信平氏第二回彫刻展（三越本店にて）

狻猊

福田翠光氏——祖父の贈從五位理兵衞（勤王志士）
七十年祭の參爲（山口縣三田尻にて）

池田遙邨氏の舞台裝置

先斗町水明會公演「賀の祝」

犀彩會第二回展

加越能美術協會主催

伊豆風景　清水錬徳

初冬山湖　石野隆

少女　荒谷直之介

椅子による女　南政善

青い服　脇田和

大川武司第二回個展

河原の朝

花　安藤憲三

銀座ギャラリー

三塔會第一回展

花圃茂る　富永正元

和風會展

富士の春　玉置照信

釣歸　鈴木雪武

水禽集ふ　出口清三郎

清籟社展

上野松坂屋にて

霜林　西丸小園

瑞喜　樋田五峯

鵜　大紫丹溪

溪流　稲川光風

静閑　石川美峯

賜帛　森田青華

菩薩　相馬千里

第一回日本人形美術院展

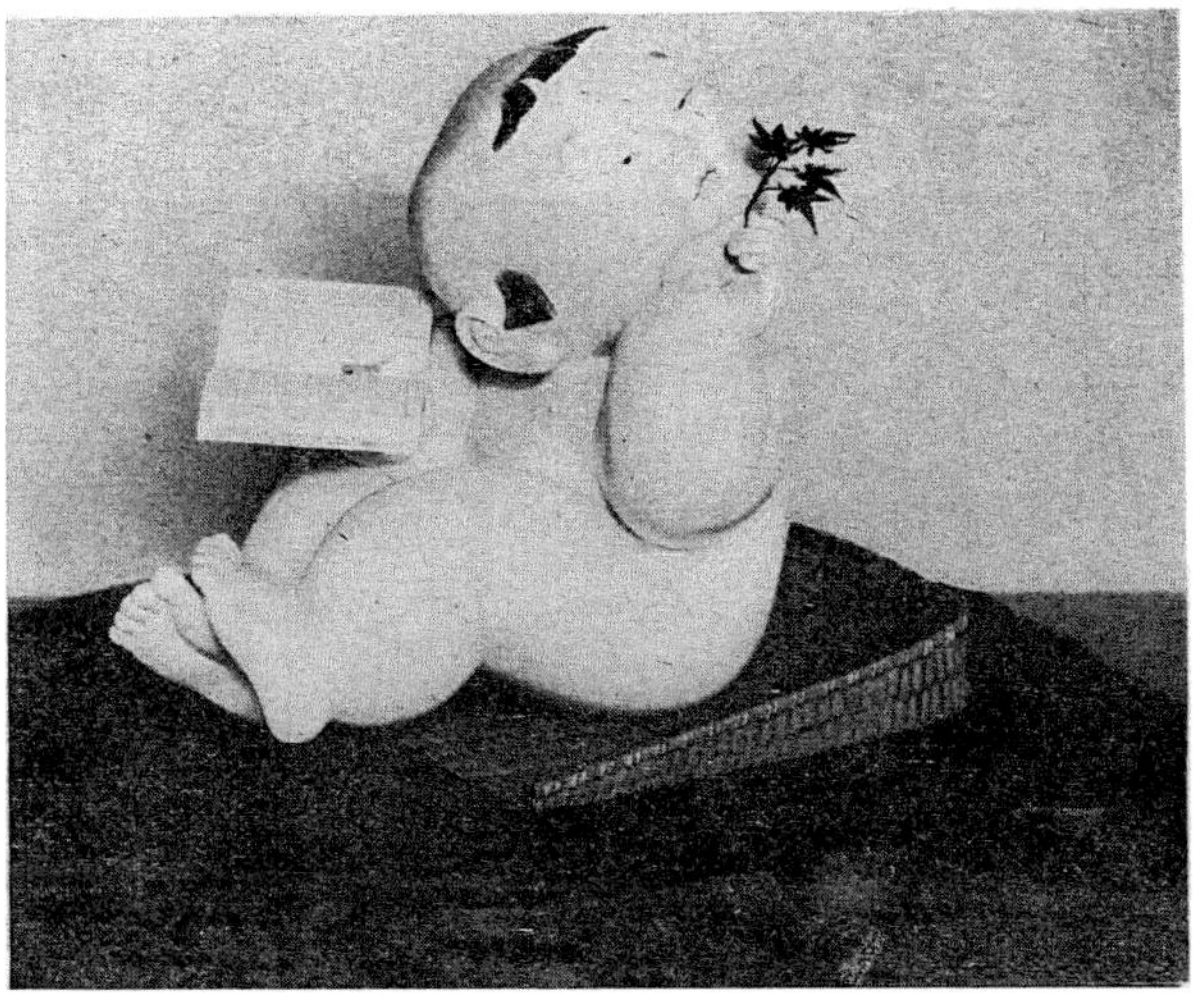

晩秋　岡本玉水

苗代　平田郷陽

毎年開かれる大潮會展

家　川口四郎

水郷　大崎恒男

さゞなみ　小林澄心

秋影　川田世紀

勝浦風景　石原益夫

法城　天井陸三

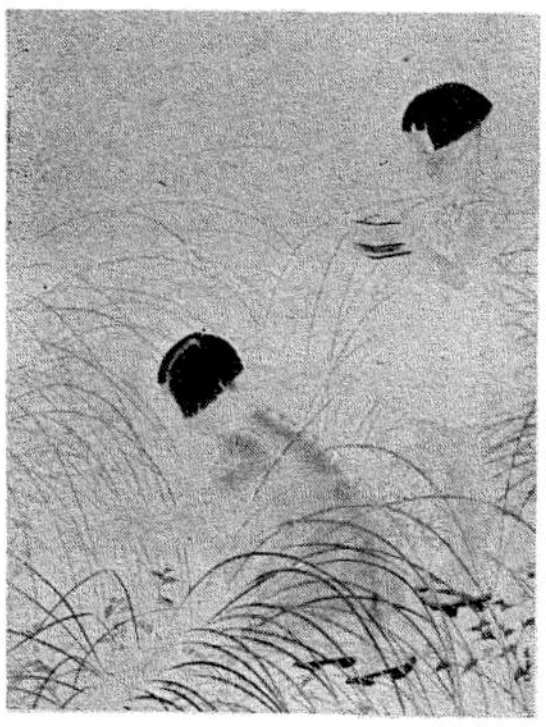
虫とり　石川進

艤艀　豊千里

梅雨霧　田場笙月

麦　菊澤榮一

麦崎　東斌

踏切　石川新一

ぶどうをとる　竹野谷仁重

梅雨の晴間　高谷重夫

渚　樋口一郎

美術教育者によつて

静物　大貫松三

子供　鈴木三五郎

鼓笛練習　石野安親

青衣　川口恒男

黒服　森桂一

窯場　水野一好

讀書　三澤邦雄

室内　川邊外治

山茶花と子供　山下大五郎

夏　山下忠平

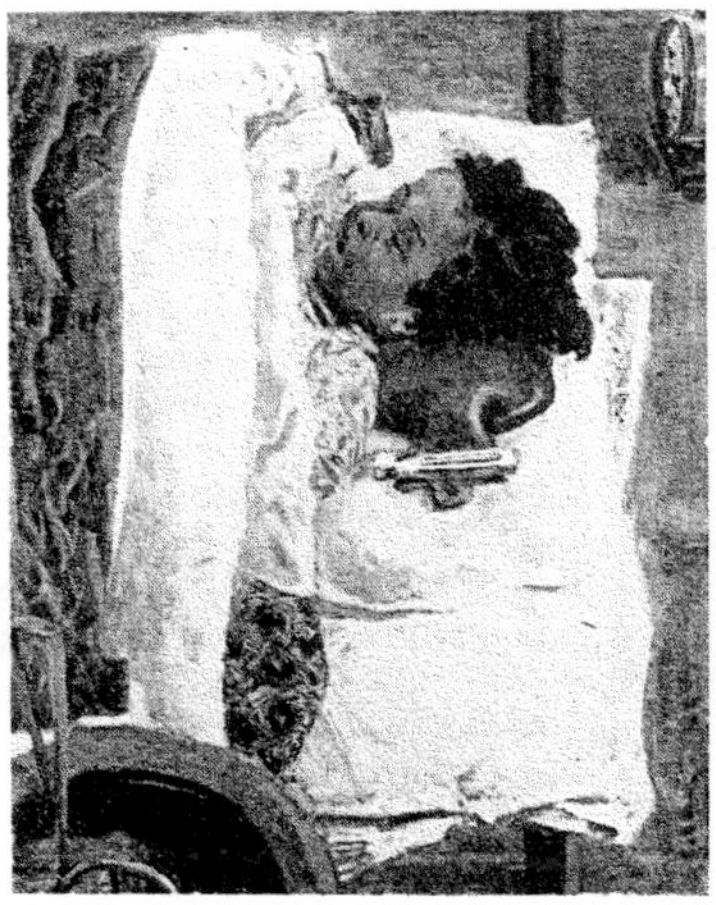

病床　石本秀雄

吉子眠る　間道清

秋陽　坂戸庄衞

第一回忠愛美術院展

瑞鳥　穗坂光希

英靈靖國に皈る　花岡萬舟

樹雪　松田康一

出陣　吉田廣洋

眞制美術會試作展

樵徑不乏　加藤正男

自恃則無怖　齊藤五百枝

第一回青々會展

黒潮　川端龍子

春眠　川端龍子

秋錦抄　加納三楽

柿右衛門　福田青嵐

神苑の朝　坂口一草

彩苑　山崎豊

(A)西域敦煌出土の神將木彫(B)は戒壇院の四天王中の彫像

B

A

金剛界曼荼羅

壁畫から起されたが、その様式は却つて西歐の中世繪畫に何らかの示唆を與へてゐないだらうか。曼荼羅の形式は密敎の流布と共に印度、西域、西藏の佛畫に見えるが、チョットの「最後の審判」の如き宛然胎藏界曼荼羅の如くである。大日如來の代りに基督が主座となり諸菩薩の代りに十二使徒や天使が描かれる。地獄變相圖と等しきものが下に描かれてゐる。かように見る時交通不便な時代にも文化は交流し、美術は人間の思惟感情を形を異にし乍ら相交歡してゐたことが知られる。(川路柳虹)

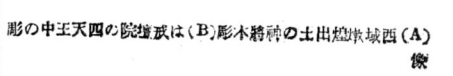

西域の佛畫曼荼羅

伊太利パトヴアのアレナ寺ジヨツトオ畫基督一代記中の「最後の審判」圖

ミロのヴイナス頭

吐蕃(トルファン)出土のガンダラ形式の佛像斷片

希臘古代彫像サモトラキアのニケ女神

古代

美術文化の交流

我國の美術が強大な發展を遂げたのは云ふ迄もなく飛鳥奈良の時代に始まるが、それは佛教を中心とする文化の移入によつてゞある。佛教が印度から支那に傳はつたのは後漢の明帝の時代であり、それが日本に傳はつたのはわが欽明帝の御宇であつた。しかしその以前にも三韓をへて支那文化はわが國に渡來してゐた跡は舊事記その他百般の文物の存在によつて窺ふことが出來る。而して美術に於て最も珍とする處は吾が正倉院御物その他に見る古代波斯美術の影響ある遺品の存することである。それは無論支那を通じて渡來したものではあるが、既に漢代に於て西域を通じて西北印度から波斯埃及等との交通が拓けてゐたことは史家の語る如くである。大月氏(ガンダラ)太秦(エジプト)と共に薩珊(サッサン)(即ち波斯)との交渉が最も密接であつたことが知らるゝ。即ち西紀三世紀の中葉から七世紀に渡つての交渉で、古代バビロン、アッシリヤの文化が既にわが國に影響をあたへてゐたことが正倉院御物中の龍頭水指や、狩獵紋の錦繍斷片に現はれてゐる。これと共に西域美術は唐代支那美術との交流によつて我國の繪畫彫刻の上に影響を與へてゐる。大和繪の筆技もすでにそこに見られるが東トルキスタン吐蕃(トルファン)即ち古代の高昌國の彫像中には戒壇院の四天王や東大寺十二神將に等しい佛像彫刻があるが夫れは正しく西域の原形から得たものであらう。執金剛の忿怒の形相に於て眼球の凸出せる相貌は東トルキスタン人種の特質ある相貌の寫實なのである。ガンダラと希臘の交流は誰も知る如く、歷山大王の東征による希臘文化の西北印度(パンチャップ地方)への發入以來であるが、それが印度の佛教彫刻の基礎となつた。アプロデイトの裸形と衣紋の襞がガンダラ彫刻に見えるではないか。また佛畫は佛像の發達と共に寫院の

A　　B

(A)正倉院御物龍頭青銅水指(B)はカウカシア地方出土薩珊初期の青銅水指、その形體の同一と描かれた有翼馬の同じものたることを注意されたい。

法隆寺藏狩獵文錦古代波斯期の壁掛と同一紋樣(倫敦アルバート美術館)

小閑　西山　翠嶂

水邊に涉る風にそよ〳〵蘆もしづかである。小禽は汀に輕い翼をやすめてゐる。平和にものどかな小景である。翠嶂畫伯の紙本に試みた最近の快作、その濃墨の美しさに今更ながら巨擘の筆致を窮ふに足りよう。

美術新報
旬刊

十一月卅日號

獻鑑啓　　建畠大夢

9

日本美術新報社

昭和十年一月十二日第三種郵便物認可　第八號

會期　十一月廿六日—同卅日
蛭子屋里徑氏
新作日本畫展

會期　十一月廿六日—同卅日
京都繪畫專門學校選拔
日本畫展

日本橋
髙島屋
美術部

會期　十一月廿二日—同廿六日
青々會第一回展

會期　十一月廿七日—同卅日
七絃會第十二回展

日本橋
三越
美術部

（一ケ月三回 金壹圓五十錢）

會期　十一月廿五日—同廿九日
國畫工藝協會
同人小品展

上野廣小路
松坂屋
美術部

定價金五拾錢
（郵税一錢）

橙黄會展覧會

會期　十一月廿五日—廿七日

會場　銀座資生堂ギャラリー

出品作家

奥村土牛
太田聴雨
田中青坪
酒井三良
木下春

新構造社十六年度展

會期　十一月廿三日—十二月七日

會場　上野公園・東京府美術館

事務所　東京府多摩郡小金井町小金井四四八三　林方

第十回 工藝濟々會作品展

會期　十一月廿六日—卅日

會場　日本橋・白木屋（新装九階）

和風會美術展（繪畫及ビ余技作品）

會期　十二月三日—七日迄

會場　日本橋・白木屋（五階）

玉置照信
出口清三郎
鈴木雪哉
鈴木有哉
（音順）

東京市下谷區谷中上三崎北町二二　玉置方
（電話下谷四四九〇）　和風會事務所

旬刊時評

美術の需給

一口に「美術」と言つても、この言葉を享けとる層によつて美術の概念がいろ／＼に意識される。學生にとつて「美術」は街頭の洋畫展覽會であつたり、上野山の美術館であつたり意識されるが、少し老齡の有閑資產者にとつては「美術」は所謂書畫骨董の代名詞以上でなく、美術俱樂部や交換會に出入する所謂鑑賞層や畫商等にとつては新畫の日本畫以外に「美術」の意識はなく、若い會社員、壯年の官吏や實業社會にある人々、知識階級と呼ばる人々にとつては洋畫以外に「美術」の意識は殆んどない。「美術」といふたつた二文字が、それを享けとる人々の境遇位置によつてさま〴〵に意識されてゐるといふことを考へると不思議な感じがする。

勿論たれでも向き直つて「美術とは何ぞや」と訊ねるなら、それを「文展」のことゝも「日本畫」のことゝも、「洋畫」のことゝも考へるといふ人はあるまいが現實の生活環境に應じてその意識の重點が異るのも又甚だ自然である。だが、美術はそれを所有する層とそれを鑑賞享受のみする層と二つには分たれる。前者にとつて美術は個人的財寶であるが、後者にとつては單に精神の慰安或は昂揚の對象である。而して美術家は前者に依存して生活してゐるものであるが美術の需給が必ずしも美術の內容を決定するものでもない。美術家は茲に深く留意すべきであらう。

× × ×

美術旬報

最古の繪看板

早大演劇博物館で展示

芝居繪看板の嚆矢といふべき最古の繪看板が浮世繪の研究家吉田暎二氏に依りこのほど發見され、今から二百五十年前延寶時代に人形淨瑠璃芝居小屋で、既に芝居繪看板を使つてゐたことが明白にされた

筆者は初期浮世繪の大成者として著名な菱川師宣で、自由奔放な描線で人物を表現するのに長じてゐる、慶安の頃に版刻の繪本を出し、明曆の頃には「三浦物語」等の淨瑠璃本に繪を描き、萬治元年には「高屛風しだ物語」「靑樓美人」に傑作の繪を殘し、元祿七年頃世を去つてゐる、發見された繪は虎屋小源太夫座の看板で狂言は「鹽谷小次郎夜討對決」である

尙この繪看板は早大演劇博物館で五日から十日まで展觀に供された

皇太子殿下御生誕奉祝記念事業

世界的な現代美術館 設立企劃

歐米諸國ではそれ〴〵現代美術の傑作を蒐集保存し、常時國民の觀覽に供してゐる美術常設館があるのだが世界の美術國と云はれるわが日本では不幸にもそれがなく辛くも京城に李王家が寄附した美術館が現代美術館の體裁を整へてゐるだけであるその他の美術館では、わが國の上古から德川末期までの藝術作品を蒐集するに止まつてをり、明治維新後の國民藝術を觀る機會としては、やつと春秋二季、それも大抵一ケ月以內のごく短期の間、官展や在野展のほかはない、しかもこれらの展覽會は各作家團體の定期的な新作品の發表機關で、常設美術館とは非常に趣が異つてゐる、この超非常時の折柄國民文化財の安全な保管のためにも、大現代美術館の常時設立が要望されるし、四五年前から、橫山大觀、和田英作、川合玉堂、朝倉文夫氏などはその常設を提唱してゐたことであるし、東京市では、皇太子殿下御生誕奉祝記念事業として世界的な現代美術館設立の案を進め、谷川市記念事業部長はこのほど米國の美術館を視察して歸京し、前田侯爵始め各界有力者の後援もあるので、市記念事業委員會の案もほゞ完成し、近く市會に附議決定を待つばかりとなつた、委員會の案に依ると美術館の敷地は、上野公園、日比谷公園、芝公園の三候補を擧げてゐるが、美術に最も由緒の深い上野公園が一番有力である豫算は大體六七百萬圓と觀られ新美術館は地下二階の倉庫を設け、美術關係の店舖の地下街をも作らうとするもので多少の曲折はあつても、結局市會を通過する見込である

近藤氏の"少女像"京都美術館へ

麴町區永田町永平俱樂部內黑田子爵記念美術奬勵資金委員會では毎年の例に依り第四回文展出陳作品中から近藤光紀氏作"少女像"一點を買取り京都大禮記念美術館へ寄贈した

滿洲建國十周年慶祝會 計劃成る

駭目の和洋名作畫獻納と滿洲國寶展

明年友邦滿洲國では建國十周年を迎へるので、我國では朝野を擧つて慶祝行事を展開する事になり既に近衞文麿公を總裁に戴いて『滿洲建國十周年慶祝會』が結成され諸々の準備が進められてゐる、文化美術部門では東亞文化史上稀有の三大事業が企劃され結實の日を待ち設けてゐる、その第一の事業は和洋名作畫の献納である、それは我が藝術界の一流所を網羅する帝國藝術院會員の日本畫十六氏、洋畫十四氏、合せて三十氏が奉祝作品を新作し滿洲國帝室に献上しようとするもので、これらの作品は献上に先立ち、明春には東京、京都或は大阪で、同年初夏には、大連 奉天、ハルピン、新京で夫々展觀を開催し、日滿兩國民の前に公開される豫定、この壯擧には從來の行き懸りを捨てゝ、我が畫壇の各會各派を代表するそれらの諸氏は快諾するものと觀られ、この企劃が實現すれば我が美術史上空前の『帝國藝術院會員展』が開催されるわけである、次に第二の行事は、滿洲國國寶展で、兩國當事者間の折衝も既に濟み近く委員會に依つて最後案が決定される、それは滿洲國で生み出された藝術文化の香り高い逸品や、滿洲國帝室が淸朝から傳承した國寶などの內特に古代東洋美術として世界に誇る宋時代の刻刺（綴綿、刺繡など）、遼時代の陶器、土器（發掘品）など門外不出の逸品を我國に送り東京帝室博物館に陳列公開するもくろみである。これらの祕寶はいづれも一千年以前のもので、濕度などの異る我國への輸送とか展觀とかは技術的に綿密な研究を遂げなければならないが、大體明年の初夏に公開する豫定である 第三の計劃は三箇年の日子を豫定する『滿洲實錄』の編纂刊行である

鶴田吾郎個展

從軍行の素描試作

鶴田吾郎氏の素描試作展は一日から四日まで銀座菊屋ギャラリーで開催、同氏が去る八月末海軍航空隊重慶爆擊行の折從軍畫家として海鷲に同乘した時の感激を主題とし、同畫廊の壁面一杯に素描に依る大作の發表を試みたもので、連日觀衆に深い感銘を與へた

海拉爾美協展

滿洲國興安北省會館

大久保廣造氏を會長とする滿洲國海拉爾美術協會では第一回展を去月海拉爾市興安北省會館で開催、出品點數は刺繡や日本人形を含めて八十數點に上り〇〇部隊長以下入場者三千に達し頗る盛會であつた

濱田庄司作陶展

濱田庄司氏作陶展は十二日から十六日迄日本橋三越の五階で開かれ好評を得た

故華岳追憶展

大禮記念京都美術館

大禮記念京都美術館では、本

展覽會の曆

日	月	火	水	木	金	土
				20	21	22
23	24	25	26	27	28	29
30						

▽日高昌克日本畫展 廿三日より廿五日迄資生堂
▽朝鮮古美術展 廿三日迄高島屋
▽日本版畫協會 廿三日より十二月三日迄府美術館
▽新構造社展 廿三日より十二月七日迄府美術館
▽大潮會 廿三日より十二月七日迄府美術館
▽六霙會美術展（大阪） 廿三日迄市美術館
▽橋本關雪詩書畫鑑賞展（京都） 廿三日迄四條大丸
▽第三回長谷川白峯陶藝新作展（京都） 廿三日迄四條大丸
▽伊萬里窯陶磁展（大阪） 廿三日迄市美術館
▽島田忠夫個展 廿三日迄鳩居堂
▽蛭子屋里徑新作日本畫個展 廿三日迄高島屋
▽三塔會洋畫展 廿三日迄銀座ギャラリー
▽大阪新美術家同盟展（大阪） 廿四日迄市美術館
▽河野鷹思風俗童畫展 廿五日から廿九日迄銀座ギャラリー
▽原鼎日本畫展 廿五日より廿八日迄鳩居堂

邦美術界に於ける特異の存在として畫道に精進した故村上華岳氏の六周忌を機とし、十四日より二十日迄同館常設日本畫部で華岳追憶展を開催觀衆に感銘を與へた

佛印進出日本畫展壓倒的歡迎

◇ハノイ以後の各地で我が油繪參加

國際文化振興會主催佛印進出日本畫展は去月二十一日からハノイ市アフイマ美術館で開催されたところ壓倒的歡迎を受けたので日延べをして一日まで行ひ、延入場人員十一萬人餘といふ素晴らしい記録を作り、四日からハイフォンに會場を移した。同展は十一月一杯佛印の主要都市であるサイゴンとユエそのほか二ケ所で開催され、ハノイ以後の各地では、わが「油繪」を參加させる事になつてゐる

尚同會に來た現地からの報告書に依れば、去月二十一日午後四時からの開會式には、ドクー總督夫妻を始め名士八百名が來場し、總督は小川總領事と藤田嗣治氏との案内で熱心に會場を見廻り川合玉堂氏筆「晩歸」に赤札を貼つた、二十二日からは十セントの入場料を徴收して一般公開に移り、毎日二千人近くの觀衆が押しかけて繪の購入申込はひつきりなく、カタログや繪葉書の賣行も目の廻るほどで、結局時間制で賣買に應じたといふ

澤田宗山個展

澤田宗山氏の作陶展は五日から九日迄日本橋三越で開催された、宗山氏は京都の產、京都美術工藝學校及び東京美術學校を卒業後京都市の留學生として歐米に留學、米國コロンビヤ大學美術部に教鞭を執つたことがある、花（花瓶、水盤）香（香爐香合等）茶（茶碗鉢、水指等）各六十一點を展示、好評を博した

五々會新作展示

昭和十年京都繪專卒業生を以て組織する五々會の新作展は十五日から二十日迄京都驛前丸物で開催好評を得た

注目さる!!! 劃期的な畫壇人の試み

大東南宗院『維新志士遺墨展』

南宗畫の持つ武士道的翼賛意識を强化して時艱克服の藝能奉仕の一翼たらんとする大東南宗院では逼迫する國際情勢に顧みて國民士氣の作興に拍車をかける爲め十二日から十六日迄日本橋三越本店で大政翼賛會後援の下に明治維新志士遺墨展を開催、故田中光顯伯が早大圖書館に寄贈した志士遺墨の蒐集を中心に藤田東湖、高杉晋作、西郷南州、中岡愼一郎、武市瑞山、江川坦庵、佐久間象山、勝海舟、菊地容齋其他百數十點に上る志士の烈々たる憂國慨世の意氣の結晶たる作品を陳列し同時にホールでは名士の講演會等をも開き畫壇人の試みとしては全く劃期的な新氣分を旺溢させた

遊戲三昧會文墨展

遊戲三昧會では一日から三日迄上野公園不忍辨天島の生池院で第三十六回文墨作品展を開催盛況を極めた

湶晨會旗擧展

金山平三、曾宮一念、安井曾太郎牧野虎雄四氏を以て結成する泉晨會第一回展は日本橋高島屋で開催以來關係方面の注目を浴びてゐたが九日閉會した

東京鑄金會工藝展好評嘖々

一堂に滿つ大家會心の力作百五十點

帝都鑄金界の大家を網羅する東京鑄金會では五日から九日迄日本橋三越五階で工藝展を開催會員の力作百五十點を展示し好評を得た

茶道工藝品展盛況

茶道工藝品展は五日から九日まで日本橋三越五階で開催され現代知名の作家の手に成る茶道具が陳列され會期中盛況であつた

日本畫大壁畫

愈々泰國首府へ

來る十二月八日から泰國首府バンコックで開かれる同國憲法記念祭に當つて「日本館」の入口左正面に飾る縦二十尺、横十八尺といふ尨大な壁畫が出來上つた、筆者は二科の橋本徹郎氏これは、高層建築、大型航空機優秀船、クレーン、工場などが點綴する中央に生產戰士、女子飛行家、航海士、模型飛行機を持つ少女などをあしらつた『近代日本畫』で去る十日の便船に依りバンコックへ送られた、曩に出來上つた日本館內を飾る池上秀畝氏作の日本畫の大壁畫と共に泰人の目を見張らせるであらう

田口省吾個展

名古屋市丸善畫廊

二科會員田口省吾氏の近作油繪展が五日から八日まで名古屋市廣小路丸善畫廊で開かれ「若葉の山」「薔薇」など風景や靜物を中心に約三十點を出品、同氏が中京に於ける處女個展として成功を收めた

上村松園女史

彩管慰問の旅

上村松園女史は六十七歳の老軀を氣負ひ立たせて中支戰線へ彩管慰問の途に上る事になつたこれは中支の華中鐵道から二年越の懇望もあつたし現地陸軍當局からの招請もあつたししたからで、三谷十糸子女史を帶同し去月二十九日午後十時五十三分京都驛發富士で西下三十一日長崎出帆の船で現地へ向つた。旅程は三週の豫定、南京、蘇州、杭州、鎭江その他の軍病院を巡歷し、現地の將兵に美人畫の色紙の土產を贈ることになつてをり汪精衞主席にも面會して作品を贈呈する　尚同女史は歸朝する折、中國の深窓に育つた令孃をスケッチして新しい美人畫の境地を切り拓くと云ふ

アウリッチ氏

日本文化史を講演

イタリヤのローマ大學の懇望で前駐日大使アウリッチ氏は同大學十一月の新學期開始から向ふ一學年間同大學で毎週一回乃至二回日本文化史に關し講演を行ふ事になつた、講演は同氏の

井高歸山作陶展

會期　十一月廿一日……廿六日

會場　日本橋・三越（五階西館）

名家新作鑑賞展

東京美術俱樂部

九品庵主催現代名家新作色紙扇面畫鑑賞展が二十五日から二十七日迄東京美術俱樂部で開催現代名家の會心作が展示される

佐藤一章近作展

文展無鑑查東光會同人佐藤一章氏の第二回個展が廿二日から廿六日迄銀座の菊屋ギャラリーで開催される、出陳作品は「紅梅など」「春日」「黑生の午前、午后」「洋梨など」其他風景、靜物等約廿點の近作である

▽現代名家新作色紙扇面畫鑑賞展　廿五日より廿七日迄東京美術俱樂部
▽國風盆栽展　廿五日より十二月四日迄府美術館
▽神谷飛佐至個展　廿五日迄白木屋
▽加越能美術協會第二回彩犀會展　廿五日迄靑樹社
▽大東亜共榮圈報道展　廿五日迄銀座三越
▽日東美術院展　廿六日より十二月六日迄府美術館
▽獨立美術關西展（大阪）　廿六日より卅日迄市美術館
▽靑々會第一回展　廿六日迄日本橋三越
▽工藝濟々會展　廿六日より卅日迄白木屋
▽井高歸山作陶展　廿六日迄日本橋三越
▽綠巷會小品展　廿六日より卅日迄靑樹社
▽奈良美術工藝展（大阪）　廿六日より卅日迄三越
▽佐藤一章個展　廿六日迄菊屋
▽現代日本畫展　廿六日より廿八日迄資生堂
▽世紀美術協會第二回展（京都）　廿七日より廿九日迄岡崎公會堂
▽七絃會第十二回展　廿七日より卅日迄日本橋三越
▽染織展（京都）　廿七日迄京都驛前丸物
▽三大學合同洋畫展（大阪）　廿八日より卅日迄市美術館
▽濤展　廿八日より卅日迄紀伊國屋
▽丹光會第二回展　廿八日より十二月四日迄伊勢丹
▽大川武司油繪展　廿八日より卅日迄菊屋
▽藝能文化展　廿九日迄日本橋三越
▽常設古美術展（大阪）　卅日迄市美術館

得意とする日本美術史を中心に古事記以後明治維新までの日本文化全般に關する概念を與へることを目的とするもので、同國業界に頗る期待されてゐる、尚その講演には幻燈を使ひ學生の理解に役立たせる由

墨畫研究所設立

主事矢野文夫氏

東洋藝術の大宗たる墨畫の向上發展を圖るため今回矢野文夫氏を主事竹内梅松氏を顧問とする墨畫研究所が設立された同所は主事一名顧問若干名所員若干名及び墨畫に關係ある評論家、作家、及び藝術愛好家に依る賛助員を以て構成、主事は研究所の一切を主宰、顧問は同所の施設企劃に參劃、所員は同所に在つて各專門事項を研究する事になつてをり主事及び顧問の銓衡を俟つて所員の入所を許可、同所の趣旨に賛同し一定の會費（年額一圓）を納むる者を同所會員とし、同所の趣旨に賛した名士を賛助員に推戴する、その事業は

墨畫及白描、素描、一切のモノクロームを主として東洋美術全般に亘る研究及資料の蒐集、研究發表乃至講演會見學、墨畫展の開催、墨畫叢書の隨時刊行、墨畫年鑑の刊行、各年度墨畫の佳作に對する表彰及獎勵、墨畫を中心とする東洋美術に對する鑑定及び考證、墨畫文庫及研究室の設立等

尚事務所は芝區田村町三ノ一神山ビル内

白木屋畫廊新装

白木屋美術部の展覽會場は從來の六階を五階に移すと共に改裝中であつたがこの程完成し去る四日の東風會日本畫展から使用されてゐる

旺玄社事務所變更

旺玄社では今回左記に事務所を變更した

世田谷區代田二の九六三　佐藤方

豫報

小早川清氏出品

明春の青衿展へ

青衿會へは小早川清氏の門下はメンバーに參加出品してゐたが、小早川氏は其作品を見せなかつたのを、明春の同展に初出品で登場することは會場風景にちよつと異彩を添ふるや必然である、氏は今秋以來、東北の神祕境田澤湖に深く籠つて最近歸京、こゝに感受した神韻を畫いて青衿會へ、しかも六曲一双といふ計畫なのだ、むかし辰子といふ一娘子があつて世に美しいものと稱されるまゝに、自分の美を失ふまいと神に祈つた結果この湖の「ぬし」になり蛇體として永遠の美しさを保つたといふのが傳説である、辰子を平安時代の服裝にして正倉院御物の鳥毛屏風中の女性にヒントを得て畫き全面に畫き盡す秋の樹木草花と湖のさまに神祕を表現しやうといふのである、今秋文展「山姥金太郎」に發表した氏が研究作により大いなる研究作であらう

彫刻家各團體の大綜合展

參加續々、明春六月上野府美術館

彫刻家各團體の間では、我々も作品を通じて職域奉公と臣道實踐の誠を盡すために有意義な仕事をしたいと寄々協議を進めてゐたところ、愈々明春六月を期し各團體を一堂に網羅する一大綜合展を上野美術館で開催する事になつた、即ち、北村西望朝倉文夫、小倉右一郎、齋藤素巖、藤井浩祐諸氏が發起人となり計劃を進めた結果

東邦彫塑院、朝倉塾、瀧野川彫塑研究所、九元社、構造社塊人社、新構造社、文展三部作品協會

等の會員約二百名は參加を表明した、引續き新制作派、二科、國風會、院展にも參加方を慫慂する事になつてゐる、斯く多數の團體が一堂に會する事は我が彫刻界始まつて以來の事で、展觀場も府美術館彫刻陳列室では收容しきれないので、彫刻室の外新館全部を使用する事となり發起委員會ではその使用方の申込み手續を完了した大體作品は一人二點宛とし忠勇顯彰に即應したものと一般的な彫塑との二通りとなる豫定である

世紀美術展

會期廿七日より

世紀美術協會では先般第二回展の會期を發表したが其後都合に依り變更、來る廿七日より廿九日迄京都岡崎公會堂に於て開催、今回は同人以外にも推薦出品制を設け新人の作を展列する事になつた

大川武司二回展

昨秋銀座の三昧堂で第一回展を開き好評を得た大川武司氏の第二回展が廿八日から卅日迄銀座の菊屋畫廊で開催される發表　作品は近作廿點内外の豫定

日東美術院第一回公募展

二十六日から上野府美術館で開く

園部香峰、川口春波兩氏を會員とし二十餘名の院友、研究員に依つて組織された日東美術院は來る二十三、四日出品受付、二十五日發表、二十六日から十二月六日まで上野公園東京府美術館で第一回の公募旗上げ展を開催する、實際的國是強調で興亜意欲の造型體現を精神とする團體で今こそ寄り集り世帶だが三年後はその理想を表現する一大團體たらうとする指導者の熱意と努力で華々しく開催されるのだが其公募目的は美術界の無名未知なよき質をもつた作家を飽くまで希望する一方、既成作家の參加を歡迎し、殊に他の展覽會即ち今年の文展其他で落選した作品の出品をも歡迎し之れを正しい眞の藝術的鑑査によつて美術界の公正を期さうといふ點など其識烈な誠意が見える、これによつて落選による作品が本當の批判を受ける喜びを持つといふ幸福に及べばまた美術界の幸福である、一千圓の賞金の用意があり外に淺田氏賞、それに不充分な時には園部香峰氏が個人としての賞金を出さうといふ親切がある、ある筋との交渉が進み海外（東洋與亜圏内の）へ進出準備が着手されてゐるさうであるなど正に時局化、團體及び展覽會の新體制に邁往するものであらう

園部香峰氏談　私の作品ですか、十尺に九尺を中央にして左右に一點づゝを添えた三部聯作の制作中で内容は日蓮ですが歴史上の日蓮の史實を描かうとするのでなく上人の意志と熱を表現しやうといふので日蓮が主題でなくて畫面全體がそれの表徴でありたいと思ふのです

新構造社展

廿三日から府美術館

新構造社の第十六年度展が愈々十八、九の兩日搬入廿二日迄に審査終了、廿三日から十二月七日迄上野公園東京府美術館で開催される、今回は同人一同非常な緊張振りで公募作品を嚴選してゐる

井高歸山個展

井高歸山氏の個展が廿一日から廿六日迄三越本店で開催される、氏は陶磁界の長老である

工藝濟々會第十回發表展

日本橋白木屋

板谷波山、香取秀眞、六角紫水、清水龜藏、桂光春、鹿島英二、海野清、山本安曇、松田權六氏等工藝界の大家連に依つて組織されてゐる工藝濟々會の第十回作品展が廿六日から三十日迄日本橋の白木屋で開催される、同展は顔觸や年齢の上からも日本工藝の傳統を尊重してゐるから堅實な作品の發表に大きな期待がかけられてゐる

綠巻會小品展

綠巻會の小品展が廿六日から卅日迄銀座の青樹社で開催される、會員の近作卅餘點を展示

彩犀會二回展

加越能美協が青樹社で

第一回展去昨秋上野松坂屋で開いた加越能美協會は其後大阪の關西展を振出しに金澤、富山高岡等の各市で郷土巡回展を催し好評を博したが東京での第二回展が廿一日から五日間銀座の青樹社で開催される、同會は現洋畫壇の各會員を網羅し新に國畫の橋本三郎、一水會の荒谷直之介兩氏も入會し却々の顔揃ひである

古賀忠雄紙塑展

廿一日より銀座菊屋

古賀忠雄氏の個展が二十一日より二十三日迄銀座菊屋ギャラリーで開催、同氏が研究してゐる紙塑彫刻作品を發表する

藝術を昂揚する動力

文學博士　西村眞次

一　緒言＝個人か集團か

今日《こんにち》のやうに民族《みんぞく》全體が一塊となつて、國家《こくか》理想《りさう》の實現《じつげん》に向《むか》つて躍進してゐる時には、誰れの眼《め》にも個人《こじん》の力《ちから》といふやうなものは認《みと》められないのが普通《ふつう》である。しかし、個人《こじん》といふものはそんな無力《むりよく》であらうか。集團《しふだん》の力《ちから》でなければ、これからは何事《なにごと》も出來《でき》ないであらうか。集團《しふだん》——それは只だの烏合《うがふ》のではなく、血液《けつえき》も文化《ぶんくわ》も共《きやう》通《つう》してゐる民族《みんぞく》でさへも、實《じつ》は個《こ》人《じん》から構成《こうせい》されてゐるのだから、たとへ何時《いつ》、如何《いか》なる場合《ばあひ》が來《き》ても、個人《こじん》といふものが沒《ぼつ》却せれる筈《はず》はない。個人《こじん》の沒《ぼつ》却は集團《しふだん》の沒《ぼつ》却である、民族《みんぞく》の沒《ぼつ》却でもある。個《こ》人《じん》は單《たん》に彼《か》れ一人《にん》で活きるばかりでなく、集團《しふだん》——即《すなは》ち民族《みんぞく》の裡《うち》にも活きる。

昔からあらゆる大事業《だいじげふ》の蔭《かげ》には指導者《しだうじや》がかくれてゐた。其指導者《そのしだうしや》こそは個人《こじん》であつて、集團《しふだん》は寧《むし》ろそれに引摺《ひき》られてゐるのだ。かゝるが故《ゆゑ》に歴史家《れきしか》は、或時代《あるじだい》を呼《よ》ぶのに往々人名《わうわうじんめい》を以《もつ》てした。たとへばナポレオン時代《じだい》、ヴイクトリヤ時代《じだい》、信長時代《じだい》、秀吉時代《ひでよしじだい》といふやうに・時代《じだい》を代表する偉大《ゐだい》な名《な》を其時代《そのじだい》の上《うへ》に冠せしめた。コムミユニストやトータリストは、さうした名稱《めいしやう》を不合理《ふがふり》だといふけれども、コムミロニズムもトータリズムも其主唱者《そのしゆしやうしや》や實行者《じつかうしや》を離れてはそれがない。

特に藝術《げい》の世界《せかい》に於《お》いては、天《てん》才《さい》が要求《えうきう》せられる。天才《てんさい》　個人《こひと》である。集團《しふだん》によつてはどんな藝《げい》術も生《うま》れない。集團《しふだん》の藝《げい》術らしく見《み》えるのは、實《じつ》は多數《たすう》の天才的《てんさいてき》個人《こじん》の協《けふ》力に外《ほか》ならぬものである。

二　桃山式藝術とアムピール式藝術

日本藝《にほんげい》術史に於《お》いて、われわれが一番息《ばんいき》をはづませる時代《じ》はいつかといへば、何《なん》といつても古《ふる》くは聖德太子《とくし》の時代《じ》、聖武天《てん》皇の時代《じ》を擧《あ》げざるを得ない。其中《そのうち》の何時《なにじ》代が最《さい》高であるかといふ問《とひ》に對《たい》しては、容易《ようい》に答《こた》へられるものは一人《り》もあるまい。けれどもどの時代《じ》が一番《ばん》好きだと問《と》はれたら、われわれは何《なん》の躊躇《ちうちよ》もなしに豊《とよ》臣秀吉《ひでよし》の時代《じ》だと答《こた》へ得《う》る。

秀吉時代《ひでよしじ》は多く桃山時代《もゝやまじ》といはれるが、それは秀吉《ひでよし》が晩年《ばんねん》に築《きづ》いた伏見《み》の地名《ちめい》から來《き》てゐるにも拘《かゝは》らず、實際上《じつさいじやう》、『桃山《もゝやま》』といふ地《ち》名《めい》は其當時《そのたうじ》なかつたといふことである。緋桃、白桃《しらもゝ》の咲《さ》き揃《そろ》つた姿の豊《ゆた》かさ盛りさの聯想《れんさう》から・江戸《えど》時代《じ》に其城《そのじやう》址へ桃《もゝ》を栽え、一時《じ》そこを桃山《もゝやま》といつたゞけであるが、其名稱《そのめいしやう》が好何《いか》にも秀吉《ひでよし》の時代《じ》を表《あら》はすのに適はしいから、いつしか桃山時代《もゝやまじ》といひ、其城《そのしろ》をさへ桃山《もゝやま》城《じやう》と呼《よ》ぶに至《いた》つたのだと考へられる。

『寂《さ》び』や『澁味《しぶみ》』であらはされる室町時代《まちじ》の藝術《げい》にも、金閣寺《きんかくじ》や銀閣寺《ぎんかくじ》のやうな光彩燦爛《くわうさいさん》たる制作《せいさく》があつたに　拘《かゝは》らず、其蔭《そのかげ》にはどこゝ悲哀《ひあい》な沈靜《ちんせい》な調子《てうし》が漂《たゞよ》つてゐた。然《しか》るにそれが安土時代《つちじ》に入《い》ると、信長の人格《じんかく》が直ぐ藝《げい》術上に反映《えい》して、あの豪《がう》壯な安土城《つちじやう》の建築《けんちく》となり、前《ぜん》代の沈靜《ちんせい》な氣分《きぶん》が遲々《ちく》と驅逐《くちく》されかけた。そして桃山時《もゝやまじ》代が來《く》ると、好尙《かうしやう》も趣味《しゆみ》も全《まつた》く變《かは》つてしまつて、雄大《ゆうだい》で、豪放《がうはう》で、しかもどん底《ぞこ》に力《ちから》のある、しつかりした性格《せいかく》を具へて來《き》た。

室町《まち》から桃山《もゝやま》への變化《くわ》は、ヨーロッパ藝《げい》術史上《じやう》でクラッシシズムを通《とほ》り越《こ》して、纎《せん》美と巧麗《かうれい》とを尙ぶに至《いた》つた十八世《せ》紀のロココ式《しき》がナポレオンの出現《しゆつげん》によつてアムピール時代《じ》に入《い》ると、繁瑣《はんさ》なロココ式藝《しきげい》術は俄然《ぜん》として崩壞《くわい》し、堂々《だうく》たる英雄約性格《えいゆうやくせいかく》が美術品の上《うへ》に現はれて來《き》だのとよく似《に》てゐるので歴史家《れきしか》は屢々《しばく》桃山時代《もゝやまじ》とアムピール時代《じ》とを比較《ひかく》し、其藝《そのげい》術に共通《きやうつう》點《てん》の存在《ぞんざい》してゐることを指《し》摘するのである。

一切《さい》の藝《げい》術は藝《げい》術家の心《こゝろ》の投影《とうえい》に過ぎないといはれるけれど、例《たと》へば建築《けんちく》の如《ごと》き實《じつ》用藝《げい》術に在つては、藝《げい》術家それ自身《じしん》は、其建築《そのけんちく》を要求《えうきう》し、起工《きこう》せしめる人物《にんぶつ》の性格《せいかく》を表示《じ》する施工者《しこうしや》に過ぎないが、特に企畫《きくわく》、設計《けい》が其要求者《そのえうきうしや》によつてなされる場合《ばあひ》には、一層其要求《そうそのえうきう》者《しや》の全貌《ぜんばう》が其藝《そのげい》術品の上《うへ》に表現《げん》されて來《き》て、安土城《つちじやう》、大阪城《おほさかじやう》、聚樂《らく》第、伏見城《みじやう》などは、さうした例證《れいしよう》として最《もつと》も適はしいものであるが伏見城《みじやう》の如《ごと》きは秀吉《ひでよし》が自《みづか》ら企畫《きくわく》し指導《しだう》して、其成全《そのせいぜん》に努《ど》力したのであるから、特に秀吉《ひでよし》の人物精神《じんぶつせいしん》が其上《そのうへ》に現《あら》はれてゐて然《しか》るべきわけである。

三　桃山時代の建築と其遺構

何《なに》しろナポレオンの盛時《せいじ》が短《みじか》か　つた如《ごと》く、秀《ひで》吉の盛《せい》時《じ》も長くなかつたので、建築《けんちく》などは殆《ほと》んど全《まつた》く殘《のこ》つてゐないが、家具《かぐ》、織物《おりもの》、調《てう》度《ど》などは多少《たせう》殘《のこ》つてゐて、桃山時《やまじ》代の藝《げい》術的動向《てきどうかう》をわれわれにさゝやいてくれる。

大阪城《おほさかじやう》の天守閣《てんしゆかく》も聚樂第《しゆらくだい》もちやんと繪に描《か》かれて、其豪壯《そのがうさう》さをよくわれわれに示《しめ》してゐるけれども、其遺構《そのゐこう》は僅《わづ》かに大德寺《だいとくじ》の唐門《もん》と西《にし》本願寺《ぐわんじ》の飛雲閣《ひうんかく》とに見《み》られるだけだといはれる。大德寺《だいとくじ》の唐門《もん》は向唐門《むかふもん》で、それより以前《いぜん》にはなかつた型式《しき》である。舊來《きうらい》の平唐門《ひらもん》は唐破風《はふう》が側面《めん》に在つて、兩者《りやうしや》の間《あひだ》には感《かん》じの上《うへ》に著しい差異《さい》があ

る。いづれも凸曲線《とつきよくせん》と凹曲線《あふきよくせん》とを用《もち》ひて豐富《ほうふ》な變化《へんくわ》の美をあらはさうとするが、側面《そくめん》よりは正面《しやうめん》の方《はう》が面積《めんせき》が廣《ひろ》いから、平《ひら》より向《むか》の方《はう》が屈折《くつせつ》の美に富むわけである　そして其正面《そのしやうめん》の柱《はしら》の上《うへ》に横《よこ》たはつてゐる虹梁《こうりやう》を見《み》ると、一面《めん》に浪《なみ》の浮《うき》彫《ぼり》があり、其兩端《そのりやうたん》には鯉《こひ》の尾《を》ばかり見えてゐるが、其身《そのみ》は水《みづ》にかくれて柱を貫《つらぬ》き、頭《あたま》が普通《ふつう》の拳鼻《こぶし》となつて外《そと》に突《つ》き出《で》てゐる。小《ちい》さな技巧《ぎこう》のやうであるが、潑溂《はつらつ》として生氣《せいき》の漲《みなぎ》つてゐるところに、桃山《やま》時代の豪放《がうはう》なテーストが搖曳《えうえい》してゐる。かうした風《ふう》の意匠《いしやう》は到《いた》るところに現《あら》はれて、舊格《きうかく》を打破《だは》し新意《しんい》を出さうとする創造的《さうざうてき》意圖と手法《しゆはふ》とが見《み》られる。

西本願寺《にしほんぐわんじ》の飛雲閣《ひうんかく》は三層《そう》の住宅《ぢうたく》建築《けんちく》であるが、大小《だいせう》いくつもの破《は》風《ふう》のある點《てん》が、城郭建築《じやうくわくけんちく》、特《とく》に天《てん》守閣《しゆかく》のそれに似《に》てゐて、ミリタリズムの氣分《きぶん》が溢《あふ》れながら、其破風《そのはふ》にあらはれてゐる孤線《こせん》の變化《へんくわ》が自《じ》由《いう》である點《てん》に注意《ちうい》を拂《はら》はされる。飛雲閣《ひうんかく》にはどことなく弱性《じやくせい》のあらはれがあり、茶室的《ちやしつてき》、盆山的性格《ぼんさんてきせいかく》が見《み》られるけれども、其茶室趣味《そのちやしつしゆみ》は北野《きたの》の大茶《だいちや》の湯《ゆ》、盆山趣味《ぼんさんしゆみ》は醍《だい》醐《ご》の花見《はなみ》に代表《だいへう》されるもので、賑《にぎ》中の寂《じやく》、靜裡《せいり》の殷《いん》ともいふべき風《ふう》格を具へてゐるのである。第一層《だいそう》が平《ひら》たく、大《おほ》きくて、其上《そのうへ》に据《す》ゑられた第二層は狹く、小さく、第三層は一層狹小《せう》である點が、觀《み》た者《もの》に安固《あんこ》の觀念《くわんねん》を作《つく》らしめる。頭《ず》重《ぢう》の感《かん》ある野暮《やぼ》な山門《さんもん》などに比《くら》べて全《まつた》く立派《りつぱ》な出來榮《できばえ》であるが、尚其上《なほそのうへ》に各層《かくそう》が左右《さいう》に偏《へん》して均齊《きんせい》を破《やぶ》つてゐるので、いふところの『參美《さんび》』の美が『自由《じいう》』の感《かん》を作《つく》るのである。

要《えう》するにこれだけの遺構《ゐこう》からいつても、自由《じいう》、奔放《ほんぽう》、豪快《がうくわい》、跌宕《てつたう》などいふものが、桃山時代建築《やまじだいけんちく》の藝術的好尚《げいじゆつてきかうしやう》であつたといふことをわれわれに考《かんが》へしめるのである。

四　桃山時代の藝術と其の性格

しばらく建築《けんちく》から眼《め》を離《はな》して、視線《しせん》を蒔繪彫刻《まきゑてうこく》などに注《そそ》いだら、われわれはどんな感じを受《う》けるだらうか。

本阿彌光悦《ほんあみくわうえつ》の作《さく》を後世尾形光琳《こうせいをがたくわうりん》が模造《もざう》したといはれた硯箱《すずりばこ》の蒔繪《まきゑ》に、住《すみ》の江《え》を描《か》いたものがあるが構圖《こうづ》は單純《たんじゆん》で、中央《ちうあう》に波《なみ》、兩側《りやうがは》に陸《りく》が表《あらは》され、其上《そのうへ》に百人《にん》一首《しゆ》の歌《うた》の一部分《ぶぶん》が書《か》かれてゐる。此葦《このあし》邊《べ》の樣式《やうしき》は、簡單《かんたん》な花束《はなたば》のN中《なか》に字《じ》を大《おほ》きく打《う》ち出《だ》したナポレオンの徽章《きしやう》と、趣《おもむき》こそは異《こと》つて居《を》れ一筋《すぢ》の似通《にかよ》つた糸《いと》が引《ひ》かれてゐる。

秀吉《ひでよし》が用《もち》ひたといはれる金覆輪《きんぷくりん》の鞍前輪《まへわ》と鐙《あぶみ》とは、狩野永德《かのえいとく》が下《した》圖《づ》を與《あた》へたといはれるものだが、一基《き》の穗《ほ》を出《だ》した葦《あし》がさものんびりと自然的《しぜんてき》に描《か》かれてゐる。經机《きやうづくゑ》に於《お》ける秋草《あきくさ》の蒔繪《まきゑ》は、主題《だい》にも拘《かゝ》らず堂々《だう》たるところがあり、同《おな》じ膳椀《ぜんわん》には桐《きり》の紋《もん》を散《ち》らしにして葦邊文樣《もんやう》が表《あらは》れてゐるが、同一《どういつ》の圖樣《づやう》を有《も》つた厨子《づし》の扉《とびら》はより自《じ》由《いう》であり、より豪放《がうはう》であつて、見《み》る人《ひと》に快《こゝろよ》い、明《あか》るい感《かん》じを賦《ふ》へる。

西本願寺書院《にしほんぐわんじしよゐん》の浪之間《なみのま》の欄間《らんま》は、葡萄《ぶだう》に栗鼠《りす》を透彫《すかしぼり》にしたものである。構圖《こうづ》が如何《いか》にも複雜雄大《ふくざついうだい》で、全《まつた》く我邦《わがくに》の藝術品中《げいじゆつひんちう》に多《おほ》くの比倫《ひりん》を見出《みいだ》せないといはれた。殊《こと》に其唐草文《そのからくさもん》に於《お》ける孤線《こせん》の連續《れんぞく》と變化《へんくわ》とは、自由《じいう》であり放逸《はういつ》でありながら、制御《せいぎよ》と彈愼《だんしん》とがあらはれてゐて、スパイラル・デザインの最《もつと》も理想的《りさうてき》なものだといふことが出來《でき》る。其構圖《そのこうづ》と表現《へうげん》とは強《し》いて比倫《ひりん》を求《もと》むれば、ビザンチニズムの葡萄文樣《ぶだうもんやう》、たとへばヴェネチヤのピヤゼツタの柱頭裝飾《ちうとうさうしよく》から來《く》る香氣《かうき》に似《に》てゐるとでもいはうか。繪畫《くわいぐわ》にはいくらか裝飾的意味《さうしよくてきいみ》が加《くは》はつたものが多いが、それでさへ暢達《ちやうたつ》と自由《じいう》との氣風《きふう》が漂《ただよ》つてゐる。狩野永德《かのえいとく》の廐《うまや》を描《か》いた屏風《びやうぶ》、狩野山樂《かのさんらく》の水鳥畫《すゐてうぐわ》をあらはした屏《びやう》風《ぶ》は双璧《さうへき》で前者《ぜんしや》には自由《じいう》のあくがれ、博愛《はくあい》の傾《かたむ》きがたゆたひ、後者《こうしや》には勢力《せいりよく》の漲《みなぎ》りと平和《へいわ》の懷《なつ》かしさとが現《あら》はれてゐる。彼等《かれら》と秀吉《ひでよし》との關係《くわんけい》は、ピツドやグローやカノヴアとナポレオンとの關係《くわんけい》に似《に》てゐる。

五　結言――英雄の出現を待望す

上述《じやうじゆつ》の如《ごと》く桃山藝術《やまげいじゆつ》に新興《しんこう》の氣《き》運《うん》を與《あた》ふるものは、政治史上《せいぢしじやう》の驚《きやう》くべき局面展開《きよくめんてんかい》――卽《すなは》ち群雄割據《ぐんゆうかつきよ》のこせ〲した室町《むろまち》時代のレジームから、忽然《こつぜん》として光輝《くわうき》ある天下《てんか》統一《とういつ》の新時代《しんじだい》に過渡《くわと》した人文的趨《じんぶんてきすう》勢《せい》であつたと、一美術史家《びじゆつしか》はいつてゐるが、それを作《つく》つたものは信《のぶ》長《なが》であり、秀吉《ひでよし》であつた。永德《えいとく》も山樂《さんらく》も光悦《くわうえつ》も素《もと》より天才的藝術家《てんさいてきげいじゆつか》であつたけれど、其手腕《そのしゆわん》は秀吉《ひでよし》によつて伸《の》ばされたのである。

一美術史家《びじゆつしか》は更《さら》にルネツサンスの終畫《しうぐわ》と桃山《やま》時代の繪畫《くわいぐわ》とを比較《ひかく》して、ルネツサンスの繪畫《くわいぐわ》は『自然《ぜん》に歸《かへ》る』ことを標榜《へうばう》して、ギリシヤへの復歸《ふくき》を完成《くわんせい》したが、桃山《やま》時代《じだい》の繪畫《くわいぐわ》は『裝飾的《さうしよくてき》に歸《かへ》る』ことを眼目《がんもく》として、大和繪《やまとゑ》の復興《ふくこう》を招來《せうらい》したといつたが、それは日本《にほん》的なもの〻把握《はあく》に外《ほか》ならないのである。ヒツトラアやムツソリーニを讃歎《さんたん》する前《まへ》に、われわれは先《ま》づ秀吉《ひでよし》を想起《さうき》しなければならぬ。

現代《げんだい》の藝術界《げいじゆつかい》に於《お》いて、われわれは一二の天才《てんさい》の存在《そんざい》を聞《き》く。けれども彼《かれ》れをして巨腕《きよわん》を揮《ふる》はしめた英雄《えいゆう》は存在《そんざい》しないのか。われわれは現代《げんだい》の社會的色音《しやくわいてきしきおん》を見聞《けんぶん》し、英雄《えいゆう》の出現《しゆつげん》を待望《たいぼう》する心《こゝろ》が油然《いうぜん》として湧《わ》いて來《く》る。

戰ひの秋

淺野　晃

渡邊崋山《わたくわざん》が椿椿山《ざん》に與《あた》へた手紙《てがみ》のなかに、「僕《ぼく》つねに風趣《ふうしゆ》を以《もつ》て人《ひと》に敎へ申さず。謂《い》はゆる僞君子《くんし》を鑄《ちう》造いたし候也。徹底《てつてい》の場、相《あひ》去《さ》ることますます遠《とほ》く相《あひ》成候。詩《し》家《か》の法《はふ》に、風調《ふうてう》高古《こ》を一の敎に相《あひ》立《た》て候。風調《ふうてう》は風格格調《ふうかくかくてう》のことにて、高古《こ》は意《い》高、法古《はふこ》なるをいひ謂《い》はゆる切近的當《せつきんてきたう》を忌《い》むことに御座《ざ》候。云々《うんぬん》」とある。今日《こんにつ》の畫壇に對《たい》して、なかなかに適切《てきせつ》な言葉《ことば》ではないかと思《おも》はれる。

今《こん》日のわたし自身《じしん》の關心《くわんしん》が、殆《ほと》んどつねに本《ほん》を正《たゞ》すといふ問題《もんだい》に集中《しふちう》してゐるので、畫壇《だん》などを眺《なが》める時にも、やはり在來《ざいらい》の感覺《かんかく》を重視《し》せずに居《を》れぬのである。崋山《くわざん》が風趣《ふうしゆ》といふやうに言つてゐるのは、いはば坐孤禪《ざこぜん》の徒《と》がひとかど自得《じとく》したと自惚れてゐるところを指《さ》すので、露骨《ろこつ》に言ふなら增上慢《ぞうじやうまん》である。あたら有爲《いうゐ》の才能《さいのう》を溝《みぞ》の中《なか》に棄《す》てて顧《かへり》みぬものである。畫家《か》は、日本《につぽん》畫家《か》であると、洋《やう》畫家《か》であると、かならず技法《ぎはふ》の修練《しう》に專念《せんねん》すべきは言ふまでもない。風《ふう》趣《しゆ》といふやうなものは、かやうな技法《ぎはふ》の修練《しゆ》をおろそかにさせる。しかも技法《ぎはふ》の修練《しう》をまことに深《ふか》く與《あた》へるものは、志の堅固以外《いぐわい》になし。徹底《てつてい》の場《ば》といふのは、岡倉天《をかくらてん》心《しん》の言葉《ことば》を借《か》りていふなら、生死《せいし》を賭するところの意味《いみ》で、一線《せん》一畫《くわく》に死《し》の契機《けいき》を宿《やど》すといふのには茶道《だう》などでいふ一期《き》一舍《がん》の覺悟《かくご》がもと把持《ち》されてゐるのでなければ不可能《ふかのう》である。

意《い》高、法古《はふこ》にしてはじめて眞《しん》の風格格調《ふうかくかくてう》が出現《しゆつげん》する。これは道元《だうげん》などが、滴々《てき〳〵》相承《じよう》を强調《きやうてう》する所以《ゆゑん》と全《まつた》くおなじであると言つてよい。法古《はふこ》といふのは、古に則《のつと》るので、孔子《こうし》の謂《い》はゆる述《の》べて作《つく》らずの意《い》である。師子相承《ししさうじよう》するものこれ法《はふ》であつて、法古《はふこ》なるものこれ正道《せいだう》である。故《ゆゑ》に意《い》が高《たか》くなければならぬ。意《い》高といふのは、正統《せいとう》をつぐといふことで、つまり本末《ほんまつ》の感覺《かんかく》に敏《びん》で、つねに根元《こんげん》なるものへと歸《かへ》つてゆくのである。かやうにしてはじめて古《こ》道《だう》が護《ご》持《ぢ》される。死《し》を賭して護《ご》持《ぢ》されるに値《あたひ》するものが、すなはち道《みち》である。畫《ゑ》も畫道《だう》である上《うへ》は、その道《みち》を護《ご》持《ぢ》するものを、眞《しん》の畫家《か》とわたしは見《み》るのである。

○

切近的當《せつきんてきたう》といふのは、亞流《りう》のつねであり、道《みち》の衰頽はいつでも此《こ》處《こ》からはじまる。謂《い》はゆる時《じ》流《りう》に投《とう》ずるものであり、時局《じきよく》に便乘《びんじよう》するものである。はじめから護《ご》持《ぢ》すべきものを有つてゐないのであるから、任《にん》の重きものもなければ、途《みち》の遠《とほ》きものもない。だから身《み》輕に動けば活路《くわつろ》が開《ひら》けるとまで考へるやうになる。これ顚倒妄想《たふまうさう》である。今《こん》日の畫壇《ぐわだん》には、あまりにもかうした畫家《か》が多いのではなからうか。わたしなどが展覽會《てんらんくわい》を見にゆく勇氣《ゆうき》が出《で》ないのは、自《みづか》ら顧《かへり》みても無《む》理《り》もないと思《おも》つてゐる。

だから意高、法古《こ》といふことがいよいよ直下《か》の大事《じ》となるのである。法《はふ》古《こ》は技であるといつてよく、意高は神《かみ》であるといつてよい。技《ぎ》神《しん》に入《い》るといふのは、おそらくは意圖《と》して出來《でき》ることではなからう。護《ご》持《ち》するところのものの重大を感《かん》ずるものが、戰々競々《せん〳〵きやう〳〵》として自《みづか》ら畏《おそ》れるところに、おのづからにして到《いた》り得《う》る徹底《てつてい》の場《ば》であるのだらう。さうであるならば切近的當《きんてき》など、固《もと》より相去《あひさ》ること遠《とほ》いわけである。

×

最後《さいご》に一言《げん》したいのは、文壇《ぶんだん》との關係《くわんけい》である。文學《ぶんがく》は一國精神《こくせいしん》の祀らるべき重大の領域《りやう》である筈《はず》なのが、今《こん》日の現狀《げんじやう》はおよそ反對《たい》のものになつてゐる。しかも文壇《ぶんだん》と畫壇《だん》とが、いかに實際《じつさい》に深《ふか》い關係《くわんけい》に立《た》つてゐるかは、世人《せじん》の想《さう》像を超えるものがある。わたしは最近《さいきん》やうやく文壇《ぶんだん》に於《お》いて擡頭《とう》して來《き》た浪曼《らうまん》主義の流《なが》れがその復古《ふくこ》維《ゐ》新《しん》の悲《ひ》願《ぐわん》の切《せつ》なる歎きを以《もつ》て、畫壇《だん》に強《つよ》い共感《きようかん》を呼《よ》び起す日《ひ》の近《ちか》かるべきを待《たい》望してゐるものである。

文化奉公會美術展

伊原宇三郎

文化奉公會美術部の第一回展が開かれた。私は非常に大きな期待をもつてこれを見、又見た後で色々なことを深く考へさせられた。それを掻い撮んで書いて見る。

人間が、而も若いうちに、本當に生きるか死ぬかの境に身を置き、極度の辛勞に堪え、生命の緊張の最高度を繼續するといふことは、それが藝術と緣遠い戰爭の場合でも、藝術家として又と得難い貴重な經驗であり大きな收獲である。それによつて强靱な度胸が作られ、官能的な表面的美より本質的な內面の美により多くの尊さを感じる樣になり、纎弱な神經が逞ましい感受性に置き換えられる、といふことが私達にも容易に想像し得られる。

又戰爭とか、兵隊の生活といふものでも從軍畫家では經驗することの出來ない、或は窺ふことのむづかしいものが必ず兵士の間にはあると思ふので、或種の戰爭畫、生活畫に到つては、その經驗者である出征美術家でなくては描けないものが確かに在る筈で、これは單な想像だけでなく、私の數回の從軍行からも歸納的に考へさゝれてゐる處であるが、斯ういふ貴重な經驗の點では文化奉公會の會員は全部が獨占的に持つて居る。これは何よりの强味であり、將來社會から極めて傑れた戰爭畫及び戰爭によつて培はれた逞ましい作品が作られることを豫約するものだ

最近の美術批評

出版文化協會文化部
浅利篤

最近《さいきん》に於《お》ける美術界《びじゆつかい》の特異《い》な現《げん》象《しやう》の一つとして、著《いちじ》るしく美術團《びじゆつだん》體統合《とうがふ》、問題《もんだい》が影《かげ》をひそめたと言ふ事《こと》と、反之して一方にかかる統《とう》合《がふ》が近々《きんきん》に行《おこな》はれるであらうと言ふ憶測《そく》が可《か》成り美術人《びじゆつじん》の側《がは》に深《ふか》く信《しん》ぜられてゐると言ふ相《あひ》反した樣《やう》相《さう》が見《み》られる事《こと》である。之《これ》は美術《びじゆつ》界《かい》のみの現象《げんしやう》では無《な》いのかも知れぬのだが、一般《ぱん》に他《た》の文化面《ぶんくわめん》に於《おい》て統制《とうせい》が行《い》きわたると一種緊張《ちやう》した雰圍氣《ゐき》に壓倒《あつたう》せられて呆然《ぜん》となるのであらう。心《こゝろ》の中《なか》では憶測《そく》を逞《たくま》しうするが、自分《じぶん》達の問題《もんだい》でありながら積極的《せききよくてき》に處理《しより》する所迄《ところまで》氣《き》が付《つ》かず美術界人《びじゆつかいひと》なき感《かん》を受《う》けるのである。

しかも美術界《びじゆつかい》を指導《しだう》する立場《たちば》に在《あ》る筈《はず》の美術批評家《びじゆつひひやうか》達が、美術雜《びじゆつざつ》誌の新發足《しんほつそく》が實現《じつげん》すると忽《たちま》ち新聞《しんぶん》へ得體の知れぬ呪文《もん》のやうな文章《ぶんしやう》を寄《よ》せ始《はじ》め、何《なに》を言はんとするのか、一向《かう》にはつきりせぬ展覽會批《てんらんくわいひ》評《ひやう》や美術批評《びじゆつひひやう》をやり始《はじ》め就中《なかんづく》美術《びじゆつ》家《か》よ社會人《しやくわいひと》たれと言ふが如《ごと》き要求《えうきう》や時代《じ》に負《ま》けて居《を》る等《など》と言ふやうな抽象的《しようてき》な言辭《げんじ》を弄してゐる。一體美術人《びじゆつじん》は過去《くわこ》に於《おい》て所謂抑評家《いはゆるおさひやうか》の言《げん》を用《もち》ひ過《す》ぎて今《こん》日の段階《だんかい》に來《き》た樣《やう》に承知《しようち》してゐるが、臨戰態勢《りんせんたいせい》下《か》の今《こん》日先《ま》づ深《ふか》く反省すべきは批《ひ》評家《ひやうか》自身《じしん》ではあるまいか。

今《こん》日美術界《びじゆつかい》では各團體《かくだん》が持つて居《ゐ》た機關紙《きくわんし》は、新制作派《しんせいさく》及第一美術《じゆつ》を例外《れいぐわい》として全誌廢刊《ぜんはいかん》して居《ゐ》る。係かる現狀《げんじやう》は發表機關《はつぺうきくわん》は美術《じゆつ》雜誌《ざつ》の任務《にんむ》なりとする當局《たうきよく》の意向《いかう》なのであつて、徒《いたづ》らに沈默《ちん》すべしと言ふが如《ごと》きものでは無《な》いのである。まして美術雜誌《ざつ》に相當《さうたう》な地盤《ばん》を持つ美術批評家《ひひやうか》が、雜誌《ざつ》から後《こう》退《たい》すべきものでは無《な》く、熱誠《せい》もつて時局下《じきよくか》美術の進《すゝ》むべき路《みち》を解明《かいめい》すべきなのである。

既《すで》に美術團體統合《だんとうがふ》の問題《もんだい》は沈滯《ちんたい》してしまつた。然《しか》し、問題《もんだい》は解決《かいけつ》されたのでは無い。美術人及其の周圍の無氣力がそうさせたのである。そして大半の責任は數人しか居《ゐ》ない美術批評家が負ふのであり負はねばならぬ。

出版・映畫・小國民文化等の文化面が強力な翼賛態勢をとりつゝある今《こん》日に於て、美術人の後から抑評家《おさひやうか》が逡巡しつゝ歩んで行かうとは、一種の督戰隊としか見られぬ。作品評《さくひんひやう》などで批評家と思つて居《ゐ》ては相濟《あひす》まぬ時代ではないだらうか。しかも作家の作畫以前の問題には引込思案で居るのでは醜態である。

今日美術批評家に求むる課題は多い。又、將來もそうであらう。

しかし今日の批評家は今日の問題に對して過去的存在では無いだらうか。成程、美術人は社會的訓練に缺けてゐて百般の文化にうといであらう、然し美術人に必要なのは抽象的批判や缺陷の指摘では無くて、具《ぐ》體的《てき》な生々《いきく》とした、前進《ぜん》的《てき》なもので無《な》くてはならぬ。

若し美術批《ひ》家《か》にして美術人《にん》を愛《あい》し、之《これ》を育成《いくせい》せんとする熱情《じやう》あらば、問題《もんだい》は全《まつた》く別箇《べつ》な展開《てんかい》を示《しめ》すであらう。夫《そ》れは美術機《き》構の改《かい》新《しん》と言ふ問題《もんだい》である。

今《こん》日「道場《だうぢやう》」なる言葉《ことば》が用《もち》ひられるが正《たゞ》しく美術人《じん》の道場《だうぢやう》として總ゆる社會文化《しやくわいぶんくわ》と密接《みつせつ》な關係《くわんけい》を持ち、美術人《じん》が其處《そこ》に錬成《せい》されて、眞《しん》に美術を通《つう》じて奉公《ほうこう》の誠《まこと》を致し得る機構《きこう》の實現《じつげん》を考へねばならぬ。かかる問題《もんだい》に就《つい》て積極的《せききよくてき》なる情《じやう》熱と學識《がくしき》を生かし得る者《もの》こそ眞《しん》の美術批評家《ひひやうか》と言へるであらう。

斯《か》くてこそ批評《ひやう》が建設的性格《けんせつてきせいかく》を獲得《くわくとく》するのであつて、最近新聞紙《さいきんしんぶんし》上等に見るが如き美術批評は建設の反對のものでしか有り得ぬと感じたのである。

文展名作をよめる

下田晴子

墨仙　塙保己一

見えぬ眼に見る世の中のまことこそ誠のなかの誠なるらん

松園　夕暗

たはかれの糸目もわかぬうす暗に針のはこびももどかしき世ぞ

深水　婦女圖

うつくしき昭和の御代《みよ》の乙女たちほこらしげなる姿《ふり》ぞよろしき

九浦　武人武藏

劍豪も劍の刄《は》にぞ見入るときその眼たゞならじ神のまなざし

希望　湊川

刀つき矢をれ死すとも七たびぞ生れて討たん敵のかうべは

孝坪　撃て

撃てといふ號令一下硝煙のうづまくなかにさゝげし生命《いのち》ぞ。

と思ふ。

勿論さういふものが戰爭として表れるには、文學の場合より遥かに多くの年月を必要とするのが、今後の第一回展が直ちに決定的な批評をすることは無理で、私達は氣長にその發展を待たねばならない。

たゞ一つ、會場で深く考へさゝれたことは、作品の良し悪しでなく、その作畫の態度の問題で、歸還後尚ほ淺く私の考へて居る樣な諸問題に對する整理、解決が未だ十分について居ないのか、具體的に言へば、戰爭の經驗者といふよりは、單なる一旅行者の描いた樣な作品が存外に多かつたことは、素直に定つて、一つの疑問として提出したい氣持を私は會場で強く感じたのである。

これは何も物凄い戰爭の場面を求める意味でなく、私達ならば風景の面目さや、色や形の美しさを主にして、兵隊を支那人を、建築を一木一草を無心に點景として扱ふことも出來るが、戰爭の體驗者が、その戰場の人物、風景を題材とする場合、單に戰前習得した技術や觀方の延長でなく、其處に何かゞ現れて來る筈だと思ふが、何ういふものであらうか。

それは勿論、戰友を描く場合、支那の風物を寫生する場合にも、特殊な感覺なり解釋があるであらうし、さういふ題材を離れて、純繪畫的にも、何かある強いもの、逞ましいもの、健康なものが、花を一つ描いても出て來るに違ひないと思ふので、私は他の何の展覽會や團體よりも社會の將來に大きな期待を持つ譯である。

◇

文展諸作◆

塙保己一を描く

島田墨仙

　戰爭がなほ引續いて、その上世界情勢の變化につれ、國難は幾重にも重り合つて來る、日本はこの複雜な國難をどうして乘切ることが出來るであらう。敵は獨り蔣政權のみではない、更にく大きな強敵が現れて、表面からも裏面からも日本に挑戰してゐる。私は毎日毎夜、さうした形勢を洞察し憂慮して來た。若し私が若かつたならば、無論、干戈をとつて戰場に臨みこの國難を克服する一助にもならうと志すことであらうが、この年齡でそれも出來ない。

　かれこれと國事を思ひめぐらしてゐると、どうしても畫筆をとる氣になれない。然し考へ直して見ると、繪をかくことは自分の天職である。この天職を放擲してゐることは、職責を全うする所以ではない。それで私は繪の仕事について、再び考慮し始めたのである。

　今秋の文展に出品しようか、どうしたものであるか。戰爭のことなどで胸一杯になつてゐる自分の心持を強ひて後の方へ引戻して考へて見た。今秋出品しなければ、明秋は休みであるから、さらい年に延ばさなければならぬ。さら 年になれば一身上にもどんな變化が來ないとも言へない。やつぱり今度の文展に出品しよう。しかしこんな時勢に悠然として繪をかくことは一面何となく面はゆい感がある。それで目の見えぬ人物をかくのが、この場合自分の心持に適つてゐるやうに思はれる。

　目の見えぬ人物、そして天才的な大學者である塙保己一をかくことに決心した。塙保己一の坐像をかいて、さてその背景といつた風のものはどうしたらよいかと考へて見た。保己一は和學講談所を設立して、多くの子弟を教授してゐたから、講義中の心持にして、文机を置くのも穩當である。またかの有名な大著述「群書類從」を編纂してゐるから、その本や、また愛讀の書などを飾つた書棚を背後に配してもよい。或は屏風を立てかけても惡くはない。しかし最後に扇子を手にしたまま香をたいて、沈思默考してゐる姿が最も私の畫心に應はしく感じられて來た。そしてこの最後の構想に決定したのである。

　何よりも一番重要なのは、その顏である。しかし幸にも保己一の孫に當る人に會つて、その容貌や感じを十分見極めてゐたので、この點は可なり救はれた。初め構想を練つてゐる際は目が見えない爲に、一番難しい目をかかないで濟むので、氣樂にかかれると思つたが、いざはじめて見ると、却てこの方が困難なこととなつた。目の輝きで人物の中心を反映させることが出來るのに、それがないとなると、顏じうから中心生命を摑んで來なければならなくなる。

　四尺五寸の横物に塙保己一が出來上つた。三千年の日本の歷史の中で、たつた一人の盲目の大學者である保己一の像が、生けるが如く描き出された時、私はほつとしまた喜びを感じた。戰時下だから武人の像の如き結構である。しかし武者の繪は可なり多い。流行となると俗氣けて來て、かいて見る氣になれぬ。又はその方の專門家もゐることであるから その追從では更に面白くない。私は保己一の憎らしい程の顏や氣概を藏した姿をかき上げて、氣を清々するのを感じた。

楠公と文展制度の事

兒玉希望

出品と鎧について

　僕の文展に出した楠公はいろくな時代のものを描いて見たいと考へてゐるものゝ一つで、ほんの試みですから申上げるほどのものではありません。唯鎧といふとたいていは源平時代のものをおくのが普通ですから、特にあの吉野時代の笠錣の兜のイキなところを描いて見たものです。笠錣すなはち笠の樣に高く平たくなつたのは、近頃あまり描かれたのを見かけませんがあれは吉野朝頃の大刀戰、白兵戰に身のこなしがよくつく樣に出來てゐるので、從つて草摺なども源平の頃と異つて、小さく、身體にまつはりつく樣に出來てゐます。

　楠公は先年湊川古戰場の跡をたづねて考へて置いたものです。なるべく色彩を用ひない樣にほとんど白描に近くやつて見ました。一向につまらないものでした。唯文展で無鑑査といふ處から、落選の心配がないものですから、こうした自分としての新しい世界に足を踏み入れてやつて見るのは愉快な事です。無鑑査制度なども、こうした試みをさす爲に作つてあるとも思ひますがどうでせう。

　楠公は大平記の作家が非常な名文をもつて湊川最期のさまを述べてゐます。これ又到底さうした悲壯な人間のはりつめた氣持の最高潮に立ち、しかも戰ひ疲れて正に死につかうといふところなど、不才の自分等にうまくかけもしないと思ひますが、やつて見なければ自分の力をためす事が出來ないわけだから、勇氣をふるつてやつて見ましたが、下手の横ずきとはこれ等のことをいふのでせう。呵々。

時代風俗畫の奬勵

　僕も今度は武者繪をかきましたが、文展の會場で見ると人物畫は現代のものが殆んど大部分で、稀にあれば武者繪位で浮世繪、殊に有職ものと來たら、皆無といふ狀態で淋しい事の限りである。日本歷史の出來事とその時代の風俗とを以つて描いた繪が國民思想の上に實に大きな影響をもたらす事は云ふ迄もありません。

　こうした意味からも是非時代風俗畫を描く樣にしたいものです。現代の青年たちは何かお利口さんばかりだから、研究に骨の折れる樣な道をなるべくよけて、早手まわしにうまい結果を得やうとする向が多い。困つた事です。この勢で次の時代になると時代考證などのわかる人はなくなつてしまふかも知れません。惜しい事だと思ひます。

文展制度改革案

　これは唯ほんの私が今考へて見たまでゝすから、これを主張するとか、提案するとかいつたものではありませんが出品制度について一寸申して見ませう。

　現行の横七尺、高一丈といふ形は圖を作るなると、中々やり憎い場合があるのです。人物が一人たほれてゐれば、もう正味六尺では入りかねるし、高さをのばせば、後で實用にならないものになるし、さりとて競技場の樣なものだから、殊に有鑑査の人は、せいく大作にしたい事であらうしするから、昨年奉祝典の樣に前期、後期に分けて日本畫、洋畫と二期とし、各階全部を使つて無鑑査も交替でなく陳列する。但し昨年の樣に有鑑査、無鑑査を一緒に陳列しないで、一室から中程過ぎまでを有鑑査とし、それから後を無鑑査會員の作品とする。制限を文曲屏風一双迄行かなければ、半双迄許す事になると、餘程構圖も樂になる事ですし、後で使用するにも都合がよいのです。こ

家を巡りて

れも來年は今年の無鑑査交替制があつたから、明年は現行のまゝで、その次の年から實行すればするわけです。さうしてなるべく會員、無鑑査とせい〴〵出品してもらつて入選畫も會場の許す限りとつてやる事にしたらと思ひます。

又一案としてこの前期、後期を各部とも前期を有鑑査計りとし、後期を無鑑査以上だけとする。そして作品の制限を前期の如く少し大きくしたなら、如何かと思ひますが、この第一、第二の案とも缺點としては第一の場合は文部省主催として全日本の美術を一時に示す殿堂として各部一齊に見る事が出來ず第二の場合は有鑑査、無鑑査を共に見る事が出來ないわけですからこの缺點を補ひつゝ前記の出品制限に合ふ樣にする妙案はないものでしやうか。お考へ願ひたいものです。

南蠻黍と菖蒲

森　白甫

私は審査員だとか、文展の鑑査だとか、さういふお役所めいたことから離れて、近頃の一般の日本畫壇の新人の傾向といふやうなことに就いて、一とほりの觀察を述べたい。それにはどうしても鑑査の後の印象が生々しいから、勢ひそれにふれ、そこからとほして一般新人の傾向を是非することになるのは、今の心境上止むを得ない。

勿論今度の文展で落選した古類の中には、吉岡君も言つてゐられたとほり、或る一つの文展型に篏めて、ぶつつけに自分のものを出さうとしなかつた種類の人に多かつたことは一番眼立つた現象である。だがもう一つ私が痛感したことは、今の流行の新派の遣り口にさういふ人達が無理に自分を篏め込もうとして、何んとも異樣な不自然なものを感じさした場合、それはもつと慘めな狀態で落ちて行つたのである。これは文展のみならず一般畫壇や鑑賞展の方にも觀られる現象であつて、今度さういふ方面で當選した人には、割合に鑑賞界的には人氣のある人達があり、後で誰々が落ちたと名を聞かされて驚いたほどである。

一方若い作家の方でも生な情熱をぶつつけて只向に自分を出すことは結構だが、それをもう一つ突込んで自分の個性化すること、理智的に批判して一つの藝術樣相として備へること、つまり自分の持つてゐる情熱に最後の形を與へることが肝心であり、今の若い人達はそれが缺乏してゐるやうに思ふ。たとへば名前は控へるが、これは私の塾のある女の人であるから、その人の平素の仕事も知つてゐるので今度の出品はちよつと見て、この人としては素晴らしいと思つた。紙本に菖蒲を畫いてゐるのであるが、それが細かい感覺の尖り切つた異樣な情緒の特殊な表現のものにしてゐた。これにはどの審査員も一應惹きつけられたやうであつたが、全くその特殊な感覺なり情緒は、男とは違つた生理を持つた女性でなければ現はし得ないものであつた。女が好い繪を畫かうと思つて一生懸命になるとこういふ具合になるのかと、平素その人の仕事を知つてゐるだけ、私もさういふ具合に感じた。それがどの審査員も二度、三度觀て行くうちにギザ〳〵とした妙に刻んだ線の驅使法に變に汚穢な變なものを感じて、反つて反撥されるやうな結果になり、折角好い具合に行きさうだつたのが、とう〳〵落選してしまつた。これなぞつまり自分の情熱の最後の納めに、整へ方を缺いた惜しいことの一つの例であると思ふ。

亜いで若い人達の流行の取材や手法の無反省に雷同的、迎合的なのは感心しない。たとへば今年は又南蠻黍かと審査員がしまひには苦笑したほど、一昨年の加藤君の特選作に似た南蠻黍が多かつたこれなぞは一層その拙劣さが眼立ち、流行意識のために二倍に損した。それにもう一つ菖蒲の多いのも困つた。

木彫の飛躍

澤田晴廣

今年の文展彫刻の一般出品者の成績はどうかと思つたのである、といふのは一般出品者で優秀な作家は昨年の無鑑査で大分繰上つてしまつたからである、ところが作品の大きさも大分に打揃ひ頗る新鮮である、就中、木彫について見ると、表面にあらはれたものは塑造風の傾向が益々ふえて來たことである、從來の木彫界は先輩によつて開拓された分野をイージイの氣持で踏襲して來たために木彫の形式がドウ〳〵巡りしてゐたわけで木彫が兎角小さい型に入つてしまひ、彫刻であらねばならぬといふ信念から忘れられやうとする、これは木彫家ばかりの罪でなくて塑造家にも罪がある、塑造と木彫は材質的に分れてゐるのだから、それがよく諒解されて塑造家は木が分つてゐるとか分らぬとかの摩擦がなくなつて來ればそこに木彫藝術が日本彫刻界全部の木彫であつて日本の木彫が彫刻的に發展して行くのである今迄のよりも塑造風になつて行くことは木彫家が先輩の開いた分野内でのドウ〳〵巡りから發展するためにする勉強の結果であつて、勉強しやうとすればどうしても手近な方法に依ることになり、寫實に行くのは當然であるから現はれたものが塑造風に見られるのであるが、内在的には木彫精神が發展しつゝあるのでそれは次期へのよき飛躍なのである。

（以上文責記者）

支那の蟲籠

石農　後藤朝太郎

一　民藝の蟲籠

大陸《たいりく》では、無雑作《むざふさ》にして而《しか》も有《あ》り合《あは》せの材料《ざいれう》で以《もつ》て手輕《てがる》い容《い》れ物《もの》が作《つく》られる。秋《あき》の虫《むし》を容《い》れるもの、かうろぎを飼《か》ふものなどを例《れい》にとり考《かんが》へて見《み》てもさうである。之《これ》に一二寸《すん》の圓《まる》い泥燒《どろやき》の蓋物《ふたもの》で雅《が》なものがあり、又手頃《またてごろ》の竹筒《たけづつ》を使《つか》ひ節《ふし》の處《ところ》を利用《りよう》しスカシ窓《まど》を明《あ》けたりなどしたものがある。さうかと思《おも》ふと、水牛《すゐぎう》の角《つの》で出來《でき》た小《ちひ》さいのがあり又木片《またきぎれ》を刳《く》つて之《これ》に落《お》とし蓋《ぶた》をつけたものもある。一般《ぱん》の竹《たけ》の骨《ほね》を荒目《あらめ》に編《あ》んで作《つく》られた二三寸大《すんだい》の球狀《きうじやう》のものは、人《ひと》のよく知《し》る處《ところ》。さう珍《めづ》らしくもないが寧《むし》ろ竹以外《たけいぐわい》の材料《ざいれう》で思《おも》ひ付《つ》いたローカル・カラーの見《み》えてゐる物《もの》には懐《なつ》かしいものがある。わけても北支《ほくし》で作《つく》らるゝ瓢箪《へうたん》を材料《ざいれう》に、その截断面《だんめん》に轆轤細工《さいく》を嵌め螺旋形《せんけい》の眞鍮針金《しんちうはりがね》を入《い》れたものなどはかなり高級《かうきふ》だが、又《また》よく出來《でき》てゐる。

虫籠《むしかご》を離《はな》れてひろく支那《しな》の籠類《かごるゐ》を見《み》て來《く》ると、興味津々《きようみしんしん》たるものが尙《なほ》いくらでもある。酒《さけ》や油《あぶら》を入《い》るゝに例《れい》の柳條《でう》の細《こま》かいのを材料《ざいれう》として編《あ》んだものがある。その內《うち》面《めん》には豚血《ぶたち》と石灰《せきくわい》が混《ま》ぜて塗《ぬ》り付《つ》けられてゐる。十分《じふぶん》何十回《なんじつくわい》も之《これ》が塗《ぬ》られると漆物《うるしもの》よりも丈夫《ぢやうぶ》であり、持《もち》がよい。北支《ほくし》の田舍《ゐなか》、交通《かうつう》運輸《うんゆ》のよくない處《ところ》ではこれが調法《てうはふ》視《し》されてゐる。結構《けつこう》その漏《も》る心配《しんぱい》のないのと、形體《けいたい》が平《ひら》たく便利《べんり》に出來《でき》るからである。ルンスウツアイ（龍鬚菜《りう》アスフアラガス）と云《い》ふ漬物《つけもの》を求《もと》めるによくかみさんだちこの柳《やなぎ》の枝《えだ》で編《あ》んだ籠《かご》を手《て》にして市場《しぢやう》に出《で》かけて行《ゆ》く處《ところ》を北京《ペキン》あたりで見《み》る。中支長江邊《ちうしちやうかうへん》りから南支福建廣東地方《なんしふくけんかんとんちはう》は、竹《たけ》の材料《ざいれう》が自由《じいう》に得《え》らるゝので、竹籠《たけかご》、搖籃《えうらん》の類《るゐ》が手仕事《てしごと》として出來《でき》るが、北《ほく》支《し》や滿洲《まんしう》の方《はう》はさういふわけにいかぬ。竹林《ちくりん》のない處《ところ》では、勢《いきほ》ひその代用品《だいようひん》が考《かんが》へさせらるゝのである。

竹《たけ》の材料《ざいれう》の乏《とぼ》しく、又木材《またもくざい》の少《すく》ないといふところでは、皮細工《かはさいく》が自然《しぜん》に發達《はつたつ》して來《く》る。放牧《はうぼく》の行《おこな》はれてゐる奥地《おくち》にありては、民藝《みんげい》發達《はつたつ》の方向《はうかう》が皮革本位《ひかくほんゐ》に向《むか》ふのは、當然《たうぜん》の事《こと》だと云《い》へる。黃河《くわうが》の上流《じやうりう》甘肅綏遠方面《かんしゆくすゐゑんはうめん》では木造《もくざう》の船《ふね》の工夫《くふう》せらるゝことの不可能《ふかのう》な處《ところ》から、羊《ひつじ》の毛皮《けがは》をふくらませ、之《これ》を數多《あまた》繋《つな》いで船筏《いかだ》の作《つく》られてゐたりするのは籠《かご》の民藝《みんげい》を考《かんが》へる上《うへ》にも參考《さんかう》になる話《はなし》である。又田舍《またゐなか》で見《み》る阿《あ》片膏《へんかう》を容《い》るゝ小器物《せうきぶつ》にも皮製《かはせい》のものが多《おほ》い。その他大小各樣《たいせうかくやう》の桃《もゝ》の形《かた》した玉手函《たまてばこ》（奩）であるが、これなども奥地《おくち》の民藝品《みんげいひん》は大體皮製《だいたいかはせい》であると云《い》つてよい。豚《ぶた》の皮《かは》で作《つく》られた酒《さけ》の容物《いれもの》がその酒《さけ》を頂《いたゞ》いてしまふと、あとはそのまゝ太鼓《たいこ》になる。叩《たゝ》けば音《おと》のする樂器《がくき》となるといふ如《ごと》き調法《てうはふ》な民藝《みんげい》の物色《ぶつしよく》がそこに見《み》らるゝのである。太鼓《たいこ》の鼓《こ》の字《じ》でその左半《さはん》に含《ふく》まるゝものは充來象形《じうらいしやうけい》の上《うへ》で樂器《がくき》の鼓《こ》そのものを示《しめ》したものである。がその右半《うはん》の支《し》の字《じ》を除《のぞ》き、その太鼓形《かた》の下《した》に口《くち》を加《くは》へると、そのまゝ『喜』の字《じ》とたる。こは口《くち》を開《ひら》きよろこびつゝ太鼓《たいこ》を撃《う》ち興《きよう》ずるところを示《しめ》した古文《こぶん》であると、解《かい》せらるゝ。喜《き》の字《じ》、鼓《こ》の字《じ》の密接《みつせつ》な關係《くわんけい》がかくの如《ごと》く解《かい》せらるゝといふのはつまりその材料《ざいれう》が皮製《かはせい》であるからである。

元來《ぐわんらい》が酒器《しゆき》であり酒壺《さけつぼ》として用《もち》ひられたものが、その酒《さけ》を飲《の》み了《をは》ればあとが音《おと》のする太鼓《たいこ》となるとは民藝《みんげい》の妙用《めうよう》もこゝに於《お》いて極《きは》まれりと云《い》ふべきである。虫籠《むしかご》の場《ば》合《あひ》にありても、その地方色《ちはうしよく》のゆたかなるものであるだけにいろいろの材料《ざいれう》と、その製法《せいはふ》が考《かんが》へらるゝ。その材料《ざいれう》のなければ有《あ》る物《もの》でともかく工夫《くふう》をする。木《き》がなければ、皮《かは》で以《もつ》て皮筏《かはいかだ》を作《つく》り、黃河《くわうが》を渡《わた》らうとする。その工夫《くふう》、苦心《くしん》が民藝《みんげい》の力《ちから》の伸《の》び行《ゆ》く處《ところ》である。虫《むし》籠《かご》にしても北支《ほくし》の如《ごと》き竹《たけ》の材料《ざいれう》のない處《ところ》では、木材《もくざい》を刳《く》り拔《ぬ》いたり、土製《どせい》でこねたり、又瓢箪《またへう》を利《り》用《よう》したりする。中支《ちうし》の如《ごと》き竹《たけ》の豊《ゆた》かに生《お》ひ茂《しげ》るところは竹《たけ》づくしである。北支《ほくし》の民藝土產《みんげいどさん》では筆《ふで》の軸《ぢく》にも木《き》を用《もち》ひ穗《ほ》を挿入《さふにふ》する處《ところ》を凹《くぼ》くしたりなどしてゐるが、中支以南《ちうしいなん》は、竹《たけ》の材料《ざいれう》が多《おほ》いので何《なん》の心配《しんぱい》もない。江南《かうなん》の商家《しやうか》が錢《ぜに》を入《い》るゝ櫃《ひつ》に四五尺《しやく》もある大《だい》の竹筒《たけづつ》を用《もち》ひ店《みせ》の柱《はしら》や壁《かべ》に立《た》て掛《か》けてるのを見《み》る。物《もの》の豊《ゆた》かにある地方《ちはう》はすべて材料《ざいれう》に窮《きう》しない。虫籠《むしかご》にしても色《いろ》々《いろ》その地方地方《ちはうちはう》の民藝上《みんげいじやう》の特色《とくしよく》が懐《なつ》かしく感《かん》ぜらるゝのである。

二　蟲を聽く大衆

北京《ペキン》のトンスウパイロウ（東四《とうし》牌樓《はいろう》）ロンフウス（隆福寺《りゆうふくじ》）の白《はく》市《いち》（晝市《ひるいち》）に行《い》つて見《み》ると、冬《ふゆ》の寒《さむ》い日《ひ》でも虫屋《むしや》の前《まへ》に人《ひと》が四五人《にん》立《た》つて居《ゐ》る。虫《むし》といふのはコホロギの虫《むし》である。あちらでコウコウル（蟈蟈兒）と呼《よ》んでゐる秋《あき》の虫《むし》である。秋《あき》の虫《むし》であるけれども、嚴寒《げんかん》の零下《れいか》五度十度といふとき、死《し》なさないやう巧《たく》みに丹誠《せい》して飼《か》

つてゐるものである。虫屋《むしや》はそれが商賣《しやうばい》とあつて、その市《いち》の立《た》つとき、露店《ろてん》を出《だ》してゐる。ささやかな店《みせ》で目立《めだ》ちもせぬが、そこに三四個處《かしよ》も出《で》てゐる。中《なか》には主客共《しゆかくとも》にしやがんで虫《むし》を聽《き》くことに餘念《よねん》のない樣子《やうす》を見《み》せてゐる處《どころ》もある。

見《み》るからに皆大《みなだい》の男《をとこ》である。チンイ青衣《い》姿で以《もつ》て、もくもくした肩《かた》を丸《まる》くして、小首《こくび》を傾《かたむ》け、虫籠《むしかご》を耳《みゝ》の處《とこ》に持つて行《い》つてゐるのだ。地《ち》べたにおかれてゐるのはこちらで、默《だま》つて耳《みゝ》をすませ聞《き》いてゐると、小《ち》さい聲《こゑ》を出《だ》し、鳴《な》いてゐる。手《て》に取《と》りあげると鳴《な》き止《や》むのだ。でも暫《しば》し落着《おちつ》いて耳《みゝ》に當《あ》て聞《き》いてゐると又鳴《またな》き始《はじ》める。容物《いれもの》が動搖《どうえう》すると勝手《かつて》が變《かは》つたと思《おも》つてためらつてゐる樣子《やうす》である。何《なん》となく可愛《かあい》いものである。容器《ようき》は直徑《ちよくけい》一二寸《すん》の土燒《つちやき》の小壺《こつぼ》である。共蓋《ともぶた》がしてあつて、中《なか》は眞《ま》ツ暗《くら》である。暗《くら》くしてあるから夜《よる》と思《おも》つて鳴《な》き始《はじ》めるのであらう。地《ち》べたにおかれたまゝ小壺《こつぼ》の中《なか》で鳴《な》いてゐるのを聽《き》く方《はう》が自然《しぜん》である。之《これ》をわざわざ耳《みゝ》の處《とこ》まで持《も》つて來《く》るなど罪《つみ》なことであると云《い》ふ氣《き》もする。又實際《またじつさい》そは不自然《ふしぜん》でもある。そこで主客共《かくとも》に地《ち》べたにおいたまゝ、虫《むし》を樂《たの》しまうとする風流心《ふうりうしん》を出《だ》してゐるわけである。嚴寒《げんかん》に虫《むし》の音《ね》を聞《き》く爲《た》めわざわざあのロンフウス（隆福寺）まで出《で》かくるなど云《い》ふあの氣持《きもち》はどう見《み》ても大陸《たいりく》人《じん》らしい處《どころ》である。

空《そら》には日本派遣軍《につぽんはけんぐん》の飛行機《ひかうき》の翔る音《おと》がブウブウ唸《うな》り渡《わた》つてゐる。北支《ほくし》の片田舍《かたゐなか》には、今尙《いまなほ》風雲急《ふううんきふ》を告《つ》げてゐる地方《ちはう》もある筈《はず》だ。あつてもそんな事《こと》はコチは知《し》らぬと云《い》つた形《かたち》。馬耳東風《ばじとうふう》のわけである。こは眼中虫《がんちうむし》の音《ね》あることのみを知つて、北京新秩序《しんちつじよ》の德《とく》に謳歌《おうか》してゐる氣分《きぶん》だと解《かい》せらるゝ、何《なん》といふ太平《たいへい》の民《たみ》ではないか。北京《ぺきん》の良《りやう》民《みん》たちの心境《しんきやう》はこの嚴寒《げんかん》に虫《むし》の音《ね》を聞《き》かうとするその一事《じ》で略《ほゞ》わかる。本來《ほんらい》は秋《あき》の虫《むし》なのである。その秋《あき》の虫《むし》を雅人《じん》どもはよく飼養《しやう》して、九月《くぐわつ》から十月《ぐわつ》、十月《ぐわつ》から十一月《ぐわつ》、十二月《ぐわつ》、正月《しやうぐわつ》までと之《これ》を死《し》なさないやう、鳴《な》かせ續《つゞ》けてゐる。そこに大變《たいへん》な技工《ぎこう》と苦心《くしん》とが要《い》る。之《これ》を誇《ほこ》り顏《がほ》に賣《う》り物《もの》としてこゝに露店《ろてん》を出《だ》してゐるわけだ。お値段《ねだん》にしてはいくらのものでもない。が、然《しか》し半分《はんぶん》は和平《わへい》を樂《たの》しむ氣分《きぶん》も手傳《てつだ》ひ、型《かた》の如《ごと》くその市《いち》の立《た》つ日《ひ》を待《ま》つてゐたのだ。風流《ふうりう》な客《きやく》は又《また》それを當《あて》にして出《で》かけて來《く》る。どの虫屋《むしや》もそれ〴〵客足《きやくあし》を留《と》めてゐる。その中《なか》に自分《じぶん》も畫中《ちう》の一人《ひとり》となり、加はり、その雰圍氣《ふんゐき》を味《あぢは》つたのである。秋《あき》の虫《むし》を丹誠《たんせい》して、冬《ふゆ》を經《へ》、春《はる》まで飼《か》ひ養《やしな》ひ、出來《でき》るだけ永《なが》くその聲《こゑ》を樂《たの》しまんとする氣分《きぶん》は支那《しな》らしいゆとりのある情味《じやうみ》である。日本《にほん》の緣日《えんにち》あたりには、かゝる風習《ふうしふ》のないだけにとても物珍《ものめづ》らしく思《おも》はるゝ。こは獨《ひと》り隆福寺《りうふくじ》の市《いち》ばかりでなく、テイエンチヤオ（天橋《てんけう》）の民衆娛樂《みんしうごらく》場《ぢやう》の方《はう》へ行《い》つて見《み》てもその店《みせ》が出《で》てゐる。又江南地方《またかうなんちはう》では之《これ》が上海《しやんはい》の城内湖心亭《じやうないこしんてい》あたりに隨時《ずゐじ》見《み》られてゐた。

大陸《たいりく》の人《ひと》はかくの如《ごと》く虫《むし》を聽《き》くことに一種《しゆ》の詩的情趣《してきじやうしゆ》を味《あぢは》ひよい氣持《きもち》になる。昔《むかし》からその氣分《きぶん》は養《やしな》はれ、その習慣《しふくわん》は長《なが》いものである。唐《たう》の白樂天《はくらくてん》の夜雨《やう》、五絶《ぜつ》にも早蛩《さうきよう》（こほろぎ）啼《な》いて又《また》やむ。殘燈滅又明《ざんとうめつまためい》。窓《まど》を隔《へだ》てゝ夜雨《やう》を知る。芭蕉又聲《ばせうまたこゑ》ありと云《い》ふのがある。秋《あき》のこほろぎを聽《き》くと、何《なん》となく詩情濃《しじやうこま》かに、心弦《しんげん》に觸《ふ》るゝものがある。白樂天《はくらくてん》でなくとも、支那《な》の人《ひと》には古今《ここん》を一貫《くわん》してかくの如《ごと》き虫《むし》に打込《うちこ》む氣分《きぶん》があるのである。貴賤上下《きせんしやうげ》の別《べつ》なく、その風習《ふうしふ》は認《みと》めらるゝ。從《したが》つてその好《す》きな秋《あき》の虫《むし》を容《い》るゝ籠《かご》とか、壺《つぼ》とかいふものには相當凝《さうたうこ》つたものが作《つく》らるる。時《とき》にはその虫《むし》と虫《むし》とを鬪《たゝか》はせる舞臺面《ぶたいめん》を拵《こしら》へた容物《いれもの》なども出《で》來《き》てゐる。細《ほそ》い草《くさ》の穗《ほ》を一本《ぽん》さし入《い》れ、之《これ》を虫《むし》の觸覺《しよくかく》の處《ところ》に持《も》つて行《ゆ》き、いら立《だ》たせるのである。鬪ひをおびき出《だ》す仕組《しくみ》になつてゐる。終日市《しゆうじついち》に遊《あそ》び、虫屋《むしや》を相手《あひて》に太平《たいへい》を欲《ほつ》してゐる氣分《きぶん》の支那良民《しなりやうみん》こそは今《いま》どきの世界《せかい》に特殊《とくしゆ》な存在《そんざい》であると見《み》らるる。

文展批評を衝く

田島一夫

文展批評を各新聞で讀んだが（と言つて私の眼を通したのは朝日、讀賣、東日、都の四紙だが）どうもみなパッとしない。一昔前迄は文展批評は新聞でも可成り重視してゐたようだが、近頃は一日か二日やつと紙面の一隅を籍すに過ぎなくなつた。批評家も大分新しい顔觸れになつたやうだが、何かしら調子が落ちてきた感じである。批評はたゞの記す文ではない。美術批評も一つの「文學」として見らねばならない。然るに感心して讀み味ふほどのものが一つもない。

それと共にいつも技術批評で文化批評がまるでない。タマにあつても傾聽に足る論がない。まだ一昔前の批評家の方が活氣があつたやうだ。先づ私の讀んで氣づいた點を擧げてみよう。「朝日」の兒嶋喜久雄氏は時に痛快なこともいふが今度は少しピントが外れたようだ。その一例として氏は小磯良平の「齋唱」を大に罵倒してゐる。

――小磯君の作品としては或は佳作に屬するものかも知れないが私にはちつとも興味がない。ドガーの或る時期のものを追つてゐるやうな趣味はいゝとして寫實が如何にも通り一遍で鋭いところがちつともない。丸で機械的だ。

果してさうか。鋭い所もなく機械的だといふのは描寫手法が一律だといふ風に採れるが、小磯氏のこの作ぐらゐ微細なハツトンに注意して同色のコスチユームに變化を示してゐるものはない。顔が同じやうだとも言つてるがそこにも美しい變化がある。アンゼリコの天使がみんな同じやうな顔だと言つて非難するのと同じだ。もつと一々のアクサンに注意してみるがいゝ、小磯氏の苦心の痕がはつきりする筈だ。背景が飛び出してゐるといふがこれもウソである。背景は線によつて充分價値づけられてゐる。胡麻化しなど一つもない。これは兒嶋氏の眼が少し飛び出したためであらう。木下孝則氏の「N孃像」をソルンなどに比較して褒めてゐるが、これも見當ちがい。あゝバナールになつてはシヤボンの箱の繪だ。これを小磯氏のより良いなどいふはどうかしてゐる。

同じ「朝日」では日本畫評をやる脇本樂之軒先生。どうもこの樂之軒といふ號が談し家の名みたいで、しかもその文章が高座の講談師のやうで妙にクスぐつたい感じがしてくるのだが、廣嶋晃甫の「赤裝女」といふのをヤケに褒めてゐるので見直しに出かけたが、一體あの繪のドコに「詩」などがあるのか迂生などには少しも解らない。日本畫は技巧についてはよく解らないのだが、あの下司なデツサンのくづれた女のどこに惚れられたのか、どうもこの邊御斷のせいではないかと思ふ。櫻町公子などいふ少女歌劇の女優に似てゐるさうだがそんな名まで御存知のことを發表されて御自身の若さを表されたのかしらぬが、これを更に安田靱彦の「黄瀬川の陣」に比して「眼が覺めるでないか」――といふに至つては呆然、啞然たり矣。

靱彦の名作は技巧の嚴しさに於て洋畫の古名作に比してもよい或るクラシツクの高さをもつてゐる。こんな看板繪の出來そくないと比べるさへ烏滸の限りであらう。これで批評家と言へるならトンボ蝶々も鳥のうちだ。樂之軒先生少し頭がヘンになつたのではないですか。

一體「朝日」といふ處はいつも樂之軒と兒嶋喜久雄で一切を片づけてゐるのが、もう現代に通用しない批評家など斷つたらどうか。讀者の方がよほど進歩してゐることを御承知ありたい。」

洋畫評ではまあ「讀賣」の柳亮氏のが穩當だつた。穩當であるだけ別に大した感興もないが「吾々が今日文展にもとめる處は單なる技術の標準ではない。それは平和な時代の話である。必要なのは末技の如何でなく誠實な魂の僞りなき姿である。態度の嚴肅さである。」と言つてるのは公平で正しいが然しそれは何も現代の非常時局だからと言つて需めるべきものでなく、平和な時代でも、いつの時代でも恒久に藝術は然るべきものなのでないか。又、敢て文展に求めるだけの問題でもあるまい、となると、これ一種のトートロジーにすぎない批評家の脩辭といふものだらう。

日本畫でこれも十年一日的な批評家の名前が田中一松氏と相場が決つたようであるが、氏もその穩當な公平さが買はるべきであらう。一言にして盡せば無難の評、素湯を呑むやうである。

さて彫刻評へ移ると、なぜか彫刻評はみな「彫刻論」をやつ

美しきもの

村岡花子

けさ私の心はしみじみとした歡びにうるほつてゐる。美しい二冊の本を前にして、遠い昔の人々のゆかしい心情に深い敬慕を寄せるのである。

澤田美喜子夫人著の「大空の饗宴」といふ本、豪華版といふのであらう、この時世に定價八圓は決して安くはないのだから。それでありながら、いはゆる「豪華版」に附隨したけばけばしさの感ぜられない、しつとりと、落ちついた出來榮えで、眺めてゐるうちに、何か現在とは離れた、遠い世に心が飛んでゆく遠い昔の人々のたましひのいぶきを聽く思ひがする。

「大空の饗宴」は著者が長年の苦心から成る日本切支丹遺物蒐集と解説である、矢代幸雄氏が序文に於ても述べられてゐるが、美喜子さんは前駐佛大使澤田廉三氏夫人であり、財力も時間の餘裕もゆたかに持つてゐられるであらうところの、典型貴婦人である。

その人の勞作である以上、この美麗な、高價な書物となつたのも、不思議はないわけだが、とかく實用一點張りのやうな出版物の多い今、この本は私どもにとつてまさに「饗宴」にひとしいものである、

切支丹宗門壓迫の三百年間、あらゆる苦難に耐へて信仰を持ちつづけて來た人々が、禮拜の對象として潛め守つた變貌のマドンナのさまざま、或は調度品や器物の人目に觸れぬ箇所へ刻みつけた十字架の標識など、ぢいつと見てゐるうちに、自分の罪深さが感ぜられて、おのづから眼を伏せたい氣持になる。

著者澤田夫人もこの仕事に專念せられたことに依つて、必ずやたましひを洗はれるやうな、すがすがしい境地に遊ばれたことであらうと想像される。ともあれ、お金持の貴婦人がこのやうな特殊な研究に打込まれることは、まことにふさはしい生活であり、羨しくさへある。（これだけの時間のゆとりを持たれることが、羨しいのである）

この本の中で私が感動した文章がある。小崎トマスといふ若き殉教者が、死の前夜、母に書き遺した手紙は實にすばらし

てるはどうしたことか。彫刻とは何ぞやから說き起してゐたのでは批評にならない。むろん高村光太郎氏の「讀賣」に示したような高邁な人格からなされる彫刻論はそのまゝ傾聽に價するが、批評といふ以上個々の作品についても言ふべきが本來であらう。本鄕新氏(都)のはまるでタダの議論で、一行一句も具體的作品にふれてゐない。これで彫刻評とはどこを押せば言へるか。技術家だから何か差支へがあるのかとも忖度するが、それなら批評の筆など採らぬがよい。批評は批評、論は論だ。わかり切つたことを見えを切つて論ぜられては讀む方が堪らない——と以上感じたまゝの「批評の批評」を記してみた次第である。(了)(筆者は洋畫家)

工藝鑑査の後で

楠部彌弌

今年の文展の第四部(工藝)は商工省の方で、文展を二回以上パスしなければ藝術家として認めないと發表したので、作家たちは非常な緊張ぶりを見せ從來に無い千七十三點といふ應募出品があつた。そのうち入選作は百七十點といふ、これ亦記錄的な嚴選ぶりを示したのは、審査委員側が愼重の上にも愼重な態度を執つたからであつた。今年のやうな鑑別が行はれるならば、寧ろ公開したがいゝと思はれるくらゐである。

第四部では、作品そのものが生活と密接な關係があり、實用を基調としての藝術作品を採り上げるのであるが、是れは藝術作品である、あれは實用品であるといふ差別は我々が直ちに判識することでも、一般にはむづかしいことであるから每年兎角の議論が絕えなかつた。しかし今年の鑑審査はどの角度から觀ても誇るに足りる公正なものであり、かなり高度の見地から行はれたものと云ふことが出來る。

入選作品に就て云へば、類型的なものは排撃され、種類の違つた或は又手法の異つたものが採擇された。出品されたものを通觀すると、技術的鍊磨といふことは兎も角として、內容を深く掘り下げてゆく力が足りないやうに思はれた。內容の探求にもつともつと研鑽しなければならぬことを痛感した。

陶器は、他の工藝品に較べると、火で燒くと云ふことが制作過程にあるので、極めてむづかしい仕事ではあるが、それだけに內容を押し擴げれば、多くの先人の名品に思ひ合せて、非常に興趣の深いものがある。入選作品は京都二十二點、金澤三點岐阜二點、瀨戶一點、九州一點といふ分布になつてゐる。東京側の作家が全滅したのは、誠にお氣の毒な次第である。東京側の作品は、概して澁いと云ふか一體に暗いやうな氣持に見られたのは、時局の影響を受けたためであらうか。☆

現地畫信(一)

鬼原素俊

粤漢線咸寧驛より〇〇部隊輸送トラックで途中〇〇の險を越え奧地に進む事十八里、連絡兵七名と共に夜に入つて險路をやう〳〵〇〇嶺の陣地に到着した。

此處は最前線ですぐ目の下に敵の燈の微かに見えるのを敎へてくれる〇〇嶺を中心に第二第三と陣地があり〇〇嶺陣地など敵軍戰本部のあつた處で僅か十二、三名の分隊で三百や四百の敵はなんでもないと云ふ。

こゝに居る兵隊は岩窟の中で每日仙人のやうな生活をして敵を睨んで居る。

かうした第一線部隊の勞苦に實に想像以上のものがある。(十月廿三日〇〇陣中にて)

「……トマス謹みて母上にこの書を送り奉る。……我は神父、ならびに父上と、手をたづさへて、先きに天國にのぼり、やがて母上の來り給ふを待つべし。

母上、この後告解をなすべき神父なきも自らかへりみて犯せる罪を悔い、ますます信仰をかため、無限にしてきはまりなき聖寵をあたへたまふ御主いえすきりしとのことを忘れ給ふなかれ」

このやうな文章は、信仰に出發しなければ書けるものではない。それは世の常の名文の持つ美しさとは異つた美しさである明け暮れ聖書を拜讀したことから得た文章の風格であらう。

私の畏友M夫人はひところ、盛にアイルランド文學の飜譯を公けにされたものだつたが、彼女の詩の飜譯には一種獨特の風韻があつた。信心深いアイルランド人の心情を傳へる詩の飜譯に、彼女ほど適切な言葉を所有してゐる人はないと私は思つたM夫人が聖書、殊に舊約聖書の拜讀者であることは二十年を越えるくらゐ、彼女と交遊を久しうしてゐる私が、よく知つてゐるところである。信者が信仰から讀むのには無論、一通りならぬ効果があるにちがひないけれど、美しい讀物としての聖書の一面は見のがしてはならないものであらう。

澤田夫人の文章などからも、かうした氣品が感ぜられる。夫人の場合は文學的教養と信仰とが渾然一となつてあらはれてゐるのだから、讀む者の心に迫つて來て、淚を流させ懺悔の思に打たれざるを得なくする。

美しいものは永遠の喜びだと詩人は謳つてゐるが、どんな世になつても美しいものを見て心がときめかなくなることはないやうにと、念ぜられる。

美しい繪をあがなふ心理もやはり美を喜ぶ氣持からのみにしたい。近所の床屋さんに途上でぱつたり出逢ふと、めづらしく立ちどまつて、

「きのふ、早慶戰を見に行きましたがね、あんまり面白くもなかつたので、早く切り上げて、繪畫館へ寄つて來ましたが、素晴しいですね。繪といふものをしみじみ見たのは、生れてはじめてですが、いい氣持ですねえ生れ變つたやうな氣がしましたよ」と、話しかけた。

繪畫の美に打たれて、その感激からまだ醒めやらぬ彼は、誰かにそれを話さずにはゐられなかつたらしい。私は嬉しくてたまらなかつた美術が決して少數特權階級のみの所有物ではないことを證明されたからである。

家庭に美術を入れなければならない。ミレーの晩鐘の寫眞畫一枚でも、壁間にかけてゐるのも無いのでは如何に家庭の氣分がちがつて來ることであらう。

無言の說教をするものは美しきものである。

方君璧女史個展

故曾仲鳴氏の未亡人方君璧女史の近作百七點の展觀、全作を通じて氣品と色調のこなしに傑れて優雅なる畫境を見せて居るが、いづれも東洋的感覺の看取出來る事は注目される所、出品作中「風雨之前」は靜かなる詩情に「富士三合目」は又畫面の廣がりと寫實に深く「柳眼春寒」は大膽なる構想に面白く其の外「丁香」「梅」二點「芍藥」「初放」等いづれも好個の作品、序でながら女史は巴里サロンドートンヌに數回入選されて居る。（銀座 交詢社）

獨立秋季展

中山魏の「湖畔」と中村節也の「承德」松島一郎の「桃」小島善太郎の「風景」藤岡一の「エニシダ」の内では、松島の桃が見られるが、いづれも商品化されたる爲めか甘く輕いのは嬉しい事ではない。川口軌外の「牡丹」は、華麗と云へば云へない事もない。熊谷登久平の「櫻島」と鈴木亞夫の「南風」林武の「花」は、其れぞれ出來の良い物ではなく、須田國太郎も今度の作では描きたらざる爲めか、中途半端な作で不調。兒島善三郎の「ダリヤと古伊萬里壺」はのびがなく、色調のアラベスクもいつも程度の冴えと美しさが見られず居串佳一の「多の漁」、海老原喜之助の「人形使」齊長三郎の「山家」高畠達四郎の「漁港」等はさすがに感覺的でも有り、本質的な物への歩みが感じられる所せめてもだが、獨立秋季の會員展としてはあまりに力弱く、導者的立場を守る人々の作としては受取りにくい。（青樹社）

旺玄社秋季展

此の會の、特質とも思はれる日本的な物への創作意圖も今年度出品作にあつては、眼立たずや、低調な會場風景だが、此の事は小品なるが爲と、のみは云へず、强力なる創作意欲の不足による所が多い。目錄順に行くと藤村はつゑの「髮を梳く自畫像」はデホルマシオンに變化が有つて面白いが安定感がなく描かれた人物が中に浮いた感じ齋藤英太郎の風景三點は色感に新鮮であつても寫實力の不足は淺く粗雜、水戸範雄の「ざくろ」二點も赤色感に優れた物を持ちながらプルシアンブリウの使用に難が有る、佐々木利榮の「むすめ」外二點では「風景」が良く色調のこなし表現形式共に面白く場中では異色の有る作、市村雄造の「雨」は又すつきりした味のある佳作、坂田虎一の「扇」を持てる女は大作でもあり墨色の扱に成功して難もなく出來の良い方關川富士郎の「蟹と車蝦」は達筆な作だがやゝ上すべりした所も感じられるが、寫實力に深い。岩井彌一郎の二點は落着のある色調とたくまざる筆致に情趣が出て居る三好俊一の二點では子供が良く稿作次郎の三點では「葡萄園の少女」を取る此の外新野歡一の「船」小林榮の「月岡夜景」等が注目される牧野虎雄「朝顏」は朝顏の配置も面白く雅趣のある作。（新宿三越）

斥土會展

若干新進作家七人の小集團技術的にはいまだ不完全な作がちらほら有つても張の有る熱意と創作的意欲の旺盛なのは將來性有つて期待出來よう。目錄順に行くと阿部清定の四點中では「紅蜀葵」と「裸婦」が良く梅原英子の六點は材料のこなし色感共に優れて表現形式にも仲々面白いが、習作的なのは物たりない。小林森次の五點中では「河口湖の富士」「夕日」等が優れ「夕日」は新鮮なる色感に大膽簡明なる筆致が詩情十分有つて佳作「河口湖の富士」は描きたりない感じは有つても豐かなる色感に快調、鈴木國威の四點では「野の秋」「朝」と「溪」それに「野の花」等が擧げられる。此の外では杉木孝一の「花」と「少女像」玉井安武の「荒磯」橋本光雄の「秋の山」と「冬の山」等が佳作。（銀座紀伊國屋）

野口謙藏個展

「秋の夕日」は秋の日の日ざしが弱くはかない夕の詩情にみちみち「初冬」は、初冬の田園情趣に其の生活もそして動きも總ては弱い陽光の中にとけてたのしまれ「雪後」は雪の後の晴れたあたゝかさに「虹の風景」「夕日」「凍る朝」等いづれも素朴な自然への心行くまでの愛情と寫生ならぬ寫實力の深さとするどさを見せて田園詩を聞くがごとく近來まれに見るらしい個展として擧げられる。（鳩居堂）

黒門會展

中川紀元の「富士山」と「熱海風景」そして「富士」の三點はいづれも輕快潤達なる筆致が枯れて居るし、各作の畫意に於ても詩情たつぷりな佳品。兒島善三郎の「池畔秋色」と「朝顏」は共に色調の澁味と造形的面白さ快にして落着て居る。海原喜之助の「群犬」と「雪遊」は色彩のマッスに內的寫實力を藏して其の創意も形とマッスに要約して深い動きさへ感じる所さすが、東鄕靑兒の「プロフイル」は例の如くかはいらしい少女趣味だが、仕事のうまさは又格別中山魏の「女」は感傷的、島崎鷄二の「ピレネパンチイコーサ」は快調なるタッチに色感も良く古典味十分だがもう少しの所で泰西名畫的になりさう。梅は暗いながらもやゝ日本的。高野三三男の三點の內では「巴里を去る日の新聞」は品位も有り先づ無難と云ふ所此の外林倭衛の「浴女」小山敬三「中國風景」有島生馬「羅馬の娘」野口彌太郎二點等が問題に成る作。（日動ギャラリー）

霜林會展

曾宮一念の「麥秋」と「夕雲」とは共に風景畫だが麥秋はしつとりした材料のこなしも感覺的に新鮮だが「夕雲」はやゝ平板の感じ有つて輕く平面的に過ぎよう。「ひるがほ」は落着た詩情を見るが花と浪とに二分された創意は弱く「ひまはり」は描きたりず力強い。里見勝藏の「芍

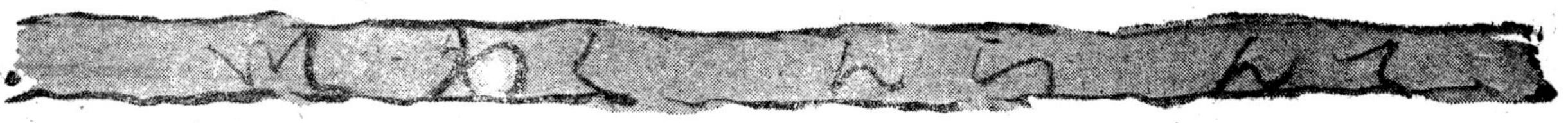

藥」は柔らかく寫實味の加味された所に美しい味「ちりつぷ」も「椿を扇畫」も色彩のアラベスクの美さだけなのは野性に過ぎ婦人像は感覺的に深さは有つても無理押の一手なのは殘念、林重義の二點では溪流はペンキ畫的こなしに優れず「椿」はデリカーな味と色調の冴は物質感に優れて美しい。（資生堂）

岡本太郎滯歐作展

一九三三年から三八年に至る滯歐作品中での代表作を展示して居るが全作を通じて色感良く裝飾的感覺を通じての感傷で有り、其の構想も新鮮で有ると共に純眞なる所、日本洋畫壇シウル系作家に共通の廢頽的情操に共通せざるは興味も有り期待も出來よう出品作中では「空間」「リボンの幻想」「リボン」「作家」等を擧げる（銀座三越）

庫田叕個展

「梅林」は小春日和の日差もやはらかな情趣を見せて平面的ながら深く「朴」は朱の線描も底力あつて、要約されたる畫面も美しい。寫實力の優れた物には「玉蜀黍」がある。背景の空の色調と風になびく玉蜀黍の穗も初秋らしい感觸を見せてうつとりする。「牡丹」は又牡丹の花に寫實味をそしてやはらかく美しいがやゝ描き足りず弱い。此の外「山」は又意有つて構想に優れず 裸婦」は又色調に獨善的なのは殘念「あけび」は色調の美しい作として擧げられる。（資生堂）

矢明勇士に感謝する素人展

司法大臣や司法次官、それに俳優や詩人等々、若干のアマチユア的な玄人繪かきも交つて、「矢明勇士に感謝する素人美術展覽會」といふのが、辨護士正木昊氏の主宰趣味雜誌「近きより」社主催で、十月中旬銀座資生堂で開かれた。

作品は和洋兩畫であるが、司法大臣岩村通世閣下は「墨梅」黑梅と黄子久を和化した淡泊洒落の南畫藝であり、次官閣下の大森洪太氏はこれは本格の油彩畫であつて、「猫」三點はそれ〳〵の角度に於いて獨得の造型と鋭敏な主觀を放つ。大審院判事上田操閣下の十和湖その他の日本畫風景は、北宋の新様味も筆も細かい。その他詩人東北大學教授土井晩翠夫妻が、牝鷄トキを作つて牡鷄これに和し、八重女史の俳畫風の諸作に、晩翠翁が一口讚句を投じてゐる琴瑟相和の風流曲も床しく、俳優井上正夫「日々是好日」の唐獅子、「百安百事如意」の篇に拓榴の洒落雄渾な漢畫味も異色涌躍主催正木昊氏は極小號數パステル、水彩、木炭、コンテ等の簡易藝能を以つて東都や、信州上高地諸風景を情緒匂やかに描いて、しかも山椒の如く小粒でもヒリ、と辛い。「長谷川如是閑氏」像はジャーナリスチックに興味があり、繪も生きてゐた。玄人側からは福田浩湖、橋田永芳、佐々木永秀、夏目寸土、横井弘三、京谷金助の諸氏が應援。

吉田登穀氏個展

官展で多少の運も伴ひ特選に入るといふことは、天分ある人に取つて必ずしも望み得ないことではない。しかし連續十三回も官展に入選するといふことは全く容易なことではない。世の中に平凡の非凡といふことがある。吉田登穀氏の如きは此の言葉の當て擬るものとして日本畫壇の第一人者であらう。是れまでは兎角運が惡く、特選候補となつたり、入選回數の規定に觸れたりして、曩頭まで無鑑査の榮位を獲得しなかつたが本年度で始めて長い畫業が酬いられたのは偉とすべきである。

氏は官展の此の厚遇に應へ、本年度から定められた一年交替の非番に當つたのを幸ひに、先月末第一回の個展を銀座三越で開いた。展示されたものは、二曲屏風一双のほか大小の花鳥畫で、桂月山人門下の逸足として鍛へあげた筆勢や、特有の水繪の具を驅使した淡々として迫らない穩雅な情趣が觀る者の心を烈しく捉へる。かやうな作品こそ誠に日本畫として賞美されなければならないものであらう尚、氏の性格から來たものか小品作の方により多くの味ひが認められた。（銀座三越）

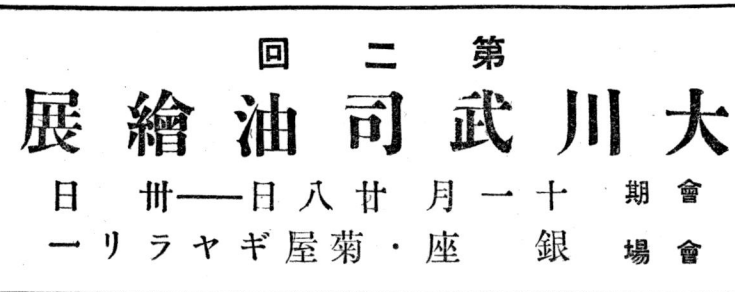

美術経済

芝の美術倶樂部 入札開始

幽篁堂等五札元で

下半期に入つてから兎角時局下財界の形勢につれて、美術賣立入札界は手控えのまゝ荏苒こゝに三ヶ月を休止狀態に過した、此間に九月下旬ちよつと好轉に見舞はれたが十月の防空演習時期に入り國民のすべては之れに傾注忙殺したため斯界も活躍に立戻るに到らず、ところへ俄然内閣政變でまた一休、漸く下半期も月餘を殘すのみに迫り師走を眼前に控えた今芝の東京美術倶樂部は明二十一日から二十三日まで下見、二十四日が開札及び賣立で珍らしや入札を開始する事となつた、その札元は

川部商會　小山常次郎　平山堂　中川清壽　本山幽篁堂

の五軒某家所藏品で入札二百三十五點と賣立五百五十二點合計七百八十七點である、重要美術品の實朝中之院切「はるははな」を第一として雪舟筆中福祿壽左右夏多山水の三幅對、探幽安信常信外箱の堂々たる狩野の名幅龜井伯爵家傳來である、大きい白鷺を竪二尺八寸、巾尺三に畫いた双幅は光琳筆の見事なもので抱一箱「光琳百圖」所載である、俳人物の多いのも目につくが杉風の女郎花に芭蕉賛や宗鑑朧月句、芭蕉芳野句、嵐雪ほとゝぎす、其角夕立などの短册掛物仕立幅に許六筆絹本釋迦、蕪村畫賛數幅、乙由筆の夕顔畫賛、其角蜘蛛畫賛にまじつて、其角默の歌仙（八千坊傳來）は面白く、更に一茶成美筆妙義行人物や一茶朝顔、芭蕉印影と句の下に文晁が芭蕉の畫像を寫したものなどがある、樂翁公和歌の文晁繪表裝いかめしく田安家傳來と伍して、歌麿まくり美人二枚妖艷で蕊翁、靄崖、山陽、大雅、椿山、山陽、直入、和亭などの畫幅、高山彦九郎和歌扇子や原敬俳句に幸田露伴博士の短册句も出で又兵衞筆三十六歌仙等書畫は百四十三點である、道具は二百三十三點のうち古備前共蓋水指は紀州德川家傳來で赤繪替蓋付銘「巖松」とある、瀬戸澁紙手茶入、宗和共筒茶杓吸江齋箱薩摩茶碗、春慶瓢簞茶入等茶器豐かに象牙紅箱十三個は美しい、武具に牡丹唐草拵短刀は貞宗で建武二年在銘で嚴如上人所持、東本願寺傳來の如何にも由緒深いもの、小櫻威鎧（堀家傳來）一領がある、何しろ久しぶりの入札賣立と云ひ手腕に富む名札元の錚々とて好成績を擧げるものと思はれる

三都表裝研究展

東京の宏心會が主催して名古屋裝美會、京都の研裝會の賛助で三都それぐの趣きを競ふ處に興味が豐かにされた、研裝社は東都では就中、表裝ぶりが珍らしくて宇佐美松鶴堂の山本倉丘作「晩秋」や諫山藻光堂の菊地契月作の白描淡彩「大楠公」山川頌美堂の向井久萬作「紅梅」の文展新特選と裝美會の細川白雲堂が北澤暎月作「春宵」の今年院展新同人とは、共に早いところで一寸眼につく、久萬の「紅梅」は扇面ながら蕾を澤山つけた枝の濃墨と紅の味ひに一段よく、表裝これに和し好成績であつた、宏心會はいろ〱いゝ表裝があつたが當地お馴染とて一二に擧ぐるにも及ばざるべけれど野上保美堂の池上秀畝作「花鳥」は堂々とし、片岡靑壽堂の木村荘八氏「椿」が葉の輪廓を太い墨線で試みた强調子なのをやさしい表裝切れの中、上下、一文字などで巧みに畫面を押へ靜かに落つかせたのは手柄といふべきだ、中村豐春堂の遊龜作「白椿」も目につくものだつた

美術倶樂部賃貸料 一割を値下げ

芝の美術倶樂部では時局下に鑑みて爾今賃貸料につき一割を値下げすることとなり各方面へ夫々通告した

國風盆栽展迫る

小品を陸軍病院に献納

第十五回國風盆栽展が廿七日から卅日迄上野の東京府美術館で開催される、同展では戰時下といつても之れを中止する事は國力を云爲させる虞れありとし飽迄自肅して例年に劣らぬ優秀品を出陳し尙一方傷病勇士を慰めるため小品の盆栽三百餘點を陸軍省に献納する事となつた

編輯後記

文展特輯の洋畫彫刻號もずいぶん手廻しよく編輯を終つたに拘はらず、下版してから意外に手間どり又々定日發行が狂つて終つた。何事も非常時で人手不足物資不足で思ふやうにゆかないのは致し方ないが、月三回の發行をレギュラースやることだけでも大變な努力であることを御諒察願ひたいのである。

文展號のグラフページに收められなかつた遺漏の寫眞を蒐めた外、大分永らく溜つてゐた街頭展の寫眞をも收めた。本文にもその遺漏的な文展記事を掲げたと共に西村博士のまことに愷切な雄篇をはじめ淺野氏村岡氏などの玉稿をえたことを喜んでゐる。も早あと一ヶ月で年も改る。編輯部の新な努力も今準備中である。

□御注意□　本誌發送に際し包裝紙の良質のもの得られぬためハトロン紙を卷いてお送りする分もありますが右御開封の際はタテに御切りになつて下さい。右横に切ると雜誌が破れます。右老婆心乍ら御注意まで。――係

「旬刊」美術新報
昭和十六年十一月十七日　印刷
昭和十六年十一月二十日　發行
發行日　每月三回（十の日發行）
購讀料
一册金五十錢（郵稅一錢）
一ケ月三册金壹円五十錢（送料共）
編輯發行兼印刷人　麴町區九段一ノ一四　猪木卓爾
印刷所　東京市麴町區九段一ノ一四　資文堂
發賣所　日本美術新報社
電話九段二七一五
振替東京一六二五〇
配給元　日本出版配給株式會社
日本出版文化協會々員　一二一二三五番
通信は一切發賣所へ
發行所　東京市本郷區東片町八二　日本美術新報社

三井洋畫コレクシヨン

開設以來多數の觀覽者を集めてゐる三井洋畫コレクシヨン第三回陳列は九月十三日より十二月二十日まで毎土曜日に公開されてゐる

主な作品――――――

The Dream of Tiralatha	ブレーク
オスニー寺	佐伯祐三
讀書	清水多嘉示
女の顔	コラン
羊飼	ミレー
母性	スタンラン
尾瀬沼	木下藤次郎
水邊の牛	マリス
顔	シャガール
桃	國吉康雄
ブルターニュ風景	ベルナール
裸婦	藤島武二
日本の女	アスラン
ばら	青山熊治
枕	ボナール
春	ピサロ
月夜	黒田清輝
海邊	ブーダン
卵賣	リボー
農家	淺井忠
その他十數點	

羊飼 ミレー

春 ピサロ

顔 シャガール

第一回二人展

登山路初秋 小竹義夫

文鳥とセキセイ 小島眞佐吉

關龍夫個展

自畫像

佐藤一章第一回個展

紅梅など

安心會 寫眞は右より 吉田晴彦、片岡壽三郎、野上菊松、中村梅吉、山田政之助、伊藤寛、久保田喜代志、小林善吉、小川久雄、木本大果先生、荒木龍の諸氏

第一回水彩時代展

①自畫像　長澤昇
②靜物　石川菊壽
③スコットぉールにて　半田
④山林初秋　寺居健一

①

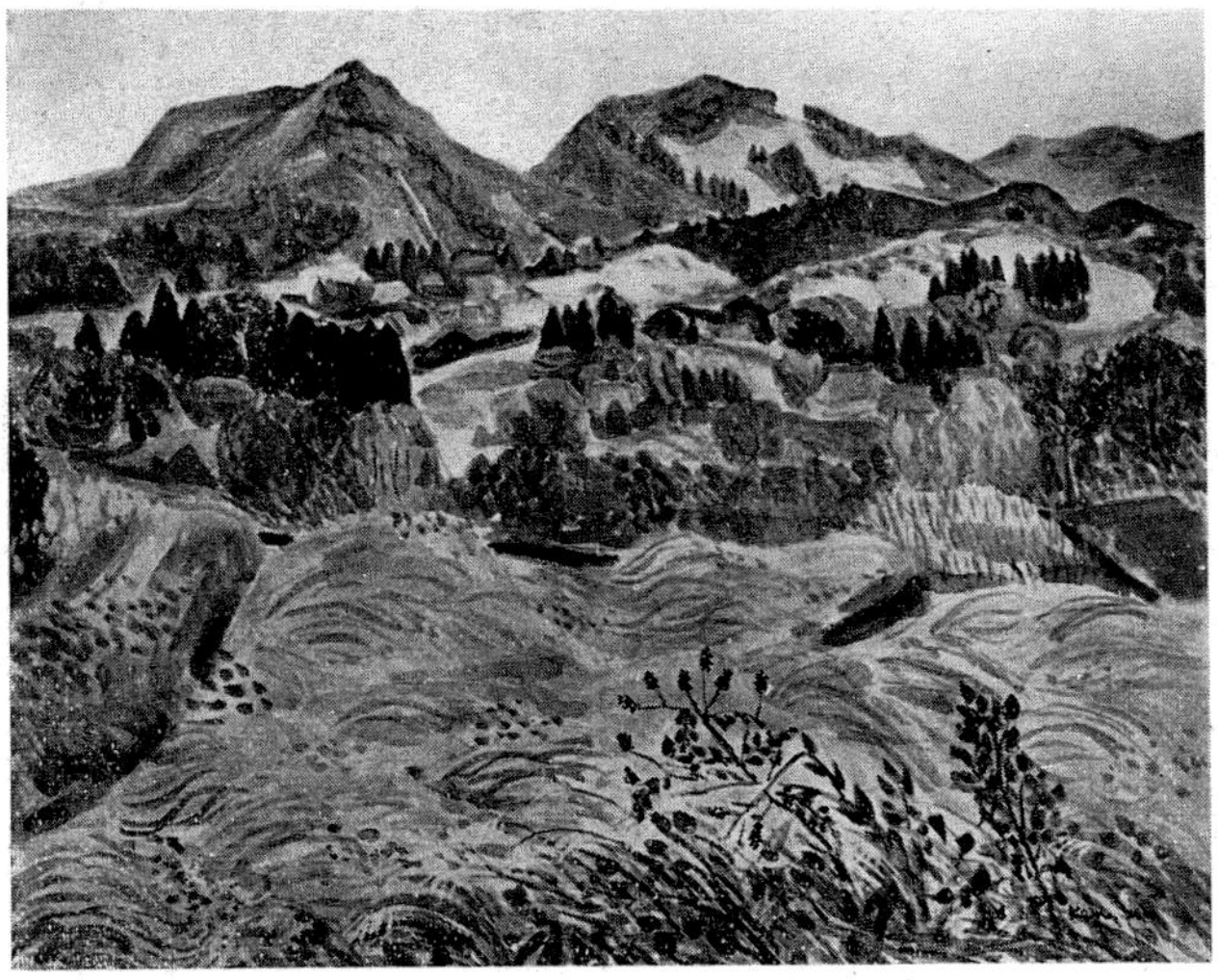
④

③

岡本太郎滯歐作品展

花の悲劇

リボン

關尚美堂展新作展

日午　中村岳陵

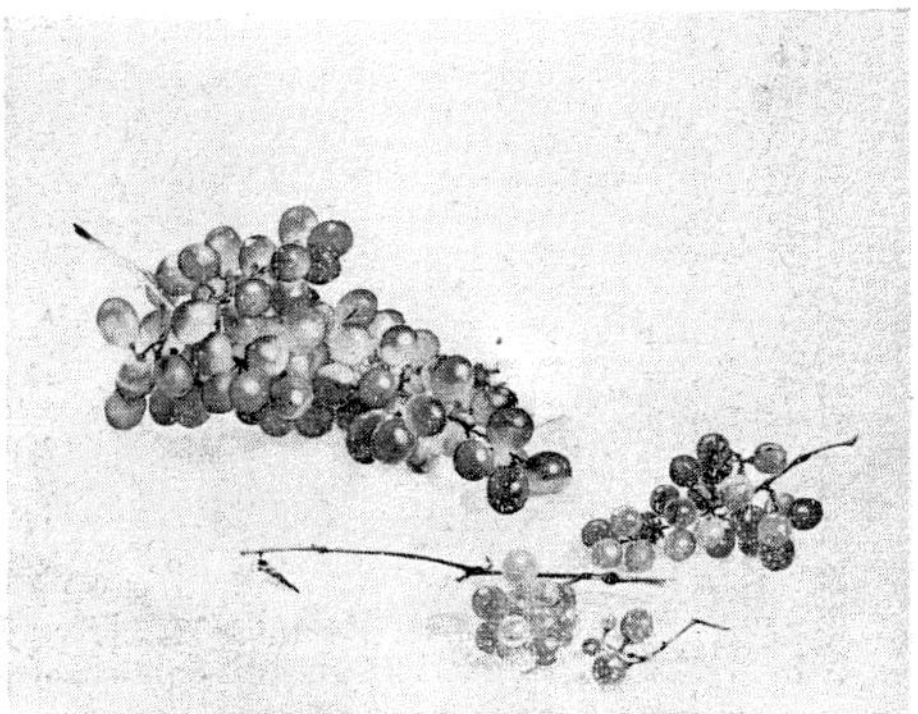
青果　根上富治

奥入瀬　奥田元宋

春陽會

第一回秋季展

聖堂　鳥海青兒

ベニスの家　高田力藏

風景　岡鹿之助

牡丹　國盛義篤

牡丹　二見利節

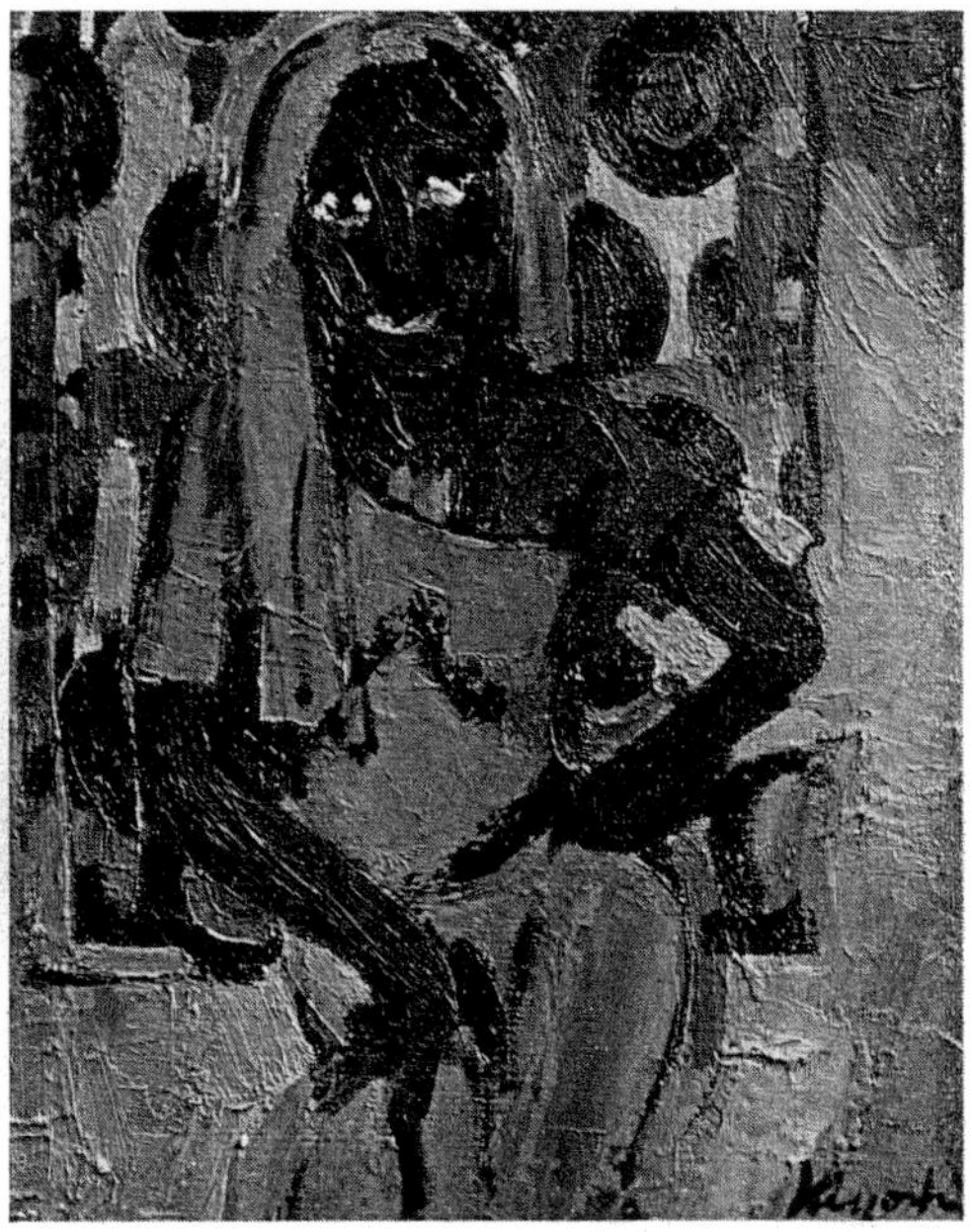

印度の女　水谷清

第三回美萌社展

黄色のバック　村尾絢子

人物　福本美代子

休みの時　西村志希

現代名家新作風景畫展

金剛秋色　川端龍子

武藏野　近藤浩一路

刀江新雪　酒井三良

秋穫田景　小川千甕

澄潭　結城素明

高原の秋　川村曼舟

秋溪霖雨　兒玉希望

秋雨後　堂本印象

秋嶺　大智勝觀

出征軍人美術家展

捕虜　高田廣喜

荒原　山本日子士良

蘇洲楼門外　綱島康

蘇洲獅子林公園　平通武男

夏(三)厩舎　清水崑

湖南風景　山内靖已

露天市　寺内銈三

後送　岡堅見

三潭印月　佐野八郎

上海閘北戦跡　灰野文一郎

戦線スケッチ　三澤孝松

嘉定ノ塔　間宮正

第二回以心社展

暉映　上野秀鶴

雨竹　栗橋中匡

秋山歸樵　淺野泰堂

山百合　木村復堂

靈鷹　青木郭峰

睡猫　本間念堂

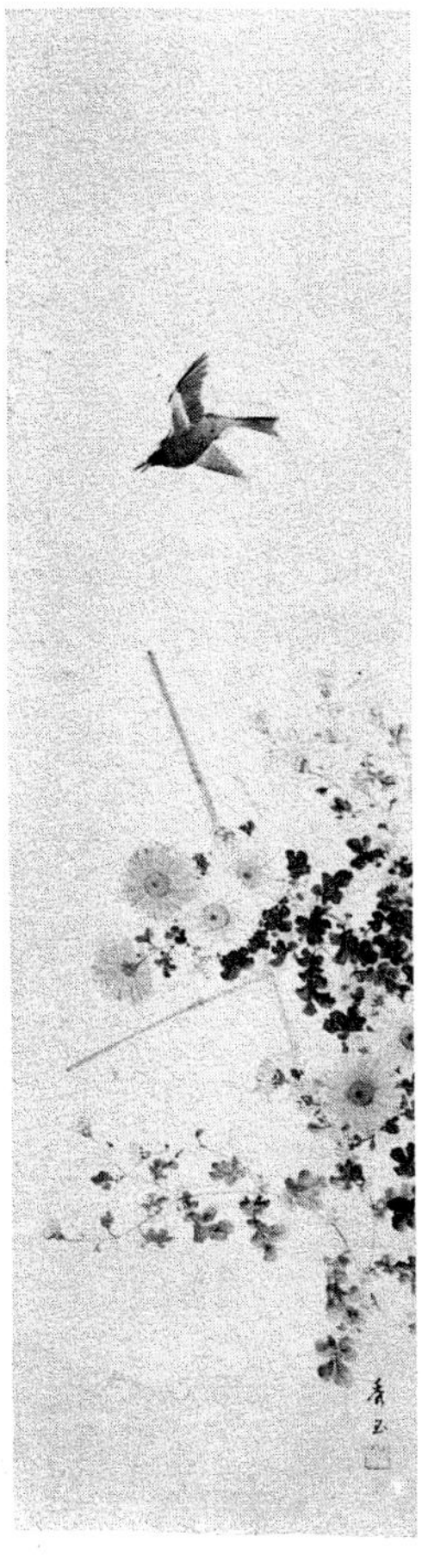

菊花小禽　須賀秀玉

高士訪隠　岩切五山

池上秀畝社中

耽々　池上秀畝

木兎　濱野茂竹

富嶽　石塚松籟

翡翠　妹尾雲峰

含笑花　八條雅堂

雨後　入江雨窓

千鳥　渡邊鳴鷗

秋塘　松平鶴山

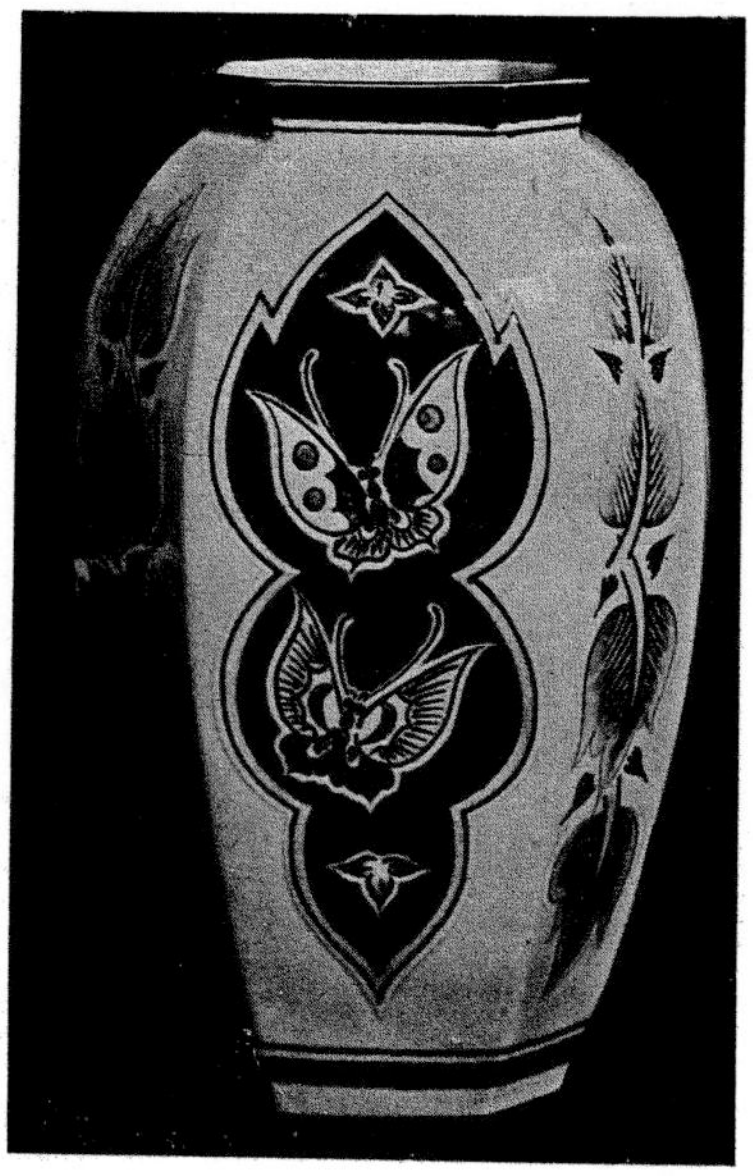

蝶文様花瓶　中村秋塘

黄銅彫金水差瓶　杉野一彦

鑄銅花瓶　米田博俊

双峰駱駝　久保駒太郎

南庭出現の菅公眞紙塑像　鹿島壽藏

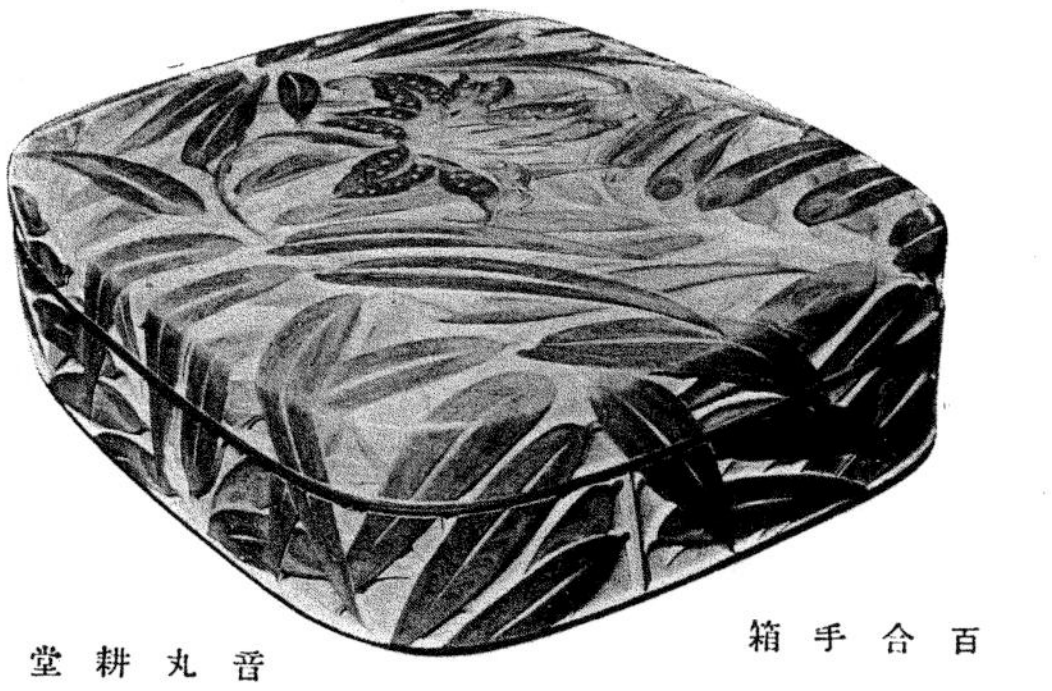

百合手箱　晋丸耕堂

岩わらび手筥　島田春光

變壺形生果紋花瓶　梶谷竹塘

秋爽二枚折屏風　保谷美成

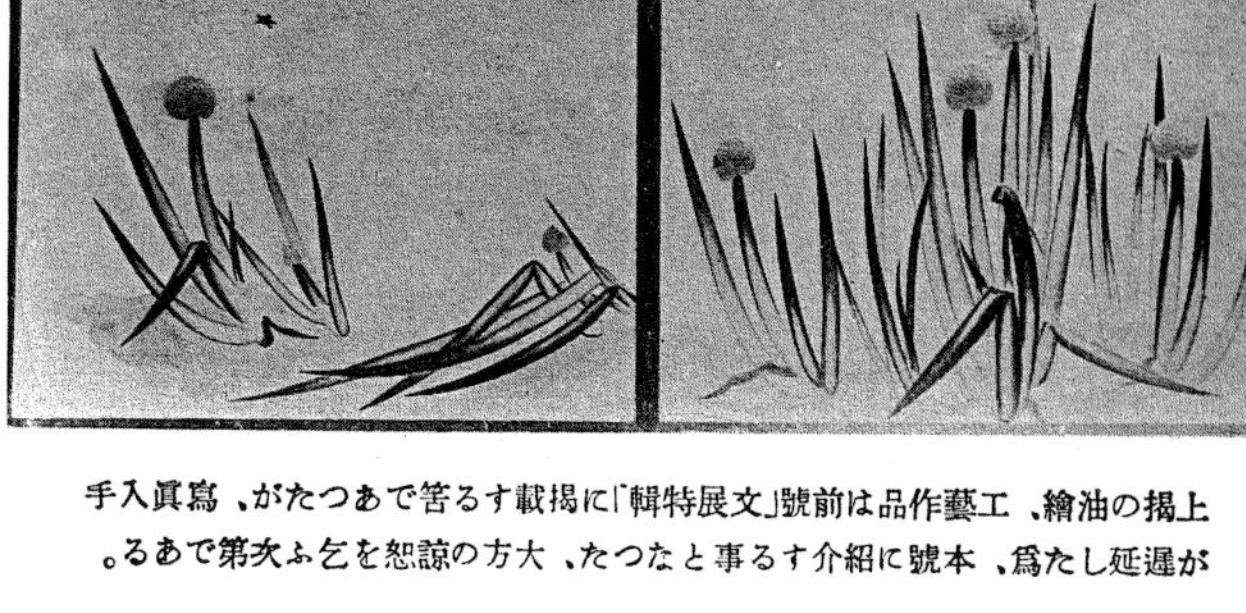

ねぎの圖小屏風　稲塚芳郎

上掲の油繪、工藝作品は前號「文展特展輯」に掲載する筈であつたが、寫眞入手が遅延した爲、本號に紹介する事となつた、大方の諒恕を乞ふ次第である。

唐銅鳥耳花瓶　山本純民

紅彩文壺　清水正太郎

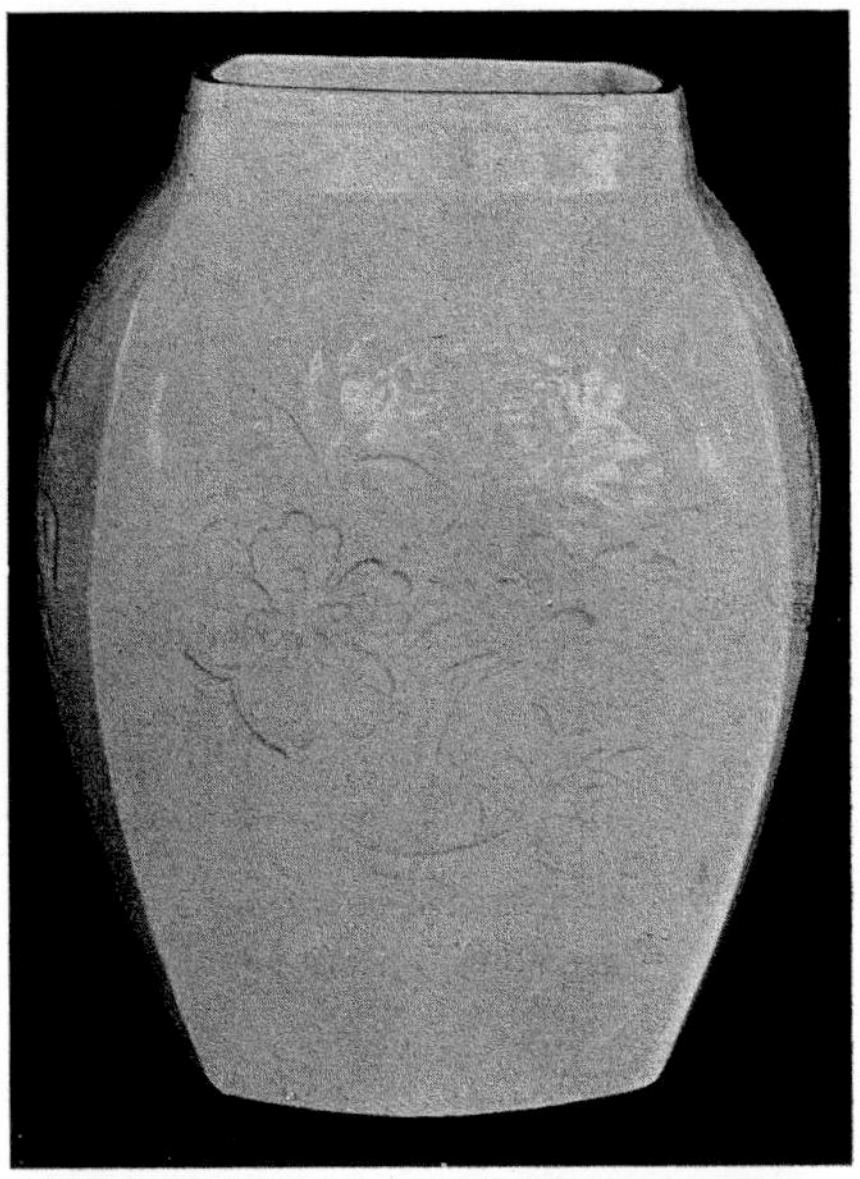
四方形白瓷牡丹文化瓶　河村蜻山

染色花圖二枚屛風　櫻井露洞

善隣譜涼染屛風（特選）　稻垣稔次郎

秋の夜文庫　濱田廣

草ノ譜文様染色四曲屛風　梶山伸一

文展の洋畫と工藝

前號文展特輯の補遺

急降下爆撃　吉田南

瀞川　川合修二

流れに憩ふ　家永騏三郎

妹の肖像　鈴木滿

花模様　森田元子

青衣　園部晋生

休息　刑部人

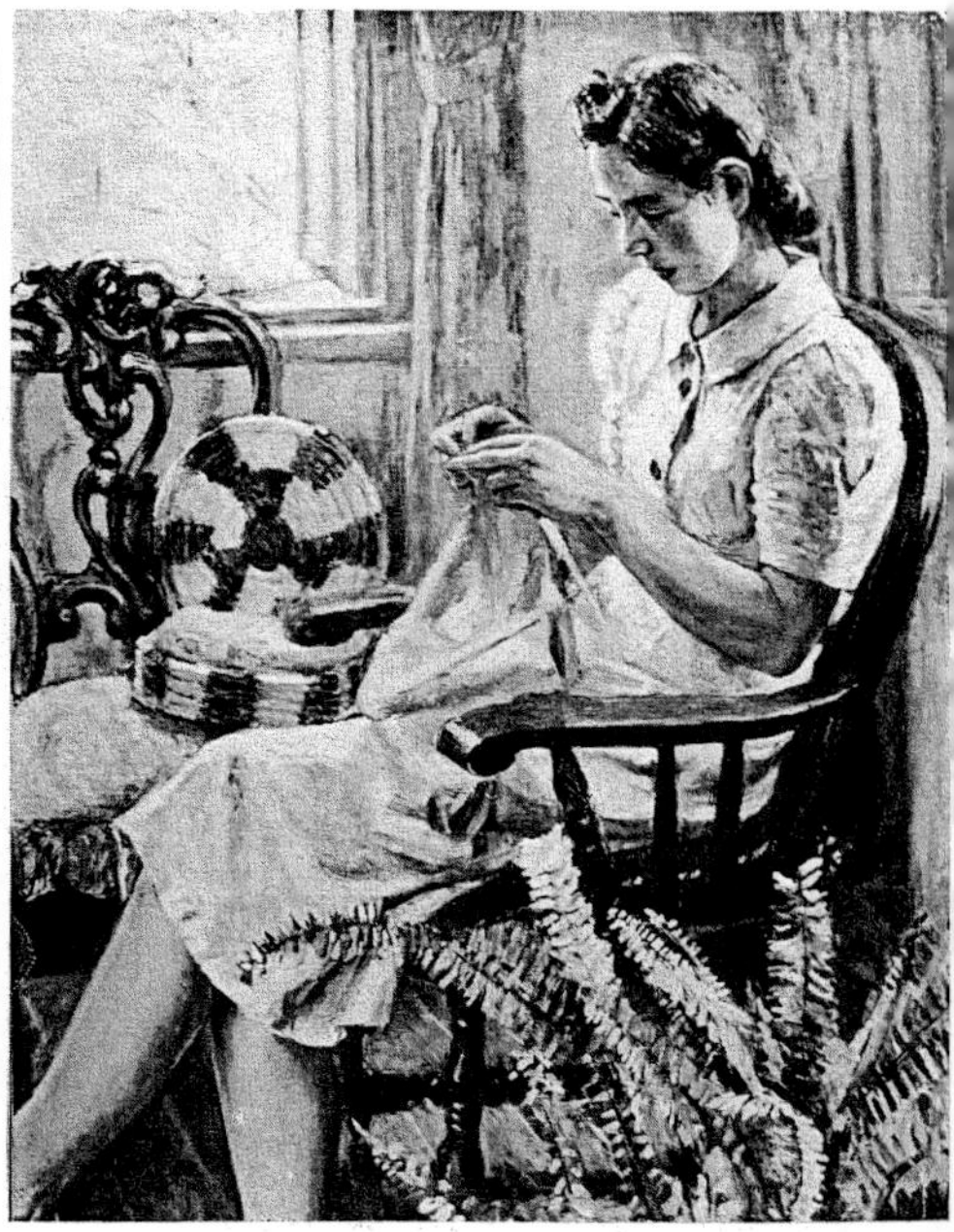

立秋　遠山清

黒門會

女　中山巍

群犬　海老原喜之助

少女の顔　岡田謙三

浴女　林倭衛

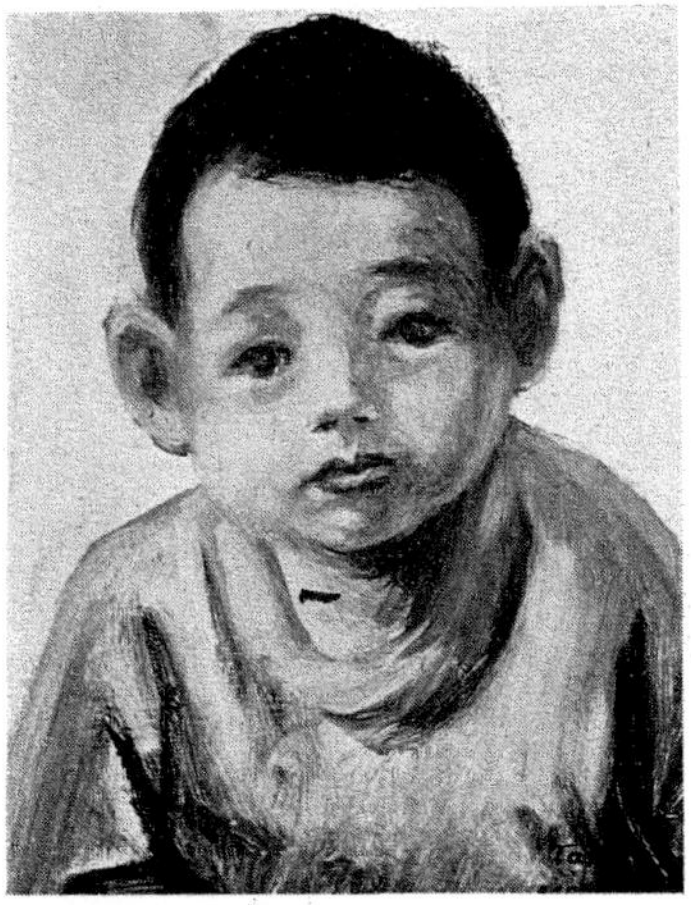
男の子　有馬生馬

ピレネ　島崎鶏二

富士山(伊豆)　中川紀元

中國風景　小山敬三

西湖　野口彌太郎

白いマフラ　東郷青兒

紅い花　硲伊之助

青い帽子　高野三三男

高砂

山川秀峰

三笠宮殿下御成婚の御儀は十月二十二日とり行はせられたが、山川秀峰氏はその御用度品として「高砂」御屏風(六曲一双)及び「美女静坐圖」(掛幅物)を謹毫申し上げた、秀峰氏は百合子姫に畫技を親しく御教授申上げてゐた御緣故によつて宮內省及高木家から御依囑に相成つたものである。

第一回日東美術院公募展

會期　十一月二十六日——十二月六日
會場　上野公園　東京府美術館

▲搬入受付　十一月二十三日　二十四日
▲入選發表　同二十五日午後三時

綱領

一、大東亞共榮圏確立の使命の下に吾等は興亞意欲の造型的體現を期す　一、肇國精神の傳統に基き吾等は美術の大政翼賛を期す　一、八紘一宇の精神を顯現し吾等は日本美術の海外進出を期す

展覽會

一、公募を美術界未知無名の作家に期待し出品を歡迎す　一、既成作家の援護參加を優待し出品を歡迎す　一、他の展覽會に出品し陳列又は入選せられざりし作品と雖、出品を歡迎す（これ本院が眞によき作品を求め賞揚せんとするためである）　一、一般品は勿論院友の作品も愼重丁寧に鑑審査をなす　一、次回以後大阪及び滿、支、泰等の東洋圏諸國並びに盟邦都市に於て開催す　一、僅少なれど賞金壹千圓也を最優秀作品として詮衡決定されたるもの及び奬勵すべきものに對して用意す　一、別に淺田氏は賞金を贈られ、岡部香峰賞金の豫定がある
一、其他出品規定に依る

事務所　東京市大森區堤方町九〇七（電話池上一八六番）園部香峰方
會期中（十一月二十三日より十二月七日迄）會場

旬刊 美術新報

8

十一月廿日號

秋色山水　兒玉希望

日本美術新報社

昭和十年一月十二日第三種郵便物認可　第七號
（一ケ月三回　金壹圓五十錢）
本號ニ限リ六十錢
（郵税一錢）

金の鳥籠（樂浪鍍金風鈴）

高麗青瓷象嵌菊花八角面取細口長首瓶

李朝染附花文散總展砂德利

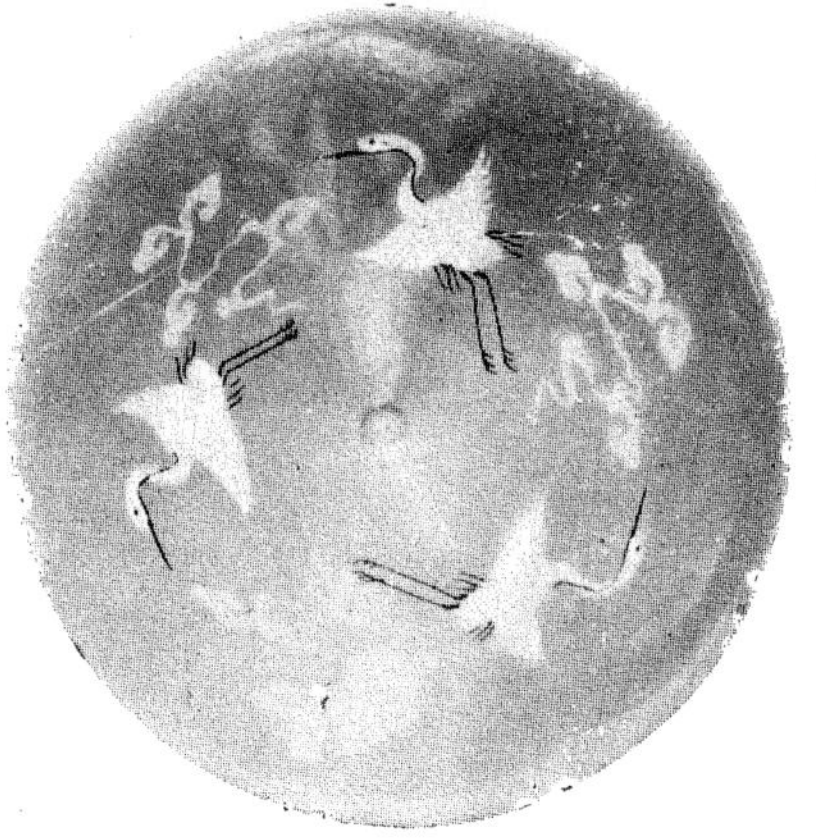
高麗青瓷象嵌三羽鶴文盌

朝鮮總督府後援

朝鮮古美術展觀

鑑賞日　昭和十六年十一月十八日—廿日
會期　同　廿一日—廿三日
會場　日本橋・高島屋（八階）

主催　朝鮮工藝研究會
出陳者　文明商店

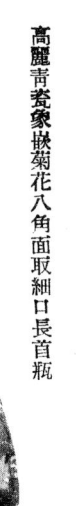

旬刊時評

制作心の萎微を戒む

文展開催によつて聖戰第五年の吾が美術界が依然制作意慾をもつ美術家の精進を示したことは誠に多幸なことであり、且つ臨戰態勢下の國民精神乃至情緒に幾分の濕ひとレフレッシメントを與へたことは否み難いが、たゞ、これによつて國民の精神が大に振興されたといふほどの反映もまだ受取りえない所である。

美術が國民大衆に影響するところは、勿論直接の巧利的刺戟ではなく、もつと底深い心理に微妙な投影をなし、高度の文化性を附與するに與つて力あるものであるから、輕卒にその效果を論ふことは出來ないが、謙つてこれを美術家の側面より觀察する場合、美術の制作者たる作家の精神そのもの、心理そのもの――所謂美術家の心構へ如何が實に一國美術の水準を高めもし、低下せしめもするものなることに深き關心をもたねばならないわけである。

敢て文展一つを例にとるわけではないが、作品個々の努力は多とするも、全體から受ける印象として潑剌清新の氣に缺け、どこか一樣に精神の低調乃至弛緩を感ぜしめるものあるは吾徒の頗る遺憾とするところである。特に洋畫彫刻に於て然り。今日の美術家が資材の不足や生活上の逼迫をものともせず制作にいそしむ心意は頗る諒とするも、一層の活氣旺溢、臨戰下の國民をして奮然起たしむべき爽快の氣を内に藏する作品をこそ、吾らは期待するものである。

茲に戒むべきは實に作家自身の制作意慾の沈滯にあり、その萎微せざらんことをこそ庶幾ふものである。

戰爭と文化

情報局第五部長　川面隆三

一

戰時下《せんじか》に於《お》ては、一般文化《いつぱんぶんくわ》の停滯《ていたい》も止《や》むを得《え》ないとか、文化《ぶんくわ》を戰時《せんじ》と平時《へいじ》とに分《わ》けて考《かんが》へるといつた取扱《とりあつか》ひ方《かた》は、まだまだ自由主義的《じいうしゆぎてき》な觀方《みかた》であつて、かういふ考《かんが》へ方《かた》の根本《こんぽん》こそ今日革新《こんにちかくしん》しなければならぬ重要命題《ぢゆうえうめいだい》である。この點《てん》の革新《かくしん》なくして幾《いく》ら文化《ぶんくわ》を論《ろん》じても無駄《むだ》である。

本當《ほんたう》の文化《ぶんくわ》の在《あ》り方《かた》といふものは、戰時《せんじ》たると、平時《へいじ》たるとを問《と》はず、一貫《くわん》した根柢《こんてい》に立《た》つものでなければならない。

文化《ぶんくわ》の本質《ほんしつ》は元來《ぐわんらい》、國《くに》の風土《ふうど》に根《ね》ざした全《まつた》く民族的《みんぞくてき》なものであつて、他《た》へ移植《いしよく》の出來《でき》る文明《ぶんめい》の概念《がいねん》とは、本質的《ほんしつてき》に異《ことな》るものでなければならない。であるから西洋《せいやう》から輸入《ゆにふ》して來《き》た直譯的《ちよくやくてき》なものが文化《ぶんくわ》だと考《かんが》へたり、さういふものの總稱《そうしよう》に文化《ぶんくわ》といふ言葉《ことば》を用《もち》ひるなどは、言葉《ことば》の濫用《らんよう》のみならず、文化《ぶんくわ》そのものを冒瀆《ぼうとく》するも甚《はなは》だしいと言《い》はなければならぬ。

文化《ぶんくわ》の問題《もんだい》を考《かんが》へるに當《あた》つては、先《ま》づ民族《みんぞく》といふ前提《ぜんてい》がなければ無意味《むいみ》であり、斯《か》かる根柢《こんてい》に立《た》つたとき、文化《ぶんくわ》は始《はじ》めて内容化《ないようくわ》され、大《おほ》いなる擴《ひろ》がりと、高《たか》さを持《も》つに至《いた》るのである。

從《したが》つて戰時下《せんじか》に於《お》ける文化《ぶんくわ》の重要性《ぢゆうえうせい》を考《かんが》へるならば、尚更《なほさら》かゝるものへの要求《えうきう》が切實《せつじつ》に行《おこな》はれ、根柢《こんてい》への眞《しん》の把握《はあく》が完成《くわんせい》されなければならない。

二

文化《ぶんくわ》に政治性《せいぢせい》を與《あた》へよとか、或《あるひ》は生活文化《せいくわつぶんくわ》の問題《もんだい》が論《ろん》じられてゐるようであるが、これなども矢張《やは》り民族文化《みんぞくぶんくわ》の立場《たちば》から、風土《ふうど》と傳統《でんとう》への探究《たんきう》と反省《はんせい》がなされるのでなければ、徒《いたづ》らに表面的《へうめんてき》に流《なが》れて實《じつ》を求《もと》めることが困難《こんなん》になると思《おも》ふ。

文化《ぶんくわ》と政治性《せいぢせい》とは、本來《ほんらい》は一體《たい》のものであつて、政治性《せいぢせい》を外《そと》から賦與《ふよ》するといふが如《ごと》きものではない。この一種《しゆ》の過渡的《くわとてき》な考《かんが》へ方《かた》を逆《ぎやく》に言《い》へば、從來《じうらい》の文化《ぶんくわ》が眞《しん》に民族的《みんぞくてき》なものでなかつた爲《ため》に、政治性《せいぢせい》を持《も》ち得《え》なかつたのである。むしろ斯《か》ういふ樣《やう》な狀態《じやうたい》が無意識的《むいしきてき》に生《う》んだ動作《どうさ》の一として、政治性云々《せいぢせいうんぬん》が唱《とな》へられ出《だ》したと見《み》るのが妥當《だたう》であるやうだ。

今《いま》までの自由主義的《じいうしゆぎてき》な發想《はつさう》を持《も》つた文化《ぶんくわ》が、國民《こくみん》の精神《せいしん》を鼓舞《こぶ》し振《ふる》ひ立《た》たせる代《かは》りに、國民《こくみん》を萎靡廢頽《いびはいたい》せしめ、民族《みんぞく》の理想《りさう》を宣揚《せんやう》せしめる代《かは》りに、理想《りさう》を混迷《こんめい》に懷疑《くわいぎ》に導《みちび》いたことは明《あきら》かな事實《じじつ》として肯定《こうてい》される處《ところ》である。斯《か》ういふ過去《くわこ》の沈湎《ちんめん》を考《かんが》へるならば、これから新《あたら》しく建設《けんせつ》さるべき文化《ぶんくわ》は、絕對《ぜつたい》に民族文化《みんぞくぶんくわ》の發想《はつさう》に於《お》てなされればならぬのであつて、このことを眞《しん》に行《おこな》ふならば、外《ほか》から政治性《せいぢせい》を與《あた》へなく共《とも》、文化《ぶんくわ》それ自體《じたい》が大《おほ》いなる政治性《せいぢせい》を質的《しつてき》に内包《ないはう》するものである事《こと》が理解出來《りかいでき》ると

展覽會の暦

▽大沼抱林日本畫展　十日迄鳩居堂
▽川崎市展　十日迄川崎市民館
▽第一回裸童展　十日迄銀座ギヤラリー
▽土田麥僊素描展　十一日から十六日迄上野松坂屋
▽長谷川利行遺作展並に明治大正物故名家洋畫回顧展　十一日から十五日迄大阪中之島朝日會館
▽大河内千慧個展　十一日から十五日迄銀座ギヤラリー
▽讃岐工會漆藝作品展（大阪）十一日から十六日迄阪急
▽辻愛造油繪並日本畫個展（大阪）十一日から十六日松坂屋
▽秦テルヲ新日本畫展（大阪）十一日そごう
▽尙美日本畫展　十一日から十三日迄資生堂
▽報國繪畫展　十一日から十四日迄白木屋
▽石井鶴三繪畫展　十一日から十三日迄銀座松坂屋
▽朗峯畫塾寫生展　十一日から十三日迄菊屋畫廊
▽春陽會洋畫展　十一日から十四日迄銀座三越
▽以心畫社繪畫展　十二日から十六日迄日本橋高島屋
▽明治維新志士遺墨展　十二日から十六日迄日本橋三越
▽濱田庄司作陶展　十二日から十六日迄日本橋三越
▽充美會主催菊月の古美術展（大阪）十二日から十六日迄阪急
▽松葉清吾氏ガラス繪小品展（大阪）十二日迄阪急
▽猪熊弦一郎原畫複製對照展　十二日迄日動畫廊
▽古陶磁展　十二日から十五日迄鳩居堂

思《おも》ふ。

即《すなは》ち、國民《こくみん》の精神的《せいしんてき》昂揚《やう》が遺憾《ゐかん》なく行《おこな》はれ、同時《どうじ》に國家《こくか》の理想《りさう》が、さへぎる雲《くも》を打拂《うちはら》つて世界《せかい》に光被《くわうひ》するに至《いた》るのである。これこそ大《おほ》いなる政治性《せいちせい》であり、文化《ぶんくわ》のもつ眞《しん》の姿《すがた》である。

三

文化《ぶんくわ》に於《お》ける啓發宣傳《けいはつせんでん》の役割《やくわり》といふものも、右《みぎ》の前提《ぜんてい》の下《した》で考へられねばならぬこと勿論《もちろん》である。

啓發宣傳《けいはつせんでん》のもつ意味《いみ》は、民主主義《みんしゆしゆぎ》國家《こくか》にあつては、單《たん》に營利主義《えいりしゆぎ》的《てき》な乃至《ないし》は利己主義的《りこしゆぎてき》な立場《たちば》から、自己《じこ》を有利《いうり》に導くためのみの巧利的《かうりてき》な武器《ぶき》として考へられてゐるが、われわれの今《いま》の場合《ばあひ》に於《おい》ては、もつと崇高な意味《いみ》に於《おい》て考へ皇道《だう》宣揚《せんやう》のための聖なる武器《ぶき》として之《これ》を用《もち》ひなければならぬ。

支那《しな》が日《に》本と事《こと》を構へるに至《いた》つた原因《いん》は、一つには日《に》本を知《し》らな過《す》ぎた事《こと》にあると思《おも》ふ。これを日《に》本の側《がは》から言《い》へば、日《に》本がもつと力強《ちからつよ》く日《に》本文化《ぶんくわ》を理解《りかい》させるやう努力《どりよく》することも必要《ひつえう》だつたのである。

文學《ぶんがく》美術《びじゆつ》等の藝術《げいじゆつ》は、直《す》ぐさま人間精神《にんげんせいしん》の奥深《おくふか》く食《く》ひ入《い》るものであるから、斯《か》ういふものの啓發宣傳《けいはつせんでん》が如何《いか》に兩民族《りやうみんぞく》の理解《りかい》に役立《やくた》つか知《し》れないのである。

尤《もつと》も、幾萬《いくまん》の支那《しな》留學生《りうがくせい》は何《いづ》れも日《に》本文化《ぶんくわ》に觸《ふ》れつつ多少《たせう》とも影《えい》響《きやう》を持つたのであるが、殘念《ざんねん》なことには、彼等《かれら》が今《いま》まで日《に》本に學《まな》んだものは、日《に》本それ自體《じたい》でなく主《しゆ》として自由主義《じいうしゆぎ》や社《しや》會主義《しゆぎ》であつたと言《い》はれる。英國《えいこく》やソ聯《れん》から學《まな》んだのでなく、すべて日《に》本に於《おい》て日《に》本語《ご》で書かれたものから學《まな》んだといふ事實《じじつ》が擧《あ》げられる。

この悲《かな》しむべき事實《じじつ》を何《なん》と言《い》つてよいであらうか。問題《もんだい》は別であるが、これからみても如何《いか》に文化《ぶんくわ》の持つ宣傳力《せんでんりよく》が絶大《ぜつだい》であるかが諒《りやう》解《かい》出來《でき》ると思《おも》ふ。今日《こんにち》、抗日《かうにち》の中《ちう》堅となつてゐる分子《ぶんし》の多くに日《に》本留學生《りうがくせい》がゐること、その留學生《りうがくせい》が日《に》本に來《き》て、すめらぎの道《みち》を學《まな》ばずして社會主義《しやくわいしゆぎ》を學《まな》び、それの思《し》想的實踐《さうてきじつせん》として抗日《かうにち》を行《おこな》ひつつある事實《じじつ》は、日《に》本が過去《くわこ》に於《おい》て、思《し》想文化《さうぶんくわ》を如何《いか》に混濁《こんだく》せしめてゐたかを物語《ものがた》ると同時《どうじ》に、文化《ぶんくわ》のもつ宣傳力《せんでんりよく》の大《おほ》いさに三思《し》して恐《おそ》れるばかりである。

四

戰爭《せんさう》と文化《ぶんくわ》が、不可分《ふかぶん》の關係《くわんけい》に於《おい》て一體的《たいてき》に把握されねばならぬ。このことの重要《えう》さは、戰爭文《せんさうぶん》化《くわ》といふ單語《たんご》まで出來《でき》てゐるほどであるから、戰時下《せんじか》の文化《ぶんくわ》を考へる場合《ばあひ》に、二つのものとして別個《こ》に考へることは妥當《だ》でない。

いま、國内《こくない》の凡ゆる文化力《ぶんくわりよく》及《およ》び文化材《ぶんくわざい》は、擧《あ》げて戰爭《せんさう》のために動《どう》員《ゐん》されなければならない。本質的《しつてき》には民族意識《みんぞくいしき》を基底《きてい》として打建《うちた》てられた文化《ぶんくわ》こそ、戰爭《せんさう》の文化《ぶんくわ》であり、永遠《えいゑん》の文化《ぶんくわ》としての生命《せいめい》をもつ。

戰爭《せんさう》は文化《ぶんくわ》を低調《ていてう》にするものであるとの見方《みかた》は、明らかに反民族《はんみんぞく》的《てき》な自由主義《じいうしゆぎ》文化《ぶんくわ》への憧憬《どうけい》を暴露《ろ》するものであつて、多分《たぶん》に敗戰主《はいせんしゆ》義《ぎ》と見《み》なされる。戰爭《せんさう》は文化《ぶんくわ》を本質的《しつてき》に昂めるものでこそあれ、倒《たう》壞《くわい》せしめるものでは決《けつ》してない。敢《あへ》て破壞《はくわい》をかうむる面《めん》は、民族《みんぞく》を去勢《きよせい》せしめる自由主義的《じいうしゆぎてき》頽廢文化《ぶんくわ》であつて、文化《ぶんくわ》の主體生命的《しゆたいせいめいてき》な面《めん》はより一層純化《そうじゆんくわ》し昂揚《やう》するに至《いた》るものである。

いま日《に》本が行《おこな》ひつつある戰爭《せんさう》は、言《い》ふまでもなく東亞共榮《とうあきようえい》の皇化《くわ》運動《どう》であつて、世界人《せかいじん》類に希望《きばう》と繁榮《はんえい》を與《あた》へる世界戰《せかいせん》である。斯《こ》の理想《りさう》が、文化《ぶんくわ》の中《なか》で、藝術《げいじゆつ》の中《なか》で、個人《こじん》の思想《しさう》の中《なか》で内面的《ないめんてき》に燃え擴がるとき、日《に》本文化《ぶんくわ》は壯嚴《さうごん》な夜明《よあ》けを告《つ》げ、戰爭《せんさう》はそのとき、勝利《しようり》と共《とも》にそつくり文化《ぶんくわ》の中《なか》に含《ふく》まれるのである。

五

卑近《ひきん》に言つて、戰爭《せんさう》が文化《ぶんくわ》や文《ぶん》化人《くわじん》に與《あた》へる影響《えいきやう》や接觸面《せつしよくめん》は、作《さく》家《か》の日常生活《にちじやうせいくわつ》の中《なか》に色々《いろく》な形で顯《けん》著《ちよ》に表《あら》はれてゐると思《おも》ふ。

美術家《びじゆつか》の場合《ばあひ》では、差當《あた》り材料《ざいれう》の不足《ふそく》とか、團體統合《だんたいとうがふ》の問題《もんだい》とか、生活費《せいくわつひ》と收入《しうにふ》の問題《もんだい》とか、展《てん》覽會《らんくわい》や街頭《がいとう》進出《しゆつ》とか、或《あるひ》は作畫態《さくぐわたい》度の問題《もんだい》とか、いま美術家《びじゆつか》にのしかゝつてゐる問題《もんだい》は甚《はなは》だ多岐《たき》に亘《わた》つてゐると思《おも》ふ。

これらをどう處理《しより》し、どう方向《はうかう》づけて行《ゆ》くかは矢張《やは》り根本的《こんてき》な思《し》想《さう》の問題《もんだい》で、世《せ》界《かい》觀的《くわんてき》に作家《さくか》の考へ方《かた》が變《かは》らねば、問題《もんだい》の究極《きうきよく》は解《かい》決《けつ》されない。畫家《ぐわか》は繪を描いてさへ居ればよいといふのであつてもならないし、また畫家《ぐわか》が繪の精進をせず政治的《せいちてき》な活動《くわつどう》ばかりしてゐるのも本來《らい》顚倒《たう》の沙汰《さた》である。

いまは凡ゆる美術家《びじゆつか》が、今日《こん》の思《し》想《さう》を己《おの》れの肉體《にくたい》の中《なか》に體驗吸收《たいけんきふしう》して、それを作品《さくひん》の上《うへ》に、行動《かうどう》の上《うへ》にあらはして行《ゆ》かなければならぬ。藝術家《げいじゆつか》はこの壯大《さうだい》な時世《じせい》に生《うま》れた文化人《ぶんくわじん》の光榮《くわうえい》を思《おも》つて懸命《けんめい》に過去《くわこ》への脱皮を決意《けつい》し、國家《こくか》の理《り》想《さう》に殉じなければならない。

（文責記者）

文展《ぶんてん》（第二部）
洋畫《やうぐわ》を觀《み》る

村田良策

一

毎年《まいねん》のことながらこういふ展覽《てんらん》會《くわい》は疲《つか》れることが多いので後味《あとあぢ》は甚《はなは》だよくない。せめて忘《わす》れ得ないほどの作品《さくひん》でも幾《いく》つかあれば、讃《さん》美《び》の記錄《きろく》を書《か》いても見《み》たいと思《おも》ふのであるが、今年《こんねん》は昨年《さくねん》の奉祝《ほうしゆく》展にも倍《ばい》して讃歎《さんたん》の想《おも》ひが起《おこ》らない。

二科《くわ》、獨立《どくりつ》の參加《さんか》がなくとも、審査員《しんさゐん》の顏《かほ》ぶれは先づ一沫の清新《せいしん》さを感《かん》じさせたし、文展《ぶんてん》を通《つう》じて時代《じだい》に生《い》きる畫人《ぐわじん》の何か潑《はつ》剌《らつ》とした息吹《いぶ》きが現《あら》はれさうにも考へてゐたのであるが、この感激《かんげき》のない暗《くら》さと、消極的《せうきよくてき》な日和見《ひよりみ》の空氣《くうき》はどうしたものであらうか。展覽會《てんらんくわい》機構《きこう》の再檢討《さいけんたう》を今更《いまさら》繰《く》り返《かへ》す氣《き》もおこらないが、審査員《しんさゐん》諸氏《しよし》の氣持《きもち》のなかに斷乎《だんこ》とした文化《ぶんくわ》指導《しだう》建設《けんせつ》の意氣《いき》があつたかどうか、これは特選《とくせん》畫を見《み》てまわつて感《かん》じたことの一つである。紛糾《ふんきう》論難《ろんなん》を避《さ》けた調和《てうわ》委協《ゐけふ》主義《しゆぎ》がなかつたか。こういふ氣持《きもち》が現はれることが、どの位《くらゐ》清純《せいじゆん》な作家《さくか》精神《せいしん》を毒《どく》するものであるか、これから一生《しやう》繪筆《ゑふで》を持つて生《い》きて行《ゆ》こうとする者《もの》を虐殺《さつ》することになるかを本當《たう》に考へて欲《ほ》しいと思《おも》ふ。無鑑査《むかんさ》諸氏《しよし》の作品《さくひん》は全部《ぜんぶ》ではないにしても、感激《かんげき》のない仕事《しごと》をしてゐると感《かん》じたが、これは、もうこれでい〻といふ安心《あんしん》から制作《せいさく》が行はれてゐるかのやうであるが、その根本はやはり「審査《さ》」の森巖さが過去《くわこ》に於《お》ても現在《げんざい》にも缺《か》けてゐるといふことに關係《くわんけい》すると思《おも》ふ。新《しん》進有爲《いうゐ》の人々《ひとびと》の意《い》欲《よく》の不足《ふそく》と、割れきれない情熱《じやうねつ》と、審査《しんさ》に對《たい》する豫感《よかん》から來《く》る諸《もろ》々の俗人的《ぞくにんてき》打算《ださん》は、或《あるひ》は畫因《ぐわいん》の純《じゆん》粹《すゐ》さを汚《よご》してはゐないか。無理《むり》にもつともらしく押《おさ》へ殺《ころ》した色彩《しきさい》と、重苦《おもくる》しい氣分《ぶん》はどこから來《く》るのであらうか。私《わたし》は美《うつく》しさ、たのしさを繪に求《もと》めたいのだ。さういふたのしさ美《うつく》しさからうける感動《かんどう》こそ非《ひ》常《じやう》に強靱《きやう》な力《ちから》となるもの、凡ゆる艱難《なん》をも乗《の》り超《こ》へ得るものと思《おも》ふ。これが藝術《げいじゆつ》の存在《ぞんざい》理由《りいう》と考へるのである。

勿論《もちろん》展覽會《てんらんくわい》に行《ゆ》く所謂《いはゆる》見物人《けんぶつにん》の方《はう》にも罪《つみ》はある。會場《くわいぢやう》藝術《げいじゆつ》の不純《ふじゆん》なわるい面《めん》がそこから生《しやう》じるおそれがある。華美《くわび》浮薄《ふはく》好奇《かうき》衒氣を持《も》つ作家《さくか》も作家《さくか》なら、見物人《けんぶつにん》も見物人である。それに機構《きこう》が中途《ちうと》半《はん》端で、審査《しんさ》に妥協《だけふ》があつたとしたなら、文展《ぶんてん》に感激《かんげき》なしといふことは當然《たうぜん》だし、それ以上《いじやう》の意義《いぎ》がどんなところに考へられるか。次《つぎ》から次へと希望《きばう》に燃《も》え、わが國《くに》作家《さくか》と生《うま》れた生甲斐《いきがひ》を見出《みだ》さうとする「伸《の》び榮《さか》えんとするもの」のこれが本當《たう》の的《まと》と考へられる機構《きこう》といふものであらうか。

二

まことに拔群《ぐん》の力作《りきさく》がないといふ感《かん》じである。無鑑査《むかんさ》級又は藝術會員《くわいゐん》諸氏《しよし》には兎《と》も角として、充分《じゆうぶん》力量《りきりやう》一ぱいの仕《し》事をしてみたいと思《おも》ふ人《ひと》達にとつては、材料《ざいれう》難その他の不便《ふべん》も手傳《て》つて畫面《ぐわめん》の大《おほ》きさの制限《せいげん》は最初《さいしよ》から氣落《きお》ちさせることとかも知《し》れぬ。しかし、問題《もんだい》は大《おほ》きさだけのことではない。小《ちひ》さくとも感動《かんどう》を深《ふか》く描《えが》き出《だ》した珠玉《しゆぎよく》の作品《さくひん》も見當《みあた》らないといふことは、これはもう作家《さくか》の質《しつ》と自覺《じかく》の問題《もんだい》である。美《び》にうたれ驚《おどろ》くこ〻ろと眼《め》とを喪失《しつ》したら何が殘《のこ》るだらうか。

そこでまづ眼底にのこる特選作《とくせんさく》品《ひん》から記《しる》してみることにする。第一室《だいしつ》に「女集《をんなあつ》まる」（中村琢二《なかむらたくじ》）「老圖書館長《らうとしよくわんちやう》Tさんの像」（渡邊《わたなべ》武夫《たけを》）。特選作中合點《とくせんさくちうがつてん》のゆく出來《でき》と云《い》つてい〻。「女集《をんなあつ》まる」は會《くわい》場中《ぢやうちう》でも明《あか》るい色《いろ》と氣のきいた構《こう》圖《づ》では特《とく》に眼《め》に殘《のこ》る佳作《かさく》。尤《もつと》も隣《とな》りの「コスチューム」（中村全《なかむら》）が手堅《てがた》いそして相當《さうたう》い〻作《さく》が暗《くら》い調《てう》子《し》なので、反《かへ》つてこの作《さく》の明《あか》るさを助《たす》けたところはあるが、印象的《いんしやうてき》な單純《たんじゆん》な構圖、砂上《さじやう》にならべた白《しろ》い椅子《いす》と明《あか》るい海《うみ》は女達《をんなたち》の衣《ころも》のにごりのない色《いろ》とその靜《しづ》かなポーズ、表情《へうじやう》とい〻階調《かいてう》を作つてゐた。汀《みぎは》の曲線《きよくせん》と椅子《いす》の配置《はいち》にみる曲線《きよくせん》との二重奏《そう》、砂上《さじやう》の足跡《あしあと》も意《い》識的《しきてき》な逆曲線的《ぎやくきよくせんてき》印象《いんしやう》を與《あた》へて效果《かうくわ》的《てき》である。誰《たれ》にも快《こゝろよ》さはわかると思《おも》はれる平明《へいめい》な作であるが自《みづか》ら出《で》なければない深《ふか》さ、色《いろ》や形《かたち》の奧《おく》にあるものは極《きは》めて淡《うす》い。つまりもつと迫《せま》るものが欲《ほ》しい。「Tさんの像」は素描《そびやう》の平板《へいばん》が氣になるが背景《はいけい》の描寫《びやうしや》の手堅《てがた》さ、一途《いちづ》な逞《たくま》しさが見《み》られてい〻佳作《かさく》。第六室《だいろくしつ》「霜鬢《さうびん》」（南政善《みなみまさよし》）特選《とくせん》ではないが「若《わか》き男《をとこ》」（須田《すだ》刻太《こくた》）「少憩《せうけい》」（伊藤悌三《いとうていざう》）（岡田賞作品《をかだしやうさくひん》）など、比《くら》べて何うか。「霜鬢《さうびん》」は、昨年《さくねん》の「赤《あか》いチョキ」（？）もさうであつたが、ればり強《つよ》い追求《ついきう》が續《つゞ》けられてこの作家《さくか》の努力《どりよく》は認《みと》めねばならぬ、そして畫面《ぐわめん》を作《つく》る細《ほそ》い注《ちう》意《い》、ことに晦暗《くわいあん》ながら色々《いろいろ》の調子《てうし》をはずさない點《てん》は流石《さすが》で、これが特選《とくせん》一等ぢやないかと思《おも》ふが、何《なに》しろこういふ調子《てうし》のものは窮屈《きうくつ》で一般《ぱん》にはたのしめないところがあらうと思《おも》ふ。

娛《たの》しめる、親《した》しめるといふ點《てん》からは第五室《だいごしつ》「草《くさ》と子供《こども》」（林鶴雄《はやしつるを》）がある。これは描寫《しやき》技術《じゆつ》の力量《りきりやう》も繪になるものもわかりい〻し、一通《とほ》り一般《ばん》には特選《とくせん》かとうなづかせると思《おも》ふ。このうまさはしかし新《しん》聞小說《ぶんせうせつ》のうまさに似《に》てゐる。そしてそれ以上《いじやう》何《なに》があるか、この甘《あま》さをい〻としたら畫技《ぐわぎ》畫業《ぐわげふ》は樂《らく》なものであらう、繪の深《ふか》さを靜思《せいし》して欲《ほ》しい。同室《どうしつ》の「仁王像《にわうざう》」（喜多《きた》村《むら》知）これには作者《さくしや》の、ある感動《かんどう》を出《だ》さうとする意圖《いと》は認《みと》められるし背景《けい》の調子《てうし》にも苦勞《くらう》したらしいが、仁王《わう》に及《およ》ばぬ。技法《ぎはふ》はともかく、こういふものと取《と》り組《く》む自己《じこ》の心《こゝろ》の幅《はゞ》と力《ちから》とを測《はか》るがよい、面《おも》白《しろ》いな程度《てい》で組《く》んでは困《こま》りもので

鬼面人《きめんひと》を驚《おどろ》かすことになりさうである。第七室《だいしつ》「猫《ねこ》を抱《だ》く小孩《せう》」(松《まつ》田文雄《だふみを》)の素直《すなほ》な觀照《くわんせう》と明快《めいくわい》な(多少《たせう》の甘《あま》さはあるにしても)描出《しゆつ》に成る作《さく》の方《はう》が特選《とくせん》ものではないかと思《おも》ふ。見物人《けんぶつにん》はその方《はう》が助《たす》かる。「夏の夜《よる》」(木下《した》克巳)はこの作《さく》故《ゆゑ》に特選《とくせん》になつたのではなからうが、こゝには「女集《をんなあつ》まる」とはちがつた畫因《ぐわいん》がある。ねらひがどこか詩人的文學的《しじんてきぶんがくてき》なところにある。灯影《かげ》を映《うつ》す赤《あか》煉瓦《が》壁《かべ》に集ひ這《は》ふ蛾の細《ほそ》い翅の震《ふる》へは捉《とら》へそこなつてゐるし、色《いろ》の弱《よわ》さが氣になるし、壁《かべ》と翅との質量感《しつりやうかん》の描出《しゆつ》に不足《ふそく》はあるが、とにかく詩《し》を繪畫的《ぐわてき》なものにしてゐる點《てん》で好《この》ましい佳作《かさく》と思《おも》ふ。しかしこの行《ゆ》く手《て》が嫌味《いやみ》になる繪畫《ぐわ》の危險《きけん》な道《みち》につづいてゐることを忘れてはならない。こゝで直ちに十一室《しつ》「薄」(青《あを》木達彌《きたつや》)を想《おも》ひ出《だ》したが、「薄」に詩《し》があることは否定《ひてい》出來《き》ない、高原《げん》一面《めん》に茂《しげ》りなびき、浪《なみ》の樣に身近《みちか》く迫《せま》りくるやうな薄原《はら》の感興《かんきよう》は詩《し》になり繪になる。たゞ如何《いか》にもこの繪はきたない、又《また》、正確《せいかく》な觀照《くわんせう》を出《だ》さうとする技法上《ぎはふじやう》の根底《こんてい》にごまかしがあると思《おも》ふ。背景《けい》の山《やま》の青黑《あをくろ》いきたなさも、穗《ほ》の描法《はふ》も「仁王《わう》」の行《ゆ》き方かも知《し》れぬ大《おほ》

づかみは一應《おう》よいが、やはり失敗《しつぱい》は失敗《しつぱい》である。「秋苑」(胡桃澤源人)は日《に》本畫《ぐわ》ならもつとうまくやるであらう。「布《ぬの》を持《も》つ女《をんな》」(谷澤《たにさは》一郎《らう》)に溫雅《が》な觀照《くわんせう》と馴《な》れた破《やぶ》れのない技《ぎ》を認《みと》めるが、カチリとした強《つよ》いしまりが欲《ほ》しかつた。

以上《いじやう》で見物人《けんぶつにん》のたかりさうなレツテル組《くみ》を一通《とほ》り觀《み》たが第《だい》三室《しつ》に移《うつ》らう。

三

この室《しつ》には流石《さすが》に落付《おちつ》いた作品《さくひん》が並《なら》んで、ある氣樂《らく》さが感《かん》ぜられるが、これらの作家《さくか》が氣樂《らく》では實《じつ》は困《こま》るのである。手馴《てな》れた技《ぎ》を安《あん》易《い》な作品《さくひん》に見《み》せてゐるので他と較べてぎごちない氣がしないといふだけで、我々《われ/\》が期待《きたい》するのはその先《さき》のまだ見出《みだ》されないでゐるもの、創り出《だ》されないでゐるものをであつた。讚歎《さんたん》に價《あたひ》する作《さく》が殆《ほとん》どないのである。小磯氏《こいそし》の作《さく》は期待《きたい》を滿《み》たさない。尤《もつと》も所屬《しよぞく》の會《くわい》の仕《し》事《こと》もあつた故《ゆゑ》か。白《しろ》と黑《くろ》の單純《たんじゆん》な諧調《かいてう》、同《おな》じ樣な顏《かほ》の列《れつ》、手《て》にする樂譜《がくふ》に見《み》るアクセントなどで齊唱は完成《くわんせい》されてゐるらしいが、それは常識的《じやうしきてき》な理詰《りづ》めで、こゝに繪に移《うつ》された音《おと》の世界《せかい》も淺《あさ》く作者《さくしや》の本當の感動《かんどう》は冷《つめ》たい。描法《はふ》も小手先《こてさき》藝《げい》の趣《おもむ》きが見《み》え下《か》部の足《あし》の部分《ぶん》に

何《なに》か不足《ふそく》がある。長谷川《はせがは》氏《し》「裸《ら》婦《ふ》」美《うつく》しいが中村研一《なかむらけん》氏《し》「坐像」に押《お》され氣味《み》に見《み》えるところ、どこか不足《ふそく》があるのだらう「坐像」は小品《せうひん》ながら流石《さすが》にものおそれしさうもない確《たしか》さを持つた佳作《かさく》。墨《すみ》もいつもより眼立《た》たず色《いろ》の美《び》も素《そ》描的《てき》な強《つよ》さとマツチしてよいがバツクは少《すこ》し煩るさくはないか。藤《ふぢ》田《た》氏《し》「少女《せうぢよ》」は氏《し》として苦心《くしん》は少《すく》なからう、手《て》の先、細《ほそ》い肉體《にくたい》の神《しん》經的《けいてき》な情緒《じやうちよ》は捉《とら》へられるが、色《いろ》の調子《てうし》もどこかフランス的《てき》。馴《な》れたものである。辻氏《つじし》に思《おも》ひきつた色《いろ》と筆觸《ひつしよく》が試《こゝろ》みられたが失敗《しつぱい》と思《おも》ふ。意氣《い》ごみ方《かた》に輕卒《けいそつ》がありはしないか。有島氏《ありしまし》の作《さく》は硬《かた》さが眼につき何時《いつ》もの明快《めいくわい》な齒切《はぎ》れよさがなくて窮屈《きうくつ》、齒切《はぎ》れよさは石井《いしゐ》氏《し》「朝陽城外《てうやうじやうぐわい》」にある。冴々《さえ/\》としたと云《い》つても工人的《こうじんてき》にさつさと仕事《しごと》するうまさだが、人《ひと》を包《つゝ》みこむ暖《あたゝ》さが欲《ほ》しい。南氏《みなみし》「月《つき》」は氏《し》の近《きん》作中《さくちう》の佳品《かひん》。叮寧《ていねい》な仕事振《しごとぶ》りであるが塗《ぬ》りこみの結果色《けつくわいろ》ににごりが見《み》えはしないか。落《お》ちついた風格《ふうかく》は認《みと》める。木下《した》氏《し》「N孃像《ぢやう》」。山《やま》下《した》氏《し》「少女《せうぢよ》坐像」木下《した》氏《し》の背景《けい》の明《あか》るく浮《う》いた水色《みづいろ》はどうにかならないか。安《やす》つぽくみえる。しかし美《うつく》しい佳品《かひん》ではある。山下《やました》氏《し》の技《ぎ》

術《じゆつ》の綿密《めんみつ》さには文句《もんく》はないが、何《なに》か感覺的《かんかくてき》なふくらみがなくなつてゐる。小山敬三《こやまけいざう》氏《し》「中國風景《ちうごくふうけい》」の松《まつ》の葉《は》の明《あか》るい部分《ぶん》に解釋《かいしやく》不足《ふそく》があるやうだ。幹もあまりに粗《あら》つぽいが、しかし情緒《じやうちよ》はあつて佳い。

齋藤《さいとう》氏《し》「山村朝色《さんそんてうしよく》」は何《なん》の思《おも》ひつきであらうか。曉のはなやいだ光《ひかり》に見《み》る山村《さんそん》の情緒《じやうちよ》はこれで捉《とら》へられてゐるか。このやうな行方は安易《あんい》に模倣者《もしや》をつくるおそれがある。油繪具《ぐ》による繪の味《あぢ》をこう解《かい》釋《しやく》しては困《こま》る。青山《あをやま》氏《し》「海邊《かいへん》の夏」の色彩主義《しきさいしゆぎ》は本格的《かくてき》なおちつきを見《み》せたやうだが、これは本格《かく》的《てき》かどうか、もつと色《いろ》であばれてみてから落付《おちつ》いて欲《ほ》しい。

第三室《しつ》以外《いぐわい》のもので中川《なかがは》一政《まさ》「新劇女優《しんげきぢよいう》」は何《なに》か性格的《せいかくてき》な攫《つか》まへどころがあつて面白《おもしろ》いと思《おも》つたが、どうも美《うつく》しいと云《い》へず一般《ぱん》に理解《りかい》しがたいのが本當であらう。

川端實「番兵《ばん》のゐる廣場《ひろば》」の異《い》國趣味《こくしゆみ》と巧《うま》さを見《み》せた構圖《こうづ》。これと白川一郎《らう》「神將《しんしやう》」その他の日《に》本的《てき》な取材《しゆざい》のものが見當《みあた》るが、それとこれとの比較《ひかく》など面白《おもしろ》からう。

たゞ云《い》つてをきたいことは、佛《ぶつ》像と組《く》んであの樣に描《ゑが》くといふことは、無駄《む》な努力《どりよく》ぢやないか、技の修業《しうげふ》ならいゝとして、自分《じぶん》達は本物《もの》の「神將《しんしやう》」或《あるひ》は「阿修羅《あしゆら》」の方《はう》がよろしい。畫家《ぐわか》はやはり「繪」を畫《ゑが》く方《はう》がよろしいと思《おも》ふ。

時局的《じきよくてき》な感激《かんげき》を盛《も》つたものは比《ひ》較的《かくてき》尠なかつたのは、實《じつ》は然うあるべき藝術《げいじゆつ》の道《みち》と思《おも》へば意外《いぐわい》とするに足《た》りぬことであるが、井手《ゐて》宙通「協力《けふりよく》」などは力《ちから》一ぱいな精《せい》力《りよく》がみえて氣持がいゝ。これらは又《また》別に觀《み》るべきところがなければならぬ、少《すく》くとも今《いま》のところは。時代《じだい》に生《い》きて繪を描くことの樂しさと苦《くる》しさは充分《じうぶん》考へないわけではないが、逞《たく》しい一生《しやう》の仕事自身《しごとじしん》に作家《さくか》自《みづか》ら危惧《きぐ》不安《ふあん》を感《かん》ずるやうでは心《こゝろ》もとない氣がするのである。

紙數《かみかず》がないのでまだ多くのものを記し殘《のこ》した。しかし、何《なに》に感激《かんげき》し、何《なに》に眼を据《す》ゑるかわからない作品《さくひん》が多いこと、或《あるひ》は逃避《ひ》し、或《あるひ》は技術的《ぎじゆつてき》な手《て》なれた巧緻《かうち》さにたよつて濟まさうとする氣分《ぶん》は一般《ぱん》を通《つう》じて感《かん》ぜられるが、これが文展《ぶんてん》の性格《せいかく》といふものであらうか。もつと豐《ゆた》かな夢《ゆめ》を、もつと熾《さか》んな情《じやう》熱《ねつ》を、そしてより眞劍《しん》な直觀《ちよくくわん》を見《み》出《だ》したいものである。このぶんでは、このさき毎年《まいねん》來《き》て觀《み》ても同《おな》じことのやうな氣がするのである。

(一〇・二五)

文展洋畫部一巡

——各室作品の紹介——

村川彌五郎

此處《こゝ》文展《ぶんてん》第二部《だいぶ》は洋畫室《やうぐわしつ》、總搬《そうはん》入數《にふすう》一六二〇點中《てんちう》二三〇點《てん》を入選《にふせん》とし其《そ》れに無鑑査《むかんさ》を合《あは》せて、十四室《しつ》は出品總數《しゆつぴんそうすう》三三〇點《てん》。今年《こんねん》は昨《さく》年度《ねんど》から見《み》るとずつと落着《おちつき》を見《み》せて、技術的《ぎじゆつてき》に内《うち》に深《ふか》さを求《もと》めたか、穩健《をんけん》、着實《ちやくじつ》、優雅《いうが》なる情操《じやうさう》あふるゝ會場風景《くわいぢやうふうけい》である。

第一室

第《だい》一室《しつ》は、無鑑査《むかんさ》二人《にん》と、特選《とくせん》二人《にん》、あとは入選作《にふせんさく》二十點《てん》の出《しゆつ》品《ぴん》。最初《さいしよ》は中村全《なかむらぜん》の「コスチューム」澁味《しぶみ》の有《あ》る、色調《しきてう》に掛《か》けたら人物《じんぶつ》も美《うつく》しい人物畫《じんぶつぐわ》、此《こ》れに續いて此《こ》れも人物畫《じんぶつぐわ》で中村琢二《なかむら》の「女《をんな》集《あつ》まる」が有《あ》る。

此《こ》の作《さく》は此《こ》の室《しつ》での、特選作《とくせんさく》で中村全《なかむらぜん》の色調《しきてう》の澁《しぶ》い畫面《ぐわめん》に對照《たいせう》して、此《こ》れは又《また》あくまで明《あか》るく、シックな作《さく》。海濱《かいひん》に四人《にん》の女性《ぢよせい》を配《はい》し其《そ》のコシチーユムも青《あを》、黄《き》、コバルト、紫等、仲々《なかなか》美《うつく》しい。次《つ》ぎは房野徳夫《ふさのとくを》の「ばせうの窓《まど》」と、橋本《はしもと》三郎《らう》の「濕地《ち》」等の風景畫《ふうけいぐわ》、其《そ》れから人物畫《じんぶつぐわ》の齋藤《さいとう》齊の「初《しよ》夏の晴着《はれ》」と、藤本東《ふぢもととう》一郎《らう》の「父《ち》とゴムの木《き》」が有《あ》る。次《つ》ぎは大河内《おほ》信敬《のぶ》の「苔寺石庭《てらいしには》」と、川村精一《かはむらせい》郎《らう》の「畔」、そして特選《せん》の渡邊武《わたなべたけ》夫《を》の「老圖書館長《らうとしよくわんちやう》さんの像」とが續く。

川村《かはむら》精《せい》一郎《らう》の「畔」は、川邊《かはべ》に遊《あそ》ぶ子供《ども》六人《にん》を扱《あつか》つて、色調《しきてう》の美《うつく》しい作《さく》。渡邊武夫《わたなべたけを》の「老圖書館長《らうとしよくわんちやう》さんの像」は奥深《おくふか》い色《しき》調《てう》に、寫實力《しやじつりよく》の傑《すぐ》れた、優秀作《いうしうさく》として、此《こ》の室《しつ》では光《ひか》つて居《ゐ》る。後《あと》は、鈴木榮二郎《すゞきえいらう》の「狩獵家《しゆれふか》」高光一《たかみつ》也の「秋《ふさ》」養田《やうだ》つや子の「室《しつ》」石本秀雄《いしもとひで》《を》の「焚火《び》」新保兵次郎《へいじらう》の「海濱《かいひん》」大原省三《おほはらしやう》の「老人《らうじん》」無鑑査《むかんさ》の井手宣通《ぬ》の「協力《けふりよく》」等《ら》、其《そ》れから其《そ》れへと續く。

此《こ》の室《しつ》での、變《かは》り種《だね》としては、軍《ぐん》服の畫家《ぐわか》笹岡了一《をかれう》の「同蒲線《どうせん》を往《ゆ》く」と、朴泳善《えいぜん》の「山《やま》と京城《じやう》」と云《い》ふ、半島《はんたう》の作家《さくか》とが擧《あ》げられる。

第二室

第《だい》二室《しつ》では、無鑑査《むかんさ》は細井繁順《ほそゐ》五味清吉《みせいきち》、水船《みづ》三洋《やう》、山口《やまぐち》亮一の四人《にん》、入選作《にふせんさく》は十八點《てん》。先《ま》づ最初《さいしよ》は沖繩《おきなは》に取材《しゆざい》した、「南島城跡《なんたうじやうせき》」名渡山愛順《やまあいじゆん》の作《さく》、其《そ》れから無鑑査《むかんさ》の細井《ほそゐ》繁順の「下田港《しもだみなと》」漁婦《ぎよふ》を描いた八鍬四郎《らう》、浅井政勝《あさゐまさかつ》の「影《かげ》」慶松左武郎《まつさぶらう》の「港《みなと》」平松讓の「公園《えん》」等の順《じゆん》に並《なら》んで居るが、變《かは》つた所《とこ》では、川畔に撮影《さつえい》するロケッシオン風景《ふうけい》を扱《あつか》つた川口雄男《かはぐち》の「朝風《あさかぜ》に立《た》つ」と、北京に取材《しゆざい》した鈴木隆《すゞ》の「北京朝陽門外《てうやうもんぐわい》」半島《はんたう》の作家《さくか》李鳳商《しやう》の「朝鮮《てうせん》の風景《ふうけい》」等《ら》が有《あ》る。

第三室

第《だい》三室《しつ》、此《こ》の室《しつ》は洋畫部《やうぐわぶ》十四室《しつ》を通《つう》じての、豪華《がうくわ》なる陣容《ぢんよう》で、藝《げい》術院會員《じゆつゐんくわいゐん》七人《にん》、審査員《しんさゐん》八人《にん》、無鑑《むかん》査《さ》一人《にん》と云《い》ふはなやかさ。先《ま》づ最《さい》初《しよ》は、堅實《じつ》なる底力《そこぢから》を見《み》せた中村《なかむら》研一《けん》の「座像《ざ》」。そして有島生《ありしま》

文展漫畫鏡(2)

池田さぶろ 繪と文

圖書館長圖

足を棒にしてこゝ迄くると足をとめた。渡邊氏の或圖書館長の圖である。人物の背後に洋傘が一本椅子によつて默讀する老學者。

しつとりした落つきをもつて、僕はこの人物をからおきかへてみた。角帽が二三人ざはめいてゐる。顏みしりの館長でもあらう。くたびれたり、のびたやうな女性が相變らずのさばつてゐる。こゝも戰爭と建設をどこかにおき忘れてゐる。

無風帯

風もない。資材もない。ドッコイしよ。どれ一つぬたくららか。午睡からさめて、さて隣の隱居にしようか、それとも山にしようかあの生娘にしようか、……といふ素材がズラリと並んでゐる。たまに井手氏の「協力」みたいなものが出てくるかと思ふと近衞星野、石渡、東條のおれき〳〵が顏を並べて傍觀してゐる圖である。あゝ、畫壇は小春日和である。

馬の「妻《つま》の肖像《せう》」次《つ》ぎは赤黑白《あかくろしろ》の色調《しきてう》も美《うつく》しい長谷川昇《はせがはのぼる》の「裸婦《らふ》」其《そ》れから、湖畔《こはん》の緣《みどり》したゝる風景《ふうけい》畫《ぐわ》の、田邊《たなべ》至の「湖畔《こはん》の朝晴《あさはれ》」、次《つ》ぎは人物畫《じんぶつぐわ》の木下孝則《したたかのり》の「N孃《ぢやう》像」南薫造《みなみくんざう》の「月《つき》」石井《いしゐ》柏亭《てい》の「朝陽城外《てうやうじやうぐわい》」辻永《つじえい》の「華氈上《じやう》の靜物《ぶつ》」海邊《かいへん》の生活《せいくわつ》を描いた青山義雄《あをやまよしを》の「海邊《かいへん》の夏」小山敬三《こやまけいざう》の「中國《ちう》風景《ふうけい》」藤田《ふぢた》嗣治の「少女《せうぢよ》」同じく人物《じんぶつ》を取扱《とりあつか》つた山下新太郎《やましたしんたらう》の「少《せう》女坐像《ちよ》」、小磯良平《こいそりやうへい》の「齊唱《せいしやう》」中村《なかむら》不折《ふせつ》の「仙果《せんくわ》」、靜思《せいし》する少女《せうぢよ》を描いた中澤《なかさは》弘光の作《さく》。風景畫《ふうけいぐわ》の足立《だち》源《げん》一郎《らう》の「初《しよ》夏の八甲山《かふさん》」齋藤《さいとう》與里《り》の「山村朝色《さんそんてうしよく》」等、當代《たうだい》の一流《りう》所《どころ》を集《あつ》めての展觀《てんくわん》はすばらしくも美《うつく》しい。

第四室 第五室

第四室《しつ》、此《こ》の室《しつ》は、三室五室《しつ》六室《しつ》と共《とも》に、見《み》ごたへのある室《しつ》で、其《そ》の出品《しゆつぴん》も無鑑査《むかんさ》七人《にん》の審査員《しんさゐん》一人《にん》、そして岡田賞《をかだしやう》の伊《い》藤《とう》悌三等が有《あ》り、先《ま》づ初めは、市川《いちかは》勉の「山羊と子供《ども》」から始《はじ》まつて人物畫《じんぶつぐわ》では鬼頭《きとう》鍋三郎《らう》の「マンドリンを持つ女《をんな》」寺内《てらうち》萬治郎《まんぢらう》のピアノの前《まへ》の少女《せうぢよ》を、たくみに描いた「婦人《ふじん》像」。變《かは》つた主題《しゆだい》の有岡《ありをか》一郎《らう》の、「外誌《ぐわいし》より得《え》たるモチイフ」岡田賞《をかだしやう》の伊藤《いとう》悌二の「少憩《せうけい》」高宮《たかみや》一郎《らう》の「西爪畑の朝《あさ》」庄司榮吉《えいきち》の「庭《には》にて」等が有《あ》るが、風景《ふう》畫では日本的《にほんてき》なモチーフをねらつた作《さく》で、坂田虎《さかたとら》一の「池畔《はん》雨日」白樺の林も美《うつく》しい森《もり》桂一、水邊《すゐへん》の草を描いた戸《と》津文雄《を》「水邊雨意《すゐへんうい》」高原《かうげん》の夏を主題《しゆだい》の大澤《おほさは》海藏《ざう》の作《さく》、山雲《さんうん》と重疊《でふ》たる山又山《やままたやま》を扱《あつか》つた北島朝《きたじまあさ》一の作《さく》等が有《あ》る。變《かは》つた所《とこ》では「番兵《はん》の居《ゐ》る廣場《ひろば》」と云《い》ふ川端實《かはばた》の滯歐作《たいおうさく》。第五室此《こ》の室《しつ》での最初《さいしよ》は、特選《せん》の喜多村《きたむら》知の「仁王像」古典《こてん》に取題《しゆだい》して澁味《しぶみ》の有《あ》る色調《しきてう》に物《もの》を云《い》はした作《さく》、其《そ》れに續いて無《む》鑑査陣《かんさぢん》が十一人《にん》と、此《こ》れも特選《せん》の林鶴雄《はやしつるを》の「草《くさ》と子供《ども》」と云《い》ふ順《じゆん》。無鑑査《むかんさ》清水《しみづ》良雄《を》の「初秋《はつあき》」は初秋《はつあき》の庭《には》に立《た》てる婦人《ふじん》同じく無鑑査《むかんさ》別《べつ》府貫《くわん》一郎《らう》は、海邊《かいへん》の朝《あさ》を扱《あつか》つて、達筆《たつぴつ》な所《とこ》を見《み》せ、園部《べ》晋生《しんせい》は「青衣」松《まつ》郎巽は、初《しよ》夏の果物《もの》に主題《しゆだい》して居《ゐ》る。宮坂《みやさか》勝の滯支作《たいしさく》は路傍《ろばう》に立《た》てる人物《じんぶつ》の組合《くみあは》せも、面《おも》白《しろ》い畫面《ぐわめん》を見《み》せ、辻愛造《つじあいざう》は、風《ふう》景

爆撃

「あつたよ〳〵」「ドレ〳〵」と日曜日の兵隊さんが、疲れた足をひきずつて、のぞきこんだ作品が、吉田氏の「爆撃」、おそらく文展唯一の事變を取扱つた戰爭畫である。

「おめでたいですね、ヤハリ、美術はチャン〳〵バラ〳〵の娯樂映畫と同じですかな」

左の袖をブラリとたらした歸還勇士の隻腕曹長岡橋君が「美術だけが戰爭から遊離してをれるのが不思議です」と、舌をならすも道理。

文展所感

鑑査の後で

中村研一

洋畫鑑審査の所感を訊されて、さて自分はその鑑審査に立ち會つたのであるから、所感が無いといふ理由も無いので、一つ二つ申し上げる。

◇

一體に、入選畫と落選畫とを通じてひどく無表情な、おまけに活氣の無い感じであつた。取材や時局に對する畫人の、何か知らん燃燒力の足りないやうな風のものを感じた。震ひつくやうな感情を籠めた繪が甚だ少く、又偶然にそれらしいものがあつても、畫家的素養の不足が因を成して、近寄つて見ると人を惹きつけない。又さうで無い方の側の繪は、冷くて、無表情で、一つ覺えみたやうな繪が多い。

總じて、外國の直接の刺戟は無くなつてゐるのだが、かと云つて内から胎動するものも、まだ燃えあがらない、と云ふやうな氣配であつた。

◇

どうも、一年に一枚描くと云ふのが一年中の畫家のあらゆる思ひを籠めてと云ふ風なので無く、展覽會の前に、何とかして並ぶ繪を描きたいと云ふ風なので、勿論例外もあらうが粗雜なものである。一つには、繪の具やモデルの不足から、寧ろ畫家が大層怠けてゐるのではないか、と云ふやうな氣がしたのは、私一人ばかりであらうか。

熊岡美彦《をか》は健康《けんかう》さうな山《やま》の娘《むすめ》を扱《あつか》つて、力強《ちからづよ》い詩情《しじやう》のあふるゝ作《さく》である。其《そ》の外中村善策《ほかなかむらぜんさく》の「豐穰」森《もり》脇忠《わきちう》の「山水座《さんすゐざ》」川端《かは》彌之助《やのすけ》の「琉《りう》球《きう》」久《く》保守の「庭《には》」特選《せん》の林鶴《はやしつる》雄《を》の「草《くさ》と子供《ども》」等《ら》いづれも力作《りきさく》揃《ぞろ》ひ。入選作《にふせんさく》では久門元夫《ひさもとを》の「靜物」子供《ども》の生活《せいくわつ》を描いた、松尾正《まつをまさ》巳の「子供《ども》達」登《と》山具《ぐ》を達筆《たつぴつ》に描いた羽山金次郎《やまかなじらう》の作《さく》、窓邊《べ》の人物《じんぶつ》を物《もの》にした女流小貫綾子《ちよりうこぬきあや》の「窓邊《べ》」等《ら》が注視《ちうし》される。

第六室　第十室

第六室《しつ》では高野《たかの》三三男の、白衣《はくい》も美《うつく》しい「コミンユニアン」佐藤《さとう》一章の錦織《にしき》なす「秋《あき》の風《ふう》景」急流《きふりう》に釣りする點景人物《けいじんぶつ》も達筆《たつぴつ》な川合《あひ》修治《しうぢ》の「簪」青衣《せいい》の人物《じんぶつ》畫の小寺《こでら》健吉《けんきち》、それから關口《せきぐち》隆嗣の「オホクワサン」清原《はら》重以知《いち》の「山《やま》の幸《さち》」田中繁吉《たなかしげきち》の「眞《ま》夏の庭《には》」等、無鑑査陣《むかんさぢん》を初め、特選《せん》の南政善《みなみまさ》の色調《しきてう》の深《ふか》い人物《じんぶつ》畫「霜《さう》鬢」等此《こ》の室《しつ》も仲々張《なかなかはり》のある室《しつ》として光《ひか》つて居《ゐ》る。

第七室《しつ》、此《こ》の室《しつ》は、無鑑査《むかんさ》山田《やまだ》新《しん》一のR孃《ぢやう》像が先《ま》づ最初《さいしよ》、そして特選《せん》の木下《した》克巳の「夏《なつ》の夜《よ》」と二人《り》あとは全部入選作《ぜんぶにふせんさく》で、新人《しんじん》の室《しつ》。中で眼立《だ》つた作《さく》を拾《ひろ》つて見《み》ると、特選《せん》の木下《した》克巳の「夏の夜《よ》」は、モチーフも異色《いしよく》のある作《さく》で、赤《あか》レンガの塀《へい》に大小數種類《だいせうすう》の蛾《が》を描《ゑが》いた作《さく》、其《そ》の作意《さくい》も面白《おもしろ》く寫實力《しやじつりよく》も優《すぐ》れて此《こ》の室《しつ》では光《ひか》つて居《ゐ》る。滯支作《たいしさく》では湖南《こなん》の春《はる》に主《しゆ》題《だい》した平通武《たけ》男の作《さく》と、西尾《にしを》善積の「城隍の祭《まつり》の娘《むすめ》」北滿《ほくまん》の農夫《のうふ》を扱つた福田《ふくだ》新生等がある。變《かは》つた所《ところ》では「猫《ねこ》を抱《だ》く小孩《せう》」松田文雄《まつだふみを》とか、老《らう》樂師《がくし》を描《ゑが》いた土佐《とさ》林豐夫《はやしとよを》、風《ふう》景畫《ぐわ》で出色《しゆつしよく》な物《もの》には中《なか》田《だ》信の「岩《いは》の上《うへ》」等新人《しんじん》の室《しつ》も仲《なか》々にぎやか。

第八室

第八室《しつ》、此《こ》の室《しつ》は水彩《すゐさい》、テムペラ、エッチング、版《はん》畫等、無鑑査《むかんさ》出品《しゆつぴん》は十八人《にん》、初めは水彩《すゐさい》で金澤《かなざは》信夫《のぶを》の「信濃路《しなのぢ》の秋《あき》」その次《つぎ》は同じく無鑑査《むかんさ》の赤《あか》城泰舒「新羅佛」と石川欽一郎《いしかはきんいちらう》の「奧信濃路《おくしなのぢ》」の順《じゆん》に出品《しゆつぴん》されて居《ゐ》る。三宅克巳の作《さく》は今年《ことし》も風《ふう》景畫で、溪流《けいりう》を描《ゑが》いて新緑《しんりよく》も美《うつく》しい力作《さく》。テンペラでは矢崎《やざき》千代《よ》二の「建國忠靈廟《けんこくちうれいべう》」と平《ひら》澤《さは》大嶂の「水天《すゐてん》髣髴太平洋《やう》」の二點《てん》、木版《はん》畫は先《ま》づ前田藤《まへだとう》四郎《らう》の琉《りう》球《きう》に取材《しゆざい》の「南《なん》國」、それから棟方末吉《かたすゑきち》の「秋深《あきふか》き山門《さんもん》と石《せき》像」等を先陣《せんぢん》に、織田《おだ》一磨の「花《はな》二題《だい》」橋本《はしもと》興家《いへ》の「夏景名城《めいじやう》」ランプ人《にん》形《ぎやう》、ブドウ等の組合《くみあは》せも面白《おもしろ》い。高橋《たかはし》太三郎《らう》の「靜物《せいぶつ》」、黑《くろ》一色《いろ》ずりの笹島《じま》喜《き》平の「山道《やまみち》」塚本《もと》哲の「早春《さうしゆん》」棟方《かた》志功の佛《ぶつ》畫等、いづれも優《すぐ》れて何人《なんぴと》にもたのしめる室《しつ》である。

第九室　第十室

第九室《しつ》は無鑑査《むかんさ》十一人《にん》、特選《せん》が一人《り》、其《そ》の顔《かほ》ぶれは無鑑査《むかんさ》では山《やま》田《だ》隆憲《たか》、高橋虎之助《たかはしとらのすけ》、笹鹿彪、末《すゑ》長護、寺松國太郎《てらまつくにたらう》、河井清《かはゐせい》一、池《いけ》田《だ》治三郎《ちらう》、片岡銀藏《をかぎんざう》、土田文雄《つちだふみを》、牧野《まきの》司郎《らう》、多《た》々羅義雄《らよしを》等の諸氏《しよし》の出品《しゆつぴん》、特選《せん》は胡桃澤源人の「秋《しう》苑《ゑん》」入選作《にふせんさく》中で眼立《だ》つ作《さく》では黑田《くろだ》久美《くみ》子の「六月《ぐわつ》の日《ひ》」山崎修二《やまざきしう》の「池畔《はん》の松《まつ》の樹《き》」等がある。十室《しつ》での無鑑査出品《むかんさしゆつぴん》は、跡見泰《あとみ》を初め白瀧幾之助《しらたきいくのすけ》、近藤《どう》光紀、太田喜《たき》二郎《らう》、江藤純平《えとうじゆん》、龜高文子《かめたかふみ》、二見《み》利節、橋本邦助《はしもとくにすけ》、山崎省三《やまざきしやう》、山喜多《やまきた》二郎太《らうた》、そして審査《さ》員《ゐん》の中川《なかがは》一政《まさ》と山本鼎《やまもとかなへ》の二人《り》がある。入選作《にふせんさく》では堀《ほり》千枝《え》子の「池《いけ》の見《み》える窓」と石井《いしゐ》元の「碧《あを》い服《ふく》」との二點《てん》で、此《こ》の室《へや》も十四室《しつ》中《ちう》重要《えう》なる室であ る。その他第《ただい》十一室《しつ》から第《だい》十四室《しつ》迄《まで》の出品作《しゆつぴんさく》は又《また》の機會《きくわい》に讓《ゆづ》る。

裸人群像

周圍の立體感も手傳つて、こゝには逞しくもり上つてくる生活意欲がはつらつとしてゐるがそれでも何の變てつもない裸人群像は十年前と少しも變りはない。これでは研究室に閉ぢこもつて日露戰爭を知らずにすごした學者と同じで、藝術至上主義の亡靈のとりこになつてゐるといはれても仕方はない。今こそ文展はその指導性をハッキリ打樹てるべきではないか。

洋畫以外で

柳　亮

洋畫の方には特に感動した作と言つてはないが、日本畫部の上村松園の、「夕暮」に本年度の文展を通じての收獲を見出したことを、私は大なる喜悅を以て語ることが出來る。

これは、作者が身を以て體感した鋭い觀察と、深い思ひやり、即ち愛情から生れた至藝である。

一點の加減も許さぬまでに詮じつめられた技術の嚴格さと繪畫精神のきびしさは、內容の艷やかさや臈たけた優美さとは、むしろ反對に酷烈なほども嚴肅である。

その點で、さきごろの靫彥の「賴朝」に遜色なき氣魄であるが、靫彥の古典樣式に對して、これはむしろ日本畫のレアリズムの最高水準をゆくものと思はれる。

針をすかした內儀の手先の運動には女性の焦心が生々として息づいて居り絹地に描かれた障子の紙が、薄暮のうすあかりの中で實際の紙のやうに光つて居る。

これこそは藝術であり、新古東西も問ふところでないと。

彫刻の特選

本郷　新

多くの特選作を見て觀者はたゞ之を鵜呑みにするだけで何故に特選になつたか其理由を解するのに困難なのである。

既に方針がなければその選擇の理由を書き付すか、さもなくばそれを選んだ審査員名を付して置けば理由も判然し責任も明かになりさうする事は作家の教育の上にも大いに參考になる所がある。

總じて文展の彫刻は彫刻性への努力が感じられなく何か說話的であつたり表面的な技術主義であつたりして卑俗な感情に甘えたものが多いのは制度の故であらうか、作家の故であらうか（「都」より）

文展彫刻を評す（第三部）

大藏雄夫

今秋の文展彫刻部は、さすが臨戰態勢下だけあつて、事變關係をテーマとする作品（作物）が著しく目立ち、それにいつものマチエールに何等關係のない石膏細工の裸像とが、互ひに肩を怒らし肘を張り合つてゐる。このうち果してどれだけが後世に藝術として殘るかは甚だ疑問であり、或ひは一點も殘らないかも知れない。そして之等の戰爭美術は、謂はゆる戰爭記錄であつて、しかもその記錄たるや粗笨な表皮的なパノラマでおさまり、題材は單なる素材として取扱はれてゐるに過ぎず、藝術の構成要素は殆んどゼロに近い。

およそ戰爭美術は、一の時代的距離を縮て、藝術的天分の豐かなる作家の情操昇華によつて、初めて結實するものと言へる。言ひ換ふれば、作家にとつて特殊の創作過程が必要であり、當面のテーマを十分に作家自身の坩堝の中に溶かし込み、全然、自分自身のものとして鑄上げることによつて成功するのだと思ふ。作家はこのことを能く省察して、自分の作品が世間に受けたとて、それが藝術的價値を持つものと錯覺したり、已惚れたりすることは、斷じて愼まなければならない。

編輯氏から、目星しい作品を擧げよと云はれて、彫刻ホールを隈なく見て廻つたが、さて觀ればみるほど、不滿を感じ、見應へないのみか、今日の彫刻界から追放したい傾向のものもあり、また何の根底もないくせにたゞ張りの一手でムダな大作をしてゐる心臓組もあり、その教養の低き貧しさにウンザリする。中には相當教養ある人もあらうが、完成作家のそれは、概ね十九世紀のラスキン美學に從屬し、飛行機の現はれない時代の教養であるから、陳腐を免かれず、今日の生活意識に乏しい。そしてその作品は精神的弛緩狀態を呈し、氣力の衰へが見えるか、さもなくばイヤ味、クサ味を發散する。これは已むを得ないことで、永年月の休みなき精進持續はなし難い。そこに多少斷續の是非ないことは、心理學の教へるところである。だが、之等の作家にして、美學は時代によつて流動することを識り、もう少し時代を感覺し、もう少し進歩的であるならば、かくまでに停頓し切ることはなからう。以下、個々の批評に移る。

國方林三氏の『坐像』は、中尊寺の如意輪を想はしめるが、あれほど鮮かに抽象的形態を把へず、徹底いまだしの感あり、吉田三郎氏の『空』は、索莫たる古風なレアリズムの遺産を繼承するもの、得意のひねり物的な持味も出でず、人間と山羊の相關性が認められない。

建畠大夢氏の『座せる女』は少し無頓着の感あり、直土會出品の井原氏の顔にくらべて、格段の相異あり、生氣に乏しいがぢ山の鋭感なる考慮は注目に値する。

藤井浩祐氏の『腰かけた女』は、滑かすぎる皮膚感に、趣味性を覗かし、マッスとしての迫力少いが、東洋的な澁味があり、石井鶴三氏の『青年胸像』は、素直で、いつも逃げをうたない仕事がいゝ。

澤田晴廣氏の『神通』は、實に大膽なる企劃をもつてフォームの發見を試み、それを實踐にうつした力作で、場內たしかに目星しい作品の一つである。その天空を泳げるポーズは泳いでゐるが、顔面はもつと上空を仰ぎ、肩先から肥りすぎの兩腕の觀察が十分行屆いたならば、自然、首筋の漣がりの美が表現されて、素晴らしくなるであらう。

清水多嘉示氏の『放擲』は、橫はれる男のポーズに研究があり、胸部のあたり殊に美しい。併し、全體の左右を貫く太い線の流れ、それが右手の指先まで走らず、神經を中斷してゐるのは惜しい。

片山義郎氏の『青年』は、コルペの彫刻原理が潛在し、執拗な本格的技術を追う堅實な作。

大嶽茂樹氏の『女』は、暢びやかな若々しい感覺が稀薄で、垂直になげた右手に動きなく、そして少し短かいやうだ。

加藤顯清氏の『コタンのアイヌ』は、質の勝れた小品で、ある感情が流露し、彫刻的な相貌をもつて開花を示した秀作。中島東洋氏の『一佛徒の頭像』は近代乾漆彫像の含蓄を生かし、性格描寫的で、滴らすものを感ずる。

圓鍔勝二氏の『途上』は、やゝ繪畫的であるが、クトウ（刀）の捌きなか〳〵達者で、素人好みのする佳品、立女の裾に突如として置かれた猫は蛇足だらう。

高橋英吉氏の『漁夫像』は、意慾ある力作で、顔面にエジプトを探求して快いが、太腿部以下あまりにモデルに囚はれすぎて說明的になつた。何故、ずばりッと雄勁にやらないのか。

水船六洲氏の『江川太郎左衛門像』は、意力の上に構築された大作だが、衣紋少しく煩はしく、銃をもてる右手の甲の餘計な隆起も妙におかしい。また背面の足部にも難點を見出す。周到なデッサンに缺ける所以である。

和田金剛氏の『海紅』は、島のアンコの群像。外形的で內在する彫刻性への關心に乏しい。殊にむづかしい手くび、足くびの部分が概念的で、自然を見てゐない。パチーヌも效果的でなかつた。

松永良氏の『たばこ』は、同一モチーブを幾度も繰り返して新鮮味を缺くが、テクニックは漸次進んでゐる。併し、かやうな觀念的なものに膠着すると、マンネリズムに陷る。

長沼孝三氏の『熟慮』は、近代的な表現様式の働ける大作だが、ヴオリューム感に缺如し、外套は肉體を包まず、どこまでも外套が喰ひ込み、人體の中核は強く掴まれてゐない。中古泉氏の『靜』は、近代美の解釋は薄いが、古典への志向をもつて進み、寫實から一歩踏み出したものであることは疑ひを容れない。この心境は貴い。

この他、野々村一男、小川大系、森大造、白井謙次郎、森本清水、本田德義、大島駒藏、北古賀一郎諸氏の作品に注意した。

文展洋畫 第三室の作品

川路柳虹

ことしの文展は

大體昔ながらの文展に還つた感がある。それはほんの少しばかり新文展以來の招待者の出品が目立つだけで、その大部分は舊帝展系の作家によつて占められてゐるからである。入選者は在野の方が多い比率だといふが、無鑑査の大部分が帝展系だから印象として文展的雰圍氣が出るのだらう。

文展にしろ、又他展にしろ、私は現在さうゑらい作品を期待してはゐない。大體今日の展覽會なるものが半ば興行的事業であり、展覽會のための制作といふもの丶集りである以上、それに對して美術館的クラシックを求めるといふ氣を起してはならないわけである。さう言つた作品もむろん出るには違ひない。後世名作と許せる作品も幾度かこの會場に出陳されたのだから穴がち駄作のみと斷ずるは誤りだが、たゞ名作を期待して會場に臨むと「今年も駄目だ、何ら見るに足るものがない」といふやうな感慨をうけるほかはない。もし、三百點にも餘る出品がみな傑作であつたとしたら、それこそ事だ。そんなわけがある筈はないのだからエライ期待をせぬ方が正しい、又批評にしても「こいつも駄目、こいつも駄目」と絶對觀で行つた日には探るものは何も無くなつて終ふ。アルチショウの葉をむしつてこれでは食べる處がないと嘆くに等しい。凡作駄作も一枚一枚見てゐればそれなりに又良いところも見出しうるものだ。

が、概して言つて、一國の美術水準の高さを示す程度の作がどの位あるかといふ事になるとこれは別だ。文展は尠くとも政府が力を入れてゐる展覽會だから一國の美術水準を示す程度の作は義理にもなくてはならぬ。それがないといふわけではないが至つて尠いのも事實だ。それと何か全體に氣力が缺けてゐるといふ印象も僞れない。かういふ點は先づ美術家自身の內生活が貧弱で萎微してゐるのだと觀ぜねばならない。以下目ぼしいと思ふものについて二三所感をのべる。

一巡して感じた

ことだが、主な目ぼしい作品は第三室に集つてゐるといふことであつた。わざ〳〵さういふ陳列をしたのかも知れぬがそれならば多少の皮肉を感じる。足立源一郎氏の「初夏の八甲田山」は自分も夏の八甲田山を通つたことがあるので注意してみたが特に地方色を出した作でもなく、いつもの足立君に比べると少し細局にこだわり過ぎつツ突き廻したといふ感じでバラールがよく調つてゐない憾みがあるが、ねつとりとした油の運筆が山の重量感は出してゐる。之と似た重量感であり乍ら小山敬三氏の「中國風景」は意志的な固さが強すぎる。齋藤與里氏の「山村朝色」はナイーヴで子供のクレヨン畫のやうな自由さをもつてゐるが畫カキの意識的構成の繪としてはその自由さにもう一應の深みと奧行が暗示されたかつた。それに比すると青山義雄氏の「海邊の夏」は色彩音樂の競奏曲でその明るさと歡びが色で歌はれてゐるが、これも「深さ」が乏しい。ボナールなど色彩音樂の作家だが實に繪に細かさと深さをもつてゐる。この作の缺點は餘りに直感的即興的に過ぎてゐることだと思ふ。しかし色の組み立てはさすが玄人だ。何んでもないやうでこの直截な表現は中々出來ぬ藝である。

同じやうな快活な調色でこれはもつと立體的に人體を描いた長谷川昇氏の作はどうもバナールな感じが先にくる。よく纏つてゐるがそれなりに作者の表はさんとしたポイントが摑めない。美しいが少し甘い、この甘さといふ點では木下孝則氏の「N孃肖像」も同類である。アカデミックな手法を私は一應受け入れるが（ことに現代轉換期の日本の洋畫壇では）それにはもつと手法の嚴しさがどこかに欲しい。同じやうな甘美な調色でも山下新太郎氏の「少女座像」には手法に對するまだ敬虔な態度が見える。このギヤランスの輝かしさがもつと大きく飽和したらばと思ふ。どこか小ヂンマり纏めたといふ感じが深い。

裸體では中村研一氏の

「座像」を推す氣になる。昔のアスラン風からこゝ迄獨自の造形力を敲き込んだこの作家の精進が見える。ナチュラリズムを出でないとしても、その線と色とフォルムの確實な結び付きは繪に或る重厚さを加へてゐる。中村不折氏の十年一日の努力も一應は多とするがこの干乾びたフォルムからは人間の肉と血の一片をも見ることが出來ないし、エチユードとしても人體の形骸を甚だ描く說明した以上でない。

中澤弘光氏の「靜思」はよく描かれてゐるといふ修辭的賞讃は出來るが、これも手法上の嚴しさがないのでアカデミックとしてはこれ以上にも出られない。南薰造氏にしても、石井柏亭氏にしても自分の手法上の世界を嚴として築いてゐる作家は、やはりそれ以上を望むのが間違ひであるが、この二つの風景に於て私は日本の油繪畫家の或る到達した限界といつた風のものを見た。中澤氏の作ではそれを個人的に感じるが、石井氏や南氏の作品ではそれを日本人のもつ或る年齡的な民族的限界といつた風のものに感じたのである。仔細に見て、石井氏の「朝陽城外」のダツプレナチユルは日本人的なグウを離れがたい「眼」が捉へた自然であり、南氏の「月」は日本人的な「感情」が自然を理解する限度を正直に示してゐると思つた。

かういふ靜かな

溫かさともいふべきグウに對して有嶋生馬氏の「妻の肖像」にはずつと「西洋的」な視角が見られる。光と陰影の色調に對するグウが日本人的な眼であり感じ方であるよりずつと西洋的なのである。これは二つの異る作家の內生活的相違だと思ふ。洋畫の手法は勿論「西洋的」から來てゐるが石井氏の如きはそれをすつかり日本化してゐるし、有嶋氏はそれを西洋的なナマな捉へ方を忘れずにゐると言つたらよくわかるであらう。同じ印象派的な光と陰影の諧調ながら田邊至氏の和らかな風景は半ば西洋的で半ば日本的である。ルノワル的手法に學ぶ處は西洋的でそこへ黑田清輝の日本主義も交るのである。教養といふ奧は終生拔きがたい運命であることを思ふ。藤田嗣治氏は純日本的グウを發揮せんとする西洋人にも似てゐるが、氏の繪畫修養はやはり西洋でうけたものを生かしてゐる。「少女」の優しい色調は全く西洋音樂のハア

モニーである。技術としてこれだけこなれてゐる作は文展會場でも乏しいと思ふ。特殊な感銘はないがその技術が吾々を魅了するのである。

かくて新鋭のアカデミックたる小磯良平氏の「齊唱」の前へくる。過日の「朝日」紙上兒嶋喜久雄氏はこの一作を大に貶してゐたが、むろんドガなどの手法と比べれば問題でないとしてこの作者のアカデミスムは現在日本の洋畫が新しくすなほな土臺から起ち上らんとしてゐる轉換期の登場として見る時、私はこの作者の寄與に滿腔の敬意を拂ふものである。小磯氏の古典の正系に學ばんとする熱意と、その確實な手法を現代人的感覺に一致させんとする意圖は中々に逞しい。これだけの手法上の逞しさすら多くの文展作家には求められないのである。アカデミックに拾ふべき缺點はあつてもその缺點を補ふて餘りある纖鋭な物象把握がある。そこにこの作家の尊さがある。

文展の佳作

荒城季夫

たとへ戰時であらうとも、文化はつねに豊かでなければならぬ。長期戰であればこそ、一層そのことが痛感される。貧寒な文化は民心を萎微させるばかりで、決して人の精神を逞しく昻揚させない。

文化が豊かであるといふことは、贅澤な文化が榮えるといふ意味ではない。文化の豊かさと不要の贅澤は、もちろん識別されなくてはならないのである。

さういふ意味で、本年の文展は各部とも無用の贅澤が大分姿を消してゐるが、これはたしかに喜ぶべき現象であらう。しかし、眞の豊かさがある作品が何れだけあるかといふことになるとこれは聊か問題である。佳作と認められるものは遺憾ながら非常に少いといはざるを得ない。今こゝに、特に私の記憶にのこつた作品を拾ひあげて見ることにしよう。

武人武藏　野田九浦

これはこの作家として、近來の快作であり、今度の文展でも光るものゝ一つであらう。賦彩、描線ともに冐すべからざる品格があつて、しかも神經が微妙にはたらいており、人に傑れたこの武人の明澄な心境と表情を遺憾なくあらはしてゐる。

塙保巳一　島田墨仙

これも前の畫の場合と同じく歴史的な人物であるが、その色彩も亦前者によく似た清澄な感じである。人物を主體として、餘白に無用の物を描かず空間を生かしてある。なほこの圖は、顔面の描寫が非常に巧みである。

樂人　伊東滿

若い層のうちから拾ふと、これは特選にしても可笑しくはない一點である。着彩の具合や筆法は洋畫風であるが、決して洋畫に追従してゐるわけでなく、日本畫にしての性格を有つてゐる。人物の配置もよく考へてあるし、それぞれ異つた着衣の、色の對照もよろしい。場中屈指の群像として推されてよいものであらう。

齊唱　小磯良平

うれしい小品である。若い娘達の一齊に和して唱ふ歌は何であらうか。恐らくは、高雅な調子のものであらうが靜かに唱はれる澄んだ肉聲を聽く思ひがする。清淨な氣分は、殆ど墨一色の畫面に充ちてゐる。黒衣に裸足の乙女等を描いたのも素朴でよい。大切なところは、しつかり描き込んで、力を拔くべきところは拔いてゐるから、畫面が固くなつたり冷めたくなつたりしてゐない。まことに手堅いものである。

番兵のゐる廣場　川端實

これは何かの理由で特選からもれてゐるが、優にそれに匹敵する佳作である。構圖も氣が利いてゐるし、一寸變はつた面白い題材を扱つてゐる。色感も相當鋭いし、重厚さをも喪つてゐない。また、制作態度も奇を衒はず、質實であり地味である。

以上の他に、もちろん未だ佳作として擧ぐべきものは若干ある。たとへば洋畫で渡邊武夫、中村琢二、有岡一郎、中村善策、南政善、須田剋太などがそれであり、日本畫の方でも三、四點は注意するに足るものがある。新聞の方で批評をして置いたから、今はこれを割愛することゝした。（完）

作品と内容

成田重郎

☆

第四回の文部省の展覽會には、第二部繪畫が三百三十點を包容し、その種類は油畫・水彩畫・パステル畫・素描創作版畫等に及んでゐる。此等の作品の全部が、傑作でないと言つて、驚くことはないと思ふ。勿論、全部が駄作であるとは見ることが出來ない。それどころか、各作家としては、努力を傾けた作品である。一人一人の作家について見れば、傑作の部に入るもの少くはないであらう。たゞ然し、全體として見た時、その成績は、これまでの展覽會と較べてどうあらうか。

此の度の官展の作品は、この秋の民間派の展覽會で見た作品と比較するとどれだけの特異なものを示すであらうか。どれだけ戰時體制の現代日本に於ける藝術活動を示してゐるであらうか。わたしが、此の限られた行數のなかで言はうとしてゐるのは、その點ではない。唯だ、民間派の作家を活氣づけた藝術的興奮といふやうなものは、至つて稀薄であるやうに思つたことである。各團體より參加した作家を包括してゐるのであるから、隨つて各團體のコンクールとも成り得る。その點に於て、此の官展の存在理由を認め得られるとすれば、此の度の催しには、さういふ意義は失はれてゐると考へる。

都會生活に主題を求めた作品が、多くの場所を占めてゐたやうに考へるがしかし農山漁村を取扱つたものの方がずうつと多かつたらうか。室內の安易な平和な快適な生活環境を描き出してゐる作品を見ると、都會生活の斷面として、マチスやボンナアルの手本が既に巧に之を描いて見せてゐる所である。聚落《アグロメラースィオン》の表出として、人間愛に裏づけられてゐると見られる點に、此の種の作品の價値を承認できるであらう。人間心理の描寫を主とする肖像も、この種の價値判斷を拒否はしないであらう。

ところが、農山漁村の生活の點出と成ると、題畫の感がしないでもない作品が、そちこちに眼に附いた。農耕生活、漁撈生活、山林生活が、唯だの題畫と終るやうな感味を與へるのでは、致し方がないのである。創作は靈感から生れるべきものであり、義務や利害の感情から生れることは、より少く自然である。結局、それは對象に對する愛が不足し、靈感が至つてゐない時にさういふ不自然なものが出來上るのである。むしろ、山・林・野・畑……といふものを描いた作品に、純粹なものがあつたと思ふ。海の景色の方が、漁夫の姿よりも、迫力が强烈であつたと考へる。この種の作品の或るものにはコッテの作と思ひ合はせたものがあつた。

しかし現代は、所謂前衛派の作品が前ぶれしてゐた世界が、眼前に展開されつゝある時代である。價値の轉換の時代であり、舊來の秩序は破壞されつゝありながら、新秩序の未だ出來上らない時代である。ピカソミロー、ダリ、エルンスト、クレー、カンディンスキイ等の描き出した世界が、現に歐洲に實現されてゐる戰爭を通して行はれてゐる。……

かゝる時代の美學的要求は、いかなる繪畫を現代日本に發生せしめたが。これに答へ得るものは、むしろ民間派の展覽會であらう。官展では無論ない。

藤田嗣治、山下新太郎、有島生馬、中村研一の人物を以つて、意味がないとは言はない。が、しかし、悉く傑作であるとは言へないであらう。岡見富雄の異人の像も、さうだ。しかし安田稔の作に至つて、何かブルウゲルの圖に見當る表情があると言ふことに成らう。それから、足立源一郞、靑山義雄、小山敬三の風景は、三つの世界を示すであらう。寫實、色彩、造形……それぞれの特徵があり、それぞれの創造の世界を持つ。

とは言へ、これらの作品は、現代人の落ちつかない、不安な心持を押し靜めてくれるであらうか。戰爭になつてゐる人間の心持に、忘我の一瞬間を與へ得るだけのものが、それに表出されてゐるであらうか。愛は？　靈感は？

………

☆

丘の上に、アトリエ風なほの白い家が幾つか立つてゐる。靑い茂みに取り卷かれてゐる。靜かな環境である。マチスやボンナアルの室內の光景ではなく、室外の光景だ。が、ユトリヨの街頭の景ではなく、ヴラマアンクの風景でもない。……けれども、そこには、知識人の家にふさわしい雰圍氣があつた。安易があり、快適があつた。これが〈丘上〉の描き出したものであり、作家は內藤隶といふ。それから、別の所に、かゝる家の窓際に、カーテンを爽やかに垂らし、一人の若い女性を立たしめてゐた。室內の秩序ある生活……小貫綾子といふ閨秀作家の〈窓邊〉のテーマがこれである。

現代の知識人には、餓ゑてゐるものもあらう。疲れてゐるものもあらう。心の故鄕を失つたものもゐよう。バイロンのやうに、戰場で倒れたものもゐよう。いづれにしても、丘の上の小さな家の窓邊に、一人の女性の立てる姿を見る時、何か微笑ましい心を抱くやうにはならないか。何か勇氣づけられ勵まされるものを感じないか。

文展 洋畫部の新人たち

江川和彦

所謂新人の作品といふと先づ擧げられるのはよきにつけ惡しきにつけ特選その他の賞を得た人たちの作品である。而してその中で最初に擧げられるものは、「老圖書館長Tさんの像」を描いた渡邊武夫と「霜鬢」を描いた南政善である、この二人の作はナマジッカな狙ひなどなく、ひたすら突込んで描いてゐるところに「しつかり」して見える結果が示されたものの如くである。勿論この底のものにて十分なものとはいひ難いが、若手とか新人とかの態度として今年の文展の中で先づ買へる部類のものだつたといへよう。然し實際のところ若い熱と意氣とハリとで此の域まで來ながら、それらのもののナマな感のするのは、單に作家が若いからとか、筆が枯れてゐないからとかの問題ではなく、むしろ在來の西洋的油繪の觀念的方面のものに久しくひたり來つたために、急に脫し切れないものによつて阻害されてゐるものが窺はれるやうに思はれる。單に帝展とか文展とかに示され來つたあまり香ばしくないスタイルが、基礎の深きのない所で無難な程度なり常識的な程度を或る意味の目標にして來がちだつた所に、在來の（現在でも同樣だといへるが）無氣力な制作にしか閉ぢこもれなかつたものがありさうである

かうした觀察は案外現在の審査員級からもつと溯つてかなりの年輩にも地位にも達してゐる人たちにもいひ得るし、無鑑査の大部分がこの桎梏のもとで動けなくなつてゐるかの如くでもある。文展には漸次他の在野團體から參加する者も出て來るやうにはなつてゐるが、文展に出品してゐると、在野團體に於ける色彩も特徵もなく、文展ナミの成績を示す底に止ることは結局從來の在野團體にもさしたる根强いもののなかつたことを大部分が暴露してゐるとも見ねばならないかも知れぬ。

この點は現在の新人と目される人たちの充分に考慮して然るべき所であらう。かかる意味からして渡邊、南の兩者の作は、十全なものとはなし難いが、文展係の若手作家として一面にその弱點を有ち乍らも反面に於て現在若しくは將來の作家としての方向を求めようとしてゐるかに見ゆる所は誰しもが考へてみてよい點であらう。

「霜鬢」にしても「老圖書館長Tさんの像」にしても、當然もつとその人物の性格若しくはあの描かれてゐる情景に於ての雰圍氣が伴ふべき筈であり、その缺如は結局これまでに浸み込まされた空虛な技術に由因するといはねばならないであらう。

以上の二作と比べると、新人といふには少しく畫がたちすぎてゐるかも知れないが、やはり特選を得た中村琢二の「女集まる」は、かなり趣を異にしたものである。前二者が人物を肖像風に扱つてその對象にひた押しに突込んでゐるのに對して、後者は女の群像をその構成と衣服の色彩の配合とによつて何等かその場面の空氣を物語らうとしてゐる。中村琢二が一水會系の作家であり安井曾太郎門の兄弟子格であるだけに前二者の文展系の作家とその行き方の相違の比較に興味のあるものがある。

元來中村琢二の仕事はジミであり堅實であり、むしろ野暮つたい所さへあるが、またいつも明るさを有つてゐる所にこの作家の持味もある。この明るさが長所とも短所ともなつてゐる所に、また前の南、渡邊の行き方と、同じ所へ行き着きながら異つたものがある所でもある。ジミな堅實な態度でリチギに見える程に眞面目なところから、側面や裏面にあるものを捕へかねてゐる傾さへなくもない。そこにあながち惡い意味とばかりともいへぬ野暮くささがある。その上に持味の明るさが、明るさの程度に止つて別に明るさのドキッさも、また明るさが投げる影も見出し難い所に、この作家のものに何か物足らなさを感じさせるやうである。この「女集まる」の場合にしても、その側面か裏面かが捕へられれば、或は明るさのドギッサかその投げる影かが（必しも色調とか畫面的とかの意味ばかりでなく）急所を捕へて生かされるならば、案外この作が相當に物も云つたらうし、リリカルなものも感じ得られたのではないかと思ふ。

かかる意味からの成功といふよりは、目標へ到達し得ることは狙ひの清算であつてよくはないかと思はせるものがある。いづれかといへば、この作家の作風は比較的素直なものであるので、狙ひといつても物ほし氣な感や見てくれかしの感はないが、一例をいへばその作家自身の好みから來る色彩的な狙ひなどが、何かこの明るさを基調として進む行き方のものと矛盾するものがあるのではないか。從つてこの作家の性格としての素直なところ、明るい所から、もつともつと對象なり又は描かうとした世界になり突込んで行く熱と意氣があつたならば、案外もつと一水會のチャンピオンとして文展にその面目が發揮出來たのではないかと思ふ。細かな點からいへば或は一水會の作家らしい特徵も見られるかも知れないが、まだ大きな意味からいへば、文展に並んでその特徵を發揮してゐるとはいへないやうである。

要するに前に述べた南、渡邊のものに求めた基本的なものを、この一水會系の中村琢二にも求めるものであるといふことを此處に重ねていふことになるのである。而してこれは現在の若手どころとか將來を擔ふ人たちとかに殊に考慮反省を求めたい所であり、それは文展系の作家、文展參加の在野作家のみならず、一般に充分考へて貰つてよい所であらうと思ふ。

次に特選とは關係はないが明須田剋太の「若き男」は今年特に進步の跡を示したものとして此處に擧げたい。この進步といふのは單にうまくなつたとかよくなつたとかいふ表面的な效果の問題ばかりでなく、從來の觀念的な域からかなり脫したといふことなのである。この作家の從來の意氣が幾分でも內面的に向つたことが窺へると思ふのである。そこから出發したものがこれまでの誇張的なデフォルメを幾分でもおのづから制限し來つたことが窺はれ、而も現實性へ突込んで行つた結果が、かなり描かれたものを內面から生かして來たのを見るのである。これは單に畫面的な效果が成功を收めたのではなく、喰ひ下つたその意氣から生れた一種の妖氣（惡い意味ではなく）の現れた所なのでもあらう。この作家の有つその妖氣こそ、現實に喰ひ下ることと繪畫の基本性を手につけることによつてもつと生きて來る日がやがてありさうである。その日は必要以上のデフオルメが征服されもし、またその必要に應じてのデフォルメが生きて來るかともいへるかも知れない。

この作家も歸着する所は前の渡邊、南、中村等と同じところへ行くのであるが、文展系のうちにあつて以上の三者とはまた異つた方向からの進む道があることをこの作家は示してゐるのである。

方向といへば勿論いろいろの方向があり、必ずしも一樣のものではないことはいふまでもなく、他の特選その他の受賞者の作にもそれぞれの方向によつてこの精進ぶりはあるわけだが、以上の人たちの今年の作によつて、いづれも共通した所に於てその基本に缺如されたものがかなりはつきり窺はれた感があり未だその缺如の域からは脫し切れないながらも、それを征服する方向へそれぞれ熱と意氣とを以て進んでゐるのをその間に窺ひ得たやうに思ふのである。

第四回文展出品目録

第二部　繪畫（油繪・水彩畫・パステル・素描・創作版畫等）

第一室

コスチューム　中村　全
女集まる　中村琢二
ばせうの窓　房野德夫
濕地　橋本三郎
初夏の晴着　齋藤　齋
父とゴムの木　藤本東一良
苔寺石庭　大河内信敬
畔　川村精一郎
老圖書館長Tさんの像　渡邊武夫
狩獵家　鈴木榮二郎
秋　高光一也
室内　養田つや子
焚火　石本秀雄
海濱　新保兵次郎
老人　大原省三
協力　井手宣通
婦人　岡田又三郎
庭　木村八郎
山と京城　朴　泳善
黒い帽子の婦人　伊藤應九
山湖　青木申四郎
練習の後　水上信雄
菜園　内堀　勉
同蒲線を征く　笹岡了一
糸繰る老婆　守屋千之
畫室　田原輝夫

第二室

南島城趾　名渡山愛順
下田港　細井繁順
漁婦　八鍬四郎
影　淺井政勝
港　慶松左武郎
公園　平松　譲
池　中島哲郎
北支に生死を委ねし人の像　五味清吉
綠蔭　鈴木三五郎
コックのMさん　益永　端
臺南の家　富田民治
朝風に立つ　川口雄男
農夫農婦　水船三洋
種畜場（北陸）　渡邊一郎
聞　河口正勝
北京朝陽門外　鈴木　隆
夏の山路　山口亮一
紅邊　梶田英一
朝鮮の風物　李　鳳商
窓邊　石見セン
ハルピン風景　湊　實雄
工場の見える風景　茂木　稔

第三室

初夏の八甲田山　足立源一郎
靜思　中澤弘光
仙果　中村不折
齊唱　小磯良平
山村朝色　齋藤與里
少女坐像　山下新太郎
少女　藤田嗣治
中國風景　小山敬三
海邊の夏　青山義雄
華氈上の靜物　辻　永
朝陽城外　石井柏亭
月　南　薫造
N孃像　木下孝則
湖畔朝晴　田邊　至
裸婦　長谷川昇
妻の肖像　有島生馬
座像　中村研一

第四室

山羊と子供　市川　勉
池畔雨日　坂田虎一
山村麗日　奥瀬英三
マンドリンを持つ女　鬼頭鍋三郎
白樺林　森　桂一
窓から來る陽　本莊　赳
水邊雨意　戸津文雄
婦人像　寺内萬治郎
雨の上高地　北島朝一
憩　光安浩行
高原の夏　大澤海藏
外誌より得たるモチーフ　有岡一郎
番兵のゐる廣場　川端　實
立秋　遠山　清
盛夏靜物　渡邊浩三
少憩　伊藤悌三
奈良博物館　杉本健吉
西爪畑の朝　高宮一榮
山頂の巖　白石隆一
庭にて　庄司榮吉

第五室

仁王像　喜多村知
初秋　清水良雄
海邊の朝　別府貫一郎
青衣　園部晋生
初夏の果物　松郁　巽
路傍群像　宮坂　勝
武生風景　辻　愛造
山の娘　熊岡美彦
畔木の秋　野口謙藏
豐穰　中村善策
山水空　森脇　忠
琉球　川端彌之助
草と子供　林　鶴雄
石庭　久保　守
秋の靜物　高田　誠
水色のスエーター　鶴見守雄
靜物　久門元夫
子供達（於上海）　松尾正巳
郊外の庭　飯島一次
登山具　羽山金次郎
窓邊　小貫綾子

第六室

靜物　中谷　泰
コミンユニアント　高野三三男
山肌　清原武則
喇叭を配す　杉村　惇
鏡　石橋武助
錦秋　佐藤一章
霜鬢　南　政善
箒川　川合修二
青衣婦人像　小寺健吉
雨後の磯　大和義男
若き男　須田剋太
紀州の濱　矢野雄藏
松林小徑　佐伯　久
オホクワサン　關口隆嗣
少憩　野村隆雄
山の幸　清原重以知
藥水を汲む　岩崎勝平
夏井川　山川忠義
眞夏の庭　田中繁吉

第八室

R孃像　山田新一
青布卓上　小川　智
早春　斧山萬次郎
少女像　妹尾壽信
老樂師　土佐林豐夫
新秋　黒田頼綱
麓の朝　大谷房吉
猫を抱く小孩　松田文雄
垣　土本ふみ
北洋の黎明　安田　豐
北滿の農夫たち　福田新生
城隍祭の娘　西尾善積
漁村　山形光壽
故郷雨季　納富　進
湖南の春　平通武男
箕面の溪流　伊藤立己
靜物　金　在善
岩の上　中田　信
妹の像　中川鄕一郎
麗日　足代義郎
集荷場の女達　櫻井　悦
夏の夜　木下克己
工作　熊野禮夫
暮の港　田邊謙輔
友達　大島士一

第九室

信濃路の秋（水彩）　金澤信夫
新羅佛（毘盧舍那佛）（水彩）　赤城泰舒
奥信濃路（水彩）　石川欣一郎
河ぞひの村（水彩）　中田恭一
初秋の山（水彩）　加藤弘之
風景（水彩）　中田林五郎
溪流（水彩）　三宅克巳
清流（水彩）　板倉國臣
建國忠靈廟（テムペラ）　矢崎千代二
鐘樓の朝（水彩）　長坂春雄
南の國（版畫）　前田藤四郎
秋深き山門と石像（版畫）　棟方末吉

ろくろの窓（版畫）　守洞春
花二題（版畫）　織田一磨
山（版畫）　畦地梅太郎
向日葵と玉蜀黍（版畫）　山口源
夏景名城（版畫）　橋本興家
靜物（版畫）　高橋太三郎
切通坂（版畫）　恩地孝四郎
山道（版畫）　笹島喜平
早春（版畫）　塚本哲
不空羂索頌・摩訶般若波羅密多心經版畫鏡（版畫）　棟方志功
出征を祝ふ漁村（エッチング）　中田幾久治
川岸（エッチング）　駒井哲郎
苦力の家（大連）（エッチング）　武藤完一
水天髣髴太平洋（テムペラ）　平澤大暲
初秋の那珂川（水彩）　野澤潤次郎
小梨咲く頃（水彩）　宮部進
海邊の宿（水彩）　渡邊義一
森と水　山田隆憲
秋苑　胡桃澤源人
淺春　大野捷吉
麥秋　高橋虎之助
渚村初秋　大畑福三郎
あざみ　山崎隆夫
午後　西村愿定
初秋閑定　小林貞三
パイプを持つ男　笹鹿彪
六月の日　黒田久美子
坐像　末長護
夏の丘　西村喜久子
鏡と少女　正木順子
池畔の松の樹　山崎修二
雨後　寺松國太郎
畫集を見る女　境保雄
神將　白川一郎
婦人半像　保田善博
窓際　河井清一
雨後　原本虎雄
射手　池田治三郎
赤岩外科　片岡銀藏
農夫の像　松永敏太郎
收穫　土田文雄
松　曾根徹
ランプの靜物　牧野司郎
淡水風景　多々羅義雄

第十室

大漁の日　跡見泰
マンドリン　白瀧幾之助
黒衣の女　岡見富雄
池の見える窓　堀千枝子
花模樣　森田元子
少女像　近藤光紀
風蓮　太田喜二郎
碧い服　石井元
斜陽　江藤純平
島の女　池部鈞
霧の湖畔　山本鼎
少女と傳書鳩　龜高文子
塔　二見利節
M氏肖像　橋本邦助
天壇　山崎省三
新劇女優　中川一政
朝　山喜多二郎太

第十一室

生きてゐる街　水谷ひろ子
草原靜物　大塚平八郎
青衣婦人　瀬戸千代三
少年　富樫正雄
多崖　池上恒春
春陽圖　榎戸庄衛
梅林　佐野久
眞葛　柳瀬彌生
薄　青木達彌
廚房　金子德衛
甲賀ノ濱　小川博史
蒐彩　安達眞太郎
布を持つ女　谷澤一郎
伊勢ゑびと野菜　伊川鷹治
九州の山　田代順七
巖　服部亮英
初秋　松岡正直
母と娘　河野通暢
忙中の食事　川邊外治
紫衣　須田壽
馬耕する人々　江幡潤
急降下爆撃　吉田博
テラスにて　柳瀬俊雄
靜物　鈴木泰子
山村　原田武男
馬　花野三雄
裏の木戸　高野富吉

第十二室

奥日光　金子保
柿　本多幸市
廚の一隅　志村一男
着物の女　中村萬平
或る男　根津荘一
地下鐵　高橋正人
廚　小柳秀太郎
漁港の午後　古屋浩藏
多の子供　野口良一呂
糸まき　南大路一
鷄舍　後藤愛彦
沖繩風景　大嶺政寛
せんだんの花咲く頃　楢原益太
木蔭　大古田艶子
笛吹川　尾澤勝朗
雨　山口猛彦
丘上　内藤隶
秦准涼風　小早川篤四郎
水砧　樋口一郎
坐像　和田清
唐招提寺　入江令一
石狩川　西村計雄
黒松の林　近藤洋二
茶の間の母　藤岡俊一郎

第十三室

蟲籠　伊藤正
兎と子供　牲川英雄
岩　岡村三夫
秋晴れ　岡正一
面と花　島内キミ
將棋遊び　市ノ木慶治
東北風景　小泉富司
流れに憩ふ　家永騏三郎
男鹿の漁村　山下忠平
鹽鮭　溝江勘二
緑陰　山本道乘
秋景　西村靜子
ツクツクボーシの鳴く頃　本間博
漁村の雨後　日下昌三郎
龍海院　今井善一郎
渚村風景　齋藤武四
榛名湖　大竹栞
仁王　淺井堅治
甲斐駒ヶ岳春　山下品歳
靜物　千田徹夫
乙女　坪井一男
閑日　田所滿雄
笛　池田快造
午下りの庭　千代崎保雄
靜物　佐野猛
廚にて　臼井きよ子
初秋　長明

第十四室

山村　依田泰八
紙　林貞子
草の上　松居均
婦人像　田中爲信
濱の家　東斌
池　河野輝彦
新緑　桑重儀一
劍道着の少年　南寛
或る日の傷兵　安田稔
國土　橋尾整八
臼挽き　伴庄兵衛
千九百四十一年　油谷達
牧場の初夏　椿悦三
深山の春　諸橋政範
少女の像　政森敏男
石切場　戸谷賀一
棒登り　角南松生
風呂出る小供　金子三藏
端座　瀧川太朗
休息　刑部人
男の肖像　勝間田武夫
朝の牧場　梶原貫五
御願所　安次嶺金正
子と母　西川高次
妹の肖像　鈴木滿
溪谷　佐藤行弘
父の像　寺島龍一
阿修羅王　奥山堤
三ノ塔　杉山一正

第三部　彫塑

鐵の戰士　小金丸幾久
海來る　上田喜久丸
再起の踊　朝倉文夫
少女　山本節郎
蒼茫　長島利雄
座像　中川清
降魔　尾崎一草
斷　小森邦夫
白壁の家附近の戰鬪　小倉右一郎
つはもの　梅田修
立像　長谷川塊記
閑居　鮫島台器
泉　伊藤鉦次
女　吉田久繼
I氏像　行田泰英
手榴彈　羽田千年
人馬　有地滋廸
秋　横山五郎
鉢の木　服部幹夫
海を護る男　中川爲延

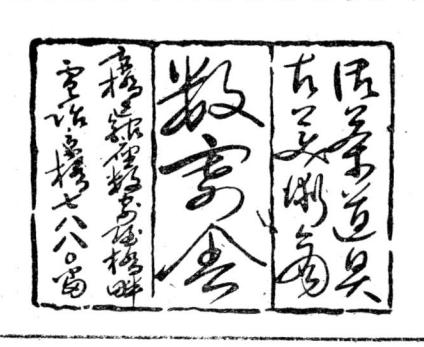

鐵	遠藤松吉	歸還力士九州山	渡邊弘行	裸女	石原哉	後庭採果	佐藤助雄	海	大立日琢郎
動	白井謙二郎	靜思	坂上正秋	まごころ	潮田皓昂	黒潮	瀧川美一	陽和	岡正敏
空	松木庄吉	連心	今里龍生	三角形の母子像	宮地寅彦	藏王忿怒	清田清也	女立像第二	高藤鎭夫
遙けき懷ひ	木內五郎	潮流	川島雄三	山麓	大島駒藏	試作	柴田正重	野球	山口伊之助
青春	長谷川義起	憩ふ	立川義明	H少年	石田清	厚生の輪	小倉一利	習作	清水禮四郎
沃土	山脇敏男	初夏	小松彌六	コタンのアイヌ	加藤顯清	尾白鷲	吉開伊喜藏	日本刀	寺畑助之丞
鳩と女	荒居德亮	正義の劍	花里金央	新秋	堤達男	さざれなみ	坂手讓	二千六百一年の作	開發芳光
正眼の構	雨宮治郎	坐像	藤澤古實	故中村彝君像（習作）	堀進二	萎上	畑正吉	母神	井口喜夫
空	吉田三郎	村上英先生像	上田直次	建國	山崎朝雲	增田先生像	杉本宗一	相撲とる子供	伊藤芳雄
獸	建畠覺造	肖像	有井章	以露葉	長谷川榮作	鬪ひ	鈴木仁亮	海に面す	毛利教武
海紅	和田金剛	初秋の作立像	李國銓	澄心	橋本高昇	創世	須賀東三	熊を彫る老アイヌ	中野五一
座像	泉谷希一路	レスリング	片岡環	立てる男	進藤武松	女性	清水三重三	捧ぐ	富田匠美
青年	坂東文夫	女立像	佐野信雄	希望	兒島正典	第六動（角力の型）	米林勝二	拓土	服部不二之
潮聲	村山清光	座像	小室達	みのり	矢野秀德	丘	中島快彥	裸婦	福井三幸
裸婦	岸崎猪之助	胸像	森本清水	ヴイナス	安永良德	地軸を掘る	星野健一	弦風千里	紺谷英儀
若い女	川瀬永治	綠陰	奥山泰堂	腰かけた裸婦	藤井浩祐	青年	片山義郎	立てる女人像	明石順吉
高原	浦上善次	使命を擔ふ者	上田薫	青年胸像	石井鶴三	朝	中村靑田	孔雀	石田文之助
讃童慈現	渡部星村	女性	相曾秀之助	薫染	後藤清一	立女	岡本庄三	秋立つ	長谷川昻
山	安西順一	待機	河村龍興	座せる女	建畠大夢	解放	今域國忠	おとこ	北古賀一郎
出動前	若狹三郎	池上先生像	宮本重良	護り	熊谷幸太郎	姉妹	本田德義	海東之正集	森大造
白衣	本間敏之	上宮太子	翁朝盛	昭和十六年研究作	安藤照	大地	渡邊徹	菊地教士の體	太田良平
神通	澤田晴廣	親き友	須藤力次郎	早春	山田忠治	鰯雲	木村珪二	水邊	澁谷田海
女	大嶽茂樹	鹽田先生像	杉浦藤太朗	坐像	國方林三	牡牛	岩田千虎	タイプ練習	三木凱歡
坐像試作	村田勝四郎	母と子	緒方敏雄	鼓	後藤光行	途上	圓鍔勝二	女立像	長谷川正雄
婦	菅沼五郎	働く少年	安達貫一	梅里先生	森山朝光	座せる女	安藤達亥	地海を旋る	田村審火
投擲	清水多嘉示	少女立像	宮越啓子	六兵衛さん	國領辰彌	爾朗之像	倉澤與世	擊	尾形喜代治
女	今村輝久晃	裸婦立像	陳夏雨	青葉の笛？	太田重範	男之像	分部順治	立てる女	星野直弘
座せる女	漆原馬須雄	腰かけた女	松本昇	（敦盛の菩提なる須磨寺を弔ふ蓮生法師）		田園	古川順三	待機	北地莞爾
振袖	北村治禧	首	成瀬藤治	鎭（八紘一宇）	安一	感	野々村一男	日月 一、神器 一、觀秩	大內青圃
裸婦	矢崎虎夫	夏	小西光壽	靴下を穿く	樵澤仲行	學童に贈る鍛錬	石橋古鈴	思ひ	中野昂
立女	瀬戸團次	バクオン	日高正樹	母子	久原濤子	群像試作	河內山賢祐	銃後の老人	山內倉藏
靜立	山本民二	熟慮	長沼孝三	たばこ	松浦良	地軸	三國慶一	知智乃實	上候俊介
男	佐藤仁宗	少女	田籠芝朗	胸像	大屋義昌	荷揚人夫	大村清隆	安南	鈴木達明
炎熱	横山喜一	阿麻波勢豆加比	三木貞夫	望洋	水野德二	阿良志乎	鈴木國策	明星	西田明東
若人	三坂耿一郎	陽のもと	平澤信勇	鐵路を守る人	粉山三穀	海女	横山文夫	銃後の力	小川大系
江川太郎左衛門像	水船六洲	裸婦立像	倉持芳	靜	中吉泉	爽かな生	長澤幸夫	漁夫像	高橋英吉
女	曾圭奉	祖國防衛	梁川剛一	夕映	日下寛治	空の殉難者に捧る像	眞海德太郎		
銃後の戰士	山田政義	一佛徒の頭像	中島東洋	雄視	太田南海	龍蟠る	金保正智		

美術旬報

カトリック美術協會

第六回展（內示）

日本天主公教會信徒の美術家を以て組織された宗教藝術の研究團體カトリック美術協會では十一月一日より五日まで麴町區三番町伊太利亞文化會館に於て第六回展を開いた、今回の作品は來春ローマのヴァチカン市國に於て開催することになつてゐる萬國布教美術展に出品されるものでその內示を兼ねたものであつた

整址會一回展

十五日から菊屋畫廊

光風會に屬する新銳作家土橋醇一、秋保正三、田邊穰、宮川久四氏は今回「整址會」を結成其の近作發表會を十五日から十九日迄銀座の菊屋畫廊で開催する

□□第四回文展榮譽の特選□□

第二部八氏・岡田賞二氏・第三部八氏

今文展第二部（油繪、水彩畫、パステル畫、素描、創作版畫等）特選、並に岡田賞（洋畫）受賞者、第三部（彫塑 特選は左の通り

◇第三部特選「海紅」和田金剛「大地」渡邊徹「默」建畠覺造「たばこ」松浦良「希望」兒島正典「男」佐藤仁宗「江川太郎左衛門像」水船町六洲「婦」菅沼五郎

◇第二部特選「草と子供」林鶴雄（東京）「老圖書館長Tさんの像」渡邊武夫（浦和）「女集まる」中村琢二（鎌倉）「秋苑」胡桃澤源一（大阪）「薄」青木達彌（東京）「仁王像」喜多村知（東京）「夏の夜」木下克巳（和歌山）「霜鬢」南政善（東京）

◇岡田賞「少憩」伊藤悌三 東京）「布を持つ女」谷澤一郎（東京）

以心畫社展

明日から高島屋

明十一日から十五日迄高島屋八階サロンで以心畫社展が催される、同社は池上秀畝氏を師とし習畫にいそしんでゐる名士たちを以て昭和十一年に結成されたもので、昨年も第一回展を高島展で開いてゐる

出品者は、青木信光子、八條隆正子、入江爲常子、林友春子、淺野總一郎、濱野茂、木村小左衛門諸氏等である

朗峰畫塾素描展

十一日から菊屋畫廊

伊東深水氏主宰の朗峰畫塾では十一日から十三日迄銀座の菊屋ギャラリーで素描展を開催する、今回展は向上心に燃ゆる畫塾の新進の近作約五十點を展示し世の批判を乞はんとするものである

「水彩時代」結成

第一回展を菊屋畫廊

今回、長澤昇、牛田文夫、寺居健一、石川菊壽の四氏に依つて「水彩時代」を組織、その第一回研究發表の展覽會を六日から九日まで銀座菊屋畫廊で開催、長澤氏は「自畫像」他四點牛田氏は「坂道」他四點、寺居氏は「菊花」他五點、石川氏は人物と靜物とを取材としたもの五點をそれぐ\出品、好き反響を齎した

東美成績展示會

東京美術學校圖案部では去月十八日から二十一日迄銀座三越で成績展示會を開催、同部に勉學する全生徒の研究作製した圖案作品の優秀なものを選び之れを陳列公開した

五采會旗擧展

十四日から銀座松坂屋

岩田專太郎、林唯一、吉田貫三郎、田代光、志村立美諸氏は從來挿繪の領域にのみ立籠り、純正繪畫の方面には御無沙汰勝ちの姿であつたが、それでは畫家として使命を完うする所以でないと悟り、今後は挿繪に精進すると共に更に純正繪畫の方面にも進出し、一面挿繪も將來は純正繪畫的に描き得るやうな機運の釀成に努めるべく五采會を結成、其の旗擧げ展を十四日から三日間銀座の松坂屋で挿繪畫家の純正繪畫試作展として開催し一般の批判を仰ぐ事となつた出品は一人十點內外約四十點の豫定

工藝品割愛展

十五日から白木屋

來る十五日から廿日迄日本橋白木屋で陶磁、漆器、竹器、其他の工藝美術品割愛展が開催される、出陳點數は約四百點に及ぶ

水彩畫展

三宅 石川

三宅克巳、石川欽一郎兩氏の近作水彩畫展は四日から七日迄青樹社で開かれた、前者は「伊豆天城山の麓」、「雨後の溪流」等十五點、後者は「奥武藏」、「鹿島槍の麓」等十三點をそれぐ\出品、觀衆の心を堪能させた

朝鮮

總督府後援朝鮮古美術展

◇…華々しく廿一日から日本橋高島屋

朝鮮總督府の後援で朝鮮工藝研究會の朝鮮古美術展が日本橋の高島屋で十八日から廿日迄を鑑賞日、廿一日から廿三日迄を會期として華々しく開催される出陳されるものは文明商店主李禧燮氏が多年鷄林八道各地で渉獵した古工藝品或は古都の舊家に就き苦心蒐集した樂浪地帶の發掘品、李朝末期の工藝品など數千點中より及び半島美術工藝の代表的優品二千餘點を一堂に陳列し朝鮮工藝美術の宣揚に貢獻せんとする空前の壯擧で、出陳中の王座を占める「樂浪鍍金風鈴金の鳥籠」は二千年前の稀代の絕品、又「李朝染付花文散總辰砂德利」は李朝陶磁の雅味の精髓を最も濃厚に表現した逸品、更に「高麗青瓷八角面取細口長首瓶」は高麗時代靈水又は酒を盛る高貴な器として用ひられた名品、其他珍品逸品が數多く、全く朝鮮古工藝の全貌を展示する大規模で而も有意義な展觀である

新燈社作品公募・第十九回展

來る二十日から大阪中之島朝日會館

創立以來十九年順調に發展してきた新燈社では、第十九回展の開催と作品公募とにつき次のやうに決定した、同展は、油繪水彩或は日本畫等の材料的制限を超越し、純藝術の見地から優れた作品を以てその內容とする計劃のもので、會期は來る二十

明日から侚美展

資生堂で三日間

侚美展覽會が十一日から十三日迄銀座の資生堂で開催される作品は深水、明治、元宋、土牛、榮三、南風、堅二、周桑、咄哉州富治、岳陵、泥牛、丘人、千靱、蓬春、孝坪、紫明、大果白甫、寧、豐次郎諸氏の近業で、今回は從來の如き枠張でなく特に表裝して陳列する筈

神庭白黎新作展

故平福百穗氏門下の神庭白黎氏の新作日本畫展が去月十五日から十九日迄日本橋高島屋で開催、「豐穰」「寒光雪嶂」「雲煙去來」「牧畜」等作品二十六點を陳列、連日盛況であつた

眞制美術試作展

十五日から銀座三越

眞制美術會試作展が十五日から十八日迄銀座の三越で開催される、同會では臨戰態勢下の美術は國家情勢に相應はしいものでなければと同人一同日本精神の强調に重點を置き假令それが地味にならうとも眞摯一點張りの作品といふ點で世の批判を問はんとする試作展である

展覽會の暦

▽高須芝山個展 十三日迄伊勢丹
▽東都大家日本畫展 同前
▽第六回木芽會繪畫展（大阪） 十三日から十七日迄そごう
▽岡田行一人物畫展 十三日迄青樹社
▽銃後女性藝能報國手工藝展 十四日より十八日迄新宿三越
▽五采會一回試作展 十四日より十六日迄銀座松坂屋
▽旭泰宏新版畫展 十四日より十六日迄資生堂
▽爽原會展 十五日から十九日迄青樹社
▽工藝美術品割愛展 十五日から二十日迄日本橋白木屋
▽整址會油繪展 十五日から十九日迄菊屋畫廊
▽眞劍美術第一回試作展 十五日から十九日迄銀座三越
▽山下摩耶個展（神戸） 十六日迄三越
▽下田範治個展 十六日から十八日迄銀座ギャラリー
▽須田國太郎日本畫展 十七日から十九日迄資生堂
▽立教洋畫展 十七日から十九日迄紀伊國屋
▽現代大家新作日本畫展 十八日から廿一日迄日本橋三越
▽大月秋民繪畫展（大阪） 十八日から廿三日迄三越
▽春泥會小品展（大阪） 十八日から二十三日迄松坂屋
▽三塔會洋畫展 十九日から廿三日迄銀座ギャラリー
▽第三十六回縣展（神戸） 十九日から二十三日迄三越
▽第二回日本刀即賣會及鑑定會（大阪） 十九日から二十二日迄そごう
▽各宗管長墨蹟展（大阪） 十九日から二十四日迄そごう

日から二十四日迄、會場は大阪中之島朝日會館、出品作品は他の展覽會で發表したものは受け付けず、應募作品は全部鑑査をし入選作品のみを陳列、そのうち傑出したもの數點に對し、新燈賞（百圓）及び奬勵賞を授與、鑑査及審査には名譽同人及同人が其任に當る、搬入は來る十六日、一人の出品點數は五點以內、同社の事務所は芦屋市芦屋字岸の下七二山田皓齋氏方、展覽會中は朝日會館內、同社の構成は左の通り

（名譽同人）靑木大乘、（同人・審査員）上田巳之助、沖中陽明、北村種三、菖蒲大悅、寺田六華、山田皓齋、他に幹部三十二氏

尚又國防獻金の爲、同人及び幹部の作品を特別陳列する

"法隆寺は飽くまで非再建"

足立博士若草伽藍址發掘に依り證示

世界唯一最古の木造建築で卅一棟の國寶建造物を擁する大和の法隆寺は、明治三十八年以來記錄を重視する故喜田貞吉博士等の史家に依る"法隆寺は雷火に遭つて燒失し再建されたもの"とする說と、建築形式に**力點を**置く故關野貞博士等の建築學者に依る"法隆寺は昔のまゝ"とする說とが兩々對峙し、論爭は三十七年間の長きに亘つて續けられてゐたが、今回關野博士の愛弟子日本古文化研究所員足立康博士が、再び若草伽藍址の發掘から得た新證據を提げ、"法隆寺は再建されたものでない、今回の發掘でこの問題を解決した"と宣言したので學界の注目を惹くに至つた、同博士の談に依ると、法隆寺には二つの部分があるべきだ、一つは用明天皇の御ために敬造された**藥師堂**を安置すべき根本の伽藍、今一つは聖德太子の御ために敬造された御等身の釋迦像を安置すべき所謂釋迦堂である、ところが現に太子御等身の釋迦像を本尊とする今の金堂の一部を太子の御ために營まれたものと思惟するから、用明天皇の御伽藍は他に求めなくてはならない、從つて理論上若草伽藍がそれで無くてはならないつまり是れこそ雷火に遭つて燒失したもので、現在の金堂は千三百年前のまゝだと主張して來た、今回の發掘で三つの主な**證左が**明かにされたから、若草伽藍は用明天皇の御ための伽藍であることは疑ひない、結局、再建と非再建との論爭に止めを刺した發掘であるとするのである

故鹿子木孟郎氏

遺作小品展

名古屋市後藤版畫店畫廊主後藤林之助氏が主催となり同所で十月二十七日から三十一日迄故鹿子木孟郎氏遺作滯歐小品畫展が開催され、「セーヌ河畔」「ニコローの柳」等五十點の作品のほか、その代表作である「奉天入城圖」、「大震災圖」、「南京入城圖」等を時代順に展列し、連日盛況を極めた

岡本太郎作品展

岡本一平氏の嗣子太郎氏の滯歐作品展は六日から九日まで銀座三越で開催、「空間」「雲」「作家」等十三點を陳列、その異色ある作風は觀衆に深い感銘を與へた

大壁畫摸寫事業

遂に暗礁へ

法隆寺の金堂內に今を去る千餘年前白鳳時代の燦然たる藝術をそのまゝに傳へる十二面の大壁畫摸寫事業が、昨年九月荒井寛方、中村岳陵、入江波光、橋本明治の四畫伯以下斯界の權威十二氏の手で着手されてから既に一年餘になる、しかも、二ヶ年計劃の半ば以上が過ぎた今日この難事業が、畫家の病氣或は辭退によつて頓挫し、いつ完成するか解らないといふ心細い狀態に陷つてゐる、中村岳陵氏は無理が過ぎて病氣に倒れ、森田沙夷氏は病氣を理由に正式辭退し、又々橋本明治氏が病氣となつて繪筆を捨てた、摸寫事業は八壁の內三割程度しか進捗してゐない、完成した面は一つもなく、未着手の四面を担當する畫家も全然當てがない有樣で、斯く成つた原因は、出來高拂ひといふ担當畫家の待遇問題であると觀られてゐる

大政翼贊會後援志士遺墨展

大東南宗院主催で十二日から三越本店

明治維新志士の遺墨展が十二日から十六日まで大東南宗院主催大政翼贊會後援の下に日本橋の三越で開催される、主催の大東南宗院では、綱羅主義を避け最も有意義な遺墨ばかりといつた方針から今回展觀する百餘點の蒐集には非常な苦心を拂つた

山岸主計版畫展

曩に文部省から歐米十五ヶ國の版畫視察を託せられ歸朝後版畫「世界百景」を大成して國粹日本木版畫のために氣を吐いてゐる山岸主計氏は目下「東亞百景」の完成に努力してゐるが、四日から九日迄上野松坂屋で東亞風景版畫展を開催、「廣東黃綿花」等五十點の版畫のほか、興亞繪卷三卷の肉筆三十六點を陳列し好評を得た

日本人形美術院

十三日から旗擧展

岡本玉水、平田郷陽氏等は十數年前から白澤會、日本人形社等を創設し同志と協力して斯界の向上發展に努めてゐたが、人形美術を確立し斯界の中樞となつて次代に寄與する信念を以て今回日本人形美術院を創立し、第一回人形美術展を來る十三日から十九日迄上野公園日本美術協會で開催する事になつた、尚同院事務所は下谷區上野櫻木町五四に設置された

關口俊吾氏

歐洲戰線スケツチ展

關口俊吾氏の歐洲戰線スケツチ展は一日から五日まで銀座ギヤラリーで開催、フランス戰跡ベルギー、オランダ、ユーゴスラビヤ、ギリシヤ、アイスランド、ノールウエー、スピッツベルゲン各地に於ける收穫作品二十九點を陳列、好評を博した

世紀美術創作協會二回展

…本月廿九日から京都岡崎公會堂

京都西山翠嶂門下の今尾景春戶田北遙、大高爲山、奧村紅稀寺田芦秋、佐藤空鳴、宮尾光峰氏らによつて結ばれた世紀美術創作協會第二回展は本月廿九、三十日、十二月一日の三日間、京都岡崎公會堂に於て開催と決定目下各會員制作にそれ〴〵奮鬪中である

古陶磁茶器展

十二日から[illegible]居堂

自在屋主催の古陶磁茶器展が十二日から十五日迄銀座の鳩居堂で開催される、古唐津、瀨戶等茶器と觀賞陶と併せて二百餘點、相當名品が出陳される模樣

大三島の鎧再檢討へ

靱彥、忠夫二氏

去る五日東京發で安田靫彥、吉村忠夫兩氏は同行、大三島の大山祇神社の武具再檢討の旅に向つた歸京は本月下旬の豫定

斗牛會一回展

大阪大丸美術部で斗牛會第一回日本畫展が十月二十一日から廿六日迄開催、これは連年展觀を開催してゐた北斗會が、會員生田花朝氏の脫會後新たに勝田哲氏が加はり改稱更新された會で、何れも二尺橫物二點宛を出品し、それ〴〵の持味を見せたところに興味があつた

手工藝綜合展

十四日から新宿三越

女高師、女子大、東京女子美術、大妻、共立其他手工藝に關する帝都の主なる專門並に女學校の教職員に依つて「銃後女性藝能報國手工藝綜合展」が來る十四日から十九日迄新宿三越で開催される、出陳作品は日本畫洋畫、圖案、染色、編物、刺繡造花其他凡ゆる手工藝品を網羅

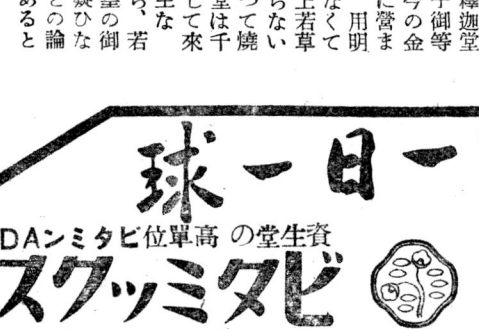

し手工藝を通じ銃後奉公の誠を盡す事となつた

福岡の美術展

縣美術と水上泰生展

福岡縣美術家綜合展第二回は本月二十日から六日間福岡市岩田屋で開催されるので去る三日東京美術學校内の倶樂部で東京側約五十點を集め既に發送した同展閉會につゞいて同じ會場で水上泰生氏個展が開かれる筈である

新興岐阜美術院第一回展

來る十五日迄岐阜市長良川ホテル

新興岐阜美術院は今夏岐阜市長良川ホテルで發會式を擧行、鳥居陸軍中將、大濱同縣學務部長、松尾岐阜市長を始めとし同縣下の諸名士三十餘氏を賛助員として結成されたものだが、この八日から同市公會堂で第一回展を開催してゐる、會期は來る十五日迄、今回は東西畫壇諸大家の賛助出品及び一般の出品が多數ある

清籟社展好評

五十嵐久和、稻川光風、石川美峯、西丸小園、樋田五峰、大柴丹溪、吉住節朝、相馬千里、森田菁華諸氏を同人とする清籟社では第一回日本畫展を去月二十二日から二十九日迄上野松坂屋で開催

「靜」外二點、五十嵐久和、朝の尾瀨ケ原」外二點、稻川光風、「靜閑」外二點、石川美峯、「松籟」外二點、西丸小園、「雙鹿」外二點、樋田五峰、「鵜」外二點、大柴丹溪、「松下彩鯉」外二點、吉住節朝、「菩薩」外二點、相馬千里、「賜帛」外二點、森田菁華

の出品があり好評を得た

小杉放庵個展

小杉放庵氏の第五回個展が十月廿二日より二十四日まで大阪高島屋美術部で開催、花鳥、風景等十二點を展じ、『春雪』『銀鷄春光』などの花鳥畫は努力が窺はれ『芳野古意』『今日好天』『柳灣打魚』は風景に人物を點じて詩趣溢れ、『月』は東坡の「赤壁賦」の人影在地仰見明月の賛あつて三人の人物を描き餘情たつぷりの佳品であつた

東陽會試作展

今回、服部亮英、細木原青起、岡本一平、田中比左良、堤寒三、麻生豊、北澤樂天、水島爾保布、宮尾しげを、清水對岳坊、宍戸左行、下川凹天諸氏は東陽會と稱する一團を作り諷世訶俗の筆の外に花鳥山水等を畫き銃後人心の慰安に資することになり、第一着手として去月十一日から十六日迄銀座三越で第一回試作展を開催、各自異色ある作品を發表し好評を得た

大森光彦作陶展

大森光彦氏の近作二百餘點を選び十月二十一日より二十六日まで大阪三越七階催場で其の作陶展が開かれ、得意の眞紅釉を驅使したものの他、風韻高き『染付闌文水指』圓熟した『染付色繪花瓶』、『捻形紋文花瓶』『貫入蝶文色繪花瓶』『染付花文素肌花瓶』等注目され、特に、『牡丹額皿』『花鳥額皿』等に暢達の技を見せてゐた

絶讃の大阪市美術館名寶展

伊萬里陶特別陳列は來る十五日迄

大阪市立美術館では恒例の秋の名寶展第六回を去月五日から同二十日まで開催、蒐集品は關西方面に於ける各名家寺院等の秘庫より齎した約七十點、室町時代の水墨畫を始め、桃山時代の絢爛たる裝飾畫、德川時代の狩野派、圓山、四條、文人各派及び明治の各大家の遺作などで特筆さるべきものに

浦上玉堂山水圖（米澤吉次郎藏）▼山口素絢立美人圖（須賀榮治郎藏）▼雲谷等哲武藏堂圖（布施延亮藏）▼可翁拾得圖（湯淺七左衛門藏）▼橋本雅邦富士山（坂井藍崖藏）▼海北友松琴棋書圖（三大寺喜兵衛藏）▼圓山應擧楊貴妃圖（米澤吉次郎藏）

等があつた、同時に伊萬里窯特別陳列を併催

▼重要美術・伊萬里草花文色繪皿（谷口作次郎藏）▼柿右衛門仙女羽土色繪皿▽伊萬里五艀舟色繪大皿

等七十餘點が展示され、この方の會期は來る十五日までである

斥土會展盛況

斥土會では去月十一日から十五日まで銀座紀伊國屋で展觀を催し阿部清定、梅原英子、小林森次、鈴木國威、杉本幸一、玉井安武、德永秀夫、橋本光雄諸氏の作品を陳列、會期中盛況だつた

新井謹也陶藝展

新井謹也氏の陶藝近作展が十月二十一日より二十六日まで神戸大丸四階で開催、花瓶、扁壺、額皿の陶板、香爐、水指、抹茶碗等百餘點を出陳、主として李朝風の作行に近代意識を盛つたもので、雅致見るべき作風は好評を得てゐた

三都表裝 研究會展

宏心會主催、京都研裱社及び名古屋裝美會賛助の新作日本畫三都表裝研究會展は二日から七日迄上野松坂屋六階で開催、宏心會からは深水、秀畝、關雪、玉堂、清方、榮三、栖鳳、松園、靫彦、桂月、翠雲、莊八等三十一氏、研裱社からは、印象、契月、一洋等九氏、裝美會からは華揚、映月等五氏の作品をそれぞれ出陳、連日盛況であつた

山下麻耶新作展

昨秋、大阪朝日會館で第一回個展を發表して好評を博した山下摩耶氏は爾後一年間の收穫を以て明十一日より十六日まで神戸三越六階大會堂で第二回日本畫個展を開催、大作三十點の他小品六十餘點を出陳する、題材と獨自の手法とは各方面から期待されてゐる

大阪巧藝社展

關西に於ける工藝作家、市川鐵琅、難波雅堂、松澤壽水、小林美春、三國丹祐、鈴木玩々齋諸氏等の金、木、陶、竹等の各派を網羅した大阪巧藝社同人の美術工藝品展は去月十五日より二十日迄大阪心齋橋そごう七階會場で開催、資材入手難を克服した熱意ある制作は注目されるものがあつた

乾坤社展好評

矢野知道人氏主宰の乾坤社第三回展は東京、名古屋松坂屋に於て開催後去月二十三日より二十九日まで大阪日本橋松坂屋七階で開催好評を博した

大禮記念 京都美術館 秋期特別陳列

大禮記念京都美術館の常設陳列は日本畫名幅展、明治洋畫回顧展に引きつゞき去月十四日より秋季特別陳列として日本畫部では本圖と草稿を對照した草稿展を洋畫部では東西諸名家の力作約三十點を陳列した、日本畫草稿展出品は

山元春擧「山上樂園」「夏の海邊」富田溪仙「傳書鳩」「御室の櫻」土田麥僊「平牀」西村五雲「園裡即興」菊池契月「交歡」西山翠嶂「馬」「夕」橋本關雪「燒土春かへる」上村松園「晴日」前田靑邨「觀畫」

洋畫出品は中村彝、佐伯祐三、岸田劉生、滿谷國四郎、中川八郎、鹿子木孟郎、關根正二、中澤弘光、河合新藏諸氏遺作其他

編輯後記

文展特輯の「日本畫工藝號」は匆忙の間に編輯したが防空演習やら印刷上の故障やらで發行日かつきりに出るのが少し遲れて終つた。奮闘の酬ひに發行日にはかつきり出たかつたのにと惜まれてならない、が幸ひに至るところ好評で、「こんなにして引き合ふか」といふやうなお言葉を方々で頂戴する。

本號はそれに引きつゞいての洋畫彫刻號である。これも御多用中をさし繰つて御執筆を願つた諸家の御好意は感謝に堪へない。實はもつと多くの方に御願ひしてあつたのであるが、御旅行やら、御病氣やらで思ふだけの原稿が集らなかつた憾みはあるが、その償ひはグラフページで埋め合せて頂くとしよう。前號から池田三郎氏の漫畫を入れたことはかういふ美術雜誌としては思ひ切つた編輯だと思ふが實は今後カルツーンの美術價値をもつと高めたいことと、美術と生活の契合した批判を企てたい意圖からである。本誌は今後美術ジャーナルの處女地をどしどし開拓してゆくつもりである

「旬刊」美術新報
昭和十六年十一月七日印刷
昭和十六年十一月十日發行
發行日 毎月三回（十の日發行）
購讀料 一册金五十錢（郵税一錢）
一ケ月三册金壹圓五十錢（送料共）
編輯發行兼印刷人 麹町區九段一ノ一四 猪木卓爾
資文堂
發賣所 東京市麹町區九段一ノ一四 日本美術新報社
電話九段二七一五
振替東京一六二五〇番
日本出版文化協會々員 一二二三五番
配給元 日本出版配給株式會社
通信は一切發賣所へ
發行所 東京市本郷區東片町八二 日本美術新報社

傳神洞塾將士慰安献納畫展

奮闘　池上秀畝

白鷺　池上緑畝

翔鶴　上野秀鶴

吉田登穀個展

寫眞は左より二人おいて野口謙次郎、吉田登穀、松本姿水、猪木本社々長、有便堂主石川光用の諸氏

春到

黒門會　11月4日—8日（日動畫廊にて）

寫眞は右より有島生馬、長谷川仁、小山敬三、海老原喜之助、高野三三男、清野久美の諸氏

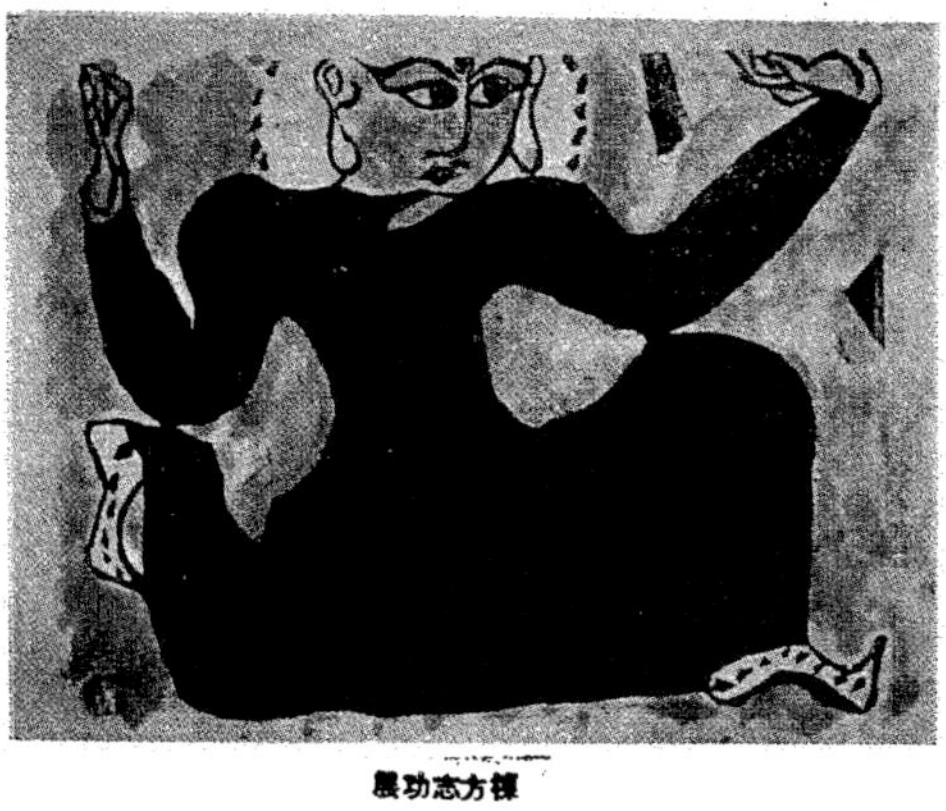

棟方志功展

觀音經版畫の内「帝釋」

熊を彫る老人　中野五一

白壁の家附近の戰鬪　小倉右一郎

コタンのアイヌ　加藤顕清

地軸ヲ堀ル　星野健一

海に浴す　毛利教武

海東之正氣　森大造

爽かな生　長澤幸夫

梅里先生　森山朝光

増田先生　杉本宗一

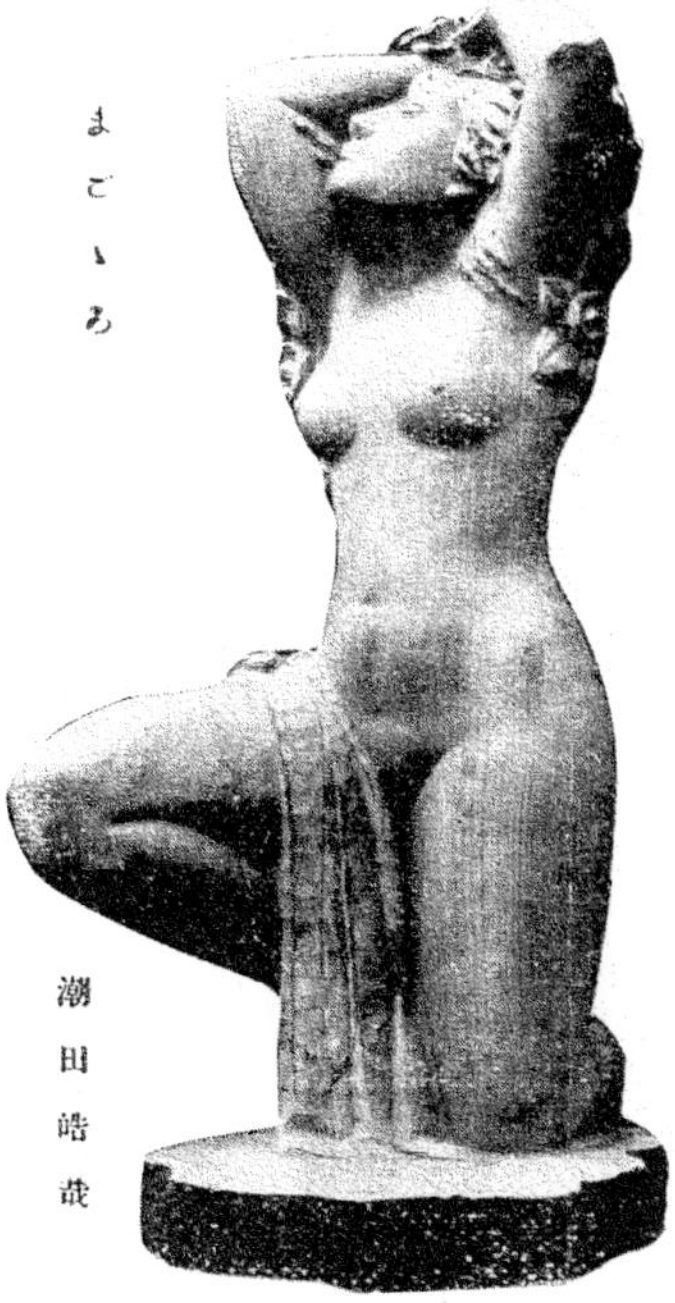
まごゝろ　潮田晧哉

特選

(1)江川太郎左衛門像・水船六洲(2)黙・建畠覺造(3)海紅・和田金剛(4)裕・菅沼五郎(5)大地・渡邊識(6)男・佐藤仁宗(7)たばこ・松浦良(8)希賀・兒島正典

(1)

(3)

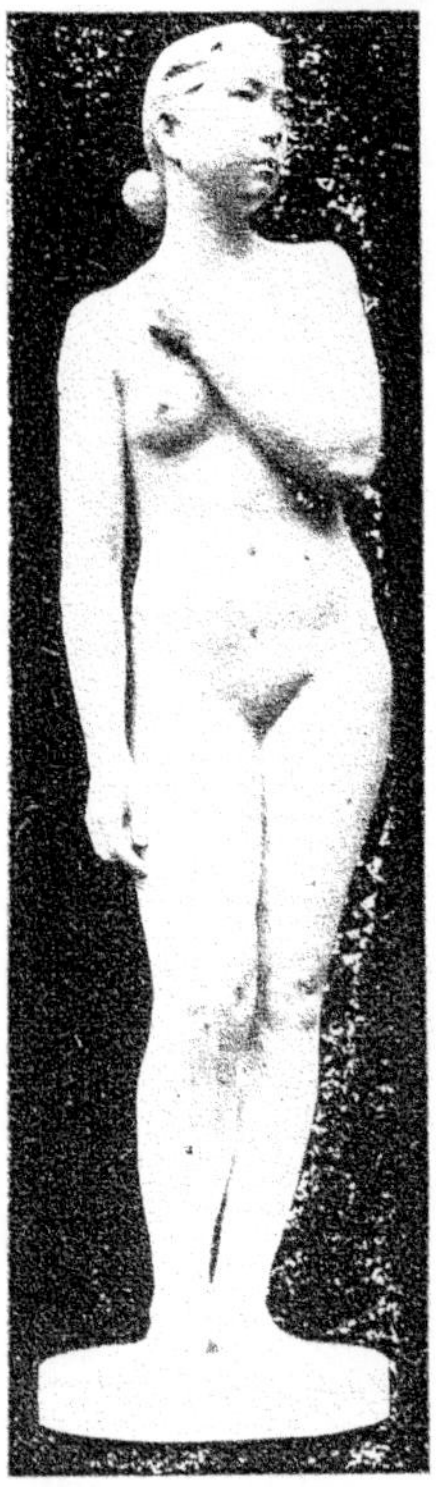
(8)

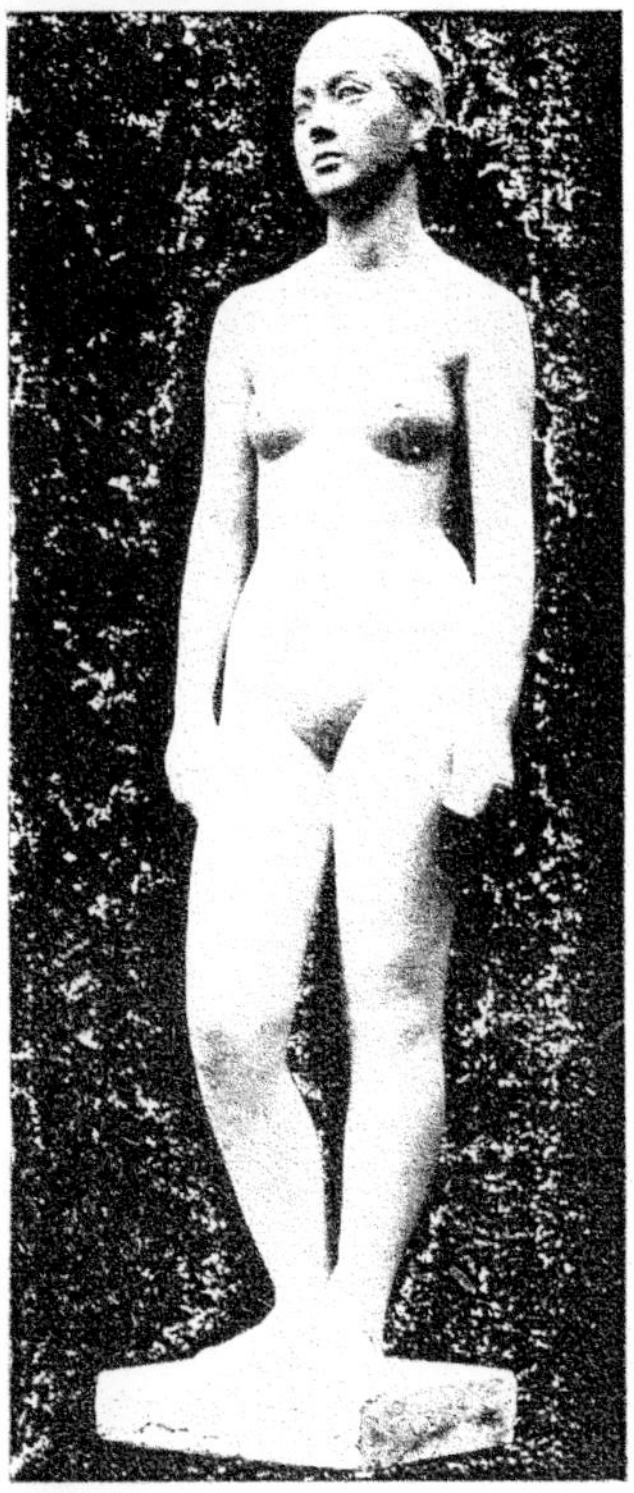
(5)

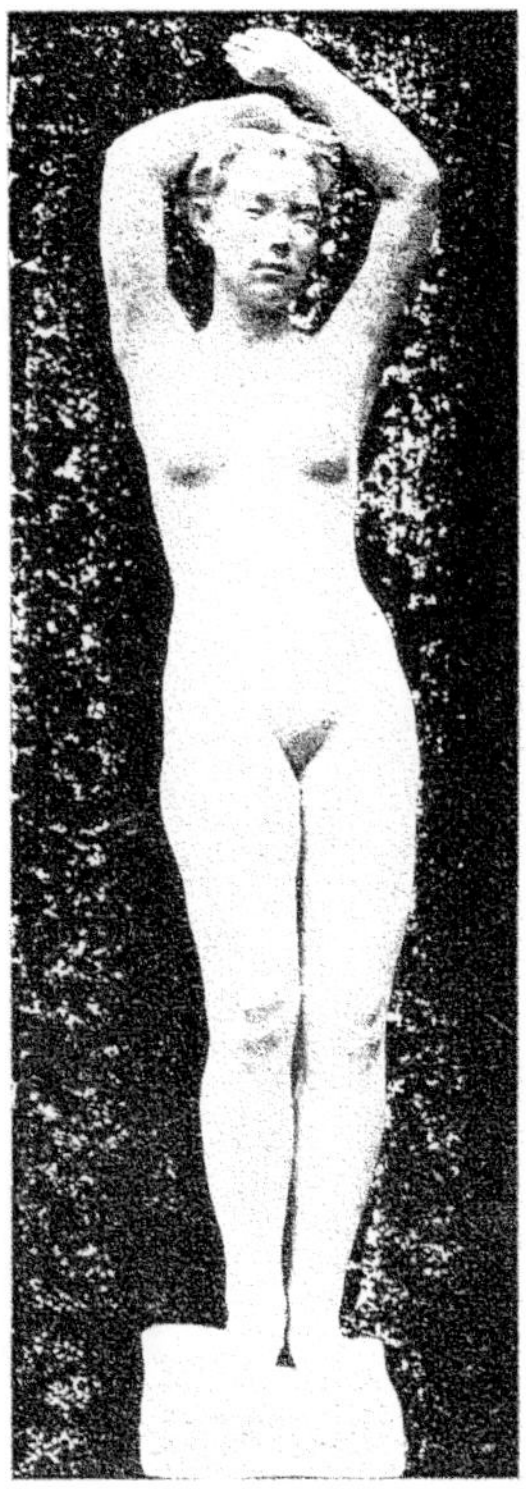
(4)

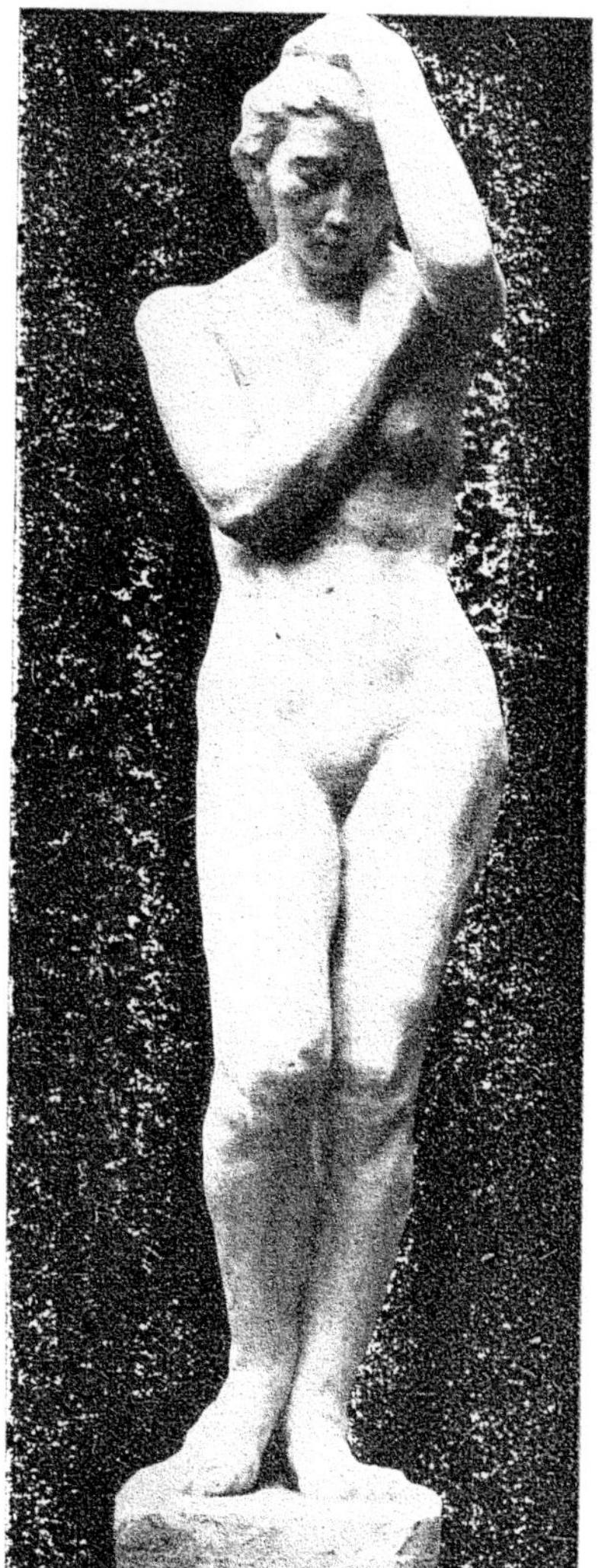
(2)

(7)

(6)

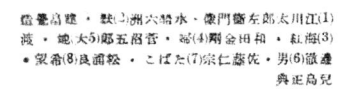

二千六百年の作　開發芳光

空　吉田三郎

昭和十六年研究作　安藤照

奏上　畑正吉

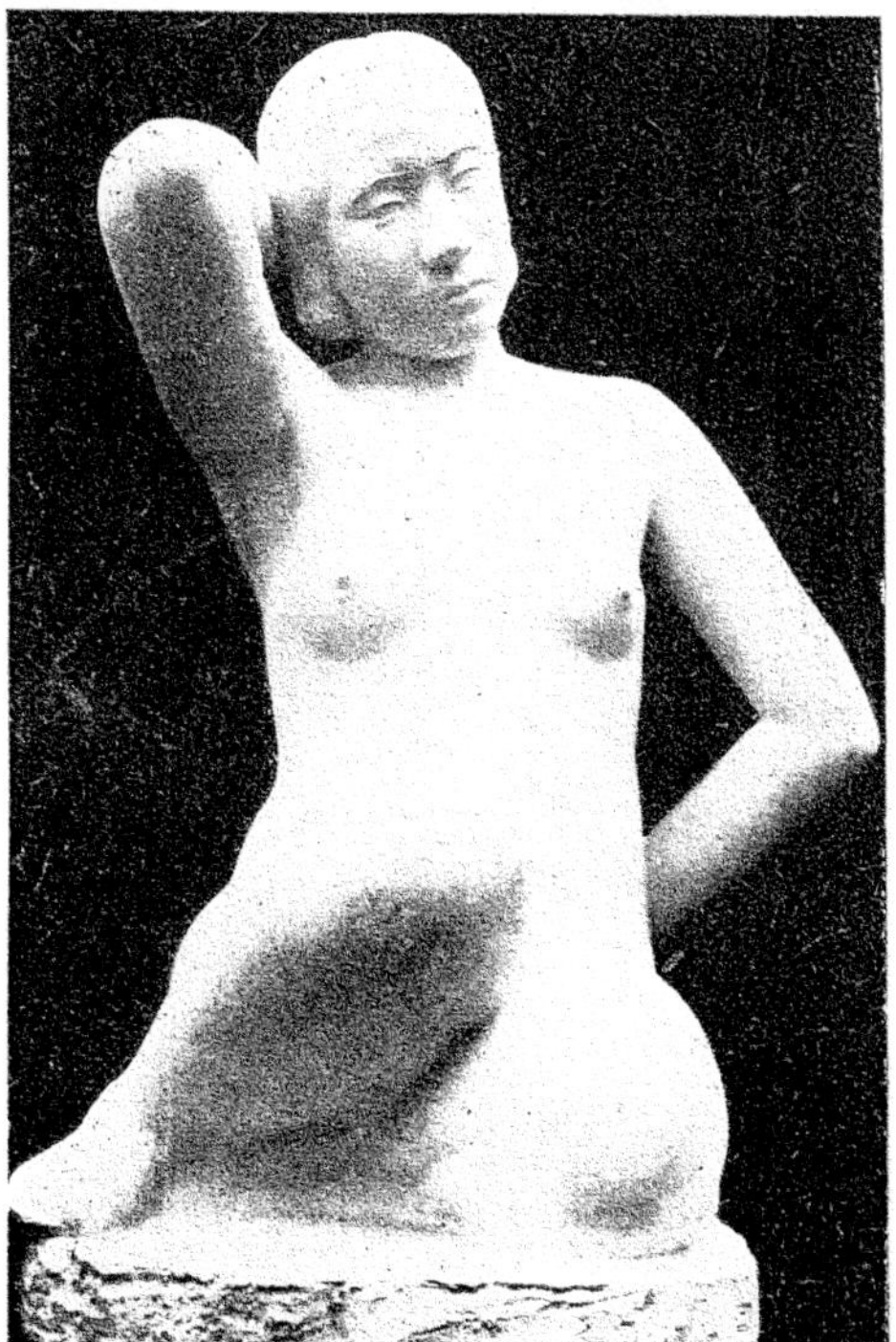

座像　小室達

正眼の構　雨宮治郎

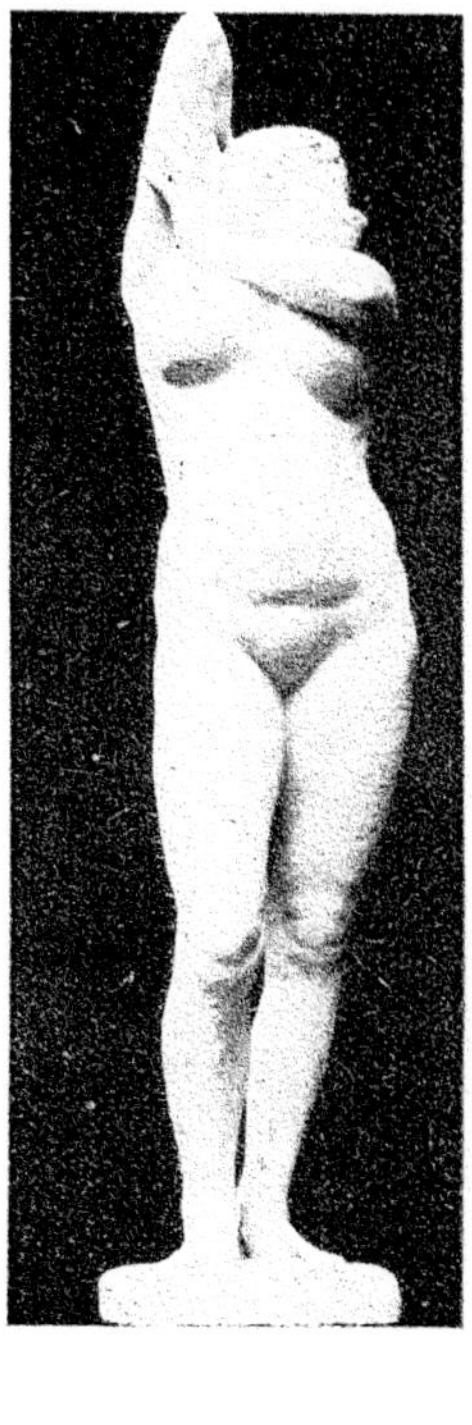

女　吉田久繼

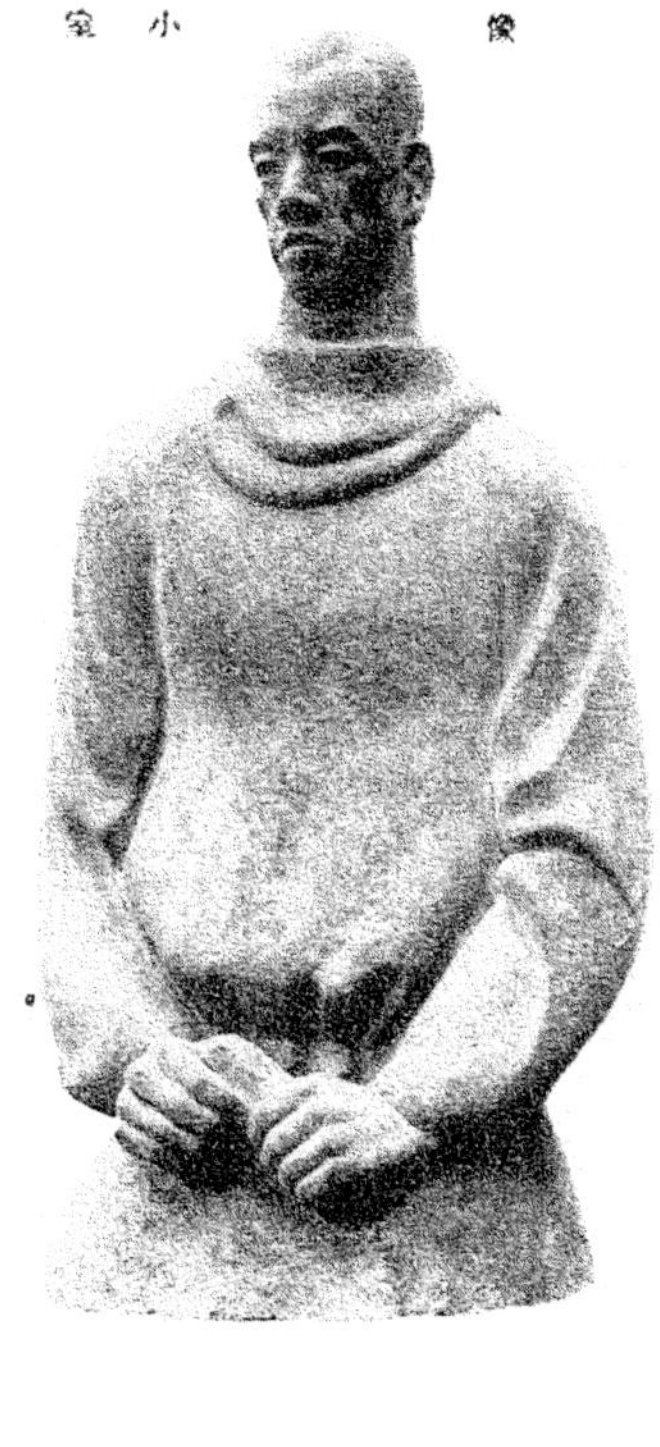

熟慮　長沼孝三

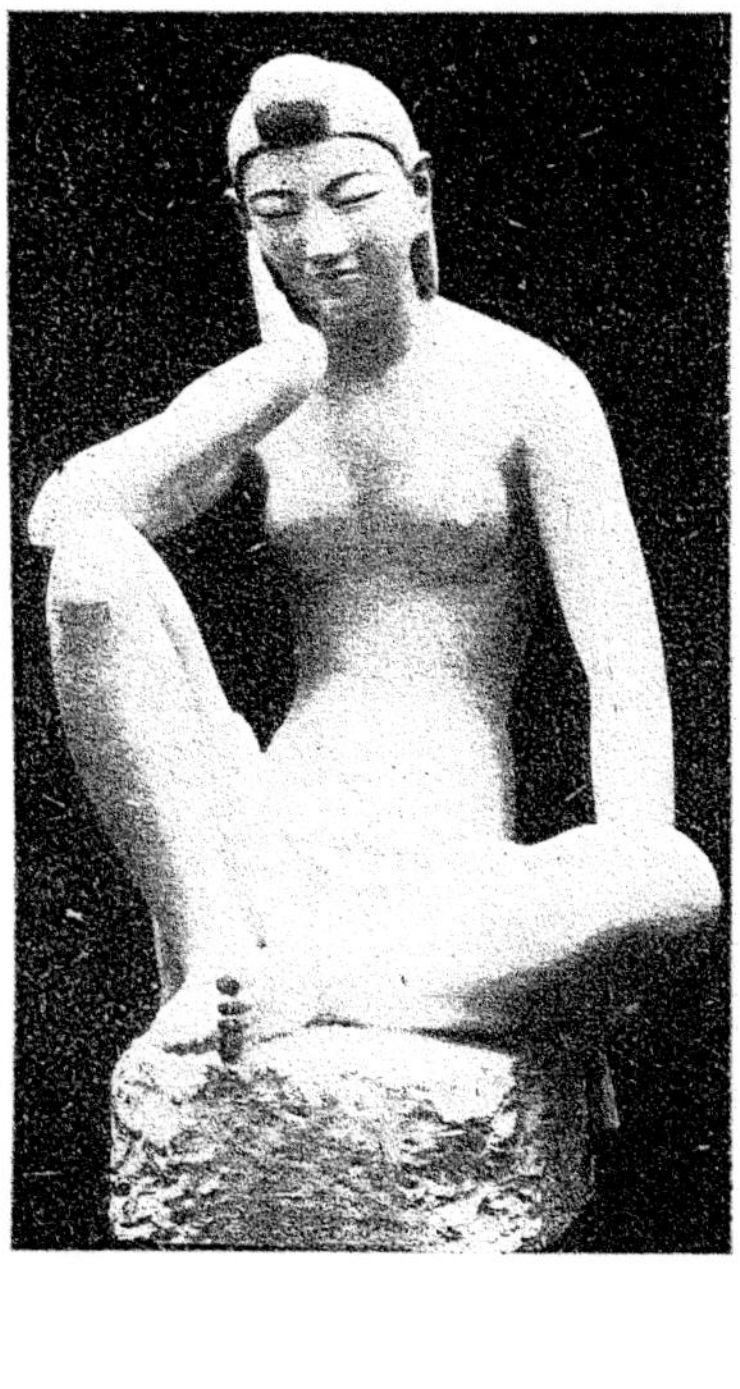

裸像　國方林三

彫刻

腰掛けた裸婦　藤井浩祐

故中村彝君　堀進二

座せる女　建畠大夢

神踊　澤田晴廣

再起の踊　朝倉文夫

以露斐　長谷川栄作

投擲　清水多嘉示

建國　山崎朝雲

布を持つ女（岡田賞）　谷澤一郎

小憩（岡田賞）　伊藤悌三

農夫農婦　水船三洋

練習の後　水上信雄

北満の農夫たち　福田新生

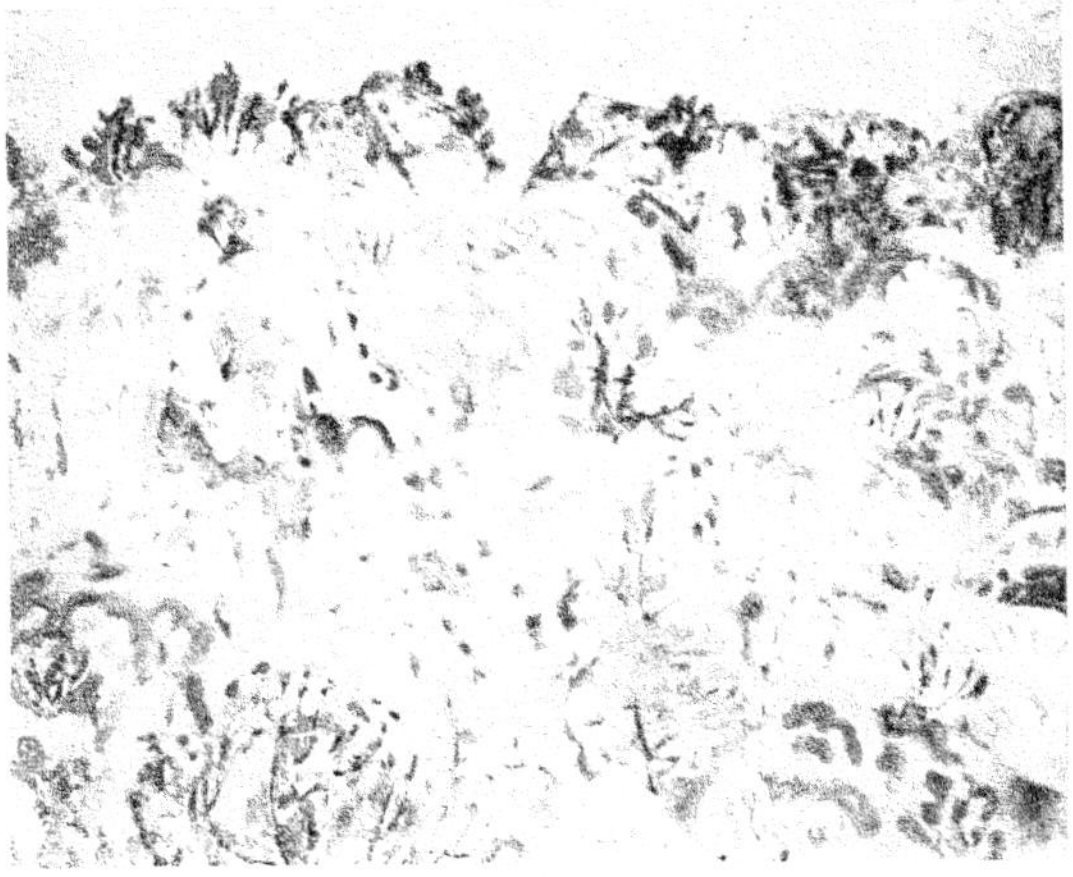

錦秋　佐藤一幸

麓の朝　大谷房吉

畔木の秋　野口謙蔵

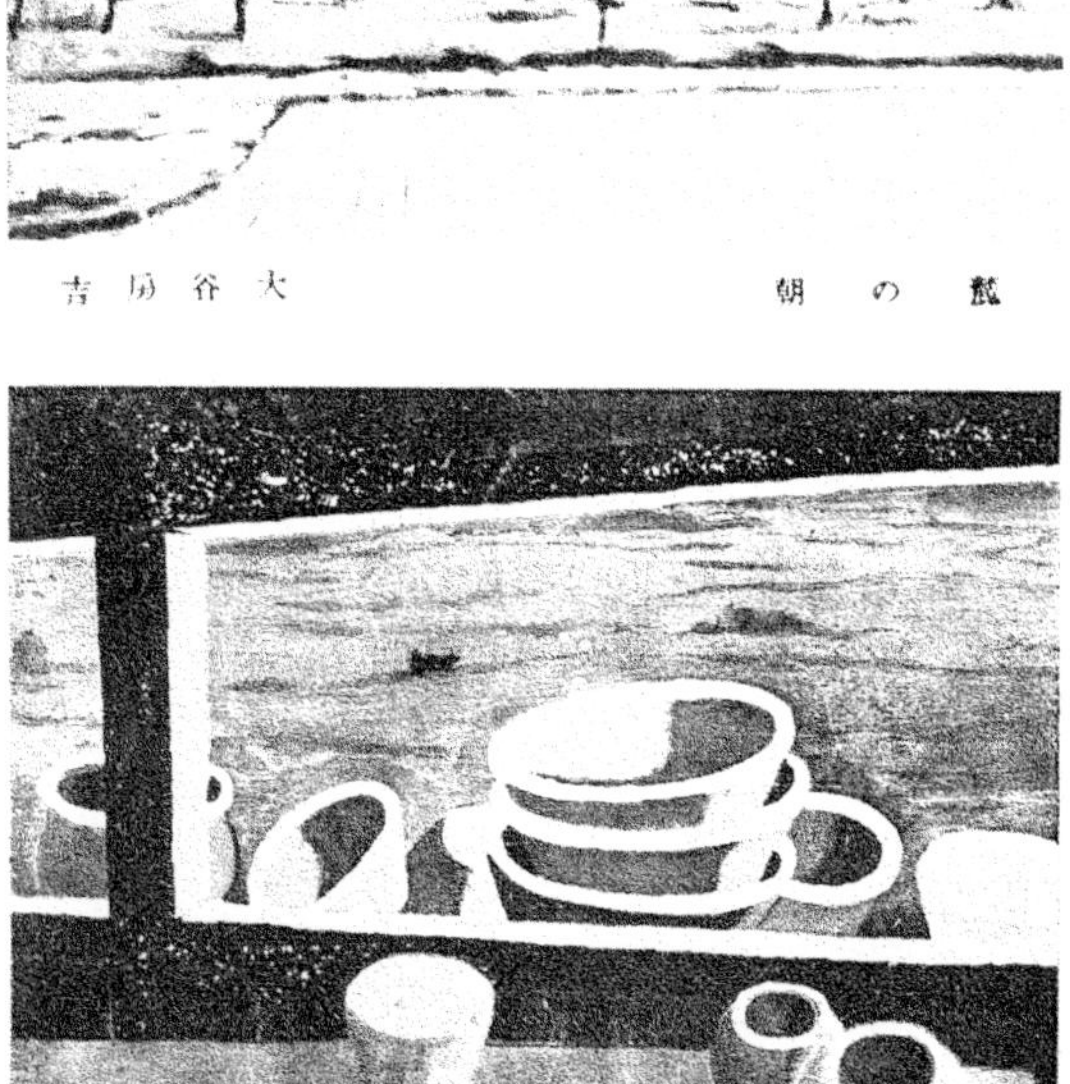

ろくろの窓　守洞春

千九百四十一年　油谷達

少女と傳書鳩　亀高文子

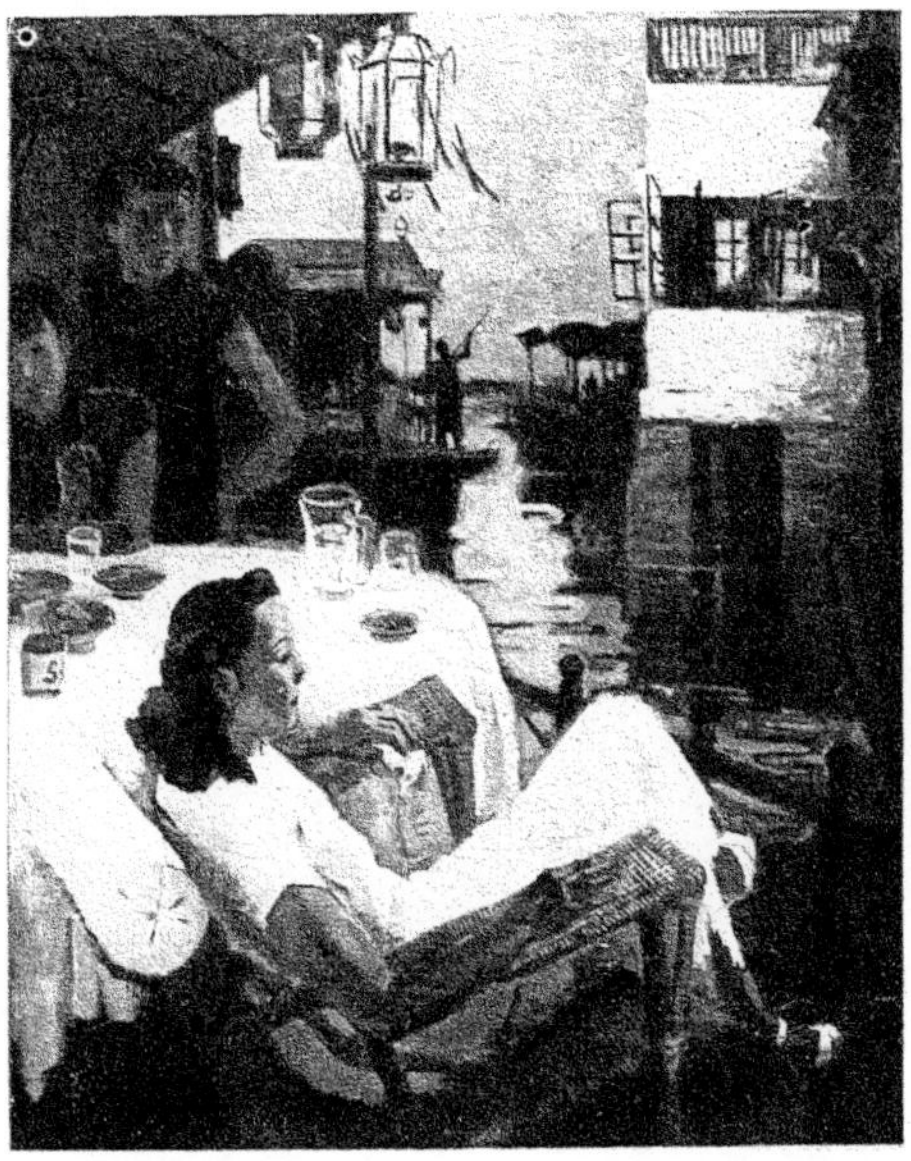
秦淮涼風　小早川篤四郎

猫を抱く小孩　松田文雄

山　畦地梅太郎

水天髣髴太平洋　平澤大暲

畔　川村精一郎

楡の森　岡野計子

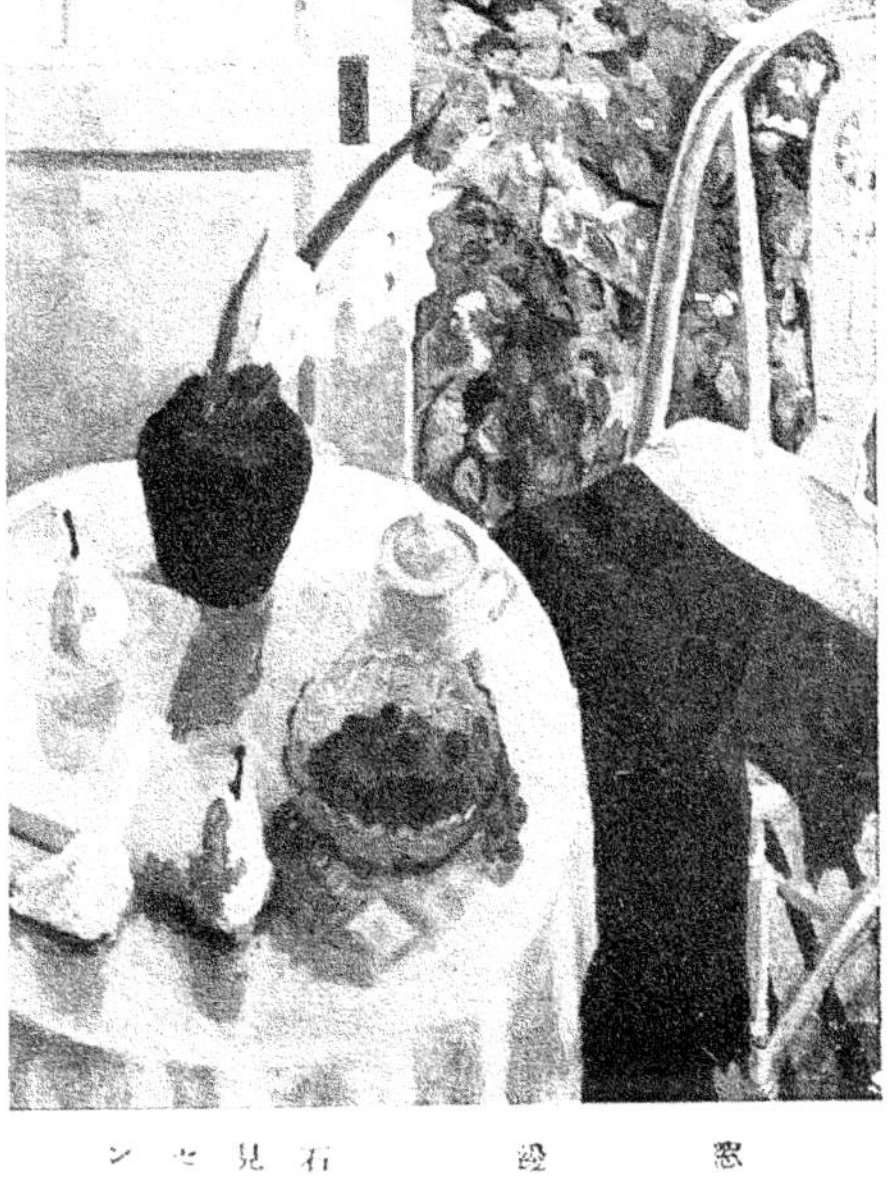
窓　石見セン

男の肖像　勝間田武夫

マンドリンを持つ女　東頭鍋三郎

コンミュニアント　高野三三男

初秋　満水良雄

黒衣の女　岡見富雄

ランプの静物　牧野司郎

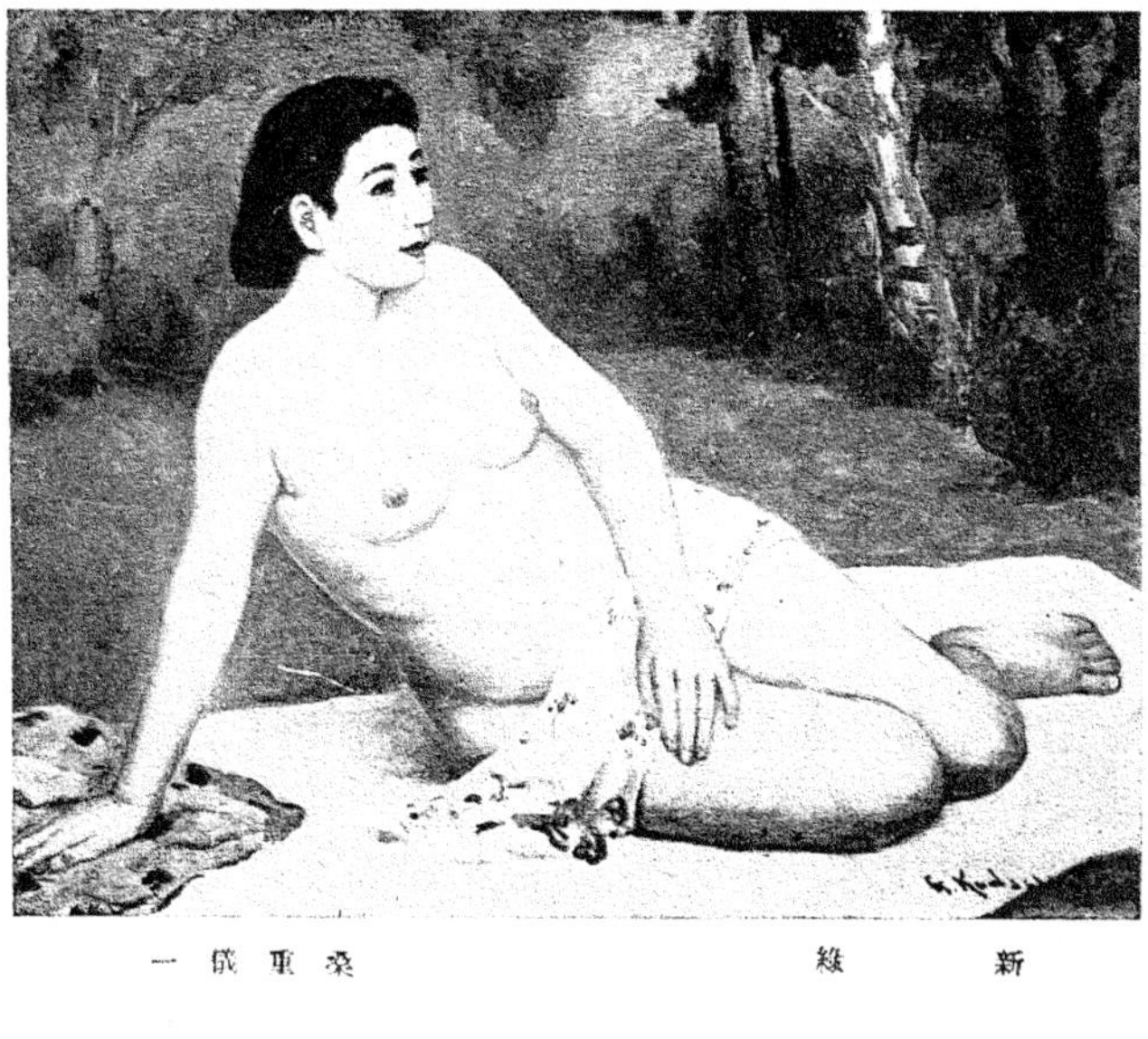
新緑　桑重儀一

雨の上高地　北島浅一

奥信濃路　石川欽一郎

溪流　三宅克己

山の幸　清原重以知

眞夏の庭　田中繁吉

青衣婦人像　小寺健吉

朝の牧場　梶原貫五

山村麗日　奥瀬英三

或る日の傷兵　安田稔

特選

草と子供　林鶴雄

夏の夜　木下克己

女集まる　中村琢二

秋苑　胡桃澤源一

霜髪　南政善

仁王像　喜多村知

薄　青木達彌

圖書館長Tさんの像　渡邊武夫

霧の湖畔　山本鼎

華氈上の静物　辻永

新劇女優　中川一政

マンドリン　白瀧幾之助

路傍群像　宮坂勝

豊穣　中村善策

山の娘　熊岡美彦

婦人像　寺内万治郎

静思　中澤弘光

初夏の八甲田山　足立源一郎

座像　中村研一

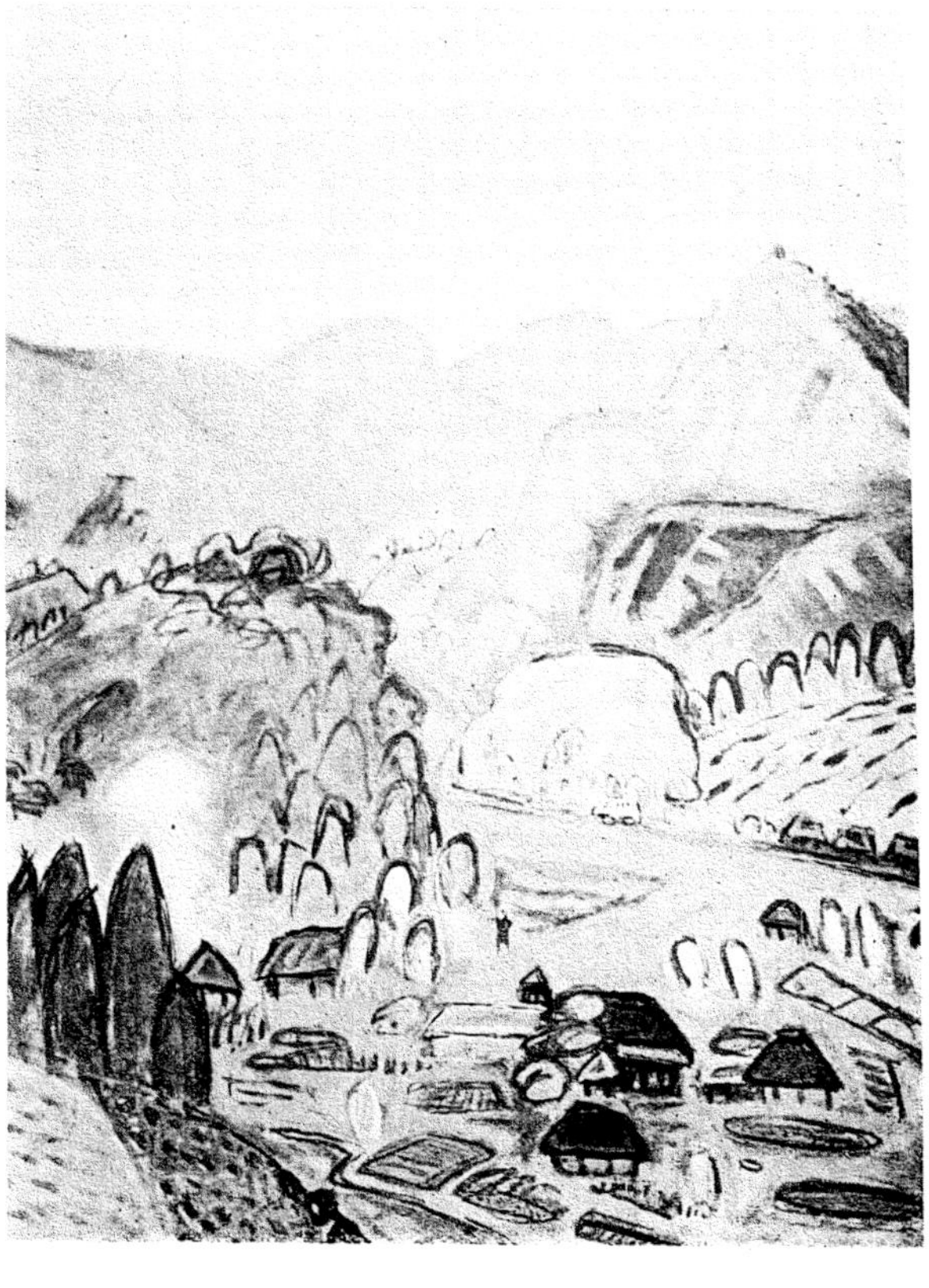
山村朝色　齋藤與里

裸婦　長谷川昇

N嬢像　木下孝則

湖畔朝晴　田邊至

海邊の夏　青山義雄

合唱　小磯良平

中國風景　小山敬三

少女　藤田嗣治

朝陽城外　石井柏亭

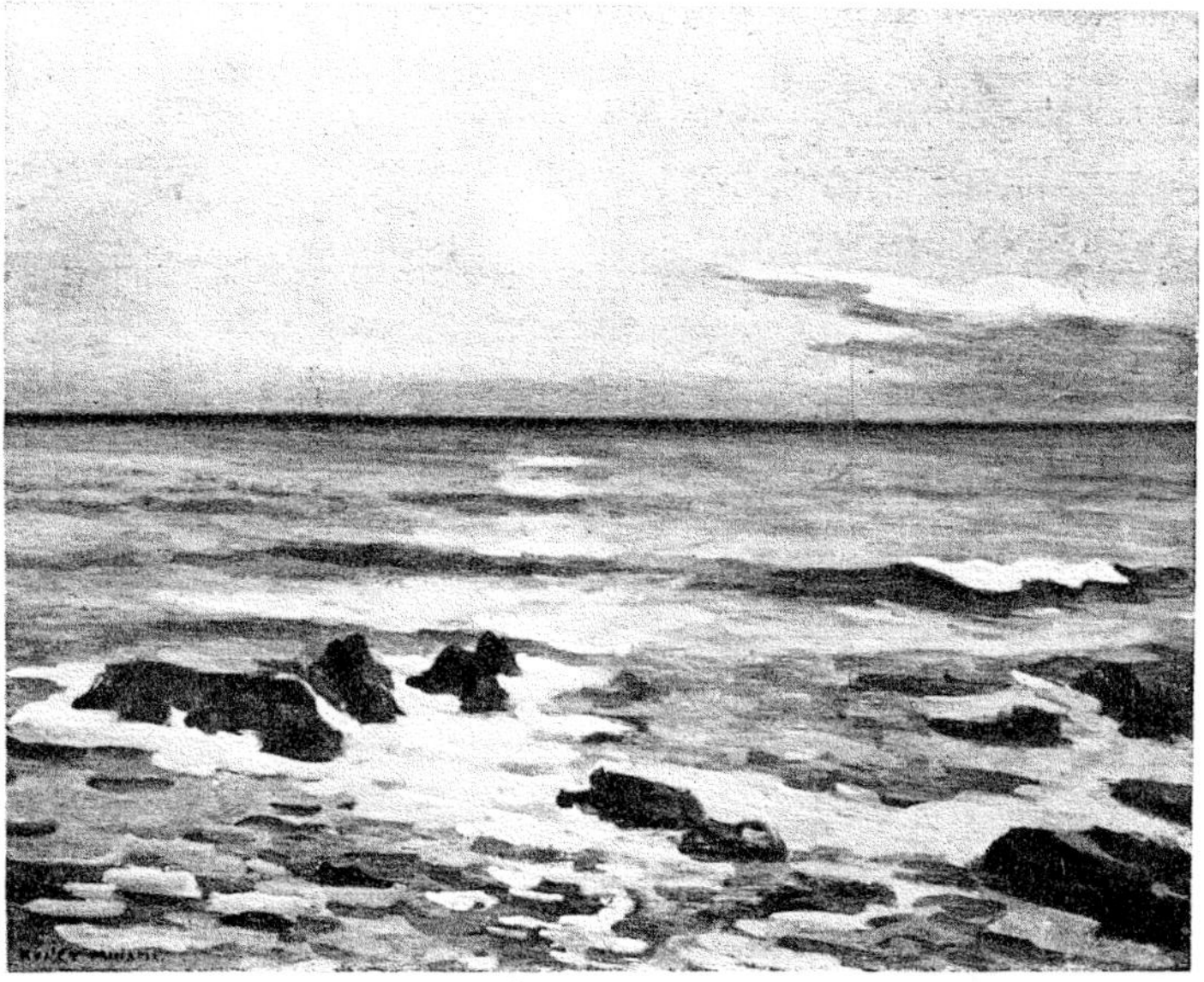

月　南薫造

妻の肖像　有島生馬

少女坐像　山下新太郎

旬刊 美術新報

洋畫 彫刻 文展特輯

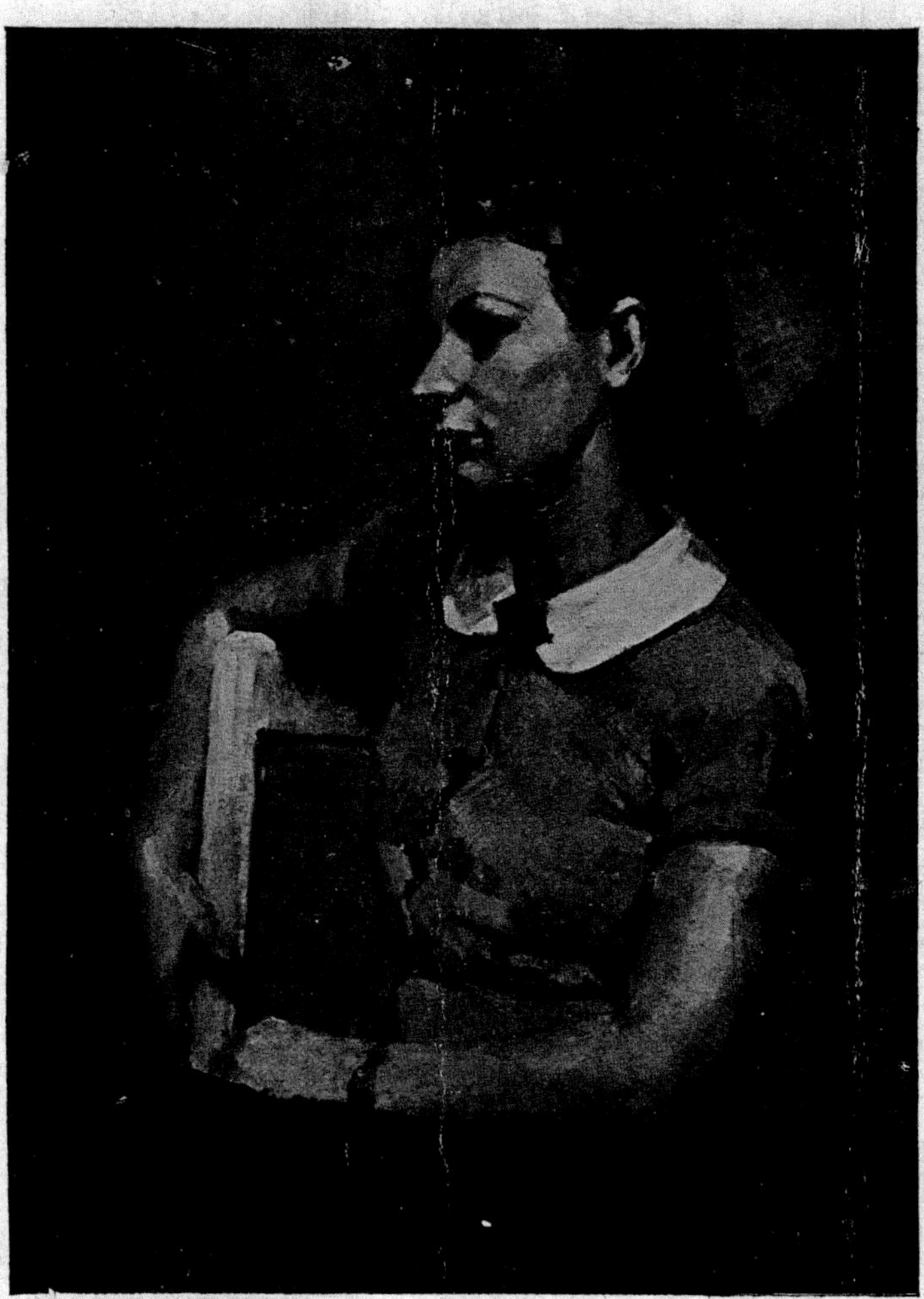

水色のスエーター　鶴見守雄

7

日本美術新報社

昭和十年一月十二日第三種郵便物認可第六號
昭和十六年十月三十日發行（毎月三回十日發行）

（一ヶ月三回 金壹圓五十錢）

本號ニ限リ六十錢

（郵税一錢）

第四回文展開催に際して

文部省學藝課長　本田弘人

日支事變第五年目の秋、第四回文展を企劃通りに開催し得たことにつけても、聖代の有り難さをしみじみと思ふものである尚又本文展を開催する爲に御骨折を願つた藝術院會員諸氏の御斡旋や審査委員諸氏の御勞力に對し、深甚なる感謝の意を當局として表明するものである。

總體的に觀て、率直に云へば、そこに偶然な種々な事由が重り合つた爲ではあるが、藝術院會員の內錚々たる人々が出品出來なかつたことは非常に淋しい氣がする。しかしながら、大家も新進も擧つて力瘤を入れた作品を出し、兎も角充實した陳列を見るに至つたことを嬉しく思ふ。

さて、作品の個々については、種々な批評なり感想なりを表示することを、立場上さし控えたい。唯、總論的に云つて、作品成績の水準が段々向上しつゝあることを欣快とするものである。實際、そこに何か、或る力が迫々に盛りあがつてくるのを深く感じさせられる。しかし、理想的立場から慾を云ふなら、昭和の聖代に相應せる、且又、國運興隆の歷史的な時期に最もうつてつけの、偉大なる藝術制作を切に待望せずにゐられない美術行政の衝に當る者の立場から云へば、まだ／＼そこに、作家たちの努力の餘地が相當殘されてゐる。例へば第一部の日本畫について觀ても、そこに近代的感覺なり、意氣なりを大いに感じさせられるのだが、日本畫の正統として今日のまゝでよいものかどうか、疑念を持たされるものがある。

第二部の洋畫、第三部の彫塑について觀ると、十年前、さらに二十年前のものに較べて、確にレベルが上つてゐる。どうか今後、後代に誇り得るやうな作品が、どしどし出て欲しい。尚第二部も、第三部も、陳列場所の關係から、作品が餘り窮屈に並んでゐたことは、作家に對して實に氣の毒な感じがした。

第四部の工藝作品に就て申せば、いろ／＼種類が變り、苦心努力の痕があり／＼と窺知されるものを數々と見、賴母しく心强く感じた。資材不足などで惱んでゐる作家群に、もつともつと保護の手を加へて、海外へ誇示するものが夥しく制作されるやうに獎勵されていかなければならないと痛感した。

申すまでもなく、展覽會は、平素研鑽せるものの成果の現れである。當局として美術界全般に希望するところは、根强く傳統に培ひ、層一層精進を怠らず、昭和の聖代に相應するところの、雄渾、深遠、典雅の境地に達した作品を創造して欲しい、と云ふことである。勿論、僅か一年の間に歷史的名品が現れるやうにと云ふことは、期待が過ぎることになるであらうけれど漸を追つて、と云ふ但し書が添へられれば、無理とはされまいかうして、未曾有の國運興隆期に對應すべき國民精神の精華として、又、眞個の國粹的藝能を渾熟せしめ顯揚するものとしてさういふ意味の名品が朧に現れるであらうことに希望を繫ぐものである。就ては當局の方でも、いろ／＼考慮を續けてゐる。萬善を庶幾した一つの美術行政の體制整備に力を傾倒してゐる次第である。美術家諸氏が、この點をも顧み、常に萬邦無比の我が國體に深く根ざしたところの理念に立つて研鑽を重ねらるゝやう、翹望して止まない。

私は、さきほど「非常に淋しい」と云ふ言葉を使つて、ある意味のことを述べた。これに關聯したことを附加して置きたい卽ち今回の文展の特有性として、無鑑査交替制に定められたことからして、有力な作家で大いに意氣ごんでゐたものが、結局努力作を會場に陳ね得なかつたと云ふこともその淋しさを更に深めるのである。

現に、非常にすぐれた技能を持つてゐる或る有力な作家が、その新制度のために作品を出せないと聞いて殘念がつてゐた、といふ話を私は耳にしてゐる。これは、無鑑査交替制を執つた趣旨が徹底してゐない憾みがある。當局としては、唯機械的にさうした制度を定め、折角の努力作を阻まうとしたのではない。向後、非番の作家がその趣旨をよく呑みこんで、會心の作を出して下さるやうに切望する。（文責記者）

旬刊時評

第四回 文展開く

聖戰第五年の文展は愈々開かれた。國家がこの戰時下に、何ら平時と異らず恒例の文部省美術展覽會を帝都に開きうるといふことは何たる皇恩の深さぞ。海に野に空に吾らの同胞は尊き血と肉を捧げて國難に殉じ、銃後は一億一心鐵の如ぎ決意を以て、層一層倍加する國家危局に直面し乍ら不動の構へを示してをる。この秋、政府の保護する日本の美術展覽會が開催されるのである。それは平時にも增して作家の緊張を要するは勿論それらの作品を通じて我國運の進展に寄與し、わが美術文化の水準を高め戰時下逼迫ずる國民精神に一味の清韻を送り情感の高揚に寄與する處無くんばあらざるものである。が開幕の結果は如何。

先づ作家の製作に對ずる緊張と熱意は充分認めうる。資材難に面してよくも克服健鬪し平時に劣らぬ作品の呈出に務めた跡は充分買ふことが出來る。が會場を一巡し第一部（日本畫）第二部（洋畫）に大家中堅の出品寥々たることに些か寂寥と不滿を抱くこと人皆同感を稱してをる。これ遺憾の一つ更に時局色ともいふべきものゝ浸潤乏しきこと、これ遺憾の二である。吾徒は何も附燒刃的時局色をもとめはしない、が作因になほ一層の時局的反映を望むことも穴勝ち無理とは言へまい。が何にせよ吾らは平和裡に文展の開幕されしを先づ祝福するとしよう。

展覽會の暦

▽草光信成個展　卅日迄鳩居堂
▽熊谷九壽洋畫展　卅日迄資生堂
▽日大鐙草會展　卅日迄三越本店
▽吉田登穀日本畫展　卅一日迄銀座三越
▽京都染色圖案展　卅一日銀座ギャラリー
▽河井陶磁展と棟方近作繪畫展　十一月一日迄高島屋
▽爐邊工房旗擧展　同一日から九日迄銀座松屋
▽二六會展　同一日から三日迄紀伊國屋
▽關口俊吾歐洲戰線風景スケッチ展　同一日から五日迄銀座ギャラリー
▽霜林會第四回展　同一日から四日迄資生堂
▽現代名家新作風景畫展　同二日迄高島屋
▽石川縣工藝美術展　同前
▽大南洋展　同二日迄三越本店
▽第一回出征軍人美術家展　同二日迄上野松坂屋
▽正宗得三郎日本畫展　同二日迄松坂屋
▽三宅克巳個展　同三日から七日迄銀座青樹社
▽黑門會作品展　同四日から八日迄日動畫廊
▽東京鑄金會工藝展　同五日から九日迄三越本店
▽美朋社第三回展　同五日から七日迄紀伊國屋
▽澤田宗山作陶展　同前
▽茶道工藝品展　同前
▽第一回裸童展　同六日から十日迄銀座ギャラリー
▽日本寫眞會同人展　同六日から十日迄資生堂
▽大沼抱林日本畫展　同七日から十日迄鳩居堂

文展の日本畫

田中一松

一

緊迫した戰時下に禁じられてゐた文展中止說も杞憂に過ぎず、思ひの外に華やかに開幕したのは一應結構と云つて置かう。帝國藝術院から一度は切離した筈の文展を何の斷はりもなく元へ戾して審査員を選ばせたあたりは例によつて官僚のずるさを思はせるが、どうせ自律し難い當局のことであるから審査員の銓衡を表立つて藝術院の權限に歸せしめることに異議のある筈もない。

斯うした權限問題はともかくとして實際としては審査員の顏ぶれこそ最も愼重を要することで、審査員の人的構成と素質とが改善されなかつたら、文展はいつまで經つても藝術上の向上を期し難いことゝならう。

仄聞するところによると、審査員の銓衡は會員間の投標によつて決つたといふが、これなどはよほど考慮を要すべき點ではなからうか。出品の審査方法も同樣にこの多數決の慣例に依つてゐることゝ思ふが、議論を拔きにし主張を封じ意見交換の機會を與へずして單なる投票や擧手の多數決に依るときはよく行つても、平凡極まる決果を得るのがせい〲で、特質のはつきりした個性味の多い作品はとかく除外されがちである。

年々の文展作品のタイプが凡そ決つてしまつて所謂文展型を形成する傾向も、要するに斯うした審査方法に因由する所が決して尠くないであらう。出品者の方が既に此のことを心得て多數の贊成を得さうな平凡無難な作品を送り込むのであるから、斯うなると因果關係は輪廻するばかりである。此の邊の消息は既に幾度も言ひ古されたことではあるが、最近は漸く量的な多數決の缺陷が意識されて社會の各方面にもつと臨機の配慮が行はれてゐる今日、最も質的な特色を本性とすべき藝術方面でも、審査員の選擇や、審査の方法を改善する點に留意してはどうか。

審査員の中に批評家や學者を入れることには作家の反對以外に、批評家學者それ自身の質的考慮の上から尙早說も強ち否定し難いやうだが、審査の公開乃至制限付の公開なども空想論ではあらうが、本氣に考へさせられる點もあつてよいかと思ふ。勿論是等には重大な逆効果の伴ふことも十分考へられるから具體的な方策が立たぬ以上到底主張し難いが、とにかく審査員が自分の審査の文展全體に及ぼす結果の重大性を自覺してもつと責任を負ふだけの覺悟が欲しいし、それより前に藝術院が審査員を選出するのに單に投票などで責任を回避せずもつと愼重な討議を盡して貰ひたいと思ふ。

無鑑査の問題も今年からいよ〱二斑に分けて新進へ道を開くやうな形式だけは整へたが、併しこれも實際から言へば數の問題ではなくて質の問題であり、その限りに於いては思ひ切つて之を廢止するか、別に無鑑査展でも開くより外に仕方があるまい。

要するに文展の存在を社會社にも文化的にも意義あらしめる爲には、萬般に斷行力の強い昨今こそ、もつと英斷的に審査員の數を尠くしても質を充實せしめ、審査も十分の檢討審議を盡さしめてもつと指導性のはつきりした結果を文展の出品作に齎らしめることが肝要である。

二

敢へて今年の文展に限つたことではないが現代の日本畫はあまりに會場効果のみを顧眄する爲か、畫面が概して內容以上に膨張し過ぎてゐる。製作の充實が畫面の大を以て計り難きは言ふ迄もないことで、表現內容の要求する畫面の範圍を越える時は、內容は逆比例的に稀薄となつてしまふ。新進氣鋭の表現慾がおのづから畫面の大を要求してゐる點を無視するのではないが、それならば又それに相應すべき構圖やマチエールの上での緊密な計畫が伴はねばならぬ。

勿論材料に制限された洋畫の小畫面は同情すべきであるが、製作構想の要求する以上に廣すぎる畫面の空漠性と貧弱さをまのあたりに見てゐると、まだしも縮少された油畫の方が僥倖であつたかと思ふ。殊に日本畫はデッサンの修練不足の爲比例の取れぬ弱點が曝露されがちであり、加之東洋畫固有の筆觸や線描さへ近頃は薄弱になつて行くので、大畫面は支へるものもなき慢幕の裝飾文樣に近い感がある。

日本畫に於ける筆線の廢棄は、元來定型化し觀念化した傳統の舊殼を脫却する爲に外ならなかつたもので東洋畫そのものの持つ表現性と感覺性まで廢棄さるべき理由はない。是等の點では今日新しい感覺を生かし、新しい表現を主張する者にとつて寧ろ適應性の多くを包藏するものと云つてよいであらう。

東洋畫の技法は洋畫的な描寫や技術の中にも甦生さるべき要素が決して尠くないのである。その點に於いてあはてた日本傳統への逆戻りは却つて過去の形骸の中に萎縮する結果となりかねないことを注意しなければなるまい。

時今戰時下國民意識の高揚に伴つて文展にも武者繪が擡頭したり古典畫が流行したりしてゐるが、しかしこれは功利的な便乘主義や方便主義であつてはならないと同時に、また現代性の意識と感覺とを置き忘れた回顧マニアの眞似事であつてはならない。寧ろ「日々に新なる」意味に於いて現代性を把握して之を生かす點に藝術的な中心問題が課せられてゐるであらう。

之に關聯して考慮さるゝことはテーマとしての戰爭畫に於ける効用性と藝術性との乖離問題である。テーマ藝術はとかく宣傳的になりがちで、その爲に題材的興味だけが誇張されたり藝術性が歪曲されたりし勝ちであるが、この點でよほど高度の藝術的感興を必要とするであらう。

たゞ戰時下なるが故のテーマ選擇は寫實性の基礎的訓練の不足がちな日本畫に於いては、とかく實感を伴はざる儘に輕忽に行はれがちである。ひとり現代戰爭畫と云はず、古典や武者繪の場合でもその點に變りはない。寧ろ武者繪の場合が時代的懸隔があるだけに單なる時代人形に墮しがちである。

如上の諸點は猶述べつゞけると際限もないが、文展の戰爭畫や武者繪や乃至古典風な作品などを概觀すると容易に看過し難い諸點のやうに思ふのでこゝに附言したまでゝあるが、言ひ足りぬ點は更に作品に觸れて補充したい。

三

特選中では江崎孝坪の「擊て」が現代戰爭畫として特筆すべき一作であらう。江崎はこゝ數年來軍人ばかり題材にして來たので描寫技術はすつかり手に入つたもので何の不安氣もなく、徹頭徹尾がつしりとしてゐる。前田青邨の描寫樣式を古典的な武者繪から、現實の戰爭畫に轉化させた手際も十分買はれてよいであらう。たゞその描線には青邨樣式の癖を頻繁に驅使しすぎた傾きがあり、意力的な造形もわざとらしい誇張が目につきすぎて多少味はひを逸してしまつたやうだ。その點では去年の「出發」の方が却つて無理がなくて好調子であつたかと思ふ。しかし今年の文展の戰爭畫としては此の作を推すに躊躇しない。

濱田臺兒の「黃風」は藤田嗣治のノ

モハンの大畫面から一部を拉して來て之を日本繪具で飜案してみたやうな作で、獨創の乏しさは如何ともし難いがしかし感覺などは決して鈍からず技巧としても一顧に價する作である。藤田隆治の「熱河の丘」はこれまた福澤一郎の作などからヒントを得た構想に相違ないが、丘も人も紫褐の暗灰色に燻らせて荒涼たる大陸の威壓的な妖氣を象徴しようとする點では異色に富んだ作である。しかし文展意識の爲か新美術人展の作に比べて意欲的な表現に乏しいが穩やかなだけに破綻もまたないその他大陸生活に取材したものでは伊東滿の「樂人」や岩淵芳華の「小車」なども夫々特色ある佳品であらう。

向井久萬の「男兒生る」は題名こそ勇ましいが畫材はお產直後の情景である。男兒は產ぶ湯の最中を見えて小さな床だけ添へてあるお產の畫としては嘗て太田聽雨が院展に出品した一作を思ひ出す。聽雨の場合は赤子に對する精神的な愛情を象徴してさすがに品格は內容的にも高かつたが、それに比べると向井の作はあまりに現實的で產婦は苦痛に堪へた直後の疲れに息づいてゐるほどの瞬間である。畫き樣によつては勿論惡趣味で繪にもなりかねる情景ではあるが、向井はともかくもこの際どい現實を割にきれいに整理して的確に纏めあげてゐる。その點では此の作家の技量に侮り難い要素を認めなければなるまい。

これと相似て更に頽廢的な雰圍氣の故に顰蹙されさうな作は寺島紫明の「寸涼」である。シユミーズ一つの肉體描寫はやゝ膨れすぎて素描的な缺陷もあらうが、構圖は割に無駄がなくて纒つてをり、技巧もよくこなれてゐるその點では出色の一作と云つてよい。

四

是等の諸作以外目ぼしい新進作を拾つてみるとまづ澤宏靱の「室戶崎」がある。陽光にかゞやく岩肌の變化に苦心したらしい作風で、よく見ると技術はすぐれてゐるが、あまり手ぎれいで工匠的になつた爲か、效果は意外に薄くて平板的である。東山魁夷の「六月の頃」や山田伸吾の「夏野」は自然觀照に於い洋風の大日展タイプを代表するに足るものである。東山のねらつた段々畑の曲線の味は多少小山敬三張りのところも見えるが、いつも程に調子が整はず色感も鈍かつたと思ふ。山田の馬は嘗つて東山なども手にかけた題材で敢へて獨創的ではないが神經が太くて大味な點が取柄であらう。

立石春美の「霽れ間」は暫く諦視してから漸く合點されるほど念の入つた題材である。潦水の面にうつた倒影を畫いて一種の幻覺を生ぜしめるが、わかつてみれば案外に平凡で、むら〳〵の裝飾模樣以外に製作としての骨格は認め難い。無駄な苦心であつたと思ふ池田勝之助の「山頭の池」や河原悅人の「出雲の村」も風景描寫の中では注目すべき作である。池田の作は花草の寫生に遠く池水を配する構圖など洋畫のモダニズムの感化があるやうに思はれるが、氣分はまだ十分に出てゐない河原の風景は山本丘人あたりの淸爽な感觸を思はせて更に氣の利いた構圖であるが雰圍氣はまだどことなく弱くて初々しい。

加藤榮三の「秋」はあぶなく見落すところであつた。どうしたものか全く感興が乘つてゐないやうだ。松久休光の「朝靄」も纒りの足りぬ平凡な作となつてしまつた。小松均の「彩雪」は底力のある技術ではあるが、いつも地味なところに苦心を見せてゐるだけで甚だパッとしない。その他では田中針水の「春告魚」須田瑛中の「南覇の井」村山三千男の「綠蔭」なども一顧すべき作品であらう。

今年の文展で京都の新進や中堅作家が向井や澤以外あまり快作を見せてゐないのはどうしたことであらう。西山英雄の「火山の夕」は澤の室戶と對照させられさうな作風で細かな苦心はしてゐるが、河か火星の世界でも想見するやうな淡い氣分が漂うてゐるだけでリアルの根柢が足りないのではないか。磯田又一郎の「夕櫻」も弱い氣分にむせんでゐるだけでどこか感覺が足らず、おぼろな幹の描寫などもおぼろな中に今少し的確なものが欲しかつた三輪晁勢の「凛々しき大和乙女」は湖面の銀色と綠靑の草色との對照が强すぎて畫面はあまりに索漠としていつもの雰圍氣が釀し出されてゐない。菊池隆志の「母子像」は膨れすぎて骨格がなく、その餘上村松篁の「早秋」松本武雄の「備後表」西村卓三の「咆哮」等々夫々技巧的な苦心は認められるが感興の甚だ薄い點は殘念である。

五

日本畫に於ける洋畫的な觀照態度や技法の攝取は既に長く日本畫の發展をよかれ惡しかれ刺戟して來た問題で今改めて言ふほどのこともないが、文展の新進や中堅層にはこの點で苦心を重ねてゐる作家が大多數である。

是等の中でも殊に勇敢で新日本畫の建設に勞作してゐる中堅層としては吉岡堅二、福田豐四郎、常岡文龜、畠山錦成などを擧げなければならない。

吉岡は嘗て資生堂の小品で示した同じ題材を取扱つて苔寺の綠蔭深き「苔庭」を畫いた。沒骨風の色調で、苔むした庭の濕ほひや冷たさを示したが、マチエールを殺しすぎた爲か、焦點は合つてゐながら、表面的な技巧の排除と同時に感覺的な冴えも乏しくなつてむら〳〵の中にとにかく意圖が理解されるだけである。もつと感覺を生かす迄の畫き込みが足りなかつたと思ふしかし吉岡の態度に見逃し得ない特質は、從來の日本畫の類型的舊殼を全部捨て去つてゐる點で、此の點では恐らく長短共に徹底的に近代的だと言つてもよいかと思ふ。

福田や常岡や畠山になると吉岡ほどの徹底性がなくて中途半端で時に妥協的となるが、それだけに失敗を救ふことも多いかも知れない。しかし今年の常岡の作「隨喜」は失敗といふより外はなからう。芋の葉は前年以來手にかけてゐる題材だが、吉岡のやうに感覺性が明瞭でない。何か象徴的なものを意圖しながら。空漠の中を無駄に模索してゐる形である。それでゐて芋の葉の寫形などはコンベンシヨナルに過ぎるではないか。畠山の「松」も勇敢に直線性を强調してゐるがまだ常識的な象形の範圍を多く出てゐない。福田も嘗て松を直線化して意力ばかりを露呈してしまつたが、畠山は福田ほどの意力が見えず空しく樹幹を枯木のやうな脆いものにしてしまつた。

福田の「山雁」は鴉と雲との組合せに於いて前年來の成果を綜合せんとする試みと見える。大膽で大づかみな象形には苦心のあとも明らかで構圖的にも一應の纒りはあるが、どこか慾が多すぎて觀照の焦點が鴉か山脈がはつきりせぬやうな困惑を感ずるのは私だけであらうか。この作の弱點は製作が個々の寫形に集中されて有機的な全體感の不足してゐる點に在らう具體的に言へば山をもつと遠くかすませるか、反對に鴉を遠く飛ばせるか、その邊の所に配慮が欲しかつた。

望月春江の「蓮」に至れば觀照の態度は遙かに日本畫通有のレベルまで立かへつて尖銳なかげはいつのまにか消えてしまつた。それだけに聊かの無理もなく穩やかな中で固有の品格に堪へてゐる。

穩やかな點では京都の中堅層は揃ひも揃つて穩やかすぎるほどであり、中にまだ十分の滋味や深味を看取し難い點は甚だ物足りない。松本一洋の「滋雨」は技巧も細やかで雰圍氣を逸してはゐないがあまりに微溫的に過ぎる。山口華揚の「草」に見る手の描寫も巧みではあるが等しく微溫的な態度を脫し切らぬ憾みがあらう。宇田荻邨の「林泉」に至つては殆んど衣裝の模樣に近い淡々さである。

六

文展に於ける大衆的な人氣の對象としては相かはらず美人畫を擧げるより外はなからうが、最近では時勢の轉變と共にめつきり影を薄くして、武者繪に席をゆづつた形となつてしまつた。しかし今年伊東深水の「現代婦女圖」

はひとりで此の方面を背負つて立つほどの元氣な作である。微風を後から袂にうけて濶歩する數人の婦女を畫いて弱々しい感傷の影もなく至極朗らかなところはこれが現代女性といふものかも知れない。たゞ描寫としては目の象形に例の正面性の古拙形を固執してゐながら、姿全體には之に應ずべきほどの造形意識が見られず至つた通俗のまゝなので、この目の鈍さが却つて知性の不足を思はせるに役立つのみであらう。

斯うした美人畫の代りに昨今颯爽たる姿で文展場內の人目を引いてゐるのは古典的な武者繪の一群であらう。それらの中では所謂武者繪の通念による中世の甲冑姿よりも更に遙かに溯つて上古の埴輪から神代の武人を拉し來つて全くの現代意識に蘇生させた堂本印象の「戰機」を逸し難い。素朴な埴輪の造形をスマートな長身に生かし、瞠然たる眼窩を女性とも見えさうな濃い瞼毛に換へたあたりは、印象の才筆縱横の感が横溢してゐる。

之に比べると兒玉希望の「湊川」は觀念的な精神表現に逸脫してしまつた肝心な正成の姿もあまりに多くの表現を企圖した爲か、却つて無爲に蒼白な形骸をとめたに過ぎない感じである。

武者繪としては服部有恒の「童形八幡」もあまりに象徵の意圖を藏した爲か、却つて例年よりも遙かに鈍重な製作となつてしまつた。これらよりも若手の作としては奧田元宋の「火牛」や森戶果香の「つはもの達」の方がまだしもすなほで潑溂としてゐる。現代武人の姿をキャッチした器用な一作としては福田惠一の「愛撫狗兒」も目にとまつたが、その要領のよさも色付け寫眞を彷彿させる程度を多く出ないのは殘念である。川崎小虎の「雄飛」や小早川清の「山姥」なども多少時局的な配慮があるやうに見るはひが目であらうか。たゞ川崎は多年洋風の精進から一轉したほどの成果全く見られず、小早川の山姥に至つては高野の制多伽童子にモダンな能面を配した狂言を思はせるに過ぎない。

七

帝國藝術院會員の作は今年思ひの外に不作である。栖鳳、大觀、玉堂の三長老もなく、靫彥古徑青邨の院展トリオもなく、其の他契月も清方もない。たゞ老いざる健筆を誇る作としては自然主義時代の觀照と寫生とを確かむべき結城素明の「馬の湯」や、白狐の生態描寫を見るべき橋本關雪の「夏夕」や、筆陣猶枯れぬ小室翠雲の「九方皐」や、南北の型になづまぬ松林桂月の「晩秋」や、是等諸作の存在を無視するわけではないが、貫錄以外に文展畫作をリードするほどの力作を展示してゐない。たゞそれらの中に上村松園の「夕暮」だけはおざなりならぬ本格的な態度で渾熟した境地を示してゐる。顏の表情や袖口の曲線や兩腕の象形など猶コンベンショナルな難はあらうが技法はさすがにこなれて奧行のある畫面である。

會員以外では島田墨仙の「塙保己一」野田九浦の「武人武藏」などもおろそかならぬ力作であるが、武藏は多少表現に誇張が見えて品位が足らず、寧ろ保己一の淡々たる描寫の方が立ちまさつてゐる。その餘南畫の領域についても多少の所感はあるが概してこの方面はオソドックスの人々に佳品が乏しいのはどうしたことであらう。南畫の再出發はまづその態度の再檢討を先とするのではなからうか。思はず月旦に過ぎて諸家の作品に對して無躾な所感となつてしまつた。切に寬恕を乞ふ次第である。猶意を盡さぬ點も尠くないが與へられた紙數を遙かに超過してゐるので此の邊で擱筆することゝする（終）

日本畫一巡

金井紫雲

第四回文展は、例年にない會員級の不出品で何となく寂しい、一般出品にも際立つての傑作は無いにしても、これはと驚くほどの駄作もあまり見えない、要するに先づ平凡の二字で盡せやうか、各室を一巡して見やう。

第一室（特選作の手柄）

いつも此の室から特選級の作品が飛び出すのであるが、今回は陳列に分散主義をとつたので、此室からの特選は向井久萬氏の『男児生る』があるばかり、此の作、中々むづかしい場面を捉へて感じだけは出せてゐるし卑俗に陥らぬ點を手柄とすべきだ、一番の『出雲の村』は要垣を廻らし松の木と牛を配した氣の利いた構圖、さしづめ東京では山本丘人氏あたりの作を匂はせる、濱田臺児氏の『黄風』は戦爭畫として力もあり、狙ひもよい、澤宏靱氏の『室戸岬』は岩石の標本のやうだ、今年はかうした岩石の標本が外にも二三ある、山田申吾氏の『夏野』は雲で見せた作である、立石春美氏の『霽れ間』は行潦に映つた物象があまりにはつきりし過ぎてゐる點を除き、手法も新しく感じも清新である、福田豊四郎氏の『山脈』は流石にかうした傾向の作の中では手應へがある、危險さがない、色もよく出してゐる、福田元子氏の『蕪菜島』は、海猫と草との配合にいま一息だ、藤田隆治氏の『熱河の丘』は随分骨の折れたものだが、前の小童までが彫刻のやうだ、東山魁夷氏の『六月の頃』は美しい、構圖も面白い、洋畫で小山敬三氏の狙ひさうな圖だ、奥田元宋氏の『火牛』は大膽だが、牛が蝦蟇のやうだ、デッサンが不足だ、池田勝之助氏の『山頭の池』では烏兜の花がうまく描けてゐる、鴫のゐるのはどうかと思ふ、中田草春氏の『須賀川の牡丹』は、丹念に描いてゐる、倦まず精進を續けること、山田喜代氏の『翡翠』は忠實、須田珙中氏の『那覇の井』は色が澁く池田尚志氏の『郡羊』は柔かみを取る、松尾多青氏の『風景』と齋内一秀氏の『翠巒』は一通りの出來。

第二室（際立つ深水作）

此の室では矢張り伊東深水氏の『現代婦女圖』が際立つ、デッサンの正確さもさることながら婦女それ〴〵の衣裳、色彩の好み、殊に腰から下の形など少しも苟且に附せられてゐない、兎も角も今年での出色作たることは云ふまでもない、此の室から橋田永芳氏の『深潭雨歇』が特選になつた、聊か行きづまりのやうな新南畫に一途を切り拓いた勞を多とする、此の人は群青の使ひ方に特長がある、審査員では外に吉岡堅二氏の『苔庭』が何か狙つてゐるやうであるが、まだ渾沌としてゐる、だが色彩には内容がある、菊池隆志氏の『母子像』は姉妹の如く、西山英雄氏の『火山の夕』は岩石の標本である、三輪晁勢氏の『凛々しき大和をとめ』は銀箔地に舟の農婦、此の構圖中々に面白い、岩淵芳華氏の『小車』は普通、笠原可於氏の『山羊』も取立てゝ云ふ程の事もない、丹羽阿樹子氏の『精靈の花』は柔みのある作、今野可啓氏の『造像折伏』は止利佛師のそれか、苦心の割に榮えない、鈴木朱雀氏の『日本書紀泉津比良坂』は氏一流の狙ひどころである、湯津の爪櫛、蒲陶かつら、道具立てもちやんと心得てゐる、濱崎喜髮子氏の『暮色』は此の間の南畫展でも異色ある作風と睨んだが、今回の方が面白い、此の外に田中針水氏の『春告魚』磯田又一郎氏の『夕櫻』西村卓三氏のライオンを描いた『咆哮』加藤恒久氏の『佛法守護』松本武雄氏の『備後表』がある、此の中で『佛法守護』は山法師を描いて中々努力してゐる。

第三室（今秋の好収穫）

會員の作では結城素明氏の『馬の湯』と松林桂月氏の『晩秋』がある、素明氏の此の手法は益々手に入りその主張一作毎にはつきりして來る、桂月氏の晩秋はお家の藝で、葡萄の紅葉は些の弛みなく、七面鳥の顔が中

文展漫畫鏡

池田さぶろ　繪と文

—一列入場

同じ一列にしても、映畫劇場や芝居小屋と違つた雰圍氣がある。戦爭と建設をどこかにおき忘れたやうな映畫ファンがパラソルで時局から脂粉の顔をおほひかくしたやうな健忘症の顔が一つもない。戦爭は戦爭、時局は時局、行きすぎた愛國者の沈鬱な表情をみるよりは、僕はヤハリ、五年ごしの聖戦にもめげぬ生活美術への追求をもつ日本人こそ好もしいと思ふ。が、さて、その中味はどうだ。

文展の回顧

鹽田力藏

申譯け

文展について、何か書けとの指命なので、昨日ウツカリと出向いたところ、恰かも招待日だつたので、無資格の自分などは、空戻りの外なかつた。當分出直せる餘地もないから、是までの回顧談でも述べる外、自分に手の出る隙間もなくなつた。

文展と技法

前回文展の初め、牧野大臣から岡倉覺三氏の出馬を勧めて來たので、同氏は日本畫の主任を引受けようと答へたところ、誰やらの細工もあつて、同氏の頭を抑へるために、中澤博士を引出して來た。博士は大變な勢ひであつたが、自分は之に對して、審査批評の公表を勧めたところ、迚も出來ないとの事だつたので、自分はそれを切捨御免と呼んでゐる。

前回文展の三回まで、自分は正木直彦氏に對して、舊陳列館の設備不良を訴へたが、是れ以上は出來ぬといふので、自分は更に出陳日本畫の繪具の用法を難じ、美術學校で試驗をせよと勧告した。同氏は化學教師に命じて、日本繪具の加害試驗をさせたが、美術史の大村教授などは、その重要さを解せないので、結果を見るまでに至らなかつた。化學の教師も同校を斷念

々よく描けてゐる、審査員では野田九浦氏の『武人武藏』が氣を吐く、性格描寫も成功し、烱々たる眼光は名刀の燒刃に注いで些の隙もない、氏近頃の快作これと同時に島田墨仙氏の『塙保己一』が素晴しいあの顔の線描の確かさ、法帽の金襴の色の冴え、場中屈指の名作で、此の秋の好收穫の一である、宇田荻邨氏の『林泉』は麥僊の『舞妓林泉圖』から舞妓を取除いたやうであり、常岡文龜氏の『隨喜』の芋の葉は天鵞絨の如く、白倉嘉入氏の『細雨流水』は、此の作を見る距離間隔に迷ふ、松本一洋氏の『滋雨』では、個展の『花背峠』が聯想された、此の室になほ今尾津屋子氏の『カナリヤ』が如何にも女性の筆らしく、秋葉長生氏の『三月堂』も相當に描けてゐる。

第四室（惜しい力作）

堂本印象氏の『戰機』力作ながら、馬の乘り方が逆であるといふ、また、此の人物の男か女か性別が分らない、色彩は流石である、望月春江氏の『蓮』は一輪だけの開花を見せた處、一寸皮肉である、吉田秋光氏の『水邊』は佳作、潤ひが十分にあり、松久休光氏の『朝靄』は筆は働いてゐるが、氏としては上出來ではない、上村松篁氏の『早秋』は狐よく、羊齒の配置が圖案的になつた、伊東滿氏の『樂人』は色の狙ひも人物の配置も十分に見られる、此の外細見豐氏の『早苗』がよい。

第五室（平凡揃ひ）

高村正之氏の『砂丘』で婦女の服裝は縞馬の如く、堂本亮氏の『金魚すくひ』徒らにうるさく、外山德松氏の『野田村所見』梶喜一氏の『濱』池田輝治氏の『高原』何れも平凡、高橋忠久氏の『島村』に西洋畫風のテクニック見るべく、田代正子氏の『晝仕度』にひた向きの努力が見られる、陳永森氏の『鹿苑』は平凡。

第六室（一體に不振）

此の室案外振はず、畠山錦成氏の『松』は、去年奥村土牛氏の試みた『赤松』と同樣の失敗に陥り、佐藤光華氏の『蓮月』に、板倉星光氏の『紅蓮』の無鑑査出品やゝ目立つ、柴山光臺氏の『うるまの村』は、今年一寸目に立つ琉球ものだが、一寸見られる、藤田復生氏の『波濤』はいま一息、森口百鯰氏の平目を描いた『干潮』が際立つ、此人近頃めつきり腕をあげた。

第七室（呼物の松園作）

此室に今回の呼物、上村松園女史の『夕暮』がある流石に艶あり、衣裳の色合ひもよい、唯針箱の位置が悪いため、半身乘り出した體に均衡が取れず、障子の長過ぎるのが目立つ。小室翠雲氏の伯樂を描いた『九方皐』やゝ乾燥し、川崎小虎氏の『雄飛』は骨ばかりになつた形である。兒玉希望氏、今年はまた別途の研究に出で『湊川』を描いてゐる、鑞の研究、これには相當の苦心が見えるが、白描にしたので、先年の菊池契月氏の『交歡』が聯想されて損である。寫眞で見ると、原畫より遙かに感じが出てゐる、これは何を數へるのであらう。福田惠一氏の『愛撫狗兒』は、日本畫の往き方にまた一の方法を示す、松本姿水氏の『春雪』森守明氏の『爽晨』共に取材は平凡であるが、手法の確さは見られる。木村廣吉氏の『降雪』には雪の描寫に苦心し望月定夫氏の『芍藥』も手堅い、妹背平三氏の『市の日』は朝鮮風俗を描いて相當に見せてゐる。武田嶽葉氏の『中秋』は前期の文展時代を思はせる。

第八室（苦心作の焦點）

鈴木由太郎氏の『埴輪』はケースの中といふ感じの出し方に苦心したらしく、加藤榮三氏の『秋』には何時もの象徴的氣分

2　防空壕

濱崎氏の「暮色」の前「山だらうか」「これなら五百キロ爆彈だつて大丈夫だ」「山腹に防空壕が掘れるな……」折柄の防空演習の閑暇を盗んだ警防團員、しきりと山腹のあたりをのぞきこんでゐる。觀衆は一つの作品をのぞく毎に、時局色をまづ摸索しようとする。ところが、その時局色が文展のどこにあらうといふのか。國亡びて山河ありの謎でもあるまいに……。

3　最小の工藝品

歩きつかれて、美術工藝の室までくると觀衆もまばら、生活から遠い工藝品を硝子ごしに覗きこんで、冷い光澤を放つ作品にチラリと一べつをくれる觀衆にとつては手の届きかねる觀念の世界、若原氏の和風紡之置物は掌上にものるやうな作品ながら人眼をひく。粒々辛苦といふ言葉がフトうかぶ。「あの船、とつてえ……」泣きわめく子も出てくる程文展は大衆性をもつてきたのだらうか。

して、他校へ轉任する樣になつたが、とにかく正木校長が、何か仕ようといふ約束を實行したのは、恐らく前後に稀有な例であつた。

前記岡倉氏の不如意を始めとし、次第に院展や二科などの旗幟が鮮明し來り、種々の情實が込み合つた結果　文展・帝展・又文展など、組織や名稱は變つて來たが、大局から見れば、俗界の離合集散といふ外なく、別に面白い事もなかつた。

自分は正木直彦氏に對して、永年間に三回までも、表現技法の研究を勧めて見たが、少しも實行に進まなかつた。今まで美術界の設備として、教育機關と展覽組織が出來ただけで、根本的な技法の研究所がないので、進歩の土臺がない譯である。結局、美術家は役人に支配されてゐるが、法律家や行政家の頭腦中には、右等の大局に觸れるものが無いらしい。

一部と二部

岡倉氏は早くから、日本繪畫協會と白馬會を連合して、國畫の大發展を企てゝ、油畫を西洋畫扱ひにしなかつたが、それは繪畫協會の發會當時、寺崎廣業氏の質問に答へた以來の方針なのである。後に横山大觀氏と小杉放庵氏の提携などもあつたが、事實は川端龍子氏の獨立が見られた位で、創作國畫協會とかの運動さへ、その後は立消えになつたのである。而して面白

が無い、永田春水氏の『春苑』美しいが、内容的には貧弱、北村明道氏の『靜と山法師』は、『義經記』の一節、扱ひ方によつては面白い構圖になつたものを之ではあまりに餘情なし。小早川清氏の『小姓』は金太郎が高野の赤不動の黄色になつた感じだし、小姓も消化されてゐない。穴山勝堂氏の『晴れたる空』黄ばんだ公孫樹の梢の北に靡く所に味がある。辻量子氏の『小屋の前』一寸見られる外には、山下竹齋氏の『日照雨』田畑秋濤氏の『時雨る丶林泉』例に依つて例の如し。

第九室（昔取つた杵柄）

森戸果香氏の『鵯越』を描いた『つはもの達』が困難な構圖をよく纏めてゐるのが目立つ、池上秀畝氏の『片時雨』は唯美しく、岸の上の猿などに氏の達者な筆が現はれてゐる。服部有恒氏の『童形八幡』はや丶言語同斷である、今少し内容あるべき筈。荻生天泉氏の楠夫人を描いた『靈夢は』、通俗的な題材であるが、今回の作には相當に品位があつてよい。高田那美氏の『聽講』は聽講するそれ〴〵の女性の氣分が出てゐて微笑まれる。山本紅雲氏の『巣の鮎』達者な線、流石に昔取つた杵柄である。

第十室（光る特選作）

江崎孝坪氏の『響て』が特選となつて光り、小松均氏の『彩雪』新しい花鳥畫の創作に熱意する態度を見せ、鄭末朝氏の『露店』青甲社展や、京都の市展に見せたほど氣乘りせず、陳進氏の『臺灣の花』は此の室での好收穫とする。

第十一室（十年一日の作）

橋本關雪氏の『夏夕』は狐に夜會草、達者の筆とだけ、氏としては普通の作。山口華楊氏の『草』は佳作、牛より前景の草が殊によい。寺島紫明氏の『寸凉』は十年一日、此の畫風の專心に酬い[illegible]ての特選か、廣島晃甫氏の『赤裝女』は此の作ほど毀譽褒貶のまち〳〵なのは無い、私は色彩、表情共に取らず、唯窓前の茉莉花に一寸心ひかれた、小堀安雄氏の『矢おもて』には、上に車炬火が飛んでゐるか、福田浩湖氏の『山邨將雨』『義經記』あたりからの取材の點苔描寫、少しく平調に過ぎた、今少し上墨の偉力を見せてほしい、矢野橋村氏の賣茶翁を描いた『高遊外』は面白いが文字が多過ぎた、齋藤猪三夫氏の『牡丹』がよい、町田曲江氏の『八紘一宇』は俗である。

第十二室（蒼蠅い畫題）

此の室あまりふるはず、織田觀潮氏の『簸之川上』は古事記の取材、素盞鳴命と櫛稻田媛とだけにし、八醞の酒を描いて八岐大蛇を描かぬのがよい、水上泰生氏の『睥睨』は、繪には割合に少い角鷹をよく畫いてゐる樹木に『かつら』を使つたのも高山の氣分を出してゐる、生田花朝女氏の『麻須良多家乎爾、美伎多丘麻都流』は、何も殊更に畫題に記紀か萬葉假名のやうなものを並べずもがなである。

第十三室（欣求する作）

德田隣齋氏の千鳥を描いた

（十一頁へ續く）

いことに、洋畫家中の數氏等は、所謂日本畫風の餘作を始めて、時に兩刀使ひをしてゐる狀態もある。彼の橋本雅邦翁と河村清雄氏の提携なども、實は着想程度で終り、岡倉美術校長の勸めにより、結城素明氏が和洋の兩途を兼修した事とても、今は作品中に痕跡を留める許りである。

帝展や文展では、日本畫・西洋畫の名稱の代りに、第一部・第二部の名義を用ひてゐるが、研究機關は固より、展觀組織の上にまで、大融合の途が開けて來ない。つまり技法の問題を外にしては、何うにもならぬ事なのであらう。この融合がない限り、中間的の開拓を企てるものは、努力の反對に苦しまねばならぬ。醫學博士が文學博士になつた場合など、苦勞が並々ならぬものがあつたらう。

帝展や文展で途方に迷つて落選するものは、定めて少なからぬ事と思ふが、若しも審査批評が公表されて、大體方針が明示されてゐたならば、隨分と徒費徒勞の節約にもなる譯ではあるまいか。

工藝部

帝展へ工藝部を設置するため、七百人の團體が運動するとき、自分は右請願の理由書を代筆させられたが、要するに技法中心の主張を述べたものであつた。自分と別懇の新海竹太郎氏などは、帝展に工藝が加はつて

4　現代婦女圖

例によつて美人畫である。「デパートの衣裳の見本ちやあんめえな」と言つたのが、胸に遺家族章をつけた小父さんである。「柄は柄でもヤハリ、スフ入りに違ひあるめえ」といつたのは、紡績工場の捺染工でもあらうか。「どこへ行く所でしよう」「さあ、汁粉屋かしら、きつとマチネーよ」あ丶、これだから現代の婦女は困るのである。そこで、こんな現代婦女もあつてよからうといふ見本がこれだ。

5　屛　風

ズラリと並んだ屛風、日滿支の風俗圖繪を散らして染めた稻垣氏の善隣譜染屛風の前で、ルーマニア公使が、足ぶみしてゐる。

ガツシとスクラムをくんだ東亞共榮樞軸の圖がはるかなる故國に思ひをはこんだのでもあらうか。僕はこ丶で張家口のジンギスカン鍋を思ひ、大同の石佛を思ひ出してゐた。

屛風は時局を遮斷するものではなく、時局の相貌を最もよくうつし出すものであるべきだ。（工藝所感）

●文展をいかに見るか（日本畫と工藝）●●●

松園女史が秀逸

黒田鵬心

再興文展も第四回が開かれたので招待日に第一部から始めて、第二、第三、第四部まで一通り見て廻つた。

第一部と第二部とを通じて感じたのは、無鑑査（第一部二〇二點中五三點）のまづいのが多く眼についたことである。今年から無鑑査は半數づゝ出品し得る事となつたのであるが、それでも無鑑査は多すぎる觀があり、しかも駄作凡作の多いのにはうんざりさせられる。無鑑査は帝展の癌であると云つて、松田改組が行はれ、つゞいて平生改組もあつたが、それらは失敗に歸し結局新文展となり、癌はますく其の病狀を擴大して了つた。所謂病カウモウに入り「救はれざる文展よ！」と云ひたくなる。

さて第一部第二部を通じて畫面が小さくて、同じやうな大きさの繪の並んでゐる事も大展覽會としては貧弱な感を與へる。殊に第二部は餘りに小さいのが並んでゐる。私は必ずしも大畫面の會場藝術を禮讃する者では無いが文展第二部のやうに三十號乃至五十號が並んでゐるのは物足らない。此の點は第一部も同じで、せめて二曲一双位の巾のものが交つてゐると變化があつてよいと思ふ。

次に時局的題材は、不思議と第一部の方が第二部の方よりも多い。海洋展や聖戰展や航空展に於いては斷然洋畫の方が多く、日本畫は貧弱たるを免れなかつたが、文展では日本畫に時局的題材の多いのが面白い現象である。

特選になつた江崎孝坪の「轟て」の如きは、野砲を大きく描いて相當の効果を收めてゐる。同じく特選の「男兒生る」（向井久万）も時局的題材と云へば云はれるが、これは餘り感心しない題材で、構圖も惡く、どうして特選になつたかを疑はれるやうな作品である。かの安田靫彦の「御産の禱」の如き名作に比しては宵壤の相違である。

藝術院會員の作は僅かに五點しか出てゐないが、中で新會員の上村松園女史の「夕暮」は佳作である。閨秀畫家唯一の會員として女性藝術家の爲めに氣を吐いてゐる松園女史の作は、今次文展日本畫に於いて最もすぐれたものと云つてよい。立ひざをついた女が障子をあけて針のめどを通してゐるモチーフが如何にも女らしいもので、技巧は圓熟を極め、色彩が殊に落ついてゐる中に少量の赤が利いてゐる。男子會員顔色なしである。

同じ美人畫で伊東深水の「現代婦女圖」は五人の現代美人が街頭（と云つても別に背景は描いてないが）を濶歩してゐる圖で、五人五様の服裝を描き、昭和風俗圖としてみるべきものであるが、藝術的價値は松園の作に比べては到底及ばない。

次に私の眼を惹いたのは福田惠一の「愛撫狗兒」である。頭の禿げた將軍が狗兒を愛撫してゐる圖で、時局的題材の一つであるが、將軍の禿頭やカーキー色の軍服の手法が一寸面白く中々よく描けてゐる。

以上人物畫ばかりであるが、風景畫としては山岳を描いたものが相當あつたが、何れも描方が新しく、洋畫風の手法、表現を有するものゝ多いのに氣がついた。これは西山英雄や東山魁夷等の手法が影響したものであらう。特にすぐれたものもないが、之等の作品は日本畫と洋畫との區別の不必要を證明するものとして注意すべきである。

會員結城素明氏の「馬の湯」は小さい作に過ぎないが、手法に於いては新味あるものである。橋本關雪、小室翠雲、松林桂月三會員の作は普通の出來である。

南畫で特選になつた橋田永芳の「深潭雨歇」は、數少い南畫系の作品の中では確かにすぐれてゐる。手法もおもしろく單彩を施したところも一種の趣がある

文展門外観

宇野浩二

今度の文展は、一とロに云ふと、この數年來の文展の中で、一體に、低調であつた。それは大觀、栖鳳、清方、その他の一流の大家が出品してゐないから、といふ理由だけではない。それは、出品してゐる一流の大家の繪に、出來のよしあしは別として、張り切つてゐる作品が殆どないからである。

それは、例へば、上村松園の『夕暮』は、美しく、若々しくやはり、獨得の繪であるけれどこの數年來の同じ作者の幾つかの繪と比べると、何か物足りない觀があるからである。唯『お手のもの』といふ觀があるからである。

また、伊東深水の『現代婦女圖』は、この數年來ずつと謂はゆる美人畫とはなれてゐた作者が、本來の道に戻つたことをよいと思ふけれど、これも、松園と同じやうに、苦心はしてゐるのであらうが、文學の言葉でいふと、もつと推敲しなければよくないか。例へば、極端にいへば、五人の女が、衣裳が違ふだけで、みな、同じ女に見えることなどがその一つである。しかし、私は、深水には、寄り道しないで、いつまでも、美人畫と風俗畫で通すことを望むもので

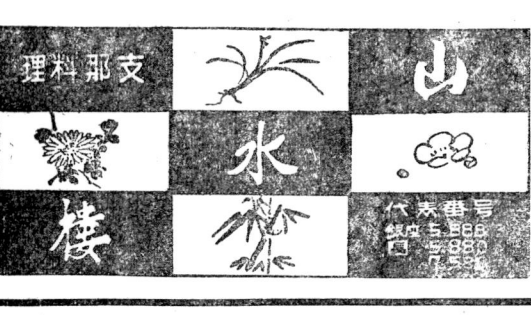

は、お仕舞ひだとか云はれた由なるが、自分は又、落着く所に落着くだらうと答へて置いた。その中には審査組織の缺點から、染色や刀劍などの方面では、つまり專門外とか、委員外とかの人手を假りる樣になつたらしい。それならば、强ひて實技家に限る譯もないので、學者連をも加へた方が、眼界が廣くなる筈ではあるまいか。そんな理窟で又、繪畫家が彫塑を評したり、彫塑家が繪畫を評したり、殊に和洋畫家が相互に見合つたりしたならば、更に新らしい見方も出ようかと思はれる。

又、工藝家が下職の手を借りた場合なども、それ〳〵連名する樣にして、各自の責任を明らかにするのが、實際的の仕方であらう。七寶の名工が死んだので、七寶の大家が、自己の製作發表に差支へた例などもあるらしい。但し七寶の如きは、鑄物に新應用を開かぬ限り、纖弱を補ふ途もあるまいが、私の勸告が容れらぬ場合もあつた。又曾て若き堆朱家に、サヤ形などの地紋を去れと勸めて見ても、行はれぬ事があつたが、後年に於ける同工の作品には、私の勸告したやうな成績が見えて、農展で優賞を取つた例もある。近年來の傾向では、金工が尖鋭化して來たので、或はケンノンな感がないでもない。硝子の製作が少ないが、とにかく新味が見えて來た。ベークライト其他の新

ある。

それから、堂本印象の『戰機』は、久しぶりの出品とか、時局的とか、いふ意味でなく、ちよつと目についた。この作も、調子は高くないけれど、この作には、作者の才氣がめづらしく否味なく出てゐることと、松園や深水と比べると、いくらか（題材の關係でなく）力がはひつてゐる。それに私は目を引かれたのである。それに、構圖がちよつと面白いからである。しかしやはり、力一ぱいの仕方をしてゐない不滿がある。

さて、この三つの作品のほかに、述べたいものは、可なりあるが、又、述べるだけの作品は可なりあるが、〆切りが過ぎたのと、私自身がこれから旅行に出るのと、――この二つの理由で、それらは割愛する。

文展畫の畫面構成

金原省吾

文展は優作を求める展覽會か、それとも無名作家の登龍門かといふ點については、議論がある。私は前から登龍門說である。文展が登龍門だといふことは、平入選のものによいものがあり、無鑑査のものが大體惡作であることでもわかる。しかも平入選には眞に優作が多く、眞の優作は既成大家の作品中にあることでもわかる。文展に優作をみるつもりで行くから、失望する。新人の競技と思へば、元氣があつて樂しい。

文展をみると、現代日本畫の向ふ處が明かである。その條條
一、畫面構成が平面である。
前景があつて、中景、遠景はなくてもよく、あつても小さく、前景がすぐに背面にはりついてゐる。遠近法的な構成を必要とせず、前景をすべて同一種密度で畫面一ぱいにかく。隨つて畫面は、平面である。
二、平面を强めるには角を作る。故に物の形に角があり、輪郭線は大體直線である。中には反對に角のない平面がある。この平面では物の形が流れ動いてゐる。
三、線は東洋の在來の觀念では墨線であり、色線は細小なるもののみに用ひられてゐたが、ここでは線が積極的に色を持つて來た。甚しいものは、一つの線の中で、色が浸潤して、變化してゐる。線が面化する方向をとつてゐるのである。線はこれ迄のやうに、その兩側に充實空間と餘白空間とを持つて成立する形ではなくて、線自らが充實空間の一種となつて來た。隨つて線は外側に、餘白を持つことが出來なくなり、線はある面の一部分となり、これ迄なかつた特別の面を形成してゐる。いはば「線面」とでもいふ面を作つてゐる。線の新らしい變化と言ふべきである。
中には線が面の一部となつたから、線は面の中に吸收されて消失したものがあるが、かういふ形體はかぼそくてはかない。線がなくては形體形成は不徹底である。そこに色線があらはれて來る。
四、色の對立が明かになり、色の配布が周到になつた。形を昔のやうに線で感ずるのでなくて、色で感ずる。そこで色が積極的になる。しかし日本畫にはどうしても色の基礎に墨がある。色を墨のやうに使ふので、いつ迄も色が西洋の色にならぬところがある。「赤裴女」の如きもその一例である。
中には西洋畫の色と同じに、胡粉をもつて不透明にして塗つて行つたものがあるが、それは色が不純であり、粘つぽい。それから油繪の如く、一筆一筆下のものをなほして描いて行く。かういふ形體は不定立である。日本の畫は、ちやんと完成したものを、未完成の形でかく處に含まれた深さがある。それをまだ形の定立せぬ中にかいてゐかいてゐる間に直し直して、形が出來る。これには西洋繪之具を使つた方がよろしい。
五、畫の隅の方の猫や、果物などが、ひどく西洋畫の靜物風である。日本畫には靜物がないといふことを知らないらしい。
六、南畫の世界は不成立である。これ迄日本にも南畫が行はれて來たが、南畫は日本の畫壇には育たぬことが明かになつた。支那の南畫技は巧を排し餘技として立ち、この拘はれぬ立場から、それ以前から行はれてゐた北畫を打ち碎いたものである。然るに日本には技術破棄がない。技術を道たらしめる方向をとつてゐるから、南畫思想は日本には、成立困難である。故にこの南畫をみても、何れも技術破棄でなくて、筆數のひどく多い繁瑣な技法で、寫實的方向に一直線に進み、描いても描いても、なほ描き足らざるが如き風にも見える。かういふ積極性の表現に至つては 南畫ではない。支那の南畫が否定したものを日本の南畫は肯定した形であるから、もう南畫的ではない。南畫が支那に盛行して、支那畫を亡ぼしたが、日本では自ら變化して、積極的寫實方向に向つてゐる。ここに日本的南畫が樹立し得る譯であるが、しかし筆者の意圖はなほ支那的南畫にあるが如く、そこに矛盾がある。
以上の如き日本畫の變向は、この三四年來のことであるが、もう五六年もしたら、そこに德川明治と全くちがつた日本畫が出て來るであらうし、樂しみである。かういふ處からみると、院展の方がこの頃は委縮してゐるやうにも見える。文展の道はこれから大道を拓いて行くといふ氣持がする。

もの足りない文展

田澤田軒

今年の文展は帝國藝術院美術部會員の總意に依つて構成開催されたものであるが、それにしては第一部の會員が栖鳳、大觀、玉堂の三長老はじめ、靫彥、古徑、青邨、十畝、清方、契月、翠嶂、曼舟等々揃つて不出品なのはどうしたことか。久しぶりの關雪や翠雲、桂月と南畫畑が揃つて出品し、學校等から素明が、新會員の松園女史などが出品してゐるが、でも、觀衆からはなんとなく會場が寂しいとの不平が起る。それは何故か。一般入選作や當番無鑑査級の出品が、餘りパッとしないからではあるまいか。實際、會場內を一巡して、サテ、どの作が强く觀衆の胸をうつかを考へると、遺憾ながら頭の下る作品は多くはありません。といふ外はない。日本畫の傳統を本當に活かし、而も、新時代の觀衆の頭に、かう云ふものが本當の日本畫の生命であることを知らしめるやうな、さうした作品が生れてもよい時代であらうに、只々會場意識に打ちのめされて、場當り的

材料など、成るべく躍進して來れば好いと思ふ。併し圖案家の染色などには、技術の輕便に捉はれて、色料の堅實さを恐れるものも、時に出て來るのではあるまいか。新製の磁器などには又、角ばつた物や細長いもの等で、安定感に乏しい作品も見える樣である。

富豪と民衆

今までの文展帝展は、要するに富豪展であつて、殊に工藝部を見ると、公衆展に違い感がある。彼の農展・商工展などは、寧ろ輸出向の方であつたらうが、たとへ美術展の工藝部にしたところで、何故に一般人向の日用品を疎外するのであるか。折角と國家で奬勵する上へ、是非とも中流以下の民衆を顧慮せねばなるまい。たとへば日常の飯茶飯や汁椀などは、形狀は左ほどの動きも取れまいが、畫模樣の意匠等に至つては、何所までも千變萬化の餘地があるだらう。何か簡素にして高潔な圖案でも現はれるならば、値段は安くとも立派な美的作品に相違なく、又その需要も後々に續くだらう。たゞ高價な大作でないと審査に見落される恐れでもあるものか。明治二十三年の博覽會の美術部には、清風與平氏の白磁鉢に、二匹の紅魚を描いたものが、金二圓の出品で、大高評となつたものである。

今展の所感を脫線したが、已むなく是で御免を蒙る外はない。


（十月十七日）

文展の工藝

森田龜之助

一口に美術工藝と云つても、我が日本の工藝にも、純藝術と同じに看るべきものと、それから、謂はゞ實用的美術工藝と稱すべきものとの二通りある。で、日本美術工藝の批判は此二つの觀點を持つ。尤も實用工藝でも、文展四部が扱ふものは多量生産式のものを意味するのではないが、それは飽くまで實際生活の他の文化面と調和すべきで、獨自の存在を主張するが如きものであつてはならぬ。

純藝術でも生活との調和といふことは考ふべきであるが、この方は特殊の生命迫力が要求される。實用工藝としては行き過ぎであり、純藝術としては不足であるといふ如き、生まぬるい作品はいけないと思ふ。私は斯様な意見を以て第四部を觀るのである。

第一室では、一番奥の硝子戸棚に重要な作品が纏まつてる。香取秀眞氏の鳳鈕香爐、板谷氏の窯變花瓶、清水氏の青磁、富本君の飾り箱、松田氏の鷺の卓　皆立派なもので、香取氏ものは形、色申分なく高雅である。富本氏のも其人が滲み出て居る。清水氏は大家の貫録を示し、板谷氏のはいつものより、私は此様な作に一層牽かれる。松田氏は意匠技法共に出色の作と思ふ。須賀松園氏の鳥文平瓶も澁くてよい。其他此室で特に注意を牽いたものを列擧すれば、モザイク飾筥（中村董一氏）栞之花圖大鉢（德力孫三郎氏）櫛目文花瓶（清水祥次氏）等。木爪の圖屏風（高橋節郎氏）は特選かになつて居つたが色圖案賑やかで品位もあり佳作といへやう。戸谷純之助氏青銅二重挿花瓶及び伊藤宣宏氏の鑄銅花器も新味あつて宜しい。杉田禾堂氏の丸文花瓶も全體の構成は面白いが慾には丸文様と色がも少しどうにかなつて欲しい。

第二室に入つて先づ茶盌の出品に遭遇。これ等は勿論道具として、悪くはない。然し、日本の抹茶と碗の名品は純藝術品であるといふことを念頭に置いて見ると、尚一層の精進を望み

制作にこれ努めると云つた態度の見へ透たものが、到る處の壁面に見出されることは、見て歩いて徒らに疲勞を覺えるだけで、藝術的感激に眼や頭の疲れを慰められるものは、僅かしかないのは、文展といふ國家的美術奨勵機關の仕事としては物足りない。

とはいふものゝ、橋本關雪の『夏夕』の線の強く美しく、設色の洗練されたものや、上村松園の『夕暮』の氣品高き表現に對しては、ある種の敬意を表し、ジッと繪を見詰めてゐるうちに、その描かれた時代に或は季感に觀者の氣持が溶け込むで往くことを嬉しく思つた。松林桂月山人の『晩秋』や小室翠雲の『九方皐』や結城素明の『馬の湯』は、ある點に到達した畫人が、その力のある部分を十分に出した、といふだけで別段、深い感興や藝術的興奮を覺へさせられるには至らなかつた。

審査員の出品では、伊東深水の『現代婦女圖』が、時代精神を可なり強く反映したもので、招待日のお客さまのうちには、此の作に對して已れを省みさせられる方もあつたらうと思ふ。野田九浦の『武人武藏』も、傳記によつて吾人の想像する宮本二天の氣魄を把握したものと推奨していゝ。堂本印象の『戰機』は顔面が際立つて現實的表現になつてゐたかに感じられて、その爲めに些か畫品を低くしたやうに思はれた。児玉希望の『湊川』は一種凄慘な感じがあり過ぎた憾みがありはしないか。

無鑑査出品の中では、嶋田墨仙の『塙保己一』が最も傑出した作であつた。盲人にして大學者たる保己一の全精神を僅かな線の力によつて、その顔面に表現した作家の腕は、流石に立派なものであつた。香爐、香盆に鳴虫二三を配し、それに聽き入る盲學人の神經の鋭さが、觀者の胸に一種の靜寂感を起させる點で、會場内第一の作と推奨してもよいと思つた。池上秀畝の『片時雨』も山水畫として先づ滿點に近いものと見た。

一般入選作では高田那美の『聽講』と伊東滿の『樂人』に大きな將來性があるやうに思はれた。特選作では寺嶋紫明の『寸涼』を、よくぞ女を見たりと褒めていゝと思つた。向井久萬の『男兒生る』は、産めよ殖せの國策には順應しやうが、それは畫題がさう見へるだけで、繪としてはどうもパッとしないものであつた。橘田永芳の『深潭雨歇』は一般出品の南畫と所謂無鑑査の南畫の中で、斷然、群を拔いた作であつた。記者は橘田の將來に對して大きな期待をかけていゝと思ふ。（一〇・一八）

秀眞翁の作品を推す

高村豐周

文展第四部出品の中では香取秀眞翁の鳳鈕香爐に感心した。出來がいいの悪いのといふ批判の域を脱した渾然とした味に於て、此の作品に比するものは場内に見當らない。

この味は何處から來るのであらうか。

私は秀眞翁の作品を隨分昔から見つづけて來てゐる。八官町の吾樂や農展時代からずうつと見てゐる。そして最近では東京府工藝展でも文展出品の香爐と同じやうに感心した。しかし、吾樂や農展時代から今までの間に、技術や意匠の點に於てそれ程格段の飛躍があるとは私は思はない。吾樂や農展時代に於ても、既にその點では大成し練達してゐた。だから、技術や意匠が今日になつて非常にうまくなつたので感心したのではない。さういふ意味に於ての感心なら三十年前既に感心してゐるのである。そこで私は「格」といふことを考へる。

渾熟した味、枯れた味——さうした味の源になる格である。

私の知つてゐる範圍に於て言ふと、力士では常陸山梅ヶ谷、役者では團十郎菊五郎團藏雁治郎、落語家では小さん圓右、義太夫の越路太夫などといふ人々はそれぞれ藝に格があつた。こ

たい。それから山脇洋二氏の清宵蟾蜍に眼が移る。此頃金工作家がよく作るブリキ細工の樣な置物——あれは私の趣味に合はない。薄ベラでキザである。山脇氏のも大體の範疇からすると其同類であるが、蛭の背をなす金が丁度適度の厚みを持ち、形も佳いので、ドッシリした感じが出、かゝる種類の作品としては、好い結果を得たことは御同慶である。然し、置物は本來の性質上純藝術にならなくてはいけない。もつと作者の精神が生きて叫ばなくてはいけないと思ふ。野口景園氏蘆雁透手箱、好ましい作物である。根來實三氏平蜘釜、今回出品の釜のうちでも私の好きなものゝ一つだが、椽の虫喰ひ形の破れは餘り細工が過ぎる樣に感ずる。守屋松亭氏紅白梅文庫硯箱は佳作。

第三室、熊谷重太郎氏纈三曲屛風、山岸堅二氏新秋譜纈三曲、共々實用的に佳、晴秋平脫文硯箱佳作春の水硝子吹込水盤、宜しいが、硝子の色を何かも少し替へた方がよいやうである。北原三佳氏の花瓶は無難、堀柳女の御座の祈人形は出品人形中で最も趣味あるものである。

第四室に、硝子で河豚置物（小畑雅吉氏）がある。硝子製品として、日本では珍しく、歡迎すべきだが、置物として視ては物足りない。陶磁花瓶では山澤松堂氏の香華文、勝尾青龍洞氏の物は一寸民藝がつて居るが面白い。鑄銅では伊藤忠雄氏の花瓶、岩下良二氏の猿の置物など漆器では音丸耕堂氏の百合手箱など佳作彼谷芳水氏の椿紋手筥は美しいが紋樣圖案に改善の餘地がありはせぬか。梶田惠氏の唐草紋筥は不相變手堅き作風である。

第五室、大分變つた出品がある。その一は那智瀧子氏のセメントを主材とした衝立で、セメントを美術工藝に利用し、相當の効果を揚げた點推賞に値する。次は飯田泰造氏の向日葵日時計。作品として、稍纒りが惡いが、新しい狙ひどころを持つた試作として擧げるに足りる。鑄銅では北村一朗氏の青銅洗は新味と迫力がある。山本純民氏鳥耳花瓶渡邊紫鳳氏の透耳付花器は結構。陶器では村井瓶生氏のあみ文花瓶、漆器では森三樹氏の彩漆盛器。殊に後者は形も色も渾然とした立派な作。箱では龜倉宇吉氏の蘭文透彫軸筥、清楚な品位がよい。六角紫水氏の平和と題する箱、鬼面人を脅かさゞるも滋味ある作。

（十七頁へつゞく）

れは藝のうまいまづいといふ批判以上のものである。今の菊五郎吉右衞門双葉山古靱太夫あたりでは、その格に於て故人に及ばさる事遠しと言はざるを得ない。

この格は全人格の完成から來ると思ふ。單なる仕事の上の問題ではない。人間の道の修業である。仕事の上のうまさに於て感心するだけなら今の美角界にも澤山名前を數へる事が出來る。無論工藝界にも澤山ゐる。しかし、さういふうまさを私は尊重しない。かういふ人と自分がいま一緒に生きてゐるといふ幸福の中に私を融け込ませる、——さうした全人格から放たれる光芒の一としての作品。さういふ作品に接した時に私は幸福を感じ、本當に感心する。

私は秀眞翁の最近の作品に頻りにそれを感じるのである。

藝術活動とは多作や大作を意味してゐない。作家の人格がその住む世界に及ぼす影響を意味する。その影響がその世界を改善し進歩させ、また淨化させる內容力を持つてゐる事を意味し、尙、その內容力の量を意味する。多作や大作も無論さうした結果を生む方法や、努力の現はれとして認める事は出來るが、それは然し角力で言へば部屋の稽古の如きものであつて土俵の上の一番勝負と見る事は出來ない。然るに多作や大作の發表を以て藝術活動の盛なるものと誤認する短見者がかなり多いのに驚く。私は工藝界の多作や大作の方面には寧ろ反對に非藝術活動的性格を帶びた者が相當に多い事を痛感するものである。私は決して寡作を以て貴しとするものではない。それも亦まちがつてゐる。ただ表面的な數の勘定を以て內容の貧困さに置き換へようとする近來の傾向に反對なのである。さうした角度から見ても、秀眞翁の作はさう大作でもなく、ザラにぶつかる譯でもないが、一點を見れば必ずその一點に打たれるものがある事を考へて見たいのである。

作家の人格と敎養とは、作品の性格に倫理性を附與する。人生を幸福にする作品は、國家的に生存の理由を把握できる作品は、そこまで昇華して行かなければならない。

秀眞翁の作品を見て、そんな事を感じ、また感じ得る私自身をいとほしんで會場を出た。

（七頁より續く）

『月明』一寸捨てられず、一概と舊文展型とも貶せまい、勝田蕉琴氏の『玄豹』は曾て試みたことのあるものだけに手に入つてゐる。川村憲邦氏の『宵信』は又しても朝鮮風俗だが惡くはない。門井掬水氏の『神津島の女』は無難の出來、不二木阿古氏の『太閤明を怒る』は要するに氏の柄にない。長谷川路可氏が『薄暮』で、ミレーの『夕の祈り』のやうな圖を描いてゐる、何か求めてゐる。

日本畫特選の人々

「深瀞雨歇」の橋田永芳氏

明治三十五年四月三日の神武天皇祭の佳日、日本橋區濱町に生れた、十五歳の時小室翠雲氏に師事環堵畫塾よりつゞいて心印畫塾、最近結成の大東南宗院の重要委員に在る。昨秋の奉祝展の「溪聲和雨」心印展の「流水踏斷」に其鋭さを發揮し今回遂に特選の榮位を得た。これと前後して第四子憲英君の誕生あり、慶祝相重なる。

「擊て」の江崎孝坪氏

氏も橋田氏と同じ四十歳で長野縣高遠に生れ、また不思議にも橋田氏と同じ十五歳にして佐藤嶺關氏に師事した、師の歿後蔦谷龍岬の鐸鈴會に入り龍岬逝いて前田青邨氏に師事し現在に及んでゐる。官展は昭和二年第八回「芭蕉」が初入選で「濱正月」「埴輪」など好評であつた、昨春大毎の二千六百年奉祝展「雲と防人」は特選となり、同秋政府奉祝展「出發」は現在の兵隊を描いて御買上げの榮を得た昨年度の我が日本美術新報社奬勵賞授與者である。

橋田永芳　江崎孝坪　向井久万

「男兒生る」の向井久萬氏

江崎氏と同じく、昨年度の本社奬勵賞授與者であり、今回同じく特選となつたのは因緣である。本社が、昨年の美術界に授賞的恩浴のなかつた江崎、向井兩氏を特に擧げて奬勵授賞者として表彰する處があつたのは今回の文展特選に先行したもので、兩氏の名譽に對しては本社も心から欣快を呈する次第である。明治四十一年大阪府泉北郡上之鄉村に生れた。昭和四年の京都高等工藝學校圖案科出身で、小川青邨氏に學び氏の推薦で西山翠嶂塾青甲社に屬した、新文展の「妓莚」が初入選で二千六百年奉祝展の「淨亭」は頗る好評であつた。

「寸涼」の寺島紫明氏

今回の特選中の年長者で明治二十九年兵庫縣に生れた。夙に上京して鏑木清方氏に師事、近年文展及び九皐會に特異の女性を畫くことを以て徹底した、蓋し今回のは其最も優れたものである。

審査員

野田九浦

時代は變る

今年の鑑査で一番著しかつた傾向は、舊來の去年の奉祝展あたりまでは無難に通つた技巧や内容のものでも、乃至之れの若干新しい相當な成績のものでも結局今度の審査員達に迎へられず、大概皆落選させられたといふ事實である。それ等のうちで巧緻丹念な圓熟した技法の或る程度優秀な出來榮えのものは途中まで保留されて一應考慮されたのであるが、結局最後には篩にかけられ、その點で氣の毒を見た知名の人も尠くなかつた。要するに、今度の鑑査では奇麗な甘いものは、どれだけ技巧の細かい骨を折つたものでも、審査員全體の受けがよくなかつたといふことになる。さういふ點で定名の閨秀作家で損をした人もあるし男性の方なぞ所謂常連は勿論或る程度新しくても少し足勞れたやうな人はどん／＼落選させられた。うちの塾（煌土社）でも古顔の方は鈴木朱雀君一人が喰ひ止つたぐらゐで、若手の方の時代に即して眞摯に闘つてゐると言つた連中の作品は反對に皆通りがよかつた。

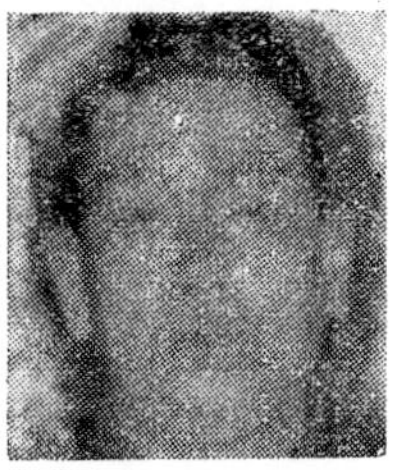

伊東深水

健康性と不健康性

―寺嶋君の特選に就いて―

すべては野田さんの言つてゐられるとほりで、從來の展覽會なり、文展のコツを心得て、恁うすれば入選するだらうと言つた目安立てゝ戰法を講じたやうな作品は幾ら我々の眼の前に登場して來ても、反つて我々の魅力を減殺し、不思議に皆の手が擧がらなかつた。反對に若い人や無名の人で體あたりにぶつかつて來るものは、そこに多少の破綻があつても熱情の迫力が犇と我々を摶ち、思はず手が擧つて行くと言つた潑溂とした事實が見られたのである。

と言つて一時期前まではモダーニズムとか何んとか言つて、今は舊風に新しいもの、それに直前、今も尚その情勢で時代の流行となつてゐる新派のもの―ハイカラに洒落れた傾向や、暗い病的な頽廢的な畫風は、その計劃や技巧でちよつと面白いと思はれてもやはり皆から排撃されたやうである。要するに流行から來た不健康なものは、今ではもう時代の潮流ではなく、眞摯に時局を反映して自分のほんとうの持ち味で畫き、それが我々の直觀で感じられると言つた眞摯に新しいものが時代の勝利者となつたのである。だが時局的なものであつたらどれでも優遇されたといふ譯では決してない。唯形式的に概念だけで時局を選び　眞面目に自分の藝術を生かしてゐないやうな作品は寧ろ反つて普通のものより排撃されたと言つて好い。

それから特選の寺嶋紫明君が同門の關係で何か話せといふことであるが、今度の寺嶋君の作は寺嶋君が從來持つてゐた好いものと　惡いものと、その惡い方を先づ完全に近いほど整理して好い方のものだけを生かしたといふ點で大いに推賞しなければならんと思ふ。

從來世間では寺嶋君の惡い方のもの、あの妙に暗い方に寺嶋君の特徴や長所があるやうに言つて褒めて來たものであるが、それはやはり間違ひで好い方のあの素直な清純なものに寺嶋君の優れた才能があつたのだ、それを今年は飜然生かしたから寺嶋君は陰忍三十年遂に酬はれた

日本畫

特選・新人・新進

豊田豊

臨戰態勢下の文展

この臨戰態勢緊迫の急激化の折柄例年の悠長たる美術行事はいさゝか泰平和樂の感が無いでもないが、彩管の上に強度に盛込まれた臨戰色、國防色は第一部日本畫に至つて、今年は特にその最高調に達したかと思はれる。しかしそれは題材上の問題であつて、藝術の熱量そのものに於いては、昨年奉祝展のそれが大衆、中堅、新進を通じて最高調に達したのと反對に、今年はグラリと逆轉し總體に穩健微弱帝院改組以來最も意氣消沈したかの感が深い。今それを新人群に就いて通覽する。

先づそれを時の華形、向井久萬の「男兒生る」江崎孝坪の「擊て」寺島紫明の「寸凉」橋田永芳の「深潭雨歇」の四特選をそれ等の代表として檢討する時、久萬、孝坪、紫明の三者には共通した題材第一義の勝利があり新人群の今期文展の特徴である新人群のその種の鮮やかな典型を見出す。そして技術的な重厚性と、精神的な消力のそれに伴はない憾みも同時にあつた。たとへば久萬の「男兒生る」の如き、民族繁榮獎勵の銃後國策に最も合致した好個の名取材であり、山本有三提案の「お上の産衣」が早速贈られさうな良構想でもある。それにしては我々が往年安田靫彦の「御産の禱り」信實作の「紫式部日記繪卷」に於て與へられる衝擊的な感動は餘りにも明朗品雅に清淨化されて感銘纖弱である。然しそれはそれとしてこれは「紫式部日記繪卷」の皇子御産後の白色を基調とした清麗感に通じた何かであるが、あれに觀られる重厚さと靜謐感はこれにはない。唯その スマートな實感の尖銳さは靫彦信實にも觀られない現代のリアリチーだ。さういふ同じことが江坪の「擊て」にも言へる。この場合彼との對比は靫彦や信實ではなくて、彼自身江崎孝坪である。即ち昨年奉祝展政府お買上作筆頭「出發」の持つ幾分青龍社的に荒削りであつたが、健剛にして重厚な迫力はこゝでは、院展派的に巧緻纖麗に微弱化す。從つて筆技の神經は遙かに細かくなり、その點の進步は認められるが精神的には稍々小心且要心深きに過ぎた。だが題材的には軍國主義日本畫としては聖戰美術等の特殊展は兎に角として、恐らく日支事變以來日本畫壇最初のものであらう。「出發」もさうだが、その實戰感科學兵器感に於いては「出發」よりも更に前進的だ。

寺嶋紫明の「寸凉」はさういふ時局と何等關聯は持たないが夏の一とき上衣を拔いで、年增女が衣掛けに浴衣を冠せた瞬間の着想は、作家が千萬の題材の中で辛うじて發見し得る天惠に等しい高貴なものである。手法もそれに從つて、白と綠を基調として嘗ての彼にない健全さであり、且つ又清淨さである。雌伏三十年、涙ぐましくも彼の特選たりし所以が肯かれるのであるが、深水氏もいふとほり迫力微弱、垣根の夕顔の如く淋しい。

新人の作

他の今一作の特選橋田永芳の「深潭雨歇」に至つては稍々理解に苦しむものがある。全面彼の獨自に天分的な青綠の夢幻的感觸は、一種靜謐の畫品として彼としては珍らしくいつもほどに毒氣のないものだが、それだけに題材技法ともに平凡、好い意味にも惡い意味にも今度の文展日本畫全體を代表したやうな去勢藝術だ。

これならあの作に、特選もやるべきだといふやうな苦情がボツ／＼この邊から下情上達となつて發生しはしないか。曰く西村

は語る……

のである。唯今度の作に就て難を言へば重味とか貫祿とか、さう言つたものの不足であるがそれは多く問題にすべきでなく全體としてはやはり寺島君近來の名作であると思ふ。

白倉嘉入

南畫の新發足

私は今度初めて審査に出たのであるから、積極的に所感を申上げることは、まだそれほどの自信もないし、鑑査にも不慣れであつたから、今ちよつと困るが唯自分の所屬の關係上、南畫の方の入選に就いてだけはお需めに從つて多少の見解を言へないこともない。

と、言つてこれも部分的に亙細なことは言へないが、大體として南畫の方はあゝいふ表面的には單純な技術だけに 思ひつきや輕い氣分で、畫いたといふやうな作品は幾ら奇拔で面白くても當選しなかつた。反對に又幾ら努力してゐても從來の型に嵌つた固定したやうな作品もやはり同樣な憂き眼に遭つた。さうかと言つて別に傳統的なものが可けないといふ譯ではなく、要するに落着いて靜かに筆にもしんみりとした味の出たものがその正當な價値を認められたといふのが、今年鑑査の主傾向であつた。

さういふ點今や南畫の時代も轉換しつゝあるといふことが痛感される。今言つた如くあながち傳統的なものが可けないといふ譯ではないが、南畫も今後新時代に處して行くためには、眞に眼覺めて新しく發足しなければならないといふことを、私は今度の鑑査に臨んで特に痛感した。

吉岡堅二

積極的な意欲の喪失

僕は鑑査は今度が初めての經驗だが、その鑑査の實際に臨むまでは、個性的にはどういふ風なものをいつも落選させるのかとひとり怪訝の念を催してゐたが實際に臨んで見て初めてそれがよく理解出來た。卽ちさういふ落選して行く多くの作品は、出品者が大抵自分で制作の前に樣式を極め、その樣式の中に內容を無理にも嵌め込もうとしてゐる。さうしてその樣式といふのは文展の壁面であるとか、鑑査の意向であるとか、時流の標準であるとかさういふ第二義的なものであつて、彼等は勝手にさういふ概念を豫め先に作り上げて、その中で無理からに仕事を纏めやうとしてゐるのだ。從つてさういふ作品は第一義的なものが、非常に消極的になり、性格的に個性的に作者の眞實の意欲が我々を搏つて來ない。

やはり我々を首肯させやうとするには、そこに纏め方に多少の難はあつても、積極的に張り切つた意慾で、第一義的なものを表現しやうと意氣込んだものでなければ可けない、何かしら僕は今度の鑑査の後で、なぜ皆畫きたくて畫かうとすることよりも、文展の壁面に並ぶことだけを目的にして畫くのだらうと腹立たしいやうな淋しい氣持になつた。

卓三の「咆哮」曰く立石春美の「霽れ間」曰く奧田元宋の「火牛」曰く藤田復生の「波濤」―僕の認定を以つてしても斷じてこの四作は特選の列位にあるものであり、卓三、春美の二人は時に現特選を凌駕する優秀拔である。更に僕はこれ等に準ずるものとして澤宏靱の「室戸岬」山田申吾の「夏野」東山魁夷の「夏野の頃」今尾津屋子の「カナリヤ」松久休光の「朝靄」濱崎在髮子の「暮色」下川苔地の「苔寺」鄭末朝の「露店」許林の「田家」井上通世の「少年」多木淸の「ずゐき」等を許多の新中から推し、他に天畝芳登の「大陣」森戸果香の「つはもの達」五十嵐幹の「女工員」伊東滿の「樂人」をその異色の强度なる點に於いて等しく又特選の列位にあらしめて好いと思ふものであるが、さういふ意味では谷野圭一の「甲冑讃」阪本音彥の「谷間の秋興」陳進の「臺灣の穴」田代正子の「書仕度」等をそれに準ずるものとして擧げやうと思ふ。さうして前記西村卓三、澤宏靱等が多く前室の方に配置され、間接的にして優秀な陳列委員――審査員達から證されてゐるのに反し、他に擧げた佳作が多く未室に押し込まれ優に特選に値すると思はれる五十嵐幹の「女工員」なぞ谷野圭一、阪本音彥の優秀佳作とともに畫部と聯結する最後の足輕部屋に押し込められてゐるのはどういふ譯であるか。若しこれ等が入落の境を彷徨した意味での譴責であるとしたならば、僕は逆に今年審査員の頭腦を疑ひ、手厳しい譴責の一喝を喫はしたい。

しかしながら以上の優秀作、佳作、推選たるべくして特選たり得なかつたのには、それ相應の必然的、合理的理由があつたのであらう。やはり問題は作品本位に評價しなければならない先づその第一に月旦すべきは西村卓三の「咆哮」である。一巡會場を見終つて後ち、僕は最初この作を觀た時にも感じた讃賞をはつきり「特選を凌駕するもの」と折紙をつけることが出來た。この咆哮する牡獅子はそのうねり縫れて繪のよさは、渦捲く頸の後ろの鬣だけを觀ても先分解る。あの流動調の旋回は塗描に慣れても運筆の教養に乏しい今日の新人達には俄かに出來ない技術であり、且つ又その嫺やかに然も活寫的に生躍さした運筆の妙は、老功の腕利きと雖も容易に及び難いところだ。更にそれを渦巻きつ模樣化した裝飾の智惠は、單なる寫生を越へ全體の地を銀砂子とし、首のあたりにパツ〳〵と大粒の金箔を散らした永德的裝飾化の智惠と相俟つてまことに心憎い老練さである。

さすがに公正を誇る今年度審査員は或る數の票をこの作に入れ特選候補の列に入らしめたといふことがあるが、結局最後に圏外におつぽり出されたさうである。

特選の問題

では僕が卓三の次に特選外の優位として推す立石春美の「霽れ間」もやはりさうであるが、これは若い女と少女、新綠と水映、光線と波紋のいみぢくも豊量に造型された健實な都會人藝術である。趣味性から言つて、審査員受けのする特選タイプのものだ。それに四特選と違つて迫力も重厚で貫錄もある。この作が特選たり得ない理由は絶對にない。審査員橫暴だと世の識者は憤るだらう。しかし待ち給へ。この作はさういふ新文展特選タイプ橋本明治が「名寄雲」森田沙夷が「孫」で特選したあゝいふ熱量的な執拗な迫力を意識し過ぎてゐる。が立美は、畫技、題材ともに健康化してはゐるが、然も時代はより根底からの精神的に健康なものを求めてゐる。それは今度の四特選が選ばれた今年の自からな精神動向に依つて理解することが出來るこの未曾有の地球轉換期に當つて、文化は――我々の美術文化も一年々々と急激に變化しつゝある最中だと自然にその潮に乘つた者のみ、さうしてそれのよき精進を持つ者のみ眞個の勝利者たり得る。このことに就ては更に筆を改めて說かう。

文展工藝を評す

渡邊素舟

ことしの工藝は

陶磁が揃つてよいやうであるが、他は資材の窮迫が激しいからでもあらうか一體にレベルが低くて腕力も薄く技術への精進力も弱い、それには構想にはたらきの淡いことも擧げられる。

戰爭と工藝の技術は上代以後德川時代にかけても尙多くの武器を作つてゐたものであるが、明治以後になつてからは戰爭の道具から離れて生活と貿易に向つて進んで來たのであるから、今日のやうな臨戰體系下に於いては昔日の武器のやうな譯にはかず剰さへ第三國への貿易の停頓につれて一層とその積極性を削がれた形になつたやうでもあり、加ふるに少しでも資材を喰ふといふやうな關係上一しほ困難な羽目に立ち到つたやうでもある。然し翻つて想ふのに戰爭の目的が支那事變の完遂と東亞共榮圈の確立にある以上は、共榮圈内の工藝の確立に對してこそ協力するのが刻下の急務であり、國家目的への正しい道でなければならない。

板谷波山氏の窯變磁花瓶は褪紅の深い赤が首と裾のオレンヂにぼかされて澁い黎るさを見せてゐる。形は口の開いた長首の壺であるが全面に細かい氷烈な結晶が裝鈿されて澁く細緻な美しさを深め、觸手快をも忘れないはたらきを見せてゐる。別けても高臺に圓脚をつけてゐるのがその高さといひ調子といひ極めて自然であるばかしでなく、壺の形を一いき引立てゝゐるのに役立つてゐるのはさすがである。とまれ釉の切れ目とか垂れの調子、それにボカンの黎るさなどいふ樣なことに對して行き屆かないところのない程の心づかひに完璧なものへの神經のまどゐが見へる施釉の調子がこれだけにまで整つた秩序の美しさを見せたものはざらにはない。偶然なものを除いて眞に正しく意識的なものゝ美しさからいつたら洗練の極を見せたものといへるであらう。かうした性質のものは支那の陶器の美しさとは違ふし、ヨーロッパのもの例へばコペンハーゲンのものに較べても精神的段階が違ふのである今日われわれはわれわれの持つこの種の文化が世界に冠たるものだとは思はないが、然し東亞共榮圈の燒物に向つてどれだけの指導力があるかに就いては深く確かな省察と自信とを持たなければならぬと思ふ。

河村晴山氏の

四方白磁牡丹文ともなかなかによく、形も縮り白磁の月白も透つてよく清純な美しを見せてゐるものではあるが、牡丹の文樣的便化が稍々硬いために感じが小さくせばまつて往くのが氣になる、そこへ往くと、楠部彌一氏の水指は確かであつて手堅く、質實にして而も清純なところにこの作者の性格の一つがあるやうに感じられる。純白の胎磁に強く濃い染付を印して深く而も高い氣韻あるものへと押し上げてゐるところがよい。

清水正太郎氏の紅彩文壺は宋窯の赤繪とか磁州ものを連想させるものゝやうであるが惡るくなく特に紅彩の色が軟く柔かい深さを見せたのがよい。勿論文樣の放膽なものもよいが磁州の聯想が鑑賞を妨げるやうである。之より宋窯のよさは科學と民族性のほどのよい調和にあらう。徒らに科學だけが勝ち過ぎたり民族性だけが勝つてゐるのではない。各々の持つてゐる特質の總和が民族性としての藝術を破らず犯さずに和して現はされたところにある。無論この作者のものは惡るくはないが、いま一いき宋窯の良さに徹して軈がて宋窯を超へるだけのオリヂンの氣魄を持つやうになつて欲しい。この作の意圖はそこまでつゞくしそこまで往かなければ東亞的ニッポンのものとしての指導が立たないと思ふ。勝尾青龍洞氏の芽出し虎枝文四稜花瓶も形の上では前者に通ずるものゝやうであるが、虎枝文と色調には却つて親しめるものがあるやうである。

河合榮之助氏の花瓶は彩釉の脂黄が深く明るく透るやうな張り切つた胎磁の上に、三歸來の裝飾化された枝の間に青い實が脂黄の胎磁に對照して美しく浮き出してゐるのが重厚で明るい形も延びてゐて柔かく締つてゐる。賞めてよいものゝ一つでもあらうが、寺田甸氏の大きい飾皿も圖案の上で効果の擧がつたものゝ一つであらう。大きい圓形に添つて畫いた幾條かの圓輪の中心に朝顏文を容れたといふ單純な意匠ではあるけれども、皿の面の大きい白さに映へた染の赤繪は美しく破綻がない。

陶彫としては小川雄平氏の仔馬二頭の友どちが好ましく愛くるしい。彫型の確かさからいつてちよつと他に見ないよさを見せたものであり、時節柄釉藥をやめて青土で色つけしてゐるのも厭味がなく枯れた清新さをさへ見せてゐるやうである。船津英雄氏の「ひつじ」もよい。陶彫といふものをよくわきまへた作として推賞してよいものの一つであらう。

倘、伊東陶山氏の葡萄の花瓶であるとか、近藤悠三氏のものなども惡るくはないが、色が甘過ぎるやうである。金工ではまづ鑄造の

香取秀眞氏の香爐

がよい。この香爐は高古の技と文樣を襲ひて而も東亞的ニッポンの力を示したものとして注目されるものといへる。洗練の二字が學問と共に史的客觀性の中に於いて醇化されたわざものとも見られる。故に客觀的基礎の上に立つて傳統に一貫するアカデミックな代表として見るべきものゝ一つである。香爐は華やかな形を持ち黑い好ましい色が深い。兩脇の把手と蓋につけられた鈕の鳳形は東亞的ニッポンの美しさであるばかしか、蓋に透彫られた忍冬文のよさもまたペルシヤ的風趣を超へたニッポン的東亞性のよさである。工藝の技術といふものがこゝまで犀利に精神美を持つたものとして襲がれて來たといふことは、國家的傳統的に歡ばしいことであり民族文化的に技術の勝利を語るものに違ひない。かういふ技術を保護することはとりもなほさず東亞的なるものゝ世界的價値の保有であり、それが國家的なものとして日本の文化の勝利を培ふものに外ない。津田信夫氏の北の夜猫子フクロは前者の製作態度とは違つて主觀的心理でありまた直觀的でさへある

が、無論前者と同じやうに客觀性もふんだんに持つてはゐる。このふくろおにしても古代ギリシヤのものに通ずるであらう樣式も見へるが、而し翼を強くはばたからとする瞬間の動きを捉てゐへるところに新しい時代への力がある。即ち作者の求めてゐる形と裝飾が、そこにあり、洗練された色と觸手が見られるのである。

花瓶では豊田勝秋氏の壺が稍々單調ではあるが直線の落付きを示してゐるし、米田博俊氏の壺も横線を刻んだものとして無難であらう。香取正彦氏の釣燈籠はまた形がふくよかでよく緣と菊形の透しも和風で澁い。

彫金では介川芳秀氏の手長の黄銅の皿がよい、形もよいが色もよく海老と海草の象嵌も柔かく瀟洒な美しさを見せてゐる。なかなかに好ましいよさである山脇洋次氏の蟾蜍は面白い。

漆は一體によい

方ではないが河合秀甫氏の飾箱は澁く落付いた好いものである。特選もまづこの邊のものならば首肯もされるやうであるが工藝全體に與へられてゐる特選の賞牌には拗からず間誤つかされる。高井白陽氏の朴華文八角小箱も手堅くて調子はよいが、岡本昇三氏の飾Ⅱがなかなかに重厚で豪華でさへあるのでちよつと赤塚自得氏を想ひ出させる松田權六氏の鶯の卓は意あるものとは思はれるが、右方の樹木に生々しい寫實味も加へたので見る眼に破綻も來させたやうである。詩文を彫刻した意匠の美しさを見せながら、單純化に徹し切らなかつたのが本意なきことに思はれるが着想と試練には期待が持てよう。

佐藤陽雲氏の料紙の意匠は相當に強くて大きい特に花文が白のバックに映へたところに一つの美しさが見へる。花文は生彩に乏しいが彫漆は鮮かに美しい田畑宗哉氏の柵も厭味のない好ましさを見せてゐる。

屏風では山崎覺太郎氏の休翼かよい方であらう。相對する二匹の鷹も偶意的のやうであるしけはしい空の模樣も燕脂系の暗い赤をきかせて重疊する不規則的な面線で大きく刻んだのはよい。これで鷹が線彫でゝもあつたらと思ふのは筆者の慾目でもあらうか。中川哲哉氏の喰籠はよいが少しく紅が薄過ぎたやうに思へる。森三樹氏の盛器は反對に今少し明るいものでありたかつた。幾何形の層も締つてよいが緣のセピヤが强過ぎるやうである。竹園自耕氏の手箱は平凡のやうではあるが、なかなか手堅い仕事をしてゐる。

染識では大坪重周氏の家具に應用した染が手堅い。渡邊春男氏の初秋の二枚折もよく熊谷重太郎氏の三曲の蠟染も質實に富んでゐる。般若侑弘氏の杉の圖案はなかなかに美しく、津島祭を染出した楠田撫泉氏の二枚折も鄕土色が豊かでよい。高木敏子氏のみのりのモチーフを綴れで織出した壁掛も豊かな鄕土色と色調に惠まれてゐる。

山鹿清華氏の簾織は面白い手法でありなかなか高尙な感じがする。糸は撚糸なせいか縮んで見へるところに特色ある樣式か織出される。圖に見える樓と舞姬は大陸的のものゝやうだが赤の色が厭味を誘ふが始終一貫した作者の態度には敬服させられるものがある。

岸本景春氏の絽刺し風の二枚折も努力されたものではあるが魚や水草などの海中の畫因が寫生の確かさから單純化された圖案でないのが惜しまれる。

木村和一氏の

梅の屏風は色調にも染味にも明るい澁さがあり裝飾的な描寫にも確かさはあるが、稍々構圖が擴がり過ぎて締める力を削いだやうな感じがするが親しめる作として落付いてゐる。廣川松五郎氏の二枚折は松藤を畫いた友禪の染のやうだが華やかで手堅く、單化された圖案にも特色のある樣式的なものが見えても美しく、技も確かで繪具の手際も流石であるが比較的立體感が淡いといふ感じがする。友禪で派出なせいでもあらうか、鹿島英二氏の蠟染は寫實的な風景を題材にしたものゝやうだが、色が生々しくて强過ぎる感が深い説明によると黒白の群とあるから光りと影を主題にしたものゝやうでもあらうが、意圖はともあれこの度合のものとしてはさまでの効果が擧がつたものとは思はれぬやうに思ふ。努力の程は窺はれるが。

木工では

梶田惠氏の牡丹唐草の象嵌の手箱が手堅く、確かなものであらうことに好感が持てるし、小河原千波氏の透文の手箱もちよつと面白いものでもあるが、透文がレースのやうに見へて淺く感じさせるのはいけないと思ふ一いき落付けるべきものであらう。

那智瀧子氏の衝立はセメントに吳粉して畫いた色紙形を衝立に取付けてゐるやうであるが、デザインの上からいつたらちよつと思ひ付きのものといへる。この作者はデザイナーとして思ひつきに惠まれてゐる女性である。

硝子は興味が持てない。この程度のものを繰返してゐるやうでは既に行き詰りが來てゐるのかも知れない。門戸を擴く開けて大いに鞭韃しなければいかん人形も意氣消沈な形である。

本號表紙（原色版）
戰機 堂本印象
（文展出品）

第四部「」の作品について

大島隆一

とりあげるべき作品を、いくつか書けといふことである。

しかし、第四部には、いはゆる「問題作」といふやうなものがない。「これは！」といつて驚嘆するやうな作品には、殘念ながらぶつからないのである。たとへば、「いゝ作品」の部類に入るものはあるが、みな作者自身の力をさうたうに出して手際よくまとめてゐるといふだけだ。破綻もないかはりに、人をうつ力といふものは稀薄である。

だから「傑作」などといふものはない。あれば「佳作」である。僕は、はじめ三つか四つの作品を選びだして、じつくり書いてみるつもりでゐたが、さてひろひだすと、つぎつぎに出てくる。つまり、同じやうな「佳作」だからである。

それゆゑ、これらの作品について、いちいち短評を書くとすると、たうてい約束の枚數では不可能である。以下、部類わけにして順次、あげてゆくことにする。

「染織」では、渡邊春男の「初秋屏風」(特選)。すぐれた圖案力をもつた作品である。だが僕は、この作者のほんとの力量を知つてゐるので、まだ、まだとおもふ。よくまとまつてはゐるが、けつして力一杯の仕事ではない。もつといゝ作品ができるはずである。

般若侑弘の「杉之圖和染二枚折屏風」おもひきつたコンポヂシヤンであるが、下部のどくだみは、もうすこしおほらかにゆくべきであつた。しかしながら作者としても近來の佳作であり渡邊君につぐ作品である。

このほかに、由井康陽の「麓刺繡屏風」楠田撫泉の「津島祭染色屏風」矢部連兆の「松竹梅讃膓纈三曲」山岸堅二の「布帛新秋讃膓纈三曲」をあげる。

「金工」――、山室百世の「進駐置物」(特選)。いゝ感覺をもつた作家である。昨年の「萠ゆる力鑄銅置物」に僕は感心したが、これはさらに磨きのかゝつた作品といへる。いまゝでたくはへられた力が、これを契機に

大いに爆發することを望んでやまない。

渡邊顯子の「麥の精鑄銅花瓶」僕はこの閨秀作家の作品に、多大の注目をはらつてゐるのだが年々、すばらしい進境を示しつゝあるのには驚嘆のほかはないこの一作にいたつては、堂々、男子をしのぐの力量を誇示してゐる。

鴨幸太郎の「壺」特選は、こまかい藝のみせどころである技術的にもひとつの飛躍を示したものであり、その山氣のないすなほな作品には、僕もまた好感をもつひとりである。

他に、藝武茂介の「飛鳥買物」（特選）伊藤宜宏の「鑄銅花器」（特選）戸谷純之助の「靑銅二重挿花瓶」須賀松園の「鳥文平瓶」三好弘の「靑銅盛花器」小河原千波の「透文手箱」羽原秋芽の「鍛金瑠鳥置物」今井千尋の「鑄銅盤」北村一朗の「靑銅洗」小林親光の「柊花器」——の十點を推す。

「漆藝」では、高橋篤郞の「漆木瓜の圖屛風」（特選）がある美しい色漆をたくみに驅使していつもはなやかな作品をみせる作家である。現在の漆藝家の中では才分もゆたかであり、いゝ感覺をもつた新人である。作者としては、おそらくはじめての大作であらうが、しつかりとまとめあげた手腕は、たしかに推賞すべきだ。僕は、こんどの作品に、むしろ、大きな期待をかけるものである。

河合秀甫の「藥草文飾筥」（特選」この作家は、いままで地味な道を歩いてきた、派手な作品で、大向ふをうならせるといふやうなことがなかつた。こんどの飾筥もさうである。しかし、ぢつとみてゐると、なかなかすばらしい。たゝきこんだ腕前をぞんぶんに驅使し、ぴたつとねらひをつけてゐる。謙讓な中に一分のすきもない作品である。

多畑宗哉の「髮漆棚」は、昨年の「髮漆棚」より、はるかにすぐれた作品である。黑にたいする赤の分量もよく、中央で、ぐつとしめたあたりなど、あざやかな手腕だ。この分野における、もつとも進歩的な作家として、たしかに一等地をぬいてゐる。

このほかに、安倍侑二の「梅と鹿蒔繪二曲屛風」岡田章人の「菜果蒟醬小屛風」をあげる。

「陶藝」においては、やはり北出塔次郞の「悠久(牛)壁面裝飾パネル」（特選）であらう。いままでの國展における諸作品に比較して、ずんと張りもあり、自己の有する力量を、おもふままに發揮してゐる。作者としても會心の一作にちがひない。

米澤蘇峯の「梅花文陶箱」この作者のいゝ持味をいかんなく示し得た佳作である。形態もよく、繪つけも、のびのびとして美しい。ゆたかな詩情を藏する作品である。

文展工藝雜感

大山廣光

★

今度の文展工藝は搬入一〇七三點、入選一七〇點といふから外觀は非常な嚴選である。然し入選作を見ると大した嚴選とは思へない。勿論落選作は見てゐないのだから入選作落選作の比較は出來ないが、嚴選だつたとするならば、わが國工藝界は未だ〳〵情けない狀態にあるとしか思へない。今度の工藝部には從來と違つた事情が附隨してゐる。それは八月商工省より發令された待遇問題である。文展二回入選以上の作家がこの特典に浴するのだ。とすれば過去に一回入選した人は勿論、この特典を目あてに新しく搬入して來た人が多かつたことは想像に難くない。新入選に茶盌や釜の純茶道具が六點もあることも特に目立つた現象でてる。茶道具と云へば釜が隨分入選してゐる。然かもそれ等の殆んどが傳統を一歩も出てゐない。中には御叮寧に腐蝕の模倣までしたのがある。

さうかと思ふと、人形に於てはその鑑別が茶道具とは全然對蹠をなしてゐる。傳統的な人形は悉く退ぞけられて、新しい感じの、云はゞ人形師としては素人的なものが三點入選してゐる今度は會員級が退陣して若い元氣潑溂たる審査員級の人ばかりが鑑審査に當つてゐるのだから係うした矛盾した現象は見せて貰ひたくなかつた。茶道具が入選するのも結構だが、文展工藝部に並べる以上は、其處に何か新しい創意がなければならないそれは今度入選した茶盌や釜と比較して、水指、風呂先、菓子器等を見れば諒解出來るものと思ふ。茶通からやつと解放された近代工藝が再度茶道に支配されてはならない。今度の現象は工藝部全體としては微々たるものであるかも知れないが、本質的に云つて看過し難い現象である。

★

いつもの事ながら金工が一番多く、次ぎは漆、陶磁、染織、と云ふ順序になり人形と硝子竹には審査がゐない。人形は文展に入選してから日も淺いので無鑑査も存在しないのだが、木竹の搬入は相當多いのだし、この部よりも審査員が出ることが望ましい。同じ部門から三人もの審査員が出てゐるのだから、公平に見てその感じを深くする。

特選は十三點、いさゝか總華的で賑やかではあるが、どう考へても特選は首肯出來ない作品が二三ある。日本畫は審査を投票で行ひ大ぶん的はづれの感あり、工藝部は相當論じ合つたやうに聞いてゐるが、結果を見て微苦笑を禁じ得ないものがある。どの審査員に聞いても「今年は氣持よくすら〳〵と行きました」と答へるが、大勢の審査員、然かも各々違つた意見を持つてゐる審査員が集つて、眞劍にかゝつてすら〳〵と運ぶかどうか。投票に弊害があると共に討論には辯舌の上手下手で不公平がある。投票と討論の長所をとつた方法が考へられなければならないと思ふ。

★

工藝が他の美術部と異なるのは用途との關聯である。凡そ用途を無視した工藝は存立しないところで用途と離反したものがだいぶんあつた。例へば田中芳郞の「海狼香爐」である。この作品は置物として見た場合、相當新しい感覺もあり、悪い作品ではない。然し作者は香爐として出品してゐる。香爐とは云ふまでもなく香をたく器物で、その用途の目的は心を沈靜するにある。ところが、その形は香爐にしては餘りに感覺的であり、

僕は、この境地をさらに深めることを希求してやまない。

他に、森野嘉光の「鹽茱枇杷圖花瓶」（特選）內田邦夫の「雲文陶花器」勝尾靑龍洞の「萠芽虎杖文四稜花瓶」の三點をあげる。

「硝子」は、今年ははなだ寥々たるものである。わづかに佐藤潤四郎の「硝子鉢」と、小畑雅吉の「硝子河豚置物」が展示されてゐるにすぎない。しかしながら、この二作は、それぞれ獨自の道をつきすゝむものでありその眞劍さに僕は聲援の言葉をおくりたい。

「人形」では、鹿兒島壽藏の「南庭出現の菅公眞紙塑像置物」だけである。土をいぢるたしかさと、すぐれた色感によつて、まづこの作者は、人形作家中の白眉である。小品とはいへまさに氣品ある佳作である。

あたへられた紙數では、たうてい藝術院會員、審査員、無鑑査の作品には觸れられないので、こゝに割愛した旨を附記しておく。

甲斐己八郎個展

此の人は此れで二度目の帝都進出だが、昨年度個展から見ると此年度の出品作に有つては技術的には進止を感じられるが、作年度作に見受られた感覺の新鮮さが少し缺けたかの感じが强い、此の事は技術的に流れた爲めかとも思はれるが出品作中では「樹海」の墨色は效果的だが少しく描たりず弱く「正面裝」はしつとりした味のする作其他「西陽」「拉畫的」等が優れて居る。（彌）資生堂

（十一頁より續く）

第六室。　山崎覺太郎氏の「休翼」屛風、全體計畫宜敷きも右側の鷲の脚下稍不安定に感ぜらるが如何。香取正彥氏の鑄銅釣燈籠、お父さんの趣味教養を傳へて高雅の作。佐藤陽雲氏の彫漆箱いつもながら美しく又確かなもの。清水正太郎氏の紅文彩陶壺、感じよき作岩田藤七氏の玻璃方鼎平常定評の通り、硝子では此他切り子で第五室に各務氏のもの此室に佐藤潤四郎氏のものもあり、皆岩田氏同樣斯界に定評ある人であるがとり立て〻云ふ程の必要を感じない。豐田勝秋氏の鑄銅花器、新味はあるが少々垂直線が强過ぎ、何か一寸落付きが惡い感じがある。鑄銅では此他、木村庄太郎氏の花盛は之も特選だつたかと記憶するが、其價値充分。其他此室で注目を牽いたものは河合秀甫氏藥草文飾筥、梅花文陶箱（米澤蘇峯氏）。平館酋氏漆研出手箱、高井白陽氏朱華文小筥無等であつた。

動的である。これと同じ矛盾を宮川淼郎の「鑄銅花器」にも見る。これも形の奇嬌に對する興味に捉はれて用途を忘却してゐる。然しこの二人はともに前述の矛盾さへ征服すれば、非常に有望な作家だと思ふ。思ひつきにのみ走るべきではない。その才能を惜しむが故に敢えてこの苦言を呈したい。

今度の特選では陶器は概ね妥當であつたが他の部門で頷きかねるものがある。金工では山室百世の「進駐置物」木村庄太郎の「鑄銅花盛」漆工では谷澤不二松の「そら豆と三味線草彫漆箱」がこれだ。その反對に特選として當然だと思ふものに高橋節郎の「漆木瓜圖屛風」がある初入選だとの話を聞いてゐるが仕事も相當しつかりしてゐるし文樣も新鮮で氣がきいてゐる。色漆を使つて、それに伴ひがちの嫌やな色感もない。鈴木清の「茄子之圖大鉢」は藥が少し弱い缺點があるが、これも落付いた感じのいゝ作品である。

★

會員で力作を出したのは津田信夫、清水六兵衛、富本憲吉だ清水龜藏は小品ではあるが金色燦然として、時代が時代であるだけにいくら帝室技藝員でも餘りいゝ感じがしなかつた。審査員がその潑溂とした意氣稈の作品を見せてくれなかつたのは何と云つても物足りない。日頃の元氣を作品に現はして貰ひたかつたのだ。力作と云へば豐田秋勝、內藤春作、清水正太郎、岸本景春、島野三秋であらう。

これは文展の作品のことではないが、文展を前に控へて數名の審査員が連れ立つて地方に旅行してゐるといふことを聞くがこんな事は噂だけでもいゝことではない。地方の作家を鞭韃するのはよい。然しその年に審査員になつたものが連れ立つて行くことは愼しむべきである。こんなことは他の部門では噂にも聞いたことがないだけに愉快な現象とは云へない。「だから何々地方の入選が多かつたのだ」と云ふやうなデマが飛ぶ。瓜田に履を入れぬに如くはない。

文展柳樽

風來坊

向井久萬「男子生る」
生れた兒ナンダ空襲とも言はず

上村松園「夕暮」
暗うても針の目とほる若さかな

三輪晁勢「大和乙女」
河中へ爆彈落ちぬ上げやはれ

堂本印象「戰機」
上代のモダン姿や軍馬

加藤榮三「秋」
イソツプにない鷄が葡萄みる

鴨下晁湖「之許の御楯」
ものゝふは赤風船を覗ひ突く

高田那美「聽講」
御談議で顏も頭もマガリけり

★

新人が一生懸命になつて搬入してゐる姿を見ると涙ぐましいまでに感動する。だから新人のいゝ作を見ると何とも云へぬ愉快さを覺える。入選作でいゝと思つたのは特選では先述した二作の他に渡邊春男の「初秋屛風」伊藤宜宏の「鑄銅花器」その他では山脇洋二の「清宵蟾」鹿兒島壽藏の「南庭出現の菅公眞紙塑像置物」河合榮之助の「彩雲三鬪來圖花瓶」であらう。特選の芳武茂介の「飛鳥置物」は相當面白いと思つたが、飛鳥を直接に置いたところに割り切れないものがある。其處を何とか處理して貰ひたいものであつた。この種のものでは羽原秋芳の「鍛金瑞鳥置物」が佳作だつた。

小屛風や風呂先が多かつたことも今度は目についた。染や漆では最も手頃のものかも知れないが、その大抵は作として失敗してゐる。怎うした種類のものを消化するには單に手先の業ではいけない。漆で惡い作品は殊にこの部類に多かつた。若い人達の一考を煩はしたい。

尙ほ僕が入選作中腑に落ちない作を概算すると東京が六八點に對して八點、京都が四二點に對し九點。富山が一六點に對し七點、石川が一〇點に對し六點結局、地元の東京の作家が一番嚴選されたといふことになる。

第四回文展出品目錄

第一部　日本畫

第一室

出雲の村　河原悅人
黃風　濱田台兒
室戸岬　澤宏靱
夏野　山田申吾
霽れ間　立石春美
山脈　福田豐四郎
蕉榮島の朝　福田元子
男兒生る　向井久万
熱河の丘　藤田隆治
六月の頃　東山魁夷
火牛　奥田元宋
山頭の池　池田勝之助
須賀川の牡丹　中田草春
罌粟　山田喜代
群羊　池田尚志
南覇の井　須田珙中
風景　松尾多青
翠巒　齋內一秀

第二室

母子像　菊池隆志
凛々しき大和をとめ　三輪晁勢
小車　岩淵芳華
苔庭　吉岡堅二
山羊　笠原可於
現代婦女圖　伊東深水
造像拆伏　今野可啓
精靈の花　丹羽阿樹子
火山の夕　西山英雄
日本書紀　泉津比良坂　鈴木朱雀
深潭雨歇　橋田永芳
暮色　濱崎左髮子
春告魚　田中針水
夕櫻　礎田又一郎
咆哮　西村卓三
佛法守護　加藤恒久
備後表　松本武雄

第三室

細雨流水　白倉嘉入
隨喜　常岡文龜
林泉　宇田荻邨
晚秋　松林桂月山人
激雨　松本一洋
武人武藏　野田九浦
馬の湯　結城素明
塙保己一　島田墨仙
三月堂　秋葉長生
カナリヤ　今尾津屋子

第四室

朝靄　松久休光
樂人　伊東滿
山麓春來る　高木富三
綠蔭　村山三千男
豐穰　大日三世子
早秋　上村松篁
早苗　細見豐
戰機　堂本印象
蓮　望月春江
喜農　矢野香蘭
水邊　吉田秋光
南天　渡邊三重子

第五室

砂丘　高村正之
金魚すくひ　堂本亮
野田村所見　外山德松
濱　梶喜一
高原　池田輝治
島村　高橋忠久
鹿苑　陳永森
書仕度　田代正子

第六室

夏趣　太田茂
聽韻　池田恒象
うるまの夏　柴山光台
溫泉の村　戸田祐暉
波濤　藤田復生
海の子　河瀨恭之
鷺山　古市麻佐緒
蓮月　佐藤光華
松　畠山錦成
紅蓮　板倉星光
放收　山下薫
苔寺　下川苔地
干潮　森口百艙

第七室

愛撫狗兒　福田惠一
春雪　松本姿水
降る雪　木村廣吉
巒角斜照　水田硯山
湊川　兒玉希望
九方皐　小室翠雲
夕暮　上村松園
雄飛　川崎小虎
芽吹く頃　舟山三朗
白川の朝　樋口富麻呂
芍藥　望月定夫
中秋　武田鼓葉
市の日　妹背平三
黑部の奥　野添平米
爽晨　森守明
珊瑚礁の渚　村松乙彦
石切の丘　前田賢

第八室

小憩　朝倉攝
埴輪　鈴木由太郎
秋　加藤榮三
春苑　永田春水
靜と山法師　北村明道
東大寺南大門　山ノ內信一
白夜　大藪春篁
峽雨　赤松雲嶺
小屋の前　辻量子
入江　太田樺江
實る秋　堀井香坡
晴れたる空　穴山勝堂
山姥　小早川清
日照雨　山下竹齋
彩葉　藤谷雅春
觀賞　中本英夫
時雨るゝ林泉　田畑秋濤

第九室

遊鹿　神谷光徑
簗の鮎　山本紅雲
夏の日　森正元
つはもの達　森戸果香
靈夢　荻生天泉
片時雨　池上秀畝
董形八幡　服部有恒
杪秋　安田半圃
聽講　高田那美

第十室

風　川崎雅
水車　戸島光雄
裁縫　太尾美夫
囀り　川邊華堂
白砂青松　磯部草丘
白藤　榎本千花俊
淨晨　武藤章
花菖蒲　濱田觀
箕立　濱倉清光
臺灣の花　陳進
丘　河村光彩
露店　鄭末朝
彩雪　小松均
擊て　江崎孝坪
犬陣　天畠芳登
礒　海老原南爽

第十一室

午陰　荻田東嶺
爽秋　川上拙以
暮笛　三宅鳳白
暮八行　平田守
山邨將雨　福田浩湖
赤裝女　廣島晃甫
矢おても　小堀安雄
牡丹　齋藤猪三夫
草　山口華楊
夏夕　橋本關雪
高遊子　矢野橋村
寸涼　寺島紫明
林泉　松尾徑成
七面鳥　島津徹
八紘一宇　町田曲江

第十二室

靜なる日　長嶺雅男
家鴨　阿部能人
籔之川上　織田觀潮
南海採藻　古屋正壽
水禽　幸田春耕
共立巖　多田院大
薫園　山田武嗣
黃昏　大智經之
野駈　市原壽一
細雨　衣笠木莊
少年　井上通世
僧正　石渡風古
信長公之裝甲艦隊　太田天洋
睥睨　水上泰生
麻須良多家乎爾美伎多氏麻都流　生田花朝女
實る濱木綿　菅澤幸司
八幡岬　田岡春徑
長者婦女之圖　大木豐平
樹海龍宮　伊藤響浦

第十三室

水光　多田敬一
宵信　川村憲邦
之許の御楯　鴨下晁湖
清曉の靈峰　山元櫻月
玄豺　勝田蕉琴
山波　山口實
月明　德田隣齋
かひこ場　前原豐三郎
田家　許林
神津島の女　門井掬水
浴光　戸田北遙
薄暮　長谷川路可
山の朝　宮澤鐵夫
加茂茄子　平井楳仙
太閤明を怒る　不二木阿古
山路　長澤鳩哥
南京埠頭　井上和雄
夕月　小坂勝人

第十四室

神樂奏人　武藤嘉門
猿芝居　堀內東正
岩礁　久本春雄
谷間の秋興　阪本晉彦
女工員　五十嵐幹
綠蔭嬉戲　遠藤金坪
甲冑頌　谷野圭一
夏日小集　八幡白帆
天草風景　海野旭世
藤晃夕迫る　谷口英雄
多治見國長　林雲鳳
ずゐき　多木清
遊鹿　花村晃觀

第四部　美術工藝

一室

初秋屏風　渡邊春男
漆木瓜の圖屏風　高橋節郎
鑄銅花瓶　米田博俊
獅子文鍍金香爐　清水南山
獅子文鍍金香爐　鴨幸太郎
茄子之圖大鉢　鈴木清
漆喜鵲之圖雙色紙筥　磯井如眞
鑄銅皿　中村董一
モザイク飾筥　板谷梅樹
靑銅ニ重揷花瓶　戸谷純之助
鑄銅花器　伊藤宜宏
變壺形牛果紋花瓶　梶谷竹塘
潮風晴る漆二曲屏風　島野三秋
花籃　坂口宗雲齋
悠久（牛）壁面裝飾パネル　北出塔次郎
北邊夜猫子鑄金置物　津田信夫
芍藥蒔繪手箱　歌川黎明
漆器長手御簾塗手筥　奥澤鮎練
アルミニューム製蘆に波文樣彫金手筥　後藤學一
菜之花圖大鉢　德力孫三郎
眞鍮果物皿　福田三郎
千秋万歲樂蒔漆繪手箱　梅澤隆眞
紫陽花文象嵌花瓶　小川英鳳
靑銅水盤　長野垤志
漆器四季草花棚　福澤健一
野薔薇之圖象嵌花瓶　近藤悠三
柳條游禽漆器文机　本間蕣華
櫛目文花瓶　清水祥次
鑄銅丸文花瓶　杉田禾堂
飾箱　富本憲吉
鳥文平瓶　須賀松園

窯變磁花瓶　板谷波山
鳳鈕香爐　香取秀眞
漆器鷺の卓　松田權六
靑磁花瓶　清水六兵衛
善隣譜染屏風　稻垣稔次郎
麓刺繡屏風　由井康陽

第二室

海漆皮衡立　吉田源十郎
黑四方茶盆　樂吉左衛門
油滴天目茶碗　田邊武夫
赤釉茶盌　樂喜慶
四方形白瓷牡丹文花瓶　河村蜻山
鷺汀手匣　麗島一谷
飛鳥置物　芳武茂介
淸宵蟾蜍　山脇洋二
平蜘釜　根來實三
炭斗　飯塚琅玕齋
萠春爐屏　加藤宗巖
紅白梅文庫硯箱　守屋松亭
進駐置物　山室百世
夏英花文飾壺　齋藤鈺一
靑銅耳付水盤　島田精二
彫金手長海老皿　介川芳秀
魚金具　中村春利
さんしよ金具　有田利章
蟬金具　大木秀春
西瓜文香合　高島弘雅
三連魚耳花瓶　山本安曇
松ノ圖彫金小屏風　金森榮一
斜交文乾漆花瓶　田中健智
梅月相思(平脫手筥)　內藤四郎
春秋の圖兩面小屏風　佐藤尙珉
竹文模樣輪口釜　菅原無大
夜學釜　大西清右衛門
霰釜　吹田平兵衛
竹木兎文撫肩釜　加藤忠三郎
蘆雁透手筥　野口景國
秋野駈驪香爐　今大路長光
窯變小筥　鈴木靑々
八仙花風呂先　新敷晃仙
鑄銅ジラフ置物　武藤太朗
木目込屏風　橫山白汀
立葵模樣二枚折小屏風　小森克已

葡萄花瓶　伊東陶山
清流漆器小屏風　川口蘆舟

第三室

シルシフロラムのある綴織壁掛　和田秋野
臈纈三曲屏風　熊谷重太郎
ゐろり染屏風　佐野孟
雲文陶花器　內田邦夫
彫金象篏花器　三井義夫
南庭出現の菅公眞紙塑像置物　鹿兒島壽藏
殘雪人形　落合彌壽世
雄翔萬里　石田來之助
靑銅盛花器　三好弘
福魚圖二枚折小屏風　大下雪香
晴秋平脫文硯箱　伊藤隆光
春ノ水硝子吹込水盤　宮代健三
岩わらび長方形手筥　島田春光
大鐵鉢　原三郎
白銅鷄置物　磯崎美亞
軍馬と銀翼・海山の幸屏風　武樋貞波留
唐吳須釉彩瑞圓文花瓶　鈴木黃哉
裝耳花瓶　高橋勇
靑銅花瓶　北原三佳
銀銅製鷹置物　細谷好衛
蝶文樣花瓶　中村秋塘
秋爽二枚折屏風　保谷美成
津島祭染色屏風　楠田撫泉
銀銅葉紋壺　寺田龍雄
唐金サハリ三味銅水指　中川淨益
神鹿硯箱　越田尾山
陶彫山羊　草加春陽
竹編盛器　田邊竹雲齋
御座の祈人形　堀柳女
ねぎの圖小屏風　稻塚芳郎
靑銅蜻蛉紋花器　中村義一
玉蟲象篏麻朱染鑄錫華箱　原直樹
漆器秋苑書棚　山崎立山
布帛新秋譜臈纈三曲　山岸堅二
瑞蓮染色二曲屏風　成竹登茂男

銅打出花瓶　井上清美
罌子飾棚　井田宣秋
染付蕙蘭圖花瓶　松本佩山

第四室

松竹梅染屏風　矢部連兆
錫打込ミ魚文花瓶　柴田武次
練上流線文華瓶　宮永友雄
鷹四分一置物　松原春男
硝子河豚置物　小畑雅吉
鑄銅魚花器　宮川祿郎
陶友どち(仔馬)　小川雄平
鑄銅花瓶　伊藤忠雄
透文手箱　小河原千波
鑄銅伏香爐　松沼源吉
長方形蘭圖手箱　森象堂
唐草紋筥　梶田惠
黃銅豹置物　八井孝二
杉之圖和染二枚折屏風　般若侑弘
みのり綴織壁掛　高木敏子
溫室草花刺繡壁掛　長谷川文平
萠芽虎杖文四稜花瓶　勝尾靑龍洞
彩紅乾漆喰籠　中川哲哉
香華紋花瓶　山澤松篁
昆虫文小函　栗田雪雄
百合手箱　音丸耕堂
和風舫之置物　若原英正
雙峰駱駝　久保駒太郎
七寶胎銀板草花透彫花瓶　會田祐宣
花と實漆器手筥　片山美智雄
染付鐵繪花ノ圖花瓶　岡本爲治
牛祭圖染色屏風　野村蝶二
染色花園二枚屏風　櫻井霞堂
靑銅稜文花入　中村大禾
彫漆綿文樣手箱　池內荷芳
鍛金鳩香爐置物　三井安蘇夫
乾漆花瓶　小岩古明
紫紅窯花瓶　宮下善壽
猿置物　岩田良二
椿絞樣漆ノ手筥　彼谷芳水
萬里長城和染屏風　八田泰造
漆陽春三曲衝立　橫山玉抱

第五室

染色松藤友禪二曲屏風　廣川松五郎
木彫草花紋手許簞笥　大島五雲
鷺の衝立　橫山一夢
髭漆棚　多畑宗哉
風車草蒔繪飾棚　工藤喜代志
豆蔦之圖飾棚　藤岡研齊
手織錦萬葉華氈　中村鵬生
京極子夜櫻書棚　鈴木貞路
セメントを主材とした衝立　那智瀧子
家具セット　大坪重周
向日葵日時計置物　飯田泰造
黃銅打出花瓶　鈴木昇一
靑銅蝶筒形花器　會田富康
彫三島手「ひつじ」置物　船津英治
鍛金瑞鳥置物　羽原秋芳
爽游文彫漆手筥　高橋耕南
鑄銅盤　今井千尋
あみ文花瓶　村井瓶生
渦紋手箱　魚野自醒
鑄銅花瓶　中谷喜男
駝鳥置物　池田旺弘
鑄銅鳥置物　清水靑巖
靑銅洗　北村一朗
柊花器　小林親光
蘭文透彫軸筥　龜倉宇吉
堆朱菓子鉢　增田敬象
黃銅彫金水差瓶　杉野一彥
彩漆盛器　森三樹
唐銅鳥耳花瓶　山本純民
そら豆と三味線草彫漆箱　谷澤不二松
鑄銅透耳付花器　渡邊紫鳳
白銅獅子　西村敏彥
海狼香爐　田中芳郎
蒔繪飾筥　岡本昇三
麥の精鑄銅花瓶　渡邊顯子
秋の夜文庫　濱口廣氏
硝子鉢　各務鑛三
空の音鷄置物　黑井光珉
漆器平和　紫水六角
打出孔雀鳩置物　八田龍昭
織部木瓜文花瓶　加藤華仙
華紋木象篏四曲スクリン　中島杢堂

梅と鹿蒔繪二曲屏風　安部郁二
黑白の群臈纈屏風　鹿島英二

第六室

水だまり和染壁かけ　長濱重太郎
織簾舞姬屏風　山鹿清華
漆「休翼」屏風　山崎覺太郎
切錆市松二曲小屏風　高村表惠
黃銅壺　北原千鹿
鑄銅釣燈籠　香取正彥
彫漆科紙硯　佐藤陽雲
陶器紅彩文壺　清水正太郎
玻璃方鼎　岩田藤七
陶器彩色六方形飾箱　新開邦太郎
磁器丸形染赤繪朝顏文飾皿　寺池匋烌
靑華水指　楠部彌弌
鑄銅花器　豐田勝秋
秋の野手筥　竹園自耕
からたち二枚折屏風　德山嘉明
白磁草花文花瓶　和田三千穗
漆短夜屏風　片岡茂保
眞鍮花瓶　松原南每
藥草文飾筥　河合秀甫
梅花文陶箱　米澤蘇峯
鷺紋姥口平釜　伊藤鐐一
葡萄文樣手箱　金田諒三
ながれ眞鍮花瓶　岡部達男
靈藥枇杷圖花瓶　森野嘉光
漆器猿手筥　村山久
朝顏夕顏圖風呂先　竹林鶴南
白銅水盤　西村英夫
榮果蒟蒻小屏風　岡田章人
鑄銅花盛　木村庄太郎
漆研出手箱　平館酉
彩釉三歸來圖花瓶　河合榮之助
硝子鉢　佐藤潤四郎
彫金花蝶文化器　二橋美衡
朱華文小筥　高井白陽
翼のある花瓶　內藤春治
双馬手筥　中田滿雄
水態譜刺繡屏風　岸本景春
和染梅之屏風　木村和一
草ノ譜文樣染色四曲屏風　梶山伸一

美術旬報

勤皇畫家菊地容齋 六十四年祭

十一月一日午後一時から神田區湯島神田神社で勤皇畫家菊地容齋の六十四年祭が執行される容齋自作の畫稿乾紙の像を新調した天平式厨子に安置し、平田社司司祭の下に鎭座祭典が行はれる、尙同社内で遺墨畫稿數十幅遺愛の硯、容齋歌集等を展觀公開する由

第四回文展榮えの特選
第一部（日本畫）四氏第四部（工藝）十三氏

第四回文展第一部（日本畫）と第四部（工藝）の特選を贏ち得た諸氏は左の通りである。

第一部特選 男兒生る、向井久万（京都）深潭雨歇、橋田永芳（東京）擊て、江崎孝坪（東京）寸涼、寺島紫明（兵庫）

［第四部特選］初秋二風、渡邊春男（東京）漆木瓜の圖二風高橋節郎（同）壺、鴨幸太郎（同）茄子之圖大鉢、鈴木清（京都）鑄銅花器伊藤宜宏（東京）悠久牛壁面パネル、北出塔次郎（石川）善隣譜染屛風、稻垣稔次郎（京都）飛鳥置物、芳武茂介（大阪）進駐置物、山室百世（東京）そらまめと三味線草彫漆箱、谷澤不二松（高松）藥草文飾筥、河合秀甫（東京）鹽藥枇杷圖花瓶、森野嘉光（京都）鑄銅花盛、木村庄太郎（川口）

川崎美術協會結成 來月川崎市展

今回川崎市に川崎美術協會が結成され、同市主催で十一月八九、十の三日間同市民館で川崎市展が華々しく開催され、同協會員の力作が出陳される

双臺社工房分室 設置披露盛會

（既報）今回荒川區日暮里渡邊町ひぐらし園隣に石井柏亭氏を會長とする双台社の工房分室が設置され諸般の仕事に應じ兼ねて日曜研究會及同人有志研究會の使用に充當する事となつたので、同社では去る十一日午後一時から同分室で披露會を開會、來賓多數、美術關係新聞雜誌記者等參集、柏亭氏同夫人同令孃は接待に努め頗る盛會裡に同三時閉會した

東都大家 日本畫展
來月七日から伊勢丹

新宿伊勢丹で十一月七日から十三日まで東都大家日本畫展が開催される、靫彥、蓬春、龍子浩一路諸氏の作品は既に完成されてをり其他作家の出品は十數點に及ぶ筈、尙同店美術部では豫ねて店内で華道講習會を開催してゐるが最近更に茶室を新設したので十一月一日から更に茶道講習會をも催す

爐邊工房旗擧展

爐邊工房第一回展が十一月一日から九日まで銀座の松屋で開催される、この爐邊工房は木彫の坂田柏雲、陶磁の西川藤太郎同唐杉榮四の三氏が文展に出品するやうな純工藝品から一段引下げ時局下の實生活に即した作品をといつた趣旨から多數の共鳴者を得、同人も左記十七名に達したので今回の旗擧げ展を開催する事になつたもので出陳作品は一人十點内外總計約二百點の豫定

小柳今朝一（陶）西川藤太郎（同）織田愼一（金）長島正親（同）田島耕太郎（漆）長濱重太郎（同）麻田金三郎（木）吉原良雄（木）武樋貞波留（染）飯塚薫石（竹）古戶忠平（織）田坂柏雲（木）山本壽（人形）福與英夫（同）山本武夫（布）古田十郎（油彩）

岡田行一第八回展

今夏第一陸軍病院に戰傷病將士を慰問し五十餘名の似顔を着色揮毫して感狀を得た双台社同人岡田行一氏の人物畫個展が十一月九日から十三日迄銀座靑樹社で開催される、今回は第八回展で出陳作品は氏が最も得意とする人物畫「秋姿」「二十三號」他十點並に花卉靜物數點で大に期待されてゐる

第一回出征軍人美術家展
上野松坂屋で連日好況・會期明日迄

陸軍中將前田利爲侯を會長とする文化奉公會では海軍省の後援で第一回「出征軍人美術家展」を十月二十五日から上野松坂屋六階で開催、出品作品はどれも戰塵の寸暇に或は歸還の後戰場に於ける數々の體驗を再現したもので連日好評を博してゐる、會期は明三十一日迄

日本美術協會展
書と篆刻・入賞十氏

上野公園櫻ケ岡日本美術協會第百十五回美術（書・篆刻）展は十月十九日から同二十五日まで同會列品館で開催されたが、出品總數は書四五二點、篆刻六八點計五二〇點、内入選せるもの二三三點、外に無鑑查六五點合計二九八點を陳列した、審查の結果入賞した者は左の通り

（銀賞）宮下澄慶（銅賞）「漢字」川上淸亭、柳川章洞、中村祖鳳、高木鸞洞、大石蘭風「假名」鳴居道、藤重翠村「篆刻」山崎芳石、新海檜洲（褒狀）「漢字」田中耕聲外十六名「假名」長澤春香、外七名「篆刻」甲斐維山、外八名

尙參考品には御物を初め總裁高松宮御貸下品、帝室博物館其他諸家秘藏の古名書を展觀した

遺作展と回顧展

長谷川利行遺作展と明治大正物故名家洋畫回顧展とが十一月十一日から十五日まで明治美術研究所の主催で大阪中之島朝日會館で同時に開催され尙ゲンスボロー、コラン、レリー其他の歐洲名畫が多數陳列される

八炫社旗擧展
岡崎で作陶陳列好評

京都作陶界の新進である八田蘇谷、德力孫三郎、中條昇、大町存、小倉千尋、楠谷定一、彌波蘇隆、勝尾靑龍洞、瀧本蘇嶺、草加春陽、福井樂印、福田力三郎、宮下善壽の諸氏は今回八炫社と稱する同人團體を組織し京都市社會教育課の後援で十月一日から五日間岡崎の市美術館で第一回作陶展を開催、同人の力作品約五十餘展を陳列、大いに人氣を呼んだ

白日莊日本畫展

白日莊主催の現代大家新作日本畫展は九日から十二日迄日本橋三越五階西館で開かれ東西諸大家會心の近作品を出陳し連日觀衆で賑つた

名家日本畫展
京都大丸で好況

京都名家日本畫作品展が一日から京都四條大丸五階で開かれ、竹内栖鳳、菊地契月、橋本關雪諸氏其他京都畫壇諸大家の新作品を出陳、好評裡に五日閉會した

編輯後記

文展が十月十六日に開會されてから約一週間の編輯である。その匆忙多端な際とてグラフ面に豫定してゐた多くの寫眞が編輯〆切までに未だ揃はないといふ遺憾があつた。ことに工藝の方で集りがわるく爲めに豫定の增頁も出來なかつたが、その代り表紙と口繪にこの種報道誌としては異例な原色版を以てし文展特輯の意義を明らかにした。本文原稿は實に豐富であること御覽の如くでこれは短い期間に十分の効果を擧げえたものと自負すると共に御多用中をさし繰つて御寄稿下さつた諸家の御厚意を深く謝する。かくて直ちに次號洋畫彫刻の特輯にかゝることゝなつたが恐らく文展號をこれほど早く出す雜誌は他にないであらうと些か誇りたい處だ。本誌は美術界の迅速な報道を旨とすると共に美術を國民大衆の中に生かし、生活と美術を緊密ならしめる方針の下に編輯を進めてゐるといふことも此際明言してをかうと思ふ。

「旬刊」美術新報

昭和十六年十月二十七日印刷
昭和十六年十月三十日發行
發行日 每月三回（十の日發行）

購讀料 一冊金五十錢（郵稅一錢）
一ケ月三冊金壹円五十錢（送料共）
麴町區九段一ノ一四 資文堂

編輯發行兼印刷人 猪木卓爾
東京市麴町區九段一ノ一四
發賣所 日本美術新報社
電話九段二七一五
振替東京一六二五〇番

配給元 日本出版配給株式會社

通信は一切發賣所へ

發行所 東京市本鄕區東片町八二 日本美術新報社

傳神洞畫塾獻納畫展會場にて

池上秀畝氏塾傳神洞畫塾では十月十五日より十九日まで松屋に於いて將兵慰安獻納畫展を開催した（寫眞は塾の人々と中央が秀畝氏）

美術家常會の二重橋勤勞

東京美術家常會は着々行動に邁進してゐるが、宮城外苑整備事業東京聯盟國奉公隊に參加、一同二重橋間近く無心に奉仕し、その感激に洗心、信念を一層固めるのであつた、寫眞は右から（前列）浦田正夫、池田貫人、廣本了、鈴木金平、田中佐一郎、淵上滿男（後列）齋藤求、大嶺政敏、中村金作、葛見安次郎、後藤英男、齋藤長三、鶴田五郎、岩月信澄の諸氏

武者姿の兒玉希望氏

本年度文展「湊川」の筆者兒玉希望氏は最近古鎧を手に入れ自宅庭園にて楠公に扮した勇ましい武者姿である。

双台社工房開所式

石井柏亭氏を會長とする双臺社工房の分室は日暮里渡邊町に設立されそれの披露會が十月十一日午後一時から同所で擧行された（寫眞は工房關係者と中央前に立てるが柏亭氏）

岡田行一氏肖像畫展（秋姿）

漆器猿手筥
村上久

水だまり和染壁かけ　長濱重太郎

鷺汀手匣　鹿島一谷

藥草文飾筥
河合秀甫

杉之圖和染二枚折屛風　般若侑弘

青銅洗　北村一郎

斜交文乾漆花瓶
田中健智

紅白梅文庫硯箱　守屋松亭

鑄銅ジラフ置物　武藤太郎

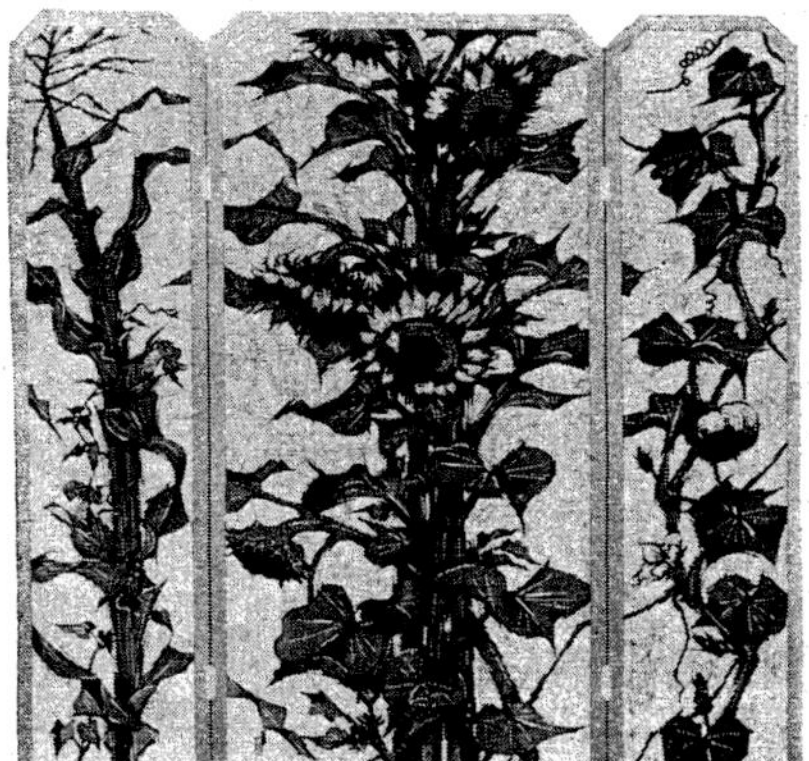

布帛新秋譜蘋顯三曲　山岸堅二

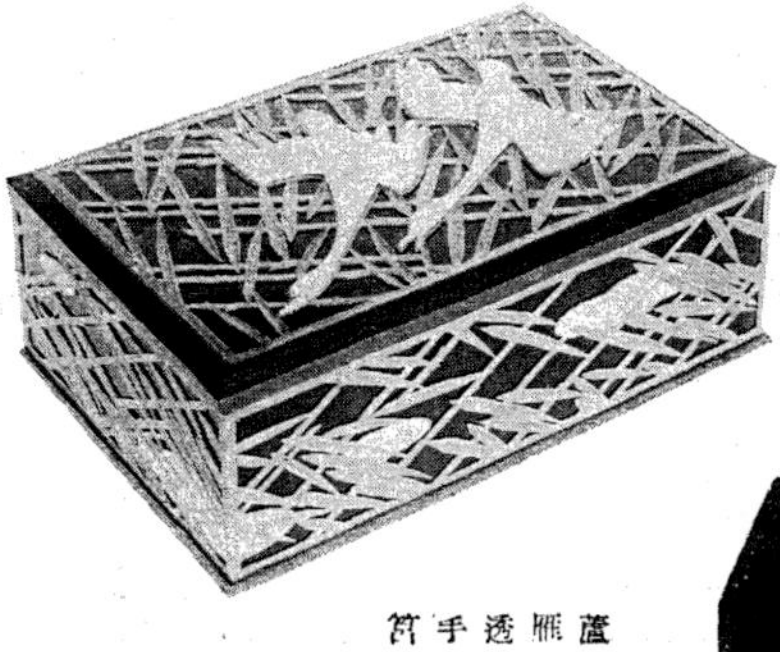

蘆雁透手筥
野口景國

御產の祈り　堀柳女

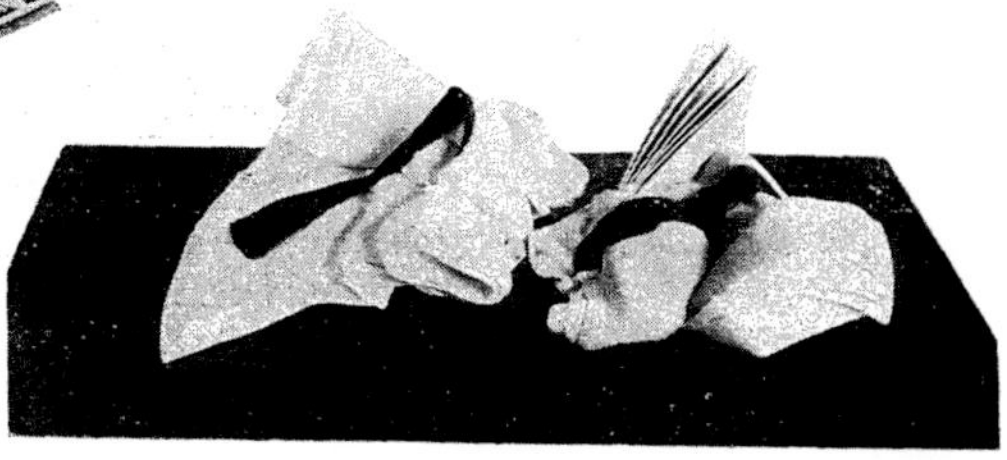

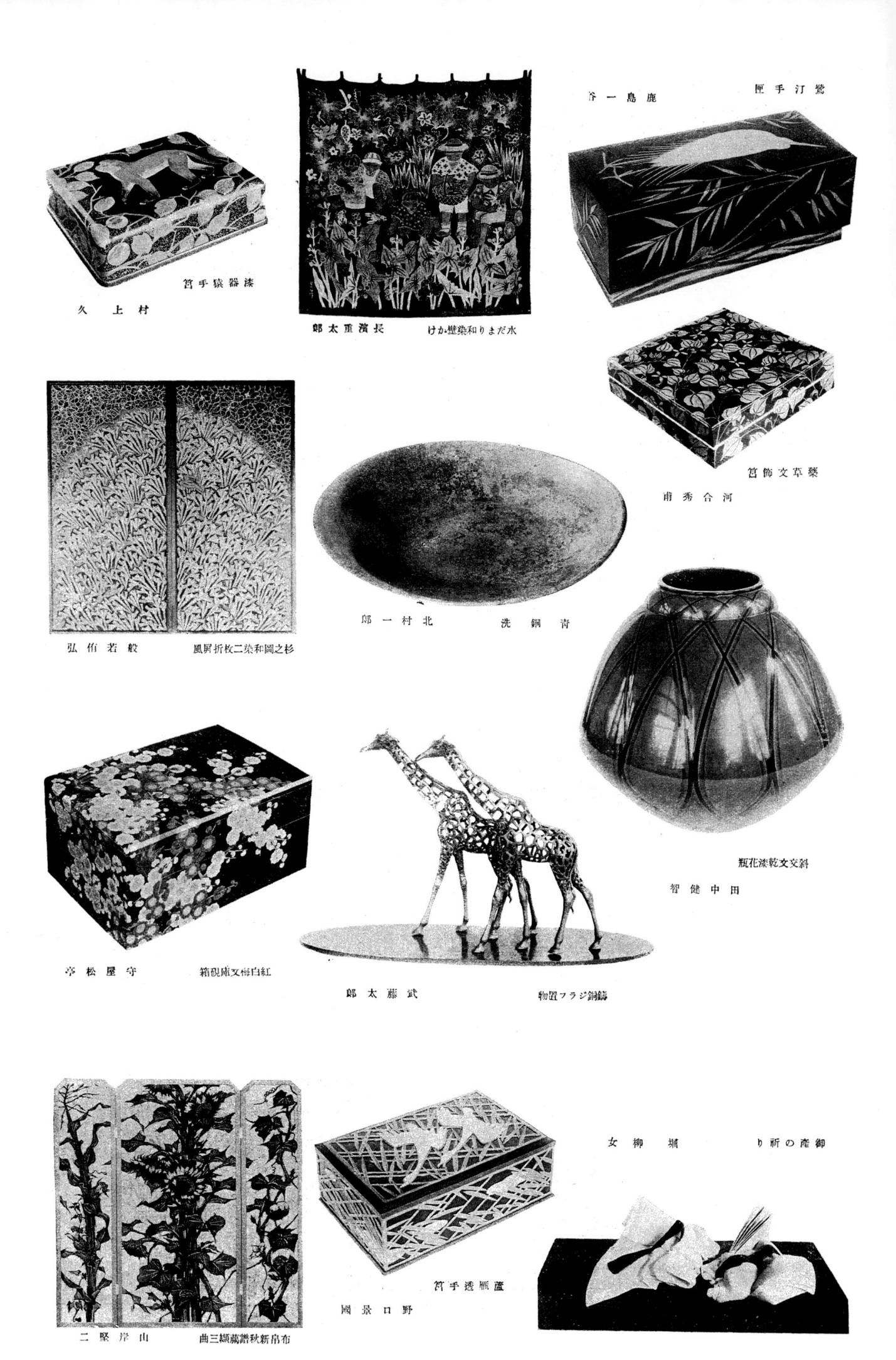

工藝

北邊夜猫子鑄金置物　津田信夫

硝子鉢　各務鑛三

友禪二曲屏風（松藤）　廣川松五郎

和染梅の屏風　木村和一

翼のある花瓶　內藤春治

飛鳥置物　芳武茂介

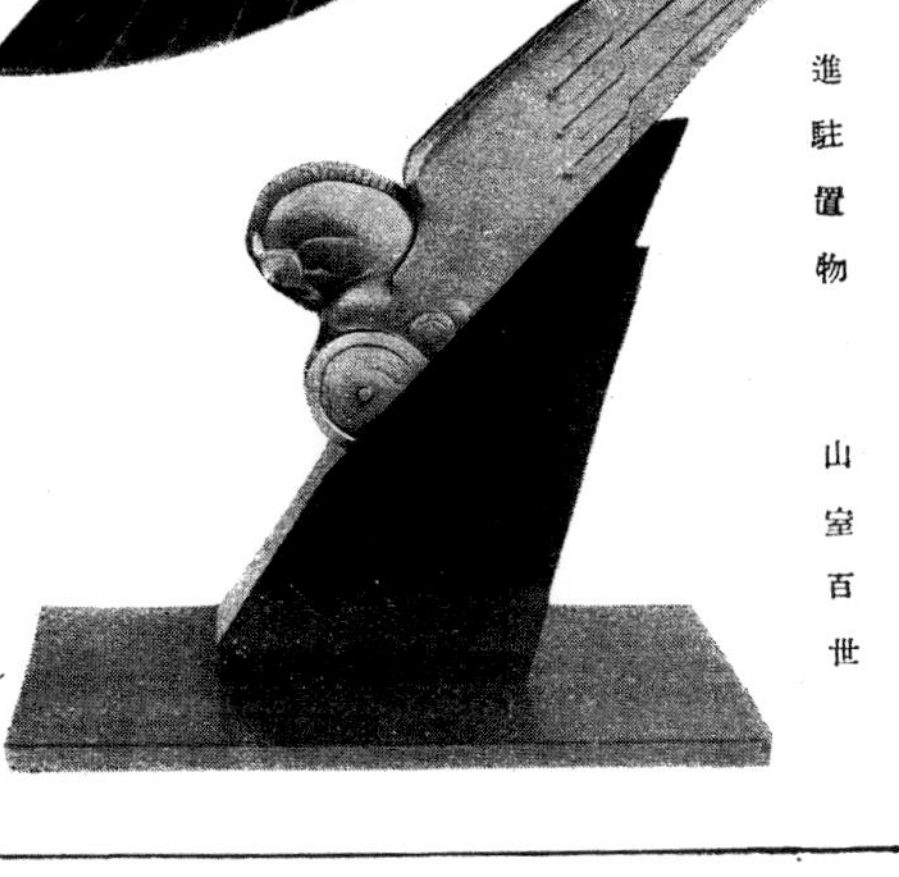

進駐置物　山室百世

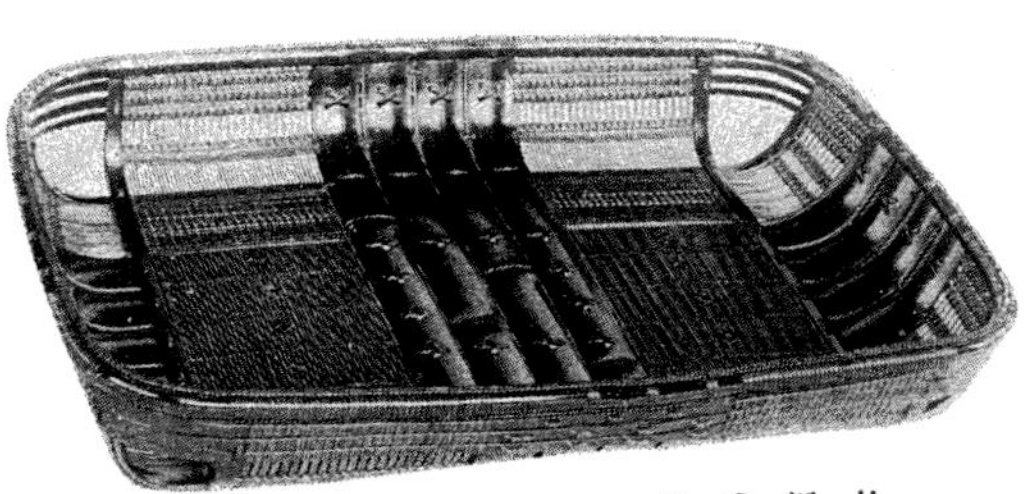

竹編盛器　田邊竹雲齋

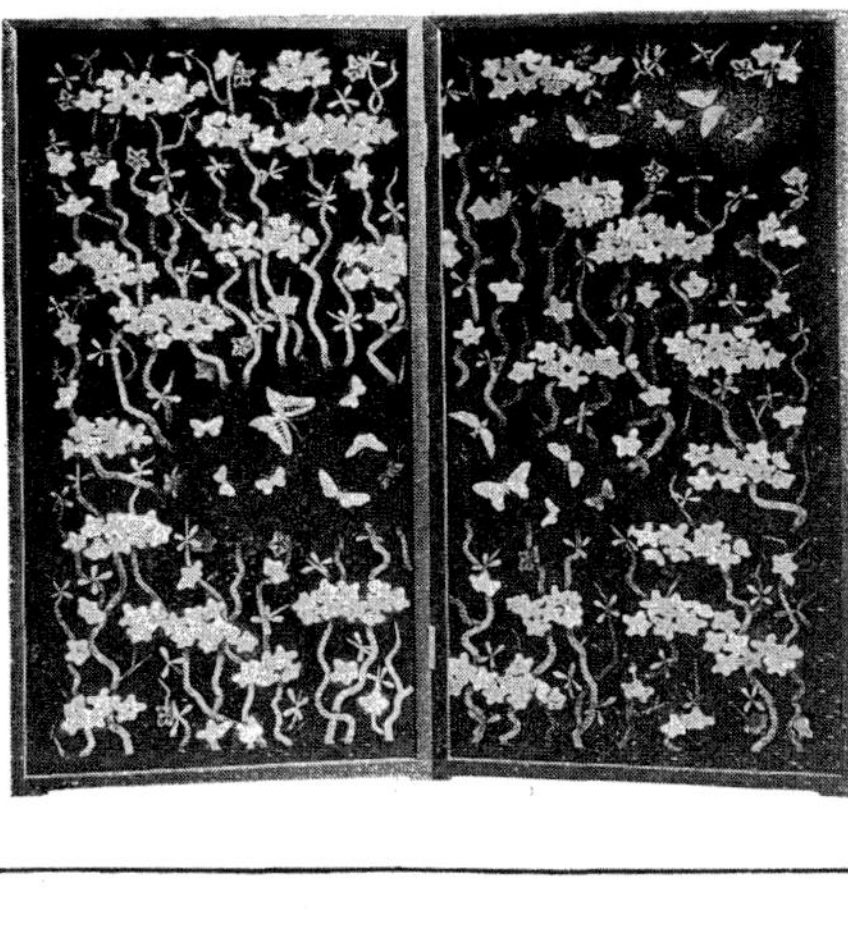

木瓜圖屏風　高橋節郎

清暁の霊峰　山元櫻月

カナリヤ　今尾津屋子

東大寺南大門　山ノ内信一

日照雨　山下竹齋

小車　岩淵芳華

丘　河村光彩

加茂茄子　平井楳仙

出雲の村　河原悦人

爽秋　川上拙以

砂丘　高村正三

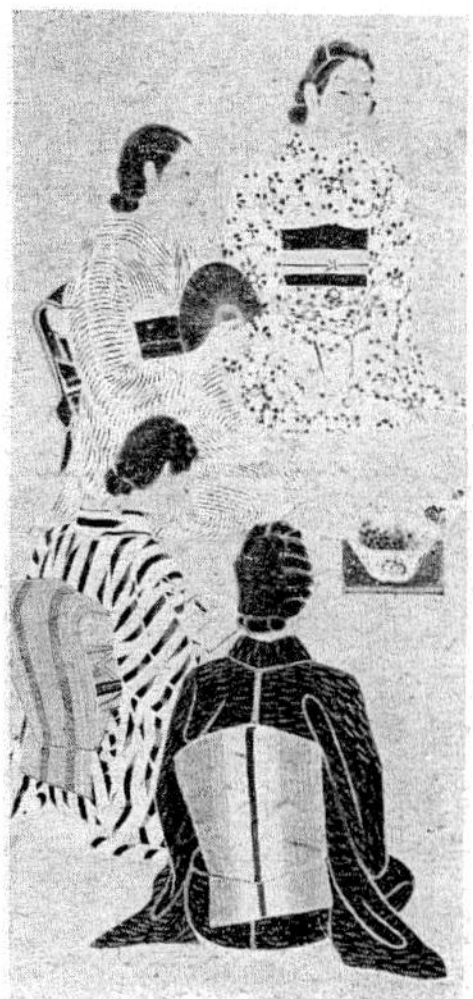
夏の日小集　八幡白帆

小憩　朝倉攝

聴講　高田那美

黒部の奥　野添平米

備後表　宮本武雄

海の子　河瀬恭之

僧正　石渡風古

黄昏　大智經之

靜と山法師　北村明道

芍藥　望月定夫

神津島の女　門井掬水

遊鹿　花村晃観

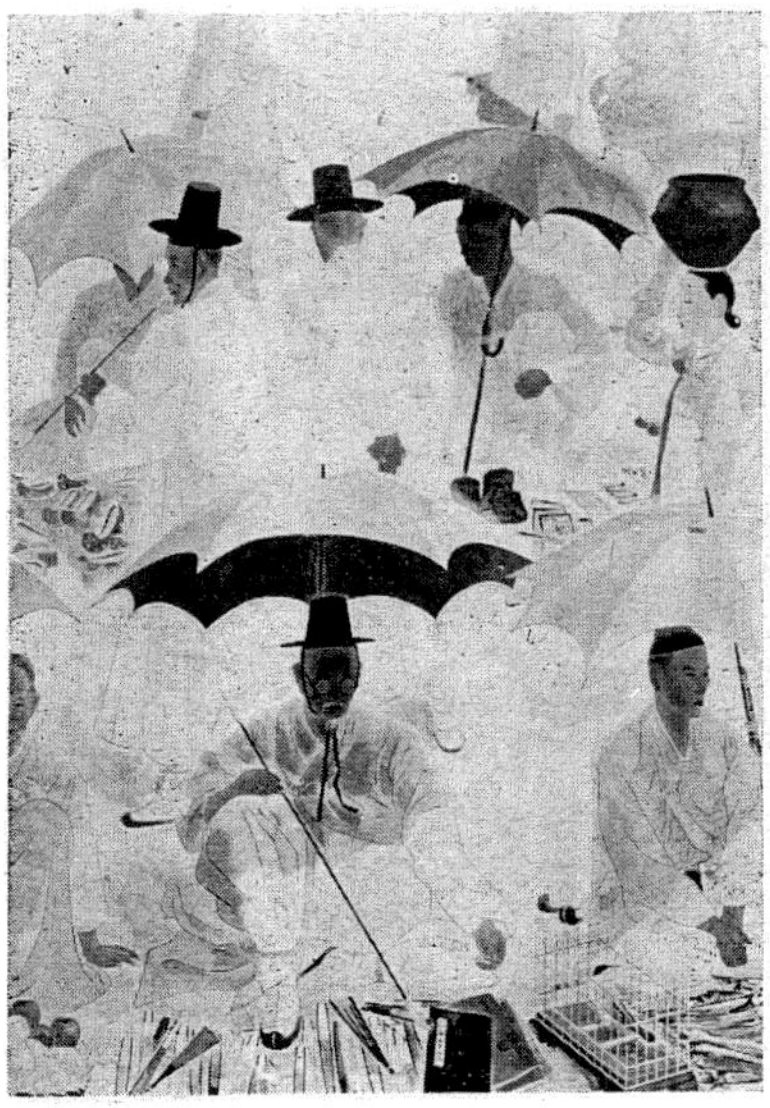

市の日　妹背平三

臺灣の花　陳進

信長公之裝甲艦隊　太田天洋

長者婦女之圖　大木豊平

谷間の秋興　坂本晉彥

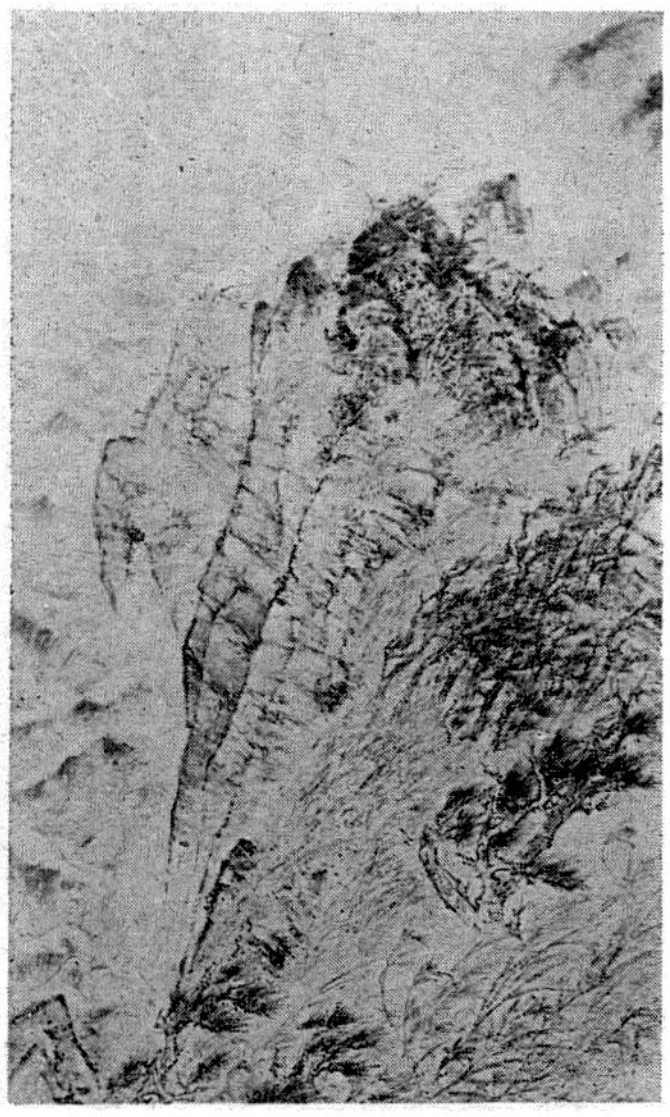

八幡岬　田岡春徑

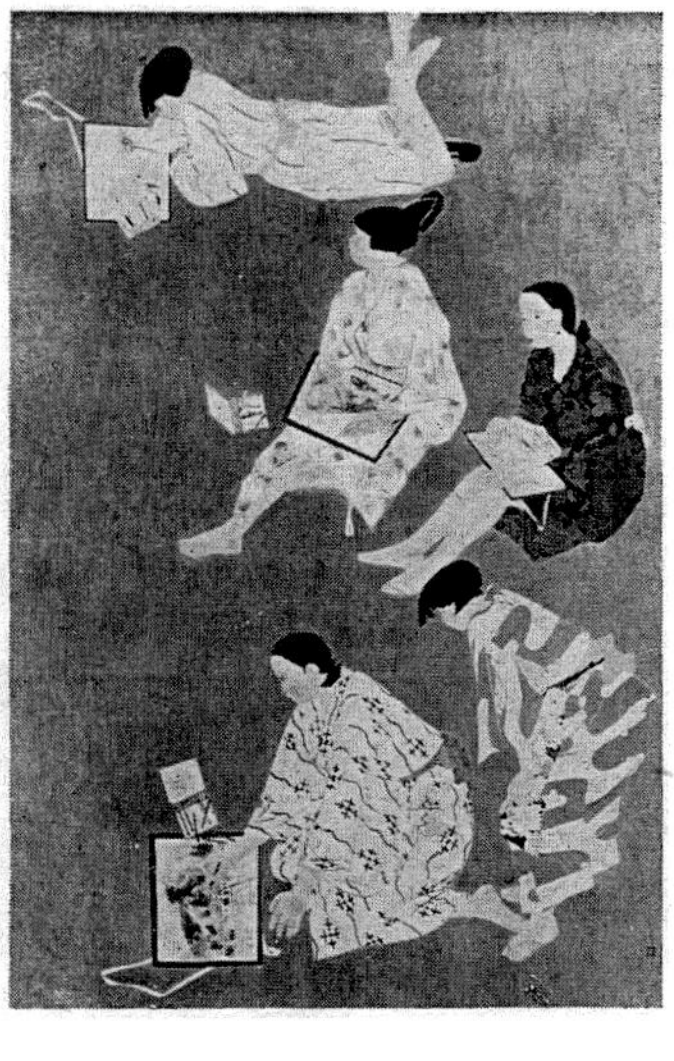

綠蔭　村山三千男

簗の鮎　山本紅雲

暮笛　三宅凰白

[illegible]角斜照　水田硯山

山脈　福田豊四郎

紅蓮　板倉星光

樂人　伊東滿

晴れたる空　穴山勝堂

山郁將雨　福田浩湖

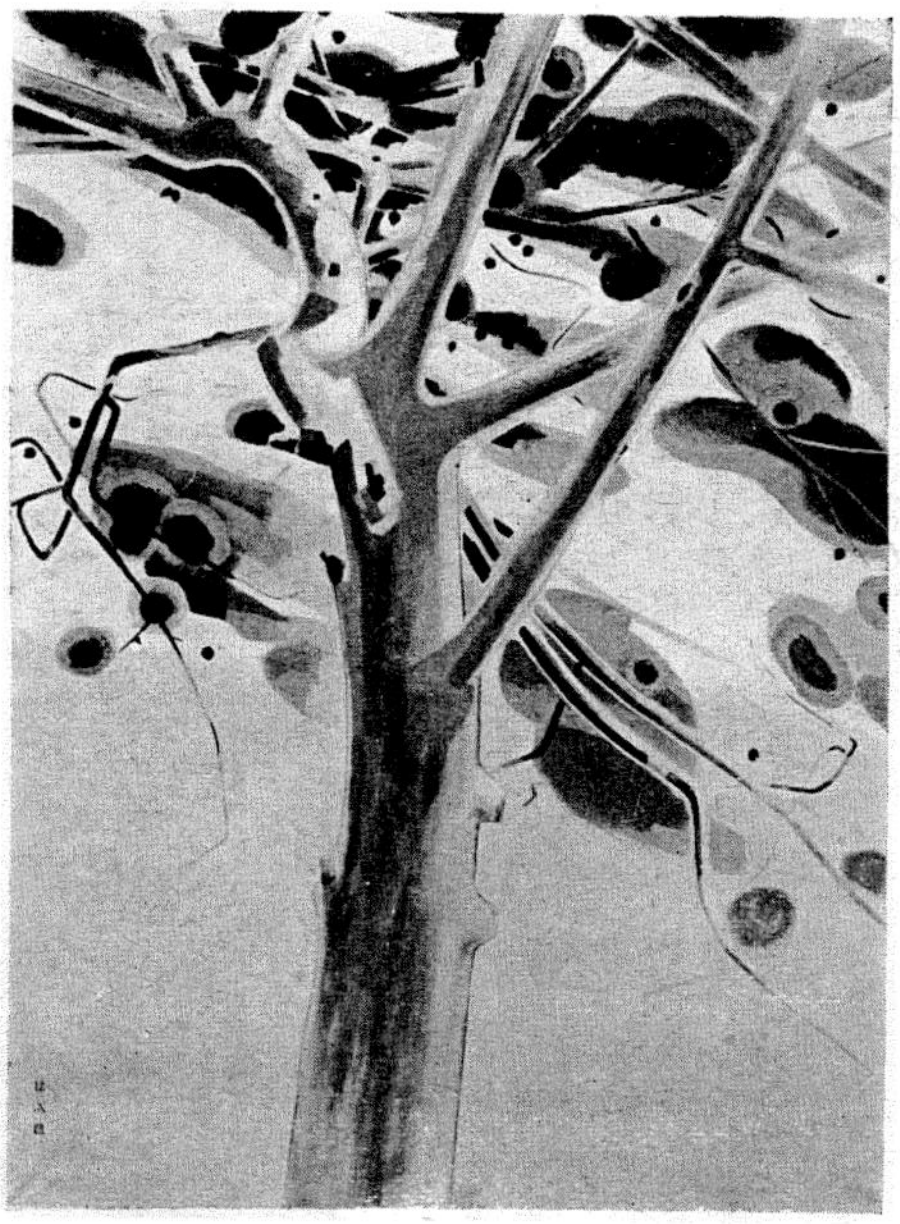
松　畠山錦成

太閤明を怒る　不二木阿古

爽晨　森守明

狭雨　赤松雲嶺

六月の頃　東山魁夷

咆哮　西村卓三

早秋　上村松篁

聘睨　水上泰生

靈夢　荻生天泉

霽れ間　立石春美

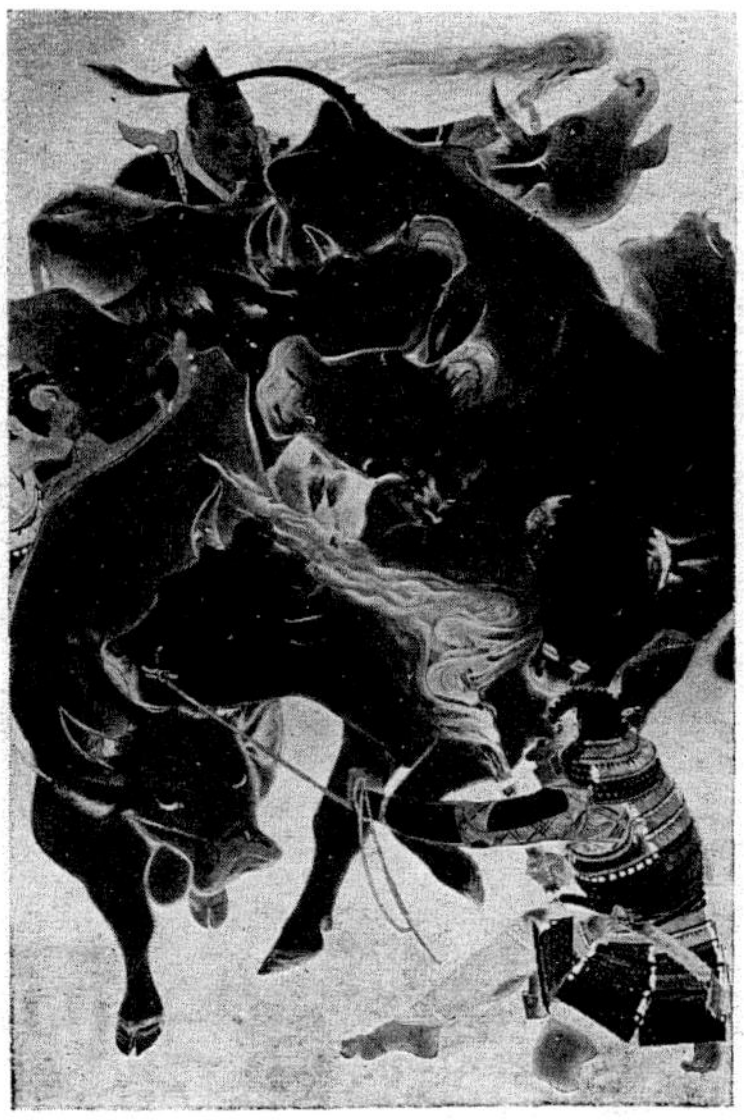
火牛　奥田元宋

玄豹　勝田蕉琴

母子像　菊地隆志

春雪　松本姿水

春苑　永田春水

八紘一宇　町田曲水

凛々しき大和をとめ　三輪晁勢

抄秋　安田半圃

水邊　吉田秋光

童形八幡　服部有恒

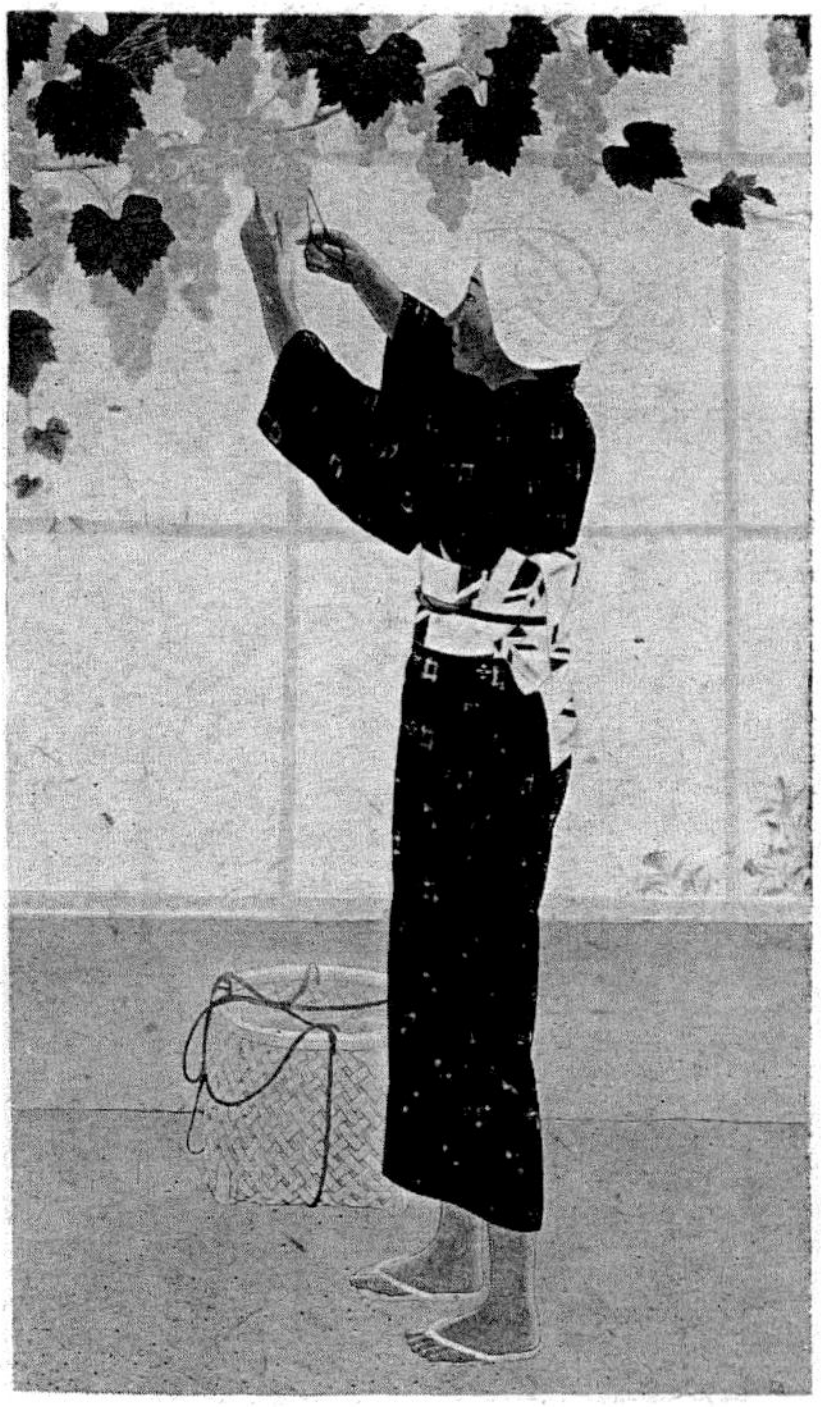
實る秋　堀井香坡

山姥　小早川清

南海採藻　古屋正壽

白砂青松　磯部草丘

榮ある特選

深潭雨歇　橫田永芳

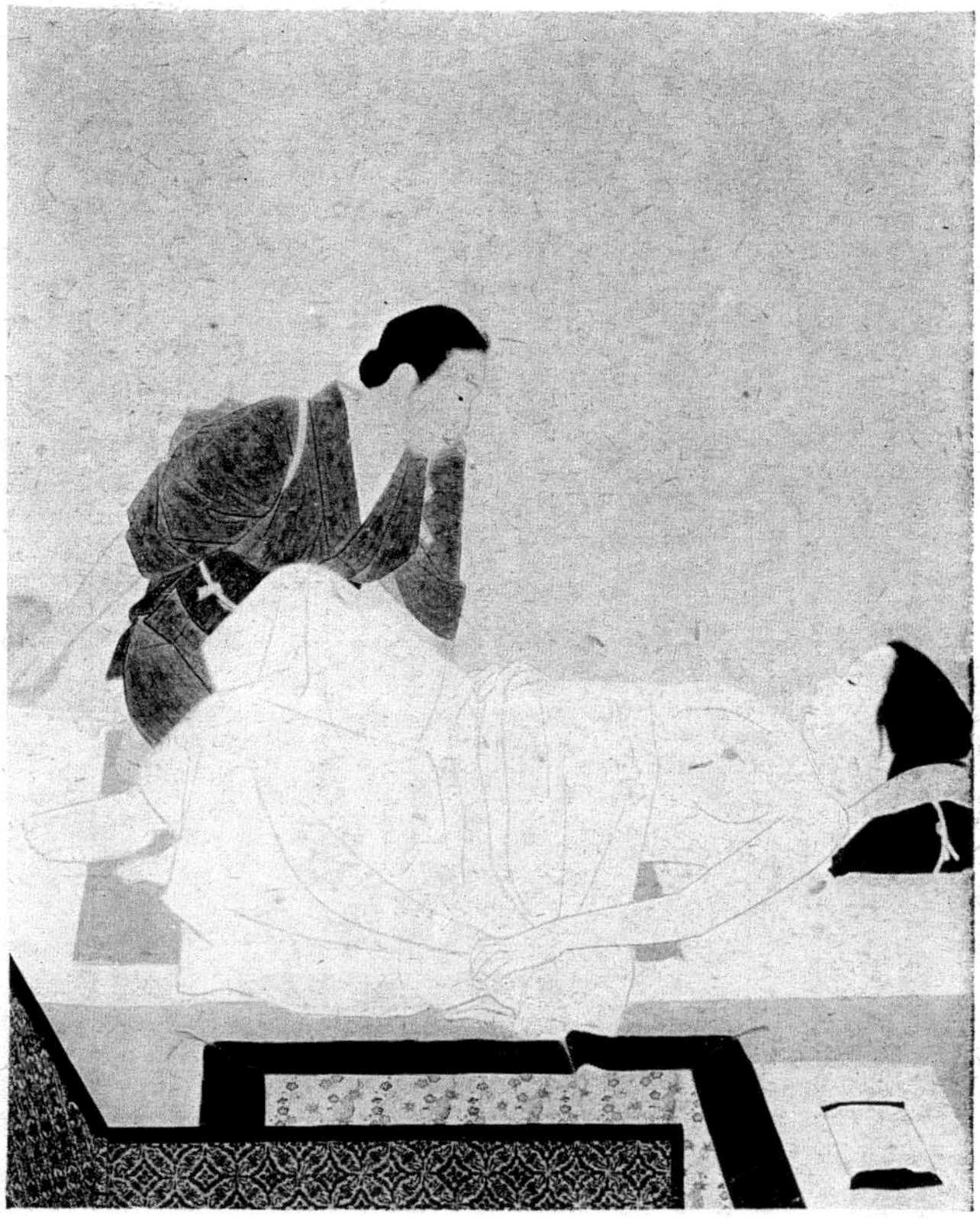

男兒生る　向井久萬

撃て　江崎孝坪

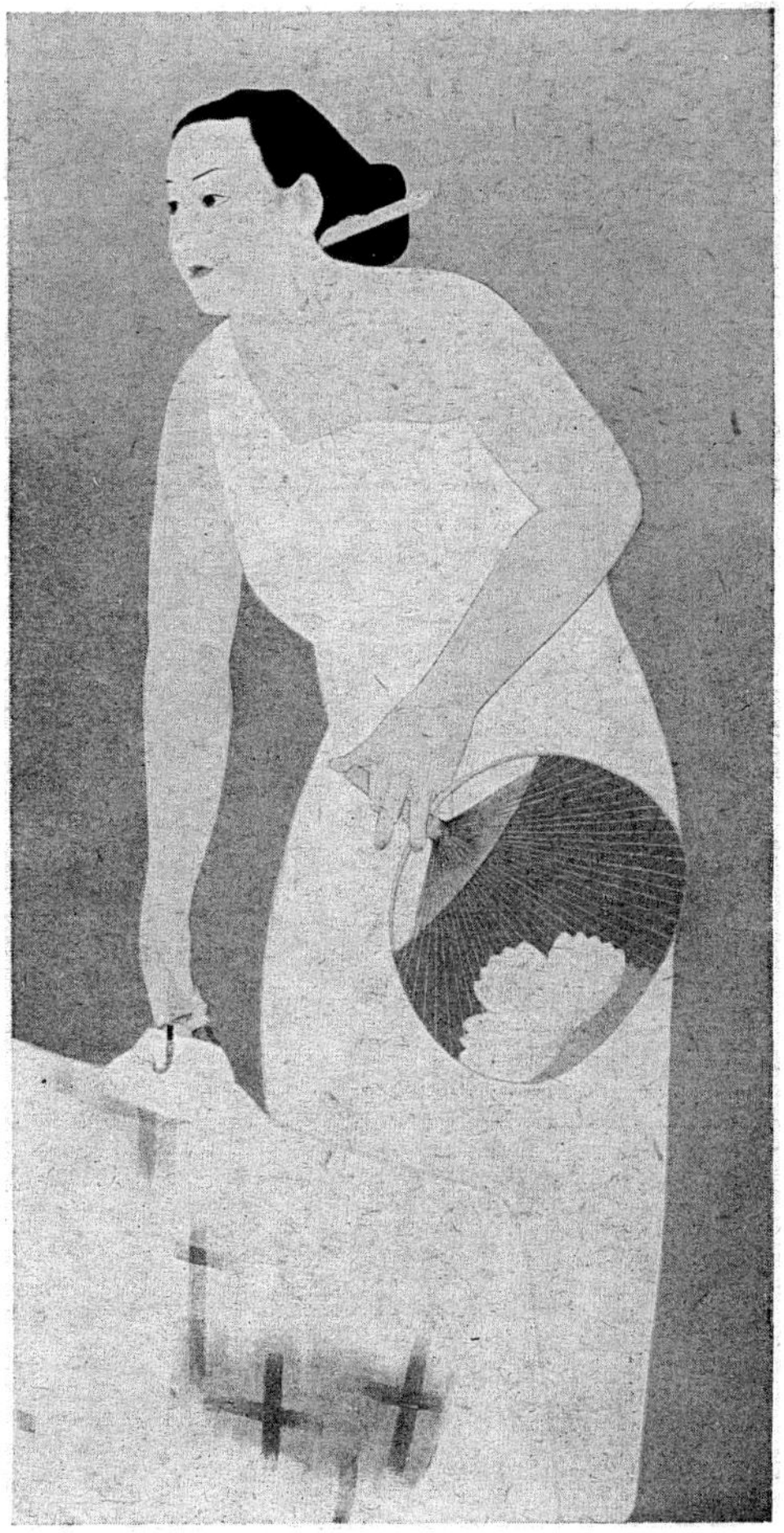

寸涼　寺島紫明

九方皐　小室翠雲

夕夏　橋本關雪

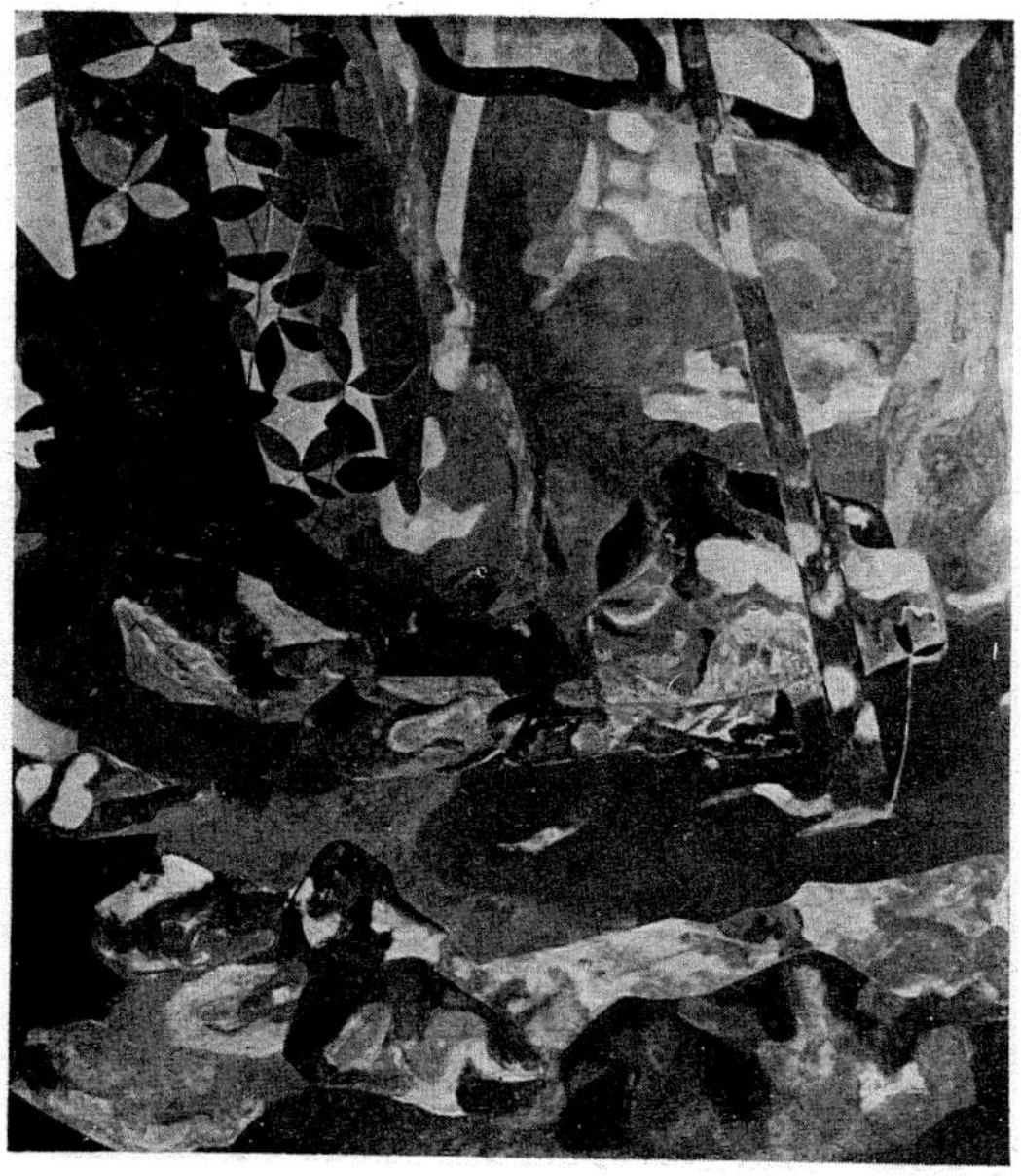

苔庭　吉岡堅二

細雨流水　白倉嘉人

高遊外　矢野橋村

林泉　宇田荻邨

草　山口華揚

雄飛　川崎小虎

滋雨　室本一洋

現代婦女圖　伊東深水

湊川　兒玉希望

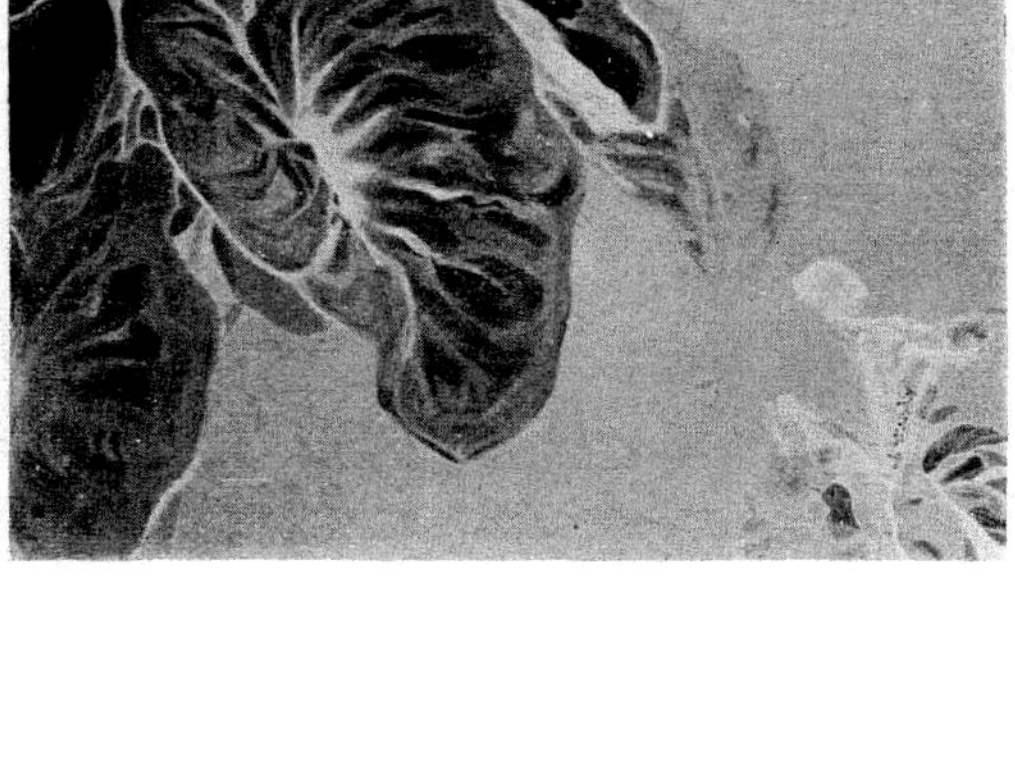

武人武蔵　野田九甫

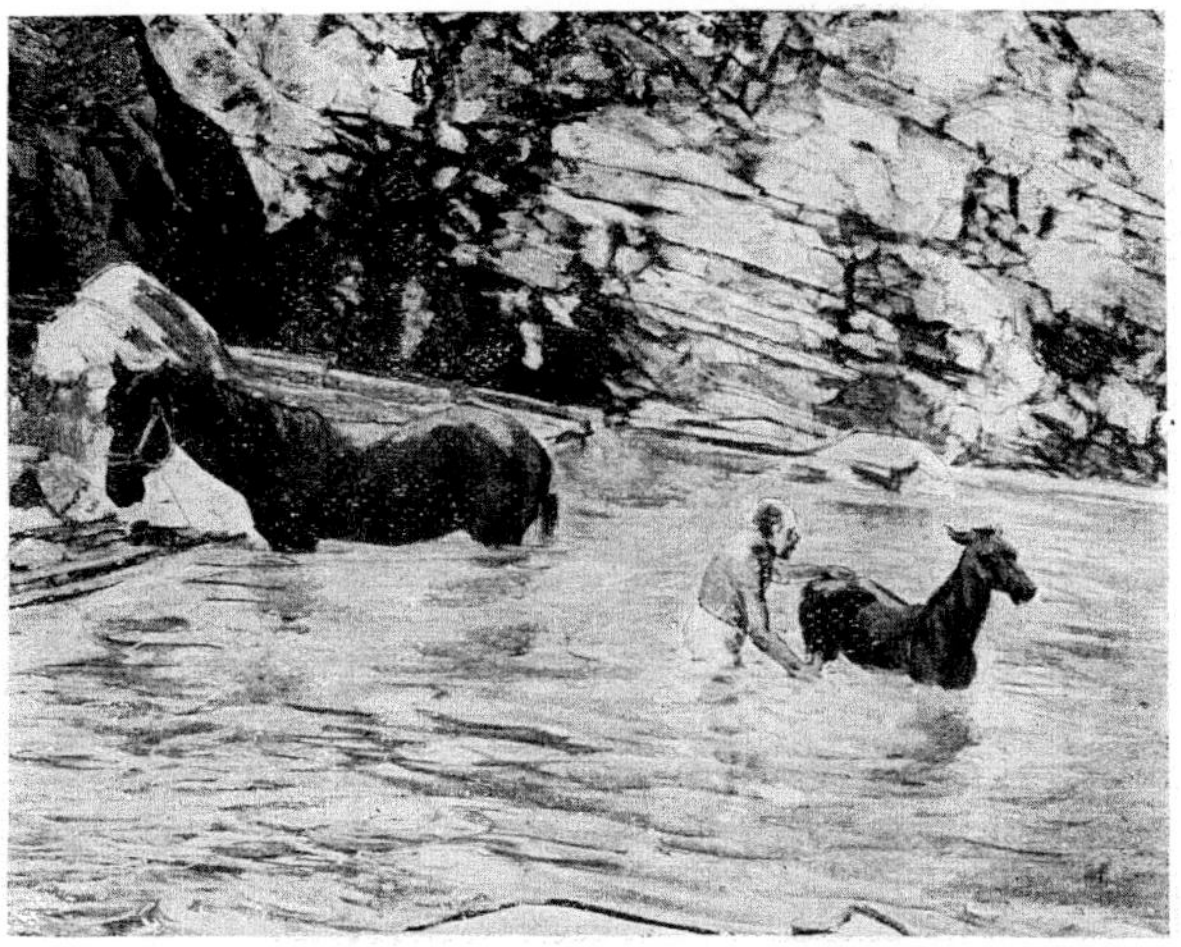

馬の湯　結城素明

蓮　望月春江

片時雨　池上秀畝

晩秋

松林桂月

塙保己一

島田墨仙

夕暮

上村松園

（第四回文展出品）

會期　十一月五日―九日
泉晨會第一回試作展

同　同
京都府主催
京都工藝美術展

日本橋
髙島屋
美術部

會期　十一月五日―九日
澤田宗山作陶展

同　同
東京鑄金會工藝展

日本橋
三越
美術部

會期　十一月二日―七日
新作日本畫三都表裝研究會展

會期　十一月四日―九日
山岸主計東亞風景版畫展

上野廣小路
松坂屋
美術部

旬刊 美術新報

昭和十六年十一月三十日發行（毎月三回十日目發行）

日本画 工藝

文展特輯

6

日本美術新報社

旬刊時評

課題制作の新提案

現在の展覧會出品は概ねその作因を製作者の自由に任せてある。かつて横山大觀氏は同一課題の提唱をされたが、彫刻界に於ては來春國體聯盟の綜合聯立展を開き「忠靈顯彰」といふ同一課題によつて制作することを申合せたといふことである。之は各人勝手な作因に據る制作と異る一方法の實現である。

が、今吾人の特に言はんとすることは現在のやうな時代の轉換期に於ては、美術の作因の上にも單なる個人主義的撰擇以上に、もつと統一ある國策的使命へ隨順し、國民精神の作興に寄與すべきが美術家の一任務と考へる上から、かゝる目的に一致すべき課題を提出しその範圍に於ける各人感興の製作を需めたらいかゞかといふ提案である。それは同一課題と言つてもたゞ一つでなく數題を出し、それに適する製作を求める事である。たとへば「勞働」「生產」「協力」「忠義」「誠實」「奉仕」「和氣」と言つたやうな課題による制作を需めたならその範圍でいかようにも變化が求められ且つ內容に於て現實の生活と美術がモッと一致して意義ある行動を示しはしないかといふことである。勿論吾人は之にのみ據つて普通制作を排除せよといふのではない。たゞ普通制作以外の應募方法として提案する次第である。而してこれに大臣賞を設くる如きも最も良き奬勵法であらう。

美術旬報

滿國に宣傳美術
躍進友邦の特異性

滿洲美術家協會成立最初の委員會は曩きの日滿洲國新京記念公會堂で開催、全滿から日滿系委員十七名出席して支部開設、研究所設置、新會員推薦、國展對策等の諸件につき協議、特に國展に對しては新に漫畫、ポスターを主にした宣傳美術を加へよとの議が起り滿場一致可決、淺枝委員長から武藤弘報處長に要請する事になつた、これが實現すれば、明年度の國展からは國防、開拓、銃後等を描いた漫畫やポスターが會場に異彩を放つことになり、政府主催の官展に宣傳美術が取り入れられるのは他國にも餘り例の無いことで躍進滿洲の特異性がこゝにも看取される

油繪畫家協會

畫壇の臨戰體制に對應し地方作家の錬成機關として新しき研究發表團體を創設すべく新潟市の畫家井坂禮三、小柳俊郞、熊谷喜代治、中村博英、佐藤篁諸氏に依つて其の準備が進められてゐたが愈々新潟油彩畫家協會が誕生した、事務所は同市東堀通十一小柳方に設置されてゐる協會の事業は、美術に關する研究、繪畫講習會、公募展の開催等で、第一回協會展を十一月一日から七日まで萬代百貨店で開催することになつたが、同展には、猪熊弦一郞、古澤岩美兩作家の嚴選を通過した縣內作家の自信作に、藤島武二、石井柏亭神津港人、上野山清貢、前川千帆、中山魏、東郷靑兒、栗原信松本弘二、北川民治、川上澄生大野五郎諸氏等中央作家の特別陳列制作が配される

新水彩協會改組、再發足

新水彩協會は昭和十四年度二科展に水彩作品を出品した者に依つて組織され二回の展覽會を開催して今日に至つたが時下種々の情勢はより積極的に且一層鞏固な團體としての必要が痛感された結果、今回別記九名を以て責任幹部とし左記の如く重要機構を改革し此處に新組織に依り再スタートする事になつた

＝改組要點＝

（一）本協會は幹部會員と推薦會員とに依つて組織す
（二）本協會の推薦會員は必ずしも二科展に出品せる者に限らず新水彩の精神並に運動に熱意ある適當な人士を合議推薦に依つて定む
（三）本協會の會員は年額六圓（月五十錢）の會費を納入すべきものとす

尙同協會の幹部は、早川國彥、山本不二夫、石野隆、三保義、市原義夫、古川弘、飯島八郎、藤江しづ、石川新一の九氏で、スタートに當り左記聲明を發した

（聲明）新體制文化の樹立に直面して我國過去の洋風繪畫を顧る時水彩はより多く確執さるべきものたるを認む、即ち美術學校に油畫科のみありて水彩の課程なく文展其他に水彩專門の審査員なし是れ現下高度國防國家の圓滿妥當な繪畫を育成する所以にあらず、吾等は此の意味に於て一層新鮮正鵠なる水彩の爲敢て强力眞摯なる活動を期するものである

尙同協會事務所は横濱市神奈川區岡野町石野方に設置されてある

龍子作大壁畫
南京の滿洲公館に

南京の滿洲國大使館では、新京美術院長川端龍子氏の彩筆に成る「五族協和」を主題とした大壁畫を同館と近く建築される本館とに飾りつける、この大壁畫は日滿支の間に文化提携の一つの楔として注目される、川端氏は、南京の滿洲國大使館參事官關屋悌藏氏と相談した結果、來春この大壁畫の制作に着手することになつた

輝く、第四回文展入選者

日本畫一三五點
―新入選三〇點

第四回文展は十六日から華々しく上野府美術館で、開催された。第一部（日本畫）の入選者は十二日午後五時發表、搬入總點數千百九十四點のうち入選者百三十五點、新入選は三十點で一昨年の第三回文展の搬入點數千二百九十六點、入選百二十三點新入選二十點に較べて輸送の關係から幾分搬入點數が減少してゐるが新入選が十點もふえて正に新人の秋は悅ばしい、今回は特に武者繪とか戰爭畫が多く美人畫も少しはあるが時局下モンペ姿や働く女の畫が目立つてゐる入選者は左の通り（〇印は新入選

橋田永芳、武藤嘉門、〇戶田祏暉、舟山三朗、池田尙志、海野旭世、陳進、荻田東嶺、森口百鯰、〇渡邊三重子、陳永森、八幡白帆、中田荳春、〇外山德松、〇五十嵐幹、小坂勝人、河村光彩、〇堀內東正、今尾津屋子、〇柴山光臺門井掬水、〇遠藤金坪、〇下川苔地、〇平田守、〇太尾美夫、多田敬一、井上通世、井上和雄、〇多田院大、小松均齋內一秀、松尾冬靑、澤宏靱樋口富麻呂、〇高橋忠久、〇太田茂、〇堂本亮、川村憲邦木村廣吉、齋藤猪三夫、武藤章、〇濱崎左髮子、〇松尾經成、細見豐、谷口英雄、高木富三、矢野香蘭、〇池田恒象阪元音彥、西山英雄、戶島光雄、衣笠木荘、妹脊平三、磯田又一郞、梶喜一、中本英夫島津徹、向井久萬、鄭末朝、今野可啓、〇山田喜代、戶田北遙、辻量子、河原悅人、田代正子、大日三世子、山田武嗣、大藪春篁、丹羽阿樹子、幸田春耕、西村卓三、山下薰谷野圭一、〇神谷光徑、前田賢、天畠芳登、濱田觀、粲本武雄、河瀨恭之、川邊華堂、阿部能人、冬木清、田中針水奧田元宋、海老原南爽、古市麻佐緖、森正元、川崎雅、〇秋葉長生、〇藤谷雅春、岩淵芳華、森戶果香、〇藤田復生〇池田勝之助、〇村松乙彥、山田申吾、寺島紫明、立石春美、長嶺雅男、〇朝倉攝、林

展覽會の暦

日	月	火	水	木	金	土
	20	21	22	23	24	25
26	27	28	29	30	31	

△彗星會洋畫展　廿日迄紀伊國屋
△前川千帆小品展　廿日から廿二日迄資生堂
△第六回名寶展　廿日迄大阪市立美術館
△新世紀展　廿一日から廿五日迄銀座青樹社
△山岸主計東亜風景版畫展　廿一日から廿六日迄松坂屋
△東美圖案部成績品展示會　廿一日迄銀座三越
△平岡權八郎洋畫展　廿三日から廿六日迄資生堂
△赤誠會美術展　廿五日から三十日迄日本橋白木屋
△山野佐世男個展　廿五日から廿九日迄銀座三越
△熊谷九壽洋畫展　廿七日から卅日迄資生堂
△平塚運一個展　廿七日から卅一日迄青樹社
△一源會展　廿八日から卅日迄菊屋畫廊
△吉田登穀日本畫展　廿八日から卅一日迄銀座三越
△草光信成洋畫個展　廿八日から卅日迄鳩居堂
△京都染色圖案展　三十一日銀座三越
△文展　十一月廿日迄府美術館

雲鳳、村山三千男、鈴木由太郎、山口賓、長澤鳩哥、北村明道、前原豊三郎、○高村正之、太田樺江、望月定夫、市原壽一、江崎孝坪、長谷川路可、菅澤幸司、加藤恒久、高田那美、花村晃觀、田岡春徑松久休光、小堀安雄、福田元子、池田輝治、伊藤讐浦、藤田隆治、笠原可於、○大智經之、○許林、東山魁夷、須田珙中、宮澤鐵夫、○濱田台兒久本春雄、鈴木朱雀、濱倉清光、○伊東滿

洋畫一三三〇點

―新入選七九點

第二部（洋畫）の入選者は十日午後七時發表、總搬入點數一千六百二十點のうち入選者二百三十點、新入選は七十九點で一昨年の第三回文展に較べて今年は輸送難と洋畫資材難の爲幾分搬入者の減少をみたが入選作品はいづれも質實剛健で臨戰下日本美術の力強さを思はせた、入選者は左の通り（○印は新入選）

○富樫正雄、大野捷吉、伊藤正、原本虎雄、○奈良岡正夫、野口良一呂、○今井善一郎、○曾根徹、○加藤弘之、小川博史、○千田徹夫、○大原齊三、木下克巳、松永敏太郎、○駒井哲郎、○李鳳商、慶松左武郎、樋口一郎、高田誠、刑部人、○淺井堅治、妹尾壽信、長明、中谷泰、渡邊義一○日下昌三郎、西尾善積、○田所滿雄、○中島哲郎、喜多村知、金澤信夫、山崎修二近藤洋二、○熊野禮夫、西川高次、橋本興家、鈴木三五郎境保博○佐藤行弘、川村精一郎、淸原武則、中田幾久治、○塚本哲、○池上恒春、石本秀雄、松岡正直、田代順七、土本ふみ、橋尾整八、斧山萬次郎、○奈良岡政雄、奥山堤安田豊、正木須子、伴庄兵衛高橋太三郎、○石井元、大谷房吉、櫻井悦、武藤完一、○河口正勝、家永騏三郎、杉本健吉、胡桃澤源人、松居均、○田中爲信、○齋藤武四、○大畑福三郎、足代義郎、○東斌、○伊藤立巳、○羽山金次郎、本多幸市、名渡山愛須○中田林五郎、○根津莊一、大嶺政寛、杉山一正、○笹島喜平、○山川忠義、大和義男、花野三雄、○朴泳善、○水谷ひろ子、和田淸、○中村全、白石隆一、西村靜子、西村愿定、須田剋太、○中川郷一郎保田善作、棟方志功、山形光壽、内堀勉、佐野猛、南寛、高宮一榮、○庄司榮吉、西村計雄、渡邊一郎、白川一郎、○野村陸雄、○大竹琹、本莊赳、○川邊外治、矢野雄藏、川端實、○千代崎保雄、小林貞三、山下忠平、金子三藏、鶴見守雄、中村琢二、山崎隆夫、佐伯久、岡政一、古屋浩藏、坂田虎一、○寺嶋龍一、谷澤一郎、○高橋正人、林鶴雄、小川智、林貞子、○大塚平八郎、河野輝彦、○金在善○梶田英一、○志村一男、○佐野久、中田信、鈴木泰子、福田新生、石橋武助、溝江勘二、○椿悦三、瀨戸千代三、○石見セン、柳瀨彌生、西村喜久子、川口雄男、南政善、高光一也、納富進、○原田武男、○小泉富司、戸谷賀一、○高野富吉、○江幡潤、○中村滿平、○齋藤齋、藤岡俊一郎、○政森敏男、水上信雄、島内キミ、○守洞春、○鈴木隆、瀧川太朗、森桂一、○大古田艶子、○茂木稔、○安次嶺金正、柳瀨俊雄、黑田頼綱黑田久美子、土佐林豊夫、○尾澤勝朗、平通武男、○河野通暢、須田壽、房野德夫、○守屋干之、南大路一、伊川鷹治、靑木申四郎、○金子德衛○久門元夫、○大嶋士一、○富田民治、野澤潤次郎、後藤愛彦、大河内信敬、山口猛彦渡邊武夫、淺井政勝、○小柳秀太郎、田邊謙輔、飯島一次畦地梅太郎、○山口源、養田つや子、笹岡了一、橋本三郎藤本東一良、池田快造、諸橋政範、鈴木榮二郎、杉村惇、○益永端、濱實雄、市川勉、○八鍬四郎、内藤隶、小貫綾子、木村八郎○岡村三夫、中田恭一、榎戸庄衛、○依田泰八、伊藤應九、新保兵次郎、岡田又三郎、戸津文雄、山本道乘、平松譲、○臼井きよ子、松尾正己、角南松生○板倉國臣、伊藤悌三、牲川英雄○堀千枝子、靑木達彌、鈴木滿○入江冷一、松田文雄、勝間田武夫、○棟方末吉、○本間博

彫塑一一七點

―新入選二六點

第三部（彫塑）入選者は九日午後七時發表、搬入總數二百八十五點のうち入選一一七點で新入選は二十六點、一昨年の第三回に比しやゝ寛選である無鑑査は八十六點本年度非番の無鑑査作品は七點搬入で三點陳列される、入選者は次の通り（○印は新入選）

小森邦夫、松木庄吉、上田貴久丸、水船六洲、山田忠治、○宮越啓子、李國銓、山田政義、羽田千年、○佐野信雄、北村治禧、太田良平、瀧川美一、長嶋利雄、○中古泉、堤達男、浦上善次、小倉一利、中川爲延、大村清隆、矢崎虎夫、曾圭奉、安藤達亥、淸水禮四郎、中島快彦、三木貞夫横山五郎、遠藤松吉、○横山喜一、石田清、明石順吉、長沼孝三、白井謙二郎、兒島正典、國領辰彌、鈴木達、米林勝二、大立目琢郎、松浦良、富田匠美、日下寛治、緒方敏雄○水野德二、瀨戸園治、大屋義昌、岸崎猪之助、紺谷英儀、梅田修、久原濤子、片岡環、川島雄三、石橋古鈴○今村輝久晃、○山本民二、○小金丸幾久、建畠覺造、○有井章、渡邊徹、清田清也、○佐藤仁宗、上田薫、立川義明、松本昇、○坂手譲、星野直弘漆原馬須雄、川瀨永治、○若狭三郎、○潮田皓哉、鈴木國策、坂東文夫、和田金剛、今城國忠、中村靑田○尾形喜代治、相曾秀之助、○佐藤助雄後藤光行、○北古賀一郎、三坂耿一郎、小西光壽、横山文夫、○本間敏之、服部幹夫、高藤鎭夫、成瀨藤治、伊藤芳雄、福井三幸、籾山三毅、長谷川正雄、○渡部星村、長谷川昻、矢野秀德、有地滋迪、金保正智、○眞海德太郎、○澁谷田海、坂上正秋、今里龍生、槌澤伸行、小松彌六、北地莞爾、森本清水、○日高正樹、村山清光、岡正敏、○石田文之助、安西順一、山口伊之助、本田德義、○田龍芝朗○須賀東三、服部不二之、鈴木仁亮、菅沼五郎、○山本節郎、岡本庄三

工藝一七〇點

―新入選三六點

第四部（工藝）の入選者は十一日午後七時發表、搬入點數は千七十三點で入選者百七十點、うち新入選は三十六點である、時局下工藝材料の入手難にも拘らず前回の五百九十六點の倍近くに激增してゐる、作品傾向は新日本に相應じい新工藝意識が强調され裝飾の簡略化と力强さとの表現が目立ち殊に實用品に取材の廣さと文展の新しい方向を指示してゐる、入選者は左の通り（○印は新入選）

○增田敬象、安倍郁二、森三樹、守屋松亭、○戸谷純之助小岩古明、米田博俊、山岸堅二、○中島杢堂、柴田武次、小畑雅吉、○樂喜慶、○樂吉左衛門、○大西清右衛門、黑井光珉、那智瀧子、田邊竹雲齋、内田邦夫、清水靑巖、島田春光、細谷好衛、○八田泰造、佐藤潤四郎、中村義一、○濱口臨氏、○片山美智雄、山澤松篁、長濱重太郎、鹿島一谷、多畑宗哉、島田精二、○横山白汀、○三好弘、○杉野一彦、松本佩山、金田諒三彼谷芳水、高橋節郎、武樋貞波留、○中村大釆、堀柳女、○大島五雲、加藤華仙、小林親光、鈴木靑々、池内荷芳、○落合彌壽世、鹿兒島壽藏、松原南海、金森榮一、○和田三千穗、音丸耕堂、三井安蘇夫、八田龍昭、中川哲哉、矢部連兆、山室百世、伊藤鎵一北村一朗、八井孝二、芳武茂介、川口盧舟、渡邊顯子、今井千尋、松沼源吉、歌川黎明會田裕宣、松原春男、鴨幸太郎、○岩田良二、梶田惠、山崎武雄、伊藤忠雄、龜倉宇吉宮代健三、西村英夫、中村鵬生、野村蝶二、魚野自醒、鈴木貞路、船津英治、森野嘉光○村井瓶生、河合榮之助、佐野孟、稻垣稔次郎、淸水祥次井田宣秋、○由井康陽、佐藤尙珉、高木敏子、岡田章人、高橋耕南、谷澤不二松、鈴木淸、德力孫三郎、加藤宗巖、寺池匋烋、久保駒太郎、宮下善壽、楠田撫泉、岡本爲治、勝尾靑龍洞、米澤蘇峯、新開邦太郎、○草加春陽、○井上淸美、長谷川文平、鈴木黃哉○田邊武夫、成竹登茂男、○梶山伸一、梶谷竹塘、中村秋塘、德山嘉明、○奥澤鮎練、高村表惠、保谷美成、小森克己田中健智、北出塔次郎、伊藤隆光、○宮川祿郎、河合秀甫阪口宗雲齋、和田秋野、飯田泰造、池田旺弘、○稻塚芳郎武藤太郎、小川九万二、原三郎、田中芳郎、齋藤鉎一、石田來之助、木村庄太郎、吹田平兵衛、○若原英正、今大路半治、○中川淨益、大木秀春中田滿雄、宮永友雄、羽原貞般若侑弘、渡邊春男、中谷喜男、中村萱一、○伊藤宜宏、加藤忠三郎、鈴木昇一、高島弘雅、野口景國、小河原千波○片岡茂保、中村春利、栗田雪雄、工藤喜代志、有田利章岡本昇三、村山久、○須賀松園、○菅原大無、後藤學一、森象堂、○竹林鶴南、○新數晃仙、○横山一夢、藤岡研齋○横山玉抱

☆選後感☆

日本畫部審査委員長
野田九浦氏（談）

この前の第三回文展には百二十一點、今回は百三十五點の入選である、しかも出品數はこの前は十點少なく今回は多かつた、それは今年五月に文部省が發表した規則で無鑑

査を二分して當番（今年出品出來る資格のあるもの）と非番（今年出品すれば鑑別を受けるもの）を造つたことの影響で、それだけ多く入選者の幸福が増加したわけである、所謂文展型流行作品とか、構圖の面白味に目を惹かれる作品といふものは隨分作品としていゝものがあつたに拘らず落選した、始めは入選するかに見えたが二三回も鑑別される間には遂に落されて了つたではどういふのが入選した作品かと云へば、「個性のにじみ出たもの」「傳統がよく研究され成功してゐるもの」等である、今回の審査は不思議に審査員の氣持がピタリと合つていゝ惡いの爭ひで極端な問題は全くなくいゝもの惡いものの鑑別はどん〳〵行はれ嚴選で且つ如何にもスムースに終了したのは年齢が同列だといふこともあらうが流行に「選ばれた人」だと感心したのである、無鑑査は第三回文展の九十人位に對し、非番の出品もあつて六十七點を陳列するのだから中々多いものであつた、時局色の作品は大分落選された、入選したものは優秀である、女性を描いても單に美人畫のための美人畫でなく、女性が働くとか何か社會的行動をしてゐるものの多いのが目についた、武者繪は多くあつたが、いづれも研究され進歩された武者繪となつた

洋畫部審査委員長

辻　永氏（談）

時局下の關係で前回より稍出品數は少いが集つた作品は時局に相應しい質實健剛なものが多かつた、裸體畫は非常に少く事變畫も至つて少く良いものも從つて少なかつたのは殊に時局の間に開かれる文展として遺憾の次第だ、水彩畫には材料の關係上もつと期待したのであつたがこれも期待に外れた、近來各種の大きな展覽會に見ても畫家が素描からしつかり描き上げる可き中を其の勞力を惜んで文化的な寫眞によつたものが多い、殊に大作に其應用が多いやうだ文展としては指導的な立場から若い作家がそう云つた邪道に陷ることを避けさせる意味で排擊した。靑年作家諸君はこんな安易なる横道に入らずに堅實にしつかりした方向に精進を望んでやまない

彫塑部審査委員長

吉田三郎氏（談）

全體に作品の傾向は以前へ戻つた、勿論藝術的によき進みを以てである、從つてこの前の第三回文展よりも時局色を持つた作品は目に立つて減少してゐる、第三回の時はそれが夥しい昂奮で何でもそういふものをといふ傾向で、寧ろ藝術よりは國家觀にのみ急進したのであつたが今年の第四回には藝術的であるといふことが認められるやうになつた、無鑑査の非番（今年は出品資格がなく出品すれば鑑別を受ける無鑑査）も七點程の出品があり、これは出品意圖は大いに嘉納出來るが一二の作品は遠慮して貰ふものもあつた、無鑑査の非番制は新進を一點でも奬勵する精神であり會場はより藝術的でなければならぬので、今年五月文部省が發表した規則通りに鑑別（？）をした譯である

工藝で壓する地方

尚今文展の入選者を地域的に區分すれば日本畫では東京が六三點、京都が五二點、地方が一一點、洋畫では東京が一四三點地方が八一點、外地（鮮滿）が五點、彫刻では東京が九一點、地方が一六點、工藝では東京が六八點、地方が九四點といふ數字を示してゐる

大南洋展

來月二日迄三越

南洋團體聯合會では諸官廳の後援の下に畫壇の積極的協力を得て十七日から來月の二日まで日本橋の三越で大南洋展覽會を開催する、これはわが南方政策への積極的協力とビルマ、タイ佛印から內南洋、濠洲までをも含む大南洋への國民的關心を喚起するためで、出品壁畫には日本壁畫會、南洋美術協會の各會員が協力し「內南洋」布施信太郎、「佛印」安田豊「タイ」伊藤淸水「ビルマ」藤本東一郎、「比律賓」和田香苗、「濠洲」鶴田吾郎、「馬來」五味淸吉、「北ボルネオ」山崎坤象「蘭印」秋保正三諸氏が出品してゐる、作品はいづれも最近完成されてをり、どれもその大きさは横十八尺の縱九尺卽ち約八百號平均といふ大作揃ひである

展覽會　會場

鳩　居　堂

京橋區銀座五丁目

電話銀座 四四二九 四五五九

失明勇士に感謝する素人美術展

辯護士正木旲氏の個人雜誌「近きより」主催で第四回「失明勇士に感謝する素人美術展」が十四日から三日間銀座資生堂ギヤラリーで開催された、出品畫は岩村法相の「墨梅」に「墨竹」大森司法次官の「猫」三題、ほかに上田大審院判事、今井嘉幸氏、詩人土井晚翠、俳優井上正夫諸氏の作品など合せて百點ばかり、會場は連日觀衆で賑つた、尙賣上金は陸海軍省へ獻納失明勇士に送られる筈

平塚運一版畫展

版畫協會理事、國畫會同人、文展無鑑査、平塚運一氏の版畫個展が廿七日から卅一日迄銀座の靑樹社で開催される出品作品は飛彈の高山雲龍寺、佐渡風景其他花卉、人物、風景等近作十點內外

河井、棟方兩個展

文展無鑑査の河井寬次郎氏の近作陶磁展と棟方志功氏の新作洋畫展が廿八日から來月一日迄日本橋の高島屋で開催される河井氏は前回の展觀にも非常な好評を得たので今回も大に期待されて棟方氏の出陳廿餘點中には近頃の努力作が含まれてゐるから鑑賞家を喜ばせる事であらう

一至會三回展

加藤陽、山道榮助、志村計介島田正次諸氏の結成する一至會では第三回展を三回から五日迄銀座ギヤラリーで開催連日盛況であつた

「創成」旗擧展

富成忠夫、堀內規次、小林八重子、澤井英子、松浦千鶴子、谷川廣子、大庭京子、富山妙子富谷九二子、伊藤瑤子諸氏を同人とする「創成」の旗擧展は三日から五日迄銀座紀伊國屋畫廊で開催され頗る盛況を呈した

新進福原俊二氏

新制作派展に初入選

九月二十二日から十月四日まで上野の府美術館で開かれた新制作派協會展に「ニコライ堂」を出品して初入選の榮を得た福原俊二氏は山口縣の産で本年二十九歲、現在荻須高德氏に師事し、十三年の光風會展には「二人の番人」を十四年の二科展には「壁の前」を夫々出品入選した新進氣鋭の士である

△情報官秦一郎氏　廿一日出發京都に赴き數日間滯在の豫定

內閣情報局愈〻動く！

在野の新制作派及獨立の幹部有志と會見

曩に九月廿五日と廿八日兩度に亙り石井柏亭氏を始め國民學校の國畫敎育に實際に携る人々を中心として、第四部より佐伯氏第五部より秦氏出席某誌のため座談會が開かれたが、今回秦情報官は新制作派協會の猪熊弦一郞、萩須高德、內田巖、本鄕新等の人々と去る二日夜雨月莊に會見懇談があり、腹藏なき意見の交換が行はれ、同協會としても大に時局を認識し假令今後展覽會は開會せずとも國民生活の美術的指導其他美術家の非常時下受持たるべき諸種の問題につき大に硏究したい意向等が述べられ、次いで秦氏は獨立美術協會の高畠達四郞、鈴木保德、中山巍、中間册夫田中佐一郞氏等諸會員と會見兩者隔意なき懇談が遂げられ在野側としても當局の眞意がよく諒解せられて今後處する上に裨益するところ多かつた續いて秦情報官は日本畫の各團體とも懇談の機會を作り意見交換が行はれる由である

時局《じきょく》と美術《びじゅつ》

……才能の幅について……

植村鷹千代

　此《こ》の間高島屋《あひだたかしまや》と三越《みつこし》で開催《かいさい》された航空美術展《かうくうびじゆつてん》を見《み》たが、この種《しゆ》のものでも繪の寫眞《しやしん》に優る點《てん》が相當《さうたう》あると思《おも》つた。第《だい》一色《いろ》があるといふ點《てん》で、印象《いんしやう》が明確《めいかく》になり、それだけ記錄的効果《きろくてきかうくわ》がある。寫眞《しやしん》の場合《ばあひ》は實在性《じつざいせい》といふ要素《えうそ》が繪に對《たい》する強《つよ》みであつて、その要素《えうそ》のために、寫眞《しやしん》の寫實性《しやじつせい》には幾多《いくた》の缺點《けつてん》があるにもかゝはらず、心理的聯想《しんりてきれんさう》作用を補佐役《ほさやく》として肖像寫眞《せうざうしやしん》などの場合《ばあひ》に或る種《しゆ》の強《つよ》みがあるのであるが、飛行機《ひかうき》の場合などは、實在性《じつざいせい》に關係《くわんけい》した寫實《しやじつ》よりも、それの獨自《どくじ》なプラスチックな要素《えうそ》や、運動《うんどう》を把へる方《はう》が効果的《かうくわてき》であるから、さうした意味《いみ》で、繪の方が、レアルと空想《くうさう》の間《あひだ》を自由《じいう》に飛《と》び廻《まは》れて面白《おもしろ》いやうである。やはり、畫家《ぐわか》の活躍《くわつやく》すべき舞臺《ぶたい》であると思《おも》ふ。

　この前上野《まへうへの》で開《ひら》かれた聖戰美術《せいせんびじゆつ》展《てん》や今度《こんど》の航空美術展《かうくうびじゆつてん》などは、ともに、或《あ》る種《しゆ》の職域奉公《しよくゐきほうこう》で、記錄《きろく》的《てき》な意味《いみ》と啓蒙的《けいもうてき》な意味《いみ》で行《おこな》はれたものであらう。このやうな仕事《しごと》に畫家《ぐわか》が從事《じゆうじ》することは、日本《にほん》の畫家《ぐわか》にとつては、或《あるひ》は未曾有《みぞう》のことであつたかも知れない。さうした習慣《しふくわん》が今《いま》まで無《な》かつたことは確《たし》かである。これは、現在《げんざい》の畫壇《ぐわだん》が藝術至上主義的《げいじゆつしじやうしゆぎてき》な傾向《けいかう》にあるからではない。寧《むし》ろ現實《げんじつ》の畫壇《ぐわだん》の傾《けい》向《かう》には、藝術至上主義《げいじゆつしじやうしゆぎ》などといふ純粹《じゆんすゐ》なものは極《きは》めて稀薄《きはく》である。それにもかゝはらず、日本《にほん》の畫家《ぐわか》達《たち》が、政治的《せいぢてき》な動《うご》きを嫌《きら》ふ氣質《きしつ》のあるのは、どうしたためであらうか。考《かんが》へると一寸不可解《ふかかい》である。畫論《ぐわろん》として藝術至上主義《げいじゆつしじやうしゆぎ》を押《お》し立《た》てゝゐるのであればいざしらず、畫論《ぐわろん》では、社會的《しやくわいてき》モラルや時代的《じだいてき》モラルの追求《ついきう》といふことを誰《たれ》でも言《い》つてゐるのである。それでゐて、時代的《じだいてき》なモラルに即《そく》した政治《せいぢ》的《てき》な奉仕《ほうし》を嫌《きら》ふといふのは不可解《ふかかい》と言《い》はねばならぬ。

　僕《ぼく》などの考《かんが》へでは、この不可解《ふかかい》の原因《げんいん》は、藝術家《げいじゆつか》の東洋的氣質《とうやうてききしつ》といふものにあると思《おも》ふ。一體《たい》、東《とう》洋《やう》の藝術《げいじゆつ》そのものは、藝術《げいじゆつ》即人格《じんかく》といふ建前《たてまへ》をとるものであつて、形式《けいしき》に關係《くわんけい》する約束《やくそく》には極《きは》めて嚴《げん》格《かく》なものがあるけれども、決《けつ》してそれは形式萬能主義《けいしきばんのうしゆぎ》でも、技術第《ぎじゆつだい》一主義《しゆぎ》でもなく、寧《むし》ろ精神《せいしん》（卽《すなは》ち人格《じんかく》）第《だい》一主義《しゆぎ》である。從《したが》つて、アート・フォア・アートといふ思《し》想《さう》は、元來《ぐわんらい》は東洋《とうやう》のものではなくて、西洋《せいやう》のものである。だから、アート・フォア・アートの立場《たちば》から社會的《しやくわいてき》動《うご》きに參加《さんか》することを嫌《きら》ふといふ根據《こんきよ》は薄弱《はくじやく》なのである。しかし、東洋《とうやう》の藝術《げいじゆつ》の場合《ばあひ》には、藝術《げいじゆつ》それ自體《じたい》はアート・フォア・アートではないけれども、藝術家《げいじゆつか》の修業《しうげふ》といふ點《てん》になると、一種《しゆ》の悟道主義《ごだうしゆぎ》といふか、俗世間《ぞくせけん》との俗《ぞく》流《りう》の交渉《かうせふ》の外《そと》に立《た》つてそれを行《おこな》はうとする傾向《けいかう》がある。これは東《とう》洋《やう》の人生哲學《じんせいてつがく》の中《なか》にある主要《しゆえう》な要《え》素《そ》であるから、東洋人《とうやうじん》たるわれわれ日本人《にほんじん》は、さうした氣質《きしつ》を先代《せんだい》から傳承《でんしよう》してゐるし、敎育過程《けういくくわてい》を通《つう》じても、敎《をし》へ込《こ》まれてゐる。成《な》る程《ほど》、洋畫家達《やうぐわかたち》は洋畫《やうぐわ》の理論《りろん》といふものを學《まな》んでゐる。洋畫史《やうぐわし》を研《けん》究《きう》してゐる者《もの》も、洋畫《やうぐわ》の理論卽《りろんすなは》ち西歐《せいおう》の畫論《ぐわろん》が、東洋《とうやう》の畫論《ぐわろん》と違《ちが》つてゐることは勿論《もちろん》のこと、それの制作《せいさく》の基礎《きそ》となるべき知性《ちせい》のミリユウが自《おのづか》ら行《ゆ》き方《かた》を異《こと》にしてゐることも知《し》つてゐる。特《とく》にパリの生《せい》活《くわつ》を經《へ》てきた畫家達《かたち》は身《み》をもつて知《し》つて來《き》てゐる筈《はず》である。知性《ちせい》に關《くわん》する限《かぎ》りは、われわれには、よく兩者《りやうしや》の相違《さうゐ》は解《わか》つてゐる筈《はず》なのであるが、氣質《きしつ》の力《ちから》といふものは、屢々《しばしば》――といふよりも絶對《ぜつたい》に知性《ちせい》に打《う》ち勝《か》つ偉力《ゐりよく》をもつてゐるのである。

　西洋人氣質《せいやうじんきしつ》と東洋人氣質《とうやうじんきしつ》の相違《さうゐ》――こゝで總《すべ》ての問題《もんだい》が錯雜《さくざつ》するのである。われわれは、よく、西《せい》洋人《やうじん》は日本《にほん》の藝術《げいじゆつ》を理解《りかい》しないといふのである。例《たと》へば浮世繪《うきよゑ》にしか興味《きようみ》を持《も》つことの出來《でき》ない西洋《せいやう》人《じん》の理解力《りかいりよく》を不滿《ふまん》に思《おも》ふのであるが、さういふわれわれ日本人《にほんじん》が、西洋《せいやう》の藝術《げいじゆつ》をよく理解《りかい》してゐると自惚《うぬぼ》れることは、極《きは》めて危險《きけん》な事《こと》柄《がら》である。そこで、話《はなし》をアート・フォア・アートの問題《もんだい》に戻《もど》してみると、この藝術主張《げいじゆつしゆちやう》が生《うま》れ、一個《こ》の系統《けいとう》を存續《そんぞく》せしめてゐるのは西《せい》歐《おう》での事柄《ことがら》であつて、東洋《とうやう》の藝術《げいじゆつ》とは本質的《ほんしつてき》に相合《さうがふ》しないところであるが、藝術家《げいじゆつか》の對世俗《たいせぞく》の態度《たいど》の問題《もんだい》になると、西歐《せいおう》の藝術家《げいじゆつか》の方《はう》が東洋《とうやう》の藝術家《げいじゆつか》より氣質《きしつ》としては遙《はる》かに合理的《がふりてき》、實際的《じつさいてき》であつて、東洋《とうやう》の藝術家《げいじゆつか》の方《はう》が、氣質《きしつ》としては藝術至上主義的《げいじゆつしじやうしゆぎてき》である。これは藝術家《げいじゆつか》の問題《もんだい》にのみ限《かぎ》つた事柄《ことがら》ではなくて、一般《ぱん》に敎養《けうやう》の傾向《けいかう》としての相違或《さうゐあるひ》は文化《ぶんくわ》の質《しつ》の相違《さうゐ》といふべきものであらうが、結果的《けつくわてき》にみると、近代的《きんだいてき》な集團生活《しふだんせいくわつ》に對《たい》する訓練《くんれん》が東洋人《とうやうじん》の場合《ばあひ》には西歐《せいおう》に於《お》けるよりも低《ひく》いとも考《かんが》へられる。例《たと》へば、國家《こくか》と個人《こじん》との交流《かうりう》も西歐《せいおう》においては、東洋《とうやう》に於《お》けるよりも自由《じいう》である。といふ意味《いみ》は、西歐《せいおう》の個人《こじん》を、所謂個人主義《いはゆるこじんしゆぎ》といふ名《な》で東洋人《とうやうじん》は排撃《はいげき》するけれども、個人《こじん》が、國家《こくか》の運命《うんめい》に對《たい》してもつ關心《くわんしん》の強《つよ》さといふ點《てん》でも、西歐《せいおう》の個人《こじん》の方《はう》が、日本《にほん》の非個人《ひこじん》主義《しゆぎ》にも増《ま》して強《つよ》い例《れい》を擧《あ》げることは容易《ようい》である。バイロン卿《きやう》の熱《ねつ》血《けつ》を擧《あ》げる迄《まで》もなく、近《ちか》い例《れい》をとつてみれば、ピカソがある。ピカソはスペインの內亂《ないらん》に際《さい》して、反《はん》フランコ派《は》の陣營《ぢんえい》に味方《みかた》してゐたが、彼《かれ》は諷刺畫《ふうしぐわ》を繪葉書《ゑはがき》に制作《せいさく》して宣傳《せんでん》に供《きよう》した。古《ふる》い例《れい》では、ミケランジエロはフイレンツエの防《ばう》衞戰《えいせん》に際《さい》して、今日《こんにち》で言《い》へば迷彩《めいさい》運動《うんどう》であるかも知《し》れないが、畫才《ぐわさい》を供《きよう》して、種々《しゆじゆ》な詭計《きけい》を行《おこな》つてゐる。

日本《に》でも戰爭《せんさう》の繪《ゑ》を描《か》いてゐる人《ひと》も多《おほ》いし、ポスターを描《ゑが》いてゐる人《ひと》も多《おほ》いのだから、態々《わざわざ》取《と》り立《た》て丶言《い》ふ必要《ひつえう》のないことかも知《し》れないが、西歐人《せいおうじん》の場合《ばあひ》には、別段《べつだん》そのことにこわだわらずにやつてゐることが、日本《にほん》の畫家《ぐわか》の場合《ばあひ》には、可成《かな》りこだわつた樣子《やうす》がみえるのである。戰爭畫《せんさうぐわ》が展覽會場《てんらんくわいぢやう》に多《おほ》くなつた場合《ばあひ》に、是非論《ぜひろん》が喧《やかま》しかつた。敢《あ》へてそれを描《ゑが》く作家《さくか》には敢《あ》へてやつたと言《い》ふ何《なに》か決意《けつい》といふか勇氣《ゆうき》といふか、さういつたものが示《しめ》されてゐる。さうした大《おほ》げさな決意《けつい》のためか、時局《じきよく》との取《と》つ組《く》み方《かた》が可成《かな》り誇張《こちやう》されてゐる。さうした事態《じたい》を眺《なが》めると、日《に》本《ほん》の作家《さくか》は隨分《ずゐぶん》幅《はば》の狹《せま》いものだと思《おも》ふ。戰爭《せんさう》のポスター一枚描《ゑが》くにも、純粹《じゆんすゐ》の藝術魂《げいじゆつこん》が必要《ひつえう》だとは誰《たれ》が一體《たい》言《い》つてゐるのか。誰《たれ》もそのやうなことを言《い》つてはしないのに、作家《さくか》は、自分《じぶん》の決心《けつしん》の作品《さくひん》を制《つく》る意氣込《いきご》みでポスターを強《し》いて藝術品《げいじゆつひん》に仕上《しあ》げやうとして苦心慘憺《くしんさんたん》してゐるやうである。良心《りやうしん》と純粹《じゆんすい》といふ言葉《ことば》に對《たい》する馬鹿《ばか》げたセンチメンタリズムである。第一流《だいいちりう》の作家《さくか》が新聞《しんぶん》に挿繪《さしゑ》を描《えが》いたり、ポスターの筆《ふで》をとつたり、レストランの壁畫《かべぐわ》を描《ゑが》けば、第二流以下《だいにりういか》の作家《さくか》が描《ゑが》いた場合《ばあひ》より、よい出來榮《できば》えが得《え》られるだらうことは想像《さうざう》に難《かた》くないが、それらの作品《さくひん》――樣々《さまざま》な制約《せいやく》の下《もと》に出來《でき》た作品《さくひん》が、その作家《さくか》の第一等《だいいつとう》の傑作《けつさく》と同等《どうとう》の藝術《げいじゆつ》價値《かち》をもつものであると考《かんが》へる人《ひと》もないだらうし、また持《も》たねばならぬものだと強言《きやうげん》する人《ひと》もないであらう。それはそれ、これはこれである。例《たと》へば藤田嗣治《ふぢたつぐはる》の畫業《ぐわげふ》の幅《はば》は、流石《さすが》に日本《にほん》の作家《さくか》には一寸《ちよつと》見《み》られぬ廣《ひろ》さがある。飛行機《ひかうき》も描《か》けば、裝幀《さうてい》も書《か》く、レストランの壁畫《かべぐわ》も描《か》いてゐる。だが、飛行機《ひかうき》と、彼《かれ》の第一流《だいいちりう》の作品《さくひん》とを比較《ひかく》して、その價値論《かちろん》を喋々《てふてふ》する人《ひと》があるだらうか。この人《ひと》の場合《ばあひ》には、作《つく》る場合《ばあひ》の態度《たいど》が、はつきり、これはこれ、あれはあれと別《わか》れてゐるから、見《み》る人《ひと》も分《わ》けて見《み》られるのである。

ところが、多《おほ》くの戰爭畫《せんさうぐわ》や時局《じきよく》作品《さくひん》をみて不快《ふくわい》に思《おも》ふことは、戰爭畫《せんさうぐわ》や時局畫《じきよくぐわ》に作家《さくか》が自分《じぶん》の藝術《げいじゆつ》價値《かち》や人格《じんかく》を押《お》しつけてゐる點《てん》である。さういふ感《かん》じは、自由作品《じいうさくひん》の展示場《てんじぢやう》であるべき各團體《かくだんたい》の定期《ていき》展覽會場《てんらんくわいぢやう》に特《とく》に時局畫《じきよくぐわ》を出品《しゆつぴん》してゐる作家《さくか》の場合《ばあひ》に、わけても強《つよ》い。藝術的感覺《げいじゆつてきかんかく》と才能《さいのう》の總《すべ》てを時局畫《じきよくぐわ》の中《なか》に盛《も》れなどとは、政府《せいふ》も要求《えうきう》してゐないし、批評《ひひやう》も主張《しゆちやう》してゐない。時局畫《じきよくぐわ》の形式《けいしき》と内容《ないよう》には、自《おのづか》ら限界《げんかい》がある。この限界《げんかい》の中《なか》に閉《と》ぢ籠《こも》るのは作家《さくか》の勝手《かつて》であるが、それを以《もつ》て藝術家《げいじゆつか》としての最高《さいかう》のものを主張《しゆちやう》しやうとするのは厚顏《こうがん》の至《いた》りである。戰爭《せんさう》の記錄《きろく》や飛行機《ひかうき》の記錄《きろく》を繪《ゑ》で殘《のこ》したいのは、文化《ぶんくわ》の要求《えうきう》である。さうしてこの仕事《しごと》の可能《かのう》なのは畫家《ぐわか》を措《お》いて他《ほか》にない。さうだとすれば、畫家《ぐわか》がこの仕事《しごと》に積極的《せききよくてき》に乘《の》り出《だ》すことは自動車《じどうしや》の運轉手《うんてんしゆ》が戰場《せんぢやう》に徵發《ちようはつ》されてゆくのと同《おな》じ意味《いみ》に於《お》ける職域奉公《しよくゐきほうこう》である。しかし運轉手《うんてんしゆ》の職能《しよくのう》の總《すべ》てが戰場《せんぢやう》でトラックを運轉《うんてん》することに盡《つ》きぬと同樣《どうやう》に畫家《ぐわか》の職能《しよくのう》の總《すべ》てが時局畫《じきよくぐわ》に盡《つ》きるものではない。

ものにはけじめといふものが大切《たいせつ》である。戰爭畫《せんさうぐわ》に彩管《さいくわん》を揮《ふる》ふためには聖戰美術展《せいせんびじゆつてん》や、航空美術展《かうくうびじゆつてん》や、海洋美術展《かいやうびじゆつてん》といふ適當《てきたう》な場所《ばしよ》が與《あた》へられてゐるのであるから、夫々《それぞれ》の團體展《だんたいてん》の會場《くわいぢやう》は、出來《でき》るだけ、自由《じいう》な快心《くわいしん》の作《さく》をもつて飾《かざ》つて欲《ほ》しいものだと思《おも》ふ。美《うつく》しいものへの憧《あこが》れは、人間《にんげん》が存在《そんざい》する限《かぎ》り、如何《いか》なる條件《でうけん》の下《した》に於《お》いても無《な》くなるものでないことを一番《いちばん》よく知《し》つてゐるのが、美術家《びじゆつか》である筈《はず》である。そうしてまた、この人間《にんげん》の要求《えうきう》に對《たい》して、造形《ざうけい》の手段《しゆだん》によつて應《こた》へることの出來《でき》るものは、美術家《びじゆつか》を措《お》いてないとの衿持《きんぢ》を、彼等《かれら》はすべて持《も》つてゐる筈《はず》である。われわれは、この衿持《きんぢ》に期待《きたい》したいと思《おも》ふ。

要《えう》するに、時局的必要《じきよくてきひつえう》のために畫才《さい》を提供《ていきよう》することを逡巡《しゆんじゆん》する藝術家氣取《げいじゆつかきど》りも取《と》るに足《た》らぬ衿持《きんぢ》であるが、さうかと言《い》つて、時局畫《じきよくぐわ》第一主義《だいいちしゆぎ》に躍《をど》り出《だ》すのも、けちな衿持《きんぢ》であるといふことを言《い》ひたいのである。つまり、いづれにしても、一方《いつぱう》に偏《へん》した情熱《じやうねつ》や良心《りやうしん》の在《あ》り方《かた》は、幅《はば》の狹《せま》さを示《しめ》すものであつて、もの丶けじめがついてゐない證據《しやうこ》である。

時局《じきよく》がまたは國家《こくか》が必要《ひつえう》だとあれば進《すゝ》んでタンクも描《か》けば、飛行機《ひかうき》も描《か》く、迷彩《めいさい》もやればポスターも描《か》く、その代《かは》り、その一方《いつぱう》に於《お》ては、自己《じこ》が快心《くわいしん》の作《さく》と思《おも》つて、魂《たましひ》を打《う》ち込《こ》んだ作品《さくひん》に對《たい》しては、何人《なにびと》の意見《いけん》をも許《ゆる》さぬといふ衿持《きんぢ》とけじめがほしいと思《おも》ふ。卽《すなは》ち生活態度《せいくわつたいど》の上《うへ》の藝術至上主義《げいじゆつしじやうしゆぎ》は捨《す》て、藝術《げいじゆつ》についてはアート・フオア・アートの意義《いぎ》を忘《わす》れないでゐてほしいと思《おも》ふ。（一〇・五）

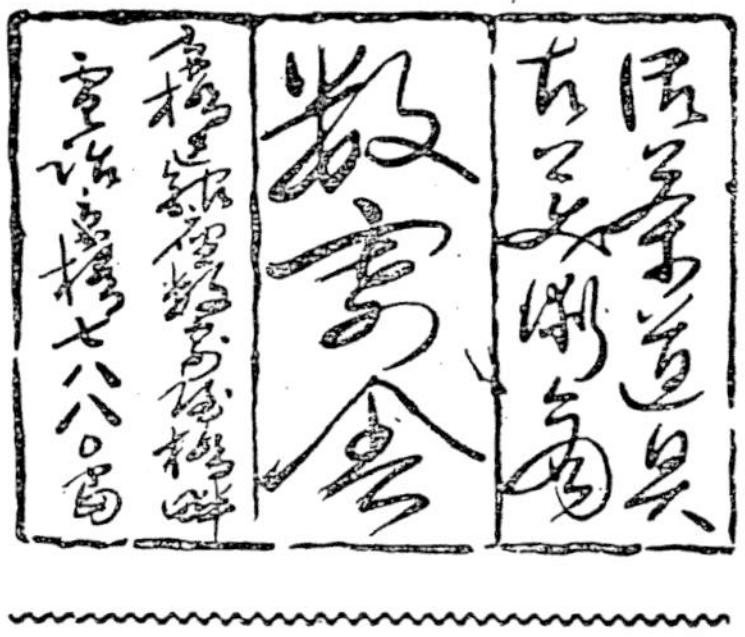

戰爭繪

近田□

☆

繪畫にあつて最も警戒を要すべきものは歴史畫であると 是れは由來しば〱藝術家によつて繰返された言葉であると共に、再三識者が指摘して作家の注意を促してゐる所であつた。

西歐の各美術館に山積された作品の中で、若しその單調さに人を愕かすものがあるとすれば其の殆ど全部はこの歴史畫である。歴史は吾々に大きな空想を與へる。其處には現實から離れた最も雄渾なものが連想されるのは當然であり、また之れを基底として何人の頭にも美が畫かれ詩が創られてゆく。その時繪畫は、現實の方法を用ひて畫布の上に表現してゆき乍ら、苟くも其れ等の連想を滿足させ、之れを凌駕するものでなければ作品として存在出來難い。然も飽くまで之れを滿足させねばならない所に、歴史畫のもつ困難がある。

其處で歴史畫をこれまで滿足さす事が出來る爲めには、尨大な技術と準備が强要されるのは當然のことであつた。往年の美術家は、恰も最初は、全てが歴史畫家にならなければならない様な教育を受けて來たものであつた。

ところが今日では、大半の作家が之れの無教育を誇示して憚らぬ時代であり、ひとり個性の上に立脚して獨自な境地を開拓しようとする時代であつて、若しも此れ等の作家が一朝何事かの機會に、尨大な歴史畫への準備を忘れ、不用意にも之れに從事する様な事があれば其の結果の慘憺たる推して知る可きものがあるだらう。

但し、この言葉は歴史畫ばかりではない、直ちに一切の戰爭繪畫の上に當嵌めることが出來る問題である。

☆

戰爭の繪畫は、最初から一つの規約に縛られて居る。

春日、平穩な海面をうけて海戰が行はれたと想像せられるがよい。これが往昔の様に舳艫相交はつての激戰とでもなれば、其のまゝ繪畫にのせることも出來るが、遠距離を隔てて砲火を交へるとなると、之れを平面に描寫すれば必ず長閑とした演習の圖を出ることは難かしい。一方近景ばかりから描寫すると、餘程の絶妙さでも見なければ雜然とした混亂以上の畫面ではあり得ない。

其れは實戰の寫眞に於てさへ同様であつて、特に劇的な角度から撮影されない限り、何等戰鬪狀態の逼迫感は生じて來ないものであり、如何に之れを浮出させるかに技師の技術が存在する。繪畫にあつては猶更であつて、逼迫と實戰の雄偉感念が看者の胸にまで喰ひこむ爲めには、畫布に施される一切の零細なものまでが其れを助長刺戟するものでなければならない。些かでも等閑な餘物が介入した場合は、畫面は忽ち逼迫を失つて其の脆弱性のみを露示する結果となり、一切のものは、草木の一本〱までが必ず戰鬪に參加し、之れが美的觀念まで援けるものでなければならない。そして之れが畫家の技術である。

これは、戰爭畫を畫く限り作家としては常套技術、云はゞ其のアカデミックな技術の一端であつて、偶々文章を綴る者が文法の初歩を忘れては成立しない様に、その必須條件として考へられるところである。

其れには前提として、人體と動作に關する完全な會得がいる、また充分な色彩の表現力がいる、一切の雰圍氣にその焦點を捉へる感覺がいる、自在な構圖力がいる。然も之れ等が完成された曉でさへ、看者の戰爭に關する想像力は容易に之れを凌駕して、畫面の効果が豫期の感銘を與へない場合が多い。蓋し戰爭畫には、多數の陷穽のある事に心付かれることであらう。

☆

一方、劇的に作らなければならぬと云ふ事も危險な分子である。

花卉や果實を畫いて、其れ等の持つ表面の魅惑美觀ばかりを具體化しようと努める時には何事が起るであらう、それは美術としては無價値に等しいアカデミスムの胚胎であり、アカデミスムは、之れを表現する技術が精妙であればあるだけに其の低級醜惡さを露示してくるものである。

それ故に吾々は一先づ之れを靜物として眺め、輕薄な觀賞を殺し、別個の意義ある存在として眺める。この時作家の教養と美術眼の强弱はあらはれ、各自その中に新しい美と要素とを盛つて之れを作品化する。即ち辛じて此處に、圖が繪畫となることが出來るのである。

所が戰爭畫にあつては、吾々が之れに別個の意義を與へるより先に、先づ最初から戰鬪に關聯した重壓と、これを具體化した昂奮が畫面の上に要求されてゐて、之れを失つた場合には、これの存在價値のその一半が奪ひ去られる事が多い。

然も此時の劇的要素は、美術家ばかりが見る高い世界ではない。云はゞ遙かに常人的な、更

繪畫に現はれたる庶民生活

鳥海青兒

ダビンチ・ミケラアンゼロの

年代《ねんだい》は容易に即答出來ても、信貴山緣起、北野《きたの》天神緣起の年記《き》はスツと出て來ない。

イタリヤルネツサンスが手《て》にとる様に身近《みぢか》に感じられても、あのすばらしい繪卷《まき》物時代を造つた鎌倉期は、なんと、我々からははるかに遠《とほ》いのだから不思議《ぎ》だ。

日本美術《びじゆつ》史、日本古典美術への、無知無關心は掩《おほ》ふ事は出來ない。あながち僕《ぼく》だけではないかも知《し》れぬ。

日本精神《せいしん》の把握、眞に日本的なもの發見《はつけん》、をさけばれて居る今、新しい角度で日本古典藝《げい》をみ、學問究明《きゆうめい》する事は必要以上に重大《じゆうだい》なのかも知れぬ。

我々素人が美術史家なみに

日本美術《びじゆつ》史をひつくりかへして堀ぢくり散《ち》らしてみたところで、何の發見《はつけん》があらうぞ。

しかしこう云ふ事《こと》は考へられる。美術史の上でさして重要な位置《ゐち》に置かれて居ない正統《せいとう》派的存在で無い畫流《くわりう》、作例のうちに案外美術鑑賞の立場《たちば》から大きな美術的價値《かち》を見出す。博物館《かん》で浮世繪版畫がついさき頃まで工藝部門に入れられて資料《しりやう》であつた事などは面白《おもしろ》い一つの例であらう。

これも、一つの例《れい》として、畫に現れた庶民《しよみん》生活をのぞいてみやう。繪畫で庶民生活は遠くすでに扇面古寫經のうちに描《えが》き出され、鎌倉《かまくら》期に入つてしばしば繪卷物のうちに登場《とうぢやう》して居るが、庶民が主題《しゆだい》として取扱はれ出したのは足利初頭の東北院職人歌合繪卷が劃期的作品《さくひん》とされ、ここから下つて、鶴岡放生會職人盡歌合、卅二番、七十一番職人盡歌合、徳川《とくがわ》初世に入つて、歌から離《はな》れて喜多院職人盡繪等の盡繪の形式を得て、師宣の和國諸職繪盡の版本《はんぽん》からついに江戸末期の惠齋《けいさい》の救ひがたい近世《きんせい》職人盡繪卷〈博物館藏〉に終末をとげた職人盡繪《つくしゑ》の形式。この東北院《とうほく》歌合を起點として、足利末から安土桃山《もゝやま》徳川初期慶長寛永《くわんえい》へかけて、調馬圖となり、洛中洛外圖《ぐわいづ》となり、士女遊樂圖となり、或はおくに歌舞《かぶ》

畫偶感

憲三口

にローマンテイックなものであつて、一般人で戰爭に就いて常に夢見、想像するものが基底となり、作家はこの基底まで下つて之れの最も表された畫面を作らうと試みることになる。

其れは、もしや見事な表現を得ることが出來たとしても、何かの方法で美術價値が考慮されるのでない限り、可成り低調なものとなる事は一見にして分る事であらう。戰爭畫は、非常な要素が盛られるのでない限り、唯だ描かれた場合には、この完全を以つてしても全部が例外なしの平板なアカデミスムに陷る運命にあるのである。

古人は之れを補ふ爲めに、日常から文化人としての敎養を基礎として、自己の感情と思索の淨化を計つた。また詩人が大英雄詩曲を綴る樣に、一切の感動と迫力を畫面の上に凝結せしめる方法を考へて居た。そして一方には廣汎きはまる此の特有な實技の養成に腐心すると共に、愼重な精神の敎化を忘れなかつたものであつた。

然し現在では、この種の制作の第一要素ともなることの出來るローマンテイスムは、却つて嚴重な實際の前には許されない事があり、畫面は益々想像の範圍を失つて平面的にならざるを得ない。そしてこの惡條件下で、平常何程の特別技術にも熱心してゐなかつた作家が、たま〳〵時局に觸れ、自分も繪を描くとそれだけの理由でもつて戰爭畫に筆を染めるとすれば、その制作の結果は蓋し想像に餘りがある筈である。

然しこゝに戰爭畫が前記の條件を具備したと云つても、其れは單にアカデミック作品として一應成功したと云ふに止まつて、それが立派に繪畫として許價され、美術作品として臨み藝術上の價値まで問はれるには、未だ〳〵別個の努力が要求される事を覺悟しなければならないであらう。

☆

由來この種の制作では、畫面は唯の一狀景を示すにすぎないものであつたが、その目的は其の戰鬪の全容が感受される樣に描かれるのが普通であつた。

それが爲めに畫面には、戰鬪中の最も熾烈な光景が撰ばれるのは當然であつて、其れが近代兵器となつて、實戰に於いて丘陵森林などに隱れた見えない敵とさへ戰ふことがある樣な場合になると、唯一つの狀景を描くだけでは必ずしも戰鬪全體の啓示となる事の出來ないのは云ふ迄もない。また近世の機械なるものに對しては、吾々は未だ正面から之れを描寫して之れに美觀を與へ、その中に看者の思索と空想を促す事に成功してゐない、却つて多くの場合には其の平板さだけを意識する樣な條件にある。

これ等は何れも重要な原因となつて、近代戰に關する限り、美術は未だ一片の傑作も生んで居ないと云つて過言ではなく、現に今次の大戰に對しても、之れほどの衝擊を實感してゐながらも、歐洲から紹介される繪畫消息は殆ど見るに忍びない貧弱なアカデミイック作品ばかりである。それは固より此の種の作品が、最も多くの陷穽を企んでゐるからでもあるが、一つは由來この種の制作への研究が等閑にされ勝ちであり、何等深い準備のない作家達が不用意且つ無責任に是に携はるからであらう

然し、それは歐洲だけの問題ではあるまい。事變下、國民の緊張と感動を背景にして簇出した各種の戰爭畫展覽會に、一見して諒解出來る事實である。

例へば一部の日本畫の樣に、本來の能力を忘却して殆ど美術的に見ては自殺行爲に等しい作品の展列するものは論外としても、よしや制作過程に多數の拘束を受けたとしても、一般にこの種の會場に陳べられた作品は、各作家の最低水準を示すものが多いと云はれても仕方があるまい。また大半は、畫壇がこの種の制作に何の程度まで無用意であつたか、之れを徒らに證明する作品が多く、事變下に何物かの感激で動くと云ふことは高く評價されることかも知れないが、美術家はその創つたものによつて自己の絕對を問はれる事を過小視して、素人眼にすら最も缺陷を曝露しやすい制作に對して、當然の注意を怠るものが多かつた。

悽慘、殘忍を拘束されては戰爭畫は腕を縛つて泳ぐよりやりにくいかも知れない。然しこの種の繪畫は、それ專門の尨大な修業を基底として居なければ絕對成功出來ない事は當然である。

この時、若し其の中に徹底出來ないならば、作家として必ず救はなければならない價値がある。其れは、作品を何處までも美術制作として主張し、場合によれば効果の一切を從屬視して差支ない　ひたすら其の作品の美術價値を誤らしめない事である。美術を殺しては、美術家は成り立たない。

そして吾國畫壇の危險は、この戰爭繪畫が成功出來なかつた事にあるのではなくて事實はこの美術價値を失はなかつた良作家が餘りにも寥々として居た事に介在するのではあるまいか。

伎圖等々となり、土佐《とさ》狩野派の有名無名の無數《むすう》の名手によつて描き出された、いはゆる近世《きんせい》初期の風俗《ふうぞく》畫の一聯。

これ等作品《さくひん》は初期浮世繪として浮世《うきよ》繪の範疇に入り、一般鑑賞家の注意《ちゆうい》をあまりひいて居ないものである。しかし、僕《ぼく》はこの風俗畫の發生《はつせい》は、我が美術史上に於《おい》ては特大記すべきヱポツクであり、價値《かち》深いものと思つて居《ゐ》る。

美術史の上で

繪卷物時代《じだい》と云はれる鎌倉期と、安土桃山といふ絢爛《けんらん》たる桃山障壁裝飾藝術《げいじゆつ》にはさまれた、足利期はさして見榮《みばえ》のしない時代かも知《し》れない。事實、繪卷も南北朝を經て足利《あしかゞ》期に入れば筆に漢畫の影響の這入つた生硬《せいこう》生彩のない社寺《しやじ》緣起のたぐひとなり、ついにお伽草子奈良《なら》繪本に迄墮《だ》し終つて居る。

足利期のオーソドックスは所《いは》謂《ゆる》東山文化といはれる如拙 周文、雪舟《せつしう》によつてなされた宋元水墨畫の我が國《くに》への移植である。

特に雪舟の存在《そんざい》は、まつたく足利期の美術は雪舟によつて掩《おほ》はれ、雪舟によつて救《すく》はれた感がある。

しかし、この期《き》の美術を、如拙、周文、雪舟《せつしう》と五山文學の關係、業績《げふせき》においてのみ考へられるべきだらうか、他《た》に談るべき美術が無《な》いだらうか。

僕は近世初期の風俗《ふうぞく》畫初期として又《また》胚胎期として、この期に興味をおぼへ、この期の作品《さくひん》を探りたく思《おも》つて居る。

僕が近世初期の風俗《ふうぞく》畫に魅力を感じその價値《かち》をもとめて居るのはどこからきて居《ゐ》るか。粉本制度であり、唐風《から》への憧憬《どうけい》であり追從であり、見た事《こと》もない唐風景やだるまを描く事である日本繪畫《くわいぐわ》史のうちに、めづらしくも、これは白日《はくじつ》の下にさらされた庶民生活《せいくわつ》を、生々と描寫しつくされた寫生であり、寫實的作品である事《こと》である。

僕《ぼく》はかならずしも、つくり出された作品が寫生《しやせい》であり寫實であつたから尊いといふのではない——寫實的作品の價値《かち》から云へば、早く前代《ぜんだい》に隆信、信實等によつてなされた似繪《にゑ》といはれる肖像畫の偉大《ゐだい》な畫系遺品がある。

ここに庶民生活を主題

として生々《いき〳〵》と活寫した一群の畫家の居《を》つたと云ふ、繪畫史的事實を尊く思《おも》ふものである。

總《さう》じて……光悅、大雅、光淋等數人をのぞいては——徳川《とくがは》時代の繪畫を鑑賞《かんしやう》する場合、とうてい高《たか》く評價出來ない。

佛印へ行く日本の油繪

——佛印繪畫展覽會開催について——

日本印度支那協會　村上　脩

去る九月二十七日、日本橋三越本店に於て佛印巡回繪畫展內示會を開催したる際、高松宮同妃殿下御台覽を忝うした。當日は伊原宇三郎氏佛印に於ける繪畫運動について御前講演を試み、石井柏亭氏展覽會場を御案內申上げ、場內隈なく熱心に御巡覽の後、御機嫌美はしく御歸還遊ばされた。本協會及び出品畫家の無上の光榮であると共に、日、佛印親善の上に寄與すること甚だ大なることを思ふて、感激に堪へざるものである。

本年初頭、佛印からシャール・ラコロンヂユ氏が來朝された時、日本と佛印との親善融和のための文化の交流について、種々意見の交換を行ひ、協會では同氏を煩はして、佛印代表として御活躍を願ふことゝした。同氏は建築家であると共に、ハノイ美術學校（Ecole d's Beaux-Arts de Ha oi）創設當時の有力なる支持者の一人で、美術に關する造詣も深いところから、日佛印親善文化工作の第一投手として、是非日本美術の紹介展を佛印に於て開催され度いとの希望を漏らされたのであつた。

卽ち協會では欣然この申入れを受諾することゝなり、直ちに準備に着手したのであるが、協會としては創立日尙淺いことでもあるし、素より熱帶地に於ける繪畫展覽會を主催することは首めてのことであるから、萬遺漏なからんことを期するため、尠からず心を傷めるところがあつた。

第一、作品を運搬するために長い海上輸送を要するのみならず、現地に於て展覽中も、熱帶の強烈な光線と、熱と、加ふるに濕度等の激變が繪畫面に及ぼすであらう影響を考慮に入れて置かねばならず。謂はゞお白粉の剝げた美人の顔に魅力が感ぜられないやうに、殊に日本畫はこの點で多くの危險を感ぜざるを得ない。で、日本畫の展覽會はこれを第二の機會に讓ることゝし、先づ當代一流の畫家を網羅する油繪展を催すことゝなつた。

宛も私は協會の要務で春五月、佛印を訪づれたので、この方面の調査を遂げると同時に、澄田少將（現在中將）小川總領事等と連絡を計つた。

歸朝後東郷靑兒氏を介し洋畫壇の耆宿に呼びかけることゝなり、七月二十三日華族會館に於て石井拍亭、伊原宇三郎、南薰造、辻永、中山巍、荻須高德、東郷靑兒の諸氏と會し展覽會開催についての具體的意見の交換をなすと共に、委員を定め、要項を決定した。

從來この展覽會開催の目的は「日・佛印親善のために」をモツトウとしたのであつたが、この席上目的を單に日本美術の紹介、日佛印の親善といふことにのみ限定せず、灼熱の地に行動される皇軍將士の慰問のために活用したらんにはとの提議が出て、滿場異議なく大贊成を博した。斯くて作品の募集を開始するや忽ち五十九名五十九點の力作を蒐集するを得た。玆に私は協會のこの催しのために贊意を惜まなかつた洋畫壇の諸畫伯に對して萬腔の謝意を申述べるものである。その後更に國際文化振興會とも協議の上共同主催をすることゝなり、又帝國藝術院の後援、現地に於ける國際觀光局との共同主催といふいとも華々しいことになつた。

話は些か後戻りするが、ラコロンヂユ氏が來朝中のことである、一日熱海へ同行したことがある。

この日は空は美事に晴れ渡り、列車は横濱、大磯、小田原と過ぎて、眞鶴附近を快走してゐた。たゞ見るはるかの洋上には大島の噴煙がのぞまれ、トンネルからトンネルを縫ひつゝ走る　路線の左右には、枝もたわわに黃色い實をつけた密柑畑が整然とつゞいてゐた。

これを見たラコロンヂユ氏は「日本は支那との戰爭で相當の人間を失つただらうに、未だにこんな山奧の畑にまで手入れを行き屆かせる程人手が足りてゐるのであらうか」と驚嘆の聲をあげてゐた。佛印に於ける「日本の大使」と謂はれるラコロンヂユ氏ですらが、斯くの如き認識不足に陷つてゐるのである。況してその他の佛蘭西人の日本に對する認識のいかなるものであるかゞ想像出來るであらうと思はれる。

佛印に於ける佛蘭西人も安南人も、カンボヂヤ人も、正しい日本の姿といふものを知つてはゐない。あるものは日本を過信し、徒らに忖度を恣にして輕擧

狩野《かの》派しかり、圓山四條派しかり、例《たと》へば應擧の作品などは彼の偉大《ゐだい》なプラツスチツクな波濤圖をのぞけば他《た》にそれだけの價値《かち》があるものか、鑑賞家が萬金を投じ、史家《しか》が大童になつて研究する價値が、どこから生《せう》じて來るのか僕《ぼく》にはさつぱり了解の行《ゆ》かぬものであり、凡そ畫面からはなんら魅力《みりよく》を感じないものである。幕末《ばくまつ》の狩野派又しかりである。華山の全作品《ぜんさくひん》の展覽を見大《おほ》いにその感を深くした。

・目を室町期の作品《さくしん》に向けてみやす。繪卷《ゑまき》衰退期の作品と言はれる光信の淸水《きよみづ》寺緣起繪卷（博物館藏）である。これには鎌倉《かまくら》繪卷の持《も》つて居る、一級品的の迫力も藝術性といふ樣《やう》なものも缺けて居《ゐ》るかも知れない。然しそこには筆に愛情《あいじやう》がひしひしとせまつて、親しみ樂《たの》しませるリアルな目《め》があり、畫面があり、美術《びじゆつ》がある。

これは、例《たと》へば肖像畫に於ける武將像、頂相、佛畫《ぶつぐわ》に於ける狩湯明神等の如《ごと》く、足利藝術（大和繪系）が持《も》つて居る共通な美感《びかん》であり、リアルが持つ美感でもある、又近世《きんせい》初期の風俗畫が持つ美感《びかん》であり、これには決してポーズがない。決《けつ》して二條城の障壁畫《へいぐわ》からは求め得られるものではなく、ことに德川《とくがは》中期以後のいかなる繪畫《ゑぐわ》からも探し出す事の出來《でき》ないものである。

古土佐と呼ばれて居《ゐ》る、これ等畫系の遺品《ゐひん》は、たとへ繪畫史の上で如拙、雪舟の大名《だいめい》のかげにかくされて、ものゝあはれを止めて居るとしても、衰退《すいたい》、遲《ち》拙《せつ》、チミツドの言葉で一蹴する事の出來《でき》ない、美術がある事である。たとへ、そこに繪畫《ゑぐわ》史が無いとしても。

とは云へ、僕《ぼく》はこの期の遺品に、そう多《おほ》く接して居るとは云へない。然しこの期に近世初期の風俗畫を暗示《あんし》する、愛すべき國寶の如き數々の美術《びじゆつ》作品がつくりだされたのではないかと、職人《しよくにん》歌合などの盛行から推して想像《さうざう》されるのである。

恐らく、この畫系《ぐわけい》のものがほとんど無落《ぶらく》款であるため、これ等作者不詳の作品《さくひん》」、いつか忘れられて鑑賞《かんしやう》家の前から姿を消したのであらう。

しかし、いつの日《ひ》かこれ等の數々の遺品《ゐひん》が再び世に現はれ價値を問《と》はるるものとすれば、足利期は案外そう云ふ意味《いみ》で面白いものとなるのかも知れない。

僕は庶民生活《せいくわつ》を主題とした風俗畫の發生を、散見《さんけん》した足利美術と、そして埋《う》もれて居る遺品に非常な關心と價値《かち》をもとめて居《ゐ》る。（完）

宗動を試みたり、あるものは白人のスクリーンを通じて歪められた日本觀を抱いたり　而も大多數の民衆は、日本に對して殆んど無知であり、只僅かに現地に於ける日本人を觀察し、これを敷衍して日本を想像するに過ぎない。日本の工場では、あの空を飛ぶ飛行機、水を潜る潜水艦、何萬噸もある軍艦、戰車、大砲が盛んに作られて居るといつても、唯然うかなあと口をあんぐりと開けるだけである。試みに日本の漁獲船は太平洋の對岸アメリカの水域は素より、遠くアフリカの海洋、さては巨鯨を追うて南極の果てまでも活躍をしてゐるなどゝ云つても「日本に電車や汽車がありますか」と寧ろ奇問にちかい質問を發する土人層にかゝつては、日本の國力など理解されやう筈がないのである。

而して、かゝる無理解の上に、正しい意味の親善融和はあり得ない。即ち日本印度支那協會が今後の佛印文化工作の上に微力を致し、重點を置かんとする點は、實にこゝに存するのである。協會の今次の試みが戰時下の日本に、まだかうした藝術に精進することの出來る餘力がある事を雄辯に物語り、日佛印民衆にとつて日本を理解することの出來る一助ともなり、かく親善融和は素より政治、經濟及び軍事の提携の上に寄與するところあらんか、幸甚之に過ぎずと思惟するものである。

猶この稿を終るに當り、本展覽會內示會のために、相當以上の無理をして會場を提供せられた三越吳服店、特に同店美術部櫻井氏の理解と好意ある態度に對して、貴重なこのスペースを割つて謝意を申述べることを御許し頂き度い。

亡ぶか、赤都の美術

——露西亞近代繪畫の一瞥——

木田路郎

今世紀の最大悲劇は目前に展開されつゝある。いふ迄もなく獨ソ戰の最大眼目としてのレニングラード包圍とモスクワ進攻の結果は歐羅巴地圖から赤い國ソヴエットを抹殺するか否かの關頭にかゝつて居る。すでにキエフ陷りレニングラード全く包圍され、モスクワへは二百キロの地點に迄獨軍の進出を見た。ソヴイエットの退陣は赤都の美術をも滅亡さして終ふであらうか。吾々美術家にとつても關心はそこにある。

元來、露西亞の美術は西歐羅巴の影響によつて發展したのであるが、それは近々二百年を出でない。從つて露西亞の美術といふ獨立した性格をもつ美術は十九世紀以降であり、その主流は西歐羅巴のアカデミスムの形式による露西亞人式の寫實主義にあつた。これはツルゲーネフやトルストイやドストエフスキーやの近代露西亞文學とも共通な要素で素朴な本來の露西亞藝術の性格が最もよくそれに適合したのであつた。そしてその國民繪畫はアレキサンダ・イワノフの出現に尤も多く負うてゐると云つてもいゝ。

その官學的寫實主義へ近代性を移入し國民繪畫の形式を確立したのは十九世紀も中葉以後で移動派（ペレドウイジユニキ）と呼ばれる一派が起つてより以後であらう。これには不思議なことにその遠因那翁の莫斯府退軍にあるといはれる。奈翁に勝利をえたものはこの時の露西亞だけであるから國民的自覺はこゝに始まつたとも言へよう。と共に露西亞の勃興は西歐文明を移入したことに刺戟されたのでツアの舊都ペテルスブルグはこの西歐文化の中心をなし、美術の如きもこゝに大なる發展をなしたのである。世界に誇る同市（今のレニングラード）のエルミタージユ美術館の如きも王宮の一部を以て當てられたのであつた。而してこの國民的機運の勃興はペテルスブルグ中心の新美術を露西亞本來の半亞細亞的都市モスクワへも移動せしむべき使命を感じた一群の畫家によつて起された。而しこれが近代露西亞繪畫を確立した礎石となつたのである。即ち「移動《ペレドウイジユニキ》」の名は茲より起つたのであるが

この派の起りは一八七〇年でモスクワの名畫廊トレチヤコフ畫堂はこの機運を作るために作られたのである。その作家の主腦はレピンやイワズフスキーやクラムスコイであつた。そしてレピンは露西亞の寫實畫風を確立した祖と言へよう。

露西亞に於ける西歐風は獨逸や佛蘭西の影響を最も多く享けたがイワーノフの如きは羅馬で學修したのであつた。レピンには獨逸近代寫實主義の影響が強い。而してこの國民畫風として の寫實主義が印象派以後の佛蘭西繪畫の影響を受けたのは十九世紀末に移動派の反動として起つた「美術界派」（ミル・イスクスツワ）の作家が最初で以後この派は革命前迄つゞいた。ベノア、シユハイエフ、ヤコーブレフ等がそれで裝飾畫家レオン・バックストもこの派に屬する。そして後期印象主義の移入が始まつてセザンヌやゴーガンが紹介され「ダイヤのジヤック」なる美術集團の新運動となり最近まで活動をつゞけてゐたゴンチヤロフスキーとか、マシコフとか、コロレフとかいふ近代主義者《モダニスト》が革命前夜の露西亞畫壇を牛耳つた。

赤色革命の前夜はこの「ダイヤのジヤツク」の一團と共に未來派《フツリスト》の活動があつた。これは繪畫のみならず藝術一般に亘つたが伊太利未來派の影響はこの一時期の露西亞美術に「狂氣《グズメンストボ》」の雰圍氣を作り出し、それが西歐の色々のイズムと混合して、シユプレマチスム（至上派）コンストルクチヴイズム（構成派）などの抽象主義が起つた。これは同じ抽象主義でも露西亞特有の主張と形式をもち、革命の一時期はこの派の跳梁に任せた感があつた。そしてこの派の人々は美術を產業主義に結びつけ舞臺構成や街頭美術に進出させた効はあつたが、革命の進行と共に勞農政府の主張と背馳するブルジョワ的形式主義なる故をもつて彈壓されすつかり敗北して終つた。タトリンとかマレヴイツチとかが代表作家だが、しかし彼らが舞臺裝置を革新し建築に新形式を作つた効は沒せられない。即ち構成主義のタトリンはバフタンゴヴ劇場やメエルホリッド劇場の舞臺樣式を創造し、レーニン記念塔に硝子と鐵の構造を主とする新樣式建築を創案したりしたのである。

赤色政府はそのコミンターンの國際赤化主義をモットーにはしたがレーニンの美術に對する意見は國民的現實的であつた。彼は未來派を見て「君たちの仕事は何をやつてるか解らないではないか。美術は宜しく本來の露西亞人に還れ」といひ、カメネフは「彼らは單なる形式主義者にすぎず　その藝術は唾棄すべきブルジョワ藝術だ」と云つて排擊した。

次いで起つたのが現代の寫實主義《レアリズム》でスターリン政府もレーニンと同じく露西亞本來の國民的寫實主義への復歸を慫慂した。日本ではそれが「プロレタリア美術」の名で一時騷がれたが畫風としても主張としてもそれは國民的寫實主義でつまりイワノフやレピンの傳統へ還つたのである。クルイロフ、ジユコーフスキー、プーニンその他が夫れであるが今果して彼ら赤都に健在なりや否や。

早く國外に去つた移住畫家《エミグラント》の中にはシヤガールもあり、グリゴリエフもあり、ヤコヴレフもある。それらは巴里で伯林で紐育で大に迎へられた。モスクワにはシユキン畫堂やモロゾフ畫堂の如き近代西歐畫の立派な美術館がある。それらだけでも兵火を免れたいものである。

名硯の話（一）

後藤朝太郎

硯の役割り

世《よ》の中《なか》が、いくらインクとペン萬年筆《まんねんひつ》の時代《じだい》に推移《すゐい》しても、依然《いぜん》東洋人《とうやうじん》は硯《すゞり》に牽かさるゝ氣持《きもち》を持《も》つてゐる。西洋人《せいやうじん》はインク壜で滿《まん》足《そく》してゐらるゝだらうが、日本人《にほんじん》はさうは行《ゆ》かぬ。今少《いますこ》し深みのあり、而かもシンミリと味へる心《こゝろ》の糧となると云《い》ふ事《こと》から見《み》て硯《すゞり》は、どことなく、なつかしい落着《おちつ》いた存在價値《そんざいかち》を持《も》つてゐる。

硯《すゞり》は昔《むかし》から歴史的《れきしてき》な貴《たつと》い謂れのあるものや、又何《またなん》となく文字書道《もんじしよだう》の尊重《そんちやう》せらるゝ上《うへ》から大《おほ》きな聯《れん》想《さう》が伴《ともな》つてゐる。インク壜がその空壜になつたら棄てゝ顧《かへり》みられぬと云《い》ふ物《もの》などと同日《どうにち》に語《かた》られてはたまらぬ。支那《しな》は硯《すゞり》の事《こと》にかけて本場《ほんば》であるだけに、とても之《これ》を大《たい》切《せつ》にし、毎朝《まいてう》めいめいが顏洗《かほあら》ふとき、必《かなら》ず前日《ぜんじつ》の宿墨《しゆく》を洗《あら》はなくては氣《き》が濟《す》まぬと云《い》ふ位《くらゐ》のものもある。これ程大事《ほどだいじ》にする人《ひと》ならば、その人《ひと》の書《しよ》も亦見事《またみごと》に上達《じやうたつ》すると見《み》られてゐる、書《しよ》を習《なら》ふに硯《すゞり》は面《めん》倒だから墨汁《じう》で澤山《さん》だなどいふ人《びと》は書《しよ》についても心掛《こゝろが》けの香ばしくない方《かた》だと云《い》へる。履歴書《りれきしよ》の一枚でも立派《りつ》に自筆《じひつ》で認《みと》めたいと思《おも》ふものは、自分《じぶん》で靜《しづ》かに硯《すゞり》に向《むか》ひ、磨墨《まぼく》のことを眞地目《まぢめ》に考《かんが》ふるべきだ。

昔《むかし》から硯《すゞり》はさう云《い》つた眞摯《しん》な人《ひと》の座右《いう》におかれ、人《ひと》のあるく疊《たゝみ》の上《うへ》になどおく事《こと》をせぬ。必《かなら》ず文机の上《うへ》に叮嚀《ていねい》に安置《あんち》されるべきものだとせられてゐる。足《あし》で踏《ふ》む處《ところ》に文房具《ぶんばうぐ》をぢかにおいたりすると目《め》がつぶれる、字《じ》が下手になるとまで云《い》はれてゐたものだ。自分共子《じぶんどもこ》供《ども》の頃《ころ》かりに指頭で以つて疊《たゝみ》の上《うへ》にでも美術《びじゆつ》の美《び》の字《じ》—とか親《おや》の名《な》前《まへ》の字《じ》とかを書《か》いたりしたら必《かなら》ずあとで、掌で以つて撫で消《け》すやうにやらされてゐたものだ。夫《それ》は人《ひと》に踏《ふ》まれたなら勿體《もつたい》ないぢやないかと云《い》ふ氣持《きもち》が働《はたら》いてゐたからである。すべて昔《むかし》はさう云《い》つた心構《こゝろ》を抱《いだ》いてゐたものである。從《したが》つて家庭《かてい》の硯《すゞり》の役割《やく》りと云《い》ふものは、相當重《さうたうおも》く見《み》られてゐた。いくら手《て》先《さき》が眞《ま》ツ黑《くろ》けにならうが、之《これ》を隨《ずゐ》時《じ》さつぽりと洗《あら》ひ清《きよ》むるのだ。いつもそれを精神修養《せいしんしうやう》としてやらされてゐた。幼《をさな》い頃《ころ》は親《おや》から八釜《かま》しく云《い》はれてゐたのである。以前《いぜん》の人《ひと》は、石油臭《せきゆくさ》いランプの掃除《さうぢ》と硯《すゞり》の水洗《みづあら》ひをすることは相當《あひたう》香ばしくない日課《くわ》の一つとなつてゐた。でも之《これ》を突《とつ》破してやり拔《ぬ》いてしまふと、今度《こんど》は之《これ》を怠《おこた》つたときは氣《き》分何《ぶんなに》となく惡《わる》い、物足《ものた》りなく感《かん》じたくらゐであつた。

書《しよ》は人格《じんかく》の表現《へうげん》であると云《い》はれ、又書《またしよ》は心畫《しんぐわ》なりとも云《い》はれてゐた。書《しよ》を良心《りやうしん》に咎《とが》められぬやう立派《りつ》に書《か》かうとするには、筆墨紙《し》も固《もと》より大事《だいじ》であるが、第一《だい》にはこの硯《すゞり》である。硯《すゞり》を自《じ》墮落《らく》にしておいたらそれが氣分《きぶん》に反映《はんえい》して來《く》ること勿論《もちろん》である。何《なに》も硯の値段《ねだん》の高下《かうげ》を云々《いく\/》するのでない。硯を清淨《せいじやう》にしてゐると、その卓上《たくじやう》の整頓《せいとん》ぶりから文房具《ぶんばうぐ》の整調《せいてう》、手入《てい》れ工合《ぐあひ》が悉くその人《ひと》の書《しよ》に現はれて來《く》るとされてゐた。中《なか》にも硯は文房具《ぶんばうぐ》の玉《たま》と謂《い》はるゝ位《くらゐ》、中心《ちうしん》としての重《おも》い存在《そんざい》である。今日《こんにち》でも東京丸《とうきやうまる》の内《うち》あたりで以つて、相當《さうたう》なる紳士名流《しんしめいりう》とも云《い》はれる人《ひと》の事《じ》務室《むしつ》や、又《また》その居室《きよしつ》などへ訪《たづ》ねて這入《はい》り、卓上《たくじやう》にインキとペンのおかれてあるのを見《み》たのと、紫檀蓋《ふた》の堂々《だう\/》たる七八寸大《すんだい》の端溪《たん》（支那《しな》硯）に毛筆《まう》、墨床などの取揃《とりそろ》へられてあるのを見《み》たとしたら、どう云《い》ふ印象《いんしやう》を受《う》くるであらうか、歐《おう》米流本位《べいりうほんゐ》の紳士《しんし》は別《べつ》だが、東亞新《とうあしん》秩序《ちつじよ》の將來《しやうらい》から考《かう》へて見《み》たら、すぐ云《い》はずして判斷《はんだん》はつくべきである。半生以上《はんせいいじやう》を歐米《おうべい》で送《おく》り、夫人《ふじん》を西洋《さいやう》で貰《もら》つてゐられた（今は亡《な》くなられたが）外交官出《ぐわいかうくわんで》の堀口九《ほりぐちく》馬《ま》一翁《をう》ですらも、その住《す》まひの書《しよ》齋には、硯と毛筆《まう》がちやんと不斷《ふだん》かれてゐる。東亞新秩序《とうあしんちつじよ》の心構《こゝろ》への唱へらるゝ前から、翁《をう》は硯本《ほん》位《ゐ》でやつてゐられた。思ふに日本《にほん》の家庭《かてい》、わけても智識階級《ちしきかいきふ》を以つて任《にん》じられてゐる人たちの卓上《たくじやう》は硯の氣分《きぶん》で國柄《くにがら》が律しられると云《い》へる。硯に無關心《むくわんしん》の人《ひと》は別《べつ》であるが、硯の役割《やく》りが東洋氣分發《とうやうきぶんはつ》揚《やう》の上《うへ》に如《い》何《か》に重《おも》きをなせるかを理解《りかい》してゐるものは、深《ふか》く硯に親《した》しみを持《も》つてゐる。又《また》古硯《こけん》なり、名硯《めいけん》なりを耳《み》にすれば之《これ》を清鑑《せいかん》しようとする氣分《きぶん》も相當《さうたう》に持《も》つてゐる。

石品

人《ひと》には人柄《ひとがら》があり、國《くに》には國柄《くにがら》がある。それがそれぞれいつとなく等級《とうきふ》を生《しやう》じ、上下《じやうげ》せられて行《い》くうちに信頼《しんらい》の如《い》何もきまつて來《く》る。それと同《おな》じわけで、硯にも石《いし》の性格《せいかく》がある。その性格《せいかく》の如何は、石品《せきひん》によつてきまると云《い》へる。これは石《いし》そのものの抱有《はういう》してゐるたちなのであるから、根本《こんぽん》の問題《もんだい》であつて、一寸《と》氣《き》にくはぬからとて改《あらた》むる譯に行《ゆ》かぬ性質《せいしつ》のものである。

硯は大《だい》體古來《こらい》文房具《ぶんばうぐ》として重い存在《そんざい》をなしてゐたし、將來《しやうらい》もまた東亞《とうあ》の舞臺《ぶたい》で重視《ぢゆうし》せられるべきである。しかし硯に見《み》らるる石品《せきひん》の香ばしくないのは、どうにも仕樣《しやう》がない。それがたとひ立派《りつ》な室《しつ》の

堂々たる卓上《たくじやう》におかれてあるにしても　石品《せきひん》の劣《おと》つてゐる硯と來《き》たら見《み》られたものでない。そは何《なに》を標準《へうじゆん》にさう云《い》へるのであるかと云《い》ふと、大體《だいたい》三つの條件《でうけん》に本づいてゐると　はれる。

その一、硯石《いし》の肌《はだ》が磨墨に適《てき》した緻密《みつ》なきめを持《も》つてゐること。それが平均《へいきん》して揃つてゐなくてはならぬ。所謂《いはゆる》鋒鋩であるが、鋒鋩のよく整《ととの》つてゐて適度《てきど》に細《こま》かく現はれてるものは上乘《じやうじよう》とする。

その二、又《また》硯石《いし》の品格《ひんかく》はその地《ち》肌《はだ》の色《いろ》と、その地肌《ちはだ》に現はれてゐる各種《かくしゆ》の斑《まだら》であるが、その色《いろ》に深《ふか》みのあること。例《たと》へば蒼紫色《いろ》とか、蒼黑《くろ》とか蒼緑《みどり》とか云《い》つた幽玄《いうげん》な色《いろ》を帶びてゐること。又《また》その無地《むち》の色《いろ》の間《あひだ》に景色《けいしよく》を蕉葉白《せうえふはく》とか、魚腦《ぎよなう》凍《とう》とか、靑花《せいくわ》とか云《い》ふ斑紋《はんもん》の現はれてゐること。これである。これらの特徴《とくちやう》の見《み》えてゐる地肌《ちはだ》であるなら、その名《めい》硯たることは一見《けん》してわかるのである。

その三、更《さら》に根本的《こんぽんてき》なものはその石《いし》の出《で》である。硯の石《いし》は多《おほ》く山《やま》の石《いし》だと云《い》ふが、通《とほ》り相《さう》場《ば》となつてゐる。河中《かちう》又《また》は磧原《はら》に見《み》えるゴロゴロ石《いし》の間《あひだ》から獲《え》らるゝのもある。しかし大抵名硯《たいていめい》といふと、山谷溪流《さんりう》の間《あひだ》から出《で》る。もつと源に遡ると、洞《どう》穴である。洞坑《どうかう》の奥《おく》で而かもその水中《すゐちう》から採《さい》掘さるゝと云《い》ふものに良材《りやうざい》がある。そのよい斑紋《はんもん》があるとか鋒鋩がよくて密立《みつりつ》してゐるとか云《い》はれてゐても、その出《で》る洞坑《どうかう》がよくないときは、本當《ほんたう》のものでない。つまり出《で》る系統《とう》の地質《ちしつ》によるのである。

硯石《いし》の良否《りやうひ》を決定《けつてい》する基本的《きほんてき》な方法《はうはふ》はと云《い》ふと、先《ま》づこれらの三條件《でうけん》が大切《たいせつ》と見《み》る。この三拍子《ひやうし》ちやんと揃つたものであると、先《ま》づ石品《せきひん》として疑《うたが》ひのない名《めい》硯だと見《み》る。換言《くわんげん》して見《み》ると、一は觸角《しよくかく》に訴《うつた》へてさはりのよい肌《はだ》を持《も》つてゐるものを指《さ》していふ。赤《あか》ン坊《ばう》の肌《はだ》の如《ごと》しとか、又美人《またびじん》の肌《はだ》の如《ごと》しとか云《い》はるゝが、つまりは墨を磨つて見《み》たとき、磨面《めん》にさながら蠟燒《やき》鍋《なべ》の上《うへ》を蠟で以つてこすると云《い》つた感《かん》じのするものである。それなら美材《びざい》とするに足《た》りるのである。全《まつた》く墨が地肌《ちはだ》に吸《す》ひつけらるゝ感《かん》じを伴《ともな》つてゐるのを佳硏《けん》とする。その二は眼《め》に訴《うつた》へる方《はう》から云《い》ふのである。色合《いろあひ》の淺《あさ》いのや、深《ふか》みの足りない地肥《ちひ》は、硯として物《もの》足りない。文人風《ぶんじんふう》の氣分《きぶん》には添《そ》はぬ。苟《いや》しくも石《いし》の硯である以上《いじやう》は、深《ふか》みを聯想《れんさう》させる色《いろ》を持《も》つてゐることだ。それだから、端《たん》溪なら端《たん》溪をとつてみると　見事《みこと》の斑紋《はんもん》を持《も》つてゐる。又歙州《またしう》（キフジウ）なら歙洲《しう》をとつて見《み》ると、斑《まだら》を有《も》つてゐる。金星《きんせい》、銀星《ぎんせい》、羅紋《らもん》などいろいろとある。之《これ》を備《そな》へてゐる材《ざい》は、又《また》鋒鋩も相當《さうたう》よろしいにきまつてゐる。硯の石品《せきひん》の高《たか》いと云《い》ふのは一つにこれら地肌《ちはだ》の如何《いかん》によつて決定《けつてい》せらるゝのだ。その三に至《いた》つては、最早《もはや》や爭へぬ。出《で》の惡《わる》いところの硯材《ざい》はどうしようにも仕方《しかた》がないのだ。場違《ばちが》ひの處《ところ》から出《で》るものとか、又《また》まがひ物《もの》として端《たん》溪に似《に》て非《ひ》なるものとかを出《だ》してゐる處《ところ》がある。そは爭《あらそ》へぬものであつて、その鋒鋩が劣《おと》り、斑《まだら》も特《とく》にとり立《た》てゝ云《い》ふ程《ほど》のものがない。凡《およ》そ名《めい》硯の良材《りやうざい》と云《い》ふものは、自《おのづか》ら品格《ひんかく》があり之《これ》を始《はじ》めから有《いう》してゐる。丁度血統《ちやうどけつとう》のよい名《めい》門《もん》の出《い》といふと同《おな》じわけである。そこいらは人間《にんげん》も石《いし》も同《おな》じことだと云《い》へる。

石品《せきひん》の話《はなし》はいかにも冷《つめ》たい云《い》ひ方《かた》になるのであるが、石《いし》の根本《こんぽん》を見《み》る戸籍《こせき》調べなのでないから止《や》むを得《え》ぬ。かうした基本《き》になる點《てん》が胸《むね》に深《ふか》く刻《きざ》み込《こ》まるゝと、動《どう》かぬ考《かんが》が出來《き》る。腹《はら》がすわると云《い》つてもよい。大抵凡《たいていぼん》硯が平凡《ぼん》である以《い》外《ぐわい》に、何物《なにもの》でもないのは、そこに立脚《りつきやく》して云《い》へるのである。古名《こめい》硯の格《かく》を有《いう》するものとは、とても段《だん》ちがひだと云《い》つてよろしいのだ。

> **展覽會　會場**
>
> 銀座紀伊國屋
> ギヤラリー
> 京橋區銀座六ノ一
> 電話（57）銀座七一

姿と刻銘

古名《こめい》硯と云《い》はるゝものが、昔《むかし》からその聲價《せいか》を保持《ほぢ》してゐるわけは、平々凡々《ぼん》の駄《だ》硯などとちがふ處《ところ》があるからである。それが石品《せきひん》そのものを異《こと》にし、段《だん》ちがひの性《せい》質《しつ》を有《いう》するに在《あ》ること、上《うへ》に述《の》べた通《とほ》りである。たしかに第一《だい》は石《せき》品《ひん》の點《てん》で、良《りやう》硯と、凡《ぼん》硯とが判《はん》別せらるゝのである。ところが、更《さら》に二次的《じてき》ではあるが、尙相當大事《なほさうたうだいじ》な標準《へうじゆん》として考《かう》へられてゐるものがあると云《い》ふのは、形《かた》とその彫刻《こうこく》の雅俗《がぞく》如何《いかん》といふこととこれである。いくら石品《せきひん》がよくても、その姿があんまりひどい恰好《かう》に出來《き》てゐると、名《めい》硯として扱《あつか》はれぬ。天《てん》下《か》に伯樂の出《だ》て、之《これ》を引《ひき》あげ掘《ほ》り出《だ》してもしないことには出ぬ。稀《まれ》にはそんな事《こと》もなきにしも非《あら》ずだが、先《ま》づ大抵從來《たいていじゆうらい》、十有餘年《いうよねん》の間《あひだ》に、よい石品《せきひん》の硯と云《い》つたら矢張《は》り姿もよく、刻もよい。よくしたものである。駄《だ》硯は品位《ひんゐ》も香ばしくなく、姿も感心《かんしん》せず、刻も唯《たゞ》コテコテとしたものが施《ほど》されてゐる。優雅淸秀《いうがせいしう》と云《い》ふものは持合《もちあは》せてゐないのである。田舍娘《かむすめ》が急《きふ》にダイヤだのパラソルだのと騒《さわ》いで、銀座街道《ぎんざがいだう》へ出て來《き》た感《かん》じと似《に》た感《かん》じがする。シツクリ板《いた》についてゐないのである。何《なん》と云《い》つても容姿《ようし》は硯の生命《せいめい》であるわけだ。昔《むかし》から雲月《うんげつ》、雲龍《うんりう》、山水《さんすゐ》、花鳥《くわてう》、蝠《ふく》祿《ろく》、蕉葉《せうえふ》、雷紋《らいもん》、後凋《こうてう》　勁節《けいせつ》、蟠桃、白《はく》鶴などといふのから古《こ》斧、双履《り》、圭樣、辟雍、太極《たいきよく》と云《い》つた古典的《こてんてき》な彫刻圖樣《てうこくづやう》の表現《へうげん》されたものが古名《こめい》硯の表面《へうめん》によく見《み》出さるゝ。從《したが》つてこれらの彫刻《てうこく》はその硯の形《かた》の正方《せいはう》、長方《ちやうはう》、楕圓《えん》鳳蛋（卵《らん》形《けい》）風字《ふうじ》、天《てん》然の各樣《かく》のものにそれぞれ調和《てうわ》して施《ほど》されてゐる（續）

南京點描

文化奉公會特派員　三　輪　孝

秦淮の畫舫

南京は秦淮に、玄武湖にと割合に水に惠まれてゐるので、舟で遊ぶ事が盛になつてきたのである。天下に有名な畫舫がこれで、屋形船式の樓船で、軒柱は紅白、綠、黄、紫、金銀の總彩色で飾られ、花模樣、山水模樣などの圖案裝飾が施してある。軒には瑠璃色の彩燈を下げて居るので、それがキラキラと水に映じて胡弓の音を響かせながら行き交ふ樣は、まことに美しいものである。

畫舫の中に料理と酒を持ち込むのが普通で少しその方が酣となつた頃、左舷から右舷から歌はして孃なる伶人どもの船が寄つて來る、そして盛に愛嬌を振り撒きながら凮いてくる、しかし此の運河の幅はあまり廣くはなくて、兩側にならんでゐる酒樓も近く、その彈いてゐる歌や、胡弓もよく聞えてくるから別に伶人を特に呼び入れる必要はない。邊りを去來する畫舫の勝手な音曲を聞いてゐるのも亦一興である。

南京の夏の夜を樂しむ一つに、此の秦淮の畫舫は面白い。

展覽會評

巴會第五回展評

寺崎廣業一門が結束して例年開催する巴會も今年で第五回になつた。毎年觀るたびに如何にも技巧の消化れ切つた着想の手に入つたといふ感じがする反面どこかに古臭い萎びた感じも拭へなかつた。しかし今年は新人の展觀を賣物にする銀座菊屋ギヤラリーへの進出は、會場のせいもあつて、例年以上の新鮮性無理屋理に時代の乃至鑑賞界の新傾向に歩調を合はせやうとするさゝやかな鬪ぎが觀られた。

この第一は野田九浦氏の『港の家』の洋風建築と支那娘であつて、年に似合はん明朗な南國情緒は、吉岡堅二や藤田隆治などの前衛作家を門下に持つ老いては子に從へのこの人の境遇に惠まれてゐると思はれるが、酒甕らしい土器の澁い好みや、全體の流暢な筆致はさすがになだらかである。亞いでは矢澤絃月氏の『海』が新しい。大和繪風の青藍色を一様に海波に塗つて、白い帆船が、前には薄墨色の屋根々々が一つの裝飾的諧調を統べてゐる。底の淺いものだが、全體に秀雅な清淨さを感じさす。

花鳥では吉田秋光氏の『つゆの晴間』の蘭花、角田盤石氏の白芙蓉と八叺鳥の『新涼』が灰白色の輪廓線や何かで、鑑賞界の新傾向に歩調を合はしてゐるが、秋光はさすがに氣品が高く情緒の澄んだものがある。しかし穩健清雅と言つた域を多く越えない。盤石は八叺鳥を御影石の上に停らせて、御影石に平八郎流の光線效果を狙つてゐるが濃綠の葉なぞ新人なぞとは違つた手堅さである。几帳面過ぎるが、その手堅さがこの人の身性である。

手堅いと言へば鹽崎逸陵の『紅蓮』、『兎』なぞ寧ろ馬鹿堅い方に屬するが、小品でもその精一杯な力闘は反感が持てない。殊に『紅蓮』の赤い花と青い大きな葉は一種の幻像を喚び起すまでに構成と色彩の妙趣を感じさせ、『兎』の力作とともに揚中の殊勳と言つて好い。技巧の淡泊に細かい神經のよさを感じさすのは町田曲江氏の垣根の白『朝顏』であるが、どこかこの人はいつも色が澁いといふ以外に小汚ない。そいつを洗ひ切ると名人藝へ行く人であるが……。水上泰生氏の『ばら』は西洋花を靜物に扱つて、前段の諸氏に劣らず新しくハイカラになつてゐるが、結局輕妙練達の程度に終つてゐる。『寒水』の泊船に千鳥の群の水墨は着想は斬新ながら もう一ひねり突込まないと可けない。岡部光成氏の『利根寶川溪谷』は眞面目に尋常に書いたといふ程度の風景。伊藤龍涯氏の『阿耆羅耶多』は又生眞面目な佛畫であるが、『建武史蹟二題』の水墨風景は沈森として氣品があり、殊に『西明寺』の塔と樓門描寫は纖細に冴えて佳調だ。客員飛田周山氏の『夕月』は支那上代に歸つたやうな或る種の名畫調である。（豐）

北大路魯山人近作展

信　樂　紅　人

魯山人の繪にしろ、陶器にしろ才人の餘技といふ風に見てゐる人が多いが、今日では所謂「餘技」の語はもう當らない。強いて言へば繪の方が多少餘技であり、半玄人であるが陶器となるともう一かどの玄人であり、すでに獨自の性格をもつ專門家である。その仕事への打ち込み方も全くの玄人であつて、こんどの三越展に於ての仕事もどうして〳〵素晴らしい業蹟なのである。そしてツマリはあの繪もこの陶器に役立つ繪と思へばそれで充分である。御本人は繪も獨立した自己の藝術と無論考へてゐるであらうが、本人は毛頭畫カキどもと一緒の仕事などする氣はない。孤高自ら恃して世間を睥睨してをる。その氣位の高さで、併もこの餘裕ある畫境をもつてをる處に魯山人の當代稀なクセモノ的性格があるのである。クセモノといふ言葉は惡い意味ではない。あの縱横濶達な才を活社會に恣にしてゐながら、ほんとに藝術を味解し茶道の眞天地に遊びうる達人である意味に於てクセモノであるので、この點現代の美術家は勿論、政界實業界に於てこれほど至純に『藝に遊ばれる』魂をもつた男はないと言へる。そこが魯山人のシン上であり、一切であるのだ。

今度の展觀にしてもあの陶器の至藝は全く感服した。些の匠氣ない大らかな雅趣だ。まだ才が少し閃きすぎてる處もあるが、これが燻銀の如き鈍な曇りでも帶びてきたらそれこそ宗達乾山の心域に徹してしかも現代のサンシビリテに生きるものとならう。ところで作品であるが無慮百點にも餘る陶器は概ね懷石の配膳上にふさはしい皿、鉢のたぐひであるが、現代サロンの棚にも適はしいやうな飾皿もある。鎌倉へ竈をもつてからどの位になるか知らぬが實に立派な修養の結果だと思ふ。色繪のものは繪もお得意の筆が自由に振はれるので一番生氣がある。そしてそれがハイカラな魚の飾皿になつたりする。染付のものは茶碗に萬曆風の赤繪味を出したものなか〳〵仇どりがたいのがあつたが、その萬曆風の向付などにまた一番自由な山人の繪畫的氣稟が出てをつた。織部の四方大鉢、長鉢などそのコックリとした綠の深さは何とも言へぬ。いつの間にこんな至藝に達したのかと驚嘆する。要するにこれらの作を見て魯山人ほど「茶」の世界を現代的に味解し

本阿彌光悦の尊皇（四）

添田達嶺

本阿彌《ほんあ》行状記《ぎやうじやうき》に次《つぎ》の樣《やう》な一節《せつ》があるらう。

『當時《たうじ》關東御憐愍《くわんとうごれんびん》、我々《われ〳〵》親《しん》家《か》共殘《ともの》らず蒙《かうむ》り奉るといへども、いつまでも王城《わうじやう》に住居《ぢうきよ》して、御用向《ごようむき》の節《せつ》は出《しゆつ》府可仕、決《けつ》而江戸《えど》表《おもて》へ引《ひき》越しの義《ぎ》はゆめ〳〵有《あ》るべからず。足《あし》利御代より禁裏樣《きんりさま》の御《ご》劒を清《きよ》め、總《すべ》て御用《ごよう》を勤《つと》め來《きた》りし事《こと》、何程《なにほど》か難有事《こと》にて候、關東《くわんとう》の御《ご》憐愍《れんびん》も厚《あつ》く御《ご》恩《おん》は海山深《うみやまふか》しといへども、權現《げん》樣當代《さまたうだい》にて漸《やうや》く二代《だい》なり。ゆめ〳〵禁《きん》裏《り》の御用《ごよう》を粗末《そまつ》に思《おも》ふべからず。日本《にほん》國中《こくちう》は神《かみ》の御末《おんすゑ》にて、皆々《みな〳〵》禁裏樣《きんりさま》の物《もの》なり。これをあらはに申《まを》せば、禁裏樣《きんりさま》の御先代《ごせんだい》の事《こと》まで、恐《おそ》れ多《おほ》くも罷出詮《でせん》なき事《こと》なり。唯我等子孫《たゞわれらしそん》のものは、これを心《こゝろ》にわするべからず。殊《こと》に先祖代《せんぞだい》〳〵墓地《ぼち》も王城《わうじやう》にあれば、これを自然《しぜん》江戸《えど》表《おもて》へ引《ひき》越し候得《え》ば、粗末《そまつ》になり申《まを》すべし。是非《ぜひ》引《ひき》越被仰付候はば、嫡家《ちやくか》は御《お》斷、別家《べつけ》の衆《しう》一兩人引《りやうじんひき》越可被申哉、同《おな》じくは是《これ》も好《この》まぬ事《こと》なり。』

何《なん》と堂々《だう〳〵》たる識見《しきけん》ではないか。誰《だれ》も彼《かれ》も江戸《えど》へ遠慮《ゑんりよ》し阿諛して去勢《きよせい》された物《もの》の多《おほ》い中《なか》で、子孫《しそん》に對《たい》してまでこれだけの訓《くん》誡を遺した彼《かれ》の胸中《きようちう》、如何尊《そん》皇心《しん》に燃《も》えてゐたかを知《し》るに足《た》るであらう。

又同《またおな》じ行状記《ぎやうじやうき》に

『頼朝公《こう》わづか三代《だい》にて亡《ほろ》びたまふも、偏に御罰《おんばつ》の當《あた》りしと存《ぞん》ぜられ候（中略《ちうりやく》）つまる所義朝《とうよし》公《こう》、頼朝公《こう》、時《とき》政《まさ》、義時《よしとき》も殘忍《ざんにん》の人なり。是《これ》につぎ信《のぶ》長《なが》も大に殘忍《ざんにん》、秀吉公《ひでよしこう》も日本《にほん》は神代《かみよ》より禁裏樣《きんりさま》の物《もの》と申事を忘れて、皆《みな》御代短《みじか》し、神國《しんこく》の妙といふべし。』

『我朝《わがてう》の忠《ちう》臣と申人、古代《こだい》より數限《かずかぎ》りもあるまじけれども、我等書籍《われらしよせき》を見《み》ること能はず、只人口《たゞじんこう》に膾炙するを纔《わづか》にしるす、和《わ》氣清麿《きよまろ》、宇《う》佐《さ》八幡の神《しん》勅を有體《ありてい》に申上しにより、弓削道鏡王位《だうきやうおうゐ》につかざるごとき、又《また》はるか後《のち》の世《よ》、彌平《へい》兵衛宗清《ゑむねきよ》、河《かは》津祐清《きよ》、名和《なわ》伯耆守長《のかみなが》年《とし》、わけて楠正《まさ》成公《こう》三代《だい》の忠《ちう》臣、古今《ここん》無類《むるゐ》たるか。此公《このこう》の上《うへ》にたつべき心《こゝろ》ある人《ひと》は、君《きみ》に仕るに暫時《ざんじ》も此《この》志を忘るべからず。』

國亂《くにみだ》れて忠《ちう》臣出《い》づるといふが、平時《へいじ》に於《おい》てハツキリと皇室中心《くわうしつちうしん》の信念《しんねん》を把握抱懷《はうくわい》して、職域奉公《しよくほうこう》の至《し》誠《せい》に活きた藝術家《げいじゆつか》は、日本《にほん》繪畫《くわいぐわ》史上光悦《じやうくわうえつ》以外《いぐわい》恐《おそ》らくたぐひ稀《まれ》であらう。

のみならず寛永《えい》二年光悦《ねんくわう》齡六十八歳《さい》の時《とき》、甥の本阿《ほんあ》彌光室《くわうしつ》が江戸《えど》城《じやう》で腦《なう》溢血《けつ》で死去《しきよ》したので、彼《かれ》は本阿《ほんあ》彌一族《ぞく》の長老《ちやうらう》として一族《ぞく》を代表《だいへう》して急遽《きふ》江戸《えど》へ下《くだ》り、將軍家《しやうぐんいへ》光にも謁して光室《くわうしつ》の後始《あとし》末《まつ》をしたが、滯在僅《たいざいわづ》か二日間《かかん》、見物《けんぶつ》一つせずに用事《ようじ》の濟《す》み次第《しだい》江戸《えど》を去《さ》つて、豫ねて日《にち》蓮の信仰《しんかう》家《か》であつたから、下總中山《なかやま》の法華經《ほけきやう》寺《じ》に參《さん》詣して、さつさと京都《きやうと》へ引上《ひきあ》げた。長《なが》く江戸《えど》に留《とゞま》るのが面白《おもしろ》くなかつたものと見《み》える。

そして彼《かれ》の斯《か》うした皇室中心《くわうしつちうしん》の思想《しさう》が、やがて彼《かれ》の國土愛《こくどあい》民族愛《みんぞくあい》の思想《しさう》ともなり、純日本的藝術《じゆんにほんてきげいじゆつ》を產む源泉《げんせん》ともなつたのであつた。

斯《か》くて寛永《えい》十四年《ねん》二月《ぐわつ》三日《か》、この偉《ゐ》大《だい》な日本《にほん》主義《しゆぎ》の藝術家《げいじゆつか》は、年《とし》を享《う》くること八十にして病《や》んで歿した。洛北鷹《ほく》ケ峰《みね》の光悦寺《くわうてら》に葬《はうむ》つた。（完）

その眞生命を把握してゐる藝術家はないと思はせたことだ。窯業家はウザるほどあり、陶器の專門家は巷に滿ちをるがこれほどの風懷を自由に發輝したものを未だ見ないと言つて過言でない。

繪の方になると少し控へ目である。むしろ今までの無遠慮な南畫の方がよかつた。少し技巧を練られたゝめこの方は餘りに玄人に近づきすぎて氣韻生動の域を脱したがこゝにも隅にをけぬ才氣潑剌たる雅趣を見せてソコらの文展畫家共を瞠着たらしめるに足るものがある。「茄子」や「竹林」ザクロを生けた花瓶などよかつた。目錄もないので題も今忘れたがかういふ至藝こそ美術界に刺戟をあたへるものなるを信ずる。

東京工藝展について

東京府工藝協會　大島隆一

猪木社長から、第一回東京工藝綜合展の批評を書けといふお話であるが、主催者側にある儀としてはちよつと批評は書きにくい。

もちろん、僕自身、近來にない立派な展覽會だと考へてゐるが、それを書けば、自覺自讃になる。おそらく讀む方も、おもしろくないにちがひない。

そこで、僕はこの紙上をかりて、第一部（美術工藝　についての、かんたんなリポートを書くことにする。

かつてあつた東京府展なるものは、はなはだ貧弱な展覽會內容をもつたものとして、評判がよくなかつた。心ある作家は、この府展をぜんぜん問題にしてゐなかつたし、批評家もまたかへりみなかつたことは事實である。

府の主催する工藝展なら、また、あの程度のものか――かういつた考へを、作家のあひだにもたれることを、だいいちにおそれた。

じつさい、かつての府展を想起するならば、すくなくとも出品の意氣組が鈍るからである。あゝいふ展覽會ならば、出しても出さなくてもいゝといふ考へになる。

こんど開催される東京工藝綜合展の「第一部」は、まつたく異なつたものであることを知つてもらはねばならなかつた。しかしながら、このことは、出品作家によく徹底し、眞劍な作品の搬入をみたことは、じつに、うれしかつたといへる。

文展をひかえて、いつたいどのくらゐ搬入點數があるか、といふことは、審査員打合せ會の際にも話されたことで、これについては、われわれも內心その數字の豫想に苦しんでゐたことは事實である。

だが、この杞憂は、見事にふきとばされて、一般搬入點數七九八點といふ數字には、まつたく、おどろかざるを得なかつた。一昨年、文展第四部の搬入點數五九九點は、全國からのものである。

これを考へるとき、東京のみで、一千點にちかい數字を示したことは、たしかに特筆すべきであり、府下工藝作家が、いかに、この展覽會に熱意をもつたかを雄辯に物語るものであらう。

鑑審査は二日にわたつて行はれた。わが工藝美術界における最初の試みとして、新聞、雜誌美術記者および工藝批評家出席のもとに、公開鑑審査を行つたことは、これまた特記すべきことゝ考へる。

津田鑑審査委員長はじめ、各鑑査員が、いいちいち作品を手にとり、愼重な態度をもつて鑑別されたことは、じつに敬服せざるを得なかつた。

この結果、入選作品――一五

◎

二石の牛乳　一五〇〇個の鷄卵

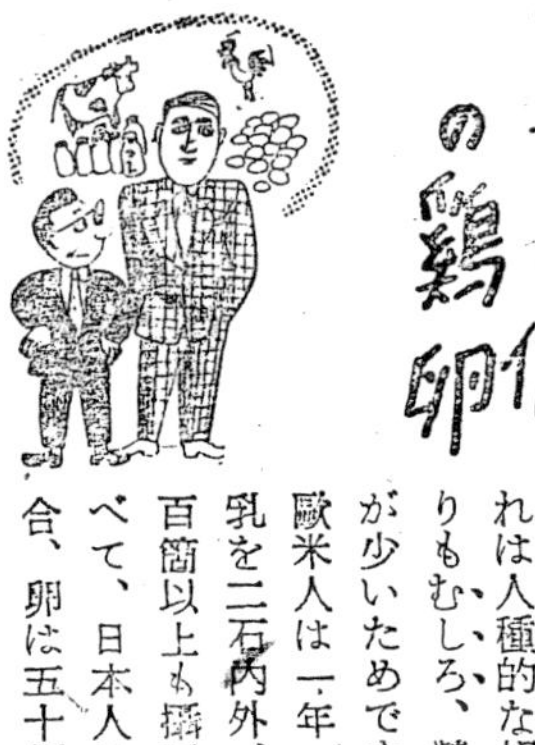

外國人が日本人を見るとき「骨の細い、眼鏡《めがね》をかけた國民」といふそうです。これは人種的な相異と云ふよりも、むしろ、榮養の攝《と》り方が少いためです。例へば……歐米人は一年一人當り、牛乳を二石內外、鷄卵は千五百箇以上も攝取するのに比べて、日本人は牛乳一升七合、卵は五十個內外で、實に歐米人の百分の一以下です。日本人に榮養改善が急務と云はれる所以です。然し臨戰下の吾國では、卵や牛乳を血眼《ちまなこ》で探すより……ハリバを毎日一―二粒づゝ連用すれば、發育や榮養に必要な脂溶性ビタミンが充分に補はれて、視力は强化され病氣に負けぬ防衞力が培はれます。

工藝美術界時言

豊田勝秋

昭和十五年十月、工藝美術作家協會が、結成されて、日本の工藝美術の分野に於いて、勿論その間には、丁度、社會のいづれの層にも、一つの大いなる革新と、飛躍の前には、種々雜多な雜音のあるごとく、工藝美術界とて、心なき一部の作家群には、その方向の不認識よりと、過去への精算出來得ざる自らの苦腦よりして、その結果が、實踐的行動のやゝ遲延はあつたが非常時體制の益々深刻化によるとともに、又協會委員諸氏の全く悲壯なるその獻身的努力に依りて、この時代に、いち早く立ち上り、日本の美術界に一つの正しき方向を指示し得たることは、今更言を待つまでもない事だと信ずる。◎

今、日本の美術界に於いて工藝美術界の如く、その作家層の一元化が、完成されて居る分野は、恐らく見出し得ない事であらう。各國體として、その主義、主張の問題はさて置き、この時代認識への前進を考へる時、私は、現代の美術界には、餘りにも多くの自己を反省すべき事あるを忘れてはならないのではないだらうか。

工藝美術作家協會の發足に依つて、日本の工藝美術作家の大同一元化の完成を大體見る事を得たることは前言したのであるが、工藝美術界は、その性質が、最も多く生活美術に屬することの影響よりして、種々の非常なる困難に直面することは、實に他の美術の分野には、想像だに許されない事だと思はれる。例へば所謂七、七禁令の發布も、恐らくこれに直接的關係を持つ工藝美術作家以外の美術家には、ほとんど關心さへ持ち得ない事が事實であつたであらう。◎

畫布の不足をなげき、繪具の入手難をかこつ事よりわれわれは、もつともつと積極的に前進すべきである。公定價格の問題に處し、資材は、使用禁止の法令の中に血みどろになつて善處せんとする工藝美術家の姿を、畫家諸氏は一度たりとも考へて吳れた事があるであらうか。金屬資材配給の全面的停止に依つて、彫刻家諸氏は、何を知り、昨日までの總ての行動に於いてお互に自己反省の必要がなかつた事であらうか。思へば、停止前の資材配給問題にしても、總ての作家は一丸となつて手を握り、心を語り得なかつたであらうか。この貴き事實の現れが、かくも強く響きたる今日に於いても、未だにわれわれは、過去の必然的に滅びゆく姿を、影を、求めんとするのであらうか。

一點をあげ、文字どほり嚴選を示したことは、この展覧會をいつさう權威あるものたらしめたといふべきである。

とくに審査にあたつては、長時間、全員起立したまゝ、作品を前に眞摯な論議がたゝかはされ、つひに、授賞作品の決定をみたことは、まことに、理想的審査といつて過言でない。

老體にもかゝはらず、終始、てきぱきと事をはこび、見事な裁斷ありを示された津田審査委員長に感謝の意を表するとゝもに、審査員諸氏にたいしても、心からお禮を申しのべたい。

また、この公開鑑審査にあたり、田澤田軒、森口多里、大隅爲三、原田信造、大山廣光氏等が、いそがしい中を來場され、きわめて熱心に立會はれたことは、われわれとしても深くよろこびとするところである。

「賞」については、本年度は「一等賞」に該當する作品なく「二等賞」四名、「三等賞」七名をあげ、「褒狀」二十名を選出した「東京府知事賞」を獲得した辻光典君をはじめ、森田一靜、大谷春彥、渡邊あき子、降旗正男島村懋二、近藤實、下暢君などじつに將來を囑望すべき新人であり、淸新、潑剌たる作品を展示してゐた

なほ、帝國藝術院會員——津田信夫、香取秀眞、板谷波山、富本憲吉四氏が賛助出品をされ、いづれも近來にない優作を展示されたことは、本展覧會をさらにいちだん光彩あらしめたもので、こゝに、感謝の意を表するしだいである。

すでに豫定の枚數にたつしたし、このほか「招待」出品六二點、「推薦」出品五二點が展示されたことを附記して、この短かいリポートの筆をおく。

個展

關口俊吾個展

巴里官立美術學校を卒業した日本の美術家といふものは殆んどない。山下新太郎氏が修業してゐる位である。關口氏はしかもプルミエルプリーで出た。昔なら大騷ぎするところであるが、日本の美術水準も今は高まつたので敢て驚きもしないが、かういふ健實な繪の修業といふものがとの位尊いかを氏の個展はよく敎へてくれる。少くとも東京美術學校を卒業したゞけではこんなに本格にかけないだけの差が彼我にあることを證據立てられる。

デッサンの確實とバラールの緊密マチエールの淸純なことに加へてこの作者の良い感覺と和らかなサンチマンが上品な中に確りしたテクニックを見せてゐる。「ジヤケツの娘」の穩雅「首のエチユード」の肉體の把握「プロヴンスの男」の快いッーシユ「讀書する少女」の落ちついたトンすべてみな摯實な技巧で終始してゐた。(佳)(青樹社)

木下孝則作畫展

「日動」に連續して高間惣七、太田三郎二氏と共に木下氏の新作個展が開催された。いつもの溫順なブラッシユのよく利いた美しい作品であるが氏の紳士的な好趣味は色彩の上にも筆觸の上にも現代日本の進んだ趣味階級の好尚に適合する作品を提供してゐる。「本を見る女」「外套を着た女」「赤衣の女」など婦人を取扱つた作は最も手馴れた技巧を示してをり、次いで靜物などの作品が好ましい。(佳)日動

◎

商工省物價局は「藝術保存」に關する法令を、八月十二日附を以て發布された。これは即ち、工藝美術品として、國家に有意義なるものは、特別を以て保護をやろうとの法令であつて、一面よりすれば國家として當然なる處置ではあるが、臨戰態勢下に、日本の工藝美術作家群が、いち早く前言の如く、過去の個人的、功利的なすべての、主義主張をすてて、大同團結を計り、その態勢をとゝのへ、時代認識と、日本國民としての文化面への實踐的行動の基礎を作らんと誓ひし結果の正しき實現として見るべきである。工藝美術作家の作品は、奢侈贅澤品と注目され、資材的には全く言語に絶する苦慘をなめつゝ、個人的の苦痛を忍び以て、今日に到りし結果が「藝術保存」として實施の運びになりしを知らねばならない。しかし、ここに、特記すべきは、作家自身の最も貴き自肅の念をこの秋、忘れるが如き事あらば、これ等の作家こそ時局の不認識者であり、自決すべきであるを銘せねばならない。この法令をして個人的に、功利的にその皮相のみを解して、たゞ單に、作家の生活保護、保證として考へられるとすれば、折角の政府の理解と、日本の工藝美術界の前途に再び暗影を作るものであり、時局下目的遂行の實踐的行動も水泡と消え去るであらう。

◎

この古今未曾有の大飛躍期に、臨戰態勢下の日本の美術界に於いて、國家が眞に大目的の爲めに前進する秋に就いて、一個人の主義主張の存在は、一應肯定出來るとしても、然かしそれが過去の殘溜する貧しきものであるとすれば、それがこの時代の後に遲れ滅びゆく事は餘りも當然である。われわれは、幾多の昨日まで繁榮せる職業人の轉向し去り行く姿を見、知り居る事であらう。かかる今日、藝術家のみが、ただに、違去のまゝの姿で置かれると云ふことは有り得ない事であり、寸分たりとも個人主義的態度こそは、唾棄すべきである。

今や日本の工藝美術界は、前言の工藝美術作家協會の結成に依り新體制をとゝのへ、一元的團結を表示し、「藝術保存」の法令發布に依つて、愈々實踐的行動への基礎の大方針の決定を見た。そこには、小さき個人無く、官も在野もない。ただそれは日本の工藝美術界の爲めにのみ飛躍への前進である。次々になすべき事は、われわれの眼前に山と積まれる。この貴き仕事こそ、作家ともどもの協力に依つてのみ決せらるべきものであり、日本全國の工藝作家に惠與されたる貴き光榮ある使命である。(筆者は東京高等工藝教授)

附記

〇工藝美術界が、今何等社會的な運動實踐無きが如き評を受けることがあるこれは、一應もつともであるが前言の如く、すべて正き基礎なくして運動はあり得ない。然して、一夜作りの時局順應はわれわれの取らざる處であり、目下その基礎の建設に日夜務めつつある

美術経済

好轉活躍は「月末から」

美術骨董及び新畫業界は九月下旬に俄然好轉的氣配を示したのに應じて今月始めは漸く活躍の色を見せた、この大不振は去る七月中旬から激變悪傾向になつたのであり、加ふるに二八月といふ八月に入つて將來の見透し全くつかず前途暗澹たる有様であつたので今回の好轉は實に業者に一道の光明を與へ、ほつと安堵の息をつかせたのであつたが今月中旬初めから下旬にかけての防空演習は業界の活動を休止させたので愈々今月末、即ち九月下旬の好轉から一ヶ月目に當つて始めて業界活潑が續けられるわけで十一月にもなれば愈々本格的にならうと見られてゐる

大阪府に早くも工藝審議會

一般業者及び技術者の登録制が實施されるに伴ひ美術家にも登録制をする必要を生じ大阪府では逸早くも美術工藝審議會を設立し美術家の經歷調査を行ひ資格檢討をすることとなつた、府經濟商工第二課ではこれが確立を期するため左記展覧會に再入選以上のもの及び入賞者を資格者として豫選した

帝國藝術院美術展覧會入選者、文部省美術展覧會入選者、農商務省圖案及應用作品展覧會（農展）商工省工藝展覧會入賞者（褒状以上）商工省及貿易局主催輸出工藝展覧會入賞（褒状以上）大阪府、市、會議所堺市工藝協會工業懇話會主催大阪産業工藝博覧會美術工藝部入賞者、同大阪工藝振興展覧會美術工藝品部入賞者（褒状以上）

然るに大阪には日本的工藝家として天保時代から傳統を誇る錫製の「錫半」中村半兵衛氏をはじめ淺倉祥景、松澤壽水氏らがあり、釜師では大國壽郎、大國柏庭、角谷與平、角谷一景、北野宗三郎の諸氏、籠作りでは山本笙園、山本竹龍齋、山下巧竹齋、阪口宗雲齋、田邊竹齋氏らまた工藝彫刻界では黒岩淡哉、齋藤誠一、岩田千虎氏らがをり審議會制度の設置はこれら美術工藝界に大きな反響をもたらすものと見られる

高島屋の我裂復興

大正末期までは毎年十月中旬から二十日迄古着屋の店頭を賑はしたゑびすぎれ（我裂）も、材料が缺乏して來たため時代的に其影を消したが日本橋の高島屋では十月七、八兩日に數千點の古代裂、はんぱ小裂の類を展觀して、ゑびすぎれ復興を偲ばせたが實用的な便利さに好況であつた

▲共樂美術の電話架設　小石川一四五七番を新設した

▲青樹社改組　銀座の洋畫商青樹社は會社組織に改め鈴木里一郎氏は退店し新に代表者として川邊敏哉氏が就任した

鬼原素俊氏支那へ出發

信州戸隱山天井揮毫を中絶して

新院展同人鬼原素俊氏は今回支那派遣軍總報道部の招聘により本月五日午後十時十分新院展各同人其他盛んなる見送りをうけ東京驛出發、長崎に急行聯絡船で上海に着、それより南京の總報道部に至り行程を定める筈であるが歸京は本年末の豫定である、猶氏は九月以來、長野縣戸隱神社の合天井を揮毫のため同社に聘され滯留中であつたが急遽歸京、出發したのである、出發に際し氏は合天井揮毫に就て語つた

鬼原素氏俊談　戸隱神社の境内の中社は標高三千六百尺で同社の合天井は河鍋曉齋が三十五六歳の時の筆で中央に丸龍を畫き其周圍六十八齣（一齣三尺四方）中十二齣だけ花鳥草花が畫かれてあるだけで他の五十六齣は空板になつた儘今日に及んでゐるのですが如何にも力作であるが右のやうに未完成であるのは惜しい次第である、此空板を補足するのは曉齋先生の力作に對しても無禮であり天井全體の統制を缺くわけであるから從來の分は中央の丸龍だけを保存し他の十二枚は額仕立にして寶庫に藏し丸龍の周圍六十八齣を新に私が揮毫する筈で二年計劃です、まだやつと五六枚が出來たばかりです、中支から歸京の後直ちに繼續着手する筈です

編輯後記

創刊以來忽忙の中にはや五號の編輯を了する事となつた。板につつたやうでまだ多分に乘り切らぬ感じがしてゐるが號を追ふに從つてどうやら美術新報らしいスタイルも出來てきたと思ふ。どうか今後も御鞭撻御叱聲をお願いたします。

本號は評壇の新鋭植村氏田近氏の御寄稿をえて一段の生彩を添へることになつた。いづれも時局に關する美術の重大性を暗示するものと思ふ。後藤朝太郎氏の名硯の話、鳥海氏の繪畫に現はれたる庶民生活の稿などもまことに興味ふかいものと思ふ。赤都の美術がどうなるか——それも吾らの關心をもつ話題であらう。

さて來るべきものは來る。待望の文展はすでに開幕されたが本誌は別項廣告にもある通り第一、第二の特輯を矢次ぎ早やに出すこととなりその目まぐるしさを今から想像しながら編輯部一同大に馬力をかけてゐるところである。グラフ頁を増頁し評壇の權威をあつめて批評ものせたく思つてゐる。まあり内容を早く豫告するのは却つて興味を殺ぐことゝ思ふからどうか御期待を御待ち願ひたい。

「旬刊」美術新報
昭和十六年十月十七日印刷
昭和十六年十月二十日發行
發行日　毎月三回（十の日發行）
購讀料　一冊金五十錢（郵税一錢）
一ケ月三冊金壹円五十錢（送料共）
麹町區九段一ノ一四　資文堂
編輯發行兼印刷人　猪木卓爾
東京市麹町區九段一ノ一四
發賣所　日本美術新報社
電話九段二七一五
振替東京一六二五〇番
配給元　日本出版配給株式會社
通信は一切發賣所へ
發行所　東京市本郷區東片町八二　日本美術新報社

故曾仲鳴夫人

方君璧女士個展（交詢社ビルにて）

狂風雨

仲鳴像

國民政府汪主席の身替りとなつて異郷に客死した曾仲鳴氏未亡人方君璧女史はかねて來朝して居たが我が國の明眉なる風光は女史の畫心をそそり交詢社に作品展示會を催すに當り關係の名士新聞雜誌批評家等を招き披露の茶會が去る十月八日民國大使館に催された。（中央が女史その右が堵大使）

文展搬入風景

右圖　第一部搬入

左圖　第二部搬入

巴會日本畫展（菊屋ギャラリーにて）

前列右より吉田秋光、町田曲江、矢澤弦月、後列右より角田磐谷、岡部光成飛田周山、服部逸陵、伊藤龍涯

旺玄社展（新宿三越にて）

支那派遣軍總報導部の招聘で中支戦線に向け九月五日夜十時十分鬼原素俊氏は東京驛を出發した（中央ハンチングを被つてゐるのが鬼原素俊氏、その左は長女敏子さん、右は政子夫人、芙木杉風、田中案山子、小林三季（右端）等の新院展同人の見送り）

東京府綜合工藝展の公開審査場光景

（正面中央）津田信夫委員長（右側）豊田勝秋、北原千鹿、木村和一、高井白陽、各務鑛三、飯塚琅玕齋、梶田惠（左側）河村蜻山、海野淸、香取正彥、岩田勝七、廣川松五郎の諸氏

個展

高間惣七個展　海邊の庭（日動）

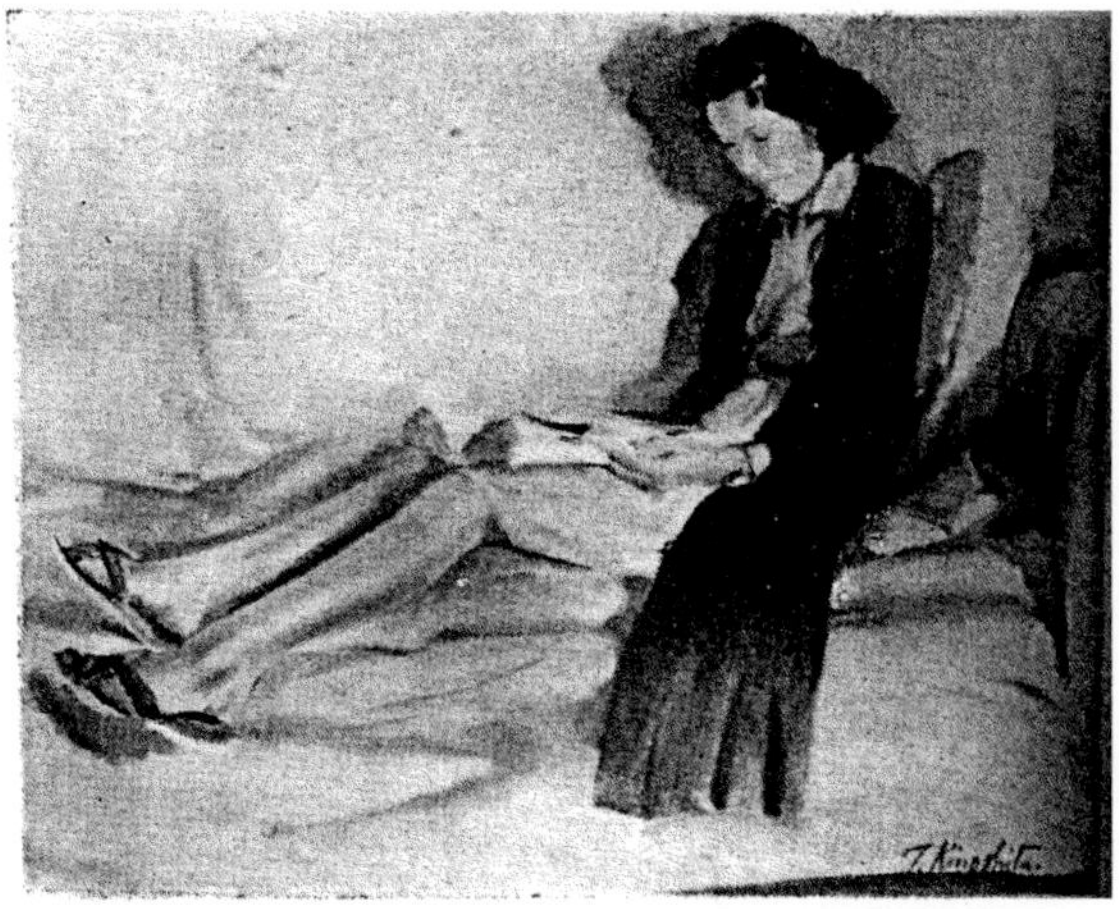

木下孝則個展　本を見る女（日動）

關口俊吾滯歐作品展
マドモワゼル・アングラード（青樹社）

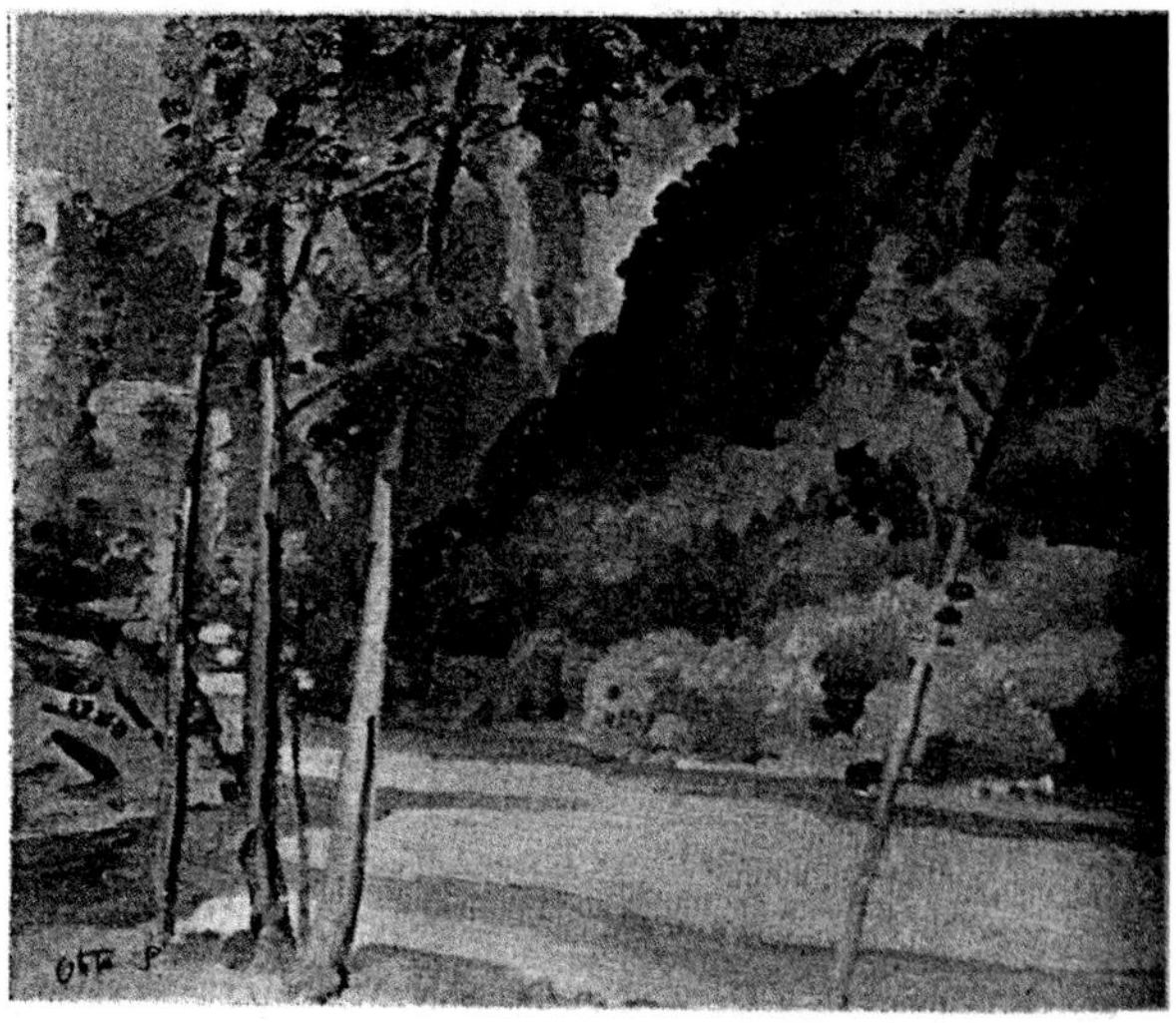

太田三郎個展　穂高の麓（日動）

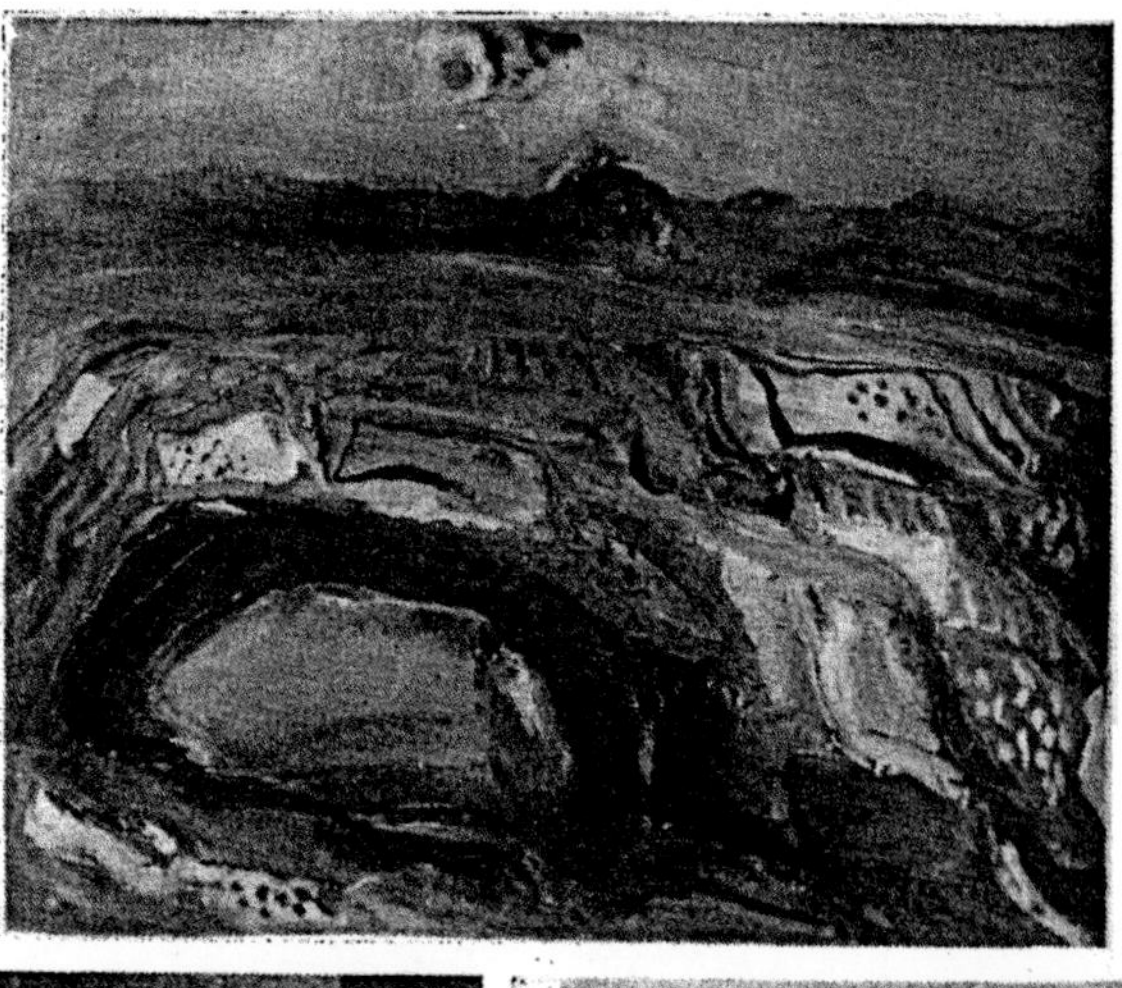

野口謙蔵個展　凍る朝（龍居堂）

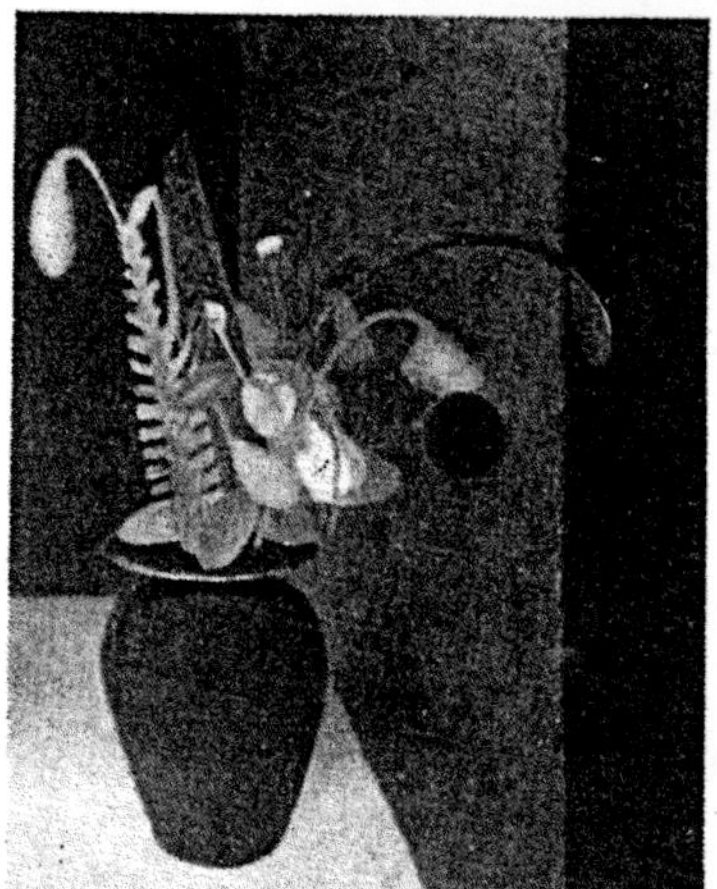

立型會展（菊屋ギャラリー）
右圖　夏のハルビン　松島正人
中圖　習作　鶴見武長
左圖　女兒像　吉岡憲

痴雲山主蒐藏

支那古名硯展

九月十四日より十七日・高島屋にて
（本文後藤朝太郎氏の「名硯の話」參照）

黄泥澄池大研

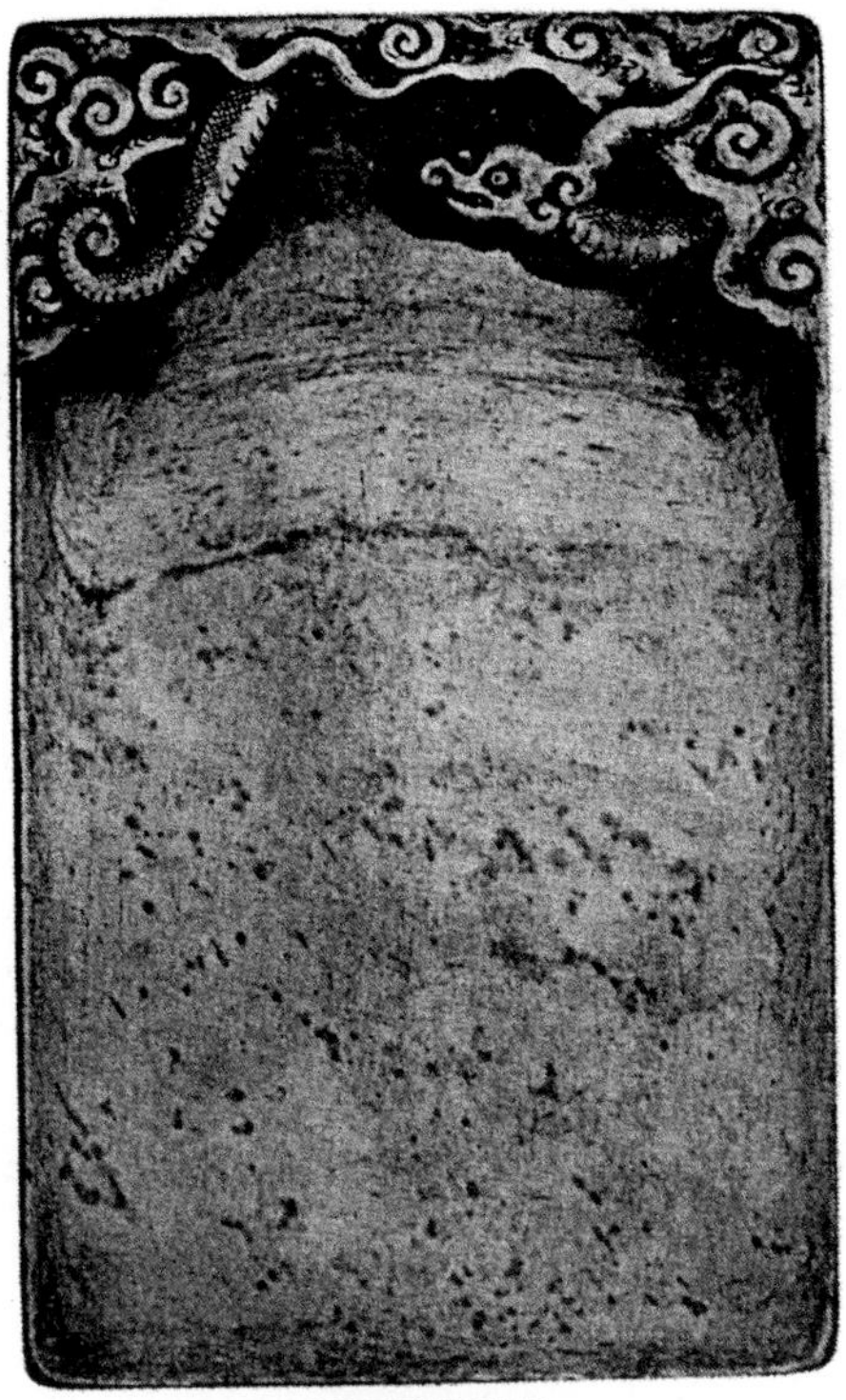

松花江綠石雲龍研

端溪水巖雨淋牆青花半月研

端溪水巖狂瀾爭珠研

大久保實雄個人展

青衣

長谷川利行遺作展

資生堂にて
右・少女　左・河岸

井上良齋作陶展

九月三十日―十月三日　日本橋三越
更紗文花瓶　黄瓷燦文香爐

會議室　家具設計　野口壽郎
肱掛椅子　九個　小椅子　六個
長方形卓子　一個　茶卓子　九個

山の小屋　室内家具設計　岩永克己　野口壽郎
長腰掛　一個　スツール　五個
大型肱掛椅子　一個　肱掛椅子　二個
長方形卓　一個　丸卓子　一個

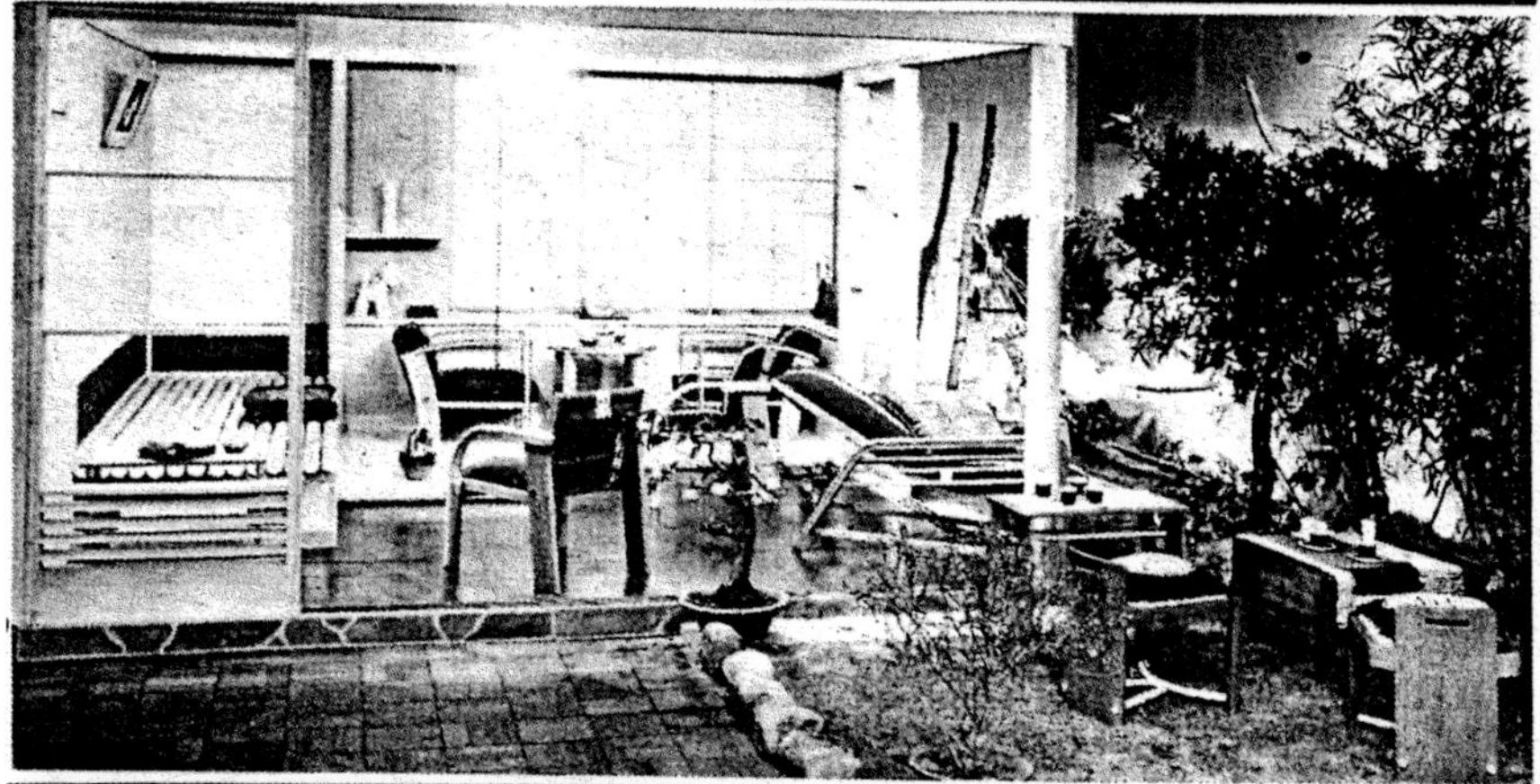

健康室　室内家具設計　上山識
晝間寢臺　一個　小椅子　二個
茶卓子　二個　肱掛椅子　二個
丸卓子　一個　肱掛椅子　二個

東京工藝綜合展第二部モデル・ルーム（三越本店にて）

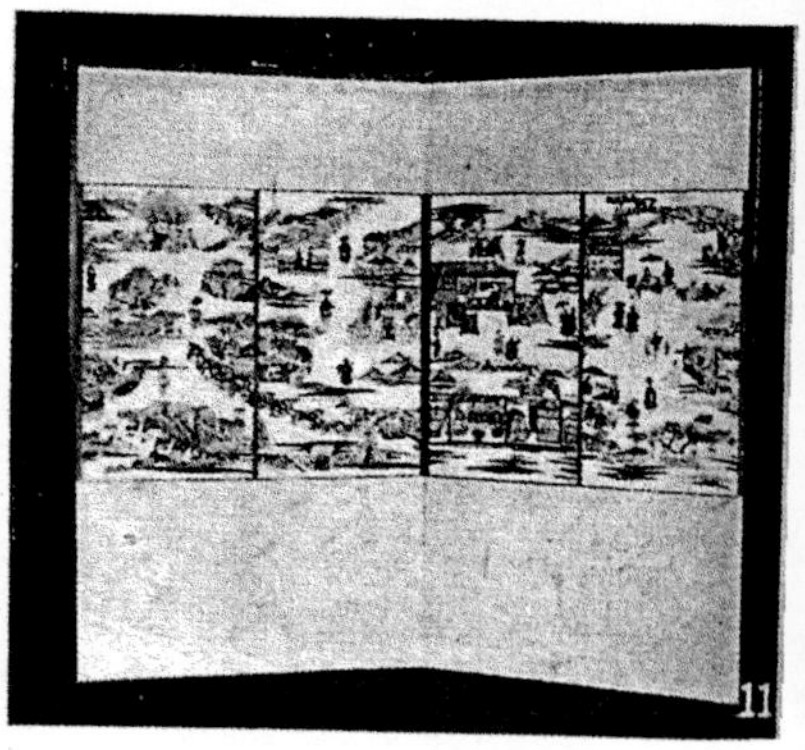

11

12

13

14

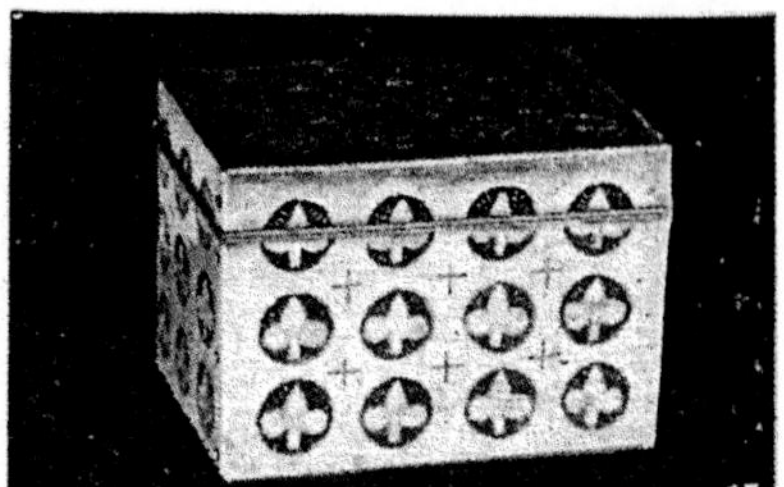

15

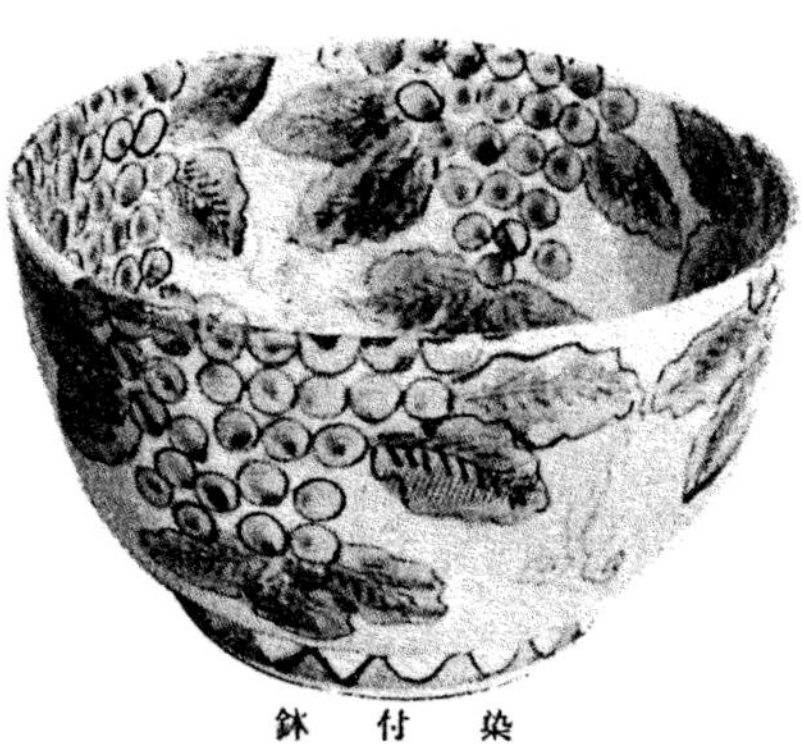

染付鉢

色繪飾皿

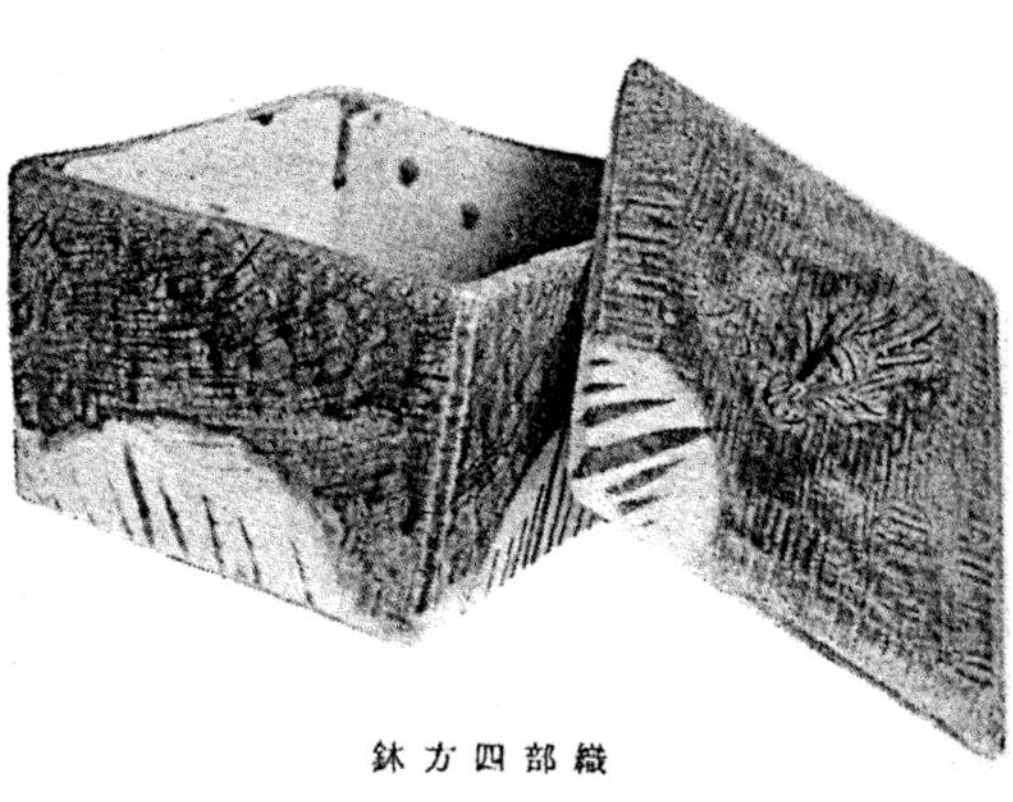

織部四方鉢

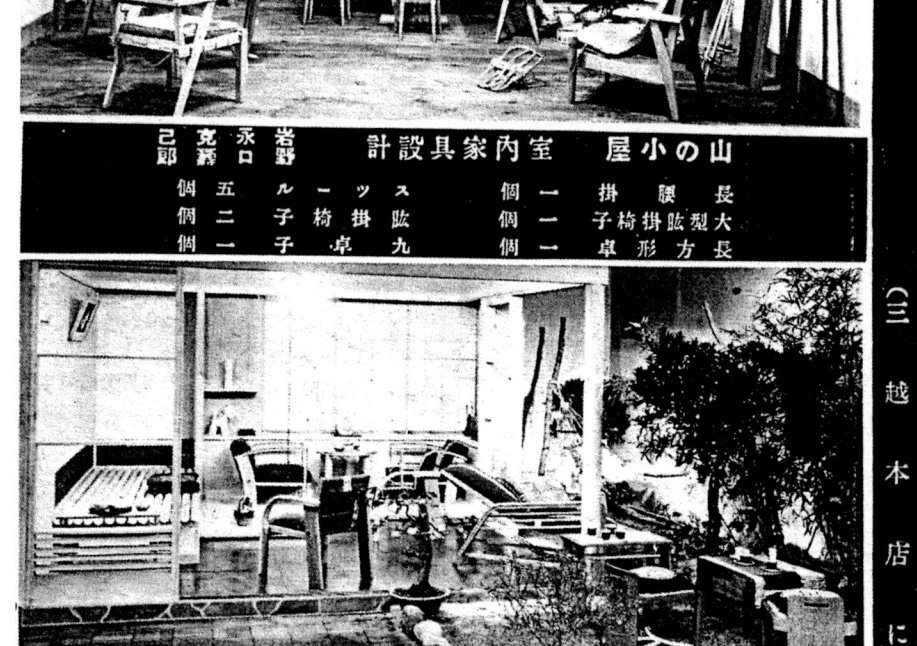

1

2

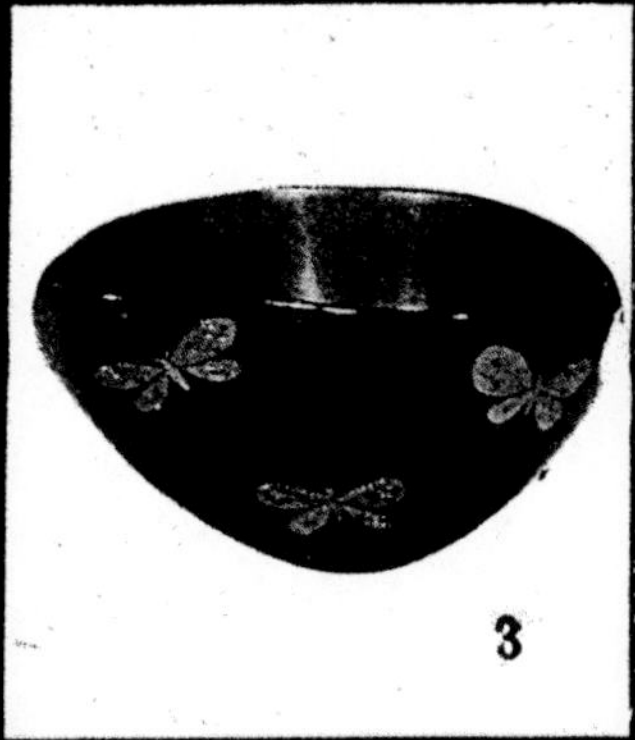

3

4

5

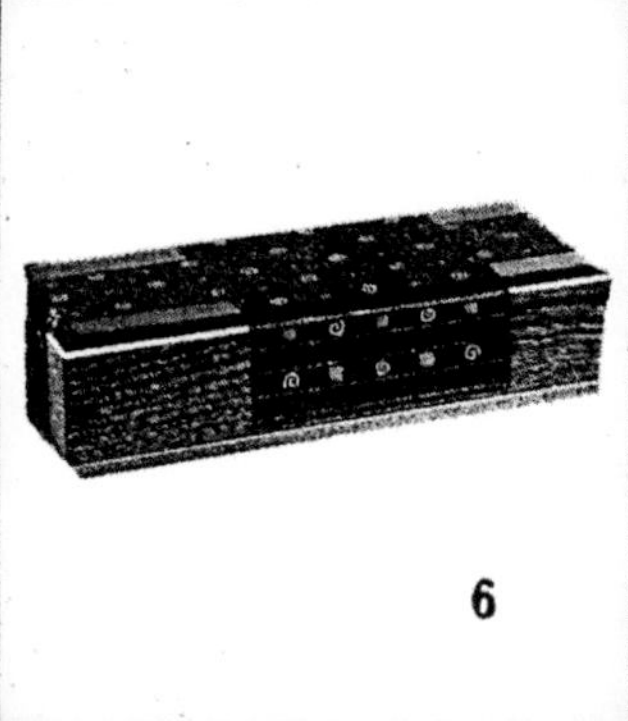

6

7

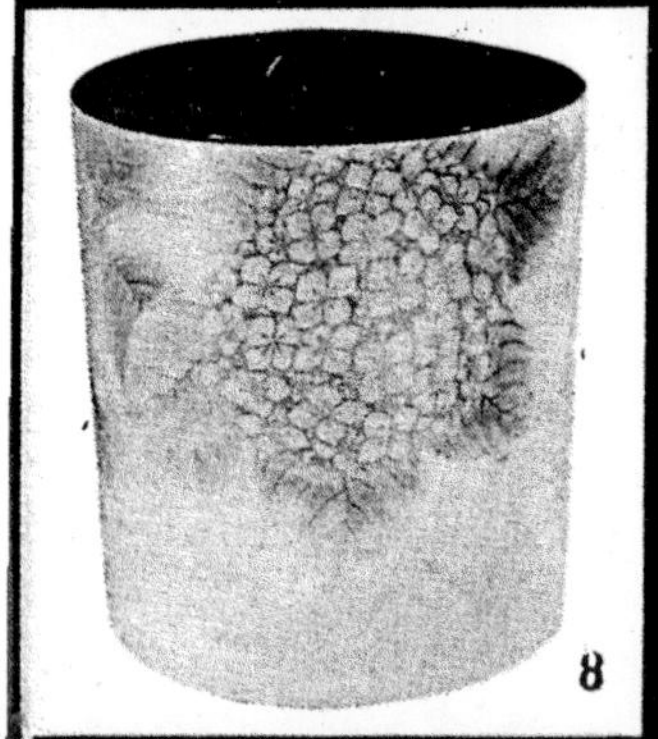

8

東京工藝綜合展

美術工藝部第一會場高島屋

9月30日→10月5日

1 双角觝々 津田信夫 2 盛籠（三等賞）近藤賢 3 乾漆花器（東京府知事賞）辻光典 4 衝立 山崎覺太郎 5 野牛圖盛器（二等賞）大谷春彦 6 彫金透彫小筥（二等賞）森田一静 7 巻莨入（三等賞）渡邊あき子 8 彩磁紫陽花水指 板谷波山 9 綴織敷物（三等賞）田村千恵 10 鶏文花瓶 香取秀眞 11 紅型屛風那覇風俗 芹澤銈介 12 彫金花瓶 宮坂房衛 13 クリスタルボール（三等賞）降旗正男 14 飾筥 富本憲吉 15 銀張漆彩色小筥 北原千鹿

10

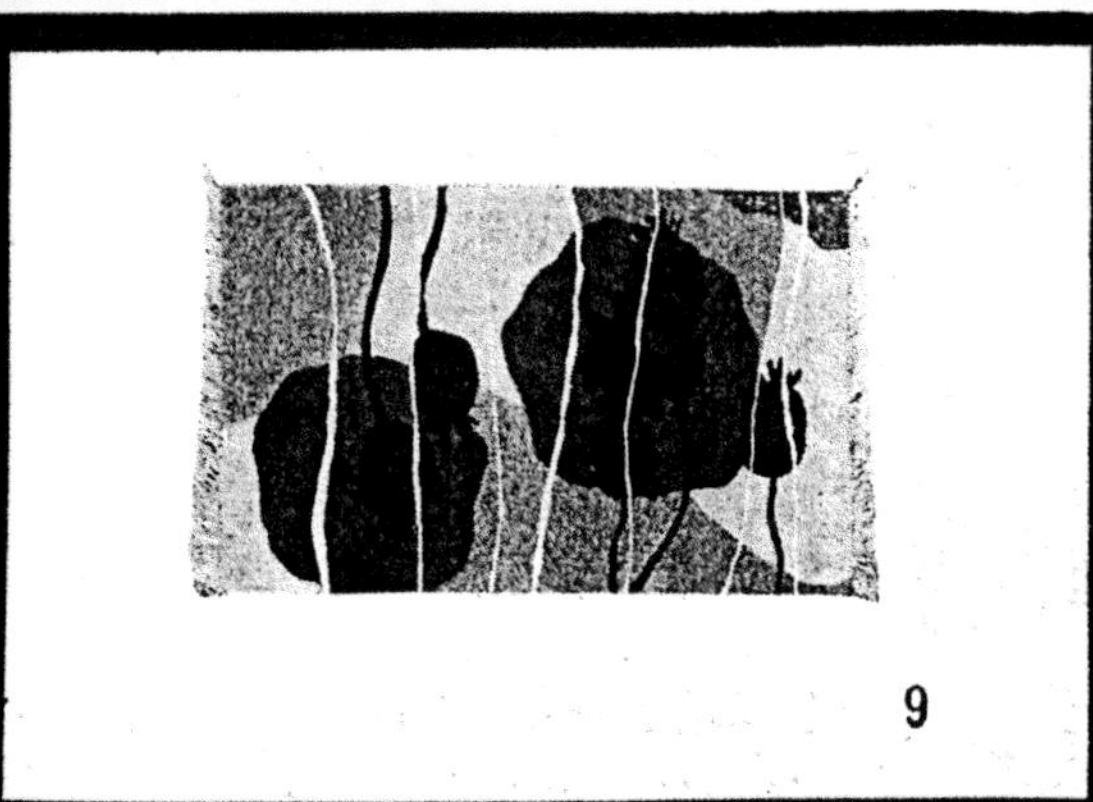

9

北大路魯山人
繪畫と陶器の近作展
日本橋 三越

李朝菁葉磁

柘榴

佛印巡回

日本油繪展内示會

日本印度支那協會、國際文化振興會共同主催の下に先頃の國際文化振興會主催の日本畫展と平行して日本の油繪の代表作家をすぐつて九月廿七日八日の兩日日本橋三越に於て内示會を開催した

猫　藤田嗣治

雪烟の富士　足立源一郎

モンマルトル　荻須高徳

歌妓　中澤弘光

樂譜　寺内萬治郎

マドモワゼルH　中西利雄

紫と紺　東郷青児

緑のチヨツキ　伊原宇三郎

巴會日本畫展

寒水　水上泰生

港の家　野田九浦

海　矢澤弦月

奥利根寶川溪谷　岡部光成

つゆの晴間　吉田秋光

朝顔　町田曲江

新涼　角田磐谷

國史館(建武史蹟二題の內)　伊藤龍涯

兎　鹽崎逸陵

柏舟社展

故土田麥僊門下の俊髦をもつて組織せる柏舟社同人展は九月十八日より廿一日まで名古屋市松坂屋にて開催された

綠蔭黎中　澤田石民

山　伊藤仁三郎

新制作派
新會員受賞者作品

修理固成　内田武夫

静物　今村俊夫

ひなげし　富田一夫

桂・窓・看板など　小松益喜

断片　手島守之輔

丘　荻太郎

巖　若松一郎

風景　青峰重倫

一水會出品 2

アトリヱの女　中村琢二

肖像（一水會賞）　近岡善次郎

白磁ノ壺ニカーネーシヨン（岡田賞）　木村辰彥

イタリーの町　瀧川太郎

木立　松田康一

讀書　仲田菊代

ジヤングル・ジム　金子博信

中綱湖のほとり　高田誠

コロンボ部落の女　福田新生

立像　宮下琢郎

4

7

5

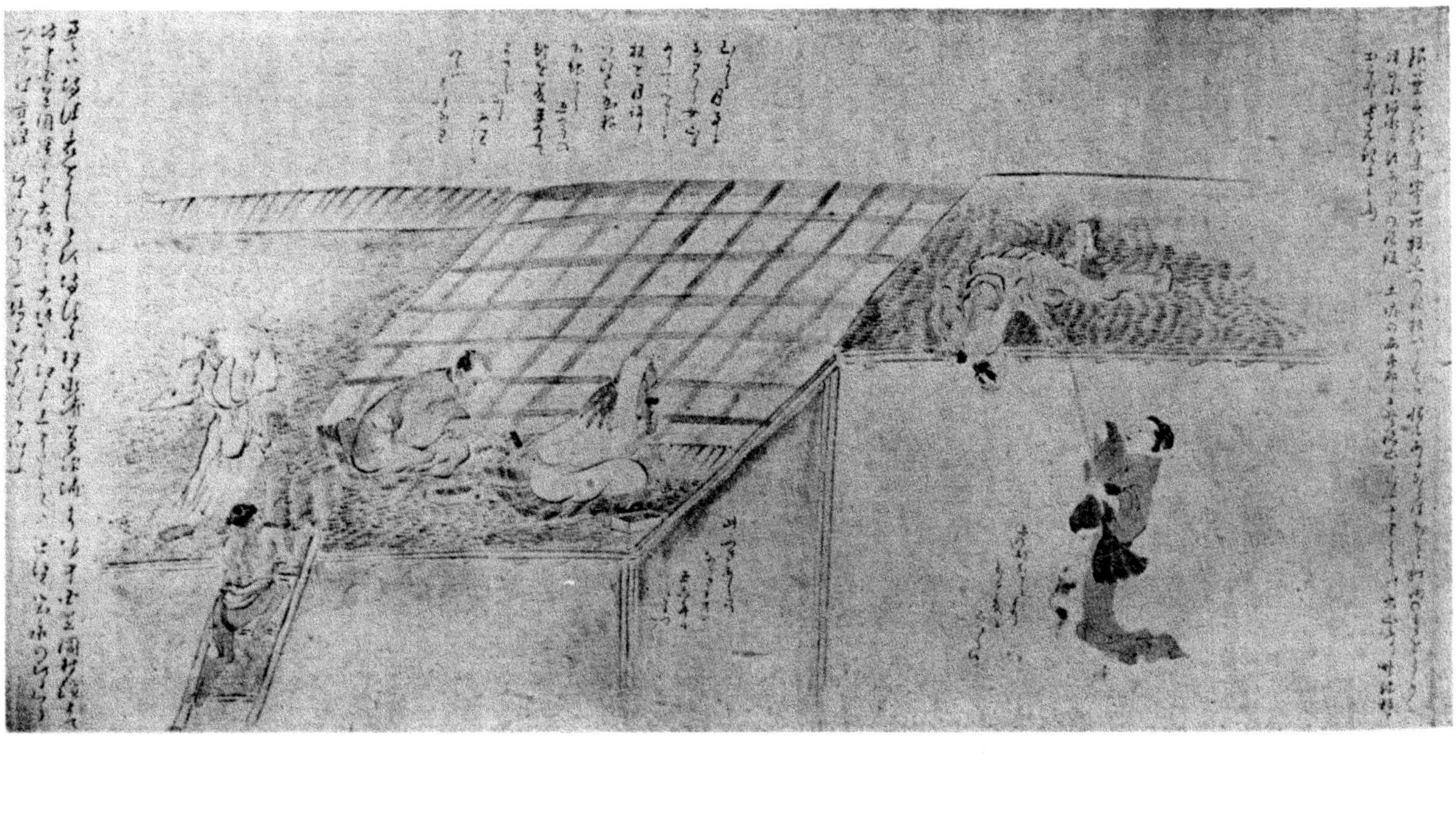

6

1 2 一遍聖絵 巻4（部分）筆者 法眼円伊 鎌倉末期 3 四条河原図（二曲一双）筆者不詳 寛永頃 4 石山寺縁起絵巻 巻五（部分）筆者 高階隆兼 鎌倉末期 5 阿部川渡場（五十三次絵巻ノ内）筆者 一筆斎文調 江戸時代 6 職人尽絵巻ノ内 瓦屋 筆者 鍬形蕙斎 7 矢田寺地蔵縁起残闕（部分）鳥海青児氏蔵

古畫に見る生活描寫

2

3

日本畫は現實の生活描寫に乏しいといふ。それは時々現代畫に向けられる批難であるが、日本の古畫をみれば吾らの祖先は甚だ遠き昔から勇敢に現實の生活描寫を試みてをる繪卷の半ばは佛敎の布敎上必要とされた寺院の緣記に類するものが多いが、その中にも旣に夙く庶民の現實生活が取り入れられてゐる。それが近世の浮世繪になると、畫材の中心が狹斜の女性、生活を描くにしても遊蕩的もしくば享樂的生活が主となる傾向を帶びてきたが、それでも市井庶民の生活が種々の點で活寫されてゐる。後世の版畫錦繪はもとより浮世繪の肉筆にもなか〳〵多い。北齋漫畫の如きは誰でも知つてゐようが、こゝでは古い畫の中から「繪に表はれた庶民生活」を少々紹介してをく。

（鳥海靑兒氏の稿も參照されたい）

出陣

前田　青邨

武者繪に現代の息吹をあたへた最初の人は前田青邨氏であると言へよう。「洞窟の頼朝」によつて新に出發した剛健にして眞摯沈着なる藝術は其後院展等に追隨者も多いがその至藝に至つては青邨氏の獨壇場と言ふべきであらう。この「出陣」圖に於てもその遒勁の線描は大和繪の本格技に憑つてその重厚な調色と相俟ち神彩變々たるものがある。

傳神洞畫塾

將士慰安 献納畫展覽會

會期 昭和十六年十月十五日―十九日

會場 銀座 松屋（七階）

清籟社第一回日本畫展

會期 十月廿二日―廿九日

會場 上野廣小路・松坂屋（七階）

同人

石川美峰　森田菁華
稲川光風　西丸小園
五十嵐久和　相馬千里
樋田五峰　吉住節朝
大柴丹溪
（順不同）

平岡權八郎洋畫展

會期 十月廿三日―廿六日

會場 銀座・資生堂ギャラリー

吉田登穀日本畫展

會期 十月廿八日―三十一日

會場 銀座 三越（七階）

旬刊

美術新報

十二月十日發行　第五號

熱河ラマ廟　石井柏亭作

5

時評

材料の逼迫と輸送問題

戰時下の吾が美術界が制作材料の逼迫を強く感じるやうになつたのは最近のことであるがこの狀勢は今後益々加はるとも緩和は望みがたい狀態にある。敵性國の通商廢棄、資產凍結令實施以來直接の脅威となつたものは金屬類であつて、その配給難は忽ち工藝家及び彫刻家の一部に制作難を齎してゐる。この配給難は絕對のものか、或は一時のものかは明瞭でないが、戰時に最も必要な軍需資材に一切金屬が徵用されてゐる現狀に於ては當然の結果で、むしろ既成不用の製作品の如きはその提供さへも辭せぬ覺悟が必要とされるのであるから、たとへ文化材としての美術品と雖も直接軍需に比して不急とあらばその制作を手控へることも萬止むを得まい。たゞこゝに於て金屬に代る材料の使用へ轉ずるより外にない。たゞ金工家鑄造家等はその金屬への手練技巧を棄てざるを得ないとすればそこに技術家としての致命的惱みがあるが夫れも忍べるだけ忍むべきであらう。木材、石材、牙材、石膏、アルマイト硝子その他代用材料は相等多いがそれさへも輸送といふ惱みもあつて從前通りの配給も困難とならうし、輸入に仰いでゐた油繪具、岩繪具等にも既にある種の困難が見えてゐる。又展覽會への作品運搬、鐵道輸送等も可成り不便を忍ばねばならぬ時代となつたが、かういふ點は當局も充分の理解を示して、文化材としての美術品を戰時下の精神作興に資すべく利便を謀つて頂きたく思ふものである。

美術旬報

大東南宗院

學藝研究所開所式

東洋藝術の組織的研究の爲かねて小室翠雲畫伯を中心に準備を進めてゐた大東南宗院學藝研究所は廿八日午後一時から品川區五反田一ノ三三八宇都宮會館で美術界財界の名士百餘名參列委員長小室翠雲、岩切同會幹事長、河野研究所長等顏を揃へ盛大に開所式を擧行した、同研究所は鹽谷溫博士を學長とし、當分の間宇都宮會館を假校舍に各界の權威を得て東洋藝術の基本研究に依り日本繪畫の精神的昂揚を期すべく若き學徒の指導に當る事になつた

因みに同研究所は趣意書の本旨に基き東洋繪畫藝術の基本的研究と院人の精神錬成を目的とし併せて東亞畫技法の一般を教授指導する、講習は毎月二回（十五日、二十八日）とす、院人並に一般聽講者の一ヶ月會費一圓、學科擔當者は小室委員長、文學博士山川智應、河野桐谷、村田良策、土屋竹雨、平井習堂、原田尾山其他客員諸氏

南潮社解散

大東南宗院に合致

射越金峽、片桐白登、村上鬫田等二十二氏に依り一昨年結成された南潮社では、今回大東南宗院が誕生し南宗畫壇の大同團結を見た結果、竹画塾菁莪會も總親和の精神で協同一致したので、今後は大東南宗院の院人として又菁莪會員として斯道に精進する事になり潔く解散するに至つた

文化奉公會會長推戴式

名士多數參列、軍人會館で盛大に擧行

文化奉公會は、歸還軍人の中で藝術に携る人々を以て結成されたもので現在既に三百餘名の會員を包容してゐるが、去月二十五日午後六時から麴町九段軍人會館に於て侯爵前田利爲中將の會長推戴式を盛大に擧行、陸海軍報道部其他各方面の名士及び新聞雜誌記者多數參列副會長に推された櫻井忠溫少將から、前田會長推戴に當り、職域奉公の念願を以て會員は一致團結し會の目的を遂行する旨嚴肅なる宣誓あり、續いて晩餐會に移り、前田會長、櫻井副會長の各挨拶、馬淵陸軍報道部長、奈良軍人援護會長、清水藝術院長、尾佐竹猛、菊地寛諸氏などの挨拶が行はれ同八時半和氣藹々裡に散會した

關西美術懇話會

大阪美術館中心で

大阪市立美術館を中心にして京阪神在住の美術に理解ある人士數百名を打つて一丸とした美術懇話會が大阪に結成された、美術の健全な發達に貢獻する目的を持つもので、九月十六日午後大阪天王寺大阪市立美術館に館長上野直昭氏、主事望月信成氏を中心に田萬清臣、野田吉兵衛、水野高之助、高松靜男、長谷川卯三郎、阪野清夫、山田多計治七氏參集第一回發起人會を開き會長に上野館長を推した、毎月一回鑑賞講演、研究懇話會などを開く、更に將來は同懇話會會員が共同出資して優秀美術品を購入し、美術館に之れが保管を寄託し、公開する理想を實現させる事になつた

日本油繪會結成

第一回展を銀座三越

一水會の中堅出品者である石川眞五郎、大月源二、能勢眞美矢崎重信、鈴木良三、林鶴雄、瀧川太朗、矢野雄藏、福田新生末松勇十氏熟議の結果今回日本油繪會を結成し第一回展を九月二十六日から三十日迄銀座三越で開催連日好況であつた

現代大家洋畫展

日本橋三越本店では現代洋畫壇を網羅した諸家新作畫二百餘點を以て九月二十三日から同二十六日迄その五階西館で展觀を開催連日好況であつた

日動油繪三展

高間、太田木下各力作

日動畫廊では目前の美術季節を逸せず、九月二十六日から同二十八日まで高間惣七氏、同二十九日から十月一日まで太田三郎氏、十月二日から同四日まで木下孝則氏の各作品展を開催、高間氏は「海邊の庭」、「蘭と花」など太田氏は「薔薇」、「山湖帆影」など、木下氏は「本を見る女」、「カーネーション」など各二十點宛を出品しそれぞれ會期中盛會であつた

乾坤社陣容擴充

社人四氏準社人廿氏

乾坤社では社人、並に準社人社友推薦を左の如く決定した

（社人）直原放青、河口樂土村上華雲、清水石溪

（準社人）福田青藤、堀飛火野、佐千代彰、英賀田憲二、鈴木樂浪、融紅鸞、福興悦夫仲本玄同、中谷紀山、大野牧斗、喜井黃羊、中村久巳、坂口龍太郎、平山松柏、池田十良、築地雲蹊、月居偉光、清水洵平、高橋立洲人、上野正之助

展覽會の暦

▽故小村雪岱遺作展　十日より十三日迄資生堂

▽三昧會近作畫展　十四日より十六日迄資生堂

▽遠藤順治油繪展　十七日より十九日迄資生堂

▽日本畫小品展　廿日より廿三日迄資生堂

▽平岡權八郎洋畫展　廿三日より廿六日迄資生堂

▽森英洋畫個展　十一日より十四日迄菊屋ギャラリー

▽中西喜美太水墨畫個展　廿二日より廿六日菊屋ギャラリー

▽山岸主計東西風景版畫展　廿一日より廿六日迄上野松坂屋

▽斥土會第一回洋畫展　十一日より十五日迄紀伊國屋

▽彗星會洋畫展　十六日より廿日迄紀伊國屋

▽田邊至個展　九日より十三日迄青樹社

▽維軌會展　十五日より十九日迄青樹社

▽新世紀展　廿一日より廿五日迄青樹社

▽旺玄社秋期展　七日より十二日迄新宿三越

▽松田青風追悼鄉土會小品展十日より十二日迄銀座松坂屋

▽現代大家新作日本畫展　九日より十二日迄三越本店

▽武者小路實篤展　七日より十日迄鳩居堂

▽草光信成洋畫個展　廿八日より三十日迄鳩居堂

日	月	火	水	木	金	土
			1	2	3	4
5	6	7	8	9	10	11
12	13	14	15	16	17	18
19	20	21	22	23	24	25
26	27	28	29	30	31	

社友推薦）松本郭南、南摩朱鳥、福田芳穗、丹司桂秋、人見鳥武田奈古矢、森陽水、人見鳥城、田村奇堂、矢島玉女、番場春雄、村岡小丘、岡本淡雅辻本篤弘

尙各種賞の受領者は左の通りである

（奬勵賞）喜井黃羊、坂口龍太郎、高橋立洲人、大野牧牛月居偉光、松本郭南、佳千代數、淸水洵平、築地雲溪、福田靑藤

（紀元二千六百年記念賞）河

口樂土、直原放靑、村上景雲淸水石溪

（松坂俱樂部賞）池田十良、英賀田憲二、堀飛火野、淸水石溪、直原放靑

（高山賞）淸水洵平、築地雲溪、大野牧斗

（丁氏賞）河口樂土、直原放靑、村上景雲、淸水石溪、融紅鸞

（知道會賞）鈴木樂浪、上野正之助、淸水石溪、直原放靑村上景雲

彫塑の大合同聯立展實現

明春上野府美術館・會期近く決定

文展第三部外在野十五の彫塑團體が時局下一切の私情對立を排して一體となり、眞に日本的な彫刻を打ち建てるべく大同團結が計策され着々準備中の處九月二十六日上野東華亭に於ける各團體代表の合議會で、來春上野府美術館會館を使用して全團體の大合同聯立展を開くことに決定した、その會期は美術館側と折衝し十月中旬頃までには決定するはずである、第一回聯立展はこの種の展覽會としては珍しく課題制作によることとし、その課題を「忠魂顯彰」となし課題作品一點と外に各個制作を出陳することになつてゐる、すでにこの聯立大合同展に參加を決定した團體は次の通り（括弧內は團體代表者諸氏）

△文展第三部會（藤井浩祐、吉田三郎）△太平洋彫塑部（堀進二）△塊人社（安藤照）△正統木彫家協會（澤田晴廣）△東邦彫塑院（北村西望）△直土會（建畠大夢）△瀧野川彫塑研究所（小倉右一郎）△九元社（森大造）△朝倉彫塑塾（朝倉文夫）△日本木彫會內藤伸）△構造社・齋藤素巖）△日本彫刻家協會（加藤顯晴）

其他贊意を表してゐるが、正式に決定しないのは、二科（渡邊義知）院展（石井鶴三）新制作派（本鄕新）の三團體であるがこの三團體も近く參加を決定することになる模樣で、斯く成つた曉は多年待望された事がいよ〳〵實現され慶祝に耐へない

展觀披露宴盛大

乾坤社では上野松坂屋で第三回東京展を開催したに付九月二十三日午後五時から上野精養軒に美術關係新聞雜誌記者美術批評家等多數を招待盛大な披露宴を張つた

第五回巴會日本畫展好評

第五回巴會日本畫展は十月一日から同五日まで銀座二菊屋畫廊で開催「夕月」飛田周山「阿耨羅耶」「建武史蹟二題」伊藤龍涯「寶川溪谷」岡部光威「つゆの晴間」吉田秋光「新涼」角田磐谷「港の家」野田九浦、「朝顏」町田曲江「海」「山」矢澤弦月「春」「秋」菊澤武江「ばら」「樂水」水上泰生、「紅蓮」「兎」鹽崎逸陵等十六作品が出陳され好評を博した

平田俊三油繪個展

平田俊三氏の第一回油繪展が十月一日から五日迄大阪三越五階で開催「山の道」「大和川」「百合」など力作二十五點を出陳、好評を博した、同氏は奈良縣下八木町の出身、東美卒業後獨立美術協會々員高畑達四郎氏に師事、同協會員となつた新進の士で、作風から推しその將來が大いに嘱目される

東京みづゑ會十二回展盛況

東京みづゑ會では第十二回展を十月一日から五日迄五日間新宿三越八階で開催、佐藤平太郎飯島八郎、恩田孝德、小川俊郎小堀豐彦氏等會員四十氏の力作を出陳、連日盛況であつた

旺玄秋季展

旺玄社の秋季展が十月七日から十二日まで新宿の三越八階で開催されてゐる牧野虎雄氏以下各會員併に會友の力作時局柄五十號以下のものが百餘點出陳され、毎日會場は却々の賑ひである

新制作派第六回展新入選

第六回新制作派協會展は九月二十三日から十月四日迄上野の府美術館で開催されたが、新入選は左記の通りである

上野省策、尾崎勉、上河邊みち子、鄕義郎、笹沼勝太郎、佐藤辰男、谷岡文男、中尾進佐藤阿久留、長澤昇、野口佐武郎、柴田善登、關口俊吾、田邊和滿、中馬淸之、西田勝芳賀力、福原俊二、藤本かをり、濱口忍翁、濱田龍夫、早川正、松田寅重、松田穣、寶田豐四郎、水谷文鎭、山本仁朗、山本正、吉崎康治、和田知、漢那憲正、河野文一郎、小森田春雄、田畑一作

尙同展では會員力作の他「婦人像」ドラン「南佛風景」「港」デユフイ「雪のモンマルトル」「サクレキユールの邊り」「エグリーズ」「道」「廣場の人々」ユトリロ「河」「風景」ヴラマンク「女の肖像」ドガ「サツフオ」ブルデルを特別陳列鑑賞家を悅ばせた

新會員六氏推擧

新作家賞七氏

同協會では、今回新會員として伊藤繼郎、今村俊夫、內田武夫、小松益義（以上繪畫）菊地一男、早川巍一郎（以上彫刻）

右六氏を推擧、又新作家賞を萩太郎、若松光一郎、工藤田

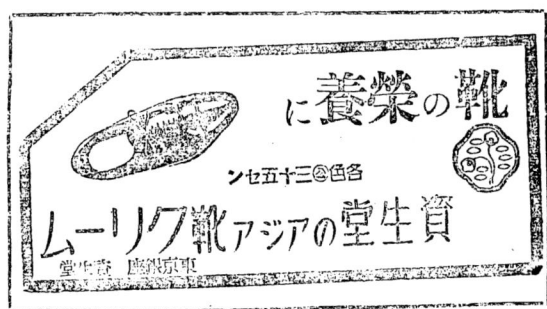

義、關口俊吾、手島守之輔、日高大三（以上繪畫）伊藤典賢（彫刻）

右七氏に授與した、尙協會賞は本年度適格者が無かつた

關口俊吾個展

關口俊吾氏の帝都に於ける歸朝第一回展は十月三日より七日迄銀座靑樹社で開催油繪二十點デツサン十點を出陳、會期中觀衆で大賑ひであつた、同氏は千九百三十五年渡佛、千九百三十八年から千九百四十年まで佛國政府の招聘を受けて佛國で研究畫技を錬り千九百三十九年にはパリ國立高等美術學校一等賞を獲得した經歷の持主で前記新制作派展には新作家賞を獲得した

荒井龍男洋畫展

大阪梅田阪急洋畫廊で九月二十三日から三十日迄荒井龍男氏洋畫展が開催された、氏は滯歐四年、歸朝後同志と美術創作家協會を設立した、今回展には「牧草の丘」「白い壺」「寒梅」など十八點を出陳、好評を得た

一水會第五回展新入選者

去月二十六日から本月四日迄上野府美術館で第五回展を開催した一水會の入選者中新人選者は左記二十四名である

安西恒男、猪俣克史、一木萬壽三、尾崎正章、加藤水城、川瀨すみ、勝間田武夫、小森達也、笹野順太郎、菅野矢一、須山計一、佐々木園子、柴田左千雄、瀧澤淸、多和與三、田代光、富樫正雄、松本透、丸野豐司、宮下琢郎、三澤邦雄、山崎種、渡邊サチ、中西倪太郎

美術新協擴充

新同人新參加各五氏

九月二十二日から十月四日迄上野の府美術館で開備された第七回美術新協展では新同人及び新參加其他を左の如く決定した

「新同人」日本畫　榊原始更　洋畫　小林良曹、同關謙二、工藝　淺川藤治、圖案　東宣正

「新參加」日本畫芳川和光、彫塑水谷鐵也、工藝吉田實、圖案山名文夫、工藝武石莊美

「推奬」日本畫鈴六夢名子

「協會賞」日本畫村上征夫、洋畫關謙二、彫塑木村章平、工藝松竹正也

「奬勵賞」洋畫內海九郎、彫塑淺井行雄

「Y氏賞」版畫伊藤健之典氏

野口謙藏作品展

野口謙藏氏の作品展が十月一日から四日まで銀座の鳩居堂で開催、「立癸」「初冬」「伊吹山夕日」「不動尊」等二十六點を出陳し連日好評を博した

府主催東京工藝綜合展盛況

東京府では本邦文化の昂揚と産業の興隆に資する目的から東京工藝綜合展覽會を主催する事となり九月三十日から十月五日まで日本橋髙島屋で美術工藝部十月一日から同十日まで日本橋三越で產業工藝部、十月一日から同七日まで丸ノ內府立東京商工奬勵館で輸出雜貨部の展觀をそれ〴〵開催、連日盛況であつた

兩日とも觀衆で大に賑つた

故雪岱遺作展

銀座ギャラリーでは九月二十日から二十三日迄故小村雪岱氏の業績追慕の志から追悼展を開催之れに協贊した畫人の出品を展陳し之れを卽賣の上その賣上高を靈前に供へたが又々今十日から十三日迄その遺作展を開催する

日本美術展賑ふ

日本美術協會では四、五兩日同會列品館で、第百十四回美術（華道、盆石、盤景）展を開催

長谷川利行遺作展

逆境のむごたらしい生活がつゞきながらも非凡な畫業を積みのこしていつた故長谷川利行の遺作展が明治美術研究所の主催で九月二十七日から二十九日までの間銀座資生堂ギャラリーで開かれ連日觀衆で賑つた

京都美術館展觀

京都美術館では十二日迄の日本畫名幅展、明治洋畫回顧展の特別展の他、次の如く諸美術展を開催する

院展（九月二十八日—十月十二日）八紘社展（十月一日—十月五日）翠陶展（十月十一日—十月十三日）白聖會展（十月十六日—十一月二日）京都工美展（十月二十三日—十月二十六日）山南會展（十月二十四日—十月二十六日）新日本洋畫展（十月十七日—十月十九日）京都寫眞展（十月二十日—十月二十二日）京人形展（十月十六日—十月二十一日）國彩會展　十月二十四日—十月二十六日）貿易局圖案展（十月三十日—十一月三日　中村畫塾展　十一月一日—十一月三日）染織繡展（十一月十五日—十一月十六日

院展の關西展は二年ぶりである

尙美術シーズンの掉尾を飾る文展は京都市主催の下に例年より二日早く十一月二十九日から十二月十三日まで十五日間と決定した

行啓記念寫眞帖

◇鐵道省で謹作

皇后陛下にには畏くも本年五月、伊勢神宮、畝山陵、橿原神宮桃山御陵に御參拜のため關西に行啓遊ばされたが、鐵道省ではこの御意義深い行啓を記念し奉り「皇后陛下關西行啓記念寫眞帖」を謹作することに決定した。この寫眞帖は行啓の佳き年二千六百一年を記念して興隆日本の文化史的大記錄として、特に御道筋、京都、伊勢路、大和路の國寶や準國寶を收錄することになり、文化史の權威三高教授、京大助教授中村直勝氏、京大文學部長、國民精神文化研究所員西田直二郎博士、古代建築の天沼俊一博士等に嚴選方を委囑、既に第一回打合會を京都ホテルで開いて大綱を決定、順次撮影に着手し、このほど數十葉の撮影を完了した、記念帖に收められるのは、國寶、準國寶の繪畫、社寺佛閣、工藝美術品陶器、彫刻、古文書などのみ遺跡、行事、古戰場など二百種四百枚により、伊勢兩宮、橿原神宮、桃山御陵を始め、法隆寺、大佛殿、金閣寺、銀閣寺までも收錄される

航空日本畫獻納

大正五年以來航空時間六千時の經驗を持つてゐる我が國航空美術の創始者とも云はれる海洋美術協會員齋藤文人氏は曩日の航空日を記念して、このほど九洲宮崎神社へ、蘇州寒山寺附近を五百メートル上空から描いた日本畫に村田遞信大臣の贊を入れたものを奉納する手續きを終へた、同氏は引續き空中戰鬪圖を、航空神社及び靖國神社へ奉納するため目下專念に精進してゐる、尙同氏は近く松坂屋で自作航空畫百點を提げ個展を開催する豫定である

軍國敬愛の像

長谷川榮作氏の力作

本年四月十九日福州上陸作戰最初の尊い人柱となつて散華した今井義彥中佐の英靈に捧げる軍國敬愛の像が彫塑家長谷川榮作氏の手でこのほど完成された。これは故中佐の陸士教官當時の教へ子である第四十七期、同四十九期、同五十一期生らに依つて計畫が進められ長谷川榮作氏に制作を依賴してきたもの、長谷川氏は費用一切を度外視して制作に沒頭し約三ヶ月の苦心を重ねた結果故中佐が甦つたかと思ふほど立派なブロンズを仕上げた、高さ三寸八分の大理石の臺石に高さ一尺六寸五分の胸像である、大理石の前部には故中佐が野戰砲兵學校當時の校長山室宗武中將が大陸から飛行便で送つてきた「忠烈」の二字が刻まれてゐる、これは故中佐未亡人の手許へ去月屆けられた

伊太利へ行く代表畫百點

美事な畫帖完成・駐日大使館に手續

美術を通じて日伊兩國の親善を圖ると共に從來日本の繪畫と云へば浮世繪乃至錦繪程度に考へてゐた西歐人の蒙を啓くため、日伊協會では昨秋帝都で開催した紀元二千六百年奉祝美術展出品作品の中から日本畫五十一點、洋畫四十九點合計百點を選び出しこれを一册の畫帖に收めたムッソリーニ首相始め前駐日アウリッチ大使など伊太利朝野の識者、大學へ百五十部寄贈する事になり、その製本を急いでゐたが、この程美事な畫帖が出來上つたので早速伊太利大使館を通じて寄贈の手續きを濟ませたこの畫帖は縱一尺五寸、横一尺、上質アートを使つた豪華なもので、各作品の上に伊太利語の説明がついてゐる、日本畫では鏑木淸方氏の「樋口一葉」川合玉堂氏の「彩雨」小林古徑氏の「不動」横山大觀氏の「日出處日本」や、洋畫では藤田嗣治氏の「犬」石井柏亭氏の「農村初秋」などを盛りこんでゐる

ヒ總統　寄贈

小坂氏の「金魚の圖」

金魚を専門に描いてゐるので有名な高崎市在住の小坂素泉氏は、日獨伊三國同盟結成一周年を記念とし九月二十七日早朝上京、ドイツ大使館を訪れ、横三尺、縱二尺の額に表装した「金魚」の圖をオット大使を通じヒトラー總統に寄贈した、同氏は去る五月九日松岡外相へも同様金魚の圖を贈つて國民の一人としてその健鬪を謝したことがある、支那事變勃發以來白衣勇士の慰問などにも數回繪を獻納してをり、その金魚の圖は畏くも高松宮殿下御買上の光榮に浴したこともある、尙又同氏は同大使館を辭してから伊太利大使館にインデルリ大使を訪ね同様金魚の圖を贈りムッソリーニ首相への傳達を依囑した

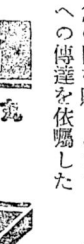

東洋藝術の特色に就いて

武者小路實篤

われわれ、東洋人《とうやうじん》が東亞の特色を出した藝術を作るといふのは當然《たうぜん》なことである。しかし東亞《とうあ》の特色は何であるか概念的《がいねんてき》に考へても判《は》つきり、東亞の特色《とくしよく》は此處にあると言ひきれない樣に思ふ。

描かれた繪《ゑ》を見て、如何にも此れは東亞の人が描いたものだと言ふことを感じるのは割《わり》に樂であるが、東亞の人は斯ういふ繪を描くのが本當だときめることはなかなか困難《こんなん》で、僕には判つきりしたことは、言へない。

但し、西洋の美術の眞似《まね》をして其れで足れりとする譯に行かないのは事實で、今までの日本《につぽん》の繪のうちには西洋かぶれのものも相當《さうたう》に有つたことは事實らしい。

西洋の藝術《げいじゆつ》が本場で日本の藝術が出店であつたり、地方的であつたりする樣な感《かん》じを受《う》けることがあるのも事實である。

そういふものを或る處まで清算《せいさん》するのはいゝ事だと思ふが、然し東洋の特色を無理《むり》に出そうとしたり、餘りせつかちに特色《とくしよく》を出そうとしたりするのは贊成出來ない。また誰もそういふものを奬勵《しやうれい》してゐる譯でもあるまいと思ふ。

我等の望む東亞的《とうあてき》な藝術といふのは東亞を世界の中心の店に心の底から確心して、世界中《せかいぢう》からその特色を發揮するために役立つ滋養分《じやうぶん》を殘らず攝ることが必要と思ふ。

そして其れを攝《と》ることで益々東洋の最も深い生命を表現《へうげん》することが大事と考へる。

藝術の仕事は成心《せいしん》をもつてするよりも無心で制作《せいさく》する方がよい味のふかいものが生れる樣に僕には思はれる。またそういふ作品《さくひん》こそより深く人々の愛をうけ入れる資格が出來るに違ひない。

だから餘り東洋《とうやう》の特色を出そうと意識して仕事をするよりも、そういふ事を忘れてゐるうちに自《おの》づと東洋の特色が出る藥術を僕は尊敬する。

文學とか藝術《げいじゆつ》とか言ふものは、人間の最もふかい心の要求から生れるものであるから、その人が本當《ほんたう》に精神を打ち込んで借着《かりぎ》でなしに仕事をすれば東洋人のうちからは東洋的《とうやうてき》なものが生れるのは必然《ひつぜん》なことで、僕は文藝の世界ではそういふ必然を尊重する。

然し、世にはその必然《ひつぜん》で仕事をする人は極く少數で、多くの人は何かにかぶれて仕事をする傾《かたむ》きがあるから、そのとき間違つた思想が流行するとか流行《りうかう》かぶれの作品を作る樣になり、見る人もそれにかぶれるといふ事も有り得る事だから爲《ゐ》政者《せいしや》がそれを心配して間違つた流行思想を克服してもつと健全《けんぜん》な思想で仕事をする樣に奬勵《しやうれい》する事は國家のためにも大事なことと思ふ。

然し本當の藝術家《げいじゆつか》は、そういふ他人の心配とは全るで異つた、もつと深い根から出る要求《えうきう》で仕事をするのだから、そういふ人の仕事は氣長《きなが》な眼で靜かに見守《みまも》る方が賢い樣に思はれる。

に來た

彫塑界の新體制

北村西望

我《わ》が非常時局《じやうじきよく》はひしひしと緊迫《きんぱく》して正《まさ》に臨戰態勢《りんせんたいせい》を整《との》へねばならぬ超非常時《じやうじ》となつては我《わ》が彫《てう》塑界《かい》もこれが影響《えいきやう》を蒙《かうむ》らぬ譯《わけ》には行《ゆ》かぬ、果然《くわぜん》この度金屬回收令《たびきんぞくくわいしうれい》の發布《はつぷ》となつて吾々《われわれ》彫《てう》塑界《かい》のものとしては今《こん》日迄《にちまで》とて最低《さいてい》の生命線《せいめいせん》を支《さゝ》へるだけのものであつた資材《しざい》の配給《はいきふ》は、更《さら》に發《はつ》展して全面的《ぜんめんてき》に配給《はいきふ》の停止《ていし》を見《み》ることになつたのである。

併《しか》しながら、藝術《げいじゆつ》の保存《ほぞん》は如何《いか》に非常時下《じやうじか》と雖《いへど》も等閑《とうかん》に附《ふ》せられてはならない。歴史に見《み》ても戰亂《せんらん》の後必《のちかなら》ず美術《びじゆつ》は大《だい》なり小《せう》なりの興《こう》を見《み》せてゐる。今《いま》や我《わ》が邦《くに》は肇國《こく》二千六百年未《ねんいま》だ曾《かつ》て見《み》ない躍進《やくしん》の途上《とじやう》にある。鬱然《うつぜん》たる興隆《こうりう》の態《てい》は吾《わ》が國《こく》史上《じやう》其《そ》の類を見《み》ない規模

畫に見た三日月

野尻抱影

いつぞや蕪村の竹林《ちくりん》七賢の屛風が博物館に陳列してあつた。仔細《しさい》に觀て行く中に、一人物が細長い太鼓《たいこ》を肩に擔《かつ》いでゐたので、永いこと探してゐた牽《けん》牛星《ぎうせい》の一名擔鼓《たんこ》なる物に初めて逢着したのを喜んだが、立ち去り際《ぎは》に竹の梢に傾いてゐる纖月《せんげつ》が眼にとまつて、つい破顔《はがん》してしまつた。この月の向きだと、この超人《てうじん》たちは藪蚊に責められながら、曉方まで謂ゆる清談《せいだん》に耽つてゐたことになるからだつた。

尤も私としても、かういふ文人畫《ぶんじんぐわ》などに而して、ちとばかりの天文知識を行使しようとは思はない。特に裝飾風な、山樂《さんらく》の桃山《もゝやま》屛風に面白い三日月が出てゐたり、光琳《くわうりん》や宗逹《そうたつ》にへうげた半輪の月が銀《ぎん》にさびてゐるのなどは、反つて縹緲《へうべう》たる想ひを誘つてくれるのに役立つ。

けれどこれが現代の寫實風な作で、明かに「夕月」、「三日月」或ひは「殘月」など、題してあつたり、さもなくとも内容がはつきりそれを語《かた》つてゐる場合あべこべの月《つき》がれいれいと描いてあるのは、ついお氣の毒にならざるを得ない。別にあら探《さが》しの眼で見てゐるのでは無いが、この一二年の間に大家の作品でも二三その例を拜見《はいけん》してゐる。

一足先

の壯大《さうだい》さである。國內物資《こくないぶつし》の不足《ふそく》、或《あるひ》は消費《せうひ》の規正《せい》といつても、これは興《こう》隆のために要《えう》する不足《ふそく》であり、躍進《しん》に處《しよ》するための消費《せうひ》の、規正《せい》である。決《けつ》して衰亡《すゐばう》に向《むか》ひつゝあるための不足《ふそく》や節約《せつやく》ではないのである。

言《い》ふまでもなく武力《ぶりよく》の進攻《しんこう》に續《つゞ》いて行《おこな》はるべきは文化工作《ぶんくわこうさく》である。銃後《ご》の文化面《ぶんくわめん》に携《たづさ》はるものは、この世界《せかい》に冠たる皇軍《くわうぐん》の武《ぶ》威に平衡して、又《また》一方國運《はうこくうん》の發《はつ》展に呼應《こおう》して文化《ぶんくわ》の興《こう》隆を期《き》せねばならぬ。高《かう》度の文化《ぶんくわ》は一朝《てう》にして建設《けんせつ》せらるゝものではないことは云《い》ふまでもないであらう長年《とし》不斷《だん》の研讃《けんさん》と陶《たう》冶によつて僅《わづ》かづつ進歩《しんぽ》するものである。故《ゆゑ》に非常時《じやうじ》下《か》といつても藝術保《げいじゆつほ》存《ぞん》のためには必《かなら》ずや最少《さいせう》限《げん》度の研究資《けんきうし》材《ざい》は給與《きふよ》せられて保《ほ》存《ぞん》と次《つぎ》の段階《だんかい》への研究《けんきう》は許《ゆる》されねばならない。

この意味《いみ》と信念《しんねん》から當局《たうきよく》と種々《いろ／＼》折衝《せつしよう》の結果《くわ》はどうやら研究《けんきう》だけは續《つゞ》けられる程《てい》度の資材《しざい》配給《はいきふ》は得《え》られさうなので漸《やうや》く愁眉を開《ひら》いたのであるが、併《しか》しまだ吾々《われ／＼》の生活《せいくわつ》を支《さ》へる資材《しざい》は與《あた》へられないのである。漸《やうや》くに研究《けんきう》を續けられる程《てい》度のものである。勿論《もちろん》銅像《どうざう》等《など》の大《おほ》きなものの製作《せいさく》は許《ゆる》されない假令《たとへ》製作《さく》したものでも一切《さい》大衆《たいしう》の面前《めんぜん》に公開《こうかい》することはいけない。そして新聞《しんぶん》や雜誌《ざつ》に寫眞版《しやしんはん》として掲載《さい》發《はつ》表することも許《ゆる》されない。將來《しやうらい》は百貨店等《くわてんなど》に於《お》て賣《う》る目的《もくてき》のために展覽會《らんくわい》又《また》は個人展覽會《こじんてんらんくわい》等も全《まつた》く禁《きん》ぜられて終《しま》ふかも知《し》れない。多分《たぶん》今後《こんご》は百貨店美術部《くわてんびじゆつぶ》での銅製品《どうせいひん》も陳列《ちんれつ》を許《ゆる》されないことになるらしい。賣《う》るための個《こ》展や作家《さくか》の團體《だんたい》の展覽會《らんくわい》は近《ちか》く統制《とうせい》せられる噂《うはさ》は世上耳《せじやうみゝ》にするところであつたが、他《た》の繪畫《くわ》、工藝《こうげい》に魁けて一と足《あし》お先《さき》に彫塑《てう》界《かい》にやつて來《き》たのである追々《おひ／＼》と他《た》の部《ぶ》に及《およ》ぶことであらうが、美術界臨戰態勢《びじゆつかいりんせんたいせい》も正《まさ》に逼迫《ひつぱく》の機運《うん》に際會《さいくわい》したといふべきであらう。

顧《かへり》みれば我《わ》が彫刻界《てうこくかい》も他《た》の美術《びじゆつ》部面《ぶめん》と平衡して漸次發達《ぜんじはつたつ》し近年優《きんねんいう》秀《しう》な作家《さくか》の輩出《はいしゆつ》を見《み》たが、他《た》の繪畫工藝等《くわこうげいとうなど》に比べて見《み》て惠《めぐ》まれないことは、想像《さうざう》も及《およ》ばないのである。平素《そ》からも吾々《われ／＼》は生活上《せいくわつじやう》の困《こん》苦《く》と闘ひ窮乏《ぼふ》と爭ひながら精進《しん》を續けてゐるのであるが、彫刻《てうこく》では何《なん》と云《い》つても裸體《らたい》のしつかりしたものを作《つく》らねばならぬと云《い》ふ信念《しんねん》から、或《あるひ》は多少《たせう》行《ゆ》き過ぎと云《い》へるかも知《し》れないほど裸體《らたい》へ裸體《らたい》へと精進《しん》せられて今日《こんにち》の盛《さかん》んな彫刻界《てうこくかい》を見《み》るやうになつた。これは西洋《せいやう》彫刻《てうこく》の技《ぎ》法は希臘以來《いらい》人體《じんたい》研究《けんきう》に基礎《きそ》を置《お》いて發達《はつたつ》したのであるから吾々《われ／＼》が研究《けんきう》の態《たい》度もそれに據《よ》るより仕方《しかた》がなかつたのである

併《しか》しその作品《さくひん》は容易《ようい》に處分《しよぶん》されない嵩ばり重いので日本畫《にほんぐわ》の如《ごと》く簡單《かんたん》に取《と》り扱《あつか》へないのでこれを扱《あつか》ふ商人《しやうにん》もない。又《また》鑑賞《かんしやう》界も極《きは》めて狹《せま》い範圍《はんゐ》に限《かぎ》られてゐる。この惠《めぐ》まれない世《せ》界に時《じ》局《きよく》の重壓《あつ》は材料《ざいれう》の制限統制《せいげんとうせい》となつて、更《さら》に今回《こん》の全面禁止《ぜんめんきんし》とまでなつたのである。これも現下《げんか》吾國《くに》の情勢《じやうせい》に照《て》らせばまことに止《や》むを得《え》ぬことである。金屬原料《きんぞくげんれう》の配給停止《はいきふていし》でさしづめ問《もん》題《だい》となるは小品《せうひん》の鑄造品《ちうざうひん》はもとより、銅像製作《どうざうせいさく》の如《ごと》きが全《まつた》く廢止《はいし》の運命《うんめい》に逢《あ》はねばならぬことゝなつた。銅像《どうざう》は一つのモニユーメントとして吾々《われ／＼》は歷史を飾《かざ》る役目《やくめ》にある意味《いみ》からも從來刻苦《じうらいこつく》してきたのである。三年《ねん》五年《ねん》といふやうな長《なが》い年月《としつき》をもその製作《せいさく》に費《つひや》してきたこともある。しかもその製作《せいさく》のためにはいづれの門下《もんか》に於《お》ても多《おほ》くの彫刻作家《てうこくさくか》を助手《じよしゆ》に需めるのが常《つね》であるが、銅像《どうざう》製作《せいさく》が全面的《ぜんめんてき》に廢止《し》さるゝとすればその製作《せいさく》に從事《じうじ》してゐた助手《じよしゆ》の作家《さくか》たちも忽《たちま》ちその生活《せいくわつ》問題《もんだい》に行惱《ゆきなや》むわけである。彫刻《てうこく》界に於《お》ては今《いま》や、大家《たいか》も無名《むめい》作家《さくか》も一樣《やう》にかかる緊迫《きんぱく》した生活《せいくわつ》苦《く》に當面《たうめん》するわけである、實《じつ》に彫《てう》刻《こく》界こそ美《び》術新體制《じゆつしんたいせい》試《し》錬の第《だい》一陣を承ることゝなつたのであるが、吾々《われ／＼》はむしろその試《し》錬を藝術家《げいじゆつか》に與《あた》へられた一大修業《だいしうげふ》として甘受《かんじゆ》したい氣持《きもち》でゐる。

吾々《われ／＼》は粥《かゆ》をすつても藝術《げいじゆつ》の保《ほ》存《ぞん》と研究《けんきう》とを續け、事變處理《じへんしより》後《ご》の國運飛躍《こくうんひやく》に備《そな》へねばならぬと、今《いま》から大《だい》なる覺悟《かく》をもつて此《こ》の難關《なんくわん》突破《とつぱ》に碎身《さいしん》せんとの心構《こゝろがまへ》へをもつに至《いた》つた次第《しだい》である。

綜合展の課題作

彫刻界の時局による變貌は一切の私を抛つて各團體が綜合結束するの機運を導きつゝある。その實現の一つとして來春を期し上野府美術館全館を使用して彫刻界全團體の聯立綜合展を催すことゝなつた。しかもその綜合展は橫山大觀氏の畫壇に投じた爆彈的提言と等しく同一課題による製作を試みようといふ議決が先頃有志によつてなされた。而してその同一課題は「**忠靈顯彰**」と決した。

子供は目ざといし、ガムシヤラでもある。いつぞや或る個展《こてん》の風景畫にあべこべの夕月を發見した中學生が、わざわざ事務室《じむしつ》へそれを言ひに行つたすると、山羊鬚《やぎひげ》のをぢさんから、その注意は他から受けたので、念の爲め寫生帖を檢《しら》べたが、あの通りの月になつてゐたから、斷じて間違《まちが》つてゐないですよ」と叱られたと言ふ話もあつた。

新聞や雜誌の挿畫《さしゑ》となると、本文と喰ひちがつた月は更に珍《めづら》しくない。嘗て某美術雜誌の挿畫《さしゑ》研究號かの寫眞に某氏はあべこべ月《づき》の挿畫を拔かれてゐたし、又或る展覽會で、同人だつた有名な挿畫大家の遺作《ゐさく》を數點陳列した中にもさういふ畫稿《くわかう》があつて、新聞の時には氣がつかなかつたのにと黑《くろ》いリボンの下で呟《つぶや》いたことだつた。

芝居の背景《はいけい》にも、從前は、入相《いりあひ》の鐘が鳴つて有明《ありあけ》の月が灯入りで振《ぶ》ら下がつたりして、それが愛嬌だつたが、近ごろはあまり見かけないやうである。時には、あゝいふ月も懷《なつか》しい。

さて、それではどういふ月《つき》の畫《ゑ》が正しくて、どういふのが間違《まちが》つてゐるかそれを簡單《かんたん》に書いてみる。

まづ第一は、月の光つてゐる緣邊《ふんぺん》は太陽へ向いた側《がは》であることである。これほど明瞭な事實はないのだが、前記の月はすべてこれを無視《むし》した結果になつてゐる。二日月《ふつかづき》や三日月は、沈んだ太陽の方へ、光つたカーヴの背《せ》を向けてゐるし、二十七二つの角を東へ向けてゐるし、二十七

ミケランヂエロ ——が與へるもの

建畠覺造

我々は認《みと》めよう。ルネッサンス以後に生きた人々が直觀認識の上に彫刻の選擇《せんたく》を誤らなかつた事を……

我々は豫言《よげん》しよう。ミケランヂエロの彫刻が人類の高度の精神文明と共に永久にその生命を持續《ぢぞく》する事を……

情熱的な意欲《いよく》と冷靜な意志との相剋が齎した彼の苦惱の生涯、その解決《かいけつ》を彫刻に託した彼を一切の技師《ぎし》であり彫石工であり人足《にんそく》である事を希つた。併して彼が作品に於て獲得《くわくとく》したものは彫刻の上から全ての粉飾《ふんしよく》を拭ひ去る事であり、最も强い單一面（全《すべ》ての複雜な曲面を包含する）で空間《くうかん》との境界を劃しつつ無數の方向《はうかう》を持つ造型であり、この塊に與へられた最も端的《たんてき》且つ原理化された思想《しさう》であつたと私は想ふ。

☆

我々は彼の靑年期《せいねんき》の作サン・ピエトロ寺の「ピエタ」に眼を向けよう。フイレンツエに異教徒《いけうと》彈壓の動亂《どうらん》が卷起されつゝある時、當時《たうじ》多少異教的傾向にあつた彼ミケランヂエロはローマに在つて唯默々として「ピエタ」の製作《せいさく》に沒頭した。然し「ピエタ」（悲しみの聖母）を刻《きざ》んだと云ふ事實が彼の教義的自由の反證《はんしよう》となり得やうから サン・ピエトロ寺の爲の依頼に「ピエタ」は形態に於て本來の姿「聖母《せいぼ》の膝に抱かれた死の基督」を採《と》つた。だがミケランヂエロは基督に神《かみ》としての靈的表現を與へずに、その爲すべき事の全《すべ》てを盡し、基督の全き死による人間的なものへの復歸の姿を與《あた》へた。聖母には、諦めが悲しみを慰めが諦《あきら》めを凌いだ後に殘された母の淸い愛が與へられた。かくして純粹《じゆんすゐ》に完成された彼の自由の子である「ピエタ」は我々に何等の粉飾も伴はずに提示《ていじ》される。常に循環し、て止まぬ無數の面、これらを包含《ほうがん》する大きな單一面の靜寂《せいじやく》、空間を最も美しい形で占有するための構成《こうせい》の法則、この最後に拭《ぬぐ》ひ殘された造型の純粹さに加へられたものは唯一つの詩の中核を行く精神だけであつた。京都《きやうと》に旅行し龍安寺を訪《おとづ》れた事のある人々は多分その石庭に同樣の何物かが存在する事を想起するであらう。あの單純化《たんじゆんくわ》された配列が生み出す無限《むげん》の運動、沈められた石の測識し得ぬ深さの爲にこれと對稱を爲しつゝ庭全面《にはぜんめん》を支配する不動と靜穩、純粹《じゆんすゐ》なオブジェが我々に提示する作者「相阿彌といはれてゐるが不詳の呼吸《いぶき》。ともあれミケランヂエロの法則が現代の我々彫刻家に如何に重要なものであるか。そして彫刻の永續性《えいぞくせい》に缺くべからざる要素であるかは言を待たぬであらう。彫刻は永劫《えいごう》盡きる事なき塊であり、そのために最も强い單一面で空間と境界《きやうかい》を劃された造型でありこの造型が示す全てである。

☆

ミケランヂエロの未完《みくわん》の作品に我々は良くその態度《たいど》と愛志とを窺ひ得る……

メデイチ家の廟墓の彫刻を作るために彼は此處でも默し續《つゞ》けて仕事をしてゐる。そしてフイレンツエの敵メデイチに作品《さくひん》で勝つてゐる。彼はヂユリアノ・メデイチに屈服《くつぷく》したのではない。作品が示すものは決して壓制者《あつせいしや》の墓ではないのだ。人々はヂユリアノ・メデイチの爲の群像《ぐんぞう》「晝と夜」の前に立つて唯一個所未完成のまゝ殘された老人「晝」の首に目を引《ひ》かれる。この首の周圍を廻る時、我々は工房《こうぼう》での彼が孤獨の中にどれ程純粹な意識と熱情に身をまかせて此の作品《さくひん》を處理したかが窺へる。顔の正面を斜めに切り込まれた下半部の面取りは下半の量の强調《きやうてう》の一端を擔ひつゝ、やがて循環《じゆんくわん》を開始して單一面の內部に喰入り後頭の一部で受止められる。其處に作《つく》られた部分からは又數種の音が出發して、互に絡み外れ內部を切り外面《ぐわいめん》を流れて大きな和音を作りながら、この美しい魂を盡きることなく廻つてゐる。我々は此の作品《さくひん》の前後左右を廻りつつ觀察《くわんさつ》する事を餘儀なくされる。その時既に我々は彼が作りつゝ與へた法則《はうそく》と言葉なき思想を深い感銘《かんめい》と共に身に受けてゐるのだ

☆

彼の彫刻《てうこく》程諸方向に觀察を要求される作品は少ない。これは人々に避くべからざる期待を與《あた》へつゝ常に引付けて置く力を持つてゐる。ドナテルロにしてもヴエロッキオにしても作品《さくひん》に全ての完全な方向を持ちながら、これ程の要求を人々に加《くは》へてゐない。この理由は最初に述べたミケランヂエロの法則や前章に記した事等により當然了解《たうぜんれうかい》される事である。ともあれ彫刻《てうこく》が求心的なものであると云ふ觀念は彼によつて全く裏付けられてゐる。彼の作「奴隷《どれい》」の前に立つた私はその側面と裏面を殘して去る勇氣が絕對《ぜつたい》に持てなかつた。彫刻の多面性がギリシヤ以來その手法の大きな要素《えうそ》として用ひられ、既に今日不可避な條件《でうけん》として取上げられてゐる時に、我々は如何なる故を以てアーキペンコの同時表現化《へうげんくわ》された無理を繰返す必要があらうか。この事はミケラ

八日の有明月《ありあけづき》はこの反對になつてゐなければならない。つまり、月初めには裏向《うらむ》きのCの字で、月末にCになる。更に「月」の字が三日月の象形文字《しやうけいもんじ》から出てゐることを思ひ出すのもいゝであらう。

繪畫の月があまりにも無雜作《むぞふさ》にCの字に描かれる理由を、私は以前からかう解釋してゐる。吾々は、圓を描《か》くのに左から右廻りに、卽ち時計の針とは反對の方向へグルリと線を引く。細い月は圓の一部分である。それでつい同じ線のストロークによつて、その圓弧を描いてしまふのである。嘗て日本畫家某君に、この話をしたら「自分は圓を右から左廻《ひだりまは》りに描くので、三日月を間違へたことはない」と言つた。しかし、よく聞いたら左ギッチョのことが判《わか》つて大笑ひした。

他の理由として、私は、左から右下へ流《なが》れる曲線《きよくせん》が、心理的に言つて、人間の美感《びかん》に最もアッピールする線であることが月の畫にも、無意識《むいしき》の間に働いてゐるのでは無いかと思ふのだが、どうであらう。御批評を伺ひたい。

次ぎは、月の傾《かたむ》きかたである。三日月の向きが正しくても、時々見かけるやうに、眉《まゆ》を右へ傾《かし》げた形になつてゐたのでは、太陽はその右上にあるわけで、やがて月の方が先きへ地平に入り太陽がその後から沈むといふ、奇妙なことになるだらう。有明月の場合はこの反對である。

やかましく言へば、或る緯度《ゐど》に於け

ンヂエロが充分證明してくれてゐるのだ。彫刻が鑑賞者をして期待と共にその側面や裏面に足を運ばしめるものである以上、我々は同形に於て前面にまで裏面を提示する義務を持たない。繪畫の仕事「遠心的」なとは精神面に於てのみ接觸を保つべきなのだ。ミケランヂエロは自分を畫家と稱する事を好まなかつた。

☆

ミケランヂエロが粉飾無き彼の造型を構成するに當つては彼自ら選んだ材料が大きな役割を果してゐる。彼は、山から掘出され未だ土の附着してゐる大理石の塊に向つて自然の包含する最も純粹な法則を發見した。

「私の許に齎された大理石塊を熟視する事以外に彫刻を構想し得なかつた」と彼に言はしめた程、彼の彫刻は岩の生態に生きてゐたのだ。アランもこの事に就て次の樣に言つてゐる「既に何等かを意味してゐる偶然の面から彼の眞の方法は示されたのである。そして疑なく彼は彼に對してしか形を成さぬ未だ手を着けられない塊を先づ鑿つたのである」と。巖は靜なる存在だ。彼の作品に見る靜穩なる半面はこれに負ふ所が多い。巖は無言の思想だ。彼の作品が我々に直感せしめる。巖は法則の表象だ。彫刻「モーゼ」がこれに應へた。

☆

此處に人體解剖が生れて來る。巖の條件に生き、轉じてこれを生かすべく十四行詩の厳格な約束の中に詩人達が眞の自由を發見し俳人が五七五調に全ての感情を織込む時、彼等は豐富な語彙を用意する自由の人ミケランヂエロは人體解剖に通曉して眞の自由を獲得した「ピエタ」「ダヴィデ」「モーゼ」「奴隷」「曉と夕」「晝と夜」「勝利者」「ピエタ・ロダンニニ」「基督降架」其他數多の作品を見よう。巖の表面ぎりぎりにまで位置を占めたのであらう肩や手が、如何に巖に生き人體を生かし、その人體が巖の姿態と思想と法則を生んでゐることであらう。我々塑造彫刻家は考へねばならぬ。柔軟な粘土を自在に使用し得る無限の空間は決して多くの法則を與へぬからだ。思慮なく付けられた土塊は書き下しの小説が持つ弊害を免れぬであらう。又木彫家は反省を要する。ミケランヂエロは解剖學者で終つたのではない。刀の運用法は木目を征服するためにあるのであつて、作家を一生拘束し運刀法の大家とするためにあるのではないのだ。

☆

我々は豫言しよう。未來に呼吸するミケランヂエロを。……

世の歴史家と稱する人々が彼の一擧手一投足をも穿鑿し美言を並べて彼を英雄化する時、我々は彼の與へてくれる潤澤なる香油「彫刻」に人間ミケランヂエロを見よう。フイレンツエの市民なる誇と彫刻家たる自負に生きた人MICHELANGELO BUON ARROTIは眞に我々の師であり仲間であるのだ

（二千六百一年九月二十二日）

現代水彩畫界を顧みて

石野　隆

我國明治の後半期から現代迄の水彩畫界を顧ると、先づ明治、大正を通じ三宅、大下、淺井、丸山、石井等諸先輩のワットマン紙に水彩繪具を透明に使つて、所謂英國式とも云はれたものから、引きつゞいて大正昭和にかけては、元來我國の洋畫がフランスを主流とした爲めか、油繪偏重とも云ふべき狀態で勢ひ展覽會場に於ける作品は數の點からも、會場效果の點からも水彩は押され氣味の感じだから、その對抗上不透明的な繪具の使ひ方によつて、油繪の向ふを張るとまでは行かなくても、水彩の弱さを覆はうとしたり、又一方畫技の進むにつれて、マチエールの點からも吸込のある紙が用ゐられたり、明かな形相的變化を見せて來た

これは確に今日迄に於ける一つの功績的な事實も含まれては居るが、然しそれは餘りグワッシュを併用しない處へ、それを併用したとか、或は透明的に使はれて居たものを不透明にも使つたと云ふ、云はゞ形相的方面への變革であつて、この點が現在では愈々激しく、新しい水彩と云はれるものには、材料の規範を乘り超えて、油繪でもない新派の日本畫でもないエテ奇妙なるものをも見受けられ、總體的に省察すると前述の反撥的革新が、より多く材料的であつて、作品の內實としての水彩の本質を追求するには、未だこれからだと云ふ感じが殘されて居るやうに思はれる。

即ち水彩はどこ何處までも、水彩としてのよさが發揮されることが、同時に藝術作品としても純良である意味での新しさ、それが望まるべき天地ではないかと思ふのである。

一體油と云ひ水と云ひ、各々異つた性格を有つので、その性格を無視することは、性格破產的繪畫が出來る譯で、最近は少々この點で水彩、水を重んじる傾が多いやうである。

あの清洌な水を以つて繪具を而も肌美しい紙に描いて行くことは獨特の境地で、この點絹地に膠のきく繪具で畫くのが油繪的ならず、これは紙本の墨畫にも比すべく、自ら往く可き道はハツキリとして居て、他人がやらないからと云つて、わざわざキャンヴァスに水彩を畫いたり、油繪に對抗と云ふか追從と云ふかをすべきものではないと思はれる。

透明式方法がいけないのではなく作品の內容的貧困がよくないので、その證據には例へばデュラーの水彩の如きは實によい。詰り手法的變異は決して作品の價値を上下し又は兩者が一致するものとは限らない。

（8頁へつゞく）

る或る、年月日或る時刻の月の何度何分とまでゐる。

天文學者は、畫面の三日月をもとゝして逆にこれを算出することが出來る、昔、木島櫻谷氏が文展で名聲を贏ち得た「寒月」の大作も、天文學者にかゝつては、北緯に十五度で見た月齢廿一日頃の月と判斷されて、そんな、北極に近い處に畫にあるやうな竹が生えてゐる筈はないなどゝ、可成りいたい評を加へられてゐたのである。

と言つて、月を描くのに球面三角で計算したり、天文家に伺ひを立てたりするやうな奇特な畫家は、地球のどこにもゐる筈はないだらう。それには先づ細い月の尖端を結ぶ線は月の中心と太陽の中心とを結ぶ線と直角をなしてゐることと太陽が高い空を通つて行く季節にはそれを追つて入る夕月は仰向き加減であること、及び太陽が低い季節ほど夕月は走つてゐることなどを心得てゐればいゝだらうと思ふ。有明の月は、上弦、下弦、前後の月の傾き方も、これから推測されるだらう。

もう一つ附け足して置きたいのは、月の光つてゐる部分と暗い部分との境界線─！天文でいふ明暗界線である。三日月でいへば、カーヴの內側の線でこれが屢々圓弧に描かれるのは間違ひである事實は大體になつてゐるのだがそれを地球から眞正面に見る滿月と、眞横に見る上弦、下弦の時の他はいつも斜めに見るので、楕圓の弧になつてゐる。それで、三日月又は廿七八日の月では、圓弧を描いてからその內側に界線を描けばいゝのだが、その外側に月の線邊を描くから間違ひになるのである。

終りに、三日月のカーヴの中に星を點ずるなどゝいふことは、もう子供でもなければやらないだらう。トルコの新月旗は、サルタンの夢枕に現れたものを圖案化したまでゝ問題とするほどのものでは無い。

一水會概觀

諏訪月鐵

藝術的分野をして如何に臨戰せしめるかと云ふ事は皇國千年の超非常時に際して、特に集團心理の移行を凝視する時、其處に重大な意義を發見せねばならない。然らば繪畫表現の臨戰は何か。注文する方に十分なる繪畫に對しての理解と、體用の發揮作用の熟知とに缺けるものあり得る場合、一時相當の混迷を來しはしないかと憂慮される。

しかし之は繪畫本來の面目を識る賢明さがあるならば問題は平易に解決出來ると思ふ。例へば相互生活に於て親が病氣をする子供が病氣をする。子の病ひを親が病氣する事に據て子の病ひが全治すると云ふやうに病氣の本來が出來ては居らない。却て對蹠的に其の場合親が益々健康になり、子の病ひを治癒するに必要なる資材物件を蒐集する事に依り本當に子の病ひの爲めに忠實なる履行の結果を齎す場合もある。其れ故に其の對象の本來に理解を先づ持たねばならない。而して臨戰せしめよである。

時局の重大を心理的に深め之を體感して而して自ら湧出する反映を筆端に表出する。或は百雷の嚴肅となり、誠忠の靈魂となり、不屈の鬪志ともなる。かくして畫家は國家千年の大翼賛に奉仕する事が出來ると思ふのである。

今、轉じて第五回一水會を察るに、かくの如き肅然たる氣魄の到る處に散見するのを見落す事が出來ない。今年は

山下新太郎氏の回顧特別陳列がある。大小十六點、內日本で描いた處の二、三を除外すれば他は全部同氏第一回洋行即ち廿五歳より卅歳迄の作品と云ふ。其の若年で之れ丈けの仕事を成し遂げたのかと云ふ事に先づ吾等は一驚を喫する例へば「ブレタ開城」原作スペイン畫家ヴエラスケス。之を同氏廿七歳の折に、スペインに赴きマドリッド市ブラッド美術館に至つて模寫したるもの、此の老大なる畫布を精細にコピイし而も原作の性格を失はず、あの雄大典雅なるヴエラスケスを善く寫し得て居る所は非凡の手腕としなければならない。聊く處に據ると此の畫布の裏面には觀音經が書かれて居ると云ふ。面白い話であると自分は聞いた。約一ヶ年此の模寫に專念し、其の苦心に際して神よ御力を與へ給へと云ふに替へたる佛心からの觀音經と思ふが、如何にも面白い話であると思ふ。次にスペイン皇后像、裸婦、讀書の後、等最も光るもので、裸婦の光線と色彩の交響には素晴しいものがある。此の人にして之れ丈けの裸體が描けたのかと之れ又喫驚する。次は展觀一巡。先づ今年の

有島生馬氏の出來榮への壓倒的なのは見る人をして驚悅せしめる。一點「三姉妹物語」最も出色、しかし此の繪は何處か淋びしい。小供である三人の姉妹が幸福そうに遊んでは居るが、しかし此の繪は明日の幸福を約束して居るとは思はれない。ぎつしりと鎖つた繪畫要素に一分の隙もない如く、其の上を撫でて行く大まかな刷毛の先端には明日知れぬ人生への悲愁が流れて居る。靜かな海、光りと雖も其れは影であり、末女らしきが座して居る草の上には物象の映光が氷れる涙のやうに打ち敷いて居る。其れ故に之は物語であらう。成功の作だ。安非曾太郎氏、其の元氣の衰へに疑惑を感ずる。恁う云ふ筈は無いのだと思ふが「池と穗高」の如き愈々氏の心境の靜澄を語り例の色層の繪畫化は正に天下獨步に近い。此の氣品、稟性、慈潤てん綿として自然の色相を息吹きする。噫美なる哉、靜なる哉だ。然るに弱い。足下が弱い之は健康を損はれて居るの爲ではないであらうか。自愛を祈る

石井柏亭氏 例の如しと云へば其れ迄で、しかし二點共舊來とは餘程變化を示して來たやうに思ふ。殊に「遼西古都」に於て其の有機化に餘程の顯著がある。而も「如意湖」遠山の返照には、あやうく平板をまぬかれた何か慘としたる遠雷を聞くが如き浮響は其の表現と心境のユニックを語るもので、觀者をして肅然たる美に誘ひ込む。池部鈞氏「溫泉場」少し手馴れ過ぎて居り云ふ所に俗意漂ふ「枯野」に到り漸く氏の上作。太い生活線上に置き忘れられた百姓娘の一と時、あれでもセンチはあるのだ。燦々たる太陽の下に泥まみれの手で涙をすする。あの木綿手拭の匂ひ。高野三三男氏、出陳五點、歸朝以來初て繪らしい繪を見せて貰つた氣がする。立體派の錯線の急所を巧みに味讀したるもの、精進には實が結るよ、日本は偉いでせう。瀧川太郎氏三點、イタリイの町最も善く三點共倶に佳作此の力鬪には酬ひられていゝものがあらう。片多三吉氏著るしき進境にあり慶す可きだ。大橋文子氏女には珍らしくリリカルな繪を描いたもの、之で全體のスケエルとトオンに成巧したら大したもの。田崎廣助氏、餘り急いで大家にならない方がいゝ。其の他島あふひ、小山敬三、木下壽々子、裕伊之助、野口道方、眞下慶治等諸氏を面白く拜觀いたしました。（筆者は美術鑑賞家提琴家諏訪根自子孃の嚴父）

（7頁より）兎に角今日迄の水彩は大體最も社會的にポピユラーであるべき筈なのに、逆にその反對であつたと云ふことは今日水彩をやつて居る人達にも多少の責めなしとは云へないであらうし、又もつと溯つての根本問題としては、日本現代の洋風繪畫の起原に辿つて、歸結される點もあると思ふが、要するに今日世界の全局面に渉つて、何もかもの態勢が動きつゝある現在は寧ろ洋風繪畫それ自體が反省すべきであつて、決して水彩の材料が簡單に扱へるからどうのこうのと云ふべきものではない。

然るに現在代表的な展覽會に於ける水彩は、二科、一水會文展、新制作派等で 國畫、春陽、獨立などには殆んどそれを見ない。これは眞に藝術的な水彩作品が未だ現はれないからと云ふ理由か、然らずば、水彩に對する認識不足が然らしめる以外の何者でもあるまい。

前者の今日水彩を若干取扱つて居る會にしても、刺身の妻の如き狀勢で、評家もとかく忘れ勝であり、一般鑑賞購買層は日本畫然らずば油繪で、どこまでも中間的な存在が、先づ我國の洋風繪畫と云ふ大乘的見地からの反省から云つて、これでよいのかと云ひ度いのである。

フランス美術の追從にもはや新しい曉を待つべき日本の洋風繪畫に、よりよき素描力に加ふる彩具が、油水の差等を撤廢して、新日本文化の上に獨特の洋々たる繪畫道が建設さるべきを希念されること切である。

新制作派展

川路柳虹

旺然たる情熱

新制作派も既に六回の展覧會である。上野の會場へ出てから三四年のことゝ思ふが、始めは廣い會場を持て餘し氣味だつた本年の會場は所狹き迄に陳列され乍ら、その全體の空氣は旺然たる情熱の氾濫を感じさせる。それは決して瓦全でなく粗豪でない眞摯なる敢闘の姿である。健全なる若い世代の力を頼もしく思つた。會員諸氏の努力もさることながら、應募作品にもなかく見應へあるものが多い。

この會は所謂モデルニズムを中心としてゐるがその傾向はまたさまざまだ。猪熊弦一郎氏や脇田和氏の如きデフォルメした表現もあれば小磯良平氏や内田巖氏の如きクラシカルな自然主義的表現の作品もある。モデルニズムであり乍らこゝには超現實主義的抽象主義的畫風はない。突飛な前衛でなく繪畫のメチエーを通じて各の近代性を健實に打ち樹てやうとする努力が中心をなしてゐるかに見える。

猪熊弦一郎氏

の作品はかつての個展に於て示した作品の繼續でもあるが、「長江阜の子供達」はモチーヴが新しく觀た支那風物である。ピカソの初期の作に見るやうな線と、ひよろ長な立體と感傷をもつ表現だが、黝んだ紅がよくこなれてゐる。「ジプシーの子供」の分解的立體表現も面白いが、平面的な裝飾風の「ルロットのある風景」の如きに氏の才氣横溢の風趣がよく窺える。脇田和氏の子供を取扱つた三點では「母への繪」が優れてゐる。氏のデフォルマッションは知的といふより意志的でやゝもすると固く冷くなるが今回の作品は色彩がよく渾和してゐる。たゞ氏の作が調子の強いわりに奥行が乏しい。思想的な深さといふ意味ばかりでなく、技巧としての深さと擴がりがもつと欲しく思はれる。

内田巖氏は寓意的な主題を捉へた「空」（東洋畫による試案試作」といふのがモチーヴとしてイデアリスチックだが表現は全く寫實である。猛禽が大きい鶴を空中に於て捕捉してゐる構圖であるが、特に東洋畫による試案といふ意がこれだけではハッキリしない。大作ではあり、調子の整つた作品であるが、理想畫としては猶ほ「試作」と斷つてある程度の試みである。これに比して小品の「岩」を描いた作品はみな擊實な古典的寫實へ新しい量感や質感を裏づけた作品で親しめる。「岩」（二）が一番傑れてゐる。

佐藤敬氏は戰線題材のものと「黄色い鳥」といふジャンルとあるが「安陸前線」が一番傑れてゐる。スケッチ畫稿を元にしての作らしくあるが色の澄んだ筆觸の爽やかな作である。氏の作も繪としての深さがもつと加はるなら更によいであらう「黄色い鳥」にはアンチームな感じが出てゐるが些か滋味に乏しい

小磯良平氏

の作品は三點あるがみな得意の婦人像である。氏の細緻な觀察と周密な寫實技は古典的手法へ巧みに近代人的感覺を盛つたもので、日本のフォーヴが寫實技の訓練を經ずにいきなり物を歪曲する覇道を採らず、古典的寫實を飽く迄尊重してそこへ近代的感覺を裏づけてゆく方法は日本の畫壇の或る缺陥への正しい反省を與へるものと言へよう。これがたゞのアカデミックに終つては詰らないが、それを救つてゐるものが新鮮でヴィヴィッドなその感覺である。「人物」（A）（B）の婦人の座してゐる椅子の天鵞絨の光澤や觸感に迄その生きた感覺が働いてゐる。（C）の綠衣と特に油繪のモデルとしてアクセントの渺い人物を撰んでの逞しい表現は心憎き迄の技巧である。日本の大家中でもこの種の寫實的手法では氏を凌駕するもの乏しいであらう。

荻須高德氏

の作品へくるとこれは全く近代風のナチュラリズムである。特別陳列のユトリロ作品と氏のモチーヴや手法は共通だがユトリロの知覺のデリカシーに比すると氏の筆觸は意志的に強い。それが巴里陋巷の建築描寫に特異な立體感の表現となつてゐる氏には故佐伯祐三の如き廢頽もなくかゝるモチーヴをたゞ立體知覺の對照として自然そのまゝに見てゐるのだがその技巧は全く近代人的感覺を裏付けて適勁である。「モンマルトルの一隅」が最も好ましい。ダップレナチユールであるが爽快な近代性をもつてゐる。快適な省筆と色感との魅力である。「黄花」「椅子に凭る女」がよい。鈴木誠氏の「隣組の人々」は可成りの大作であるが、これも忠實な寫實に據つてゐる。伊勢正義氏「漁夫達」は逞しい筆力をもつてゐるが少し大まかである。その他會員では三田康氏、坂非範一氏の作も相等であるが新制作派の代表的會員の作として以上を擧げる。

一般出品の作品

も仲々張り切つてゐる。中で最もアンビシアスなのは内田武夫氏の日本神話題材の「修理固成その他の二點であらう。日本の國初創成の題材をチットレット風グレコ風な構想で纒めたものでその逞しさはちよつと類がないが、「海幸」などになると明治初期の原田直治郎の作品を思ひ出させる。これは確かにアンビシアスな仕事で西洋の古典技の詛嚼も相當にあり、古典的寫實技も相當であるが小磯氏のような近代知覺には乏しい。たゞ前途を大に期待しよう。小磯氏のやうな古典的寫實で傑れてゐるのは桝非一夫氏の「赤い上衣」「鏡の前」の二點である。新しく會員に推擧された伊藤繼郎氏の諸作も中々逞しい仕事であるがボナール風の感覺と裝飾的表現との綜合が少し平板無味に陷つてゐる。三岸節子氏の、「靜物」「室内」もやゝボナール風であるが、少しトンが弱く大きい作品も平板に失してゐる。工藤正義氏の犬島諸作も中々の努力であるがスチールが固い。富田一夫氏の「舟のある風景」が中々の才筆で輕快な色と線のアレンヂがあつたが、綜全體の空氣に一つの情熱の見えることが何にしてもこの會の强みである。

彫刻作品

では私は第一に菊池一雄氏の靜謐敬虔な態度の作品を推奨する。その技巧もまことに卓越してゐる。「胸像」はことにいゝこのやうな作家が出現したことは日本の彫刻界の歡びである。本郷新氏の作では「端座」の半ばアルカイックな形式をもつ寫實を採る。これは長谷川如是閑氏がモデルださうであるが、必ずしも肖像でなくとも性格的表現は尙ほ不足であらう。山内壯夫氏の「裸婦」早川巍一郎氏の「裸婦」共に相當の力倆である寫實を綜合する古典的手法と近代感覺との程よい一致であるがツーシュがやゝ一樣な憾みがある。船越保武氏の「首」はその寫實の内面性に敬意を拂ふ。山畑一作、吉田芳夫、明田川孝氏の諸作も一顧に價するが菊池氏の秀拔な技を第一としてこの會の彫刻部の努力に倣つとしよう。

特別陳列の油繪

はユトリロ、ドラン、ブラマンク、デュフイとドガ及びブルデルの彫刻があつてこれは全く見飽かぬものだ。今細かい感想は省くがこれらの作品を見て思ふことはいづれも油繪といふもののコツをはつきり見せてくれてゐる事で、日本の作家がコネクリ廻してゐる仕事の見當違い徒勞無意義をよく反省せしめる

であらう。「油繪はかうおかきなさい」と言つてるような作品である。ことにドランの女とユトリロの雪景（モンマルトル）ドガの女は素晴らしい。

乾坤社を觀る

金井紫雲

乾坤社が雄々しい宣言のもとに創立されてから既に第三年となつた。今年も相當に緊張した氣分のもとに第三回展を開催したその成績に於て必らずしも前年を凌駕するとは言へぬにしても一歩一歩と主張主義のもとに根強い足を踏締めて行くことだけは誰の目にも映ずることであらう。

さて同人の作品である。矢野知道人氏は昨年「山岳道者」と「初夏」の二大作を見せたのに反し今年は「凉」の一點である六曲一双、右に萎れた朝顔を描き、左に開き初めた夜會草を配し、中央に莨盆と座布團を載せた竹榻を置いて繋ぎ、一寸秋海棠が顔をのぞかせてゐる。何といふ才氣の溢れた構圖であらう朝顔の萎れた花の巧みさ、蔓の線の面白さ、これで氏の技巧は遺憾なく發揮されてゐる。唯欲には左の夜會草を今少し強くして朝顔との對照に變化を見せてほしかつた。要するに此の作の妙味は線である。

鐵山氏も六曲一双で張切つてゐる「楚歌」の題下に項羽と虞美人を配した。所謂城下の悲歌の場面である。項羽は長槍を手にし、鐵鞭を曳いて敵陣に斬込まんとし、虞姫も亦劍を按じて羽のあとを追はうとしてゐる、無數に散り落つ木の葉に落漠たる氣分を横溢せしめやうとしたのであらうが、これでは「煜は暗く數行虞氏の涙」の氣分は無い。構圖から見ると、我が古事記の神話のある場面のやうに見える狙ひところは違うが、項羽や虞美人を扱つたものとしては矢張り往年の安田靫彦氏の作の方がそれらしく感ぜられた。

小松均氏の「朧蓮」は此の稿を執筆する第四日目まで見ることが出來なかつた。

河口樂土氏はまた赤目溪谷に題材を得た「龍ヶ淵」を描いた岩を堰つて落下する飛泉の描寫を主眼としたもので、水の描法には苦心の存するものを認めるが、全體の構圖は巧みとは言へない。水と樹木と全然手法も異にしてゐるのも一考の餘地はあらう。だが何か新しい領土を擴かうとする意氣は認むべきである。直原放靑氏の「石人」は此の社の有する最も詩的な存在である。昨年は「頌和譜」の晴々した平和境も描き、今年は山河默々として語らぬ「石人」の佇立である。荒漠たる大原野を背景として立つた人、それは何を象徴してゐるのであらう。極めて印象の深い作である。

村上景雲氏の「海と山」は中々面白い。山の尖端的な描寫も面白いが、海の方により多くの興味が繋かれる。昨年の作より遙かに優れてゐる。淸水石溪氏の「大峰山」は雄大な構圖をよく二曲一双に纒めたものである、山の描寫にも特長があり、洋畫の筆致も巧みに取入れてゐる。以上の外、大野牧牛氏の、「來島水道」亦中々の大作で構圖も巧みである。唯前方の黒い潮の色彩が稍強過ぎた感がある島山の遠近は巧みである、英賀田憲二氏の「夏二題」は右に童女の寫生、左に振髮を描き、草花を配してゐる。左半双の方が情趣深く、蓮池の手法など紙本の地を中に面白く利用した。堀飛火野氏の「穀藏」と「家並」最近よく見る建築の部分的描寫であるが、これも對照が中々面白く、殊に右の穀倉が興を引く淸水淸水洵平氏の「綠影」は場中唯一の美しい作である。絢爛な色彩を驅馳し乍ら卑俗にも陷らぬ點を手際とすべきであらう築地雲溪氏の「湖畔雪霽」は近江八景を雪中にして纒めてゐる裝飾的効果を狙ひ、工藝的手法を活かして味を見せた、阪口龍太郎氏の「鳳來寺山」と好個の對照のなすも、此の方は黄土の地肌と綠樹との漣鎖でやゝ目まぐるしく感じである。いま一工夫を要するであらう。藤田靑藤氏の「池庭」は、骨の折れる仕事を丹念に纒めてゐる、昨年の試みが今年は大分効果を擧げて來た。

池田十良氏の「熱河山川譜」はよく一双に配し得た構圖を買ふべきであらう。花鳥の融紅鸞氏の「翡翠」と鈴木槃浪氏の、「白藤」は何れも眞摯な態度を取るべく、上野正之助氏の「拂曉戰」は唯一の戰爭畫として、才と筆とを見せてゐた。

美術新協展

村川彌五郎

日本畫、洋畫、其れに彫刻、工藝、圖案、舞臺裝置、等仲々派手な間口で賑かな會場風景だが其の割に押のきかないのは個々の作品の優れざる爲めにもよろうが他の會では見られない、舞臺關係の出品は此の會の寶物として面白く將來性有つて期待出來る所でもあるが、いづれにしても洋畫部日本畫部の作品水準の高まる事が重要である。個々の作品に着いて見ると、日本畫部では、齋藤七弄の「步道」は女學生趣味ながら難もなく中村進可「向日葵」は寫實に突込は有つても感覺的な物に不足して居る。村井麗樹の「大井端」は二折一双だが左半双の出來の割に右半双の樹木の描寫など優れず、全體に淺く堅さ眼立つて動きがない。淺川秀夫の「霜晨」は窓邊の人物はわざとらしさ有つてあきたらず、鈴木夢名子の「浴陽洗髮」は技術的には一應出來た作だが、モチーイフに無理が有り、武田奈古の「水蓮」は色彩感覺に優れた物を感じられるが水面など實感が出て居ない、堀光之の「少女圖」は色調美しく此うした少女を時折見掛る。榊原始更の諸作では洋畫の古典あたりをねらつての作だらうが材料の關係で油彩程の迫力と深さが出て居ないが係統的色調は美しく四點の内では「秋丘斜陽」は寫實味に優れ「山照秋色」は澁味有つて美しい。岡菊枝の「少憩」は女性らしい柔かさを見せて情味が出て居る。

村上征夫「日曜日」は洋畫的技法に象徴的構想は消化し切れて居ないが色感に優れて異色は有る。下洋守兒の「ふるさと」春と秋では秋が出來が良い。玉村方久斗の「庭の樹」七點では達筆の内にも寫實力の深さを見るが「綠地帶風景」程の味がなく「綠地風景」は構想に新鮮で味が有つても、大作「大洋に面する垣」程の力强さはなく「大洋に面する垣」は裝飾的効果良く力强いが構圖にやゝ散漫なのは殘念。

洋畫部では山田稔の「窓」外四點の内では窓に詩情を感じる野澤武美の五點の内で「少女」に紫の色調が効果的に落着て居るが其の外は落着がない。大久保賓雄の四點の内では「讀書」の達筆さと「坐像」の內的閑寂とを取る、關謙二の三點の內では「瀨」福島重旺の六點の內では「ヒエロ」が擧げられる。此の外阿部益子の「五月」內海九郎の「田舍の子供」渡邊末廣の「紫陽花」小林良曹の「無題」等が眼立つ。

彫刻部では杉木幸一郎立像二點と木村章平の「未完裸婦」白井保春の「座像」等が光つて居る。（府美術館）

大輪展と明朗展

豐田豐

□

第四回大輪畫院展が確かに規模の壯大な本格の在野團らしい體容を備へて來たのは事實である。迫力の逞ましい熱烈炎のやうな所謂問題作と言つたものも殆んど無く、名調珠玉のやうな美術史の上の名作と言つたものもない代り、全體としてそれぞれ適宜な新興性と、個性的な鋭尖感を持ち、それがこゝの第一回以來特有の品雅なスマート性を帶びて、殊に今年は例年以上に出品多量にも關はらず、反つて例年以上に粒揃ひである。これに二三際立つた秀才や乃至其の天才が出現すれば、大輪も本流畫壇的に權威を稱へるやうになるだらう。それには折角諸氏の只向きに努力研鑽を祈るほかない。

しかしながらそれ等の中で何んと言つても主宰小林彦三郎氏の「春苑廻廊」六曲一双大屛風は隨一問題作と稱するに足るべく、支那建築の廻廊の窓口に春桃や木蓮や靑竹等を意識的に構成した上、床の石疊に黑い八爪鳥二羽を中央に鎚し、全體の朱紅色を引き締めた智惠は何んと言つても近來の名構想である。六曲に調和する裝飾的意圖も新鮮で新東洋的である、しかしその制作時日を缺いた淺塗の結果は、繪をひ弱く物足りなくするこれに二段三段の必死な追窮が加はつたなら、その構想のよさに於いて準名作の域に達したかも知れない。

同人穗坂光希の「幕烟」の赤い鱚馬と、半裸白衣の滿洲土人とは小品ながら鋭角に引き締つた新興亞的な名品調に近いものだが、他の花鳥小品「初夏」の茄子は表具屋の注文で頼まれたやうで可けない 技巧は澄んでゐるが如何にも實用向である。新同人松雲賞佐々木順の「興亞觀音」は白描風の流麗な彩で色線ともに現代の新感覺に鋭いがこの人にはやはり先年の「一寸法師繪卷」のやうな獨自の風格のもつのびやかな仕事に期待したい。他の同人立脇泰山の作は見受けなかつたが、楠奉白光の「乳牛」は會場效果的にも健剛明朗な新表現のものとしても場中殊に異彩を放つてゐた。場中殊に佳作である。白黑五匹の乳牛の交錯は赤い乳房に明潤化されてゆつたりとして迫力のある前衛手法のものとなつてゐる

松影賞では諸藤英世の「菱取り」が寫實的にも鄕土情趣的にも乃至時局の生産勤勞の意味に於いても微細纖敏な描技を以つて優れる。同近藤鏢の「漣光」は流行の海岸描寫を比較的健康に明晰に畫いたといふ程度のものである。同西之坊水聲の「波紋」はさうした流行調な一面面白く奇趣を帶びて表現したものであるが、稍々才氣に任せた感じださういふ點同賞田中鶴三の「鶴の」銀箔地の五羽の鶴は奇色が一種神秘な深みも尖鋭味を持ち場中佳品として肯ける。その他無賞作では高津守の「水木土雪の水墨風景の佛畫的意想の聯作が獨自な妙調を以つて場中に際立ち、それと等しく加藤紫賢の「種子文珠」は本格的に佛畫的意想に於いて新造型と新幽玄調と言つたものに優れる。探求力も嚴しい。松山廣洋の出征軍人に戰地への想像をフキルム的に背景づけた「決意」奏泉寺正一の天文展望臺を對照にした「皆既日蝕」の新時代的理念の構想として惹きつける。

□

第八回明朗美術展は大作が在野展的に擴大したのと反對に、規模も縮小して例年以上に嚴選を施行して、同人各自樂しんで或ひは必死に張り切つて純藝術的にそれ〲の大作や繪卷聯作を問ふとしてゐる感じが著しい

筆頭同人狩野晃行の六曲一双の「聖觀音」の六曲一双は藥師寺東院堂の諸觀音の配列を壯嚴幽玄に見開きに彩管奉仕し、寫實的追窮の極明暗、紫綠の幻像化さへする最左端の藍字の觀音經の書入れに至つて、一層さういふ作者の文學的意圖は窺はれこれといふ嚴しい鋭さを感じさせないが、中央の觀音の精緻峻嚴な描寫には稍々打たれる。その他この人のものでは「大和遊双」の少曲一双の聯作譜はこの人の紙本筆致の洒脫さと仙味的な機智を偲はせ、最後の「佛手」だけの銀黑色の描寫は、ピリッと全體を締めくゝつて警拔だ。同人米和村創爾郎の「愛鄕紙芝居物語」三十景は近來になく痛快な趣である。マーテルリンクの童話劇「靑い鳥」に想を得て鄕里松山の繪卷に編んだものだが、南國的に豐潤明麗なルッソー的造型とユーモラスは日本的に可憐で微笑ましい。天分的なものだが少し惡ふざけの感もある。同人渡邊日向の「晩涼」の馬「朝」の樹林の二作はこの人としては割合に引立たなく、緊張した花鳥動物であるが、取材の上からも平凡穩健な感じがする。これに反して同人「東條光高の「倶利伽羅谷火牛夜龍圖」は木曾義仲の戰話に取材して佛畫風景化し、非凡警拔、然も細密微妙、篝火の羅列的な金泥描なぞ殊に效果峻敏崇嚴だ。唯例によつてが繪暗嚮なのは困る。

漫畫は呼びかける（二）

至上藝術といふものは主義を振り廻さんでも生れる。

青起生

美術雜誌第二回編輯會議

美術雜誌新體制第二回編輯會議は九月二十五日午後三時から日比谷大正生命地下室に於て開かれた、内務省から佐伯、米川兩係官、情報局から秦情報官夫々出席、美術界近情に關し意見を交換、編輯、執筆者其他に關し相當突込んだ希望が縷陳された。

國民美術社披露會

今回新たに内務省から「國民美術」（日本畫大衆雜誌）の發行が許可され有限會社國民美術社が創立されたので之れが披露會が九月二十一日午後九時から上野精養軒で盛大に擧行され各繪畫團體各代表、美術批評家、新聞雜誌記者、日本美術雜誌會員等多數參會した。

時計蒐集記

石黒敬七

「妙な時計が蚤《のみ》に出てゐるが知つてゐるか」と或時畫家《ゑかき》のI君が知らしてくれた。モンパルナッスのカフェのテラスの話だ。

蚤とは申すまでもなく蚤《のみ》の市の事で在巴中《ざいぱちゆう》、吾々は幾百回こゝへ通つて蚤《のみ》取眼《とりまなこ》で掘出物を物色した事か。

尤も蚤取眼《とりまなこ》で探すから蚤の市といふのではなく、もと／＼古着市の發達《はつたつ》したものらしく、その邊のボロを一寸《ちよつと》めくると無數の蚤がはね出した事《こと》によつて命名されたものらしい。

「蚤の市わが日本《にほん》にうつしうゑし、いしくろ且那《だんな》ほめんとぞ思ふ」

これは、僕が歸朝後、巴里會《ぱりくわい》のM君と芝の增上寺や松坂屋《まつざかや》で「蚤の市」を開いたり、著書、蚤の市」を出した頃先輩《せんぱい》川路柳虹氏が僕に贈《おく》られた一句であるが、とにかく蚤の市《いち》といへば殆んど缺かした事のない僕《ぼく》が、或時からいふ質問を受けたのだから、甚だうかつ千萬《せんばん》であり且つ笑止《せうし》の至りといふ次第だ。

「行つて御覧《ごらん》よ、君なら結び付きさうな代物《しろもの》だ」

と、その形や、賣《う》つてゐる店などを知らしてくれた。

翌日《よくじつ》早速行つて見るとある／＼（蚤の市はパリ郊外《かうぐわい》ポルト・クリニアンクールに土日月《どにちげつ》の三日間ある）文字盤《もじばん》が硝子《がらす》繪になつてゐてアラビア風の模樣《もやう》と數字がかいてある。齒車《はぐるま》をのぞくと悉く木製で、二本の紐には石の重《おも》りが付いてゐる。餘程《よほど》古い重量時計だ。

その店の親父《おやぢ》がまた物識りで歐洲に時計《とけい》が來たか來ないかの頃、ペルシアで出來たもので、金屬工業が發達《はつたつ》しない爲に木製になつてゐる。決《けつ》してこの頃見る僞物《にせもの》の木製とは違ふ。尠なくも五六百年を經てゐる。間違《まちが》ひなしといふ。――五六百年と一口に云ふが、五百年と六百年では百年も違《ちが》ふのだからこの親父の云ふ事を全然《ぜん／＼》信用する譯にもいかないが、とにかく買《か》つてきた。

さて、宿に歸《かへ》つて、二三册しかない時計發達史《とけいはつたつし》を開き、重量時計の部を調《しら》べて見たが、齒車を木で製《せい》したといふ事は一行も書いてない。ただアラビア文字といささか關係《くわんけい》のあるところは

△第六世紀《せいき》の頃ビザンチンの皇帝ヂュスチン二世と皇后《くわうごう》ソフヒアがコンスタンチノープルの教會堂に一から十二までの「時」を打つ巧妙に工夫《くふう》せられた眞鍮時計を寄進《きしん》した。

△第十世紀、ビザンチン皇帝《くわうてい》コンスタンチン第七世《せい》が、その居室に銀製の小時計座《とけいざ》を設けた。

△一二三二年に埃及《えじぷと》のサラヂン帝（高林氏《はやしし》の時計發達史にはトルコ帝とあり）が獨逸《どいつ》のフレデリック二世に進物《しんもつ》にした時計は重量並に齒車により廻轉《くわいてん》した

といつた記事が眼につく。

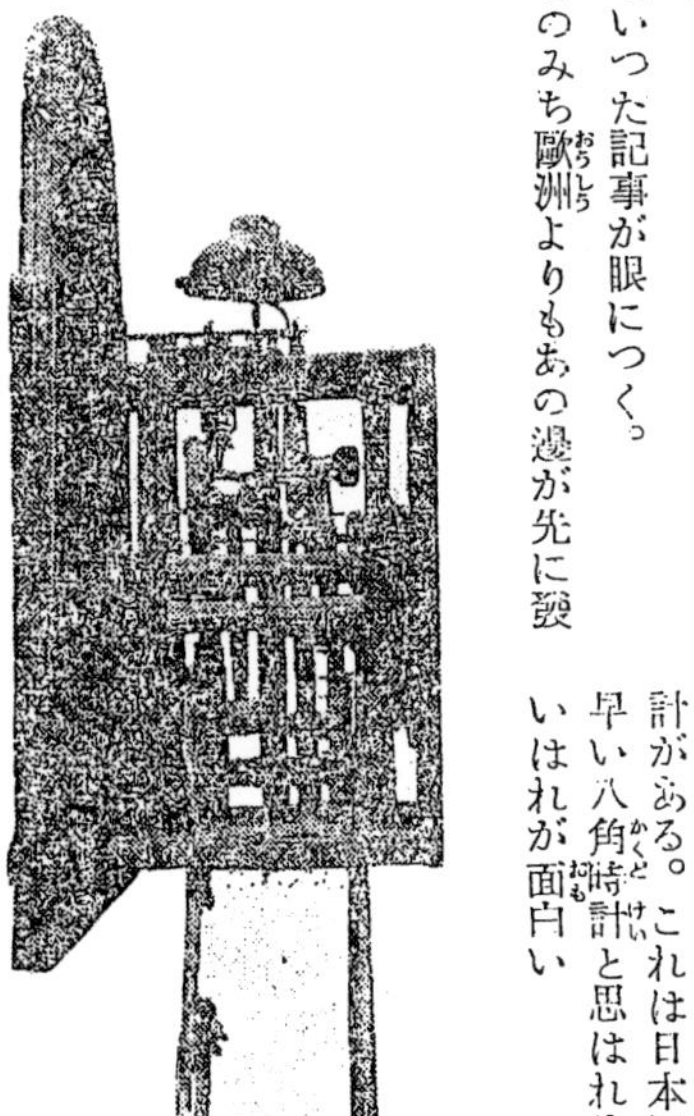

分銅時計の側面

どのみち歐洲《おうしう》よりもあの邊が先に發達した事は事實《じじつ》らしい。

これで見ても、時計《とけい》の五六百年といへばさほど驚《おどろ》く程の古さでもない事が解《わか》るばかりでなく、千年以上前に已に相當立派な重量時計《ぢうりやうどけい》が出來てゐたし、三世紀以前に發明されてゐた事が記《しる》してある。

ただ、こゝに注意《ちうい》すべきは、重量時計の文字板《もじばん》といふものがいつ頃から出來たかといふ事だが、どうも十四世紀《せいき》の初め頃かららしい。

して見るとこの時計《とけい》もいくら古くても六百年をさほど越えてゐない譯《わけ》だ。

僕は埃及で千五百何年と刻《きざ》んである鳩時計の模造品《もざうひん》で、齒車の木製のを見た事があるが、日本製《にほんせい》のでは小野賢一郎氏が、德川時代製造《とくがはじだいせいざう》にかゝる木時計を所持《しよぢ》してゐらるゝときいてゐる。その外には未だ寡聞《くわぶん》にして木時計の存在を知らない。

この時計、なほ研究《けんきう》の餘地は充分にある事勿論だが、先づ珍時計《ちんどけい》の一として存在する價値《かち》はあるものと思つてゐる。

次に、僕の所藏品中《しよざうひんちう》に一つの八角時計がある。これは日本に渡來《とらい》した最も早い八角時計《かくどけい》と思はれるもので、そのいはれが面白い

漆

―（承前）―

六角紫水

明治の初期に靜岡から大量に産出されそれを横濱から輸出したが表面の美しさに力を入れて材料の木地の方が輕じられて居たから、北米の空氣の乾燥した處へ持つてゆくと歪みが來て聲價を落したやうなことがあるから、輸出向には桐材を使ふ方がよいのです、硬い木は駄目で、壞れぬものを作るにはどうすればいゝかの基礎を考へねばならない、其後林忠正氏の手で古美術漆器が巴里へ、山中商會からボストンへ印籠など二三百點も輸出されて居る、貿易局が出來て商務官が出先きから流行向のものを報告して來るのですが、役人は作家でないから本當の國産としての眞價が理解できないのでその觀點が大分違ふからこの報告といふものも直ちに必ずしも役立つといふ譯には行かない。

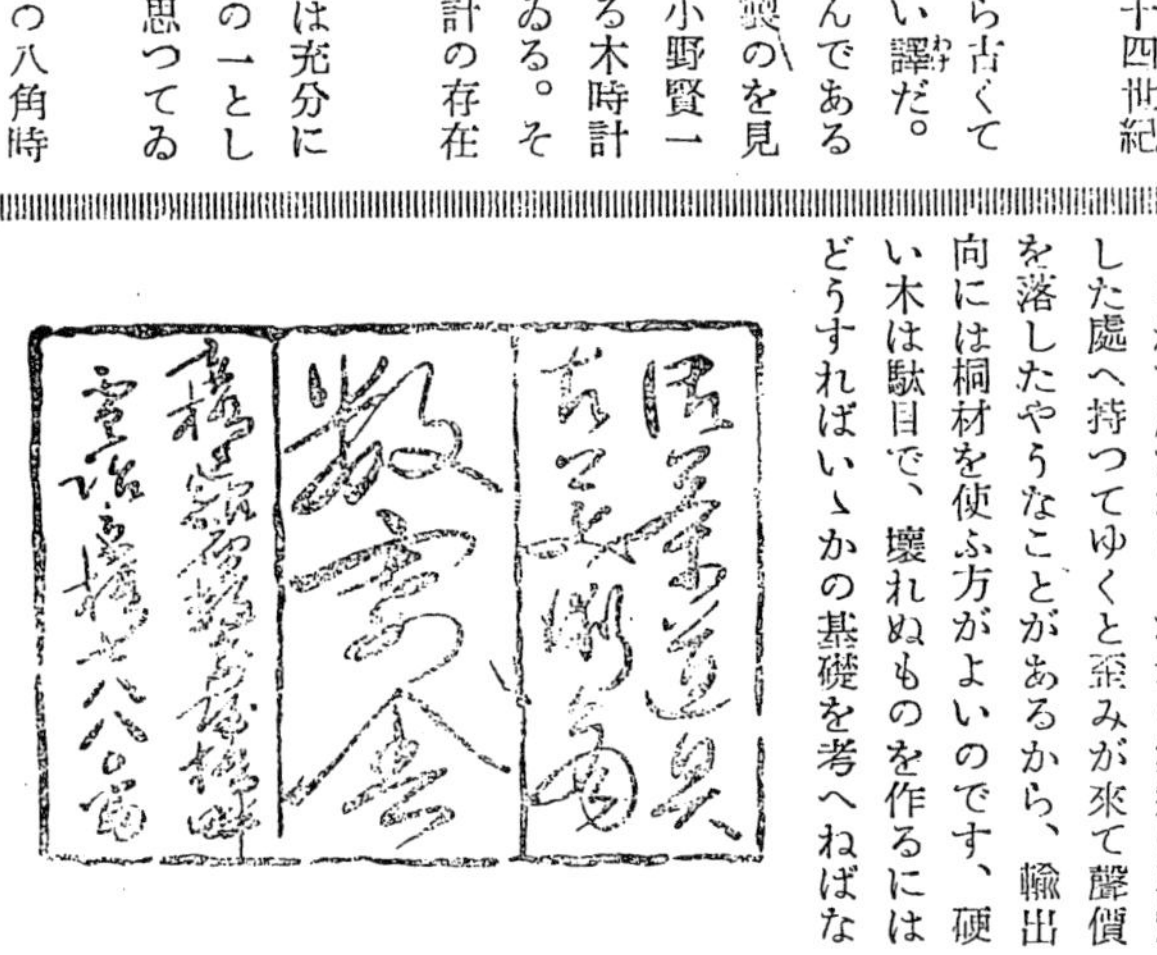

國家的に奬勵すべき漆の仕事を塗物

即ちこの時計の裏面《りめん》に「明治五年東京横濱《よこはま》間開通之蒸氣車氣罐車使用の時計《とけい》也」と書いてある。

僕の知人で今は故人《こじん》となつたM氏のM夫人から讓《ゆづ》り受けたもので、このM夫人の嚴父は、井上親忠といふ憲兵《けんぺい》大佐であつた。

明治天皇が、明治五年京濱《けいひん》間の鐵道開通式に行幸遊ばされた時、扈從《こじゆう》して開通式に臨み、後に、機關士《きくわんし》が懷中時計を持つやうになつてから、この時計を記念の爲に、當局《たうきよく》から贈られたものだといふ。

製造《せいぞう》會社はアンソニア（米）で、この後渡つて來た八角《かく》時計《けい》には上部に引糸がついてゐて、これを引《ひ》くと時を打つ仕《し》掛《か》けになつてゐるが、これにはその引糸が附《つ》いてゐない。

一見平凡な八角時計だが、裏面《りめん》を見、經歷をきくと、日本の鐵道發達史《てつだうはつたつし》を飾る一役を爲《な》すもので、萬世橋鐵道博物館の第一號機關車《きくわんしや》には一目を置くとしても、陳列室《ちんれつしつ》の一隅に置いて展觀せしむるの價値は備《そな》へてゐるものと思ふ。

また、あの一號車の內部《ないぶ》をよく調べて見たら、何所《どこ》かに時計をかけた釘がまだ打つてないとは限《かぎ》らない。さうしたらその釘にこの時計《とけい》を掛けておくのもまた妙《めう》ではないか。

次に獨逸製の晴雨計《せいうけい》附重量時計であるが、これもパリか持つて歸《かへ》つたものだ。これは大して古くなく、百年くらゐしか經つてゐないと思ふ。

上部の窓から人形《にんぎやう》が出入する。雨の時は左（向つて）の人形、晴《はれ》の日は右の人形が前《まへ》へ出てくる。さほど珍品といふ程でもないが、かといつて、さうざらにあるものではない。この外《ほか》に僕の手許《てもと》には「ロマノフ時計」「西太后時計」「蠟燭時計」「歩時計《あるきどけい》」「蒸氣船時計」「眼玉時計《めだまどけい》」「線香時計」「オルゴール時計《とけい》」といつたものが幾種類か蒐つてゐる。

別に金にあかし暇《ひま》にあかして蒐めたものではなく、自然に蒐《あつま》つてきたといつた方がいゝくらゐに、努力《どりよく》なしで蒐まつたものだ。

ロマノフとか西太后《せいたいごう》などは、みな僕が勝手《かつて》に附けた名前であつて、ロマノフ家や、西太后の周知《しうち》せざるところのものだ。

實際を云ふ〻 僕などは時計《とけい》蒐集談などと大きな事の云へる程《ほど》の數を持つてはゐない、で從つて資格《しかく》もない譯だが、日本には數人の世界的蒐集家《しうしふか》がゐるのであるから、それ等の人々の蒐集談を何かの機會《きくわい》にききたいものと思つてゐる。

また、これらの人々の蒐集品《しうしふひん》は國家が、これを一堂に陳列保管《ちんれつほくわん》すべきものと思ふ。例へば科學博物館《くわがくはくぶつくわん》に於ける高林コレクションの如く。（カットは分銅時計）

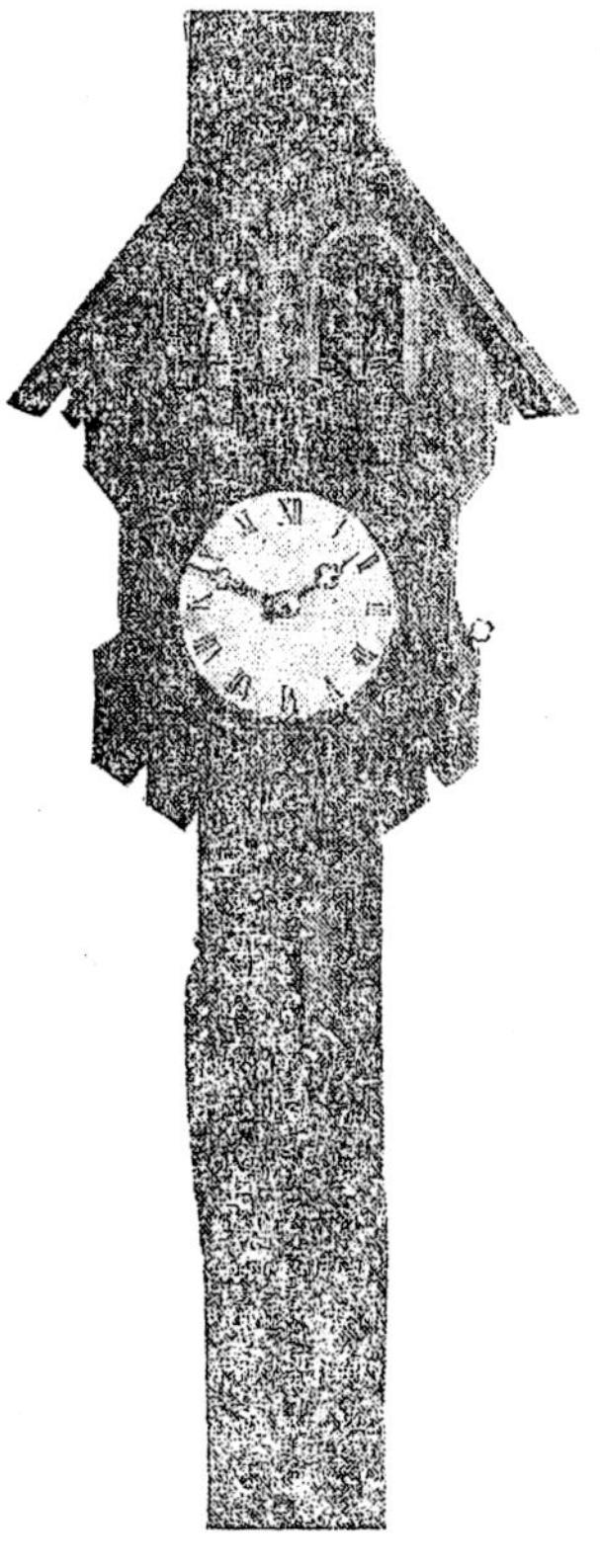

鳩時計（獨逸製）

個展

園角太郎個展

「門の家」と「都會の一隅」は共に日本畫材料による作だか「門の家」には素直な內にも生活情趣が出て居るし日本畫材料としては迫力も有り寫實力の深さと共に優れて居る「都會の一隅」は前作から見ると感覺的に違ぎて粗雜な感じ有つて中途半端な物に成つて劣る。

其の他油彩の部では「石膏」「作品」等が擧げられるが裝飾的小味に終始して深さに乏しい。將來此の作家に期待出來る物は新日本畫創作の事である。

（彌）銀座ギラリー。

美術と生活

美術を無用のものと感じる人は恐らくあるまいが美術が直接生活と交渉する點については存外無關心な人々が多い。それはまだ美術といふものを繪畫であり、彫刻であり、工藝品でありといふ個々の美術品に需めてゐるからである。然しその個々の美術品そのものは壁面や床の間やサロンの棚を借りなければ存在價値がないといふものではない。美術が直接生活に働く部面はその美術品から人々が享ける感覺なり情操なりを凡ゆる生活面の上に働かしてみて始めてその實際の效果を知るに至るのである。即ち生活を內的に高める精神が美術によつて養はれさへすればよいのである。だから美術もいつも額緣の中に收まり、床の間に收まつてるだけではいけない。もつともつと荒々しい生活の中にも喰ひ入つて來べきなのである。數年前銀座通の商店の飾窓に一枚づゝタダで知名作家の油繪額を飾つたことがあつた。何の協會の仕事であつたか忘れたが其時街頭の人々はそれに注視したが、その感想は銀座の町が始めて汚く見えたといふことであつた。銀座の町の汚さとその近代趣味の安つぽさを敎へたものはその街頭に並べられた繪との對比にあつた。これは瑣末な一例だが美術を生活の中に置くことが大衆に美の眼を與へる效果に注意すべきである。（佳）

師や蒔繪師に任せて置いては、駄目である。特殊の性能があることをもつと知らせなければならない、話は古いが鐵道院時代に大井の工場で御料車が太陽に曝されると脹れ上るので針の先で脹れを止める爲めに一週間も大騷ぎをしたがこれはニスを塗つたためで、更めてニスを落して漆を塗ることになつたら其騷ぎは無くなり、漆の效用を發揮したのであつた。

漆は天然塗料であるから生きて居る西洋の塗料は化學人工のものであるから死んで居る、生きものを扱ふので乾くのでなく固まるので有るから强靱である、塗器は實に清淨なもので塵一つでも止まると眼に映る。昭和三年の御即位式に、陛下の御佩用の御劍を日本漆で仕上げる樣命ぜられた、出所の確實な漆を使用せねばならぬといふので各方面に人を派して調査したら、群馬縣の藪島村の舊家に樹齡六拾年の大木を探し出しこれで御劍を塗つて納めたことがある、其時漆搔きが五圓だけ漆を採らしてくれと申入れて、百五拾圓位採收した、其頃は一貫目五圓位であつた、私は樹を觀に行つたが餘り搔き過ぎて木を衰弱させて枯らした樣であるから注意を與へ、樹下御宮を建て鳥居を立て保存に努めさせたが遂に翌年は芽が吹かなかつたが、傍らに種がこぼれて生長したのを記念することにした、夫れから後大演習で今上陛下が群馬縣へ行啓になつた時、縣知事から御獻上品の相談をうけて、先きの漆材で手筥を製作して銀の透彫の裝飾をして御獻上申上げたことがある、日本の木象嵌になる樹材は四拾種類あるが其內でも漆の黃色は最も美しいのです

本阿彌光悦の尊皇（三）

添田達嶺

繪　田中案山子

光悦《くわうえつ》と宗達《そうたつ》の關係《くわんけい》に就《つい》てはハッキリした文獻《ぶんけん》が傳《つた》はらないので不明《めい》だが、その年代《ねんだい》畫風《ぐわふう》から見て宗達《たつ》が光悦《くわうえつ》に師事《しじ》したであらうことが察知《さつち》される。のみならず光悦《くわうえつ》は父光二《ちゝくわうじ》の代《だい》から加賀前田藩《かがまへだはん》の知遇《ちぐう》を得《え》てその祿《ろく》を食《は》んでゐたし、宗達《たつ》も金澤《かなざは》に住《す》んで前田家《まへだけ》の恩顧《おんこ》を受《う》けてゐたから、宗達《たつ》が光悦《くわうえつ》に學《まな》んだであらうことは疑《うたが》ふ餘地《よち》がない。二人《り》の合作《がつさく》も傳《つた》はつて居《を》り、宗達《たつ》の畫《ゑ》に光悦《くわうえつ》の讃《さん》せるものもある。

その上一説《うへせつ》には光悦《くわうえつ》の妻《つま》は、本阿彌宗家《ほんあみそうけ》の光刹《くわうせつ》（光悦《くわうえつ》の母妙秀《はいしう》の弟《おとうと》で光悦《くわうえつ》の伯父《をぢ》）の長女《ちやうぢよ》で、その妹卽《いもうとすなは》ち光刹《くわうせつ》の次女《ぢよ》が宗達《たつ》に嫁《か》したといふ説《せつ》もある。果《はた》してさうとすれば光悦《くわうえつ》と宗達《そうたつ》とは義兄弟《ぎきやうだい》のわけだ。

光琳《くわうりん》は光悦《くわうえつ》の歿後《ぼつご》生《うま》れたが、光琳《くわうりん》の曾祖父道伯《そうそふだうはく》の妻《つま》は光二《くわうじ》の長女法秀《ちやうぢよはふしう》で、光悦《くわうえつ》の姉《あね》だから光悦《くわうえつ》は光琳乾山《りんけんざん》には、ひい伯父《をぢ》に當《あた》るわけだ。その上祖父宗伯《うへそふそうはく》は光悦《くわうえつ》と一緒《しよ》に鷹《たか》ケ峰《みね》に住《ぢう》し、父宗謙《ちゝそうけん》は光悦《くわうえつ》の書道《しよだう》の門人《もんじん》でもあつたから、彼等《かれら》兄弟《きやうだい》が光悦《くわうえつ》に私淑《ししゆく》したのは當然《たうぜん》であらう。

何《いづ》れにしても光悦《くわうえつ》を源《みなもと》にして其《その》一門《もん》に依《よ》つて國土色民族色《こくどしよくみんぞくしよく》の豐《ゆた》かな純日本的《じゆんにつぽんてき》の裝飾畫《さうしよくぐわ》の一流《りう》が開拓《かいたく》されたことは、日本繪畫史上《にほんくわいぐわしじやう》の一異彩《いさい》で、動《やゝ》もすれば唐様《からやう》に走《はし》り勝《が》ちの日本《にほん》の繪畫藝術《くわいぐわげいじゆつ》が、光悦《くわうえつ》に依《よ》つて民族的藝術《みんぞくてきげいじゆつ》の聲價《せいか》を高《たか》め得《え》た功績《こうせき》は實《じつ》に偉大《ゐだい》なもので、世界《せかい》に誇《ほこ》るに足《た》ると思《おも》ふ。

蒔繪《まきゑ》、陶器《たうき》亦日本趣味《またにつぽんしゆみ》に立脚《りつきやく》した獨自《どくじ》のものである。

そして光悦《くわうえつ》が斯《か》うした純日本的《じゆんにほんてき》のものを産《う》んだ　その源泉《げんせん》はどこにあるかといふに、それは彼《かれ》の心底《しんてい》深《ふか》く根據《こんきよ》せる尊皇心《そんわうしん》とその尊皇心《そんわう》から流《なが》れ出《い》る國土愛民族愛《こくどあいみんぞくあい》の現《あら》はれである。

元和元年光悦《げんわぐわんねんくわうえつ》五十八歳《さい》の時《とき》、徳川家康《とくがはいへやす》の知遇《ちぐう》に依《よ》り、洛北鷹《らくほくたか》ケ峰《みね》に東西《とうざい》二百間南北《けんなんぼく》十町餘《ちやうよ》、百七十六石八斗一升《と》の地《ち》を拜領《はいりやう》して、一門眷屬《もんけんぞく》と共《とも》にその地《ち》に移《うつ》つて鷹《たか》ケ峰藝術町《みねげいじゆつまち》を營《いとな》み、太虚庵《たいきよあん》を結《むす》んで閑居《かんきよ》し、花鳥風月《くわてうふうげつ》を友《とも》としながら灰屋紹益《はひやせうえき》から『此世《このよ》の人《ひと》にも覺《おぼ》えず』と讃仰《さんかう》された程《ほど》に名利世俗《めいりせぞく》に超脱《てうだつ》した俳者《はいしや》のやうな生活《せいくわつ》に入《はい》つた。

併《しか》しそれは決《けつ》して活社會《くわつしやくわい》からの隱退《いんたい》を意味《いみ》するものではなく、寧《むし》ろ新《あら》たな藝術生活《げいじゆつせいくわつ》に發足《はつそく》したのだと見《み》るべきであらう。

そして彼《かれ》は此鷹《このたか》ケ峰所領下賜《みねしよりやうかし》に就《つい》ての家康《いへやす》の知遇《ちぐう》に感激《かんげき》して『かの朝《てう》にては光武皇帝《くわうぶくわうてい》、我《わ》が朝《てう》にては東照公《とうせうこう》、かかる世《よ》に生《うま》れたるは幸福《かうふく》なり』と家康《いへやす》の徳《とく》をたゝへながらも、一面《めん》に京都朝廷《きやうとてうてい》の存在《そんざい》は寸時《すんじ》も忘《わす》れなかつた。

初《はじ》め將軍家《しやうぐんけ》から食祿《しよくろく》を賜《たま》はらうとした時《とき》も、彼《かれ》は齢將《よはひまさ》に六十に垂《なん》んとして、江戸駿府《えどすんぷ》へ罷《まか》り越《こ》して御用相勤《ごようあひつと》め候儀《さふらふぎ》は所詮叶《しよせんかな》はぬからと體《てい》よく之《これ》を辭退《じたい》して、板倉伊賀守《いたくらいがのかみ》の取《と》りなしで鷹《たか》ケ峰《みね》の所領《しよりやう》を拜領《はいりやう》したので、光悦《くわうえつ》の心中《しんちゆう》は最初《さいしよ》から禁裏《きんり》の御用命奉仕《ごようめいほうし》を第一《だい》として關東《くわんとう》に下《くだ》ることを好《この》まなかつたからである。いや啻《たゞ》に自分《じぶん》だけでなく子孫《しそん》にまで關東《くわんとう》へ移住《いぢう》することを嚴禁《げんきん》して、徳川家《とくがはけ》へ對《たい》する尊敬《そんけい》と上《かみ》皇室《しつ》に對《たい》する尊《そん》皇心を明かに區別《くべつ》した。

□鬼原素俊氏　支那派遣軍總報道部の招聘により十月五日東京驛出發中支方面に從軍した同氏は這般信州戸隱神社で合天井繪執筆中であつたが右のため急遽之れを完成して直ちに出發した

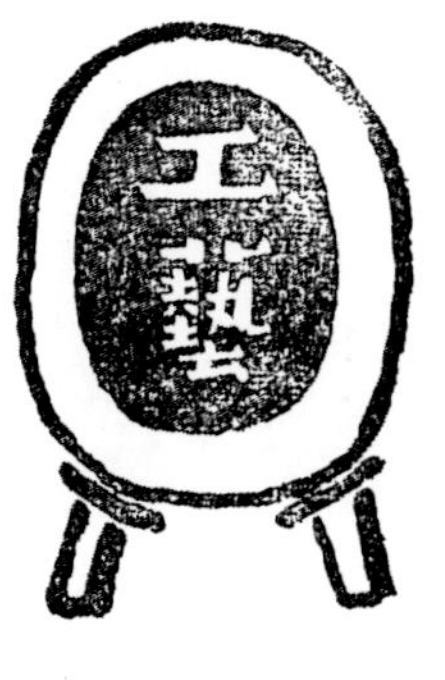

南蠻古陶陳列

九月二十四日から二十八日まで高島屋サロンで南蠻古陶二百四點を展觀した、その澁い色調は茶道にも適ふのでその意味の計畫である。

十月七日まで賑々しく 府綜合工藝展開く

高島屋、三越、商工奬勵館で

綜和一心以て新東亜建設の聖業達成に邁進しつゝあるの秋、東京府文化の昂揚と産業の興隆のため工藝綜合展を十月一日より七日迄七日間（第一部會場）三越（第二部會場）高島屋（第三部會場）丸の内東京商工奬勵館で開催したが、これに先立ち第一部の美術工藝部では去月二十七、八の兩日午前九時から午後四時まで高島屋美術部で審査會議を開いた、審査委員は

（委員長）津田信夫（委員）香取正彦、豊田勝秋、山崎覺太郎、高井白陽、岩田藤七、各務鑛三、河村蜻山、廣川松五郎、木村和一、北原千鹿、海野清、梶田惠、飯塚琅玕齋の十四氏で宮之原謙氏だけは病氣入院中の故で缺席した、審査は公開され津田委員長の老巧な進行整理ぶりが審査をスムースに進行させたのは頗る好許であつた、一般搬入數は文展の第四部工藝部よりも遙かに多數で七百九十八點（昨年文展は五百九十八）に及んだ、第一日に此内から百六十三點を擧げ、第二日に更にこれを精選して百五十點を入選（昨年文展は百二十六點）と決定した、審査員及び賛助出品約二十點の外、推薦及び招待出品は左の如くである

推薦 ▲人形指（平田郷陽）▲瑠璃香爐（土肥刀泉）外一點▲風呂先屛風（熊谷吉郎）▲乾漆水盤外三點（森一樹）▲梅花文菓子鉢外二點（木村天紅）▲人形みのり（堀柳女）▲黄玉釉香爐外三點（井高歸山）▲四分一切嵌花器外一點（河内宗明）▲香合菊花外一點（横越自入）▲置物鷄と子供（岡本玉水）▲銀銅花瓶（桂信春）▲矢筈靑砧水指（井上良齋）等五十點

招待 ▲靑銅花瓶（山本自爐）▲馬文花瓶外一點（大森光彦）▲藺纈染卓布外三點（熊谷董太郎）▲鑄銅葉文花瓶外二點（佐々木象堂）▲平丸釜（根來實三）▲紅彩蓮文方形壺（加藤士師萠）▲靑銅鯉文花瓶（林萬壽人）▲抹茶碗外二點（安原喜明）▲硝子額東郷元帥像（小川雄平）▲白銅ステッキベリカン外四點　森村酉三）等五十八點

榮えの受賞者

審査終了に引つゞき授賞決定會議を開き愼重協議の結果、遂に一等賞は得られず二等賞以下左の如くであつた

二等 東京府知事賞
乾漆花器「蛾の踊り」　辻光典

二等 彫金透彫小筥（森田一靜）洋燈と花　靑果四折屛風（武樋貞波留）野牛圖盛器（大谷春彦）

三等 乾漆盛器（島村慶二）綴織敷物（田村千惠・登茂入（渡邊あき子）黄銅丸小箱（帖佐美行）丸飾筥（下暢）クリスタルボール（降旗正男）竹盛籠（近藤寅）

始めて公開の 工藝展審査

東京府綜合工藝展の審査會場は長方形に卓が置かれて中央正面に委員長の津田信夫氏が座し左右に居流れて十二人の委員が向ひ會つて椅子に着く、津田委員長が「これは何うです」と一點づつ卓上に置く、盆や皿のやうな輕いものは委員長が片手に捧げて「これはどうぢや」と委員の可否に問ふ、出品數が立込んで調子がはづむと委員長品物を振りまわして「これいかゞさあ幾ら」とは言はないが糶賣よろしくである、各務鑛三氏頗る明晰テキハキと「赤」――落選を宣言して進行速進と嚴選に拍車をかける、同情的に落選品をさし控えて見直しては、再議を呼戻すので豊田勝秋氏が目立つ、ある花瓶を手にして委員長が、花瓶の口を叩いて「君達と同じだ」口が悪いと一同をニヤリと見廻す、あるアルマイト製作品では「アルマイト」といふものは斯うしたものである、こういふのがいかんといふならアルマイトは一點も入選アルマイト」と洒落る、作品に對して落選の「赤」の呼聲がかゝると委員長が「辯護人はないかね」「救護班來らずかね」などと云つても七百九十八點といふ點から百五十點といふ嚴選ぶりで無慘に落される「赤」などと手嚴しい叫びがかゝると「あか（銅）じやない錫だよ」と一寸融和氣分を入れるが助らない、愈々嚴選だが靑貝卓のぴか〱豪華なのが出ると誰かゞ「雅叙園々々」などといふわけで和氣藹々たるもので北原千鹿氏など「名委員長津田さんのお影で斯くもスムースに進行するのだから一つ慰勞會を擇げなくちやならんね」と提案して大いに感謝を表した程だ、何しろ面倒な工藝家の始めての公開審査で、開けて見ると公正無私、赤裸々なよさを見せた

美術經濟

地方から氣運昂降の兆
美術骨董界色めく
岐阜萬松館の賣立二十二萬圓

美術骨董界は時局下愛好家の買氣を全く消耗して芝の東京美術倶樂部も大小共に賣立入札の見込み立たず業者は專ら小向ひの潜行取引に依存する外はないといふ消極ぶりであるが、却つて地方的には相當な賑ひが見られる模樣である、九月の全國的概觀で、最も盛況を呈したのは岐阜市公園の萬松館の賣立で、同地の横山、鄕、河瀨、山口、河野の五店と名古屋横山商會同長谷川長宜堂、同宇治久、東京の山澄、京都の善田札元で十五六兩日下見し、十七日賣立當日は全部糶で約六百點を三時間の急速度で終了、多少の親引はあつたものの總賣立額二十二萬五千八百圓を計上した、五百圓以上の落札品を擧ぐれば左の如くである。（單位千圓）

後醍醐天皇御宸翰（藤原敏行朝臣歌仙 〇、五五〇
石山切伊勢集（重要美術品） 二〇、〇〇〇
澤庵、行（眞珠庵文添） 二、六〇〇
一休瓜繪贊 一、二〇〇
石山切貫之集（重要美術品） 一三、〇〇〇
清巖一行（鳥不啼山更幽） 二、〇〇〇
一休懷紙（我を待つ） 一、一五〇
江月横一行 〇、六五〇
遠州俟年頭歌入文 一、一〇〇
長嘯子（花さかり） 〇、六五〇
天室横一行（雲收） 〇、七〇〇
伊川院瓢簞 〇、五八〇
玉舟夢一字 一、二〇〇
一蕙齋淡彩砧打 一、五八〇
伊川院中寶盡三幅對 〇、六〇〇
寛齋陶弘景聞笙 〇、八〇〇
山陽七絶　一幅高堂） 〇、七五〇
雅邦虎溪三笑 一、七〇〇
豐彦百老遊會 〇、九〇〇
文擧高雄嵐山双幅 〇、八〇〇
淸龍玉舞 〇、五〇〇
玉章福祿 〇、六〇〇
雅邦蘆雁 〇、八〇〇
竹堂春秋山水双幅 〇、八〇〇
春草淡彩秋汀 五、〇〇〇
玉堂高士觀爆 三、一〇〇
玉章中旭日左右竹に鶴 三、〇〇〇
靑邨香魚 〇、五五〇
曼舟嵐山春景 〇、五〇〇
入江爲守大短册（こし方の 一、〇〇〇
秀畝三社三幅對 〇、七〇〇
爲守四季懷 二、〇〇〇
諸大家色紙張交二枚折 一、九〇〇
釘彫伊羅保茶碗 七、五〇〇
堆黑面壁香合 八、〇〇〇
御所丸茶碗（加藤家傳來） 二、〇〇〇
織部耳付茶入 七、〇〇〇
利休瀨戸肩衝茶入 一、七〇〇
長次郎黑茶碗 〇、七〇〇
堅手茶碗 〇、五〇〇
堅手平茶碗 一、〇〇〇
宗甫好木地茶器 一、六〇〇
祥瑠捻玉堂佳器文字茶碗 一、五〇〇
樂只齋手造赤茶碗 三、八〇〇
粉溜菊蒔繪平棗 一、〇〇〇
獨樂寶珠香合 一、〇〇〇
紅葉半使茶碗 三、八〇〇
彌平太卷水繪茶碗 〇、五〇〇
一入赤茶碗 〇、八〇〇
雲鶴筒茶碗 一、四〇〇
不昧侯好胡民錫椽香合 一、四三〇
了入黑茶碗 二、五〇〇
御本半使歪茶碗 一、三〇〇
惺齋好粒菊蒔繪吹雪棗 〇、九〇〇
普齋共筒茶杓 一、〇〇〇
鴻池道億共筒茶杓 一、三〇〇
淀屋ヶ庵共筒茶杓 〇、六五〇
色繪獨樂丸盆 三、五〇〇
南蠻冬瓜四耳水指 〇、八〇〇
染付葡萄棚水指 一、五〇〇
唐物藤組口透蘭形岸 一、一〇〇
同　上 〇、八五〇
五郎左衛門霰筒釜（前田家傳來） 六、〇〇〇
青磁鯉耳三閑人花生 二、〇〇〇
淨味山水地紋釜 一、二〇〇
備前縣目六角高臺水指 一、六〇〇
青磁三足香爐 五、〇〇〇
時代梨子地蓮蒔繪硯箱 〇、五〇〇
唐物籠目底四方炭手 〇、六五〇
信樂灰器 〇、六〇〇
樂只好琉球風爐 三、八〇〇
高取細水指 〇、六〇〇
丹波耳付水指 〇、五五〇
古伊賀耳付花生 〇、五〇〇
義山金椽鉢 〇、五〇〇
淨久紅葉檜垣地紋撫肩釜 〇、七〇〇
破笠海松貝手付四方莨盆 〇、五〇〇
南京赤繪唐子繪火入 四、〇〇〇
繪志野四方火入 一、〇〇〇
唐物竹組四方岩斗 〇、五〇〇
德元在銘椽篏入さや豆火箸 一、九〇〇
同在銘金銀象篏勝虫鐶 〇、六〇〇
青磁沈模様鉢 〇、七五〇
唐物藤組釜敷 〇、五〇〇
南京赤繪蘭繪汲出（六人 一、〇〇〇
唐物七寶釜鎖 〇、六〇〇
赤地金襴手向付　五人） 三、八〇〇
古備前半月手鉢 一、七〇〇
赤繪呉須和字鉢 〇、五〇〇
時代鐵丁子 〇、七〇〇
染付松竹梅手鉢 〇、五〇〇
黃瀨戸識呑 〇、五〇〇
備前欅德利 〇、五〇〇
時代桐木地紅葉鹿蒔繪手焙 〇、六〇〇
松年十二月屛風一双 八、〇〇〇
栖鳳猛虎（尺八絹本） 三、八六〇

九月二十六日の一樂會好況に
新畫界俄然愁眉を開く

新畫界の不振は夥しく毎月の市場も或は休止或は解散の有樣で、强引に月例會を敢行押通して市場を開くものも品を出せば必ず損を見越さねばならず、いづれも身喰ひの體であるが、其内最も繼續を斷行し來つた一樂會も九月二十六日の定例日は正に運命の焦點だと噂の中に開催されたが約四千點程の出品があり、會の進行につれて漸く紅潮を呈し、雅邦聯落紙本山水の金四千八百圓、淸方紙本美人二尺五寸横金二千五百圓、玉堂前描き尺五蓬萊山水金二千三百圓などと低落前の値に向ひ來り遂に五萬圓を突破し近頃になき好成績を示し、結局一割以上の見歸りを生じて拍手裡に閉會したが之れに依つて時運は復舊に趨ひつゝある事を確認し斯界の業者に安心の氣構へを與え、やや愁眉を開かせるに到つたこの氣運は恐らく間違なく十月ともなれば漸次好調に進行するものと觀測される

鬘研究の
松田青風追悼展

歌舞伎道の鬘の研究家として知られた日本畫家松田青風氏が五十歳の働き盛りを去る七月十三日脳溢血で急逝したので故人の靈と遺族を慰めるべく十月十日から三日間銀座の松坂屋七階で松田青風追悼遺作及び鄕土會小品展が催される青風氏遺作では矢野恒太氏所藏の大作「翁」其他と鬘スケッチで右スケッチは同展終了後遺族より早稻田演劇博物館へ寄附される筈である

「旬刊」美術新報
昭和十六年十月七日 印刷
昭和十六年十月十日 發行
發行日 毎月三回（十の日發行）
購讀料 一册金五十錢（郵税一錢）
一ケ月三册金壹円五十錢（送料共）
編輯發行兼印刷人 麹町區九段一ノ一四 [illegible]
發賣所 東京市麹町區九段一ノ一四 日本美術新報社
電話九段二七一五
振替東京一六二五〇番
配給元 日本出版配給株式會社
通信は一切發賣所へ
發行所 東京市本鄕區東片町八二日本美術新報社

第十三回朝倉塾展

① 猫　朝倉文夫
② 錬成十題（其三）　長谷秀雄
③ 立像習作　朝倉攝子
④ 習作　河村清司

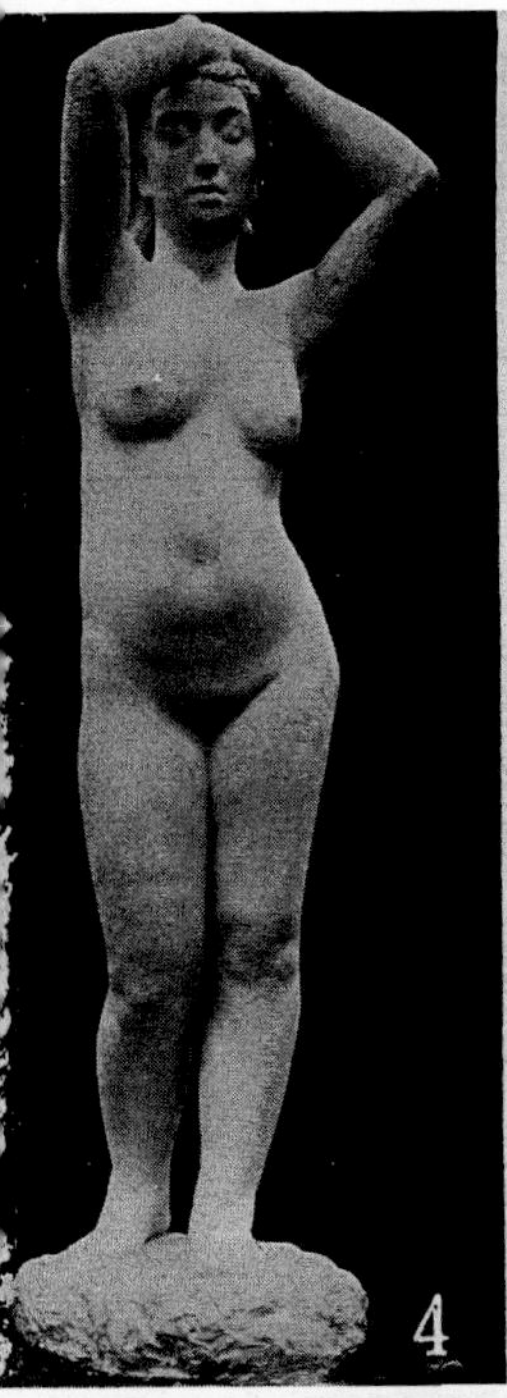
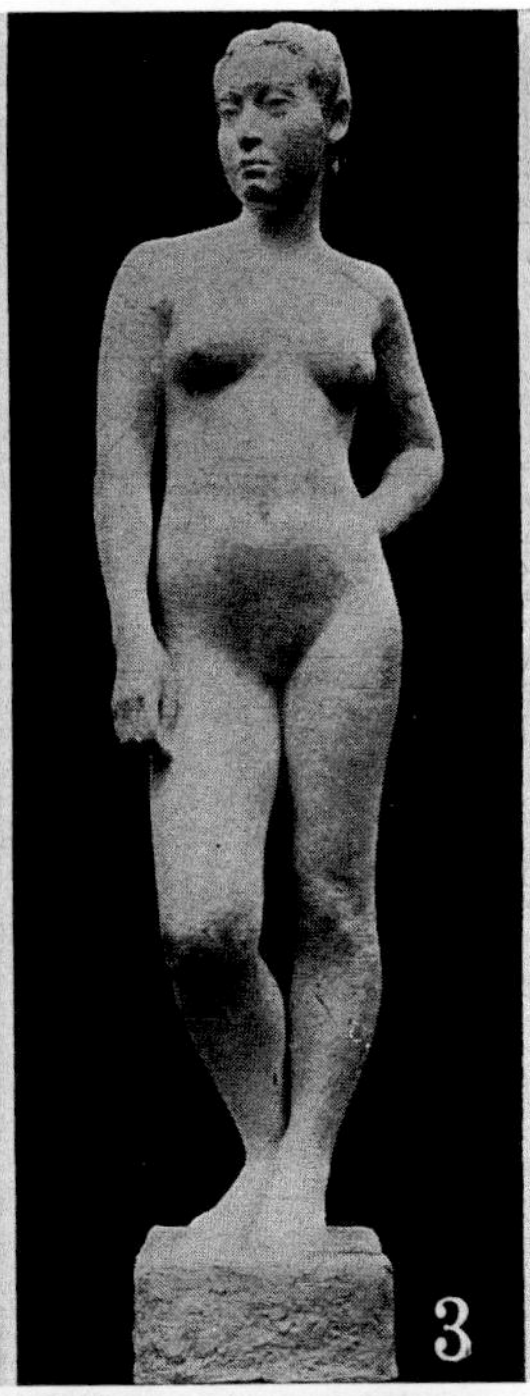

朝倉塾

前列向つて右より河村清司、關根正艶、谷川昇、中川吉郎、朝倉文夫、朝倉攝子、朝倉橋子、長谷秀雄、後列髙林陰房、山田敬義、吉川、伊藤夫人、河村夫人、大立目琢郎、伊藤鉦次、浦崎永健、照田毬、三原三松、米林玄陽の諸氏

文化奉公會々長推戴式

文化奉公會は應召の歸還軍人の中で藝術面に携る人々を以て結成された會で現在既に參百余名に達する會員を有してゐるが去る廿五日午後六時から軍人會館に於て侯爵前田利爲中將の會長推戴式を擧行され陸海軍報道部その他各方面の名士及び新聞雜誌記者多數の參列の下に盛大に擧行せられた會は副會長に櫻井忠温少將を戴き着々實行に移り中支那派遣等にそれぞれ會員を派遣し前線と銃後の聯絡報道に務めてゐる。

第二回美術雜誌編輯會議

第二回編輯會議は九月廿五日午後三時から日比谷大正生命地下室に於て開かれた。内務省から佐伯、米川の兩係官、情報局から奈情報官が出席され種々美術界の事につき意見が交換せられ編輯上につき執筆者其他につき相當突込んだ注文があつた。

乾坤社第三回展（上野松坂屋にて）

向つて右より坂口龍太郎、清水石溪、矢野鐵山、矢野知道人、直原放青、福田青藤、河口樂土、築地雲溪の諸氏

大輪畫院第四回秋季展（日本美術協會にて）

前列向つて右より花輪玉市、佐々木順、楠峯白光、小林彥三郎、立脇泰山、穗坂光市、梅本晃希　後列、奈良華泉、大竹保男、永塚栖園、篠田忠康、新田大耕、廣井陵雲、西澤正臣、岡戸聖龍、諸永青晃、渡邊太子、加藤寶、諸藤英幸、黑澤祥子、紺谷碧草の諸氏

靴の女

文展第四回にはじめて登場した新歸朝の山下新太郎氏作「靴の女」は當時の洋畫界にその清新な手法を謳はれ観衆を魅了したものであつた。回顧三十年日本洋畫會の發達と照し合せて失蹤の仕事に敬意の沸くを覺える

山下新太郎氏模寫（一水會特別陳列）

「ブレダの開城」ヴェラスケス作

西班牙プラド美術館に藏する巨匠ヴェラスケスの「ブレダの開城」は西歐繪畫史の逸品であるがこの模寫をなした山下新太郎氏は當時二十七歳の青年で前年日露戰役に旅順開城で乃木將軍のステッセル將軍に對する武士道的態度に感激した氏はこの作中の人物敵負將ユスチンに對するスピノラ將軍の態度を見て乃木將軍を偲び模寫の筆にもこゝの心を寄せられたといふ。

スペイン皇后の像（山下氏模寫）（部分）

サッフオ　ブルデル

婦人像　ドラン

港　デュフイ

ミケランヂエロの作品

3

伊太利文藝復興期に魔王の如く君臨した大藝術家は誰よりも先づミケランチエロである。彼こそ眞個のヒューマンズムの作家である。その逞しい寫實、今見ても驚く內部生命の把握はメヂチー家玄室の棺側を飾る「曙」と「夕」や「夜」と「晝」の大理石像に見られる、これこそ「永遠の藝術」の象徴である。寫眞①は「夜」の部分②は「曙」③は「夕」（建畠氏の本文ミケランジエロの與へるもの參照）

2

雪のモンマルトル　ユトリロ

新制作派展 特別陳列作品

フランスは敗戰してもその文化は殘つてゐる、十九世紀から現代へかけての美術隆昌は幾多の巨匠を史に殘した. 新制作派展特別陳列はいづれも近代フランス巨匠の傑作と許してよき小品である。專門家を驚嘆せしめつゝある。

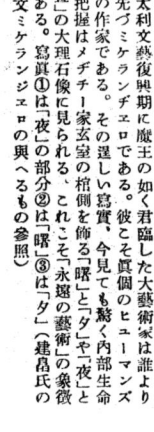

踊子　大久仏實雄

綠地帶風景(部分)　玉村方久斗

第七回 美術新協

浴陽洗髪　鈴六夢名子

吉管野剛

緑蔭

—第八回明朗美術展

狩野晃行

聖觀音

倶利伽羅谷火牛夜襲圖(部分)　東條光高

愛郷紙芝居物語ノ内(扉畫)(發端)　木和村創爾郎

第四回大輪畫院秋季展

春苑迴廊　小林彦三郎

興亞觀音　佐々木順

乳牛　補峯白光

紙風船　吉田新

翔響　立脇泰山

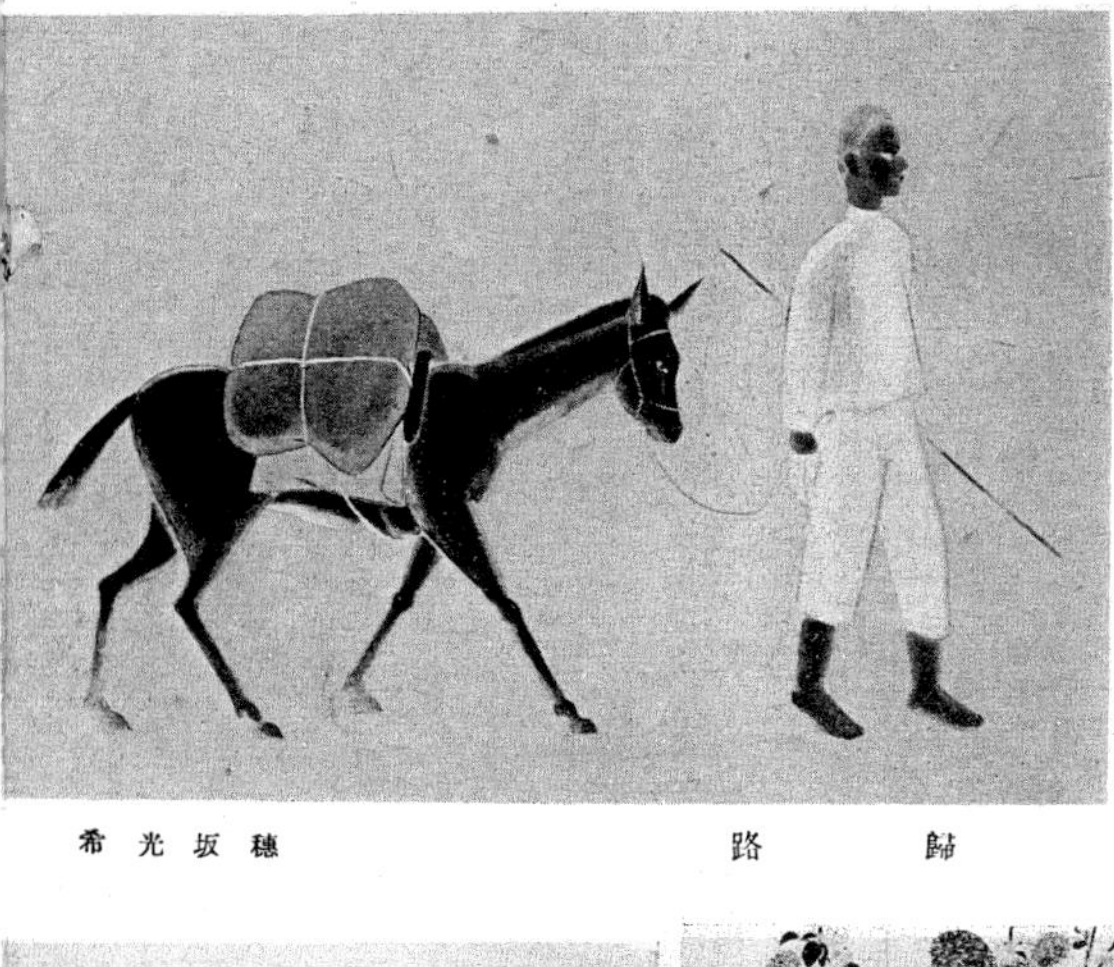
歸路　穂坂光希

初秋　永塚栖園

春粧　田中武

共に往く　奈良華泉

第三回乾坤社美術展グラフ

涼　矢野知道人

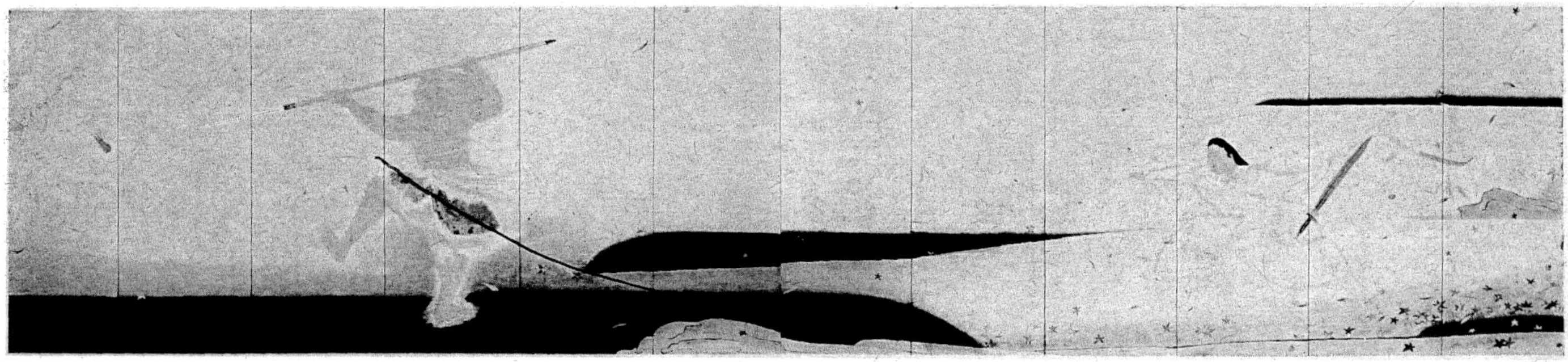

楚歌　矢野鐵山

海濱　森傷水

和平來(一)　福興悦夫

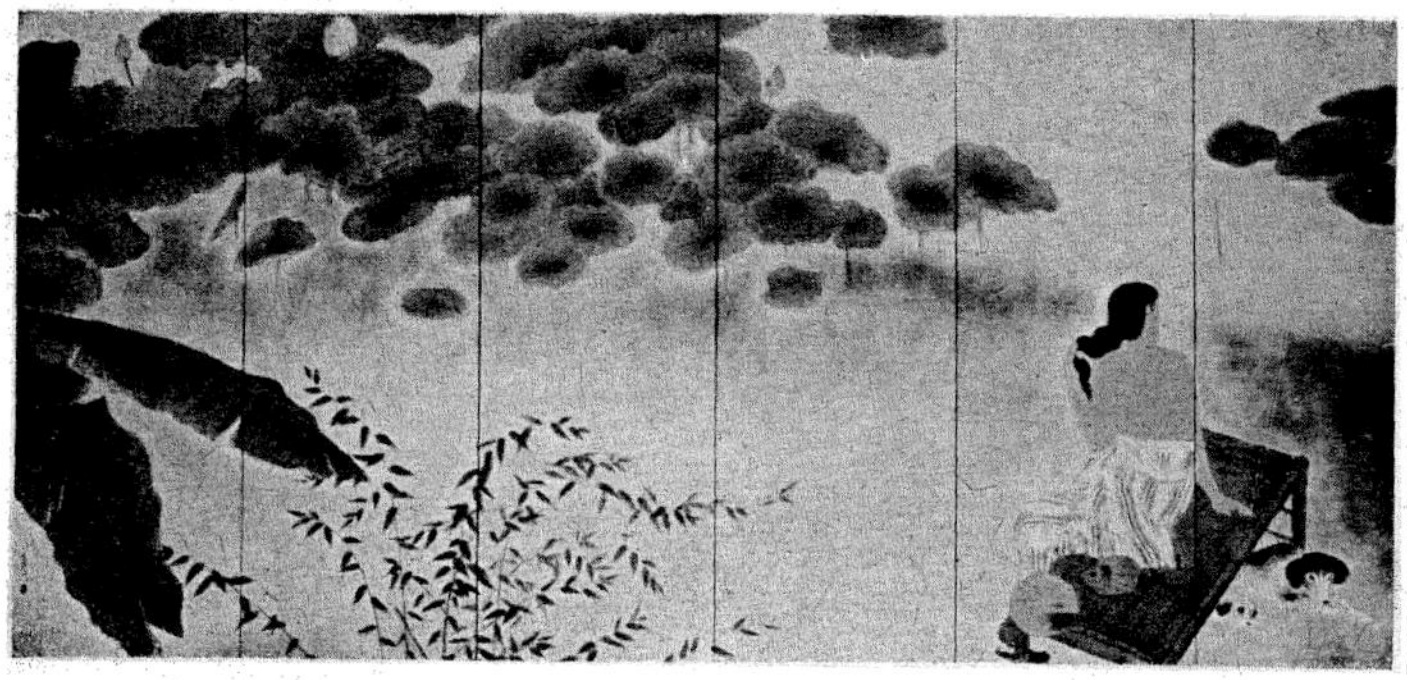

夏二題(其二)　英賀田蕙二

罌粟　臙紅醫

遊蔵門　人見鳥城

石人　直原放青

新制作派彫刻

裸婦　早川魏一郎

端座　本郷新　裸婦座像　菊地一雄　「淵」　山内壯夫

九室會航空美術展示會

基地に於ける通信兵　遠藤倫太郎

煙幕　桂ユキ子

空中戰　野尻三郎

九室會では九月二十日の「航空日」より二十四日まで銀座三越に於て航空を主題とせる作品展示會を開いた。會員合作、飛行機迷彩案（試作）と吉原治良氏案、立體試作品（迷彩、擬装、遮蔽）は最も注目された

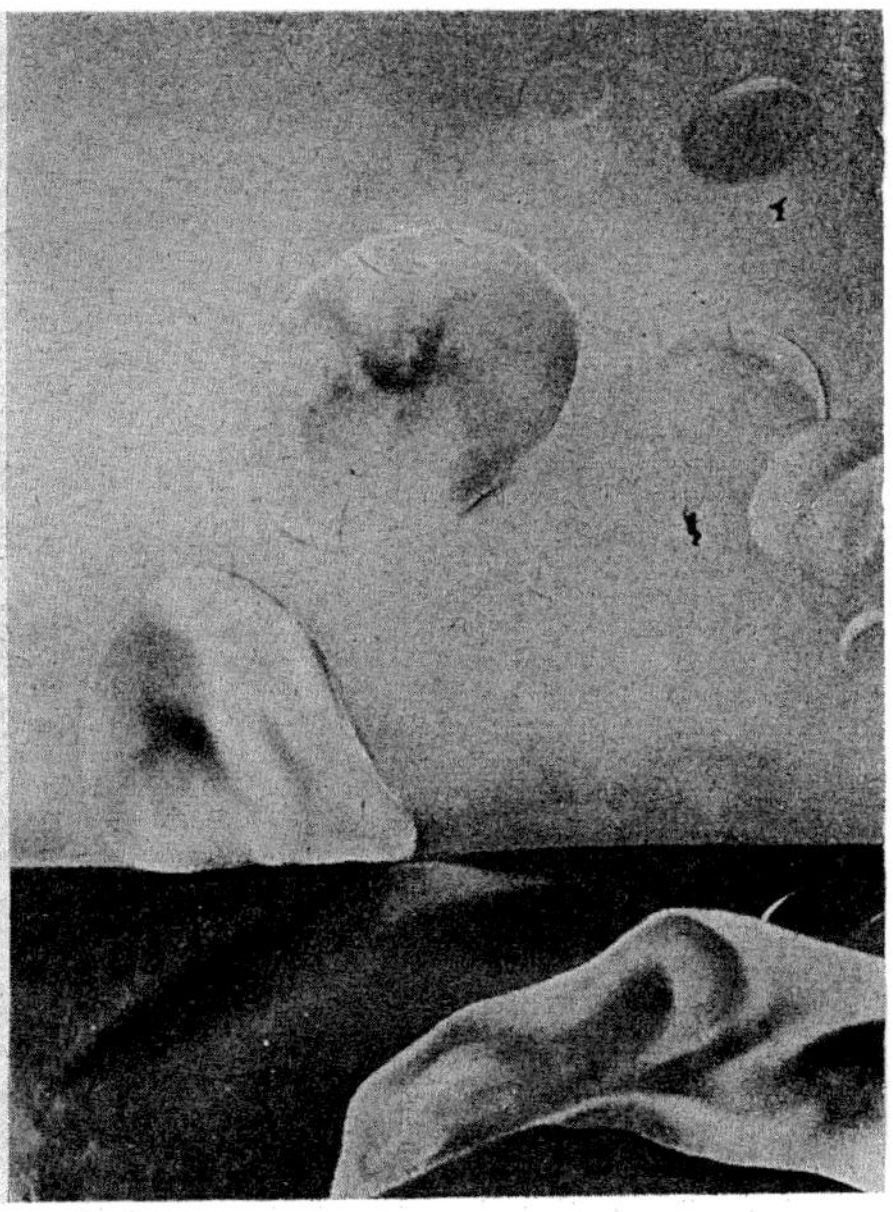

パラシュート　栃木宗三郎

航空兵群　松本俊介

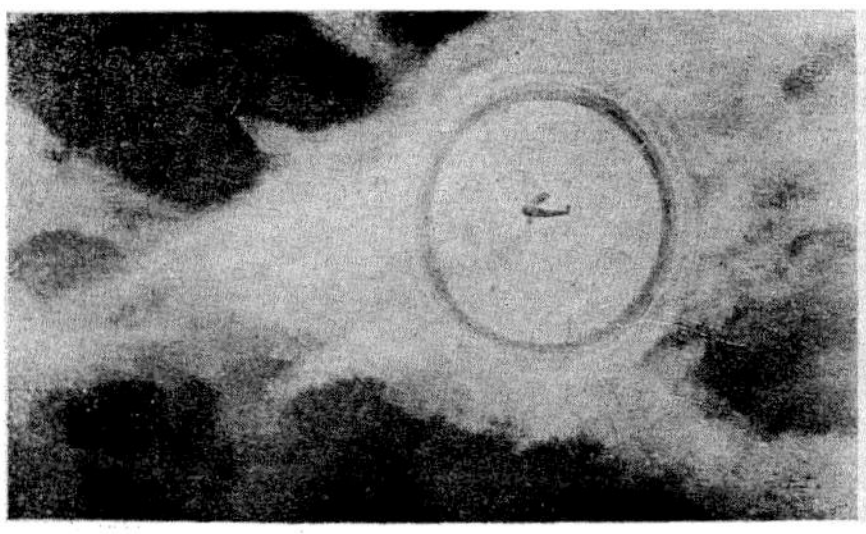

スペクトルのある空　新井ふみ子

若き世代の精鋭
新制作派展開く

若き世代は老いた世代を後にして進む。新制作派展を觀た者は一樣にわが洋畫壇の健實にして清新な建設期が來てゐることを思つたであらう。この潑剌として併も有爲な仕事ぶりを見よ。頼もしき新時代の選手達ではある。

黄衣　中西和雄

長江埠の子供達　猪熊弦一郎

安陸戰跡　佐藤敬

母への繪　脇田和

嫂　坂井範一

隣組の人々　鈴木誠

第6回新制作派協會展

空　内田巌

ピサロの家　荻須高徳

人物　小磯良平

漁夫達　伊勢正義

鞦韆　三田康

室内　三岸節子

子供の圖　伊藤繼郎

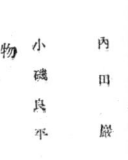

香蕙　山下新太郎

三姉妹物語　有馬生馬

エチュード　高野三三男

憩ひ　近藤光起

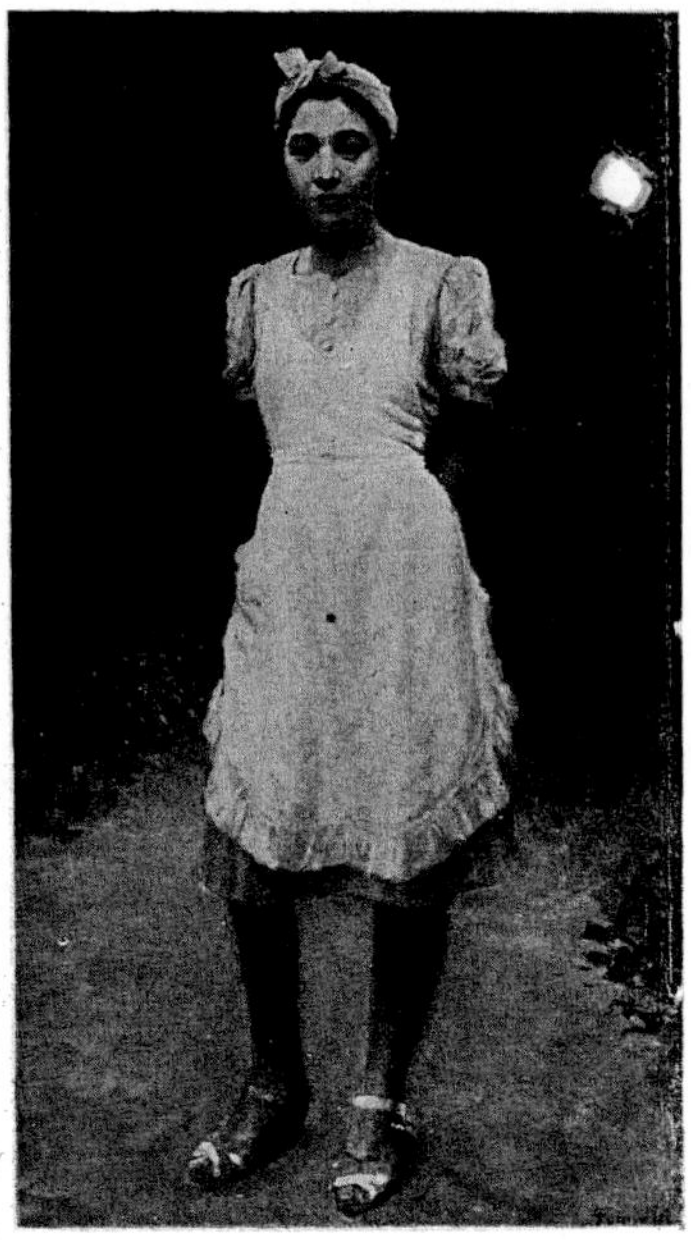

萩咲く庭　松田文雄

松林ノ秋　田崎廣助

白馬岳みち　中村善策

夏服　木下義謙

池と穂高　安井曾太郎

一水會

洋畫壇の耆宿を同人にもつ一水會第五回展は華々しく上野の初秋に登場した。流石手練れた至藝の會員だけあつて危げのない作品であるし出品作家もまた眞摯な態度を示して好感がもてた。

朝　木下孝則

如意湖　石井柏亭

野尻湖を監視する土屋さん　安宅虎雄

温泉場　池部均

山間新緑　小山敬三

松溪

松林桂月山人新作

嶽を仰げば白雲去來する山中、白晝かすかに松子の落つる響も聽かれると思はれるほどの閑寂さの中、松籟一度嘯けば全山に谺し、澗聲も天來の響にきゝなされる。谿間の小徑を縫ふて歩む一人の老師悠々とした姿は詩魂に遊ぶ人であらう。有聲の畫、無聲の詩、余韻余情全幅に溢るゝ桂月翁最近の快心作と言へよう

第一回〔公募〕賞金壹千圓也

日東美術院展覧會

（搬入受付）十一月二十三、二十四日（發表は二十五日）

會期　十一月二十六日――十二月六日

會場　上野公園東京府美術館

（事務所）東京市大森區堤方町九〇七　園部香峰方

（電話池上一八六番）

旺玄社秋季展覧會

會期　十月七日――十二日

會場　新宿・三越八階

（事務所）澁谷區八幡通り二ノ十六　坂田方

平岡權八郎
油繪近作小品展覧會

會期　十月九日――十二日

會場　日本橋・高島屋

旬刊

美術新報

第四號　　　十月十日發行

微風　伊東深水作

昭和十六年十月十日發行（毎月三回十日目發行）

旬刊時評

美術家の臨戰態勢

刻下時局の緊迫は眞に最後の關頭に達したかの觀がある。國民諸般の上に謂ゆる臨戰態勢の必要は言ふ迄もない。今や吾ら美術に關與するものもその一切の職域に應じてこの戰時下に適合する態勢を整ふべきが何より奉公の誠を致す道であらう。

然らば美術の臨戰態勢とは何か、いかなる方法を指すかと言へば、直接美術を以て戰時下の國民精神作興に寄與することも一つであると共に、美術家自身その平生の技術修養を以て一切の戰時態勢に必要な應用的任務に服すべきことである。即ちその年齡を問はず、又位置を問はず美術家たる職能に於て御奉公すべき義務は、展覽會の如きもそれが單に有閑な都會人の鑑賞を中心とすることでなく、眞に直接國家の勞務に盡してゐる人々の精神的慰安に役立つ如き方法を以て工場や官衙や勞務多端な方面の人々の鑑賞にも適する如き形式の下に巡回展の如きを催してもよいであらう。又美術の如きに從來全然親炙する機會をもたなかつた農村の如きに啓蒙的意味に於て講演や展觀を示すのもよからう。これらは美術團體が主となれば出來ることである。

また各自の修得した技術が役立つべき方面は今日街頭に於て軍需工場に於て、直接前戰に於て又國內の宣傳に於て、幾多の適應した仕事がある筈だ。諸種の彩迷も一つであり、他の防備上の施設への參與も一つであり地圖や宣傳ポスターの製作も夫れであらう。これらは當局の命の儘に動くべきであるが、美術家自ら挺身してかかる臨戰態勢に應ずべき用意をしてをくことが目下最も必要とせらるべきであらう。

美術旬報

滿洲美協結成

藝文翼賛の實を擧げるべく滿洲美術家協會の結成式は十七日午後三時から國務院講堂で武藤弘報所長始め各關係者會員等約百名が出席して擧行した。この日美術家協會は全滿の繪彫刻關係者百三十名を以て組織され會事業としては美術研究所の設置美術館及び常置展覽會場の設置促進その他美術動員、繪畫敎育等に依る國策宣傳が擧げられる

大邱「國體明徵館」に 飾る大壁畫

畫壇の大家廿四氏の精進で出來上つた大壁畫を以て飾る計畫の下に昨年秋朝鮮慶尙北道敎育會紀元二千六百年記念事業として大邱神社神苑內に起工された國體明徵館（工費約六萬圓）は去る七月廿九日竣工、この程敎育會に渡したが、その後現在まで搬入された大作は堂本印象氏の「山櫻」太田天洋氏の「天孫降臨」、荻生天泉氏の「小楠公」、白井剛夫氏の「和氣淸麻呂」、西村靄明氏の「神武天皇御即位」、磯田長秋氏の「敎育勅語御下賜の圖」、町田曲江氏の「鹿島大本營に於る明治天皇」の六點で目下表裝中である。次いで近く到着の二、三點を加へて今秋には竣工式を兼ね開館式を擧行する

美術家の迷彩運動に 翼賛會乘出す

美術家が美術を以て報國するのみならず、美術家も現下の國防勞務に加はる職域以上に國家に奉公すべく、二科會の宮本三郎氏等を中心に美術家の迷彩奉仕運動が寄々協議されてゐたが大政翼賛會文化部でもかゝる運動の意圖をもつてゐた所から今回美術家と協力して積極的に迷彩運動に乘出すことになり、近く美術家と懇談會を催してこの運動の具體化に付協議すること となつた

日本美術院同人院友決定

◇今回展受賞者・繪畫六氏彫塑五氏

日本美術院では今回展の成績に鑑み愼重銓衡の結果

新井勝利

北澤映月

を同人とし、更に院友として左記十一氏を決定した

（繪畫）吉川朝衣、熊坂東夷、松坂多佐、船田玉樹、吉田善彦、木村武夫、相原萬里子、長谷川朝風（彫塑）菅原安男、小柳津三郎、板倉白龍

新井勝利氏は東京に生れ、梶田半古門下、大正三年院の研究會員となり、昭和十二年院友、同十三年二月堂水取第二賞、同十四年大佛勸進第二賞同十五年攝待第二賞となる、北澤映月氏は京都に生れ、大正十一年上村松園に師事、昭和七年土田麥僊塾に入る、同十三年院展入選、爾後每回入選、同十四年院友となつた、次に本年度展受賞者は次の如くである

（繪畫）奥野蒳、中島淸、佐野光穗、中庭煖華、高橋周桑、木下春

（彫塑）辻晉堂、古藤正雄、小柳津三郎、菅原安男、宮本理三郎

古美術交換

佛印側正式受諾

今春來國際文化振興會永井理事長が現地でセデス極東學院長との間に折衝中だつた日佛印古代美術工藝品交換は十三日佛印政府より正式承諾の回答が齎らされた、佛印側はアンコール時代の石器彫刻卅三及びテラコッタ廿五、ブロンズ十三、合計七十一點、時價五萬圓、日本側は奈良、平安、鎌倉時代の各種美術品を相互に交換しこれをわが方は帝室博物館、佛印側はハノイ、サイゴン兩市の博物館に陳列存置することになり双方とも年內に發送する筈

朝倉彫塑展開く

第十三回朝倉彫塑展は、十九日から月末まで東京府美術館に開催、昨年は二千六百年奉祝展で會場を開放したため休會したので一昨年の第十二回から今回に續いたわけである、一年隔つたためか若い人の作品の中にはメッキリと目に立つ進境が感じられるのは欣快である、總帥朝倉文男氏等の等身大作「大隈老侯」の立像が會場に高く君臨する外氏は「森本氏像」「猫」の二點を出品、二番長の令孃矜子さんが「立像習作」等十二點の勉强ぶりも會場を美しくする、同塾展出品者は左の如くである

伊藤鉦次、長谷秀雄、蒲添、大立目琢郎、大塚辰夫、河村淸司、横山五郎、米林玄陽、山田政義、松野榮二、黑田稔木內岬、行田泰英、須藤力次郎

大陸古名硯展

大陸の古名硯展は十六日から十九日まで日本橋區高島屋八階サロン奥の室を開放して特免會場として開催、癡雲山莊藤村二龍氏が多年蒐集せる愛硯で丁寧に硝子ケース其他に陳列され、墨色を示す書畫さへ添えてある如何にもよく取扱はれたる名硯揃ひでいろ〳〵の石材素質の相違したものを陳べたのも色取りを見せて興趣が多い、硯の外に見事な乾隆御墨や程君房などの名墨をも併せた、何しろ二十幾年の愛藏であり倂も嘗つて斯く公開したことはなかつたもので ある、東洋文化且つ日華交歡の上に多大の貢獻的資料展であつた

戸嶋光阿彌漆繪展

戸嶋光阿彌氏の漆繪展は二十三日から二十八日まで大阪市高麗橋三越三階で展觀、扱ふものは鯉魚二十五態「瀑布決行」「急襲」「突進」「鬪爭」「隊形」等の臨戰畫題が目立ち頗る人氣盛んである。

柏舟社第三回展

故土田麥僊氏の門下生が組織せる柏舟社の展覽會は九月十

展覽會の暦

△明朗美術第八回展　十一日より廿九日迄府美術館

△新制作派協會　廿二日より三十日迄府美術館

△朝倉彫塑塾　十八日より卅日迄府美術館

△美術新協　廿二日より十月四日迄府美術館

△一水會展　廿二日より十月四日迄府美術館

▽柏舟社第三回展　十八日より二十一日まで名古屋松坂屋

▽戸島光阿彌漆繪展　二十三日より二十八日迄大坂三越

▽園角太郎近作展　十九日より二十三日迄銀座ギャラリー

△九室會三回展廿日より廿四日迄銀座三越

▽汎美術展　廿一日より廿五日迄靑樹社

▽岡崎桃乞油繪展　九月二十三日より二十七日迄名古屋市丸善畫廊

▽獨立秋季展　廿六日より三十日迄靑樹社

▽航空を主題の時局美術展覽會　廿日より廿四日迄銀座三越

▽日本油繪會一回展　廿六日より三十日迄銀座三越

▽小村雪岱追悼展　廿日より廿三日迄資生堂

▽甲斐巳八郎北京風景展　廿四日より廿六日迄資生堂

▽故長谷川利行氏遺作展　廿七日より廿九日資生堂

▽吉岡憲洋畫展　廿五日より廿九日迄菊屋ギャラリー

▽創生彫刻家展　廿一日より廿二日迄紀伊國屋

▽日大駿草會展　廿八日より三十日迄紀伊國屋

▽現代大家新作洋畫展　廿三日より廿六日迄日本橋三越

▽日佛親善洋畫展內示會　廿七日より廿八日迄日本橋三越

▽赤誠會美術展　廿五日より三十日迄白木屋

▽巴會第五回展　十月一日より五日迄菊屋ギャラリー

日	月	火	水	木	金	土
21	22	23	24	25	26	27
28	29	30				

八日より二十一日まで名古屋松坂屋六階美術部畫廊で開催、彩管報國に專念しつゝしかも眞摯な藝術への意欲に燃えた力作を發表してゐる、同人は伊藤仁三郎、梅原藤披、要樹平、澤田石民、新見虛舟、林司馬諸氏

山岳畫展開く

日本山岳畫協會第六回展は九月十八日より二十一日迄日本橋高島屋八階サロンに於て開催、メンバー左の如し

足立源一郎、榎谷徹藏、茨木猪之吉、石井鶴三、丸山晩霞、宮田熊雄、中村清太郎、中村善策、末光績、武井眞澄、内野猛、山川勇一郎、吉田博、顧問小島久太、藤本九三

泉川白水個展絶讚

出陳作品悉く賣約

秋田縣の煙雲倶樂部に出品して初めて中央畫壇に乘り出した泉川白水翁は去る九日から十二日迄日本橋高島屋で帝都に於ける最初の個展を開催頗る好評を博し出陳二十餘點悉く賣り切れ京都の本山平山堂並に京都の有力畫商の買約が多かつた尙泉川翁は興亞書道聯盟展首席賞者として近衞名譽會長から文化使節を囑託され、安東、北京、天津濟南、上海、南京等へ派遣されることになり本月末出發する事になつた

大日本航空展入選者決定

陸軍大臣賞山本氏・遞信大臣賞大石氏

去る十三日から日本橋高島屋で開催された第一回大日本航空美術展は洋畫五百三十一點、日本畫百十八點、ポスター百四十九點、彫塑百十九點の多數に上る公募作品中から左記入選者を發表した

「洋畫」漆畑廣作、深谷栖州、觀音政治、三浦直政、深澤閑二鈴木義治、加藤利以雄、村上鐵太郎、原田武男、廣田勝夫、富山光明、鈴木猛人、坪内正、森英、豐田晴鄕、岡田行一、二重作龍夫、小谷良德、寺澤正敏、戶田定、桑重清、渡邊勝利、小倉靜三、代田恒夫、鈴木與四郎島田利一、島田四郎、熊野禮夫西原比呂志、小川マリ、加賀孝一郎、森山一虎、菅野廉、田中正夫、東本春水、田邊門樹、平澤定治、靑木達彌、奈良岡正夫松下氏紀、橋本三郎、洗春海、横山義雄、宇野千里、西村計雄吉原義彥、山本日子士良、闕谷陽、野口良一呂、高山道雄、吉野不二太郎、濱田羊作、北野万平、細田浩、山田篤、大橋城

「日本畫」川崎雅、芹澤草雨、濱田健一、松山廣幸二點、遠藤燦可、渡邊幸雄、佐伯春虹

「彫塑」有松保、乘松巖、大西金次郎、妹尾健太郎、齋藤誠一高藤鎭夫

「ポスター」田村宗太郎、土屋幸夫、高田稔、黑田チヨ子、小林卯一、那香林步、菅井汲、高橋時和、加藤茂夫、黑田まさ夫二點、小柳實二點、高坂昇男、岩本敏郎

尙受賞者は左の通り

△陸軍大臣賞「一機還らず」山本日子士良

△遞信大臣賞「飛行雲」大石鐵路

△大日本防空協會賞「ポスター」菅井汲「同」小柳實

△大日本飛行協會賞「プライマリー」妹尾健太郎「滑空場」洗春海

△大日本航空美術協會賞「マスコット」大西金次郎「格納庫」藤田隆治「少年航空兵」北野万平「格納庫」細田浩

△朝日新聞社賞「出發」高山道雄

岡崎桃乞名古屋展

岡崎桃乞氏油繪展が二十三日から二十七日迄名古屋市廣小路通榮町丸善畫廊で開催される

彩管をば鶴嘴に

鬪ふ產業戰士の姿を描くには體驗が何よりと京阪在住の洋畫家中村雲蹄、日本畫家西田左門彫塑家紙山八郎の諸氏が中心となりこの程新進畫家、彫塑家九十六名を打つて一丸とする勤勞美術報國會を結成したが、今回大阪國民職業指導所松田所長の主唱で炭坑、造船所、軍需工場に出動して彩管をハンマーやつるはしに代へて四十日間の惡汗奉仕をすることになつた。一行は紙山理事に引率されて近日それぞれ職場につき眞摯敢鬪のち秋の制作期には貴い體驗を通じて銃後の活動ぶりをものすることになつた

國寶級の釋迦像

京都市觀光課の田中重久氏が去る十八日京都市寺町綾小路下ル淨土宗聖光寺を調査したる所すでに國寶に指定されてゐる洛西鳴瀧本町常樂寺や去る一月下旬槇尾の西明寺から見出されたものと同型の釋迦像を發見したこの像は白檀を素材とし高さ一尺七寸樣式から推して鎌倉時代の初期の造顯によることは確かであるが同寺が三十三間堂の千手觀音を造つた運慶の父康慶が住んだ寺である所から、おそらくは康慶の手に成つたものではないかとされてゐる

最古の石燈籠發見

鎌倉時代の作で國寶級

日本最古の石燈籠が大阪で發見された　これは大阪市南區瓦屋町鴻池男別邸にあり嘗て重要美術品に認定されたもの、このほど專門家が拓本や寫眞をとつて詳細に調査したところ、竿石の表面に嘉禎三年丁酉（皇紀一八九七年、鎌倉時代）といふ年號が刻まれてゐるのが確認され日本最古の國寶級のものであることが證明された、高さ九尺五寸、鎌倉時代の作らしい特徵がある、蓮瓣の形が雄渾だし、大きな火袋には五智如來の坐像が美事に描かれてゐる

大同で堀出物

珍しい石佛二基

山西省大同の石佛の石膏の型抜きや蒙疆の古美術の探査などに赴いてゐた畫家小川晴次氏はこの程鄕里奈良に歸つて來たがその談に依ると、石佛の石膏の型拔きは大半成功してゐる、堀出物は厚和在住の某氏が愛藏してゐる等身大の石佛二基で厚和の土砂中から偶然に發堀されたものこれは鑑定の結果大同石佛より一時代前の今から一千五百年前のものである事が判明したそしてギリシヤ文化北方移入の一證左であり美術史上の珍品である由

臺灣美術展の審査員

十月中旬各氏相前後して渡臺

今秋の臺灣總督府美術展覽會審査員は左の如く決定した、各審査員共、十月中旬前後して渡臺の筈である

（日本畫）山口蓬春　山川秀峰

（洋　畫）和田三造　中山巍

讀畫會作品慰問

靜岡縣の陸海軍

傷痍軍人へ

讀畫會有志は靜岡縣軍事援護課の希望により同縣内所設の陸海軍病院及傷痍軍人療養所慰問用として左記額面三十六點を完成献納したが發送に先立ち九月二十日午後一時より四時まで上野公園東京美術學校庭内倶樂部で陳列内示展觀した出品は左の如くであつた

鯉（荒木十畝）金太郎（梅岡玉葩）白梅（今井すゞ子）紅蜀葵（陸眞末）秋趣（林弘路）初夏（保井正子）玩具（西澤笛畝）和平再來（柳生燕子）秋果（新山草羊）鳶（松久休光）靈峰（細合秀穀）湯瀧（丸山永畝）甲州寶村平栗峠の富士（太田秋民）清暑（五島耕畝）ばら（岡部陽）芍藥（小林觀瀰）立雛（大久保青更）海老（朝井觀波）つゝじ（河西草畝）秋（酒井白澄）かけす（龜割隆志）鯉（坂倉半經）軍雞（吉田萃章）蔬菜（木本大果）早春（田口黄葵）初夏（湯原柳畝）猿（竹原嵋風）四季（弓家恒畝）菖蒲（永田春水）清流（宮田司山）石楠花（永井勝子）百合（森白甫）海の幸（中島晃華）紅梅（菅谷眞午）朝顔（中田草春）靜物（須田青蒲）以下三十六點

魯山人近作陶展

作陶家魯山人氏が繪畫と併せ快心の近作陶個展を來る十月四日より四日間三越本店で開催する氏の作風は旣に定評のあるもので今より期待されてゐる

大輪畫院第四回展入選者

六十六名榮冠獲得・新規三十名

九月十七日より上野公園日本美術協會に於て開催された大輪畫院第四回展では、總搬入數二百十六點の内入選八十九點、内新入選三十點を決定發表した。左の通り（○印は新入選）

加藤紫寶、諸永靑晁、毛利阿哥彥、○村岸靑波、○西村健、佐藤晴行、○堀井敬三、大野隆、○安井淸司、○木村曉山、○武富鈴峯、○伊藤淺子、諸藤英世、○佐藤弘次、高津守、○海外天山、○三輪高映、○土田英山、○村上邦廣、渡邊太子、○梅本晃華、○紺谷碧章、○桑泉寺正一、○中村進一、小谷日出、本鄕白嶺、兒玉律男、○松本紫園○染谷祐通、○倉田圓珠、○關根雅雄、大河原盧堂、○田所畠司、○伊藤文乙、○近藤鐚、天野光園、○田中一咲、○小林祐、○大熊鼎子、岡戶龍靈、小倉篁花、○鈴木素

秋、○大竹保男、○早岡千粲、靑木涷風、松山廣幸、高橋光輝、佐藤立三郎、田中鷄三、○永塚栖園、花輪玉甫、新田大耕、吉田新、田中武、黑澤祥一、奈良華泉、西之坊水聲、西澤正臣、篠田忠康、井口岬陽、廣井陵雲、穗坂光希、佐々木順、立脇泰山、楠奉日光、小林彥三郎

美術常會其後

東京美術家常會城西部の八月五日の第一回常會以後の動靜を聽くと、常會代表者が情報局を訪ね、全面的贊同と絶大の聲援を得たことは會員一同をいやが上にも感激せしめたが、其他總常會の決定による市民の服飾矯正に關するポスターを持寄り、壁畫部及び兒童文化部代表者の國民學校壁畫制作、兒童錬成協力の件につき協議懇談、世話人會編制の件地區組長決定の件及び宮城外苑整備勤勞奉仕等必死目的遂行に猛進中である

巴會開期迫る

巴會の第五回展が十月一日から五日まで銀座の菊屋ギャラリーで開催される出陳作品は各三點內外廿餘點の近作が展示される

獨立展開く

獨立美術の秋季展が廿六日から三十日まで銀座の青樹社畫廊で開催される今年は會場の關係もあり會員のみの出品で各一點宛廿一二點出陳される筈

乾坤展榮えの入選決定

愼重審査の結果五十一名五十四點

第三回乾坤展では九月八九兩日上野寛永寺山內見明院に於て同人審査の結果搬入總數二百六十三點（二百五十四人）の中入選五十四點（五十一人）を發表した、入選者左の通り（○印は新入選）

大野牧牛、住千代數、福與悦夫、直原放靑、辻井星巣、引田逸牛、○新宮豐三、○河越偲山、○岡田充弘、○丹司桂秋、船井秋浦、田村篤堂、○田能村祥竹、○大西雅山、入見烏城○秋山響水、築地雲溪仲本玄同、福本籟溪、上野正之助○宮本慶雄、○富永武雄平山松柏、河口樂土、○村岡小丘、福田芳穗、清水洵平、○番場春雄、融紅鸞、○岡本淡雅、福田靑藤、○堀飛火野矢島玉女、清水石溪、中村久已、池田十良、鈴木樂浪、○南摩朱鳥、阪口新太郎、松本郭南、辻本篤弘、○武田奈古矢、中谷紀山、英賀田憲二、森陽水、高橋立州人、○酒井辰二、月居偉光、村上景雲、喜井黃平、○町田周穗

尙同人出品は左の通り、

「凉」矢野橋村「楚歌」矢野鉄山「睡蓮」小松均

上島鳳山遺作展

大阪畫壇で往年鳴らした上島鳳山畫伯が逝いて二十年になるので岡本大更、菅楯彥兩氏が顧問、北野恒富、矢野知道人兩氏が賛助で鳳山遺作展を十五日から二十日まで大阪アベノ橋大鐵百貨店五階催し場で開催中「靜御前」、「瓜盜人」、「柳蔭洗馬」、「道成寺」等四十二點を展し、連日多數の觀衆が押しかけて好況である

今秋の京都美術館

臨戰體制下の美術界は健全美術の進展と銃後に於ける淸純慰樂の供與とを目指して精進を續けつゝあるが今秋大禮記念京都美術館の行事並に同館で開かれる諸展覽會は下記の通り、卽ち目下繼續中の現代美術常設九月の陳列は來る廿四日を以て一應打切り廿六日より日本畫洋畫彫塑工藝の各部共全部陳列替を行ふと同時に特に日本畫部洋畫部に於ては二十六日より十月十二日迄特別陳列、日本畫部に於ては日本畫名幅展開催、近年物故の諸名家より現存諸大家の力作いづれも掛軸約三十點出品、洋畫部に於ては明治洋畫回顧展開催、明治初年の黎明期より文展開始前後に亘る本邦洋畫壇草創時代を回顧する興味深き作品約四十點を出品する

立型第三回展好評

常安靜人、田中一郎、松島正人、劉啓祥、鶴見武長諸氏に新たに吉岡憲氏を加へた立型會第三回展は九月十六日より十八日まで三日間銀座菊屋ギャラリーで開催連日好評だつた

南弗に寫樂の版畫

米國紐育で「寫樂遺作集」百三十六枚の圖版刊行後最近南亞弗利加から更に一枚が發見されボストン美術館に納まつたと云ふ報告が同「遺作集」刊行者の一人であるルジュール氏から浮世繪界の木村捨三氏に屆いた、この版畫は寛政六年十一月、江戸中村座の顏見世狂言「潤訥子名和歌譽」に出演した二代目坂東三津五郎の桂金吾の役である此の狂言を描いた寫樂の細繪は數枚ありその內背景に梅を描いたものは五枚あるが、今回發見の分と合致するものは無いので今回發見のものは又々別口のものであると見られ頗る興味が唆られる

井上良齋作陶展

墨田窯三代井上良齋氏の新作陶展が三十日から十月三日まで日本橋三越本店五階西館で開催される、今回は諸種の扁壺を主として陳列する、尙定評ある抹茶器並に小盆栽鉢を併展する

石山太柏氏令息

長男尊雄氏は今春來病療中の處藥石及ばず遂に去る十五日午後五時、北里內科に於て逝去した、翌日荼毗に付し十八日午後三時より杉並區天沼の自宅で告別式を執行、朝野太柏氏後援の諸名士學僚等に頗る盛儀を盡した、鄕里山形に埋葬の筈である享年二十四歲、早大理工科無電の優秀生である

▲柳瀨正夢氏　府下三鷹村下連雀二一〇へ移轉した

噂

院展の新《しん》同人に横濱の新井《あらゐ》勝利氏が光榮の選《せん》に入つた、常岡文鶴氏の田端邸の隣組《となりぐみ》で門を並べて住《す》んでゐるのが「荒井勝利」といふ人だ、常岡《つねおか》氏にある人が「あなたの傍《そば》に評判の美術家が居《ゐ》ますね」といふと「いやあれは秋葉原の市場《いちば》に銅像を造つた人で、その先代《せんだい》は愛知縣出身で、東京《とうきやう》へ丸三うどんの店を出した本家本元です、明治《めいぢ》時代に丸《まる》三うどんといふのは東京を風靡したもので、そのお子《こ》さんです、朝藤其明といふ彫塑《ちようそ》家でいゝ技倆《ぎりやう》をもつてゐましたが死にました」「いえ彫塑《ちようそ》家じやない、畫《ぐわ》家ですよ」「畫家ではそのお父さんが播州《ばんしう》の南畫家で、御自身は洋畫《やうぐわ》家の柚木久太さんが居《ゐ》られますが……」「いえ日本畫家ですよ」「さて」と常岡《つねおか》氏が首を傾けて怪訝《けげん》な顏をする「お隣《となり》の新井勝利さんのことですよ」といふと「はゝあ、ありや院展新同人の畫《ぐわ》家ではありません、全く別人《べつじん》で……」そんなら早《はや》く云やあいゝに

巴會第五回展覽會

會期　十一日……五日

會場　銀座・菊屋ギャラリー

美術《びじゆつ》と國民《こくみん》生活《せいくわつ》

喜多《きた》壯一郎《さういちらう》

刻下《こくか》の日本《にっぽん》が目前焦眉《もくぜんせうび》の急《きふ》としてゐる高度國防國家完遂《かうどこくばうこくかくわんすゐ》の目的《もくてき》に對《たい》して、國民藝能力《こくみんげいのうりよく》の涵養《かんやう》が如何《いか》に必須不可缺《ひっすふかけつ》のものであるかといふことについては私《わたし》が敢《あへ》て說明《せつめい》を試《こゝろ》みるまでもないであらう。日本《にっぽん》民族《みんぞく》の卓越《たくゑつ》した工藝性《こうげいせい》が、產業發達《さんげふはったつ》の上《うへ》に如何《いか》に多大《ただい》な貢獻《こうけん》を齎《もたら》し得《え》たか、それは明治以降《めいぢいかう》の近代日本工業史《きんだいにっぽんこうげふし》を繙《ひもと》けば、一讀直《いちどくたゞち》に明《あきら》かな事實《じじつ》である。そして現在《げんざい》の日本《にっぽん》の目的《もくてき》が、一日《にち》も速《すみや》かに最《もっと》も尖鋭《せんえい》堅牢《けんらう》な國民要塞《こくみんえうさい》の建設《けんせつ》を要求《えうきう》してゐる時《とき》、民族傳統《みんぞくでんとう》の工藝性《こうげいせい》を更《さら》に科學的《くわがくてき》に裏打《うらう》ちして、そこに國民《こくみん》一億《いちおく》の藝能力《げいのうりよく》の强化《きやうくわ》を更《さら》に期待《きたい》してゐることは固《もと》よりである。

だが、私《わたし》がこゝで聲《こゑ》を大《だい》にして云《い》ひ度《た》いのは、その藝能力《げいのうりよく》そのものが科學性《くわがくせい》の重視《ぢゆうし》の故《ゆゑ》に、精神的《せいしんてき》要素《えうそ》を沒却《ぼっきやく》してはならないといふことである。その點《てん》、私《わたし》は藝能力《げいのうりよく》自身《じしん》が「物心一如《ぶっしんいちによ》」の形《かたち》に於《おい》て成立發展《せいりつはってん》しなければならないことを强調《きやうてう》したいのである。物心一如《ぶっしんいちによ》といふことは、唯物主義《ゆゐぶつしゆぎ》の偏重《へんちよう》を戒《いまし》めると同時《どうじ》に、唯心主義《ゆゐしんしゆぎ》の行《ゆ》き過《す》ぎを反省《はんせい》せしめるのであり、これを別《べつ》の言葉《ことば》で云《い》へば遠心力《ゑんしんりよく》と求心力《きうしんりよく》との力《ちから》の調和《てうわ》がなければならないといふことであるが、この場合《ばあひ》藝能力《げいのうりよく》自身《じしん》がまた物心兩面《ぶっしんりやうめん》の最《もっと》も平衡《へいかう》を得《え》た在《あ》り方《かた》に於《おい》て成立《せいりつ》し得《う》ることを考《かんが》へさせられるのであつて、それには先《ま》づ日本古來《にっぽんこらい》の傳統性《でんとうせい》と風土性《ふうどせい》に立脚《りっきやく》した民族本來《みんぞくほんらい》の生活倫理《せいくわつりんり》を失《うしな》つてはならないことを云《い》はなければならないのである。

美術《びじゆつ》が國民《こくみん》の心《こゝろ》の糧《かて》であるといふことは、古《ふる》くから云《い》はれ、また認《みと》められて來《き》たが、それは當然斯《たうぜんか》かる見地《けんち》からした結論《けつろん》であつたことは云《い》ふまでもない。そして問題《もんだい》は、斯《か》うした國民藝能力《こくみんげいのうりよく》の向上《かうじやう》の上《うへ》に、果《はた》して現在《げんざい》の美術界《びじゆつかい》がその擔當《たんたう》すべき精神的分野《せいしんてきぶんや》に於《おい》て滿足《まんぞく》すべき職域《しよくゐき》の自覺《じかく》を持《も》ち得《え》てゐるか、といふことである。

日本《にっぽん》は世界《せかい》に比類《ひるゐ》のない美術國《びじゆつこく》と云《い》はれ、事實《じじつ》それに値《あたひ》する豐富《ほうふ》な祖先《そせん》の遺產《ゐさん》を誇《ほこ》つてゐるが、元來《ぐわんらい》云《い》へば日本《にっぽん》が本當《ほんたう》に美術國《びじゆつこく》であつたといふことは、單《たん》に優《すぐ》れた作家《さくか》を數多《かずおほ》く有《いう》してゐたことばかりがその理由《りいう》ではない。日本美術《にっぽんびじゆつ》の顯著《けんちよ》な性格《せいかく》である擴《ひろ》がりの力《ちから》は、そこに多種多樣《たしゆたやう》な美術《びじゆつ》の部門《ぶもん》を創造《さうざう》し開化《かいくわ》せしめて、それは國民生活《こくみんせいくわつ》の中《なか》へ深《ふか》く廣《ひろ》く浸透《しんとう》してゐるのであり、その意味《いみ》に於《お》ける生活《せいくわつ》と藝術《げいじゆつ》との渾然一體化《こんぜんいったいくわ》が何《なに》よりも我《わ》が美術《びじゆつ》の特色《とくしよく》として指摘《してき》し得《う》るからである。茶道《さだう》を創造《さうざう》し、生花《いけばな》を創造《さうざう》し、錦繪《にしきゑ》を創造《さうざう》したのは、何《いづ》れも我《わ》が民族《みんぞく》の斯《か》かる特質《とくしつ》によつて齎《もたら》されたのであつて、私《わたし》はそこに美術國日本《びじゆつこくにっぽん》としての何《なに》よりもの誇《ほこ》らしさを感《かん》ずるのである。

我《わ》が日本民族《にっぽんみんぞく》は萬邦無比《ばんぱうむひ》の國體《こくたい》と、限《かぎ》りなく美《うつく》しい國土《こくど》に惠《めぐ》まれて、自然《しぜん》を愛《あい》し花鳥風月《くわてうふうげつ》を友《とも》として、詩《し》を作《つく》り繪《ゑ》を描《えが》き、生活《せいくわつ》を豐富《ほうふ》にして來《き》た。美術《びじゆつ》はいつも民族《みんぞく》の心《こゝろ》を豐《ゆたか》にし、國民精神《こくみんせいしん》を力《ちから》づけて、よい意味《いみ》の風流生活《ふうりうせいくわつ》は常《つね》に國民生活《こくみんせいくわつ》の理想《りさう》の姿《すがた》とされ、物質生活《ぶっしつせいくわつ》とは別《べつ》に心《こゝろ》の充實《じうじつ》がそこに託《たく》されてゐたのである。これは或《あ》る場合《ばあひ》には、隱遁的《いんとんてき》となり低徊的《ていくわいてき》となり趣味性《しゆみせい》に偏《へん》した弊害《へいがい》を生《しやう》じたけれども、由來日本《ゆらいにっぽん》が豪華《がうくわ》や華麗《くわれい》の過度《くわど》に行《ゆ》き過《す》ぎることがなく、物質主義《ぶっしつしゆぎ》の輕佻《けいてう》に墮《だ》することが少《すくな》かつたのは、斯《か》かる意味《いみ》に於《おい》て藝術愛《げいじゆつあい》の精神《せいしん》が國民《こくみん》の生活態度《せいくわつたいど》の全般《ぜんぱん》に浸透《しんとう》してゐたからである。

いまの日本《にっぽん》の美術界《びじゆつかい》は、その繁榮《はんえい》の姿《すがた》に於《おい》て恐《おそ》らくは空前《くうぜん》の盛觀《せいくわん》を見《み》せてゐるのであらうが、それが遺憾《ゐかん》ながら畫面《ぐわめん》の表面《へうめん》、展覽會《てんらんくわい》の壁面《へきめん》に止《とゞ》まつて、サロン藝術《げいじゆつ》、床《とこ》の間藝術《まげいじゆつ》の域《ゐき》を脫《だっ》し得《え》ないことは蔽《おほ》ふべからざる事實《じじつ》である。吾《われ》々は文化《ぶんくわ》の健全《けんぜん》な發達《はったつ》につれて、國民《こくみん》の生活內容《せいくわつないよう》が向上《かうじやう》し、それによつてまた物心兩面《ぶっしんりやうめん》に亘《わた》つての國力《こくりよく》の增大《ぞうだい》が期待《きたい》されなければならないことを考《かんが》へるのであり、美術《びじゆつ》を生活化《せいくわつくわ》するといふことは、今更《いまさら》云《い》ふまでもなく、既《すで》に吾々《われ〳〵》の祖先《そせん》がそれを身《み》を以《もっ》て實踐《じっせん》して來《き》たことに想到《さうたう》するのである。

物資《ぶっし》の缺乏《けつぼふ》は戰時下《せんじか》の生活《せいくわつ》を益々《ます〳〵》窮迫化《きゆうはくくわ》して行《ゆ》くことを免《まぬか》れ得《え》ないが、美術《びじゆつ》の如《ごと》きも材料《ざいれう》の不足《ふそく》その他《た》の理由《りいう》で窮屈《きゆうくつ》の度《ど》を加重《かぢゆう》して行《ゆ》くことは恐《おそ》らく必然《ひつぜん》であらう。私《わたし》はこの場合《ばあひ》繪具《ゑのぐ》がなければ消炭《けしずみ》でも描《えが》けとまでは云《い》はないが、一體從來《いったいじうらい》の藝術生活《げいじゆつせいくわつ》が餘《あま》りに物質生活《ぶっしつせいくわつ》に賴《たよ》り過《す》ぎてゐたことは何《なん》としても反省《はんせい》すべき事實《じじつ》であつたと思《おも》つてゐる。元來《ぐわんらい》云《い》へば「生活《せいくわつ》の餘裕《よゆう》」といふことを物資《ぶっし》に關《くわん》するものとして考《かんが》へることが既《すで》に誤《あやま》りなのであり、實《じつ》は物質《ぶっしつ》に關《くわん》して生活《せいくわつ》の餘裕《よゆう》を作《つく》らうとする心《こゝろ》が、藝術《げいじゆつ》に對《たい》する無關心無理解《むくわんしんむりかい》の最大原因《さいだいげんいん》なのである。藝術《げいじゆつ》の中《なか》には贅澤《ぜいたく》な生活《せいくわつ》を前提《ぜんてい》にするものもあるが、特《とく》に我國《わがくに》の趣味生活《しゆみせいくわつ》に於《おい》ては、斯《か》かる前提《ぜんてい》を要《えう》せぬことがむしろその特質《とくしつ》であり、物質上《ぶっしつじやう》の「生活《せいくわつ》の餘裕《よゆう》」などは要件《えうけん》ではなく、時《とき》には弊害《へいがい》になることすらがあるのである。斯《か》うした根本《こんぽん》を理解《りかい》すれば、現在《げんざい》の如《ごと》き時代《じだい》に於《おい》てこそ、日本《にっぽん》の美術《びじゆつ》は本然《ほんねん》の姿《すがた》を取戾《とりもど》し、國民《こくみん》がまた祖先以來《そせんいらい》の美術愛《びじゆつあい》を呼《よ》び醒《さま》すべきであることを痛感《つうかん》させられるのである。

今秋美術《こんしうびじゆつ》シーズンの開幕《かいまく》は、院《ゐん》展、二科《にくわ》の在野《ざいや》二展《てん》が招待日《せうたいび》を大衆《たいしう》デーとし、從來《じうらい》の一部鑑賞層《いちぶかんしやうそう》に代《かは》つて戰時下《せんじか》に美的情操《びてきじやうさう》を渴望《かつばう》する國民大衆《こくみんたいしう》を「招待《せうたい》」したことは、甚《はなは》だ愉快《ゆくわい》なニュースであつた。聞《き》くところによれば、當日《たうじつ》は二展何《いづ》れも一萬數千《いちまんすうせん》に上《のぼ》る入場者《にふぢやうしや》を集《あつ》めて、空前《くうぜん》の賑《にぎ》はひであつたといふが、この結果《けっくわ》を眼前《がんぜん》に、主催《しゆさい》者側《しやがは》も入場者《にふぢやうしや》も共《とも》に定《さだ》めし滿足《まんぞく》出

來《き》たことであらうと信《しん》じてゐる。問題《もんだい》を單《たん》に招待日《せうたいび》の無料開放《むれうかいはう》とすれば、それは些小《させう》なことのやうに見《み》えるかも知《し》れないが、實《じつ》はむしろ反對《はんたい》である。國民生活《せいくわつ》と美術《びじゆつ》との繫《つな》がりに對《たい》して、この擧《きよ》が一つの自覺《じかく》された美術實踐《びじゆつじつせん》であつたとすれば、この問題《もんだい》は今後《こんご》の美術家《びじゆつか》に與《あた》へられた無數《むすう》の問題《もんだい》に繫《つな》がつてゐるのである。追《お》ひこめられた生活《せいくわつ》の中《なか》でともすれば小さくかじかんで了《しま》ひさうになる國民生活《せいくわつ》に豊《ゆたか》な活力《くわつりよく》を與《あた》へると同時《どうじ》に、日本《にっぽん》民族《みんぞく》の正《ただ》しい姿《すがた》を國民の眼前《がんぜん》に大《おほ》きく示《しめ》すのが美術《びじゆつ》の職分《しよくぶん》である時、局下美術家《きよくかびじゆつか》に與《あた》へられた任《にん》務《む》は重大《ぢうだい》であるが、それはむしろ大《おほ》いにやり甲斐《ひ》のある愉快《ゆくわい》な仕事《しごと》ではないであらうか（筆者は大政翼賛會中央協力會議々員）

美術隨想

成田重郎

×

モスクワが先《さ》きか、レーニングラードが先《さ》きか、どちらが早《はや》く陷《かん》落《らく》するであらうか、とは、獨逸《ドイツ》とソヴエトの間《あひだ》に、戰爭《せんさう》が勃發《ぼつぱつ》した直後《ちよくご》に、誰《たれ》しも想像《さうざう》した所《ところ》であつた。六月《ぐわつ》二十二日以後《にちいご》、破竹《はちく》の獨逸軍《ドイツぐん》の進擊《しんげき》の樣《さま》から見《み》て、一ケ月《げつ》か二ケ月以內《げついない》には、ロシアの舊都《きうと》は、いづれも獨逸人《ドイツじん》の手《て》に落《お》ちるであらう……と考《かんが》へられた。その後《ご》九月末《ぐわつすゑ》になり、約《やく》三ケ月《げつ》になつたが、まだレーニングラードは落《お》ちない。モスクワも陷《お》ちない。キエフも、オデッサも拔《ぬ》けない。穀物《ぶつ》が豊《ゆたか》に穣《みの》るウクライナは、大半《たいはん》席捲《せきけん》されてゐるやうでありながら、ソヴエトの諸都市《しよとし》は、中々《なかなか》陷落《らく》しない。昨年《さくねん》の初夏《しよか》、巴里《パリー》が忽《たちま》ち開城《かいじやう》したやうな具合《ぐあひ》には、簡單《かんたん》には行《ゆ》かない。これが、現在《げんざい》までの獨蘇戰《どくそせん》の戰況《せんきやう》である。歐米《おうべい》の電文《でんぶん》で判斷《はんだん》した所《ところ》は、たゞこれだけであるから、それ以上《いじやう》の事《こと》になると、ニュース映畫《えいぐわ》を見《み》たり、或《あるひ》は電報寫眞《でんぱうしやしん》を見《み》て、成《な》る程《ほど》と想像《さうざう》して見《み》るだけである。ベルリンから來《く》る電報《でんぱう》とは、モスクワから來《く》る電報《でんぱう》とは、別々《べつべつ》の戰況《せんきやう》を傳《つた》へて來《く》る。今《いま》、世界《せかい》の情報網《じやうはうまう》は、宣傳戰《せんでんせん》に於《おい》ても、火花《ひばな》を散《ち》らしてゐる。

かくの如《ごと》き狀態《じやうたい》に於《おい》ては、物《もの》の判斷《はんだん》は、中々《なかなか》むづかしい。餘程《よほど》確《かく》乎とした態度《たいど》を採《と》つてゐないと、判斷《はんだん》を誤《あやま》つて了《しま》ふ。このやうな混亂《こんらん》・錯覺《さくかく》のなかにあつて、何《なに》よりも確實《かくじつ》な事《こと》が一つある。それは造形文化《ざうけいぶんくわ》の破壞《はくわい》といふことである。多《おほ》くのモニュマンが、銃火《じゆうくわ》に燒《や》かれ、爆彈《ばくだん》の雨《あめ》に曝《さら》されて、壞滅《くわいめつ》してゆく……寺院《じゐん》もあり、宮殿《きうでん》もあるに違《ちが》ひない。建築《けんちく》・彫刻・繪畫《くわいぐわ》・工藝《こうげい》……といふものが、日《ひ》に日《ひ》に戰火《せんくわ》に依《よ》つて、灰燼《くわいじん》に歸《き》しつゝあるのが、現在《げんざい》のソヴエトの諸都市《しよとし》の實狀《じつじやう》である。

舊都《きうと》モスクワは固《もと》より、レーニングラードにも、ロシア特有《とくいう》の造形文化《ざうけいぶんくわ》の遺產《ゐさん》が、澤山《たくさん》ある筈《はず》である。ビザンチン式《しき》の寺《てら》は云《い》ふまでもなく、近代《きんだい》の美術《びじゆつ》も、特殊《とくしゆ》の美術館《びじゆつくわん》に收藏《しうざう》されてゐる筈《はず》である。とりわけ、レーニングラードの『エルミタージュ』には、近代美《きんだいび》術《じゆつ》の立派《りつぱ》な蒐集《しうしふ》があつた筈《はず》である。それには、セザレス、ルノワル、ゴーガン、ダオーク、マチス、ピカソ……といふやうな顏《かほ》が、揃《そろ》つてゐた筈《はず》である。それらの有名《いうめい》な蒐集《しうしふ》は、今何處《いまどこ》にあるか。破壞《はくわい》されて了《しま》つたであらうか。破壞《はくわい》の前《まへ》に、安全《あんぜん》な場所《しよ》に、持《も》ち去《さ》られてゐるのであらうか。一度《ど》、燒《や》けたり、損傷《そんしやう》したら、かけがいのない作品《さくひん》である。繪畫《くわいぐわ》は、卷《ま》いて何處《ど》へでも、運《はこ》び出《だ》すことが出來《でき》るから、餘裕《よゆう》さへあれば、安全《あんぜん》な場所《しよ》に隱《かく》すことが出來《でき》る。けれども。建築《けんちく》になると、これはたゞ徒に爆擊《ばくげき》の目標《もくへう》となるばかりである。建築《けんちく》と共《とも》に、その壁畫《ぐわ》や裝飾《さうしよく》は、爆擊《ばくげき》に逢《あ》つて、跡《あと》かたもなくなつて了《しま》ふらしい。

一昨年《さくねん》の秋《あき》のワルソヴイがその例《れい》である。このポーランドの舊都《きうと》は、もう再興《さいこう》が不可能《ふかのう》な狀態《じやうたい》にあると云《い》はれてゐる。次《つ》いではロンドンである。ドイツ側《がは》の痛爆《つうばく》のためにこのテームス河畔の古都《こと》も、サンタンたるものがあるやうである。寺院《じゐん》も宮殿《きうでん》も、相當破壞《さうたうはくわい》されてゐることが、新聞《しんぶん》の寫眞《しやしん》で傳《つた》へられてゐる。貴重《きちやう》な美術品《びじゆつぴん》も、それと共《とも》に消滅《せうめつ》したものが、澤山《たくさん》あるであらう。大英博物館《だいえいはくぶつくわん》などは、巴里《パリー》のルウヴル博物館《はくぶつくわん》のやうに、前《まへ》もつて對策《たいさく》が講《かう》ぜられてゐたらうと思《おも》はれる。隨《したが》つて、重要美術《ぢゆうびじゆつ》は、國寶指定《こくはうしてい》の作品《さくひん》などと共《とも》に、安全《あんぜん》な場所に隱《かく》されてゐるであらう。それ故《ゆゑ》、それ程《ほど》の損害《そんがい》は受《う》けてゐないであらうと思《おも》はれる。しかし、動《うご》かす事《こと》の絶對《ぜつたい》に出來《き》ない建築《けんちく》になると、大體《だい》手《て》の施《ほどこ》しやうもないやうである。砂囊《すなぶくろ》で圍《かこ》んで、防衞手段《ばうゑいしゆだん》は講《かう》ぜられてゐるやうであるが、事《こと》はしかく簡單《かんたん》ではないやうだ。新聞《しんぶん》の電文《でんぶん》や、ニュースの寫眞《しやしん》などから判斷《はんだん》した所《ところ》では、相當《さうたう》ひどくやられてゐるやうである。

ベルリンでも、多少《たせう》の被害《ひがい》があるやうである、オペラなどは、もうないらしい。その他《ほか》にも、英《えい》の爆擊機《ばくげき》のために、燒《や》かれたり、破壞《はくわい》されたりしたモニュマンは、若干《じやくかん》あるのであらう。詳細《しやうさい》な發表《はつぺう》の事《こと》は今日《こんにち》、精確《せいかく》に傳《つた》へることは出《で》來《き》ないが、とにかく、モニュマンが、此《こ》の上《うへ》にも尙《なほ》日《ひ》に日《ひ》に破壞《はくわい》されつゝあることは、毎日《まいにち》のニュースで聞《き》いたり、讀《よ》んだりしてゐる所《ところ》である。

破壞《はくわい》されつゝあるのは、固《もと》より舊秩序《きうちつじよ》の下《もと》に、建設《けんせつ》されたモニュマンである。なかには比較的近代《ひかくてききんだい》のモニュマンもあるであらう。吾《われ》々の呼吸《こきふ》してゐる時代《じだい》と、幾《いく》らも隔《へだ》つてゐない時分《じぶん》のモニュマンもあるであらう。いづれにしてもこれらは、前代《ぜんだい》から、現代《げんだい》に傳達《でんたつ》された造形文化《ざうけいぶんくわ》の遺產《ゐさん》である。それが今《いま》、眼《め》の前《まへ》で行《おこな》はれてゐるヨーロ

ツパのキリスト教徒《けうと》の間《あひだ》の戰爭《せんさう》に依《よ》つて、蕩盡《たうじん》されつゝある。日《ひ》に日《ひ》に消滅《せうめつ》し去《さ》りつゝある。

此前《このまへ》の第《だい》一次大戰《じたいせん》では、之をドイツ人《じん》の Vandalisme だと英佛米《えいふつべい》側《がは》では宣傳《せんでん》した。今後《こんご》は、どちら側《がは》からも、この『ヴアンダリズム』といふ言葉《こと》は使《つか》はれてゐない。各《おの》く極東《きよくとう》アジア人《じん》の側《がは》から云《い》へば、正《まさ》にこれこそ、西歐《せいおう》のキリスト教《けう》徒間《とかん》の『ヴアンダリズム』である。

×

歐洲《おうしう》千年《ねん》の運命《うんめい》を賭けたこの一戰《せん》だといふ。或《あるひ》は、さうであらう、全世界《ぜんせかい》の運命《うんめい》が、此《こ》の一戰《せん》の歸決《きけつ》にかゝつてゐるかもしれない。とにかく、それは先《さ》きの事《こと》であつて、吾々《われ〳〵》が現《げん》に知《し》り得《う》る事《こと》は、歐洲《おうしう》の過去《くわこ》の一千年《ねん》の造形文《ざうけいぶん》化《くわ》が、この一戰《せん》に依《よ》つて、破壞《はくわい》されつゝあることである。この破壞《はくわい》の後《のち》に、新《あたら》しい造形文化《ざうけいぶんくわ》は新《あたら》しい秩序《じよ》の下《もと》に、生《うま》れて來《く》るであらう。しかし、一度破壞《はくわい》された造形《ざうけい》文化《ぶんか》の遺産《ゐさん》は、元《もと》の通《とほ》りにはならないのである。それとこれとは別《べつ》物《もの》である。その間《かん》に、因果關係《いんぐわくわんけい》はある。つながりもあるであらう。また、つながりの無《な》いといふこともあり得《う》るであらう。いづれにせよ、これらは、將來《しやうらい》の事《こと》であつて、現在知《げんざいし》り得《う》る所《とこ》ではない。

最《もつと》も精確《せいかく》なのは、造形文化《ざうけいぶんか》の遺産《ゐさん》が、破壞《はくわい》されつゝあることである。

×

『ヨーロツパは、今《いま》、組織的《そしきてき》な殺戮《さつりく》に沒頭《ぼつとう》してゐる……』

といふ意味《み》の事《こと》を述《の》べたのは、歐洲《おうしう》の大國《たい》の政治家《せいぢか》であつたと思《おも》ふ。それは、イギリスの首相《しゆしやう》チャーチルが、大西洋上《たいせいやうじやう》の或る所《とこ》で、アメリカ大統領《だいとうりやう》と、ひそかに世紀《せいき》の會見《くわいけん》をした直後《ちよくご》に、述《の》べられたやりである。

世界《せかい》は、今《いま》、愈々《いよ〳〵》、戰亂《せんらん》の血腥《ち》い空氣《くうき》のなかに、喘《あへ》いでゐる。

吾々《われ〳〵》は、かう云《い》ひたい。

『ヨーロツパの造形文化《ざうけいぶんくわ》は今《いま》、組《そ》織的《しきてき》に破壞《はくわい》されつゝある』

と。さうして、かうつけ加《くは》へて云《い》ひたい。

『世界《せかい》は、今《いま》、新《あたら》しい秩序《じよ》の下《もと》に、新《あたら》しい造形文化《ざうけいぶん》を創造《さうざう》しようとしてゐる』

×

それは、總體的《そうてき》なものであるかもしれない。或《あるひ》は、また、部分的《ぶぶんてき》なものであるかもしれない。或《あるひ》は又《また》、そのいづれでもあり、また、そのいづれでも、ないかも知《し》れない。

『新《あたら》しい秩序《じよ》』の下《もと》に、『新《あたら》しい造《ざう》形文化《けいぶん》の創造《さうざう》』が爲《な》し遂《と》げられるものと信《しん》ずることが、許《ゆる》されるとすれば、吾々《われ〳〵》造形文《ざうけいぶん》化の學徒《がくと》も亦《また》、全《ぜん》體として、全體《ぜん》の一環《くわん》として、總體《そう》的にも、部分的《ぶぶん》にも、雄々《を〳〵》しく歩《あゆ》みを進《すゝ》めてゆかなければならないであらう。

それこそ、文化《ぶん》の戰《たゝか》ひである。文《ぶん》化のための戰《たゝか》ひである。吾々《われ〳〵》は文化《ぶん》の一兵卒《へいそつ》として、ペンを執《と》るであらう。

×　×

×　×

社告

當局より雜誌發行は許可せられたが、未だ出版文化協會から用紙の配給が決定しないので色々差繰つて發行してゐるが種々の支障が伴つて遲刊するので此際思ひ切つて九月廿日號を休刊して今後定日刊行を勵行することにした、今後は必ず定日刊行を嚴守致しますから何卒御宥恕を願ひたい、從つてお拂込の誌代は八月廿五日號と共に一ケ月分頂戴することに致しました

二科會展を觀る（下）

川路柳虹

新進の作品と九室

第一室の作品中には中堅新進の目ぼしい作家のものを集めた感があるが中で伊谷賢三氏の「天橋小島の市」は小味乍ら親味ふかい調色とタッチをもつてゐる作品である。ヴイヤールのやうな瀟洒で澁味のある筆觸が見える。がこのまゝで固まると格が小さく收まる危險もある。「大同石佛」の方になると畫因が强大であるのに迫力が非常に弱い。大澤昌助氏の「水浴」を見てどこかスウラアの調子を思ひ出させたが、かういふことも一部の取り入れ方ではやはり物足りない。大へん良い感覺をもつてゐる人なのだがオリヂナルなスチールをはつきり把握されたいものだ。靑山龍水氏の「洋裝店」もいゝ畫因だし取扱もいゝが偶人とほんとの女の差別が描き足りない。小出卓二氏の「田植」は多少概念的表現だが齒切れのよい表現である。佐野繁二郎氏の作品も中々器用でジヤンピイのある期の作品を思はせるほど小マチスだが、それはものを深く追求した結果の單純化であるより、あつさりと手際よく現はした趣味的省略と言つた方が適切だらう。がその感覺は充分垢拔けしてゐる。高岡德太郎氏は位置として會員だが、今度の出品はみな思はしくない。色もバラ〳〵でわるいし表現が大まかで少しもプラスチックでないのにそのやうな見せかけがしてある。これは採らない。

二科も新體制で全體の空氣は穩健なナチュラリズムを中心にしてゐるが、それでも多少の前衞作品で例の九室を形作つてゐる。抽象派、立體派、シュール派等々。中にはたゞ形式だけ追つて無理に一つのジェスチュアを作つてると思はれる作品もあるが またかういふ形式によつて表はすを佳とする內容のものもある。この室の初登場であり二科も初舞臺である人に岡本太郎氏がある。氏は岡本一平氏の令息で永く巴里に滯在、抽象主義畫派の若い世代を以て知られた一人であるが 氏の主唱する「抽象創造」は獨得な表現をもつてゐる。「コントルポアン」は色と形を音樂の對位法式に置いたものであらうが、畫因と形式に一種の日本的感覺がある。「リボン」「腕」と二點ともリボンが主題にとり入れてゐるが、この抽象は分析的抽象でなく綜合的抽象であるので個物はその視覺的具象を示してゐる。たゞ組合せが抽象的なのである。リボンが蝶の如く飛んでゐる。女の腕が謎の如くつき出てゐる。これから何を感じるかは人さまざまであらうが、九室に特異な存在として注目される作品である。難波架空像氏の「連繋者の不安」はシュール風の作品だがこれは時局の寓意である點で面白い。これは「ローズヴェルトの不安」と題してもよささうだ。ホワイトハウスが洪水となつて海水が侵入し絹帽子が流れる。向ふから日本の城のやうな軍艦が押しよせる。暗示的諷刺畫にシュールの手法が齎らされるとしたらこれも又結構である。能間弘氏の「島民の家族」は白と灰色の調子が技術的にも優れてゐるし、藤田金之助氏の「壁頭」は戰爭取材の立體派表現として昔のネビンソンを思はせるが力があつていゝ。橋本徹郎氏の「練習船」は別に前衞派でもなく普通のレアリズムの作介だが、視點の角度が立體的でよい。その他桂ユキ子氏松本俊介氏、峰岸義氏の如き各々特色をもつ前衞作品であつた。

彫刻の各作品

二科の彫刻は藤川勇造氏亡き後は笠置氏渡邊氏等を中心に摯實な寫實的作風を以してゐるが、文展に見るようなイヤなアカデミズムでないだけに、小品でも素朴さがあつて親まれる。が表現技法からいふと大半はまだ晷習的な作品である。今回は逝くなつた渡邊小五郎氏の遺作を特別陳列してあるが、この造形主義の作家は二科には特異の存在であつた。そのあるものは形式にのみ走りすぎてると思はせるものもあるが、唯美的な立體的造形的表出は清淨な感じをあたへる。「憩ふ女」の美しい線「トルソ」の摯實な面の追及「やすむ女」の體軀の構造、みな明快な表出である。

笠置季男氏の「家族」は群像としても、また一般出品の凡てに於ても嶄然輝かしい表現をもつて示されてゐる。一種のイリュージョナリズムとも言ふべき印象主義的な寫實であるが、面の凸凹が光りの諧調を巧みに把へてよい調子を作つてゐる。渡邊義知氏の「航空科學頌」は群像の部分草稿であるがどの位の大きさに仕上るものかは別として、ツーシュが少しこまかにわづらはしい感じである。ドナテルロ式の細局表現の寫實を生かすのかと思ばれるがこのエチュードではしかとわからない。泉二勝麿氏の「東郷大將」はモニーメンタルな作でソツなき寫實表現ではあるが手法が固定しすぎてゐる。松村外次郎氏の「東天紅」も摯實な表現だし八柳恭次氏の「女ノ首」もエチュード的ではあるが、肉體表現が生きてゐる。長野隆業氏の「鍛造」はこれもモニューメンタルな作ながら石の効果を中心としてゐる。まだ多少採り出すべき作もあるが此の邊で擱筆しよう。

立型會洋畫展

新進作家の集團だけ有つて技術的には仲々優れて落着の有る會場風景だが技術的に流れて熱意の不足はやゝ喰ひたりない感じでもある觀武長の諸作では其の作意がやゝポスター的になり勝ちだが四番と八番の習作は美しい、松島正人の物では感覺的普通寫實である關係が色調に澁味の有る「キタイスカヤ」「初夏の花」等が落着を見せて佳作。吉岡憲の五點の內では「少女」と「婦人像」は感覺的でもあり寫實味に深さ有つて優れてゐる。（彌）（銀座菊屋ギャラリー）

第六回山岳畫展

茨木猪之吉氏「朝のスバリ岳」三點 いゝ悪いを別にして斯うした珍しい作家のものに觸れるのも山岳畫展の嬉しさである宮坂千代三氏「夏の八ヶ岳」宮田熊雄氏「早春の山」內野猛氏「朝日岳より月山鳥海山を望む」はいゝ作である 石井鶴三氏水墨畫二點、足立源一郎氏油繪がある。（高嶋屋）

小泉癸巳男版畫展

東京百景を十年の長きに亘つて物にしただけ有つて相當見ごたへの有る個展である。此の作家の持味としては輕快な內に構圖に機智を見せて其の色調も新鮮であると共に生活詩情が十分感じられるが色調の脈手な物にはやゝ繪草紙的に成り勝ちな物も感じられもする。出品作中、「二重橋」に見る色彩のアラベスクとあかぬけした構想とは仲々美しい「上野春慶館と美術館春色」は又墨の効果も良く「舊青山御所」の單純化されたデホルマシオンにも親しめるし生活情趣の出て居る物には「仁王門より仲見世」等が有る此の外技術的に優れた作には「雪の泉岳寺」深川木場の河筋等が擧げられる。（彌）（上野松坂屋）

院展同人瞥見

黒田鵬心

招待日がなかつたのでつひのびく\となり、やうやく本日二科展を見てから院展の會場へ入つた。二科から院展へ入つて急に感じた事は、如何にも明るく纖細で且つ綺麗なことである。第一室の畫が題材に花や鳥や女が多く、それらが美しい色彩で手際よく描かれてゐたからであらう。

さて全出品（繪畫九十四點・彫塑七十四點）を通覽して最も敬服したのは横山大觀氏の「耀く大八洲」と安田靫彦氏の「黄瀬川の陣」の二つである。大觀氏が七十四歳の高齢で、昨年は「海山十題」の獻納畫を製作し更らに奉祝展には「日出る所日本」の大作をものし、今年又此の長卷を描いたその努力には全く敬服せざるを得ない。殊に今年の長卷は旭月から滿月に至る間に橿原神宮法隆寺等の社寺宮殿を配した構圖が皇紀二千六百年の秋を飾るに相應はしい事に感銘を受けた。猶細部については色々の感想もあるが、既に本誌には詳説せられたといふのであるから、茲には唯敬意を表するに止める。

安田靫彦氏の作は六曲一双であるが、その左半双は既に昨秋「義經參著」と題して發表され、その後右半双の頼朝が出來今年始めて完璧して院展で發表されたものである。既に義經だけでも好評嘖々たるものであつたが、その六曲半双を一個の作品としては何となく物足らぬ點があつた。中には左の頼朝はない方がよからうなど丶想像評を下した人もあつたやうであるが、今一双出てみると、この作品の中心は矢張右半双の頼朝に在るので、左半双の義經は右の頼朝があつて始めて眞價を發揮したといふべきである。先づ構圖の上に於いて一双に二人物が配せられ、些かの隙もない配置を持つてゐる。

而して此の兄弟が陣中に於いて相會し、互に注目し合つたその兩人の眼ざしに此の繪の焦點が置かれてゐる。人物畫に於いて定評ある此の畫家が近來の大作として、又恐らく代表作の一つとして許さるべきものであらう。次に兩人の冑の描寫は實に美しくよく出來てゐる。武者を描いては當代の第一人者前田青邨氏と比較して毫も遜色あるものでない。

しかもこの繪が源氏時代の武者を描いて古い武者繪らしくなく新しい精神が充ちてゐるところに價値があると思ふ。武者を題材とすると、とかく甲冑が勝つて、人間が負ける虞があるが此の繪は人間兄弟が主となり、これが生きてゐる。まづ兩人の生命を感じ、甲冑の美しさはあとで氣がつくのである。「朝日」の春山君はこれを三代の傑作として褒めあげたが必ずしも過賞ではあるまい。少くとも昭和の代表作といふ事は出來ると思ふ。

今年の院展は古徑、青邨出さず、しかもその補ひは靫彦一人で十分に出來てゐる。さて他の同人はといふと特に振つたものは遺憾ながらない。奥村土牛氏の「遲日」もうまいものではあるが、此の作家として特に傑れたものとは云へない。太田聽雨氏の「壁畫」は法隆寺金堂の壁畫からピントを得たものらしく、堂の一隅の菩薩像を大きく描いたものであるが、去年の古經氏の觀音、不動に比べると遜色がある。今年の荒井寛方氏の「摩利支天」や小倉遊龜夫人の「觀世音菩薩」もあまりよい出來とは云へない。先日三越で見た靫彦氏の「觀音」が小品ながら光つてゐるのに及ばない。

眞道黎明氏の「淨雪」（上代出陣式）も力作であり、武將に女を配し、更らに雪を降らしたモチーフは面白いが、特に傑れた作とは云ひ得ない。酒井三良氏の「風」「雪」の二作の雪の表現が墨の點々で白雪をあらはしたところに興味がある。

郷倉千靭氏の「山頂の春」は實はほゞ出來上つたところを氏の新赤倉の室で拜見し、更に會場で見たのであるが、構圖の上で、中央に岩のあるのが難點ではあるまいか。雷鳥と高山植物を配したところは中々よい。富取風堂氏の「平日」と「潮騒」は赤い鯛と黒い鯛どを配したものでそのコントラストが中々おもしろいと思つた。

小林柯白氏は有名な「龍安寺の石庭」を六曲一双に描いたが、これは嘗て川端龍子氏も描いたと記憶するが、題材としては好適のものではない。殊に寫生に捕はれてゐるのがよくない。寧ろ國策的に單純化し略筆で描いた方が効果があるのではあるまいか。

同人諸氏の作を批評せよとの本誌の注文であつたが、もはや約束の紙數に達したので他の同人諸氏の作は割愛するの止むなきに至つた。諒承を乞ふ次第である。（九・一八・夜・目黒にて）

院展日本畫新人作
――新優待制を主として――

豊田豊

新人には常に情熱がある。それは肉體の旺盛から來るものであり、若さの憧憬から來るものでもある。しかし院友を主とするこゝの新人の構成陣は、大抵四十から五十までの年齢であり、五十を過ぎた中老年輩の人すら間々見受けられる。眞に青年と言つて好い三十代の人なぞはその何分の一の程度であり、二十代の作家に至つては眞に寥々として數へ難い。一にこれはいつまで經つても容易に同人としない、又文展のやうに無鑑査の安住地帶を設けないこゝの極めて嚴正な抑壓制度に基くものであり、その抑壓の下敷になつて彼等はいつの間にか乾からび、ひねこびれ、心快々として樂まない。

だが院展の要路の人達も今は既に年老いた。手鹽にかけた可愛い子供達がいつまでも欝悶の情に内訌してゐるのを、親心で見るに見かねる思ひであり、前例もあつて、院展の前途のための反逆防止策といふことも考へる。今は最早既往の孟母斷機的な嚴教育には耐へ難くなつて來たのだ。その結果が過般發表の院賞、新同人、無鑑査、新院友のお手盛と施行なつたのである。

だがこゝに僕等が見逃してならないことは今度のこれ等院展の寛大政策を通觀して、寧ろ前記の中老的新人よりも、その以後の擡頭に屬する三十代の今日的な新人の拔擢の多かつたことである。即ち新同人映月を筆頭とする新無鑑査中庭煖華、以下新院友、船田玉樹、熊坂東爽、吉田善彦、木村武夫、長谷川朝風は三十代に屬し 相原萬里子に至つては二十七歳のうら若さだ。新井勝利を筆頭とする中老組新人に對し同じ八對八を以つて拮抗する。こゝに今年院展の寛大策にも關はらず、如何ともする事の出來ない時代の推進力、今日的新人の必然的な情熱の押し出しを見るのである。同時に中老的新人の技巧、心境の比較的冴え澄んだ品格の敢てそれに劣らじとする必死な防衞がある。さうしてそれは今年院展新人作全部を通覽して見られる藝術の攻防戰であり、中老的新人勝つか、今日的新人勝つか、その答案は以下僕の批評が書き示すであらう。

しかしながら今日的新人と言つても由來院展はお座敷的、床の間的鑑賞の品調を尙ぶ傳統のイデオロギー集團である。勢ひ彼等今日的新人の作にあつても、文展、青龍社、大日美術院に見るやうな情熱の沸騰した覇氣熾んなるものは見受けられない。先づ新同人にして、院賞第二位の北澤映月の『靜日』の如き、閑寂なる庵室に老尼がお

茶を立て、非ホルモン的にあどけない京舞妓が二人、行儀よくお座りをする。従つてそれは彼女自體の個性を自から壓縮して、院展の求める品調の中におづ〳〵凝結したかの感じである。同じく閨秀のこれ等の中の最年少である相原萬里子の『朝顏』も色彩こそ明麗明朗であるが斜形の朝顔棚の鉢植は如何にも品よく小ぢんまりと纒めた程度のものだ。三十でもこれは稍々年長の中庭煖華の『花と實』は夏の菜花菜果を小柄に內輪に愼ましげにモンタージユして植物標本を去勢して品調化した感じが深い。昨年映月と同じく大毎奉祝展で佳作賞を得た熊坂東夷の『鶴三種』はその薄ぼやけた胡粉散らしの紅黄、黒の鶴の三様の塗り固めは、奉祝展作と同様可なり新興の造型と色彩物理に富んだものであるが、映月と同様大毎展の『鸛と紅鶴』ほどの燃焼と野心がなく、穩健な品のよさは多分に萎縮して感じさせる。吉田善彥の『瀧』は幾分シユール調の暗綠、胡粉灰黑の塗り固めを幽晴な立體に情趣づけて、この種のものとしては極めて內輪に院展の品調に步調を合はせてゐる。木村武夫の『松山』に至つては千代紙細工が風邪を引いて、空の三日月が心細げに溜息をする。さう言つた院展的私生兒藝術だ。船田玉樹の『月光』は全水墨に極めて感覺的な淡彩を織込めて、この前衞新人の聰明にして卓拔な院展への品調化を想はせる。京都繪專出の夢谷川朝風の『琉球二題』の南國的色彩の豐麗さと、芳烈なる裝飾意欲は喜多院の職人畫し繪を、現代に異國情緒化して、新人的情熱のこれ等の中で特に熾んなるものを觀る。さうしてこの種聯作、對作風の佳調には植草實の『吉田松陰』四品があり、その快適にして淸純な黑白、紅綠の色彩諧調、新銳な唯美情緒、そのうちに潛む新文化史眼に至つては新人作中でも一際優れ、狗卷南名雄の『初夏』三題の水黑淡彩の俳畫譜の中にも輕度にその種のよさが認められ、共にこれ等は年少者の時代的勝利を語つてゐる。

さうしてこの種聯作態は中老派筆頭新同人新井勝利の『谷行』の謠曲繪卷化に至つて、最も優勝調を帶びて細々と品調の靜寂な一偏上人繪傳や西行法師繪卷の新興化となり、役の行者の功力は大和の風景詩の中に徵妙に溶ける。中島淸の『演舞』の神社舞の古事は六曲一双の大畫のこれは中老組としては會場藝術意欲の熾んなるものであり、金泥厚塗の能面なぞ度ぎつくはあるが、畫面の必死な喰縛りは、決して中老級の情熱の喪失を云々せしめるものでない。佐野光穗の『日照雨』の動物、花鳥の相當大畫面も又然りであつて、薩摩芋や百日草なぞの配濟も相當効果的であるが、稍々それが小煩く、畫面全體の薄濁りも相俟つて、非野心的な野心がこの繪を禍ひした。眞野滿『七をとめ』はさういふ意味の野心が品よく靜かにクラシツクな流線型を階律づけ、色彩も匂やかに愼ましい。木下春の『巴』は守屋正の『繼信忠信』村田閑の『小宰相最後』と源平合戰時代の歷史畫と覇を競つて、結局女性らしい風流な巴御前への解釋は、大豪和田義盛と取合つた荒くれ女とは思へん新しい幻像を描出して、その意味の野心性の成功となつてゐる。高橋周桑の『鶴』はキユーピズム的角度のこれも院展らしい餘韻嫋々の品のよさであるが、まだどこかにこの人のいびつなグロテスクなものが清算されてゐない。以上四人は新無鑑査であるが、他の新院友の松坂冬至の『餌』の黑チヤボと朝顔は巧緻に品調よく整へた品で、吉川朝衣の『夏日』の南瓜畑も濃綠を主に相當寫實的、裝飾的熱量を盛上げる。

斯くして中老、少壯必死の攻防戰も全體に見て、爾前の獨ソ戰の如く、今膠着狀態に入つたと見るべきであらう。

院展繪畫部の新同人

新井勝利と北澤映月

新井勝利、當年《たうねん》取つて四十七歲奧村《おくむら》土牛が昭和十年やはり同じ四十七歲で同人《どうにん》になつて、大器晩成の第一人者《にんしや》のやうに謳はれたのと軌《き》を一にしてゐる。その點彼は土牛以後の大器晩成の畫壇的模範《もはん》の尤なるものであるが、それも土牛のジリ〳〵押《お》しの末にパツと新帝院《しんてん》の『鴨』の推賞で華《はな》やかになつたのとは違ひ、人生、畫壇《だん》の險阻を、喘ぎ喘ぎ攀ぢ登《のぼ》り、搔き分けて、到々同人《どうにん》の『峰入』をしたといふ風である、その經路《けいろ》はちやうど彼の今度《こんど》の出品作院賞第三章『谷行』にそのまゝそつくり取《と》入《い》れられてゐる。

即ち昭和五年今《いま》から十一年前院展第十七回《くわい》で初入選するまでは連續落選《らくせん》七八回、やつと一の峠へ出たと思《おも》つたら『谷行』の童子と同樣又もや落選《らくせん》の谷底に突き落《お》され、再び沈淪すること丸五年、昭和十一年院派合流《がうりう》の新帝院の『つばき』の花鳥《くわてう》で漸く谷底《たにそこ》から這ひ上つたのが、漸く彼《かれ》の運の綻びとなり、翌年第二十回院展《ゐんてん》の『二月堂水取』は輝《かゞ》やかしくも院賞第二賞の頂上の日の光を浴《あ》びた。翌年の『大佛勸進』で再《ふた》び又第二賞を强引に押《お》し切り、今度は右の『谷行』で第三回目の院賞をねばり、二回續《つゞ》けての院賞にも關はらずまだ同人《どうにん》にされなかつた彼の順境《ぢゆん》の不遇に氣を揉んでゐた人々《ひと〴〵》をほつとさせた。その點彼の執拗な運命《うんめい》の重石は院展、畫壇でもちよつと比類《ひるい》のない慘澹《たん》さである。

その彼《かれ》の運命のゴール『谷行』は彼自身意識して、或《ある》ひは潛在意識的に彼の薄幸《はくかう》を寓し、然して明日の祝福《しゆくふく》を祈願しての結果の取材《しゆざい》ではあるまいか。さうして『谷へ投捨《なげす》てられし童子が母の孝心と師匠《ししやう》の祈りとの爲に役の行者《ぎやうじや》に救はれし』といふ『谷行』の解說《かいせつ》はそのまゝ彼の鬼の鞭撻の爲に院《ゐん》の會議に救はれたといふ文字に代《かは》ることとなる。その藝術《げいじゆつ》は勤嚴玲瓏、沈寂にして時に奇想に富《と》むとも言へる。

一方土牛と同時期《どうじ》の小倉遊龜以來《いらい》の、いや院展を通じての唯二の女性《ぢよせい》同人である北澤映月こと智子さんはまだ當年《たうねん》取つて三十五歲と言《い》へば、男でならば若い方であるが、女《をんな》としては晚熟の方《はう》であらう。然しながら閨秀作家は反つてこの時分《じぶん》から生理的に荒廢《くわうはい》し、それが藝術の上にも惡影響《あくえい》するものであるが、映月は恩師土田《つちだ》麥僊の死後六年、寧ろ近年になつてこの藝術《げいじゆつ》が完熟し、向上《かうじやう》し、土牛、勝利と等しく女性《ちよせい》としての大器晚成の道を辿《たど》りつゝあると言へる。

即ち昨年《さんねん》大毎奉祝展の佳作賞『明裳』今年京都《きやうと》派院展新人の結成集團《しうだん》第五回白御展の授賞作『秋行』に續《つゞ》くこの『靜日』は彼女の善良《ぜんりやう》にして素直な琢磨と燃燒を想はせ、その健康《けんかう》な道の步みが、授賞《じゆしやう》僅かに一回にして院當事者に買はれて、他《た》の多くの男性の先輩《せんぱい》を凌駕するに至つたのであらう。さうして彼女《かのぢよ》は麥僊の死後《しご》、麥僊摸倣の幾多の男性作家《さくか》よりも、反つて麥僊のイメエジを舞妓《ぶぎ》圖や女人畫に、彼女獨得《どくとく》の神秘に愼ましい個性を以つて繼承《けいしよう》し建設した惠まれた唯《ゆゐ》一の作家である。（Y・T生）

佛印巡回日本畫展につき

作家の反省を求める

今度《こん》東亞《とうあ》共榮圏《きようえいけん》確立《かくりつ》をめざし佛印《ふついん》との友好《いうかう》一層緊密《きんみつ》なるにつれて、東洋《とうやう》に於《お》ける我《わ》が國《くに》の優越《いうゑつ》がひとり軍備《ぐんび》のみでなく文《ぶん》化の上《うへ》に於《おい》ても優れる實《じつ》際《さい》を彼地《かのち》の國民大衆《たいしう》に見《み》せしめることの急務《きふむ》なるは現地歸還《げんちきくわん》の軍《ぐん》の人々《ひとびと》よりも痛切《つうせつ》に要望《えうばう》せられるところであるが、その聲《こゑ》に應《おう》じて計畫《けいくわく》せられたのが過般《くわ》九、十の兩日《りやうじつ》日本《にほん》橋《ばし》三越《こし》で展示《じ》せられた國際《さい》文化振興《しんこう》會主催《さい》の佛印《ふついん》巡回《じゆんくわい》日本《にほん》畫展覽《らん》會《くわい》である。會《くわい》は政府《せいふ》の補助《ほじよ》もある社團法人《しやだんはふじん》で主催《さい》するには洵に相應しいのであるが、計畫《けいくわく》が匆卒《さうそつ》の間《あひだ》になされたのか、我《わ》が國美術《くにびじゆつ》文《ぶん》化の海外宣傳《かいぐわいせんでん》の催《もよほ》しとしては幾多《いくた》の缺陷《けつかん》が見出《みいだ》される。何《なん》でも聞《き》くところでは主催者《さいしや》の希望《きばう》から全部《ぜんぶ》二尺巾《しやく》の紙本《しほん》といふ立《た》て前《まへ》で揮毫《きがう》を依頼《いらい》せられた由《よし》だが、共間《その》の事情《じじやう》は關係者外《くわんけいしやぐわい》の知《し》る由《よし》もないが、展示《じ》された作品《さくひん》の大部分《だいぶぶん》は全部《ぜんぶ》とは云《い》へないがどうも我《わ》が國《くに》を代表《だいへう》して行《ゆ》く文《ぶん》化使節《しせつ》として感心出來《かんしんでき》ない作品《さくひん》が多《おほ》いやうに見受《みう》けられた。あれでは三越《こし》あたりで毎年《まいねん》開《ひら》く各種《かくしゆ》展覽會《らんくわい》などよりも輕《かる》いもので、國策《さく》の線《せん》に副《そ》ひ彩管《さいくわん》によつて我《わ》が國高度《くにかうど》の美術《びじゆつ》文化を對手《あひて》國の國民に首肯かせるだけの内容《ないよう》を持《も》つた作品《さくひん》の集《あつ》まりだといふことは出《で》來《き》ない。計畫《けいくわく》の如何《いかん》、或《あるひ》は主催者《さいしや》の事務《じむ》的な點《てん》にしても、假令《たとへ》缺點《けつてん》はあつたにせよ、事《こと》は國策《さく》に重大《ぢゆうだい》なる影響《えいきやう》を及《およ》ぼす重要《ぢゆうよう》なるものである、作家《さくか》としても今少《いますこ》し愼重《しんちよう》に且《か》つ滅私《めつし》奉《ほう》公《こう》の氣構《きがま》へで謝儀《しやぎ》などどうであらうとこの大事變《だいじへん》下《か》銃後《ご》で安《やす》らかに美術《びじゆつ》に精進出來《しやうじんでき》るのは一に皇國《くわうこく》の恩寵《おんちよう》に外《ほか》ならないことを思《おも》へば、國策《こくさく》に關《くわん》する限《かぎ》り「私」を介在《かいざい》してはならない。聞《き》くところに依《よ》れば主催者《しゆさいしや》の態度《たいど》も明《めい》瞭を缺《か》いだ點《てん》もあつたさうで、どんな計畫《けいくわく》なのかを充分《じうぶん》に知《し》らなかつた作《さく》家《か》が多《おほ》いやうなのも此《こ》の結果《けつくわ》を生《う》んだ主因《しゆいん》らしいもつと數《かず》は少《すく》なくても眞《しん》に現代《げんだい》の吾《わ》が美術界《びじゆつかい》を代《だい》表《へう》するやうなものが望《のぞ》ましかつた。

殊《こと》に大家《たいか》の人々《ひとびと》より中《ちう》堅《けん》の人々《ひとびと》の努力《どりよく》の足りなかつたのはどうしたことか嘗《かつ》ての伊太利と亞米《アメ》利加等《カなど》の博覽會出品作《はくらんくわいしゆつぴんさく》の堂々《だう》たるに見《み》ても、計畫《けいくわく》さへ明かであつたならば決《けつ》して出來《でき》ない相談《さうだん》ではない。今後大陸又《こんごたいりくまた》は南方諸《なんぱうしよ》國《こく》をめざしてかかる企《くわだ》ては續出《ぞくしゆつ》するに違《ちが》ひない切《せつ》に作家諸氏《さくかしよし》の奮起《ふんき》を希望《きばう》してやまない次第《しだい》である。

航空美術展

木田路郎

嚮には聖戰美術展あり、海洋美術展あり、此の度は航空美術展が大日本航空美術協會と朝日新聞の共同主催の下に開催され時局下に適はしい展觀として新に航空に對する美意識と航空常識そのものへの寄與とを兼ねて洵に有意義な企として登場したことであつた。應募者も各部相當の數に上つたらしいが一番多いのは洋畫であつたのは當然といひ乍らかういふ作品としては描寫に至難な日本畫の出品も相當多かつたといふことで、この邊にも移りゆく時代の動きが見えて喜ばしい。その他彫刻、ポスター等種々あるが會員作も相當あり見應へのある展觀をなした。

この種の展覽會に於ける作品はたゞ作品としての藝術的價値だけを抽象して評價されないところに一つの意義がある。たとへどんなに技術として立派でも機體に對する正確な表現のないものとか、智識に缺けたものとか、又全體の航空思想に對する認識の乏しいものとかは採り得ないであらう。現に陸軍機と海軍機の區別すら明瞭でない作品が多かつたとかで、單に美術作品の技術だけでは論ぜられない。

油繪の作品は量に於ても一番多く優れた作品も又多いが、藤田嗣治氏の機體スケッチや雲上の描寫を試みた數點の作品は陸軍省に獻納された作品の貸下げであるがかういふ記錄的作品にも同氏の忠實な努力がよく窺へるのを多とする　田村孝之助氏の「歸還」の爽快な筆觸、清水登之氏の「待機」の逞しい表現田口省吾氏「離陸」の忠實な表現、向井潤吉氏の「影」に示した偵察機上から俯瞰した奧地市街への機體の投影を示したもの〻如きいづれも新しい事象と感覺を示した作品で藝術的にも優れてゐる。宮本三郎氏の「航空士」スケッチ數葉に氏の美しい線の感覺をよく生かしたものであり、高野三三男氏の「空襲下の巴里」は生々しい氏の體驗を元にし乍ら作品としても美しい効果を擧げてゐる。大澤昌助氏の「先驅者の夢想」や鳥海青児氏の「一七八〇年頃」の如きは航空發展史的見地からの作畫で主題が面白い。全くの理想化したものには水谷清氏の「鳩使」の如きがある。北川民治氏の壁畫稿も一種の特色をもつてゐる。その素朴な筆致と形體の誇張が時に單なるグロテスクに陷る點は免かれぬが、大きなサロンの壁などにはまるものとしてこの種のものはその强さが水谷氏などより高められてゐる點に一種の近代性を見る。落下傘を描いたものも相當多いが高畠達四郎氏の「パラシュート」の如き構想も逞しい。整備員の活躍や苦心を描いたものも多く格納庫を描いたものも多い。

日本畫では伊東深水氏の「窓望」が旅客機からの富士を描いて淸爽な感じを示し太田聰雨氏が模型飛行機を讃ふ少年を描いて纖細な技を示した。吉岡堅士氏は飛行士の「群像」で重厚な革致を見せてゐるがこの種の作品では福田豐四郎氏の「基地」が最も優れてをり洋畫と違つた線と色が又なく美しい。入賞した一石哲路氏の「飛行雲」は立派な藝術作品であり藤田隆治氏の「格納庫」も日本畫材で複雜な表現をしてゐるのを賞してよい。その他長谷川路可、酒井亞人、岩橋英遠、鬼原素俊諸氏が注意を惹いた、彫刻は數も少いが努力も乏しい憾みがある。

渡邊義知氏の「航空頌」に示したエスキースは美しいもので、澤田晴廣氏の作品も題材の促へ方にまだどこか不安な態度が見えるが場中では秀でゝゐるし、淸水多嘉示氏の記念塔プランもすつきりとした方形の美しさがある、その他泉二勝治氏、加藤顯淸氏らの作品が注目された。この會の今後の發展に期待される（高島屋）

展覽會評 泉川白水個展

金井紫雲

秋田縣横手の泉川白水翁が、中央に乘出して九日から十二日まで高島屋に初の個展を開いた、陳列されたのは二十一點であるが、翁が新南畫の主張と抱負は此の個展で十分に見ることが出來る。

翁は獨學の人である、三十年來、繪筆は執つてゐるが、師として仰ぐのは自然と古畫ばかり、然も自分の氣の濟むまでは何處までも研究して行くといふ熱は、一寸古稀の老人とは見えない。だから、所謂南畫家型に陷つてゐない、何でも咀嚼し研究して行き、そして自家藥籠中のものとする意氣込みである。

今度の展覽會で一番面白いのは、矢張り「桃華源」の畫卷である、一見直ちに木米の「莵道朝暾」あたりを聯想せしめるが雲畑や岩石の描法など仔細に見ると、矢張り自己の工夫がよく出てゐる、賦彩がまた巧みだ。

畫品からすると「溪居聽雪」「秋嶺歸雲」を擧げねばならぬ、前者には玉堂の匂ひが濃く、後者には木米へ一寸大雅を加味したやうな味がある、「溪居聽雪」の遠山の描法には相應に深い玉堂研究が見え、それが「秋山隱栖」になると少し露骨になつてしまつてゐる。

薊二點、何れも本格的に寫生してゐる、そこに翁の特長がある、野薊の水墨のゆき方富士薊の線の確かさ、何處までも若々しい、更に「妙義晴烟」「妙義凝霜」には洋畫の遠近法を巧に取入れて水墨畫の本街道を進む意氣を見せ、更に「寒林雪嶂」「寒光凍嶺」になると、唯に水墨の驅馳ばかりでなく、それに陰影を入れそうして奥行きを見せようとしてゐる、浩一路氏のはそれが洋畫から來たのであり翁のは南畫から進んだのである。細物二點、何處にか放庵の作を思はせるが、この「醉色氷肌」などを見れば、翁の腕の正確なことが知られるであらう、面白い個展であつた。

川島理一郎展

佳波子

「蘭花」によつて色彩上の新研究を收めた川嶋氏は長驅南方に走せて時局下脚光を浴びて立つ泰國の風景畫に又一新境地を拓いたことを示した。現洋畫壇の重鎭であつて研鑽倦むなき氏の勉強振りは、徒らに尨大なコケ嚇かし畫面ではびこる會場藝術と異り、實にその一枚一枚がしみじみと味へる滋味萬溢の作品であることが何より嬉しい。たゞ氏の作品はさういふ味ひ方を知らない者には良さが見落される危險がある。がこん度の泰國風景のいづれを見てもあの澄んだ空色美しい落着のある綠色、その洗練した單純化の技巧の老巧さは感嘆せざるをえない。「ワットポー寺院の尖端」の線とマッスの捉へ方「金とモザイクの廻廊」の色と奥行の深さ、「バンコック住宅街」の憎き迄の省筆とバラールの美しさ等は現畫壇で全く氏の獨擅場といつてよからう「ワットチエン寺の兎」「印度寺の門」「メナム河畔」その他素描數點も皆卓越した作品である。(資生堂)

村川彌五郎個展

佳波子

國民新聞の美術記者である村川氏は本來畫家でありしかも滞巴數年ガッシュを研究して一家をなした作家であるが近來日本畫に思ひを潜めガッシュ的技法と日本畫的畫境とを渾化せんとする努力をもつて企てられたのが今度の個展である。それは洋風技を眞似た日本畫家の作品とも違ふし、又洋畫家の餘技的水墨畫とも違ふ特異の作品である。がこれはまだ試作の時代で構圖や觀照が洋畫的であると共に華枝や色彩に日本畫手法を學ばうとしてなほ苦衷の存する處を見うける。昔のガッシュ手法の平板さをもつと生かしたらよいだらうと思つた。これは新境地の開拓だけに大に氏に期待したい。「裸木の月」はもう一工夫すると素的な効果を擧げたらう。(上野松坂屋)

玉堂翁文章の力も亦偉大

大正十四年から奥多摩保勝協會を設立して汎ゆる機會に奥多摩の景勝を帝都の都人士に宣傳して　むことを知らなかつた會長の吉野賢木氏は、武州御嶽神社の社司を同時に務めてゐた、山の上の水の不自由は終に都人士の夏の山への參籠をもその浪費性の脅威から拒む狀態だつた、御嶽講中四十萬の信徒は御師四十軒計りで賄つて來た、一坊百人として三人の人夫が終日水の運搬だけに要するといふ平地の想像も及ばない山上の生活である。

たま〳〵某誌に川合玉堂畫伯の隨筆があつて、翁は暇あれば杖を奥多摩に曳き、あの險峻の御嶽の頂上を極めることも、數を知らない有様だつたが常に遺感に思ふのは山上の水の不足であるといふ記事を見た、吉野社司は實に此一文を以て東京府にお願して終に昭和十四年の府會に豫算を通過せしめ、工費三萬餘圓を以て奥山綾廣の瀧より引水して終に昭和十六年五月山上には住民待望の清泉は滾々として神苑を洗つたのである。

洵にこれ當代の巨匠川合玉堂畫伯の一文と、社司吉野賢木氏の不撓の努力と、更に見えざる神助の偉大なる力によつて此難事業が成されたもので、今後の登山、參籠の人々を如何計りその惠澤に浴せしめることか、この劃企的な大事業を記念するため翁に碑文の揮毫を求め、稿成つて去る八月二十五日建碑を了した翁の歌詞に

大前に生命の水と湧きたちきなかれてやまし綾廣水道

因みに氏は神域の揮毫としては榛名神社社碑と今回の碑銘位のものださうで共に謹嚴端正の筆致翁を髣髴せるものの由である

漫畫は呼びかける(一)

細木原青起

新體制時代、殊に臨戰體制の刻下、美術界だけが舊體制であるといふことは許されまい。そこで漫畫は呼びかける。

ロシアの農民美術

山本　鼎

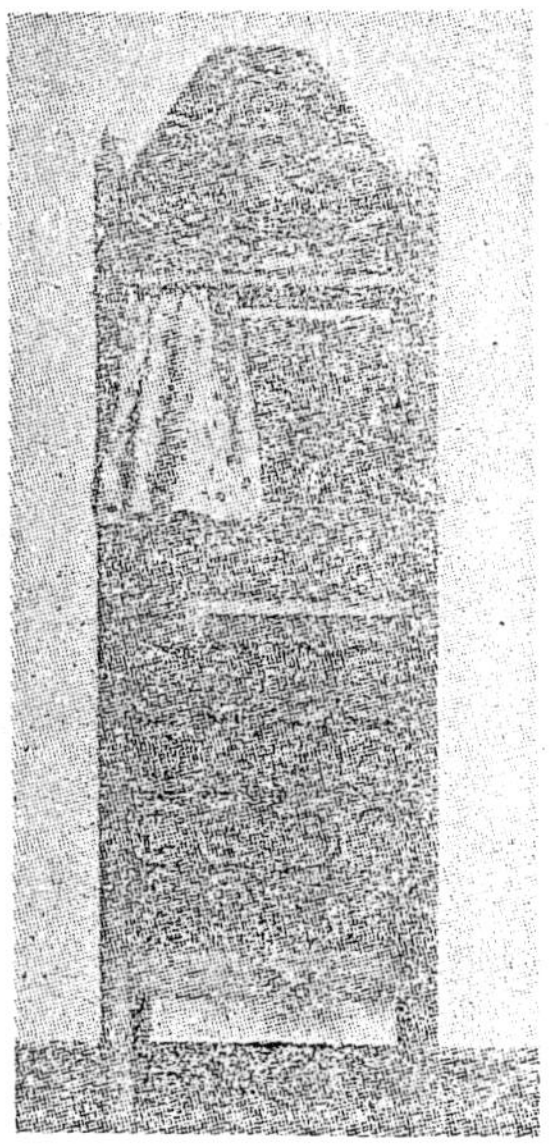

書棚と門扉

書棚はスモレンスクに近いタラチュキノ地方の農村副業品です。同地方は今から二十四年程前に、女王テニシェフの先達に、ジノビエフ、オブチシニキヨウ、ヴルウベル等といふ藝術家が意匠家となつて、農村生活の藝術化運動を興したのが機緣となり大きな傳習所を設立して副業的手工藝の隆昌を計つた。そして漸次このやうな木工品を初めとし木彫品、刺繡等夥しい成品を産出するやうになり、この村々の工藝は有名なものとなつた。この書棚はジノビエフの意匠になつたもので、こゝの木工の特徴をよく表示してゐる。門扉はタラチュキノの作品である。同傳習所の入口に立つてゐる門扉の一枚で、自樺の樹下に特有な風姿を示してゐる。透し彫と浮彫を並用した、がつちりしたデザイン、家々の門扉を考案することも木工木彫の一領域であらう。

最近《さいきん》獨逸軍《ドイツぐん》に攻略《こうりやく》された露西亜《ろおあ》のスモレンスク、あすこには特色《とくしよく》のある農民美術《のうみんびじゆつ》があつたのです、スモレンスク地區《ちく》のタラチュキノといふ村《むら》で始《はじ》まつた農村文《のうそんぶん》化運動《うんどう》の一翼《よく》をなした工藝《こうげい》美術《びじゆつ》なんですが、これは當《たう》時《じ》、世界《せかい》に知《し》れ亙《わた》つて居《ゐ》た『クスタリー』とは生産《せいさん》事情《じじやう》に於《おい》ても又様式《またやうしき》に於《おい》ても斷然類《だんぜんるゐ》を異《こと》にするものです。

其發生《そのはつせい》は、マリイ、テニシェフといふ女王《ぢよわう》を中心《ちうしん》に數名《すうめい》の彫刻家《てうこくか》がグループして創めたもので、作《さく》品《ひん》は第一《だい》に、テーブル掛《かけ》、クッション、間《ま》じきりなどに使《つか》はれる布帛工藝類《ふはくこうげいるゐ》で、これは植物《しよくぶつ》染料《せんれう》で染《そ》めた麻《あさ》糸《いと》を手織《ており》にした布《ぬの》へ、主《おも》に線模様《せんもやう》の刺繡《しゝう》が行《おこな》はれて居《ゐ》ますが、特色《とくしよく》は其布帛《そのふはく》の組織《そしき》です、長方形《ちやうはうけい》もしくは四角《かく》の裂をかゞり合《あは》して形成《けい》されて居《を》り、其《それ》かゞり方《かた》が全體《ぜん》に良《よ》い風味《ふうみ》を與《あた》へて居《ゐ》るものです。考《かんが》ふるに、デザインに基《もと》いて、數《すう》人《にん》の手工《しゆこう》が作《つく》りあげた物《もの》でせう、これは蓋《けだ》し、農村業《のうそんげふ》の農閑《のうかん》の仕事《しごと》にふさはしく、又産業《またさんげふ》的な生産《せいさん》に適《てき》した方法《はうはふ》でした、女王《ぢよわう》さんが最《もつと》も身《み》を入《い》れたのはこれらの布帛類《ふはくるゐ》です。

次《つぎ》には、多種類《たしゆるゐ》な木材工藝品《もくざいこうげいひん》があります、大《おほ》きい物《もの》では門扉《もんぴ》、橇《そり》、食器棚《しよくきたな》、椅子《いす》、テーブルなどで、一見《けん》、素人《しろうと》細工《く》的な素朴《そぼく》なものですが、大《おほ》まかな半《はん》肉的なレリイフで飾《かざ》られて居《を》り、其《その》スタイルはロシアに普及《ふきふ》された一般《ぱん》の農民美術のピザンケイ風《ふう》と違《ちが》つて重厚《ぢゆうこう》なものです彼等《かれら》のグループは左様《さやう》な造《ざう》形《けい》的能力《のうりよく》を建築《けんちく》にも試《こゝろ》みました。村《むら》に建《た》てた劇場《げきぢやう》が代《だい》表的なものです。凡《およ》そ百人位《にんぐらゐ》はいれる劇場《げきぢやう》で、ドンチャウは勿論《もちろん》、見物席《けんぶつせき》の椅子《す》には繁簡《はんかん》よろしく裝飾《さうしよく》レリイフが施《ほど》してあるんです。處《ところ》で、さやうな工藝美術《こうげいびじゆつ》に止らず、彼等《かれら》は音樂《おんがく》や演劇《えんげき》の創作《さうさく》などで農村《のうそん》文化運動《うんどう》をやつたのです。さやう、それは今《いま》から二十五六年前《ねんぜん》の事《こと》です。英《えい》國のウヰリアムモリスの藝術文化《げいじゆつぶんか》運動《うん》は社會史《しやくわいし》に有名《いうめい》ですが、あれの對市民《たいしみん》に照應《せうおう》すべき對農民《たいのうみん》の有《いう》意義《ぎ》な文《ぶん》化運動《うん》であると思《おも》ひます。其後《そのご》あの運動《うん》はどんな風《ふう》に發《はつ》展《てん》したか、僕《ぼく》は何《なに》も知《し》らない。先《さき》頃《ごろ》足立源《げん》一郎君《らうくん》がロシア大使館《たいしくわん》の人《ひと》にたづねたがまるつきり知《し》らないさうです。農村文化《のうそんぶんか》の問題《もんだい》が社《しや》會《くわい》の關心事《くわんしんじ》となり來《きた》つた今日《こんにち》、このスモレンスクの事實《じじつ》は逸すべからざる參考《さんかう》と考《かんが》へます。

さて、タラチュキノの農民美術《のうみんびじゆつ》をのぞいた、他《た》の帝政時代《ていせいじだい》の所謂《いはゆる》クスタリーは、ことは全《まつた》く農閑副《のうかんふく》業《げふ》として發生《はつせい》し、需用供給《じゆようきようきふ》の關係《くわんけい》内《ない》に陶冶《たうや》され發展《はつてん》した手工業品《しゆこうげふひん》なのです。何《なに》しろ、露西亜《ろしあ》の富《とみ》の八十プロセントは土地《とち》耕作《さく》から擧《あ》げると云《い》はれ、其土地《そのとち》耕作《さく》には四ケ月乃至《げつないし》八ケ月《げつ》の農閑《のうかん》があつたのです。故《ゆゑ》に農村《のうそん》には各種《かくしゆ》の手工業《しゆこうげふ》が發達《はつたつ》し其内《そのうち》の工藝《こうげい》的手工品《しゆこうひん》もあらゆる種目《しゆもく》に亘《わた》つて居《を》ますが、木材《もくざい》物《ぶつ》が中心《ちうしん》でして卽《すなは》ち『クスタリー』の通稱《つうしよう》があるゆゑんです。各《かく》地方《ちはう》の農民美術《のうみんびじゆつ》を世間《せけん》に紹介《せうかい》して商品化《しやうひんか》を圖《はか》る機關《きくわん》はモスクワにも、キエフにも、オデッサにもペテログラードにもありました。有《いう》名《めい》な『クスタリーヌイミユゼエ』がそれです。

モスクワのそれは木造《もくざう》三階建で地下室《ちかしつ》は當業者《たうげふしや》に配給《はいきふ》する、素材《そざい》及《およ》び加工材料《かこうざいれう》の貯藏室《ちよざうしつ》、二階《かい》が生《せい》産品《さんぴん》の陳列即賣場《ちんれつそくばいぢやう》、其處《そこ》には、例《れい》のモスクワスカヤ縣特産《けんとくさん》の素木《しろき》の風俗人形《ふうぞくにんぎやう》を中心《ちうしん》に、楠の指物《もの》、麻《あさ》織物《おりもの》、陶器《たうき》、鍛鐵細工《たんてつさいく》、等《とう》、いろ〳〵ならんで居《ゐ》まして（これは大《たい》正《しやう》六年頃《ねんごろ》の事《こと》です）そして三階は郷土工藝《きやうどこうげい》の參考品《さんかうひん》の陳列場《ちんれつぢやう》、事務《じむ》室《しつ》、意匠家《しやうか》の工房等《ばうなど》に割り當《あて》られて居《を》り、意匠家《しやうか》は農村手工業者《のうそんしゆこうげふしや》に手《て》輕く意匠《しやう》を供給《きようきふ》するといふ仕組《しくみ》です。あれらの所謂分散勞働《いはゆるぶんさんらうどう》は、ソビエートの天下《てんか》になつて後《のち》どういふ事《こと》になつたか、おそらく消《き》えてなくなつたかと思《おも》ひます。獨逸《ドイツ》の郷土工藝振興《きやうどこうげいしんこう》を唱《とな》へて來《き》た『バイエルン郷土民《きやうどみん》福技藝學會《ぎげいがくくわい》』などもどうなつたであらうかと思《おも》はれるのです。

一人一人が一枚でも多く買ひませう（國債）

本阿彌光悦の尊皇（二）

添田達嶺

繪　田中案山子

併《しか》しその完成《くわんせい》された彼《かれ》の筆蹟《ひつせき》は、空海《くうかい》でもなければ道風《だうふう》でもなく、唐樣《からやう》王羲之《わうぎし》でないことは無論《むろん》である。全《まつた》く彼獨自《かれどくじ》の日本人《にほんじん》の書《しよ》だ。明人《みんじん》單鳳翔《たんほうしやう》は長崎《ながさき》に上陸《じやうりく》した時《とき》に、人《ひと》から光悦《くわうえつ》の文字《もじ》を見《み》せられて、之《これ》を評《ひやう》した時《とき》の中《うち》に『半是中朝字《ちうてうじ》の一句《く》を以《もつ》て、彼《かれ》の文字《もじ》になかば和風《わふう》のあるのを物足《ものた》らぬやうな口吻《こうふん》を漏《も》らしてゐるが、寧《むし》ろそこが彼《かれ》の書《しよ》の生命《せいめい》であらう。漢文字《かんもじ》である限《かぎ》り幾分支那風《いくぶんしなふう》も餘儀《よぎ》ないことかも知《し》れないが、日本人《にほんじん》はどこまでも日本人《にほんじん》らしいのがほんとうだ。

何《いづ》れにしても彼《かれ》は當時既《たうじすで》に近衛三藐院信尹公、松花堂昭乘《なら》び稱《しよう》せられて入木道《にふぼくだう》の泰斗《たいと》であつた。後人《こうじん》呼《よ》んで此三人《このにん》を寛永《くわんえい》の三筆《ぴつ》と云《い》つてゐる。

光悦《くわうえつ》は寛永《くわんえい》十四年に八十歳《さい》で歿《ぼつ》し、松花堂《しようくわだう》亦寛永《またくわんえい》十六年に五十六歳《さい》で世《よ》を去《さ》つた人《ひと》だから、どちらも寛永《くわんえい》の人《ひと》に間違《まちが》ひないけれども、近衛信尹公《こうのゑのぶただこう》は年《とし》は光悦《くわうえつ》よりも七つ下《した》ではあるが、慶長《けいちやう》十九年に五十歳《さい》で死《し》んでゐるのだから、この人《ひと》を寛永年度《くわんえいねんど》の人《ひと》とするのはどうかと思《おも》ふ。或《あるひ》は近衛應山公《こうのゑおうさんこう》の誤《あやま》りかも知《し》れない。それなら三人《にん》とも寛永《くわんえい》の人《ひと》と云《い》へる。

しかしさやうの詮議立《せんぎだて》は別問題《べつもんだい》として、光悦《くわうえつ》が三藐院《いん》、松花堂《しようくわだう》と交《まじ》はりのあつたことも事實《じじつ》だし、この三人《にん》が當代《たうだい》の名筆《めいひつ》として世《よ》に讃《たた》へられたことも間違《まちが》ひない。

それに就《つい》て次《つぎ》のやうな挿話《そうわ》が傳《つた》へられてゐる。

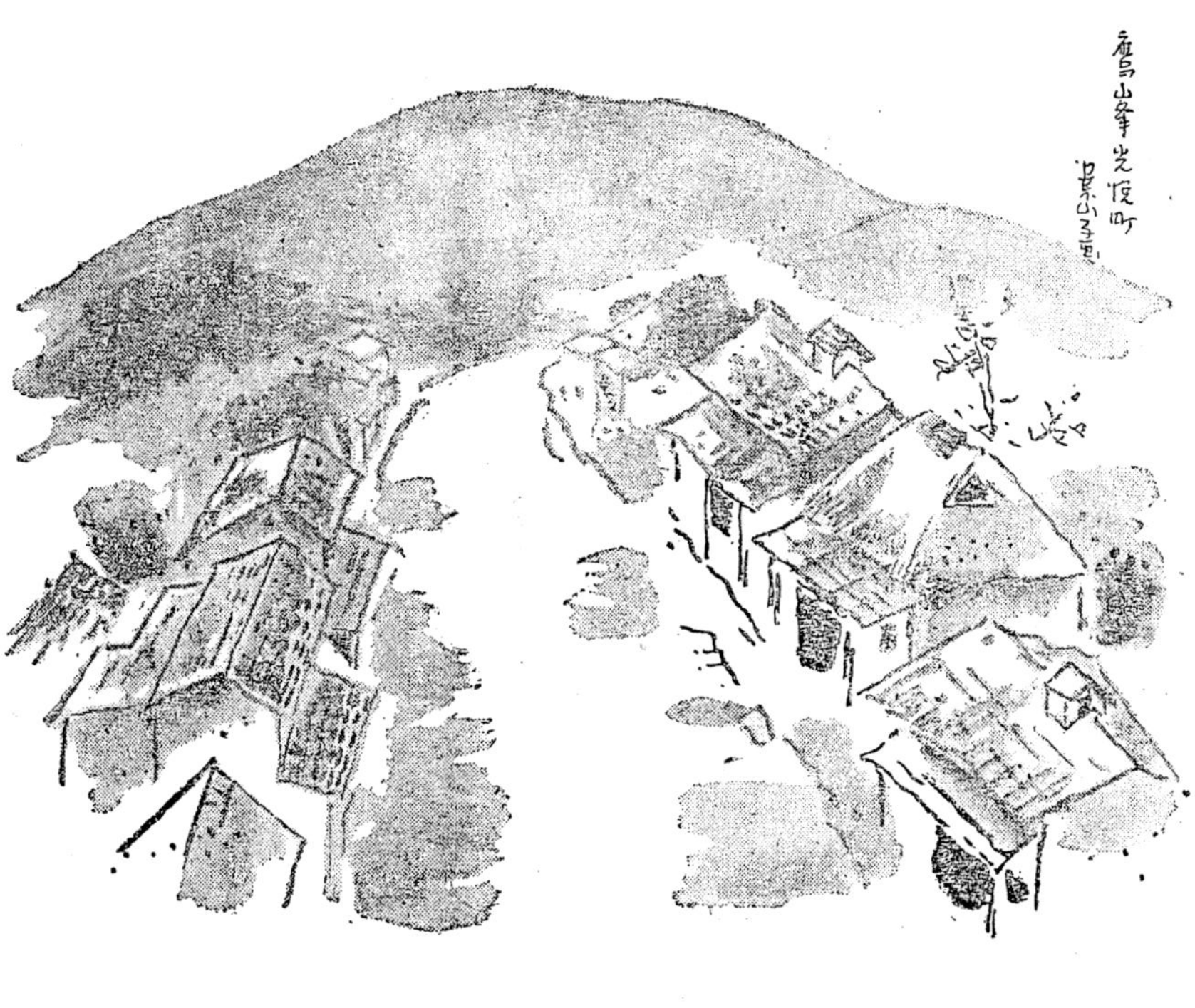

ある日《ひ》、光悦《くわうえつ》は所用《しよよう》あつて近衛信尹公《こう》を訪《たづ》ねた。四方山《よもやま》の雅談《がだん》の末《すゑ》、公《こう》は光悦《くわうえつ》に向《むか》つて問《と》ふた。

『當今天下《たうこんてんか》の名筆《めいひつ》は誰《たれ》だらう』

光悦《くわうえつ》は一寸首《ちよつとくび》をかしげたが、

『先《ま》づさて、次《つぎ》が尊公《そんこう》で、その次《つぎ》が瀧本坊昭乘《たきもとばうせうじよう》だらう』

と答《こた》へた。

自分《じぶん》を第一《だい》に推《お》すだらうと、ひそかに期待《きたい》してゐた三藐院公《ゐんこう》は不審《ふしん》に思《おも》つて、

『貴殿今第二《きでんいまだい》と第三《だい》を數《かぞ》へて先《ま》づさてと云《い》つて第一《だい》を漏《も》らしたが、その先《ま》づさてと云《い》ふのは一體誰《たい》なんだ』

と反問《はんもん》した。すると光悦《くわうえつ》は、

『洵《まこと》に申《まを》しにくい次第《しだい》だが、それは斯《か》く申《まを》す拙者《せつしや》で御座《ござ》る』

と平氣《へいき》な顏《かほ》で答《こた》へた。

これには流石《さすが》の近衛公《こう》も啞然《あぜん》たらざるを得《え》なかつた。

この挿話《そうわ》は近世畸人傳中《きんせいきじんでんちう》の記事《きじ》で、保證《ほしよう》の限《かぎ》りでないが、光悦《くわうえつ》の書道《しよだう》に就《つい》ての自信《じしん》と權門《けんもん》に屈《くつ》しない豪快《がうくわい》な性格《せいかく》の一面《めん》がよく現《あら》はれてゐると思《おも》ふ。

書《しよ》は何人《なにびと》に師事《しじ》したか、初《はじ》め海北友松《かいほくいうしよう》に學《まな》んだと云《い》はれるが、好《この》んで古土佐《こどさ》の風《ふう》を學《まな》び、又永徳《またえいとく》、山樂《さんらく》の豪放《がうはう》な桃山風《ももやまふう》の筆致《ひつち》を參酌《さんしやく》して、豪快《がうくわい》にして優美《いうび》、豐麗《ほうれい》にして典雅《てんが》、斬新奇抜《ざんしんきばつ》にして自然味豊《しぜんみゆたか》な、装飾的《さうしよくてき》の純日本書《じゆんにほんしよ》を作《つく》つた。孫《まご》の空中齋光甫《くうちうさいくわうほ》、俵屋宗達《たはらやそうたつ》、尾形光琳《をがたくわうりん》、同乾山皆彼《どうけんざんみなかれ》の流《なが》れを汲《く》む者《もの》で、宗達光琳派《そうたつくわうりんは》の装飾畫《さうしよくぐわ》は實《じつ》は彼《かれ》光悦《くわうえつ》に源《みなもと》を發《はつ》するので、寧《むし》ろ光悦派《くわうえつは》といふのが正《ただ》しいだらう。

金屬配給停止の渦紋

彫刻・工藝作家の惱み愈々深刻

臨戰態勢强化のため政府では、さきに金屬類回收令を發表し、どしどし金屬類の回收につとめることゝなつたが、これと同時に從來東京府から配給されつゝあつた美術資材たる地金の配給を停止され、今秋の文展を目前に控えて、作家連の中に多大のセンセーションを捲き起し不安に戰かせてゐる、之れに關して彫刻界の元老たる朝倉文夫、北村西望、小倉右一郞氏等は商工省當局と折衝を重ね、善後策に腐心してゐる、果して作家の需要を充たすに足るだけの資材が配給されるか否やの問題は國際關係緊迫せる折柄その成行は頗る注目されてゐる、右に付諸家の談を左に掲げる――

"工藝家は從前通り配給"

東京美術學校教授 高村豐周

文展出品制作に對する資材配給は工藝家に對しては今年度に限り

從來 通りの資材配給をされることゝなつてゐる、從來は各地方長官に許可願を出せば金は大藏省に其他の資材は商工省に地方長官より夫々其資格に應じて申請し配給されることになつてゐたのであるが、八月十二日商工省次官通牒を以て「藝術保存に關する件」として所謂七・七禁令と價格統制令に觸れるものを作家が制作せし場合には、美術を保護する立場の意味に於て、そのものを除外例として認むることゝなると云ふ建前から所謂作家の資格を制定したのである、即ち資格保有者以外の作家が制作したる作品に對しては其價格に於ても公定されるのである然らば其

資格 とは如何なるものかと云へば、即ち（一）藝術院會員、（二）審査員たりしもの、（三）無鑑査、（四）帝展、文展、奉祝展等を通じて二回以上入選したるもので、現に藝術的立場を繼續してゐるものに限る、以上の四項目に該當してゐるものは即ち有資格者として特別に資材の配給を受けるものであるが、例外として地方長官が當局に推薦したるものも此特典を受けるのである、而して文展出品作制作の場合には、出品制作を條件として其他の無資格者に對しても或る程度の資材配給を許されてゐるから出品制作には全然支障は來たさない。元來資材の配給は失業救濟の目的を以て業者の方にも或る程度のものは配給されてゐたのであるが、今回の金屬類回收令に依つて、此方面の配給は全然停止された、高岡の如きは

銅器 の産地として有名であるが、此地金屬業者の資材配給は既に先月十五日限り停止され夫々轉業しつゝある狀態である。商工藝美術作家協會は本月二日物價局に陳情し此配給問題に就て協議を重ねたが翌三日には夫々地方長官に通達して出品制作に對する資材配給は全然不自由を感ぜぬ事となつてゐる。次に今後の問題もあるので商工省物價局、企畫課及び資材を直接取扱ふ課の人々との懇談も重ねる積りである、但し鑄造組合、塑像家聯盟方面の資材配給は停止される模樣である

"今月中には判然こしよう"

帝國藝術院會員 朝倉文夫

此問題に就ては我々としても充分

研究 研究し夫々當局と折衝中であるから一週間遲くも今月末頃にははつきりした事が言へると思ふ 元來我々としては彫塑でも充分技術を發揮することが出來るので、此點工藝家の人達よりも直接不自由を感じないわけだが、何しても困つたことだ、現在でも我々有資格者には資材の配給はあるのであるが、只資材を使用する事に就て問題があるので、即ち我々の制作はどうしても鑄造家の手を通じて作品を鑄造して貰はねばならぬ、資材の直接配給を受ける自分等が自分等の手で鑄造するのでなくて、其處に鑄造家が介在してゐるので、要は鑄造家の質を選ばねばならないことである、此點非常にデリケートの問題で配給は受けるが使用する事はむづかしいと云ふ結論に達する。尤も美術制作資材の配給

がもと〳〵通り復活すると云ふことは到底

明言

は出來ないが、商工省としては我々の立場も諒解してゐる樣だから、何とかなると思ふ。美術の傳統技術を保存すると云ふ政府の建前から推しても、吾々の立場は充分分つて貰へると思ふ。只氣の毒なのは無資格者としての登龍門である文展出品制作に當つて資材の問題で悩むのは、悩みの上に又悩みを重ねる樣なもので、氣の毒な話である。只東京美術鑄造組合の如きは全然停止されるだらう。

全然見込なし〃

東京美術鑄造組合理事長 阿部胤齊

七月から地金の配給は全くなくなり、當組合としては目下善後策に狂奔してゐる八月二十日頃商工省に陳情したがどうなるか現在のところ全く

見込

がつかぬ、彫塑家聯盟の方では美術の資材として配給するものだから資材の配給は當然自分の方に權利があるかの如く言つてゐるらしいが、鑄物はこちらでやるのだから私達にも權利の幾分かはあるわけで、然しこれもあまり突込んでゆくと變な目で見られるから傍觀するほかない、配給が復活されゝば良いが萬一中斷されると鑄造の傳統技術は永久に失はれてしまふだらう。美術鑄造に關係してゐた業者は事變前六、七十名でその中約一割五分が轉業し、殘つた人達に依り當組合が創立されたもので組合員は五十三名である。商工省では當組合に少量原料として配給したのは轉業させるための喰ひ繼ぎをする意味に

解釋

をしてゐるらしいが、轉業するものは組合成立前に既にして居り組合員は年輩から推してもそれが不可能と云ふわけだ、斯うした事情で配給の復活を待つより外に方法はない。

諸團體對策に腐心

◇當局配給量を近日發表

當局はかねて傳統技術の保存と云ふ建前を持して居り、美術の存在を無視したのではなく、金屬收合の線に沿ふ爲めの

一時的便法

として配給を停止したものと見られるが作家側に取つては、全く藝術保存の意味からも亦生活保障の重大問題であるので、不安動搖を齎してゐる。元來商工省許可の下に東京府商工課から配給されてゐた「少量原料」は美術研究資料と云ふ名目で鐵、銅、白金、銀、ニッケル、アルミニューム等の一定量で、これらが日本彫塑聯盟、東京鑄金會、日本彫金會、鍛金協會、東京美術鑄造工業組合その他工藝數團體を通じ作家の手許に若干づゝ配給されてゐたのが、八月十五日一齊に配給停止の通知を受けたので、これ等の諸團體では直ちに緊急理事會或は委員會を開いて協議の結果代表を商工省に派して作家側の立場を夫々陳情し、諒解を求め、數回折衝の結果、資材數量は從前より稍々減少するが

必然に復活

すると云ふ回答を得たので作家側としても漸く愁眉を開いたのである、また東京府より少量原料として渡された當時は前記の如く各團體別とされてゐたが、將來は彫塑、工藝の部別、團體別を廢し美術制作資料として一纏として配給される形式になるので、各團體を一丸とする配給協議會の創立が必要となるのが當然である、また工藝方面は藝術品に對する除外特令の範圍を擴大し、文展二回以上の入選者を配給資格者としたが、彫塑の方面でも之れに準じ從來の如く全日本彫塑聯盟員の資格者を銓衡するらしく、地金の配給組織、數量等の具體的問題は商工省鑛産課で目下立案中であり

今月中には

決定する模樣であるが、配給は美術制作資料に限定されてゐるので、東京美術鑄造組合に對しては全く配給を停止されることゝなるので、業者は目下對策を練つてゐる。これに對し商工省鑛産局では、國家の重大時局に直面してゐるので美術家の制作材料として東京府から配給されてゐた少量原料は停止したが、當局としては藝術保存と云ふ意味で復活することゝなつてゐる。美術部門で使用する量は大したものではないが、國家として必要な資材だから作家の滿足する樣な量は配給出來ないが、大體從前通りか或は從前より少し量が減るかも知れないが、適當に配給することになる。其方法や數量の點は目下成案を練つてゐるから

近き日發表

になるだらう。また少量原料は府から各團體別に配給してゐたが、今度は彫塑、工藝の差別も、團體別もせず美術關係の地金として一纏めにして渡すことになるから配給を受ける側は協議會か組合を作らねばなるまい。只東京美術鑄造組合の方から陳情はあつたが、美術研究資材にのみ限られてゐるので、その方への配給はない。しかしこれは當局の意圖のあるところを諒察せねばならぬ。

淙々會特別展

東京美術振興會主催の淙々會特別展が廿七八の兩日日本橋東美倶樂部で開催される同展は去る六月の淙々會五週年展に出品が間に合はなかつた作品數點を同會の趣旨に基き特に展觀する事となつたもの作家と作品は左の通り

常岡文龜（花）加藤榮三（夕べ）堅山南風（うろこぐず）以上東京、金島桂華（秋味）森守明（白鷺）上村松篁（未定）三輪晁勢（秋色）不染鐵二（二曲屛風）以上京都

笠原泰三大尉英靈

陸軍大尉農學士笠原泰三氏は護國の英靈と化し歸還したので去る七日、神田區松富町の佐久間邸で謹嚴にも盛儀なる告別式が營まれた、泰三氏は趣味愛好家佐久間德三郎氏の女婿である。

中里聖豐氏令孃

長女喜代子さんは療病中の處、去る十一日午後五時逝去した十三日本鄕區駒込一五二の自宅で告別式を執行師關野聖雲氏を始め彫塑界の名士等參列盛儀であつた

編輯後記

本誌の新發足に當り各方面から激勵の辭や祝辭を澤山戴いてゐるが末だ御返事が出してゐない向きも多いが編輯やら庶務經營一切がまだ自分の手にまつ事が多く寸暇もなき始末紙上で深くお詫びすると共に御寛恕を願ふ次第である。

前號はもつと早く出る筈だつたがグラフの紙が間違つて洋紙屋に入荷して注文の紙が中々入らない一日一日と延ばして見たが遂に入荷がなく止むなくあのやうな代用紙で間に合はしたがどうもまだ出版文化協會からの用紙配給が決定しないので、出版運行上差支へが起つて仕方がない、此號も前號の蹉跌が因をなしてこんなに遲れたので斷然ここで廿日號を休刊して、今後の定日發行を嚴守することにした、なんだか不安のやうだが計畫が匆卒だつたので一二號の不結果は御宥免願ひたい、張り切つてやつてゐるから決して今後この不始末を繰返すことは絶對ないと信じてゐる。

この難關に遭遇して困つてゐた際同業「新美術」社長大下氏は不足の材料に何かと御援助を賜つて今後の遂行が非常に樂になつた。厚くその御厚意に對し御禮を申述べる。（卓爾）

振替御送金に就て

振替にての御送金は絶對正確ですから別に受取證を送りません右御承知願ひます

日本美術新報社會計

「旬刊」美術新報
昭和十六年九月二十七日印刷
昭和十六年九月三十日發行
發行日 毎月三回（十の日發行）
購讀料 一册金五十錢（郵稅一錢）
一ケ月三册金壹圓五十錢（送料共）
麴町區九段一ノ一四 資文堂
編輯發行兼印刷人 猪木卓爾
東京市麴町區九段一ノ一四
發賣所 日本美術新報社
電話九段二七一五
振替東京一六二五〇番
配給元・日本出版配給株式會社
通信は一切發賣所へ
發行所 東京市本鄕區東片町八二 日本美術新報社

祝新發足

大東南宗院

東京市麴町區三番町七

電話九段(33)六二〇番

兒玉畫塾

東京市本郷區駒込林町三五

電話駒込一五三五番

青衿會

東京市大森區池上本町

電話池上二二二番(伊東方)

高松宮兩殿下佛印巡回日本繪畫展内示會にお成り

國際文化振興會主催、帝國藝術院後援で開かれる佛印巡回日本繪畫展の内示會は九、十の兩日日本橋三越で開催されたが國際文化振興會總裁であらせられる高松宮同妃兩殿下には畏くも九日午後三時三十分同會場へお成り遊ばされた帝國藝術院會員荒木十畝氏などの御説明で出品畫百六十二點を順次御熱心に御巡覽遊ばされた（寫眞は兩殿下と御説明申し上げる荒木十畝氏と岡部長景子節）

明朗美術會員府美術館にて

寫眞は前列向つて右より佐々木玉秀、東條光高、木和村創爾郎、狩野晃行、渡邊日向、松本晃登、後列一人おいて青柳定義、岡戸龍聖、狩野正昭、堀内太一、内田光胤、稲田玉穗、樽本一正の諸氏

立型會第三回展菊屋ギヤラリーにて

立型會第三回展は十六日より十八日迄菊屋ギヤラリーに開催された、今回は會員の病氣不出品などで稍さびしい感があつたが吉岡氏の「女兒像」他四點、鶴見氏の「習作素描等十點、松島氏の「キタイスカヤ」他十三號の出品がありそれぞれ力作を見せてゐた（寫眞は右より吉岡憲、松島正人、鶴見武長の諸氏）

新制作派協會公開審査

新制作派協會第六回展は九月二十日より府美術館に於て開催されるが、十九、二十の兩日一般出品鑑別を例年の如く美術批評家各雜誌、新聞社立會ひの上で正厳な公開審査を行つた（寫眞は向つて左より脇田、荻須、鈴木、伊勢、三岸、佐藤、猪熊、小磯、内田、中西、猪木本社々長の諸氏）

讀畫會内示會

靜岡縣軍事援護會の希望によつて會員三十余名の作品が立派な枠張りにされて寄贈されたので九月二十日東京美術學校庭園クラブに於て内示されたが、それぞれの力のこもつた作品で、靜岡縣では靜岡市に於て縣の主催で十月六日から五日間展覧される由（寫眞は左より五島耕畝、柳生燕平、荒木十畝、湯原柳畝、竹原嘲風、朝井觀波、田口黄葵、猪木本社長の諸氏）

泉川白水氏新南畫展　高島屋八階サロンにて

白水氏は秋田に悠々自適の生活を送つてゐるが、氏の南畫は書と共に一家の風をなしてゐる、東都進出の第一回個展ではあるが畫壇人多數の來會を得盛會を極め、地方在住の作家としては相當あか抜けのした迫らない畫境は紛しめるものであつた、第一回だけに全部の賣約を見たることは好成績であつたと云へよう（寫眞は向つて左より二人おいて白水氏、福田豊四郎、旭谷正二郎の諸氏）

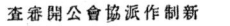

玉堂畫伯の力で水道が引かれた

武州御嶽神社には參詣する人も近年素晴しく多いのに、山頂に水がなく山腹から人夫の力によつて運ばれてゐたので、住民の水を大切にすること想像のほかであつたが、たま〳〵別記の玉堂畫伯に因む因縁から水道が引かれ手水鉢には清冽の水が滾々と湧いて神域が一擧に清掃された。（圖は玉堂翁と紀念碑及手水舍）

魯山人の繪畫と陶器近作展は十月四日より八日まで日本橋三越に於いて催される（この圖は個展出品のものではない）

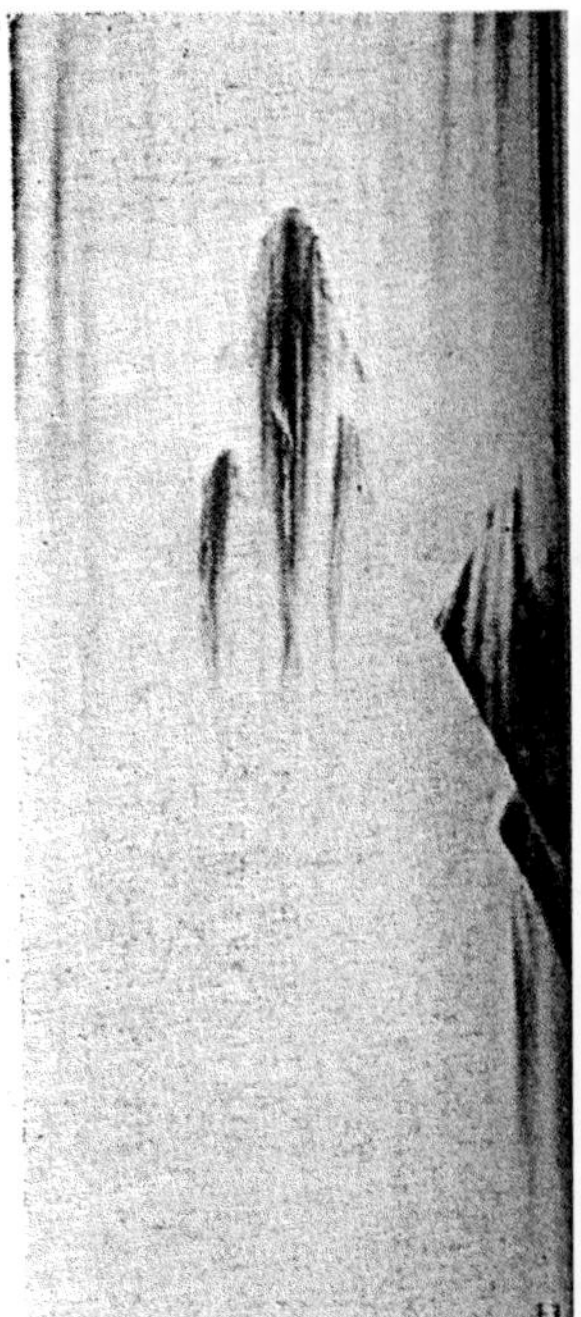

戸島光阿彌氏展（旬報記事參照）

小泉癸巳男氏昭和大東京百景版畫展は上野・松坂屋に於て催された、氏の獨自の方法は東京のゴタゴタした角や公園を容易くキャッチして居り明快な好ましい小品は價格が安いため殆ど賣約濟みとなつてゐた（右の圖は上野表慶館と美術館春色）

個展

泉川白水氏
新南画展
高島屋にて
9月9日—12日

寒林雪晴

秋嶺歸雲

川島理一郎氏タイ國風景畫展

大東亜共榮圏内にある泰國は皇軍の佛印進駐と共に俄然世界の關心の的となつた、吾々も其の國内風物は極めて興味をそそるものであるが、たまたま川島氏の彩管によつて紹介さるるの機を得た。孰れも南國特有の情景で滴るやうな緑の色や、特異な寺院、さてはメコン河に沿ふ土民の生活や一として興味をそそらないものとてなく非常な人氣を呼んだ。

ワット、ポー寺院の尖塔

バンコック、ワット、ポー寺院

ワット、チエン寺院の鬼

山喜多二郎太氏個展・資生堂
初夏

芝野川氏第一回個展・紀伊國屋にて
靜夜思（瀧口と横笛）

二科と院展と國風の彫刻

海の青年　柳田正（二科）

兒童角力　石井鶴三（院展）

麥こき　成田致男（國風）

犬　大西金次郎（二科）

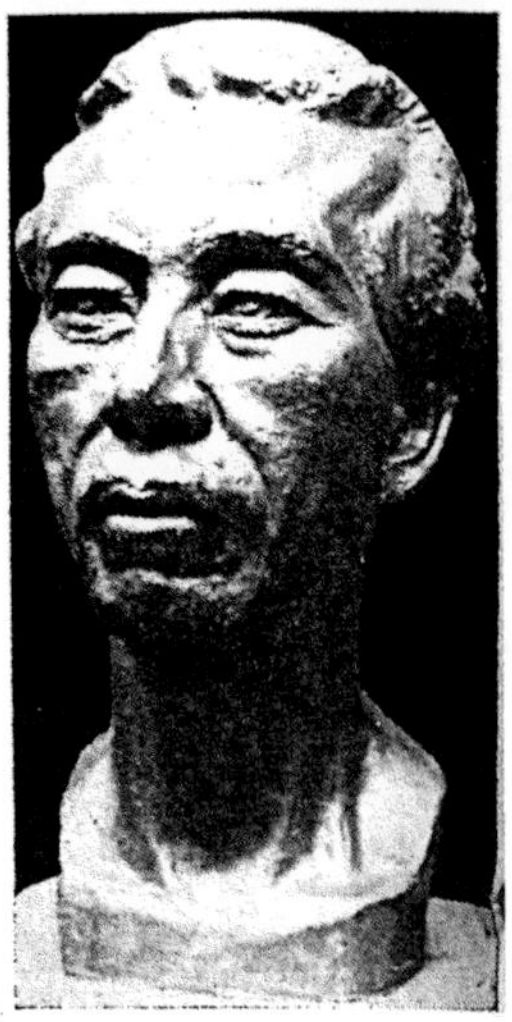
水野氏像　保田龍門（院展）

法螺貝を吹く　田村辰治（國風）

宮岡氏像　松原松造（院展）

我は海の子　中村郞（二科）

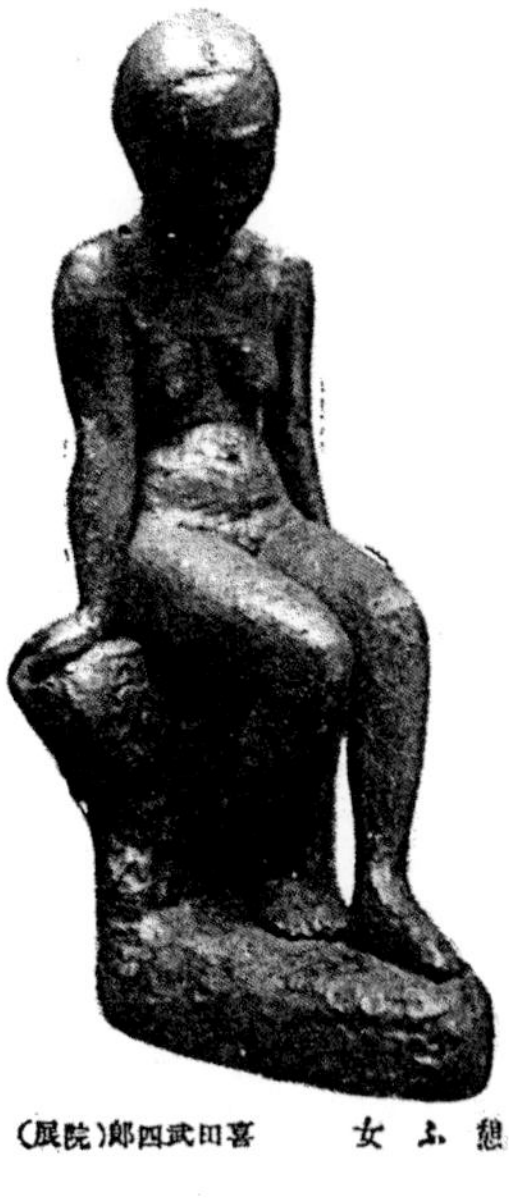
想ふ女　喜田武四郎（院展）

炭坑夫　鈴木賢二（國風）

家族　笠置季男（二科）

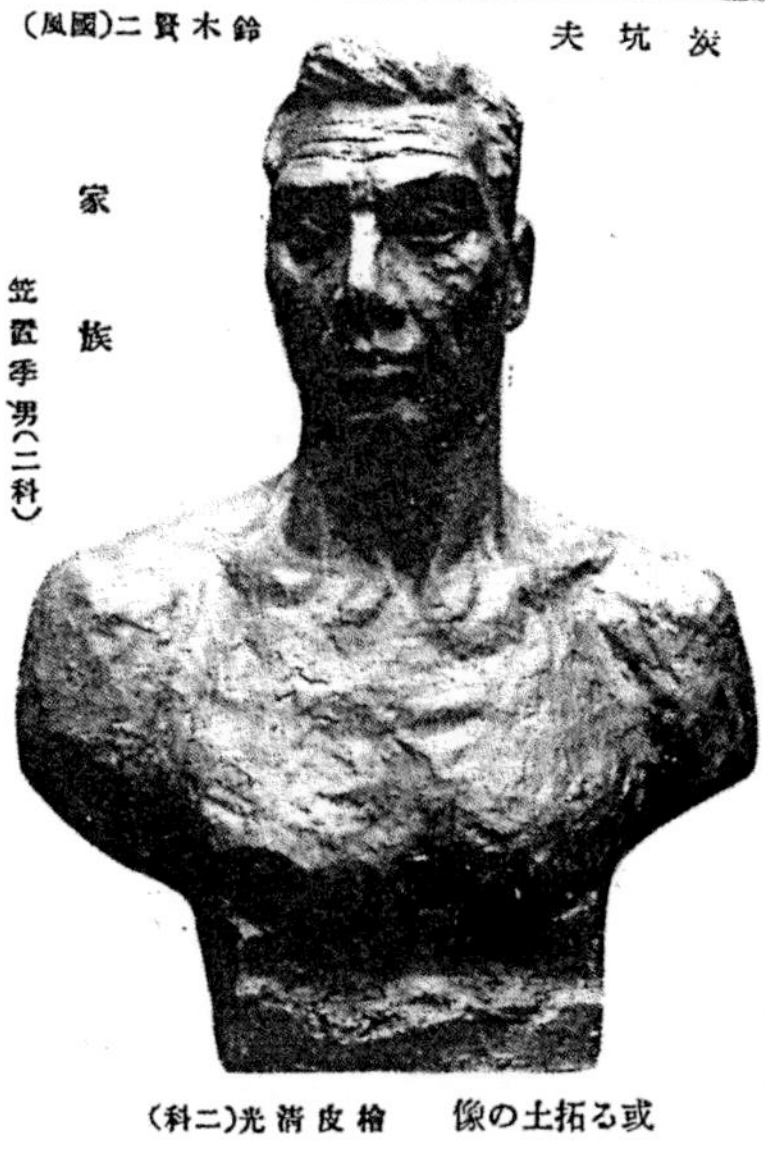
或る拓土の像　檜皮済光（二科）

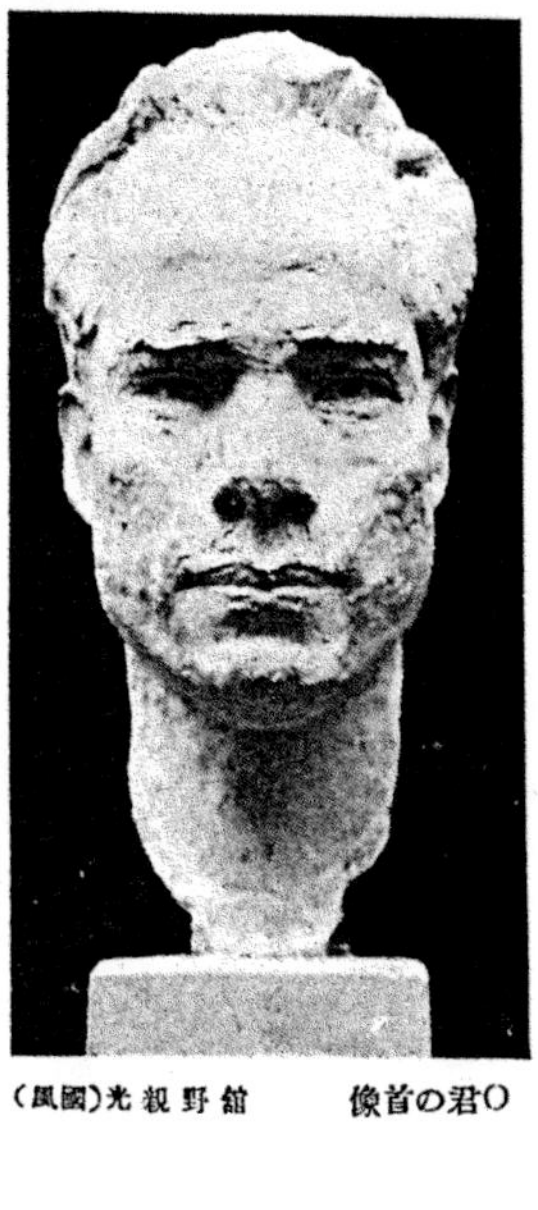
〇君の首像　舘野親光（國風）

國盛氏頭像　水野欣三郎（二科）

青龍社展（二）グラフ

獅子　池田洛中

サボテン　佐藤博

明惠傳　福岡青嵐

大佛寺　坂口一草

午憩　小川茂麿

グラフの一部にかゝげられた青龍社新人達の作品は今年も院展新人作家達とともに潑剌と力ある作風を示してゐる

海風　小畠鼎子

線一線　上條靜光

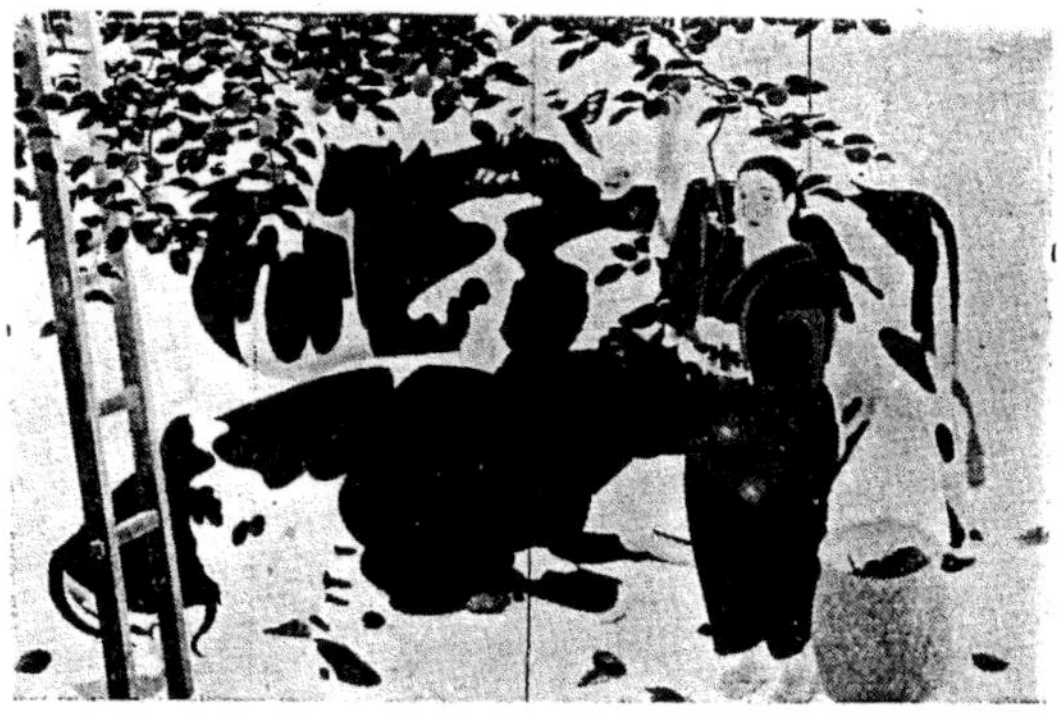

秋　市野亨

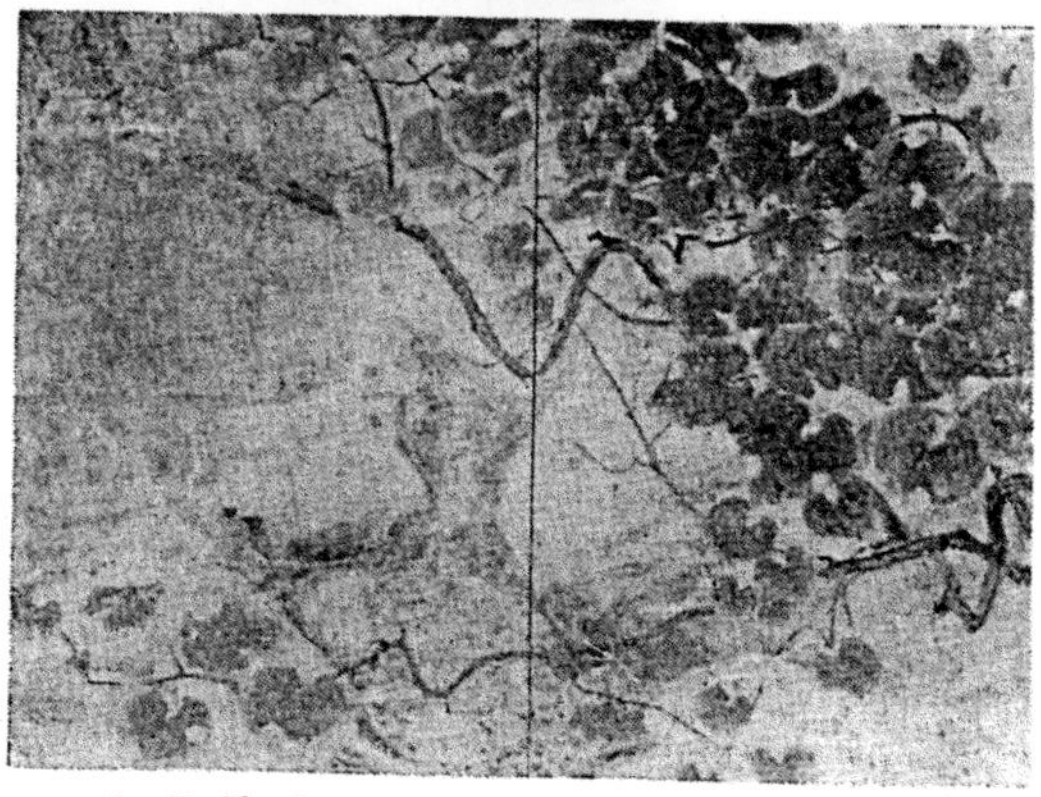

彩橋　大塚榮治

洋蘭　水野紫

王冠國　時川直善

濕原に咲く　毅治海雪

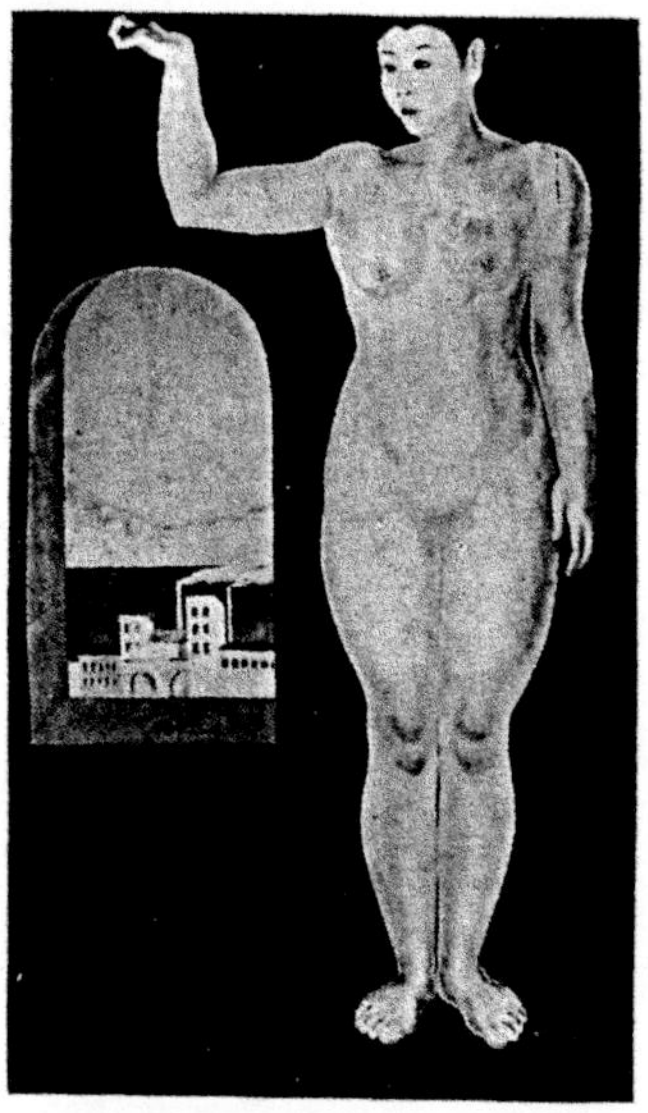
習作　阿部金剛

扇　東郷青児

部屋　佐野繁二郎

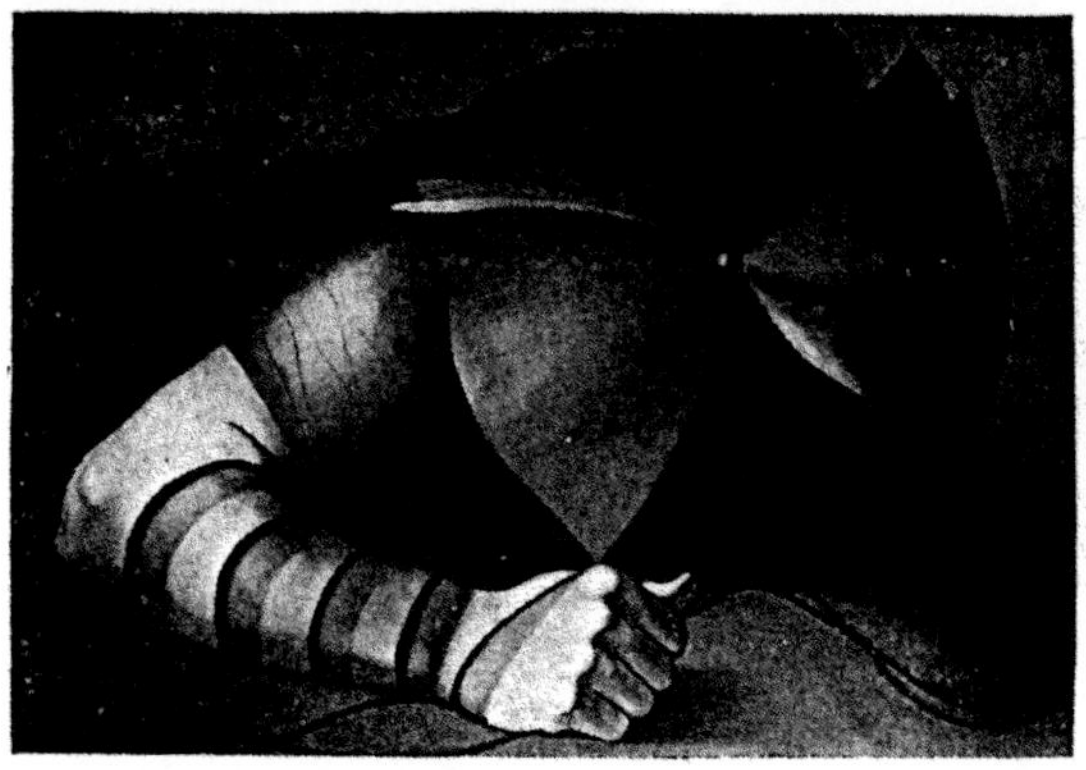
腕　岡本太郎

猫　椎塚猪知雄

田園母子　服部正一郎

壁頭　藤田金之助

防空　稲垣志行

雨の日　飯田清毅

生活三題の内（學修）　北川民次

子供　岡田謙三

くちなしと貝殻　吉原治良

28回 二科 作品集 (2)

古風な人形　鈴木信太郎

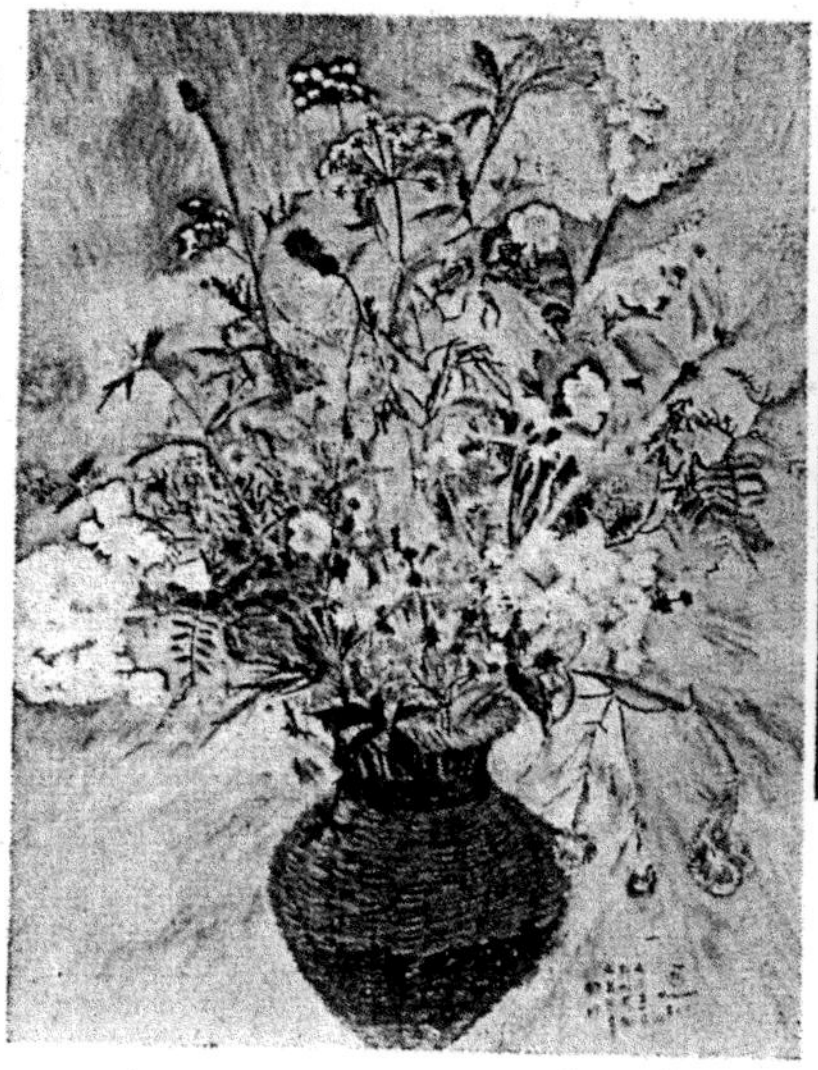
山花野草　野間仁根

春の古光山　山本直治

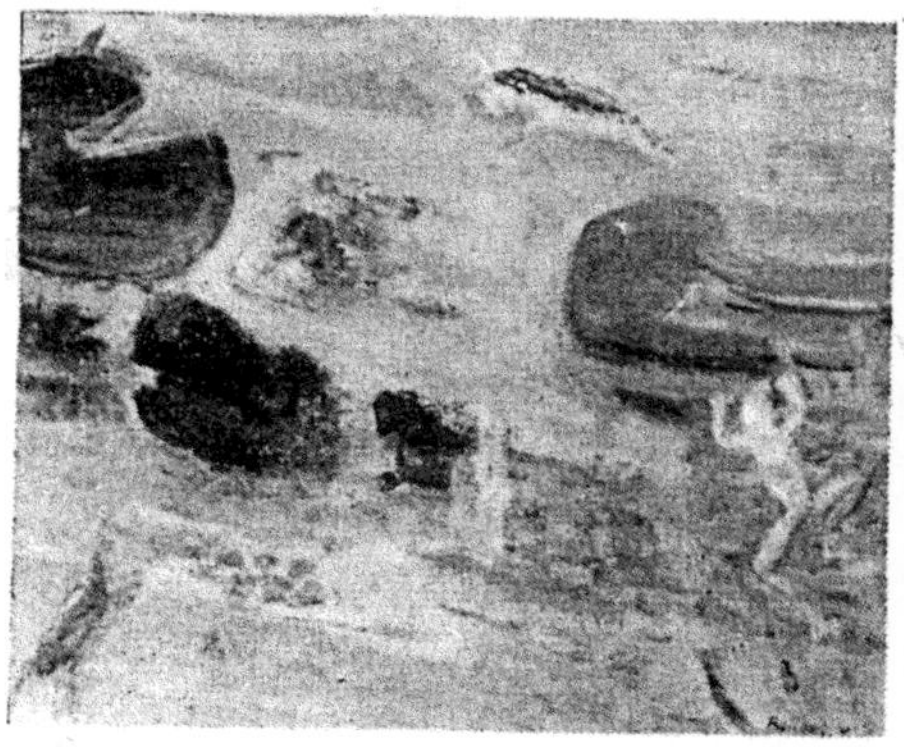
蛙　横井禮市

山の家　福島金一郎

海の子　柏原覺太郎

麥刈　田口省吾

初夏の山容　田邊三重松

少女　岡部邦香

二十八回二科展繪畫部では受賞者を次の如く發表した、會友賞、田中忠雄、柏原覺太郎、榎倉省吾、二科賞岡本太郎、岡田賞、宮川仁、舘間弘なほ普通會員に吉原治良、福島金一郎、伊谷賢藏、松井正、服部正一郎、錦義一郎、伊藤久三郎、峰岸義一、古家新、藤井次郎、酒井亮吉、また會友として村田資史雄氏外二十二氏を推薦した。

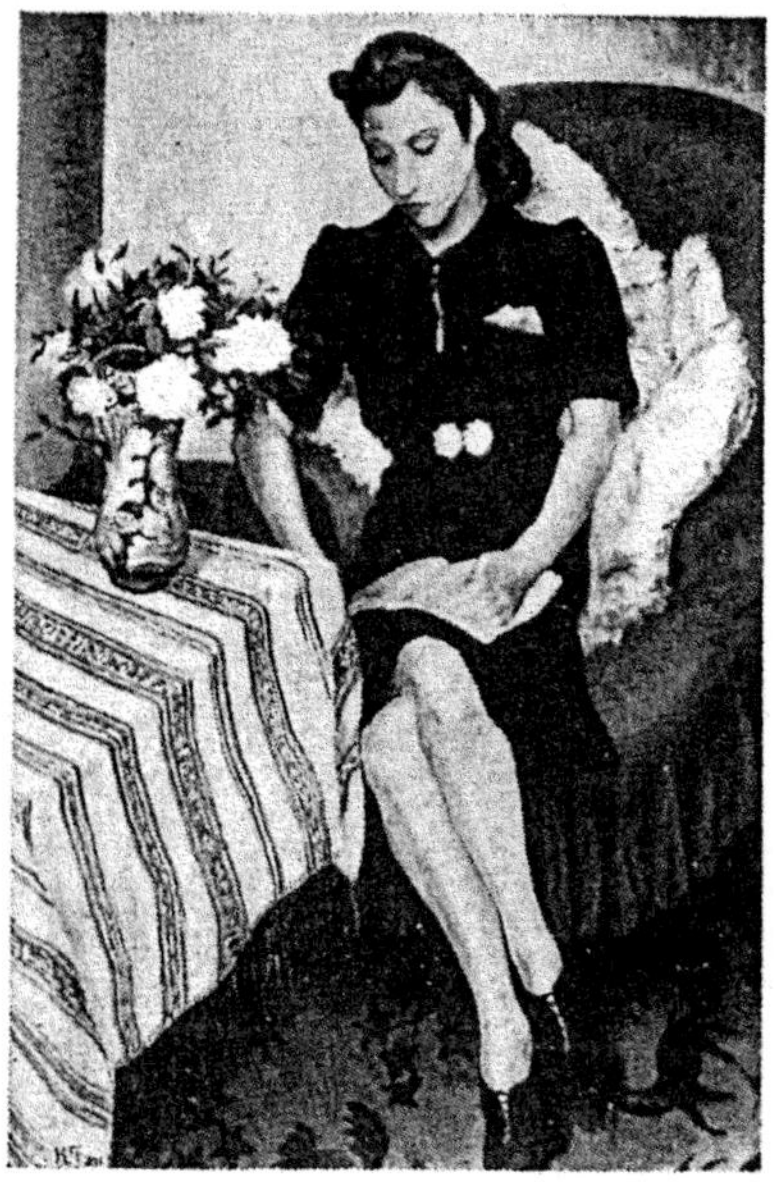
讀書　鶴田宏

天橋小鳥の市　伊谷賢藏

龍城の跡　榎倉省吾

溌剌たる二科初入選

姉妹　安井美香

風景　齋藤勢七

舗道の初夏　松永保雄

白樺　小林新吉

聖母像の朝　中田秀知

僻村一隅の晩秋　奥村議爾

風景　加藤丈策

内海の梅　平勇雄

濱の子供　萬勳

山麓の村　進藤君雄

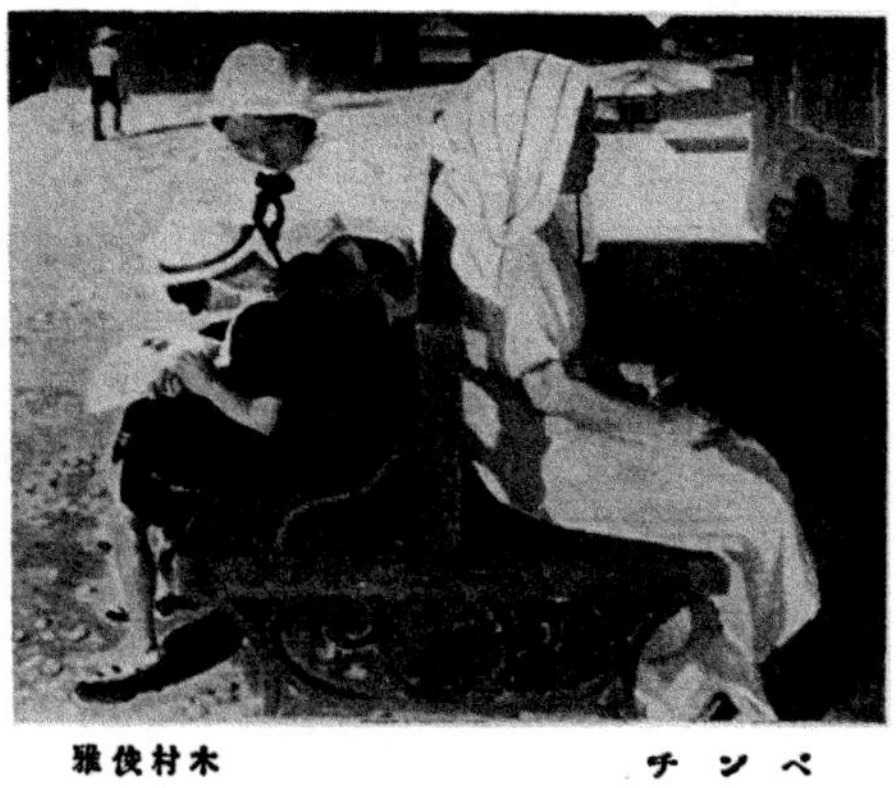
ベンチ　木村俊雅

海見ゆる丘　島太郎

暮色の庭　澁谷千代子

裡道　大島厚

叢　草刈二郎

輝く院展初入選作

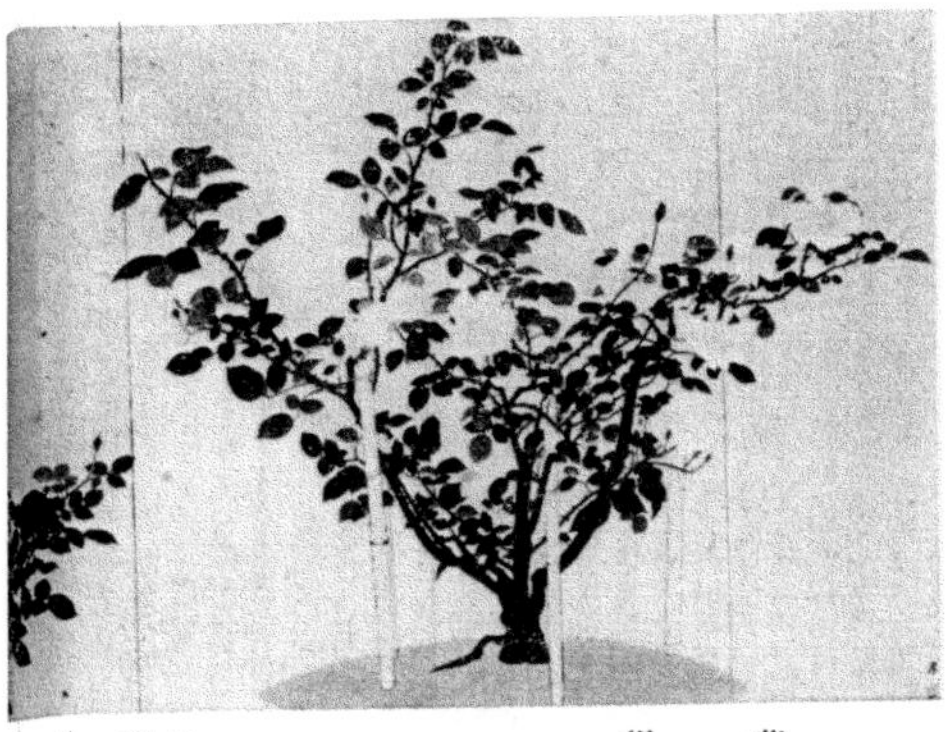
薔薇　野村孝

小宰相最後　村田閑

夏草　田中廣

清輝　松本大宇

阿武比羅夫　羽石光志

萌芽　岸原伸

綵繍　上田堯民

柿干し　樹下孝太郎

八仙花　綿谷行四郎

輝く初入選はいづれも若々しい力のこもつた作品である。このグラフは院展と二科初入選作をかかげて新人達の傾向を示したものである。

家　金子丈平

花　高山公子

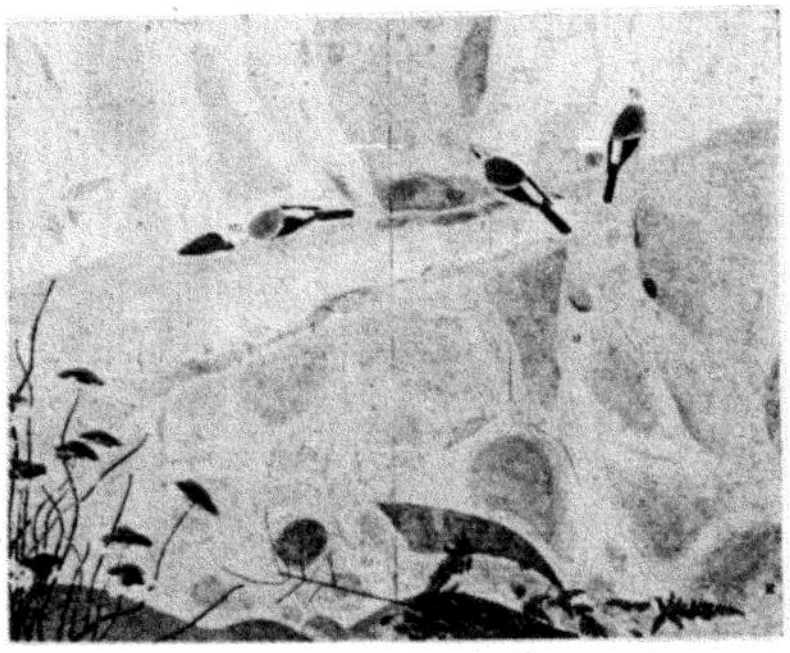
岩間　佐藤金一郎

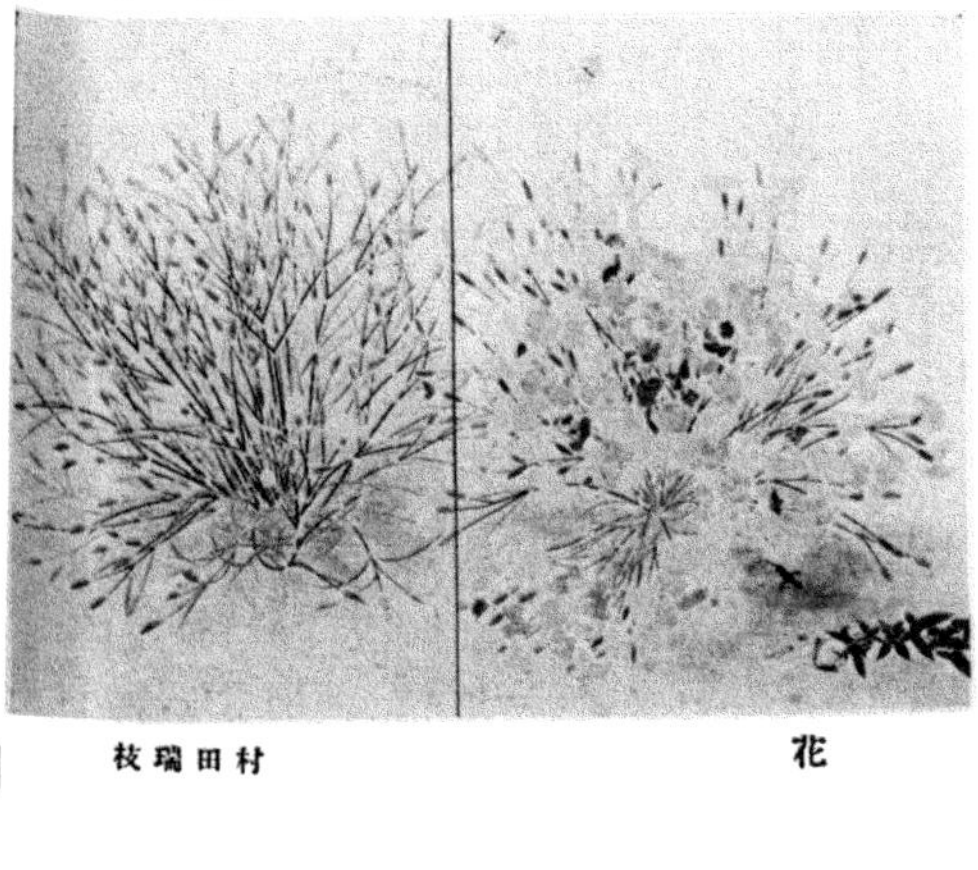
花　村田瑞枝

雨朝　樋笠数慶

渓流　藤本光[illegible]

黄瀬川の陣　安田靫彦

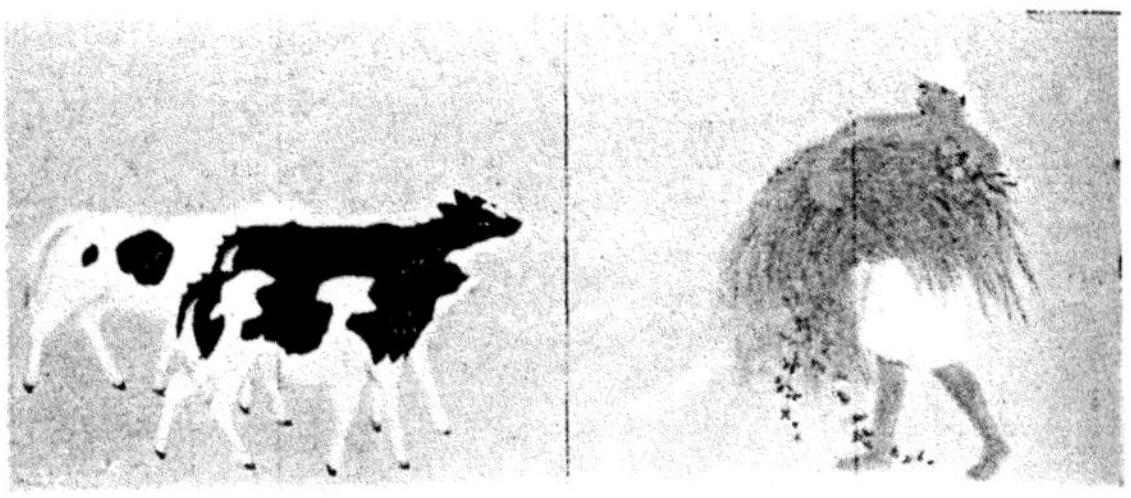
牧草　鈴木麻古等

兎　宮田晴子

渓間淺春（木曾旅集）　小島一谿

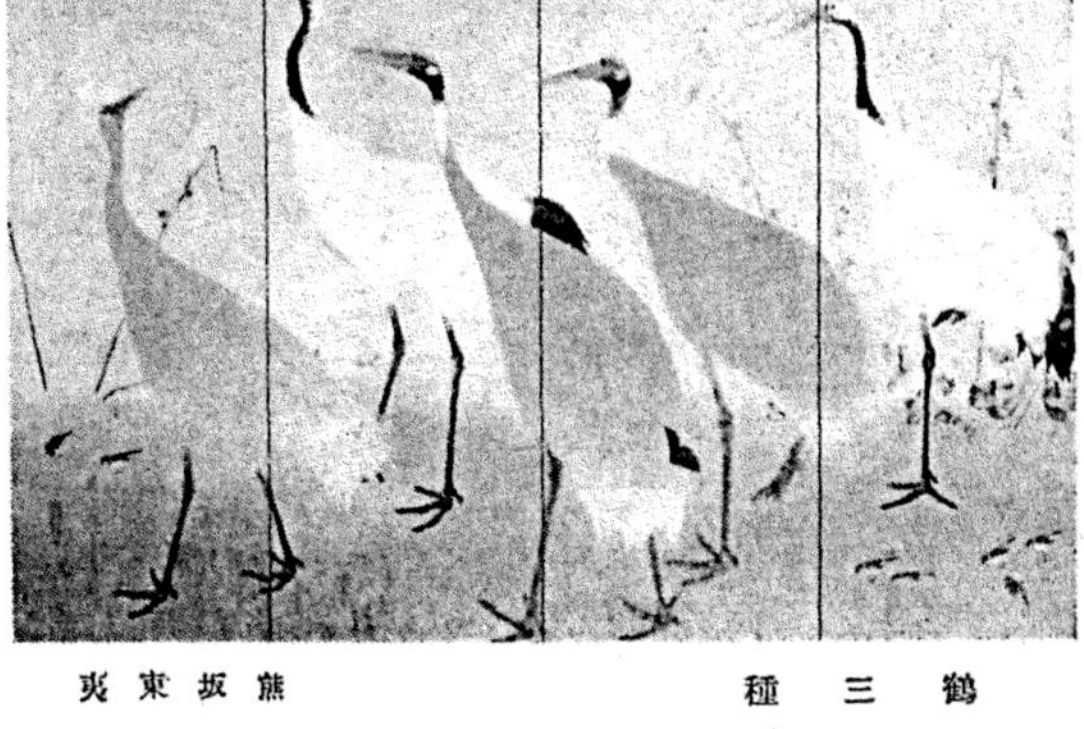
鶴三種　熊坂東爽

殘松　北野恒富

潮騷　富取風堂

雪後　横田仙草

梅雨頃　上田畦草

樹海（其一）　中島深刀

秋深候鳥　丸儀太郎

浴泉　我妻碧宇

琴　岡茂以

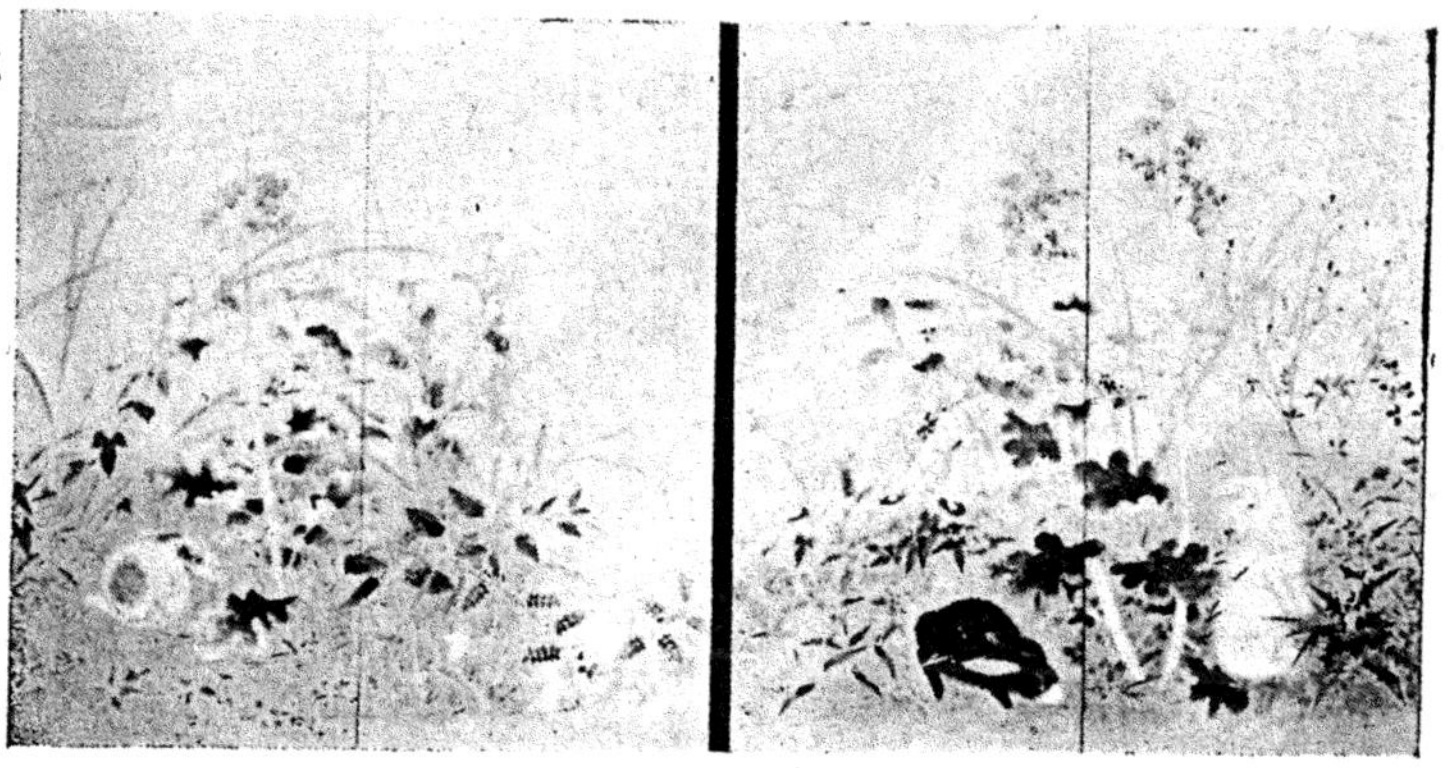

花野　川手脊鄕

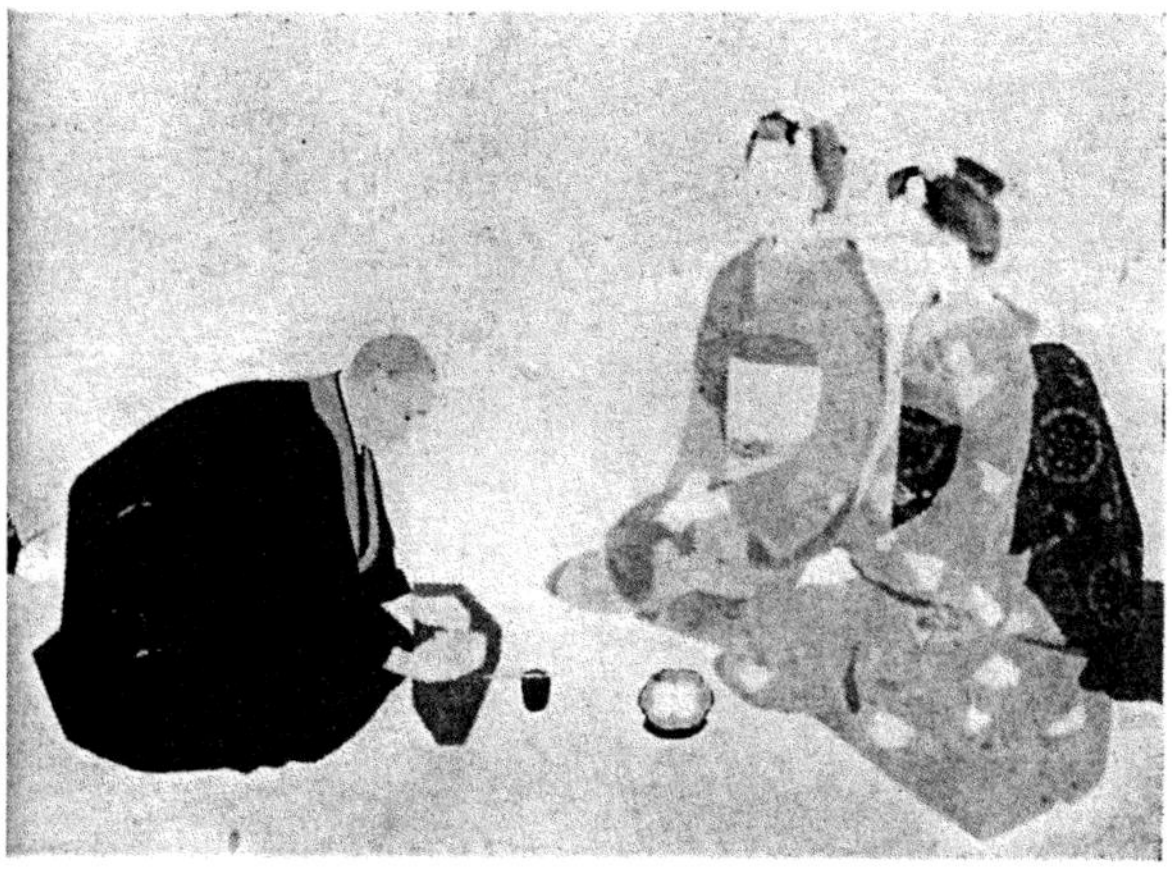

静日　北澤映月

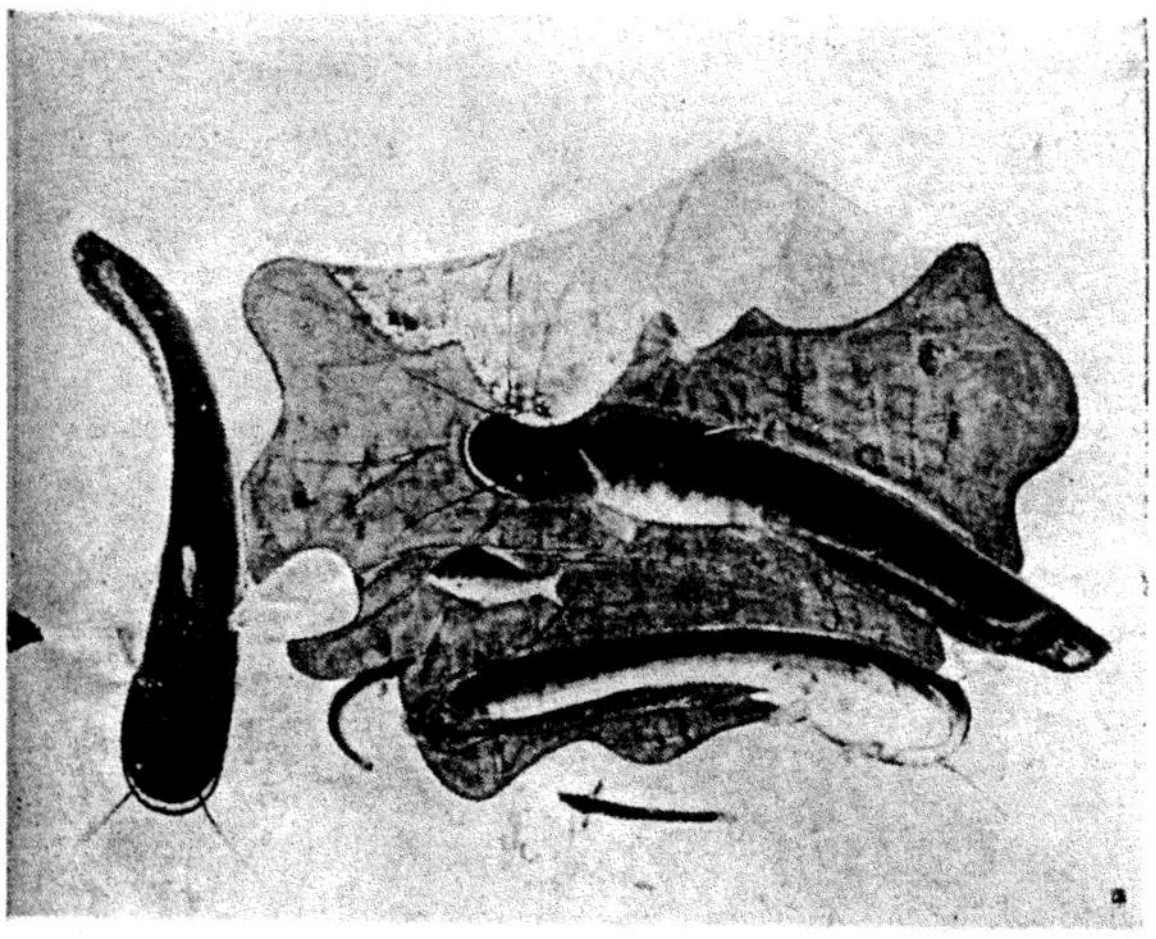

かいどう　持田卓二

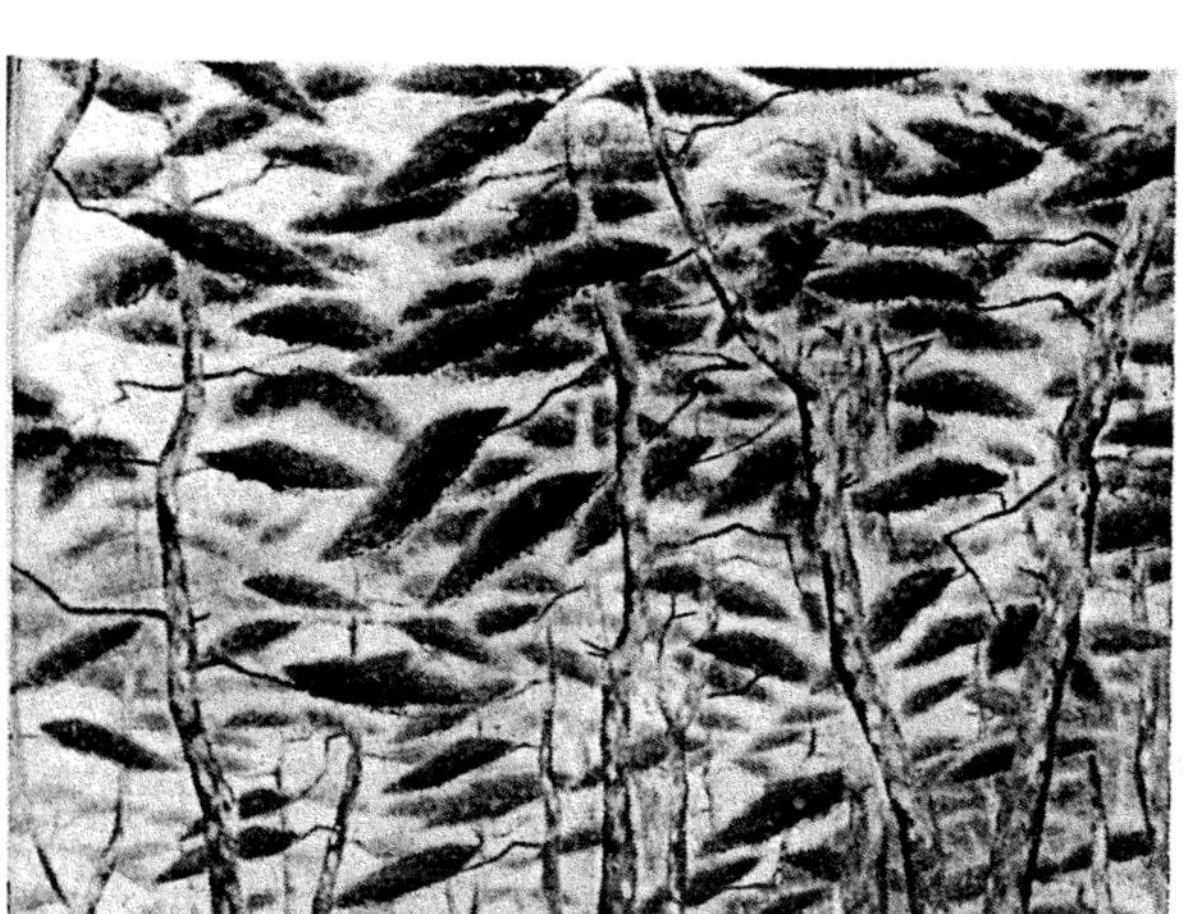

松山　木村武夫

院展グラフ 2（第二十八回展）

摩利支天　荒井寛方

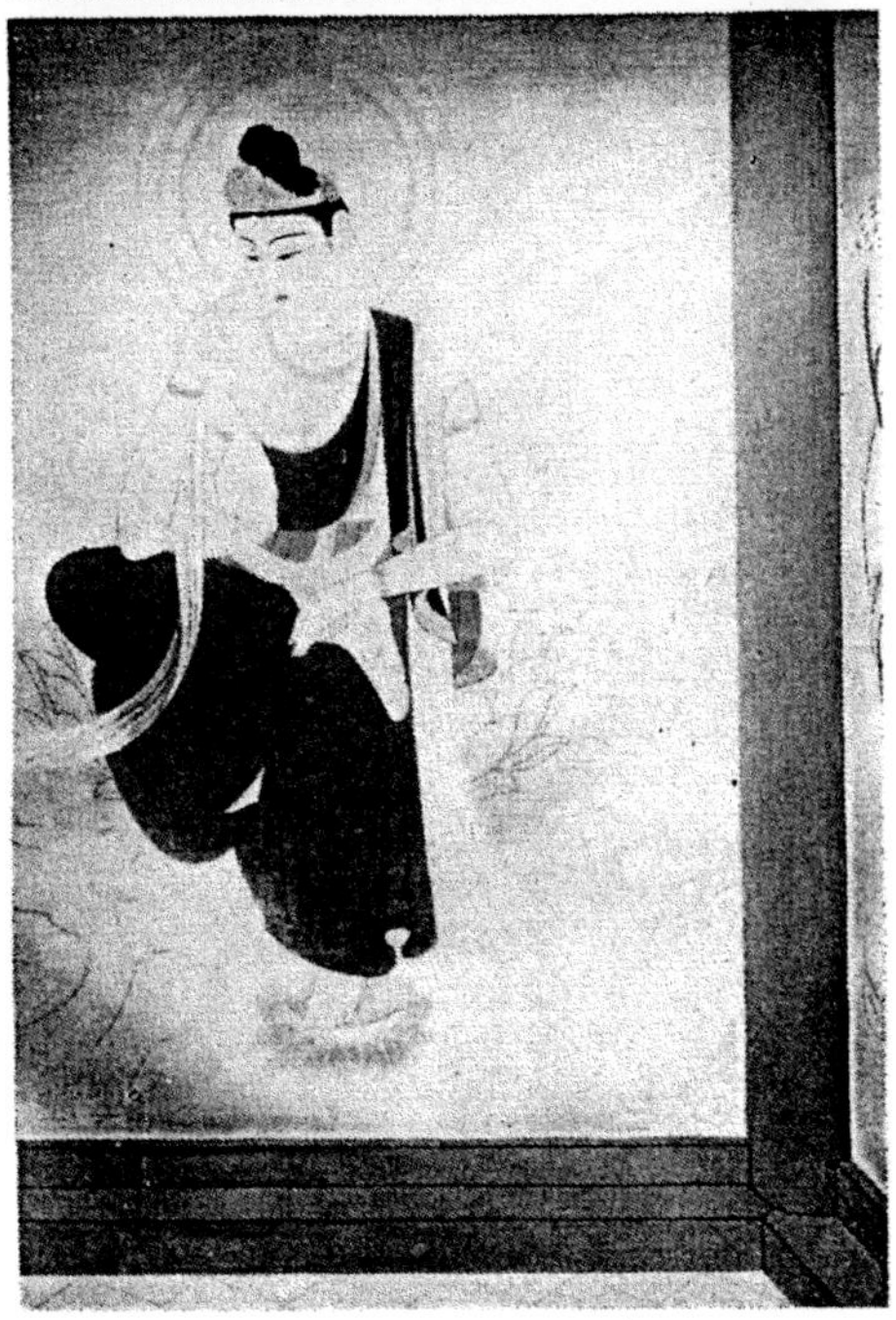

壁畫　太田聽雨

月光（九品佛）　船田玉樹

山羊　橋本永邦

白日夢　田中青坪

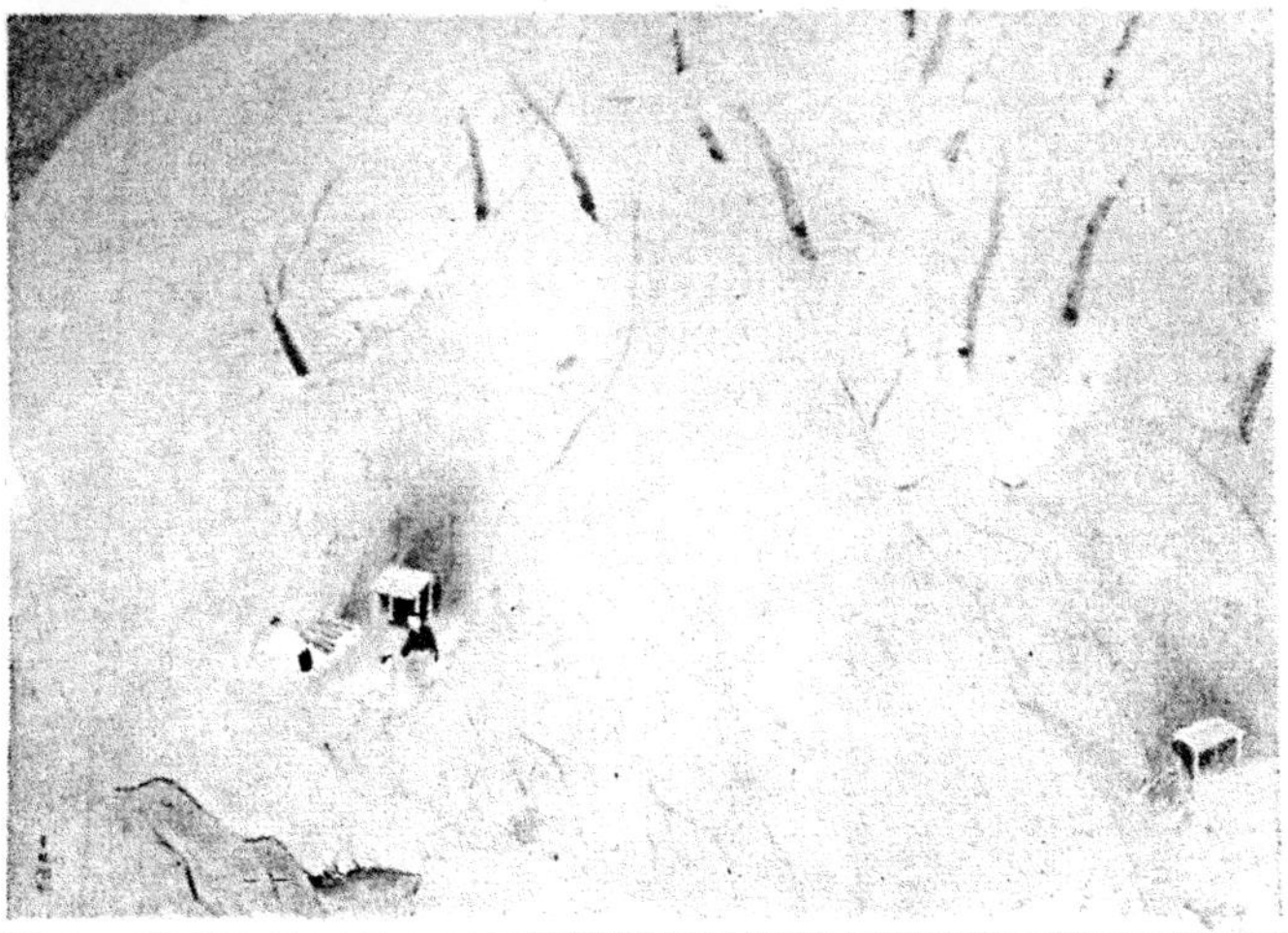

信樂懐古　長野草風

谷行（其三）　新井勝利

院展の受賞者決る

院展檜畫部では新井勝利、北澤映月の兩氏が新に同人に推擧され、新院友に吉川朝衣、熊坂東夷、松坂冬佐、船田玉樹、木村武夫、相原萬里子、長谷川朝風の七氏、受賞者新井勝利、北澤映月、眞野滿の三氏、明年度無鑑査には眞野滿、中島清、佐野光穂、中庭煖華、高橋周桑、木下春の七氏が決定した。

演舞

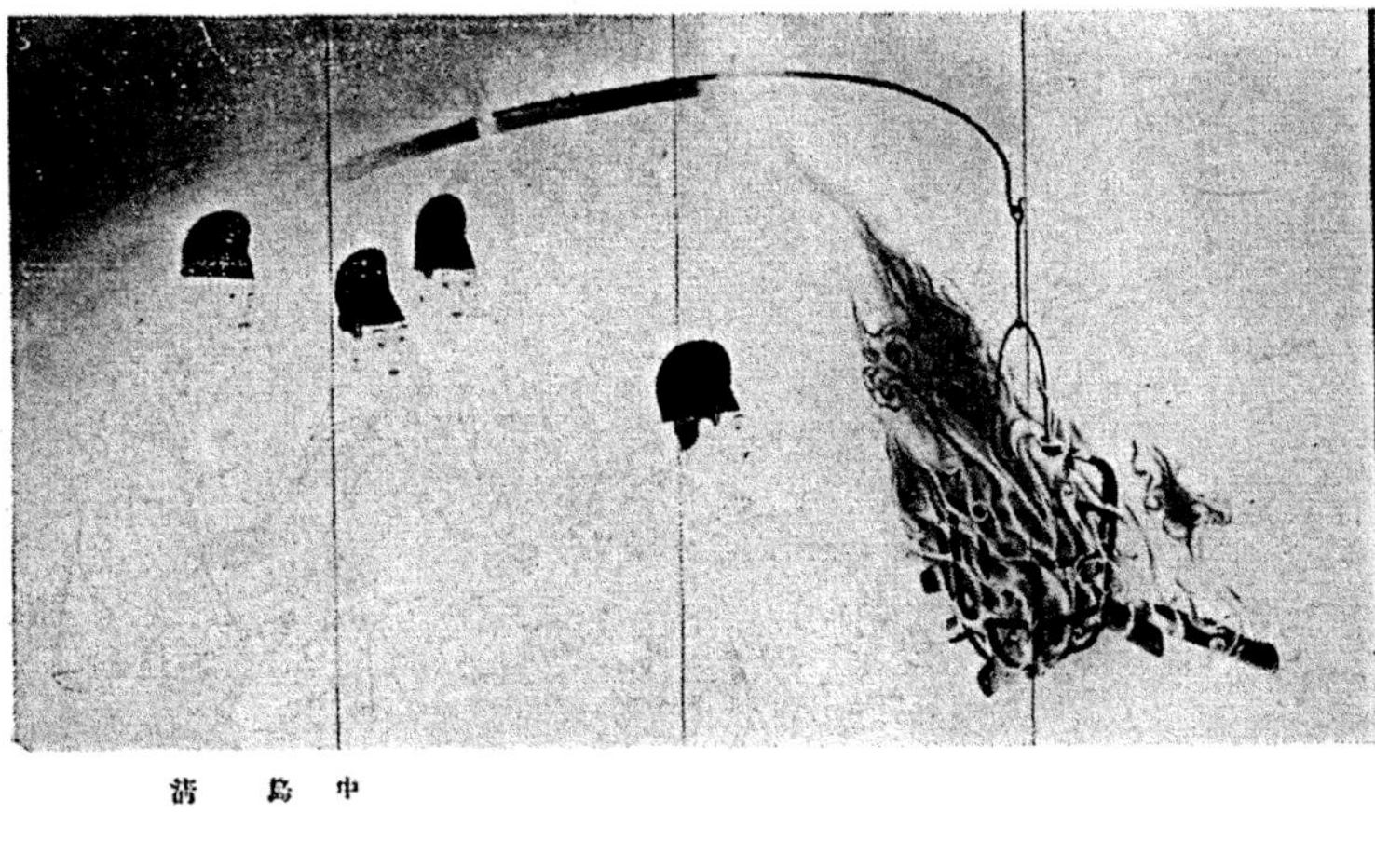

中島清

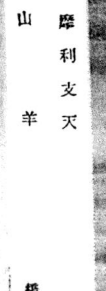

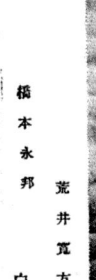

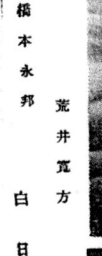

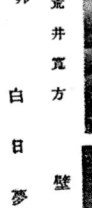

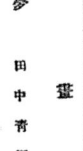

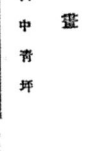

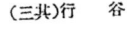

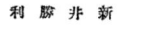

航空美術展開く

浮田幸吉コンポジシヨン　澤田晴廣

一機還らず（陸軍大臣賞）　山本日子士良

基地　福田豐四郎

一七八〇年頃、　鳥海青兒

少年航空兵（大日本航空美術協會賞）　北野萬平

出發（朝日新聞賞）　高山道雄

格納庫（大日本美術協會賞）　細田浩

大空への國民の關心を昂揚するため大日本航空美術協會ならびに朝日新聞主催の下に日本橋高島屋で開く第一回航空美術展覽會は二十日の『航空日』を中心に十三日蓋を開幕されたが、本邦最初の試みだけに多大の注目を浴びてゐる

格納庫　國盛義篤

航空士　宮本三郎

グライダー紀念塔　泉二勝麿

菊慈童
菊地契月氏新作

菊慈童は菊を愛する美童が遠き山中に謫せられて愛する菊の葉より滴る露を飲むにとれ不老の靈藥となつて數百年を經て猶少年を續けたといふ不老長樹の芽出度い畫題で、との圖は菊の一葉を手にせる仙童と菊花の數枝を象徵的に描かれたもので流麗の線と溢いた賦彩は洵に氣高い雅品を現す寔に氏の得意の畫題と云ふべきある。

井上良齋作陶展覽會

抹茶器・小盆栽鉢・扁壺其他

會期　九月三十日―十一月三日

會場　日本橋三越・五階西館

旬刊

美術新報

九月三十日發行　第參號

額　北村西望氏近作

日本美術新報社

昭和十年一月十二日第三種郵便物認可 第二號
昭和十六年九月十日發行(毎月三回十日目發行)

(一ヶ月三册 金壹圓五拾錢)
定價金五拾錢

時評

美術と大衆

九月一日の興亞奉公日を期して秋の美術季は上野に訪れた。これより早く青龍社は街頭百貨店に華々しく蓋をあけたが、院展二科國風の諸展は一日の奉公日を意義あらしむべく所謂招待日を廢し、一齊に無料公開日となしたことは洵に欣快の擧であつた。

タダいゝといふのではない。さういふ大衆と美術の近接を企圖した態度が良いといふのである。それと共に當日の會場の實際に見て、日本の大衆がいかに美術を愛好する立派な大衆であるかといふことを感して嬉しくなつた。客年帝室博物館が正倉院御物を展覽した際拜觀の觀衆が長蛇の列を作つて上野の山を取り卷いたといふ時にも感じたことだが、これも日本人がいかに美術品を尊重し、自國の文化の高さを知らんとする熱意をもつかの證左として世界に誇つて良いことだと思つた。といふのは文化も高く、美術の尊重に於て教養の程度に於て自他共に許す歐米でもかゝる事例は殆んど見出しがたいことであつて、この點、日本の特異性を思ふからである。フランスの如き美術國にして公設展覽會は僅かに招待日が賑ふ以外觀衆は寥々であり特に一週二回無料となすルーヴル美術館の如きでも、觀衆長蛇の列をなすといふが如きは絶對にない。それは彼地の觀賞層は絶對に大衆になく、ブルジョワ層に限られてゐる爲めである。日本の如く一般大衆が美術展覽會へ押しかけるといふ事は、尠くとも鑑賞力の高低は別として、美術への熱意を一般に所有せるものと解されよう。この一事日本の豪さを語る一つの實證であると思ふものである。

美術旬報

團體

二科會則改正

二科會では時代の推移と時局の重大性に鑑みその職域に於ける活動を完了するため組織を更へ氣勢を新にして再發足する事になり會則を次の如く改正した

（名稱）本會ハ二科會ト稱ス

（目的）國民美術ノ向上ヲ計リ在野獨自ノ立場ニ於テソノ目的下ニ年一回展覽會ヲ開催ス

（組織）本會ハ繪畫及彫刻ノ二部トシ會員組織トス。會員ヲ分チ評議員會員普通會員トス

（評議員會員）評議員會員ハ會務全般ノ處理運營並ビニ展覽會ノ審査ニ當リ、交代制ニ依リ鑑査ニ當ル

（普通會員）普通會員ハ會友中優秀ナル者ヨリ評議員合議ヲ以テ推擧シ全員一致ノ贊成ヲ以テ之ヲ決定ス、普通會員ハ許議員ノ指名ニ依リ、展覽會出品鑑査ニ參加スルモノトス

（鑑査委員ノ構成）展覽會出品ノ鑑査ハ鑑査委員之ニ當ル、繪畫部鑑査委員ノ定員ハ評議員ヨリ十五名、普通會員ヨリ三名計十八名トス（彫刻部ハ繪畫部ニ準ズ）普通會員ヨリ鑑査委員選出ノ方法ハ評議員ノ選擧ニ依ル、其年選出サレタルモノハ、翌年非番トシ、以下之ニ準ズ

（會友）會友ハ出品者中優秀ナル者ヨリ評議員合議ヲ以テ推擧シ出席三分ノ二以上ノ贊成ヲ以テ之ヲ決定ス、會友ノ出品ハ原則トシテ鑑査ヲ要ス

（授賞）授賞ハ二科賞及ビ會友賞ノ二種トス、二科賞ハ一般出品中優秀ナルモノニ授與シ會友賞ハ會友出品中優秀ナルモノニ授與ス、（其他展覽會等ニ關スル細則ニ就テハ別ニ之ヲ定ム）

佛印巡回邦畫

三越本店で內示會

國際文化振興會主催、帝國藝術院後援の佛印巡回日本繪畫展は作品を十三日の便船で佛印ハノイへ送り十月十五日から十日間同地の美術學校、十一月二十五日から十日間サイゴンの美術館でそれ〲開催、その後はユエその他各地で開催する、これに先立ち九月九、十の二日間日本橋三越で內示會を行ふ、出陳作品は、橫山大觀を始め竹內栖鳳、川合玉堂、荒木十畝、橋本關雪、小室翠雲、安田靫彦、藤田嗣治諸氏らの百六十二點、中に故八木岡春山氏の「雨後」（絹本二尺橫）と故高木保之助氏の「鬼罌粟」（紙本二尺橫）とは思ひ出の絶筆である出品物は十三日橫濱出帆の船に積み同會佐波甫氏は藤田嗣治氏と共に同廿四日神戶にて便乘佛印河內へ向ひ同展開催の爲三ヶ月の豫定で出發する

洋畫も合流展示

向日本印度支那協會では今秋佛印各地で洋畫展を開催する計劃を進めてゐたが國際文化振興會の日本畫展が具體化したのでこれと合流する事になり、帝國藝術院後援、國際文化振興會、日本印度支那協會共同主催の繪畫展として同一會場に作品を陳列する事に決定した、同協會に集まつた洋畫は有島生馬、山下新太郎、藤田嗣治氏等五十一氏の作品で九月二十七、八兩日日本橋三越で內示會を開き來月上旬ハノイへ向け發送される

大阪に彫刻家聯盟

今回大阪を中心とする彫刻家が相寄り大阪彫刻家聯盟を組織し、職域奉公文化翼贊を目標とし之れに協力しつゝ制作に精進する事になつた

東北に邦畫家聯盟

今回東北六縣在住の日本畫家同志相集ひ一丸となつて大政翼贊新體制文化に應じ臣道實踐職域奉公の至情を盡すべく東北六縣日本畫家聯盟（假稱）を結成、來る二十日山形縣上山町溫泉村尾旅館に集合發會式を擧行し翌二十一日合作會を催す事になつた該聯盟發起人は左の通り（順次不同）

（仙臺）菊地華陽（同）高橋桃園
（福島）阿部廣洲（同）渡邊雅堂
（秋田）高橋萬年（同）荒川青亭
（同）田口秋魚（靑森）二瓶霽浦
（盛岡）佐藤大醉（同）高橋廣光
（山形）長徵弦（同）朝一圭鳳
（同）伊藤王俣（同）小野寒江
（同）笠原富山（同）旅河華芳
（同）戶蒔耕古

竹臺會成立

東京府美術館許議員中の操觚者が新體制下に於ける美術報國の意義を一層強調しようと竹臺會を結成した、會員は石川宰三郎、原田信造、垣見泰山、添田達嶺、中川愛氷、山浦瑞洲の六氏で事務所は世田ヶ谷區松原原三ノ九五九添田方である、大正十五年五月一日上野に東京府美術館が落成した時明治大正に亘り東京府に於ける美術界の功勞者二百五十名が表彰されたが其殆ど全部は美術家であり、新聞雜誌を通じて操觚界からは故人となつた近藤宅治、梅澤和軒、坂井犀水と前記諸氏を併せた九名だけが銓衡されたのであつた、蓋し竹臺會とは上野竹之臺に因む所である

日本美術校舍竣成

日本美術學校では豫ねて板橋區練馬向山町一に地をトし校舍新築中の處今回竣成した

日本美術雜誌協會の成立

新指定に依る八美術雜誌は今回日本美術雜誌協會を結成しその規定等を美術界各方面へ發送した會員は左の通り

「國畫」齋田元次郎（編輯同）、「新美術」大下正男（編輯同）、「國民美術」岩佐新（編輯荒城季夫）、「生活美術」山口寅夫（編輯同）、「旬刊美術新報」猪木卓爾（編輯同）、「美術文化新聞」佐久間善三郎（編輯同）、「畫論」藤本韶三（編輯同）、「季刊美術」石川宰三郎（編輯藤森順三）

◇展覽會の暦

△山喜多二郎洋畫展　九月八日より十一日迄資生堂
△村川彌五郎日本畫展　九月九日より十四日迄　上野松坂屋
△萠友會洋畫展　九月十一日より十四日迄菊屋
△日本畫前銳作家傑作小品展　九月十日より十六日迄　銀座ギャラリー
△川嶋理一郎泰國風景畫展　九月十二日より十五日迄　資生堂
△故小村雪岱追悼展　九月二十日より二十三日迄　資生堂
△立型會洋畫展　九月十六日より十八日迄　菊屋ギャラリー
△大輪畫院展　九月十七日より二十八日迄　日本美術協會
△芝野川個展　九月十一日より十五日迄　紀伊國屋
△泉川白水新南畫展　九月九日より十一日迄高島屋
△明朗美術第八回展　九月十一日より廿九日迄　府美術館
△杉尾利通油繪展　九月十六日より二十一日迄　阪急六階
△朝倉彫塑塾展　九月十八日より三十日迄　日本美術協會
△一水會展　九月廿二日より十月四日迄　府美術館
△乾坤社展　九月廿三日より廿八日迄　上野松坂屋

日	月	火	水	木	金	土
			10	11	12	13
14	15	16	17	18	19	20
21	22	23	24	25	26	27
28	29	30				

展覧會

大潮會秋展

大潮會の第六回展は公募受付十一月十五、十六兩日、會期十一月二十三日より十二月七日迄會場上野公園内府美術館

審査員は日本畫に於て池上秀畝、上村松篁、大智勝觀、金島桂華、兒玉希望、鄕倉千靱常岡文龜、服部有恒、西澤笛畝、望月春江、洋畫に於て阿以田治修、足立源一郎、太田三郎、鬼頭鍋三郎、鈴木千久馬、牧野虎雄、向井潤吉、鍋井克之、中山巍、渡邊浩三

朝倉彫塑塾展

朝倉彫塑塾展は九月十八日から三十日迄上野の日本美術協會で催される

一水第五回展

第五回一水會展は九月廿二日から十月四日迄府美術館で催される、搬入は九月十六、七兩日

杉尾利通個展

杉尾利通氏の油繪個展が十六日から二十一日迄阪急六階で開かれる、同氏は篤學を以て知られ正確で優雅な作風を把持する人、「少女立像」「牡丹」「岩と海」など二十點を出陳する

日本美協展

日本美術協會展は十月十九日から廿五日迄上野美術協會で催される、搬入は九月廿九、三十兩日

泉川白水翁個展

泉川白水翁の新南畫展が九月九日より十二日迄日本橋高島屋で開催される、泉川翁は秋田縣横手の人年齡古稀に達して然も矍鑠壯者を凌ぎ常に大自然を師として閑あれば筆を執り一種獨自の畫境を拓き今回展の出品を見ると一作ごとに主張があり工夫がある、展示作品は「桃華源畫卷」「富嶽」「妙義晴烟」「寒林雪幛」等二十一點

美術新協展

美術新協第七回展は九月廿三日から十月四日迄上野の府美術館で催される、搬入は九月廿一廿二兩日、内容は日本畫、洋畫版畫、彫塑、美術工藝、創案圖案舞臺美術

小村雪岱追悼展

昨秋五十四歳で逝去した小村雪岱氏追悼展が廿日から廿三日まで銀座の資生堂で開催される肝煎は大衆文藝の島源四郎、畫家の田坂柏雲、松竹の川村秀治資生堂の山本武夫、鏑木清方諸氏の熱心な奔走で畫壇の各氏が競つて作品を出す事となり其の盛況が今から豫想される出品作家の主なる人は

安田靫彦、鏑木清方、伊東深水、山川秀峰、結城素明、西澤笛畝岩、田專太郎、木村莊八、石井鶴三、前田靑邨、其他十數氏

尙故人の遺作展は十月十日から十三日まで開催され故人の凡ゆる遺作が展覧されるので右の追悼展には劇關係の作品だけ數點出陳される

乾坤社秋展

關西南畫壇の總帥矢野知道人（橋村）の主宰する乾坤社第三回展は搬入九月七八上野寛永寺内見明院、會期は同月廿三日より廿八日迄上野松坂屋

洋畫回顧展盛況

明治の初期我が洋畫壇に活躍した黑田清輝、淺井忠、小山正太郎其他諸先輩の遺業を回顧せんとする展觀が高崎正男氏主宰の明治美術研究所主催で四日から七日まで銀座の資生堂ギャラリーで開催、黑田清輝の「平河町の庭」淺井忠の「晩歸」初代五姓田芳柳の「紅毛人和裝圖」川上多崖の「秋果圖」小山正太郎の「日淸戰役」其他廿數點の作品四十餘點が陳列され連日盛況であつた。尙同研究所ではかうした回顧展を今後春秋二回開催する

芝野川日本畫展

芝野川氏は明十一日から十五日まで銀座紀伊國屋で個展を開催する、風景花鳥十四五點と瀧口入道と横笛の物語による人物連作を出品

村川彌五郎個展

村川彌五郎氏の日本畫展が九日から十四日迄上野松坂屋で開催される、村川氏は故岡田三郎助氏に師事して洋畫にスタートし滯歐四年ザッキン氏の許に遊び東洋風なガッシュ繪を學び巴里サロン、ドートンヌに入選四回、歸朝後明朗美術の盟友として東亞調和運動を始め著しく直覺的な畫風を以て知られてゐる出品作品は「公園の池」「暮れゆく海」「落葉木」「みのり」等十九點外素描十點

版畫協會展

日本版畫協會十回展石版木版銅版公募は今秋十一月廿五日から十二月二日迄上野府美術館、搬入規定其他問合せは東京府北多摩郡狛江村岩戸、下澤方日本版畫協會

世紀美術協會展

世紀美術協會では今冬十二月初旬第二回展を開催する事に決定

新制作派展

新體制作派協會の第六回展は九月二十三日から十月四日迄上野の府美術館で催される、搬入は九月十七、十八兩日、同人は左の通り

（繪畫）猪熊弦一郎、伊勢正義、昭田和、中西利雄、内田巖、小磯良平、佐藤敬、三田康、三峰節子、鈴木誠、荻須高德、坂井範一

（彫刻）本都新、吉田芳夫、舟越保武、明田川孝、佐藤忠良

山喜多二郎太個展

光風會々員、文展無鑑査、山喜多二郎太氏の個展が八日から十一日まで銀座の資生堂で開催出陳作品は「曇り日」「卓上靜物」「漁村」「初夏の村」其他近作十餘點の大に期待されてゐる

大輪畫院展

大輪畫院第四回秋季展の左如く決定した

▲會場、上野公園　日本美術協會▲會期、九月十七日より二十八日▲搬入、九月十日午後四時まで▲受付、會場及本院事務所▲發表、九月十六日正午會場にて

横尾龍芳個展

横尾龍芳氏の蟹國聖地日本畫展が七日から十三日迄大阪日本橋松坂屋で開催される、同氏は福岡縣博田の入狩野家の高邁な理想を繼承し新時代日本畫開拓に研鑽してゐる、曩に皇祖發祥の聖境を探り幽去の聖境を寫し取つた力作を今回展示するもので、「高天ヶ原」「高千穂峰」「英彦山」等二十三點

展	覧	會
會	場	

銀座紀伊國屋
ギャラリー
京橋區銀座六ノ一
電話（57）銀座七一

日東美術展

日東美術院公募第一回展は十一月二十六日から十二月六日迄上野府美術館で催される、搬入は十一月廿三、廿四兩日、發表は同月廿五日、因みに優秀作品に對し賞金一千圓を提供してゐる

萠友會第一回展

大平洋畫會の小野田元與、中野桂樹氏等に依つて最近結成された萠友會第一回展が十一日から十四日まで銀座の菊屋畫廊で開催される同人は左記九氏、繪畫は各三點内外、彫刻は二點位宛の豫定でいづれも力作が出陳される

小野田元與、小倉一雄、海洲太正郎、田原輝夫、前田眞一平尾良秀（以上繪畫）、今里龍生、中野桂樹、杉本宗一（以上彫刻）

明朗第八回展

明朗美術聯盟では時局下繪畫報國の微意を表示すべく例年の通り第八回展を上野府美術館に開催する、會期九月十一日より二十九日、第一日たる一日を招待日としてゐる

石清水八幡資料展

恩賜京都博物館では、九月十五日執行される官幣大社石清水八幡宮例大祭を機とし同宮所藏に係る國寶社寶を中心に廣く關係資料を蒐集、來る九月十三日より同月二十八日迄同七幡宮資料展觀を開催する

春臺小品展好評

春臺の第二回小品展が三日から七日まで銀座の靑樹社で開催出品は昨年故岡田會長追悼を兼ねて催した第一回展同樣幹部連ばかりの作品三十數點で連日好況であつた、今後はかうした小品展を毎月一回開催の豫定である

三浦兩氏陶藝展

三浦竹軒（三代竹泉）三浦竹泉（四代發代）兩氏の新作になる陶藝展が九月三日より六日まで日本橋高島屋で開催連日好評竹軒氏の出陳作品は「古清水燒寫牧童置物」外六十點、竹泉氏のは「祥瑞寫一閑人寫鉢」外十九點であつた

院展入選者

繪畫七〇彫塑四〇

第二十八回日本美術院展の繪畫出品總數は六百四十四點昨年五百九十五點、入選數七十八七十二點（昨年七十三點）、入選者は左の通り（〇印は新入選）

松阪多佐、鹽出英雄、内田

青甕、原田美智恵、小松均、北澤映月、持田卓二、○藤本光脯、中島栄刀、船田玉樹、木村武夫、○樹下孝太郎、岩橋英遠、植草寶、○綿谷行四郎、齋藤龍江、上垣侯鳥、○中村春泥、三石紅樹、吉川朝衣、加藤淘綾、○岸原伸、岡田雄戯、丸儀太郎、中庭煖華片岡球子、小島一谿、長谷川朝風、岡茂以、瀬戸水明、久保清子、菊池公明、鈴木牀古等、横田仙草、○羽石光志、岩崎巳人、○村田瑞枝、岩田光壺、○樋笠數慶、○松本大宇、宮田隆子、鈴木大麻、○上田堯民、四田觀水、上田哇草、狗巻南名雄、山口靜惠、島田納郎、高橋周桑、○金子丈平、田中嘉三、吉田善彥、齋藤僙文緒、○佐藤金一郎、眞野滿、○野村孝、○村田閑○高山公子、木下春、○守屋正川手青郷、村田泥牛、○田中賢、熊坂東爽、我妻碧宇、相原萬里子、藤井白映、中島清(無鑑査) 新井勝利、佐野光穏

次に彫塑の出品總數は百四十二點(昨年百五十三點)、入選數は四十八五十二點(昨年四十二點)で、入選者は左の通り(○印は新入選)

板倉白龍、松村秀太郎、關長造、武末與吉、小倉淸吉、○黑崎弘、小林三郎、山口眞一郎、矢崎虎夫、鷹野忠一、寺瀬默山、大野隆一、小林章、高橋友武、横田七郎、○矢形勇、杵谷精一、長野英夫、筵村草家、土井要輔、森豐、鷹野悦之輔、加藤泰三、柏木康兵、村上丙、大谷俊治、田中太郎、古藤正雄、中平四郎、入江美法、岡田春魚子、小柳津三郎、花田一男、宮本理三郎、辻晉堂、菅原安男、岡村進、○藤江隆義、長谷川豐雄櫻井祐一

尚同展同人の出品は左の通り

(繪畫) 躍く大八洲 横山大觀、黄瀬川の陣 安田靫彦、暗香 大智勝觀、幾松 北野恒富、淨雪(上代出陣式) 眞道黎明、新凉 堅山南風、山頂の春 郷倉千靭、雪、風、維木、酒井三良、榮園二題、小山大月、觀世音菩薩 小倉遊龜、壁畫 太田聽雨、吉野中村貞以、龍安寺の庭 小林柯白、摩利支天 荒井寛方、山羊 橋本永邦、平日 潮騒富取風堂、白日夢 田中青坪遲日 奥村土牛、秋聲 筆谷等觀

(彫塑) 鑽軒翁 平櫛田中、外姑八十壽像、兒童角力、農村青年 石井鶴三、女の顔山本豐市、草薙劍、額、鴨中村直人、結城豐太郎氏像、同夫人像、森磯昶氏像 關谷充、布を持つ女、N君安全、胸像 村田徳次郎、兵士像、新海竹藏、憩ふ女、喜多武四郎、宮岡氏像K氏像、菩薩像松原松造

二科入選者
繪三四〇彫塑三八

第二十八回二科展の搬入總數は繪畫が九百六十三人で、二千五百八十六點、彫塑が八十五人で百六十二點、入選は繪畫が三百四十八人で三百四十八點、彫塑が三十八人で四十一點、內新入選は繪畫が六十人で六十三點、彫塑が十人で十點、入選作家は左の通り

◇繪畫=ニタ・マリ・サンチラン、安藤幹衞、安達實夫、猪瀬正、井上孝治、遠藤君雄、大越正美、奥村譜爾、大場厚菅野由受子、川内親、加藤雪子、川原章二、河野芳紀、加藤英男、川田茂、加藏丈策、宮野進、金斗煥、木村俊雅、草刈二郎、桑野孝一、熊坂太郎、小林新吉、木庭密樹、齋藤勢七、佐藤睦郎、富太郎、富口信一、清水凉太郎、澁谷千代子、白井惇、杉山榮美、相馬鳳三、曾我芳子、平勇雄高木重雄、鶴岡政男、辻茂、戸田忠良、名久井由藏、中田秀和、中田豐、京田筑紫、朴商玉、堀井文雄、朴成煥、松永保雄、增永壽美、松下氏紀松本正子、水野正信、村尾克已、森貞、安井美香、安岡一夫、矢野徹、萬勳、吉野正明和田久邇子、花井信雄、秋山良太郎、薪井八郎(以上新入選)荒木道夫、有田德一、青山龍水、淺井康男、青木壽、赤松俊子、有隅善郎、岩月光全、今村春吉、伊藤靜尾、稻垣志行、石川新一、伊川寛、伊藤泰造、井寄武夫、今長谷巖、岩月虎雄、池田兼德、岩本恒三、井上安男、市野長之介、石野隆、岩下飬治、井上賢三伊東市太郎、市原義夫、今市完樹、石丸一、飯島八郎、伊藤信夫、今井鱸人、稻田德生池上丁一、岩月信澄、伊勢雄次郎、太田多美、尾崎悌之助大野捷吉、岡田八三郎、君家三郎、小川勝藏、大嶺政敏、大城皓也、太田章太郎、岡本耕介、太田四郎、岡田芳三、大矢悦好、小川末吉、江連正遠藤倫太郎、遠藤了敬、江崎鹿之助、上山哲夫、內海九郎上野與一郎、內田吉郎、梅原英子、上野上充、川北信三、川有智良三、河合敏雄、葛西康、河本一男、加藤尙義、加藤タキノ、川合喜二郎、我部政達、加賀美幸直、木村二郎北島達夫、北川實、橘野松惠木村光江、熊野俊市、黑瀧大休、久保進、桑原實、黑川健二、近藤長三郎、小島喆治、近藤歌子、小谷野半二、小島大輔、小杉勇一、小谷良德、小西光雄、河野通紀、小林武夫、小山良藏、小柴靜子、小島眞佐吉、兒玉勝次、小泉秀松、清水茂郎、下瀬貞和、柴田又太郎、清水富久、進藤清神保俊子、下條國男、芝野武男、下高原龍巳、櫻木七次、櫻井三郎、定方希一、坂宗一澤田哲郎、坂本益夫、佐藤八郎、酒見敏雄、齋藤清、佐藤眞紗子、里見常夫、佐藤澄、佐々木宗一郎、杉浦嘉太郎、杉浦三郎、鈴木國威、鈴木進平、鈴木猛人、鈴木幸雄、角野毅、杉原美佐、瀬尾暹、十龜廣太郎、玉澤潤一、田邊德三郎、谷出孝子、田中君子、高木壽子、高須操、谷貞、竹內喜助、田中嘉三、田中田鶴子、高瀬勝男、辰巳義人、高井壽三郎、田邊榮次郎、田岡正人、高山道雄、高橋隆比古竹內健、多木透哉、田中太郎武田二郎、田中一郎、丹下富士男、田中修、田川豐圖、田川覺三、田中秀宣、常田健、鶴岡義雄、鶴永悦男、寺門弘寺田榮枝、寺田清四郎、出口實、栃木宗三郎、戸川串田、戸島孚雄、鳥取敏、富家貞男土岐國彥、東本春水、鳥居正之、遠山陽子、永井武夫、中西欽三、中野正晴、中園眞行成瀬佐紀子、成井弘文、中出とみ子、中野亨、仲野俊正、中野安治郎、中村德次郎、西田秀雄、西村五郎、西田靜子西山一三男、西出外吉、西村千太郎、西山閣二、西阪修、能間弘、野々口重、野村百合子、長谷川勝人、早川守、原覺、原正治郎、花谷時子、長谷川三千春、濱野長正、濱田英一、早川貞明、濱田正二、早川貞誠、伴敏子、ハーバート、タグナー、長谷川初女、服部義夫、平川要、平野弘、久野修男、船橋治彥、藤井義晴、福谷靜子、古屋盛壽、古川弘、藤江志津、藤田金之助藤田薫、星野弘、堀江萬壽男堀澤好一、細田浩、本多幸市丸樹長三郎、眞隅太莊、前川尙子、松田豐、松見秀子、前林章司、水野勝美、宮城三喜子、御供長夫、三澤喜之助、三橋兄弟治、三栗參平、南出嘉章、宮川仁、三保義、三芳悌吉、水清公子、村田耕、椋方寅雄、米良道博、森島苞光望月正信、森谷讓太郎、森本秀雄、元川嘉津美、森繁、森由太郎、森英、山中菊代、山谷英一、山本隼司、山口南草山田等、柳田孝次郎、山本秀臣、八重垣逸郎、安波新吉、山口操助、吉本富三、吉田一雄、横田文子、吉武友樹、米倉兌、和田三郎、渡邊浩酒三渡邊澄子、渡邊義雄、和田徹郎(以上各一點)

阿部金剛、新井ふみ子、井上覺造、小田正春、金宗燦、佐野繁次郎、難波架空像、藪野正雄(以上各二點) 岡本太郎(特別陳列)

◇彫塑—長谷川雅司、中村竹男松木章、水町義雄、金子有吾西井龜治、伊藤清芳、野口嘉光、飯田艇三、小倉淸谷(以上新入選)

有松保、松下隆治、大西金次郎、高須賀桂、妹尾健太郎、鷲泰次郎、中堀正孝、今ヤヨ子、村田虎次、木下正彥、竹下慶一、水野英夫、渡邊政夫赤塚秀雄、檜皮淸光、日高正法、長野隆業、安藤菊男、中村暉、植木力、唐木政一、山本博一、道下長七、加藤隆、辻合喜代太郎(以上各一點)

乘松巖、柳田昌、八柳恭次、(以上各二點)故渡邊小五郎、(特別陳列)

授賞と新會員會友

第二十八回二科展の授賞者並に會員、會友推薦は次の通りである(序列不同)

=繪畫部=

(會友賞) 田中忠雄、柏原覺太郎、榎倉省吾

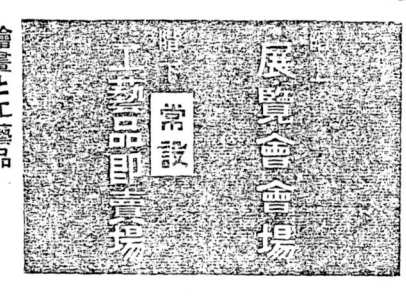

（二科賞）　岡本太郎
（岡田賞）　宮川仁、能間弘
（普通會員推擧）　吉原治良、福島金一郎、伊谷賢藏、松井正、服部正一郎、茂錦一郎、伊藤久三郎、峯岸茂、古家新藤井二郎、酒井亮吉、松本弘二
（會友推薦）　村田簧史雄、雜賀文子、伊藤研之、野村守夫鶴田宏、原來介、山本不二夫松本俊介、津田周平、旭亮弘原勝四郎、佐藤吉五郎、高井貞二、米良道博、佐野繁二郎北島達夫、藪野正雄、丹下富士男、井上覺造、神保俊子、尾澤辰夫、坂宗一、安部治郎吉

＝彫　塑　部＝

（普通會員推擧）　故渡邊小五郎
（二科賞）　長野隆業、乘松巖
（會友推薦）　中堀正孝、柳田昌、野舘信吉

國風彫塑入選

二十一名三十點

一日から十七日迄上野の府美術館で開催してゐる國風彫塑會第七回展の搬入總數は百五名二四九點、入選數は廿一名三十點新入選は九名十三點、入選者は左の通り（○印新入選）

武本照、○伊藤正輝、○緒方元秋、福崎日秀、宮昌太郎、內堀功、○大木久男、牛藤政衞、○阿部車晃、濱谷信行、俵久吉、○梅本愛子、小川由加由、舘野親光、○宮西特行○新島大鑑、○福田克巳、川上杉人、○坂本立英、大塚勝彥、江島作太郎

尚同展では一日を無料で一般に公開したが一層時局下に役立たせ一面彫刻に對する社會各層の人々の批判を得る爲會期中の土曜と日曜即ち七、八、十三、十四の四日間を一般に無料公開する

五氏に研究賞授賞

同會では五日左記五氏に研究賞を授賞した

（會友）　名久井十九三（同）新關國臣（同新）田村辰治、舘野親光、福崎日秀

尚今回展に國風會賞の授賞該當者は無かつた

明朗展入選者

明朗美術聯盟第八回展の入選は總搬入數百〇七點、中十九點內新入選十三點、入選作家は左の通り（○印は新入選）

東條光高、吉田錦穗、松本晃養、靑柳定義、○小川晃古、○廣瀨大晃、○內田光胤、○中野瑞草、○稻田玉穗、○近藤鐐、○西川有象、○酒井靑甫、○小谷日出、○岡戶龍聖○丸山悟朗、○田原廣豐、○佐々木玉秀

尚今回展の同人出品は左の通り（聖觀音）狩野晃行、（大和游双）同人（海二題）同人、（愛鄉紙芝居物語三十景）木和村創爾郎、（朝）渡邊日向、（晚涼）同人、（洋畫特別出品十點）狩野晃行

榮えの推擧推賞

同展の推擧及び推賞は左の通り

（推擧）　同人東條光高、盟友松本晃養、同靑柳定義、盟員小川晃古、同廣瀨大晃、同內田光胤、同中野瑞草、同稻田玉穗

（推賞）　調花賞、吉田錦穗。研究賞、靑柳定義。同小川晃古。同廣瀨大晃。朗光賞、近藤鐐。

各展無料日

二科、院展、國風彫塑會が美術の秋のトップを切つて一日府美術館で一齊に公開されたが、この日の興亞奉公日を美術界初めての試みとして大衆へ美術を開放する趣旨から何れも無料公開した、開館と同時に美術フアンがどつと押し寄せ滿員のため入れない者は一時芝生に待機する程の大入りで、かつての華やかな招待日風景は姿を消し誰でも氣輕に美術鑑賞の機會が與へられたわけである、三展覽會場とも芋を洗ふやうな盛況で午後五時までの閉館に入場者正に一萬五千名を突破、美術館初まつて以來のレコードであつた、その內譯を各事務所に聽けば

▽二科（前日の招待日入場數約三千、奉公日は一萬四千位）
▽院展（當日招待者　二百名、一般入場者　一萬五千以上の見込み）
▽國風（當日　招待者　三百名一般入場者　九千二百八十名）

個人

八木岡春山氏

去月二十七日午前零時十分、杉並區高圓寺二ノ九二の自邸で狹心症で逝去した、享年六十三猶豐かなる春秋を殘して惜しむべし、家族は濱子未亡人を始め東京美術學校日本畫科出身の嗣茂氏で長女敦子さんは陸軍中佐水谷一生氏と婚約中、次女久仁子さんは鐘紡元重役丸山幸藏氏息丸山正幸氏に嫁し、次男實君は麻布獸醫專門校に、三男隆君は中學に、四男榮君は慶應商工校にそれぐ\在學中である

（略歷）　明治十二年十二月十二日舊幕臣齋藤利休の次男として東京市深川區木場に生れ十八歲の時貴族院議員で北宗畫の大家下條桂谷翁に師事し北畫を學び併せて宋元、古土佐を究め夙に一家の機軸を出した、明治三十二年日本美術協會其他內外の博覽會に出品して金銀銅牌を授けらるゝ事二十餘回、幽玄なる東洋畫獨得の韻致を標榜し殊に得意の破墨山水は何人の追隨も許さぬ獨自の形式を創造した、昨秋國際文化振興會より選ばれて世界七十九ヶ國萬國美術展覽會に日本代表として破墨山水を出品し優賞を得て明治、大正、昭和三聖代に亙りて御前揮毫の榮を蒙り御用命を忝うせしこと實に十數回の多きに及び昭和十年四月以降高松宮妃殿下に日本畫御進講申上げたる等誠に畫人として至上の光榮であつた、

日本美術協會理事及び日本畫部審査委員長として同協會のために盡悴しつゝあつた、著書に東洋畫に關する「心華帳」がある、主なる代表作は次の如くである

▲大宮御所御物「湖畔小禽」▲閑院宮家藏「蓬萊山水」▲帝室博物館「溪山歸樵」▲昭和十六年協會展出品高松宮家藏「夕月」▲藤山愛一郎氏藏「春新花鳥六曲余地屛風」▲團男爵藏「朝霧」▲益田男爵藏「竹林六逸」鶴見總持寺藏「瀟湘八景」襖「花鳥」杉戶▲藤原銀治郎氏藏「江山雨後」▲川崎八右衞門氏藏「蘆山」「樫に鳥」

破墨第一人者

溝口禎次郎

下條桂谷翁の繪については、種々の論議をするものがあるが明治畫壇に於ける眞の北畫家であつた八木岡春山君はこの桂谷翁について充分に北畫を師傳しよく其筆意を會得した、但し其描くところは雪舟等の直系ではなく江戶派の心持を多分にもつて時代的に彩色を應用し艶つぽく愛嬌を含む所が其特色であつた、卽ち常に古典を其筆力を以て新しい時代に自在に運用して生かす事に成功したのである、同君が水墨畫に傾注し破墨法を研究したのは現在の高圓寺の邸を新築した頃のことで私の說に傾聽したためであつた、しかも同君の畫技の基礎である北畫に依る筆力といふものが充分學び究められてあつたので破墨に於ける運用は頗る自在であつた、破墨は懸腕直筆でなくてはならぬもので其筆力の基礎なしには到底成功は難しいのである、八木岡君はそれを成し遂げたのであつた、猶天命を假したらば實に偉大なものを遺したと惜まれるのである

臣民道と美術家

高須芳次郎

私《わたし》は超非常時下《てうひじやうじか》の美術《びじゆつ》に向《むか》つて一言《ごん》、要望《えうばう》したいと思《おも》ふ。

今度《こんど》、文部省《もんぶしやう》が『臣民《しんみん》の道《みち》』を公にされたことは、時宜《じぎ》に最《もつと》もふさはしいものである。勿論《もちろん》、日本《につぽん》國民《みん》たる以上《いじやう》、誰《たれ》もが臣民道《みんだう》について、相當《さうたう》、自覺《じかく》し、認識《にん》するところがあるにちがひない。然《しか》し、今日《こんにち》のやうな超非常時《てうひじやうじ》に當《あた》つては特《とく》に時局認識《じきよくにん》に伴《ともな》ふがつちりした心構《こゝろ》へを要《えう》する。

文部省《もんぶしやう》の『臣民《みん》の道《みち》』は、さうした點《てん》に考《かんが》へるところがあつて公にされたと思《おも》ふ。ここに一《ひと》つの重《ぢゆう》要《えう》ポイントがある。

卒直《そつちよく》にいふと、過去《くわこ》に於《お》ける美《び》術界及《じゆつかいおよ》び諸家《しよか》は、精神的《せいしんてき》に餘《あま》りに自由《じいう》にすぎ、時に放逸《はういつ》にさへ流《なが》れた氣味《きみ》があつた。從《したが》つて、中《なか》には個人主義《こじんしゆぎ》、享樂主義《きやうらくしゆぎ》、デカダン主《しゆ》義《ぎ》、虚無主義《きよむしゆぎ》、自由主義《じいうしゆぎ》といつた風《ふう》の思想《しさう》にかぶれ、その描《ゑが》くところに、何ら省察《せいさつ》を拂《はら》はず、唯技巧《たゞぎかう》さへ、すぐれてよければ、それで安心《あんしん》だといつたやうな作品《さくひん》、作家《さくか》が相當《さうたう》にあつた。

でなくとも、藝術至上主義《げいじゆつしじやうしゆぎ》の塔《たふ》の中《なか》に立てこもつて、超然、時代意識《い》を離《はな》れ、放恣《はうし》、自《みづか》ら快《くわい》とするものさへ見受《みう》けられたのである。

然《しか》し、それらは、今《いま》や全部《ぜんぶ》、清《せい》算《さん》されねばならぬ。即《すなは》ち先《ま》づ超非《てうひ》常時《じやうじ》に對《たい》する、しつかりした心構《こゝろ》へが何《なに》より必要《ひつえう》だ。

申《まを》す迄《まで》もなく、美術家《びじゆつか》も國民《みん》の一員《ゐん》として起つてゐる以上《いじやう》、先《ま》づ臣道《だう》について深《ふか》く自覺《じかく》しなければならぬ。即《すなは》ち超非常時《てうひじやうじ》に當《あた》つて、どんな務《つと》めに服《ふく》せねばならぬか、どうして各自《かくじ》が美術上《びじゆつじやう》國家《か》に奉仕《ほうし》するか、この點を明確《めいかく》に知悉《ちしつ》すべきである。

それには、何《なに》よりも日本精神《につぽんせいしん》の把握《あく》が肝腎《じん》である。在來《ざいらい》、日本精《につぽんせい》神《しん》について、いろいろの解釋《かいしやく》がなされてゐるが、それは皆日本精神《みなにつぽんせいしん》の從屬性《じうぞくせい》を指《さ》したにすぎぬ。私《わたし》の考《かんが》へによると、それは、日本國體《につぽん》の尊嚴性《そんげんせい》、崇高性《かうせい》を明確《めいかく》に自覺《じかく》し國體美《び》を事毎《ことごと》に發揚《はつやう》せんとする心《こゝろ》にほかならない。かの明朗性《めいせい》や、清明心《せいめいしん》や、和《わ》の心《こゝろ》などは、之《これ》に從《じう》屬《ぞく》するところのもので、日本精神《につぽんせいしん》の本質《ほんしつ》は、あくまで日本《につぽん》國體美《び》の自覺《じかく》にあり、認識《にん》にあり。更にこれを各自の仕事《しごと》をなす上《うへ》に活《い》かしてゆくにある。

この意味《いみ》での日本精《につぽんせい》神《しん》は、世界唯《せかいゆゐ》一の尊《たふと》い存在《そんざい》だ。これは日本《につぽん》國民《みん》にして、はじめて把持《ち》し得《え》べき美《うつく》しい、高尚《かうしやう》な心《こゝろ》だ。他《た》に類似《るゐじ》もなければ、追隨《つゐずゐ》するものもないところのユニイクな存在《そんざい》である。かうした日本精神《につぽんせいしん》を持つ人《ひと》にして、はじめて臣道《だう》を正しく解《かい》し、その意味《いみ》を實踐《じつせん》することが出來《でき》る。それについて、一言《ごん》すべきは、日本《につぽん》國體《たい》の尊嚴性《そんげんせい》である。

日本《につぽん》は、萬世《せ》一系《けい》の天《てん》皇を奉戴《ほうたい》し、天壤無窮《てんじやうむきう》の皇運《くわううん》に輝《かゞや》いてゐる。そして神《じん》武天皇《てんくわう》が仰《おほ》せられた如《ごと》く、本來道義建國《ほんらいだうぎけん》であつて、積《せき》慶《けい》（仁慈《じんじ》）重暉《ちゆう》（叙智《ち》）養正《やうせい》（正《せい》義《ぎ》護持《ごち》）の三綱《こう》を實現《じつげん》するといふことを主眼《しゆがん》とされてゐる。且この三綱によつて、世界《せかい》を平和《へいわ》な家《いへ》の如《ごと》くにしやうと思召《おぼしめ》され、八紘一宇《う》の理想《りさう》を御宣言《ごせんげん》なされた。

)(

世界《せかい》に國《くに》は多《おほ》いが、わが皇國《くわうこく》日《につ》本《ぽん》の如《ごと》く、崇高《すうかう》な道義《だうぎ》精神《せいしん》を本《もと》として建《た》てられた國《くに》は他《ほか》に見出《みいだ》されない。而《しか》もこの事は、建國《けんこく》の時《とき》に當《あた》つて具現《ぐげん》せられ、神武天皇《じんむてんのう》におかせられては親《した》しく、敬神《けいしん》・大孝《たいかう》の御精神《ごせいしん》を事實《じじつ》の上《うへ》に御示《おしめ》しなされ國民《こくみん》に垂訓《すゐくん》し給《たま》ふたのである。

して見《み》ると、わが日本《につぽん》は、皇道《くわうだう》をもつて全世界《ぜんせかい》を正しく指導《しだう》する最高使命《さいかうしめい》を具有《ぐいう》するわけで、日本《につぽん》國體の尊嚴性《そんげんせい》をここに仰《あふ》ぎ見《み》ることが出來《でき》る。この理想《りさう》、この任務《にんむ》を有《いう》する日本《につぽん》が萬世《せい》一系《けい》の聖天子《てんし》を無限《むげん》、無窮《むきう》に戴《いたゞ》き奉《たてまつ》るところに、他國《た》に見《み》ないところの崇高性《かうせい》が燦然《さんぜん》として光《ひか》つてゐる。

この點《てん》をはつきり自覺《じかく》して、勤《きん》皇・護國《ごこく》に全力《ぜんりよく》を捧《さゝ》げようとするのが日本精神《につぽんせいしん》の本質《ほんしつ》である。故《ゆゑ》に日本精神《につぽんせいしん》に立脚《りつきやく》することが臣道《だう》の觀念《くわんねん》を把持《ち》するについての第《だい》一要《えう》件《けん》である。

在來《ざいらい》、美術家諸氏《びじゆつかしよし》のうちには、さうした意味《いみ》における日本精神《につぽんせいしん》を認識《にん》したものが存外《ぞんぐわい》、少《すくな》かつたやうに思《おも》ふ。それは、外來思想《ぐわいらいしさう》、西《せい》洋精神《やうせいしん》などの鵜呑《の》みによつて、本《ほん》來《らい》の心《こゝろ》の故郷《こきやう》たる日本精神《につぽんせいしん》の認識《にん》が缺乏《けつぼふ》し不足《ふそく》した爲《た》めにほかなかぬ。

この認識《にん》が正確《せいかく》ならば、高度《かうど》國防《ばう》國家《か》の態勢《たいせい》に適應《てきおう》してゆくことも、智徳《ちとく》一致《ち》、知行合《ちかうがふ》一の旨《むね》を一身《しん》に實現《じつげん》してゆくことも困難《こんなん》ではない。

申《まを》す迄《まで》もなく、日本精神《につぽんせいしん》の從屬《じうぞく》性《せい》としては、正しいと知《し》ることを直《たゞ》ちにすぐ行《おこな》ひ、よいと思《おも》ふことを實踐《じつせん》するのを一要素《えうそ》としてゐる。

實踐《じつせん》と修練《しうれん》、この二《ふた》つによつて日《に》本精神《ほんせいしん》の具體化《ぐ》につとめることが必要《ひつえう》で、この事《こと》に全力《ぜんりよく》を注《そゝ》ぐところ、臣民道《みんだう》の實現《じつげん》を適切《てきせつ》に見《み》るのである。

さうした立場《たちば》にあつて、畫筆《ぐわ》を執《と》るとき、勢《いきほ》ひ、すべての美術《びじゆつ》は日本精神《につぽんせいしん》の表現《へうげん》でなくてはならぬ。唯題材《たゞだいざい》が時局色《じきよくしよく》を帶びるといふ丈《だけ》に留《とゞ》まらず、或《あるひ》は、戰時色《せんじしよく》を表明《へうめい》するといふにのみに留《とゞ》まつてはならぬ。

同時《どうじ》に、美術《びじゆつ》のすべてをとほして、日本精神《につぽんせいしん》を鼓舞《ぶ》し、作興《さくこう》し、觀者《くわんしや》をして、おのづから感激《かんげき》せしめるに足《た》る迫力《はくりよく》を備《そな》へることが必《ひつ》要《えう》である。いひかへると、尊《そん》皇・護國《ご》の情熱《じやうねつ》と信仰《しんかう》とが美術《びじゆつ》の上《うへ》に作品《さくひん》の上《うへ》におのづから滲《にじ》み出《で》てゐてほしいのである。

かの元寇時代《げんこうじだい》の國難《なん》に當《あた》り、二三の畫家《ぐわか》が描《ゑが》いた不動明王《ふどうめいわう》が平生《へい》描《ゑが》くのとは趣《こと》を異《こと》にし、將に海《うみ》を渡《わた》つて支那《しな》を征服《せいふく》せねばやまぬ飛《ひ》動の態度《たいど》を示《しめ》して、護國《ご》の熱意《ねつい》を表明《へうめい》した如《ごと》きは、過去《くわこ》に於《お》けるよき適例《てきれい》である。そこに日本精神《につぽんせいしん》の光華《くわうくわ》が見《み》える。

要《えう》するに、畫家《ぐわか》の臣道實踐《だうじつせん》は、以上《いじやう》のやうな心構《こゝろ》へを先決條件《せんけつでうけん》とするのである。從《したが》つて思想上《しさうじやう》の教《けう》養《やう》を深《ふか》めて、心身鍛錬《しんしんたんれん》に努《つと》め知行《ちかう》合一《がふ》、智徳《ちとく》一致《ち》の旨《むね》に正しく生《い》きてゆく用意《ようい》が各自《かくじ》に望《のぞ》ましい。

日本畫の表現における宿命的なもの

金原省吾

屛物扇面ちらし「平治物語」六波羅合戰の圖（左半扇）

十七八の頃《ころ》に大下藤次郎氏《おほしたとうじらうし》のみづゑを見《み》てすつかり感心《かんしん》した。そしてその風景畫中《ふうけいぐわちう》にかかれてゐるものが、私には端《はし》から端《はし》まで動《うご》かすべからざるものと思《おも》はれた。水《みづ》の上《うへ》に覆《おほ》ひかぶさるやうな岸《きし》の草《くさ》でも、畑《はた》の畝にある藁《わら》鳩でも一一尊《たふと》い形《かたち》にさへ見《み》えた。私の郷土《きやうど》の藁《わら》鳩はさういふ形《かたち》でないのが情《なさけ》なく、こんな形《かたち》の藁《わら》鳩があつたならば、この周圍《しうゐ》の景色《けしき》もさだめて美《うつく》しからうにと思《おも》ひ、大下《おほした》さんの描《か》く關東《くわんとう》の田園《でんゑん》風物《ふうぶつ》に、心《こゝろ》から尊敬《そんけい》の念《ねん》を持つたのである。物《もの》を見《み》る眼は、決《けつ》して無拘束《むこうそく》のものではない。その背後《はいご》にさうみさせるものがあり、ただそれが自覺《じかく》的であるか、無《む》自覺《じかく》的であるかが違《ちが》ふだけである。

私は此《こ》の夏《なつ》に滿洲《まんしう》に講義《かうぎ》にいつて、暫《しば》らく新京《しんきやう》で暮《くら》した。滿洲《まんしう》の空《そら》は實《じつ》に美《うつく》しく晴《は》れわたり澄《す》みとほつて美《うつく》しかつた。したがつて車《くるま》にのつて、空《そら》と自分《じぶん》との間《あひだ》を遮斷《しやだん》されてゐるのがいやで、毎日《まいにち》一時《じ》間《かん》二十分《ぶん》づゝかかる道《みち》を心《こゝろ》たのしく歩《ある》いて往復《わうふく》した。しかし日《ひ》の立《た》つにつれて、その美《うつく》しい空《そら》があまたるくなり、何《なん》だか口《くち》につばがたまるやうな氣持《きもち》になり、この滿洲《まんしう》の空《そら》よりも、内地《ないち》の銀白色《ぎんはくしよく》の曇《くも》つた空《そら》の方《はう》が、何《なに》かしら深味《ふかみ》もあり、澁味《しぶみ》もあり、また親《した》しめるやうな感《かん》になつて來《き》た。

それと共《とも》に滿洲《まんしう》に立《た》つ前《まへ》に、聞《き》いた話《はなし》を思《おも》ひ出《だ》した。漢口《かんこう》から來《き》た女《をんな》のアナウンサアが、瀨戸内海《せとないかい》を航行《かうかう》してゐて、日本《にっぽん》の景色《けしき》をほめ、そして最後《さいご》に、もしこの水《みづ》が赤《あか》かつたらもつと美《うつく》しいであらうといつたさうである。あかい濁《にご》つた水《みづ》の中《なか》で育《そだ》つてゐると、そのあかい水《みづ》に水《みづ》としての美《うつく》しさが感《かん》ぜられる。青《あを》い水《みづ》を美《うつく》しいと思《おも》つても、それは暫《しばら》くで、根抵《こんてい》的に美《うつく》しさを感《かん》じさせる事《こと》は出來《でき》ない。しんから美《うつく》しいと思《おも》ふものは、自分《じぶん》を育《そだ》て、自分《じぶん》が飮《の》んで來《き》たあかい水《みづ》である。自分《じぶん》を育《そだ》てたものはそれだけ力《ちから》がある。これを笑《わら》ふことは出來《でき》ないのであり、滿洲《まんしう》の清《せい》澄な碧空《へきくう》よりも日本《にっぽん》の曇《くも》つた銀《ぎん》白の空《そら》の方《はう》が美《うつく》しいと思《おも》はれる。吾等《われら》が見《み》る眼は、眼のうしろにあるもので動《うご》かされてゐる。

支那《しな》の料理《れうり》には季節《きせつ》がない。いつも同《おな》じ程《ほど》の順序《じゆんじよ》で持つて來《く》る。それに比《くら》べると日本《にっぽん》の料理《れうり》には、鋭敏《えいびん》な季節《きせつ》がある。季節《きせつ》のものを新鮮《しんせん》にたべるのが、日本《にっぽん》の料理《れうり》の味《あぢ》である。しかしこの季節感《きせつかん》も、だんだんに新奇《しんき》を希へば、無理《むり》をして冬《ふゆ》でも夏《なつ》の物《もの》を食膳《しよくぜん》に並《なら》べるやうになり、やうやく季節《きせつ》を混亂《こんらん》させるが、それは決《けつ》して日本《にっぽん》の正《たゞ》しい食《た》べ方《かた》とは言《い》ひ得《え》ない。支那《しな》料理《れうり》には同《おな》じものをいつ迄《まで》も、あきずに食《た》べつづける、大《おほ》きな且《か》つおそるべき持續性《ぢぞくせい》がある。日本《にっぽん》のやうに季節《きせつ》季節《きせつ》の變化《へんか》を求《もと》めないのである。しかも支那《しな》の料理《れうり》には酢《す》の物《もの》がない。味《あぢ》を輕《かる》くするが、酢《す》だけの味《あぢ》でたべる酢《す》の物《もの》が無《な》い。支那《しな》料理《れうり》は全《まつた》く重《おも》く濁《にご》つて厚《あつ》い感《かん》じである。日本《にっぽん》のやうに清《せい》澄な味《あぢ》をそのままに出《だ》してゐる酢《す》の物《もの》がない。これも支那《しな》の風土《ふうど》のせいであり、大陸《たいりく》に水《みづ》の清《せい》澄なるもののなき故《ゆゑ》であると考《かんが》へ得《う》る。この日本《にっぽん》の清澄《せいちやう》を、日本《にっぽん》刀の清澄《せいちやう》の原《げん》因《いん》と考《かんが》へることも出《で》來《き》る。かかる性質《せいしつ》は、同樣《どうやう》の墨であつても、支《し》那《な》の水墨畫《ゑ》は重《おも》いものである。日《に》本《ほん》の水墨畫《ゑ》のやうに輕《かる》くはない。日本《にっぽん》では水墨《すゐぼく》を輕《かる》く使《つか》ふ上《うへ》に、繪之具《のぐ》をも亦《また》、水《すゐ》墨に近《ちか》づけて、輕《かる》く使《つか》ふのである。こゝは日本《にっぽん》の風《ふう》土《と》の清《せい》澄を見《み》る感《かん》がある。知《し》らぬ間《ま》に風土《ふうど》が表現《へうげん》の上《うへ》に形《かたち》を表《あらは》してゐる。日本《にっぽん》の銀白色《ぎんはくしよく》の空《そら》は、滿洲《まんしう》の深《しん》碧の空《そら》よりも輕《かる》い。日本《にっぽん》では滿洲《まんしう》の如《ごと》く全身《ぜんしん》を深《しん》碧の衣でつつむことはない。この衣の色《いろ》は、滿《まん》洲《しう》の空《そら》の色《いろ》である。滿洲《まんしう》の婦人《ふじん》の鴨頭色《とうしよく》といふあの衣《い》服《ふく》の衣を見《み》てゐると、日本《にっぽん》の表現《へうげん》は日本《にっぽん》の氣候《きこう》のやうに細《こま》かい變《へん》化がある。衣服《いふく》の表現《へうげん》が總體《そうたい》に靜《しづ》かであり、表現《へうげん》の強《つよ》いもの程《ほど》下《した》に着《き》るのである。表《おもて》よりも裏《うら》、上着よりも下着《したぎ》程《ほど》色《いろ》の表現性《へうげんせい》が大《おほ》きい。現《あらは》はれてゐるものの表現性《へうげんせい》が小《ちひ》さい。かくれたものの程《ほど》表現性《へうげんせい》を大《おほ》きくする。かういふ心持《こゝろもち》は、風土《ふうど》の性質《せいしつ》と近《ちか》い。自分《じぶん》をつつんで居《ゐ》る自然《しぜん》が、見《み》る眼をその背後《はいご》から動《うご》かして居《ゐ》るのである。

二

日本《にっぽん》で本格《ほんかく》的な水墨畫《すゐぼくぐわ》をかいた初期《しよき》の一人《り》は雪舟《せつしう》である。雪舟《せつしう》は筆《ふで》を立《た》てゝ堂《だう》々と、正面《しやうめん》から表現《へうげん》に向《むか》つてゐる。雪舟《せつしう》の表現《へうげん》には一種《しゆ》の特別《とくべつ》な世界《せかい》がある。これ迄《まで》の表現《へうげん》では、形《かたち》を必《かなら》ず斜《なゝ》めにしてあつかつて來《き》た。人物《じんぶつ》の向《む》きも斜《なゝ》めであれば、岩《いは》の向《むき》も斜《なゝ》めである。形《かたち》をも傾《かたむ》いた方向《はうかう》に置《お》いて見《み》てゐ

る。傾《かたむ》いた形《かたち》の中《なか》には、うつり行《ゆ》くものの自らなる形《かたち》が、細《こま》かに現《あらは》れてゐるからである。正面形《しやうめんけい》では表現《へうげん》される形《かたち》が表現《へうげん》として明確《めいかく》であると共《とも》に、他《た》の形《かたち》はすべてかくれてゐる。決《けつ》して側面《そくめん》がない譯《わけ》ではないが、側面《そくめん》は正面《しやうめん》の餘剩《よじやう》或《あるひ》は附加《ふか》としてあらはれてゐる。表現《へうげん》しようとするのは正面《しやうめん》であり、側《そく》面《めん》は表現《へうげん》の意向《いかう》中《ちう》にはないが、表《へう》面《めん》の餘剩《よじやう》或《あるひ》は附加《ふか》としてあらはれてゐるのであるから、甚《はなは》だしく消《せう》極性《きよくせい》である。然《しか》るに日本《にほん》のこれ迄《まで》の表現《へうげん》では、この餘剩《よじやう》的附加《ふか》的なる側面《そくめん》を、表現《へうげん》の中心《ちうしん》的位置《ゐち》としてゐる。かかる表現《へうげん》の態度《たいど》は、すべてを正面《しやうめん》的位置《ゐち》からずらして、表現《へうげん》の形《かたち》を柔らげしめてゐる。もともと清《せい》澄は明徹《めいてつ》と區別《くべつ》さるべきものであつて、明徹《めいてつ》は正面《しやうめん》的位置《ゐち》から表現《へうげん》を充實《じうじつ》せしめたものである。ここには表現《へうげん》の要求《えうきう》はすべて完備《くわんび》してゐる。要求《えうきう》せられた表現《へうげん》は、すべて餘《あま》す處《ところ》なく表現《へうげん》し盡《つく》されてゐる。表現《へうげん》せらるべきものは、過不足《くわふそく》なく表現《へうげん》し盡《つく》されてゐる。表現《へうげん》の要求《えうきう》が滯るところなく、剩るところなく、完備《くわんび》してゐる。この表現《へうげん》の狀態《じやうたい》が明徹《めいてつ》である。然《しか》るに清《せい》澄では、表現《へうげん》の要求《えうきう》は、すべてが表現《へうげん》の面《めん》にあらはれない。一部《よ》表現《へうげん》せられ、一部《よ》表現《へうげん》せられずして、表現《へうげん》の面《めん》は一應《おう》不《ふ》完備《くわんび》である。しかもこの不完備《ふくわんび》は表現《へうげん》の停滯《ていたい》ではなくて、表現《へうげん》の縮《しゆく》少《せう》である。表現《へうげん》の面の縮少《しゆくせう》による表現《へうげん》寡少《せう》の形《かたち》である。故《ゆゑ》に表現《へうげん》の要求《えうきう》の中《うち》、あるものは表現《へうげん》の面下《めんか》に沈《しづ》み、あるものは表現《へうげん》の面上《めんじやう》にあらはれ、表現《へうげん》は表現面《へうげんめん》の上下《じやうげ》にわたつてゐる。しかもそれが表現《へうげん》の意味《み》において停滯《ていたい》する處《ところ》なきが故《ゆゑ》に、之を澄といふ。而《しか》して清《せい》とは純粹《じゆんすゐ》といふ事《こと》である、純粹《じゆんすゐ》とは表現《へうげん》が可能態《かのうたい》にあることである。

御物扇面ちらし「伊勢物語」飯盛る女圖（右半扇）

表現《へうげん》がそこから無現《むげん》に成立《せいりつ》するとの意味《み》である。換言《くわんげん》すれば表現《へうげん》の可能《かのう》の實現《じつげん》が小《せう》であつて、表現《へうげん》の可能《かのう》が大《だい》であり、この可能《かのう》から相次《あひつ》いで表現《へうげん》が生起《せいき》する意味《み》である。これを形《かたち》の方向《はうかう》でいへば、表現《へうげん》を側《そく》面《めん》的にすることである。正面《しやうめん》の方《はう》向《かう》から表現《へうげん》を完備《くわんび》すれば、明徹《めいてつ》である。そこには澄はあるが、清《せい》はない。清《せい》がなくて明《めい》がある。明《めい》の正《しやう》面性《めんせい》を捨て、側面性表現《そくめんせいへうげん》をとれば、清《せい》澄である。日本刀《にほんたう》の清《せい》澄は青龍《せいりう》刀《たう》の樣に切《き》る事にばかり正面《しやうめん》的に集中《しふちう》しては居《ゐ》ない、青龍刀《せいりうたう》の表現《へうげん》は全部《ぜんぶ》が切《き》る働に集《しふ》中《ちう》してゐる。日本刀が切《き》る働を持つ事は勿論《もちろん》であるが、それは正面《しやうめん》ではない。切《き》るべき位置《ゐち》に置《お》かれなければ切《き》る働を表《へう》現《げん》からかくして美《うつく》しさに向《むか》つてゐる。切《き》る働を側面《そくめん》的に置《お》く時は鋭《するど》い。かゝる側《そく》面《めん》的位置《ゐち》を常《つね》にとり得《う》る場において日《にっ》本刀《ぽんたう》の清《せい》は成立《せいりつ》し、その清《せい》が澁滯《じふたい》せざることにおいて、澄である。これが日本《にっぽん》の表現《へうげん》の一般《ぱん》的表現形《へうげんがた》である。

雪舟筆「冬景山水圖」（部分圖）

雪舟《せつしう》の表現《へうげん》では、かかる側面的性質《せいしつ》を捨《す》ててゐる。ここに雪《せつ》舟の支那《しな》的性格《せいかく》がある。もし側面的表現《げん》になりきれば、その表現《げん》は明徹《めいてつ》であつて、ここに支那《しな》の究盡《きうじん》がある。支那《しな》畫《ぐわ》の性格《せいかく》は、明徹究盡《めいてつきうじん》である。雪舟《せつ》の山水《さんすゐ》を見《み》れば、一つ一つの岩《いは》が正面性《しやうめんせい》と側面性《せい》とを同《どう》時《じ》に持つた、一種《しゆ》不思議《ふしぎ》な形《かたち》をしてゐる。輪廓線《りんくわくせん》から見《み》れば明かに側面形《けい》であるのに、皴から見《み》れば正《しやう》面形《けい》である。正《しやう》面と側面《めん》とが同《どう》時《じ》に示《しめ》されてゐる。樹木《じゆもく》をみれば幹《みき》は正《しやう》面形《けい》であるのに、枝《えだ》はやや側面形《けい》であり、根元《ねもと》は全《まつた》く側面形《けい》である。かく正《しやう》面側面の兩《りやう》形《けい》が併立《へいりつ》してゐるにも拘はらず、その成《せい》立《りつ》は一應《おう》正《しやう》面である。かく正《しやう》面性《せい》であることが、雪《せつ》舟の畫《ゑ》に支那《しな》的性格《せいかく》の感《かん》ぜられ、崇嚴冷《げんれい》徹《てつ》の感《かん》ぜらるる所以《ゆゑん》である。しかしその後《あと》から直《す》ぐに、側面性《せい》の溫《をん》顏《がん》があらはれて、この崇嚴冷徹《げんれいてつ》をやはらげてゐる。かかる性質《せいしつ》の成《せい》立《りつ》によつて雪《せつ》舟は依然《いぜん》として日本《にほん》的なる性質《せいしつ》を得《え》てゐる。この相反《さうはん》的なる表現《げん》は、手法《しゆはふ》の上《うへ》にまであらはれ、この帝室博物館藏《ていしつはくぶつくわんざう》の「冬《とう》景山水圖《けいざんすゐづ》」にあつて、その中央《ちうおう》中《ちう》景《けい》の岩《いは》は、向《むか》つて左《ひだり》に岩《いは》の稜骨《こつ》が濃《のう》墨で描《か》かれてゐるのに、その上《うへ》から反對方向《はんたいはうかう》に淡《たん》墨で斧劈皴がかかれてゐる。かかる相反性《さうはんせい》の表現《げん》法《はふ》は、他《ほか》には容易《ようい》に見られない形《かたち》

である。また向《むか》つて右《みぎ》、二つの樹《じゆ》間《かん》にみゆる屋根形《やねがた》の岩《いは》には、右方《うはう》稜角《かく》がかかれてゐるので、上から墨はこれにあびせて、やや濃《こ》い墨の皴が稜角《かく》と同方向《どうはうかう》にかかれてゐる。然《しか》るにその下端《かたん》にはこれに直角《ちよくかく》する同濃度《どうのうど》の横皴が、斧劈皴風《ふう》にかかれてゐる。かかる表現《へうげん》の交錯《かうさく》の上《うへ》に、雪舟《せつ》が支那《しな》に學《まな》びつつ、しかも支那《しな》に學《まな》びきれぬものがあり、支那的表現《へうげん》の上《うへ》を、さういふ日本的《にほん》なる表現《へうげん》を以《もつ》て修正《しうせい》してゐることに氣づく。されば雪舟《せつしう》の水墨は、支那《しな》の明徹《めいてつ》とは事《こと》かはり、そこに清澄《せいちよう》の氣《き》をふくんでゐる。この風《ふう》が徳川期《とくがはき》にいつて狩野探幽《かのたんいう》になり、その水墨《すゐぼく》を日本的《にほんてき》な清澄《せいちよう》にしたのが探幽《たんいう》の畫壇《ぐわだん》の位置《ゐち》である。

三

徳川期《とくがはき》の宗達《そうたつ》の表現《ひやうげん》は、誰が見ても、純粹《じゆんすゐ》な日本的《にほんてき》表現である。その表現《ひやうげん》の特色《とくしよく》を、いろいろの方《はう》向《かう》から擧《あ》げることが出來る。第《だい》一は宗達《そうたつ》の好《この》んで描《か》いた形《かたち》が例《れい》の扇面形《せんめんけい》である。扇面形《せんめんけい》は二つの限定《げんてい》からなつてゐる。上下《うへした》の彎曲《わんきよく》は彎曲《きよく》でなくて水平《すゐへい》であり、且同價《かつどうか》である。左右《さいう》の傾斜《けいしや》は傾斜《けいしや》でなくて直立《ちよくりつ》である。かかる限定形《げんていけい》は、世《せ》界《かい》に例《れい》のないことであり、支那《しな》にも扇面形《せんめんけい》があるが、これは普通《ふつう》の畫面《ぐわ》が方形《はうけい》に切《き》り取《と》つたといふ迄《まで》では扇面形《せんめんけい》に切り取るのを、これである。日本《にほん》の扇面形《せんめんけい》のやうな限《げん》定《てい》はない。第《だい》二に扇面形《せんめんけい》は右から左《ひだり》に延《の》びた長方形《ちやうはうけい》であるから、事件《じけん》の進行形《しんかうけい》をかくのに適《てき》し、且《かつ》その進行形《しんかうけい》は何れも側面視《そくめんし》を以《もつ》て成立《せいりつ》する。ここに宗達《そうたつ》の日本的《にほんてき》畫《ぐわ》面形成《めんけいせい》の形體《けいたい》がある。卽《すなは》ち扇面形《せんめんけい》そのものが旣《すで》に斜《ななめ》であつて、一方《ぱう》から他方《たはう》に進行《しんかう》し、そのすべてが自然《しぜん》に側面形《そくめんけい》である。かかる畫面《ぐわめん》形成《けいせい》の中《うち》で、宗達《そうたつ》の用《もち》ひた筆は、雪舟《せつしう》の如《ごと》く禿筆《とくひつ》ではない。禿筆は同《おな》じ筆《ふで》で細《ほそ》くも太《ふと》くもかける。しかるに宗達《そうたつ》の筆《ふで》は先《さき》に長毛《ちやうもう》の出てゐる雀頭風《じやくとうふう》の筆である。隨《したが》つて線《せん》のはじめに細《ほそ》い毛筋《けすぢ》が見えると思《おも》ふと、すぐに太《ふと》くなつて、形《かたち》がふつくらし、肉《にく》を持つて肥《こ》えて、豐《ゆたか》にある。この線《せん》は線の中《なか》に墨をため、ぽつたりしてゐる。しかも線《せん》のはじめの毛筋《けすぢ》が細《ほそ》くて、ありとも見え、なくとも見えるので、形《けい》體《たい》の形成《けいせい》で、線《せん》と線《せん》とは續《つづ》いてゐながら、しかも離《はな》れてゐるやうにも見える。雪舟《せつしう》の線《せん》は近景表現《きんけいへうげん》では、各種《かくしゆ》が密着《みつちやく》してゐるが、中景《ちうけい》級では線《せん》の接合《せつがふ》が分離《ぶんり》してゐる。支那畫論《しなぐわろん》でいふ「細碎《さいさい》」である。雪舟《せつしう》の畫《ゑ》が近《ちか》くみれば碎《くだ》け、離《はな》れてみて確《たし》かだといはるる所以《ゆゑん》である。然るに宗達《そうたつ》の扇面形《せんめんけい》では、形《かたち》にこの離着《りちやく》があつて、形《かたち》がゆるやかである。かういふ線性質《せんせいしつ》からは、正面形《しやうめんけい》は描《か》き得《え》ない。正面形《しやうめんけい》はもつと密着線《みつちやくせん》によつて形《かたち》に肉迫《にくはく》しなくてはならぬからである。離《り》着線《ちやくせん》は線《せん》そのものの形《かたち》が旣《すで》に、側《そく》面形的《めんけいてき》である。その形《かたち》は明徹《めいてつ》であるよりも、動《うご》いてゐる形《かたち》である。形《かたち》の形成《けいせい》が堅硬《けんこう》でなくて、變動《へんどう》してゐる。隨《したが》つて餘白《よはく》はふくらみを持つてゐる。さういふ動いてゐる形《かたち》であるから、墨と色との關係《くわんけい》も動《うご》いてゐる。墨で輪廓線《りんくわくせん》をかき、色彩《しきさい》でその中《なか》を埋《うづ》めるのではない。色《いろ》は線《せん》を越《こ》えて動《うご》き、或《あるひ》は線《せん》に限《かぎ》られてとどまる。色《いろ》は面《めん》としてよりも、線《せん》と共《とも》に動《うご》いてゐる。しかも色《いろ》を率《ひき》ゐてゐるものは、墨であり、色も絶えず線に近づいてゐる。色《いろ》も墨も、その有《も》てる性質《せいしつ》を表現《へうげん》の極度《きよくど》に高《たか》めてゐるのでなくて、表現《へうげん》からゆるやかに退《しりぞ》き動《うご》いて、清澄《せいちよう》を保《たも》たうとしてゐるのである。色《いろ》は色《いろ》としての正面《しやうめん》を出《だ》さず、墨に向《むか》つて傾《かたむ》き、色《いろ》は側面形的《そくめんけいてき》に成立《せいりつ》してゐ、墨は墨としての正面《しやうめん》を出《だ》さず、色《いろ》に向《むか》つて傾《かたむ》き、墨は側面形的《そくめんけいてき》に成立《せいりつ》してゐる。墨の明徹《めいてつ》、色《いろ》の明徹《めいてつ》ではない。墨も色も共《とも》に清澄《せいちよう》なるが、その畫面《ぐわめん》である。その清澄の形《かたち》が宗《そう》達《たつ》であり、雪舟《せつしう》の持つてゐた支那《しな》的なものとは、無關係《むくわんけい》に成立《せいりつ》したのである。しかし雪舟《せつしう》の流《ながれ》はまたその流として、徳川水墨《とくがはすゐぼく》の清澄《せいちよう》をなせることと周知《しうち》の如《ごと》くである。日《に》本《ほん》の風土《ふうど》の性格《せいかく》は表現《へうげん》の底《そこ》に絶《た》えざる流として、その表現を支持《しぢ》してゐるのである。視《し》の背後《はいご》にあり、表現《へうげん》の背後《はいご》にあるものは、一種宿命《しゆしゆくめい》とも見らるるかかる風土的《ふうどてき》性質《せいしつ》である。（九月三日朝）

佛印の王城寺

小林　剛

西紀で第九世紀頃、カンボヂヤの王は、アンコールの地に壯麗な都を奠めたのである。そして印度佛教文化の花を燦然と咲かせた。アンコールの都は、崇嚴ご不滅であると謳はれもので あつたが、十四世紀から何度もタイと戰火を交へたために廢墟と化した。長い年月の間に、森に蔽はれ草に包まれてしまひ、アンコールワット（王城寺）だけが、巡禮の對象となり、淋しく人々の記憶に殘つてゐた。

アンコールワットの壁に殘る浮刻の美事なさまには恍惚となつた。そこには、長さ百米、高さ四米の石壁が四面あり連續した繪になつてゐる。眼を凝してみると、戰爭、王樣、民衆、軍隊、地獄、極樂、現世、ラマヤーナ大叙情詩、善神と惡神との爭鬪など浮刻されてゐる。實に東洋民族のすぐれた感覺と創意とに富んだものばかり、美しい上にも美しいし、それに何といふ夥しさであらうかやうな宏大な殿堂にかほど立派な彫刻を飾りつけた人々の努力を考へて思はず涙ぐんだ。

思ひ出したのは、カンボヂヤの或る王が作つた詩――

吾が池の莊嚴はかの創造者降臨の時の神聖なる蓮池に響ふべく蓮波池面に皺を成せば百千の美しき花瓣を成して汀に碎く
細波は汀の百花より生ずる花粉を浮べて常に花蕊に富む

三百年前のことである、我が通辭が中天竺祇園精舍を視察に行き、アンコールワットに行きついた。そして、これこそ、天竺の祇園精舍と思ひ、その見取圖を丹念に畫き取つて歸朝したといふ。

私は大きな石柱に墨で書きこんだ日本文字を見た。――

寬永九年正月初而此所來ル、生國肥州之住人藤原朝臣森本右近太夫一房、御堂ヲ志シ千里之海上ヲ渡リ一念云々……
老母其尊靈明信大姉爲後世ニ是書物也

三百年の昔こゝに詣でた吾々の先祖の姿を想ひ浮べ、私は感慨無量であつた。

裸體美術の限界

大隅爲三

希臘人《ギリシヤじん》の善《ぜん》即美《び》即《すなは》ちカロカガトスの思想《しさう》は古代《こだい》に於《お》ける社會的環境《しやくわいてきくわんきやう》や人種的特異性《じんしゆてきとくいせい》に基《もと》く思想《しさう》であるが、今日《こんにち》の樣《やう》な社會《しやくわい》では俄《にはか》に希臘人《ギリシヤじん》の思想《しさう》と同樣《どうやう》に善《ぜん》と美《び》とを同一視《どういつし》する事《こと》は出來《でき》ない。即《すなは》ち藝術《げいじゆつ》と道德《だうとく》とが同《どう》一目的《もくてき》を持《も》つ樣《やう》に見《み》ることは危險《きけん》だと思《おも》ふ。藝術《げいじゆつ》は藝術《げいじゆつ》として、科學《くわがく》や道德《だうとく》が獨自《どくじ》の目的《もくてき》を持《も》つ樣《やう》に亦獨立《またどくりつ》した目的《もく》を持つてゐる。藝術《げいじゆつ》は文化運動《ぶんくわうんどう》の一翼《よく》として尊重《そんちやう》すべきではあるが、道德的目的《だうとくてきもくてき》をもつてはをらぬ。唯作家《たゞさくか》の崇高《かう》な精神《せいしん》のみがその作品《さくひん》を介《かい》して觀賞者《くわんしやう》に影響《えいきやう》する時藝術的《げいじゆつ》光彩《くわうさい》を放《はな》つのであつて、支那畫人《しなぐわじん》の語《かた》る處《ところ》も殆《ほと》んど同《おな》じ意味《いみ》をもつてゐる。ド・スタエル夫人《ふじん》の『作家《さくか》を技術的《ぎじゆつ》に指導《しだう》するものは唯々《たゞ》自然《しぜん》ばかりである。作家《さくか》としては有德《いうとく》であれ、信篤《しんとく》であれ、不羈獨立《ふきどくりつ》であれ、愛《あい》のうちに不死性《ふしせい》と神性《しんせい》を求《もと》めよ、汝の心《こゝろ》を神《かみ》の宮居《みやゐ》の如《ごと》く、純《じゆん》なる思想《しさう》の天使《てんし》の如《ごと》くあれ』と、云《い》つた言葉《ことば》はどの作家《さくか》にも求《もと》めるべき至言《しげん》だと思《おも》ふ。藝術《げいじゆつ》そのものの崇高《かう》さは觀賞者《くわん》を導いて自然《しぜん》の大法《たいはふ》に順應《じゆんおう》せしむることが目的《もくてき》であり、又《また》その存在《そんざい》の理由《りいう》とも言《い》へよう。

今日《こんにち》の我《わ》が洋畫界《やうぐわかい》、彫塑界《てうそかい》では裸體《らたい》の作品《さくひん》を好《この》んで製作《せいさく》する者《もの》が多《おほ》い。併《しか》も當局《たうきよく》のそれに對《たい》する理解乃至《りかいないし》は解釋《かいしやく》が不明瞭《ふめいれう》で、時には藝術至上主義《げいじゆつしじやうしゆぎ》に立《た》つ作家《さくか》の勝手《かつて》な主張《しゆちやう》に屈服《くつぷく》してゐる風《ふう》が見《み》えるけれども、どの裸體作品《さくひん》でも藝術《げいじゆつ》として必《かなら》ずしも許容《きよよう》し難《がた》いことは、人間《にんげん》の裸體が文化人《ぶんくわじん》の間《あひだ》には如何《いか》なる場合《ばあひ》に於《おい》ても許《ゆる》され得《え》るものであるかどうかと云《い》ふ問題《もんだい》から今《いま》一應考《おうかんが》へ直《なほ》さねばならぬと思《おも》ふ。裸《ら》と云《い》ふ言葉《ことば》は印度《インド》・歐羅巴《ヨーロッパ》語系《ごけい》の拉甸語《ご》のnudus アイルランド語《ご》のnachd スラブ語《ご》の nagn 英語《えいご》の nude フランス語《ご》の nu 等《など》と云《い》ふ言葉《ことば》の原語《げんご》サンスクリット（梵語《ご》）の語根《ごこん》 nag には羞恥と云《い》ふ意味《いみ》をもつてゐるので、現代語《げんだいご》と雖《いへど》も同《おな》じやうに。その意味《いみ》をもつものと考《かんが》へてよからう。

エジプトでは西紀前《せいきぜん》二二〇〇年《ねん》と云《い》ふ古《ふる》い時代《じだい》にも既に裸體《ら》の彫刻《てうこく》が造《つく》られてゐるが、併《しか》しそれは吾人《ごじん》の云《い》ふ美術《びじゆつ》とは自《おのづか》ら性質《せいしつ》を異《こと》にするものであるから、今《いま》は屢《しば》らくこれを措《お》いて問《と》はない。

裸體《らたい》の彫刻《てうこく》は古代希臘人《こだいギリシヤじん》の創《はじ》めたものゝやうに何人《なんびと》も考《かんが》へてゐるが、古代《こだい》の希臘人《シヤじん》はいつも神々《かみがみ》と生活《せいくわつ》をしてゐるとの信念《しんねん》から、いつも裸《はだか》は神威《しんゐ》を冒瀆《とく》するものとし、平生《へいせい》は衣《ころも》を著《き》し全裸《ぜんら》の姿《すがた》を避《さ》けたのである。前五世紀《ぜんごせいき》の國運《こくうん》を賭《と》してペルシヤと戰《たゝか》つたペリクレース治下《ちか》の希臘では裸姿の民衆《みんしう》は絶無《ぜつむ》であつた。戰勝《せんしよう》を記念《きねん》し女神《めがみ》アテーナの精神《せいしん》を顯現《けんげん》したところの建築《けんちく》、神《かみ》の宮居《きよ》パルテノーン殿《でん》の破風《はふ》、欄間《らんま》の彫刻《てうこく》には夥しく神《かみ》と人《ひと》との姿《すがた》を表《あら》はしてゐるが、裸體《らたい》は極《きは》めて稀《まれ》で、唯東西兩面《たゞとうざいりやうめん》の破風構圖《はふこうづ》のうちにオリムポス男神《だんしん》にして幾柱《いくはしら》かの裸形《らけい》を見《み》ることが出來《でき》るが、女性《ぢよせい》に至《いた》つては神《かみ》と人間《にんげん》とを通《つう》じて絶無《ぜつむ》である。

男性《だんせい》の裸體を美術《びじゆつ》に表《あら》はすやうになつたのはオリムピック・ゲームに際《さい》し、メガレスのアルシツポスと云《い》ふ青年《せいねん》が競技《きやうぎ》に於《おい》て將《まさ》にゴールに入《はい》らんとする時《とき》、腰《こし》にまけるゾーナ即《すなは》ち下帶《したおび》が滑《すべ》り落《お》ちてまる裸《はだか》となつた。この時青年《せいねん》は足《あし》にからみつく下帶《したおび》をはね飛《と》ばしてゴールに入《い》り優勝《いうしよう》を獲得《くわくとく》したといふことだが、この時から希臘人《じん》は運動競技《うんどうきやうぎ》に限《かぎ》つて全裸《ぜんら》を認《みと》め、同時《どうじ》に美術品《びじゆつひん》にも布片《ふ》によりて覆《おほ》はれざるもの即《すなは》ち著衣《い》せざる全裸《ぜんら》の姿《すがた》の筋骨《きんこつ》たくましい身體《からだ》を表現《げん》することになつたのである。次《つぎ》の世紀《せき》になると、天界《てんかい》の美術即《びじゆつすなは》ちオリムポス神座《しんざ》の藝術《げいじゆつ》は地上《ちじやう》の人間界《にんげんかい》に引落《ひきおと》されて、感傷的藝術《かんしやうげいじゆつ》となつた。此時代《このじだい》の作家《さくか》、プラキシテーレスやミロンの如《ごと》きはいづれも裸《はだか》の人體《じん》を扱《あつか》つてゐる。ある人《ひと》の言葉《ことば》のやうに、大理石像《だいりせきざう》の下《もと》には溫《あたゝ》かい血液《けつえき》が流《なが》れてゐるといつた感覺《かんかく》の藝術《げいじゆつ》となり、前世紀《ぜんせいき》の嚴肅《げんしゆく》さは影《かげ》をひそめ、都雅《が》にして感覺的《かんかくてき》、煽情的藝術《せんじやうてきげいじゆつ》となつた。世《よ》は平和《へいわ》を謠《うた》ひ生《せい》に安《あん》んじ得《う》る時代《じだい》となつては裸體《ら》の作品《さくひん》が歡迎《くわんげい》されたことは寧《むし》ろ當然《たうぜん》であり、藝術《げいじゆつ》はその目的《もく》から離《はな》れて或《ある》意味《み》の成人《じん》向《む》きの玩弄物《ぐわんろうぶつ》と形《かたち》を變《か》へたのであつた。

中世紀《ちうせいき》は嚴肅《げんしゆく》なるキリストの教義上《けうぎじやう》から裸體《ら》の藝術《げいじゆつ》を許《ゆる》さなかつたけれども、文藝復興期《ぶんげいふくこうき》に入《い》り巨匠《きよしやう》ミケランゼエロは宗教上《しうけうじやう》の掣肘を受《う》けず裸體《ら》を表現《げん》せんとしてシスティナの天井畫《てんじやうぐわ》を描《か》いた。その作品《さくひん》の悉《ことごと》くは崇高壯嚴《かうさうげん》、何人《なんぴと》の襟《えり》をも正《たゞ》さしむるものがあつた。現代《げんだい》の作家《さくか》は長《なが》い間《あひだ》の習慣《しふくわん》や眼《め》なれから段々《だんだん》裸體《ら》に對《たい》する古代人《こだいじん》の關心《くわんしん》より遠《とほ》ざかつて畫家《ぐわか》、彫刻家《てうこくか》といへば裸體《ら》を描《か》く特權《とくけん》をもつもののやうに一般《ぱん》から考《かんが》へられるやうになつた。これには現代思想《げんだいしさう》の一面でもある、自由主義的《じいうしゆぎ》なものも中《なか》に加《くは》はつてをり、或《あるひ》はまた、本能《ほんのう》から來《く》るヱロチシズム禮讚《らいさん》の表現《げん》が制作目的《せいさくもく》の一つであるかの如《ごと》く考《かう》へるやうになつたものと思《おも》ふ。筆者《しや》の一友《いう》は、裸婦像《らふざう》にして何《なに》かヱロチツクなものを含《ふく》ませてゐないとするならば、その作品《さくひん》は佳作《かさく》といへないとまで、明言《めいげん》してゐる。勿論着衣《もちろんちやくい》なると裸體《ら》なるとを問《と》はず苟《いやしく》も人體《じん》を表現《げん》せんとする藝術家《げいじゆつか》にとつては充分人體《じうぶんじんたい》の研究《けんきう》をするの必要《ひつえう》あることは、恰《あたか》も建築《けんちく》に構造《こうざう》の原理《げんり》を研究《けんきう》すると同様《どうやう》、缺《か》くことの出來《でき》ないものである。或《あるひ》は又《また》、醫學者《いがくしや》が解剖室内《かいばうしつない》に於《おい》て人體《じん》の細部《さいぶ》を仔細《さい》に研究《けんきう》することが必要《ひつえう》であると同樣《どうやう》である。しかし、その研究場裡《けんきうぢやうり》に於《お》けるいはゞノートブックの如《ごと》き作品《さくひん》を藝術品《げいじゆつひん》として通俗眼《つうぞく》に曬《さら》すことは愼《つゝし》まねばならぬ。即《すなは》ちどの裸體作品《らさくひん》でも藝術《げいじゆつ》といふ名《な》の下《もと》に認《みと》めるべきではなく、當局《たうきよく》としても理解《りかい》あるエキスパートとして可成《かな》り嚴重《げんちう》な氣持《きもち》でこれらのものには對處《たいしよ》すべきだと思ふ。

二科會展を觀る（上）

川路柳虹

變貌する二科

毎年二科は觀てゐるが年と共に變貌の著しきを感ずるやうになつた。それも無理はない。創立以來既に二十八年を閲してゐるからである。二科の歴史は日本洋畫壇の側面史でもあらう。創立當初の會員は今日僅かに阪本繁二郎氏一人を殘すのみであり、第三回以後から數へても正宗得三郎、熊谷守一、黒田重太郎、濱田葆光、中川紀元、鍋井克之、東郷青兒、横井禮市氏等の古顔を數へるのみである。而して今日の二科はこれらの元老の二三を中心的人物とする以外會場に於ける作品上の注視は全く新しい中堅の人々に移つて終つた。これは半途分裂に分裂を重ね、新鋭を「獨立」に奪はれ大家を「文展」や「一水會」に拉し去られた爲めであるが、今年も藤田嗣治氏が脱退したので中心は愈々寂寥となつた。然しその中間的脱落を補ふものはこの數年來に進出した新しき中堅諸氏であらう。即ち、田口省吾氏をその中の古參として、野間仁根、鈴木信太郎、岡田謙三、栗原信、宮本三郎、田村孝之助島崎鷄二、向井潤吉、北川民次の諸氏が夫れである。今日の會員全部を推すといふより中心をこの人々に置いて見る時二科變貌の特異性がハツキリするやうである。

大家級の作品

今年の會場で大家中の作品では正宗得三郎氏の數點が筆色彩に於て印象派時代の細やかな殘映を示してゐるが、元氣に於て同氏の盛時がはるか過去にあつたことを感じさせると共に、感覺に於ても「今」とは遠い。「牡丹」も好ましく、「五合庵」の如きにルノワルの如き調色の巧緻を見るが、それが一生を賭けてゐるほどの熱を感じなくなつた。黒田重太郎氏は新しく日本的なグウと西洋古典技法とを調和せんとする試みを見せてゐるが細局に偏して、全體の重量を失した觀がある。「殘菊」最も秀で、「牡丹」(二)これに次ぐ。阪本繁二郎氏は昔からの特異質をその儘繼續さしてゐるがそれは同氏の眼疾がさうさせてゐるのだと思へば、敢てミスチツクでもなく、視覺映像のマトモな表現にすぎまいが、この浮游する雲の如き「甘藍」は或る靜かな音樂的諧調を感じさせるものはある。

熊谷守一氏の「桃」は唯、獨善である。簡素な風景の中に鼻紙の如く桃が白く咲いてゐる。濱田葆光氏の「奈良公園」は肅しい寫生で畫品もあるがそれなりに小さい。鍋井克之氏も印象的寫實の自然畫家であるが「梅雨晴の野尻湖」に手固い自然主義が見える。「靜物」はどこかに調子の不足がある。中川紀元氏の「菩薩」には奔放な東洋的線が使はれてゐる。危く戲畫化されさうだがこれに深さと厚味があつたら中々の出來となつたらう。モダニスト東郷青兒氏は自ら好んでアーチザンの仕事をしてゐるのだが、この新ロココ風の抒情は「人間」から「非人間」に移つた。支那陶器の如き冷く滑らかな手觸りだけが感じられる。この冷さがもつと大きく迫つて來たいと思ふ。

中堅の作品

東郷氏の作品を新ロココと僕は言つて終つたが、それはロココの軟姿畫にあるやうな末期的グウの良さがあるからである。それに「新」をつけたのはいふ迄もなく立體派以後のモダニズムを經た感覺を交へてあるからだ。がその冷さは、たとへばアングルのやうな嚴正な形の冷たさでなく、工匠技からくる冷たさである點に畫道の本體からは脱れてゐるのである。だが、この工匠技の中に煙るやうな纖細な女の指や、眼の淫蕩が知的な冷いヴェールで吾々を魅するのだ。そこに魅力があるが餘りに固定した形を反覆してゐると愈々末梢技のみとなる危險もある。

そこへゆくと岡田謙三氏の作品は感情のある新バロツクと言へよう。即ちこれは頽れてゐるが人間的肉體的に温いのである。等しく「抒情」であり、モダニズムであるが東郷氏の如き知的淫蕩でなく情的享樂諧調なのである。「森」は大きいコンポヂシヨンだが今迄よく描いた女のポーズの寄せ集めでもある。暗い草の緑が少し汚れてゐるのが氣になる。この作家はしかし近代的抒情をこれらの形の廢頽の上に感じさせる力をもつてゐる。「曲藝師」が一番ソツがない。これは場中で佳作と言へよう。

女を取り扱ふ作家として宮本三郎氏も特異の作家であるが今度の看護婦を描いた「白衣」は常凡穩雅のレアリズムで趣味は悪くないが少し挿繪じみて畫格が小さい。「待機」は出航を見送くる空の勇士の一群を大きい空の描寫を中心に示した可成りの大作であるが居並ぶ飛行士の群をもつと強い調子で表せなかつたものだらうか。田村孝之助氏の「少年像」「少憩」共に佳作である。すつきりと線を使用し部分的に穩雅な寫實を以て快い統一した畫面を作つてゐる。「少憩」など、ピカソのデッサンに影響されてゐるスウベルビーの作風と佛人よりスマートな感觸をもつてゐる。垢拔けのした繪として推奬出來る。

日本的な纖細

島崎鷄二氏は草花を主題とした小品數點を出陳してゐるが、君には以前からあるリリシズムが段々着實に日本的風懷を齎すやうになつた。ちよつと黒田清輝氏の作を思ひ出させるやうな懷しさがあるが、勿論感覺として現代的である。たゞその纖細さが日本的だといふ意味である。「白い花」は一番好ましい。それから「蔬菜」「桔梗」も美しく氣品に富む。

栗原信氏は風景二點あるが、「酪農部落」(北滿)が秀でゝゐる。いつものクトオによる作品だが、そのパアトもみごとであり、空や光りの明快な表現もよい。「金剛山の秋」は紅い色が調子をはづれた感じだ。畫面も平板になつたのが難であらう。今度の二科展で好ましい精進を見せてゐるのは鈴木信太郎氏の作品である。昨年の二科にも秀でた結果をなしてゐたが、近來の同君の作は質實で手固く建設的な努力がいつも見える。それはフオーヴや立體派の洗禮を受けたナチユラリズムの作品ではあるが、もの丶觀方が正しく、表現がすべて合理的であり、しかも滋味掬すべきものがある。四點ともみなよい。就中「紫陽花」はスタイルが大きい。「奈良の秋」も前に手がけた作品乍らもう全體の調子がすつかり手に入つて明快に描かれてゐる。この手固さと調子の美しさは氏の位置を現在の二科に於て重からしめてゐるものである。

色彩の相剋

野間仁根氏も今日の二科の中堅層の一人として好ましい作家であるが今年の作品は昨年の出來榮ほどでない。それは主として調子の破綻であり、細局とマツスとの不均合であり、色の相剋でもある。中では「山花野草」を採る。向井潤吉氏の作を見てふと堀田清治氏の作品ではないかと錯覺したほどいつもの向井氏と違つてゐた。「坑底の人々」は坑内の描寫だが青黒い影と光とでは調子も單一になるとは言へいつもの逞しい描寫力が見えないのが惜しい。北川民治氏のリベラ風の裝飾的バアバリズムは一つの感味はあるがまだ日本の風土をモチーヴとしてそぐはないものがあるのを感じる。「學習」はやゝ成功であり、「舞妓」は全く失敗であつた。それは主として表現上の誇張がナイーヴな感情からでなく、どこか成心を以て企劃されたように見えるからである。吉井淳二氏の作は一二年前の島崎鷄二氏の畫因を思はすやうで個的な感銘がない。(つゞく)

院展

金原省吾

日本の文化の狀態でいふと、これ迄はいつも二つのものが對立し、そしてその時に活氣があつた。源平、關東方大阪方といふ風に對立して、やがて一つになるが、そのあとよりも、二つの對立してゐる間の方が活き活きとしてゐた。院展の存在は、文展乃至帝展と對立してゐる處に意義があり、今のやうに一つになるのかならぬかが、明不明のやうな時には、とかく低調に墮ちやすいのではないか。院展はもう長いこと存立をつづけ、院展としての畫境はほぼ成立してゐると見ることが出來る。それならば畫境に卽する理論が出て然るべきではないか。院展は院展としての理論を持つべきではないか。畫人としてまたその識見においてすぐれてゐる安田氏の如きがあり、院展の機關には今猶天心氏の系譜が生きてゐる院展は日本の美術團體の中で最も明確な藝術理論を樹て得る位置にゐる筈である。橫山氏に「日本美術の精神」の主張があるが、しかしあの論はもともと支那畫論、支那水墨畫論であつてそれがそのまま日本精神に一致するや否やは不明である。日本は佛蘭西の美術的植民地ではないとの理由で、油畫の存立を否定するならば、同一の理由で日本は支那の美術的植民地でないとの理由で支那畫論のそのままの移入は否定されなくてはならぬではないか。日本は日本の畫論を持つべきであり、またそれだけの進行をつづけて來てゐ、特に橫山氏の如く水戶勤皇の地に生れて、その信念に生涯を貫いて來た畫人には、その生涯の體驗からいつて當然明徹する日本畫論があるべきであり、日本藝術院にはまた成熟せる日本畫論があるべきである。橫山氏は本春畫壇に向つて新體制理念を發表した。それは國家施設展覽會と私塾と藝術敎育との三者にわたつてゐるが、其等の理念と本年の院展とは何等關係があるとも見えず、必ずしも新體制理念によるものとは言へないやうであつた。もつとも橫山氏の論は國家施設の展覽會について言つてゐることで、民間の展覽會ではなく、隨つて院展に實現を期待する譯ではない。けれど、も國家施設の展覽會に今日急速にその理念の實現が期せられぬとすれば、せめて院展にこれを實施して、優良の案にして且實現可能の案なることを天下に實施してほしい。この事無きは遺憾であつた。今日院友おとろへ新人またはかに、恃みがたき時に院展に一つの道をひらくものは、院展理念の理論的新樹立ではないか。今美術はあちらからも、こちらからもいぢりまはされてゐる形である。かかる時こそ橫山氏の日本畫論が出るべき時ではないか。

院展の作品では、橫山氏の、「耀く大八洲」は、誰の眼にも注意すべき大作たるを失はない。つつしんだ筆で、落款もまた燒墨をあてて、謹書してゐる。もともと橫山氏の畫には四十臺の人のやうな若さがある。院友に人くさい畫をかいてゐる人がある。その中で若さを失はずに居る橫山氏はおどろくべきものである。何といつてもこの畫卷の中に、伊勢神域がすぐれてゐる。これは前にも一度かいて熟してゐる畫境ではあるが、老杉のうしろから立つてゐる神宮の光も無理ではなく、肅然として襟を正さしむるものがある。しかし、この邊を絕頂として、燒津蓬萊と急激な疲勞をみせてゐる新聞の傳へる處によれば、氏はこの畫作の中途病を得て、病をおして刻苦之を完成したどいふことであるが、この邊からが病の後であるか、みてゐても心に痛い想がした。いつもの氏の癖で、大さの比例が十分であり樹ぶりから見れば老松であるがこの老松が桔梗の二三倍の高さである。一二本の新草ならばよいが、一面の秋草原にこの松であるから、松はどうにも倭樹とみえる。大觀氏の形には歪があり、ことに人物には一種病的なものがある。前にかいた楠木正成には腹部がなかつた。蟲をきく少女は病人であつたし、陰慘な氣持がしたことを思ひ出す。その上に物をそれこれと集めるも少し整理した方がよいと思ふのに、少くも二割方材料が多すぎる。材料の整理の仕事には二通りある。安田靫彥氏の「黃瀨川の陣」の如く、必要以外のものは一切削りすてるのが一つ。これは存在するものの中から、これを捨て、あれを捨て、捨てられぬものだけが最後に殘る。この畫面は削り削つた最後の狀態である。これと對立してゐるのは鄕倉千靱氏の「山頂の春」である。削つて達した成績ではなくて、とり集めた成績である。畫面ははじめ無である。この無の上に、必要と思はれる程のものを、取り集めて、そこここにならべ置いたのが、この畫面である。安田氏と鄕倉氏との方向は正反對であるから、畫面の示すものも正反對である。橫山氏のこの形成はこの中間にある。そしてこれは何もこの畫卷に限つたことではないが、橫山氏の畫域は狹い。狹いのが惡いといふ譯ではなく、一生鶴だけかいてゐてもいいのである。霧、水、杉、櫻、松、富士山、太陽といふのが、その大體の範圍である。この狹い畫域に集中して何分倦むことなく、そこに精魂をそそいでゐる熱心さが、橫山氏の畫の若い理由である。題材によつて眼先をかへることをせず、そのその度毎にはじめて描くやうな眞劍な氣持になれる處が、氏の作の人をうつ所以であらう。畫をかいて五六十年、しかも燒墨をあてて近景人物さへもかくといふことでは、熟練といふものがまるでないとも言へるのである。五六十年にして習熟に達しないとは、常に霧と松と波とを描いてはじめてであるといふ氣持に通ずるものである。ただこの畫卷は後部に墨もにごり、筆もよはく、岩もこの人に始めてみらるる下手さであり、いかにも拙く、何だか見てゐて心暗くなり、後をとばして落款を見て、ここを離れた。院展はもともと大家の作品をみる場所で、四五を措いて他は遙かにひくい。今年靑邨、古徑岳陵諸氏の作なく大觀靫彥土牛の三四のみで、寂寞たるものがあつた。

秋川溪谷

鹿兒嶋二喬

秋川溪谷の弗澤の瀧は川合玉堂先生の推奬さるゝものの由で、八月二十三日に見に出かけました、頗る美しいものです。中央線の立川から五日市線に乘り、五日市で下車しバスで十里木まで、後は馬車に乘つて二里更に徒歩六町許りです。

秋草や痩馬繋ぎ山の馬車
梅干も少し干したる飼屋かな

弗澤の瀧

三段に瀧美しや仰ぎ見る
瀧しぶきかゝる木下に立ちにけり
夕風や月早や懸る山畑

青◇龍◇展◇管◇見

廣瀬熹六

（一）

時局は益々危機に直面して、誰れもが毎日必迫した一日を送つてゐる今日、美術の秋は至極平和に、例年の如く、その第一陣を承る青龍展から、蓋を明けた。

主宰者川端龍子の言を以てすれば「勿論吾人にあつては前線に死線を往來しつゝある勇士の心境を擧んで、この彩管を握りつゝあるのである」と極めて率直に藝術の有閑的なものでないことを表明してゐるが、私は却て、徒らなる戰時體制版式に形を代へる丈けで、何等心からなる眞劍な銃後國民としての心掛けを忘れてゐる徒輩の時局便乘論を惡質に見てゐるから、純粹に「藝術する心」こそ望ましいと思つてゐる。

その意味で、龍子の藝術態度には、首肯するものがあり 例令曲水の宴を描かうが 伊豆の國を上層から俯瞰しやうが、矢張、龍子の畫業は常に榮えて、一黨を統率しての華々しい出陣には、勝栗を祝つて、攻め太鼓を叩く氣持になるから、現在では畫壇から青龍社の位置を除くことも出來なければ、作品が毎年同じだからと言つて、その重要性を云々することも出來ない。

然し、青龍展の畫風に就ては、あれで主宰龍子には滿足してゐるもの丶、あの儘で敎えて行くことが發達の過程にあると言へるか、或は亦外界の沈滯畫風を取れとは言はぬが 其處には何んとかせねばならぬ別の鑛道がありはせぬかと 今度は大に疑問になつて來た。

それは必ずしも、今年の一般の作品が惡いと言ふのではない否、寧ろレベルは決して下つてゐないと斷言するもの丶、同人山崎、加納兩氏の作品を見るに及んで この二人の腕に醱酵する處のものを見ないのは、必ずしも取材に失意を感じたのみではあるまいと思ふ。

殊に加納三樂の「採果」に至つては、文展以後屢々同型の作品に山と言ふ程、接して來たが靜寂に落着けて行く方では麥僊が今迄の處第一人者で、誰もそれを拔いてゐない。

齋藤與里式で行く手もあるがこれでは最早誰も承知して吳れぬ。で、結局 加納の行き方が惡いと言ふのではなくて、あゝ行かねばならぬが、まだ吹き切つた、見透しの處まで行つて居らず 依然果樹園を行きつ戻りつ汗を出す丈けのものにしかなつて居ない。

（二）

山崎豐になると、もう一つ、これは大膽で、この程度で塗つて置けば展覧會は好いのだと、會そのものを投げてゐるかに見える。それでは折角の才子も、「藝術する心」になつてゐないと言はねばならぬ。

「熱河」は題材として惡いのではない。坂口一草の「大佛寺」の小心なるに比して、この方が行き止まつてゐないが、何としても「誠」が足らない。

一草の出來は惡くない。只、少しも面白くないのだけは事實で、これでは繪が、事務になりかけてゐる危險を多分に含んでゐる。私は曾て石井柏亭の繪をさう評して、笑はれたことがあるが、それは言ふ方が餘りに氣の付くことが屆いてのことであつた。

「黃鳥彩啼」は、構圖は好いが色の調子に一つ何となく足らないものがあつて それがどれだか解らないが 繪を甚だしく安價にさしてゐる。

主宰龍子の「曲水圖」は又しても艶である。然しその艶が上手だとか、岩がよく描けてゐるとか、個々に言つてゐたのでは面白くない。

あの大畫幅を、恰も二尺の橫物でも描くやうな輕い氣持で、大膽と言へば大膽だが、すべては馴れで描きこなす力、その意氣またその念力から生ずる一種の空氣、それが龍子の身上で、これ許りは何人も許せない龍子の離れ業で、まだ〳〵見てゐる裡に、この手法の人氣は落ちてゐないことを知るのである。

日本六十四州に寄する「國に寄する」第一作「伊豆の國」は水墨の味一點である。

あゝやつてると、崋山の「千山萬水」のやうな鬱氣も見えるが、崋山の貧困に比して、これは鬱氣が旺んである。從つて、私はこの一作に充分龍子を買ふことにする。

（三）

市野亨の「秋」は作風が一寸後戻りした感じであるが、この人の深い味は畫風の變化には關係なく親しまれる。

龜井藤兵衞の「溪」佐藤正一の「松苑」のやうな一工夫は一寸買はれさうで、決して行き當てないのが苦しみである。

時田直善の「王冠圖」は慾丈けは一人前以上にあるが、決して準備が足れりとは申し難く、結局平凡な森省三の「防毒班」に止めをさゝれた。

池田洛中の「獅子」、利谷双樹の「霧」等が一寸目を惹く位で其他では小島鼎子の「海風」も安西啓明の「鵜飼」も何んだか喰ひ足らなかつた。

福岡青嵐の「明惠傳」は色彩が好きである。構圖も大變纒まつて來るやうになつたが、それでも脇侍菩薩はポーズも惡く、橫線にも落着きなく、色彩を除いて失敗に了つた。

兜 人間が、決意をした最後の日の表現を木村重成の動中の靜に畫いて塾展に出品し、武威とものゝふの心がけに自らも體感してゐる兒玉希望氏は、過般大三島の大山祇神社の國寶甲冑を見學して名品に接した感激が未だ體中に脈動して居る山陽よりの歸途、京都に立寄つた、ふとある古物店で、眼に入つたのが南北朝から足利時代とは下らぬ大振りな兜で吹返しも八幡座もないさらけ出しだが金の覆輪が全部に懸けてあり頂上の菊座も嬉しい古色掬すべきものなので、一見して直ぐに買取つて歸京し、畫室の床に八足臺に載せて安置した、大いに日本精神の昂揚と臨戰下の元氣を培うて、今年の夏は避暑にも出ず畫室に閉ぢこもつての精進ぶりだつた。

本阿彌光悦の尊皇（一）

添田達嶺

繪 田中案山子

日本《にっぽん》美術史上《びじゅつしじょう》に於《おい》て、その作品《さくひん》は無論《むろん》のこと、作者《さくしゃ》その人《ひと》の全人《ぜんじん》格《かく》を、趣味嗜好《しゅみしかう》、思想信仰《しさうしんかう》、生活《せいくわつ》行爲《かうゐ》の、有《あ》らゆる角度《かくど》から考察檢討《かうさつけんとう》して、眞《しん》に日本人《にっぽんじん》らしい日本的《にっぽんてき》の優《すぐ》れた作家《さくか》を求《もと》めたら、私《わたし》は先《ま》づ指《ゆび》を本阿彌光悦《ほんあみこうえつ》に屈《くっ》したい。

多趣味《たしゅみ》にして多藝多能《たげいたのう》、刀劍《たうけん》の鑑定《かんてい》に磨礪淨拭《まれいじゃうしょく》の本阿彌家《ほんあみけ》傳來《でんらい》の家業《かげふ》に造詣深《ざうけいふか》かつたことは云《い》ふまでもなく、筆蹟《ひっせき》に、繪畫《くわいぐわ》に、蒔繪《まきゑ》に製陶《せいたう》に、彫刻《てうこく》に、其他文學《そのたぶんがく》、茶道《ちゃだう》造園《ざうえん》、謠曲《えうきょく》、能樂《のうがく》、盆景《ぼんけい》の類《るゐ》に至《いた》るまで、悉《ことごと》くとして可《か》ならざるなく、その中《なか》のどの一藝《げい》を取《と》り上《あ》げても、堂々《だうだう》たる大家《たいか》の貫祿《くわんろく》を備《そな》へてゐる。その豐富《ほうふ》な趣味《しゅみ》と獨創的《どくさうてき》の才能《さいのう》とは、全《まった》く古今獨步《ここんどっぽ》の偉大《ゐだい》な存在《そんざい》だと云《い》はねばならぬ。

そしてその總《すべ》てが日本的《にっぽんてき》の國土《こくど》色《しょく》民族色《みんぞくしょく》の香《かほ》り高《たか》き獨創的《どくさうてき》のものだから驚《おどろ》く。前人未發《ぜんじんみはつ》といふ言葉《ことば》があるが、私《わたし》は光悦《こうえつ》の藝術《げいじゅつ》に於《おい》て初《はじ》めて此言葉《このことば》がピツタリ當《あ》て塡《は》まるやうな氣《き》がする。よく日本《にっぽん》の文化《ぶんくわ》なり藝術《げいじゅつ》なりを談《だん》ずる人達《ひとたち》の間《あひだ》で『東洋的《とうやうてき》』と云《い》ふ言葉《ことば》が用《もち》ゐられるが、西洋《せいやう》の文化《ぶんくわ》なり藝術《げいじゅつ》なりと比較對照《ひかくたいせう》しての言葉《ことば》であることはハツキリ解《わか》る。がその場合《ばあひ》九分通《くぶどほ》りまでは支那的《しなてき》の内容《ないよう》を持《も》つものが多《おほ》い。

大《おほ》きく西洋《せいやう》と東洋《とうやう》を區別《くべつ》した場合《ばあひ》には、その東洋《とうやう》の中《なか》に支那《しな》も日本《にっぽん》も總《ひっ》くるめに論《ろん》ずるのは無論《むろん》のことだ。そして何事《なにごと》も理詰《りづめ》でなければ承知《しょうち》の出來《でき》ない西洋《せいやう》の科學的《くわがくてき》思想《しさう》に較《くら》べて、詩的《してき》な精神的《せいしんてき》な東洋思想《とうやうしさう》を語《かた》る時《とき》に、そこには支那《しな》と日本《にっぽん》の東洋人《とうやうじん》としての共通點《きょうつうてん》の存《そん》することも認《みと》めねばならぬ。がそれと同時《どうじ》に日本人《にっぽんじん》には支那《しな》人《じん》の持《も》たぬ日本獨特《にっぽんどくとく》の特異性《とくいせい》がある。同《おな》じ枯淡《こたん》な中《うち》にも日本人《にっぽんじん》は淸楚《せいそ》なものを好《この》む。同《おな》じく靜寂幽玄《せいじゃくいうげん》を說《と》いても、全《まった》く、日本人《にっぽんじん》は何時《いつ》も典雅《てんが》にして優美《いうび》な好《この》みを忘《わす》れない。そして斯《か》うした日本人《にっぽんじん》の特異性《とくいせい》を最《もっと》も鮮《あざや》かに表現發揮《へうげんはっき》したものは光悦《こうえつ》だらう。筆蹟《ひっせき》に繪畫《くわいぐわ》に蒔繪《まきゑ》に製陶《せいたう》に日本的《にっぽんてき》の光《ひかり》が輝《かゞや》いてゐる。

書《しょ》は初《はじ》め御家流《おいへりう》の創始者《さうししゃ》である靑蓮院宮《せいれんゐんのみや》尊朝法親王《そんてうほふしんわう》に就《つい》て學《まな》んだらしく、本阿彌行狀記《ほんあみぎゃうじゃうき》に依《よ》ると、文祿《ぶんろく》四年《ねん》光悦《こうえつ》三十四歳《さい》の時《とき》尊朝法親王《そんてうほふしんわう》から筆道《ひつだう》の傳授《でんじゅ》を受《う》けたと記《しる》してある。

が尊朝法親王《そんてうほふしんわう》はその翌々《よくよく》慶長《けいちゃう》二年《ねん》、光悦《こうえつ》四十歳《さい》の時《とき》に、御年《おんとし》僅《わづ》かに四十六歳《さい》で薨去遊《こうきょあそ》ばされた方《はう》だから、光悦《こうえつ》が親王《しんわう》に師事《しじ》したとしてもそれは餘《あま》り長《なが》いことではなく彼《かれ》の書道研究《しょだうけんきう》は寧《むし》ろその後《ご》に、空海《くうかい》、道風《だうふう》、王義之《わうぎし》などの、日本支那《にっぽんしな》の古名蹟《こめいせき》の研鑽《けんさん》を積《つ》んで、遂《つひ》に光悦流《こうえつりう》なる一家《か》の風《ふう》を產《う》んだと見《み》るのがほんとうだらう。現《げん》に京都本滿寺《きゃうとほんまんじ》に彼《かれ》が梁晋唐宋《りゃうしんたうそう》諸大家《しょたいか》の拓本《たくほん》を摘寫《てきしゃ》した卷物《まきもの》が傳《つた》へられてあるが、之《これ》を見《み》ても彼《かれ》の書道研究《しょだうけんきう》のなみ〳〵ならぬ苦心《くしん》の程《ほど》がよく讀《よ》める。

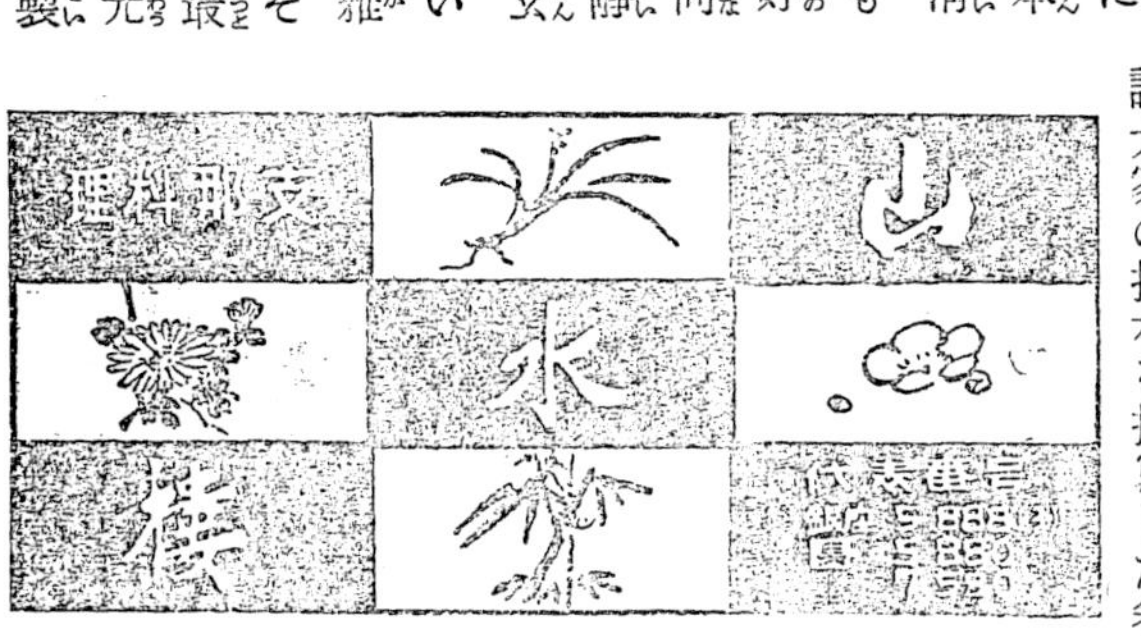

戰爭畫

黒田鵬心

さきに海洋美術展《かいやうびじゅつてん》を見《み》、近《ちか》く聖戰美術展《せいせんびじゅつてん》を見《み》た、その何《いづ》れにも海陸軍部《かいりくぐんぶ》のために現地《げんち》に出張《しゅっちゃう》して製作《せいさく》された和洋畫家《わやうぐわか》の大作《たいさく》が陳列《ちんれつ》されてゐた。

×

平安朝時代《へいあんてうじだい》から鎌倉時代《かまくらじだい》へかけての繪卷物《ゑまきもの》の中《なか》には「平治物語《へいぢものがたり》」とか「後三年軍記《ごさんねんぐんき》」とか「蒙古襲來繪卷《もうこしふらいゑまき》」など戰爭《せんさう》を主題《しゅだい》とした傑作《けっさく》もあるが、我《わが》國《くに》の近代畫《きんだいぐわ》の注意《ちゅうい》すべきものは少《すく》なかつたやうである。

×

日淸《にっしん》、日露《にちろ》の戰爭畫《せんさうぐわ》は前記《ぜんき》海洋美術《かいやうびじゅつ》展《てん》にも郁田丹陵《かしはだたんりょう》作《さく》の御物《ぎょぶつ》は貸下出陳《かしさげしゅっちん》を始《はじ》め數點出《すうてんで》てゐたが、今回《こんくわい》の日支事變《にっしじへん》のものは、現代作家《げんだいさっか》の力作《りきさく》が多數出陳《たすうしゅっちん》せられてゐるので、中々《なかなか》見應《みごた》えがあつた。

×

我《わ》が國《くに》の油繪《あぶらゑ》は、既《すで》に世界油繪界《せかいあぶらゑかい》の水準《すゐじゅん》以上《いじゃう》に達《たっ》してゐると思《おも》はれるが、此《この》戰爭畫《せんさうぐわ》に於《おい》ても相當《さうたう》の價値《かち》あり日支事變《にっしじへん》を記念《きねん》する價値《かち》も十分《じゅうぶん》ある。

×

日本畫《にっぽんぐわ》に於《おい》ては作家《さくか》の數《すう》も少《すく》ないが川端龍子《かはばたりうし》氏《し》を始《はじ》め、川崎小虎《かはさきせうこ》、吉村忠夫《よしむらただを》兩氏《りゃうし》の作《さく》も中々《なかなか》よいと思《おも》つた。

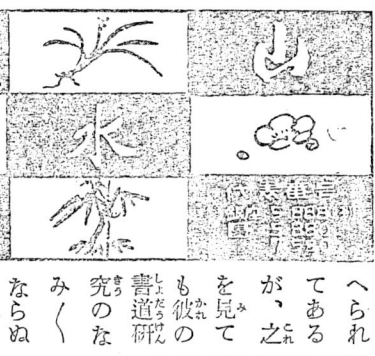

展覧會評

春臺小品展

出品作家三十二人いづれも舊帝展の中堅所の作家で有つて見れば、技術的には相當優れて穏健着實な内にも、各自各樣に其の特色を見せて仲々賑やかな會場風景だが、さて此れぞと思はれる作が得られないのは技術本位で行く爲めか、此の事は商品化されたる爲めばかりとは云ひ得ない。個々の作品に就いて見ると木村八郎の「風景」はふつくりした色感に、豐かな物が有り、金澤秀之助「顏」は新鮮なる色調にあざやかだが、デホルメシオンに無理が有る。宮本恒平の「志賀高原」は裝飾的に異色はあつても深さなく、關口隆嗣の「海見ゆる風景」はペンキ畫的に近かく、山崎坤象の「谿流」は機智の有る構圖に手際の良い技巧は、すつきりした日本的情趣を見せて佳作、高光巴の「農婦」は技術的に優れて達筆だが農婦の掛けたる椅子の洋風なのは同感出來ず石川滋彥の「湖畔」は輕快下田範次の「波」は流動する波の流動する波の表現に異色が有るが色調の派手なのは輕い中村研一の「裸婦」はさすがに場中では光つて居る。此の外緒方亮平の「庭」有岡一郎の「湖畔」楢原益太の「雨の日」等が擧げられる。（青樹社）

新浪漫派展

佐田勝の「春の草」と「野の花」とは裝飾的効果も良く可憐なる詩情十分有つて優れて居る大塚睦の「母子」と「古きより」は描きたりず力弱く、村山小呂の「森」と「作品」では森が良く古典的色調は落着を見せて居るが今まだ纒まりの有る創作意圖が感じられない。藤沼朝保の三點の内では「相」は佳作此の作家の持味とも思はれる古典調は技術的には深さ有つて見ごたへが有るが西洋的主材は消化し切れず空想に流れて迫力に乏しい、國角太郎の作は獨善的な物彫刻の部では井手則雄の「十七の義妹」は純眞な内に情味十分有つて美しい。（菊屋ギャラリー）

桑重清日本畫展

近來洋畫家で、日本畫へ進出する作家がだいぶ多く成つて來たが洋畫家の日本畫と云ふと一樣にスケッチ風な南畫的作品が多いが此の事は寫實力を主體としての作畫行意による爲めとも思はれるが、此の側展に出品された作品から受ける感じも寫實力の深さは感じられるか、やゝ即興的に成り勝ちで小味は有つても粗雜な物が殘る。出品作中では「雪中漫歩」「千魚圖味」「雙烈士」「田家風味」等が優れて美しい。（菊屋ギャラリー）

久松會綜合展

日本畫洋畫水彩木版畫彫刻と其の陣容は一應は調へて居るが習作程度の作が多いので點數の割には力弱い。日本畫の部では橋浦恭雄「春日遲日」と井口耕宗「池畔」とが擧げられる。橋浦の春日遲日は達筆だが達者に過ぎて迫力がない井口の池畔は情趣が出て居る洋畫の部では能勢龜太郎「青龍橋」と香田勝太「夏の不忍池」等は輕快此の外水彩の恩田宇徳の「夏の日光海岸」と荒木義喜の「花」等が良く版畫の橋本興家「信濃境の富士」等も又親しめる。彫刻の部では木彫の長谷川𠮷記の「石橋」は簡明ながらも動きを見せて力强く光つて居る。（銀座松坂屋）

修學時代作品展

現美術界に大なる業績を示す日本畫大家の揺籃時代學生期の刻苦精勵を物語る畫稿が、東京美術學校整理の反古中より現れ大なる衝動を社會へ與へたが、これが飯倉八郎氏の所有となりその內三百數十點を展觀した。狩野芳崖といふの龍虎圖は場中第一の大作で芳崖の氣魄と懸腕直筆の描線と、墨色の沈厚なる金泥を配して奧味を現したるもの、釵彥氏が明治四十一年卒業の菊の寫生、呉道子釋迦の臨畫結城素明氏の明治卅年卒業作、近藤浩一路氏の明治四十三年卒業富士登山圖は飄逸味が覗はれ下村觀山氏の二十七年卒業竹の臨畫は圖拔けて雄大、蔦谷龍岬氏明治四十三年卒業作龍神の臨畫、松岡映丘氏の明治三十七年卒業維摩の臨畫、西郷孤月の二十七年卒業蛇の畫、マリー・イストレイキ氏の油繪四十年卒業は當時只一人の外人女學生であつたところに興味がある、菱田春草氏の明治廿八年卒業の鐘馗抗鬼圖臨畫、横山大觀氏の二十六年卒業作は美校初期の手固い臨畫蓮根、獨活風呂敷なぞの寫生で只管眞摯である。溝口禎次郎氏が明治廿七年卒業官女の臨畫、清水龜藏氏が工藝彫金科の明治廿九年卒業作や香取秀眞氏の鑄金科明治三十年卒業の李龍眠布袋圖臨畫、六角紫水氏が漆工科廿六年卒業維摩圖の臨畫板谷波山氏の彫刻科明治廿七年卒業佛畫正觀音圖、藤田嗣治氏の油繪科明治四十三年卒業の花菖蒲の寫生、等々目を追ふて暇なきばかりで青春期の熱力とを窺ひ知られて夫々低徊去るに忍びざるものがあつた。（日本橋白木屋）

武田範芳南洋展

日本人は一人も住んでゐないオレアイ・ウルシイなどの島々で土人と共にあらゆる熱帶的悪條件や曉の美しい小鳥たちと一年半も生活をした彼はポール・ゴーガンに似てゐる一見また作品もそうである、三十八點の多數の作品を通じて變化にとんだ對象そのものには、一應興味を感ずるが、一歩進んで技術上の問題にふれる場合相當の批判の餘地が殘されてゐる、貴重な大旅行の收穫を單なる名所繪ハガキ的な枠におさめて置くことはあまりに勿體ない、探求的な方向を嚴確な繪畫の技術の範圍に向けらることを希望して、氏の今後の態度を見まもりたいものである、「ヤップ島のアバイ」「アバイの中」は最も優れた作品であつた。（紀伊國屋）

人形藝術院展

童寶美術院、彌生會、甲戌會日本人形社等相次いで、東京の人形團體が解消されて行く間に孤軍奮闘する人形藝術院が百五十點餘を展觀した、主宰有坂與太郎氏の宣言主旨が臨戰時の氣構へを示し、東京日々新聞に寄託の慰問人形、軍人遺族職業輔導の濟美學院出品も加はり、相當な賑ひと悦びを感じさせた。寸珍よく古裂小布を利用し、原料も木に紙など自由に選び傳統の人形美は咀嚼して變化極りなく、人形風土記は東北の兒童の遊戯とメンコイ、いたいけな氣分をよく捉へて居る、「ほたるこい」青木つる作は少女の持つ螢籠の中に光る微細な寫實も面白く「蟬の聲」多賀井健之作は午睡の子供の夢にきかせ「母と子」及川映峰作「夕涼」相原高子「ぬり繪」渡邊智惠子「たのしみ」水瓜を持てる子供等はよく童心が表現され「中國姑娘」上田光乃作は立體美と簡粗美が巧に配列され「蚊相撲」谷村敏子作は狂言の滑稽味がよく場中での大作であつた。（白木屋）

新刊紹介

□日本美術年鑑

今度刊行は年鑑創刊以來第五册目である、臨戰下の始めに於て美術は「まづ休止しても差支へない不急事項」とされたが時の經過と共に「事實がこれに反することを證明しつゝある、戰時に入つて美術は一層活動の範圍をひろくされた」大いに美術年鑑の必要の時であると其序に於て臨戰下美術の觀念を說き例の如く本文二六八頁、挿圖版一〇一頁、附錄の國寶保存會其他諸規則、諸官衙學校及び美術雜誌、美術家團體一覽等一二五頁列五番形、金六圓、下谷區上野公園美術研究所

□夜江人作品集

編者は現代彫塑のために努力してゐる人、大河内夜江人の作品を愛鑑するところから十三圖を集め編した、悉く原色版、竪一尺二寸、横八寸五分大の和綴見事な畫集である、編者の意圖は紀元二千六百年の記念によるする日本畫家作品集を刊行の豫定だそうである、中里聖豐著、東京市神田區美術工藝會發行

□印譜落款集昭和篇

（淸永不濁著）その第一輯で（あ）（い）部日本畫家約三十氏を擧ぐ、全アート紙で六十五頁二圓半、麹町區九段四ノ二美術俱樂部出版部

闇の十文字峠を越える

同行二人　神津港人

同行二人

父と子が、三峰の御社を出立したのは午前四時半だつた。前途の困難を豫想しなかつた二人は、足ならしなど、稱して、境内の所謂公園を一巡したりしてホントに下山し初めたのは五時半頃だつたらうか。土地の人々が二十分もすれば下れると云ふた途が、相當に險路で

麓の谷川迄一里半

ヒタ下りに下る久しく使はぬ足が朝の内にもう疲勞して了つた、所要時間一時間と三十分。そこで靴をぬいで草鞋にとりかへる。これからダラダラ坂の街道を上る事約二里、栃本と云ふ寒村がある。

十文字峠を越えるには、普通こゝで一泊するのが順序だけれど午前九時だと云ふのに泊る氣にもなれない。マヽよ行く先きはわれ等の生れた信濃路だ、父祖六百年の繩張ぢやとばかり里人に途をきいて峠へさしかゝる。土用入りの翌日とてまつ向うから照りつける日の暑い事、昨夜泊り合はせた登山客から敎へて貰つた水場所を、地圖に照し合はせて、見付け出しては水を呑む、水筒の水はなるたけけんやくしませうとて、伜は仲々呑ませてくれないのだ、なま〳〵地圖に印してない水場所の掲示札を見付けて、エタリヤ應と一丁程驅け下りて見たら、ナントソレハ割箸程の棒の先きから滴り落る苔清水だつた。ホンノ僅かを口に受けてもとの途へ歸りつく頃はその倍程も汗をかく始末、そのうち日盛りは違ぎて、漸く途も日光の屆かぬ木の茂みへはいつて行つた、白泰山の峰迄はそんな木の茂みを、尾根づたひに上つたり下りたりして居るのだ。眺望は更にないから、峠越しの快味をそがれる事夥しい、山小屋のある邊を通り越して、漸く

十文字峠の頂上へ

たどりついた時は既に夕方の六時半であつた。三峰神社を出發してから、丁度十三時間半である、足は全く草臥れはてゝ覺えもない程だつた、東京を出る時の地圖での目測は、信州梓山迄行程約十里だと考へたのが、飛んだ目測はづれだ、今頃は梓山の宿で一風呂浴びて居る筈なのが、まだあと一里半あるかねばならないと、道しるべの杭が敎へて居る、二人共リュクサックには六七貫目の荷があるのだ、今日は一日中此の峠を越す旅人に行き逢はなかつたし又追ひ越されもしなかつたから、吾々親子二人の外、今此の峠の道に居る者はないわけだ、太陽は西へ沈んだばかりである。

頂上から一里下れば廣い縣道へ出る筈になつて居るので、疲れた足を引ずりながら、元氣を出して降り道へとかゝつて行つた、今夜の月の出は遲いけれど夏の事故八時頃迄は薄明るいだらうから、足許のあかるいうちにきつと下山出來ると、しきりにあせる伜をいましめいましめ急斜面の九十九折を一時間程下りて行つた頃、密林の夜はトップリとくれて、あやめも分らぬ眞の闇となつて了つた、二三尺足ふみ滑らして尻もちをついたもう斯うなれば仕方なしお互の顔の見えた方がいゝから、ローソクでもとぼさうかと

昨日出がけに佛壇

の引出しからつかみ出して來たローソクに點火した、併しさうして明るくして見れば、ころげ落ちた所も道から外れては居ないし、結構これで提燈の代りにもなりさうだから。矢つ張りそろ〳〵下つて行かうかといふわけで、つどひ來る火取り虫をはらひのけはらひのけ、下山をつゞける事約一時間、やうやくにして千曲川の上流のせゝらぎが聞えてきた、密林からぬけ出たそこは、丈にあまるいらくさの中だつた、どうやら道をとり違へたらしいけれど、いつかは人里に出られるだらうと親子互にはげまし合ひながら、やつとの事で、その谷川の音のする所までたどりついた。

そこには石の觀音樣が立つて居て、梓山迄一里半と彫りこんであつた。月が今越えて來た山の端に昇りかけて見えた、

川を一またぎした所には坦々たる大道が白く横はつて居た。

—カットは神津氏のスケッチ

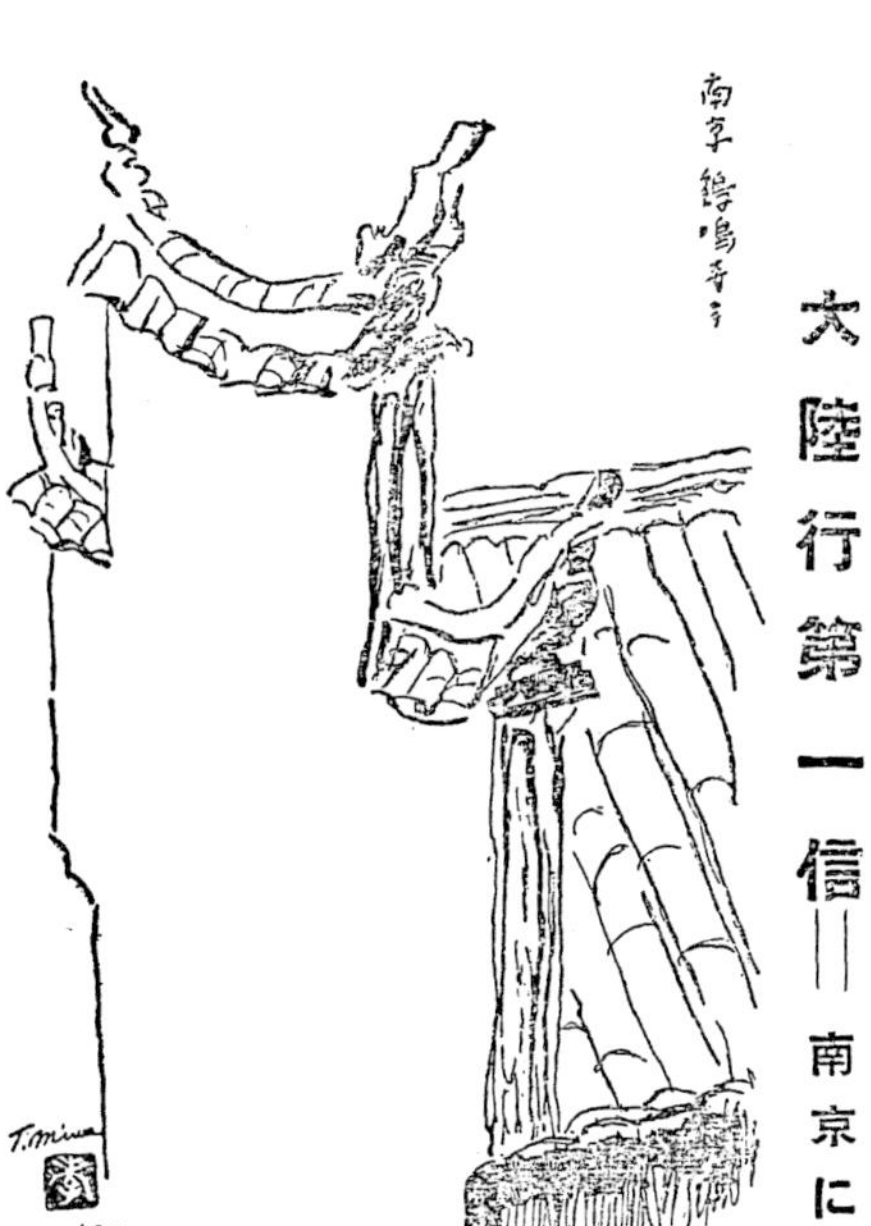

大陸行第一信——南京にて——

文化奉公會　三輪孝

八月二十日羽田空港出航、同二十三日當地に到着した、嘗つて銃を執つて戰線に死鬪した時の此城は全く死の都であつたが、今は治安よく布かれ平和が漲り渡るのを見ると、實に感慨無量なるものがある、何しろ多忙を極めてゐるが、先づ第一信を送る、これから何か意義あるものを送れさうな氣がする。

（九月三日　南京にて　三輪孝）

第一回

萌友會繪畫彫刻展

會場　銀座・菊屋ギャラリー

會期　九月十一日……十四日

全國の委員參集して
工藝作家協會爭論
遂に技術部門に分ちて整理

去月三十日午前十時から上野公園東京美術學校倶樂部で、工藝作家協會例會が開催せられたこの日會長澤田東美校長を初め六角紫水、津田信夫、山崎覺太郎、松田權六、香取秀眞等の東京全委員と京都、金澤、大阪、香川等の各地方委員も參加し、全部三十數氏出席、八月十二日發令の美術工藝品の特例、藝術の維持保存を圖る當局の保護案に對する協議を行つたが、論議沸騰して決定し難き問題多く、各技術部門に分ちて、部會を開き所管の商工農林省との資材關係を圓滑にし、技術の進展に資することを申合せ、午後五時散會した

某委員談 種々問題があつた内で特に議論の焦點となつたのは、協會員の資格に就てで帝文展一回入選を二回以上入選に格を上げること、地方では傳家の法で認められて居る作家釜師とか陶器の模寫を主とする作家は如何に名工であつても地方長官推薦があつても資格を失ふ結果になり、京都の如く早く作家保護の施設がある處では今更に資格を落すことになるので實施け困難である又臨戰狀態が擴大した時には商工省で三百萬圓位支出して優良作品を買上げて國家で保護などとの説も出たが、勿論問題にならなかつた、資材配給に就いては金工陶瓷の如きは商工省へ漆工の如きは農林省へ木竹工藝の如きは資材は自由等のデリケートな問題があり、まあ部分に分たなければ結論は困難です

東京表裝工業組合協議會

去月三十日午後一時より日本橋商工倶樂部で同組合の役員會を開催、各總代役員三十七氏出席國民貯蓄組合成立を協議し委員長に寺内太郎氏を理事に中島政次郎、小川久雄、高橋吉三郎氏を監事に前波鐵太郎氏を推選し、當組合の協定價格委員を金子、高橋、干場、前波、市原、五島の六氏に一任し、その他諸般の事項を協議して五時散會した

共樂賣立開始

九月十八日から二十日迄三日間小石川區竹早町八二舊加納邸（市電小石川區役所前下車）に移轉した共樂美術倶樂部某家外三家の蒐集所藏品展觀賣立を皮切りに例の低價付入札を開催することとなつた

同人會の表裝研究會

九月一日午後一時から上野公園梅川樓で同人會の研究例會を開催した、來會者は栗山弘三郎岡村辰雄、清浦長治、原順造氏を初め福島、水戸の會友研究會員等三十數氏出席、出品八點があり批評委員を擧げて、小松均筆「黒牡」丹の表裝を中心に熱心なる論議があつて、表裝道の革新と啓蒙運動の選手として臨戰時の奉公を披瀝して五時散會した。

寛永寺大師會

上野東叡山寛永寺の、元三大師供養の大茶會は、九月三日午前八時より例の如く、大庫裡に於て催され、大disabled間裏千家松崎宗雛社中みどり會、葵の間宗偏流鶴見宗習、出仕の間表千家追天會、法輪殿松壽流煎茶相川松雅、香道志野流香道會員にて午後一時から來會者一同の普門品の讀誦などがあつた

不忍觀蓮茶會

八月三十日拂曉五時より、上野公園不忍池辨天生池院の書院で、朝風に薫る蓮花を觀賞すべく大賀一郎、高島平三郎、笹川臨風、國府犀東、市島春城、後藤朝太郎、田中親美、守田寶丹市河公園係長等、七十數氏が會合して蓮に關する清談に時を移し、朝食を喫し薄茶の饗があつて八時散會した十一月に入りて販荷の會も催す由

光悦の宗達忌

麻布飯倉の光悦で庵主川井穿波氏がその流祖山田宗徧忌日に因みて毎月二日釜を掛け道友を招き獻茶を行つてゐるが九月二日も午前十時から催された、寄付床には松州朝顔繪一茶の句讃をかけ花入古銅瓢形花てり葉蔦女郎花、床脇に圓窓金箔地茶祖像雲版をかけ、本席不考齋には床、玉舟叟咄々力圜希一行幅をかけ、花入宗引作竹一重切花鐵扇花返り咲き風爐手取釜の破れを活用し釜は車軸形にて蓋置宗偏切竹の笑み面白く、名器の取合せは趣向あり、懷石の後濃茶の饗があつた

街頭に大標柱立てて
彫塑普及會の進展

本郷區駒込上富士電車停留場前に最近新しく
◇生活美術現代彫塑藝術を愛しませう
◇文化翼賛國民彫塑研究指導所の六尺高さの大標柱が建てられた。即ちそこには帝國美術彫塑普及會（略稱）聖豐社がある。同會は彫塑作品を頒つ會で專門的に純彫塑を取扱つてゐるのは帝都唯一で、しかも同會は帝國藝術院會員五氏及び文展で無鑑査八十餘名を始め實に多數の彫塑家を會員とし、今年の文展無鑑査指定には會員中から二十一氏を出してゐる。其主催者は群馬縣出身の中里聖豐氏で、關野聖雲氏に師事して「聖豐」と號してゐたが中途考へる處があり、わが彫塑界發展のため作家から彫塑を頒つ業者に轉向、號の聖豐をそのまゝ社名として同所に事務所を興し多大な成績を擧げて來たが、時局下大東亞新文化に翼賛し、更に生活美術としては現代彫塑を愛することの至上性を强調、社會に呼かけるべく先づ街頭にこの大標柱を建てたのである、場所は市電交叉點であり飛鳥山、上野、音羽、本郷の四方面へむけて乘降する市電乘客が雜踏するところとて頗る衆目を集めてゐる。

短册 樋口一葉展が、去月末銀座松坂屋で開催され、一葉の龍泉寺時代吉原を配景として、小間物の擔ぎ賣りの當年を活寫したる一葉の等身大の人形ヂヲラマで會場を飾り、年譜や樋口悦氏出品の著書の數多や原諸書翰、習字手本、學校の卒業證書や、愛用品より花柳章太郎が扮した劇の衣裳も展觀されて斯くもよく保存されたものよと感嘆の外なかつた、一葉が明治廿九年二十五歳で長逝して間もない頃、文學好きな青年であつた安田善之助氏が本所横綱邸内の松廼舍で第十回欣賞會を開催集つたのは幸田露伴、内田魯庵、饗庭篁村岡田村雄林百樹、市島春城等で蒐集古書や文學談があつて、偶々樋口一葉の短册が一枚二十五錢に賣れたといふので、一座を驚かしたが現今は一枚の短册が五十圓をも突破する有様であるのは、隔世の感がある。

「旬刊」美術新報
昭和十六年九月七日　印刷
昭和十六年九月十日　發行
發行日　毎月三回（十の日發行）
購讀料
一册金五　十　錢（郵税一錢）
一ケ月三册金壹円五十錢（送料共）
麴町區九段一ノ一四　資文堂
編輯發行兼印刷人　猪　木　卓　爾
東京市麴町區九段一ノ一四
發賣所　日本美術新報社
電話九段二七一五
振替東京一六二五〇番
配給元　日本出版配給株式會社
通信　一切發賣所
發行所東京市本郷區駒込東片町八二日本美術新報社

工藝

展覧會評

楠部彌一作陶展

京都工藝界作陶の新人、楠部彌一氏が個展を大阪高島屋で開いた、京都の作家が多產傾向である間に純一藝術主義をとつてゐて、百貨店あたりの飾棚にも其の作を見せないことは殊に注目される。從つて甚だ寡作で個展が「第二回」と銘打つてゐるがその第一回は八年程前同じ高島屋を會場とした、今度のも三四年來の懸案が實施されたので平素の寡作に對して無慮六十九點を見せたことは晴々しいことである、その內二三を擧げて見ると、均窯方式花瓶は溫雅淸高で宋作を思はせ併も作者の人格風相の表現だといふ感じの深い作である、目錄にも第一位に置いたことに見ても然るべしと思はれる、色繪冠香爐は日本的形態を如何にもよく取扱つた丹精の作で難形を周到な技巧に成窯し得てゐる、冠の天座の鳳凰透しも至妙、染付蟠桃文瓶の上部の大きめな形に落つきあり、陶文の面白さではこの蟠桃など就中秀逸に見られた、砧靑磁浮牡丹文花瓶は天下の名品たるを失はない、目を轉ずれば黃磁雷文双耳花瓶がある、靑華庇兎文方式水指は形と繪附に作者が鋭才の氣の利いた方面を披瀝した快作である、これを同時にその豪宕な味で見せたものに靑華遊船方式香爐がある、置物で見ると壽鹿で鹿の形に頗る精神的な表示がある處、兎角忘れられ勝ちな置物の重要性であるべき尊さに到達してゐる、茶碗は印華文抹茶碗外二三を出陳しただけは一層床しさであつた、作品中隨所に明作に宋代に其他古來の名匠の跡を深く偲ぶところのいゝ作品に觸れるのであるが其處には必ず自家藝術の技を以てそれを一層面白くモチフアイしてゐる、いろ〱の意味で古今に凌ぎ名物に肉迫壓到する氣魂を感ずる、あたり、同展を去りがてにさせて餘り、そして京都粟田に累代のこの作者だと考へる時實に驚異的なものである。

（大阪高島屋）

矢野橋村作陶展

矢野橋村氏が昭和十三年より最近まで、加賀九谷窯北出塔次郎氏に前後數回遊杖して試みた陶瓷三十六點を展觀した、淸楚な九谷の白磁で陶畫の因習に執はれずに揮毫した處に新鮮な雅趣が溢れる、いづれも勾臺在銘であつた、山居有樂繪丸額は染付純南畫風の風韻を現し晴江順風繪角皿染付は狩野風の唐山水の減筆で豪健、ほうツき繪丸大皿は九谷四彩釉で淡色を自由に使用した處に新味がある、歸漁繪八角皿は吳州赤繪で宋畫の古格を偲ばせ東願花開繪四方角丸與鉢は吳州赤繪で梅花を眞正目に描き幹を綠釉にて彩り、題詩も細描にて氣品が高い葡萄繪耳付花瓶は九谷窯の特色ある紫釉で、珠熟する實を彩つた手腕を見る。

（銀座松坂屋）

三浦竹泉竹軒展

平安陶工三代竹軒、四代竹泉二氏の作は流石に家法の靑華染付は堂に入つたもので、古陶模作の器用さは一品として卒がない洗練と精巧さを味はせ、竹軒作古淺水燒寫柴垣水指は形も藍釉の上りもよく、古伊賀寫累瓢形花生は古雅な野趣を、乾山意梅花紋抹茶碗は圓滿老成の域に入り茶道人の趣味に適ふべく、竹泉作琉璃釉鉢苦心の難色を遺憾なく現し、赤繪細紋提梁水注は形も整美に五彩の上繪も調和あり場中出色のもので祥瑞寫二閑人鉢は染付文樣も鮮やかに格調の高さを懷しめた、何れも勾與に平安竹泉在銘にて煎抹兩茶道の澁好を受くべき逸品揃ひである。（日本橋高島屋）

京都陶展と ― 粟田燒失土 ―

楠部彌一

去月下旬、作陶個展をやつた楠部彌一氏の懷舊談が面白い。

「私は京都で嘗て「赤玉」といふ團體を同志と造つた、會員は八木一草、河合榮之助、河村喜太郎、道林俊正などの人々で京都の圖書館で開いたが入場料は二十錢だつた、向ふ側の勸業館では恰も國畫創作第一回展が開かれるといふ時何れも十七八の青年で會長の道林君が二十三でした、それでも作陶界では珍らしい催しなので、一日百人位の有料者があり、その收入で四條にあつた正宗ホールなどで毎晩氣をよくして一錢なしに、みんな飲んでしまつたものです、若かつたですからね、何しろ廿五年程も昔の話です、現在高島屋の重役川勝堅一氏なども當時はまだ一店員として働かれてゐました頃ですから隨分古く京都で藝術的作陶展などは殆どこれが最初でせう、私は元來京都東山の粟田燒の地で生れたのですが、粟田ではもう陶土を失つて了ひました。土地に府社の粟田皇太神があるが、之れが粟田陶匠の地主の神で私は粟田に殘つた土で狛犬一尺三寸を作陶奉獻してあります」云々

六角紫水氏に ▽▽漆△△ ……の知識を訊く

（1）

時局下の資材問題について謂へば、漆は支那では中支の宜昌から建始施南や四川省の理在の蔣政權下地方に多く產出を持つてゐる、支那の農民が副業として搔き集めたのを漢口の大問屋に纒めて商買として居るのでそれを大阪の商人が上海へ支店を出して居て買出して內地へ送つて需用を充たして居たのですが時局のため船舶の不足や輸送困難で、揚子江も筏が下らず、南方からは海路上海へ廻されたが其方面も閉すく塞されて品不足となり、爲替關係も圓滑に行かぬため、物々交換で僅かに取引が行われて居る狀態です。安南方面にも漆が產出しては居りますが、粗惡で乾燥が不良で多に成ると凍結して使ひものにならない程で、これは駄目です、我國では秋田、靑森、岩手等の東北地方に優良なものが產出するので農林省もこれを奬勵して居るが、漆に對する扱方が惡いと思ふ、後のことは構はずに採取するから樹幹を痛めて枯死に導くと云ふ樣なことも屢々見られる有樣です、德川時代にも漆の行政は相當行屆いてゐて、江戶城內に漆の役所が設けられ、こゝで奬勵もし管理もして、武具や調度什器に相當な需用量を滿たさせてゐました。

四千年前支那で禹王の時代に竹片に文字を書いたことが歷史に見へて居るが、この材料は漆であつた、二千年前陶器が未だ出來なかつた頃、漆器は既に作られて居た、朝鮮の樂浪遺蹟から發掘された種々の器物は漆器であり、今に傳存されてゐますこれを見ると細い線で描かれた色漆の文樣の技術は世界の考古學者を驚かしてゐるが、これも漆であつたから立派に殘ツたので誠に尊いことです、日本では正倉院御物に多く髹漆器物を完全に傳へて居り、奈良東大寺の南大門を修繕した時に掘出した土器の破片には漆長塗ツてあツたが、これは現に奈良縣廳に保管されてゐて、古くから漆使用をしたことの證として殘されてゐます。日本のジヤパン（漆器）や、支那のチヤイナ（陶器）はその優秀さを代表する處からの名稱で古來世界では日本は藝術に依つて呼んで居る位で日本漆は實に世界的です。それだのに日本には此立派な漆の有ることを國民が忘れて居る今後一層考へ方を立直さねばならないことです。

武井男爵が或古物商へ行ツたら硯箱の金蒔繪を削り取つて居たので勿體ないことだとそれを買取られたことがある、私が學校を出たばかりの頃、落し殼と云ふて蒔繪を取つたあとの箱の類を往々見たが、これに思合して感慨が多いのです。（つゞく）

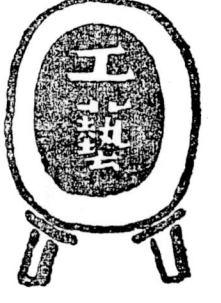

銀座 資生堂の美術展覧會

山喜多二郎太平洋畫展
會期 九月八日より十一日迄

川嶋理一郎泰國風景展
會期 九月十二日より十五日迄

故小村雪岱追悼展
會期 九月二十日より二十三日迄

大輪畫院第四回秋季展

（會場）上野公園日本美術協會
（會期）九月十七日より二十八日迄
（入選發表 九月十六日 正午 會場にて）

事務所 東京市目黒區上目黒八ノ八三五 小林彦三郎方 — 電話 澁谷三二四四番

青龍社晩餐會

青龍社は八月二十七日第十三回展を日本橋三越に開會、その夜盛大な晩餐會が出品者多數によつて開かれた（立つては川端龍子氏）

故八木岡春山氏告別式

日本美術協會審査長、文展無鑑査八木岡春山氏の告別式は廿九日午後一時より二時まで自宅で執り行はせられた。譲徳寺　導師のもとに式は嚴かに擧げられ會衆數百盛儀であつた。靈前に侍立するは左より未亡人、喪主、長女、次男、親戚　氏等である。

忠愛美術院發會式

二科、春陽、一水會等に所屬する中堅作家によつて結成された忠愛美術院では二十二日午後五時半から上野精養軒で發會式を擧行した。同院總裁中島今朝吾中將を始め花岡、長谷川氏等十八同人に賛助會員、情報局、美術關係者五十余名が參會、中島總裁の創立趣旨の說明などがあり晩餐を共にして午後八時過ぎ散會した（寫眞は中島中將の挨拶）

大東南宗院結成披露

小室翠雲氏はかねて日、滿、支三國の美術家を糾合して彩管による親善を企て創立準備中の處、漸く準備なり八月八日帝國ホテルに於てその結成式が行はれた。小室氏の創立趣旨、岩切重雄幹事長の挨拶、石渡翼賛會事務總長、駐日滿洲國大使、中華國民政府大使等の祝辭又は代讀等があつて午後八時に入り盛會裡に散會した。（小室翠雲氏の挨拶）

新浪漫派・菊屋ギャラリーにて

向ツテ左ヨリ　早川俊、佐田勝、村山小呂、國光興、松上茂（菊屋）の諸氏

國風彫塑會

向ツテ右ヨリ　田村辰治、石塚裕康、名久井十九三、石川確治、鈴木賢二、日名子實三、新關國臣、早乙女龜次、大木芳朗、永原廣の諸氏

個展

宮崎豊氏遺作展　　風景

楠部彌一氏陶磁展

染付蟠桃文落花瓶

彩鹿置物

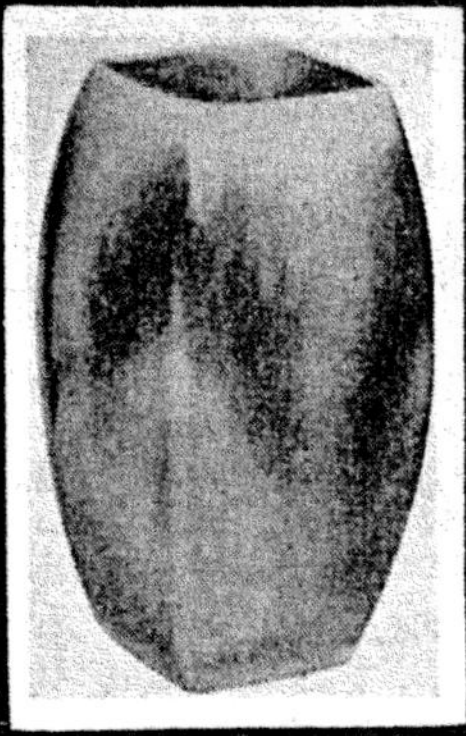

均窯方式花瓶

楠部彌一氏の新作陶磁展は、八月十五日から十七日まで大阪の高島屋で開催した、新作六十九點である。寫眞は同會場で右から京都作陶家澤口安太良氏、楠部氏、同店美術部の安之井商品課長、同菊地販賣課長、左端京都の工藝研究家廣瀬都巽氏

三浦竹泉 竹軒氏陶藝展

古清水寫し牧童置物(竹軒)

青地金襴手方盃(竹泉)

川島理一郎氏タイ國風景展

ワット・アルン塔

タイ國風景畫展に際して　島理一郎氏は語る「最近南方の問題は
ことに重大性を增して來た――私は三月タイ、印佛を旅行したが
タイ國二ケ月の滯在中は風物や習慣を見たり歴史をしらべたり少
しでもその實情をお知らせしたいと纏めたものです、タイ國を紹
介するには充分なものだらうと思ふ」(寫眞はアトリエに於ける川島氏)

鬼ケ城

芝野川氏第一回個展

みのり

村川彌五郎氏日本畫展

村川氏は現在國民新聞社文化部長で美術記者を擔當してゐるが昭和五年渡佛アカデミークラロシーに學んだ、歸朝後異色ある作風を認められその後ガツシュを併用した日本畫に轉向し明朗展會友であつた。

明治初期洋畫回顧展　晩歸　淺井忠

武田範芳南洋作品展　樹下雜語

故八木岡春山氏

雨後　八木岡春山絕筆
（佛印巡回日本繪畫展出品）

下圖　八木岡春山作

春秋花鳥六曲金屛風　藤山愛一郎氏藏

八木岡春山氏逝去

春山八木岡亮之助氏は、日本美術協會現事、日本畫審査委員長として同協會日本畫部昂隆進展に非常な貢獻を致しつゝあつたが、八月二十七日午前零時十分、狹心症を以て遂に逝去した、享年六十三、告別式は同二十九日杉並區高圓寺二の九二の自邸で盛大に執行された、明治十二年十二月十三日東京市深川區木場に生れ、十八歲の時貴族院議員下條桂谷翁に師事し爾來北畫を究め併せて宋、元、古土佐の各派に學ぶて一家を成す。　明治以后三代に亘りて畫業の名譽擧ぐに暇なけれど特に近年畫く處の破墨に到りては斬然現畫壇を淩ぎ正に第一人者で昨年米國紐育の世界七十九ケ國萬國美術展に其出品を囑されたのも全くそのために同出品の破墨山水は特に優賞を授けられた。

故高木保之助氏

高木保之助氏逝く

高木保之助氏計報は前號に記した通りである、墓域はかねて定められた市川鴻の臺眞宗即隨寺に葬られ「示薗院釋保叟信士」と法名づけられた、嗣子は府立十第十四中學に今春入學したばかりの豐穗君である、氏の代表大作は何と云つても國畫院創立第一回展に出品した六曲一双「燎爛の四季」（東京塚本定右衞門氏所藏）である、髙木家には房州小湊の海に行つての作で鯛の群を畫いた第三回文展出品の「法悅」が遺されてゐる、展覽會出品で最後の作は昨年の日本畫院出品の「芍藥」であつた、こゝには帝展九回特選作「はまなすの濱」を載せた。

はまなすの濱　第九回展出品（特選）

院展　二科　國風

鍛造　長野隆業（二科）

草薙劍　中村直人（院展）

木花開耶姫　大内青圃（院展）

閑月居像　日名子實三（國風）

航空科學頌（國土を護る部分草稿）　渡邊義知（二科）

鐵軒翁　平櫛田中（院展）

眞野氏之像　石川確治（國風）

兵士像　新海竹藏（院展）

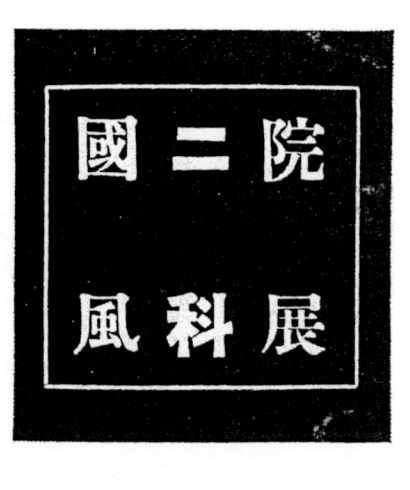

聖戰下に五たびむかへる美術の秋が廿七日開會の靑龍社展をさきがけにやつてきた。龍子氏は今年から國土六十四洲をテーマとする「國に寄する」の大連作にかゝり、第一作「伊豆の國」を發表した
尙出品書說明は靑龍社展目錄に掲載されてゐるにつき省略す、殘餘の作品は次號に連載

曲水圖　川端龍子

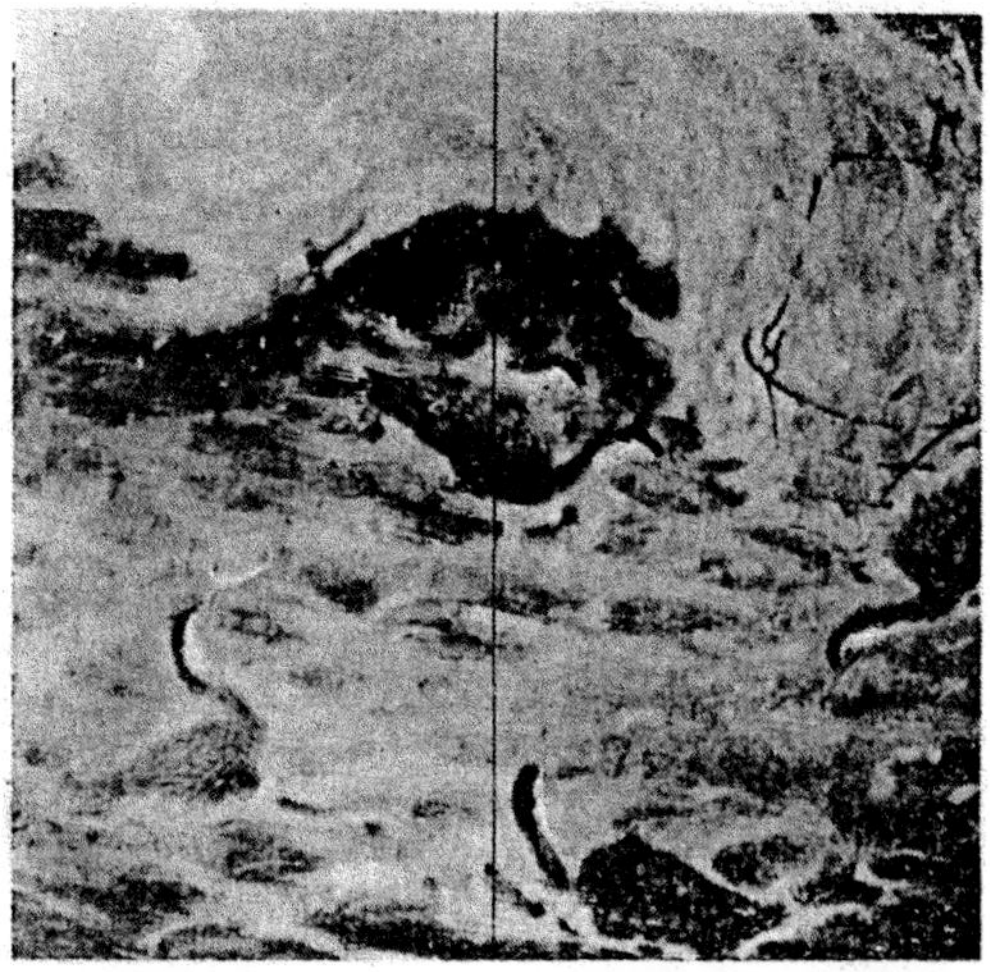
鵜飼　安西啓明

緑蔭　須藤尙義

陶工　伊東顯

圓舞　依田季夫

桐の町　木村鹿之助

寒霞渓晩秋　琴塚英一

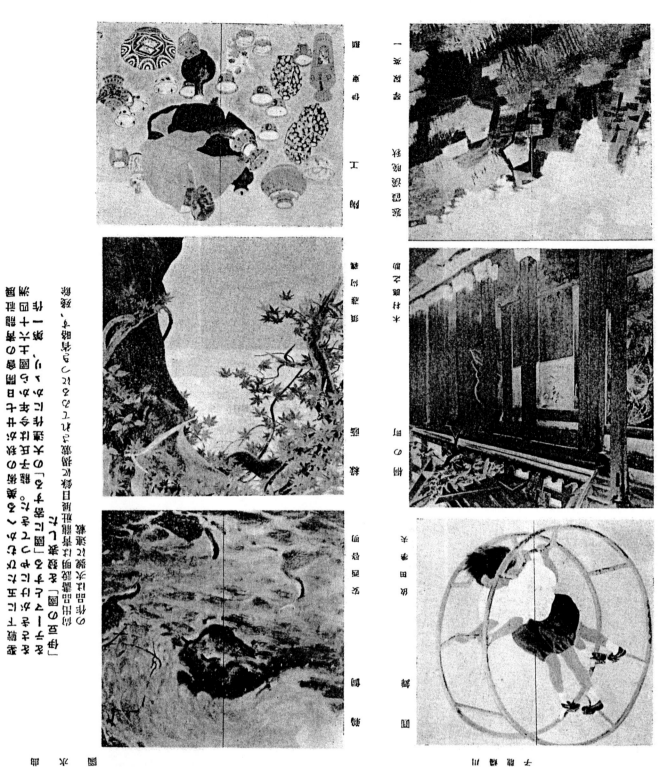

第十三回 青龍社展グラフ（一）

霧（奨励賞）　利谷汲樹

防毒班（Y氏賞）　森省三

熱河「琉璃塔」（右）「彩院」（左）　山崎豊

「國に寄する」連作その一、伊豆の國　川端龍子

黄鳥彩啼　坂口一草

採果　加納三巣

壬生狂言　藤井二郎

人々　松井正

田植　小出卓二

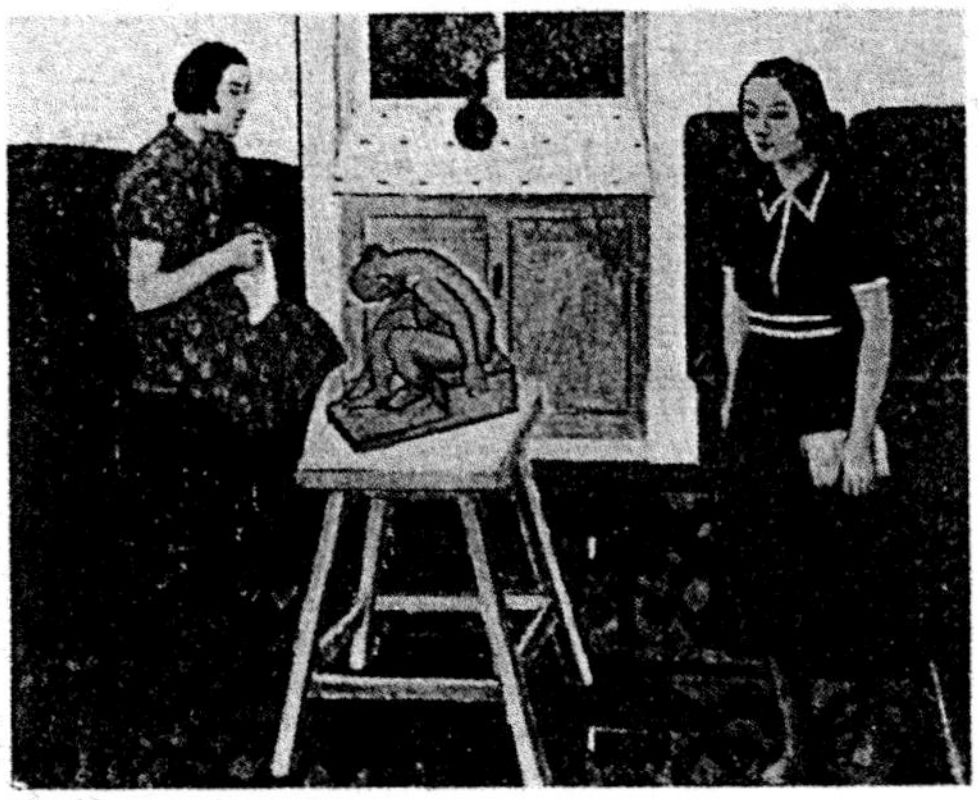

室内　藤川栄子

蘭印の生活　山尾薫明

風景　高岡徳太郎

南　峰岸義

子供と山羊　寺田竹雄

菊　島崎雞二

牡丹　桂ユキ子

桑園　大澤昌助

驛站　浪江勘次郎

在野洋畫の旌旗立てて
"二科"
第二十八回展作品

殘菊　黒田重太郎

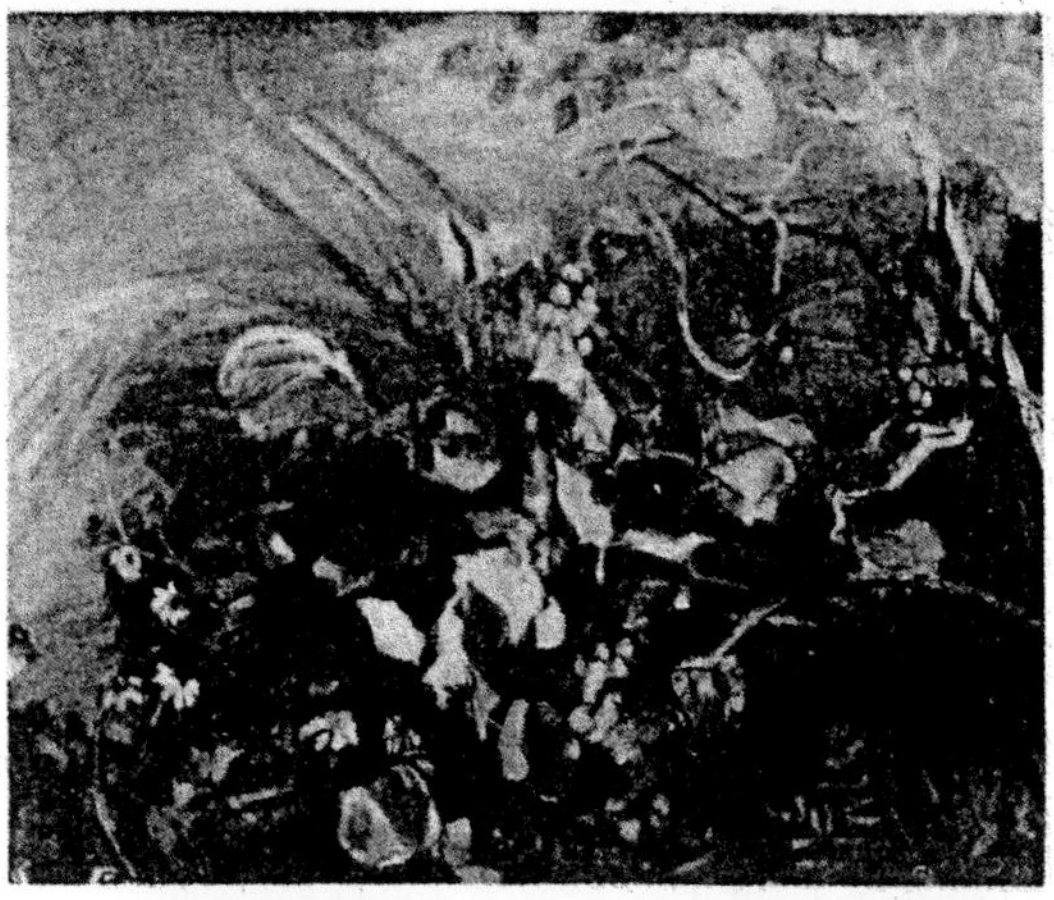
初冬　國枝金三

甘藍　坂本繁二郎

満洲連作第三北満林業地　田中忠雄

夏の牧場　早川國彦

ゲレンデスキー　松本弘二

菩薩　中川紀元

櫻と城址　古家新

雨後　安部治郎吉

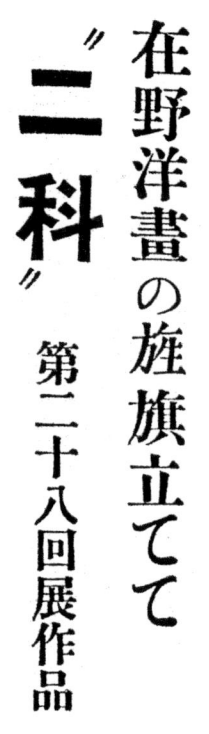

輝く大八洲（部分）
横山大観

雪
酒井三良

風
酒井三良

浄雲（其一）　眞道黎明

日照雨　佐野光穂

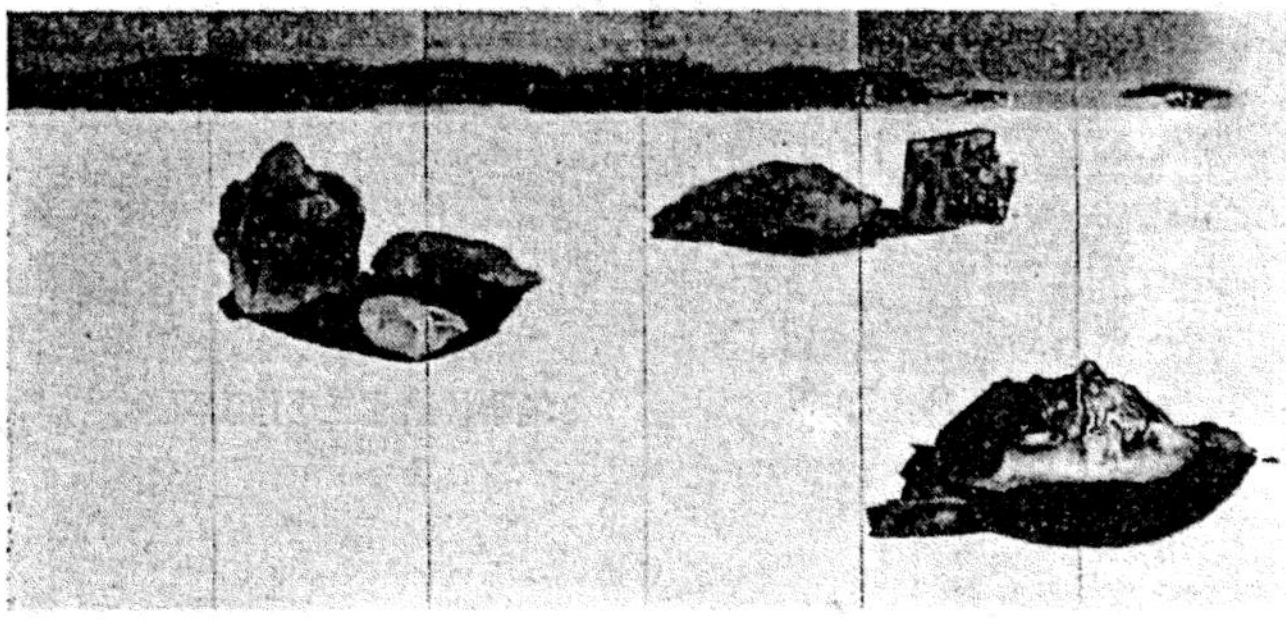

龍安寺の庭（其一）　小林柯白

秋聲　筆谷等觀

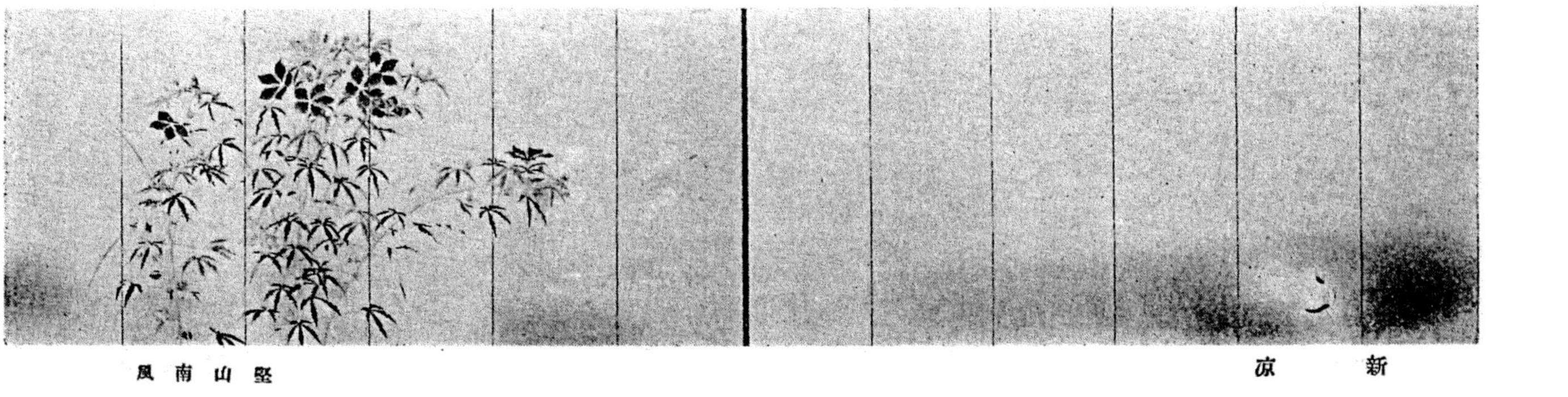

新涼　竪山南風

臨戦下緊張漲ぎる
第廿八回
院展開幕

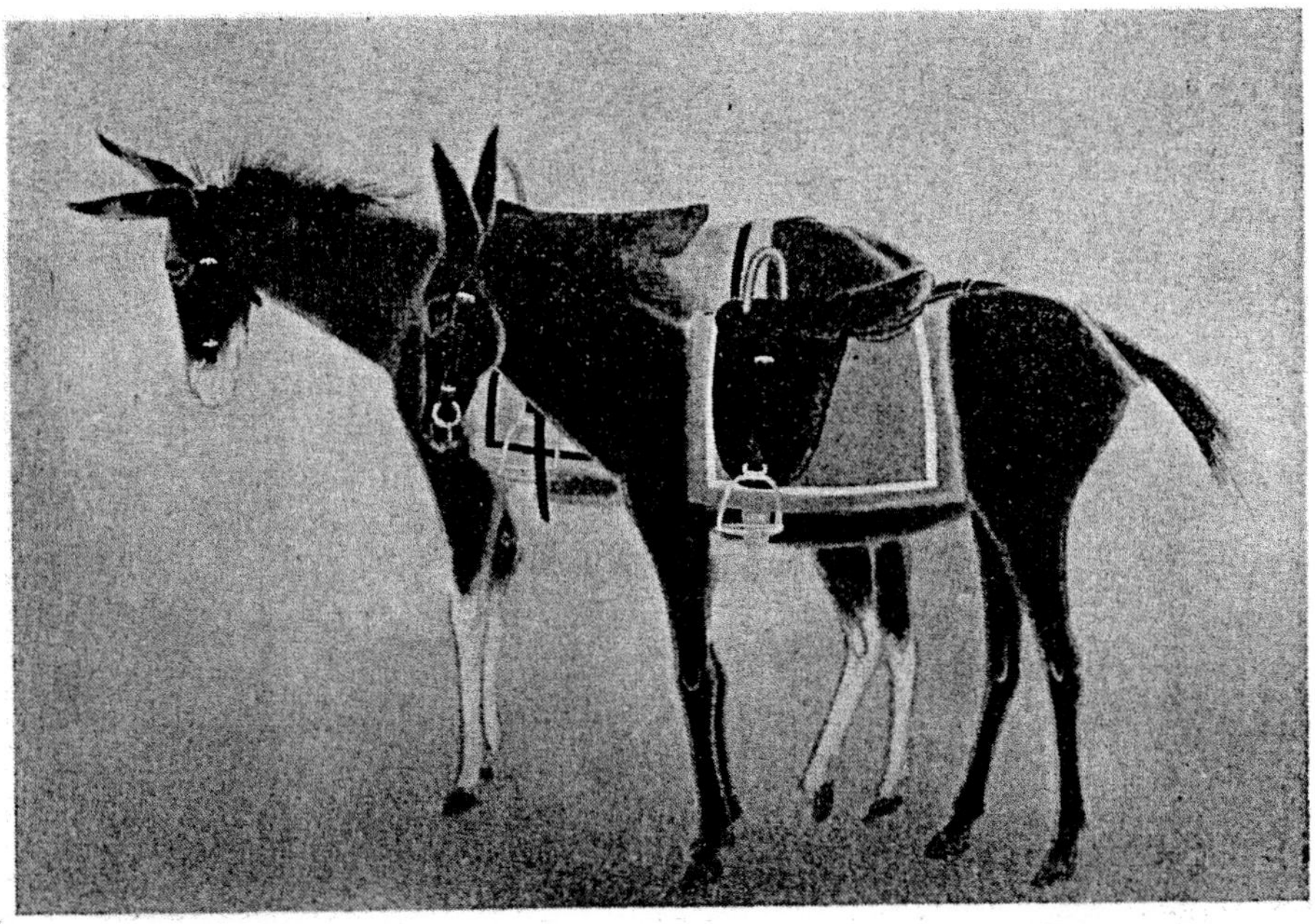

驢馬　奥村土牛

観世音菩薩　小倉遊亀

暗香　大智勝観

雑木　小山大月

吉野　中村貞以

山頂の春　郷倉千靱

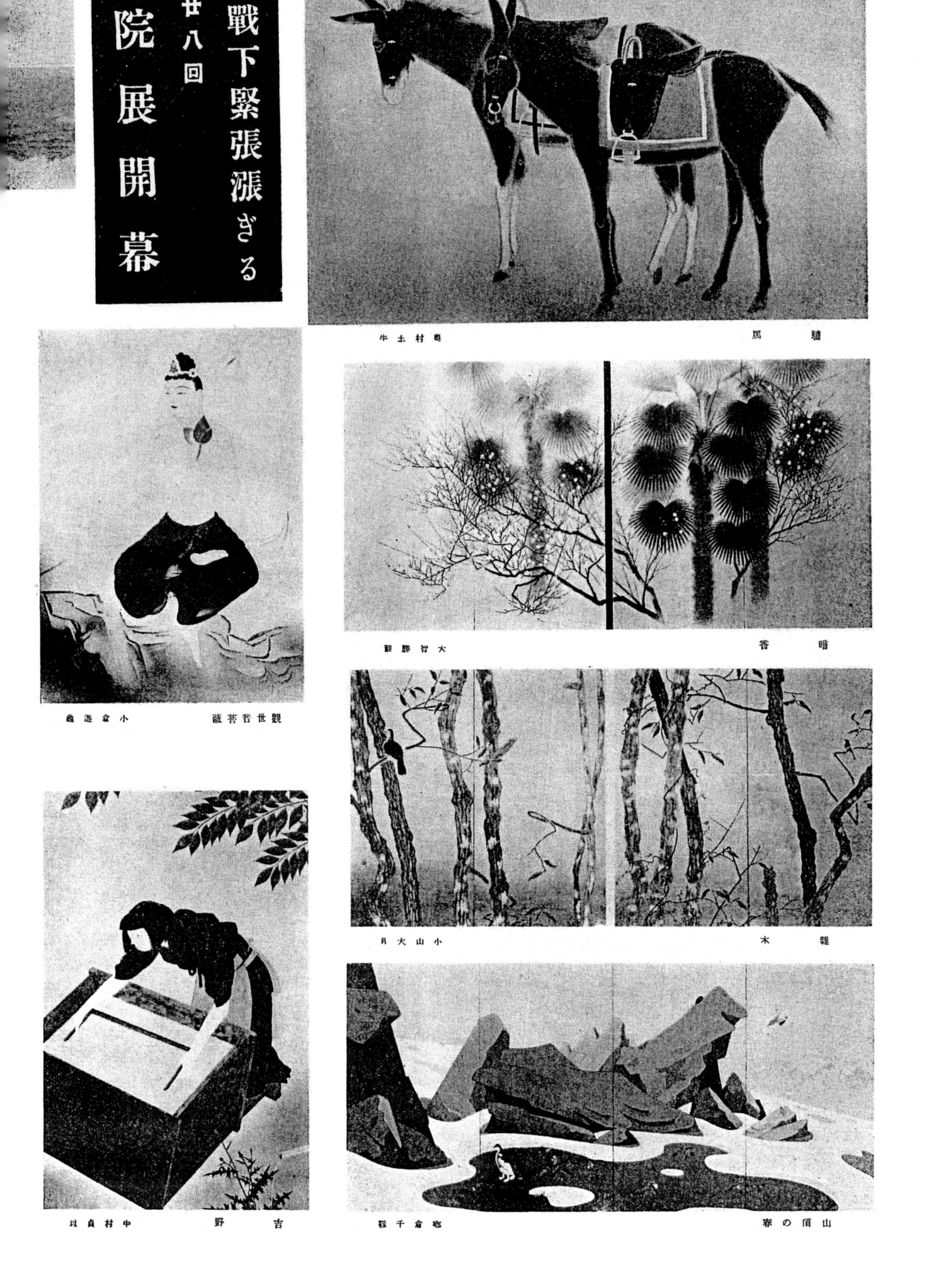

牛飼ひ

川合玉堂氏新作

玉堂翁の山畫水は東洋畫の傳統の上に立ち、然して翁獨自の一家の風を樹て炬然たる昭和畫壇の存在であるしかも花鳥動物佳ならざるなくその孰れもに掬すべき情韻と詩趣を窺ふことが出來る。　この圖は靑烏牛と思はれる小柄の牛に腕白盛りの牧童が何の屈托もなく川原に近い小逕には新草の中に月見草が可憐に咲いてゐる。　何といふ雄大な大自然の敍景であらう、　牛の肥滿の態といひ牧童の肉づまといひ實に健康の藝術であり健康日本の象徴とも云ふことが出來る。

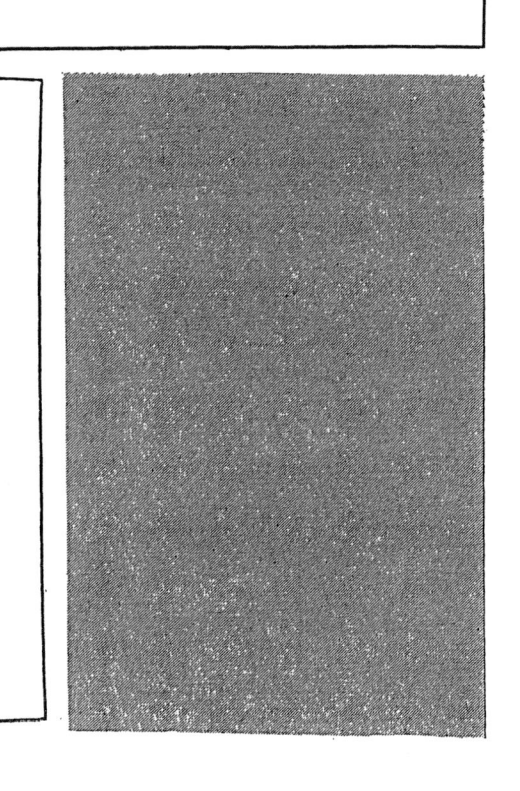

旬刊

美術新報

昭和十六年九月十日發行（毎月三回十日目發行）

第貳號　九月十日發行

臺灣の少女　藤島武二作

日本美術新報社

昭和十年一月十二日第三種郵便物認可　第一號
（一ヶ月三冊　金壹圓五拾錢）
定價金五拾錢

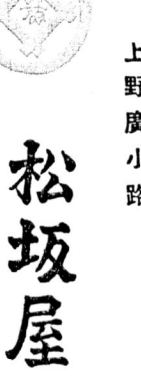

口に防諜！　手に國債！

……殘暑お見舞を申上げます…………

讀畫會
本郷區動坂町三二七
湯原柳畝方
電話駒込五三一番

直土會
瀧野川區田端三六二
建畠大夢方
電話駒込一四〇一番

白御會
京都市嵯峨伊勢ノ上町
佐野光穗方

白日會
下谷區上野清水町六
富田溫一郎方

世紀美術創作協會
京都市東山區清水町
三ノ三二四
大高爲山方

明朗美術聯盟
板橋區練馬南町一ノ
三四八五
狩野晃行方

有道佐一
丹波國山家村

園部香峰
大森區池上堤方九〇七

水田硯山
京都市下鴨貴船町六

東光會
淀橋區戸塚町二ノ一
一二　熊岡美彦方
電話牛込一四四一番

巴會
杉並區高圓寺町四ノ
五六四　岡部光成方

興亞南畫院
京都市上京區烏丸通上
御靈前　河野秋邨方
電話西陣二七五五番

菊池畫塾
京都市上京區平野鳥居前
電話西陣一五二六番

兒玉畫塾
本郷區駒込林町三五
電話駒込一五三五番

太平洋畫會
下谷區谷中眞島町一
電話下谷一七九二番

日本畫院
本郷區駒込千駄木町
五九　望月春江方
電話駒込二六四七番

日本陶磁彫刻作家協會
世田谷區赤堤町二ノ
四六九　小川雄平方
電話松澤三八九七番

双臺社
事務所　目黒區下目黒四ノ
一〇〇四岡見弟三方
工房　荒川區日暮里渡邊町
一〇三五石井柏亭方

日本水彩畫會
本郷區神明町七二
望月省三方

硝子作家東京會
蒲田區西六郷町一ノ七
各務鑛三方
電話蒲田二五六六・四〇六三番

白閃社
石原紫雲、村上得明、大根田雄國、
高士幽篁、渡邊香堂、江川武村、
田中蘭谷、須藤悟雲、田能村竹莊、
鈴木石鷗

代用品を使つて資源總動員!!

……………殘暑のお見舞を申上げます……………

美術旬報

美術雜誌の八種の題號決定

曩に報道した如く內務當局提示の八種類の新聞雜誌に對し入選決定し其の後各々の受持ち雜誌の題名等協議の結果、當局の注意もあり全然舊名には捉はれず選定の結果、「國畫」齊田元二郎、「新美術」大下正男、「國民美術」岩佐新、「美術文化新聞」佐久間善三郎、「畫論」藤本韶三「季刊美術」代表者石川宰三郎然して弊社は「旬刊美術新報」と決定、月刊誌は創刊號を九月十日以後とし、夫々關係官廳の手續を急ぎつゝあり

二六〇〇年展

昨年東美油繪科を卒業の同期生より成る二六〇〇年會第三回展は八月五日より十一日まで府美術館に於て開催され力ある地味な研究作を發表した、出品者の顏ぶれは

本城正、大柳龍男、大澤正夫乙葉統、小野田弘彌、金子德衞、竹澤基、臼田輝四郎、野崎英男、博松正利、山尾平、益田卯咲、藤本東一良、郡山正、興梠武、室河久、本居典親、元田乾行、森井龍起、中江泉諸氏

尙同展では昨年共同製作獻納畫を發表し、各方面の注目を惹いたものである。

山南會展終る

故土田麥僊の山南塾々生より結成された山南會第二回東京展は八月六日より十一日まで府美術館に開催され眞摯な研究的態度と潑剌たる意氣を示してゐた出品者の顏ぶれは

稻田麥楓、原田美智惠、山力富吉郎、簗地徹三、千地琇弘荻原湧石、恩田耕作、高橋太三郎、白林文子、丸岡比呂史松山政春、松本梟光、小松均小柳泰然、江龍德兮、木村揚照、淸水洵平、吹田草牧、岡崎巴人

の諸氏であつた

尙同展は十月二十四日より二十六日まで大禮記念京都美術館に於て京都展を開催することと決定した

新發足の美術雜誌 第一回編輯會議

當局列席のもとに新體制下八社の編輯部構成メンバーに成る第一回編輯會議は、八月十一日午前十一時丸ノ內會館に於て開かれた、今度の統制に當られた內務省警保局企劃課瓜生事務官佐伯係長、今後の指導に當られる內閣情報局鈴木中佐、秦情報官等の出席あり、午餐のち瓜生事務官から今後の健全なる經營と選んだ八社の責任の重大なる點につき極めて謹嚴なる挨拶あり鈴木中佐情報官よりは座談の形で今回の統制は自分の考へてゐる高度國防國家態勢から見ればまだ〱手ぬるいもので、美術人の覺醒の如何にも足りないことを近來に至つて愈々痛感した。作家の情操はもつと健全に高度でなければならぬと西歐の獨逸、佛蘭西、伊太利に例をひき豐富なる世界的知識をもつて中佐一流の明快なる所論を吐かれ、列席者の異常の注意をひいた

泰情報官は實際的な立場からこれからの美術はもつと〱生活美術に力を注がねばならぬ。そのためには今までとは違つた地方民藝の創造育成などにも美術家の傑れた人々の乘り出して來られることを望み、或は美術家常會なども全面的に擴大させ大に時局的に進むやう、且つ今後の美術雜誌は執筆者及びその內容をよく檢討し、情報局あたりの意あるところをよく窮めて政府の意圖に反せざるやう協力を望むとあり、最後に佐伯係長は決して選ばれたる八社がどの角度から見ても最適任のために選んだ譯でなく、更に更に自肅發奮この非常時局下の美術文化指導に政府と聯絡をとり萬全を期されたいと嚴粛なる挨拶があつた。ついで八社は日本美術雜誌協會を結成し、直ちに規約の條文を練り、これを當局に具申した上全美術界に發表することになつた

多摩帝美の圖案展

多摩帝國美術學校では八月二十二日から二十六日迄銀座三越七階ギヤラリーで第六回圖案科展を開催する、尙同展には本年度卒業製作を特列する筈

商業産業美術展

産業美術の振興を目指す第十回新商業美術展並に日本産業美術協會第一回産業美術作品發表展は八月十二日から十七日迄日本橋區白木屋五階で開催、新商業美術展には商工大臣賞の楠草篤氏以下入當作品廿四點選外佳作品六十五點、産業美術展には日本産業美術協會員作品四十六點、會員作品六點を展觀し連日盛況であつた

廿七日から 青龍展開く

來る二十七日から九月七日まで、日本橋三越本店五階で堂々と純在野公募展を開催する青龍社では十八日鑑別を前にして搬入關係を顧慮し殊に地方出品に就て痛心し主宰川端龍子氏は

「時節柄東京市內ではトラツクが心配の種で運搬が八釜しい料金は高率になるし結局作家は手車を曳いて作品を搬入する時代が來たわけである、現に私の手許へ大阪からかういふ手紙が來た。大阪郊外の或る出品者であるが梅田まで四里の道を手車で作品を運んでいつた、それは十日のことで十七日の締切日までに會場へ屆くかどうかと驛員に云はれ心配してゐると云ふのだ。こんな狀態であるから締切日に作品が一應揃ふかどうかが疑問視される、そこで官展で無い吾々としては御當局に對する講演もあるから締切の餘儀ない事情は多少考慮したいと思ふが、開會まで僅かの間に目錄の編成といふこともあるし主催者の立場としては聊か心配である」

と語つてゐたが十八日の鑑別當日の出品總數は八十七點、入選三十三點、昨年の出品總數百十數點に較べると今年は約二十點減で川端氏は鑑査場で左の如く語つた

「今回の出品は輸送費が嵩むなどの理由でヒヤカシが減り總じて非常に眞摯になつたと云ふ事が出來る、又手輕な鳥渡したものを自分で運んで來て僥倖を狙ふ連中は全然消滅した、超非常時が青年畫家にどんな影響を與へてゐるかはよく解らないが、兎に角鑑査に當つた者に取て落選することが解り切つた未熟な作品の見當らない事は鑑別の手數が省ける、しかし一面にさう云つた未熟の作品の中から將來希望のものが期待されるわけで成熟せざる作品が見當らないのは喜ぶべきことでない、又青龍社の入選標準を知つての不出品か、或は元氣消耗に依る不出品か、さういふ疑問は展覽會をやる者に取つて大いに考へさせられることだ、今回は數の上で關西方面の畫家の進出が著しいのは畫壇に何らかの示唆を爲すものであるまいか云々」

尙は從來國外に構圖を求め例の太平洋四連作や大陸四連作を完成した後であるからその作畫意圖が注目されてゐたが、今回展には「國に寄する」連作の一として伊豆の風景を取扱つた「伊

社告

曩ねて報道した如く當局の美術新聞雜誌の統制成り小社は提示された八種類の中旬刊誌として綜合報道に任ずると共に新しき國防美術文化の建設に與へられたる使命を完ふせんがために揭題の『旬刊美術新報』として見らるゝ如き潑剌たる陣容の下に資材の不足勝ちを克服して發足することになつた。何卒從來よりも一層の御淸援を祈る次第である

日本美術新報社

◇覽展會の曆

日	月	火	水	木	金	土
24	25	26	27	28	29	30
31						

△青龍社第十三回展 八月廿七日より九月七日迄三越

△日本美術院第二十八回展 九月一日から同二十日迄府美術館

△二科會第廿八回展 九月一日より廿一日迄東京府美術館

△國風彫塑第五回展 九月一日より十七日迄東京府美術館

△新浪漫派第三回展 九月一日より四日迄菊屋ギヤラリー

△三浦竹軒竹泉陶藝展 九月三日より六日まで高島屋

△春臺展 九月三日より七日まで青樹社

△武田範芳南洋作品展 九月六日より十日迄銀座紀伊國屋

△宮崎豐遺作展 九月六日より八日迄菊屋ギヤラリー

△佛印巡回日本畫展 九月九日より十日迄三越本店

△大森桃太郎個展 九月九日より十三日迄青樹社

△朋友會洋畫展 九月十日より十四日迄菊屋ギヤラリー

旬刊時評

美術團體の統制

美術雑誌《びじゆつざつし》の統制《とうせい》の次《つぎ》に來《きた》るものは美術團體《びじゆつだんたい》の統制《とうせい》であると聞《き》いてゐる。當局《たうきよく》はいかなる方策《はうさく》を以《もつ》てこの統《とう》制《せい》に對《たい》されるのかは未《いま》だ吾《わが》徒《と》の窺知《ち》しえざる所《ところ》であるが、卒直《そつちよく》に吾徒《わがと》の意見《いけん》を述《の》べてをかう。

所謂《いはゆる》美術團體《びじゆつだんたい》なるものもあまりに雑然雑多《ざつぜんざつた》であつて吾《われ》らはその個々《こゝ》が果《はた》して必《ひつ》然《ぜん》の使命《しめい》あつて美術界《びじゆつかい》に存《そん》在《ざい》せねばならぬか否《いな》かを疑《うたが》ふものである、同氣相求《どうきあひもと》めて相寄《あひよ》り相合《あひがつ》するも既《すで》に一團體《だんたい》を形成《けいせい》しうる。大團體《だいだんたい》中《ちう》に屋上屋《をくじやうをく》を架する如《ごと》き者《もの》将《また》た又敢《あへ》て幹部《ぶ》に反意《はんい》を表《へう》し分離《ぶんり》結成《けつせい》する者《もの》、等《ひと》しく一團體《だんたい》たりうるといふ如《ごと》き誠《まこと》にくだらぬ存在《そんざい》である、團體中《だんたいちう》には永《なが》き歴史《れきし》のものもあり、短《みじか》きもあり、昨日《きのふ》創立《さうりつ》して今日《けふ》解散《かいさん》する浮遊《ふいう》的《てき》のものすらある、茲《こゝ》に於《おい》て美術團體《びじゆつだんたい》はその統制《とうせい》の基《き》本《ほん》に何《なん》らかの條件《でうけん》を必要《ひつえう》とせねばならない。

吾人《ごじん》はその條件《でうけん》として左《さ》の各項《かくかう》を提案《ていあん》する。

一、美術團體はその主張の如何を問はず一國美術の向上に寄致すべき職能をもつこと

二、美術團體の成員は一定の技術修得者たること。

三、基本技術修業中の者は美術團體を組織し得ず

四、作品を公募する團體の鑑審査員は一定の技術鑑識を備へたる者に限ること

右《みぎ》の中《うち》(一)に於《おい》ては反國家《たんこくか》的思想《てきしさう》、醜悪怪奇《しうあくくわいき》もしくは技術拙劣者《ぎじゆつせつれつしや》を除外《ぢよぐわい》し得《う》(二)に於《おい》ては技術修得者以外《ぎじゆつしうとくしやいぐわい》を制限《せいげん》し得《う》(三)に於《おい》ては同様《どうやう》修業中《しうげふちう》のものゝ功名的發足《こうみやうてきほつそく》を戒《いまし》めると同時《どうじ》に、今日《こんにち》の畫塾《くわくじゆく》の如《ごと》きを美術團體《びじゆつだんたい》と認《みと》めざることとし(四)に於《おい》ては徒《いたづ》らに團體《だんたい》を作《つく》りその力《ちから》によつて無能力者《むのうりよくしや》が他《た》の公《こう》募作品《ぼさくひん》の上《うへ》に君臨《くんりん》する如《ごと》き名譽心《めいよしん》を剝奪《はくだつ》することゝなる、これらを標準《へうじゆん》にすれば既存《きそん》の美術團體《びじゆつだんたい》は恐《おそ》らく三分《ぶん》の一以下《いか》に限定《げんてい》することが出來《でき》よう。修業中《しうげふちう》の者《もの》にはただ作品發表《さくひんはつぺう》の展覧會《てんらんくわい》を開催《かいさい》する機會《きくわい》を適當《てきたう》に許容《きよよう》し團體性《だんたいせい》を認《みと》めぬことが美《び》術向上《じゆつかうじやう》の爲《た》め却《かへ》つてよいのである。吾徒《わがと》は以上《いじやう》を基本《きほん》として統制《とうせい》すべきと思《おも》ふ。

豆の國」で我日本の明媚な山水をその畫心に射影して國土の尊貴な所以を表現し彩管報國の赤誠を溢るゝほど盛りこんだ此の作品と、流水に游鯉を描いた四曲一双の「曲水圖」とを出陳する、社人の坂口一草氏は「熱河の大佛寺」と「黄鳥彩啼」の崎二點、加納三樂氏は「採果」山豐氏は「熱河」と題する「彩院「琉璃搭」の二作、福岡青嵐氏は今年で完結する明惠傳の連作畫を出品する、尚大阪の會期は九月廿三日より十月五日迄大阪驛前阪急百貨店、名古屋會期は十月十五日より同廿六日迄榮町通十一屋百貨店

院展入選發表は三十日

日本美術院再興第二十八回展搬入受付は八月廿五月から同廿七日迄上野府美術館で、入選發表は同月卅日、會期は九月一日から同廿日迄、會場は府美術館

榮えの入選作品

青龍社第十三回展の搬入總數は八十一人八十七點、入選數は三十三人三十三點、新入選は三人三點、入選作品と筆者は左の通り(○印は新入選)

(鵜飼)安西啓明 (海風)小畠鼎子 (桐の町)木村鹿之介 (秋)市野亭 (王冠圖)時田直善 (霧)利谷双樹 (巖)岡部建一郎 (彩橋)大塚榮治、(紫薫圖)渡邊不二根 (雄姿)河野正長 (松苑)佐藤正一、(綠一線)上條靜光 (柳)内池星子 (濕地に咲く)鍛冶海雪 (防毒班)森省三 (午憩)小西茨麻呂 (渓)龜井藤兵衛 (寒霞渓晩秋)琴塚英一 (名樹惜春)佐々木邦彦 (爽朝)丸山 皎 (公孫樹)高山晴雄 (蒂村女景)古野新生 (花と女性)中布佐風路 (葱響)細野光治(洋蘭)水野榮(錦鯉)西條正一 (綠蔭)須藤尚義、(陶工)伊東顯 (サボテン)佐藤博 (圓舞)依田季夫○ (獅子)池田洛中○ (藤墻)柳道成○ (七面鳥)入江臥水

國風彫塑展

國風彫塑會では九月一日をら同月十七日迄上野府美術館で秋展を催す、八月二十六、二十七二十八の三日間搬入受附、同月二十九日鑑別、同三十日審査

二科展

上野の府美術館で催される二科會展は九月一日から同月二十一日迄に變更作品搬入は八月二十一、二兩日

航空美術展

時變下國民航空及び防空思想の普及發達に資するため大日本航空美術協會では朝日新聞と共同主催の下に來る九月二十日の「航空日」を中心に同月十三日より二十一日まで日本橋高島屋に於てわが國最初の航空美術展を開催することとなつた、尚同展觀は大阪、名古屋、福岡その他の都市にても開催の豫定である

展覧會規定

一、出品作品は日本畫、洋畫、彫刻、ポスターの四種とす。

一、作品は航空ならびに防空に關するもの(例へば卅界航空發達史上の場面、飛行機、飛行船、氣球、グライダー、模型飛行機、空中戰、曲技飛行飛行場、航空母艦、航空燈臺繰縦士、航空兵、航空關係製製工場、航空關係學係訓練所落下傘、防空施設、高射砲、防空演習、航空乃至防空關係記念建造物等の如し)

一、應募作品は一人二點以內とす

一、優秀作品には海軍陸軍遞信大臣賞、大日本飛行協會賞、大日本防空協會賞、大日本航空美術協會賞及期日新聞賞を贈呈す

一、出品搬入は九月九日十日兩日中に日本橋區通三丁目高島屋內航空美術展出品受付所に出品申込書を添へて搬込

曾仲鳴夫人個展

佛印で汪兆銘氏の身替りとなつて兇彈に斃れた曾仲鳴氏の未亡人方君璧(四二)さんは大磯で遺兒たちと避暑中だが今秋東京で個展を開催する事になつた。中國文化紹介の目的である。方未亡人は巴里に十三年間留學してベルナール氏に師事の巴里展にも入選したことがある。中國でも定評のある洋畫家である。今度の個展には千九百二十四年巴里で好評を得た。「在りし日の夫君」故曾氏の讀書姿を描いたものや、大磯の海岸風景を扱つたもの、靜物「桃」など日本の風物から取材したもの、いろ〳〵な中國風景を描いたものを出品する

獨逸藝術展

ミユンヘンで開催

本年度獨逸藝術展はミユンヘンの「獨逸藝術の家」で八月二日から開催された。開會當日にはゲッペルス宣傳相が祝辭演説を行つた、この展覧會を觀て、戰時下でも獨逸藝術家の藝術意識は龍も衰へてゐないし却つて新しく視野を擴大した效果の素晴らしさに驚かされる、評判となつてゐるのは、ハンス・シユミツクの繪畫「勞働者・農民・兵士」ゼツプ・ヒルツの「農民二部作」アルノー・ベルケルの彫刻「復讐者」ヨーゼフ・トラクの「二人の人間」など作品點數は繪畫六五五點、彫刻四三七點で全體的に風景畫や靜物畫が激減してゐることは注目される

團體

硝子作家結成

今回工藝美術作家協會の部會として東京在住の硝子工藝作家を糾合し硝子作家東京會が結成された、同會の精神目的事業等は總べて作家協會の趣旨に基きて以て文化的國民運動の一翼として大いに活動すべく意氣ごんでゐる、會員名は左の通り(イロハ順)

(委員)大庭一晃、小畑雅古(常務委員)各務鑛三、河上傳次郎、横川彦太郎、高木茂降旗正男、小柴外一(委員)佐藤潤四郎、明道長次郎、平澤壽晃

尚大丸神戶店美術部では右の團體が結成されたのを機とし同會關西展を八月五日から十日まで五階別室で開催連日盛況を盡した

嶺南美術家協會

南支廣東の日支美術人を打つて一丸とした嶺南美術家協會では八月二日から六十名の講習生を募集、廣東女子美術學校で第一回美術講習會を開催中

大東南宗院

八月八日に結成

二小室翠雲氏を中心に全日本及び滿洲中華兩國の南畫人千三百餘氏を總動員する「大東南宗院」は大政翼贊會の肝煎りで着々進行八日午前十一時から日比谷帝國ホテルで結成式が擧行された委員長小室翠雲氏、幹事長岩切重雄氏、河野桐谷學藝研究所長等二百名の畫人の外來賓として頭山滿翁、石渡大政翼贊會事務總長、岸田國士同會文化部長、清水藝術院長、坂崎坦博士諸氏列席盛會裡に午後二時過ぎ散會した、同院運動の中心として近く學藝研究所が大井に設立され精神科學の研究や洋畫のデッサン等基本研究を行ひ南畫の精髓たる沒骨法とこれに共通する洋畫の點描等の比較錬磨を圖り眞の研究精神を涵養し、延いては日本精進運動の一躍進力たらんとする方針を執る事になつてゐる。

工藝作家協議

工藝美術作家協會では八月十五日午後二時から上野の東京美術學校內倶樂部で協議會開催、山崎覺太郎、北原千鹿、各務鑛三、香取正彥、海野清、河村蜻山、推朱楊成、宮之原喜明の八氏出席、同月十二日商工省から發令された藝術保存に關する特例に付協議を遂げ個人育成の議題を殘して散會、二十二日午前十時より同所に再び會合各議題並に統制に伴ふ資材配給等に關し熟議した。尚爾今金曜日毎に例會を開き斯會善處に資する事となつた

讀畫會慰勞

讀畫會では本年展覽會の慰勞會を八月十五日に若溪會館日本間で開催、荒木十畝氏を始め一同出席、つゞいて二十五日及九月五日同會場で第二第三回を開いた

滿洲美術家創立會議

昨年滿洲國著名の美術家を招集して美術家協會設立委員會を開催した滿洲國弘報處では時局に鑑み設立委員を國展美術委員に委囑、發會式の準備中であつたが去る十七日午後三時から新京の國務院講堂で創立會議を開催した。同國有數美術家數十氏參集、協會事業と運用方針、會員相互運用の圓滑化等に付種々凝議、武藤弘報處長より委員の任命を見た

文化奉公會

還兵の團體

わが文化面に關聯を持つ者の歸還兵に依つてこのほど結成された文化奉公會は軍部指導の下に諸企劃を樹て大陸第一線の情況を文筆又は彩管に依つて銃後に傳へるべく準備中の處、先づ第一陣として高澤圭一、原精一三輪晁の三畫家が二十日午前五時半羽田空港から大陸へ向つた三氏は約一ヶ年の豫定で第一線その他を無腰で視察、奉公の畫材を廣く蒐集するはずである、尚同會の第二陣として棟田博、大內直通（共に文人）瀨戶口（脚本家）三氏が近く渡支し、對重慶の文化宣傳と母國への戰線報告に努める筈

忠愛美術院

廿二日上野で發會

美術を國家的武器として臨戰體制に卽應させる爲日本畫、洋畫、彫刻各團體、中堅人に依りこのほど忠愛美術院といふ新團體が結成された、總裁には海軍中將八角三郎氏、副總裁には陸軍中將中島今朝吾氏をそれ〴〵推戴、二十二日午後五時から上野の精養軒で盛大な發會式を擧行した、同院の同人は

花岡萬舟、長谷川八十、西川宗舟、穗坂光希、本多桃太郎吉田廣陽、高澤圭一、津田正周土田賓、內藤外次、山田順治増田英一、増田柳外、松田康一、藤田峰英、木寺徹、白銀功、島津純一諸氏

同院では時局便乘主義を排し美術を通じて眞の國策協力を行はうとするものでその具體的計劃の內には全國に美術家道場を創設、美術道を確立し新美術家生活の改善を圖るなど劃期的な計劃も含まれてゐる。事務所は杉並區中通町一七七藤田峰英氏方で綱領は左の通り

一、我等は美術の職域に於て至誠以て君國に酬ひ奉る

一、我等は不撓不屈率先して皇國傳統の美術を再建す

一、我等は大和協力して美術に依り日本精神の昂揚を期す

新興美術研究會

新興美術院では昨年十二年十二月井之頭研究所を新設、戰時下に於ける藝術暢達の目的から眞摯なる研究を繼續し

第一回研究會を二月十七日開催出席者五十三名、主として新院展出品作下圖研究

第二回を六月二十五日開催、出席者四十三名、大政翼贊會文化部新井新氏「時局と美術」に就て講演、終つて作品批評會

第三回を七月二十七日開催、出席者百十一名、田中一松氏「桃山時代障壁畫」に就て講演、終つて作品批評會を催したが八月廿四日には第四回研究會を開催、田中一松氏の續講と作品批評とを行つた

いろ〳〵

出征將兵慰問

愛知縣が繪葉書で

愛知縣廳では同縣出身の戰線にある將兵慰問のため精巧なる原色版繪葉書を作製して各地に贈ることゝなつた、同繪葉書は一組五枚で筆者は同縣出身の日本畫及び洋畫作家三氏に依囑、畫題は愛知縣に因めるものが撰まれることゝなつた、筆者及び畫題は左の如くである

太田三郎氏（蒲郡）犬山城と月本ライン、名古屋城

川崎小虎氏（多分）熱田神宮

服部有恒氏　女性風俗

大阪玉祖神社で

神像を發見

大阪府中河內郡高安村字神立式內鄕社玉祖神社の御本殿の天井から煤にまみれた木彫り像が發見された。男子像は顏の一部が缺けてゐるが高さ二尺五寸の座彫、女子像は高さ二尺三寸で片膝を立てたもの、双方欅の荒彫り、黑板博士が鑑定を行つた結果、これらは奈良朝中期の作で神佛混淆時代に佛像を摸し神像として造つたあの男子像の着物の立襟、女子像の立膝は神代風俗を想像して造つたものと想像される、かういふ古代の神像は珍有のものであるから同神社では國寶としての認可方を文部當局へ申請する事となつた

朝鮮咸鏡道の

良質陶土發掘

良質陶土の產地として知られる朝鮮咸鏡北道會寧を中心とする一帶は小規模の在來式手工業が行はれてゐたが、最近文展審査員澤田宗山氏が同地方へ赴き二週間に亘り陶土の研究を續けたので注目されてゐる、同地方の陶土は火度にも強く採掘地も交通の便がよいので現在名古屋方面の陶土が減少してゐる折柄內地業者も同地方に着眼してゐると云はれる

島根縣で發見の

明珍の名作

明珍の名作と云はれる「鐵の扁額」が島根縣溫泉津町で見出され非常な人氣を呼んでゐる。所持者は同町青年學校の茶道と華道の指導員河野武吉氏である現物は數年前同郡五十猛村靜間神社の某神職が歿後、同所を整理した際土藏の中にあつたのを讓り受けたもの、長さ三尺二寸幅一尺二寸、重量一貫四百七十匁、繪は高士觀瀑の圖の打出しである、銘ははつきりしてゐるが年代が明かでなく、文獻も無いので何代目明珍の作であるか疑問視されてゐたが、過般同町を訪ねて來た同縣出身畫家田中來照氏が之れを觀て「これは確かに明珍作の逸品だ」と太鼓判を押したので大評判となつたわけである、口碑に依ると大森銀山初代の代官大久保石見守が同神社へ献納したものと云はれ、初代から六代目までの作ではないかと推定されてゐる

陳列スクリーンを

大阪市美術館試用

昨年末京城帝大美學敎授から大阪市立美術館長に就任した上野直昭氏は陳列ケース內に木組に紙を貼つた襖様の陳列スクリーンを試作して天王寺の美術館に試用し文部省の丸尾國寶鑑査官などに見せたところ肉眼と虫眼鏡との相違がある位從來の陳列法よりもよく鑑賞出來ることに讃嘆の言葉を寄せられたので同館の全陳列ケースに此の特製スクリーンを作り今秋の同館主催名寶展には見違へるほど完全な陳列を行ふ由

千葉縣牛久で

佛像を發見

鎌倉時代の國寶的存在を示す佛像三體が千葉縣牛久町で先般東京美術學校の一生徒に發見せられ同校敎授に依つて折紙が附けられた、これは同町皆吉逼志保井山の上弟橘姫神社と日本武尊の腰かけ松で有名な橘譯寺の仁王尊と藥師如來、その側立の三佛像である、發見したのは同校彫塑科四年の向井亮吉君（洋畫家向井潤吉氏令弟）その報告を受けた同校敎授西田正秋氏が同寺を訪ね專問的見地から調査し世に稀な尊像であることを立證したものである

川北霞峰氏遺作を京都博物館へ寄附

文帝展時代を通じ穩雅な風景畫を以て聞えた故川北霞峰氏の一周年に際し遺族孝夫氏から大禮記念京都博物館へ故人の代表的力作「溫泉のほとり」四曲屏風片双（昭和四年帝展出品）の寄贈を申込み同館では欣然それが受納の手續を取つた

京都博物館新陳列

京都恩賜博物館は八月十五日から九月十五日まで左の如く陳列替をした

▲備然正恒太刀（藤本廣藏氏藏）▲青江正恒太刀（白鳥神社藏）▲正恒刀（釣力氏藏）▲月山刀（原政三氏藏）▲月山短刀（同上）▲月山短刀（井澤久義氏藏）▲薙刀直し名物骨喰藤四郎吉光（豐國神社藏）▲名物薄維太刀（大覺寺藏）▲名物二ッ銘則宗（愛宕神社藏）▲名物義元左文字刀（建勳神社藏）▲唐招提寺勅額（唐招提寺藏）

大和の畫家が
戰地慰問畫帖

奈良縣在住の畫家達は戰地の末長部隊長に慰問として畫帖を贈る事になり一册の畫帖を持ち廻つて制作をつゞけてゐたが、このほど漸く完成、扉には山內同縣知事の「剛健」奥書は春日神社大和田宮司の「武勇降妖魔」で內容は素晴らしいものばかりである

精華美術院
勇士慰問團

大阪精華美術學院は今年で創立三十年目、卒業生は約八百名に達しいづれも近畿の工藝圖案界に活躍してゐるが、その有志の發起で創立三十年を記念し院長松村景春氏への報恩感謝會を近く催す、同時に彩管報國隊を組織し第一線に在る勇士や白衣勇士選家族の慰問をすべく積極的行動を執る事になつた

靈山畫廊の電話 京都市東區靈山護國神社電停前の靈山畫廊平塚蕉氏方の電話はこの程（祇園）二五五一番と變更した

個人

橫山大觀氏
自邸で卒倒

橫山大觀氏は十八日夕、下谷區池の端の自邸で按摩治療後、氣分惡しとて起上らうとした瞬間卒倒、打倒れるはづみに强く肋骨を打ち、挫折した模樣で直ちに主治醫を招き手當中であるが容態安易を許さぬものあり、專ら治療に盡しつゝある由

堂本印象氏
高野山彩管

高野山の根本大塔の內陣を飾る大柱繪が近く完成される、筆者は堂本印象氏でわが佛畫史上に未曾有の十六菩薩の大作である、今秋大塔の內部に取りつけをする運びになつてゐるが、此のほど原寸大の下繪二枚が屆いたので漆塗り工事中の大柱に假取附を行ひ金剛峯寺關執行長以下本山の重役が視察したこの柱繪は高さ二十尺周圍九尺四寸の大柱十六本に十六菩薩の坐像一體づゝを描いた畫布を張りつけるもので完成の曉は昭和の代表佛畫として後代に讃へられるものであらう

長谷川榮作氏
文展作着手

長谷川榮作氏（今年度文展審査員）の今秋文展出品を覗ふと等身胸像「母之像」のブロンズ仕立てである、氏の母は知るごとく乃木希典大將の令妹で今年八十四歲だが元氣矍鑠で品川區御殿山の長谷川氏邸の隱宅に居られる。乃木將軍の兄弟は

將軍―誠―きね―いね―集作で次弟の誠氏は長州萩の亂の前原一誠麾下の勇將で同役に悲壯の戰死を遂げた、末弟の集作氏は那須に耕作に從事したが既に故人となり、長女きね亦今は亡く、次女のいね（卽ち長谷川氏の母堂）がひとり存在してゐるのである、長谷川氏は「八十八の祝ひの心で今製作中です」と語つた

神津港人氏畫く
丁滿洲參議肖像

滿洲國新京へ急行、同國參議丁鑑修氏の肖像を揮毫、昌德（熱河省首都）に旅し直路七月末歸京し、三十一日鄕里長野縣佐久に歸省、八月一日展墓掃苔供養をし七日歸京した

名取春仙氏が
大日本神典繪卷

名取春仙氏は卅年來の念願である「大日本神典繪卷」にいよく着手する事になり住居を阪神沿線甲子園ホテル前に定め東京からこのほど移轉した、この神典繪卷は十卷の卷物、百枚の歷史畫を盛るもの日本書紀と古事紀とから取材し五ヶ年計劃を樹てゝゐる

小早川秋聲氏
又々滿洲へ旅

九段國防館の二千六百年記念壁畫を執筆中の陸軍美術協會々員陸軍省囑託小早川秋聲氏は約一ヶ月の豫定で北滿國境一帶に次の壁畫の題材を求めることになり八月四日大連に渡り旅順に滯留の後北上した。同氏は出來るだけ開拓民の活動狀況を視察しようとしてをり、又壁畫の方は昨年橫八尺四寸縱七尺のものを五枚完成してゐるので本年には殘りの五枚を描きあげる豫定だといふ。

高木保之助氏

目白から中野區鷺宮四ノ八八九に移轉した氏は遂に八月十六日午前六時三十分逝去、十八日自宅で告別式を行つた、本鄕區妻戀坂上の味噌問屋の老舖伊勢利の次男、東美校出で松岡映丘氏に師事して新興大和繪會及び國畫院の重要位置に居たが享年五十一歲であつた、氏は兎角虛弱勝ちな夫人の健康を思ひ、且つは昨年三女を喪つたなどの事から更新一番の心で鷺宮に新築移轉したので、移轉の際も夫人は入院中であつたが此程夫人が退院した時、偶然にも夫人の主治醫に診斷を受けた處が既に氏は案外の重患に陷つてゐることが分つたので直ちに島田病院へ入院することとなつた、それが本月六日の事で爾來僅に十日目で遂に逝去の運命に立到つた、病は敗血症であつたが本人は殆ど死の間際まで重患を知らなかつたのであるから痛ましい限りである、新築の畫室も遂に作品を成すに到らなかつた

古屋苔軒氏

八月七日午前一時、永らくの病勢俄かに更まつて逝去、九日世田ヶ谷赤堤の自宅で告別式を行つた、氏は東京市橋場に生る少年時代既に天才の稱があり夙に巽畫會に活躍したが川合玉堂氏に師事したのも其頃で、常に特異な畫境にあつて其作品はなかく\いゝものがあつた、文帝展と戊辰會に其作品を發表してゐたが昨年鳩居堂に個展を開催した、家に二男二女がある、四十八歲は惜しむべし

當局の慫慂で
院展二科無料日

美術團體の新體制に卽應すべく大政翼賛會文化部では、美術團體の開催する展覽會が兎角に特權階級の鑑賞に局限される傾があるのを排し、廣く大衆に美術普及の意義を以て、先づ今秋美術界に魁けて開く院展及び二科展に對して開會の第一日を無料日とし、大衆の鑑賞に開放しては如何と慫慂したるに、兩展共之れに順應したので、九月一日の第一日を右の如く無料日とするに決した。恰も當日は興亞奉公日に相當することとて一層の意義を加へる次第である。猶當局は右の趣意を徹底せしむべく爾後の展覽會を開催の美術團體に對しても同樣呼かくるものと見られる。

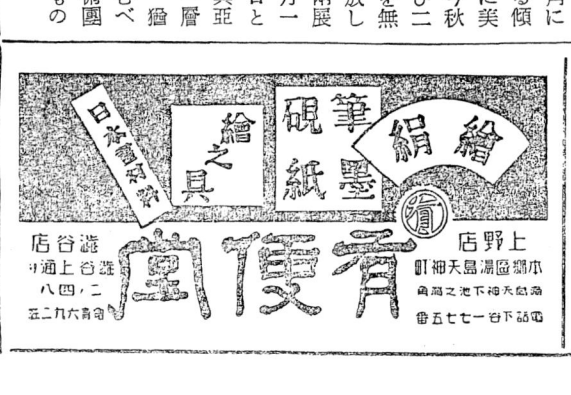

　私《わたし》はこゝにその本《ほん》の賣《う》れゆきに對《たい》して廣告《くわうこく》をせうとするのでは無《な》い。たゞ注意《ちうい》を喚起《くわんき》したいのだ。それは津村大尉《つむらたいゐ》といふ筆名《ひつめい》で近頃《ちかごろ》發行《はつかう》された『南海封鎖《なんかいふうさ》』といふ戰《せん》記《き》のことである。この本《ほん》は主《おも》に南《なん》海封鎖《かいふうさ》に小艇《せうてい》に乘《の》じて戰《たゝか》つて居《ゐ》る著者《ちよしや》のいろいろな經驗《けいけん》が語《かた》られ、讀《よ》む人《ひと》により皇軍《くわうぐん》の苦勞《くらう》や、船《ふね》に乘《の》る人《ひと》のつらさや、愉快《ゆくわい》さや、皆《みな》それぞれの面白《おもしろ》さがあるであらうが、私《わたし》の第《だい》一に言《い》ひ度《た》いのは、この現役大尉《げんえきたいゐ》が兵學校《へいがくかう》以來《いらい》學《まな》び來《きた》つたそのちやんとした學問的基礎《がくもんてききそ》の上《うへ》にたつた事象《じしやう》の判斷《はんだん》や、說明《せつめい》や觀察《くわんさつ》やがたまらなく面白《おもしろ》いのである。浪《なみ》の荒《あ》れる時《とき》の蓄音器《ちくおんき》の音《おと》の强弱《きやうじやく》や、階段《かいだん》を上下《じやうげ》する時《とき》の激浪《げきらう》の爲《ため》の身《み》が宙《ちう》に浮《う》く樣《やう》な感《かん》じなどをちやんとした知識《ちしき》のもとに書《か》いてあるのである。そういふことに知識《ちしき》のない人《ひと》ならば、どんな名文《めいぶん》家《か》でも見落《みおと》すであらうところの海員日常些細《かいゐんにちじやうささい》な事象《じしやう》が、恐《おそ》ろしい正確《せいかく》さで私《わたし》らに傳《つた》へられるのである。そしてこんなことが我國《わがくに》の文學《ぶんがく》にも、繪畫《くわいぐわ》にもひどく缺乏《けつぼう》してゐるのでは無《な》かつたらうか？　海《うみ》の繪《ゑ》といへば激浪《げきらう》さかまく暴風雨《ばうふうう》の姿《すがた》で無《な》くては承知《しようち》しない、戰爭《せんさう》の繪《ゑ》といへば、その想像《さうざう》する戰爭《せんさう》に合《あ》はなければ承知《しようち》しないのだ。

　南支《なんし》の或《あ》る基地《きち》を畫《か》いた。そこは○江《かう》の黄《き》い水《みづ》が海水《かいすい》と交流《かうりう》する處《ところ》、そして水《みづ》はやゝエメラルド色《いろ》になる、十月《ぐわつ》から十一月《ぐわつ》の候《こう》だとする、その邊《へん》にはS・Eの十米位《くらゐ》のモンスーンが連日《れんじつ》吹《ふ》きつのる、なま暖《あたゝ》かくしめつぽい風《かぜ》である。島《しま》かげなので大《おほ》きなうねりは來《こ》ないが、○江《かう》の餘勢《よせい》をうける水《みづ》の流《なが》れとぶち合《あ》つて、船乘《ふなの》りの最《もつと》もきらふ三角浪《さんかくなみ》がたつ、艦橋《かんけう》からそれを見《み》るとする、人《ひと》が考《かんが》へるやうなさかまく怒濤《どとう》と見《み》ようと思《おも》つても見《み》えない。うつかりすると靜《しづ》かな浪《なみ》にさへ見《み》へる。しかしそこに內火艇《ないくわてい》か何《なに》か居《ゐ》るとする。それは今《いま》にも沈《しづ》まんばかりにゆれて居《ゐ》るのだ、しかしそれは繪《ゑ》の中《なか》ではほんのポツンとした一點《てん》にすぎない、海《うみ》はしかく大《おほ》きいのだ、海《うみ》の知識《ちしき》の無《な》い人《ひと》にそれを見《み》てもらつてもたゞそれは海《うみ》であるにすぎない、その上《うへ》の何《なに》ものも語《かた》らないのだ、そして海軍士官《かいぐんしくわん》などから感慨《かんがい》をもつて眺《なが》められることがある、目《め》を遠《とほ》くして『あの三角浪《さんかくなみ》、三角浪《さんかくなみ》』といつて居《ゐ》る。

　海を主題とする繪といふものの論議はこゝでぬきにして、とも角私は海が好きである。[illegible]畫の體はそう變り得べきものと思《おも》はない、私《わたし》らを打《う》つ要素《えうそ》は或《あるひ》は千古不易《せんこふえき》といつても過《くわ》言《ごん》では無《な》いであらう。然《しか》しその『用《ゆう》』の方面《はうめん》に至《いた》つては時代《じだい》によつてちがつて居《ゐ》る。今《いま》の時代《じだい》とはまことに急《きふ》な勢《いきほひ》で變《かは》つて行《い》つて、極言《きよくげん》すれば昨《さく》年迄《ねんまで》とちがつて本當《ほんたう》の戰時《せんじ》の狀態《じやうたい》なのだ、たゞ國境《こくきやう》が海《うみ》なので獨逸《どいつ》やロシヤの樣《やう》に强《つよ》く國民《こくみん》に感《かん》じられないのだ。外《ほか》の國《くに》がどうのかうのといふ見得《みえ》の時代《じだい》では無《な》いのだ。日本《にほん》がまつしぐらに自分《じぶん》のことをやつてゆかねばならぬ時《とき》なのだ、シンガポールは二週間《しうかん》の航海《かうかい》のかなたにあるのでは無《な》いのだ。それは平時《へいじ》、門司《もじ》から上海《しやんはい》に行《い》つて一泊《ぱく》し、香港《ほんこん》に一泊《ぱく》して經濟速力《けいざいそくりよく》で行《い》つての二週間《しうかん》の距離《きより》である。

　試《こゝろ》みに海圖《かいづ》をひらいて東京灣外《とうきやうわんぐわい》からS・Wに方向《はうかう》を取《と》り二百二十度《ど》に線《せん》を引《ひ》いたら一直線《ちよくせん》にシンガポールに通《つう》じるであらう、その上《うへ》を最《もつと》ものろい一時間《じかん》の速度《そくど》でコンパスを取《と》つて行《い》つてもいかな素人《しろうと》でもフイリツピンの鼻《はな》が何日《なんにち》、シンガポールが何日《なんにち》の距離《きより》にあるかすぐ了解《れうかい》がつくことであらねばならない。先年《せんねん》私《わたし》は軍艦《ぐんかん》の航海《かうかい》でホンコンも、シンガポール、コロンボ、アデン、スエズ、ポルトサイド、マルタ、ジブラルタル、スピツトヘツド事變直前《じへんちよくぜん》の英國《えいこく》の基地《きち》をながめてゆくことが出來《でき》た。北《ほく》支《し》から中支南支《ちうしなんし》と三回《くわい》の旅行《りよかう》で私《わたし》はおぼろげ乍《なが》ら東洋《とうやう》とヨーロツパをつなぐ海《うみ》の線《せん》が了解出來《れうかいでき》るやうに思《おも》はれる……。

　然《しか》し乍《なが》ら私《わたし》は海《うみ》が好《す》きなのだ、繪《ゑ》のことゝはなれても私《わたし》は航海《かうかい》することがすきなのだ、港《みなと》に入《い》る前《ぜん》日《じつ》のあのそわ〳〵しい氣《き》もち、まるで青春《せいしゆん》がかへつたやうだ、そして上陸《じやうりく》、土《つち》のあたゝかみ！　船乘《ふなの》りの實感《じつかん》でいへば、まるで地球《ちきう》の中心《ちうしん》に自分《じぶん》の足《あし》がつゞいてるやうな』『地熱《ちねつ》を感《かん》じるやうな』そして、『地球《ちきう》の引力《いんりよく》を感《かん》じるやうな』あの感《かん》じなのである。出港《しゆつかう》して港外《かうぐわい》から平常《へいじやう》のスピードにかへり、潮風《しほかぜ》と海《うみ》の香《か》のまつたゞなかで、新《あたら》しい航海《かうかい》がはじまる、皆《みな》は又《また》青春《せいしゆん》を感《かん》じるのだ、そうして陸《りく》の樣《やう》に警戒《けいかい》を要《よう》しないし、だまされることもない、あの陸上《りくじやう》の色《いろ》も音《おと》もにほひもない、そして心《こゝろ》から知《し》り合《あ》つた仲間《なかま》だけなのだ、ケビンのドアのかぎは再《ふたゝ》びあけつぱなしだ。

　船《ふね》の生活《せいくわつ》はしかし極《ご》く少數《せうすう》の人《ひと》の社界生活《しやかいせいくわつ》である、お互《たがひ》は極度《きよくど》にそのわがまゝを抑制《よくせい》して居《ゐ》るのである。一人《ひと》の人《ひと》のわがまゝは全體《ぜんたい》の生活《せいくわつ》をこわす、お互《たがひ》の私生活《しせいくわつ》はひかへめにして船《ふね》といふ全體《ぜんたい》を活《い》かすのである。親鸞上人《しんらんしやうにん》はいつも水道樂《すゐだうらく》を云《い》はれる水路《すゐろ》の樂《たの》み陸路《りくろ》の苦《く》と比較《ひかく》するのである。船《ふね》の中《なか》の生活《せいくわつ》は一身《しん》のことを船長《せんちやう》にあづける生活《せいくわつ》である。私《わたし》の生《せい》活《くわつ》を營《いとな》み乍《なが》らそれを他力《たりき》にあづけた生活《せいくわつ》である、佛法者《ぶつぽふしや》の生《い》き方《かた》であるそしてそこにはちやんとした規則《きそく》づけられた生活《せいくわつ》がある。そこから私《わたし》たちも國家《こつか》の一員《いん》としての活《い》き方《かた》を學《まな》ぶ。何《なん》といはうとこれから皆《みな》が一つのデイスシプリーヌに生《い》きてゆかねばならないのだ、そして「體《たい》」をもつものは大《おほい》にその「用《よう》」を發揮《はつき》すべき秋《とき》なのだ。

　若《も》しも海洋畫《かいやうぐわ》の『用《よう》』ありとすれば、例《たと》へばアメリカの如《ごと》く、いかに船《ふね》があつても海員《かいゐん》がなかつたら如何《いかん》せんやである。アデン、ジブラルタルがいつの世《よ》にか他《た》の冒《ぼう》險心《けんしん》に富《と》んだ民族《みんぞく》の有《いう》に歸《き》しないと誰《たれ》が豫言《よげん》できよう！　そしてそれは日本民族《にほんみんぞく》でなくてはならないのだ。遠《とほ》い海《うみ》を思《おも》はせる、そこに役《やく》たてば翼賛《よくさん》の一翼《よく》であらうでは無《な》いか、オランダがスペインがポルトガルが次々《つぎ〳〵》におきかへられたアングロサクソンが置《お》きかへられる時《とき》が遠《とほ》くもあるまい。試《こゝろ》みに思《おも》へ、東洋《とうやう》の海《うみ》が我國《わがくに》の海《うみ》になつた時《とき》に、我々《われ〳〵》の子孫《しそん》がどれだけ豐富《ほうふ》な生活《せいくわつ》をするか？　海洋畫《かいやうぐわ》の『用《よう》』はその心《こゝろ》をおこさせるに役《やく》だつであらう。フイリツプのマリーヌアトラスをながめ乍《なが》ら私《わたし》の思《おも》ひは遠《とほ》く潮風《しほかぜ》のかなたに走《はし》る。

美術新體制の基底

子爵　岡部長景

時局《じきよく》の緊迫《きんぱく》は、國民《こくみん》の心構《こゝろがま》へに彌《いや》が上《うへ》にも戰事意識《じいしき》の徹底《てつてい》を要請《えうせい》すると共《とも》に、國内《こくない》の凡《およ》ゆる部面《ぶめん》に對《たい》して一刻《こく》も速《すみや》かなる新體制《しんたいせい》の確立《かくりつ》を要求《えうきう》してゐる。今回美術雜誌《こんかいびじゆつざつし》の統制《とうせい》が行《おこな》はれ、その中《うち》の八誌《し》が新《あたら》しい出發《しゆつぱつ》を見《み》ることになつたといふのも、それは畢竟《ひつきやう》するところ美術新體制《びじゆつしんたいせい》の一翼《よく》としての美術ジヤーナリズムの臨戰體制《りんせんたいせい》であるに相違《さうゐ》ない。

一國《こく》の美術文化《びじゆつぶんくわ》が如何《いか》に戰時下《せんじか》の超非常時《てうひじやうじ》といへども、それを等閑視《とうかんし》すべからさることは既《すで》に贅言《ぜいげん》を要《えう》さない。然《しか》しそれには、美術《びじゆつ》の從來《じゆうらい》の在《あ》り方《かた》、美術界《びじゆつかい》の從來《じゆうらい》の方向《はうかう》そのまゝでよいといふのではない。率直《そつちよく》に云《い》へば、從來《じゆうらい》の美術界《びじゆつかい》の舊體制《きうたいせい》では、戰時下《せんじか》に於《おい》てこれを無用《むよう》の贅物視《ぜいぶつし》せらるゝことも一面《めん》に於《おい》て已《や》むを得《え》ないのであり美術《びじゆつ》が眞《しん》に戰時下國民《せんじかこくみん》の心《こゝろ》の糧《かて》となり精神《せいしん》の榮養《えいやう》となり、國民活力《こくみんくわつりよく》の源泉《げんせん》を涵養《かんやう》する爲《ため》には、偏《かたよ》り歪《ゆが》められた現在《げんざい》の在《あ》り方《かた》から美術本來《びじゆつほんらい》の正《たゞ》しい姿《すがた》に歸《かへ》らなければならないのである。

然《しか》らば美術《びじゆつ》の正《たゞ》しい本來《ほんらい》の姿《すがた》とは何《なん》であるか。私《わたし》はこの問《とひ》に對《たい》して、美術《びじゆつ》がまた國體《こくたい》の本義《ほんぎ》、皇國民《くわうこくみん》としての臣民道《しんみんだう》に生《い》き拔《ぬ》いてこそ、美術本來《びじゆつほんらい》の面目《めんもく》が發揮《はつき》されるのだといふことを云《い》ひ度《た》いのである。偏《かたよ》り歪《ゆが》められた美術《びじゆつ》は、結局《けつきよく》するところ皇國《くわうこく》の道《みち》を忘《わす》れたことによつて結果《けつくわ》されたのであり、そこにこそ全美術人《ぜんびじゆつじん》の反省《はんせい》の中心《ちゆうしん》が存《そん》することを云《い》はなければならないのである。

皇國《くわうこく》の歴史《れきし》は肇國《てうこく》の精神《せいしん》に基《もと》く國體《こくたい》の顯現《けんげん》の歴史《れきし》であると共《とも》に臣民道《しんみんだう》に於《お》ける實踐躬行《じつせんきゆうかう》の歴史《れきし》である。美術史《びじゆつし》の如《ごと》きもまた全《まつた》く同《おな》じ立場《たちば》に於《おい》て考《かんが》へられ得《う》るのであり從來往々《じゆうらいわう／＼》にして各時代《かくじだい》を繋《つな》ぐ美術作品《びじゆつさくひん》の系列《けいれつ》のみを以《もつ》て美術史《びじゆつし》であるとせるが如《ごと》きは眞《しん》にその認識《にんしき》の足《た》らざるを明示《めいじ》するものである。過去《くわこ》の優《すぐ》れた美術《びじゆつ》がその據《よ》つて立《た》つ夫々《それ／＼》の時代《じだい》の國家精神《こくかせいしん》と如何《いか》に不離密接《ふりみつせつ》な關係《くわんけい》を持《も》つてゐたか、而《しか》してその傳統《でんとう》が如何《いか》に日本民族《にほんみんぞく》の美意識《びいしき》を昂《たか》め情操陶冶《じやうさうたうや》の上《うへ》に資《し》するところが多《おほ》かつたか、吾人《ごじん》はそれを見《み》ることによつて古人《こじん》のその職域《しよくゐき》に於《お》ける臣道實踐《しんだうじつせん》の精神《せいしん》に觸《ふ》れるのであり、我《わ》が民族《みんぞく》の誇《ほこ》るべき美術《びじゆつ》の歴史《れきし》は絶對《ぜつたい》にこの點《てん》に於《おい》てその尊貴性《そんきせい》を發揮《はつき》することを寸毫《すんがう》も疑《うたが》はないのである。

自分《じぶん》は必《かなら》ずしも美術《びじゆつ》を目《もく》して思想戰《しさうせん》の武器《ぶき》、宣傳戰《せんでんせん》の道具《だうぐ》とするものではない。否《いな》むしろ美術本來《びじゆつほんらい》の持《も》つ無形《むけい》の力《ちから》が、國民《こくみん》の思想《しさう》に無形《むけい》の力《ちから》となつて齎《もたら》されることに多《おほ》く期待《きたい》するのであり、それが爲《ため》には徒《いたづら》に畫面《ぐわめん》の主題《しゆだい》の如《ごと》きに捉《とら》はれることなきを戒《いまし》めてゐるのである。要《えう》は作者《さくしや》の精神《せいしん》であり、心構《こゝろがま》へであり、そこに皇國民《くわうこくみん》としての臣民道《しんみんだう》の徹底《てつてい》せる自覺《じかく》があるならば、それは自《みづか》ら思想戰《しさうせん》の武器《ぶき》、神經戰《しんけいせん》の兵站《へいたん》としての機能《きのう》を充分《じゆうぶん》に發揮《はつき》し得《う》るのであつて、その兩者《りやうしや》は實《じつ》に不二一體《ふにいつたい》、全《まつた》くその歸《き》するところは一《ひと》つたることを確信《かくしん》するのである。

然《しか》らば美術《びじゆつ》の新體制《しんたいせい》を如何《いか》にすべきか、といふ問題《もんだい》に付《つい》てもその根幹《こんかん》はあくまでもこの點《てん》に存《そん》するのでなければならぬのである。今《いま》や舊體制《きうたいせい》として指摘《してき》されてゐるものは低俗《ていぞく》、頽廢《たいはい》であり、又機械主義《またきかいしゆぎ》、功利主義《こうりしゆぎ》等《とう》であるが、それに對《たい》する新體制《しんたいせい》が單《たん》なる自己保全《じこほぜん》の便宜主義《べんぎしゆぎ》の假裝《かさう》であるならばそれは如何《いか》に合理的《がふりてき》らしき組織統合《そしきとうがふ》を以《もつ》てすると雖《いへど》も在來《ざいらい》の舊體制《きうたいせい》より一歩《ぽ》だに進《すゝ》めるものともならないのである。『新體制《しんたいせい》とは組織《そしき》でもなければ觀念《くわんねん》でもない。皇國民《くわうこくみん》としての信念《しんねん》と、而《しか》してそれに基《もと》けるも行動《かうどう》に於《おい》て如何《いか》にして國家《こくか》の大目的《だいもくてき》と合致《がつち》する組織《そしき》を齎《もたら》すべきかといふことである。從《したが》つて美術新體制《びじゆつしんたいせい》の基底《きてい》はあくまでも日本精神《にほんせいしん》の振起《しんき》であり、皇國民《くわうこくみん》としての錬成《れんせい》であることを忘《わす》れてはならないのである。

最近《さいきん》聞《き》いた話《はなし》であるが、ヒツトラー總統《そうとう》はかねて獨逸國立美術館《どいつこくりつびじゆつくわん》に收藏《しうざう》されてゐたフランス前衛派《ぜんゑいは》の作品《さくひん》を一掃燒棄《さうせうき》しだとのことである。これは一見如何《けんいか》にも亂暴《らんばう》な話《はなし》のやうであるがそれは決《けつ》して美術《びじゆつ》への無理解《むりかい》ではなく、むしろ美術《びじゆつ》への眞《しん》の理解《りかい》あればこその處置《しよち》であつたと、自分《じぶん》は考《かんが》へてゐる。美術《びじゆつ》を單《たん》に數寄者《すうきしや》の床《とこ》の間《ま》やサロンの裝飾《さうしよく》に止《とゞ》めるのでなく、それを廣《ひろ》く國民生活《こくみんせいくわつ》の内部《ないぶ》に滲透《しんとう》せしめて、そこに國民生活力《こくみんせいくわつりよく》の源泉《げんせん》を見出《みいだ》さうとするならば、健剛《けんがう》なるべきドイツ精神《せいしん》に背馳《はいち》しそこに虚無《きよむ》と頽廢《たいはい》の思想《しさう》を齎《もたら》すやうな不健全《ふけんぜん》なる外來美術《ぐわいらいびじゆつ》はむしろ斷乎《だんこ》として破棄《はき》すべきが當然《たうぜん》である。このヒツトラー總統《そうとう》の處置《しよち》はフランス國民《こくみん》を憤激《ふんげき》せしめたと思《おも》ひのほか却《かへ》つてその反省《はんせい》を促《うなが》して、フランスもまた嘗《かつ》てその誇《ほこ》りとしたパリの畫業《ぐわげふ》に對《たい》する再認識《さいにんしき》を試《こゝろ》みてゐるといふことである。今《いま》や世界《せかい》の日本《にほん》として、外來文化《ぐわいらいぶんくわ》に採長補短《さいちやうほたん》を試《こゝろ》みるは固《もと》より必要《ひつえう》である。然《しか》しながら日本《にほん》の美術界《びじゆつかい》には、從來《じゆうらい》動《やゝ》もすれば日本《にほん》の特長《とくちやう》を忘《わす》れ歐米《おうべい》の危險浮薄《きけんふはく》なる思想《しさう》の所産《しよさん》に陶醉《たうすゐ》せるもの尠《すくな》しとはいはれなかつたのであるが、今後《こんご》は飽《あく》くまでも日本臣民道《にほんしんみんだう》を基底《きてい》とすべきことを深《ふか》く銘《めい》さねばならぬ。自分《じぶん》は美術新體制《びじゆつしんたいせい》の基底《きてい》が徒《いたづら》に新規《しんき》を衒《てら》うことなくこの觀點《くわんてん》に於《おい》て確固不動《かくこふどう》の信念《しんねん》を持《も》つて居《を》らなければならないことを痛感《つうかん》してやまないのである。

新文化の黎明

秦　一郎

人《ひと》によると、日本《にっぽん》の文化《ぶんくわ》を回顧《くわいこ》的《てき》にのみ眺《なが》めて、之《これ》を過去《くわこ》の輝《かゞや》かしい遺産《ゐさん》として滿足《まんぞく》し切《き》つてゐるやうな者《もの》もゐる。勿論《もちろん》、所詮《しよせん》は我《われ》々民族《みんぞく》の精神《せいしん》の所產《しよさん》である文化《ぶんくわ》の見事《みごと》な開花《かいくわ》は大切《たいせつ》にしなければならないし、また假《かり》に之《これ》を顧《かへり》みまいとしても、その傳統《でんとう》が今日《こんにち》の日本《にっぽん》人《じん》の血脈《けつみやく》に立派《りつぱ》に生きてゐる事實《じじつ》は否定《ひてい》すべくもないが、といつて目前《もくぜん》の日本文化《にっぽんぶんくわ》の樣相《さまさう》を必《かなら》ずしも滿足《まんぞく》すべき狀態《じやうたい》だとは思《おも》はない。日本《にっぽん》が世界《せかい》の水準《すゐじゆん》をぬく文化國《ぶんくわこく》として、眞《しん》に世界《せかい》の指導者《しだうしや》たり得《う》る爲《ため》には、もつともつと高度《かうど》の文化《ぶんくわ》性《せい》を持《も》たなければならぬ。日本《にっぽん》はその點《てん》まだまだこれからである。

私《わたし》はいま文化性《ぶんくわせい》といふことを云《い》つた。が、この言葉《ことば》の示《しめ》す內容《ないよう》を本來《ほんらい》の狹《せま》い特殊《とくしゆ》な用語《ようご》として使《つか》はうとするのではない。むしろ在來《ざいらい》の狹《せま》い偏つたものから、本當《ほんたう》に廣《ひろ》く、正《たゞ》しいものに開放《かいはう》され、再建《さいけん》設《せつ》されてこそ、文化《ぶんくわ》そのものの正《たゞ》しい姿《すがた》が見出《みいで》されるのだと云《い》ひたいのである。日本《にっぽん》がいま高度國防《かうどこくばう》國家體制《こくかたいせい》の中《なか》に要請《えうせい》してゐる文化《ぶんくわ》國家《こくか》の建設《けんせつ》は、かゝる意味《いみ》の文化性の昂揚によつてのみ期待《きたい》し得《う》るので、從《したが》つて在來《ざいらい》の文化尊重《ぶんくわそんちよう》の空《くう》氣《き》は、決《けつ》して新時代《しんじだい》の文化《ぶんくわ》の擁護《ようご》にはならないことをハツキリ云《い》つて置《お》かなければならない。

文化性《ぶんくわせい》の質的轉位《しつてきてんゐ》は既《すで》に自明《じめい》であるが、それならその轉換《てんくわん》は如何《いか》なる方向《はうかう》を目《め》指してゐるかと云《い》へば、これまた明確《めいかく》に指示《しじ》されてゐるのである。文化《ぶんくわ》は今日《こんにち》ただ漠然《ばくぜん》と轉換期《てんくわんき》に際會《さいくわい》してゐるのではなく、その轉換《てんくわん》を必然《ひつぜん》とする理由《りいう》によつてその再出發《さいしゆつぱつ》を促《うなが》されてゐるのである。從《したが》つてその再出發《さいしゆつぱつ》の方向《はうかう》は、その再出發《さいしゆつぱつ》を必須《ひつす》ならしめてゐる理由《りいう》によつて自《みづか》ら基礎《きそ》づけられてゐるのであり、若《も》しその底流《ていりう》を見詰める眼《め》を缺《か》くならば、假《かり》にその流《なが》れの方向《はうかう》に從《したが》つて行《ゆ》くとしても、それはいつまで經《た》つてもただ流《なが》れに身《み》をまかす浮草の域《ゐき》を脫《だつ》し得《え》ないであらう。

新時代《しんじだい》の要望《えうばう》すべき新《あら》たな文化《ぶんくわ》性《せい》は、勿論《もちろん》斯樣《かやう》な精神虛弱者《せいしんきよじやくしや》や自《じ》主性《しゆせい》を失《うしな》つた傍觀者《ばうくわんしや》の立場《たちば》から建《けん》設《せつ》されやう筈《はず》はない。我《われ》々は今《いま》までの無秩序《むちつじよ》と不健康《ふけんかう》、個性《こせい》の名《な》に裝《よそほ》はれた自由放恣《じいうはうし》と純粹藝術《じゆんすゐげいじゆつ》の名《な》に隱《かく》れた廢頹《はいたい》の藝術《げいじゆつ》に代《かは》つて、明《めい》朗、健康《けんかう》、強靱《きやうじん》な文化《ぶんくわ》を建《た》て直《なほ》さはければならないのだ。そして、その剛健《がうけん》、強靱《きやうじん》な文化性《ぶんくわせい》は、混迷《こんめい》した思想《しさう》と混濁《こんだく》した表現《へうげん》の不統一《ふとういつ》の中《なか》に一つの大《おほ》きな確然《かくぜん》たる指標《しへう》を與《あた》へようとする國家目的《こくかもくてき》を別《べつ》にして考《かう》へることはあくまでも出來《でき》いのである。

國民性《こくみんせい》に深《ふか》く根《ね》を下《おろ》して民族精《みんぞくせい》神《しん》と強《つよ》く結《むす》び付《つ》いた文化性《ぶんくわせい》のみが眞《しん》に健康《けんかう》であり強靱《きやうじん》であり得《う》る。今《いま》の日本《にっぽん》が求《もと》めてゐる文化性《ぶんくわせい》は卽《すなは》ちかかる意味《いみ》のものであることは餘《あま》りにも明《あきら》かである。私《わたし》が何《なん》としても遺憾《ゐかん》とするのはかかるトルイズムが未《いま》だに解《わか》つてゐない自稱文《じしようぶん》化人《くわじん》が餘《あま》りにも多《おほ》いことであり、そしてここにはまだまだ上つ面《つら》な「文化生活《ぶんくわせいくわつ》」の耽溺者《たんできしや》が大《おほ》きな顏《かほ》をしてそこらにのさばつてゐるといふことである。

所謂《いはゆる》文化人《ぶんくわじん》の斯《か》うした自惚の根《こん》源《げん》はその「敎養《けうやう》」と稱《しよう》されるものに基《もと》いてゐるのであるがその「敎《けう》養《やう》」なるものが果《はた》して眞《しん》の敎養《けうやう》であるならば、現在《げんざい》あるが如《ごと》き輕佻《けいてう》な風俗《ふうぞく》、浮薄《ふはく》な趣味《しゆみ》を蔓延《まんえん》せしめそこに本當《ほんたう》に敎養《けうやう》せられる筈《はず》の秩《ちつ》序《じよ》や公德心《こうとくしん》の代《かは》りに徒《いたづ》らに心臟《しんざう》の強《つよ》さを誇《ほこ》らせるやうな結果《けつくわ》が招來《せうらい》され得《う》るわけはないのである。從《したが》つて文化的《ぶんくわてき》らしく裝《よそほ》はれた似而非文化自體《ぶんくわじたい》が既《すで》に日本《ほん》の現在《げんざい》の非文《ひぶん》化《くわ》の現《あらは》れであり、その高文化《かうぶんくわ》らしきものの中《うち》に却《かへ》つて低文化《ていぶんくわ》の本《ほん》質《しつ》が見出《みいだ》されなければならないのである。

斯樣《かやう》な文化性《ぶんくわせい》の混濁《こんだく》は、要《えう》するところその文化性《ぶんくわせい》が國民生活《こくみんせいくわつ》と全《ぜん》然《ぜん》別個《べつこ》に存在《そんざい》し、また存在《そんざい》し得《え》たところに第一《だいいち》の理由《りいう》がある。既《すで》に我《われ》々が何度《なんど》となく云《い》ひ來《きた》つた「生《せい》活文化《くわつぶんくわ》」の建設《けんせつ》は、新《あら》たな文化《ぶんくわ》の出發《しゆつぱつ》を國民生活《こくみんせいくわつ》の基礎《きそ》の上《うへ》に置《お》かなければならないことを何《なに》よりも先《さき》に痛感《つうかん》するからである。嘗《かつ》て唱《しやう》導《だう》された「文化生活《ぶんくわせいくわつ》」の代《かは》りに、「生活文化《せいくわつぶんくわ》」を「生活《せいくわつ》の藝術化《げいじゆつくわ》」の代《かは》りに「藝術《げいじゆつ》の生活化《せいくわつくわ》」を單《たん》に文字《もじ》の入《い》れ代《かは》りとしてでなく、それを根本《こんぽん》の立場《たちば》から質的《しつてき》に生《うま》れ代《かは》らさなければならないのだ。

ところで世《よ》の美術工藝家《びじゆつこうげいか》に望《のぞ》まなければならぬこの「藝術《げいじゆつ》の生活《せいくわつ》化《くわ》」――「生活美術《せいくわつびじゆつ》」の建設《けんせつ》は、それをひとり作家《さくか》の手《て》にばかり委《ゆだ》ねることは出來《でき》ないのである。その爲《ため》には國民大衆《こくみんたいしう》がまた作家《さくか》に協《けふ》力《りよく》し、健全《けんぜん》で傳統的《でんとうてき》にも據《よ》り所《どころ》のある新時代《しんじだい》の文化生活《ぶんくわせいくわつ》の建設《けんせつ》に一役《やく》も二役《やく》も買《か》つて出《で》なければならないのである　そして從來《じゆうらい》の如《ごと》き非敎養《ひけうやう》の「敎養《けうやう》」や非文化《ひぶんくわ》の「文《ぶん》化《くわ》」に徒《いたづ》らに眩惑《げんわく》させられる程度《ていど》では、固《もと》よりかかる協力《けふりよく》は不可能《ふかのう》である。結局問題《けつきよくもんだい》は文化《ぶんくわ》の偏重《へんちやう》と貧困《ひんこん》であり、この謬れる二つの偏《へん》在的方向《ざいてきはうかう》を正《たゞ》しい方向《はうかう》に導《みちび》き返《かへ》す爲《ため》にも、日本《ほん》はまだまだ文化性《ぶんくわせい》の微弱《びじやく》を反省《はんせい》しないわけには行《ゆ》かないのである。

私《わたし》はいまここでは聊《いさゝ》か悲觀論者《ひくわんろんしや》の假面《かめん》を冠りすぎたやうにとれるかも知《し》れない。併《しか》し、私《わたし》は決《けつ》してペシミストでもなければ、オプチミストでもない。由來《ゆらい》、猿に象つたと謂《い》はれる人間《にんげん》の素顏《すがほ》は、內面《ないめん》に深《ふか》い文化性《ぶんくわせい》の粉飾《ふんしよく》の施《ほどこ》されぬ限《かぎ》り、何人《なんぴと》も猿のそれの如《ごと》く、トラヂツク・コメディアンの面貌《めんばう》を帶《お》びるであらう。日本《ほん》の文化《ぶんくわ》は今《いま》、政治《せいぢ》、經濟《けいざい》、宗敎《しうけう》、藝術等《げいじゆつとう》をも含《ふく》めて未曾有《みぞう》の轉換期《てんくわんき》に際會《さいくわい》してゐる。一切《さい》の舊套《きうたう》がそれぞれの分野《ぶんや》に於《お》て悉く打破《だは》せられて、體質的《たいしつてき》に新《あら》しい文化《ぶんくわ》の創造《さうざう》が企圖《と》されようとしてゐるのだ。今後《こんご》、五十年《ねん》或《あるひ》は百年《ねん》の間《あひだ》に在來《ざいらい》の文化的所產《ぶんくわてきしよさん》はすべて舊來《きうらい》の意味《いみ》を喪失《しつ》して、新《あたら》しい意裝《いさう》の下《もと》に新世紀文化《しんせいきぶんくわ》の再《さい》建設《けんせつ》が行《おこな》はれる秋が來《き》たのである既《すで》に幕《まく》は切《き》つて落《おと》されたのだ。しかし、それには所謂文化人《いはゆるぶんくわじん》が今迄《いままで》のつまらぬ自惚れや我執《がしふ》や偏見《へんけん》を思《おも》ひ切《き》つて棄《す》ててかからなければ到底《たうてい》この新《あら》しい文化《ぶんくわ》の黎明《れいめい》の合唱《がつしやう》に颯爽《さつさう》と登場《とうぢやう》することは出來《でき》ないであらう。

――註・筆者は內閣情報官

戰爭畫の名作

川路柳虹

古來《こらい》の戰爭《せんさう》に關《くわん》する作《さく》を探ねるなら、枚擧《まいきよ》に遑なき程《ほど》の數《かず》があらう。併《しか》し、その古《ふる》いものは希臘《ギリシヤ》の石《せき》影や埃及の夫れ（凡《すべ》て薄肉彫《うすにくぼり》）にも見《み》られるが、純粹繪畫《じゆんすゐくわいぐわ》としてはさやうに古《ふる》いものは殘存《ざんぞん》しない。東洋《とうやう》に於ても後漢《ごかん》の石彫《せき》たる畫象石《ぐわせき》には

澤山戰爭の有樣が

描《えが》かれてゐるが繪畫《くわいぐわ》の遺品《ゐひん》として唐以前《たういぜん》のものゝないと等《ひと》しく戰爭《せんさう》畫《ぐわ》に於《お》ても左樣に古いものはない。古代《こだい》の石彫《せきてう》や畫象石《ぐわせき》に現《あら》はれた戰爭《せんさう》は東西とも原始的《げんしてき》な武器によ る白兵戰《はくへいせん》であることは當然《たうぜん》乍ら、またそのその戰爭《せんさう》についての事蹟《じせき》ならびに筆者《ひつしや》の如きは明白《めいはく》な記錄《きろく》がないので知る由《よし》もないが美術史《びじゆつし》上《じやう》に現はれた戰爭畫《せんさうぐわ》の名作《めいさく》といふものを數《かぞ》へ擧《あ》げれば勿論相當《もちろんさうたう》にあるであらう。がこゝではその中《なか》でも最《もつと》も著名《ちよめい》なものゝいくつかを東《とう》西《ざい》に涉《わた》つて擧《あ》げてみよう。

先《ま》づ我國《わがくに》には古來《こらい》どんな戰爭畫《せんさうぐわ》の名作《めいさく》があるであらうか。その最《もつと》も著名《ちよめい》なものを拾ふならどうしても軍記物《ぐんきもの》としての繪卷《ゑまき》を擧《あ》げるより他《ほか》にない。そして夫れならば凡《すべ》て鎌倉以後《かまくらいご》のものである。その著名《めい》な軍記繪卷《ぐんきゑまき》としては『後三年戰記繪卷』『平治合戰繪卷《へいぢかつせんゑまき》』『蒙古襲來繪詞《しふらいゑことば》』『將軍塚繪卷《しやうぐんづかゑまき》』の如きであるが、部分的《ぶぶんてき》に戰爭乃至動亂《せんさうないしどうらん》の場面《ばめん》を描《えが》いたものとしては『直幹申文繪詞《なほもとまうしぶみゑことば》』『伴大納言繪詞《ばんだいなごんゑことば》』の如きものにも見《み》られる。又寓話的《ぐうわてき》な佛畫取材《ぶつぐわしゆざい》のものとして『佛鬼軍畫卷《ぶつきぐんぐわくわん》』の如きもあるが直接戰爭《ちよくせつせんさう》を取《と》り扱《あつか》つたものとして前記四種《ぜんきししゆ》の繪卷《ゑまき》を擧《あ》ぐべきであらう。

後三年戰記繪卷は

飛彈守惟久《ひだのかみこれひさ》の筆《ふで》と傳《つた》へられてゐるもので、それは卷末《くわんまつ》に明確《めいかく》な署名《しよめい》があるからである。惟久《これひさ》は大和繪《やまとゑ》の作家《さくか》としては有名《いうめい》で『法然上人繪傳《はふねんしやうにんゑでん》』なども描《えが》いてゐる名家《めいか》だがこの繪卷《ゑまき》は後三年役《ごさんねんえき》の義家《よしいへ》を中心《ちうしん》とした戰記《せんき》を繪《ゑ》で示《しめ》してゐる。昔《むかし》から戰記繪卷《せんきゑまき》として著名《ちよめい》であるがその描法《べうはふ》は巧緻《かうち》といふより莊重《さうちよう》であつて古雅《こが》な筆致《ひつち》で昔《むかし》の武者《むしや》を描《えが》いてある。戰爭《せんさう》の情景《じやうけい》などもどこかのんびりと描《えが》かれてゐるが、武具《ぐ》や鎧《よろひ》などは古《ふる》い考證《かうしよう》などしたものでないと言《い》はれてゐる。が何《なに》しろ後三年役《ごさんねんえき》を主題《しゆだい》としたといふことで古《ふる》い戰記《せんき》を繪《ゑ》にした最初《さいしよ》の戰爭畫《せんさうぐわ》だと言《い》へよう。惟久《これひさ》は南北朝《なんぼくてう》貞和頃《ていわごろ》の人《ひと》だから勿論《もちろん》これは想像《さうざう》で描《か》いた歷史畫《れきしぐわ》である。

戰爭畫《せんさうぐわ》としても傑作《けつさく》として最《もつと》も推奬出來《すゐしやうでき》るものは「平治合戰繪卷《へいぢかつせんゑまき》」であらう。これは平治《へいぢ》の亂《らん》を題材《だいざい》とした平治物語《へいぢものがたり》に畫因《ぐわいん》を需《もと》めたもので數卷《すうくわん》に渡《わた》る長《なが》いものであったらしいが現存《げんぞん》してゐるものは三卷《くわん》しかもその一卷《くわん》は惜《を》しくも國外《こくぐわい》に流出《りうしゆつ》して今《いま》ボストンの博物館《はくぶつくわん》にある。その三卷《くわん》は「六波羅行幸《ろくはらぎやうかう》」の卷《まき》「信西獄門《しんぜいごくもん》」の卷《まき》、「三條殿夜《でんよ》討」の卷《まき》で、その最《もつと》も生彩《せいさい》ある戰闘描寫《せんとうべうしや》の「三條殿夜討《さんでうでんようち》」の卷《まき》がボストンに行《い》つてゐるのである。筆者《ひつしや》は住吉慶恩《すみよしけいおん》と傳《つた》へられてゐる。鎌倉中期《かまくらちうき》の作《さく》でその描寫《べうしや》は誠《まこと》に精緻《せいち》で逞《たくま》しく、寫實力《しやじつりよく》が鋭《するど》いと同時《どうじ》に描線《べうせん》も賦彩《ふさい》も大和繪《やまとゑ》の良所《りやうしよ》を發輝《はつき》してゐるものと言《い》へる。

戰爭畫《せんさうぐわ》といふことを離《はな》れても實《じつ》に古今東西《ここんとうざい》に得《え》がたい傑作《けつさく》であると同時《どうじ》に、戰爭繪卷《せんさうゑまき》としては白眉《はくび》であると言《い》つてもよい。人物《じんぶつ》も情景《じやうけい》も實《じつ》に活躍《くわつやく》して表《あら》はれてをり、殊《こと》に「三條殿夜討《さんでうでんようち》」の火災《くわさい》の描寫《べうしや》の如《ごと》き鬼氣迫《ききせま》る處《ところ》がある。

これに比《ひ》するとずつと描寫力《べうしやりよく》は稚拙《ちせつ》だが、たゞナマナマしい同時《どうじ》代《だい》の記錄畫《きろくぐわ》として元寇《げんこう》といふ

日本始まつて以來

の大事件《だいじけん》を主題《しゆだい》とした「蒙古襲來《もうこしふらい》繪詞」は實《じつ》に歷史的《れきしてき》にも貴重《きちよう》な文獻的繪畫《ぶんけんてきくわいぐわ》であると言《い》へよう。それこそ最《もつと》もモニユーメンタルな作品《さくひん》である。この繪卷《ゑまき》によつて當時《たうじ》の鎌倉武士《かまくらぶし》の武勇《ぶゆう》が實《じつ》に手《て》にとる如《ごと》く示《しめ》されてゐるのを感《かん》じる。この繪卷《ゑまき》の主題《しゆだい》は、文永《ぶんえい》の役《えき》に竹崎五郎兵衛尉《たけざきごらうひやうゑのじよう》が奮戰《ふんせん》した戰功記錄《せんこうきろく》が中《ちう》心《しん》であるが、敵船《てきせん》に斬《き》り込《こ》んで元軍《げんぐん》を擊滅《げきめつ》する狀《さま》など勇《いさ》ましい情景《じやうけい》が展開《てんかい》されてゐる。筆者《ひつしや》は藤原長隆父子《ふぢはらながたかふし》であるとされてゐる。「將軍塚繪卷《ぐんづかゑまき》」はその筆致《ひつち》が「鳥獸戲《てうじうぎ》畫《ぐわ》」に似《に》た白描《はくべう》であり、且《か》つ高山《かうざん》寺《じ》の藏《ざう》なので古來鳥羽僧正筆《こらいとばそうじやうひつ》と稱《しよう》へられてはゐるが、これはさうでないらしい。がいかにも遒勁《しうけい》な大和《やまと》繪《ゑ》の筆使《ふでつか》ひでデツサン風《ふう》な白描《はくべう》である點《てん》「鳥獸戲畫《てうじうぎぐわ》」と同系統《どうけいとう》の筆技《ひつぎ》ではある。

まづ有名《いうめい》な戰爭畫《せんさうぐわ》の繪卷《ゑまき》と言《い》へば以上《いじやう》に盡《つ》きると言《い》つても良《よ》からう。而《しか》して單純《たんじゆん》な戰爭主題《せんさうしゆだい》の畫《ゑ》となると屛風《びやうぶ》とかその他德川期《たとくがはき》に入《い》つての武者繪《むしやゑ》といふことにならう「關原合戰圖《せきがはらかつせんづ》」「大阪夏陣圖《おほさかなつのぢんづ》」などの筆者不祥《ひつしやふしやう》の屛風《びやうぶ》があるが孰《いづ》れも京狩野《きやうかのう》の系統《けいとう》の作家《さくか》の筆《ふで》らしい。德川末期《とくがはまつき》から明治中期《めいぢちうき》へかけての武者繪卷中《むしやゑまきちう》、容齋《ようさい》や楓湖《ふうこ》のものには戰爭題材《せんさうだいざい》の作品《さくひん》が相當《さうたう》あるが、それは武者《むしや》の姿《すがた》を描《か》くに中心《ちうしん》があつたと言《い》つたものが多《おほ》い。明治《めいぢ》の戰爭畫《せんさうぐわ》としては日淸日露《にちろ》の兩役《りやうえき》に取材《しゆざい》したものでは日本畫《にほんぐわ》よりも洋《やう》畫方面《ぐわほうめん》に新《あら》たな路《みち》が拓《ひら》けてきたのは人《ひと》の知《し》る如《ごと》くであるが、日淸戰《せん》爭《さう》を描《えが》いた年方《としかた》、桂舟《けいしう》など挿繪版《さしゑはん》畫《ぐわ》の方面《はうめん》に日本畫《にほんぐわ》としての戰爭畫《せんさうぐわ》を殘《のこ》してゐるものが尠《すくな》くない。

飜《ひるがへ》つて西洋畫《せいやうぐわ》に於《お》ける戰爭畫《せんさうぐわ》の名作《めいさく》について簡單《かんたん》にたづねて見《み》よう。

先《ま》づ最《もつと》も古《ふる》い伊太利繪畫《いたりくわいぐわ》で私《わたし》の

驚嘆《きやうたん》した作《さく》が一つある。それは有名《いうめい》な十五世紀《き》初頭《しよとう》のフロレンスの畫家《か》パオロ・ウッチヱロの作《さく》「聖《せい》ロマノの戰」であるこれは倫敦の國民《こくみん》畫堂《だう》に在《あ》るが、今《いま》見《み》てもいかにも繪として新鮮《しんせん》な感《かん》じに打《う》たれる。人《ひと》も知《し》る通《とほ》りウッチヱロは遠近法《えんきんはふ》を初《はじ》めて發明《はつめい》した畫家《か》であるが「遠《とほ》くに在《あ》るものは小《ちひ》さく見《み》える」といふ今《いま》なら子供《こども》でも知《し》つてる原理《げんり》を始《はじ》めて繪畫《くわいが》で實證《じつしよう》したので、この「聖《せい》ロマノ」にもそれは明瞭《めいれう》に出《で》てゐるが、それと共《とも》に

この構圖の大膽で

幾何學的法則《かがくてきはふそく》をもち裝飾的《さうあくてき》に色《しき》彩《さい》を綜合配列《そうがふはいれつ》した表現《へうげん》が實《じつ》に生《いき》々として新《あたら》しい感《かん》じがすることである。軍馬《ぐんば》や槍の隊列人物《たいれつじんぶつ》の活動《くわつどう》が實《じつ》に古《こ》畫として正確《せいかく》で大《おほ》きい。これも古《ふる》い六世紀《せいき》時代《じだい》の羅馬の戰爭《せんさう》が主題《しゆだい》だが、戰爭《せんさう》を最《もつと》も藝術的《げいじゆつてき》に取扱《とりあつか》つた作品《さくひん》と言《い》へよう。

十五世紀《せいき》の伊太利《いたり》ではマンテニアにも古代戰爭《こだいせんさう》の圖《づ》があるが、ルネッサンスは人本主義《ヒユーマニズム》による基督教繪畫《けうくわいが》や神話《しんわ》主題《しゆだい》の圖《づ》が中心《ちうしん》であるに係はらず戰爭畫はさう多《おほ》くない。ラファヱロに「騎士《し》の夢《ゆめ》」といふ有名《いうめい》な小品《せうひん》があるが、これも戰爭とは係《かい》はりない。人本主義は古代精神《こだいせいしん》の復活《ふくくわつ》なのだから希臘羅馬の古代物語《こだいものがたり》、史詩的題材《ししてきだいざい》も取扱《とりあつか》はれたが、この精神《せいしん》を繪畫《くわいが》の上《うへ》で新《あたら》しく生かした十九世紀初頭《せいきしよとう》になつて戰爭《さう》畫は新《あら》たな形《かたち》で歐洲《おうしう》繪畫の中《うち》に名作《めいさく》を殘《のこ》したといふ感《かん》がふかい、先《ま》づその代表《だいへう》としてダヴイツドを擧《あ》げねばならぬ。ダヴイツドは古典主義《こてんしゆぎ》を主張《しゆちやう》して希臘羅馬の古典的秩序《こてんてきちつじよ》を復活《ふくくわつ》さしたがその代表作《だいへうさく》「レ・サビーヌ」（サビーニの女《をんな》たち）は實《じつ》に著名《ちよめい》な戰爭《さう》畫であり、又美術史上《またびじゆつしじやう》の一大傑作《だいけつさく》である。これは古代伊太利《こだいいたり》の小國《せうこく》サビニと羅馬との永《なが》い戰爭物語《さうもの》に傳《つた》へられる傳說《でんせつ》に材《さい》を取《と》つたものだが、サビニの女《をんな》たちが敵《てき》・の間《あひだ》に出來《でき》た幼兒《えうじ》を抱《かゝ》へて戰鬪《とう》の眞最中《さいちう》に飛《と》び込《こ》み戰爭《さう》を中止《ちうし》せしめたといふ傳說《でんせつ》で、圖《づ》の中央《ちうあう》に裸體《らたい》の一女性《ちよせい》が手《て》を擴《ひろ》げて兩側《りやうがは》の武士《ぶし》の劍《けん》を妨《さまた》ぐ處《ところ》を描《か》いた。この甲冑武具《かつちうぶぐ》の古典的考證《こてんてきかうしよう》と共《とも》に裸體《らたい》のサビニ女性《ちよせい》の上《うへ》に希臘風《ふう》な古典的調和《こてんてきてうわ》の肢體《したい》を示《しめ》したのがその眼目《がんもく》である即《すなは》ちこの裸女《らちよ》の美《び》は彫刻的《こくてき》な希臘古典美《こてんび》である。ダヴイッドはナポレオン一世《せい》のお抱《かゝ》へ畫家《か》で「奈《な》翁戴冠式《だいくわんしき》」の有名《いうめい》な圖《づ》も描《か》いてゐるが「オラース」とか「テルモピレのレオニダス」とか他《ほか》にも有名《いうめい》な戰爭《さう》畫を描《か》いてその古典主義《グラシシズム》を示《しめ》したのである。

この古典主義はアングルによつて繼承《けいしよう》されたが、それと共《とも》に

此派に對して反對

の主張《しゆちやう》をもつ羅曼主義《ロマンチシズム》が起《おこ》つて佛蘭西十九世紀初頭《せいきしよとう》は時《とき》ならぬ畫派《は》の對立戰《たいりつ》が始《はじ》まつたが、戰爭《さう》畫に於《おい》ては又實《またじつ》にこの羅曼派《は》が多《おほ》くの畫材《さい》を提供《ていきやう》した。それはその主張《しゆちやう》が古《こ》典の整正的美《せいせいてきび》に反對《はんたい》して動的《どうてき》美惑亂美《びわくらんび》を求《もと》めたから「戰爭《さう》」の如《ごと》きは最《もつと》も適はしい主題《しゆだい》として撰まれたのである。この派《は》の鼻祖《そ》ユージヱヌ・ドラクロワの驚嘆《きやうたん》すべき傑作《けつさく》「シオの虐殺《ぎやくさつ》」は世界《せかい》戰爭《さう》畫の白《はく》眉であると共《とも》に又《また》佛蘭西繪《くわい》畫史中《しちう》の壓卷《あつくわん》と言《い》つてもいゝ位素《くらゐす》晴らしい作《さく》だと私《わたし》は感《かん》じた。

これは土《と》耳古《こ》人《じん》の希臘人虐殺《じんぎやくさつ》の凄慘《さん》な畫面《めん》だがその勇《ゆう》渾無《む》比《ひ》の筆《ひつ》力《りよく》は古今《こん》無双《むさう》であるこの實感《じつかん》は寫《しや》眞《しん》版などではとても窺《うかゞ》へない。

羅曼派《は》の戰爭《さう》畫はこのドラクロワはじめ、その繼承者《けいしようしや》の一人《り》グロにもある。彼《かれ》はダヴイッドの同時《どうじ》代《だい》の古典派《こは》作家《さくか》だがその圖題《づだい》は現《げん》實《じつ》の奈《な》翁戰爭《さう》を多《おほ》く扱《あつか》つたことに於《おい》てアングルともまたダヴイッドとも異《こと》つた色彩的寫實要素《いろさいてきしやじつえうそ》を早《はや》く持《も》つてゐただけに後《のち》に羅曼派《は》に轉《てん》じたのだが彼《か》の奈《な》翁戰爭題材《さうだいざい》には幾多《いくた》の名作《めいさく》がある。「ジャッファの死《し》」「ヱイロー戰の奈《な》翁」の如《ごと》きそれである。そして彼《か》の作《さく》の如《ごと》き健實《けんじつ》な寫實《しやじつ》はドラロッシエやヴヱルネーらの戰爭《さう》畫にも示《しめ》されたヴヱルネーは父子《こ》とも畫家《か》であつたが、いづれも奈《な》翁戰爭《さう》に多《おほ》く取《しゆ》材《さい》した名作《めいさく》を殘《のこ》してゐる。有名《いうめい》な作《さく》では息子《むすこ》のオラースヴヱルネーの「ワグラムの戰」の如《ごと》きがある

奈翁を描くことは

大半《たいはん》戰爭《さう》を描《か》くことにもなるであらうがヴヱルサイユ宮《きう》の戰爭《さう》畫は殆《ほと》んど奈《な》翁ものである。ついで第《だい》二帝世《ていせい》時代《じだい》の現代《げんだい》に近《ちか》き時代《じだい》に入《はい》るとメッソニヱーといふ戰爭《さう》畫家《か》がある。彼《かれ》はアカデミーの大家《たいか》で達者《たつしや》な作家《さくか》であるが奈《な》翁戰爭《さう》に於《お》けるモスコー退軍《たいぐん》を描《えが》いた。メッソニヱーについでやはり奈《な》翁戰爭《さう》を取《と》り扱《あつか》つたのはヱドワール・デタイユであらう。彼《かれ》はメッソニヱに學《まな》んだのだが戰爭《さう》畫家《か》といふ名《な》にふさはしい作家《さくか》で繪は今日《こんにち》から言《い》へば通俗繪畫《つうぞくくわいが》にすぎぬが、あの「夢《ゆめ》」といふやうな作《さく》は誰《たれ》にも知《し》られてゐる戰爭《さう》畫であらう。即《すなは》ち兵士《へいし》の露營《ろえい》の夢《ゆめ》を描《えが》いて、空《そら》にその夢《ゆめ》のヴイジョンを淡《あは》く表《あら》はし下《した》の地面《ちめん》に睡る兵士《へいし》の群《むれ》を示《しめ》した。

が、戰爭《さう》畫であつて眞《しん》に古今《こん》の傑作《けつさく》といふものは、近代《きんだい》の所謂《いはゆる》アカデミックな戰爭《さう》畫家の作には無《な》く、やはり以上《いじやう》の中でパオロ・ウッチヱロやダヴイッドやドラクロワのやうな大家《たいか》の戰爭畫であるといふだけで、純粹《じゆんすい》繪畫として何ら題意《だいい》の爲《た》めの二義的《ぎてき》作品でないからである。我國《わがくに》の作品でも前に擧げた「平治合戰繪卷《へいぢかつせんゑまき》」の如き實に古今《ここん》に絕《ぜつ》した名作《めいさく》である點に於て西洋大家《せいやうたいか》の作《さく》にヒケを取らない、否時代《いなじだい》から見《み》ればウッチヱロよりも二百年以前《ねんいぜん》の製作《せいさく》年代で西洋ではまだ稚拙《ちせつ》な中世《ちうせい》の初めなのである。これを考《かんが》へてもどの位我邦の繪畫《くわいが》の發達《はつたつ》が誇《ほこ》るに足るものか解《わか》るであらう。

西洋《せいやう》の近代作家《きんだいさくか》で戰爭畫を多く描《か》いたのは西班牙のゴヤであるが印象派《いんしやうは》にはマネの「マクシミリヤン」位《ぐらゐ》の作《さく》しかない。これは一種《しゆ》のカリケチュア的《てき》戰爭畫だが筆技から言《い》へば堂々《だう》の作である。前世界大戰《かいたい》には立體派《りつたいは》の作に新しい戰爭畫が少《すこ》し出《で》たがモニューメンタルなものはない。こゝで獨逸繪畫には觸《ふ》れえなかつたが、今度の世界大戰《かいたい》では奈《な》翁がかつて戰爭畫家を生《う》んだ如《ごと》く、新《あら》しくヒツトラーが中心圖題《ちうしんづだい》となるであらうか。それは疑問《ぎもん》である。

佛印巡廻日本繪畫展に就て

青木節一

凡そこゝ兩三年の日本と佛印との關係程飛躍的なものはないと思ふ。佛印は人も知る通り今までは佛蘭西本國以外には殆んど國際關係なく一にも二にも本國の爲めの存在であつたが、日本軍の平和的進駐以來、先づ軍事的方面から日本佛印間の障壁は打開され、爾來泰佛印國境紛爭調停、日本佛印經濟協定等によつて加速度的に政治的經濟的の提携が成立し、又文化的にも種々の協力が行はれるやうになつた。佛印は實に文化的には鎖國も同様で政府の政策は佛蘭西文化以外の輸入をして殆んど全くその途無からしめてゐたのである。同じ東洋に位する日本と佛印が文化的に相接する機會が無かつたといふことは一方から云へば東洋の盟主と呼ばれる日本の責任であつたとも謂ひ得やう。

軍隊の進駐によつて關係の成立した佛印との交渉は大本營の在佛印當局たる澄田機關を通じて行はれることとなり、この機關には文化部までも設置して文化提携の途を圖ることとなつた同時に日本に於てもわが國際文化振興會は佛印との全面的な文化協力の事業を計劃したが、その最初の着手は學者交換であつた。この交換は本年六月最大の成功裡に實施された。學者交換と並んでの本年度の大事業はこゝに問題となつてゐる日本繪畫の巡回展覽會である。

昨年秋頃から日本文化の粹たる日本畫の展覽會を計劃し、澄田機關とも佛印政府とも協議しその諒解を得たので本年秋實現を見るやうに準備を進めて來たのである。そして出來れば泰國にも巡回するといふ大規模の計劃であつた。

吾々の計劃の實現には然し展觀すべき日本畫の蒐集が第一の條件である。由來海外に於ける展覽會への出品は、油繪は別として、日本畫は極めて不利の條件を持つてゐる。氣候風土の相違、其地の原因によつて出品畫の損傷は甚しく、歸つて來ても再び用を爲さないと云ふ場合が多い。國際文化振興會でも過去に於て日本畫丈けの展覽會は催したことがない。それで種々と案を練つた。

吾々はそこで佛印に日本畫展を計劃すると共に多少の豫算を計上し直ちに日本畫家のリストを作つて、本會職員自ら戸別歴訪し、展覽會の趣旨目的を述べて協力を依頼し廻つた。百五十名以上の作家に僅少の繪具料を以つて然も三、四ヶ月といふ短期間に大家の作品を一齊に入手することの出來たのは一に大東亞共榮圈の文化的基礎を築き上げる爲めのこの事業に對する藝術家の理解と熱意とに依るものであること言ふを俟たぬところである。

畫題は各人の自由とし大きさは一樣に紙の二尺横物とした。全部額仕立とする積りであつた硝子板をはめた額仕立が日本畫の汚損を防ぐ上に最良の方法だからである。然し集まつて見ると、慾が出て來た。表裝が繪を活かす上に大きな役割をしてゐること、佛印の觀覽者が先づ日本繪畫などには豫備知識のない人々であることなどを考慮に入れて、額の外に軸、屏風、衝立色紙仕立にもして、ヴァライエテイを示すことにした。ある畫家は自分で表裝を選んだ人もあつた。一九四〇年の桑港萬博に國際文化振興會が出品した大型寫眞は直ちに買手がついたが、それは日本の額の意匠の優秀さに引つけられた爲めであつたといふ例もある。

作品は大部分七月末までに蒐つた。八月初めに開かれた協議會には百三十數點の內示を行ふことが出來た。

この外に現代版畫二十六點、古畫の複製たる所謂巧藝畫二十點をも蒐集した。現代版畫は日本版畫協會の努力に負ふ所大であつた。

この計劃には外務省、情報局軍部ばかりでなく文部省でも非常に共鳴され、殊に帝國藝術院は後援名儀を與へられることになつた。海外の日本畫展にかゝることのあるのは初めてである。藝術院と云へば外國語のアカデミーである。日本でもそうであるが、アカデミーと云へば外國では殊に佛、伊、其他ラテン系の國々では學問藝術の最高機關として特に尊敬されアカデミシアンは最高の敬意を受ける佛印に於けるこの展覽會はこれ丈けでも成功を約束されたやうに思ふ。

出品畫は寫眞に撮つて佛文の型錄を作り、又會場頒布用として數枚一組の繪葉書も作る。この機會に日本繪畫なり一般藝術の問題に關して講師を派遣することも考へてゐる。又特に切望された場合には相手によつては寄贈もし又適當な値段で讓ることも必要である。日本の畫が現地に保存されて長く鑑賞されることは實を云へば一時的の展覽よりも日本文化の浸透の上から云つて更に效果的なことは間違ひいな。

日本繪畫展としては畫は先年伯林の國立博物館で開催し、我國から國寶級のものが數多出展され、戰前のヨーロッパに大きな感銘を與へたことは周知の通りであるが、現代作品のそうした展覽會はあまりない。藤原銀次郎氏が渡獨の折相當點數を持參してヒトラー總統に獻上しベルリンの美術館で展觀された。紐育萬國博にも少し出品されたこれには最初文展そのものを持つて行く計劃があつたが、實現を見るに至らなかつた。

東亞共榮圏の緊密化の爲めに文化工作の必要なことは今更言ふを俟たない。繪畫が文化工作上重要な役割を演ずることも明な事實である。然し古畫は之等新興民族には未だ理解し得ないであらうから、現代畫によるのが適切である。五年前蘭印で小規模ながら日本畫の展覽會を二度催した。濠洲ではヴィクトリア州立美術館に世界各國の繪畫が展示されながら日本のが一枚もないといふので目下本會にて寄贈方斡旋中である。泰國には十年前荒木十畝畫伯が獨力で展覽會を開き、多數の觀衆を得たことがある。フイリピンは世界の畫壇では中々の地位を占める著名畫を輩出してゐるが、日本繪畫は必ずや多大の感銘を彼等に與へるであらうから一度開催の必要がある。今回佛印に前記のやうな大規模な現代畫の展覽會が公式に開催される運びになつたことは恐らく海外では之が初めてゞあつて、我國文明の宣揚に大きな貢獻をするものと自信してゐる。願くはこれをして成功せしめたい。又これが第一歩となつて共榮圏諸國との文化的結合が强化されることを待望したいのである。

泰國の水田

川島理一郎

支那事變《しなじへん》の發展《はつてん》は日本民《にほんみん》族《ぞく》の眼前《がんぜん》に大東亞共榮圏の理想《りさう》を高《たか》く輝《かゞや》かせて、泰國《たいこく》の動向《どうかう》は近來《きんらい》特《とく》に吾々《われわれ》の最大關心事の一つであるが、十七世紀《せいき》以來《いらい》三百年間《ねんかん》たゞ山田長政《やまだながまさ》の名《な》のみを知《し》つて泰國《たいこく》の歴史《れきし》と政治《せいぢ》に餘《あま》りにも無關心《むくわんしん》であつたことは、何《なん》としても殘念《ざんねん》である。

その山田長政《やまだながまさ》が勢威《せいゐ》を振《ふ》つたアユタヤ朝《てう》の時代《じだい》は、泰國《たいこく》の歴史《れきし》の中《なか》でも最《もつと》も豪《がう》華絢爛《くわけんらん》を誇《ほこ》つた時《とき》で、バンコツクから汽車《きしや》で二時間《じかん》アユタヤの町《まち》に行《ゆ》けば當時《たうじ》の盛觀《せいくわん》が夏草《なつくさ》茂《しげ》る中《なか》に廢墟《はいきよ》の姿《すがた》を止《とゞ》めてゐる。世界第二《せかいだいに》と云《い》はれるブロンズの大佛《だいぶつ》王宮《わうきう》の跡《あと》、寺院《じゐん》の跡《あと》、象狩《ざうがり》りのクラールの跡《あと》、その雄《ゆう》大《だい》な遺構《ゐこう》の數々《かずかず》は、本當《ほんたう》に「東洋《とうやう》のポンペイ」と云《い》ひ度《た》い姿《すがた》である。

アユタヤの町《まち》へ行《ゆ》く間《あひだ》の窓外《さうぐわい》の眺《なが》めは、歐化《おうくわ》色《しよく》の濃《こ》いバンコツクの街《まち》に比《くら》べて如何《いか》にも泰《たい》へ來《き》たといふ感《かん》じを起《お》させる風景《ふうけい》で、一面《めん》の水田《すゐでん》が夏涸《なつが》れで乾《かわ》いてゐる中《なか》を、所《ところ》々の水溜《みづたま》りには白鷺《さぎ》が下《お》り水牛《すゐぎう》が泥《どろ》を身體《しんたい》につけて、暑熱《しよねつ》を凌《しの》いでゐる。その廣《ひろ》々とした眺《なが》めはやはり大陸《たいりく》といふ感《かん》じであり、この一望涯《ばうがい》しない水田《すゐでん》に青々《あを》と稲《いね》が延《の》びた時《とき》の壯觀《さうくわん》が見《み》たかつたと思《おも》はれた。

それにつけても、今年《ことし》の夏《なつ》の氣候不順《きこうふじゆん》で内地《ないち》の米作《べいさく》はどんな模樣《もやう》か、マレー半《はん》島《たう》の風雲《ふううん》たゞならぬ秋《あき》に、戰時食糧《せんじしよくりやう》の確保《かくほ》は充分《じうぶん》であらうか。水牛《すゐぎう》の寢《ね》ころぶ水《すゐ》田《でん》を想《おも》ひ出《だ》しながら、泰米《たいまい》は不味《まづ》いなどと勿體《もつたい》ないことを云《い》つた自分《じぶん》を叱《しか》つてゐる。

（挿繪は川島氏の泰國に於けるスケッチ）

佛印日本畫展作家

（出品順）

水田竹圃、小倉遊龜、森守明、臼井剛夫、大智勝觀、中村貞以、中村大三郎、松林桂月、福田浩湖、吉村忠夫、小林巣居、筆谷等觀、金島桂華、矢澤弦月、野間仁根、荒木十畝、長谷川路可、望月春江、狩野光雅、川崎小虎、荻田東嶺、小泉勝爾、小早川清、磯田又一郎、水田硯山、宇田荻邨、小室翠雲、横山大觀、池上秀畝、西澤笛畝、牧野虎雄、矢野知道人、白倉嘉入、三宅凰白、小林觀爾、岩田正巳、服部有恒、島田墨仙、福田翠光、登内微笑、山口玲煕、森戸果香、矢野鐵山、磯田長秋、藤田嗣治、近藤浩一路、飛田周山、八木岡春山、永田春水、古川北華、田中咄哉州、谷角日沙春、勝田蕉琴、吉田秋光、郷倉千靱、松本姿水、田之口青晃、山口華楊、麻田辨次、西村卓三、奥村厚一、常岡文龜、西山英雄、加藤榮三、福田豐四郎、兒玉希望、山口蓬春、森白甫、樋口富麿、秋野不矩、酒井三良、澤宏靱、山本丘人、山口蒼輪、中村岳陵、吉岡堅二、森田沙夷、小野竹喬、勝田哲、案本一洋、山川秀峰、伊東深水、不二木阿古、三輪晁勢、堂本印象、野田九浦、間宮正、池田遙邨、東山魁夷、丹阿彌岩吉、穴山勝堂、荒井寛方、寺島紫明、田中案山子、小林三季、堅山南風、高木保之助、上村松園、石崎光瑤、上村松篁、西山翠嶂、茨木衫風、橋本關雪、小島一谿、岩橋英遠、畠山錦成、吉田登穀、竹原嘲風、磯部草丘、小堀安雄、江崎孝坪、石山太柏、鈴木朱雀、山本倉丘、榊原苔山、中野草雲、前田荻邨、川邊華堂、戸島光雄、濱田觀、安田靫彦、中島清之、東郷青兒、鏑木清方、小杉放庵、奥村土牛、川合玉堂、結城素明、長野草風、三谷十糸子、福田惠一、中川一政、菊池契月、松久休光、竹内栖鳳諸氏等二百餘氏

日本人に畫かれたアンコールの古圖

◇アンコール・ワットの世界《せかい》最古の鳥瞰圖《てうかんづ》が水戸市の彰考館で發見された。誠《まこと》に日佛印親善の昔を語る宣揚《せんやう》さるべき記念物《ねんぶつ》である。

◇右圖の大きさは縱《たて》六尺、横四尺の古色深《こしよくふか》きもので、掛軸に仕立てられ「祇園精舍之圖《ぎおんしやうじやのづ》」と題《だい》されて居り、その塔院の有様は正に佛印國境の森林地帶にクメール族が建《た》てた六寶塔《たふ》アンコール・ワットである。

◇この圖が造られた歴史《れきし》は、寛永十年のことで、長崎の通譯《つうやく》で島野兼了が、佛印《ふついん》の地の調査に赴《おもむ》いた時、森林の奥深き地にこの寶塔建築《ほうたふけんちく》を見て、正しく「祇園精舍《ぎおんしやうじや》」といふのはこれだと鳥瞰圖《てうかんづ》に寫生して歸朝の後、淨寫《じやうしや》して時の將軍徳川三代の家光に献納《けんなふ》、徳川八代吉宗將軍の時、水戸の學者藤原忠義《ただよし》が所有してゐたが後轉々《てんてん》してゐたのを、水戸彰考《しやうこう》館創建と同時に同館に所藏されたのである。

◇この記録を詮索研究《せんさくけんきう》して彰考館で發見《はつけん》するに到つたのは陸軍省囑託で古代文獻《ぶんけん》研究に當《あた》つてゐる笹原助氏である。

美術展評

第二回聖戦美術展總觀

日本畫、洋畫、彫刻の三大純正美術の集結からなる聖戦美術展は、陸軍省を後援とし、朝日新聞社、陸軍美術協會の主催による時局色の最も濃厚なる相當大規模な展覧會である。且つそれ自體日支事變を對象とした一大課題主義の大衆啓蒙的役割にあるものであり、作品成果とは別途に記録藝術としても歴史的、文化的價値を保有する。

さういふ意味の素材的に大衆とハート・ストライクする記録藝術としての强味は、日本畫や彫刻よりも洋畫が一番その條件に惠まれてゐるやうだ。それは洋畫家が他の部門の作家に比し日頃の野外での實地の鍊成とそれに伴ふ肉體的な健康が役立ち技術的には洋畫そのものゝ持つ細部描寫的實感的リアリズムが殊に實戰圖の場合にその長所を發揮したからであらう。

橋本八百二の『守る光』鶴田吾郎の『前線に到着せる精英』熊岡正夫の『徐州進軍ロバと兵隊』清水登之の廬山戰鬪圖二面大野隆德の『戰車進む』向井潤吉の『待機』小磯良平の『娘子關を征く』中村研一の『蒙疆機械化部隊』宮本三郎の『南苑攻撃圖』藤田嗣治の『哈爾河畔戰鬪之圖』硲伊之介の『臨安攻略』は殊にさうした實戰感の急迫したものであり、ほかに藤島武二の『黄浦江を望む』中澤弘光の『天壇』熊岡美彦の『古塔回春』等は寧ろ藝術至上的な唯美觀念詩情詠嘆から描かれたものであるが、それだけに鑑賞的には優れてゐる。石井柏亭の『戰車習作』南薰造の『相馬野馬追』は右の三人よりも戰爭畫的要素に富んだものであるが、やはり同部類に屬するだらう。それだけに中途半端な感じだ。

日本畫と彫刻は洋畫に比較して造型的な制約に支配されて、洋畫ほどの自在性《フレキシビリチー》を缺いてゐるのは、性格上如何ともし難いが、それでも、日本畫の川端龍子の『八達嶺攻撃圖』川崎小虎の『南口攻略戰圖』吉村忠夫の『突撃路』の三大陸軍作戰記録畫は、實戰感を適度に美化して大陸風景の詩情感の中に融化しやはり繪畫としての格は洋畫よりも高い。ほかに、小杉放庵の『戰線スケッチ』は大陸の風土紹介の風流繪卷として慈情親しむべく、吉岡堅二の『雨中急追』福田豐四郎の『武漢再見』は洋畫的な實戰感を獨特の角度から新造型したものとして興味がある。その場合、吉岡は科學的であり、福田は抒情的である。

久保田金僊の『南京雨花臺戰跡』小早川秋聲の『譽れの家』福田眉仙の『馬』はそれ〴〵個性的に面白いが、その癖が出過ぎた感じだ。これ等の中では構圖的なタブローや實戰感では武藤夜舟の『本多兵團攻撃圖』が古畫の八郎兵衞作大阪夏の陣を想はせてその努力を買はせる。

彫刻では英靈の柩を捧示した戰友像の長沼孝三の『英靈』が陸軍大臣賞になつてゐて、さすがその重厚に胸迫るものがあつた。ブロンズでは、横江嘉純の『父に代りて』がその立體的情感と實感に於いて壓倒的に優れてゐた。（豊田豐）

山南會二回展

稲田麥楓氏の『游鯉』は全體的調和を缺いでゐる。魚の部分に神經質な整理された美しさを見、水の部分の表現は粗雜すぎて硬着した水面である。德力富吉郎氏の『鷹』には觀念性が目立つてゐる。澁滯した線は狹苦しい空間に終り、鷹の生態を感じることは出來ない。次に荻原涌石氏の『雷雨去』は現實感にとぼしい。『波二題』は構圖上の無理がある、スナップ寫眞的な一面的な物足りなさで、それは單なる對象にたよりすぎた結果である。『愛育の圖』は佳作高橋太三郎氏では『薔薇』を擧げる『北山の秋』は觀念的である。複雜でしかも有機的な自然を見つめることの出來る明確な生活態度を培ひたいものである希望は他の大部分の作家達にも大いに云へると思ふ。山林文子氏の『カンナ』は佳作、やや鈍い樣式化は効果をおさめてゐる。丸岡比呂史氏の『群鯉』は神經質な淸潔な畫面であるが、空間的に悔澁さが殘つてゐる。松本昴光氏には手堅い技巧が目立つてゐる。「淸香」は或る高さの表現に達してゐるが、餘白の空虚さを打ち破つて行く自由な筆致が要求される。『みのり』は中央の植物の表現に部分的良さがある。次に小松均氏の『睡蓮』は陶器のやうな蓮の花が無機的な硬さをとどめてゐるが、變化にとんだ愉しい畫面を構成してゐる。『雪ゝ』に於ける繰返へされた線は鈍い効果でしかない。江龍白岑氏の『芍藥』は植物の扱ひ方が無秩序で、形體のみを殘した生命のない花である『隣組菜園』を取る。清水洵平氏では粗雜な表現が目立つが、平凡な『老いたる人』の肖像畫を取る。吹田草牧氏は、あまりにも觀念的、他に千地琇弘氏の『北支從軍スケッチ』木村揚照氏の『雨後』岩崎巴人氏の『放馬』などがそれ〴〵注目された（府美術館）

二六〇〇展

昨年東美卒業の同期生よりなる研究第三回發表會である。全體を通じて會員すべてが、それ〴〵の立場にあつて、地味な研究的態度に移つて行つたことは窺はれるが、風景や人物を對象とする研究が、ただ概念的自然の一端をキャッチしたに過ぎない平穩な狀態には、稍物足りなさが感じられた。雰圍氣的な自然の表現はも早老大家達のものであり、自然の機能的な面よりの探求なくしては本質を衝くことは不可能である。しかし既に自己のメチェを見出し、初歩的な狀態から脱却してゐる二三の作家達に接したことは大いに心强い感じがした。金子德衞氏の『風景』は一見平凡に見えるが技術の充實したこの傾向には繪畫の『生命』といつたやうなものが感じられた。『小菊』も注目される。臼田輝四郎氏は畫面が全體に荒れてゐる。しかしそのうちでも『炬燵』は未だ繪具が浮はついてゐるが、氏の佳き素質が見られる。花』には官能的な美しさを感じた。本居典視氏は對象にたより過ぎて表面的表現に一歩も出てゐない。益永端氏の『コックさん』は部分的な技巧の弱さが目立つが、力作と云へよう。次に本城正氏の『海景』には無機的な筆致による波がある。色彩的な硬さは全體をにぶくしてゐる。博松正利氏は複雜な子供の表情を巧にとらへる優れた作家である。稍色彩の冷たさが氣になるが『子供A』『子供B』『先生と子供』などは素直な生活の記録である。

『海A』『海C』は波の性格を適確に把握してゐる。元田乾行氏では『貿易風帶』を取る。意圖の説明だけに終つて、淺薄にさを感じさせてゐることは惜しまれる。與梠武氏は觀念的態度を脱すべきである。神津牧場を取るがソリッドな面が要求されるなどよりも『コスチューム』の小野田弘彌氏では『花籠』芍藥』方に優れた方向がある。大まかな對象の把へ方はあつても、本質に達するためには、より綿密な觀察を必要とする。藤本東一良氏は、既に自己のメチェを心得てゐる、それだけに技巧にのみ溺れて行く危惧を警戒しなければならない。『椅子』は最もすぐれてゐる。森井龍起氏では素直な筆致と輕快な色彩によつて、手堅い風景寫眞を見るやうな巧に武藏野をキャッチしてゐるが、藤本氏に感じたやうな危機がある。『武藏野の秋』『麥畑』は光つてゐた。中江泉氏の『坐像は平凡、郡山正氏には愛情にみちた素直な畫面が見られる。微笑する少女の表情は單に通俗的と片付けてしまふのにはあまり深刻であり、精致な筆致に緊張があふれてゐる。他に關川一郎氏の『海』山尾平氏の『綠蔭』大榊龍男氏、大澤正夫氏 乙葉統氏、竹澤基氏、益田卯吠氏、宮阿久氏等の作品があつた。

（府美術館）

美術工藝品の特例

藝術の維持保存を圖る當局の親心

七・七禁令や公定價格制度に縛られて苦吟の狀態をつゞけてゐた美術工藝作家にとつて正しく旱天の慈雨！　商工省では藝術の維持保存を圖るため案策を練つた揚句、八月十二日、小島商工次官の名を以て、全國各道府縣の長官に宛てて美術工藝品に關する特例の通牒を發した。

決定された藝術保存に關する要綱はどんなものか。

それは、奢侈品等製造販賣制限規則の趣旨と公定價格制度の趣旨とに出來得る限り背反しない範圍內で藝術品の保存を圖るものであつて、次に記す方針に依り、奢侈品等製造販賣制限規則に基く製造並に販賣の許可及び公定價格適用を除外する措置を講ずるもので、要綱の第一條は左の通りである。

一、藝術保存ノ爲ノ許可ハ以下各項ノ制限ノ範圍內ニ於テ奢侈品等製造販賣制限規則ニ依ル製造竝ニ販賣ノ許可ヲ與ヘ又ハ公定價格ノ告示ニ於テ藝術品ニハ當該公定價格ノ適用ヲ爲サザル旨ノ規定ヲ爲スモノトス

（イ）　奢侈品等製造販賣制限規則ニ依ル製造竝ニ販賣ノ許可ハ同規則第一條但書及第二條第一項但書ノ規定ニ依ル告示ヲ以テ其ノ權限ヲ地方長官ニ委任シ之ヲ行フモノトス（商工省告示第六百九十九號參照）

前項ノ許可ヲ爲シタルモノニ付テハ昭和十五年七月十一日附商工農林兩次官依命通牒一ノ(八)ニ揭ケタル樣式ノ證票ニ代ヘテ左ノ樣式ノ證票ヲ貼附スルモノトス

（註・證票は之れを略するその樣式は丸印の中間に一線を引き、上段に藝と記し下段に府縣名を記入するやうになつてゐる）

（ロ）　公定價格ノ不適用ニ付テハ商工大臣ノ指定シタル公定價格ニ在リテハ當該商工省告示ニ於テ「本表價格ハ商工大臣ノ指示スル所ニ從ヒ地方長官ノ定メタル藝術品ニシテ地方長官ノ定ムル樣式ノ證票ヲ貼附シタル物ニハ之ヲ適用セズ」ナル旨ヲ規定スルコトニ依リ之ヲ行ヒ地方長官ガ公定價格ヲ指定シタルモノニ在リテハ當該地方長官ニ於テ右ニ準ズル措置ヲ採ルコトニ依リ之ヲ行フモノトス

右ノ證票ノ樣式ハ(イ)ノ證票ノ樣式ト同一ノモノヲ定ムルコト

第二條には、藝術品としての取扱をするのは、商工大臣の指示する種類の物品に限ることになつてをり、この指示は各地方長官よりの申請に基いて、商工大臣から之れを通牒し、この通牒に依つて指示された種類の物品は、地方長官が告示すべきことが規定してある。

第三條に眼目がある。前に述べた指示を受けた種類の藝術品に就てはその製造を爲す者（藝術家）に對し各地方長官が、奢侈品等製造販賣制限規則第一條に依る製造許可又は同規則第二條に依る限界價格超過販賣の許可を爲すものであるが、この場合に於ては、大體左の資格を參考とし、適當な方法に依り各地方長官が藝術家として認定した者に對し、許可すべきことが規定してある。その藝術家の參考資格は次のやうになつてゐる。

一、帝國藝術院會員にして美術關係の會員たる者並に文部省美術展覽會第四部に於て審査院たりしもの及び無鑑査のものにして現に藝術家としての活動を爲しつゝある者

二、文部省美術展覽會第四部に二回以上入選したるものにして現に藝術家としての活動を爲しつゝある者

三、前各號に準ずるものにして地方長官に於て適當と認めたるもの

尙、公定價格の不適用品として地方長官に於て、一の(ロ)の藝術品たる證票を貼りつける物品に就ても、その製造を爲す者―藝術家―の選定は前記の參考資格に準ずる事になつてゐる。

次の條規に依ると、宮內省若くは政府、宮內省若しくは政府直轄の美術館、博物館若しくは學校又は外國大公使館、若しくは領事館などからの註文に基いて藝術品を製造し、又は販賣する場合には、その都度商工大臣に上申して許可を與へる。この場合の生産額は、前號の規定に依る道府縣に對する割當生産額には含まないものとする。

前に記した藝術家の參考資格を持たない新人に對し、藝術的技能の向上發展の機會を與へるため、文展や商工大臣が特に認めた展覽會に出品する場合にはその資格の制限に拘らず、何人に對しても當該出品物の製造並に販賣に就て、地方長官から奢侈品等製造販賣制限規則に依る製造並に販賣の許可を與へることが出來る。但し、この許可をする場合は、その販賣額の總額は、各道府縣に割り當てた生産總額に含ませるものとし、必要があれば出品點數に適當な制限を加へる。

右の展覽會に入選した藝術品に就ては、第一條の(イ)の證票を貼りつけ、公定價格不適用の措置を講じ、且右の藝術品の販賣價格の總額は各道府縣に割り當てた生産總額に含ませる。右の展覽會に出品し落選した物品の販賣價格は、次の販賣價格を超過してはならないことに定めてある。

イ、公定價格アル種類ノ物品ニ付テハ當該公定價格

ロ、奢侈品等製造販賣制限規則ニ依ル限界價格アリテ公定價格ナキモノニ付テハ當該限界價格

ハ、公定價格、限界價格共ニナキモノニ付テハ類似普通品（藝術品ニ非サルモノ）ノ公定價格、類似普通品ノ公定價格ナキトキハ類似普通品ノ停止價格

又、本制度を悪用し、落選することを見越して製作する者に對しては許可を取消すなど、適當な制裁方法を考慮するし、更に本制度は、新人の育成に資するのであるから、資格者から推薦させるなどの方法に依つて、出品者の數を豫め制限しても差支へないことにしてある。尙、展覽會に出品する爲、奢侈品等製造販賣制限規則に依る製造許可を受けた物品で、展覽會に落選したものは、昭和十五年七月十一日附物價第二八七四號商工農林兩次官通牒に依る「奢」の證票を貼付しなくてはならない

第七條と第八條に依れば、本要綱に依る藝術品の販賣方法は一般の購買慾をむやみに刺戟することがないやう、各地方長官が適當に措置しなければならないし、又各地方長官は、本要綱に依り、製造又は販賣の許可をした場合は、その人名や物品名や生産割當額を遲滯なく商工大臣に報告する事になつてゐる。

第九條に依れば、地方長官が本要綱に依り、藝術品としての取扱をしようとする場合には必要事項を具し、商工大臣に豫め打合せしなければならない。

1) 當該物品ヲ藝術品トシテ取扱フベキ必要ニ付テノ事由ノ詳細

2) 當該物品ニ付許可スベキ年生産額

(3 當該物品ノ最近五ケ年間ノ生産額竝ニ生産事情

(4 藝術家ヲ選定スル方法及藝術家各人ニ生産額ヲ割當ツル方法

(5 藝術品ノ販賣方法

(6) 當該藝術品ノ保存ニ關スル府縣ノ一般的方針及對策

(7) 其ノ他參考トナルベキ事項

新發足に當りて

七月三十一日に最後の幄が下ろされて一日から逹日統制残務の處理にあたり七八日頃になつて、これは大變第一巻を出さねばならぬと狼狽て出して見たものの今までとは變つた旬刊と云ふ受持なので餘程勝手も違ひ、又違つた方針でなければ當局の御期待にも副ふまいし、讀者としても讀んで貰ふ譯にも行くまいと舊體制脳漿を總動員して、あれでもないこれでもないと十七八日頃には第一號出版の豫定がとう〳〵今日に至つたやうな次第で何とも申譯ないが、元來が今度の計畫が無理なのでどんな小さな雑誌を出すにしても多少のイデオロギーを持つたものをやらうとするならば少くとも半年や三月はその出版計畫を練つてからでなければ自信の持てるものではない、夫れを命令を享けてから二三週間で第一號を出さうと云ふ、第一八月は美術界でも所謂夏涸れ期で一年中で事件の一番ない月なのである、夫れなのに本誌の使命は美術界綜合の報道誌なのである、弱らざるを得んやである。

漸くに我れに返つて十一日の編輯會議をすますと折柄の暑熱を冒して寫眞班と共に東奔西走原稿依頼や資料集めに自ら陣頭に立ち社内總動員のもとに活躍を續けたがさて見らるゝ通り、これと云つて感心されるやうな編輯は出來なかつたが、號を追ふて假すに時間を以てすれば、豈政府當局が期待される以上のものが出來ぬとは限らぬ。

新發足に當りて内務省企劃課瓜生事務官、佐伯係長、情報局第二部鈴木中佐、第五部秦情報官の諸官から夫々懇切なる指導を、今後に處する超非常時下に於ける吾々國民の心構へにつき時に應じ機に臨んで適切の訓へを得たことは、又將來も得らるゝことは今後の行路の上にどれ丈心强いか計り知れない。

社内にあつては日本美術新聞時代からの社客川路柳虹氏が、愈々新體制下本誌の美術界に於ける指導性の重大さに鑑み、竿頭一歩を進めて編輯顧問として今後の編輯上に多大の御協力を得ることになつたことは實に本社の喜びとするところである。從つて新發足第一號の匆忙の編輯も多忙の中を差繰つて何呉れと協力下さつたことを茲に御禮申述べる。

なほ今後の方針については本社としての理想も抱負も豐富に有してゐるが、國際情勢は日に日に變轉し今日の世界は明日の世界でない、現在の情勢下では常に緊張、滿を持して如何なる變局にも對處する確固不動の要意と覺悟をもつて如何なる難局下にも我が國美術文化の昂揚と育成に寄與したい理念に燃ゆるものである。（卓爾）

美術家の常會とは？

八月十日第一回總會の意義

東京美術家常會の城西部第一總會は、八月十日の日曜日午后二時から地元の豐島區池袋立教大學前第五國民學校の和室講堂で開催された、七月二日に田中佐一郎氏方に最初の役員會を起して、爾來着々、美術家としての國家協力方策を進めて居たがいよ〳〵當日東京市の西部――豐島區中心で美術家の總顔合せが決せられたので、東京府市で**美術家の常會はこの日城西部から記念すべきスタート**が切られたのである、豐島區高松に住む田中佐一郎氏を始め葛西安次郎、森繁、桑原實諸氏などが斡旋して受付、會場係會計から座長議長、進行係といふ多忙さであつた、右の外出席者は

伊藤彪、吉村忠夫、浦田正夫、長谷川路可、杉村惇、淺野熏、廣本了、岩月信澄、林富太郎、齋川藤藏、本間勘一、鈴木榮二郎、古市寂佐緒、鈴木金平、金谷義敏、廣田剛郎、阿部東晃、柳田昌、大塚平八郎、星野直弘、鶴田吾郎、中村金作、小西良雄、淵上滿男其他約四十名であつた、この前日田中佐一郎氏と森、桑原、葛西諸氏は午前、午后の二回に亘つて情報局や大政翼贊會等當局と懇談し、常會の方法を打合せたので、常會開會、先づ一同起立謹で宮城遙拜をなし、ついで護國の英靈に感謝を表した後、田中氏から當局會談の内容が説明された、當局も美術家が立つた事については非常に賛意を持つてゐて、出來る範圍の應援と便利を與へやう、職域奉公といふや**うな美術技能で盡さうといふことは當局として**未だそれを受容れるだけの用意がないので、直接隣組なり常會なりに出席して、美術家のもつ生活やよい情操を以て世人の國家協力心の向上に努められたいといふのが當局の希望である、であるから城西部常會の實行項目である壁畫研究部其他の美術案は直ちには駄目となり、理論部も論議をやつてゐる時でないので國防國家的信條で右の直接進出する事とならざるを得なくなつた。

「そこで當局の素志に添ふべく實行案の協議を致したいと思ひます」と田中氏が出席者に呼かけたのを機會に常會は俄かに名論卓説を披瀝し、甲論乙駁、諸議沸然の活氣を呈したが、説論の如何は別として、誰ひとりとして**國家協力の熱誠眞情に燃えぬものはない**、就中阿部東晃氏は「自分は午前中職域勉强、午后は夕方迄農家の手傳ひをして食糧を稼いで、夜は出來るだけ收入に努めてゐます、戰時國家は銃丸について米を要求する。美術などはその次に考へねばならぬので、先づ農耕に働き一粒の米でも增産につとめ、自分の食糧を自給してゐる。相當疲れるが戰線を思へばやれぬことはない」と毎日實行の體驗を述べ、常會が自分のやうな實行に處すべきを熱望し主張、慫慂すること極めて痛切だ阿部氏を見れば體軀が如何にもがつちりして、優に勞働に堪へるべく見える、この勞働黨に對して、藝術を以てよりよき方面へ進もうといふ情操派が對立したが結局、兩案を採擇することとなる。

森繁氏立つて「一般の常會があるのに特殊な生活者（美術家）が常會をするのは特殊傾向を造ることになるのだから、各自が一般常會へ喰入つて欲しいと作家意外國民としての用務を當局は要求してゐる、これは作家が市民たる活動へ浮び上ることでどうであらうか」と美術家**常會の根本義に問題を提供**して一同を考へさせたのは深慮であつた、出席者もこれに到達するとしばし默考に會場け淋しくなつたが、懸案として次の廣本了氏が隣組の常會へ出席して美術知識の涵養を致し、繪の説明や歐洲大家の解題などして大いに喜ばれて居り自分の作品を常會で列べて見せたりする話を詳述すると、柳田昌氏が「美術家が常會其他の社會的に進出すると兎角自已の職業開拓になる傾があるが自警すべきである」と注意のサイレンを鳴らす、淺野熏氏等が目白方面を代表して大いに語る等々、午后五時頃に一先づ提議を打切り、田中氏が各提案を項目として會場に報告、實行案の一日も早からんことや、この總會出席者は各自、近隣作家を纒めて小會を勵行すること等を慫慂し有意義にこの記念すべき第一總會を終つた、猶、當日來會者に謄寫板の「回覽板」第一號を頒つた、近く當局からの內意で會員の代表者は當局に出張具體的な打合せ會を開くこととなつてゐる、同常會は實行効果を盛んに進めて行くものと見られる。

美術經濟

前山久吉氏の遺愛品
全部『わかもと』が所藏
時節柄、賣立入札も省略で

昨今の美術骨董界は折柄の八月で、業界例年の悪時季、夏枯れと俗に謂はれる時節を控え、加ふるに時局下國防必死の意義を併せて、自重的態度であり、今秋九月末あたりから活躍し始める斯界の見透しも立たず、東京美術倶樂部下半期の賣立入札會場賃借の申込みも皆無といふ有様で、多少の「小向ひ」―相對小取引―によつて業界の動行を見せてゐるに過ぎないのであるが、最近この美術骨董界の靜淋を破つて

一大快報 が傳へられた。今春二月十八日、芝の東京美術倶樂部で百六十八點の賣立を傳つて百萬圓飛破といふ不況自肅期にあるまじき大豪華の收得をした麴町區番町の前山久吉氏遺愛品賣立は猶人の耳底に消えがてなのであるが、その一部でも既に百萬圓突破といふのである

殘部什寶 は謂ばゝ撰りぬきの品で、中には國寶や重要美術品も多いこととて、前山家の遺愛品は、嘸かし巨萬の額のものであらう。且つその第二次賣立は素晴らしい事であると、美術愛好家はもとより骨董業界待望の間に噂されてゐたが、この待望を裏切つて、前山家では寺境美術執事を番頭として東京の水戸幸、平山堂、關西の池戸、分林といふ斯界の東西の四巨商が番町邸で竊かに品調べを終り、あと一日措いて愼重評價協議の結果、正に七十萬圓也を確定しいざ取引と決定した瞬間「暫く待つた」と右什寶受渡しに鈴ヶ森もどきで躍り出た男がある、身體は瘦せぎすで貧弱に見えるが、膽の太いことは大阪の春海の熊三、東京で水戸幸の吉ちやんと遙か下らぬ芝の美術倶樂部賣立界の

評判男で これが全部手前が戴きませう。七十萬圓也は安うござんす、今春二月御當家賣立の總額百萬圓突破の吉例に倣ひこれと同額でお委せ下さい、とズバリと申出で、七十萬圓評價に三十六萬圓の「利付け」卽ち四巨商の見る前で、一人宛九萬圓づゝの酲當を出して涼しい顔で卷煙草の煙を噛んだものである。流石斯界東西の巨商店も、「あつ」と其權幕に毒氣を拔かれて啞然たる間に取引が遂げられた。

不振自肅 の裏にも斯うした豪華版が藏されて行く處が業界の興隆興亜に資して餘りあるところで、これだけでも、快報なのに、更にこの後日譚が素晴らしい。その百六萬圓の什寶美術品は一點殘さず悉く大纒めにして、數日後には文部省宗教局の國寶保存課へ讓渡手續が完了され

前所有者
　東京市麴町區六番町
　　前　山　宏　平
新所有者
　同市世田谷區深澤町

長　尾　欽　也

長尾氏は世間周知の美術愛藏家「わかもと」主人である。その手に入つた經過など謂ふにも及ぶまい。

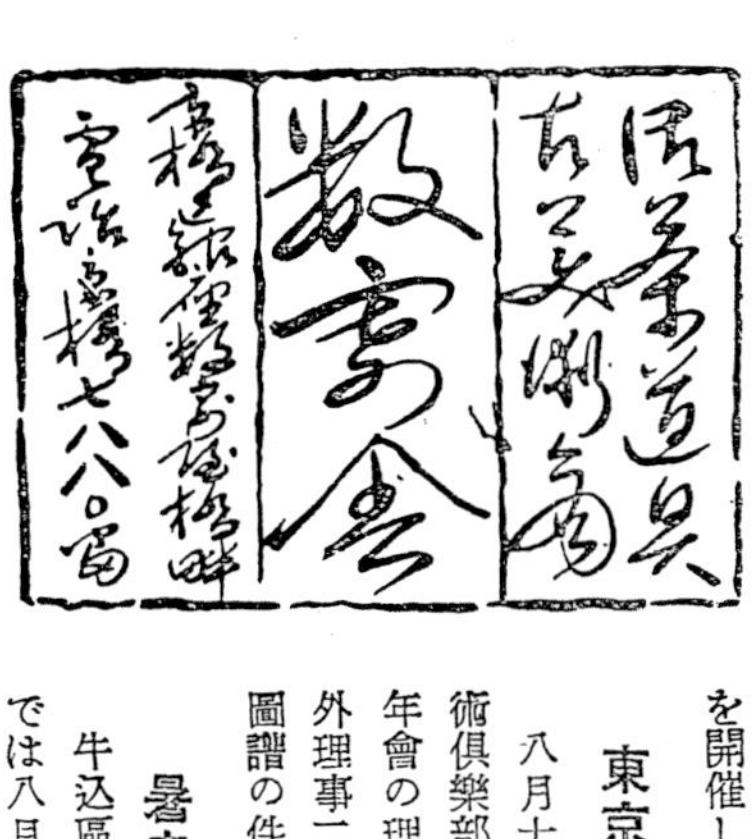

新畫に愈々課税か
餘剩購買力吸收と大增税

大藏省では緊迫せる刻下の情勢に鑑みて餘剩購買力の吸收に乘出し大增税を斷行することに方針の決定を見たので具體案の作成に着手した。しかも今回の增税は間接税を主とし、專ら消費税を中心とすることになつたものであるから、奢侈的方面の消費又は贅澤品には相當高率の引上げ又は課税あるべき方針のやうである。しかして次の實施期日については例外的に本年度中の十月實施說が有力視されるのである。我が美術界では既に工藝方面の作品には總べて課税せられて居つたが、たゞ繪畫だけは藝術保護の立て前と課税の技術的困難から除外せられてゐたが、今回は何等かの形で課税必至と觀測せられてゐる。

某百貨店美術部談 今迄繪畫にだけは物品税の賦課がなされず、工藝の作家など資材其の他の桎梏の下に凡ゆる國難と鬪ひ乍ら既に物品税を支拂つて來てゐるのに、獨り繪畫だけは立派に裝飾品として利用される現代作家の作品に物品税の課税のないことは寧ろ不思議な位でした。此際課税せられて此不均衡を除去すると共に、國家の一つの財源とされたいものです。

共樂倶樂部移轉

共樂美術倶樂部は數寄屋橋畔の會場が震災以來のバフック建築のため今回小石川區竹早町八二中加納氏邸跡に移轉修繕

表具工業組合聯合會委員會成る

八月拾三日午後一時より目黒雅叙園で東京、大阪、横濱、金澤、大牟田、加茂、大川等の公認されたる表具工業組合理事長役員等創立委員として三拾數氏參集し、全國表具工業組合聯合會の創立委員會を開催した、商工省より統制事務官泉氏外二氏東京府より遠藤、山崎商工主事出席と横濱表裝工業組合理事長齋藤由三氏を議長として事業計劃定款の作制、出資金一株百圓理事四名東京寺內新太郎、金澤岡田常吉、横濱齋藤由三、福岡竹下武三氏の選出あり、相互の聯絡を緊密にして時局下の統制に善所することを協議し散會、翌拾四日は淺草橋場莊に於て遠地出席者の慰勞を兼ねて懇談會を開催した。

東京府美術青年會

八月十七日午後二時より同美術倶樂部休憩室にて東京美術青年會の理事會を開き、鈴木會長外理事二拾數氏出席、華山錦心圖譜の件外數件を協議した

暑中納涼入札會

牛込區岩戸町十一日本美術社では八月十一日より十四日迄、同社階上にて相馬御風氏、菅原榮藏氏初め三氏の蒐集古美術、朝鮮陶瓷會寧、明川、瑞川、北坪、谷口、洪原、北青、安邊、沙川、七寶山、青松、文川等より內地下手もの五百點を展覽

「旬刊」美術新報
昭和十六年八月二十二日　印刷
昭和十六年八月二十五日　發行
發行日　毎月三回（十の日發行）
購讀料
一册金五十錢（郵税一錢）
一ヶ月三册金壹円五十錢（送料共）
編輯發行兼印刷人　猪木卓爾
東京市本鄕區東片町八二
發行所　日本美術新報社
東京市麴町區九段一ノ一四
發賣所　日本美術新報社
電話九段二七一五
振替東京一六二五〇
配給元　日本出版配給株式會社

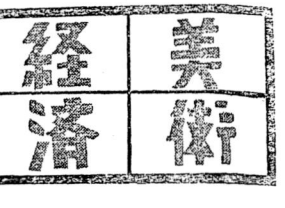

文化奉公會彩管報國に旅立つ
寫眞は右より三輪孝、原精一、高澤圭一の三氏

東京美術家常會
東京美術家常會、城西部の第一回總會が八月十日、豊島區池袋第五國民學校で開催された 正面左から森繁、葛見安次郎、田中佐一郎、吉村忠夫（折曲つて）伊藤彪、星野直弘、大塚平八郎、橋田昌、阿部東晃、廣本丁、鶴田吾郎（折曲つて）岩月信隆、中村金作、小西良雄、議上滿男の諸氏

→ 本鄕區駒込、上富士市電停留所前に新しく建てられた六尺餘の標柱で、國民彫塑研究指導所聚豊社が大東亞文化に翼贊し、生活美術のためには現代彫塑藝術を愛することの至上性を大衆に呼かけた街頭運動

「綠地と造型」座談會 左より中野四郎、森太造、大藏雄夫、長沼孝三、森脇龍雄、江山正美、小坂立夫、小寺駿吉、淸水多慕示の諸氏

立てる子供
中村正典個展

二六〇〇年會々員 前列右より白田輝四郎、益永端、森井龍起、博松正利
後列右より關川一郎、金子德衛、小野田弘彌、山尾平、藤本東一良、宮河久

↓

山南會々員 右より福田豐四郎、吹田草牧、松本晁光、高橋太三郎、淸水洵平の諸氏

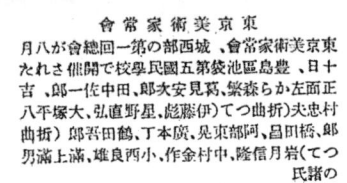

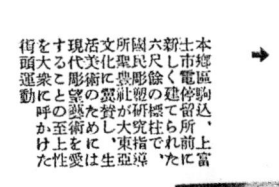

青龍社鑑査場風景

青龍社十三回展覧會は八月廿七日から九月七日まで日本橋三越本店で開かれる、十八日猛暑を冒して公募作品の鑑別が主宰川端龍子氏と社人三氏によつて行はれた。搬入總數八十余點事變下の影響で昨年よりは二十點計り減つたが作品は却つて力作揃ひだ旬報欄記載の如く三十三點の入選で京都の池田洛中東京の須藤尚義氏など文展系の人々の顔も見へていつも乍ら堂々たる展覽會である毎年ではあるが氏は落選畫を一つ一つ懇ろに再檢して少しでもよいところを見出さうと努められるが藝術家としての氏の深い人情味の發露として出品者は假令落選しても滿足するのは青龍社のもつ異風景だ。

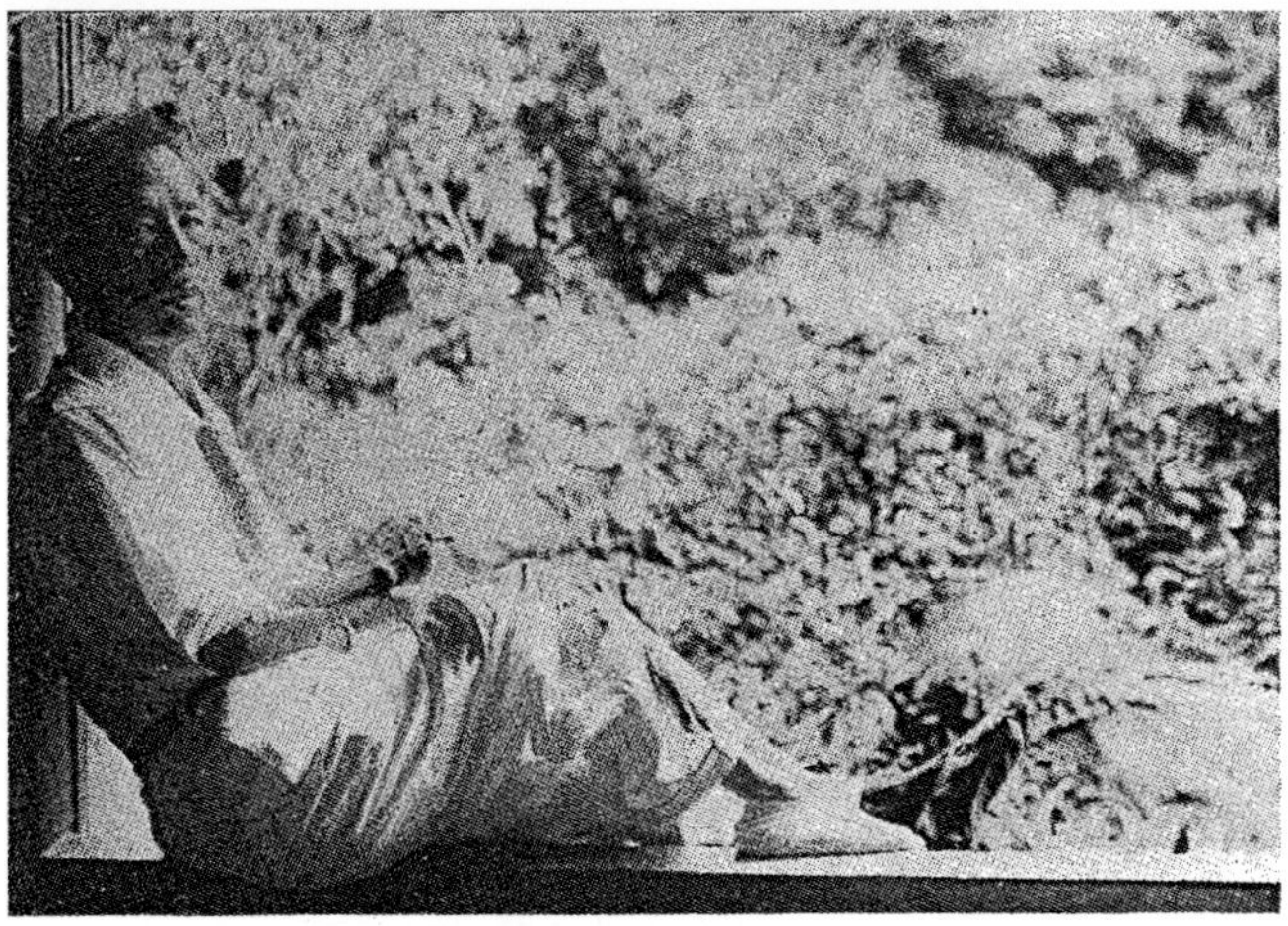

憩ひのひと時——ある朝の川端龍子氏

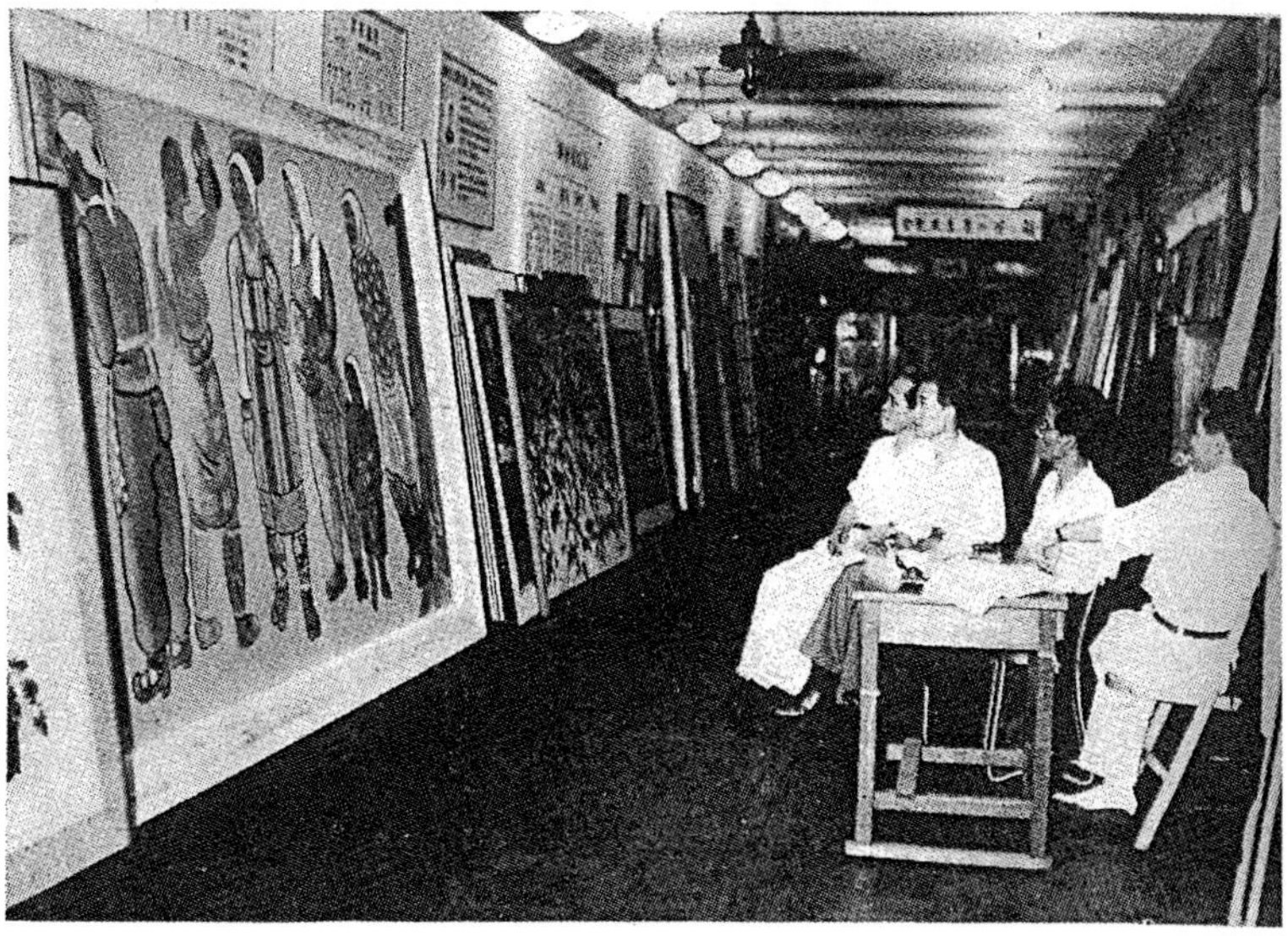

長谷川榮作氏の大作

『伊邪那岐大神』

わが國太古の傳說中、伊邪那岐大神に追はれて須佐之男命が根の國へ下られる事となり、命は高天原にゐます天照大御神に御暇乞に上られたが、その勢のたゞならぬので大御神は不安に思はれ、天の安の河を間に對して詰問された、命は神誓によつて自らの邪曲の心のないことを判證しやうと申出でられ、神誓は行はれた、神誓の方法は、まず天照大御神が須佐之男の命の佩かれた劍を噛んで三女神を生み給ひ、次に須佐之男命は大御神の御髮飾の球を噛んで五男神を生ませられた、長谷川榮作氏はこの神話に冥想して、六尺餘の大御神の立姿を謹作した、即ち御髮飾りの球を取つて須佐之男命に提供されてゐる形である。この傳說は生めや殖やせの多產要衆の國策も思はれるのである。

今、原型から石膏が出來たばかりで近く木彫に寫される筈で、今秋文展には恐らく間に合はず、見ることの出來ないのは惜しいことだが、氏が最近の傑作として軈て、何等かの機會に發表されることだらう。（寫眞は「らけひ」に立たせ給ふ大御神と長谷川榮作氏、品川御殿山のアトリヱにて）

澤田晴廣氏の文展作

『空征く女性』

空往く女性は、邁進する飛行機である、逞ましい體軀は、重爆擊機の力づよさを思はせて餘りある、水平に流れる女性の體軀の上下の空間には風を布が翩翻と纏へる、との下部の布が殊に優れてこの彫塑の均衡と安定を保つ役目をよく勤めてゐる、もしこの下部の稜角形布のあしに臺を置くか、雲を置くかしたら實に拙らぬものになつたに違ひない。

人體の部分を云ふと、顔は正面を突く、髮は太く後に流れる、手や腕の形も見事であるそして女性の體軀の上に子供がゐる、將來を托すべき大國民たるの子供がゐる、女性が子供を載せてゐるのも常識である。澤田氏は火、水、土、空、風の五部作を計劃して既に火は「火星鳥身」水は「善魔魚身」土は「光明佛身」空は「護持精身」の四部を作つたが今回のは、其風に當るもので、これによつて五部作が完成して事になる。

我が國新文化建設の重任を擔ふ人々

情報局第二部第二課情報官鈴木庫三中佐

高度國防國家建設に日となく夜となく非凡の精力を傾注されてゐる、殊に文化面の再編成には筆に口に並々ならぬ努力が拂はれてゐる。この六ケしいお顔からも時々諧謔も出れば警句も聞かれます。

美術雜誌新體制
第一回編輯會議

八月十一日丸ノ内會館で八社の編輯者又は主宰者と政府當局との聯絡編輯會議が開かれ、これより各美術雜誌の新發足は初められたのである。寫眞は瓜生事務官が一場の訓示を述べられてゐるところである。
（中央寫眞の立てるが警保局企劃課瓜生事務官）

情報局第五部第三課長上田俊次中佐

我が國文化の新體制はすべて課長の頭に練られる、美術、文藝、映畫各々然り今音樂界など新聞紙上を賑はしてゐる。

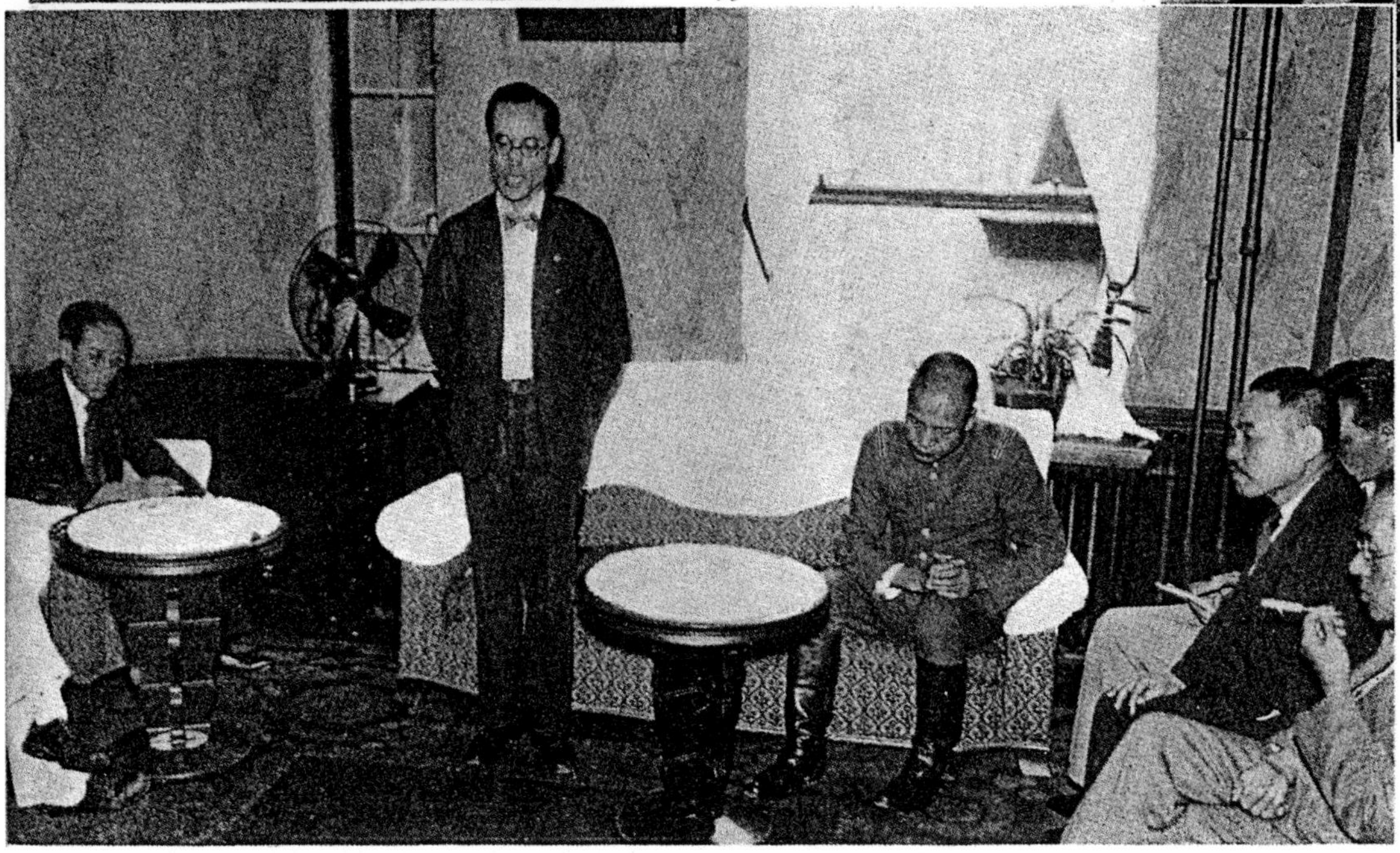

情報局第五部第三課秦一郎情報官

これからの我が國新文化の參謀本部である情報局の中でもわれ等と最も深い接觸面を持つ第三課にあつて高邁なる理想と見るからの精力を以て今後の指導に當られる、本紙新發足に當り第一號を飾るため特に稿を寄せられた。味讀せられたい。

警保局企劃課　佐伯郁郎統制主任官

米川氏と共に今度の美術雜誌統制に當られ當局理想案によつて成された、謹嚴なる態度は些の隙を見せず氏の前には社會の木鐸を以て任ずる各社も長々薩張り値打がない、殊に映畫雜誌の統制では非凡の手腕を認められた。詩人として有名である。

聖戰美術と二六〇〇年會展

あぢさい　藤本東一良

ハルハ河畔の戰闘　藤田嗣治

母と子　傅松正利

花に徇ふ　中村研一

炬燵　白田郷三郎

博愛の使徒　中村四郎

英靈　長沼孝三

山南會

カンナ　山林文子

睡蓮　小松均

老いたる人　清水汭平

みのり　松本晃光

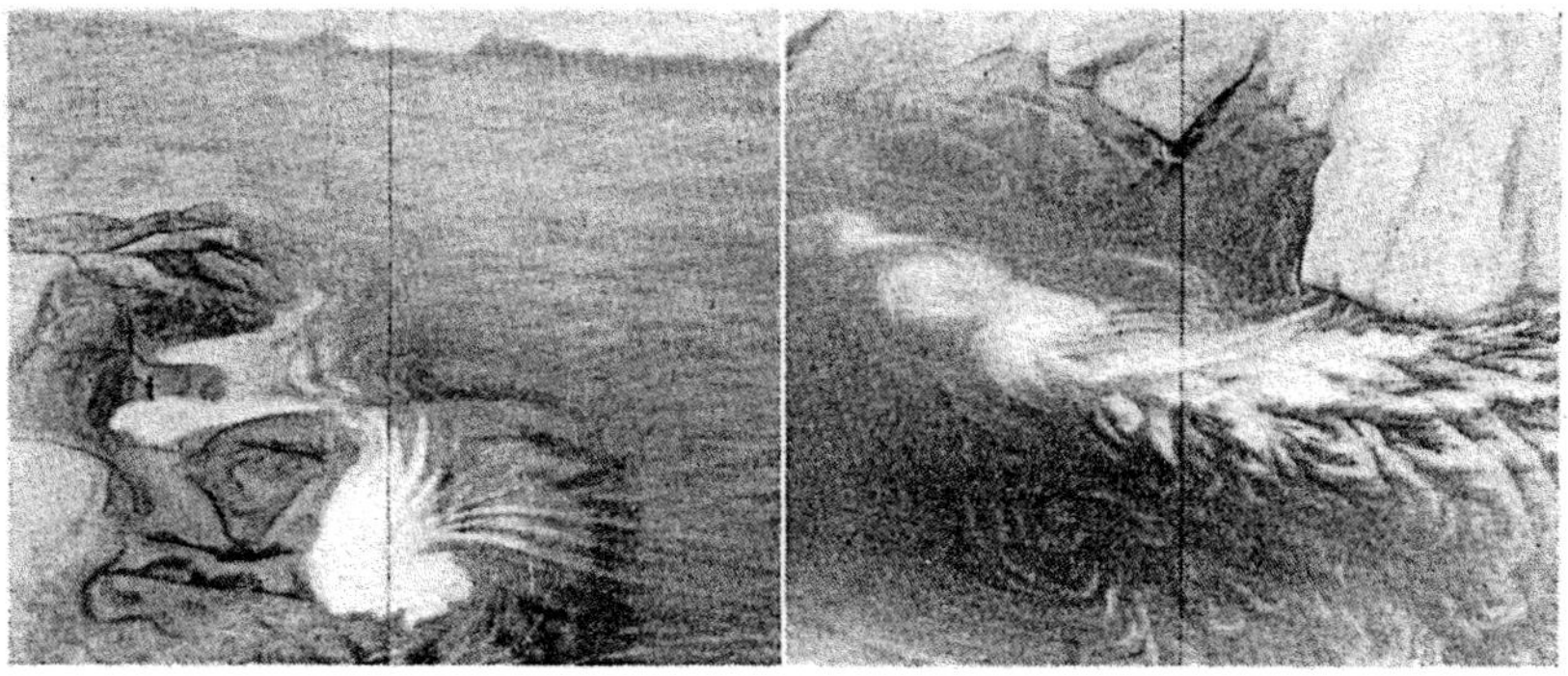

波二題　荻原涌石

鷹四題（一）　徳力富吉郎

霜秋　稲田麦楓

夏の涼味をそゝる切子硝子はどうして造る

E

D

世界第一を目指す我が國の硝子工業も藝術家の撓まざる研讃で優れたる工藝品が日に月に生れる。夏の卓上や應接間に一しほの凉味を添ふる切子硝子には二種類がある、ソーダグランとクリスタルの二種で前者は曹達を基礎とするもので、低い溫度で熔けるため製作が容易である、從つて安價なので、東京市內に賣られてゐる硝子の九割は之れである。

クリスタルの方は高級なもので、それを熔かすのにもソーダグランよりも十倍以上の高溫度を要し、製作も難かしく、特殊な技術に俟たなければならぬので、まだ一般に常用化されてゐないが、必ず將來は普及される筈のものである、獨逸などでは既に普及化され硝子器といへばクリスタルでソーダグランは殆ど使用されてゐない、このクリスタルは切子硝子で、文展の工藝部に出品される作品は、いづれも之れである。

過般、上野の帝室博物館に正倉院御物の展觀があり、その展觀中にクリスタルと同じ技法があるといふことが話題に上つたが、この技法は埃及時代遙かに古く四五千年も以前から傳へられ「昔から厭かれたといふ歷史はない」と云はれる程で、ちやうど磁器の染付が厭かれないのと同じく尊い生命を持つてゐるのである。クリスタルは叩いて見たり、光線を透して見ると、微妙な音響と金屬性の光の美を感ずるので、心得た人は買ふ時にさうして、硝子器の品質を檢するのである。この寫眞はクリスタルの製作順序で、蒲田區西六郷の各務クリスタル研究所の好意を得て同工場で本社の寫眞班が撮影したものである。

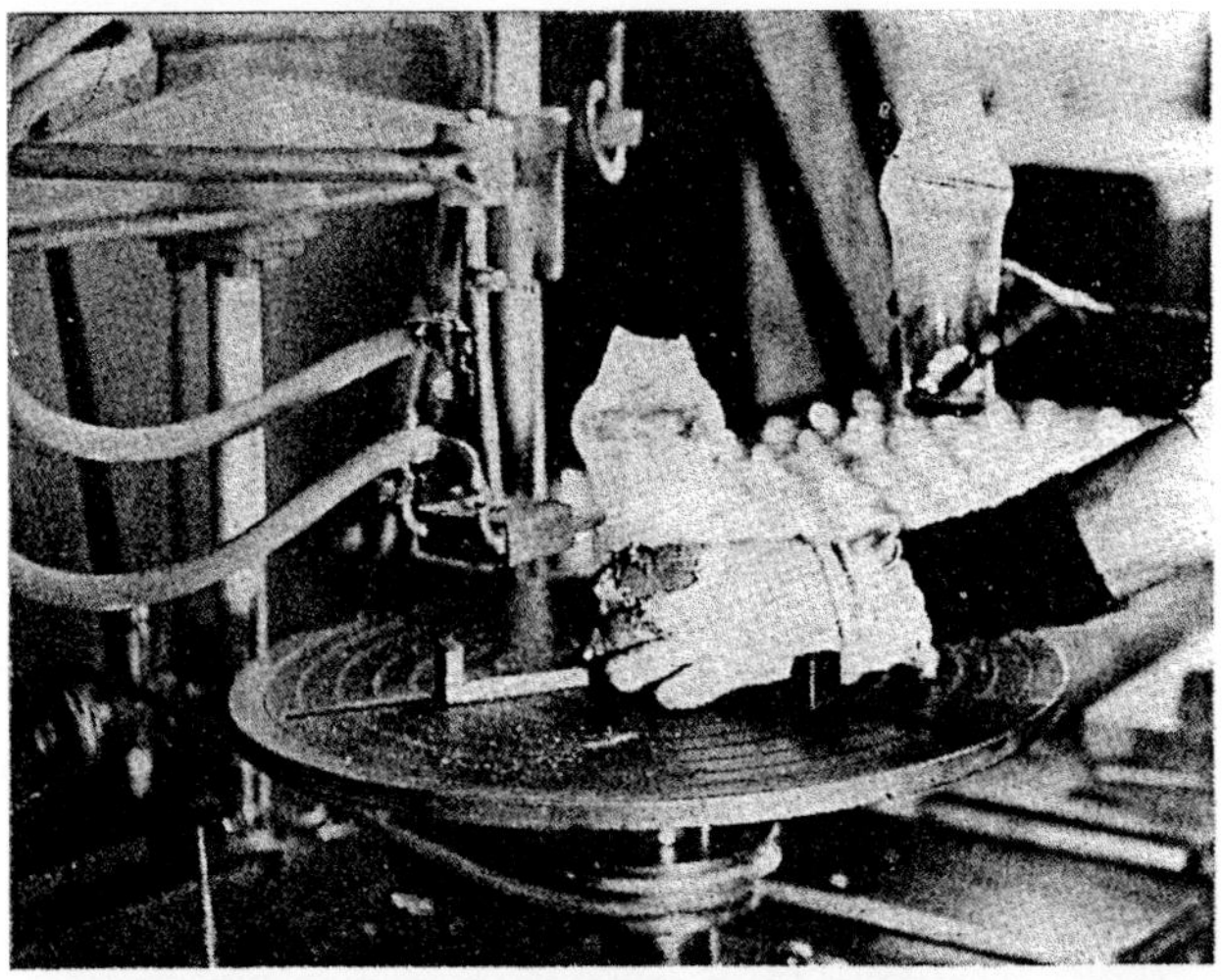

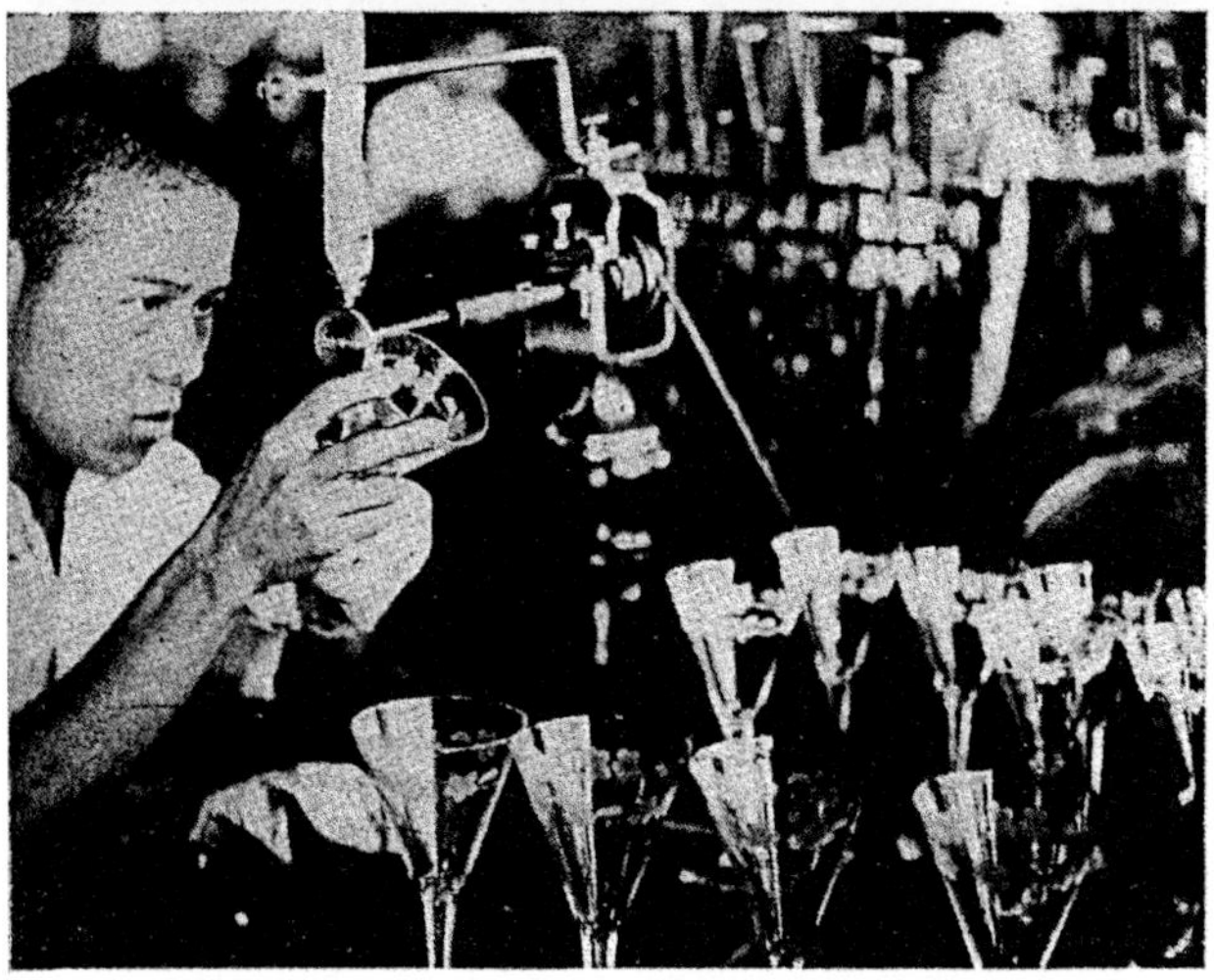

機械臺の上に横軸があつて其軸端に、クルクル廻る圓盤が裝置してある大體出來た硝子器の面を圓盤に當てて、それぞれの圖案や文樣及び形を刻み出すのである、その圓盤に三角目と、蒲鉾形と菱目の三種類がある製作者はこの廻る圓盤の面を使用して、それぞれの形や文樣を造り出すのでこの技術の巧拙がいゝものと惡いものを區別する結果となる、これは彫塑のやうにらくには出來ない、そこに切子の技法があり生命がある（一）金屬の圓盤に金剛砂と水を磨材として大體荒磨りをする、（二）砥石にかけて滑らかにする、（三）仕上に柳の木のやうな木圓盤を使ひ、べにがら磨材を使つて金屬的の光を出すの三つの方法があり、これにグラビールといふて齒科醫が齒を磨削するのと同じ削つる技法が用ひられ、二錢銅貨位からマツチの頭位までの圓盤を數百個も用意してある。

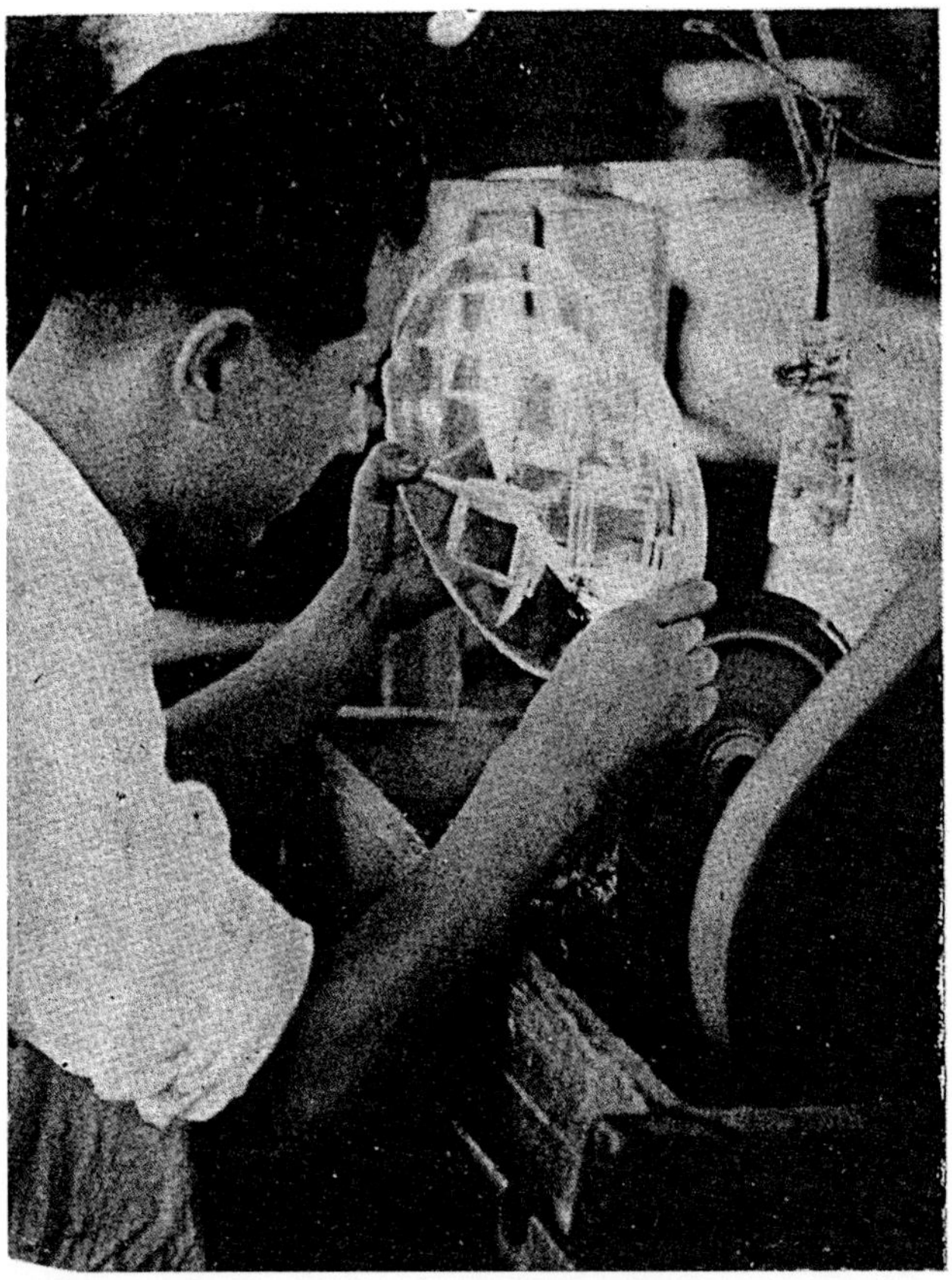

圖案　これは原型的に上つた硝子器に圖案や文樣をつけてゐる處でそれから圓盤にあてて圖案や文樣を整へる順序になる

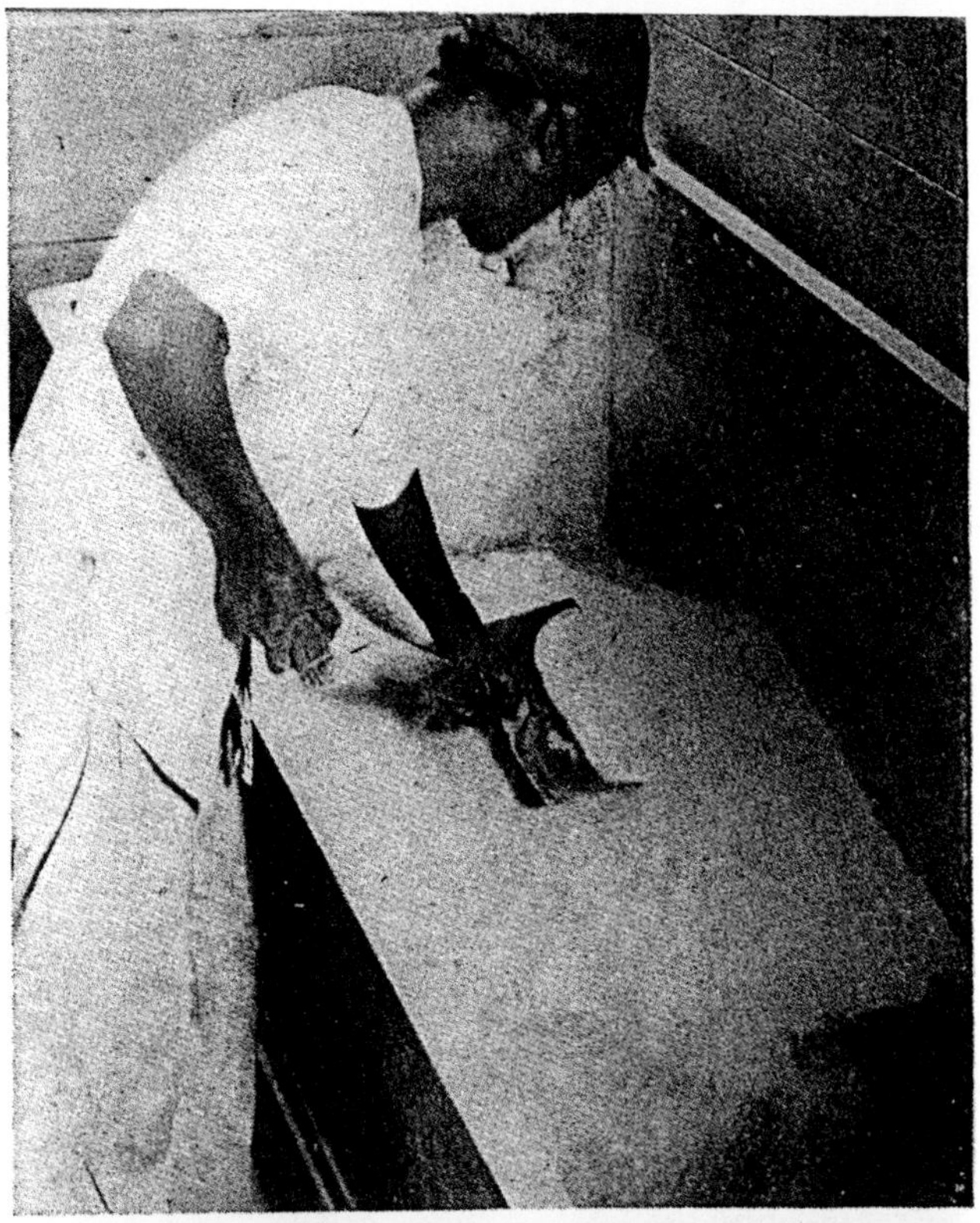

調合　先づ硅石、光明丹（鉛）、少量の石灰等の原料を調合するのである。それに薄墨色は酸化ニッケル、青色は酸化コバルト、綠色は酸化銅などの如く色素をつける金屬を加へる。

液釜　これを千五百度位の溫度で飴狀の液體をつくるのであるが聞いだけでも熱い話である、これには二週間もかゝるので、この液體が出來たら工場は晝夜兼行で働くこの飴狀が元の冷却に戻らない内に液を使用しなければまた二週間はかゝるからである。

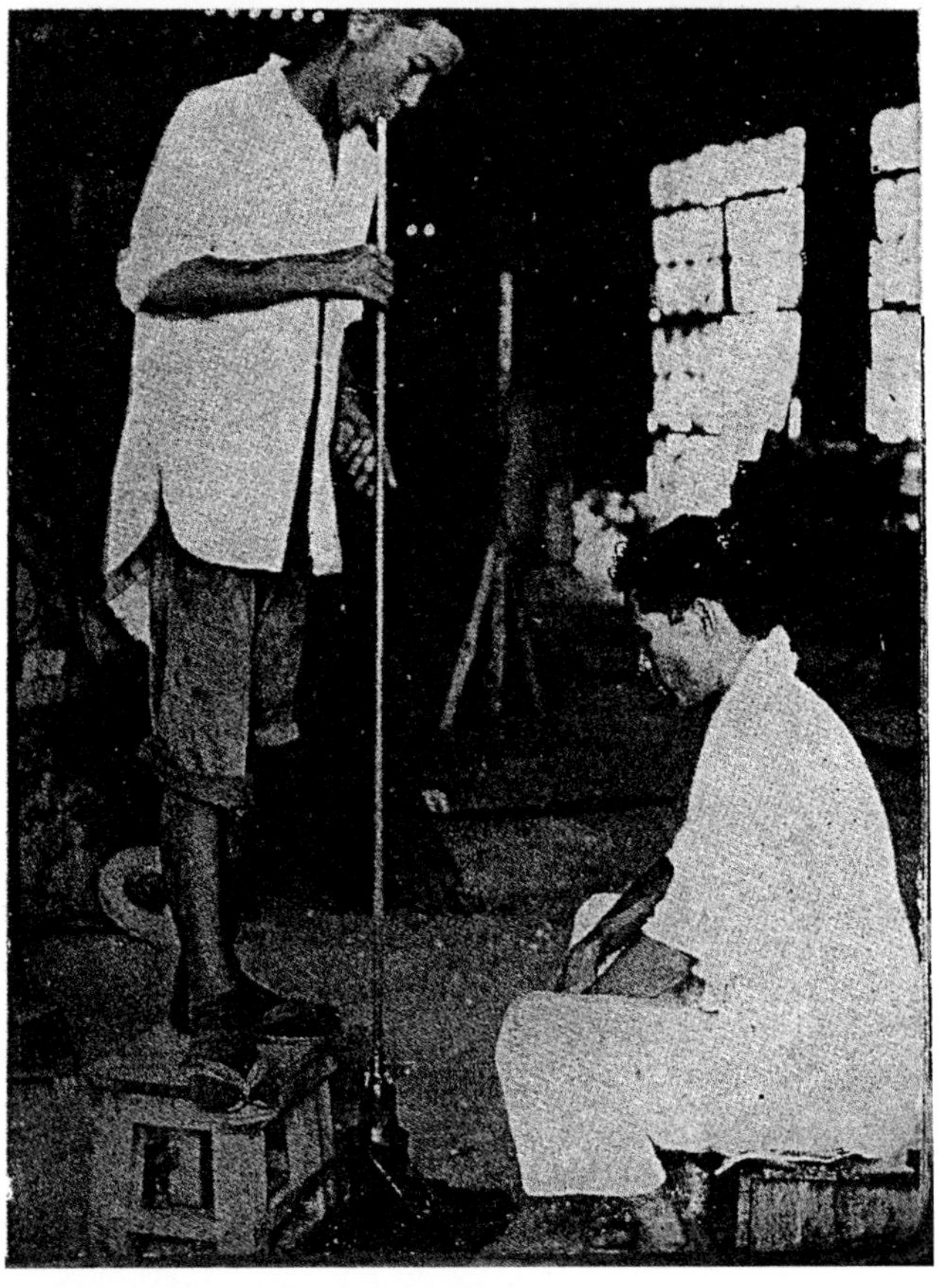

型吹　これは型で吹いてゐる處。

製形　その飴狀の液を鐵の管の先きに卷きつけて、ちやうど飴屋が飴細工のものを吹くやうに、硝子を吹く

A

B

AからDまでは出來上つた作品の一例でAは各務鑛三氏の作つた吹ガラスBはグラビールと切子を併用した作品、Cは切子のみの技術で作つたもの、Dは金屬の外枠の中へガラスビールを吹込んだものEはグラビールによる作品。

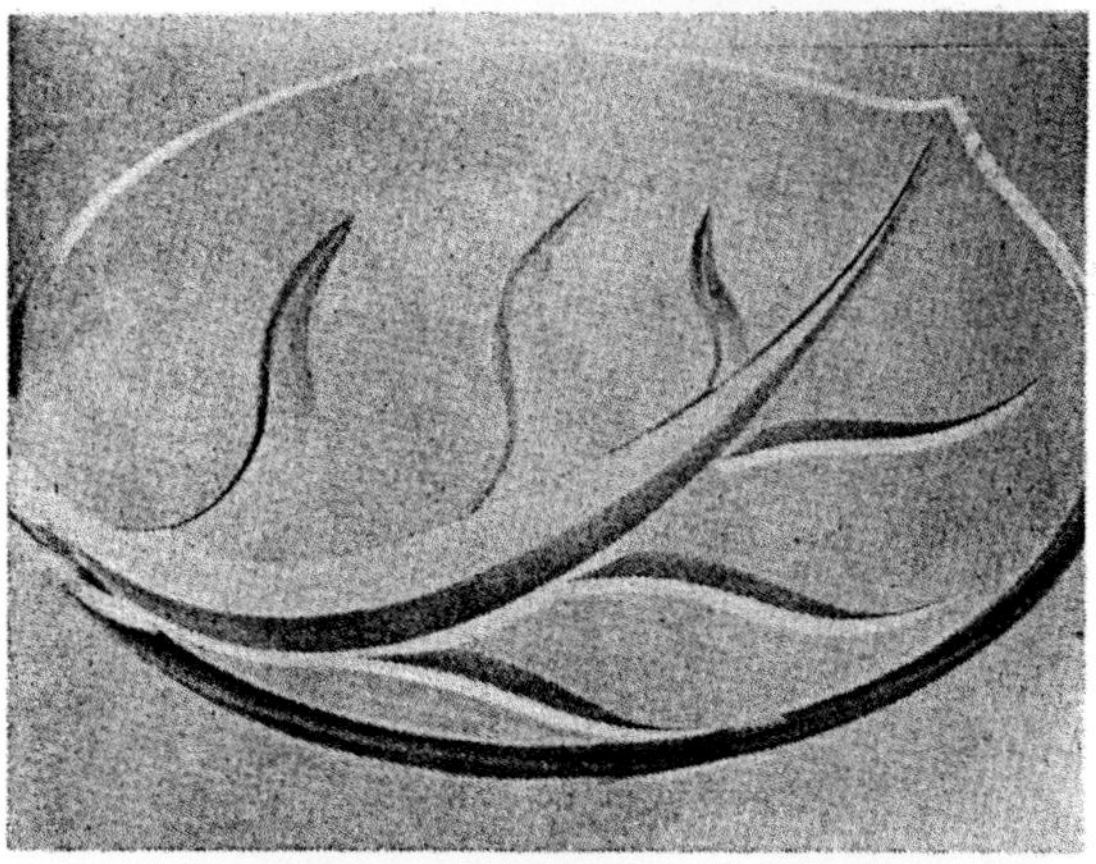

C

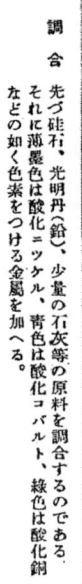

佛印へ文化使節――先づ日本畫から

鷲　堂本印象

初夏　中村岳陵

春の夕暮　伊東深水

春月　山川秀峰

洛東音羽の瀧　池田遙邨

首夏　加藤榮三

暮春　東山魁夷

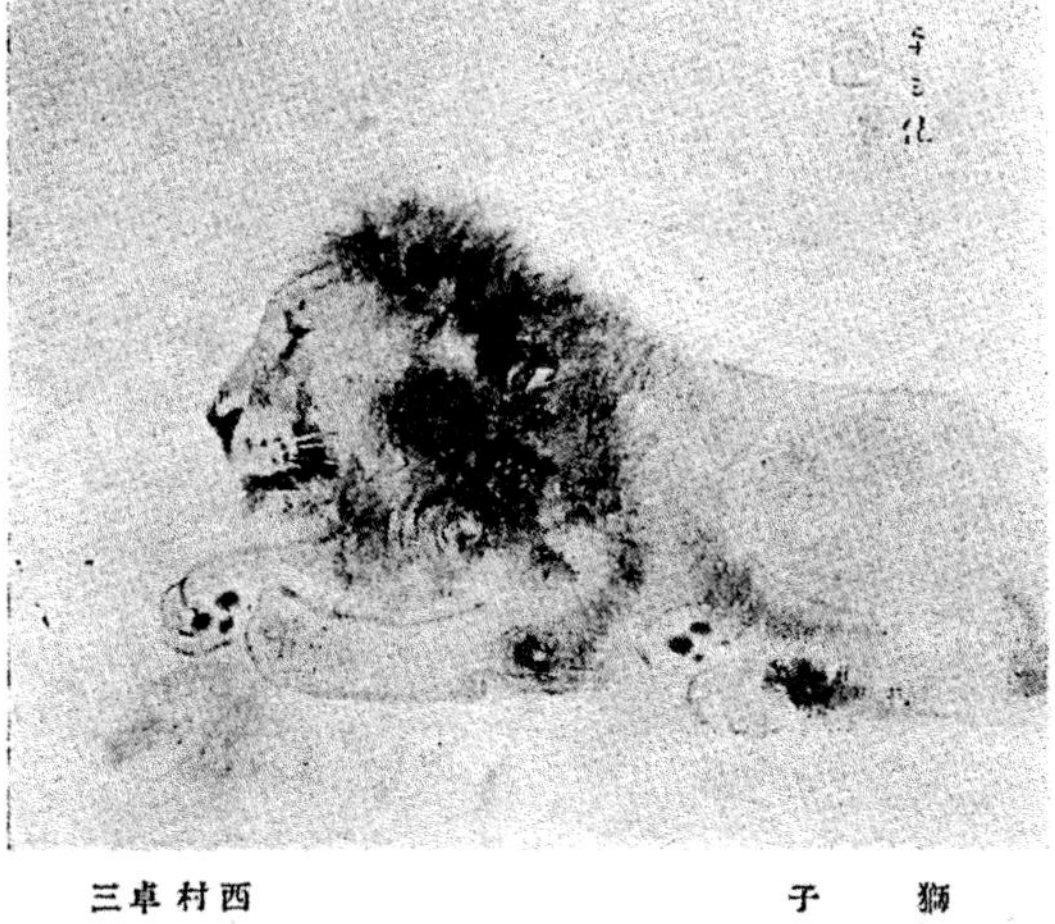

獅子　西村卓三

二科展の制作進む

正宗得三郎　　圖上山

鍋井克之　　太陽のある風景

向井潤吉　　抗底の人々

宮本三郎　　待機

野間仁根　　稲子岳麓鑛泉道の子供

上圖　サバヌの女達　ジヤツク・ルイ・ダヴィット、中圖右　聖ロマノの戦　パオロ・ウッチェロ、中圖左　シオの虐殺　ドラクロア　下圖　ワグラムの戦　ホラス・ヴェルネー作

戰爭畫の名作

事變以來戰爭畫が問題にされてゐる——戰爭畫展とか聖戰美術展とかの催しがあつて戰爭繪畫は現在に於ても盛んに制作されつゝあるが、それは後世に於て恐らく現代を回顧するに相應しいモニユメンタルなものとなるであろう。

（本文の川路柳虹氏原稿參照）

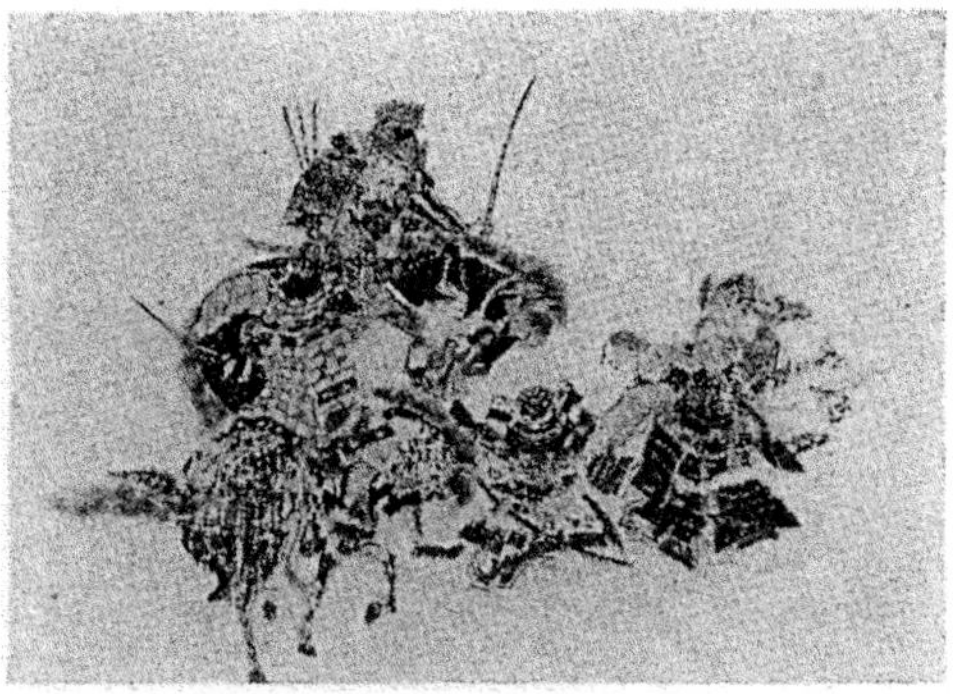

上圖　後三年軍記繪卷
中圖　平治物語繪卷の內　六波羅御幸之圖
下圖　同　白河殿燒討之圖
筆者住吉慶吉筆

水郷　　竹内栖鳳氏最近作

栖鳳氏が最近揮毫中の傑作で、水郷の情趣を得意の水墨を以て描寫せるもの、錬逹の妙技は東洋畫の傳統を遺憾なく發揚したものである、おそらく氏が近來特に愛好する關東の風景「潮來」を題材にしたものであらう、同處には「栖鳳先生來遊の地」の碑が建てられてゐる。

旬刊

美術新報

八月廿五日發行　第一號

日本美術新報社

第10号

第６号

第12号

第７号

第7号

第8号

第9号

第10号

第11号

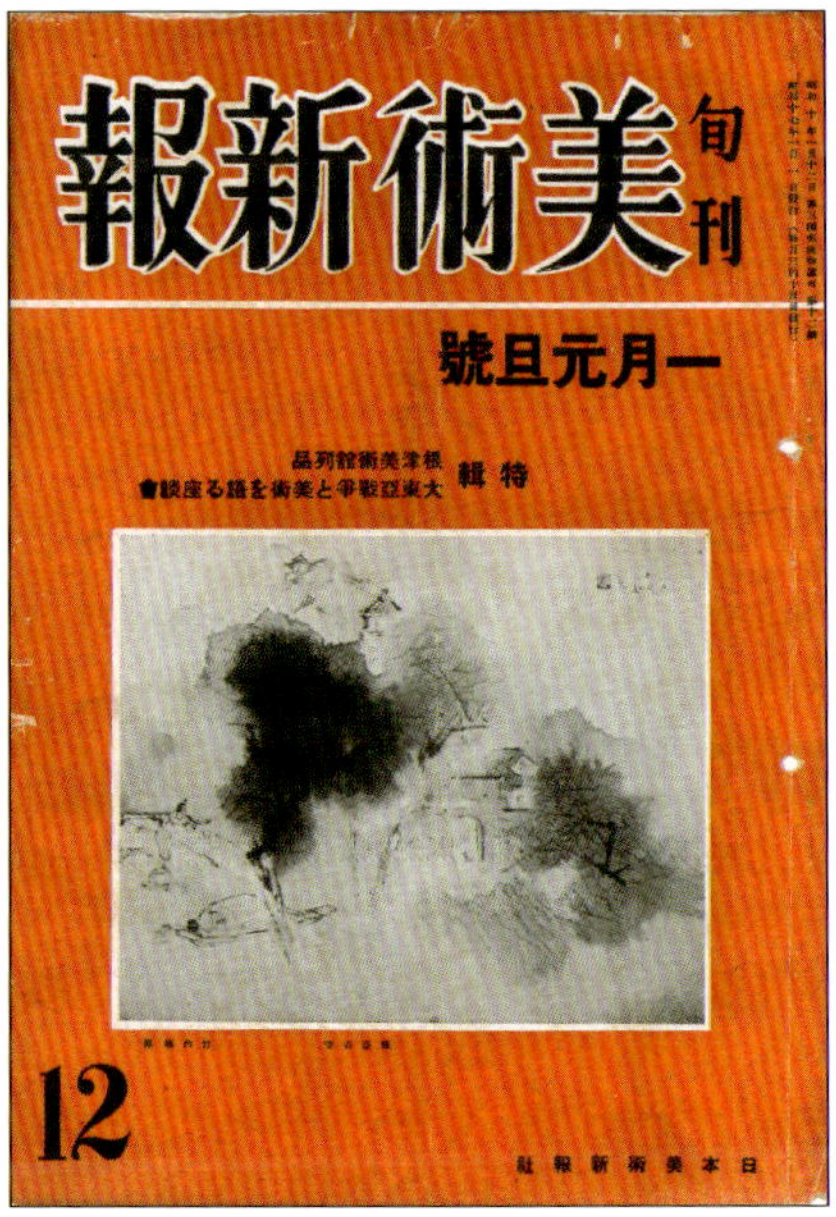

第12号

第1号

第2号

第3号

第4号

第5号

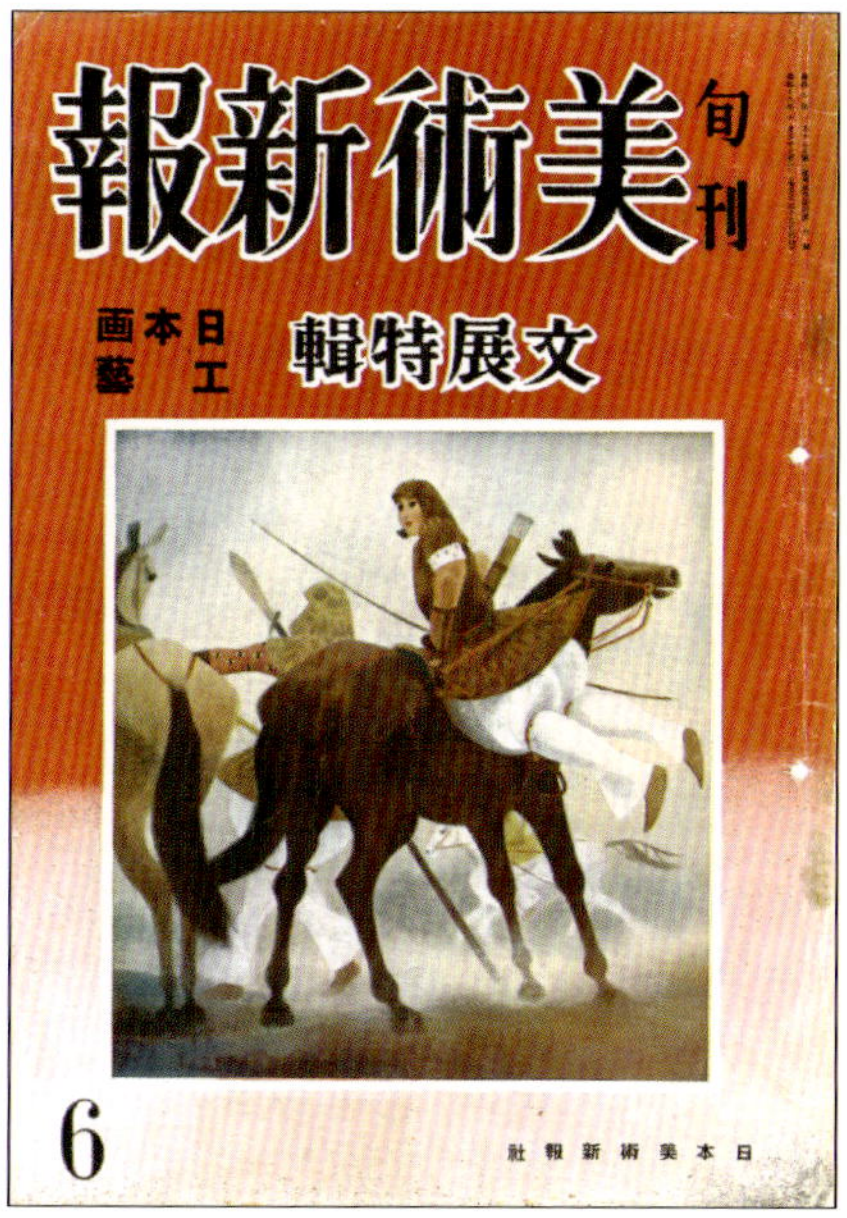

第6号

〈復刻版と原本の対照表〉

復刻版巻数	原本号数	発行年月
第1巻	第1号～第12号	昭和16年8月～17年1月
第2巻	第13号～第24号	昭和17年1月～5月
第3巻	第25号～第36号	昭和17年5月～9月
第4巻	第37号～第48号	昭和17年9月～18年1月
第5巻	第49号～第62号	昭和18年1月～6月
第6巻	第63号～第76号	昭和18年6月～10月
付録	『戦時記録版　日本画及工芸』第1輯・第2輯	昭和19年2月・9月

〈第1巻　収録内容〉

第一号　一九四一（昭和一六）年八月二五日　発行
第二号　一九四一（昭和一六）年九月一〇日　発行
第三号　一九四一（昭和一六）年九月三〇日　発行
第四号　一九四一（昭和一六）年一〇月一〇日　発行
第五号　一九四一（昭和一六）年一〇月二〇日　発行
第六号　一九四一（昭和一六）年一〇月三〇日　発行
第七号　一九四一（昭和一六）年一一月一〇日　発行
第八号　一九四一（昭和一六）年一一月二〇日　発行
第九号　一九四一（昭和一六）年一一月三〇日　発行
第一〇号　一九四一（昭和一六）年一二月一〇日　発行
第一一号　一九四一（昭和一六）年一二月二〇日　発行
第一二号　一九四二（昭和一七）年一月一日　発行

〈復刻にあたって〉

一、復刻にあたっては左記所蔵の原本を使用させていただきました。記して感謝申し上げます。

　　飯野正仁氏、東京文化財研究所

一、原本自体の破損・不良によって、印字が不鮮明あるいは判読不能な箇所があります。

一、資料の中には人権の視点から見て不適切な語句・表現・論もありますが、歴史的資料の復刻という性質上、そのまま収録しました。

（不二出版）

復刻版

旬刊美術新報

第1巻

第1号～第12号
（昭和16年8月～17年1月）

不二出版